D1662442

Sur les chemins
de la perfection

Cet ouvrage constitue une édition partielle
de la Thèse de Doctorat ès Lettres soutenue
devant l'Université Lumière-Lyon 2, en juin 1984
sous le titre :
De la réforme grégorienne à la monarchie pontificale,
le diocèse de Besançon (v. 1060-1220)
1676 pages dactylographiées

© Centre Européen de Recherches sur les Congrégations et Ordres Religieux (C.E.R.C.O.R.)
Publications de l'Université de Saint-Etienne
Université Jean Monnet, Saint-Etienne, 1992

I.S.B.N. 2-86272-024-0

C.E.R.C.O.R.
Travaux et Recherches II

René LOCATELLI

Sur les chemins de la perfection

Moines et chanoines
dans le diocèse de Besançon
vers 1060-1220

Publié avec le concours de l'Institut d'Etudes comtoises et jurassiennes
Université de Franche-Comté

Publications de l'Université de Saint-Etienne
1992

INTRODUCTION

Dans l'avant-propos de sa thèse consacrée à *Philippe II et la Franche-Comté*, Lucien Febvre s'est plu à souligner le rôle ingrat et difficile des études régionales, par ailleurs indispensables à toute progression de nos connaissances et à toute synthèse ; il déplorait même leur insuffisance, particulièrement dans les pays de contacts, qui subissent des influences extérieures très diverses et où s'élaborent des formules fécondes : « On néglige trop en vérité, on connaît trop imparfaitement l'histoire intérieure de ces provinces Dauphiné, Savoie, Bresse, Franche-Comté, de ces membres épars de vieilles dominations, des royaumes éphémères d'Arles et de Bourgogne qui, sur les frontières, furent lentes à se rallier à l'unité française, Pays rudes dont on sait le rôle protecteur [1]... » Comment ne pas rappeler en exergue le patronage de celui qui, avant de fonder avec Marc Bloch les *Annales d'Histoire Economique et Sociale*, a fait de la Franche-Comté le terrain d'expérimentation de conceptions nouvelles d'une problématique rénovée de l'histoire ?

Les mutations survenues en trois quarts de siècle ont profondément bouleversé le champ historique : non seulement la recherche s'est en partie décentralisée, mais elle a sans cesse élargi ses préoccupations et affiné ses méthodes d'investigation. Il suffit de considérer l'éventail des sujets de thèse traités ces dernières décennies pour se rendre compte que le Moyen Age classique supporte la comparaison avec les autres périodes et que les régions lotharingiennes ou bourguignonnes comblent progressivement les lacunes déplorées par Lucien Febvre [2]. Aucun domaine ne témoigne davantage de cette évolution que l'histoire religieuse, longtemps confinée à l'ombre des cloîtres ou tributaire d'idéologies partisanes.

Après avoir assimilé l'acquis des méthodes positivistes et s'être dotée de quelques instruments de travail remarquables — dictionnaires, revues, manuels —, elle a bénéficié de l'impulsion vigoureuse de disciplines annexes : tour à tour l'ethnologie, la sociologie, la psychologie collective, l'hagiographie ou la théologie lui ont apporté un souffle nouveau, tandis que le concept de piété populaire renforçait l'intérêt grandissant porté aux laïcs et à leur rôle au sein de la Chrétienté latine. Avant même que ne soient épuisées les possibilités de ce thème si controversé, l'attention des chercheurs s'est tournée du côté des mentalités, qui, depuis quelques années, offrent d'autres perspectives de renouvellement à l'histoire religieuse de l'époque médiévale [3].

---

1. L. FEBVRE, *Philippe II et la Franche-Comté*, Paris, 1912, rééd. abrégée, 1970, coll. " Sciences de l'histoire " , p. 11.
2. Voir la bibliographie générale.
3. Actes du 100ᵉ Congrès national des Sociétés savantes (Paris, 1975), Paris, 1977, t. I (Philologie et histoire) : *Tendances, perspectives et méthodes de l'histoire médiévale*, dont les rapports d'A. VAUCHEZ, Les nouvelles orientations de l'histoire religieuse de la France médiévale. Avant le XIIIᵉ siècle, p. 95-112, et F. RAPP, Du XIVᵉ au milieu du XVIᵉ siècle, p. 113-135 ; *L'histoire médiévale en France. Bilan et perspectives*, Paris 1991.

Cet enrichissement permanent ne va pas sans poser de sérieux problèmes ; l'intégration progressive de cette spécialisation dans l'histoire générale oblige à élargir nos préoccupations non seulement à l'ensemble du peuple chrétien, mais à tous les aspects susceptibles d'en éclairer les institutions, les comportements ou l'évolution intellectuelle. Sous couvert d'une étude qualifiée autrefois d'ecclésiastique, elle les invite à traiter l'histoire dans sa globalité, même si la coloration finale reste religieuse.

A cette investigation en profondeur, nous avons tenté de répondre en prenant comme exemple le diocèse de Besançon, suffisamment vaste pour avoir valeur de référence, et offrant l'avantage de coïncider avec une principauté territoriale, le comté de Bourgogne. Fief d'Empire soumis aux influences bourguignonnes et lotharingiennes, cette région joue, en effet, un rôle pilote à l'époque féodale : terre traditionnelle du monachisme, qui a successivement donné asile, au haut Moyen Age, aux Pères du Jura, à saint Colomban puis au fondateur de Cluny, elle accueille avec enthousiasme, au xiie siècle, les nouvelles expériences de vie érémitique ou conventuelle. Avant même que ne soit formulé le programme grégorien de rénovation de l'Eglise, un archevêque, Hugues Ier (1031-1066), entreprend avec efficacité la réforme du diocèse, tandis qu'un autre comtois, le pape Calixte II, met fin à la querelle des investitures par le concordat de Worms. Un peu plus tard, l'empereur Frédéric Barberousse épouse l'héritière du comté et fait de cette principauté la base territoriale d'une politique bourguignonne ambitieuse, alors que la mort saisit Pierre de Tarentaise, porte-parole des Alexandrins, lors d'une de ses missions dans la région. Terre privilégiée ? Non point, mais seulement caractéristique des problèmes et des influences qui agitent ces *pays d'entre-deux* tiraillés entre les mouvances françaises et germaniques, sensibles aux courants lotharingiens et méditerranéens, puisque le territoire comtois est à la limite des parlers romans et germaniques, des langues d'oc et d'oïl.

Si de telles considérations justifiaient une recherche approfondie il restait à en définir les limites chronologiques. En réalité, ces dernières ne nécessitent guère de commentaires, puisque notre enquête s'intercale entre les travaux conduits simultanément par deux amis, Bernard de Vregille et Roland Fiétier. Au premier, qui a donné la mesure de sa compétence dans une biographie exemplaire d'Hugues de Salins, archevêque de Besançon (1031-1066), nous ne devons pas seulement un point de départ ; sa connaissance érudite des sources diplomatiques et religieuses et sa rigueur scientifique nous ont dispensé de toute investigation sur les débuts de la réforme dans le diocèse. La mort accidentelle de Roland nous a enlevé plus qu'un ami de longue date ; c'était un compagnon de route avec qui nous avions plaisir à faire équipe, qui partageait la même passion pour la Franche-Comté médiévale. Sa thèse sur *La cité de Besançon* montre le changement de conjoncture qui se produit au début du xiiie siècle, avec le recul impérial, les premières révoltes urbaines et l'agitation féodale qui sévit en province ; au plan religieux, ces mouvements coïncident avec d'incontestables indices de changements vers les années 1220-1230 : accentuation de la pression pontificale, arrivée des ordres mendiants, apparition de l'officialité, premières mesures consécutives au concile de Latran IV. De la mort d'Hugues de Salins (1066) à celle de l'archevêque.Amédée de Dramelay (1221), c'est plus d'un siècle et demi d'histoire diocésaine que nous avons cherché à étudier, d'après les exigences formulées précédemment.

Traitée dans les perspectives d'une thèse d'Etat, la monographie comprenait au départ tous les aspects de la vie diocésaine : structures et institutions ecclésiastiques, étude du clergé séculier, problèmes de la réforme grégorienne, approches de la paroisse, étude des mouvements canoniaux et monastiques etc... Les impératifs économiques de l'édition nous contraignait soit à résumer un ensemble trop monumental, soit à faire un choix. Nous avons préféré la seconde solution, parce qu'elle permettait de sauvegarder le caractère scientifique de la démarche et l'originalité de la période, dominée au plan local par le rôle fondamental des moines et des chanoines.

Ainsi restreint, le projet paraissait à la fois modeste et ambitieux. Pourquoi le limiter au seul évêché de Besançon, en excluant le reste de la province métropolitaine ? Après avoir songé à élargir notre enquête aux suffragants de Bâle, Lausanne et Belley, nous y avons renoncé pour diverses raisons : la disparité des sources, le manque de cohésion géographique et historique d'un ensemble reconnu au niveau des institutions, mais trop peu vivant, à cette époque-là du moins. En outre, cette extension rendait irréalisable notre objectif fondamental : le dépouillement systématique et le plus exhaustif possible de toute la documentation, portant même jusqu'à la fin du XIIIe siècle. A lui seul, le diocèse de Besançon avec ses quinze archidiaconés et ses deux chapitres cathédraux, son millier de paroisses, sa quarantaine de grands établissements religieux, dont de prestigieux, comme Luxeuil, Saint-Claude, Baume-les-Messieurs, avait de quoi éprouver la patience et l'enthousiasme d'un novice.

Cependant, notre curiosité ne s'est pas enfermée pour autant dans les limites diocésaines des XIe-XIIe siècles ; par un souci constant d'histoire comparative, elle s'est ouverte aux région périphériques, d'une façon sans doute moins exhaustive, mais toujours régulière. En outre, pour ne point briser l'unité provinciale (la Franche-Comté), nous avons compris dans notre études les territoires comtaux échappant au contrôle archiépiscopal d'alors : ainsi pourra-t-on s'étonner des annexions momentanées du décanat de Fouvent (diocèse de Langres), mais les Comtois de Champlitte, qui relevaient féodalement de ce côté-ci de la Saône et usaient de la monnaie estevenante, n'y auraient sans doute pas vu de mauvaises intentions de notre part. De même, l'actuel département du Jura recouvre une bonne partie des archiprêtrés de Treffort, Coligny et Ambronay, soumis autrefois à la juridiction de l'archevêque de Lyon; dans la mesure où la Terre de Saint-Claude, qui s'élabore au XIIe siècle en affirmant ses caractères jurassiens, chevauche cette frange méridionale, nous l'avons incluse dans notre enquête. Que les fidèles de Langres ou de Lyon nous pardonnent, de ce fait, de compter au nombre des établissements diocésains des abbayes, comme Theuley, Aumônières, Collonges au nord-ouest, Gigny et Saint-Oyend (ou Saint-Claude) au sud. Ces problèmes de compétence territoriale ne se posent que là, car, ailleurs, le diocèse déborde largement la zone d'influence comtale et comprend par exemple le Pays de Montbéliard et la Porte de Bourgogne.

Une fois défini le cadre spatio-temporel, restent les véritables difficultés provenant des contraintes documentaires et réservant toujours de désagréables surprises au chercheur. Même si nos véritables préoccupations portent moins sur la spiritualité proprement dite que sur les structures ecclésiastiques, moins sur les doctrines que sur les hommes et les institutions, la nature et les défauts de nos sources nous ont dicté des choix ou imposé des restrictions, à notre corps défendant. Que de fois n'avons-nous pas déploré l'absence de chroniqueurs qui, au-delà de leurs outrances ou de leur esprit partisan, suppléent à la sécheresse ou à la banalité des chartes ! Absence aussi d'écrits spirituels et de textes législatifs : canons conciliaires, statuts synodaux, règles ou coutumiers monastiques ! Une littérature hagiographique elle-même insignifiante par rapport à la production du XIe siècle !

Quant aux sources diplomatiques, qui alimentent exclusivement notre information, elles ne présentent aucune uniformité dans le temps ni dans l'espace, bien que leur relative abondance constitue un avantage indéniable ; elles se répartissent inégalement sur les décennies, pénalisant par leur pauvreté la fin du XIe siècle ou la période du schisme victorin, favorisant en revanche la période postérieure au concordat de Worms. Comme elles tirent leurs origines des séries ecclésiastiques, pour la plupart régulières, leur richesse varie d'un établissement à l'autre ; les incendies, les aléas de la conservation et l'impéritie des hommes ont à jamais compromis le passé de plus d'une maison. Ainsi les monastères de femmes — bénédictines, chanoinesses ou cisterciennes —, les commanderies de templiers ou d'hospitaliers, les fondations charitables et les léproseries, ont des fonds d'archives d'une pauvreté désespérante pour cette époque ; certaines contrées accusent des déficiences tragiques en la matière : le nord du diocèse, où Faverney, Luxeuil et Lure n'ont plus qu'un semblant de chartrier, le Pays de Montbéliard et les plateaux du Jura central, qui n'ont jamais possédé de grands établissements.

Outre ces fâcheuses disparités, la documentation réserve d'autres surprises au chercheur. Les milliers d'actes que nous avons dépouillés et analysés ne concernent souvent que l'évolution temporelle des maisons : donations, achats ou échanges, confirmations irrégulières de biens, transactions de tous genres, constituent nos matériaux les plus courants. Les institutions, les hommes, n'apparaissent qu'au détour d'une concession, la vie conventuelle se dissimule derrière les titres de propriété, les allusions se substituent aux preuves. En revanche, que cette information demeure inédite dans sa presque totalité, qu'aucun cartulaire n'ait jamais été publié devrait nous conforter dans le sentiment de nouveauté de la recherche entreprise, mais cette légitime fierté se paie d'une lourde somme de labeur supplémentaire : transcriptions d'actes, établissement de fichiers, identification des noms de lieux et de personnes etc... Nous touchons là un aspect fort important qui explique certaines hésitations de méthode et justifie des développements inattendus : l'histoire comtoise de cette période manque des instruments de travail les plus élémentaires et d'études générales qui serviraient de références et de points d'appui.

La relative abondance de la bibliographie ne doit point faire illusion, car elle porte souvent les caractères de la littérature engagée du xixe siècle ou ne dépasse pas le niveau des généralités. Hormis quelques études récentes et ponctuelles, la trame événementielle reste tributaire de travaux qui datent de plus d'un siècle et valent surtout pour les xive et xve siècles [1]. De ce fait, les bases fondamentales touchant aux aspects politiques, économiques et sociaux, font cruellement défaut. Comment appréhender exactement le rôle de l'aristocratie dans les fondations pieuses quand nous ignorons tout de sa situation, de son assise foncière, de ses relations féodales ? Comment apprécier à leur juste valeur les difficultés matérielles alléguées par les monastères, quand la conjoncture régionale nous échappe totalement ! Comment parler du rayonnement d'une abbaye, du développement d'une institution, quand nous ne pouvons localiser ses granges ou ses prieurés, quand nous n'avons même pas le nom des principaux dignitaires ?

Compte tenu de ces diverses contraintes, nous avons tenté d'exploiter au mieux cette documentation capricieuse et difficile, sans jamais chercher à extrapoler, ni à suppléer aux lacunes par des déductions hasardeuses. Les comparaisons avec les diocèses voisins nous ont réservé bien des déboires, car, à travers les similitudes ou les différences, nous espérions appréhender mieux la physionomie du nôtre ; la démarche

---

1. Les problèmes d'historiographie comtoise ont été abordés dans l'ouvrage collectif R. LOCATELLI, C. BRELOT... , *La Franche-Comté à la recherche de son histoire (1800-1914),* Paris, 1982. Parmi les études qui font exception, nous devons signaler l'*Histoire de Besançon,* sous la direction de C. FOHLEN, Besançon, 1964 ; J.-Y. MARIOTTE, *Le comté de Bourgogne sous les Hohenstaufen (1156-1208),* Paris, 1963 ; *Besançon et Saint-Claude,* sous la dir. de M. REY, coll. " Histoire des diocèses", Paris, 1977.

n'a pas donné les résultats escomptés, faute d'éléments comparatifs suffisants. S'il existe des études ponctuelles sur telle personnalité ou tel mouvement, en particulier sur l'essor monastique, aucun diocèse périphérique ne dispose d'un travail approfondi recouvrant la période qui nous intéressait ; le bel essai de l'abbé Choux sur celui de Toul se limite à la réforme grégorienne, tandis que l'ambitieuse entreprise de l'*Helvetia Sacra* ouvre seulement la voie aux recherches futures [1]. Au-delà d'une certaine distance, les confrontations deviennent plus aléatoires, tant le contexte subit de changements ; les savantes synthèses d'E. Magnou-Nortier, de J.-M. Bienvenu et plus spécialement de J. Avril, permettent surtout de dégager des différences et des décalages chronologiques [2]. De même, les précieuses recherches réalisées sur les mouvements monastiques et canoniaux par J. Becquet, J. Dubois, L. Milis, M. Parisse, pour ne citer que les plus récentes, montrent que l'influence des hommes et du milieu confère à chaque région des caractères spécifiques toujours intéressants à individualiser.

A la lumière de ces données locales ou générales, proches ou lointaines, nous avons suivi l'évolution diocésaine durant un siècle et demi, en insistant sur les aspects fondamentaux et en essayant de saisir les mutations en cours. Trois périodes se sont ainsi dégagées : jusqu'au pontificat d'Anseri (1117-1134), c'est-à-dire jusqu'au concordat de Worms, le temps de la réforme grégorienne correspond à une phase complexe durant laquelle le diocèse cherche sa voie, l'influence d'Hugues de Salins (1031-1066), qui avait rénové son Eglise, s'estompe progressivement devant les nouvelles aspirations religieuses, des conflits locaux qui se greffent sur la querelle des investitures créent une agitation embarrassante. En réalité, sous ces apparences conflictuelles, se produit une fermentation profonde qui donne à la période suivante une coloration particulière : c'est l'ère du monachisme (v. 1117-v. 1160), qui voit le triomphe des cisterciens, la forte implantation des chanoines, tandis que les archevêques Anseri et Humbert (1134-1151) agissent à l'unisson de ce nouvel idéal en se voulant le *père des pauvres*, le *défenseur de la paix*. La querelle du Sacerdoce et de l'Empire, sous Frédéric Barberousse et Alexandre III, amorce au plan local des changements indiscutables : tentative d'Eglise impériale qui se heurte aux exigences de la monarchie pontificale, essoufflement du monachisme nouveau alors que l'ancien est assailli de difficultés matérielles et que perce le besoin de rénover les structures. Le pontificat d'Amédée de Dramelay (1123-1221), qui soulève de fortes oppositions, concrétise les obstacles et les contradictions qui s'accentuent à l'aube du XIIIᵉ siècle et annoncent une nouvelle période.

---

1. J. CHOUX, *L'épiscopat de Pibon (1069-1107). Recherches sur le diocèse de Toul au temps de la réforme grégorienne*, Nancy, 1952. Sur *Helvetia Sacra*, nous renvoyons à la bibliographie générale.

2. E. MAGNOU-NORTIER, *La société laïque et l'Eglise dans la province ecclésiastique de Narbonne de la fin du VIIIᵉ siècle à la fin du XIᵉ siècle,* Toulouse, 1974 ; J. BIENVENU, *Recherches sur le diocèse d'Angers au temps de la réforme grégorienne*, thèse dactyl., Paris Sorbonne, 1968 ; J. AVRIL, *Le gouvernement des évêques et la vie religieuse dans le diocèse d'Angers (1140-1240)*, Paris-Lille, 1984.

LIVRE I

AU TEMPS DE
LA RÉFORME GRÉGORIENNE

(vers 1060-1123)

Jusque sous l'épiscopat d'Anseri (1117-1134), le diocèse de Besançon semble profiter des semailles abondantes faites par Hugues Ier : au moment où, dans la Chrétienté, se préparent et éclosent de profondes mutations, où la réforme religieuse s'épanouit après une gestation difficile, où de nouvelles formes de vie monastique s'expérimentent et amorcent leur diffusion, aucun bouleversement, aucune agitation ne paraît tourmenter la région. Certes, la querelle des investitures a pu momentanément jeter dans l'embarras certains dignitaires ou poser quelques cas de conscience à des laïcs détenteurs d'églises, mais sans jamais susciter de remous en profondeur, ni créer de situation vraiment originale, ni dramatique. Le diocèse récolte les fruits de la réforme ensemencés par Hugues Ier. Les seules transformations demeurent à demi-voilées et concernent la progression de l'esprit de réforme dans des strates sociales de plus en plus larges : l'adhésion aux mouvements de paix, l'enthousiasme suscité par les premières croisades, la multiplication des donations aux monastères, les restitutions d'églises privées laissent espérer des moissons prochaines encore plus abondantes.

DIOCÈSE DE BESANÇON AU XIᵉ SIÈCLE : CIRCONSCRIPTIONS

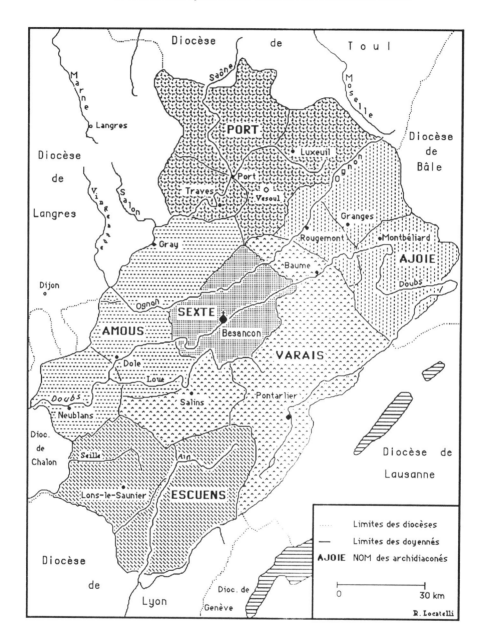

Diocèse de Toul

Diocèse de Bâle

Diocèse de Langres

PORT

Langres

Luxeuil

Port

Traves

Vesoul

Granges

Rougemont

Montbéliard

Gray

AJOIE

Baume

Doubs

Dijon

Ognon

SEXTE

AMOUS

Besancon

VARAIS

Dole

Loue

Pontarlier

Doubs

Salins

Neublans

Diocèse de Lausanne

Dioc. de Chalon

Seille

Ain

Lons-le-Saunier

ESCUENS

Diocèse de Lyon

Dioc. de Genève

Limites des diocèses
Limites des doyennés
AJOIE NOM des archidiaconés

0   30 km

R. Locatelli

CHAPITRE 1

LE DIOCÈSE DE BESANÇON
DANS LA SECONDE MOITIÉ DU XIe SIÈCLE

L'originalité provinciale paraît d'autant plus accentuée que l'époque de la réforme grégorienne coïncide avec le triomphe de la décentralisation poussée jusqu'à ses ultimes avatars : l'ère des châtellenies. Partout s'affirment les pouvoirs locaux qui expriment cet éclatement territorial et traduisent l'emprise des coutumes. Il s'agit donc de savoir s'il existe un milieu naturel spécifique et de saisir les conditions politiques, économiques et sociales qui influent sur les structures ecclésiastiques et qui parfois infléchissent le comportement des hommes.

L'action des archevêques, la pénétration de la réforme grégorienne, l'éclosion du monachisme ne s'apprécient pleinement que replacées dans leur cadre à la fois géographique et humain : tant par son étendue que par sa diversité naturelle, le diocèse de Besançon impose, en effet, à cette époque certaines conditions qui donnent au ministère pastoral des caractères particuliers. Aussi convient-il d'en faire une présentation sommaire, en dégageant les limites territoriales et les apports de la géographie historique. Mais cette approche ne suffit pas, car à ces données permanentes, déjà remodelées par les circonstances, viennent s'ajouter le rôle et l'action de certains hommes, qui ont marqué de leur empreinte l'histoire de la province ; parmi ces acteurs principaux, l'archevêque Hugues Ier (1031-1066) mérite plus qu'une simple mention : en se consacrant à la rénovation de son église, il incarne pleinement le type de ces évêques réformateurs dont l'épiscopat constitue un point de repère indiscutable dans la trame chronologique et le point de départ d'une ère nouvelle pour leur diocèse.

A. LE CADRE TERRITORIAL : UN VASTE DIOCÈSE.

La métropole

De par son titre, l'archevêque de Besançon exerce son autorité, non seulement dans son propre diocèse, mais dans une circonscription plus vaste appelée province ecclésiastique qui comprend au XIe siècle trois évêchés suffragants : Bâle, Lausanne et Belley. Les deux premiers bordent le territoire comtois au nord-est et à l'est, au-delà de la Porte de Bourgogne et des chaînons du Jura, tandis que le troisième se particularise par sa médiocre étendue et par sa situation excentrique d'enclave au sein de la province de Vienne et de Lyon : séparé de Besançon par une portion du diocèse de Lyon, Belley semble assez lointain de sa métropole et n'entretient avec elle que des rapports d'obligation, parce que ses relations se font plus aisément et plus naturellement avec ses voisins [1].

---

1. Au cours du XIIe siècle, nous rencontrons épisodiquement des mentions de l'évêque de Belley auprès de son métropolitain : Ponce (1091-1116) assiste l'archevêque lors de la consécration de l'église de Vaucluse en 1098 (U. ROBERT, *Monographie du prieuré de Vaucluse*, Montbéliard, 1890, p. 4), ou lors d'une décision concernant la monnaie bisontine, le 6 janvier 1112 (Bibl. mun. Besançon, Droz 32, fol. 303) ; il assiste en 1115 au concile de Tournus, présidé par Guy de Vienne (U. ROBERT, *Bullaire de*

De même, depuis le début du XIe siècle, Bâle n'a cessé de renforcer ses liens avec les rois germaniques : ceux-ci placent souvent sur ce siège de langue allemande des clercs de leur entourage et, durant la querelle des investitures, trouvent chez les prélats de Bâle des partisans fidèles et dévoués à leurs intérêts. Seul l'évêque de Lausanne demeure en relations plus étroites avec son métropolitain : il y a souvent entre eux une communauté de vues et d'intérêts provenant des échanges qui s'opèrent au plan politique ou commercial. Bien que séparés par un obstacle naturel et réel (les chaînons du Jura), les diocèses de Besançon et de Lausanne partagent la même langue, subissent les mêmes courants de civilisation, qui, venus de l'ouest, traversent leurs diocèses en suivant la voie internationale qui conduit de la Champagne à l'Italie par le col de Jougne ; les archevêques possèdent outre-Jura plusieurs biens, dont divers droits dans la châtellenie de Lutry, près de Lausanne et le domaine de Cully, avec ses dépendances à Riex. Ces liens subsistent au XIIe siècle et même se renforcent puisque plusieurs évêques de Lausanne sont d'anciens membres du chapitre bisontin [1]. Ayant le privilège de porter le *pallium*, l'évêque de Lausanne a préséance sur les autres suffragants : il procède à la consécration de son métropolitain.

A travers la seule documentation existante, la province ecclésiastique de Besançon ne paraît pas à cette époque une réalité administrative très vivante : comme dans le reste de la Chrétienté, l'autorité des métropolitains, forte à l'époque carolingienne, s'est effritée par la suite avant de reprendre plus de vigueur au XIIIe siècle. Qu'en reste-t-il vers la fin du XIe siècle ? L'archevêque confirme l'élection de ses suffragants, dont il reçoit le serment de fidélité : nous avons ainsi conservé plusieurs de ces engagements prêtés aux XIe et XIIe siècles par les évêques de Lausanne, Bâle et Belley [2]. Mais nous ne trouvons aucune trace de ses autres pouvoirs, ni des conciles provinciaux dont la tenue devait être théoriquement annuelle, ni des visites qu'il devait effectuer, comme le fera plus tard le célèbre archevêque de Rouen, Eudes Rigaud, au milieu du XIIIe siècle. Seule la présence de l'un ou l'autre suffragant dans le diocèse, aux côtés de l'archevêque de Besançon, constitue l'indice le plus fréquent de relations administratives ou amicales, sans effacer toutefois l'impression qu'aux XIe et XIIe siècles la province ecclésiastique ne constitue pas un ressort important de la chrétienté.

Calixte II, n° 262, p. 377), aux côtés des évêques de Sion, Genève, Grenoble..., en l'absence de ses confrères de Lausanne et de Bâle. Son attitude pro-grégorienne n'est sans doute pas étrangère à ces interventions, alors que Gérard de Faucigny, évêque du Lausanne (1107-1129), figure parmi les personnes que l'empereur Henri V appela au secours de chapitre Saint-Etienne de Besançon vers 1112-1116 (P.Fr. CHIFFLET, *Histoire de l'abbaye royale de Tournus*, Dijon, 1664, p. 374). Pour la consécration de l'évêque de Lausanne, Landry de Durnes, originaire de notre diocèse, l'archevêque de Besançon convoque en 1160 les évêques de Genève et de Belley (Archives dép. Doubs, G 1261), mais c'est à ceux de Lausanne et de Belley que le pape confie en 1194 une enquête sur l'archidiaconé de Salins (WIEDERHOLD, *Papsturkunden*, n° 84, p. 112).

Sur le diocèse de Belley, se reporter aux ouvrages récents de L. et G. TRENARD, *Belley*, coll. "Histoire des diocèses de France", Paris, 1978, et *Saint Anthelme, chartreux et évêque de Belley, livre du* VIII*ème centenaire, 1178-1978*, Belley, 1979.

1. Guy de Maligny (1130-1144) est apparenté à un archidiacre bisontin du même nom et à un ancien doyen du chapitre de Saint-Etienne (1111-1115) aussi du même nom. Landry de Durnes (1160-1178) était doyen de Saint-Jean de Besançon avant son élection (1145-1160). Gérard de Rougemont est doyen de Saint-Etienne de Besançon (1203-1220), évêque de Lausanne (1220-1221), puis termine sa carrière comme archevêque de Besançon (1220-1225).

2. Serments publiés par G. WAITZ, dans *Neues Archiv*, III, p. 126-128.

Le diocèse : ses limites.

A lui seul, le diocèse de Besançon couvre un vaste territoire, correspondant à la plus grande partie de l'ancienne *civitas Vesontiensium* et s'étalant des Vosges à la Bresse, de la Saône aux chaînes du Jura qui dominent le plateau suisse : il équivaut, de façon approximative, à l'actuelle région de Franche-Comté, compte-tenu de quelques rectifications que nous aurons l'occasion d'apporter. Aucune limite précise ne nous est donnée avant le XIVᵉ siècle, c'est-à-dire avant l'établissement des pouillés qui fournissent un relevé presque complet des paroisses, dans le cadre de chaque doyenné [1].

Cependant, en examinant les mentions d'églises sises à la périphérie et susceptibles d'avoir pu changer d'évêché, et en les comparant aux données de ces pouillés, nous constatons que le diocèse de Besançon n'a pas procédé à des modifications territoriales avec ses voisins, au cours des XIIᵉ et XIIIᵉ siècles, sauf sur des points très particuliers. Par conséquent, les limites remontent à une époque antérieure, probablement au-delà du XIᵉ siècle, au moment où s'est mis en place l'essentiel de la carte des paroisses rurales ; par la suite, elles varieront peu, sinon lors de la Réforme protestante et lors des grandes sécularisations du XVIIIᵉ siècle qui conduisent dans notre région à l'érection de la Terre de Saint-Claude en évêché (1742).

Les modifications territoriales du diocèse entre le XIᵉ et la fin du XIIIᵉ siècle ne portent que sur des points mineurs, là où les structures paroissiales manquaient de précision. Elles accusent des variations plus importantes dans les confins jusque-là déserts, mais qui font, à cette époque ou ultérieurement, l'objet d'une colonisation systématique, ce qui entraîne des partages d'influence et des rectifications de frontière en fonction de la conquête des terres ; c'est le cas dans la chaîne jurassienne et dans la zone des hauts plateaux.

A la latitude de Jougne, le diocèse de Lausanne fait une avancée en direction de Pontarlier, là où précisément passe la route internationale reliant l'Italie à la Flandre, comme si les courants d'échanges venaient essentiellement de l'est ; en fait, cette pénétration au-delà des crêtes du Jura s'explique par la position de l'ancienne église de Saint-Maurice de Jougne, sise au fond de la vallée sur le versant suisse — donc rattachée plus naturellement au diocèse de Lausanne — et par les déserts forestiers qui ont, jusqu'au XIIIᵉ siècle, bordé cette voie entre Jougne et Pontarlier [2].

Au-delà de la Pierre-Pertuis où se rejoignent les trois diocèses de Besançon, Lausanne et Bâle, la ligne de démarcation présente apparemment plus de fantaisie, délaisse ou recoupe la vallée du Doubs en plusieurs endroits (Goumois, Saint-Ursanne), rattache à la juridiction de notre archevêque tout le district de Porrentruy (le futur département du Mont-Terrible sous la Révolution), avant d'obliquer vers l'Ouest en direction de Belfort. Une enclave se détache même de ce front sinueux, au milieu des Franches Montagnes : Tramelan, dont un document de 1297 précise l'ap-

---

1. J. CALMETTE et E. CLOUZOT, *Pouillés des provinces de Besançon, Tarentaise et Vienne*, Paris, 1940. Le compte de cire du début du XIIᵉ siècle et le pouillé de 1275 sont trop partiels pour servir de références à une cartographie diocésaine.
2. L'ancienne paroisse de Jougne, qui comprenait dans son ressort les villages des Hôpitaux, Métabief et des Longevilles, a fait partie du diocèse de Lausanne jusqu'à la Révolution de 1789. Le vallon de Métabief et de Rougebief (Saint-Antoine), au pied de l'actuel Mont d'Or, n'est pas défriché avant la fin du XIIIᵉ siècle, si bien que, de Jougne jusqu'à la cluse de Joux, la route empruntait des vallons déserts, entièrement boisés et sauvages. L'actuelle portion de la route nationale 67, sise entre le Touillon et la Chapelle-Mijoux, peut encore suggérer les conditions anciennes.

partenance à notre diocèse [1]. Pourquoi cet abandon des frontières naturelles et ces complications qui semblent infirmer l'idée d'une permanence des limites ecclésiastiques en faveur de fluctuations survenues au cours des XIIe et XIIIe siècles ? Comme la question a déjà été débattue par les historiens suisses [2], nous résumerons leurs principales conclusions, en y ajoutant les données comtoises et nos propres interprétations.

Il semblerait qu'à l'époque carolingienne la fixation des frontières diocésaines en ce secteur assez imprécis se fît en adoptant les lignes de partage des eaux entre l'Ill, l'Aar et le Doubs, critère pratique et assez naturel dans une région montagneuse et quasi déserte, ce qui portait théoriquement la juridiction de l'archevêque de Besançon sur tout le Jura, y compris les Franches Montagnes et l'extrémité du Lomont. Par la suite, la colonisation de ces cantons, qui s'est opérée à partir du XIIe siècle sur les deux rives du Doubs, mais avec plus d'ampleur du côté suisse, allait modifier cette situation initiale, en fonction même de cette progression et allait déplacer la frontière vers l'ouest, au profit du prince-évêque de Bâle. C'est de Moutier-Grandval, ancien monastère colombanien, que vint d'abord l'impulsion par la création de deux cellæ, à Saint-Ursanne et à Saint-Imier (fin IXe siècle) ; cependant le statu quo persista en apparence jusqu'au début du XIIe siècle puisque l'archevêque maintenait sa juridiction sur Saint-Ursanne [3].

Mais déjà l'implantation de nouveaux établissements religieux, dont Lucelle [4] et Bellelay, la conquête de nouveaux espaces et les défrichements des hauts plateaux du Jura bouleversaient les données antérieures et les rapports de force qui en résultaient. Du côté comtois, l'on avait fort à faire pour gagner les rives du Doubs en colonisant les terres qui en séparaient, et les créations de paroisses, témoignages de l'implantation humaine, se poursuivent au XIVe siècle pour se prolonger jusqu'à l'époque moderne : Montbenoît, Morteau, Maîche, Goumois, Fessevillers avec ses quatre chapelles sont l'œuvre des moines et des chanoines, tandis que Glère et le Bizot appa-

---

1. J. TROUILLAT, Monuments de... l'évêché de Bâle, t. II, n° 503 : en 1297, le chevalier Henri de Tavannes donne à l'abbaye de Bellelay toutes ses possessions in villa Tramelans sita in diocesi Bisuntinensi.

2. Sur ce problème de limites : Helvetia Sacra, I, p. 316-362 ; P. RÜCK, Pouvoir temporel et pouvoir spirituel dans la formation des frontières du Jura pendant le haut Moyen Age (VIIe-XIIe s.), dans Frontières et contacts de civilisation , Neuchâtel, 1979, p. 115-129 ; R. LOCATELLI, R. FIETIER et G. MOYSE, Aux origines du comté de Montbéliard, dans Mém. Soc. Emul. Montbéliard, LXXIV, 1978, p. 18-37.

3. Bulle d'Urbain II du 27 juin 1095 confirmant la juridiction de l'archevêque sur les abbayes sises hors de la cité de Besançon, et parmi elles, Saint-Ursanne, in J. TROUILLAT, Monuments de...l'évêché de Bâle, t. I, p. 211. Cette mention de Saint-Ursanne ne contredit pas un acte antérieur (999-1000) de Rodolphe III, qui accorde à l'évêque de Bâle le monastère de Moutier-Grandval avec ses dépendances, dont la cella de Saint-Ursanne (J. TROUILLAT, ouv. cité, p. 139-140 ; M.G.H., Regum Burg. Diplomata, 1977, n° 87, p. 237), possession confirmée par une bulle de Léon IX en 1053 (J. TROUILLAT, ouv. cité, p. 181). Il s'agit là d'une donation foncière qui fait passer la propriété de l'abbaye des mains royales aux mains de l'évêque, non pas d'un changement de juridiction ecclésiastique (C. LAPAIRE, Les constructions religieuses de Saint-Ursanne et leurs relations avec les monuments voisins, Porrentruy, 1960, p. 12-16).

4. L'abbaye cistercienne de Lucelle (fondée en 1123 par des Comtois), qui va très tôt essaimer vers les régions alémaniques, se fait confirmer en 1136 ses droits dans une charte commune des évêques de Bâle et de Besançon, apparemment parce qu'elle est située sur la limite des deux diocèses.

raissent plus tardivement [1].

Au-delà du Doubs, l'opération était conduite par l'évêque de Bâle qui, depuis 999-1000, avait obtenu la possession de Moutier-Grandval avec ses dépendances, cela expliquant les manœuvres bâloises pour repousser la limite au-delà de la ligne de séparation des eaux, jusqu'au Doubs, au fur et à mesure de la pénétration humaine vers l'est : dès 1139, Saint-Ursanne relève au spirituel comme au temporel de l'évêque [2], tandis que la colonisation des Franches Montagnes commencée au XIIe siècle se poursuit encore deux siècles plus tard : si Tramelan, première église apparue dans ce secteur au XIIe siècle, est et demeure rattachée à Besançon, il n'en va plus de même pour le reste, puisque toute la région à l'est du Doubs sera annexée au décanat de Salsgau (Franches Montagnes) ou d'Ilsgau (prévôté de Saint-Ursanne). Ainsi, les conditions historiques de la conquête progressive des terres expliqueraient les rectifications de frontières survenues entre les diocèses de Besançon et de Bâle ; aucun changement ne s'effectuera plus avant la fin du XVIIIe siècle [3].

Au total, la frontière entre les diocèses de Bâle et de Besançon ne correspond pas au XIIe siècle à la ligne de séparation des eaux puisqu'elle s'est déplacée vers l'ouest jusqu'au cours du Doubs qu'elle suit très approximativement.

En attendant que des recherches minutieuses fondées sur les méthodes modernes de la topographie historique éclaircissent ce problème des limites diocésaines et de leurs variations [4], nul ne doute que, comme ses voisins, l'évêché de Besançon n'ait acquis sa physionomie d'ensemble à une époque bien antérieure. Au moment où les sources documentaires permettent d'en suivre le tracé avec une certaine précision, les limites ne reflètent aucun déterminisme géographique, mais s'appuyent tantôt sur des frontières dites naturelles, tantôt sur des données humaines et économiques. C'est

---

1. Maîche, Goumois, Fessevillers (avec les chapelles de Trévillers, Charmauvillers, Indevillers et Courtefontaine) sont confirmés au prieuré de Lanthenans (chanoines réguliers) en 1177 (L. VIELLARD, *Doc. et mém. pour servir à l'hist. du Terr. de Belfort*, n° 254). Glère est citée dans le pouillé de 1275, tandis que Le Bizot est une paroisse fondée en 1331 par Henri de Montbéliard, seigneur de Montfaucon, à l'usage des habitants du Bélieu, de La Bosse, du Bizot et du Russey (Archives d'Arlay, DC II, n° 3).
2. Confirmation d'Innocent II en 1139 (J. TROUILLAT, *Monuments de...l'évêché de Bâle*, I, p. 276) et autre acte de 1146 (*ibidem*, p. 195). L'auteur précise : « C'est probablement à la suite et en considération de ce changement que le chapitre de Saint-Ursanne devait délivrer à l'archevêque de Besançon, en son château de Mandeure, chaque année bissextile, une chaudière d'airain pesant 32 livres et contenant 4 tinnes et 6 pintes, mesure de Mandeure ; en outre, une pièce de toile choisie pour faire un rochet ». Cette redevance a été transformée après composition en une somme de 10 francs, comme l'atteste un acte de 1405 (Archives de l'évêché de Bâle, A 112/104 : « chascun franc en valour de XVIII sols estevenans »).
3. En 1779, l'archevêque de Besançon cède à l'évêque de Bâle les paroisses du district de Porrentruy et reçoit en échange vingt-neuf paroisses du doyenné de Masevaux et d'Elsgau (J. TROUILLAT, *Monuments de...l'évêché de Bâle*, V, p. 134).
4. Voir l'étude de J. ROUGIER, Origine et composition territoriale du premier diocèse de Belley, dans *Saint Anthelme, Chartreux et évêque de Belley*, Belley, 1979, p. 59 -76. Pour le diocèse de Besançon, nous renvoyons à B. de VREGILLE, Les origines chrétiennes et le haut Moyen Age, dans *Histoire de Besançon*, I, p. 145 et suiv. ; G. MOYSE, La Bourgogne septentrionale et particulièrement le diocèse de Besançon de la fin du monde antique au seuil de l'âge carolingien (Ve-VIIIe siècles), dans J. Werner und E. Ewig, *Von der Spätantike zum frühen Mittelalter*, Sigmaringen, 1979, p. 467-488 ; Y. JEANNIN, *Essai de délimitation de l'arrière-pays gallo-romain d'Epomanduodurum d'après les documents ecclésiastiques médiévaux (étude du pagus d'Alsegau)*, Besançon, 1965, dactyl.

donc au seul contact des réalités, lorsque des communautés et des paroisses se sont fixées avec précision que la ligne de partage a été donnée.

Des paroisses fort nombreuses

Pour évaluer l'importance d'un diocèse, il ne suffit pas d'en fixer les contours, ni de le situer politiquement, ni même d'en donner une description géographique, puisqu'il se définit d'abord par son contenu, c'est-à-dire les paroisses qui le composent : en déterminant ce nombre, on facilite l'établissement de comparaisons avec d'autres diocèses. Mais la réalisation de cette recherche se heurte à plus d'une difficulté, car elle fait intervenir recensements et données numériques à une époque où ces éléments comptables n'existent pas. Aussi, pour dresser la liste la plus complète possible des églises et en déterminer le statut (paroisse ou église secondaire), s'impose le recours aux pouillés du xiiie siècle dont il faut compléter les données par les renseignements épars dans les chartes.

PAROISSES ET ÉGLISES DU DIOCÈSE DE BESANÇON
Répartition de leur nombre par doyenné

Doyenné	Paroisses au xiie s.	Eglises nouvelles xiiie s.	Eglises nouvelles xiv-xv^e	Total fin xv^e	Créations modernes	Total
Ajoye	62	11	9	82	30	112
Baume	19	3	3	25	6	31
Dole	59	12	3	74	19	93
Faverney	79	9	0	88	26	93
Granges	46	4	4	54	10	64
Gray	63	9	2	74	16	90
Luxeuil	75	8	3	86	18	104
Lons	67	23	5	95	32	127
Montagne	48	14	2	64	61	125
Neublans	59	11	0	70	12	82
Rougemont	46	3	2	51	6	57
Salins	58	10	1	69	22	91
Sexte	70	14	3	87	19	106
Traves	38	3	0	41	9	50
Varais	66	14	7	87	54	141
Total	855	148	44	1047	340	1387
Sud Jura	40	8		48	10	58
Total	895	156	44	1095	350	1145

Afin de mieux saisir les originalités du diocèse, nous avons joint à cette vision statique une perspective diachronique, qui montre l'évolution postérieure au Moyen Age, après les créations des xive et xve siècles et la multiplication des lieux de culte, consécutive à la Réforme tridentine. Une telle investigation dans le temps supplée parfois aux imprécisions du vocabulaire des chartes, aux lacunes des pouillés qui sont et demeurent des listes d'imposition ; elle ne balaie pas tous les doutes même si le tableau des paroisses que nous donnons ne les fait pas apparaître : la distinction entre oratoire privé, chapelle et église vicariale n'est pas toujours aisée, tandis que l'introduction de la Réforme protestante dans le Pays de Montbéliard interrompt le phénomène de continuité.

A condition de leur conserver une valeur relative, ces chiffres apportent des renseignements fort utiles. Le diocèse de Besançon compte au xiiie siècle quinze doyennés de très inégale importance, Baume-les-Dames constituant le plus petit avec une vingtaine de paroisses, alors que les autres en comprennent une soixantaine en moyenne. Comme les modalités du découpage de ces circonscriptions qui remontent au-delà du XIIᵉ siècle nous échappent encore, il est difficile d'expliquer ces différences.

Avec plus de 850 paroisses, Besançon vient largement en tête des diocèses de l'Est, puisque les listes des pouillés (établies, il est vrai, à des dates variables et avec une approximation plus ou moins grande) fournissent la classification suivante [1] :

DIOCÈSE	Date des pouillés	Nombre de paroisses
Lyon	1225	765
Toul	1402	680
Autun	1312	640
Langres	1436	600
Mâcon	1412	235
Chalon/Saône	fin XIVᵉ s.	220
Besançon	fin XIIIᵉ s.	855

Si nous ajoutons à ce chiffre les 150 églises secondaires qui en dépendent, la cinquantaine de paroisses qui ont été prélevées sur le diocèse de Lyon au XIXᵉ siècle et dépendent de l'actuel département du Jura, et celles qui, au-delà de la Saône, recouvraient la mouvance comtale, c'est sur plus de 1050 paroisses et églises que porte cette étude. Encore convient-il de préciser que ce nombre ne cesse d'augmenter par la suite : des créations se poursuivent encore aux XIVᵉ et XVᵉ siècles sur des terres en cours de colonisation, pour la commodité des habitants ou pour des raisons de prestige ; mais c'est à l'époque moderne que s'opèrent de profondes transformations : pour répondre aux exigences de la Réforme tridentine et faciliter la pratique religieuse, les autorités ecclésiastiques procèdent à un démembrement des anciennes paroisses : les églises vicariales se multiplient surtout dans les régions de peuplement tardif, dans les doyennés de l'est qui s'étendent sur le Jura montagneux : Varais, Montagne et Ajoie, ou dans la partie bressane du doyenné de Lons : plus de 300 églises nouvelles viennent ainsi compléter la carte ecclésiastique.

B. GÉOGRAPHIE HISTORIQUE.

Le diocèse couvre un espace géographique sur lequel vivent et meurent des hommes ; des plaines sans neige aux montagnes forestières et abondamment recouvertes chaque hiver, la nature étale de telles différences que toute activité, fut-elle religieuse, revêt des aspects originaux selon la contrée qui l'abrite, et, bien que la vie spirituelle ne dépende pas obligatoirement des conditions matérielles, les fidèles ne peuvent ignorer ces dernières. Leur comportement trahit parfois l'adaptation à un milieu difficile tandis que les structures ecclésiastiques elles-mêmes tiennent compte de certains impératifs : les anciennes paroisses-mères s'identifient fréquemment à des petites unités géographiques, de même que les nouvelles, qui se créent au XIIIᵉ siècle, se moulent dans les micro-cellules de la montagne jurassienne ; là, les cisterciens cherchent leur *désert* dans les lambeaux de forêt des interfluves, ailleurs, prieurés et hospices se pressent le long des voies de communication. Aussi, sans avoir la prétention de dresser un tableau géographique du diocèse à la fin du XIᵉ siècle, convient-il de dégager quelques traits caractéristiques, susceptibles d'éclairer nos propos ulté-

---

1. Pour l'établissement de ces listes, consulter : *Pouillés de la province de Lyon*, par A. LONGNON ; *Pouillés des provinces de Besançon, Tarentaise et Vienne*, par E. CLOUZOT ; *Pouillés de la province de Trèves*, par A. LONGNON.

rieurs. Il s'agit, en se plaçant sur le terrain de la géographie historique, de préciser ou d'esquisser les conditions naturelles qui régissent la vie des hommes, avec toutes les réserves qu'impose la pénurie de la documentation.

Le diocèse de Besançon ne s'assimile pas à une région naturelle, mais juxtapose une grande variété de pays. Il suffit de se reporter à une carte pour se convaincre de cette diversité : les massifs calcaires du Jura, les côtes granitiques des Vosges, les plateaux arides de la Haute-Saône, la plaine humide de la Bresse sont autant de paysages différents par leur relief, leur climat, leur végétation et leurs aptitudes agricoles. Pour simplifier cette présentation, nous adoptons la classification traditionnelle entre Bas-Pays, hauts plateaux et axe médian, en négligeant toute description technique pour mettre l'accent sur les quelques informations historiques rencontrées au cours de notre recherche [1].

Le Bas-Pays

A l'Ouest du Revermont et de la vallée du Doubs, des Vosges à la Bresse, le Bas-Pays, dont l'altitude se maintient autour des 250-300 m, cache sous une apparente monotonie une réelle variété de paysages juxtaposant montagne vosgienne, dépression périphérique, plateaux de la Haute-Saône, entrecoupée par les vallées de la Saône et de l'Ognon etc. Le véritable élément d'homogénéité est apporté par le climat au caractère semi-continental, où les froids hivernaux accentués par la bise du nord-est s'opposent aux étés très chauds, où les pluies abondantes demeurent toutefois plus modérées que dans le Jura lui-même.

Région vosgienne   Sur les marges septentrionales du diocèse s'enfonce un coin des Vosges, antique berceau du colombanisme : pays de terre rougeâtre, aux collines arrondies où les forêts s'allient au climat pour en accentuer la rudesse. Cette bordure vosgienne, qui s'élève de moins de 300 m vers Bourbonne-les-Bains à plus de 1 200 m aux Ballons d'Alsace et de Servance, s'étale largement vers la Trouée de Belfort. Dans sa *Vita Colombani* écrite vers le milieu du VIe siècle, Jonas de Bobbio avait déjà noté l'originalité de cette région, fondée sur l'association forêts-eaux-prairies [2]; sans doute entre-t-il dans ses remarques une part d'exagération due au genre hagiographique, quand il montre le caractère sauvage de ces lieux où les ermites ne disposaient comme nourriture que de maigres herbes et de pommes sauvages, alors qu'abondaient les étangs et les sources, dont certaines dotées de

---

1. En vue d'une description géographique, le lecteur trouvera les éléments bibliographiques récents dans la thèse de J. Boichard, *L'élevage bovin, ses structures et ses produits en Franche-Comté*, Cahiers de Géographie de Besançon, n° 26, Paris, 1977. Il n'existe aucun tableau de la Franche-Comté pour la période envisagée, mais le chapitre " Naissance et essor du comté de Bourgogne, XIe-XIIIe siècles " dans *Histoire de la Franche-Comté,* Toulouse, 1977, fournit les données générales. Pour avoir une vision diachronique, nous avons utilisé la description qu'a faite G. Moyse, *Les origines du monachisme dans le diocèse de Besançon (V[e]-Xe siècles)*, Thèse de l'Ecole des chartes, 1972, dactyl. ; l'auteur a fait débuter son étude par un chapitre intitulé " Le pays et son peuplement avant l'apparition du monachisme ", p. 1 - 21. Dans sa thèse, *Philippe II et la Franche-Comté*, Paris, 1912, rééditée en 1970, L. Febvre a de même donné un tableau physique et humain de la Franche-Comté au milieu du XVIe siècle, qui reste un modèle du genre (p. 13-31) et qui se lit toujours avec beaucoup de plaisir. L. Gollut a consacré le deuxième livre des *Mémoires historiques de la république séquanoise*, publiés à Dole en 1592, à une description de la Franche-Comté, intéressante par ses renseignements administratifs et ses tableaux relatifs aux villes, dont Salins et ses salines.

2. *Vita Columbani*, dans *M.G.H. in usum scholarum*, édit. par B. Krusch, Hanovre, 1905, p. 163-167.

propriétés thérapeutiques. Malgré les défrichements opérés autour de Luxeuil, Fontaine et Annegray, la végétation forestière n'a guère reculé sur ces marges du diocèse, puisque la colonisation rurale se poursuit bien au-delà du XIIᵉ siècle dans la région de Faucogney et de Fougerolles, tant du côté comtois que lorrain. Au cœur de ces massifs, plusieurs abbayes ont trouvé un asile de paix : Remiremont, puis Hérival aux confins du diocèse de Toul, et dans celui de Besançon, les trois fondations colombaniennes d'Annegray, Luxeuil, Fontaine.

Vers le sud-ouest, les collines sous-vosgiennes et la Vôge gréseuse étalent un paysage qui évoque la Lorraine et que les géographes qualifient de dépression périphérique : bandes festonnées de cuestas découpées en collines où se perchent les châteaux féodaux, vallées verdoyantes, telle la dépression de Jussey irriguée par la Saône supérieure et celles de Saulx, Lure, Champey ; c'est dans les vallées que se blottissent les bourgs, qui gardent le pays comtois et que disputent à nos comtes les seigneurs lorrains ou champenois : Monthureux-sur-Saône, Bourbonne-les-Bains, Jonvelle, Jussey, dont la dévolution fluctuante survit à l'époque moderne dans l'expression *terres de surséance*. Là-aussi, de grandes abbayes ont trouvé dès le haut Moyen Age une terre plus propice que dans les Vosges : Faverney, Lure.

Plateaux de la Haute-Saône   Succédant à ces pays verdoyants, les plateaux de la Haute-Saône trancheraient par leur désolante monotonie sans les artères fluviales qui les découpent ; sur ces tables calcaires sèches et pierreuses, couvertes de maigres bois — les villages s'adjoignent parfois le qualificatif de sec, comme Echenoz-le-Sec, Villers-le-Sec —, froment et avoine s'accommodent assez aisément au Moyen Age de sols rouges peu profonds et de la sécheresse des étés, tandis que les éboulis bien exposés au soleil accueillent des vignobles convoités par les seigneurs et les établissements ecclésiastiques : Chariez, Gy, Champlitte, Pesmes, Vesoul. A l'ouest de la Saône, ces mêmes plateaux s'adoucissent et se transforment en vallons plus riches, en buttes aux sites avantageux, occupés depuis fort longtemps par les hommes. Si, en raison de leur relative pauvreté, ils supportent une densité d'occupation humaine assez faible, du moins se laissent-ils traverser aisément par les routes qui joignent Langres à Besançon en passant par Gray et Marnay ou par Seveux, Oiselay et Cussey.

Les villages se pressent aux abords des grandes vallées où ils trouvent avec l'eau plus de fertilité. Le grand axe c'est la Saône : « ce fleuve se coule avec une lenteur admirable, et tant paresseuse que avec les yeux difficilement peut-on discerner en quelle part il se meut, si quelque chose nageant au-dessus n'en faict la monstre, ce que luy advient pour autant que son canal est fort plat, fort equal et uny... ; il coule sans effort par païs gras, prairies herbues, terres fertiles et collines sinueuses » [1]. Navigable à 50 km de sa source, la rivière est utilisée pour des déplacements, puisqu'en 1093 l'abbé de Bèze, qui a été reçu à Seveux, regagne son monastère « en naviguant sur la Saône » [2]. Sur ses rives se dressent quelques donjons, dont l'apparition et la multiplication aux XIᵉ et XIIᵉ siècles confirment l'importance stratégique et économique de cette artère et concrétisent la nouvelle répartition des pouvoirs politiques avec l'ère des châtellenies.

D'horizon plus restreint, mais d'aspect plus riant, l'Ognon a fixé lui-aussi de nombreux villages sur ses rives, dont certains, situés aux points de passage, deviendront des bourgs importants : Villersexel, Montbozon, Marnay, Pesmes... Comme le val de Saône, cette région a connu une occupation humaine précoce et dense grâce

---

1. L. GOLLUT, *Mémoires de la république séquanoise*, 1846, col. 109.
2. *Chronique de Saint-Pierre de Bèze*, p. 385 : *Dum remigando per Segunnam* .

aux facilités d'exploitation qu'elle offrait, mais la mise en valeur des terres se pour-suit encore au xiie siècle, en partie sous l'impulsion de la nouvelle vague monas-tique : prieurés clunisiens et bénédictins, abbayes cisterciennes ou canoniales attei-gnent dans ces pays de la Saône une concentration rarement égalée dans le reste du diocèse.

Val de Saône   Le Bas-Pays se prolonge vers le sud-ouest, au-delà de l'Ognon, en direction de la Bresse : en aval d'Auxonne, le val de Saône s'élargit considérablement en une campagne découverte, parfois très fertile, comme dans le Finage, qui correspond à la plaine alluvionnaire du Doubs et de la Loue : région plate, largement ouverte aux influences occidentales venues de la Bourgogne et de Chalon, et, par là, facile à envahir ; les nombreuses fortifications qui se mettent en place à l'époque féodale (Saint-Aubin, Seurre, Pagny-le-Château, Navilly, Neublans, Chaussin) témoignent des luttes sourdes et des coups de force. Curieusement, c'est à l'est, vers l'intérieur du diocèse que l'horizon est fermé par deux grandes forêts qui subsistent encore de nos jours : au nord pointe le massif granitique de la Serre qui barre l'arrière-pays de Dole ; entre la Loue et le Doubs, la forêt de Chaux forme un immense bastion végétal qui s'étend sans discontinuité jusqu'à Quingey et qui reparaît au-delà de la Loue dans la région fangeuse de l'Orain et de la Brenne ; avec ses 25000 ^ha, elle constitue, en feuillus, le deuxième massif forestier de France.

La lisière méridionale cède bientôt sa place à une bande de terres fécondes qui oc-cupent la plaine alluvionnaire de la Loue et qui, sous le nom de Val d'Amous ou d'Amaous, rappelle l'ancien *pagus* du même nom. Malgré les crues très dangereuses de la rivière, cette vallée très fertile a fixé depuis longtemps une population agricole serrée dans de gros villages, entre lesquels essayeront de s'infiltrer abbayes et prieu-rés. Au xiiie siècle l'empruntent aussi les routes qui franchissent la Loue à la Loye, Belmont et Chamblay, points de péage, pour gagner Salins et la Montagne ou Dole, Chalon. Au-delà de La Loue, le diocèse de Besançon comprenait une partie de la plaine bressane avec ses collines molles, ses nombreux étangs, ses bois fourrés : cette frange de l'Escuens, qui subit l'influence du Chalonnais voisin, contraste vigoureusement par sa répartition de la population et sa mise en valeur inachevée avec le Bon Pays voisin.

Le Bon Pays

En effet, plaines et plateaux de l'ouest viennent buter contre un premier gradin, ride ou talus, qui, tel un arc, se courbe de Saint-Amour à Saint-Ursanne : formé par le Revermont au sud de Lons, il s'épanouit dans le Vignoble, jusqu'à Salins, se poursuit parallèlement au Doubs dans le faisceau bisontin avant de terminer sa course dans le Lomont ; pays prospère, spécialement dans le sud, ce qui lui a valu de la part des gens de la Montagne le surnom de Bon Pays. La conjonction de plusieurs facteurs naturels et économiques a fait effectivement du Vignoble, qui s'étire de Lons à Salins, une région privilégiée, une sorte de croissant doré, du moins à l'époque médiévale.

Vignoble   Très tôt aussi les hommes ont su tirer de cette nature généreuse les trois ressources qui ont assuré la célébrité du Bon Pays : le vin, le sel, la route. Alors que les fonds de vallée accueillent prairies et cultures, les sols d'éboulis calcaires des coteaux bien exposés au soleil et à l'abri des vents d'est conviennent parfaitement à la culture de la vigne, d'où le nom moderne de Vignoble pour cette région ; dès le xiie siècle, l'emprise de cette culture est attestée par certains monastères qui, ne pouvant l'acclimater sur leurs propres domaines, procèdent à des investissements fonciers dans la région d'Arbois et de Montigny-les-Arsures : plusieurs d'entre eux, tels Montbenoît, Mont-Sainte-Marie, Balerne, y auront bientôt un cellier.

A l'affleurement des marnes du lias surgissent des sources salées qui alimentent une activité importante : la fabrication du sel que rappellent plusieurs toponymes (*Ledo salinarius* ou Lons-le-Saunier, Salins) et qui assure au XIIIᵉ siècle le financement de la politique des seigneurs de Salins [1]. L'exploitation des salines de Grozon depuis l'antiquité a favorisé l'essor de la ville : un bourg existe au XIᵉ siècle [2], mais semble végéter par la suite quand Lons, puis Salins concentrent l'essentiel de la production locale : là aussi nous voyons les établissements religieux, comtois ou périphériques, rivaliser entre eux pour y implanter une antenne permanente sous la forme d'un hospice, d'une grange ou d'une simple maison, car clercs et laïcs se disputent cette muire, véritable manne distribuée en rente d'eau salée et de sel ou convertie en argent. Comment pourrait-on s'étonner de la présence de routes le long de cette bordure, dès l'époque romaine, sinon à des temps antérieurs ? Venant de Lyon par Bourg, une voie gagnait Lons-le-Saunier, puis Salins, où elle croisait l'axe Champagne-Italie, avant de se prolonger en direction de Besançon.

De tous les bourgs qui s'égrènent le long ou à proximité de cette route et qui eurent chacun un rôle non négligeable (Grozon, Arbois, Poligny, Lons-le-Saunier), Salins se distingue par son importance, constituant la seconde ville du diocèse après Besançon. Cette ville, qui comprenait déjà à l'époque d'Hugues de Salins quatre paroisses [3], s'accroît encore aux XIIᵉ et XIIIᵉ siècles, tant à cause de l'activité de ses salines que par suite de l'animation de la route [4] et des investissements religieux. A

---

1. Des indications suffisantes pour nos propos se trouvent dans C. BRELOT, R. LOCATELLI, *Les salines de Salins. Un millénaire d'exploitation du sel en Franche-Comté*, Besançon, 1981 ; *Les salines de Salins au XIIIᵉ siècle. Cartulaires et livre des rentiers*, publ. par R. LOCATELLI, D. BRUN et H. DUBOIS, Paris, 1991.

2. Le bourg de Grozon est signalé dans un acte de 1083, en faveur de l'abbaye de Baume-les-Messieurs (Archives dép. Jura, 1 H 17).

3. Saint-Anatoile, Saint-Maurice, Saint-Jean-Baptiste et Notre-Dame.

4. Sur l'essor et l'importance de la route de Salins, nous renvoyons à V. CHOMEL et J. EBERSOLT, *Cinq siècles de circulation internationale vue de Jougne*, Paris, 1951, étude que l'on complétera par la thèse récente et importante d'H. DUBOIS, *Les foires de Chalon et le commerce dans la vallée de la Saône à la fin du Moyen Age*, Paris, 1977 ; R. FIÉTIER, Les voies de communication en Franche-Comté à l'époque médiévale, essai de bilan et perspectives de recherches, dans *Cahiers de l'Ass. interuniversitaire de l'Est*, n° 18 (Dijon, 1977), p. 37-52.

L'existence de routes à usage commercial empruntant le Vignoble est attestée dès le haut Moyen Age ou à l'époque féodale par divers témoignages, pour la plupart hagiographiques, qui citent au hasard des étapes Lons, Salins, Grozon. Salins est traversée par la route qui joint l'Italie (par le Grand Saint-Bernard ou le *Monte Jovis*) à la France par le col de Jougne. Notons toutefois une variante de l'itinéraire France-Italie par le col de Jougne, variante qui évite Salins pour traverser Besançon, comme l'indique l'itinéraire de l'archevêque Sigenc de Cantorbery (989-994) : Saint-Maurice d'Agaune, Lausanne, Orbe, Pontarlier, Nods, Besançon, Cussey, Seveux.

De Dijon partaient diverses routes vers l'est ou le sud-est, reliant :

- Salins par Tavaux, Mailly (*Chartes de Saint-Etienne de Dijon*, III, n° 21, début XIIᵉ s.: *quod per Malleium transirent... et cum de Salino redirent.*

- Lons par Verdun-sur-le-Doubs (R. POUPARDIN, *Recueil des actes des rois de Provence (855-929)*, p. 96, n° 54).

- Grozon et Genève (*Vita sancti Lautheni*, dans M. CHAUME, *Les origines du duché de Bourgogne*, II, p. 704).

la fin de l'époque qui intéresse notre sujet, Salins compte dans ses murs ou à proximité deux prieurés clunisiens (Saint-Nicolas, Château-sur-Salins) et un bénédictin (Sainte-Marie-Madeleine), trois collégiales (Saint-Anatoile, Saint-Maurice, Saint-Michel), une abbaye de chanoines réguliers établie en amont (Goailles). Mais cette sèche énumération ne rend pas compte de la forte attraction exercée par la ville sur les religieux si l'on n'y ajoute pas toutes leurs possessions secondaires, maisons ou hospices, offrant aux moines de passage un pied à terre ou résidence habituelle du religieux chargé de gérer les biens et rentes en sel.

Prolongements du Vignoble   Prolongeant vers le sud le Vignoble, le Revermont s'en distingue néanmoins fortement tant par son relief moins échancré que par ses activités plus réduites, limitées à l'agriculture, et par la disparition des sources salées. D'ailleurs le diocèse ne possédait du Revermont que la partie qui s'étendait jusqu'à Beaufort, puisque Saint-Amour relevait de Lyon.

Au nord de Salins le contraste s'accentue davantage dans la portion de la bordure centrale, sise entre la Loue et le Doubs, qui assure la transition avec le faisceau bisontin : le relief, plus disséqué, s'élève jusqu'à atteindre l'altitude de 800 m au Mont Poupet. Dès lors, la charnière, cette zone médiane qui soude les plateaux du Jura à ceux de la Haute-Saône, s'infléchit à la hauteur du faisceau bisontin en direction du nord-est, parallèlement au cours du Doubs et développe une longue bande de terre qui assure la jonction entre la Saône et le Rhin.

Besançon   Blottie dans la boucle d'un méandre encaissé dont la valeur stratégique avait déjà retenu l'attention de Jules César et dont le pédoncule porte l'anticlinal de la Citadelle, appelé autrefois le Mont Saint-Etienne, Besançon est à la fois cité épiscopale et ville impériale sans faire partie du comté de Bourgogne [1]. Nous devons à un clerc du xie siècle qui composa la *Vie de saint Antide*, archevêque de Besançon, une belle description du site, duquel l'hagiographe a su dégager les éléments constitutifs : le pont Battant qui, depuis l'époque romaine, assure le passage du Doubs, la boucle barrée à l'est par le Mont Saint-Etienne qui porte la cité dans ses flancs et qui conserve sur son sommet des vestiges antiques : pour franchir cet obstacle les routes doivent, soit gravir une pente très raide pour accéder à la porte Saint-Etienne, soit se faufiler par une ouverture taillée dans le flanc même de la montagne (*la Porte Taillée*) ou longer en aval la rive jusqu'à la porte de Malpas. C'est ce site remarquable qui lui aurait valu, selon l'auteur, le surnom de *Chrysopolis* (ville d'Or) utilisé depuis l'époque carolingienne jusqu'au xiie siècle par quelques clercs érudits [2].

En réalité, la ville du xie siècle n'occupe pas toute la boucle du Doubs, à l'intérieur de laquelle subsistent de nombreux espaces inhabités, car, après les alertes du Bas Empire, la cité épiscopale s'est réfugiée derrière une ligne de remparts édifiés à la hauteur de la Porte Noire ; là se trouvent la cathédrale Saint-Jean avec le palais épiscopal et le quartier capitulaire, tandis que le sommet du mont porte la seconde cathédrale Saint-Etienne, construite par Hugues Ier et desservie, elle aussi, par un chapitre.

Une dernière transversale reliait Chalon-sur-Saône à Payerne (Suisse) par Lons-le-Saunier : *Odilo pervenit ad quemdam vicum nomine Leodium ubi conficitur sal* (*Vita sancti Odilonis*, dans M. Chaume, *Les origines du duché de Bourgogne*, II, p. 704).

1. Toutes les références sur le passé de la ville se trouvent dans *Histoire de Besançon*, sous la dir. de Cl. Fohlen, I, Paris, 1964.

2. B. de Vregille a rassemblé dans l'*Histoire de Besançon*, I, p. 211, les diverses explications de cette appellation.

Mais c'est au profit du *suburbium* et du quartier Battant, établi outre-pont, que se fait le développement de la ville au XIIe siècle, si bien que la cité prend un caractère clérical de plus en plus accusé. Au temps d'Hugues de Salins, seule la partie médiane, de part et d'autre de l'ancien *cardo* qui relie le pont à la Porte Noire, est urbanisée : là se trouvent les églises paroissiales de Saint-Pierre, Saint-Maurice et Saint-Jean-Baptiste, tandis que le faubourg Battant est desservi par une collégiale de chanoines (La Madeleine). Partout ailleurs le tissu de constructions semble très lâche, voire inexistant, puisque l'abbaye de Saint-Paul s'y est développée librement et qu'un autre monastère (Saint-Vincent) peut s'y établir à la fin du XIe siècle. Malgré ses deux chapitres cathédraux et ses quatre paroisses, la ville n'apparaît pas très importante et n'abrite aucune activité particulière, autre que le commerce local et régional.

Certes, la ville impériale « tient fortement un nœud puissant de routes » [1], puisqu'elle occupe l'intersection des deux grands axes : Italie-Champagne par le col de Jougne, Chalon-Porte de Bourgogne par la vallée du Doubs. Mais au milieu du XIe siècle, l'animation commerciale reste encore imperceptible et seuls pèlerins ou voyageurs empruntent le premier itinéraire ; de même l'axe est-ouest, l'ancienne voie des invasions, a dû recouvrer sa valeur stratégique depuis l'annexion du royaume de Bourgogne à l'Empire germanique, bien que les renseignements n'abondent pas. La route, qui délaisse fréquemment la vallée du Doubs trop encaissée au profit de la corniche, ne traverse pas d'agglomérations importantes, à part Baume-les-Dames avec son abbaye de moniales et ses trois paroisses. A l'ouest, Dole n'est encore qu'un château construit dans la paroisse d'Azans, tandis que d'autres forteresses parsèment la branche orientale de cette voie : Roulans, l'Isle-sur-le-Doubs, Montbéliard, Ferrette...

Porte de Bourgogne   Cet isthme de passage, qui longe la vallée du Doubs, s'ouvre à l'est sur la Porte de Bourgogne dite aussi trouée de Belfort [2], qui résume par sa diversité physique l'hétérogénéité du diocèse. En effet, elle tient à la fois des Vosges par les hauteurs cristallines qui se profilent au nord de Belfort, du Jura par les collines calcaires qui annoncent le Lomont, du Sundgau par les multiples étangs qui parsèment son sol d'alluvions à l'est. Malgré un climat continental plus accusé qu'à Besançon, mais à cause de sa situation stratégique, la Porte de Bourgogne révèle une occupation du sol, déjà ancienne et dense, si l'on se fie aux données toponymiques, à défaut de trouvailles archéologiques suffisamment nombreuses. Cependant, aucune ville même de médiocre importance, ne paraît émerger en ce milieu du XIe siècle pour relayer l'antique *Epomanduorum*, Mandeure, reléguée au rang de simple *castrum* au XIe siècle : Montbéliard n'est qu'une forteresse, alors que Belfort n'a point encore d'existence assurée [3].

---

1. L. FEBVRE, *Philippe II et la Franche-Comté*, p. 19.

2. Parmi les études classiques sur la région : A. GIBERT, *La Porte de Bourgogne et d'Alsace (trouée de Belfort). Etude géographique*, Paris, 1930.

3. L'histoire de la région à l'époque féodale présente encore bien des lacunes, à cause d'une documentation défaillante. A la fin du siècle dernier, un amateur érudit, L. VIELLARD, a rassemblé les matériaux nécessaires à une histoire de la région jusqu'au XIIIe siècle, dans *Documents et mémoires pour servir à l'histoire du Territoire de Belfort*, Besançon, 1884, encore fort utiles de nos jours. Parmi les études qui abordent les problèmes des origines, retenons : R. LOCATELLI, R. FIÉTIER et G. MOYSE, Aux origines du comté de Montbéliard, dans *Soc. Emul. Montbéliard*, 1978, p. 18-37 ; J.-C. VOISIN, A. FERRER, F. VION-DELPHIN, P. PÉGEOT, *Histoire de la ville de Montbéliard*, Roanne, 1980 ; B. de VILLELE, *Belfort à la fin du Moyen Age*, thèse de doctorat de 3° cycle,

Toutefois, la politique bourguignonne des empereurs germaniques restitue à la Porte de Bourgogne — si jamais elle l'avait perdue — sa fonction de passage et son rôle stratégique, puisque Louis de Mousson amorce la constitution d'une principauté territoriale en regroupant dans ses mains les châteaux de Bar, Ferrette et Montbéliard [1] : désormais, face aux tentatives d'expansion vers l'est des comtes de Bourgogne, se dresse l'obstacle de Montbéliard qui échappe au contrôle de ces derniers, mais reste dans le ressort diocésain de Besançon. Cette originalité politique, qui se maintient durant tout le Moyen Age, contribue sans doute à donner à ce pays certains traits particuliers qui se retrouvent dans d'autres domaines. Ainsi le comté de Montbéliard se distingue-t-il du reste du diocèse par sa faible densité monastique, son absence de villes même moyennes et ses intérêts politiques davantage tournés vers l'est. Une fois de plus s'affirme la diversité des pays comtois, puisque d'un bout à l'autre de l'axe médian, qui court en arc de cercle de Saint-Amour à Montbéliard, se succèdent contrastes et nuances.

Les plateaux et la chaîne du Jura

Au-delà de cette charnière commence le Jura proprement dit, qui déborde le diocèse de Besançon vers l'est. Le massif juxtapose diverses formes de relief qui engendrent plusieurs types de paysages : d'abord, à l'ouest, de vastes plateaux disposés en gradins et séparés les uns des autres par des faisceaux étroits de collines serrées, qui marquent la limite entre deux niveaux. Le plateau de Mamirolle passe ainsi de 450 m à 600 m, en franchissant la ride du Mont-Bon ; les plateaux d'Ornans et d'Amancey s'achèvent sur une ondulation au delà de laquelle se déploient ceux de Levier et de Pierrefontaine qui viennent mourir au pied du plateau de Maiche entre 800 et 1100 m ; le plus élevé de tous, ce dernier appartient déjà à la montagne. Cette disposition se retrouve au sud, où le plateau de Lons s'individualise de celui de Champagnole par la chaîne de l'Heutte. Ces plateaux qui s'articulent en forme de vaste croissant, seraient monotones sans les collines qui les parcourent, sans les rivières qui les découpent et les forêts qui habillent certaines pentes. Les vallées ainsi dessinées ont souvent attiré les hommes quand elles s'épanouissent suffisamment, comme celles de la Loue, du Lison ou du Cusancin ; elles peuvent aussi l'épouvanter quand elles se transforment en gorges sauvages, comme le font le Dessoubre et l'Ain dans certains secteurs de leur parcours.

Si l'on ajoute à ces obstacles naturels les barrières constituées par les immenses forêts de sapins, qui, à mesure que croît l'altitude vers l'est, occupent les sols morainiques, l'on comprend mieux l'isolement relatif de ces plateaux, surtout l'hiver, lorsque la neige rend difficile tout déplacement. Ces difficultés climatiques ont joué

Faculté des Lettres de Besançon, 1971 ; R. LOCATELLI, Politique et religion dans l'ancien pays d'Ajoie (XII°-XIII° siècles), dans Le Pays de Montbéliard et l'ancien évêché de Bâle dans l'histoire, Montbéliard, 1984, p. 47-70 ; Ch. WILSDORF, Histoire des comtes de Ferrette 1005 - 1324, Mulhouse, 1991.

1. Si l'existence du château de Montbéliard est assurée dès le X° siècle, celle de Belfort ne semble pas remonter au-delà du XIII° siècle. Tandis que les diplômes mentionnent des agglomérations rurales du Territoire (Méroux, Grandvillars, Bavilliers, Bermont), le château de Belfort est cité pour la première fois en 1226 (L. VIELLARD, Doc. et mém.... Terr. de Belfort, p. 407), quand le comte de Ferrette abandonne au comte de Montbéliard tous les droits qu'il prétendait avoir sur cette forteresse ; mais il ne tarde pas à fixer à ses pieds un noyau de population, puisque la charte de franchises (1307) parle d'un bourg, celui qu'on appelle par la suite le Vieux bourg. En 1350, Belfort est dissocié de Montbéliard pour être annexé au landgraviat de Haute Alsace par Albert II d'Autriche.

un rôle beaucoup plus important dans le passé, à l'époque féodale, en introduisant une différenciation entre ces plateaux aux alentours de 800 m : au-dessus de cette limite hypsométrique, l'implantation humaine a été longtemps aléatoire, comme nous le constatons dans la montagne proprement dite.

Le Jura   La transition entre plateaux et zone montagneuse se fait insensiblement : l'altitude croît régulièrement, les rides s'accentuent, les formes structurales s'affirment et font apparaître bientôt des crêts bien orientés, des combes, des monts et des vals, c'est dès lors le domaine de la haute chaîne jurassienne, dont le diocèse de Besançon possède une bande étroite qui lui sert de confins. Les caractères physiques en sont suffisamment connus pour justifier un très bref rappel [1]. Plus de table calcaire amplement étalée, mais des plissements en longs alignements qui s'orientent nord-est–sud-ouest et dont les monts boisés découpent la montagne en autant de vals plus ou moins encaissés et verdoyants. Parfois ces plis s'élargissent en petits plateaux comme à Longchaumois ou aux Rousses, mais généralement domine l'ordonnance régulière en monts et vaux parallèles.

Par leur continuité et leur disposition, ces rides du relief isolent de longues dépressions qui tantôt s'élargissent en de magnifiques bassins à fond plat, tantôt s'étirent en vallées étroites ; ainsi s'individualisent de petites unités naturelles, plus ou moins enclavées et juxtaposées les unes aux autres, ce sont les vals : vals de Joux, de Mouthe, de Saint-Point, du Saugeais, de Morteau etc., séparés les uns des autres par des hauteurs qui peuvent atteindre 1500 m. En n'autorisant que des communications longitudinales, cette disposition du relief confère au Jura un rôle de barrière que son altitude, très moyenne, ne lui donne pas ou peu.

Les passages   Mais les rivières et les accidents techtoniques ont aménagé quelques passages transversaux, des cluses, qui assurent au diocèse de Besançon des relations avec les pays helvètes. Certains de ces passages ne sont utilisés qu'à une époque tardive, tel le col de la Faucille qui ouvre la route de Genève par Morez ou par Saint-Claude, tel le col des Roches conduisant au Val de Saint-Imier ou à Neuchâtel. D'autres ne voient défiler qu'un trafic restreint ou plus exactement des échanges occasionnels : le col de Saint-Cergue, qui relie l'arrière-pays de Morez, donc Salins, aux rives du lac Léman ou à la vallée de Joux, semble emprunté au XIIᵉ siècle par les moines des deux versants et explique partiellement les fondations d'Oujon et de Bonmont au pied de la Dôle [2] ; mais au XVᵉ siècle sa

---

1. Laissant de côté les études morphologiques, nous renvoyons le lecteur à deux thèses de géographie humaine : R. LEBEAU, *La vie rurale dans les montagnes du Jura méridional*, Lyon, 1955 ; S. DAVEAU, *Les régions frontalières de la montagne jurassienne*, Lyon, 1959.

2. La fondation, dans la première moitié du XIIᵉ siècle, de l'abbaye cistercienne de Bonmont et de la chartreuse d'Oujon, situées au pied de la Dôle, sur le versant suisse, se fait en relation avec des monastères comtois, par les cols des Rousses et de Saint-Cergue (liaison Morez-Lausanne). De même, les liens entre l'abbaye de Balerne, près de Champagnole, et Aulps (Haute-Savoie) au début du XIIᵉ siècle, entre l'abbaye d'Abondance (Haute-Savoie) et Salins, vers le milieu du XIIᵉ siècle, supposent l'utilisation du col de la Faucille (liaison Les Rousses-Genève par le pays de Gex). Sur ce dernier tronçon, se greffe une bifurcation vers la vallée de la Bienne et Saint-Claude, comme le confirme un miracle relaté dans la *Vie de saint Odilon,* abbé de Cluny (994-1049) : venant de Nantua, il se dirigeait vers Genève par Saint-Oyend, quand, près de Septmoncel, il fit une chute dans la neige et perdit un précieux sacramentaire que l'abbé de Saint-Oyend retrouva intact au printemps suivant (passage publié par dom. BENOÎT, *Histoire de*

fréquentation reste encore limitée [1].

En réalité, il n'existe alors qu'une seule grande percée transversale, c'est le décrochement de Pontarlier qui brise la continuité des chaînons par une succession de cluses (Hôpitaux, Joux) et permet à la route d'Orbe de se faufiler au pied du château de Joux après avoir franchi le col de Jougne (1100 m). Ce passage naturel est utilisé par la voie internationale qui conduit de France en Italie par le col du Grand Saint-Bernard et qui s'anime lors des foires de Champagne ; jusque-là et durant tout le Haut Moyen Age n'y circulent que des pèlerins avec leurs reliques, des moines qui, tels ceux de Saint-Bénigne de Dijon, cherchent à établir des relais dans la région de Salins... Aussi n'est-il pas étonnant que les chroniques en parlent comme du chemin ordinaire de Rome [2], qu'emprunte au milieu du XIe siècle Léon IX, accompagné de son ami Hugues de Salins, pour gagner Toul. Ne serait-ce pas sous l'influence de ce pape que Bernard de Menthon aurait fondé l'hospice du Grand Saint-Bernard, dit aussi du Montjoux [3] ?

Malgré cette route, la montagne et la partie la plus élevée des plateaux se trouvent isolées et morcelées de petites cellules qui serviront plus tard de cadre aux paroisses et aux seigneuries. Le cloisonnement du relief est encore accentué par d'autres conditions naturelles médiocres, en particulier le climat : les forts écarts de température, les coups de froid hivernaux (records de Mouthe et de la Brévine), l'abondance des précipitations caractérisent ce climat de montagne qui, en écourtant le printemps et l'automne, oriente le cycle annuel vers deux saisons très contrastées : l'été et l'hiver, la bonne et la mauvaise saison. Apre pays où l'homme doit d'abord se battre contre ces éléments naturels, contre le froid, contre la neige qui, durant plusieurs mois, ensevelit la terre sous son manteau.

Les Joux   Toutes ces données naturelles se conjuguent pour faire des hauts plateaux et de la chaîne du Jura le domaine de la forêt : feuillus relayés progressivement au-delà de 700 m par les sapins et les épicéas qui donnent à tout le massif sa véritable originalité, au point de s'identifier à lui ; en effet, les termes *joux, jurat* qui qualifient à l'origine ces forêts de résineux, ont fini par désigner les pays même qui les portent [4]. Plus que le relief, la vigueur des pentes,

---

l'abbaye et de la Terre de Saint-Claude, I, p. 447).
Sur la mise en place géographique et historique de ces relations, voir abbé BERTHET, Le problème des communications de Saint-Claude à Genève, dans *Mém. Soc. Emul. Jura*, 1950-1954, p. 27-29.
1. L. FEBVRE, *Philippe II et la Franche-Comté*, p. 24.
2. *Chronique de Saint-Bénigne de Dijon*, p. 32 : *juxta burgum Salinis euntibus Romam quondam fuit iter*, ou la *Vita Anatolii* : *vallis romano itineri pervia... ubi nunc salinarum locus*, cité par E. CLERC, *La Franche-Comté à l'époque romaine*, p. 153 et note suivante.
3. M. PIQUARD, La Franche-Comté, zone de passage entre l'Italie et le nord de la France pendant le haut Moyen Age, dans *Bull. phil. et hist.*, 1974, I, p. 37.
4. Sur les toponymes *Joux, Jura* et leurs dérivés, sur leur répartition géographique et leur signification, voir Y. JEANNIN, L'homme et le Jura dans l'Antiquité, dans *Mém. Acad. Besançon*, 1970, p. 131-171. La première mention se trouve dans la *Guerre des Gaules* de Jules César (I, 2 et 8 : *monte Jura altissimo*) ; d'autres auteurs antiques (Strabon, Pline l'Ancien...) le citent également. Le mot *Jura* est donc préromain et dériverait du gaulois *juris*. Ce dernier signifierait *hauteur boisée, forêt de sapins*. Il est incontestable que les deux termes de *Joux* et *Jura* dérivent de ce même prototype *juris* .

les contrastes du modèle, c'est la parure de sapins et d'épicéas qui fait la différence entre le haut et le bas pays, c'est elle qui traduit le climat plus frais, le long enneigement hivernal et l'absence de lourdes chaleurs d'été. La limite passe aux environs de 700 - 800 m d'altitude et englobe le plateau du Haut Doubs au-delà de la coupure du Dessoubre, le plateau de Pontarlier et ses bordures, les chaînons du Haut Doubs et du Haut Jura.

Exception faite des réalisations de Saint-Oyend autour du monastère et à Saint-Lupicin, d'une bande discontinue le long de la voie internationale, les hautes joux constituent au milieu du XIe siècle d'immenses déserts forestiers, une zone répulsive où l'homme hésite à s'aventurer, tant les conditions de vie lui paraissent difficiles et aléatoires [1] ; pour que ce seuil des 800 m soit franchi, il faut attendre les améliorations techniques et climatiques du second âge féodal, les mutations mentales et religieuses qui réhabilitent l'ascèse, la solitude et le travail, autant de valeurs qui pouvaient se cultiver aisément dans les forêts jurassiennes.

Mais cette heure n'est point encore venue et le Haut Pays constitue alors une zone de faible peuplement avec ses villages regroupés sur les plateaux de l'ouest ou au fond des vallées, avec ses confins orientaux à peine ébréchés par la colonisation. Seule, la bourgade de Pontarlier, plantée au débouché de la cluse et à proximité du château de Joux, a profité de sa situation pour se développer, comme l'attestent ses trois paroisses et un peu plus tard son faubourg de Saint-Etienne [2] ; en amont, la plaine de la Chaux d'Arlier, marécageuse et dépourvue de forêt, a joué depuis la préhistoire un rôle attractif pour les populations : c'est là que se localisent les paroisses dédiées à saints Pierre, Matin et Maurice, indice d'une christianisation déjà ancienne.

Comment, après ce tour d'horizon, ne pas conclure sur l'étendue et la diversité des pays comtois ? Ces conditions naturelles présentent trop de variétés, voire de contrastes, pour que les hommes de ce temps n'en ressentent pas les effets et que la christianisation elle-même n'en subisse pas les contre-coups. En effet, cette description géo-historique a fait voir un diocèse au peuplement inachevé, où les terres de l'ouest et du centre ont presque atteint leur taux d'occupation optimum et s'opposent aux grands espaces forestiers de l'est. Encore faut-il nuancer cette esquisse approximative puisque les villages ne parviennent pas à la même densité sur les plateaux et dans les vallées, que la Bresse accuse un retard par rapport aux contrées périphériques et que les confins vosgiens semblent, de ce point de vue, se distinguer des chaînons du Jura.

A défaut d'une documentation écrite trop pauvre jusqu'au XIIe siècle, l'archéologie pourrait apporter son secours pour une meilleure connaissance du pays : une carte des châteaux et des fortifications féodales permettrait ainsi de compléter, sinon de renouveler, un tableau de la féodalité et indirectement de renseigner sur l'habitat rural médiéval puisqu'une forteresse ne domine pas un plat pays désertique. Malheureusement une telle carte n'existe point encore et si les prospections et les études en cours laissent espérer une réalisation prochaine, les indications actuelles restent trop fragmentaires pour autoriser des conclusions neuves [3] ; néanmoins, dans leur carac-

---

1. Le seul indice de fréquentation de ces forêts provient des *Miracles de Saint-Etienne de Besançon* : un marchand de Châlons, venu dans la région acheter de la résine, bénéficie de l'intervention du saint patron du diocèse (B. de VREGILLE, *Hugues de Salins,* p. 384).
2. M. MALFROY, B. OLIVIER et autres, *Histoire de Pontarlier*, p. 57 et suiv.
3. Trop de mottes, par exemple, ont échappé aux moyens classiques d'investigation dans les documents et sur le terrain, alors que la prospection aérienne apporte des renseignements plus rapides et supplée, dans une certaine mesure, aux lacunes des sources écrites.

tère provisoire, elles confirment la disparité du peuplement, en accentuant le rôle stratégique des vallées et le vide des cantons forestiers.

Une seconde observation se dégage des considérations antérieures : la densité des centres d'intérêt local (nous n'osons pas utiliser le mot de villes) est extrêmement faible et reflète les mêmes contrastes que l'occupation humaine ; ces bourgades, qui se signalent à l'attention par la présence d'une foire, l'existence de plusieurs paroisses et plus tardivement le développement d'un faubourg, s'échelonnent le long de l'axe central et des grandes vallées. Mais seules Besançon et Salins sortent du lot commun, tandis que Dole, Vesoul, Montbéliard, Belfort, l'Isle-sur-le-Doubs, Lons, ne sont encore que des châteaux ; d'autres (Luxeuil, Lure, Faverney, Saint-Claude) juxtaposent à côté de leur monastère une agglomération impossible à estimer.

C. CIRCONSCRIPTIONS ET STRUCTURES POLITIQUES

Comté et royaume de Bourgogne

Ainsi délimité, le diocèse de Besançon couvre un vaste territoire qui peut se définir par rapport aux ensembles politiques de l'époque féodale [1] : il présente, en effet, la particularité de coïncider approximativement avec le comté de Bourgogne qui s'individualise au XIe siècle en se dissociant du duché de Bourgogne, puis du comté de Mâcon. Cette originalité, qui renforce l'homogénéité de la région et donne à la rivalité des pouvoirs civils et spirituels un tour plus accusé, mérite d'être précisée. Tel qu'il apparaît à travers les hommages des XIIe et XIIIe siècles, le comté se différencie du diocèse dans ses confins et par un léger décalage vers l'ouest. En effet, dans la seconde moitié du XIe siècle, la partie orientale gravitant autour du château de Montbéliard est inféodée au comte de Bar et de Ferrette avant d'acquérir sa propre autonomie sous le nom de comté de Montbéliard ; cette petite principauté, qui contrôle la Porte de Bourgogne et qui relève directement de l'empereur, subit davantage les influences germaniques et ne cesse par la suite d'accentuer son particularisme politique et même religieux.

Au nord et au sud, l'autorité comtale se heurte aux pouvoirs de grandes abbayes immunistes ou à la rivalité des principautés voisines : Luxeuil et Lure, qui se disent abbayes impériales, arrêtent difficilement la pénétration de l'influence lorraine et champenoise, tandis que la partie méridionale de la chaîne jurassienne, encore peu colonisée, constitue le domaine réservé de l'abbaye de Saint-Oyend. Inversement, le

---

De ce point de vue, il est intéressant, par exemple, de se reporter à la carte des mottes féodales de la région de Dole (dans *La Franche-Comté au Moyen Age*, par J.-C. VOISIN, p. 44), dressée par M. Chouquer, qui montre l'étonnante densité des fortifications autour de la forêt de Chaux et l'utilité des méthodes archéologiques modernes pour l'historien .

1. Bien que l'expression " Franche-Comté " n'apparaisse qu'à la fin du Moyen Age et que la province de ce nom n'acquière sa configuration définitive qu'à l'époque moderne, nous avons jugé utile pour le lecteur de porter sur la carte ses limites et ses divisions actuelles. Remarquons que le Territoire de Belfort, érigé en département après l'annexion de l'Alsace par l'Allemagne en 1870, déborde de ce fait largement le diocèse médiéval, mais que la région de Porrentruy reste de la juridiction bisontine jusqu'en 1779. Quant au diocèse de Saint-Claude, qui, dans son étendue actuelle, date de 1823, il coïncide avec le département du Jura. Par rapport aux circonscriptions ecclésiastiques médiévales, ce dernier a récupéré sur Besançon les doyennés de la Montagne, de Lons-le-Saunier, de Salins, de Neublans et de Dole ; il a enlevé à l'archidiocèse de Lyon une centaine de paroisses : l'archiprêtré de Coligny tout entier (31 paroisses), une partie de l'archiprêtré de Treffort (34 paroisses) et d'Ambronay (34 paroisses).

comté de Bourgogne déborde le diocèse dans sa frange occidentale en s'assurant des fiefs dans la région de Fouvent, Champlitte et Gray [1]. Mais tandis que le diocèse couvre un territoire aux limites précises et stables, dans leur ensemble, le comté se définit par des zones d'influence, qui admettent de nombreuses imbrications de pouvoirs et qui évoluent au gré des partages successoraux ou des aléas politiques.

C'est ainsi qu'au cours de la période étudiée et de façon plus intensive au XIIIᵉ siècle, l'on assiste à un grignotement des bordures occidentale et septentrionale par le duc de Bourgogne et le comte de Champagne, tandis que la partie méridionale tombe par dévolution entre les mains de la famille de Vienne. Ces luttes d'influence et ces retraits se retrouvent à long terme dans l'actuelle configuration de la Franche-Comté, qui déborde la Saône au nord-ouest, mais qui a cédé à sa voisine bourguignonne une large bande de terre entre Gray et Louhans. Ainsi le comté de Bourgogne recouvre-t-il approximativement l'actuelle région de Franche-Comté à condition de lui adjoindre le pays de Montbéliard et le Territoire de Belfort.

La correspondance approximative du comté de Bourgogne et du diocèse de Besançon confère à la région une plus forte cohésion et donne parfois aux relations du comte et de l'archevêque un éclairage intéressant ; chacun manœuvrant dans le même espace, heurts et frictions ne manquent pas : rivalités politiques par le biais des clientèles vassaliques, luttes d'influence au niveau des monastères ou du choix des bénéficiaires, ambition du prince de s'infiltrer dans la ville épiscopale etc.

Mais l'assise territoriale de leur pouvoir n'offre pas la même stabilité : tandis que les limites du diocèse ne subissent aux siècles suivants que des rectifications mineures, celles du comté évoluent au gré des mouvances féodales, enchevêtrées à partir du XIIᵉ siècle par la pluralité des hommages. Leur appartenance commune au royaume de Bourgogne n'apporte aucune précision supplémentaire sur les frontières, car la question des limites entre le royaume de France et de l'Empire ne paraît pas se poser avant la fin du XIIIᵉ siècle : seules, des circonstances exceptionnelles, comme l'entrevue manquée entre Louis VII et Frédéric Barberousse en août 1162, précisent un point de frontière, puisque la rencontre devait se dérouler sur un pont de la Saône à Saint-Jean-de-Losne.

Le tableau du diocèse serait incomplet sans une évocation, même sommaire, des données politiques. Au sein de la Chrétienté occidentale, le diocèse de Besançon occupe une position marginale qui l'ouvre largement aux divers courants d'influence venus de tous côtés : à travers la Bourgogne, puis la Champagne, il subit l'attraction française avivée par la communauté de langue, puisque la frontière linguistique entre parlers germaniques et romans passe au-delà de Belfort. Mais avec l'incorporation du royaume de Bourgogne dans la mouvance germanique, les empereurs, dont Henri III, ont prouvé l'intérêt qu'ils accordaient à ces régions, spécialement au comté de Bourgogne, porte d'accès vers Arles et la Provence : en créant une chancellerie particulière confiée à Hugues de Salins, en établissant aux confins septentrionaux un de leurs fidèles, Louis de Mousson, ils ont affirmé leur volonté de présence et d'action dans les pays de la Saône et du Rhône. Certes, cette politique apparaît subordonnée à la situation en Allemagne et aux moyens dont disposent les empereurs : la minorité d'Henri IV, puis la querelle des investitures réduisent la portée de ces ambitions bourguignonnes ; néanmoins les autorités

---

1. Pour les limites entre duché et comté, et pour la pénétration bourguignonne, nous renvoyons à la thèse de J. RICHARD, *Les ducs de Bourgogne et la formation du duché du XIᵉ au XIVᵉ siècle*, et à ses articles, dont *Le comté de Bourgogne à l'ouest de la Saône*, dans *Publications du Centre européen d'études burgondo-médianes*, n° 8, 1966, p. 44-49.

locales, comtes et archevêques, doivent tenir compte de la volonté impériale de leur suzerain.

Les courants d'influence ne se bornent pas à des luttes de suprématie ; à une époque où la notion de frontière s'efface devant des aires de mouvance, où les imbrications vassaliques facilitent les contacts, le comté de Bourgogne vit à l'unisson de ses voisins, sans être soumis à leurs empiétements. En effet, le renforcement de la principauté avec Otte-Guillaume et ses premiers successeurs et son intégration à l'Empire germanique protègent le pays des ambitions lorraines, champenoises et bourguignonnes jusqu'à la fin du XIIᵉ siècle. Ce sont au contraire les comtes qui débordent le cadre diocésain pour étendre leur *dominium* dans la région de Fouvent, Champlitte, jusqu'à Vignory où le donjon leur doit hommage, dans la région d'Orbe au-delà du Jura. Le comté de Mâcon qui, à la mort d'Otte-Guillaume avait obtenu sa propre dynastie, est bientôt récupéré par la branche comtoise quand son détenteur se retire à Cluny en 1078. Grâce à leurs origines, sinon à leur puissance territoriale, les princes peuvent se prévaloir de brillantes alliances matrimoniales : Renaud I (1026-1057) épouse la fille du duc de Normandie, tandis que Guillaume (1057-1087) obtient celle du duc de Lorraine et qu'il donne ses propres filles en mariage à un duc de Bourgogne, à un comte de Maurienne ou à un comte de Bar.

Structures féodales

Mais si grand soit-il, ce prestige ne freine pas la montée de la féodalité et l'émergence des grands lignages qui affirment à leur tour leurs ambitions politiques, territoriales et religieuses. Dans les fondations religieuses, dans l'appropriation des charges et des biens ecclésiastiques, leur rôle s'avère primordial dès le milieu du siècle. S'il est difficile de connaître le sort des titulaires des anciens *pagi* qui composent le comté de Bourgogne et d'établir une filiation avec les titres de vicomtes [1], du moins, la carte de la féodalité qui se dessine à la fin du XIᵉ siècle, montre-t-elle l'apparition de lignages (châtelains, *domini*) qui se maintiennent, pour la plupart, durant l'époque étudiée.

Le long de la Saône se distinguent déjà les Jonvelle, Traves, Beaujeu et Fouvent, alors que les Faucogney, Rougemont, Roche et Pesmes dominent la vallée de l'Ognon et que les Montbéliard, Neuchâtel, Montfaucon et Durnes surveillent la voie du Doubs ; plus au sud les Chay, les Salins, les Montmoret, les Neublans, les Coligny et les Dramelay s'étirent le long de l'axe médian. Au total plus d'une vingtaine de lignées, avec lesquelles doit compter le prince territorial et qui s'appuient sur un nombre beaucoup plus considérable de *milites* dispersés à travers le pays. A cette énumération, il faut ajouter les détenteurs des domaines ecclésiastiques organisés sur le plan temporel et administratif de façon identique aux seigneuries laïques, avec une clientèle de vassaux inféodés sur leurs terres.

L'émergence de ces grandes familles correspond à la mise en place des nouveaux pouvoirs : au cours du XIᵉ siècle la châtellenie se substitue progressivement aux vestiges des anciennes institutions carolingiennes. Détenteur de la puissance militaire, le maître de la forteresse étend son ban sur le plat pays et cherche à soumettre à son

---

1. Le comté de Bourgogne regroupe les anciens *pagi* de Port, d'Amous, d'Escuens, de Varais et une partie de l'Ajoie (le reste se rattache au comté de Montbéliard). Au XIIᵉ siècle, certaines familles portent les titres de vicomtes : les Faucogney, vicomtes de Vesoul, les Rougemont, vicomtes de Besançon, les Monnet, vicomtes de Salins, etc. Mais il est actuellement difficile d'expliquer la filiation de ces titres, comme il semble prématuré de disserter sur la féodalité comtoise aux XIᵉ et XIIᵉ siècles, en l'absence de toute étude en la matière.

autorité tous les hommes qui l'habitent, libres ou non, clercs ou laïcs. Cette mutation ne se fait pas sans heurt ni résistance, en particulier de l'Eglise qui paraît jouer,
en la circonstance, le rôle de victime, et la mémoire de plus d'un châtelain se trouvera ternie par les crimes dont les charge, à tort ou à raison, la postérité.

Ainsi ces sires de Joux dont le comportement éclaire bien le contexte politique
du milieu du XIe siècle. A l'abri dans leur château qui surveille la cluse empruntée par
la route de Pontarlier à Jougne, ils se laissent parfois aller à des actes de brigandage
envers les voyageurs : un des membres de la famille, Foulque, attaque vers 1060
une caravane venue de Laon, mais paie ce forfait d'un emprisonnement loin de son
pays. A la même époque son père, Amauri, prétend soumettre les sujets de
Romainmôtier établis dans la Chaux d'Arlier à des corvées : « il prétendait que les
habitants de ces villages (Bannans et Sainte-Colombe) devaient travailler à la restauration de sa forteresse de la Cluse, chaque fois que cela s'avérait nécessaire : s'ils ne
le faisaient pas, ils seraient tenus de lui donner des gages conformément à une coutume de ses prédécesseurs...» [1].

Ces sires de Joux, dont les exactions ont contribué à forger leur légende noire [2],
s'inscrivent dans cette politique de redéploiement des forces vers la constitution de
châtellenies qui apparaissent plus précocement, semble-t-il, dans les régions voisines
du Mâconnais, de Champagne et de Lorraine. L'Eglise ne pouvait les ignorer puisqu'elle est mise à contribution : c'est un fait bien connu que les seigneurs tentent de
consolider localement leur pouvoir en dotant leur château d'un sanctuaire où l'on
prierait pour le fondateur, sa famille et sa seigneurie. Les sires de Joux n'agiront pas
autrement au début du XIIe siècle en patronnant la fondation de l'abbaye de Montbenoît.

D. HUGUES DE SALINS (1031-1066)

Le 27 juillet 1066, mourait l'archevêque Hugues Ier dont le long pontificat
(1031-1066) constitue une étape décisive et brillante dans l'évolution du diocèse :
qualifié par l'historiographie locale de restaurateur de la vie religieuse, voire de
second fondateur de Besançon, il incarne admirablement un type de réformateur *pré-
grégorien* qui, à sa manière et en tenant compte des circonstances locales, a mis en
œuvre la régénération morale et spirituelle de son clergé et la lutte contre l'intrusion
des laïques dans les affaires religieuses. Sa personnalité et son rôle ont fait l'objet
d'une thèse récente de B. de Vregille qui a établi une biographie exemplaire du prélat
bisontin [3]. Comme l'œuvre de cet archevêque a fortement influé sur l'histoire des
décennies suivantes, il convient, en guise de préliminaires, de la rappeler brièvement
en reprenant les principales conclusions de cette étude.

---

1. *Cartulaire de Romainmôtier*, p. 432.
2. Voici comment MIGNARD, dans son *Etude sur Girart de Roussillon* (Paris, 1855,
   p. 320), présentait les sires de Joux : « Ils étaient les brigands de l'intérieur. Ils rava-
   geaient tous les jours des contrées que les brigands du dehors ne dépouillaient que
   périodiquement ; ils traquaient les laboureurs comme des bêtes fauves ou les forçaient,
   moyennant des fiefs ou redevances, à venir s'abriter sous leurs forteresses. Il n'y avait
   pas de crête de montagne qui ne fût hérissée d'un de ces nids de vautours s'abattant sur la
   plaine et sur les chemins, toutes les fois qu'ils apercevaient une proie digne de leur
   appétit, et surtout un voyageur chargé de marchandises ou de quelque argent ».
3. B. de VREGILLE, *Hugues de Salins, archevêque de Besançon (1031-1066)*, Besançon,
   1981 (condensé). Edition complète, en trois volumes, Lille, 1983 ; les renvois à cet
   exemplaire se feront sous la forme : *H. S.*, t. I, II ou III.

Sa carrière

Par ses origines paternelles, Hugues (v. 1005/6-1066) représente une des plus importantes familles du comté, celle des seigneurs de Salins qui dominent le centre du pays et contrôlent la muire, cette eau salée qui allait assurer la fortune de la ville. Destiné à la carrière ecclésiastique, il a reçu une bonne formation à Autun, ; grâce à son ascendance familiale (il est le filleul de l'archevêque Gautier) et à ses relations [1], il devient très vite un personnage important du clergé bisontin (chantre du chapitre cathédral). Aussi, à la mort de Gautier, est-il élu tout naturellement archevêque par le clergé et le peuple de Besançon (novembre 1031), sans rencontrer d'opposition ni du roi Rodolphe III, ni du comte. Son activité, dès lors débordante, se déroule sur trois plans différents, mais complémentaires : au niveau de l'Empire, aux côtés de la papauté, au sein de son diocèse.

Tout au long de sa carrière, le prélat a joué la carte impériale, sans toutefois aboutir au système de l'*Eglise impériale*, puisque la nomination épiscopale échappe au souverain. Lorsqu'éclate, en 1032, la guerre de succession de Bourgogne entre deux rivaux, Eudes de Blois-Champagne et l'empereur Conrad II, Hugues opte immédiatement pour le second qui, dans la ligne de la tradition carolingienne, personnifie à ses yeux l'autorité et la paix, conditions de toute restauration religieuse. Quand, un peu plus tard, Henri III (1039-56) décide d'accorder une certaine autonomie au royaume de Bourgogne, c'est à l'archevêque de Besançon qu'il confie la nouvelle chancellerie, faisant ainsi de lui son homme de confiance.

Dès lors, la collaboration entre les deux pouvoirs s'intensifie. En contrepartie de cette allégeance, Hugues obtient du souverain germanique d'importants privilèges, dont l'octroi ou la reconnaissance officielle de la seigneurie sur la ville de Besançon, c'est-à-dire la juridiction totale dans les domaines juridique, politique, fiscal, économique... : désormais, en tant que seigneur temporel de la cité, l'archevêque échappe au contrôle du comte de Bourgogne, pour ne dépendre que de l'empereur, dont il est le vassal direct. Cette situation rappelle donc celle de certains évêques-comtes rencontrés en Allemagne ou à la périphérie du diocèse (Langres et à Toul), et fait de l'archevêque de Besançon un prince d'empire, selon la formule usitée au xiiie siècle.

Avec l'élection au siège pontifical de son ami Brunon de Toul, sous le nom de Léon IX (1048-1054), il ajoute à ses fonctions politiques le rôle de conseiller du nouveau pape et d'artisan dévoué de sa cause : on le suit alors dans le sillage de ce dernier, siégeant aux grands conciles de Reims, Mayence, Rome, ou recevant Léon IX à Besançon (octobre 1050). La personnalité d'Hugues est suffisamment affirmée pour que son action se poursuive après la mort de son ami : seul évêque bourguignon à assister au synode romain de Pâques 1059 qui fixe les nouvelles règles de l'élection pontificale, il est désigné comme légat apostolique pour le sacre du fils du roi de France à Reims (1059) et préside un colloque théologique à Angers (1062) sur la doctrine eucharistique de Bérenger de Tours. A la fin de sa vie, il jouit de l'amitié de Pierre Damien qu'il seconde dans la défense des intérêts de Cluny et qu'il reçoit à Besançon [2].

Restauration canoniale

Malgré sa participation aux affaires de l'Empire et de la papauté, il ne néglige pas sa propre Eglise, mais lui consacre le meilleur de lui-même : c'est là qu'il met en application ses idées réformatrices, qu'il tente de relever le niveau intellectuel et

---

1. Le roi de Bourgogne, Rodolphe III, le choisit comme chapelain.
2. *P.L.*, t. 145, col. 641 ; B. de Vregille, *H.S.*, p. 305.

moral de son clergé en lui infusant de nouvelles énergies et des aspirations plus dignes, qu'il a voulu ranimer la vie religieuse des fidèles conformément aux grands courants qui commençaient à se faire sentir dans la Chrétienté occidentale. Pour inviter le clergé à plus de dignité morale, pour restreindre les trafics d'influence dans les nominations et inciter les laïcs à restituer les biens ecclésiastiques usurpés, le prélat compte plus sur l'exemple vivant que sur une législation pas toujours observée : à cette fin, il établit des communautés de clercs fervents, instruits et stables, qui devaient constituer à ses yeux autant de foyers et de modèles de vie commune, de piété et de science, en un mot de rayonnement religieux.

Or, pour atteindre cet objectif, il ne fait pas appel aux moines, en particulier aux clunisiens qui sont alors en pleine expansion et dont il est par ailleurs le grand ami, mais à des chanoines, car dit-il, « cette façon de vie cléricale m'a toujours été spécialement chère » [1]. Au cours de sa longue carrière il implante donc plusieurs communautés canoniales : il rénove le chapitre cathédral de Saint-Jean auquel il adjoint celui de Saint-Etienne (1035), il crée le chapitre de Sainte-Marie et de Saint-Paul (1044), celui de Sainte-Madeleine (1063), peut-être celui de Saint-Lin, tous situés dans la ville de Besançon, tandis qu'avant son accession pontificale il avait fondé la collégiale Saint-Anatoile de Salins, à l'existence éphémère [2].

Si l'on ne considère que la localisation, il faut constater l'étonnante concentration dans la cité épiscopale : bien que la plus importante agglomération du diocèse, Besançon n'est point toutefois la seule ville, puisque Salins constitue déjà un gros centre urbain et que d'autres bourgades, telle Pontarlier, compte plusieurs paroisses. Pourquoi Hugues a-t-il limité ses tentatives à sa seule cité ? L'archevêque a tenté ses réformes là où il pouvait assurer la dotation matérielle des collégiales, c'est-à-dire là où il disposait d'un patrimoine, comme à Salins, ou d'une mense épiscopale suffisamment riche, autour de Besançon.

D'après Hugues, en effet, pour exiger des clercs un service liturgique convenable et une vie commune digne, il faut d'abord leur procurer des conditions d'existence décentes, qui les mettent à l'abri de toute indigence et leur assurent la stabilité des ressources, qui leur évitent les incertitudes du lendemain : de cette façon, les chanoines auront l'esprit entièrement libre pour le consacrer au culte divin. C'est en fonction de cet impératif qu'il dote généreusement chacune des maisons qu'il fonde, en prélevant les biens, soit sur son propre patrimoine, soit sur la mense épiscopale ou sur les restitutions faites à l'église de Besançon.

La règle   Une fois ces conditions matérielles requises, le prélat réformateur peut définir le genre de vie des clercs en leur imposant la règle d'Aix de 816. Conformément à cet idéal carolingien, Hugues n'entend pas astreindre ses clercs, en dehors du service liturgique, à une vie commune continue : ceux-ci disposent de maisons sises à l'intérieur de l'enclos capitulaire, mais demeurant la propriété de la collégiale.

Cependant, il est un point sur lequel l'archevêque a apporté des précisions à la fin de son pontificat : la libre élection du doyen qui dirige le chapitre. Lors de la fondation de Saint-Paul de Besançon, il justifie l'institution décanale en ces termes : « Je supplie qu'on n'installe pas en ce lieu un abbé, qu'on n'y institue pas un prévôt, car souvent ces gens là, ne cherchent que leur propre avantage et n'ont cure du bien des

---

1. Charte d'Hugues pour Saint-Paul, du 26 mars 1044, dans B. de VREGILLE, *H.S.*, III, p. 63 : *Hic ordo cleri semper gratior extitit mihi*.
2. Il n'est pas du tout certain que le chapitre de Calmoutier, près de Vesoul, ait existé à l'époque d'Hugues de Salins.

frères. Qu'on y établisse un doyen et sous la réserve qu'il soit élu par les frères et qu'il veuille être à leur service plutôt qu'à leur tête »[1].

Telles sont les principales caractéristiques données par Hugues à la restauration de la vie canoniale à Besançon. Ainsi à l'heure même où s'élevaient les critiques les plus vives contre la Règle d'Aix et où se faisaient jour dans l'Eglise des tendances différentes qui devaient déboucher sur l'institution des chanoines réguliers, l'archevêque de Besançon apparaît comme le champion de la restauration canoniale sous sa forme traditionnelle[2].

Cette attitude peut s'expliquer en partie par la formation personnelle qu'il a reçue et par sa carrière : durant sa jeunesse, il a fréquenté les écoles du chapitre Saint-Nazaire d'Autun, réputé pour sa régularité et sa valeur culturelle, tandis que son engagement aux côtés d'Henri III et de Léon IX l'ont poussé à adopter partiellement le système de l'église impériale restée fidèle à la législation carolingienne. La vie commune des clercs, en conformité avec les anciens usages canoniaux, lui paraît donc la forme idéale de la vie cléricale : *Hic ordo cleri semper gratior extitit mihi*. De ce point de vue, le diocèse de Besançon se rapproche des pays germaniques et lotharingiens dans lesquels la rénovation de la vie canoniale traditionnelle constitue un des meilleurs atouts de la réforme religieuse et où le rôle même de l'évêque, seul maître de son diocèse et responsable de la vie régulière, s'inscrit dans une perspective traditionnelle et carolingienne.

Est-ce à dire qu'Hugues a éprouvé sinon une animosité, du moins une certaine méfiance à l'égard des moines ? Comment l'imaginer de la part d'un évêque qui entretient d'excellents rapports avec Odilon et Hugues de Cluny, que des relations très cordiales lient depuis sa jeunesse à Halinard, successivement moine et prieur de Saint-Bénigne de Dijon, puis archevêque de Lyon, qui, en un mot, se dit et passe pour l'ami des moines ?

La réforme de l'église

En même temps qu'il restaurait la vie religieuse dans sa propre cité, le prélat ne négligeait pas le reste du diocèse mais cherchait à lui insuffler un esprit conforme à ses idées réformatrices. Nous connaissons mal ses intentions et ses réalisations, qui n'ont pas laissé beaucoup de traces écrites. Trois points semblent toutefois attester de ses préoccupations en ce domaine : le respect de la discipline ecclésiastique, ses actions en faveur de la paix et la restitution des églises.

Pour lui, comme pour beaucoup d'autres, la rénovation morale du clergé suppose la continence et la chasteté des prêtres remises en vigueur par les décrets de Léon IX et de Nicolas II ou les canons du concile de Latran 1059. Alors que nous ignorons tout de la conduite des clercs en ce domaine, nous avons la chance de posséder la promesse de chasteté exigée d'eux par le prélat : « Dorénavant je promets à Dieu, en présence de monseigneur l'archevêque Hugues, d'observer la chasteté dans toute la mesure dont je suis capable ; et s'il m'arrivait, à l'instigation du diable, de pécher avec une femme, je ne me permettrai pas d'exercer les ordres sacrés, si ce n'est

---

1. B. de VREGILLE, La restauration de la vie canoniale..., p. 81.

2. Dans son étude sur la vie canoniale dans la Champagne (les diocèses de Reims, Sens, Meaux, Troyes, Langres, Toul et Verdun), P. CORBET (*Les fondations et la vie canoniale en Champagne, des origines au XIIIᵉ siècle*, Mém. maîtrise, Reims, 1972, 3 fasc.) constate une première poussée des collégiales au XIᵉ siècle jusque vers les années 1070, mais seulement dans le nord-ouest de la région, alors qu'elle n'apparaît pas du tout dans le sud.

d'après l'avis et l'ordre de l'archevêque de Besançon »[1].

L'importance d'un tel serment n'échappe pas à l'historien soucieux de saisir la portée de la réforme morale entreprise dans la Chrétienté : elle nous montre bien la volonté d'Hugues d'appliquer les mesures touchant le célibat ecclésiastique, sans tomber toutefois dans une interprétation rigoriste et radicale ; le prêtre fautif n'est pas suspendu ni chassé de son église, mais doit se soumettre au jugement de l'archevêque qui se réserve de statuer sur chaque cas particulier. L'absence de tout autre renseignement ne permet pas d'épiloguer davantage sur ce problème de chasteté des clercs, ni de savoir comment cette promesse a été reçue et respectée.

Quant à l'autre plaie qui rongeait la Chrétienté, la simonie, et qui portait sur le trafic des nominations et le marchandage des sacrements, elle fait aussi l'objet de condamnations et de poursuites. Ainsi, parmi d'autres, le concile de Reims (octobre 1049), tenu sous la présidence de Léon IX et en présence de nombreux évêques lorrains et bourguignons, dont Hugues Ier de Besançon, a-t-il invité chaque participant à déclarer publiquement « s'il était parvenu aux saints ordres par le moyen de l'hérésie simoniaque ou s'il avait promu quelqu'un à cette même dignité à titre onéreux ». Si l'évêque de Langres ne se sort pas sans mal de l'épreuve, l'archevêque de Besançon peut répondre sur ce point de lui-même et des ses trois suffragants.

Quand, la même année, il est mis en cause par un intrigant au synode réformateur de Mayence, il se justifie sans peine : « Il rappela qu'à la mort de son prédécesseur, alors qu'il remplissait dans cette église l'office de chantre, il avait été élu par le clergé et le peuple, et même pris de force, contre son gré (…). Jamais aucune parole, où que ce soit, n'avait été prononcée contre lui à ce sujet : il avait pris possession en paix de son office pastoral et il s'en était acquitté en paix jusqu'à ce jour »[2].

La lutte contre la simonie sous-entendait une restitution de ces biens (en particulier des églises possédées en pleine propriété par des laïques), de façon spontanée ou obligatoire, c'est-à-dire en agissant par conviction ou sous la menace de sanctions : c'est le début d'un long affrontement qui assure le passage de l'église privée au système du patronat avec droit de présentation. Aussi Hugues a-t-il travaillé à récupérer une partie de ces biens aliénés par dissipation ou usurpation ; il constitue partiellement le temporel de chacune de ses fondations avec des restitutions obtenues de laïques ou de clercs. Lui-même n'hésite pas à donner l'exemple et à se dessaisir d'églises qu'il avait reçues à titre personnel ou dans son patrimoine. D'autres ont emboîté le pas derrière lui, mais les quelques documents que nous avons à ce sujet n'autorisent guère de conclusions, sinon que le mouvement démarre très lentement pour s'imposer dans le dernier quart du siècle seulement.

En veillant à la défense du patrimoine ecclésiastique, il entend freiner la voracité croissante de certains seigneurs qui, au moment où se mettent en place les châtellenies, élargissent sans cesse leur ban et jouent les tyrans locaux ; par cette défense de l'ordre public, il prolonge l'œuvre de pacification commencée par ses prédécesseurs. Chacune de ses interventions connues se fait d'ailleurs en faveur de monastères extérieurs au diocèse : Romainmôtier, Cluny, Saint-Bénigne de Dijon.

Cette double activité de défenseur de l'ordre public et de restaurateur de la vie spirituelle ne pouvait que favoriser l'essor de la civilisation, en particulier dans le domaine des lettres et de la culture religieuse : le rôle et l'influence du prélat paraissent si indéniables et si prépondérants que l'historiographie régionale qualifie le

---

1. Pontifical d'Hugues de Salins, Bibl. de la Fac. de Médecine de Montpellier, ms 303, fol. 173. La formule est publiée par B. de Vregille, *Hugues de Salins*, p. 311.
2. *M.G.H., Constitutiones*, I, p. 97-100 ; B. de Vregille, *H.S.*, III, p. 82.

xie siècle comtois de siècle d'Hugues de Salins. En effet, son épiscopat s'accompagne d'une animation intellectuelle rarement égalée dans le diocèse au cours du Moyen Age et destinée à soutenir sa réforme religieuse, car, les chapitres-modèles qu'il avait créés avaient une vocation avant tout liturgique : il fallait bien assurer l'instruction des chanoines, veiller au bon déroulement des offices en fournissant des livres et des lectures appropriés. Par là, l'archevêque eut une influence déterminante et durable sur la vie diocésaine ultérieure, proche ou lointaine, qui vécut longtemps de son apport, spécialement dans le domaine hagiographique.

Comment situer l'action d'Hugues parmi les entreprises réformatrices de son époque qui se distinguent par leur diversité et leur portée ? Elle débute, ne l'oublions pas, avant que la papauté ne prenne en main la coordination et l'impulsion des efforts, avant que ne s'affirme le caractère romain de la réforme après la mort d'Henri III (1056). Bien qu'elle se déroule dans une région soumise à la mouvance germanique et que son promoteur exerce dans l'Empire des fonctions officielles, elle ne se confond pas avec les projets royaux, qui reposent sur l'action décisive et autoritaire des pouvoirs civils : l'initiative reste à l'archevêque qui, sans repousser la coopération étroite avec l'autorité royale, insiste sur la *liberté* de son Eglise et de ses créations canoniales ; toutefois, Hugues ne cherche pas à bouleverser l'ordre établi et, soucieux d'intégrer son action aux réalités socio-politiques, il demeure fidèle aux traditions en promouvant un idéal clérical qui laisse peu de place aux moines, même aux clunisiens dont il partage cependant l'amitié.

CHAPITRE 2

LA SURVIE DES GRANDES ABBAYES

Dans l'histoire d'un diocèse à l'époque de la réforme grégorienne, moines et religieux (au sens général) occupent une place disproportionnée par rapport à leur nombre et aux autres siècles. Les premiers ne sont pas seulement « des religieux voués à Dieu par les trois vœux classiques de pauvreté, de chasteté et d'obéissance, ils se sont retirés volontairement du monde pour vaquer principalement à la contemplation divine »[1] ; par cette rupture avec la société, ils se distinguent des seconds qui se consacrent à des tâches apostoliques ou charitables. Jusqu'à l'arrivée des Mendiants et malgré l'essor des chanoines réguliers et la multiplication des ordres hospitaliers, ceux-ci restent minoritaires.

Bien que le total des uns et des autres ne représente qu'une infime fraction de la population, moines et religieux exercent aux xe et xiie siècles une influence exceptionnelle dans la société. Dans leurs maisons — abbayes, prieurés, hospices ou hôpitaux — ou leurs ermitages, ils s'appliquent collectivement où individuellement à progresser sur le chemin de la perfection par la contemplation, par l'ascèse et la charité, mais encore par la louange divine. Aussi forment-ils des foyers spirituels qui rayonnent sur le plat pays parce que les laïcs voient en eux des modèles de sainteté, des intercesseurs privilégiés auprès de Dieu : dans un monde ou les hommes se répartissent d'après leurs fonctions, le moine apparaît par excellence comme un homme de prière, auquel on peut s'adresser pour mieux garantir le salut de son âme.

Grâce aux aspirations profondes qu'ils essaient de mettre en pratique, grâce aux activités intellectuelles qui soutiennent leur vie liturgique ou contemplative, grâce aux créations artistiques qu'ils inspirent ou réalisent eux-mêmes, leur influence déborde le domaine spirituel et contribue à l'affinement des croyances et à l'épanouissement de la culture cléricale. En échange des services qu'ils accomplissent, ils reçoivent des dons qui viennent grossir la dotation temporelle initiale et qui s'ajoutent aux fruits de leurs travaux et à ceux de leur *familia* ; par les richesses qu'ils drainent à eux et qu'ils redistribuent partiellement en aumônes, par leur manière d'organiser leurs domaines, ils jouent un rôle économique non négligeable, puisqu'ils participent à cette puissance seigneuriale. Malgré la clôture qui les sépare du monde, ils s'insèrent dans le siècle par de nombreux liens qui les associent plus étroitement à l'aristocratie qu'au monde du travail. Il n'est pas jusqu'à la documentation elle-même qui ne favorise outrageusement les réguliers, puisque l'essentiel de notre information provient des fonds religieux, ce qui donne à notre enquête un éclairage particulier, amplifiant encore un rôle déjà important en lui-même[2].

---

1. P. COUSIN, *Précis d'histoire monastique*, p. 23.
2. La bibliographie sur le rôle des moines dans l'Occident médiéval est trop abondante pour être détaillée. Nous renvoyons seulement aux ouvrages classiques : Ph. SCHMITZ, *Histoire de l'ordre de saint Benoît,* Maredsous, 1942-1947 ; J. LECLERCQ, F. VANDENBROUCKE et L. BOUYER, *La spiritualité au Moyen Age,* Paris, 1961 ; J. LECLERCQ, La crise du monachisme aux XIᵉ et XIIᵉ siècles, *Aux sources de la spiritualité occidentale,* Paris, 1964, p. 175-202 ; J. WOLLASCH, *Mönchtum des Mittelalters zwischen Kirche und Welt*, Munich, 1973 ; J. DUBOIS, Les moines dans la société du Moyen Age 950-1350, dans *Rev. Hist. Egl. France,* 1974, p. 5 - 37 ; A. VAUCHEZ, *La spiritualité du*

Or, depuis l'aube du Moyen Age, la Franche-Comté constitue une terre d'élection du monachisme occidental : dès le ve siècle, les Pères du Jura se sont établis dans le sud du pays, à Saint-Claude (dit alors Condat, puis Saint-Oyend), tandis qu'à la fin du vi^e siècle saint Colomban implantait au pied des Vosges les monastères luxoviens. Trois siècles plus tard, c'est à Gigny et à Baume-les-Messieurs, dans les confins méridionaux, que Bernon mettait au point la règle qui allait être celle de l'ordre clunisien, avant de fonder Cluny. Ce passé glorieux n'est point oublié et l'on se plaît au xiie siècle à rehausser le prestige de certaines maisons en le rattachant à l'épopée colombanienne [1].

Mais d'autres genres de vie religieuse s'épanouissent lors de la réforme grégorienne, en particulier l'idéal canonial, mis en place au temps d'Hugues de Salins, tandis que l'appel du *désert* fait refleurir des vocations d'ermites et que de nouvelles aspirations essaient de s'incarner dans des observances monastiques ou canoniales plus ascétiques et mieux adaptées aux sensibilités de l'époque. En même temps que les réformateurs cherchent à amener clercs et laïcs à leurs exigences morales et à libérer l'Eglise de l'emprise laïque, les chemins de la perfection se diversifient, chacun ouvrant les voies de la sainteté par ses propres pratiques ou coutumes : des moines traditionnels qui se satisfont de la règle de saint Benoît diffusée à l'époque carolingienne, les clunisiens s'en distinguent par une prière liturgique plus intensive et une organisation plus centralisée ; aux clercs qui vivent regroupés dans les collégiales selon les prescriptions de la règle d'Aix, certains préfèrent les usages plus communautaires des chanoines réguliers avec leurs tâches plus variées, allant du ministère paroissial aux œuvres caritatives.

A mesure que se précisent ces exigences et que des expériences nouvelles se multiplient dans une Chrétienté en ébullition, les anciens établissements ne restent pas figés dans une situation ou un statut immuable : ils réagissent plus ou moins vigoureusement aux excitations du monde ambiant et évoluent d'une façon plus ou moins perceptible. Aussi une étude de la vie religieuse doit-elle prendre en compte toutes ces multiples manifestations, à la fois concomitantes et changeantes, en saisir les données anciennes et permanentes, sans étouffer les pousses nouvelles.

Comment s'opère dans la seconde moitié du xie siècle la symbiose entre des éléments aussi divers ? On ne peut faire table rase du passé sans risquer de mutiler la réalité, car, face à la progression envahissante de Cluny, les monastères traditionnels semblent reprendre un second souffle et sortir d'une léthargie dangereuse et même mortelle pour certains. Pour la clarté de notre exposé, nous avons mis l'accent sur l'apport du xie siècle en dissociant le monachisme traditionnel (les grandes abbayes), des autres formes de vie religieuse qui connaissent une vive impulsion à l'époque grégorienne. Après un tableau initial qui fera le point sur un passé souvent confus et déformé, nous suivrons le destin particulier et originel de ces établissements prestigieux, dont le nom symbolise l'aventure monastique du haut Moyen Age : Saint-Claude, Luxeuil et Baume-les-Messieurs.

A. LA SITUATION INITIALE

Pour comprendre cette évolution et les nombreux problèmes qui demeurent en suspens, il est nécessaire de partir des conditions rencontrées sur place par les éta-

---

Moyen Age occidental, VIII-XIIe siècles, Paris 1975 ; R. W Southern, *L'Eglise et la société dans l'occident médiéval*, Paris, 1987.
1. C'est, par exemple, le cas de Baume-les-Messieurs, dont Pierre le Vénérable rappelle les prétendues origines colombaniennes (*Hist. de Baume-lesMessieurs*, p. 48).

blissements religieux et de dégager les principaux facteurs de changement, dont la difficile adaptation au monde féodal et les mutations entraînées par l'insécurité et la violence.

Au début du XIe siècle

La carte monastique du milieu du XIe siècle reflète celle du haut Moyen Age, amputée de quelques monastères victimes des troubles du siècle antérieur, mais en même temps enrichie de plusieurs créations. Dans une étude à bien des égards exemplaire, G. Moyse a dressé la liste authentique des monastères antérieurs à l'an mille, en écartant les données traditionnelles trop affabulatrices [1] et en montrant les diverses filiations. La carte qui schématise les conclusions de l'auteur illustre l'importance et les limites de ce premier monachisme.

Dans le sud s'étend la zone d'influence de Saint-Claude, circonscrite entre l'Ain et la Valserine et alors restreinte dans le diocèse ou dans ses confins immédiats à quelques maisons, même si ses propriétés foncières attestent une diffusion autrefois beaucoup plus étendue. L'ancien *Condat*, fondé par saint Romain au milieu du ve siècle, a pris par la suite le nom de son quatrième abbé, Saint-Oyend, en attendant d'adopter à la fin du Moyen Age le toponyme moderne de Saint-Claude, abbé du viie siècle popularisé par ses miracles ; *Lauconne,* objet des soins de saint Lupicin, qui y fut enseveli et lui donna son nom, subsiste à l'état de simple prieuré, tandis que l'établissement féminin de *la Balme* végète au point d'avoir alors une existence hypothétique ; création vraisemblable des Pères du Jura, Romainmôtier, située sur le plateau suisse, a adopté l'observance clunisienne à la fin du xe siècle.

Il n'en va pas autrement des monastères colombaniens gravitant comme autant de satellites autour de Luxeuil : une fois éliminées les créations fantaisistes ou celles, plus nombreuses, éphémères, il reste vers l'an mille peu de chose de cette épopée colombanienne, sinon un passé toujours prestigieux. Annegray et Fontaine sont tombés dans l'oubli ou au rang de simples dépendances rurales, Saint-Paul de Besançon et Cusance connaissent une telle décadence que leurs jours sont comptés, alors que les autres monastères, comme Moutier-Grandval, ne relèvent pas du diocèse [2]. Seule l'abbaye de Luxeuil survit aux épreuves du temps, non sans traverser au xie siècle une difficile période d'adaptation.

Quant aux autres établissements, dont l'histoire reste entourée d'un halo de mystère, ils diffèrent les uns des autres par leurs origines et leur nature ; la plupart d'entre eux végètent ou ne subsistent qu'à l'état de monastères secondaires et parfois même n'abritent plus dans leurs murs de vie conventuelle, tels *Dornatiacum, Maximiacum,* Saint-Vit. A travers ceux qui demeurent, se devine encore l'influence bourguignonne qui s'est exercée dès le haut Moyen Age et qui s'intensifie après l'an mille : Saint-Lothain, dû à un moine de la région d'Autun, est réduit à l'état de *cella* avant de passer sous le contrôle de Baume ; Enfonvelle, création de Saint-Bénigne au xe siècle, Faverney en rapport avec l'abbaye de Flavigny, sans oublier les relations anciennes de Saint-Bénigne de Dijon et de Saint-Marcel de Chalon avec Saint-Maurice d'Agaune en Valais, relations qui se faisaient par notre diocèse et qui ont laissé

---

1. G. MOYSE, *Les origines du monachisme dans le diocèse de Besançon,* p. 1-210. Les conclusions traditionnelles qui ont tendance à donner aux monastères des origines carolingiennes, voire mérovingiennes, en usant de l'artifice des restaurations et des invasions successives, se retrouvent dans J. de TREVILLERS, *Sequania monastica. Dictionnaire des abbayes, prieurés, couvents... de Franche-Comté...,* 1950-1955, 2 vol.
2. Saint-Ursanne, qui n'apparaît pas comme monastère avant le ixe siècle, passe au xie siècle au diocèse de Bâle (G. MOYSE, *Les origines du monachisme, p. 18-19).*

maintes traces dans la toponymie ou les possessions temporelles. A cela s'ajoutent les petits établissements de Mouthier-Hautepierre et Vaucluse, apparus au xe siècle, dont l'activité n'est perceptible qu'au xie siècle, ou l'abbaye de Lure, qui a noué des liens avec les comtes d'Alsace et la cour germanique et bénéficié des largesses d'Otton Ier, qui y restaura la vie religieuse.

Plus énigmatiques sont les maisons féminines : les moniales occupent au milieu du xie siècle quatre établissements, dont la caractéristique commune tient plus au silence des sources qu'à leur destin individuel : établi à Besançon au début du viie siècle, Jussamoutier, qui s'était vu doter de la règle de saint Donat, paraît alors plus ou moins déserté, avant d'être repris par des moines. De la même époque date l'abbaye de Baume-les-Dames, dont le rayonnement au temps d'Hugues Ier lui attire de nombreux dons. Après des débuts modestes et tardifs (elle est qualifiée d'*abbatiola* en 869), l'abbaye de Château-Chalon, qui domine la reculée de la Seille, semble suffisamment mûre pour traverser les épreuves, tandis que Faverney est à la veille de s'échouer et de céder la place aux Bénédictins de la Chaise-Dieu[1].

Ce rapide tour d'horizon du monachisme nous ramène au sud du diocèse avec le groupe Gigny-Baume, qui est à l'origine même de Cluny. Comme la tradition clunisienne a très tôt déformé l'histoire trop humble de ses débuts en estompant la paternité de Gigny et en auréolant Baume — considérée comme seul berceau — du prestige colombanien, en voici la trame essentielle[2].

Venant d'Autun où il aurait fait l'apprentissage de la vie monastique[3], Bernon fonde vers 870 le monastère de Gigny (diocèse de Lyon) où il expérimente et met au point sa nouvelle observance ; parmi les dons qui viennent bientôt grossir le temporel de l'établissement, figurent deux *cellulæ* : Baume et Saint-Lothain ; de la première, sans doute simple domaine rural, Bernon fait un monastère prospère, au point de s'y transporter lui-même au début du xe siècle, d'y implanter la vie communautaire avec ses coutumes, d'y organiser une maison d'hôtes et une école qui assure le recrutement futur des frères.

Après avoir fondé Cluny en 909, Bernon garde la direction des monastères comtois, mais, dans son testament de 926/927, il dissocie Cluny, dont il confie le gouvernement à son disciple Odon, des deux autres (Gigny et Baume) qu'il laisse à son cousin Guy, marquant ainsi le caractère patrimonial de ses premières fondations. Tout en révélant la progression du statut de Baume, qualifiée comme sa sœur aînée de monastère, ce testament sauvegarde la prééminence de Gigny, à qui Cluny doit verser un cens récognitif de 12 deniers. Ainsi s'explique l'autonomie des deux maisons, qui restent au milieu du xie siècle en dehors de l'Ordre clunisien et de sa juridiction. Malheureusement, les lacunes documentaires ne permettent pas de suivre leur mutation jusqu'au moment où y pénètrent les prodromes de la réforme.

---

1. La substitution a lieu en 1132.
2. Cette déformation est précoce puisqu'elle apparaît déjà dans la *Vita Odonis*, écrite au milieu du xe siècle par Jean, moine de Cluny, qui entend glorifier son maître Odon, successeur de Bernon : il passe sous silence le rôle de Gigny (G. Moyse, *L'abbaye de Baume-les-Messieurs*, p. 27-30). Pierre le Vénérable se fait lui-même l'interprète des origines colombaniennes de Baume-les-Messieurs, dans une de ses lettres : G. Constable, *The letters of Peter the Venerable*, Cambridge, 1967, I, n° 23 et R. Locatelli, *L'abbaye de Baume-les-Messieurs*, p. 246.
3. Hypothèse intéressante, car Saint-Martin d'Autun a été restauré en 870 par les religieux de Saint-Savin-sur-Gartempe, ce qui donne un jalon dans le cheminement de la réforme de Benoît d'Aniane (G. Moyse, *L'abbaye de Baume-les-Messieurs*, p. 33) et qui montre le rôle important d'Autun, dont plusieurs fois nous évoquerons l'influence.

Caractères de l'implantation monastique

Seules quelques impressions d'ensemble peuvent être formulées, qui découlent autant de l'observation de la période antérieure que de l'évolution du XIe siècle. Soulignons d'abord la faible densité monastique du diocèse : alors qu'il a eu le privilège d'abriter en son sein les membres les plus prestigieux et les plus influents du monachisme occidental — les Pères du Jura, saint Colomban, Bernon et Odon —, il n'a pas profité de la qualité des semences pour faire une récolte abondante : « tout se passe comme si le diocèse, terre rude, attirait dans un premier temps les moines épris de solitude et d'ascèse, mais ne savait les retenir suffisamment quand les premiers établissements prenaient de l'essor et essaimaient »[1]. Mais à part le nord du territoire où prédomine l'influence luxovienne et le sud que se partagent Saint-Claude et Baume, seule la vallée du Doubs semble avoir joué un rôle fixateur ; partout ailleurs, de part et d'autre de cette vallée, de larges zones restent encore fermées à la pénétration monastique.

Cette remarque acquiert encore plus de poids si l'on fait intervenir la taille supposée des établissements, dont la plupart ne dépassent pas le niveau de maisons secondaires. Nous avons relevé précédemment plusieurs expressions significatives de *cellula, cella*, ou indiqué les hésitations des historiens à prendre en considération telle et telle maison, tant celles-ci manquent d'importance avant le XIIe siècle. Certes, il s'agit d'impressions dont la subjectivité reste discutable, mais qui se trouvent confirmées pour certaines d'entre elles par des données numériques de l'époque carolingienne et des éléments contemporains de la réforme. Ainsi la *Notitia de servitio monasteriorum*, qui établit en 819 un classement des monastères par catégories fiscales[2], ne recense que Saint-Claude et Faverney[3], puis Baume-les-Dames et enfin Lure, soumise seulement aux prières pour la famille impériale.

Des monastères très riches, qui, comme Luxeuil, ont réussi à se faire exempter, ne figurent pas dans cet inventaire, mais on les retrouve, soit dans la *Divisio regni* de 870 qui accompagne le partage de Meerssen[4], soit dans les tracés de polyptyques du IXe siècle, qui procèdent à l'estimation de la fortune foncière des établissements : l'un, dressé en 819, fait état de plus de 850 colonges appartenant à Saint-Claude[5], tandis qu'à la fin du X° siècle on estimait à plus de 15 000 meix les propriétés de Luxeuil au milieu du IX° siècle[6]. Sans doute faut-il faire des réserves sur ce dernier chiffre exorbitant, qui assimilerait Luxeuil à Fulda, l'abbaye la plus riche connue : « même en le réduisant de dix fois, nous obtiendrions un total comparable à ceux de Saint-Germain des Prés ou de Prüm, abbayes déjà considérables »[7].

Du moins avons-nous là un élément d'appréciation économique pour les deux plus importants monastères de la région ; mais jusqu'au XIe siècle l'évolution se fait dans le sens d'une diminution constante de la fortune foncière et les prétentions

---

1. G. MOYSE, *Les origines du monachisme*, p. 201.
2. *Corpus consuetudinum monasticarum*, édité et commenté par dom P. BECKER, Siegburg, 1963, I, p. 483-491 ; G. MOYSE, *Les origines du monachisme*, p. 145.
3. N'y aurait-il pas une confusion avec Flavigny ?
4. *M.G.H., Capitularia*, II, p. 194 ; s'y trouvent énumérés Luxeuil, Lure, Faverney, Saint-Oyend, Château-Chalon, les établissements bisontins, mais il n'est pas sûr que les lieux cités d'Enfonvelle, Vaucluse, Mouthier-Hautepierre s'appliquent à des monastères.
5. Chronique de Saint-Claude, édit. par U. ROBERT, dans *Bibl. Ec. Chartes*, XLI (1880), p. 566 ; voir G. MOYSE, *Les origines du monachisme*, p. 176.
6. *Miracula Waldeberti*, dans *M.G.H., SS.*, XV, 2, p. 1174.
7. G. MOYSE, *Les origines du monachisme*, p. 171.

émises un peu plus tard pour reconstituer le temporel original ne parviendront pas à de tels chiffres. Hormis le chapitre métropolitain, les autres maisons religieuses ne peuvent rivaliser avec Luxeuil ou Saint-Claude et paraissent pour la plupart de modestes établissements. Cette insignifiance accentue la faible densité monastique du diocèse et explique déjà la forte colonisation monastique qui commence au xie siècle pour s'affirmer considérablement au siècle suivant.

Face aux mutations qui affectent le xie siècle, comment réagissent les monastères ? Face aux nouvelles aspirations religieuses et aux multiples voies de la perfection qui s'ouvrent aux clercs comme aux laïcs, que devient l'idéal bénédictin vécu quotidiennement dans les couvents d'hommes et de femmes ? Comment ceux-ci ressentent-ils le combat mené par l'Eglise pour son affranchissement et sa rénovation ? Nous avons compulsé attentivement leurs archives pour nous mettre à notre tour à leur écoute et retrouver, au-delà de la banalité des chartes, toute trace d'interrogation, tout indice de mutation.

Si passionnante soit-elle, l'enquête peut décevoir par ses résultats : rien qui apparemment sorte du domaine habituel des inévitables donations ou tractations de tout genre, qui constituent les fonds des chartriers. Et cependant, à travers ces préoccupations matérielles ou ce que les moines ont bien voulu laisser transparaître, se profile l'originalité de chaque établissement : chacun a sa façon de vivre cette période, de formuler une réponse aux problèmes posés. Il n'y a pas d'attitude commune à l'ensemble des monastères diocésains, mais une diversité de situations sur une toile de fond semblable. Aussi avons nous préféré analyser ces cas individuels plutôt que de tenter une synthèse artificielle ou prématurée, méthode empirique qui n'exclut ni les comparaisons, ni les observations générales et qui permettra de faire le point sur les principaux établissements.

B. Une adaptation réussie : Saint-Oyend.

Parmi les monastères de type traditionnel qui jouent un rôle de premier plan dans le diocèse de Besançon, Luxeuil et Saint-Claude viennent en tête par leur ancienneté et leur prestige. Si l'un et l'autre ont survécu aisément à la crise du xe siècle, ils abordent toutefois la réforme dans une situation différente : alors que Luxeuil recherche longtemps un second souffle qui la sorte de son apparente léthargie, Saint-Claude affiche dans la seconde moitié du xie siècle une inlassable activité qui laisse présumer un renouveau plus précoce.

Sans doute convient-il dès le départ de nuancer cette impression première par la disparité de la documentation, abondante dans le second cas, presque inexistante à Luxeuil ; l'analyse que nous leur consacrons a pour but de mettre en évidence la disparité qui règne au sein du monachisme traditionnel : comme dans tous groupes humains ou toutes institutions qui affrontent l'évolution du temps, la variété ou les nuances comptent plus que les oppositions tranchées. Si des établissements se meurent d'épuisement, si certains, comme Luxeuil, survivent au prix d'une difficile adaptation, d'autres, tel Saint-Claude, participent avec les monastères clunisiens à la réforme du monde monastique à la fin du xie siècle et paraissent infirmer l'hypothèse d'un monachisme bénédictin défaillant.

L'abbaye

Que représente alors cette abbaye, appelée primitivement Condat et designée à cette époque du nom de Saint-Oyend [1] ? Etablie dans la vallée de la Bienne qui s'en-

---

1. La substitution s'opère à partir du IXe siècle. Le seul titre utilisé dans les documents des

caisse profondément dans les chaînons du Jura méridional et sert de limite au diocèse de Besançon, elle reste marquée par ses origines, par ces Pères du Jura qui ont choisi comme retraite ces *Joux* montagneuses, isolées et de pénétration difficile ; après eux, Saint-Oyend demeure l'abbaye des joux sur lesquelles elle affirme sa prééminence seigneuriale : de la confluence Bienne-Ain jusqu'au col de Jougne, la montagne est prétendument sienne et correspond à ce que l'on appellera plus tard la Terre de Saint-Claude. Mais très tôt, les moines ont reculé leur horizon et élargi leur rayonnement à des zones de plus en plus lointaines : de Champagne en Avignon, du Mâconnais au Genevois ils égrènent à la fin du XIe siècle de nombreuses possessions, fruits des relations personnelles établies avec les princes et les prélats. Cette prospérité matérielle, corollaire d'une bonne renommée, facilite le recrutement et lui amène parfois des novices célèbres, tel Simon, comte de Valois, dont le bref passage en 1077 souligne l'adaptation de Saint-Claude aux aspirations religieuses nouvelles, en particulier à ce courant érémitique qu'avaient déjà illustré les Pères du Jura.

De cette abbaye, juridiquement lyonnaise, mais qui contrôle l'archidiaconé bisontin de la Montagne à l'est de l'Ain, subsiste de nos jours une documentation abondante, dont l'insuffisante exploitation suscite encore bien des écueils et des pièges [1]. Si, pour une fois, les matériaux historiques ne débutent pas au XIIe siècle, mais remontent aux temps carolingiens, offrant ainsi aux curieux une amorce de continuité, leur utilisation exige néanmoins une approche diplomatique et une critique approfondie non seulement pour dépister les faux documents, mais surtout pour identifier les lieux et les personnes cités [2].

En 1050 Pour estimer la puissance et l'envergure de Saint-Claude au moment ou commence notre recherche, nous pouvons recourir à la bulle de confirmation donnée par Léon IX le 8 septembre 1050, malgré les quelques problèmes d'authenticité qu'elle soulève [3]. Manifestement cette bulle s'appuie sur des documents plus anciens qu'elle reproduit partiellement : la donation douteuse, en 768, du comte Frédéric [4], la prétendue confirmation de Lothaire en 854, mais aussi les diplômes authentiques des rois de Provence en 900, 926.

XIe-XIIIe siècles est celui de Saint-Oyend.

1. Outre le fonds des archives départementales du Jura qui sous la cote 2 H (en cours de classement) constitue le plus important élément de cette série, nous signalons les précieux manuscrits du Jésuite P.F. CHIFFLET qui, en relation avec les bénédictins de Saint-Maur et les Bollandistes, préparait au XVIIe siècle la publication d'un ouvrage sur Saint-Claude : le *Sacrarium monasterii Jurensis Condatescensis*. Malheureusement ce livre ne parut point et, au cours des temps, les papiers du savant jésuite furent dispersés entre Bruxelles (Bibliothèque royale et Bibliothèque des Bollandistes pour tout ce qui concerne les Pères du Jura et l'hagiographie) et la Bibliothèque de Berlin qui conserve une copie du cartulaire (*Codices latini Phillippici*, 1757, vol. II : *Cartularium Condatescense*, cité sous la référence Phillipps, 1757, II) ; se reporter à l'article de G. MOYSE, Actes privés inédits..., *Bibl. Ec. Chartes*, 1972, p. 580-581.

2. Un exemple de critique est donné par G MOYSE dans l'article cité précédemment. Parmi les faux documents concernant notre période, citons : les diplômes de Charlemagne de 774 et 790, édit. dans *M.G.H., Diplomatum Karolinorum...*, I, n° 301-302., et ceux de Lothaire II, en 847 et 854, *ibidem*, III, n° 135 et 165.

3. Arch. dép. Jura, 2 H I, 9, 17. Cette bulle n'indique pas le lieu d'expédition, mais seulement sa date (8 septembre) : nous savons que le 22 septembre Léon IX arrivait à Saint-Maurice d'Agaune, après avoir traversé les Alpes et que, par Romainmôtier (26-27 septembre), il se dirigeait sur Besançon qu'il atteignit le 3 octobre.

4. Elle intègre la liste complète de ces biens situés dans le *pagus* d'Amous, c'est-à-dire les doyennés de Dole-Neublans.

Après avoir assuré le monastère de la protection apostolique, le pape énumère toutes les possessions attribuées à Saint-Oyend, en indiquant parfois leur nature (église, monastère, cour) et en suivant un ordre géographique : d'abord les biens situés dans les environs de l'abbaye et se répartissant dans les diocèses de Lyon et Besançon, puis ceux beaucoup plus éloignés, allant de l'Auxerrois à la Provence, désignés par leur *pagus* d'origine. De cette longue énumération découlent plusieurs remarques : d'une part, la dispersion et l'importance du temporel, suggérées par les nombreuses mentions de *pagi*, ne doivent pas faire illusion parce que la bulle se borne à énumérer des localités, sans préciser l'étendue des propriétés san-claudiennes ou en restant dans le vague, comme « ces églises paroissiales en Avignon » ou « les droits éventuels en Provence » ; y figurent néanmoins certaines acquisitions récentes dans la région de Bar-sur-Aube.

En outre, il semble que cette bulle se fasse l'écho de revendications, sinon dépassées, du moins théoriques, puisque plusieurs localités ne se retrouvent plus dans les documents postérieurs de l'abbaye. Ainsi des régions entières disparaissent, par la suite, du temporel de Saint-Claude, comme celles au sud de Vienne ou dans la région nivernaise, tandis que subsistent les possessions les mieux regroupées : dans le Jura méridional, le diocèse de Vienne et la Champagne. Cette évolution dans le sens d'un rétrécissement du domaine pose une interrogation : faut-il taxer de fausse cette bulle de 1050 qui, fondée sur les documents antérieurs, ne correspondrait plus à la réalité foncière du xıe siècle ? Elle traduirait alors une tentative de récupération des biens perdus ou usurpés.

L'hypothèse séduit d'autant plus qu'elle explicite non une manœuvre frauduleuse isolée, mais une politique systématique et consciente de grandes abbayes dans la seconde moitié du xıe siècle pour reconstituer leur ancienne puissance temporelle. Nous retrouvons d'une certaine manière le problème aigu soulevé par les historiens et concernant la difficulté de ces monastères à gérer leurs terres excentriques après l'an mil. Pour éviter les usurpations et surtout rentrer en possession des biens aliénés, les abbayes multiplient les actions et les moyens de défense, au moment même où l'Eglise les invite à reconstituer leur temporel : certaines sollicitent la compréhension du bras séculier, d'autres font confiance à la puissance du surnaturel par l'intermédiaire des saints patrons et de leurs reliques, d'autres enfin recourent au prestige des Carolingiens et à l'autorité de l'acte écrit en fabriquant au besoin de faux diplômes qui peuvent néanmoins s'appuyer sur un état de fait antérieur véridique [1]. Dans les pays d'Empire, la troisième formule semble avoir la préférence des moines, puisque Luxeuil et Saint-Claude compilent alors des chartes de Charlemagne, de Louis le Pieux, de Lothaire, mais toutes ces tentatives débouchent bientôt sur un type d'organisation mis au point par Cluny et d'autres abbayes : le rattachement des terres lointaines à un réseau de prieurés avant les traités d'associations et de pariage de la fin du xııe siècle.

Revendications des Joux   Paradoxalement, la réforme aurait favorisé cette activité de faussaire pour faire restituer aux abbayes d'anciennes possessions aliénées ou usurpées, ou sauvegarder des terres menacées par la voracité des laïcs et, dans cette perspective, les moines de Saint-Claude ont déployé une ingéniosité remarquable en se constituant un arsenal de preuves

---

1. Les modalités varient selon les régions, ainsi que l'a montré L. Musset, Signification et destinée des domaines excentriques pour les abbayes de la moitié septentrionale de la Gaule jusqu'au xıe siècle, *Sous la règle de saint Benoît*, Paris, 1982, p. 167-185.

logiquement organisées. Ils ont prêté à Charlemagne la volonté de confirmer la soumission à leur abbaye de Saint-Lupicin (sans doute tenté par le démon de l'indépendance) et d'expliciter les limites orientales des Joux soumises à leur juridiction[1]. Ce diplôme prétend constituer le plus ancien titre qui établisse les droits de Saint-Oyend sur ce qui deviendra plus tard la Terre de Saint-Claude, c'est-à-dire toute la portion du Jura soumise à la juridiction seigneuriale de l'abbé. Ces limites qui, rappelons-le, vont du col de Jougne à la Valserine, Condes et Moirans, définissent un territoire à cheval sur plusieurs diocèses (Besançon, Lausanne, Genève, Lyon). Si la frontière occidentale n'apparaît pas dans ce diplôme, on peut supposer qu'elle ne soulevait pas de contestation au moment de la confection de ce document. Ainsi, c'est une immense région que revendique Saint-Claude, toute une contrée qui s'étire d'Oyonnax aux sources du Doubs, de la vallée de l'Ain à celle de l'Orbe ; plus précisément, l'abbaye affirme ses droits sur les *Joux*, les forêts où se sont établis les anciens Pères du Jura, qu'ils ont partiellement défrichées dans le sud, mais qui demeurent encore vierges dans leur plus grande étendue.

Cette délimitation, reprise dans la confirmation solennelle de Frédéric Barberousse en 1184[2], marque une inadéquation profonde avec les possessions connues de l'époque carolingienne, qui se concentraient à l'ouest de la vallée de l'Ain, dans les *pagi* d'Amous et d'Escuens (c'est-à-dire les décanats de Dole, Neublans et Lons-le-Saunier), dans une région de peuplement ancien, alors qu'au XIIe siècle l'abbaye établit sa seigneurie sur les régions inhospitalières du massif Jurassien à peine effleuré par la colonisation agricole[3]. Cette constatation permet d'avancer à quelle époque et dans quelles circonstances, les moines ont éprouvé le besoin de s'abriter sous l'autorité de Charlemagne pour défendre leurs droits : vers la fin du XIe siècle ou, plus vraisemblablement, au début du XIIe, au moment où ces *Joux*, jusque-là inutiles et désertes, commencent à susciter un intérêt économique.

Plusieurs indices montrent, en effet, que cette zone forestière perd progressivement son caractère répulsif, qu'ermites, moines et colons s'infiltrent dans les bordures méridionales et orientales : tandis que saint Simon choisit les sources du Doubs comme thébaïde en 1077, des clairières de défrichement s'élargissent autour de Septmoncel et Longchaumois, le long des rives du lac de Joux et de la haute vallée du Doubs ; au cours du XIIe siècle de nombreux monastères s'implantent à la périphérie de cette terre : bénédictins du Lieu et prémontrés qui se disputent le lac de Joux, cisterciens de Bonmont, Chézery, Balerne et Mont-Sainte-Marie, chartreux d'Oujon, Vaucluse et Bonlieu, cluniens de Romainmôtier, tandis que Grandvaux et Mouthe trouent le cœur même de ce massif forestier.

Les hommes n'hésitent plus à emprunter les sombres défilés et les cluses pour franchir ces Joux : alors que pèlerins, moines et voyageurs paraissent se presser en plus grand nombre par le col de Jougne, que les sires de Salins et ceux de Joux rivalisent d'ambition pour contrôler cette voie, d'autres itinéraires désenclavent le

---

1. Diplôme de 790 édité dans *M. G. H., Diplomatum Karolinorum*, I, 1906, n° 302.
2. *M. G. H., Die Urkunden Friedrichs I*, t. IV, par H. APPELT, n° 884, p. 128.
3. Sur cette mise en valeur du Jura, ajouter à l'apport de Dom BENOIT : S. DAVEAU , *Les régions frontalières de la montagne Jurassienne*, Lyon, 1959 ; P. GAUSSIN, La terre de Saint-Oyend et le peuplement du haut-Jura au Moyen Age, dans *Cahiers d'histoire*, 1957, p. 337-372 ; Y. JEANNIN, L'homme et le Jura dans l'antiquité, dans *Mém. Acad. Besançon*, 178 bis (1972), p. 131-171 ; R. LOCATELLI, la région de Pontarlier au XIIe siècle ..., dans *Mém. Soc. hist. droit Bourg.*, 28 (1967), p. 1-87; du même, Le château et son environnement. L'exemple de la Terre de Saint-Claude au XIIIe siècle, dans *Archéologie médiévale en Franche-Comté*, Besançon, 1985, p. 59-70.

Jura méridional : la création de Balerne, au début du XIIe siècle, n'est sans doute pas étrangère au souci de Molesme de faciliter les relations avec sa filiale d'Aulps en Savoie, tandis que l'implantation de Saint-Oyend dans le pays de Gex suppose l'ouverture des cols de la Faucille et de Saint-Cergue. Au même titre que d'autres abbayes qui avaient revendiqué des concessions royales sur le Jura central au haut Moyen Age (nous pensons à Saint-Maurice d'Agaune [1], à Saint-Marcel-lès-Chalon et à Saint-Bénigne de Dijon liées par des traités d'association), Saint-Claude devance toute appropriation laïque ou ecclésiastique en se réservant un domaine seigneurial, sur des bases peut-être carolingiennes.

D'autres actes falsifiés viennent compléter habilement cette donation, soit pour assurer localement les droits du monastère [2], soit pour confirmer l'ensemble de ses possessions, comme l'aurait fait Lothaire Ier en 854 [3] ; certains même, attribués à Pépin ont disparu, mais le tout visait à doter le monastère d'une vaste assise territoriale, jusque-là déserte, de privilèges d'immunité et, à en croire les moines, du droit de battre monnaie ; c'est du moins la version qu'ils en donnent au XIIe siècle et qui finit par obtenir crédit puisqu'en 1175, Frédéric Barberousse reconnaît les donations du « fils de Pépin, l'empereur Charlemagne de sainte mémoire, des autres rois et empereurs » et accorde à l'abbé le droit de monnayage [4]. Quand, au XIIIe siècle, les Joux s'ouvrent plus largement encore à la colonisation des laïcs, l'abbaye n'éprouve plus aucune difficulté à faire admettre sa suprématie et elle procède alors à de nombreuses inféodations ou à des traités de pariage, portant sur la haute vallée du Doubs, la région de Saint-Cergue, de Chatel-Joux, de Grandvaux etc. Ainsi donc, à l'époque de la réforme et conformément aux objectifs de cette dernière, Saint-Claude, comme Luxeuil et d'autres monastères, procède à une restructuration de sa puissance temporelle en faisant reconnaître ses droits par des confirmations générales ou des actes fabriqués sur place.

D'autres activités attestent la vitalité du monastère au XIe siècle et, parmi elles, l'œuvre de reconstruction entreprise en son sein même. Comme l'église, qui abritait le corps de saint Oyend, menaçait ruine, elle fut relevée de fond en comble et consacrée le 21 octobre 1039 [5] ; sur son flanc méridional s'élevait la chapelle Saint-Claude appelée à connaître bientôt l'afflux des pèlerins. Hors du monastère fut édifiée peu après l'église paroissiale, elle aussi disparue, de Saint-Romain martyr, dont le ressort primitif s'étendait jusqu'à Longchaumois et Septmoncel, puis celle de Saint-Lupicin, qui conserve encore la fraîcheur et la simplicité de ses débuts [6]. Malheureusement, faute d'études archéologiques suffisamment rigoureuses, il est difficile de s'appuyer sur ces restaurations pour une chronologie précise et une meilleure connaissance de

---

1. Saint Maurice d'Agaune inféode au milieu du Xe siècle la région de Salins aux seigneurs de cette ville.
2. Autre diplôme de Charlemagne, en 790, accordant à Saint-Claude diverses possessions dans la vallée du Rhône, dont l'église de Quintenas (dép. Ardèche, arr. de Tournon) : voir l' édition dans *M.G.H., Diplomatum Karolinorum*, I, n 301 ou, pour une critique réaliste, R. POUPARDIN, Etude sur deux diplômes de Charlemagne pour l'abbaye de Saint-Claude, dans le *Moyen Age*, XVI (1903), p. 345-56.
3. Diplôme de Lothaire en 854 : *M.G.H., Diplomatum Karolinorum*, III, n° 165.
4. Arch. Dép. Jura, 2 H II, 123, 1 : *Die Urkunden Friedrichs I*, t. III, par H. APPELT, n° 639, p. 138, acte du 23 avril 1175.
5. *Saint-Claude, Vie et présence*, Paris, 1960, p. 68. Pour la présentation de cet édifice, P. LACROIX, *Eglises jurasiennes romanes et gothiques*, p. 233.
6. L'église aurait été construite au début du XIIe siècle, voir *Congrès archéologique*, 1960 ; P. LACROIX, *Eglises jurasiennes romanes et gothiques*, p. 255- 257.

l'abbaye. Quelle part revient à l'initiative des abbés ? Quelques-uns de ceux-ci ont associé leur nom à ces réalisations : Gaucerand ou Josserand (v. 1015-1023), responsable de la construction de Saint-Oyend, les deux Hunaud (v. 1084-1100 et 1106-1112) contemporains, sinon promoteurs de la relance san-claudienne et dont l'un au moins a mérité de survivre dans la mémoire des moines [1].

L'implantation de Saint-Oyend

C'est, en effet, sous l'abbatiat des Hunaud que s'effectue une expansion de l'abbaye selon les nouvelles modalités : jusque-là, le temporel s'organisait autour des villas, des cours ; désormais il se groupe autour des églises dont elle obtient le patronage, si bien que cette différence rend difficile toute comparaison, les confirmations n'énumérant pas les mêmes biens. Néanmoins nous pouvons suivre à partir de cette époque la progression constante de Saint-Claude dans quelques secteurs géographiques privilégiés : aux approches de son monastère, puis dans des directions très précises et de plus en plus lointaines, le pays de Gex, la vallée du Rhône et la Champagne. Sans tomber dans la monographie précise et détaillée, nous voudrions dégager les principales modalités de cette action et les caractères originaux pour chacun des secteurs envisagés.

Dans le diocèse de Lyon   L'expansion de Saint-Oyend dans le diocèse de Lyon semble normale dans la mesure où l'abbaye, qui ne jouit pas de l'exemption, relève de la juridiction de cet archevêque, mais sa position trop excentrée dans une région d'accès difficile ne favorise pas le développement de relations étroites et suivies : Saint-Claude fait plutôt figure d'établissement disciplinaire où sont expédiés quelques dignitaires, victimes des réformateurs, tel l'archevêque Humbert, déposé par le légat Hugues de Die en 1077 [2], et où certains aspirants à la perfection, tel saint Simon, trouvent de quoi satisfaire leurs désirs d'ascèse. Dans quelles conditions l'abbaye réussit-elle à améliorer son image de marque et à s'attirer la faveur des prélats lyonnais ? Nous l'ignorons, mais il est curieux de constater que les cinq archevêques de Lyon mentionnés dans l'obituaire du monastère appartiennent tous à cette époque de la réforme [3]. Dans un diocèse où de grandes et anciennes abbayes — telles Ainay, l'Ile-Barbe, Savigny et à un moindre degré Ambronay — exercent une influence prépondérante, où les monastères d'observance clunisienne, comme Saint-Victor de Genève, Gigny, Nantua, ceinturent le sud du Jura, Saint-Claude trouve difficilement une place, à moins que les prélats, soucieux de maintenir un équilibre entre les divers établissements, ne privilégient les plus défavorisés.

Est-ce cette arrière-pensée ou la bonne réputation du monastère qui pousse Hugues de Die, devenu archevêque de Lyon, à se montrer attentif aux sollicitations de l'abbaye jurassienne ? En 1084, il confirme, à la demande des moines, un certain

---

1. Un abbé Hunaud est mentionné dans l'Obituaire de l'abbaye de Saint-Oyend de Joux (*Mém. Soc. Emul. Jura*, 1971, p. 200 : 4 août) et au Nécrologe de Saint-Pierre de Mâcon (*Necrologium Sancti Petri Matisconensis*, p. 39).
2. Accusé de simonie et suspecté de complaisance envers Henri IV, Humbert fut déposé et se retira de lui-même ou sur ordre à l'abbaye de Saint-Oyend (HEFELE-LECLERCQ, *Histoire des conciles,* V, p. 221-224, ou *Gallia christiana nova*, IV, col. 88) : cette disgrâce ne l'empêcha pas d'acquérir l'estime des moines qui ont couché son nom dans leur obituaire à la date du 13 mai (Obituaire de l'abbaye de Saint-Oyend de Joux, dans *Mém. Soc. Emul. Jura*, 1971, p. 77).
3. Humbert déposé en 1077, Gebuinus, (10 avril, p. 165), Hugues de Die, (18 janvier, p. 145), Pierre 1131-1139 (25 mai, p. 180), Falcon, 1139-42 (28 janvier, p. 146).

nombre d'églises dispersées dans son diocèse, non sans avoir rappelé dans le préambule un des objectifs de la réforme visant la reconstitution du temporel monastique : « C'est une œuvre très pieuse non seulement d'accorder de nouvelles possessions aux maisons religieuses, mais encore de défendre contre les entreprises de leurs ennemis, par souci de justice, celles qui leur ont été données, ou de rétablir avec zèle dans leur intégrité celles que la négligence a laissé disperser »[1]. De cet acte, nous avons conservé deux expéditions qui diffèrent profondément par l'énumération des noms : l'une cite des églises et des chapelles qui seront encore dans les possessions san-claudiennes des XIIe et XIIIe siècles ; elle semble donc refléter la situation réelle de l'abbaye dans le diocèse de Lyon, résultant autant de la générosité de l'archevêque que de l'action efficace des moines auprès des laïcs.

La seconde version, bien qu'anciennement connue et publiée, pose de sérieux problèmes parce qu'elle cite un nombre important d'églises dont la collation n'appartient pas ou plus à Saint-Claude dans les siècles suivants[2]. Est-ce l'œuvre d'un faussaire inexpérimenté qui a substitué à la véritable énumération une liste qui reflète les prétentions de son abbaye, peut-être fondées sur d'anciens droits ? Si quelques lieux sont cités déjà dans la bulle de 1050, la plupart apparaissent pour la première et unique fois dans les documents san-claudiens. Ce procédé, trop simpliste par rapport aux autres faux, n'emporte pas la conviction. Il s'agirait d'un projet de redistribution des églises récemment restituées par les laïcs ou en voie de l'être, redistribution opérée à la demande de Saint-Claude sous l'égide de l'archevêque ; mais l'abbaye n'ayant pas obtenu satisfaction — nous savons que le désistement des laïcs passe souvent par des phases contradictoires —, ces églises sont dévolues au XIIe siècle à la collation d'autres patrons, dont l'archevêque de Lyon et les abbayes qui ont déjà des intérêts dans ces régions : Ainay, l'Ile-Barbe, Cluny.

C'est donc à la fin du XIe siècle que l'abbaye établit les bases de son implantation paroissiale dans le diocèse de Lyon : même si la documentation ne permet pas de trouver la continuité entre cette nouvelle forme de possession et l'ancienne propriété foncière, il paraît probable que ce réseau s'est établi de préférence dans les zones traditionnelles d'influence san-claudienne. La carte montre que les églises se concentrent dans la vallée de l'Ain où se situe le berceau des Pères du Jura (à Izernore près de Nantua), le long de la route de Lyon ou dans les Dombes grâce au relais de ses filiales, Villemôtier et Neuville-les-Dames, alors simple prieuré d'hommes ; elle fait apparaître que les patronages revendiqués en 1084 et perdus par la suite se groupent dans les Dombes lointaines ou dans la zone d'influence de Nantua, rivale traditionnelle dans le Jura méridional.

Dans le diocèse de Besançon

Dans le diocèse de Besançon, Saint-Oyend trouve des conditions et un accueil différents. Bien que hors de la juridiction épiscopale et de la suzeraineté comtale — elle relève directement de l'empereur, comme l'indiquent les diplômes du XIIe siècle —, l'abbaye a toujours vécu en symbiose étroite avec la région. Dès l'époque carolingienne, sinon auparavant, elle étendait son assise territoriale au sud-ouest du pays, dans les *pagi* d'Amous et d'Escuens ; à partir du XIe siècle, elle procède à un transfert vers l'est de son influence, transfert sans doute consécutif aux aliénations ou usurpations de

---

1. Staatsbibl. Berlin, Phillipps 1757, II, fol. 30.

2. L'acte a été publié par A. VAYSSIERE, Le livre d'or de l'abbaye de Saint-Claude, dans *Mém. Soc. Emul. Jura.*, 1884, p. 209, et Dom BENOIT, *Hist. de l'abbaye..*, I, p. 443. Nous devons à M. Rubelin, maître de conférences à l'Université de Lyon II, la plupart des renseignements concernant le patronage de ces églises.

l'époque féodale. A mesure que progresse la colonisation de sa Terre, elle ne cesse d'accroître ses possessions à l'intérieur du diocèse, au point d'y rassembler l'essentiel de son temporel et d'acquérir un caractère de plus en plus comtois.

Malheureusement les modalités de cette évolution ne se perçoivent pas dans les documents, et les confirmations des archevêques se bornent à récapituler périodiquement les acquisitions de Saint-Claude [1]. Le mérite de celles-ci semble revenir plus aux laïcs qu'aux ecclésiastiques, en particulier aux petits seigneurs disséminés à la périphérie de la Terre et plus perméables aux pressions ou aux prières du monastère : la majorité des églises récupérées ou acquises ponctuent les rives de l'Ain ou s'égrènent le long de la route reliant l'abbaye à Lons-le-Saunier. Quant à celles plus isolées au centre du diocèse, elles répondent à des motivations plus variées : Arbois, avec ses chapelles qui gravitent autour de la paroisse dans le domaine comtal, traduit probablement un geste du comte Guillaume le Grand, dont les libéralités touchent la plupart des monastères et qu'imiteront ses successeurs en promouvant l'église Saint-Just au rang de prieuré [2]. Son fils Guy, archevêque de Vienne et légat apostolique, intervient plusieurs fois en faveur de Saint-Oyend pour des biens sis dans les diocèses de Besançon, Mâcon et Vienne [3].

Au-delà de la faveur comtale, la personnalité de l'abbé Hunaud II ne paraît pas étrangère à la bienveillance des archevêques de Besançon : connaissant sa piété et celle de son couvent, Ponce lui confie en 1106 la direction du monastère de Cusance tombé en décadence [4], tandis que son successeur, Guillaume, soucieux « de secourir les monastères où les frères vivent dans la régularité, en pourvoyant à leur entretien » octroie plusieurs dons [5] et qu'Anseri fait bénéficier Saint-Claude de sa politique d'équilibre entre les différents ordres religieux. Ainsi, par son implantation territoriale dont l'assise s'élargit au cours du XIIe siècle, l'abbaye est-elle appelée à jouer un rôle important dans la vie religieuse du diocèse, dont elle contrôle la partie méridionale : son attitude envers les nouveaux monastères facilite leur démarrage, alors que l'essor de sa congrégation fait de ses abbés des arbitres privilégiés [6].

Dans le diocèse de Genève   L'expansion dans le diocèse de Genève n'apporte
                                        pas de nouveautés, sinon dans l'ouverture du Jura.
Malgré la présence de la montagne qui dresse un écran forestier entre la plaine suisse

---

1. Parmi les confirmations qui permettent de suivre l'expansion de Saint-Claude dans le diocèse, relevons : — celle de Guillaume d'Arguel v. 1110 (Staatsbibl. Berlin, Phillipps 1757, II, fol. 48) ; — celle d'Anseri en 1120 (*ibidem*, fol. 54) ; — celle d'Anseri en 1129, (*ibidem*, fol. 55 et Bibl. mun. Bes., Droz 42, fol. 12 et Dom BENOIT, *Hist. de l'Abbaye...*, I, p. 445).
2. Vers 1098/1099, Hugues III, fils du comte Guillaume, confirme, en présence de son frère Etienne, ce que « votre église avait obtenu autrefois en don de nos prédécesseurs » (Arch. dép. Jura, 2 H I, 72,21).
3. En tant que légat, il confirme à Saint-Claude la possession de Saint-Didier dans le diocèse de Mâcon (Staatsbibl. Berlin, Phillipps 1757, II, fol. 46) : depuis 1078 le comte de Bourgogne avait hérité du comté de Mâcon. Il intervient aussi pour terminer un différend avec Baume-les-Moines à propos de diverses églises : « parce que, autrefois, beaucoup de choses résolues au sommet n'ont pas été mises par écrit et sont tombées dans l'oubli », il prend soin de faire enregistrer l'intervention par laquelle il attribue à Saint-Oyend les églises de Saint-Etienne *Rupercula* (La Rochette) et Sainte-Marie de Blye (*ibidem*, fol. 52).
4. Arch. dép. Jura, 2 h I, 72, 1, ou Staatsbibl. Berlin, Phillipps 1757, II, fol. 47.
5. Vers 1112, il fait don de l'église de Soucia, de la Rochette (Phillipps 1757, II, fol. 47), de Saint-Aubin, d'Annoires (*ibidem*, fol. 42).
6. Ainsi l'abbé intervint-il en 1129 dans la querelle Luxeuil-Saint-Bénigne.

et la vallée de la Bienne, les moines ont mis à profit les accidents du relief pour créer des passages et établir des itinéraires. Après s'être glissé dans les gorges de la Bienne, un chemin, emprunté de nos jours par la route Paris-Genève, relie Morez aux Rousses et se prolonge au-delà, vers la Suisse : au pied de la Dôle (1680 m), il se divise en deux : une branche file vers le col de Saint-Cergue pour descendre en de magnifiques lacets sur le lac Léman et aboutir à Nyon, tandis que la route principale s'accroche aux flancs de la montagne et, après avoir offert, au col de la Faucille, un admirable panorama sur les Alpes et la plaine suisse, débouche sur le pays de Gex, dont elle dévalait autrefois brutalement les pentes.

Sur la Faucille se greffe aussi le chemin qui, par Mijoux et Septmoncel, gagne Saint-Claude par les gorges du Flumen en un parcours des plus sauvages. Bien que d'accès moins aisé que le col de Jougne, ces passages sont empruntés aux XIe et XIIe siècles, comme le suggèrent divers indices. Nous avons le souvenir de saint Odilon dont le sacramentaire fut miraculeusement retrouvé à Septmoncel après la fonte des neiges, tandis que l'apparition du village de Longchaumois et de l'église de Saint-Cergue attestent que cette montagne, jusque-là déserte, s'éveille pro-gressivement à la colonisation et à la circulation [1].

Outre l'influence des prélats et de l'aristocratie locale, diverses circonstances expliquent le développement du noyau carolingien que l'abbaye possédait à Cessy, en particulier l'intensification des relations entre les abbayes bourguignonnes (Moles-me, Cluny, Cîteaux) et leurs filiales savoyardes, relations qui empruntent naturelle-ment les passages cités précédemment. Dès le milieu du XIe siècle, des liens d'amitié unissent au métropolitain de Besançon l'évêque de Genève, Frédéric (1030-1073), originaire probablement du comté de Bourgogne où il possède des biens patrimo-niaux [2] : ils facilitent sans aucun doute les premières donations faites à Saint-Claude, le long de la route de Saint-Cergue (églises de Saint-Cergue, Genolier, Nyon) ou de la Faucille (Pouilly, Sergy, Sauverny), en direction du Chablais (Eloïse en Semine) ou dans le Val Romey (Chandossin) [3]. Paradoxalement, ce n'est pas ce prélat que l'on trouve cité dans l'obituaire de l'abbaye, mais son successeur, Guy de Faucigny, avec son demi-frère, Aymon, comte de Genevois [4]. Tous deux manifestent leur inté-rêt envers Saint-Oyend par diverses libéralités : tandis que le comte favorise l'exten-sion du monastère dans la *pôté* de Cessy, l'évêque donne la collation de plusieurs églises, dispersées dans la partie méridionale de son diocèse [5].

---

1. Longchaumois est cité dans un acte de 1137 (A. Vayssiere, *Le livre d'or*, p. 43). Le problème des relations de Saint-Claude avec la Suisse se pose dès l'époque carolin-gienne, puisque l'abbaye possède des biens dans le pays de Gex, à Cessy (diplôme contesté de Lothaire en 854, éd. par Th. Schieffer, *Die Urkunden Lothars I, M.G.H., Diplomatum Karolinorum*, III, p. 135 ; la possession se trouve aussi dans les confirma-tions des rois de Provence, Louis l'Aveugle en 900 et Hugues en 928, éd. par R. Poupar-din, *Recueil des actes des rois de Provence*, p. 70-72) et que des défrichements auraient été entrepris au temps de Manon, tels ceux qui évoquent son souvenir à Prémanon.
2. Dans la vallée de l'Ognon et la Chaux d'Arlier, puisqu'il donne à Saint-Paul, au temps d'Henri III, divers biens provenant de l'héritage paternel (Guillaume, *Hist. généal. des sires de Salins*, I, p. 185). Frédéric assure aussi les fonctions d'archidiacre dans le diocèse de Besançon.
3. Confirmation de Guy de Faucigny, Arch. dép. Jura, 2 H I, 72.
4. Dans *Mém. Soc. Emul. Jura*, 1971 : 21 mars (p. 159) et 12 mai (p. 176).
5. Aymon autorise l'abbé Hunaud à acquérir dans la pôté de Cessy des alleux venant d'hommes libres (Staatsbibl. Berlin, Phillipps 1757, II, 37). Voici les églises données par l'évêque : Craz-en-Michaille, Sainte-Marie-Madeleine à Genève et, dans le Val Romey, Saint-Oyend de Massigneux avec la chapelle du château de Belmont (Arch. dép.

En réalité, ce dernier groupe fait pâle figure face au Pays de Gex qui rassemble l'essentiel des acquisitions et qui constitue un noyau stable aux xiie et xiiie siècles. Bien que la cession d'églises remplisse un des objectifs de la réforme, il est difficile de la dissocier d'une assise foncière que la documentation ne permet pas de retrouver ; mais n'est-ce pas pour faciliter la gestion de ces biens que l'abbaye transforme la plupart de ces églises du Genevois en prieurés ruraux, dont l'existence ne répond pas toujours à une nécessité religieuse ? De même la place tenue par Saint-Claude dans la politique monastique du diocèse reste à définir : dépend-elle d'une volonté discrète mais ferme des autorités d'atténuer la pression clunisienne ou celle des grandes abbayes lyonnaises en favorisant la poussée d'établissements secondaires ?

Une étude plus précise menée au niveau de différents diocèses apporterait sans doute une vision moins statique de la concurrence monastique. Dans le portrait qu'il a tracé de Guy de Faucigny, évêque de Genève (1083-1119), Pierre le Vénérable dénonce sans l'accabler le caractère mondain du prélat qui a su toutefois racheter ses faiblesses par sa générosité : « Il honorait magnifiquement les clercs, spécialement ceux dont on lui vantait la piété. Mais c'était aux moines qu'allait surtout son affectueuse sollicitude : il ne se bornait pas à leur témoigner sa vénération, il les comblait de bienfaits en se dépouillant lui-même. Et entre les moines c'était les frères de l'ordre de Cluny qu'il portait plus particulièrement dans son cœur, leur prodiguant ses dons pour obtenir par ce moyen une récompense éternelle. C'est ainsi que, sans parler de ses autres libéralités, ce noble personnage a cédé à d'autres monastères dépendant de Cluny le revenu de plus de soixante églises » [1].

En Champagne   Si, jusqu'ici, la proximité rend compte de l'influence de Saint-Claude, son implantation en Champagne ne manque pas de surprendre et mérite d'être soulignée, non seulement à cause du rôle de saint Simon, mais aussi pour les relations établies avec la Bourgogne et la région des grandes foires. Traditionnellement c'est au jeune prince, le comte de Valois, que l'on attribue l'initiative et le mérite de ce rayonnement, sa retraite dans le monastère jurassien s'étant accompagnée de nombreuses donations. Loin de tout expliquer, cette vue trop simpliste suscite bien des interrogations et ne correspond pas entièrement à la réalité : pourquoi le choix d'une abbaye si lointaine et inconnue dans la contrée champenoise ? En vérité, ni Simon, ni les comtes de Valois ne sont à l'origine de ce mouvement, dont l'impulsion revient à un Nocher (III), comte de Bar-sur-Aube vers 1040 : c'est lui qui le premier gratifie Saint-Claude de biens dans une région dominée par les deux châteaux de Bar et de La Ferté et ouverte sur le duché de Bourgogne, comme le souligne son appartenance au diocèse de Langres [2].

Comment Nocher, dont la famille détenait de son vivant les sièges épiscopaux de Reims et de Soissons entra-t-il en relations avec Saint-Claude ? Faisait-il partie de l'entourage d'Eudes de Blois qui revendiquait en 1036 l'héritage du royaume de Bourgogne et était descendu dans la vallée du Rhône avec ses troupes ? Même si les circonstances demeurent mal élucidées, cette donation fonde l'attachement du lignage pour Saint-Oyend qui bénéficie dès lors d'autres libéralités : Adèle, l'héritière du

Jura, 2 H I, 72,16, ou Phillipps 1757, II, fol. 48).
1. Pierre le Vénérable, *De miraculis*, dans *P. L.*, 189, col. 894.
2. H. d'ARBOIS DE JUBAINVILLE, *Histoire des ducs et comtes de Champagne*, I, p. 493 : acte de 1076/1077 .

comte de Bar[1], (elle épouse Raoul IV de Valois), Simon, puis le champenois Thibaud Ier, héritier des Valois, et ses successeurs, Eudes IV, Hugues, Thibaud II complètent tour à tour le noyau primitif par des donations dans le sud et le nord de la Champagne. Les possessions méridionales, amorcées par le geste de Nocher III, ont bien vite constitué deux ensembles qui gravitent autour des deux châteaux de Bar et de La Ferté et qui résultent de la générosité de Simon et de son entourage[2].

Saint-Claude possède alors les deux églises de Bar, qualifiées de supérieure et d'inférieure : l'une, établie sur l'éminence qui avait porté le vieux château, est dédiée à sainte Germaine et saint Etienne ; plus tard elle abrite le prieuré du Mont-Bar. L'autre, sous le vocable de saint Pierre, est aussi érigée en prieuré au milieu du XIIe siècle[3]. Outre les deux églises et les droits qui s'y rattachent, les moines disposent aussi de biens fonciers dans les finages voisins de Colombe-le-Sec, Rouvre, Bayel... Cette installation lèse-t-elle les bénédictins de Molosme ? Mécontents apparemment d'avoir été évincés, ceux-ci contestent durant plus de soixante ans les droits de Saint-Claude avant de s'incliner en 1141 devant un arbitrage de saint Bernard lui-même, à la demande d'Innocent II.

Malgré l'ambiguïté des sources, la fondation du prieuré castral de la Ferté paraît contemporaine de celle du Mont-Bar : il s'agit au point de départ de simples possessions foncières qui, augmentées par Simon et ses héritiers, aboutissent dans la pre-

---

1. Généalogie sommaire de la famille de Bar-sur-Aube :

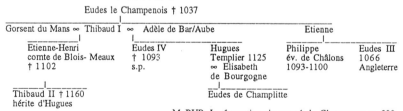

M. CHAUME, *Recherches d'hist. chrétienne et médiévale*, *Mélanges*, Dijon,1947, p. 273.

Liens avec la famille de Champagne

M. BUR, *La formation du comté de Champagne*, p. 308.

2. H. D'Arbois de Jubainville, *Histoire des ducs et comtes de Champagne*, II, p. 79.
3. La confirmation de l'évêque de Langres, Josserand en 1121 (Arch. dép. Jura, 2 H I, 101, 13, et H. d'Arbois de Jubainville, *Histoire des ducs et comtes de Champagne*, IV, p. 141) précise que ces deux églises ont été données par son prédécesseur Renaud (1065-1085). Le prieuré de Mont-Bar est cité en 1149 (Staatsbibl. Berlin, Phillipps 1757, II, fol. 65, ou Bibl. mun Bes., Droz 42, fol. 112), tandis qu'en 1159 Saint-Pierre est qualifié de *nouveau monastère* (Phillipps, fol. 68, et Droz fol. 22).

mière moitié du XIIe siècle à la formation de plusieurs cellules religieuses[1] : le prieuré de Saint-Oyend, établi dans le château de La Ferté avec cimetière et plusieurs granges (Saint-Usage, Mathonvau, Orges), avec la forêt du Mont-Saint-Oyend et diverses terres dans les environs ; le prieuré de Saint-Maurice de Cunfin ; le prieuré de Silvarouvre avec cimetière et divers biens dispersés jusqu'à Saint-Léger de Latrecey. Mis à part les deux prieurés castraux de Bar et de la Ferté, les autres ne doivent pas faire illusion : comme beaucoup de leurs semblables, ils se réduisent probablement à des églises rurales associées à des centres d'exploitation agricole et dirigées par un ou deux religieux. Néanmoins, grâce à la générosité des comtes de Bar et de leurs successeurs, Saint-Claude possède au milieu du XIIe siècle une intéressante assise territoriale dont il convient de ne pas sous-estimer l'importance, puisqu'un des prieurs de Bar est le célèbre Etienne, compagnon de saint Simon et abbé de Bèze en 1088, et que l'abbaye est associée aux revenus des foires pour un montant d'un dixième[2].

L'origine et les modalités des concessions dans la région plus septentrionale du Perthois, relevant du diocèse de Châlons-sur-Marne, entre Vitry-le-François et Bar-le-Duc, ne diffèrent des précédentes que par la date : c'est en 1094 qu'Adèle, veuve de Thibaud Ier de Champagne et ses fils, Hugues et Philippe, évêque élu de Châlons, donnent à l'abbé Hunaud de Saint-Claude une terre à Sermaise avec le droit d'y construire une église et un cimetière[3]. Cette terre, dont quatre bornes fixent les limites, devient bientôt le centre d'un plus vaste ensemble, enrichi par les libéralités des évêques de Châlons et des comtes de Champagne et même de Pibon de Toul, qui cède l'église Saint-Loup de Remennecourt[4].

Sans revenir sur le caractère à la fois religieux, politique et économique de ces fondations seigneuriales, nous voudrions ajouter une autre remarque susceptible d'en expliquer la raison d'être : elles s'insèrent dans la tranche chronologique marquée en Champagne septentrionale par le ralentissement très net des collégiales et elles correspondent au souci d'atténuer ou de contrebalancer l'influence grandissante des Clunisiens. L'attitude de saint Simon et de Thibaud Ier semble bien confirmer cette hypothèse : si le premier a appelé les clunisiens en Vexin en leur confiant l'église castrale de Saint-Arnoul de Crépy, sanctuaire familial des comtes de Valois, il ne faisait que suivre l'exemple de son beau-frère Thibaud qui, dès 1072, introduisit le monachisme bourguignon dans l'espace champenois, à Coincy, et qui ne cachait pas des sympathies pour la réforme (le concile de Meaux de 1081 se tint sur ses terres). Mais pour l'un et l'autre, Cluny ne répondait pas à leurs préférences intimes : au monachisme fédérateur ou centralisé, ils préféraient les collégiales ou des abbayes de rayonnement moindre et de caractère plus familial, Marmoutier pour Thibaud, Saint-Oyend pour Simon ; par la suite, le mouvement clunisien en Champagne fut l'œuvre

---

1. La bulle de Léon IX de 1050 indique une occupation du Mont-Saint-Oyend à la Ferté avec une église du même nom, tandis que Simon donne des biens dans les environs, à Villars-en-Azois, à Orges (Sainte-Libère), Saint-Usage. Une discontinuité dans la documentation fait ensuite passer à la confirmation de 1149 (Phillipps 1757, II, fol. 15 ou Droz, 42, fol. 112), où se trouve la liste des différents prieurés.

2. En 1174, le comte de Troyes, Henri, renouvelle à Saint-Oyend la donation de son père (Thibaud II) du dixième des revenus sur ses foires de Bar (Arch. dép. Jura, 2 H II, 86, 22 ou Staatsbibl. Berlin, Phillipps 15, II, fol. 71).

3. A. LESORT, Les chartes de fondation du prieuré de Sermaize, dans *Bull. Phil. et Hist.*, 1924, p. 99-110.

4 Pour le détail, se reporter à la charte de confirmation d'Eugène III du 29 avril 1148 (Staatsbibl. Berlin, Phillipps 1757, II, fol. 63) qui énumère les acquisitions.

de la moyenne aristocratie.

Dans le diocèse de Vienne   Avec le diocèse de Vienne, dernière région où s'effectue l'infiltration de Saint-Claude, nous retrouvons un processus déjà signalé : sur les bases d'une implantation ancienne, probablement carolingienne, que les vicissitudes des temps féodaux ont érodée, les moines tentent à l'époque de la reforme de reconstituer leur temporel, en recourant là encore aux ressources de la diplomatique. En effet, si l'acte de Charlemagne concédant plusieurs églises et domaines autour de Quintenas ne résiste pas à la critique [1] et correspond à une fabrication du début du xiie siècle, il repose néanmoins sur d'authentiques et anciennes donations rappelées dans les confirmations des rois de Provence [2] et partiellement retrouvées dans la bulle de Léon IX. Saint-Claude possédait donc avant le xie siècle des biens fonciers, voire quelques églises, dans la vallée du Rhône, au-delà de Condrieu, jusqu'en Avignon et en Provence. Mais un double phénomène en modifie par la suite la composition : d'une part, elle perd ses possessions les plus éloignées ou les plus dispersées pour ne garder que celles situées dans le diocèse de Vienne ; d'autre part, des domaines fonciers que l'abbaye a sans doute partiellement conservés, l'accent passe désormais aux églises et chapelles, si bien que la discontinuité, qui apparaît avec l'époque carolingienne, est sans doute trompeuse.

En effet, les grandes chartes de confirmation du xiie siècle [3] n'énumèrent que des églises qui ne correspondent pas toujours aux lieux cités en 1050, mais nous n'avons aucune preuve d'un transfert ou d'une évolution du temporel, ni même d'indication sur les différentes acquisitions : seul un acte de Guy, archevêque de Vienne, fait état de la cession de Saint-Martin de Roiffieux [4]. L'évocation de cet archevêque originaire du comté de Bourgogne et donc proche des milieux san-claudiens inciterait à lui attribuer l'initiative des restitutions ou des acquisitions : or, curieusement, l'obituaire de l'abbaye n'a pas retenu son nom, mais celui de son prédécesseur Armand, déposé par Hugues de Die en 1076 ! A défaut d'esquisser les étapes de cette implantation, résumons la situation à la fin du xiie siècle : les églises de Saint-Claude se groupent autour de deux prieurés, au nord celui de Salaize, le plus ancien, au sud celui de Quintenas, apparu comme tel au début du xiie siècle et établi au centre des possessions abbatiales.

Cette situation, qui se répète dans les autres diocèses, marque sans doute le changement le plus caractéristique survenu au cours du xie siècle dans la gestion temporelle de l'abbaye : les anciennes possessions, administrées autrefois à partir des cours ou des villas et parfois mutilées par les aliénations, s'effacent désormais devant les

---

1. Diplôme de 774, édit. par Ed. MUHLBACHER, *Die Urkunden Pippins, Karlmanns und Karls des Grossen*, n° 301.
2. Confirmation de Louis l'Aveugle en 950 (édit. par R. POUPARDIN, *Recueil des actes des rois de Provence*, n° 38), d'Hugues de Provence en 928 (Dom BENOIT, *Hist. de l'abbaye...*, I, p. 383). Y ajouter la donation du prieuré de Salaize rappelée dans l'obituaire au 15 mars (p. 158) : *Otho monachus et uxor sua Adalsenda et Amblard filius eorum qui dederunt cellam Borbontie atque Salegie*, donation que D. BENOIT situe au milieu du ixe siècle.
3. En particulier celle de Frédéric Barberousse en 1184 (*M. G. H.*, *Die Urkunden Friedrichs I*, t. IV, par H. APPELT, n° 884, p. 128) et celle d'Urbain III de 1187 (W. WIEDERHOLD, *Papsturkunden, la Franche-Comté*, n° 74, à corriger par la copie Chifflet, Staatsbibl. Berlin, Phillipps 1757, II, fol. 64).
4. Staatsbibl. Berlin, Phillipps 1757, II, fol. 33, édit. par D. BENOIT, *Hist. de l'abbaye*, I, p. 442, et dans *Revue Lyonnaise*, 3e série, V, p. 78.

églises et les prieurés qui assurent des fonctions spirituelles et matérielles et dans lesquels la présence d'un ou plusieurs religieux maintient une liaison plus étroite avec la maison-mère. Cette mutation répond aux objectifs de la réforme qui condamne la possession des églises par les laïcs et au désir des grands monastères de sauvegarder ou de reconstituer leur assise territoriale. Il s'agit sans doute plus d'une adaptation que d'une expansion et même si l'abbaye ne récupère pas toutes les possessions qu'elle prétendait avoir à l'époque carolingienne, en particulier les plus éloignées, nous ne pouvons parler de recul puisqu'elle progresse dans d'autres régions, la Champagne et le Genevois ; cette adaptation plaide en faveur de sa vitalité religieuse, corroborée par d'autres indices tels que la reconstruction d'églises, l'intégration de monastère comme celui de Cusance, sa sensibilité aux aspirations érémitiques...

C. LA NOSTALGIE DU PASSÉ : LUXEUIL ET LURE

A l'autre extrémité du diocèse, Luxeuil et Lure apportent une note originale tant par leurs privilèges que par leur évolution, tout en différant l'une de l'autre par l'ancienneté et l'importance. Etablis tous deux sur les confins septentrionaux, ils partagent avec les monastères féminins de Remiremont (diocèse de Toul) et de Faverney, le contrôle d'un vaste espace soumis aux influences alsaciennes, lorraines, champenoises et comtoises. Mais si les origines colombaniennes de Luxeuil ne prêtent à aucune contestation, celles de Lure exigent quelques éclaircissements. En effet, la *Vita Deicoli*, écrite à la fin du xe siècle, fait de saint Desle, honoré comme le fondateur du lieu, un disciple de Colomban, sans fournir aucune preuve[1] : il faut, en réalité, se résoudre à tout ignorer, ou presque, des origines modestes de cet établissement, hormis quelques jalons épars : son inscription dans la *Notitia de servitio monasteriorum* de 819 parmi les modestes abbayes astreintes seulement envers l'empereur à des prières[2] ; sa sécularisation dans la seconde moitié du ixe siècle, alors qu'il entre dans le patrimoine des Eberhardides, comtes d'Alsace ; la restauration de la régularité en 959, sous le patronage d'Otton Ier [3].

Une évolution commune   Il n'existe ni chronique, ni récit hagiographique qui décrive la situation des deux monastères au xie siècle, seuls quelques rares documents, vrais ou faux, tentent d'établir certains privilèges spirituels ou temporels[4]. Comme à Saint-Claude, les moines de Lure et de Luxeuil ont eu recours, lors de la réforme, à la fabrication de diplômes carolingiens pour se prémunir contre les usurpations ou pour justifier leurs prétentions : ainsi la confirmation de Charlemagne, sans doute compilée au moment de la querelle contre Saint-Bénigne de Dijon vers 1120-1129, manifeste-t-elle la volonté de Luxeuil de récupérer un certain nombre de biens, prieurés et églises, censés lui appartenir à l'époque où l'abbaye se trouvait à la tête d'une richesse prodigieuse[5]. De même Lure

---

1. *AA. SS., Jan.,* II, p. 565-560 : *Vita sancti Deicoli primi abbatis Lutrensis.* J. GIRARDOT en a donné une traduction dans *La vie de Saint Desle et les origines de Lure,* Vesoul, 1946 ; du même auteur, *L'abbaye et la ville de Lure,* Vesoul, 1970, à corriger, sur le haut Moyen Age, par G. MOYSE, *Les origines du monachisme,* p. 73-74.
2. Dom BECKER, *Corpus consuetudinum monasticorum,* I, , p. 496.
3. *Die Urkunden Königs Otto I.,* (M. G. H., *Dipl. regum. Germaniæ*), n° 199, p. 279.
4. Il convient de souligner la pauvreté de leurs fonds d'archives pour la période antérieure au xiiie siècle ; cette situation s'explique à Luxeuil par divers incendies, dont celui évoqué en 1201, qui a contraint les moines à faire confirmer divers privilèges octroyés par les souverains. Voir R. LOCATELLI, Luxeuil aux xiie et xiiie siècles : heurs et malheurs d'une abbaye bénédictine, dans *Revue Mabillon,* LX (1981), p. 79 et suiv.
5. Ed. MUHLBACHER, *Die Urkunden Pippins, Karlmanns und Karls des Grossen,* n° 300,

se prévalait non seulement d'un prétendu diplôme de Lothaire II, mais aussi de concessions plus anciennes puisqu'en 1026, Henri II lui renouvelle les privilèges et les immunités accordés par Pépin et ses successeurs [1].

De l'examen de ces divers actes, il résulte que les deux abbayes se déclarent sous la protection directe des souverains germaniques qui leur confèrent l'investiture des régales à chaque élection abbatiale et qui renouvellent périodiquement leurs privilèges d'exemption fiscale et d'immunité : au XIIIe siècle, cette situation de dépendance immédiate se traduit par les titres d'abbayes royales ou de princes d'Empire dont arguent leurs abbés [2] ; elle permet aux deux monastères d'échapper à la garde du comte de Bourgogne et d'afficher des tendances autonomistes, fondées sur un jeu diplomatique subtil : Luxeuil joue tour à tour la carte lorraine, bourguignonne ou champenoise au gré de ses intérêts, tandis que Lure, tournée vers l'Alsace où elle conserve des possessions, compte parmi ses avoués les comtes d'Eguisheim [3].

Parallèlement à cette politique, les deux abbayes tentent de se soustraire à la juridiction épiscopale pour se rattacher directement à la papauté. Ce statut d'exemption, dont le contenu juridique évolue et se précise du XIe au XIIIe siècle, Luxeuil le revendique en se référant à de très anciennes concessions pontificales, une bulle de Jean IV (640/642), décalquée en 1018 par Benoît VIII [4] et dont elle obtient une réactualisation : en 1049, Léon IX réitère au monastère le libre choix de l'évêque consécrateur et restreint le pouvoir d'intervention de l'archevêque en réservant au seul Siège apostolique le droit de correction [5].

Après avoir rappelé que Luxeuil est sous la tutelle et la protection de l'Eglise romaine, Célestin II rejette, un siècle plus tard, toute autre dépendance religieuse et interdit à tout évêque d'y célébrer les offices sans y avoir été invité par l'abbé [6] ; mais

---

p. 449 ; Lothaire Ier confirme les immunités du monastère (SCHIEFFER, *Die Urkunden Lothars I und Lothars II*, n° 192, p. 351, où se trouve une abondante critique). Ces actes reposent sur des données partiellement vraies puisqu'en 1123 Henri V renouvelle les privilèges des empereurs Louis et Lothaire (Bibl. nat., Lat., 12678, fol. 369 ou Moreau 869, fol. 337 ou Bibl. mun. Bes., Droz 41 fol. 117), de même que Philippe de Souabe évoque en 1201 les privilèges « de l'empereur auguste, Louis » (*Mém. et doc. inédits pour servir à l'hist. de Fr. Comté*, VII, 1876, p. 62).

1. Diplôme de Lothaire II en 865 (SCHIEFFER, *Die Urkunden Lothars I und Lothars II*, n° 38, p. 448. Diplôme d'Henri II, dans *Mém. et Doc. inédits... Fr. Comté*, VII, p. 67. Dans un diplôme du 14 novembre 1157 pour cette abbaye, Frédéric Ier écrit : « Ulric, abbé de Lure nous a montré les franchises du roi Pépin, de Charles, de Louis et de notre ancêtre Henri II, empereur de divine mémoire, dans lesquelles nous avons trouvé la façon dont nos prédécesseurs avaient toujours assuré l'entière défense et protection de cette abbaye royale de Lure... » (*Die Urkunden Friedrichs I.*, T. I, n° 191, p. 319) .

2. Lettre de Frédéric II écrit à Luxeuil, 1218 (*Mém. et Doc... Fr. Comté*, VII, p. 77), à Lure, 1232 (L. VIELLARD, *Doc. et mém. pour servir à l'hist. du Ter. de Belfort*, n° 358).

3. Confirmation d'Alexandre III en 1178, (Arch. dép. Haute-Saône, H 584); L. BESSON, *Mémoire hist. sur l'abbaye et la ville de Lure*, Besançon, 1846, p. 199.

4. Bulle de Jean IV dans *Gallia christiana*, XV, instr. col. 1-3 ; de Benoît VIII du 13 avril 1018 dans A. TEULET, *Layette du Trésor des Chartes*, I, 1863, n° 14 et *M. G. H.*, *Epistolæ*, V, *Karol. œvi*, III, p. 612. Alors que le courant hypercritique du XIXe siècle a rejeté l'authenticité de ces deux documents, E. EWIG a donné raison à la tradition locale qui a toujours proclamé l'ancienneté de ces privilèges (*Bemerkungen zu zwei merovingischen Bischofspriviligien*, dans *Mönchtum, Episcopat und Adel zur Gründungszeit des Klosters Reichenau*, Sigmaringen, 1976, p. 215-249).

5. W. WIEDERHOLD, *Papsturkunden, La Franche-Comté*, n° 2, p. 20.

6. Bulle de Célestin II, 3 mars 1144 (*ibidem*, n° 23, p. 52) ; Honorius III précise en 1222 que ni l'archevêque, ni les archidiacres ou leurs officiers n'ont le droit d'imposer des

c'est seulement en 1268 que se rencontre la formule juridique attestant l'exemption du monastère *ad Romanam ecclesiam nullo medio pertinentis* [1]. En enlevant progressivement à l'archevêque de Besançon le droit de visite, de correction et d'ordination, ce statut tendait à faire du domaine abbatial une enclave dans le diocèse. Quel pouvoir garde encore le prélat à la fin du XIe siècle ? La question se pose puisque Luxeuil figure parmi les établissements soumis à la juridiction d'Hugues III, avec Lure et Faverney, en 1095, mais la formule pontificale demeure suffisamment générale pour s'appliquer à des situations juridiques diverses : « que ta fraternité dispose de la juridiction qu'ont eue tes prédécesseurs » [2].

Le cas de Lure nous laisse davantage perplexe à cause des contradictions qu'il présente : plusieurs documents, dont un diplôme d'Otton I et une confirmation de Léon IX, établissent son exemption [3], sans oublier le cens récognitif de 10 s. à verser à la cour romaine. Mais dans la remise en ordre qui accompagne et suit la réforme, ce privilège semble remis en question et progressivement rogné, comme s'il s'agissait d'un faux : les abbés de Lure prêtent régulièrement serment à l'archevêque de Besançon, dès le milieu du XIe siècle, tandis que celui-ci intervient pour autoriser la translation de reliques en 1118 ; dans sa confirmation de 1157, Frédéric I ne dit mot de la liberté des élections abbatiales , mais nous rencontrons au XIIIe siècle mention de dépendance immédiate envers le Saint Siège [4]. Alors que les grands monastères et les nouveaux ordres manœuvrent pour se soustraire à la juridiction diocésaine, les évêques semblent réagir dès le XIe siècle contre cette perte de puissance et obtenir parfois la révision de certains statuts abusifs ou illégalement établis. Convient-il de classer Lure au nombre de ces exemples ?

Malgré le patronage ottonien, l'abbaye luronne reste un établissement de petite taille, à en juger par la liste de ses biens [5] : avec ses douze églises en 1178, elle arrive très loin derrière Luxeuil qui passait à l'époque carolingienne pour une des plus riches abbayes de l'Empire : ses possessions se disséminaient alors dans la partie orientale du royaume de France et dans la vallée du Rhône : en Champagne, dans le pays de Langres, en Mâconnais, dans la partie septentrionale du diocèse de Besançon, en Haute Alsace, dans le Ponthieu et l'Embrunois.

Rétrécissement de leur horizon   Que reste-t-il de cette assise territoriale au XIIe siècle ? Des aliénations ont amputé Luxeuil de tous ses biens au sud de Lyon et l'ont beaucoup affaiblie ailleurs : deux seules églises rapellent ses anciennes positions dans le diocèse de Bâle et, mis à part quelques vestiges dans les diocèses de Thérouanne et d'Autun, l'essentiel se localise dans un rayon de 50 km autour du monastère. Il suffit de comparer la carte des prieurés et des églises du XIIe siècle avec celle établie par G. Moyse [6], pour se convaincre de la disproportion entre les prétentions ou la situation passée et la réalité d'alors. D'après la recension des seuls biens ecclésiastiques, Luxeuil se trouve désormais à la

---

taxes indues sur les églises de Luxeuil, ni, à cette occasion, de prononcer des sentences d'interdit ou d'excommunication (Bibl. mun. Bes., Droz 41, fol. 146).
1. Bulle de Clément IV du 24 mars 1268 (Bibl. nat., lat. 12 678, fol. 359).
2. Bulle d'Urbain II , dans J. TROUILLAT, *Monuments de l'histoire... de Bâle*, I, p. 211.
3. WIEDERHOLD, *Papsturkunden, La Franche-Comté*, n° 3, p. 21.
4. Serments prêtés par les abbés de Lure (Bibl. mun. Bes., Droz 32, fol. 312 et 403), translation des reliques de saint Colombin en 1118 : Arch. dép.Haute-Saône, H 582 ; diplôme de Frédéric Ier dans *M. G. H.*, *Die Urkunden Friedrichs I.*, T. I, n° 191, p. 319.
5. Confirmation d'Alexandre III, 1178 : Arch. dép. Haute-Saône, H 578 fol. 31.
6. G. MOYSE, *Les origines du monachisme*, p. 182; R. LOCATELLI, Luxeuil aux XIIe et XIIIe siècles, dans *Revue Mabillon*, LX, p. 82.

tête d'une douzaine de prieurés qui relèvent directement de l'autorité abbatiale, mais dont le terme recouvre des notions différentes : tous ne sont pas conventuels comme Fontaine et l'imprécision du vocabulaire des chartes qui utilisent alternativement *ecclesia* et *prioratus* fait songer pour certains d'entre eux à de simples cures rurales placées sous la responsabilité d'un ou plusieurs moines. A cela s'ajoute une quarantaine d'églises dont l'abbé exerce le patronage, soit directement, soit par l'intermédiaire des prieurs, et qui constituent un élément d'appréciation non négligeable.

Comparé à celui d'autres établissements, leur nombre permet une approche du rayonnement spirituel d'une abbaye, lors de la grande époque des restitutions qui, dans le diocèse, s'échelonne de 1050 à 1150. Cette quarantaine d'églises place Luxeuil sur un rang équivalent à celui de Baume-les-Messieurs, Saint-Vincent et Saint-Paul de Besançon, mais loin derrière les chapitres cathédraux et Saint-Oyend, qui approche de la centaine. Ainsi se trouve confirmé le recul de Luxeuil par rapport à son propre passé et à d'autres établissements anciens (Saint-Oyend) ou plus récents (Baume, Saint-Vincent) et cette situation explique son désir de récupérer certaines aliénations et d'affirmer sa vitalité au moment ou s'épanouit la floraison monastique.

Comment expliquer ce rétrécissement d'horizon, sinon par l'évolution commune à tant de monastères au cours des ixe et xe siècles ? Difficultés de gérer les terres excentriques, inféodation à des laïcs, usurpations ou dilapidations, émancipation des terres..., autant de facteurs qui ont accéléré ce recul. L'exemple de Vignory et de Clefmont ne constitue sans doute pas une exception : ces deux anciennes terres luxoviennes sont tombées dans le patrimoine de châtelains qui, vers le milieu du xie siècle, les ont données à Saint-Bénigne de Dijon pour la fondation d'un prieuré castral ; or, après une possession continue et apparemment plus que trentenaire, celle-ci se voit contester vers 1120 la propriété de ces deux églises par Luxeuil, qui engage une procédure de récupération, d'abord auprès des autorités locales (évêques de Langres puis de Laon et de Vienne), ensuite en cour de Rome [1]. Outre ces terres excentriques, Luxeuil perd aussi des possessions proches, sans que l'on puisse deviner le processus de ces aliénations, tel le monastère de Cusance situé dans le diocèse de Besançon et confié à Saint-Claude en 1108 [2].

L'hypothèse d'une dégradation de la vie monastique vient naturellement à l'esprit, mais sans qu'aucun document ne l'étaye avant les années 1120-1130 ; Luxeuil jouit au contraire de la confiance des prélats et des empereurs, continue de cultiver les lettres et les arts, si l'on en juge par le splendide évangéliaire que l'abbé Gérard a fait exécuter au milieu du xie siècle, et ne s'attire aucune observation de la part des réformateurs [3]. Quant à Lure, une chronique du xive siècle fait allusion à ses difficultés matérielles sans apporter de précision, ni d'explication [4]. La conclusion la plus intéressante à tirer de ce bref aperçu concerne l'originalité de ces confins septentrionaux du diocèse de Besançon : à moins de 30 km l'une de l'autre, quatre abbayes semblent rapprocher leur destin. Lure et Luxeuil sont confrontées à des problèmes matériels

---

1. Sur cette affaire, récit circonstancié dans J. d'ARBAUMONT, *Cartulaire du prieuré de Saint-Etienne-de Vignory,* Langres, 1882, p. XX-XXX, à compléter par J. MARILIER, Saint-Bernard et Vignory, dans *Cahiers Haut-Marnais,* n° 30, 1952, p. 138-143 ; R. LOCATELLI, Luxeuil aux xiie et xiiie siècles, dans *Revue Mabillon,* LX, p. 82.
2. Arch. dép. Jura, 2 H I, 72, 1.
3. Evangéliaire de l'abbé Gérard (Bibl. nat., N.A.F., 2196). Voir l'article Luxeuil dans *D.A.C.L.* IX, 2, col 2745-2747 et G. CUGNIER, Documents et manuscrits retrouvés sur Luxeuil, dans *Bull. S.A.L.S.A.Haute-Saône,* 1963, n° 2, p. VIII-IX. De nos jours, la fabrication de cet évangéliaire est attribuée au scriptorium d'Echternach.
4. Chronique de Moyenmoûtier (D. CALMET, *Hist.. de Lorraine,* II, p. LXXIX).

tandis que les deux monastères féminins perdent progressivement leur régularité : Remiremont, établie au diocèse de Toul, évolue vers la sécularisation à la fin du xie siècle, alors que Faverney, nous le verrons, se meurt[1]. D'autre part, à l'exception de Faverney, les trois autres établissements revendiquent l'exemption religieuse et jouissent de privilèges impériaux importants. Cette situation crée sur le flanc méridional des Vosges un espace original, fermé à la juridiction de l'ordinaire, mais ouvert aux influences politiques : c'est, par exemple, dans le doyenné de Luxeuil qu'interviennent le moins, aux xiie et xiiie siècles, l'archevêque et ses auxiliaires[2].

D. L'ESSOR DE BAUME-LES-MESSIEURS

Les origines

Face aux abbayes de Saint-Oyend et de Luxeuil qui tentent avec un succès moyen de retrouver leur puissance d'autrefois, Baume-les-Messieurs constitue un cas original à plusieurs points de vue. Petit établissement, qui a longtemps disputé la prééminence à sa sœur aînée, Gigny, il sort de l'ombre dans le dernier quart du xie siècle seulement, pour aborder une ascension remarquable qui le pousse bientôt aux premiers rangs des abbayes diocésaines. Mais alors que Gigny végète et finit par intégrer l'ordre clunisien, Baume conserve son indépendance, ce qui lui vaut, semble-t-il, les faveurs de la hiérarchie religieuse et de l'aristocratie locale, désireuses de soutenir un monastère qui n'échappe pas complètement à leur contrôle. Non loin de Saint-Claude et de Gigny établies aux portes du diocèse de l'archevêché de Lyon, elle devient la grande abbaye du Jura méridional, dont nous saisissons les modalités et les étapes de l'essor.

Grâce à une charte de Grégoire VII de 1078, nous apprenons qu'elle n'est plus la petite *cella* de l'époque carolingienne, mais une abbaye qui jouit de l'autonomie et d'une certaine aisance matérielle qui la met à la tête d'une amorce de congrégation : cinq *cellæ* dépendent alors de sa juridiction[3]. Certains de ces prieurés ont derrière eux un long passé : Saint-Lothain, donation du roi Rodolphe, remonte à l'époque carolingienne ; Mouthier-en-Bresse date du xe siècle ; d'autres apparaissent comme tels pour la première fois, Jouhe près de Dole, Grandfontaine à proximité de Besançon, tandis que la mention de Gigny provoque l'étonnement : « Nous confirmons... le monastère de Gigny qu'ont soumis à Baume, Bernon et son cousin Laisinus ».

Non seulement le pape inversait dans cette affirmation les rapports originels des deux maisons, mais il contredisait une de ses bulles qui, deux ans plus tôt, confiait Gigny à Cluny. Reprenait-il les désirs de Baume de venir au secours de son aînée en invoquant la proximité des lieux et les origines communes, légèrement déformées pour les besoins de la cause ? Sans doute le projet avait-il reçu l'approbation des réformateurs favorablement impressionnés par la prospérité de l'abbaye, mais avait

---

1. Remiremont possède de nombreux biens dans le diocèse de Besançon et durant tout le Moyen Age y joue un rôle essentiel, qui n'est malheureusement perceptible qu'à partir du xiiie siècle. Pour toute recherche concernant ce monastère, il convient de se reporter aux actes du colloque publiés par M. PARISSE, *Remiremont, l'abbaye et la ville*, Nancy, 1980.
2. R. LOCATELLI et R. FIETIER, Les archidiacres dans le diocèse de Besançon, dans *Mém. Soc. hist. droit*, 34 (1977), p. 74.
3. Confirmation de Grégoire VII, av. 22 avril 1078, Arch. dép. Jura, I H 10, original en écriture lombardique. Pour une vue d'ensemble, nous renvoyons à la monographie collective R. LOCATELLI, P. GRESSER..., *L'abbaye de Baume-les-Messieurs*, Lons-le-Saunier, 1978.

eu le tort de sous-estimer les visées de Cluny qui pouvait compter sur la compréhension pontificale et la résistance de Gigny peu empressée de se soumettre à une
voisine. La contradiction exprimée par les chartes de 1076 et de 1078 traduit probablement un retard ou les complexités de la chancellerie pontificale, pas toujours à
même de vérifier le contenu des actes expédiés.

Contrairement à Gigny, Baume conserve donc son indépendance : comme le
rappelle Grégoire VII, elle a le privilège de choisir librement son abbé. Cette autonomie s'exerce dans le cadre de la juridiction épiscopale, maintes fois rappelée par la
suite [1]. Aux quatre prieurés précédemment énumérés le pape ajoute la possession de
six villas et de quatre églises, dispersées dans le sud du diocèse, autour desquelles
s'organise le temporel de l'abbaye dans les décennies suivantes. Si la totalité
surprend par sa modicité et ne supporte pas encore la comparaison avec Saint-Oyend,
Luxeuil, Saint-Bénigne ou les établissements bisontins, elle constitue une base de
départ qui s'étoffe rapidement ; quelques chiffres concrétisent cette ascension, mesurée
à partir du nombre de prieurés et d'églises relevant de sa collation :

Date	Prieurés	Eglises	Chapelles
1078	4	9	
1083	5	18	3
1089	5	43	9
1111	8	52	13

Alors qu'en 1078 les textes distinguent encore les domaines des églises, il n'en
va plus de même par la suite : dans l'élan de la réforme, seules ces dernières retiennent l'attention et attestent l'application des consignes visant la restitution des biens
ecclésiastiques ; Baume en profite pleinement sous les pontificats d'Hugues II et
d'Hugues III et nous a laissé quelques traces des modalités de ce mouvement :
« Bernard, abbé de Baume, écrit l'archevêque en 1083, est venu me trouver et me
demander de lui céder à lui et à son église quelques-uns des biens ecclésiastiques qui
m'avaient été confiés ; ces biens, dont certains étaient situés dans notre évêché et que
tenaient de nos prédécesseurs des laïques, se trouvaient dans une situation contraire à
la règle ecclésiastique et nous ne pouvions pas ou péniblement en obtenir les redevances synodales ou les procurations (synodum, paratam) ; aussi les lui cédons-nous
volontiers par notre autorité et l'encourageons-nous à travailler de toutes ses forces à
en acquérir d'autres pour son église et, après les avoir arrachées de la gueule des méchants, à les garder sous son contrôle, en toute tranquillité... », à condition, bien
sûr, d'en acquitter les taxes diocésaines [2].

L'initiative de ces retours appartient donc à l'abbé qui profite des bonnes dispositions des laïques pour se faire donner les églises convoitées, avec généralement, l'accord ou la complicité des prêtres qui les desservent ; d'après les exemples énumérés,
nous constatons que ces biens sont entre les mains de la haute aristocratie qui les fait
entrer dans le circuit des fiefs : le comte Guillaume pour Jussamoutier, Dole et Poligny — ces deux derniers situés dans les possessions comtales —, les Montmorot,
vicomtes de Lons, Gaucher, sire de Salins, pour la Chaux d'Arlier et Grozon, divers
châtelains comme les sires de Joux, de Scey-en-Varais, de Châtillon, de Neublans...,
et occasionnellement des chevaliers, rarement des prêtres, à moins qu'ils ne soient
détenteurs à titre personnel, comme membres de cette aristocratie.

1. Dans la confirmation d'Urbain II du 20 décembre 1089 (Arch. dép. Jura, 1 H 10).
2. Arch. dép. Jura, 1 H 17, publ. par B. Prost, *Les origines de l'abbaye..*, p. 100 et J.B.
   Guillaume, *Hist. généal. des sires de Salins*, I, p. 27..

Expansion

Ce sont donc les nobles qui, cédant aux sollicitations de Baume, par intérêt ou par conviction, favorisent son ascension et lui assurent un rayonnement ou une audience de plus en plus étendue. Les confirmations postérieures témoignent de cet élargissement puisque les églises cédées à Baume ne s'agglutinent plus seulement autour de l'abbaye, mais se dispersent dans la partie méridionale du diocèse, en autant de satellites gravitant autour de quelques prieurés. Certes la densité s'accroît fortement dans la Bresse et le Jura méridional, là où elle ne se heurte à la rivalité d'aucun autre établissement. Sa voisine immédiate, Château-Chalon, abrite, au sommet de l'éperon rocheux qui domine la reculée de la Seille, un couvent de moniales fort ancien, mais au rayonnement limité, tandis que le prieuré clunisien de Vaux, dissimulé au fond de la vallée de Poligny connaît des débuts très modestes. Seules Saint-Claude et les abbayes périphériques contiennent son expansion vers l'est et le sud.

En transférant à Baume les églises qu'ils détiennent, les laïcs favorisent l'essor d'un monastère proche de leurs châtellenies, tandis que les archevêques y trouvent un avantage juridictionnel évident : faire de Baume, qui demeure sous leur contrôle, le grand établissement méridional du diocèse. Mais ce projet ne se réalise pas sans heurts parce qu'il froisse la susceptibilité des autres maisons, jalouses elles aussi de leur renom et de leur prospérité. Quelques échos nous sont parvenus de cette concurrence qui, bien souvent, se termine par un arrangement à l'amiable, mais qui parfois dégénère en un conflit porté devant les autorités religieuses. Quand Baume s'infiltre dans la haute vallée de l'Ain, considérée par Saint-Claude comme le rempart de sa Terre, cette abbaye ne manque pas de réagir et d'alerter le légat, Guy de Vienne, en 1113, qui règle le différend par un compromis [1]. Une fois résolues ces questions matérielles, les deux abbayes resserrent leurs liens par un traité de confraternité, en décidant d'inscrire sur leur livre des morts les moines des deux communautés pour leur assurer les mêmes offices et les mêmes prières [2].

Région de Dole   Comme le patronage des églises couvre la perception des droits paroissiaux, chacun veille à préserver l'intégrité de ses revenus en évitant l'arrivée de nouveaux venus, considérés souvent comme des intrus : chacun veille en particulier à ce que les lieux de culte privés ne se mettent pas au service des fidèles : clercs et chanoines redoutent que l'exercice du ministère par les moines ne leur cause préjudice. Dole offre un bon exemple de ce type de conflit amené à se généraliser au cours du xie siècle. Le toponyme apparaît pour la première fois dans les documents sous la forme d'un château cité en 1083 et comme chef-lieu d'un archidiaconé mentionné plus tard ; mais selon toute vraisemblance le premier élément remonte plus avant dans le xie siècle puisqu'il comprend déjà l'amorce d'un bourg avec une chapelle et que le processus de développement semble se précipiter. En effet, divers indices suggèrent à l'observateur un éveil économique de la région, générateur de mutations politiques et sociales. Dans cette partie de l'Amous, la carte des structures ecclésiastiques aux xiie et xiiie siècles fait apparaître un double caractère : d'une part, l'ancienneté du peuplement attesté par les documents, la toponymie, la densité du réseau paroissial parvenue au terme de son élaboration : d'autre part, la survivance de vastes forêts, dont celle de Chaux occupant tout l'interfluve du Doubs et de la Loue et qui constituent des réserves susceptibles

---

1. Octobre 1113, à propos des églises de Blye et de Saint-Etienne de *Rupercula* (Soucia) : Staatsbibl. Berlin, Phillipps 1747, II, fol. 52.
2. Arch. dép. Jura, 1 F 26, vers 1113-20.

d'être exploitées par une population en augmentation[1].

Or, les données archéologiques viennent compléter ces renseignements : les mottes féodales confirment par leur abondance la densité de l'habitat rural et soulignent par leur emplacement l'existence de deux axes de circulation ; l'un longe la vallée du Doubs en suivant l'ancienne voie romaine Chalon-Dole, l'autre franchit successivement les trois rivières de la Saône, du Doubs et de la Loue pour unir Langres à Salins. Il est curieux de constater que la vallée de la Loue est ainsi ponctuée de forteresses que malheureusement l'archéologie ne peut encore dater de façon précise, mais qui prouvent l'animation et l'intérêt de cette route du XIe au XIIIe siècle. Parallèlement à cette observation, d'autres indices viennent renforcer cette hypothèse : des défrichements grignotent la forêt de Chaux, créant de nouveaux villages comme La Loye à la fin du XIe siècle ; les établissements religieux cherchent à s'implanter dans cette région et à obtenir des pied-à-terre le long de ces voies de passages ; enfin la construction d'un château comtal à Dole, qui donne bien vite naissance à une agglomération, montre l'aristocratie attentive à ces transformations.

Les comtes de Bourgogne possédaient déjà une forteresse au cœur de la forêt de Chaux, à la Vieille Loye, mais dans un lieu trop à l'écart des circuits d'échanges ; en s'installant sur la rive droite du Doubs, ils cherchent donc à contrôler le passage obligatoire et difficile du Doubs. Choix et calcul judicieux, puisque pont et château attirent rapidement et fixent une population active et, comme l'église paroissiale se trouve sur l'autre rive, les comtes dotent ce nouveau noyau d'une chapelle dont ils confient la desserte aux moines de Baume en 1083. Pourquoi ce choix dans cette région où les églises de Besançon ont déjà beaucoup d'intérêts et continuent par la suite à accentuer leur emprise, où les influences bourguignonnes venues de Cluny et des autres abbayes rencontrent peu de résistance ? Il semble que la pénétration de Baume ne résulte pas du hasard des donations, mais du dessein de favoriser une abbaye diocésaine et autonome, dont le dynamisme exprimait sa santé spirituelle. En quelques années, Baume fait ainsi une brillante percée en acquérant successivement Jouhe, Dole, Montroland, Belmont, Neublans, Bans, Biarne, Billey, etc.

Comme l'agglomération au pied du château de Dole se développe, les moines cherchent à adapter leur chapelle aux besoins de la nouvelle population en construisant une église plus grande, dotée d'un cimetière : c'est du moins ce qu'ont compris les chanoines de La Madeleine, patrons de la paroisse d'Evans ; aussi s'opposent-ils à la consécration du sanctuaire et à la bénédiction du cimetière pour défendre leurs prérogatives paroissiales. L'affaire n'est réglée qu'en 1120 par l'archevêque Anseri : en échange de quelques concessions — dont le partage des revenus —, les moines obtiennent pratiquement l'autonomie de leur église et la possibilité d'y nommer un chapelain qui ait charge d'âmes, après entente avec les chanoines[2]. Ainsi l'abbaye profitait-elle de l'essor de Dole, dû pour une part à la politique judicieuse des comtes de Bourgogne.

Gunzon   Mais la réussite de Baume ne provient pas seulement de ces circonstances extérieures : elle-même a contribué à cette œuvre par le renom qu'elle a su se donner, par la personnalité et le dynamisme de quelques-uns de

---

1. J. THEUROT, Ordres religieux et établissements hospitaliers à Dole au Moyen Age, dans *Cahiers Dolois*, n° 3, 1979 ; J. THEUROT, *Dole, des origines à la fin du XIVe siècle; étude des structures urbaines et une ville comtale*, (Thèse de 3e cycle), Dijon, 1982 ; J. THEUROT, D. BIENMILLER..., *Histoire de Dole*, Roanne, 1982.
2. Texte de 1120 publié dans R. FIETIER..., *Recherches sur les droits paroissiaux en Franche-Comté au Moyen Age*, Paris, 1975, p. 137.

ses abbés : Bernard, Gunzon, Hugues, Aubry... Associé à la construction de Cluny III par les hagiographes de saint Hugues, Gunzon apparaît comme une figure à demi-légendaire : un vieillard infirme, retiré à Cluny, mais choisi par Dieu pour être son porte-parole. En effet, une nuit il voit en apparition saint Pierre qui le charge d'une étrange mission auprès de l'abbé Hugues : « Frère lève-toi promptement et va rapporter ce que je vais te dire à Hugues, abbé de ce monastère : ma basilique est trop étroite pour contenir la multitude des religieux, je veux que l'abbé en édifie une plus vaste. Qu'il ne s'inquiète pas des frais de cette construction, nous aurons soin de pourvoir à tout le nécessaire. — Je ne puis me charger de cette mission, répondit Gunzon, car personne n'ajoutera foi à ma parole. — Tu as été choisi entre tous les autres pour cette mission, reprit l'apôtre, et ta guérison miraculeuse donnera foi à tes paroles. Ta vie, continua-t-il, sera prolongée de sept années si tu accomplis fidèlement ce qui t'est prescrit ; si Hugues diffère cet ordre, il se verra atteint de la même maladie que celle dont je vais te guérir... »

Après ces paroles, Gunzon crut voir saint Pierre tendre des cordes et prendre des mesures de longueur et de largeur ; puis ce saint lui fit voir la forme générale de la basilique à construire en lui recommandant de se rappeler avec soin les dimensions et le plan de l'église[1]. Cette vision, popularisée par l'hagiographie clunisienne et agrémentée de savoureuses miniatures, a fait de Gunzon l'architecte légendaire de Cluny III ou l'inspirateur de ce grand œuvre. Effectivement, un abbé de ce nom a existé à Baume puisqu'il assista au concile de Chalon en 1063 et, même si Hugues n'a pas eu besoin de son aide pour se lancer dans cette opération, il est intéressant de noter qu'au milieu du XIᵉ siècle l'historiographie insiste délibérément sur le rôle de Baume dans l'évolution de Cluny, au moment où précisément l'abbaye comtoise entre en rébellion ; vraie ou fausse, la légende de Gunzon se rattache donc à tout un courant visant à magnifier le passé de Baume pour le rendre digne de sa fille[2].

La personnalité des autres abbés, telle que nous la révèle l'histoire ou la tradition, se ramène à quelques types assez tranchés, mais caractéristiques de leur époque : Bernard (vers 1073-1083), artisan du démarrage de Baume, un autre du même nom (début du XIIᵉ siècle) associé à la relance de l'érémitisme[3], Aubry (1107-1139), contemporain de l'apogée de Baume et de l'achèvement de l'église abbatiale[4].

---

1. *Bibl. Cluniacensis*, col. 457.
2. Gunzon, abbé de Baume, est présent au concile de Chalon (B. de VREGILLE, *H.S.*, chap. VIII, note 202), fait jusque-là non relevé par les historiens. On a présenté Gunzon comme le premier architecte de Cluny III ou le premier inspirateur de cette œuvre (K.J. CONANT, *Cluny, les églises et la maison du chef d'ordre*, Mâcon, 1968, p. 75-76 ou L. GENEVAUX, Une seconde gloire de l'abbaye de Baume-les-Messieurs (Jura) : Gunzon architecte de Cluny III, *dans Mém. Soc. Emul. Jura* 1959-64, p. 155-161). Rien n'autorise à ne voir dans ce récit qu'une légende sans aucun fondement (F. SALET, Cluny III, dans *Bull. Monumental*, 126 (1968), p. 235-292).
3. Une inscription sur un bloc de pierre en forme de sarcophage (dans la nef abbatiale), rappelle le souvenir de l'ermite Renaud qui vécut en solitaire dans la grotte voisine de Saint-Aldegrin et dont le culte populaire se maintint jusqu'à la fin du XIXᵉ siècle : *XVI kalendas octobr. obiit Rainaldus venerabilis heremita tempore domini Bernardi secundi abbatis, anno mil. CIIII* (Histoire de l'abbaye de Baume-les-Messieurs, p. 45 et 222).
4. Une autre inscription gravée sur un élément de colonne rappelle le rôle d'Aubry dans la construction de tout ou partie de l'église : *Abbas Albricus quod dat tibi suscipe munus, Petre, struendo domum ; famuli ne despice donum. Qui legis, hec dicas : abbas in pace quiescas* ; inscription au sens ambigu qui peut se traduire ainsi : « Reçois, Pierre, le don que te fait l'abbé Aubry en construisant cette demeure ; ne dédaigne pas le présent d'un serviteur. Et toi qui lis cette inscription, dis : abbé repose en paix » (*Ibidem*).

Cette rapide ascension de Baume témoigne de la vitalité du monachisme bénédictin et clunisien à l'époque de la réforme grégorienne : il profite pleinement de la législation contre les investitures laïques en recueillant les patronages des églises, il trouve naturellement sa place dans le courant et l'exigence de régularité ; aussi relève-t-il des monastères à l'abandon et se lance-t-il dans des œuvres de restauration architecturale dont nous admirons encore les vestiges à Baume, Saint-Lothain, Poligny, Gigny, Romainmôtie, etc. Faut-il attribuer ce dynamisme à une regénérescence du monachisme par Cluny dont l'expansion atteint l'étale au début du xiie siècle ? N'est-il pas simplement une des manifestations de ce renouveau du sentiment religieux qui s'exprime alors de multiples manières, du pèlerinage à l'érémitisme ou qui cherche des voies nouvelles, encore mieux adaptées aux préoccupations d'une élite ?

CHAPITRE 3

RÉFORME ET VIE MONASTIQUE

Siècle de la réforme, le XIᵉ confirme la prééminence de Cluny, dont l'expansion et l'influence atteignent leur apogée au temps de l'abbé Hugues (1049-1109) : tandis que clercs et chanoines engagent un combat de rénovation morale et de christianisation de la société en luttant contre la cupidité et la violence, le mouvement clunisien cherche à régénérer le monachisme traditionnel en proposant un retour à la règle de saint Benoît et une spiritualité mieux adaptée aux besoins du siècle et orientée vers la prière communautaire. Les rapports entre les deux courants ont suscité des interprétations contradictoires de la part des historiens : les uns insistent sur la similitude de deux réformes, clunisienne et grégorienne, qui constituent les deux aspects d'un même mouvement, alors que d'autres mettent l'accent sur les différences et la spécificité de chaque courant. Malgré les divergences de vue, le débat sert notre propos en invitant l'historien à s'interroger sur le rôle du monachisme dans la christianisation de la société au XIᵉ siècle, sur son insertion dans le monde féodal, sur son influence dans l'élaboration de nouvelles aspirations religieuses [1].

Si une telle problématique dépasse les possibilités de notre documentation, elle permet néanmoins de dégager les caractères originaux du diocèse par rapport aux influences périphériques : vogue des collégiales au nord, infiltration des chanoines réguliers par le sud, prédominance des prieurés castraux et clunisiens à l'ouest, etc. Ces courants se superposent aux traditions qui font de la région une ancienne terre du monachisme, toujours tentée de se replier sur son passé glorieux, comme nous venons de le voir dans le chapitre précédent. Ils se heurtent aussi aux nouvelles aspirations qui surgissent un peu partout dans la Chrétienté et répondent à de plus grandes exigences de régularité ou de solitude.

Comment des tendances aussi multiples et aussi divergentes parviennent-elles à s'exprimer dans un diocèse et sous quelles formes ? Parviennent-elles à coexister sans se nuire ou engendrent-elles une sainte émulation sur le chemin de la perfection chrétienne ? Avant de dresser un bilan général de la vie monastique au moment de la réforme grégorienne, nous analyserons chacun des éléments qui s'ajoutent à la survie des grandes abbayes pour composer ce tableau : emprise de Cluny et nouvelles expériences qui concurrencent le mouvement canonial.

A. L'EMPRISE CLUNISIENNE

Parallèlement au monachisme traditionnel dont l'ancienneté fait la gloire, mais aussi la faiblesse, Cluny déploie toute la puissance attractive que lui vaut sa pleine

---

1. Parmi les ouvrages récents donnant une bibliographie sur Cluny : M. PACAUT, *L'Odre de Cluny*, Paris, 1986 ; D. RICHE, *L'Ordre de Cluny de la mort de Pierre le Vénérable à Jean III de Bourbon. " Le vieux Pays Clunisien "*, Thèse Lyon II, 1991, 3 vol. dactyl. Comme exemples d'étude régionale : J. MARILIER, L'expansion clunisienne dans la Bourgogne du Nord aux XIᵉ et XIIᵉ siècles, dans *Consuetudines monasticæ. Eine Festgabe für Kassius Hallinger*, Rome, 1982, p. 217-227 ; Ph. RACINET, Implantation et expansion clunisienne au nord-est de Paris (IXᵉ-XIIᵉ siècles), dans *Le Moyen Age*, 1984, p. 5-37.

maturité : sous les abbatiats d'Odilon (994-1049) et d'Hugues de Semur (1049-1109)[1], l'Ordre étend son emprise à toute la Chrétienté latine et, grâce au réseau de filiales qu'il établit en Occident et qui diffuse ses coutumes et son esprit, il exerce un ascendant considérable. Comment le diocèse de Besançon, si proche de l'abbaye bourguignonne, ne ressentirait-il pas son influence ? Mais plus que le voisinage géographique, des facteurs historiques liaient Cluny au pays comtois et le prédisposaient à s'ouvrir largement à son rayonnement : c'est en effet à Gigny et Baume-les-Moines que Bernon avait expérimenté sa règle et ses coutumes avant de les implanter dans le monastère créé par Guillaume d'Aquitaine.

D'excellents rapports unissent au xɪᵉ siècle les archevêques de Besançon à Odilon et Hugues : la tradition voulait, en effet, que pour la bénédiction du nouvel abbé clunisien l'on fît appel aux prélats bisontins qui ne se sont pas soustraits à cette tâche agréable[2]. En outre, Hugues Iᵉʳ n'a jamais caché la sympathie qu'il portait aux moines et au genre de vie clunisiens, sentiment partagé dans la seconde moitié du siècle par plus d'un prince et d'un seigneur. Les historiens ont, depuis longtemps, mis en évidence la symbiose étroite de l'institution clunisienne avec la société féodale, en particulier avec la classe seigneuriale qui fournit à l'ordre des recrues de choix et de valeur : beaucoup de prieurés ont à leur tête un membre de l'aristocratie locale ou accueillent des chevaliers en mal de pénitence ou tourmentés par une mort prochaine. Toutes ces motivations sont bien connues et les Comtois ne se comportent pas différemment des autres nobles, bourguignons ou lorrains.

Les premières maisons

Cependant, si cette influence clunisienne est incontestable, elle ne s'exerce pas de la même façon ni avec la même intensité au cours du xɪᵉ siècle : longtemps modeste et effacée, elle ne s'accentue que dans le dernier tiers du siècle pour devenir alors prépondérante. En effet, malgré les facteurs favorables énoncés précédemment, l'abbaye bourguignonne semble d'abord buter aux portes du diocèse qu'elle se contente d'investir de l'extérieur par ses filiales établies sur la Saône (Saint-Marcel-lès-Chalon) ou dans les diocèses périphériques (Saint-Victor de Genève, Romainmôtier, Payerne, Saint-Pierre de Bevaix passés sous sa juridiction dès la fin du xᵉ siècle). Comme Gigny et Baume conservent leur indépendance, les établissements clunisiens, au milieu du xɪᵉ siècle, se limitent à la *cella* de Vaux-sur-Poligny, donnée par les comtes de Bourgogne vers 1020-1030, et à l'église de Port-sur-Saône[3].

Vaux-sur-Poligny   Malgré la protection des comtes de Bourgogne, Vaux n'a ni prestige, ni richesse : sa situation dans le domaine comtal, à proximité de l'important château de Poligny, lui confère le rang de simple prieuré castral, ce que confirme l'examen rapide de ses possessions[4]. Même

---

1. Actes du colloque scient. intern. de Cluny (septembre 1988), *Le gouvernement d'Hugues de Semur à Cluny*, Cluny, 1990.
2. *Bibliotheca cluniacensis,* 1614, col. 1617-21 : bénédiction d'Odon par Béranger vers 924, d'Odilon par Liétaud en 994, d'Hugues par Hugues I en 1049 ; quant à Ponce, s'il a été béni par Guy de Vienne, c'est parce que ce dernier exerçait alors l'intérim, entre la démission de Ponce et l'élection de Guillaume d'Arguel ; Anseri bénit Pierre le Vénérable en 1122...
3. Confirmation de l'archevêque Hugues Iᵉʳ à l'abbé Odilon en 1033 citée par B. de VRE-GILLE, *Hugues de Salins*, p. 50 ou confirmation de Rodolphe III en 1029 (A. BRUEL, *Recueil des chartes de Cluny*, n° 2817).
4. Création des comtes de Bourgogne, Vaux bénéficie de leur constante protection : confirmations, donations se renouvellent régulièrement d'Otte-Guillaume à Frédéric

si l'on tient compte de ses ressources en sel, tant à Salins qu'à Grozon, de l'intéressante situation de ses biens qui s'égrènent le long de la route de Besançon à Lons-le-Saunier, le total demeure modeste. Déjà vive au xie siècle avec la proximité de Château-Chalon et de Baume, la concurrence monastique se fait encore plus rude avec l'installation des cisterciens à Balerne et à Rosières et avec l'ambition d'autres maisons d'acquérir une participation dans les richesses du Vignoble, en sel ou en vigne. Ajoutons un détail supplémentaire : l'église déjà consacrée en 1029 à Dieu, à Notre Sauveur Jésus Christ, à sa Mère, à saint Paul, sans oublier le bienheureux Nicolas, confesseur, est dédicacée vers 1086/1090 par Hugues III, sans doute à la suite d'une restauration [1].

Saint-Bénigne de Dijon, Bèze   En fait, si Cluny ne pénètre pas ou peu dans le diocèse, c'est parce que son influence est relayée, voire concurrencée par d'autres maisons affiliées à son Ordre comme Saint-Marcel-lès-Chalon, Romainmôtier, Gigny, ou partageant ses observances et ses coutumes comme Baume, Bèze, Saint-Bénigne de Dijon et même Tournus, qui conservent leur indépendance. Leur progression dépend de circonstances propres à chaque monastère — personnalité des abbés, relations avec les autorités locales — si bien qu'elle se fait de façon discontinue et par bonds.

Parmi tous ces établissements, la palme revient à Saint-Bénigne de Dijon et Saint-Pierre de Bèze que nous associons, tant ils ont de points communs entre eux et avec le diocèse de Besançon [2]. Tous deux ont été réformés vers l'an mil par Guillaume de Volpiano, qui y introduit les coutumes clunisiennes et noue d'étroits contacts avex les comtes de Bourgogne, ce qui explique l'afflux de donations le long de la Saône et et à Salins. Après la mort de Guillaume, les deux abbayes, un moment réunies sous la crosse d'Halinard (ami d'Hugues Ier, nommé archevêque de Lyon en 1046), suivent chacune leur destin particulier, mais connaissent des difficultés. Leur importance ne pouvait échapper aux réformateurs qui se préoccupèrent de mettre à leur tête des hommes expérimentés et sûrs ; le jour même où le concile d'Autun confie l'archevêché de Lyon à Géboin de Beaumont, archidiacre de Langres (1077), il choisit Jarenton pour diriger Saint-Bénigne de Dijon.

Ancien disciple d'Hugues de Cluny, qui avait embrassé la vie religieuse à la Chaise-Dieu, Jarenton va durant plus de trente-cinq ans présider aux destinées du monastère qu'il conduit à son apogée et pour qui il devient un second Guillaume. Curieusement, à la même époque, Bèze connaît un renouveau spectaculaire dû à l'abbé Etienne (1088-1124), dont la forte personnalité peut se comparer à celle de Jarenton [3]. Issu de la maison de Joinville, il renonce à la milice du siècle pour suivre Simon de Valois dans sa retraite à Saint-Claude. « Ensuite [dix ans plus tard], il gagna Cluny où il demeura un an avec son oncle, le seigneur Guy, grand prieur. Quand Guy fut choisi abbé à cause de sa piété et de la sainteté de sa vie, il le suivit à Poitiers, où il continua de s'améliorer. Revenu ensuite à son monastère, il fut

---

Barberousse (F.F. CHEVALIER, *Mémoires hist. sur... Poligny*, I, pr. 318 et suiv.).
1. CANAT de CHIZY, *Cartulaire de Saint-Marcel de Chalon*, p. 71.
2. Ouvrages de référence sur ces deux établissements : G. CHEVRIER et M. CHAUME, *Chartes et documents de Saint-Bénigne de Dijon*, t. II, 1943, et S. de MONTENAY, *L'abbaye bénédictine de Saint-Pierre de Bèze*, Dijon, 1960.
3. La vie d'Etienne nous est narrée par son ami, le moine Jean, qui a dressé son panégyrique dans la *Chronique de Bèze* publ. par F. BOUGAUD et J. GARNIER, *Chronique de l'abbaye de Dijon suivie de la chronique de Saint-Pierre de Béze*, Dijon, 1875 (S. de MONTENAY, Le moine Jean et la chronique de Bèze, dans *Nouvelle Revue Franc-Comtoise*, 1957, p. 121-125).

envoyé à Bar-sur-Aube, *cella* de Saint-Oyend. Cela se déroulait [...] l'an de l'incarnation du Seigneur 1088 »[1]. Ces quelques lignes, qui retracent la carrière d'Etienne, montrent que l'apprentissage de la vie monastique n'exige pas forcement la stabilité et que les relations familiales subsistent au-delà de la clôture, facilitant déplacements et carrières.

L'évolution parallèle des deux abbayes au cours du xiᵉ siècle les met en concurrence dans leur expansion temporelle, tant leur voisinage et leurs intérêts convergent, à en juger par les seules églises qui relèvent de leur patronage le long des limites diocésaines. Toutefois, chacune suit des modalités particulières qu'il convient d'expliquer rapidement. Le rayonnement de Bèze en direction du diocèse est plus limité ; il se restreint à la région de Champlitte, où s'interpénètrent les mouvances des comtes de Bourgogne et des évêques de Langres. Les bienfaiteurs de l'abbaye se recrutent dans l'aristocratie châtelaine du voisinage, les Fouvent, héritiers des anciens comtes d'Atuyer, les Beaumont à la fois protecteurs et spoliateurs du monastère, les Montsaugeon tournés vers Langres, les Beaujeu établis sur la Saône... Dès le temps de Guillaume de Volpiano, les sires de Fouvent avaient fondé un prieuré castral dans la dépendance de Bèze. C'est le prieuré du Saint-Sépulcre, dont le vocable évoque l'influence des pèlerinages en Terre Sainte[2]. Mais c'est sous l'abbatiat d'Etienne de Joinville que se multiplient les libéralités, en particulier sous forme de patronages d'églises ; l'inhumation à Bèze d'Humbert de Fouvent, tué au service de l'évêque de Langres vers 1085-1087, incite sa veuve à céder à Etienne la chapelle du château de Fouvent, l'église de Lavoncourt et deux cyphes d'argent, tandis que les exhortations des réformateurs convainquent ses deux fils de se séparer des églises qu'ils possédaient en-deçà de l'Amance (Motey, Champlitte, Seveux et Fouvent-le-Bas)[3].

Cette timide pénétration et cette relative concentration contrastent avec la richesse des possessions de Saint-Bénigne de Dijon, dont la dispersion n'est qu'apparente. En effet, l'abbaye bourguignonne a porté tous ses efforts dans le diocèse de Besançon sur certaines voies de communication : soit fluviales dans la haute vallée de la Saône, autour de Fonvelle et Jussey, en direction de la Champagne, soit terrestres le long de la route qui conduit de Dijon à Lausanne par la vallée de la Loue, Salins, Pontarlier et le col de Jougne. A part quelques anciennes terres dans la Chaux d'Arlier, son implantation remonte à l'époque de Guillaume de Volpiano, comblé de biens par la famille comtale, à Salins où s'accumulent terres, églises et eau salée ; dans le reste du diocèse, il obtint, toujours grâce à l'appui d'Otte-Guillaume, la restitution de la *Villa Albiniacus*, aujourd'hui Saint-Marcel de Jussey et l'ancienne abbaye Saint-Léger d'Enfonvelle[4], où la régularité avait disparu à une date inconnue. La génération suivante ajoute à cette assise foncière Saint-Georges de Vesoul, où le comte Renaud III désirait créer un prieuré, Saint-Anatoile de Salins, où Hugues Iᵉʳ

---

1. *Chronique de Bèze*, p. 381.
2. *Chronique de Bèze*, p. 308.
3. Donation de la veuve d'Humbert de Fouvent (*Ibidem*, p. 380) ; celle de ses deux fils Humbert et Guy fait apparaître les pressions cléricales sur ces deux adolescents. Cette seconde donation doit se dérouler après 1092, c'est-à-dire après l'inauguration de l'abbaye Saint-Vincent de Besançon par Hugues III. Pour le geste d'Humbert, voir la *Chronique de Bèze*, p. 470, et la confirmation de Pascal II (*Chronique de Bèze*, p. 419).
4. O. COLIN, Le sort des abbayes royales d'Enfonvelle, de Varenne-sur-Amance et de Poulangy après le partage de Meerssen, dans *Bull. Phil. et Hist.*, 1964, p. 35-44 : lorsqu'elle passa à Saint-Bénigne, dit la Chronique, cette antique et noble abbaye n'était plus qu'un très petit établissement (*abbatiola*) où la vie monastique régulière avait disparu.

avait fondé sa première collégiale[1].

Mais cette expansion, qui contrecarrait la politique bourguignonne d'Henri III en transférant des biens à une église d'un autre diocèse et d'un autre royaume, reçoit un brutal coup d'arrêt de l'empereur qui, avant 1049, exige la rétrocession des dernières acquisitions ; Vesoul et Saint-Anatoile changent ainsi de mains, alors qu'un malentendu surgit bientôt à propos de Notre-Dame de Salins[2]. Normalement incluse parmi les restitutions, celle-ci est néanmoins revendiquée vingt ans plus tard par les moines de Dijon : ils déclenchent un très long procès à la faveur des embarras de la querelle des Investitures qui paralyse l'action impériale en Bourgogne. Evoquée aux conciles d'Autun (1077), de Poitiers et de Meaux (1081), l'affaire réclame plusieurs interventions du légat Hugues de Die et motive la suspension momentanée de l'archevêque Hugues II ; forts de leurs droits, les prélats bisontins ne cèdent pas, même lorsque le légat menace de lancer un anathème contre l'Eglise de Besançon si Hugues III ne restitue pas à Dijon l'église contestée, avec les revenus perçus durant la détention illégale (vers 1090).

Malgré toute l'amitié qui le lie à Jarenton, l'archevêque résiste jusqu'à l'établissement d'un compromis, en 1106, par le légat, assisté des évêques de Die, Grenoble et Langres ; Dijon abandonne toute revendication sur les églises de Salins, mais obtient l'autorisation d'édifier sur la terre qu'y possède l'abbaye, une chapelle avec un cimetière affecté au seul usage des moines ; c'est l'origine de la chapelle Sainte-Marie-Madeleine, citée vers 1130 et transformée avant 1220 en prieuré[3]. Les moines ont plus de chance avec deux autres chapelles, Saint-Michel et Saint-Pierre, qu'ils réussissent à acquérir ou à recouvrer avant 1105[4].

Ces démêlés ne compromettent pas les efforts déployés par Jarenton pour redonner au monastère le lustre qu'il avait connu au début du siècle. Il semble bien que le souvenir d'Otte-Guillaume et l'intervention de l'abbé dans les affaires d'Espagne aient rapproché Saint-Bénigne de certains membres de la famille comtale ; ainsi le comte Raimond ne cache-t-il pas les bonnes dispositions de ses prédécesseurs qui, selon lui, ont préféré cette abbaye à toute autre. Recevant un jour dans sa place forte de la Nouvelle-Loye Jarenton, qui avait l'habitude de lui rendre visite et de lui donner des conseils utiles à son âme, il lui demande de célébrer la messe. Au cours de l'office, il fait un examen de conscience qui le remplit d'angoisse et, sitôt la messe terminée, il s'empresse d'ouvrir son cœur à l'abbé et d'exprimer son intention de lui donner une terre. « Mais, dit l'acte rédigé au nom du comte, cet homme d'une sagesse supérieure, ne voulut pas accepter le don — car l'affaire se déroulait devant la porte de la forteresse —, tant que je n'irais pas sur la terre en question pour exécuter sur place le don que j'avais l'intention de faire »[5]. La scène et la donation ont trop d'importance pour ne pas être mentionnées, car Raimond établit l'abbaye dans une région qui constitue le cœur du domaine comtal, la forêt de Chaux, d'où l'approbation de son geste par ses deux frères, Etienne et Hugues III, et la reconnaissance que lui témoigne plus

---

1. G. Chevrier, *Chartes de Saint-Bénigne*, n° 300-301.
2. B. de Vregille, *Hugues de Salins*, p. 92-93 ; la confirmation de 1053 (*Chartes de Saint-Bénigne*, n° 337) n'énumère aucune église de Salins, ni aucune possession, hormis les chaudières, ce qui prouve l'exécution des volontés impériales.
3. Sentence de 1090 dans *Chartes de Saint-Bénigne*, n° 370, de 1116, n° 416 ; la chapelle est mentionnée dans une donation de Renaud III vers 1130 (Arch. dép. Doubs, 5 J 2).
4. Confirmation de Pascal II en 1105 (*Chartes de Saint-Bénigne*, n° 411).
5. *Ibidem*, n° 365.

tard Saint-Bénigne en l'inscrivant dans son *Nécrologe* [1]. L'archevêque, qui partage les sentiments de son frère, complète ce geste en ajoutant le patronage de la chapelle du lieu et de plusieurs églises des environs, ce qui agrée moins aux chanoines de Saint-Jean qui avaient eux-aussi des intérêts dans la région et qui se heurtent une fois de plus aux moines de Dijon [2].

Par la suite se font encore d'autres acquisitions, qui portent essentiellement sur des églises et qui témoignent du climat de coopération établi entre Dijon et Besançon, malgré quelques rivalités ; la mort de Jarenton n'interrompt pas ces bonnes relations, puisque, vers les années 1120-1130, celles-ci s'élargissent à Saint-Etienne de Dijon impliqué dans la diffusion des chanoines réguliers à Besançon et que Renaud III continue les libéralités des comtes envers Saint-Bénigne [3], sans que tout cela ne modifie l'assise territoriale de l'abbaye dans le diocèse. En effet, les transactions se font autour des noyaux primitifs (Salins, Enfonvelle, Jussey, forêt de Chaux) et aboutissent à la multiplication des relais le long des routes de la Saône et de la Suisse : par ses acquisitions au sud de la forêt de Chaux (la Nouvelle-Loye, Augerans, Goux...), l'abbaye s'assurait des passages sur la Loue ; grâce à son entêtement, elle possédait un pied-à-terre à Salins âprement défendu [4], tandis qu'au-delà de cette ville, les églises de Frasne, puis de Boujailles longent la route qui, par Pontarlier et le col de Jougne, conduit à Saint-Maurice d'Agaune. Mais sa réussite ne revenait pas seulement à la personnalité de ses abbés, elle devait beaucoup à la famille comtale de Bourgogne qui n'avait jamais oublié l'époque où Otte-Guillaume soutenait en Guillaume de Volpiano une politique bourguignonne. Si l'on excepte Saint-Oyend, abbaye jurassienne par ses origines et ses possessions, Saint-Bénigne est, de tous les établissements extérieurs, le mieux implanté dans le diocèse de Besançon au début du XIIᵉ siècle.

Romainmôtier, Saint-Marcel-lès-Chalon   Les maisons d'obédience clunisienne (Romainmôtier, Saint-Marcel-lès-Chalon), ou de statut autonome (Tournus), ne soutiennent pas la comparaison avec Dijon. Les deux premières présentent quelques points communs ; mêmes liens très anciens avec le diocèse, remontant aux Pères du Jura ou à l'époque mérovingienne, passage précoce dans l'Ordre clunisien, renouveau incontestable au XIᵉ siècle illustre par la reconstruction de leurs églises, pénétration limitée à la région limitrophe [5].

---

1. XII cal. octobre (*ibidem*, n° 420) .
2. *Chartes de Saint-Bénigne*, n° 448.
3. Renaud III gratifie le prieur de la Nouvelle-Loye, Guy de Reims, de plusieurs dons (P.F. Chifflet, *Lettres touchant Béatrice*, Dijon 1659, p. 119 ; autres preuves dans Perard, *Recueil de plusieurs pièces...*, 1664, p. 227, 229). A propos des donations faites à Saint-Bénigne, il convient de corriger G. Chevrier, *Chartes de Saint-Bénigne* sur quelques points mineurs : n° 421 : le prédécesseur de Guillaume d'Arguel qui donne les églises de Serqueux et de Montigny n'est pas Hugues IV, mais Ponce (parce que ces églises sont déjà confirmées en 1105) ; n° 411 : l'église de *Torpa* ne correspond pas à Torpes, mais à Trepot.
4. A Salins, Saint-Bénigne ne défend pas seulement ses possessions ecclésiastiques mais aussi ses revenus en sel : quand en 1117 Humbert, sire de Salins, s'empare d'une de leurs chaudières, les moines déposent plainte au concile de Dijon (1118), en présence du légat Guy de Vienne qui charge l'archevêque Anseri de régler ce différend (G. Chevrier, *Chartes de Saint-Bénigne* n° 456).
5. G. Moyse, *Les origines du monachisme...*, a étudié les relations entre Dijon, Saint-Marcel de Chalon et Saint-Maurice d'Agaune (p. 55-56). Romainmôtier a été donné à Cluny en 928 par Adélaïde de Bourgogne, Saint-Marcel à la fin du Xᵉ siècle.

Nous avons déjà évoqué le cas de Romainmôtier qui, possédant des biens dans la Chaux d'Arlier, sur la route de Salins, est obligé d'emprunter la route passant par la cluse de Joux et Pontarlier et qui subit les exactions des sires de Joux et de Salins[1]. Mais, comme ailleurs, ces déboires n'empêchent pas des gestes de générosité qui viennent accroître les possessions de Bannans, Bulle, Sainte-Colombe.

Aussi limitée paraît l'influence de Saint-Marcel-lès-Chalon, dont le temporel se consolide nettement après 1070, grâce à l'intervention des grands lignages féodaux du voisinage[2] : Humbert de Navilly, dont le frère remplit les fonctions d'archidiacre à Besançon, remet, par exemple, en 1073 au prieur Alvisius l'église de Pontoux, que son père avait promis de donner et à laquelle il ajoute la chapelle de son château pour la dot de son fils placé comme moine à Saint-Marcel. Démarche si habituelle que sa répétition en devient banale[3]. Aussi ne relevons-nous que ce geste d'Hugues, seigneur de Traves, qui, vers 1080, procède à une fondation castrale : touché par les exhortations des réformateurs, il prend conscience de détenir indûment une terre de Saint-Marcel, faute qu'il entend réparer non seulement en restituant le bien défendu, mais en construisant dans son château une église qu'il donne au prieuré. Cette attitude classique d'un seigneur qui cède aux exhortations des religieux ou des clercs, dont celle de son frère archidiacre de Besançon, est rehaussée dans le cas présent par le style emphatique de l'acte qui développe un long préambule sur l'origine du mal et le rôle de la grâce[4]. Avant même la fin du XIe siècle, Saint-Marcel avait acquis dans le diocèse l'essentiel de ses possessions et la nomination comme prieur du neveu d'Hugues de Die, en 1094, n'apporte pas de modification ni d'ajouts notoires ; si ses acquisitions restent de valeur modeste, leur répartition le long des principales rivières (Saône, Doubs, Loue, Seille) ne découle sans doute pas du seul hasard, mais traduit la volonté du monastère de se ménager des relais aux points de passage des fleuves (Navilly, Parcey, Traves).

Cette modestie résulte-t-elle de la concurrence d'autres établissements périphériques dans cette partie méridionale ? Gigny cherche encore sa voie et, en attendant l'arrivée des chanoines réguliers par Saint-Etienne de Dijon et Saint-Pierre de Mâcon, des cisterciens par la Ferté et le Miroir, peu d'abbayes ont suffisamment de contacts avec la noblesse comtoise pour profiter de leurs donations ou restitutions ; les bénédictins de Tournus, déjà établis dans un domaine rural à Louhans, point d'intersection des trois diocèses de Chalon, Lyon et Besançon, obtiennent d'un des leurs, issu

---

1. R. LOCATELLI, La région de Pontarlier au XIIe siècle, dans *Mém. Soc. Hist. Droit...*, 1967, p. 34. Le *Cartulaire de Romainmôtier* contient les différentes donations faites dans la Chaux d'Arlier et au-delà .

2. M. CHAUNEY, Le temporel du prieuré de Saint-Marcel-lès-Chalon ..., dans *Mém. Soc. d'hist. et archéol. de Chalon-sur-Saône*, XLII, 1970-71, p. 45-89.

3. Donation d'Humbert de Navilly dans P. CANAT de CHIZY, *Cartulaire du prieuré de Saint-Marcel*, p. 42, n° 39 : Humbert y est qualifié de *Medullensis castri* (Mailly) et *Naviliacensis* (Navilly) *dominus et rector*. Vers 1075/1100, le sire de Verdun-sur-le-Doubs précise (n° 42) : *Wido, senior de Verduno, cognoscens innumerabilia mala que feceram loco beati martiris Marcelli et maxime propter ecclesiam Sancti Laurentii de Pontidoto* [Pontoux] *quam combussi cum domo monachi et uia, cogente paupertate, omnia non possum restituere.*

4. P. CANAT de CHIZY, *Cartulaire de Saint-Marcel*, n° 34 et PERRECIOT, *Etat civil des personnes*, III, p. 4. Après un long préambule, le châtelain passe aux aveux : « Moi, Hugues, seigneur du château de Traves, je me reconnais misérable à tous égards, spécialement parce qu'ayant suivi les traces malsaines de mes prédécesseurs, je me trouve depuis longtemps et de manière illégale en possession de biens appartenant à Dieu et au martyr Saint-Marcel...».

de l'importante famille des Montmorot (près de Lons), une église à l'Etoile, mais, par la suite, l'essor de Baume restreint l'émigration des nobles vers les monastères périphériques et indirectement les transferts de propriété ; subsistent seulement les anciennes possessions acquises auparavant, par exemple celles des églises d'Autun (Saint-Jean et le chapitre) dans la région de Poligny [1].

Gigny   Pour en saisir la véritable portée, la pénétration clunisienne doit être présentée dans sa totalité, avec l'apport de ses filiales. Depuis 1076, Gigny compte au nombre de ces dernières, alors que sa cadette, Baume-les-Messieurs, poursuit une existence autonome. Nous avons rappelé l'origine de ces deux maisons, dont l'histoire resurgit au XIe siècle, après un long silence, mais selon des destins fort divergents ; l'une en difficulté, l'autre en pleine ascension. En effet, l'évolution de Gigny ne paraît pas florissante, si l'on admet l'argument — maintes fois utilisé par ailleurs — de la décadence pour justifier son intégration dans l'ordre clunisien ; mais comme l'initiative provient des moines eux-mêmes, elle acquiert plus de vraisemblance : « Les moines de Gigny, écrit Grégoire VII en 1076 à l'abbé de Cluny, nous ont adressé une requête afin d'obtenir notre compassion et notre aide ; leur monastère qui, autrefois, brillait par sa piété, a maintenant perdu toute sa vigueur, à cause de la sollicitude décroissante des abbés et des prévôts, elle souffre même d'une pénurie de biens temporels. Pour mettre fin à cette situation lamentable, les moines eux-mêmes nous ont suggéré un remède et nous ont supplié de l'officialiser ; nous devons confier ce monastère à ta vigilance, pour que là où la vie religieuse déclinait par somnolence, elle renaisse sous ta direction et qu'avec l'aide de Dieu elle attire les faveurs temporelles » [2].

Ainsi l'illustre fille venait-elle au secours de la mère dont la modicité des revenus compromettait la survie, non sans éprouver une certaine gêne ; la réussite de Cluny s'accommodait mal de ces origines trop humbles et mieux valait taire les rapports anciens entre les deux maisons, résumés dans le cens symbolique de douze deniers versés par Cluny ; c'est pourquoi l'admission de Gigny dans l'ordre se fait sans bruit ni rappel du passé. Désormais l'abbé Hugues et ses successeurs « disposeront du plein pouvoir d'ordonner, de régir, de corriger et de transformer » sur la nouvelle sujette, privée du droit de choisir librement son supérieur. Malgré ce rattachement, Gigny ressent longtemps encore les effets de la gêne, qui donneront à sa querelle avec Le Miroir une tournure si âpre, et c'est seulement dans la seconde moitié du XIIe siècle, qu'elle amorce son expansion en direction du diocèse de Besançon ; jusquelà, elle ne réussit à fonder qu'un seul prieuré dans les Bauges [3].

1. Vers 1076, Hugues II confirme à Tournus la donation de Guillaume de Montmorot, moine de cette abbaye : les églises de Saint-Corneille et celle de Saint-Didier réunie à celle de l'Etoile (P. Fr. CHIFFLET, *Histoire de l'abbaye ... de Tournus*, p. 326).
2. B. GASPAR, *Histoire de Gigny, de sa noble et royale abbaye...*, Lons-le-Saunier, 1858, 2 vol. ; l'intérêt de cet ouvrage réside essentiellement dans la publication de sources pour l'histoire de l'abbaye, dont certaines n'existent plus. L'acte de 1076 est publié p. 633. L'ancienne prospérité de Gigny, à laquelle fait allusion Grégoire VII, semblerait correspondre à une réalité : l'époque à laquelle fut construite l'église abbatiale, qui subsiste encore et qui fut élevée au début du XIe siècle (*Franche-Comté romane*, 1979, p. 34 ; P. LACROIX, *Eglises jurassiennes comtoises et gothiques*, p. 127-134).
3. Bellevaux (dans le diocèse de Genève), vers 1090, à la suite d'une donation d'Humbert de Maurienne et de Guy, évêque de Genève (B. GASPAR, *Histoire de Gigny...*, p. 634).

Percée des prieurés de Cluny

Pendant que Saint-Marcel, Saint-Bénigne et Bèze réalisent leur seconde phase d'expansion, l'abbaye de Cluny sort elle-aussi de sa réserve pour prendre l'initiative de créations dans le diocèse et y imposer son influence directe, sans passer par des filiales. Là encore, l'impulsion part de seigneurs, de plus en plus sensibilisés aux idées réformatrices et pour certains d'entre eux aux appels lancés du cloître ; la retraite du comte de Mâcon, Guy, qui se retire à Cluny en 1078 avec plusieurs compagnons [1], préfigure celle de saint Bernard à Clairvaux, une trentaine d'années plus tard et suit celle de saint Simon qui, l'année précédente, avait renoncé au pouvoir pour s'enrôler dans le milieu monastique.

Le geste, parfois plus important, aboutit à la création de prieurés ; Mièges, qui formait une immense paroisse aux sources de l'Ain, a le sien avant 1100, de même que Morteau cité quelques années plus tard [2]. L'apparition de cette dernière maison dans une région jusque-là déserte marque une étape importante dans l'histoire du Haut-Doubs ; c'est le début d'une colonisation monastique qui se poursuivra en amont de Morteau par Montbenoît, Mont-Sainte-Marie, Mouthe, le Grandvaux et Saint-Claude, et qui associe dans un même élan clunisiens, chanoines réguliers, cisterciens et bénédictins.

Morteau   A qui revient l'initiative de la création de Morteau ? Aux seigneurs de Montfaucon dont la seigneurie s'étend outre-Jura, donc intéressés à l'ouverture d'une route vers la Suisse par le col des Roches, ou à la famille de Durnes, qui fournit le premier prieur, Hugues, homme d'une activité débordante que l'on trouve mêlé à l'expansion de Cluny dans le nord-est du diocèse ? En effet, au début du XIIᵉ siècle, la pression ou l'influence de Cluny s'accentue et se concrétise par de nouvelles maisons aux portes même du diocèse ; à proximité du lac de Neuchâtel (Corcelles en 1092, Ile-Saint-Pierre en 1107) et dans la porte de Bourgogne contrôlée par Thierry, comte de Bar, Montbéliard et Ferrette. Lors de la mort de ce dernier en 1105, sa veuve Ermentrude, fille du comte de Bourgogne, fait une importante donation à Cluny, par l'intermédiaire d'Hugues, prieur de Morteau ; sa cour de Froidefontaine avec l'église paroissiale qui en dépend et neuf autres églises avoisinantes, toutes situées au diocèse de Bâle, mais placées sous la protection du comte de Montbéliard [3]. Le prieuré, issu de ce geste, ne constitue qu'un maillon d'une chaîne d'établissements qui s'égrènent le long de la route de Bâle et qui doivent, pour certains, leur existence à l'entremise d'Hugues de Morteau, chargé, semble-t-il, des intérêts de la maison-mère ; si Chaux-lès-Clerval apparaît seulement vers 1120, deux autres naissent la même année que Froidefontaine : en avril 1105, l'évêque de Bâle remet le monastère de Saint-Alban à Cluny et, en juillet, c'est le fils d'Ermentrude, Thierry comte de Ferrette, qui « ne voulant pas que l'église d'Altkirch soit polluée

---

1. Epitaphe de Guy, comte de Mâcon, que Guichenon avait recueillie à Cluny : *Hic requiescit Wido, comes Matisconensis, boni exempli et memoriæ, qui nullum hæredem sæculo relinquens, conversionis gratia, Domino ducente, Cluniacum venit, una cum uxore, filiis ac filiabus et triginta militibus suis, qui omnes monachi facti sunt (Bibl. Clun.,* col. 1647).

2. Mièges pose un problème : ce lieu, cité jusque-là dans les possessions de Saint-Claude, passe à Cluny, du moins si *Megiis* cité dans la charte de Gaucher de Salins correspond bien à ce lieu (A. BRUEL, *Chartes de Cluny,* n° 3769).

3. A. BRUEL, *Chartes de Cluny,* n° 3830 ; L. VIELLARD, *Doc. pour servir à l'hist. du Terr. de Belfort,* n° 121.

par les simoniaques » la confie aux moines bourguignons [1].

Est-ce le passage de Pascal II en Bourgogne où, au cours de l'année 1107, il consacre plusieurs églises, qui provoque un nouvel accès de générosité ? On pourrait le supposer, mais d'autres motivations incitent Guillaume l'Allemand, comte de Bourgogne et de Mâcon, à favoriser Cluny ; sa mère Regina s'est retirée à Marcigny, « où depuis plusieurs années déjà elle sert Dieu en habit de moniale, sous la règle (*disciplina*) du vénérable seigneur l'abbé Hugues » [2] ; aussi ajoute-t-il aux donations de ses prédécesseurs ce qu'il possède dans le diocèse de Lausanne, à Belmont, qui deviendra le prieuré de l'Ile-Saint-Pierre. Quant à Thiébaud de Rougemont qui contrôle une partie de la vallée du Doubs en amont de Besançon, il paraît animé par la volonté de redonner vie à l'ancien monastère de Vaucluse. Déjà en 1098, en accord avec les autres avoués de ce lieu (les seigneurs de Montfaucon), il avait rétrocédé cette église à Saint-Jean de Besançon, mais sans doute peu convaincu des résultats ou ayant des projets plus ambitieux pour elle, il la remet en 1107 entre les mains d'un moine qui a déjà beaucoup fait pour Cluny, Hugues de Morteau [3]

Hautepierre   Le cas de Hautepierre constitue un exemple à la fois plus complexe et plus curieux. Cet ancien monastère, dont l'existence est attestée au IXe siècle, semble chercher sa voie lors de la réforme, puisqu'il abrite successivement et concomitamment diverses formes de vie religieuse (canoniale et clunisienne) et présente un statut hybride ; énuméré dès mars 1095 parmi les maisons dépendantes de Cluny avec Mozac et Vézelay, ce prieuré n'en demeure pas moins dans la juridiction de l'archevêque de Besançon. Lorsqu'il procède à la consécration de l'église d'Hautepierre en décembre 1096, non seulement Hugues III ne fait aucune allusion aux droits éventuels de l'abbaye bourguignonne, mais il prend sous sa protection la future communauté de chanoines qui mènera sur place une vie régulière [4].

Comment interpréter cette ambiguïté ? En admettant la coexistence dans les mêmes lieux de deux groupes, clunisien et canonial, comme le montre parfois le cas des chanoines séculiers et réguliers lors de l'adoption de la règle de Saint-Augustin ou en considérant le rattachement à Cluny comme un projet envisagé en 1095, mais non réalisé ou du moins retardé par l'expérience canoniale en cours ? A part cette confirmation de 1095 à Cluny, les autres documents plaident en faveur de la seconde

---

1. Chaux-lès-Clerval est cité dans la bulle d'Honorius II du 2 avril 1125 (*Bullaire de Cluny*, p. 43) ; pour le transfert de Saint-Alban de Bâle voir J. TROUILLAT, *Monuments de l'histoire de... Bâle,* I, p. 225, et pour Altkirch, A. BRUEL, *Chartes de Cluny,* n° 3855.

2. Donation de Guillaume l'Allemand, en 1107 (*Chartes de Cluny,* n° 3862).

3. Sur la donation de Vaucluse en 1098, A. BRUEL, *Chartes de Cluny,* n° 3855 ou U. ROBERT, *Monographie du prieuré de Vaucluse,* p. 4. La cession de Vaucluse à Cluny se déroule à Morteau et se fait avec l'accord des clercs de l'église, des *cognatis* et des vassaux de Thiébaud (A. BRUEL, n° 3855) ; bien sûr, le sire de Rougemont dispose de l'agrément de l'archevêque qui a juridiction sur Vaucluse et des chanoines de Saint-Jean (*ibidem*, n° 3856).

4. Hautepierre est citée dans la bulle d'Urbain II de mars 1095 (*Bull. Clun.,* p. 23) parmi les prieurés de Cluny, et dans celle du 27 juin 1095, parmi les établissements dans la juridiction de l'archevêque de Besançon (J. TROUILLAT, *Monuments de l'histoire de... Bâle,* I, p. 211). Mais il n'y a pas incompatibilité entre les deux formes de dépendance, puisque lors de la cession de Vaucluse à Cluny, l'archevêque réserve les droits de l'église de Besançon. Le procès verbal de la consécration de l'église mentionne la présence des chanoines : *canonicis in crastinum regulari ordini ibidem consecratis* (Bibl. nat., Ms Fr., 18750, fol. 115). Nous renvoyons à l'étude de M. L. CHANEAUX, *Le prieuré clunisien de Mouthier-Hautepierre,* Mémoire de l'E.P.H.E., IVe section, 1975, dactyl.

hypothèse, puisque la petite communauté de chanoines réguliers, dont c'est la première apparition dans le diocèse, poursuit son existence durant une dizaine d'années et reçoit divers dons [1].

Puis, brusquement, celle-ci disparaît avec la même discrétion que lors de son implantation : vers 1113, l'archevêque Guillaume confie l'église d'Hautepierre à Cluny, sans fournir de justification, ni faire allusion à l'expérience précédente : « Comme l'Eglise de Cluny est connue pour avoir beaucoup plus d'ouvriers experts en culture spirituelle que les autres églises des Gaules, nous cédons aux prières de notre vénérable frère Gaucher, prieur de Gigny, en accordant à Dieu, à toi, cher abbé de Cluny et à la très sainte communauté de ce lieu, l'église de Hautepierre pour qu'avec l'aide de Dieu tu y rétablisses et y instaures rapidement les règles de la vie monastique » [2]. Nous n'épiloguerons pas sur cette mutation qu'aucun document n'explicite ; l'expérience, prématurée pour le diocèse, de la vie canoniale a tourné court et a incité le prieur Ponce à revenir au projet primitif, en se tournant vers Gigny. Quelques années plus tard, l'archevêque Guillaume, de passage à Cluny, confirme l'orientation définitive de Hautepierre, désormais simple prieuré clunisien [3].

Avec ce transfert et la création de Chaux-les-Clerval dans des circonstances inconnues, l'abbaye bourguignonne a presque achevé son implantation dans le diocèse ; Vaux-sur-Poligny, Port-sur-Saône, Mièges, Morteau, Vaucluse, tandis qu'à la périphérie Payerne, Romainmôtier, Saint-Marcel-lès-Chalon, Gigny, Nantua, Saint-Vivant de Vergy, Froidefontaine exercent une pression plus ou moins réelle selon les maisons ; peu de changements surviendront au cours du XIIe siècle, sinon que la carte clunisienne s'enrichira de maisons secondaires résultant de l'expansion des prieurés eux-mêmes, tels apparaîtront Losne vers 1137, puis Château-sur-Salins [4].

B. EFFACEMENT DE LA VIE CANONIALE

Avant même que ne s'affirme dans le diocèse l'engouement pour les nouvelles formes de vie religieuse, le mouvement canonial marque le pas, face à la relance du monachisme clunisien. Œuvre personnelle d'Hugues de Salins, les collégiales de Besançon ne font point école et si les créations du prélat survivent sans peine, elles ne manifestent aucun prosélytisme, du moins l'*ordo canonicus* ancien n'exerce plus autant d'attraction, pas même dans les centres urbains où il semblait bien adapté. La seule réplique à son initiative vient d'un clerc de Losne, Hugues, « chanoine de très haute probité, fondateur du moutier de Saint-Marie de Losne », selon la *Chronique de Bèze* ; à la limite des diocèses de Besançon et de Chalon, il instaura, sur l'emplacement d'une ancienne abbaye de la rive gauche de la Saône, un modeste chapitre au rayonnement très limité dans le temps et dans l'espace [5]. Quant aux autres collé-

1. A. BRUEL, *Chartes de Cluny*, n° 3865, 3878.
2. A. BRUEL, *Chartes de Cluny*, n° 3880.
3. *Bull. Clun.*, p. 37 : Pascal II énumère parmi les possessions de Cluny dans le diocèse, Vaucluse et Hautepierre, cela le 7 novembre 1114.
4. Losne se rattache à Cluny par l'intermédiaire de Saint-Vivant de Vergy (Bibl. mun. Besançon, Droz 32, fol. 331), Château-sur-Salins par Gigny.
5. Du moins, c'est ce que nous pouvons conclure de son destin qui s'achève en 1136 par son intégration à l'ordre clunisien, comme prieuré dépendant de Saint-Vivant de Vergy : P. DHETEL, L'abbaye N.D. de Losne, dans *Mém. Soc. Hist. Droit bourg.*, XXXIII (1962), p. 185-201, et J. MARILIER, Une réplique de Saint-Etienne de Vignory : N.D. de Losne, dans *Mélanges R. Crozet*, Poitiers, 1966, p. 223-235. Dans une charte de 1046, l'archevêque Hugues Ier confirme à Hugues « honorable religieux et clerc, constructeur de l'église de Losne », issu probablement de la famille des comtes de Beaumont-sur-

giales, Saint-Maimbœuf de Montbéliard, Saint-Anatoile de Salins, Calmoutier près de Vesoul, si leur existence paraît vraisemblable, elle n'est pas assurée avant les années 1130 [1].

Doit-on s'étonner de ce vide alors que le mouvement canonial se poursuit dans d'autres régions ? Modestement en Limousin avant d'être ravivé par la régularité augustinienne, plus vigoureusement en Champagne et dans la Lotharingie septentrionale qui prolongent la poussée ottonienne [2]. En réalité, ce renouveau de l'*ordo canonicus* se définit par un double caractère que nous retrouvons sous d'autres formes dans le comté de Bourgogne ; une implantation urbaine sous l'égide des évêques et une implantation castrale à l'initiative des grands seigneurs. Si cette seconde forme, appelée à un grand succès en Champagne dans la seconde moitié du XIIe siècle, n'existe pas dans le diocèse de Besançon, c'est qu'elle cède la place à des maisons d'un autre type, mais aux buts semblables : les prieurés clunisiens ou bénédictins. Beaucoup de ceux-ci, nous l'avons vu, créés à l'ombre ou à proximité des châteaux, visent à donner de l'importance au centre de la seigneurie, à mettre à la disposition du châtelain un personnel qualifié, à assurer la prière permanente pour le lignage ou même à gérer au mieux des biens trop éloignés ou récemment acquis [3].

Pourquoi les laïcs ont-ils dans ce cas préféré l'ordre monastique à celui des chanoines ? Offrait-il par ses structures plus centralisées une garantie de succès et de durée que ne présentait pas la collégiale plus exposée aux convoitises du fait de son isolement ? Probablement, mais les critiques ou les réserves formulées par les milieux réformateurs à l'égard de la règle d'Aix ne sont pas étrangères à une certaine désaffection canoniale ; en suscitant la méfiance pour le genre de vie des chanoines, ne risquait-on pas de mettre en péril les fondations d'Hugues Ier, de les condamner à végéter misérablement ou d'alimenter de profondes rancœurs ?

Besançon   Avec deux chapitres, deux collégiales et un prieuré bénédictin, la ville disposait déjà d'un encadrement enviable pour son stade de développement ; si les deux cathédrales de Saint-Jean et de Saint-Etienne animent la cité proprement dite, adossée aux pentes du Mont-Saint-Etienne, plusieurs églises paroissiales, fondées du IVe au IXe siècle s'alignent dans la boucle du Doubs, le long

---

Vingeanne (B. de VREGILLE, *Hugues de Salins*, p. 182) ou de Fouvent (J. MARILIER, *Les privilèges épiscopaux de l'église de Losne*, dans *Mém. Soc. Hist. Droit, Bourg*, 1963, p. 247),l'acquisition des trois églises de Chaux, Saint-Aubin et Saint-Symphorien.

1. Le premier document qui signale les chanoines de Calmoûtier est une charte d'Anseri en 1133 (Arch. dép. Haute-Saône, H 648) : remontent-ils plus avant dans le siècle ? Rien ne s'y opposerait puisque Calmoûtier était le siège d'une ancienne abbaye. Quant à Saint-Anatoile, son existence reste aussi énigmatique jusqu'en 1175, date à laquelle est mentionné son prévôt (Bibl. mun. Bes. ms 728, fol. 3) : la présence de bâtiments conventuels au temps d'Hugues de Salins, le titre de prévôt font penser à B. de VREGILLE que Saint-Etienne — à qui l'église de Saint-Anatoile fut dévolue en 1049 — ne tarda pas à y restaurer une communauté de chanoines qui acquit par la suite son autonomie sous la direction de ce prévôt, tout en restant soumise à certains services envers Saint-Etienne. De même, la collégiale castrale de Montbéliard n'est pas mentionnée avant 1140-1150.
2. J. BECQUET, *Le mouvement canonial en Limousin* (Xe-XIIe siècle), dans *Bull. Phil. et Hist.*, 1977, p. 33-43 ; P. CORBET, *Les fondations et la vie canoniale en Champagne, des origines au XIIIe siècle*, Mém. de maîtrise, Reims, 1972, p. 74 et suiv. Sur le mouvement canonial en général, voir les études de J. BECQUET regroupées dans *Vie canoniale en France aux XIe-XIIe siècles*, Variorum reprints, Londres, 1985.
3. Exemple semblable en Lorraine comme l'indique M. PARISSE, *La vie religieuse en Lorraine au XIe siècle*, dans *Sacris Erudiri*, XX (1971), p. 11-38.

de l'ancien *cardo*, devenu la grande rue : Saint-Pierre au centre, Saint-Maurice et Saint-Jean Baptiste près de la Porte Noire ; à l'écart, de part et d'autre de cet axe, les deux anciennes fondations colombaniennes connaissent un destin différent ; Saint-Paul s'est transformé en une collégiale, alors que Jussamoutier, monastère de femmes, retrouve, après une période d'abandon, une vie conventuelle, mais en tant que prieuré d'hommes dans l'obédience de Baume-les-Messieurs. Beaucoup d'espaces verts ou incultes parsèment encore cette boucle, dont l'urbanisation se limite à la grande rue. Au-delà du pont Battant, le quartier Outre-Pont est desservi par la collégiale de La Madeleine, tandis que quelques noyaux de peuplement se développent en banlieue ; à Bregille, autour d'une ancienne abbaye Saint-Martin réduite au rang de simple église, à Saint-Ferjeux autour de la chapelle cimétériale contenant les reliques des premiers évangélisateurs de la région, à Velotte où vit une population d'agriculteurs et de vignerons.

Les deux chapitres cathédraux fournissent à l'archevêque une part de son personnel administratif ; le rôle de La Madeleine, qui n'a jamais compté un nombreux collège de chanoines [1], consiste d'abord à desservir la paroisse située au-delà du pont Battant et appelée à devenir la plus peuplée de Besançon. Quant à Saint-Paul, la collégiale s'ouvre généreusement aux membres de la noblesse qui ne trouvent pas de place aux chapitres ou dans les trop rares abbayes du diocèse [2]. En outre, les établissements canoniaux bisontins ne manifestent aucun esprit chicaneur, ni procédurier ; au contraire, Saint-Paul bénéficie des bonnes dispositions d'abbayes comme Baume-les-Dames, ou Ambronay, qui lui vend un meix à Roche. De son côté l'évêque de Genève, Frédéric, lui cède ses biens à Franey et surtout le chapitre Saint-Jean semble lui porter une affection particulière ; c'est un chanoine de Saint-Jean qui lui donne en 1108 l'église de Lanthenans transformée aussitôt en monastère dépendant ; c'est un autre chanoine, Gerland, qui, après 1120 soutient très activement l'introduction de la règle de saint Augustin dans la collégiale [3] ; ces liens privilégiés se traduisent dans l'obituaire de Saint-Paul par la mention de plusieurs chanoines capitulaires, signalés comme bienfaiteurs ou comme confrères (*redditi*), inhumés en ce lieu [4].

Si chacun des chapitres bisontins garde son caractère propre, tous disposent de privilèges communs qui leur donnent un air de famille ; leur quartier respectif, appelé enclos, jouit de la *liberté*, c'est-à-dire d'une franchise qui le soustrait à la juridiction temporelle de l'archevêque pour le doter de l'immunité judiciaire : « Nous confir-

1. Un statut de 1185 interdit de dépasser, à La Madeleine, le nombre de 13 chanoines, y compris le doyen (Bibl. mun. Bes., Ms 726, fol. 20).

2. *Ibidem*, fol. 89, déclaration de l'archevêque Guillaume en 1111 : « c'est notre prédécesseur de sainte mémoire, Hugues Ier, qui a construit votre église (Saint-Paul), y a institué l'ordre canonial et l'a même dotée convenablement de biens. Désirant mettre notre ardeur à suivre l'exemple de notre prédécesseur, nous pensons qu'il serait indigne de laisser disparaître sans raison de telles actions....».

3. Ambronay vend à Saint-Paul un meix pour 100 s. vers 1070/80 : était-ce une propriété personnelle de son abbé Guy ? (Bibl. nat., Moreau 864, fol. 14) ; donation de l'évêque de Genève (Bibl. mun. Bes., Droz 38, fol. 9) ; en 1108 Hugues le Blanc, chanoine de Saint-Jean, cède l'église de Lanthenans que Bonfils, chanoine de Saint-Paul, transforme en monastère (L. VIELLARD, *Doc. pour servir à l'hist. du... Territoire de Belfort*, n° 129).

4. Obituaire de l'abbaye Saint-Paul de Besançon (XIIIe-XVIIIe siècles) publ. par J. de SAINTE-AGATHE dans *Mém. et doc. inédits de Franche-Comté*, XI, p. 173-306, avec quelques réserves sur l'identification des personnages. Le doyen Manassès, mort avant 1130 est cité le 10 des kalendes de mars ; le nombre des mentions s'accroît après 1131, c'est-à-dire après l'adoption de la règle augustinienne par Saint-Paul.

mons, écrit Guillaume à La Madeleine en 1111, la liberté de votre enclos (*claustrum*) et des maisons qui lui sont adjacentes, afin que par l'autorité de notre privilège, ils soient francs et qu'ils vous demeurent à l'abri de toute injure, comme les clos et les maisons de nos autres chanoines »[1]. L'allusion aux chapitres cathédraux est évidente, mais elle s'étend aussi à Saint-Paul qui jouit de semblables privilèges[2]. Chaque quartier est donc soigneusement délimité (à l'image de celui de La Madeleine qui s'étend du Pont Battant aux anciennes arènes[3]) et forme une sorte d'enclave juridictionnelle à l'intérieur de la ville. Hors de leur clos ou quartier, les chapitres jouissent du conduit (*conductus*), c'est-à-dire de la franchise d'entrée des marchandises et des personnes, tandis que Saint-Paul participe pour un tiers aux revenus du tonlieu et de l'éminage[4]. En outre, chacun possède dans la ville et la banlieue une assise territoriale plus ou moins importante qui varie au cours du temps.

Autre indice de la santé des maisons bisontines : la progression de leur temporel, en particulier par l'acquisition de nombreuses églises. Une étude précise de cette richesse reste à faire et, malgré tout l'intérêt qu'elle présenterait pour notre sujet, nous ne pouvons l'aborder ici sinon sous forme de remarques générales. Avec son enclos urbain et ses quelques possessions bisontines, la dotation initiale de La Madeleine ne soutient pas la comparaison avec celle de Saint-Paul, ni à plus forte raison avec celle des chapitres et cependant Guillaume reconnaît en 1111 qu'Hugues Ier l'a *convenablement dotée de biens*. Jusqu'au début du XIIe siècle, les dotations ne s'accroissent guère et si cette stagnation coïncide avec l'essor du monachisme et l'abandon de l'idéal d'Hugues Ier, elle s'explique sans doute par d'autres éléments, tel que le mouvement de restitutions des églises qui se développe tardivement. Puis, changement d'allure et de contenu avec les premières décennies du XIIe siècle ; la masse des biens s'enfle rapidement, particulièrement la rubrique des églises, mais en maintenant un rythme et une composition propres à chaque établissement.

La querelle des deux chapitres freine l'essor de ceux-ci et dessert plus Saint-Etienne que Saint-Jean, soutenu par les archevêques ; le décalage atteint une telle ampleur que, dans un souci d'apaisement durable, Anseri convainc en 1134 les chanoines de Saint-Jean de céder une partie de leurs églises à leurs anciens rivaux. A Saint-Paul, le clivage s'établit avec l'adoption de la règle de saint Augustin, définitivement admise en 1131, alors que La Madeleine, davantage marquée par son caractère paroissial et local, recherche ou attire plus de biens fonciers que d'églises.

Cet accroissement pose le problème de l'origine des biens qui viennent gonfler la mense collective : les quelques exemples, suffisamment explicites, n'apportent pas de conclusions originales au regard d'autres établissements ; le temporel s'enrichit déjà de la dot consentie par la famille des candidats au canonicat, difficilement dissociable des dons faits par la suite, c'est ce que précise l'archidiacre de Saint-Etienne, Guillaume de Navilly, en 1086 : « Moi, Guichard..., je cède à l'église Saint-Etienne, pour la mense de mes frères qui vivent sur le mont et qui y servent Dieu et le Protomartyr, tout ce qui me vient de ma mère Ermenbourg à titre héréditaire ; ce que mon père, mon ancêtre, avait donné en dot à ma mère et ce que mon frère Humbert, après la mort de son père qui était aussi le mien, m'avait cédé à titre de part fraternelle, à

---

1. Bibl. mun. Bes., ms 726, fol. 89.
2. Ses *libertés* sont affirmées dans différentes confirmations, dont celle de Calixte II en 1122 (U. Robert, *Bullaire*, II, n° 284).
3. Confirmation de Calixte II du 11 mars 1120 (U. Robert, *Bullaire*, I, n° 153).
4. Charte de fondation de Saint-Paul du 26 mars 1044 (B. de Vregille, *H.S.*, III, p. 63-67); confirmation d'Henri IV (*M.G.H., Diplomata*, VI, n° 196, 1067).

savoir à Salins une miche (meix) avec sa chaudière ...» [1].

Nous n'insisterons pas sur tous les actes déguisés en aumônes, qui, en réalité, ont l'allure de véritables transactions, soit que leurs auteurs exigent en contrepartie la participation aux bénéfices spirituels, soit qu'ils dissimulent la réparation de torts, soit enfin qu'ils camouflent une vente ; souvent les intentions se confondent, comme dans ces accords de confraternités passés avec des laïcs en vue d'une entraide spiri-tuelle et matérielle ; «Les chanoines (de Saint-Paul) ont accordé à Lambert et à son épouse fraternité dans leur église ; ils les ont reçus au nombre de leurs bénéficiaires et, à ce titre et en échange des biens cédés, Lambert et son épouse pourront être accueillis deux ou trois fois par an à Saint-Paul avec quelques compagnons ; ils pourront y faire entrer comme chanoine un de leurs fils ou neveux et être inhumés au monastère avec un service de prières » [2]. Chaque collégiale a ainsi ses bienfaiteurs attitrés, ses familles aristocratiques, tels ces séchaux (nom local des sénéchaux ou *dapiferi* de l'archevêque) dont la fonction et le rang social s'accommodent mieux de la Madeleine que des autres établissements. En revanche, la famille comtale préfère les chapitres cathédraux auxquels chaque membre apporte sa contribution.

Au terme de la période envisagée, chapitres et collégiales de Besançon ont con-forté leurs positions temporelles et supporté sans dommage apparent l'essor du mo-nachisme clunisien et bénédictin. La localisation des églises qui relèvent de leur patronage montre que s'établit entre les grandes abbayes et eux, et même entre eux, un partage d'influence avec des zones plus ou moins privilégiées ; ainsi les établis-sements bisontins concentrent-ils leurs possessions dans la partie médiane du dio-cèse, le long des vallées du Doubs et de l'Ognon, là où la densité des villages est la plus forte ; au nord et au sud de cette bande, ainsi qu'à chaque extrémité, les chanoi-nes paraissent s'effacer devant les grandes abbayes (Baume-les-Dames, Luxeuil, Faverney, Baume-les-Messieurs, etc.).

Une volonté de partition semble même dissocier les zones d'influence de Saint-Jean et de Saint-Etienne, réservant au second les régions au sud du Doubs, là où pré-cisément se situent les archidiaconés de Dole, Amous et Salins mis à leur dispo-sition. Quant aux autres collégiales, elles organisent leur implantation autour de quelques centres privilégiés qui deviennent un peu plus tard des prieurés dépendants ; c'est le cas de Saint-Paul, dont le premier prieuré est créé en 1108 dans la région excentrée de Lanthenans, en attendant Bellefontaine et Courtefontaine après 1131 ; ses chanoines se livrent aussi à des fonctions hospitalières puisque deux hospices sont signalés à cette époque : l'un sur la route de Besançon à Vesoul, à Geneuille, l'autre à proximité de la route de Pontarlier, à Naisey [3].

Saint-Vincent de Besançon   Si l'existence matérielle des chapitres et des collégiales de Besançon se déroule harmonieusement,
conformément aux vœux d'Hugues Ier, qui en avait fait la condition première de la régularité, en revanche, leur mode de vie ne suscite aucune émulation dans la cité, ni dans le reste du diocèse, les quelques tentatives sont le fait des chanoines réguliers et lorsque les successeurs du prélat créent un établissement, Saint-Vincent de Besançon,

---

1. Arch. dép. Doubs G 421, publ. par J.B. GUILLAUME, *Hist. généal. des sires de Salins*, I, pr. 22, et Cahiers du CRAL, n° 33, 1978, *Chartes originales... du Doubs*, p. 17.
2. Bibl. mun. Bes., Droz 38, fol. 22, vers 1120.
3. 1108 : mention à Naisey d'un *hospitale pauperum* dépendant de l'église Saint-Lazare de Nancray (WIEDERHOLD, *Papsturkunden, La Franche-Comté*, n° 5) ; l'autre est signalé incidemment vers 1120 (Bibl. mun. Bes., Droz 38, fol. 22) : *apud Ginuliacum, in prato ejusdem ecclesie et hospitalis Sancti Pauli.*

ils y appellent des bénédictins. L'événement aurait moins d'importance s'il ne concernait la ville épiscopale et s'il ne résultait d'un changement d'orientation de la politique diocésaine. En effet, le choix qu'avait fait Hugues Ier de l'institution canoniale traditionnelle est abandonné au profit du genre de vie monastique ; sans renier, ni négliger les fondations du prélat, ses successeurs optent pour un nouveau type de foyer spirituel en revenant au monachisme bénédictin. Comment expliquer ce changement ? par les nécessités religieuses de la ville ou par une désaffection à l'égard de l'idéal canonial ?

En implantant Saint-Vincent à l'intérieur de la boucle, dans un espace inoccupé, les archevêques ne cherchent pas à favoriser l'urbanisation ni à pourvoir aux besoins spirituels de la future population ; le nombre des paroisses en service semble alors suffisant et ne s'accroîtra pas avant la fin du XIIe siècle [1]. Il semble qu'Hugues II ait conçu le projet à la fin de sa vie, au moment où Baume-les-Messieurs prend la relève à Jussamoutier [2] : l'idée lui vient alors de créer un grand établissement conventuel, qui pratique la régularité selon les exigences modernes — ce qui écartait les chanoines séculiers qui, contrairement aux clunisiens exempts, reste sous sa juridiction épiscopale et qui dispose de son indépendance, tout en vivant en bonne harmonie avec les chapitres.

Hugues II construit une église, y installe des moines et si la mort le surprend avant qu'il n'ait achevé son œuvre, son successeur Hugues III prend à cœur de mener à terme l'entreprise en assurant la dotation foncière du nouvel établissement, en y nommant un abbé et confirmant son statut ; une charte du 28 octobre 1092 inaugure l'existence officielle de l'abbaye Saint-Vincent [3]. Comme de coutume, ce genre de document n'aborde ni l'organisation interne du nouvel établissement, ni son observance, qui relèvent du domaine réservé à l'abbé et au couvent, alors qu'il détaille longuement la dotation foncière qui assurera la vie matérielle des moines.

L'exemple vaut la peine d'être analysé parce qu'il précise la provenance et la nature des biens donnés à Saint-Vincent, leur importance relative : revenus d'églises et meix constituent l'essentiel du temporel. Hugues III a d'abord puisé dans les possessions de l'église de Besançon laissées à la disposition de l'archevêque, faisant ainsi de Saint-Vincent sa fille matérielle et spirituelle : « Nous ne croyons pas que soit perdu pour la mère ce que nous accordons à sa fille adoptive, sa fille à titre spécial. Nous n'ignorons pas non plus que la tête est d'autant plus saine et robuste que les membres sont plus puissants et que nous ne la voyons affligée d'aucune indigence ni

---

1. C'est à la fin du XIIe siècle que se créent deux nouvelles paroisses dans le quartier des abbayes Saint-Paul et Saint-Vincent : la paroisse Saint-Donat annexée à la collégiale (elle est citée en 1193, dans une bulle de Célestin III : WIEDERHOLD, *Papsturkundem, La Franche-Comté*, p. 141), celle de Saint-Marcellin dépendant des bénédictins (Arch. dép. Haute-Saône, H 195).

2. Dès 1089, Urbain II confirme le transfert du " monastère de Sainte-Marie sous Besançon, appelé Joux " (Arch. dép. Jura, 1 H 10). L'appellation " sous Besançon " vient du site même du monastère dominé par les rochers de l'actuelle citadelle, c'est-à-dire du Mont-Saint-Etienne.

3. « En établissant comme premier abbé de l'église du très saint martyr Vincent qui se trouve au bas de la ville, Achard — homme d'une vie respectable —, j'achève avec beaucoup d'amour ce que mon prédécesseur de bonne mémoire, l'archevêque Hugues II, avait très vivement désiré faire. En effet, après la construction de cette église dans laquelle il avait établi des moines, surpris par la mort, il ne put achever son oeuvre en plaçant un abbé à leur tête » . (Arch. dép. Doubs, 1 H 17). C'est à Saint-Vincent que voulut reposer Hugues II, revêtu de l'habit monastique. Il ne reste plus de cette église du XIe siècle que trois arcades aux chapiteaux très simplement décorés.

d'aucune adversité ».

Cette filiation, concrétisée par la place de chanoine capitulaire réservée à l'abbé, explique la sollicitude qu'ont manifestée par la suite la plupart des archevêques à l'égard de Saint-Vincent ; « Nous te confirmons, écrit Humbert en 1144, les autres bénéfices accordés à ce couvent par nos prédécesseurs de bonne mémoire : Hugues II qui le premier fonda l'église, Hugues III qui le premier y institua un abbé, Hugues IV, Guillaume au temps de son épiscopat et Anseri, homme vénérable, ou les comtes, les princes ou quelques uns de leurs fidèles...» [1]. Soumise à la juridiction spirituelle de l'ordinaire, l'abbaye lui échappe toutefois au civil grâce au privilège d'immunité judiciaire dont elle bénéficie.

Après avoir puisé dans la mense épiscopale, Hugues III prend sur ses biens patrimoniaux (6 autels, 2 meix, 1 terre). Le reste de la dotation provient de la générosité privée ; quelques membres de l'aristocratie locale (famille de la vicomtesse de Besançon, un chevalier de Montfaucon) et surtout une foule d'anonymes dont la charte ne livre que les prénoms, mais qui, par la nature de leurs dons — un meix ou un alleu — se situent aussi dans la classe des favorisés.

L'ensemble, complété jusqu'en 1140 par l'apport presque exclusif d'églises rurales, ne constitue pas un temporel très important ; une quinzaine de meix avec les serfs et les serves qui les occupent, trois moulins, quelques terres alleutières, des vignes et le patronage d'une trentaine d'églises, c'est moins que ne compte Baume-les-Messieurs ou sa voisine féminine de Château-Chalon. Par la modicité de sa fortune immobilière et par la simplicité de son église [2], Saint-Vincent fait humble figure auprès des réalisations magistrales d'Hugues Ier, chapitres cathédraux et collégiale Saint-Paul. Quant à l'assise territoriale de son temporel, elle se répartit géographiquement en quelques foyers assez bien individualisés ; dans la vallée de l'Ognon, autour de Devecey et Montbozon, au nord du diocèse, aux abords de Jussey-Bourbonne, et sur le plateau d'Ornans, à proximité de Besançon.

D'après tout ce qui précède, la création de Saint-Vincent au cœur de la cité épiscopale suggère quelques réflexions : venant de l'initiative même des prélats, qui désirent donner à leur église un souffle nouveau, elle prouve que le monachisme bénédictin reste compétitif, au moment où Cluny et de nouvelles voies de la perfection intensifient leur attraction. En revanche, l'*ordo canonicus* ancien connaît une désaffection ; concurrencé dans les campagnes par les prieurés castraux, il ne parvient pas à s'imposer dans les autres centres urbains, là où des clercs auraient pu se grouper pour fonder ces foyers de spiritualité, dont rêvait Hugues Ier. Est-ce un manque de ressources qui empêchent ces réalisations ou un manque de crédibilité, depuis les critiques venues de Rome et d'ailleurs ? Cependant l'étroite association qu'instaurent les archevêques entre le chapitre cathédral et Saint-Vincent évite de poser ces relations en termes de rivalité ou même de concurrence : les genres de vie monastique et canonial peuvent cœxister harmonieusement, s'entraider et même contribuer à l'édification spirituelle de leurs adeptes.

C. LES NOUVELLES VOIES DE LA PERFECTION

Au moment où le monachisme clunisien profite de l'essoufflement des collégiales pour accentuer son expansion et imposer ses coutumes ou sa conception de la vie dans le cloître, se déroulent dans la Chrétienté latine des expériences appelées à un grand retentissement. Si la lutte contre certaines dépravations des clercs a

---

1. Arch. dép. Doubs, 1 H 18.
2. *Hist. de Besançon*, t. I, p. 284.

contribué à exalter la vie communautaire, les critiques se multiplient, depuis le milieu du XIᵉ siècle, contre la propriété individuelle des chanoines ou même contre l'ardeur excessive des moines à développer le temporel de leurs maisons, ou contre leur âpreté au gain ; de Rome même, les voix des réformateurs dénonçaient les conséquences de l'appropriation des menses et, au concile romain de 1059, en présence de Nicolas II, Hildebrand s'en prenait à la règle d'Aix qui autorisait ces usages pernicieux et il invitait les membres de l'ordre canonial à adopter la pauvreté volontaire.

L'érémitisme

Parallèlement à cet idéal, s'individualise une autre aspiration qui, sans être entièrement neuve, acquiert une attraction plus forte : l'appel du *désert*. Alors que la vie érémitique et la vie conventuelle sont aussi anciennes l'une que l'autre, elles ont connu au cours des âges antérieurs des fortunes diverses en Occident où le cénobitisme a très tôt imposé sa domination.

Si dans les deux cas la *conversio* exige une rupture totale avec le siècle, elle ne se réalise pas toutefois de la même façon ; pour le bénédictin, la fuite du monde s'opère avec l'établissement de la clôture qui symbolise à la fois le renoncement au confort matériel et la coupure avec l'extérieur, tandis que l'anachorète et le reclus affrontent dans leur retraite, dans leur *désert*, la solitude et, avec elle, des conditions de vie beaucoup plus rudes et une ascèse plus difficile, surtout lorsque les rigueurs climatiques rendent plus aléatoire ce retour à un genre de vie plus primitif.

Cependant, malgré ces risques et ces obstacles, l'érémitisme connaît un renouveau éclatant au cours du XIᵉ siècle, d'abord en Italie où les expériences de saint Nil, puis de Romuald ont abouti à la création d'un genre de vie mixte, associant vie anachorétique et cénobitisme ; au début du siècle, Romuald réalise ce rapprochement à Camaldoli, près d'Arezzo, en un établissement double qui comprenait un monastère où les moines priaient et travaillaient en commun et, dans le voisinage, des ermitages où chaque religieux vivait dans l'isolement, la mortification et la contemplation, avec la seule obligation de prendre ses repas avec les autres. La souplesse de la formule, qui atténuait les écueils de la solitude, tente à son tour Pierre Damien à Fonte Avellana, Jean Guabert à Vallombreuse, près de Gubbio, avant de s'expatrier en France et en Allemagne, et même en Angleterre. Un peu partout, des ermites s'en vont au désert, mais eux qui fuient le monde incarnent si bien l'idéal de perfection qu'ils attirent des émules, deviennent célèbres, font école, apportant chacun leur touche personnelle dans leur façon de vivre cette solitude ; les uns mettent l'accent sur le mépris du monde, d'autres sur la mortification ou la pénitence, quelques-uns sur la prière ou la contemplation. Ainsi apparaissent tour à tour Gunther en Bavière, Robert d'Arbrissel en Anjou, Anthénor dans les Vosges, Garin dans les Alpes, sans oublier le très actif Etienne de Muret près de Grandmont et Bruno, le fondateur de la Grande chartreuse [1].

---

1. L'histoire de l'érémitisme en Occident,a été remise en honneur depuis le volume du Centro di studi medievali de Milan, paru en 1965 : *Eremetismo nei secoli XIᵉ XII (Atti della settimana internazionale di studio, Mendola, 1962)*, Milano, 1965 ; nous renvoyons donc le lecteur à cette étude et limiterons nos investigations bibliographiques à quelques publications postérieures : L. MILIS, L'évolution de l'érémitisme au canonicat régulier dans la première moitié du XIIᵉ siècle : transition ou trahison, dans *Instituzioni monastichi e instituzioni canonicali in Occidente (1123-1215)*, p. 222-238 ; G. CONSTABLE, Eremetical forms of monastic life (*ibidem*, p. 239-264) ; L. MILIS, Ermites et chanoines réguliers au XIIᵉ siècle, dans *Cahiers de Civilisation médiévale*, XXII (1979), p. 39-80 ; J.M. BIENVENU, Aux origines d'un ordre

L'évocation de ces aventures à la fois mystiques et empiriques qui forment une des composantes de la mentalité religieuse, mériterait bien des pages ; bornons-nous à relever quelques traits caractéristiques, susceptibles d'éclairer leur application dans le diocèse de Besançon. Plus que la réussite personnelle de leurs animateurs, c'est l'aspect ambigu de ces réalisations qui nous intéresse ; la plupart de ces expériences n'abandonnent pas totalement le cénobitisme avec lequel elles gardent des liens plus ou moins forts, soit qu'elles réservent dans la vie en solitaire des moments communautaires permettant de reconstituer les forces physiques et morales, soit qu'après une période d'érémitisme, elles finissent par se rallier à une observance canoniale ou monastique.

En effet, à la fin du XIe siècle, beaucoup d'ermitages *sauvages* se transforment progressivement en maisons conventuelles, mais gardent, durant cette phase d'adaptation, une plus grande liberté d'allure que les monastères traditionnels astreints au respect de la règle [1] ; leurs membres, recrutés autant chez les simples laïcs que parmi les clercs, ne se sentent pas liés par des vœux définitifs et se livrent à des activités plus diversifiées pouvant aller jusqu'à la prédication ou à d'autres formes d'évangélisation. Cette indépendance, qui éveille la méfiance de la hiérarchie (trop encline à voir en eux des éléments incontrôlables), s'établit au détriment de la sécurité matérielle, donc de la durée ; aussi, beaucoup de ces ermitages n'ont-ils été qu'une flambée de paille et se sont-ils dissous après la mort de leur fondateur, lors des premières frictions entre leurs membres ou par manque de ressources.

A la périphérie   Ce qui se passe aux frontières du diocèse semble assez caractéristique de cette évolution pour être rapporté brièvement. Un prêtre originaire de Remiremont, Engibald, se retire vers 1082 dans un vallon proche de l'abbaye, à Hérival — avec l'accord de l'abbesse — pour y mener une vie de dépouillement absolu et un érémitisme radical [2]. Après avoir vécu longtemps seul, il voit bientôt affluer des disciples, parmi lesquels son frère Vichard, ce qui pose très vite un problème d'organisation. Engibald refuse pour lui et ses disciples tout ministère sacerdotal ; tensions au sein du groupe, inquiétudes de l'évêque de Toul, puis scission, Vichard entraînant avec lui ceux qui ne veulent pas se priver des sacrements. Tout finit par s'arranger quand Engibald accepte de venir à résipiscence et quand Vichard prend la tête de la communauté d'Hérival (après 1122) où sont alors édifiés oratoire, cloître, réfectoire, assurant ainsi, après la période d'érémitisme pur, puis collectif, la *phase de cénobitisation* [3].

Non loin de là, une autre expérience similaire et concomitante illustre l'évolution vers l'ultime étape avec l'adoption de la règle des chanoines réguliers de saint Augustin. Un vieux prêtre du nom d'Anthénor avait choisi pour *désert* le lieu primitif de la fondation des saints Romaric et Amé, le Saint-Mont, à quelque distance de Remiremont. Sa réputation grandit assez vite pour attirer autour de lui de fervents imitateurs qui désirent vivre *juxta præceptum evangelicum* et suivent dans une totale

religieux : Robert d'Arbrissel et la fondation de Fontevrault (1101), dans *Aspects de la vie conventuelle*, Lyon, 1975, p. 119-136.
1. Voir L. MILIS, L'évolution de l'érémitisme..., p. 225.
2. J. CHOUX, *L'épiscopat de Pibon,* p. 152 ; dom A. GALLI, Les origines du prieuré de Notre-Dame d'Hérival, dans *Revue Mabillon*, 1959, p. 1-34, et *Hérival et son héritage*, Epinal, 1981, p. 41.
3. Expression empruntée à L. MILIS, L'évolution de l'érémitisme..., p. 225.

obéissance les indications d'Anthénor [1]. Quand le vénérable ermite meurt, les frères mettent aussitôt à leur tête Séhère, un prêtre que ses qualités appelaient à l'administration spirituelle et temporelle du groupe. C'est lui qui doit résoudre un double problème ardu pour la communauté ; trouver un lieu apte à accueillir la communauté entière et donner à celle-ci une règle de vie. Après avoir hésité entre le Saint-Mont et Toul, Séhère s'implante près d'Epinal, à Chaumouzey (vers 1095), et n'hésite pas à envoyer deux frères jusqu'au monastère provençal de Saint-Ruf, pour y apprendre les coutumes locales et les ramener dans les Vosges : tandis que le Saint-Mont prolonge encore quelque temps la tradition érémitique, les établissements de Toul et de Chaumouzey adoptent les usages des chanoines réguliers de Saint-Ruf, avant même l'aube du XIIᵉ siècle.

Ces deux exemples, qui supposent le succès de la formule érémitique, en montrent aussi les limites ou les écueils : enthousiasme des premières expériences, caractère autodestructeur engendré par l'afflux des disciples, nécessité de s'organiser pour survivre, enfin agrégation à un ordre déjà existant, monachisme bénédictin ou chapitre régulier.

En même temps que ces *nouveaux fous de Dieu* cherchent dans la solitude la voie de la perfection, le cénobitisme bénéficie lui aussi de ces mêmes aspirations qui lui apportent parfois un sang nouveau : Hirsau, La Chaise-Dieu [2], Molesme, Cîteaux — pour ne citer que les plus proches du diocèse — adoptent les exigences d'une ascèse plus riche, d'une rupture plus réelle avec le monde. Les hésitations de Robert, moine bénédictin qui fonde Molesme dans une solitude boisée près d'Auxerre (1075) et jette par la suite les fondements de Cîteaux, ne procèdent pas d'une autre quête [3]. Le *Petit Exorde*, qui évoque ces temps lointains, se montre très discret sur le rôle et la personnalité de Robert, que certains historiens ont cherché à réhabiliter ; «Molesme a dû la faveur extrême dont il a bénéficié de la part de la société contemporaine au prestige sans égal, à la popularité inouïe de son saint abbé. Les chartes le disent et le répètent infatigablement, autant du moins que le permet leur langage laconique » [4].

Robert fait la démarche inverse des ermites précédents ; il a d'abord pratiqué la règle monastique sous le froc du moine, puis de l'abbé, avant d'expérimenter la vie anachorétique dans la forêt proche de Tonnerre (1071) et de revenir à une formule cénobitique rénovée, en fondant le monastère de Molesme (1075), au nord-ouest de Châtillon-sur-Seine, pour terminer dans le site marécageux et désert de Cîteaux (1098). La suite de l'aventure est bien connue ; le scandale suscité par ce départ entraîne le rappel de Robert à Molesme dont il assure jusqu'à sa mort (1111) la postérité matérielle et spirituelle, tandis que le prieur Aubry organise à Cîteaux le genre

1. Le récit de cette expérience est rapporté dans la chronique de Chaumouzey par Séhère, premier fondateur et abbé de la communauté : *M.G.H., SS.*, XII, p. 324-347 (incomplet) ou *Documents rares et inédits de l'histoire des Vosges*, II (1869), p. 7-58 (avec traduction), et surtout Ch.-Ed. PERRIN, La Chronique de Chaumouzey, dans *Annuaire de la Fédération historique de Lorraine*, IV (1931-1932), p. 265-285, et J. CHOUX, *L'épiscopat de Pibon*, p. 160 et sq.
2. P. R. GAUSSIN, *L'abbaye de La Chaise-Dieu*, Paris, 1962, et pour la bibliographie, *Le rayonnement de La Chaise-Dieu*, Brioude, 1981
3. Voir à ce sujet J. LAURENT, *Cartulaire de l'abbaye de Molesme, ancien diocèse de Langres (916-1250)*, Paris, 1907-1911, 2 vol. Nous n'aborderons pas ici la polémique concernant les débuts de Cîteaux et sa préhistoire, ni les interprétations délicates données jusqu'à présent du Petit et du Grand Exorde.
4. J. LAURENT, *Cartulaire de l'abbaye de Molesme*, I, p. 25.

de vie de la nouvelle communauté, pour laquelle il rédige les *Instituta*, ou statuts primitifs. S'il opte pour le mode cénobitique le plus strict fondé sur la règle bénédictine, il ne sacrifie point la volonté de renouveau et, dans le compromis qu'il établit entre la tradition monastique et les tendances novatrices, Aubry sauvegarde les valeurs fondamentales : la rupture avec le monde, la contemplation fondée sur la pauvreté, le silence et le travail.

Ces remarques préliminaires, qui replacent la vogue de l'érémitisme aux XIe et XIIe siècles dans le mouvement plus vaste de la réforme et de la rénovation du monachisme, soulignent au passage la force de certaines aspirations qui se réfèrent au modèle de la *vita apostolica* et montrent le décalage constant entre ces idéaux et leur mise en pratique. Le royaume de Bourgogne n'échappe pas à ces courants dont on décèle les manifestations de la Provence au Pays de Vaud ; c'est même en son sein qu'a été trouvée la formule originale susceptible de donner à l'érémitisme ses chances d'épanouissement, nous voulons parler de la création de la Grande Chartreuse par saint Bruno [1]. Ce dernier a été en rapport avec Robert de Molesme, grâce à qui il avait fait une première expérience de la solitude dans la forêt de Sèche-Fontaine, près de Bar-sur-Seine ; mais, insatisfait de ce faux désert, il quitte la Champagne pour les Alpes où, dans l'été 1084, il obtient de l'abbé de La Chaise-Dieu le domaine de la Chartreuse pour y réaliser un institut d'érémitisme avec un véritable établissement au désert.

Les applications   Mais en attendant que la formule cartusienne fît ses preuves et devînt après 1110 un modèle maintes fois imité, les tentatives d'anachorétisme se poursuivent dans la plupart des régions avec un succès très inégal. Malheureusement, il est difficile, sinon impossible, de retrouver tous les vestiges d'ermitages datant de cette époque, dans le diocèse de Besançon comme dans les autres provinces ; avant tout soucieux de vivre loin du monde, comme étrangers à leur siècle et dans des habitations sommaires, les ermites n'ont laissé à peu près aucune trace dans le paysage, ni dans les archives ; si la toponymie contient quelques indications (bois de l'ermite, source du reclus...), celles-ci ne peuvent être exploitées à cause de leur caractère intemporel et indatable ; quant à la tradition orale, mise par écrit à la fin du Moyen Age ou à l'époque moderne, elle emprunte souvent des clichés hiagiographiques ou des canevas littéraires, sans être obligatoirement l'écho d'un fait lointain, mais réel. Dans ces conditions, l'histoire de l'érémitisme lors de la réforme grégorienne demeure fragmentaire et sans rapport avec l'importance prise par ce phénomène dans les pays où il est mieux connu [2].

Le solitaire, perdu dans son *désert* et comme mort au monde, semble un cas assez rare, celui qui a laissé le moins de traces, hors de la tradition orale difficilement contrôlable. L'exemple du Sauget, dans la vallée du Doubs en aval de Pontarlier, illustre ces problèmes, en particulier le décalage entre la réalité historique et les affabulations plus ou moins vraisemblables ; la première, fondée sur les documents, dévoile vers 1120, à Montbenoît, l'existence d'un prieuré de chanoines réguliers, qui se trans-

---

1. B. BLIGNY a consacré diverses études à la Grande-Chartreuse, dont : Les Chartreux dans la société occidentale du XIIe siècle, dans *Aspects de la vie conventuelle*, p. 28-51; *Saint Bruno, le premier chartreux*, Paris, 1984. On y ajoutera : E. COLLEDGE et J. WALSH, *Guigues II le Chartreux, lettres sur la vie contemplative, douze méditations*, coll. " Sources chrétiennes ", Paris, 1970 (avec le compte rendu de B. BLIGNY, dans *Cahiers de Civilisation Médiévale*, XVI, 1973).

2. L'étude de J. de TREVILLERS, *Sequania monastica, premier supplément*, Vesoul, p. 95-138 : "Notes pour servir à l'histoire de l'érémitisme en Franche-Comté" traite de la période moderne.

forme bientôt en abbaye, mais dont les origines demeurent incertaines. Pour combler cette lacune, entrent en jeu les secondes, qui, au xvie siècle, font état d'un ermite nommé Benoît, qui aurait été le premier à pénétrer dans le val du Sauget pour y établir sa cabane [1] ; si, de son vivant, il n'avait point fait d'émules, sa réputation posthume de sainteté n'aurait pas tardé à se répandre et à attirer en ces lieux pèlerins, puis religieux. Il est impossible de se prononcer sur l'authenticité de cette légende tardive, destinée à légitimer un culte populaire, non à expliquer les origines de l'abbaye ; cependant l'hypothèse d'un ermite qui aurait précédé et même suscité une communauté régulière s'insère aisément dans la conjoncture que nous avons présentée, elle paraît vraisemblable sinon réelle ; dans ce cas, il faudrait situer l'existence de cet ermite Benoît à la fin du xie siècle et voir dans le prieuré la suite logique de sa réussite et l'étape normale vers la cénobitisation.

Plus fréquemment, l'érémitisme s'associe au monachisme bénédictin, dont il constitue alors une manifestation momentanée ; un ou plusieurs religieux obtiennent de leur abbé l'autorisation de se retirer au désert pour y mener, solitairement ou en petit groupe, l'expérience des anachorètes, expérience dont la durée varie en fonction des individus et des circonstances. La règle bénédictine n'était pas hostile à ces épreuves, dont elle craignait toutefois les écueils ; loin de mépriser cette forme de vie religieuse qu'il avait lui-même pratiquée et qu'il tenait pour la plus parfaite, saint Benoît avait tenu à la réglementer parce qu'il estimait que seuls les religieux les plus avancés en perfection pouvaient s'y adonner ; il avait donc mis ses moines en garde contre les dangers de la solitude et leur conseillait de ne pas s'y engager avant de s'être exercés à l'ascèse, durant de longues années, au sein de la communauté.

C'est pourquoi ces retraites au désert ne sont pas courantes, même au xie siècle, et demeurent apparemment réservées à des hommes d'un caractère éprouvé, qui continuent de vivre à l'ombre de leur monastère. Nous avons évoqué la personnalité de saint Aldegrin qui, venu d'Aquitaine vers 909, se retira dans une grotte proche de Baume, tandis que son compagnon Odon prenait la direction des écoles [2] ; le même lieu, appelé par la suite grotte, puis prieuré de Saint-Aldegrin, abrite à la fin du xie siècle un autre anachorète du nom de Renaud, qui y meurt en 1104. Dès lors, la tradition rejoint celle de Montbenoît, puisque son corps, transporté en l'abbaye de Baume, opère des prodiges à la fin du Moyen Age et devint l'objet d'une vénération populaire [3].

Cette vie de solitude dans une grotte non loin d'un lieu habité, évoque celle des reclus qui a connu une grande faveur au Moyen Age : parce qu'elle se déroule à proximité d'un couvent ou d'une ville et évite les dangers de l'érémitisme *en plein vent*, la

---

1. R. LOCATELLI, Les origines de Montbenoît et du Sauget (XIIe-XIVe siècles), dans *Mém. Soc. Emul. Doubs*, 18, 1976, p. 11). On retrouve un écho de cette tradition dans les écrits de Claude Sirugue, prieur de Montbenoît à la même époque, en particulier dans son introduction au cartulaire (Arch. dép. Doubs, 69 H 2).

2. *Vita Odonis*, du moine Jean, édit. Mabillon, *AA. SS. ordinis sancti Benedicti*, t. 5, ou *P.L.*, t. 133, col. 49 et G. MOYSE, dans *L'abbaye de Baume-les-Messieurs*, Lons-le-Saunier, 1978, p. 28.

3. Voir les renseignements recueillis à ce sujet au début du XIXe siècle par D. MONNIER (Recherches historiques sur l'abbaye royale de Baume-les-Messieurs, Bibl. nat., N.A.F. 1039, p. 47, texte édité dans *L'abbaye de Baume-les-Messieurs,* p. 45). Le récit hagiographique concernant cet ermite Renaud et les traditions populaires auxquelles donnait lieu son culte, nous sont rapportés à la fin du XVIe siècle par Jean d'Oncieux, grand prieur de Baume (Recueil de ce qui est remarquable en l'abbaye de Baulme, Bibl. Mun. Besançon, ms. 49, p. 11).

réclusion, qui répond à l'idéal commun des *pauperes Christi*, convenait aussi bien aux femmes qu'aux hommes et sa popularité est attestée par l'apparition de règles pour reclus [1]. Néanmoins, pour des raisons tenant sans doute aux rigueurs climatiques, elle s'est très mal adaptée dans le diocèse et le seul cas qui se rapproche de notre période et que nous connaissions, date de la fin du XIIe siècle : il s'agit du reclus de Rivière, dit aussi ermite de Saint-Léonard, installé hors des murs de Besançon, à proximité du chemin conduisant à Morre. Cité dès 1190, cet ermitage semble occupé par la suite de façon permanente, à en juger par les donations dont il fait l'objet [2]. Apparition plus tardive et plus furtive, celle de recluses qui se sont installées près de Jussamoutier et dont nous ignorons tout, sauf leur existence au début du XIVe siècle [3]. Pour les autres cas retenus par une tradition encore plus récente, nous n'avons aucun indice qui permette de les faire remonter jusqu'au XIIe siècle. Répétons-le ; l'anachorétisme ou la réclusion, dans sa forme radicale, se heurtait dans le diocèse à des conditions climatiques trop impitoyables pour que le mouvement se généralisât ; la survie matérielle étant moins aléatoire en collectivité, c'est en petit groupe que l'érémitisme a trouvé sa meilleure adaptation, tout en demeurant limité à quelques exemples.

Saint Simon

L'histoire de saint Simon, comte de Valois, qui renonce à une brillante carrière pour se faire moine à Saint-Claude, puis ermite à Mouthe, a beaucoup frappé les imaginations malgré la brièveté de son séjour dans le Jura ; cette popularité ne vient pas seulement des origines princières du héros, mais aussi des conditions dans lesquelles se déroule cette expérience racontée au début du XIIe siècle par un moine de Saint-Claude [4]. De la vie et de l'œuvre du personnage qui se rattachent à l'histoire de la France et de l'Eglise, nous extrayons seulement ce qui concerne la région comtoise, sans revenir sur son influence dans l'expansion de Saint-Claude en Champagne, ni sur les procédés de son biographe plus préoccupé de chanter les louanges et les mérites de son héros que de suivre la réalité : aussi donne-t-il très peu de renseignements originaux sur Saint-Oyend et sur Mouthe.

Après avoir liquidé les affaires de son père, défendu ses terres contre le roi de France et déjoué les pièges de ceux qui voulaient le marier malgré lui, le jeune comte décide en 1077 de faire retraite à Saint-Claude. « Après les préparatifs du voyage, dit l'hagiographe, quand tout est réglé pour la route, il quitte son château pour renoncer aux délices du siècle, à ce train de vie sompteux, à cette abondance de tous les biens qui faisait de lui le seigneur le plus riche après le roi. Mais laissant croire qu'il va à Rome, il prend la route de Saint-Oyend pour se faire moine en ce

---

1. Dom L. GOUGAUD, *Ermites et reclus*, St-Martin de Ligugé, 1928.
2. Par exemple, en 1227 (Arch. dép. Doubs, 1 H 304) le chevalier Lambert de Naisey, dit Pojax, donne *incluso et domui de Ryviera per elemosinam tres bicheta bladi in medietate decime sue de Embres* ; s'il paraît autonome à ses débuts, le reclus de Rivière est au XIVe siècle sous le contrôle et la juridiction de l'abbaye de Saint-Vincent de Besançon (R. FIETIER, *La cité de Besançon*, III, p. 1243).
3. Bibl. mun. Besançon, ms 1211, fol. 62 : 1312-1331.
4. Pour la bibliographie récente, consulter *Bibliotheca Sanctorum*, XI, Rome, 1968, p. 1179-1180, article de Ph. ROUILLARD. La *Vie de saint Simon* a été publiée par MABILLON dans *Acta Sanctorum ordinis sancti Benedicti*, VI, 2, p. 374-386 et par les *AA. SS., septembris*, VIII, p. 711-751. Sur l'épisode jurassien, consulter les *Vies des saints de Franche-Comté*, III, 1855, p. 333-403, qui est une transposition des *AA. SS.*, et dom BENOIT, *Histoire de l'abbaye de Saint-Claude*, I, p. 449 et sq. Sur le comte de Valois, se référer à M. BUR, *La formation du comté de Champagne*, p. 211-216.

lieu » [1]. Pourquoi ce choix ? L'auteur s'en tire par l'artifice d'une vision survenue au cours d'une violente fièvre [2]. Mais comme ce subterfuge littéraire élude la réponse, il faut chercher une solution vraisemblable dans les relations de Saint-Claude avec la Champagne, ainsi que nous l'avons vu précédemment.

Comme plus tard saint Bernard, Simon entraîne avec lui une troupe d'amis : « Plusieurs hommes de bonne naissance et attachés à sa maison se retirèrent avec lui du monde et tous ensemble prirent l'habit religieux avec des transports de joie » [3]. Ce départ eut-il le retentissement que lui prête le biographe, au point de provoquer l'année suivante celui du duc de Bourgogne, du comte de Mâcon et de leurs compagnons à Cluny ? L'admettre serait sans doute exagérer un événement qui n'était pas rare à l'époque et qui marque souvent le début d'une nouvelle et brillante carrière au service de l'Eglise. Devenu moine, Simon donne, bien sûr, à tous l'exemple d'humilité et d'austérité que diverses anecdotes transforment bientôt en indices de sainteté : prières assidues et prolongées à l'église — au point que le héros en attrape mal aux jambes — abstinence et jeûne fréquents, obéissance absolue, telles sont les vertus de ce novice émérite.

Cependant, Simon ne prolonge pas son séjour à Saint-Oyend au-delà de quelques mois : craignait-il les places d'honneur qu'au dire de son biographe, l'abbé voulait lui confier, ou voulait-il éprouver ses progrès religieux et sa vocation en faisant l'expérience irremplaçable de la solitude ? Aussi, allant trouver le père du monastère, lui demande-t-il l'autorisation de partir ; il réussit à le convaincre par ses instantes prières et, emmenant avec lui quelques frères seulement dont il connaît la piété, il s'en va avec discrétion. Les circonstances de ce départ, telles que les présente le moine anonyme, montrent qu'il n'y a ni mésentente, ni rupture, puisque la petite troupe se retire avec la permission de l'abbé et reste sous sa juridiction, ce que confirment les rapports ultérieurs avec Saint-Claude ; le séjour au *désert* n'interrompt pas la vie monastique, il la parachève en la conduisant au sommet de l'austérité et de la contemplation.

Dans la description de cette nouvelle étape, considérée comme essentielle dans la vie de saint Simon, l'hagiographe accumule les clichés propres au genre, si bien que son récit fournit peu de renseignements susceptibles de suivre et de situer cette expérience [4]. Comme beaucoup d'ermites, Simon ne se trouve pas seul puisqu'il emmène quelques compagnons (douze, préciseront les commentaires ultérieurs) choisis non parmi des séculiers, mais parmi des moines éprouvés ; le lieu de la retraite importe peu, du moment que celle-ci se déroule dans la *solitude*, dans un *eremus*, au milieu d'une nature apparemment hostile : il s'agit d'une forêt où se trouve un point d'eau et que traverse un chemin emprunté par quelques voyageurs venus d'un *oppidum* voisin. Voilà les seuls éléments du paysage fournis par le biographe, qui ne cite jamais le nom de Mouthe, retenu par la tradition comme l'ermitage de Simon et de ses compagnons ; jamais il ne parle des montagnes abruptes, des immenses joux désertes, des bêtes sauvages, des rigueurs presque sibériennes de l'hiver. Les premiers renseignements complémentaires proviennent d'un poème du XIIIe siècle, le *Libellus*

---

1. *AA. SS., Sept.*, VIII, p. 744. Nous avons aussi le témoignage de Guibert de Nogent (*Autobiographie*, édit. et trad. par E.R. LABANDE, Paris 1981, p. 59).
2. *AA. SS., Sept.*, VIII, p. 744.
3. *Ibidem*, p. 745. Voir liste dans *Chronique de Saint-Pierre de Bèze*, p. 381.
4. Il est utile de comparer siècle cette version avec les conclusions de L. MILIS, (Ermites et chanoines réguliers au XIIe... dans *Cahiers de Civil. méd.*, XXII, 1979, p. 39-80), qui, à travers une douzaine de *Vies* prises dans la région entre Loire et Rhin, dégage une typologie des sources, permettant d'éviter les pièges de la documentation.

metricus, œuvre d'un moine de Saint-Claude qui s'est essayé à rimer l'histoire de sa maison jusqu'au xie siècle, en accommodant les faits à sa façon et en les enrichissant des apports de la tradition plus ou moins légendaires [1] : il ne fait aucun doute au xiiie siècle que ce lieu soit Mouthe, alors siège d'un prieuré de Saint-Claude.

« Arrivé sur les lieux, il se met au travail et commence à défricher à la hache, à ouvrir des champs (*novale*) afin de vivre du travail de ses mains. La nourriture est maigre malgré un travail pénible : du pain avec de l'eau, des légumes et des fruits sauvages (*poma sylvestria*), et cela, une fois par jour seulement, sauf le dimanche et les jours de fête. Après avoir apporté l'eau sur sa tête, il fait lui-même cuire rapidement avec la bouillie ce qu'il a ramassé. Et comme, pris par son travail, il est obligé de sortir, il a ordonné à son économe de faire l'aumône à tout pauvre qui se présenterait pour que celui-ci ne s'en allât pas les mains vides.... Un jour, en forêt où il ne restait pas longtemps sans aller et où il coupait du bois, le fer de la hache tomba du manche et lui blessa le pied si profondément qu'il ne peut regagner la maison qu'appuyé sur les épaules des autres. Affligés de cet accident, les frères suggèrent d'aller quérir un médecin au bourg (*oppido*)...».

Mais le saint homme s'y oppose, disant que Dieu prendrait soin de le guérir, et effectivement sa blessure est bientôt cicatrisée. Cependant, la renommée de ses exploits franchit les montagnes et attire dans ces lieux des émules, tel cet ascète qui portait sous ses habits « une chemise de fer » ; apprenant qu'il était vêtu d'un tel cilice, Simon le conjura de lui céder cet instrument de pénitence, qu'il ne voulut porter toutefois qu'après en avoir obtenu la permission de son abbé. Si l'on fait abstraction des clichés hagiographiques, on trouve dans ce passage de la *Vita* des détails pittoresques sur la nourriture des moines, leurs occupations quotidiennes et le relatif isolement de leur retraite.

Certes, bien des arguments pourraient être objectés contre l'invraisemblance de ces récits ; situé à une cinquantaine de kilomètres à vol d'oiseau de Saint-Claude, Mouthe devait offrir des conditions très dures pour ce genre d'expérience : difficultés d'accès à travers une région montagneuse et boisée, jusque-là déserte et à l'écart de toute voie de circulation ; obstacle à l'implantation dû à l'altitude, au climat, à un environnement hostile, autant de facteurs qui diminuent les chances de survie et qui se répètent avec plus de rigueur à la Grande Chartreuse. Mais la *Vita* ne se veut ni un reportage, ni un récit historique ; elle accommode la réalité à sa façon pour mieux glorifier son personnage. Doit-on alors repousser la tradition, constamment affirmée depuis le xiiie siècle, rattachant les origines de Mouthe à la retraite de saint Simon, ou y voir seulement l'explication du vocable de l'église dédiée à ce saint ? Cette attitude hypercritique mutilerait à son tour la matérialité des faits, puisqu'au moment où le moine compose sa biographie, l'église de Mouthe existe.

L'expérience érémitique de Simon ne dure pas longtemps, puisque, dès le milieu de l'année 1078, il est arraché à son désert par ses supérieurs qui l'utilisent au service de la Chrétienté : ambassade auprès du roi de France pour défendre les intérêts de Cluny, voyage en Normandie pour réconcilier Guillaume le Conquérant avec son fils Robert, négociations auprès de Robert Guiscard au nom de la Papauté, le tout entrecoupé peut-être d'un bref séjour dans sa thébaïde. Il meurt à Rome le 30 septembre 1080 ou 1082, au retour d'une dernière ambassade, et aurait été enseveli dans la basilique de Saint-Pierre [2].

---

1. Mabillon, *Ann. ord. sancti Benedicti*, I, p. 623-624, et *M.G.H., SS.*, XIII, p. 743.
2. Selon son biographe, le pape Urbain II, originaire lui aussi de Champagne, compose son épitaphe en ces termes : « Mon nom est Simon. Issu d'un sang illustre, j'ai quitté ma patrie et le monde, préférant le Christ à toutes les richesses. Ensuite, je suis venu à la

Que conclure de cette légende hagiographique écrite selon les lois du genre au début du XIIᵉ siècle ? Comme pour d'autres ermites de l'époque, le séjour au désert de Simon ne constitue pas l'étape définitive de sa vie, mais une très courte phase dans son évolution spirituelle et sa carrière religieuse : qu'elle se soit déroulée à Mouthe ou ailleurs, elle ne dure pas plus d'une année. Le héros a vécu cette expérience avec quelques compagnons, dans un isolement relatif, puisque voyageurs et visiteurs sont les témoins indispensables de ses miracles.

Si le biographe ne dévoile pas sa vie de prière et de contemplation, il insiste beaucoup sur l'esprit de mortification réalisé dans un travail manuel pénible et périlleux, par une nourriture très sobre, par des pénitences corporelles : lui aussi porte le cilice qu'à l'exemple d'Etienne d'Obazine, de Geoffroi du Chalard, il veut en fer, c'est-à-dire une *lorica*, ou cotte de mailles [1]. Comme abri, les ermites ont édifié des cabanes (*domus*) et une chapelle dans laquelle Simon se retire pour prier. Tous ensemble travaillent à défricher la forêt, à gagner quelques champs, complétant leur nourriture par la cueillette de fruits sauvages dans les bois. Malgré cet embryon d'organisation communautaire, l'esprit reste celui de l'érémitisme, même si aux XIIᵉ et XIIIᵉ siècles on interprète cette phase comme les débuts d'une cénobitisation. Enfin, le biographe, qui reflète probablement la pensée de son supérieur, tient â répéter que ce passage au désert n'abroge pas la juridiction abbatiale, puisqu'il se fait avec l'autorisation de l'abbé. Que Simon ait jeté ou non les fondements du prieuré de Mouthe, qu'il ait rejoint un *désert* déjà habité ou un autre lieu du Jura, peu importe puisque, sous l'archevêque Anseri, un foyer de peuplement existe aux sources du Doubs, suffisamment important pour disposer d'une église, que les moines de Saint-Claude transforment un peu plus tard en un centre paroissial. Ce fait mérite d'être souligné parce qu'il inaugure non seulement la colonisation de la Terre de Saint-Claude, mais aussi celle des joux montagneuses.

Au début du XIIᵉ siècle

Vers la même époque, quelques clairières de défrichement trouent les manteaux forestiers situés un peu plus au nord de Mouthe : Mont-du-Fourg, Montbenoît, Morteau, en attendant l'arrivée des chartreux au sud (Vaucluse et Bonlieu), puis des chanoines réguliers au Grandvaux. A l'origine de cette mise en valeur se trouvent des ermites puis des religieux de diverses observances, clunisiens, bénédictins, chanoines réguliers, cisterciens, puis chartreux.

En effet, Mouthe n'est pas le seul désert que Saint-Claude pouvait offrir à ses moines en mal de solitude, de même que cette abbaye n'était pas la seule à pratiquer cette association anachorétisme-cénobitisme. A l'époque où l'anonyme rédige la *Vie de Simon*, Saint-Oyend possède une petite colonie de religieux sur le versant suisse du Jura, près de la rive occidentale du lac de Joux, *in loco domni Poncii* [2], cela depuis une époque indéterminée. Mais comme ces bénédictins se trouvent bientôt en concurrence avec les Prémontrés installés sur l'autre rive du lac de Joux en 1126 [3], une polémique ne tarde pas à éclater, qui porte sur la délimitation des zones respec-

---

cour apostolique du prince du ciel, conduit par l'amour d'un Père si grand. Puissè-je être élevé par un tel guide au dessus des astres. Je repose ici devant ces portes sacrées » (*AA.SS.*, *Sept.*, VIII, p. 743).

1. L. MILIS, Ermites et chanoines réguliers..., p. 53.
2. Aujourd'hui Le Lieu, et non pas Saint-Point, sur le lac du même nom ; durant tout le Moyen Age, le lac de Saint-Point s'appelait le lac Dampvauthier.
3. C'est l'abbaye du Lac de Joux, au lieu appelé de nos jours l'Abbaye.

tives d'influence et qui nous fournit quelques renseignements sur ces installations [1]. Moines et chanoines se disputent la pêche dans le lac, ainsi que les terres à défricher ; comme les premiers sont en infériorité numérique, les débats tournent à leur désavantage. C'est alors que Saint-Claude argue de l'ancienneté de ses droits, en faisant de Poncius un moine venu de Condat au VIe siècle fonder un ermitage sur les bords du lac de Joux, et en insérant dans le faux diplôme de Charlemagne ses droits sur le lieu. De leur côté, les prémontrés cherchent, sinon à éliminer des concurrents trop proches, du moins à freiner leur développement et à limiter leur recrutement : ils finissent par obtenir gain de cause au milieu du XIIe siècle [2].

De cette querelle, nous retiendrons qu'au début du XIIe siècle Saint-Oyend revendique la seigneurie des terres allant jusqu'au lac et à la vallée de Joux, qu'à une époque indéterminée fonctionne sur la rive occidentale un ermitage, transformé au XIIe siècle en une *cella* de l'abbaye abritant plus de dix religieux, mais l'existence de ces centres monastiques et ruraux pouvait être mise en question par la concurrence et disparaître brutalement, sans laisser d'autres traces que quelques clauses d'un procès.

Avant même que les prémontrés ne s'installent sur les rives du lac de Joux, une autre abbaye suisse se voit contester par les sires de Salins ses possessions situées dans ces mêmes joux inhospitalières, mais sur le versant français, en particulier au lieu-dit *in heremo de Monte Furno* [3]. En effet, les moines clunisiens de Romainmôtier, qui avaient des biens dans la Chaux d'Arlier au-delà de Pontarlier, cherchaient à éviter la cluse de Joux et les tracasseries que leur causaient les seigneurs de ce lieu ; ils avaient trouvé un raccourci passant entre les deux actuels lacs de Saint-Point et de Remoray. Au fil des ans, ils avaient installé dans ces lieux inoccupés une sorte de relais, comprenant quelques constructions et des terres, cela en toute franchise, conformément à la *coutume du Jura*. C'était compter sans l'ambition des sires de Salins qui s'efforçaient d'étendre leur seigneurie sur toute cette contrée, sans tenir compte du droit du premier occupant.

Mais si l'accord qui intervient (1126) ménage les intérêts des deux parties, il nous apprend surtout que l'installation à Vaux et à Mont-du-Fourg remonte à une époque antérieure, que des gens habitent ces lieux, dont l'un est appelé *eremus* : s'agit-il d'un ermitage, comme nous inviterait à le penser la situation environnante et comme l'ont interprété les historiens du XIXe siècle attentifs à l'étymologie du mot [4] ? Mais le terme *eremus* peut prendre des acceptions différentes et désigner aussi

1. A. BESSON, *Contribution à l'histoire du diocèse de Lausanne*, p. 57-63 ; A. DIMIER, *Amédée de Lausanne*, p. 178 et sq.
2. Sentence de l'évêque Amédée de Lausanne et de Pierre, archevêque de Tarentaise en 1155, dans *Mém. de la Suisse romande*, I, p. 85.
3. Nous citons ce texte de 1126 important pour la politique des sires de Salins dans la région du Haut Doubs et pour la définition du droit des gens ; s'adressant aux représentants de Romainmôtier, Humbert, sire de Salins déclare en effet : «... Je cède aussi à ladite église et aux moines qui l'habitent leurs investitures au lieudit Vaux, appelé aussi *Qle* et dans le désert (*in eremo*) de Mont-du-Fourg, ce qu'ils y ont construit ou ce que les gens habitant là auparavant ont pu construire, acquérir ou développer. Et parce qu'ils ne l'avaient pas obtenu avec mon autorisation ou en concession de moi, mais qu'ils reconnaissaient en avoir pris possession en toute franchise, comme le permet la coutume du Jura, je leur avais injustement fait des torts », *Cartulaire de Romainmôtier*, p. 36, et R. LOCATELLI, La région de Pontarlier au XIIe siècle..., dans *Mém. Soc. Hist. Droit*, 28 (1967), p. 80.
4. J.-I. BOURGON, *Recherches historiques sur la ville et l'arrondissement de Pontarlier*, Pontarlier, 1841, t. I, p. 113 ; F.-N. DROZ, *Mémoires pour servir à l'histoire de la ville de Pontarlier*, Pontarlier, 1760.

un petit établissement communautaire ne pratiquant pas forcément la vie solitaire [1], si bien que l'on ne peut se fonder sur ce seul mot pour affirmer que les moines de Romainmôtier avaient un ermitage à Mont-du-Fourg au début du XIIe siècle. L'incertitude demeure donc sur la nature de ces établissements implantés dans une région jusque-là déserte et servant autant de relais que de refuge à de véritables ermites ; d'ailleurs, par la suite, l'occupation des lieux se prolongeant, Vaux devient un prieuré de Romainmôtier, tandis que Mont-du-Fourg, situé trop près de là pour acquérir le même statut, semble être abandonné avant de servir de nouveau à la fin du siècle à une autre communauté de frères ermites.

Même s'il s'insère mal dans les perspectives érémitiques, cet exemple de Romainmôtier pose le problème des relations avec les seigneurs : l'ermite en quête d'une *solitude* a tendance à oublier que toute terre, si inculte et désolée soit-elle, appartient à quelqu'un et que son installation amène très vite des difficultés, surtout lorsqu'il attire des émules et qu'avec eux il procède à la mise en valeur des lieux. En effet, se fondant sur *la coutume du Jura* (ou des *joux*), qui semble autoriser les défrichements dans les forêts désertes, en toute liberté — ce que les historiens locaux ont traduit par le droit du *premier occupant* — les moines ont pris possession des lieux en toute franchise, sans en référer à quiconque. Or, l'accord de 1126 prouve que cette franchise valable à une époque où les joux n'intéressaient personne, se heurte alors à l'ambition des seigneurs ecclésiastiques (Saint-Claude, Romainmôtier) ou laïques (les sires de Salins) de s'approprier cette partie du Jura : sans nier l'ancienne coutume, ceux-ci font admettre habilement leurs droits éminents, puisque Humbert de Salins reconnaît aux religieux, non une pleine propriété, mais une possession, une investiture ; d'autre part, en cas de contestation ultérieure, il se réserve les droits de justice et de garde, symboles de sa puissance seigneuriale.

C'est à ces conditions seulement que les moines de Romainmôtier obtiennent confirmation des lieux, où ils ont déjà fait des constructions qu'ils pourront agrandir ; le texte emploie les termes *edificia*, *edificare*, ce qui nous incline à y voir plus un relais ou l'amorce d'un prieuré qu'un réel ermitage. En effet, les clunisiens, comme bien d'autres religieux, parsemaient leurs itinéraires privilégiés de maisons ou de prieurés, surtout lorsque ces chemins traversaient des régions inhospitalières : l'implantation de Morteau dans un val jusque-là fermé, correspond sans doute à ces préoccupations plus qu'au désir de concurrencer les véritables ermites ou à l'ambition de se lancer dans les défrichements, à l'image des futurs cisterciens.

Si l'appel du désert ne suscite pas de nombreuses réussites dans le diocèse de Besançon, la raison tient probablement aux difficultés de réaliser cette voie étroite : l'érémitisme n'est pas à la portée du premier venu et exige de ses adeptes un grand équilibre psycho-physiologique, sinon il engendre l'instabilité. C'est pour l'avoir compris que saint Bruno choisit pour ses Chartreux un genre de vie qui sauvegarde le besoin individuel de recueillement et de prière et la sécurité collective : « Ils [les Chartreux] possèdent un cloître qui conviendrait assez bien au genre de vie des cénobites, avait noté Guibert de Nogent, mais à la différence de ceux-là, ils ne mènent pas la vie commune... Ils disposent de cellules individuelles, construites tout autour du cloître, et c'est là qu'ils travaillent, dorment et mangent » [2].

Nous ne parlerons ici ni de l'originalité, ni de la spiritualité cartusienne, car si l'installation de Bruno dans les Alpes se fait en 1084, l'expansion de l'ordre en

---

1. Dom J. Leclercq, Eremus et eremita. Pour l'histoire du vocabulaire de la vie solitaire, dans *Collectan. Ord. Cist. Reform.*, XXV, 1963, p. 8-30.
2. G. Bourgin, *Guibert de Nogent, histoire de sa vie*, Paris, 1907, p. 33.

direction du Bugey est plus tardive et ne commence que sous le gouvernement de Guigues, élu prieur en 1109 : l'infiltration se fait progressivement après 1115 avec la création des chartreuses de Portes, Meyriat, Saint-Sulpice, hors des voies de passage, dans les montagnes au dessus de 600 mètres, là où la population est la moins dense et leur influence ne parvient aux portes du diocèse qu'après 1140 [1].

Expansion de Molesme

Pendant que Bruno met au point l'observance cartusienne, d'autres instituts qui ont retenu parmi les chemins de la perfection l'appel du *désert*, cherchent eux aussi à concilier valeurs érémitiques avec bienfaits de la vie communautaire. Nous avons cité les efforts de Robert de Molesme, qui allaient dans le sens d'une nouvelle synthèse, mais qui se heurtaient à la résistance de certains compagnons. Malgré ces difficultés, l'abbaye de Molesme trouve son équilibre et essaime en fondant des établissements, d'abord dans le diocèse de Langres, puis, loin de sa base de départ, en Savoie ; chaque fois, elle maintient entre elle et ses prieurés des liens de dépendance étroite, amorce d'un ordre centralisé, parfois contesté par les filiales.

Dès 1081, elle avance en direction du diocèse, prenant pied dans le Bassigny, grâce à l'initiative du seigneur Rénier de Choiseul qui lui donne l'église Saint-Gengoul de Varennes pour en faire un prieuré [2] : richement doté, cet établissement devient par la suite un des plus importants de la frange orientale du diocèse de Langres. Cependant, la pénétration de Molesme dans le royaume de Bourgogne doit moins à la personnalité de son abbé Robert qu'à l'influence d'un de ses moines, Garin ou Guérin, futur abbé d'Aulps (vers 1110), puis évêque de Sion (1138-1150). Selon la tradition [3], Garin ou Guérin serait issu d'un châtelain de Mousson, au service du comte de Bar : bien que non incontestable, ce lien entre un moine de Molesme et une famille comtale possessionnée en Lorraine et dans la région septentrionale du diocèse, fournit une explication plausible de la pénétration de l'abbaye dans notre région. En effet, à la fin du XIe siècle, Thierry, fils de Louis, dit de Mousson, groupe sous son autorité les châtellenies de Bar, Montbéliard et Ferrette ; son épouse est Ermentrude, fille du comte de Bourgogne, qui a favorisé la propagation clunisienne en direction d'Altkirch. Or, parmi les abbayes qui créent des prieurés dans la porte de Bourgogne, viennent Saint-Mihiel de Lorraine et Molesme, qui entrent parfois en concurrence et qui sont liés directement ou indirectement à ce lignage : la première est sous la garde des comtes de Bar, tandis que la seconde, mi-champenoise, mi-bourguignonne, relève des comtes de Champagne [4] et se trouve en relations avec la famille baroise grâce à Garin : par ses origines familiales et par sa profession religieuse, qu'il fait à Molesme vers 1085, celui-ci réunit en sa personne la convergence de deux influences.

Avant même la fin du XIe siècle et probablement lors du décès de son épouse Sophie (vers 1093) qui avait soutenu Saint-Mihiel, Thierry de Mousson fonde un prieuré dans la dépendance de ce monastère, à Saint-Nicolas de Méroux, aux limites du diocèse, sur la route qui relie Montbéliard à Ferrette, là où se situent les châteaux patrimoniaux : seuls ces rapports familiaux peuvent rendre compte de cette implan-

---

1. B. BLIGNY, *L'Eglise et les ordres religieux*, p. 300 et suiv. ; J. DUBOIS, L'implantation monastique dans le Bugey au Moyen Age, dans *Journal des Savants*, 1971, p. 26.
2. J. LAURENT, *Cartulaire de Molesme*, I, p. 236.
3. Cl. LUGON, *Saint Guérin, abbé d'Aulps, évêque de Sion. Un homme et une province : Romandie-Savoie au XIIe siècle*, Genève, 1970.
4. M. PARISSE, *La Lorraine monastique*, Nancy, 1981, p. 30.

tation lointaine, en relation avec la propagation du culte de saint Nicolas [1]. Cet établissement, dont nous ne connaissons que l'existence [2], ne se confond pas avec un homonyme, Saint-Nicolas-du-Bois, fondé cette fois-ci par Molesme, à proximité de Rougemont et se rapprochant de la catégorie des prieurés castraux.

Entre temps, un petit groupe de moines, sous la direction de Guy de Langres, quittaient Molesme vers 1094 à la quête d'un lieu où ils pourraient observer plus strictement la règle de leur saint père Benoît [3] : ils dressaient leurs cabanes en plein Chablais, sur les rives de la Dranse de Morzine. Des terres leur sont données par Gérard d'Allinges et le comte Humbert de Maurienne, qui leur cèdent « tout un tronçon de vallée sur une largeur d'une lieue à gauche comme à droite de la rivière, avec tous les prés, les champs, les pâturages, les forêts...» [4]. Mais l'élément qui constitue le véritable acte de fondation du nouvel établissement appelé Aulps, est la convention passée en 1097 avec l'abbaye-mère de Molesme, qui lui accorde le statut très favorable de fille plus ou moins autonome, préfigurant par là la *Carta Caritatis* qui régira les relations à l'intérieur de l'ordre cistercien [5].

Aulps met à profit son autonomie pour prospérer et essaimer à son tour, ce qu'elle fait activement au début du XIIe siècle sous l'impulsion de son abbé, Guy, et du moine Garin. Ainsi naît, sur la route qui conduit de Molesme à Aulps par Genève, Balerne, près de l'actuel Champagnole, dans la haute vallée de l'Ain : relais commode pour les moines qui gagnaient les deux monastères, étape bientôt occupée en permanence et transformée en établissement religieux [6].

L'évolution est rapidement menée à son terme, puisqu'avant 1110 Balerne a acquis le statut d'abbaye et qu'elle supporte mal la tutelle d'Aulps : un conflit de juridiction éclate alors et Robert de Molesme doit se pencher sur ce problème de relations à l'intérieur de l'ordre et le résoudre dans un sens moins centralisateur, annonçant encore l'esprit de la *Carta Caritatis*. La définition de 1110 amorce, en effet, les différents aspects de la filiation cistercienne : l'abbé d'Aulps remplit les fonctions d'abbé-père — l'expression ne figure pas dans la sentence — en visitant Balerne, en y exerçant au besoin un droit de correction ; mais si la gravité de la faute l'exige, ou si Balerne conteste la sentence, l'on transmettra l'affaire à Molesme « sans que ni l'une ni l'autre des parties ne puisse faire appel à quelqu'un d'autre pour une question

1. L. VIELLARD, *Doc. et Mém. pour... hist... de Belfort*, p. 153, n° 104, rectifie, à juste titre, une confusion faite jusque-là entre les deux prieurés de la région dédiés à saint Nicolas : Saint-Nicolas-des-Bois près de Rougemont, qui relève de Molesme, et Saint-Nicolas de Méroux, fondation contemporaine de Saint-Mihiel. La distinction entre les deux Saint-Nicolas et leur existence sont attestées par les documents : dans la confirmation de Pascal II pour Saint-Mihiel (30 avril 1106) est citée *cellam que vocatur Merodorum cum appenditiis suis* ; sur le prieuré de Molesme, voir infra.
2. En 1102 est connu Albert, prieur de Méroux et moine de Saint-Mihiel (L. VIELLARD, *ibidem*, p. 153).
3. *Sancti patris nostri Benedicti præceptis arctius inhærentes*, cité dans Cl. LUGON, *Les religieux en question*, p. 15.
4. Inventaire inédit de l'abbaye d'Aulps, dans *Mém. et Doc. Acad. salésienne*, t. 28, n° 46.
5. *Conventio inter nos et Alpenses monachos* (dans J. LAURENT, *Cartulaire de Molesme*, II, n° 4), confirmée par les sceaux respectifs des deux diocésains, Guy de Faucigny, évêque de Genève, et Robert de Bourgogne, évêque de Langres, en présence des principaux bienfaiteurs, dont Humbert de Maurienne, Gérard d'Allinges... Signent au nom de Molesme les trois futurs abbés de Cîteaux : Robert, Albéric, et Etienne Harding.
6. B. CHAUVIN, La fondation de Balerne, dans *Mém. Soc. Emul. Jura*, 1965-1969, p. 299-308.

ou une querelle, sauf si Molesme se dérobe... De plus, dans les affaires temporelles de Balerne, Aulps ne commettra ni violence, ni exaction ; chacun se conduira envers l'autre avec charité » [1].

Intéressants pour l'étude de la législation cistercienne, les débuts de Balerne le sont aussi dans le cadre des relations avec la Savoie. D'autres abbayes comme Abondance, Bonmont, ou même la Grande Chartreuse, d'autres abbés, tel saint Bernard, emprunteront dans les décennies suivantes cette route de la Faucille et chercheront à créer dans le sud du Jura des étapes ou des pied-à-terre : les temps approchent où Salins et sa région, déjà convoitées par les moines bourguignons, font découvrir à d'autres monastères les avantages de leur situation (les routes), de leur exposition (le vignoble) et de leurs ressources (le sel).

Tandis qu'Aulps utilise Balerne pour ses voyages vers l'abbaye-mère, le réseau de relations personnelles établi entre Molesme, la Savoie et les comtes de Bar-Montbéliard expliquent sans doute l'arrivée des moines de Molesme dans la Porte de Bourgogne, à Saint-Nicolas-du-Bois, près de Rougemont-le-Château : là, en un lieu appelé *Pulchra Vallis*, Bellevaux, existait un ermitage fondé par un solitaire nommé Pierre, qui ne partage avec son homonyme célèbre que le même prénom. Qui pouvait être mieux qualifié que Molesme pour recueillir cet héritage religieux et consolider cette petite colonie d'ermites, sans doute menacée par la disparition de son inspirateur ? Gérard d'Allinges, le seigneur qui conclut la transaction avec l'abbaye langroise (vers 1097-1110), en donnant à celle-ci le lieu de *Pulchra Vallis*, exige que les abbés fassent vivre désormais les frères de ce lieu selon la règle de saint Benoît [2] : non seulement nous retrouvons les préoccupations qui avaient prévalu à Aulps, mais aussi le principal bienfaiteur de cette dernière maison, Gérard d'Allinges. En l'état actuel de nos connaissances, il est difficile d'expliquer la présence et le rôle de ce seigneur dans cette région septentrionale, en dehors des relations familiales établies par la famille de Bar avec la Savoie et Molesme [3] ; il semble ne remplir qu'une mission d'intermédiaire, car, une fois réalisé le contact, ce sont les petits seigneurs locaux qui entrent en scène et donnent terres, prés, bois..., en se réservant l'avouerie du lieu [4]. Si le patronage religieux de Molesme laisse espérer la persistance de l'esprit érémitique dans une vie communautaire organisée selon la règle de saint Benoît, nous ne connaissons pas toutefois les résultats de cette filiation ; à peine sorti de l'ombre, le prieuré Saint-Nicolas-du-Bois y replonge, victime de la discontinuité documentaire.

Avec l'accession de Garin à l'abbatiat (1110), Aulps affirme son dynamisme et renforce son organisation, tout en prenant de plus en plus ses distances vis-à-vis de

---

1. J. LAURENT, *Cartulaire de Molesme*, II, p. 150. Il n'y a pas lieu de retenir la tradition recueillie par JANAUSCHECK (*Origines Cisterciennes*, t. I, Vienne, 1887, p. 41) selon laquelle Balerne serait entrée dans la sphère d'influence de Saint-Bénigne ou de Saint-Etienne de Dijon. Plus tard, à la fin du XIIe siècle, les seigneurs de Monnet revendiqueront la paternité de la création de Balerne, ce qui paraît vraisemblable, puisqu'ils contrôlent la région où s'est implantée l'abbaye ; dans ce cas, il faut songer à Guy I de Monnet, fils de Gaucher de Salins.

2. L. VIELLARD, *Doc. et Mém. pour... l'hist.... de Belfort*, n° 105.

3. Frédéric, frère de Thierry I et fils de Louis de Mousson, a épousé Agnès, fille de Pierre de Maurienne ; un autre personnage pouvait favoriser le rapprochement de Molesme et des comtes de Bar : il s'agit de Guérin qui, après 1110, devient abbé d'Aulps.

4. L. VIELLARD, *ibidem*, n° 112 . Le prieuré a porté plusieurs noms au cours des temps : à celui de Bellevaux ou *Pulchra Vallis* qui lui est donné lors de ses origines érémitiques, se substitue au XIIIe siècle celui de Saint-Nicolas de Rougemont (à cause de la proximité du château de Rougemont) puis, au XIVe siècle, celui de Saint-Nicolas-des-Bois (Voir Arch. dép. Côte d'Or, 7 H 244, Saint-Nicolas).

Molesme ; si elle rayonne dans le Chablais, elle lance aussi des antennes vers le nord, en pays helvétique : à Saint-Sulpice (vers 1110), à Saint-Cergue, puis à Blonay, à une date plus tardive [1]. Nous serions tentés d'y voir le résultat des contacts maintenus avec le nord-est du diocèse et suivant les routes qui longent les deux rives du lac Léman, mais sans pouvoir étayer cette hypothèse. D'ailleurs, les relations d'Aulps avec le comté de Bourgogne se prolongent au cours du XIIᵉ siècle, à mesure que s'élargissent les échanges avec d'autres établissements salésiens ; par son intermédiaire, le diocèse expérimente à l'époque de la première croisade une forme de vie communautaire imprégnée d'esprit et d'ascèse érémitiques, annonçant l'observance cistercienne ; mais alors que cette dernière va trouver dans le diocèse une terre d'élection, Molesme ne fait que l'effleurer, sans doute à cause des dissensions qui ont alors secoué son existence.

Chanoines réguliers

L'attrait du désert, popularisé par les ermites anonymes, récupéré et adapté par Molesme, puis par Cîteaux, ne disparaît pas vers les années 1120 : si le cénobitisme l'emporte massivement grâce à ses structures et à sa cohésion, en réalité l'érémitisme, vécu en petits groupes, survit dans diverses communautés qui cherchent, nous le verrons, un autre idéal que celui défini par saint Benoît. A la convergence de plusieurs courants (pauvreté, solitude, contemplation, travail), ces *pauperes Christi* incarnent à leur manière les nouvelles valeurs propagées par la réforme et résultent d'un approfondissement des mentalités religieuses.

Mais tous ne ressentent pas également ces aspirations ou ne connaissent pas la même échelle de valeurs spirituelles. Bien que participant à la régénération de la société chrétienne, certains proposent d'autres voies de perfection, où la fuite du monde cède le pas au souci d'évangélisation et aux soins charitables : destinée « au service liturgique, scolaire et caritatif des églises requérant un groupe de clercs et spécialement des églises cathédrales » [2], l'institution canoniale ne pouvait échapper aux préoccupations des réformateurs.

Effectivement, « après le moment de Cluny, le temps de la réforme grégorienne est avant tout le moment des chanoines » [3], celui où le clergé trouve dans les efforts entrepris les principes d'une restauration sévère des règles canoniques et le cadre

---

1. Saint-Sulpice (à quelques kilomètres à l'ouest de Lausanne) paraît n'avoir été à ses débuts qu'une colonie d'Aulps établie sur les bords du Lac Léman par deux seigneurs du Valais, Louis de Bex et son frère Torimbert (voir J. BUJARD, Le prieuré de Saint-Sulpice, étude historique et architecturale des anciens bâtiments conventuels, dans *Revue hist. vaudoise*, 1987, p. 1 - 44 ; J. D. MORERO et A. PARAVICINI-BAGLIANI, Molesmes et ses possessions dans le diocèse de Lausanne : deux fausses lettres pontificales du XIIᵉ siècle, dans *Fälschungen im Mittelalter*, III/I (M. G. H., Schriften, 33, III), Hanovre, 1988, p. 667 - 674. On attribue généralement la création du prieuré de Blonay (canton de Vaud, district de Vevey), vers 1135, à Guy de Maligny, issu des environs de Molesme et devenu évêque de Lausanne en 1130 ; parmi les donateurs, on note Amédée de Blonay, les sires de Grandson, Goumoens, Estavayer, principaux barons du pays vaudois.
2. Outre les contributions de J. BECQUET déjà citées, consulter les Atti delle settimane... Mendola : *La vita comune del clero nei secoli XI e XII*, Milan, 1962, 2 vol. (le premier volume se terminant par un questionnaire systématique, destiné à définir d'une manière concrète tous les aspects de la vie canoniale et diffusé en France par P. TOUBERT, La vie commune des clercs aux XIᵉ et XIIᵉ siècles : un questionnaire, dans *Rev. Hist.*, t. 231, 1964, p. 11-20) ; *Istituzioni monastiche e istituzioni canonicali in Occidente (1123-1215)*, Milan, 1980.
3. P. TOUBERT, La vie commune des clercs..., p. 12.

concret d'une vie sacerdotale qui leur soit conforme. Célibat, interdiction de la simonie et du cumul des bénéfices, réglementation d'accès aux ordres sacrés, telles sont
les premières acquisitions de ce mouvement. Parallèlement à cette législation,
diverses expériences sont entreprises pour définir un nouveau modèle de vie : certains
prélats, tel Hugues de Salins, nous l'avons vu, se contentent d'un retour à l'application stricte de la Règle d'Aix, tandis que d'autres en dénoncent les insuffisances, en
particulier cette possession individuelle qui compromet toute vie commune authentique et qui s'oppose à l'idéal de pauvreté, que beaucoup souhaitent. C'est par là
notamment que débute la réforme de l'ordre canonial, appelée à se prolonger durant
plus d'un siècle.

Si le synode du Latran de 1059 se fait l'écho des critiques contre le canon 115 de
la Règle d'Aix, ce n'est que plus tard et progressivement que cette condamnation
trouve appui dans l'autorité de saint Augustin, dont la vie et les écrits acquièrent
valeur de règle : désormais, aux séculiers qui vivent plus individuellement et dont la
prébende retourne à la mense après leur mort, on oppose les chanoines réguliers de
saint Augustin, ou chanoines augustiniens, partisans de la vie communautaire et de
la désappropriation personnelle [1]. Au-delà des nuances de vocabulaire qui traduisent
différentes conception de la *vita apostolica*, la réforme a pour effet de diversifier les
tâches assignées au mouvement canonial par la Papauté ou les besoins de la société :
l'évolution est plus sensible sous Urbain II (1088-1099), qui favorise la diffusion de
la vie commune régulière parmi les clercs [2] et qui, excluant les moines du gouvernement des églises, est conduit à confier la cure des âmes aux communautés, en
dehors des contraintes de l'église privée seigneuriale.

Si le schéma général paraît assez simple, la description de la réalité s'avère plus
complexe. La réforme devait toucher d'abord les chapitres et collégiales existants : si
de nombreux exemples l'attestent dans l'ouest et le sud de la France [3], l'est du pays
semble échapper à cette règle. En Lorraine, comme dans le nord du royaume de Bourgogne, les communautés de chanoines conservent généralement leurs coutumes
anciennes sans les modifier, à l'image de ce qu'a réalisé Hugues Ier à Besançon ; la
réforme concerne au contraire des groupements nouveaux, nés à la fin du xie siècle
autour d'ermites ou de clercs.

Nous avons déjà fait allusion aux expériences vosgiennes qui introduisent à
Chaumouzey les coutumes de Saint-Ruf, créant ainsi aux portes du diocèse de
Besançon une communauté de chanoines réguliers [4], dont le rayonnement vers le sud
ne commence pas avant les années 1120. Sur les autres confins, les Augustiniens se
montrent aussi discrets pour ne pas dire absents : la régularité ne pénètre pas à Saint-
Etienne de Dijon avant 1113, seul Saint-Pierre de Mâcon adopte la règle de saint
Augustin vers 1080. Si l'influence de Saint-Pierre de Mâcon, qui bénéficie de la

---

1. En fait, la réalité est plus complexe : toute régularisation d'un chapitre, fût-ce avec
rétablissement d'un dortoir et d'un réfectoire, n'est pas nécessairement du type augustinien, qui caractérise à partir du xiie siècle les seuls chanoines réguliers par opposition
aux séculiers. D'autre part, les exemples ne manquent pas, pour les cathédrales, de régularisation pré-augustinienne (Dom J. BECQUET, La réforme des chapitres cathédraux...,
p. 33), puisque toute l'œuvre d'Hugues de Salins va dans ce sens. Ajoutons que la fréquentation du dortoir ou du réfectoire peut se limiter dans certains cas aux chanoines de service à la cathédrale.
2. La démonstration en a été faite par C. VIOLANTE, dans *La vita comune del clero*, I, p. 9.
3. J. BECQUET, La réforme des chapitres cathédraux..., p. 34.
4. C.-E. PERRIN, La Chronique de Chaumouzey, contribution à l'histoire ancienne de
l'abbaye de Remiremont, dans *Annales de l'Est*, 1933, p. 265-280.

générosité des comtes de Bourgogne devenus aussi comtes de Mâcon après 1078, n'est pas à rejeter, rien ne prouve que cet établissement ait réussi à fonder un prieuré au Marteroy de Vesoul avant 1130 : la restauration de cette église suivie d'une dédicace en 1092 suffit-elle à en établir l'existence [1] ? Seul, Mouthier-Hautepierre accueille momentanément (vers 1096-1110) une communauté de chanoines observant la régularité, mais sans référence à la règle augustinienne.

Cette pénétration tardive de la régularité augustinienne qui affecte aussi les régions périphériques, principalement le nord et l'est, ne signifie aucunement hostilité à la réforme canoniale : si cette nécessité se fait moins sentir qu'ailleurs, il faut sans doute en rechercher les raisons dans l'œuvre d'Hugues Ier (1031-1066), qui, en donnant aux collégiales de type traditionnel une nouvelle vigueur, a partiellement satisfait les aspirations en cours et par là retardé d'autant la reprise du monachisme et l'adoption des normes augustiniennes ; mis à part l'agaçante question de la désappropriation individuelle, ses collégiales pouvaient assumer les tâches que leur assignaient les réformateurs : *cura animarum,* formation intellectuelle des prêtres, services hospitaliers, tout en étant dégagées des contraintes de l'église privée seigneuriale. Avec la diffusion d'autres aspirations issues des expériences de vie communautaire, ces occupations ne satisfont plus les clercs les plus exigeants après 1120 : la régularité assortie de désirs ascétiques les conduisent alors à relancer le mouvement canonial dans ses formes les plus radicales.

D. LE BILAN

Au terme d'une longue analyse qui a tenté de saisir et de décrire séparément les grands courants de la vie monastique et religieuse à l'époque de la réforme grégorienne, un bilan s'impose, qui dégage au moins en termes de problématique les originalités de cette période : la lente et progressive montée du monachisme, ses liens privilégiés avec la société aristocratique, son emprise économique croissante.

Il convient auparavant d'expliquer une lacune apparente de notre enquête : l'absence de monachisme féminin. Au moment où chanoines, bénédictins et clunisiens accroissent leur rayonnement, où des prédicateurs éveillent au cœur des hommes l'appel à la sainteté par le cloître ou le *désert*, quel sort réserve-t-on aux femmes pieuses ? Ont-elles la possibilité d'assouvir leurs aspirations spirituelles ou de trouver dans une abbaye la place que le monde ne leur donne pas ? Effectivement, des établissements de moniales existent, anciens pour la plupart : Baume-les-Dames, Château-Chalon, Faverney et Jussamoutier ; pour eux aussi se pose le problème de la survie, après la difficile période du xe siècle, fatale à plus d'un monastère, et face aux exigences du xie siècle. Malheureusement, la nonne n'est pas seulement victime des ordres monastiques masculins, peu enclins à lui faire une place dans leurs prévisions et à prendre en charge leur direction spirituelle, elle l'est d'abord de la fatalité qui s'est acharnée sur les archives, détruites ou dispersées pour la presque totalité d'entres elles : il ne subsiste, pour les xie-xiiie siècles, que des actes épars, conservés dans d'autres fonds, en nombre trop réduit, même pour esquisser une histoire chronologique. Nous ignorons tout de la situation de leurs maisons au moment de la réforme, sinon que Jussamoutier a perdu depuis longtemps toute conventualité et que Faverney se débat au milieu de graves difficultés avant de disparaître à son tour en 1132. A ces incertitudes s'ajoutent les affabulations qui se sont substituées aux informations défaillantes et qui compliquent la tâche de l'historien en lui proposant des légendes à défaut de la réalité. Face à ces contraintes documentaires, nous n'avons

---

1. Bibl. nat., N.A.L., 1241.

pas voulu à notre tour aggraver le morcellement des données relatives au sort des nonnes en leur réservant une place à peine symbolique dans notre découpage chronologique et avons préféré regrouper en un seul chapitre toutes les indications sur leur évolution au cours de la période envisagée. Nous y renvoyons donc le lecteur [1].

Lente progression du monachisme

Si l'on excepte donc provisoirement de nos conclusions les moniales, la première remarque concerne cette lente mais progressive remontée du monachisme dans le diocèse de Besançon, selon des modalités différentes de celles du haut Moyen Age. Fini le temps d'expériences locales longuement mûries dans les rudes solitudes du Jura et essaimant ensuite dans tout l'Occident : l'épopée colombanienne ne se répète plus, aucune autre maison ne forme dans ses murs de fondateur d'ordre et si Saint-Claude crée encore des prieurés en Champagne ou dans la vallée du Rhône, elle le fait dans ses anciennes zones d'implantation. Désormais, l'impulsion vient de l'extérieur et le diocèse vit à l'unisson des grandes réalisations de la Chrétienté, accueillant tour à tour les diverses formes de la vie religieuse, canoniale ou monastique. Sa position géographique (lieu de passage et de rencontre) conjuguée à des conditions naturelles médiocres et rigoureuses, en fait un terrain d'élection pour les aspirants à la perfection et à l'ascétisme. Dans cette convergence d'influence, la Bourgogne joue un rôle déterminant en créant un courant puissant et diversifié : tous les grands établissements d'outre-Saône s'infiltrent dans le diocèse.

Si Cluny puis bientôt Cîteaux symbolisent cette infiltration qui, dans leurs cas, prend l'allure d'une colonisation, bien d'autres abbayes essaiment à leur tour, dont Molesme, Saint-Bénigne de Dijon, Bèze, Saint-Marcel-lès-Chalon. Aucune autre influence ne peut se comparer à ce courant occidental : ni au nord où Luxeuil, Lure et Faverney font obstacle à la pénétration lorraine, ni au sud où Saint-Claude, autant bisontin que lyonnais, contrôle le Jura méridional. Parallèlement, signalons le faible rôle des pays sis à l'est du diocèse : mis à part la route du Grand-Saint-Bernard, le long de laquelle progresseront les chanoines réguliers par le relais de Saint-Maurice d'Agaune, il n'existe pas d'essaimage monastique, mais au contraire importation, par l'intermédiaire du diocèse, de modèles venus de l'ouest.

Cependant, si cette occidentalisation s'est librement développée au temps des Rodolphiens, elle s'est très vite heurtée à la réticence des empereurs germaniques, au moment où ceux-ci ont eu l'ambition de contrôler le pays. Henri III a même clairement exprimé sa volonté en ce domaine, puisqu'à la diète de Besançon de 1046, il a refusé de ratifier des donations faites à Saint-Bénigne de Dijon par le comte et l'archevêque [2]. Un siècle plus tard Frédéric Barberousse entreprend lui aussi de donner à la Saône son rôle de frontière entre l'Empire et le royaume de France, mais ses intentions n'ont pas le temps de se concrétiser. Malgré ces coups de frein momentanés, l'influence occidentale ne subit guère d'éclipse et continue de se développer largement, non seulement dans le secteur monastique, mais aussi dans des formes d'expression aussi variées que la culture, l'art, etc.

Clunisiens   Dans cette progression du monachisme venu de l'ouest, Cluny et ses maisons dépendantes se taillent la part du lion : longtemps modeste et effacée malgré les liens privilégiés qui l'unissaient au diocèse de Besançon, son influence s'accentue dans le dernier tiers du XIe siècle, pour atteindre son apogée au

---

1. Livre III, chapitre 5 : " Le sort des femmes pieuses ".
2. Diplôme d'Henri III pour Saint-Etienne de Besançon, 11 juillet 1049, dans *M.G.H., Diplomata*, V, n° 239, et B. de VREGILLE, *H.S.*, III, p. 80.

début du siècle suivant. Auparavant, l'abbaye bourguignonne avait laissé quelques unes de ses filiales établies à la périphérie (Saint-Marcel-lès-Chalon, Bèze, Saint-Bénigne de Dijon resté indépendant malgré la similitude d'observance, Romain-môtier...), procéder à l'investissement de certains itinéraires choisis en fonction de leurs intérêts : le long de la Saône, de la route de Salins à Jougne, églises, terres et petits prieurés ruraux constituent autant de relais commodes pour des moines en déplacement que de centres de rayonnement.

Au plus fort de la réforme grégorienne, les seigneurs comtois, davantage sensibilisés aux idées de rénovation morale et, pour certains d'entre eux, aux appels du cloître, invitent les clunisiens à créer des prieurés, non seulement auprès de leur forteresse (Vaux, Port-sur-Saône, Lieu-Dieu, Traves), mais aussi sur des voies de passage (Hautepierre dans la vallée de la Loue, Chaux en amont de Besançon, Froidefontaine sur la route d'Alsace) ou même dans les zones montagneuses qui s'ouvrent aux défrichements (Morteau, Mont-du-Fourg). Grâce à ses structures fortement hiérarchisées et au crédit dont il jouit dans la chrétienté, l'Ordre se spécialise déjà dans le sauvetage des monastères en déperdition (Vaucluse). Là où une coexistence momentanée le met en balance avec les chanoines réguliers (Hautepierre), il obtient la préférence. C'est dire que l'époque grégorienne marque l'essor incontestable de Cluny dans le diocèse.

Ce succès, remis en question après 1120 par le nouveau monachisme, tient en grande partie aux liens privilégiés de l'Ordre avec la noblesse, dont il a su traduire les aspirations et les concrétiser dans de petits établissements adaptés aux possibilités matérielles des seigneurs. La carte de l'implantation montre, en effet, le contraste entre les grandes abbayes périphériques anciennement affiliées et les créations récentes de l'intérieur qui sont toutes de petite taille : prieurés ruraux et castraux équivalents aux collégiales de Champagne ou d'ailleurs. La carte ne se modifie plus guère par la suite, sinon dans l'aire du rayonnement de chacune de ces maisons, qui se précise grâce aux querelles de voisinage, et dans l'organisation du temporel autour des églises.

Abbayes traditionnelles   La réussite de Cluny ne nuit apparemment pas aux abbayes traditionnelles. L'analyse que nous avons donnée des principales d'entre elles confirme leur bonne résistance, mais nécessite quelques remarques complémentaires. Les créations du haut Moyen Age n'ont pas toutes survécu à la période difficile qui précède la réforme, puisque une impitoyable sélection a tué la conventualité à Saint-Martin de Bregille, Enfonvelle, Vaucluse, Jussamoutier, pour ne citer que les plus connues ; du groupe des survivantes, réduites à quelques unités, se détachent Saint-Oyend, Luxeuil, Lure, Baume-les-Messieurs. Face à l'Ordre clunisien solidement structuré, ces abbayes se caractérisent par leur autonomie qui entraîne une grande diversité de situations : en dehors d'une communauté d'observance fondée sur la Règle bénédictine, chaque maison a ses propres coutumes, sa vie particulière et son développement original, si bien que les contrastes finissent par l'emporter sur les similitudes. Variété des statuts puisque Saint Claude, Luxeuil, Lure se qualifient d'abbayes royales, directement rattachées au souverain germanique, tandis que seule Luxeuil se prévaut de l'exemption pontificale, refusée à Lure ; variété de taille, puisque Luxeuil et Saint-Oyend conservent des temps carolingiens une puissance temporelle qui les différencie nettement des autres ; variété d'évolution qui donne à chacune d'elles une physionomie particulière.

Toutes ont subi les dures épreuves du xe siècle et en sortent profondément meurtries : aucune ne retrouve la prospérité matérielle d'autrefois ; elles ont perdu, surtout Luxeuil, une grande partie de leurs possessions dispersées et tentent avec nostalgie et un succès divers de retrouver leur ancienne puissance. Lure doit se contenter de subsister dans l'anonymat d'un petit établissement. Au contraire, Saint-Oyend opère un redressement remarquable, en regroupant ses biens au sein d'une petite congrégation dont elle prend la tête : par ses prieurés disséminés de la Champagne au Vivarais, il constitue le seul établissement de grande taille, alors que Luxeuil ne réussit pas une semblable restauration. Les vestiges, que cette dernière a sauvegardés dans les diocèses de Thérouanne et d'Autun, ne doivent pas faire illusion, parce que l'essentiel de ses possessions gravitent dans le nord du comté : d'abbaye impériale, elle est tombée au rang de maison provinciale, même si les souvenirs colombaniens lui assurent encore un prestige enviable.

Quant à Baume, elle a maintes originalités à opposer à ses consœurs : position ambiguë puisqu'après avoir expérimenté la première observance clunisienne avec Gigny, elle conserve son indépendance, ce qui lui assure la sympathie des autorités diocésaines, toujours méfiantes à l'égard des maisons exemptes ; en outre, ayant surmonté le handicap de ses origines très modestes, elle amorce, en cette fin du XIe siècle, une expansion spectaculaire, qui la hisse au rang de Luxeuil. Ce succès prouve que le monachisme traditionnel reste attractif et que la création d'une abbaye de ce type à Besançon par les archevêques ne constitue ni une aberration, ni un geste du passé : la règle bénédictine, selon l'observance ancienne, séduit encore laïcs et clercs et son rayonnement équilibre dans le diocèse la poussée clunisienne ou l'influence canoniale.

Collégiales   La bonne tenue du monachisme et la progression des clunisiens ne s'effectuent pas au détriment des chapitres et des collégiales. Certes, l'idéal canonial propagé par Hugues de Salins a cessé d'être attractif et ne suscite plus de création de la part de ses successeurs ; l'on note avec curiosité que son application s'est limitée au seul centre urbain de Besançon, puisque l'existence des collégiales de Saint-Maimbœuf de Montbéliard, de Saint-Anatoile de Salins et de Calmoutier demeure problématique et douteux avant 1130. Aux chanoines, les laïcs ont préféré les clunisiens pour animer leurs prieurés castraux, alors même que les premiers ont démontré en Champagne leur aptitude à remplir les fonctions dévolues à ces petits centres religieux. Si les critiques formulées à l'égard de l'*ordo antiquus* et les nouvelles aspirations provoquent une désaffection pour ce genre de vie, les maisons existantes ne périclitent pas et confortent même leurs positions temporelles, en établissant des zones privilégiées d'influence. Leur rôle respectif se précise avec plus de netteté : tandis que les chapitres desservent les deux cathédrales de Saint-Jean et de Saint-Etienne, et collaborent à l'administration diocésaine, La Madeleine réserve l'essentiel de ses activités à la grand paroisse d'Outre-pont, Saint-Paul entretient une école et, en outre, assure dans ses hospices (Naisey et Geneuille) les soins aux pèlerins et aux malades.

Nouvelles voies   Quant aux nouvelles voies de la perfection qui affirment leur succès en Occident, elles ne sont pas ignorées dans le diocèse de Besançon, mais leur développement discret ne manque pas de surprendre : le véritable anachorétisme a laissé trop peu de traces pour être pris en compte, alors que les groupements d'ermites, associés au monachisme, démarrent lentement, l'exemple de saint Simon ne suscitant pas beaucoup d'émules. L'attrait du désert popularisé par les ermites anonymes, récupéré par Molesme puis Cîteaux, survivra, nous le verrons, dans diverses communautés, à la recherche d'un autre idéal que celui défini par saint Benoît ; à la convergence de plusieurs courants — pauvreté, solitude, contemplation, travail —, ces *pauperes Christi* incarneront à leur manière les nouvelles valeurs fondamentales propagées par la réforme et résultant d'un approfondissement des mentalités religieuses. Il faut donc attendre les débuts du XIIe siècle pour que ces expériences se multiplient : il y a là un décalage qui se retrouve avec les chanoines réguliers.

Si, après « le moment de Cluny, le temps de la réforme grégorienne est avant tout le moment des chanoines », en réalité, cette affirmation, qui se vérifie pour l'ouest et le sud du royaume de France, ne convient guère pour les confins orientaux où les établissements canoniaux conservent leurs coutumes anciennes, à l'image de ce qu'a réalisé Hugues de Salins à Besançon et où la règle dite augustinienne ne se propage presque pas. Si quelques créations périphériques (Chaumousey) adoptent les nouvelles normes de régularité canoniale, la seule tentative repérée dans le diocèse (Hautepierre) fait long feu ; là encore, le véritable démarrage s'opère après 1110-1120. Cette pénétration timide et tardive des nouvelles aspirations ne doit donner lieu à aucun commentaire défavorable sur l'isolement du diocèse ou son manque d'ouverture aux idées modernes ; outre la prudence que nécessite le peu d'informations, elle peut aussi bien s'expliquer par une situation morale satisfaisante et des institutions qui fonctionnent correctement, ce qui confirmerait l'œuvre de rénovation entreprise par Hugues Ier.

Juridiction épiscopale.

Dans cette renaissance monastique du XIe siècle, les hommes jouent un rôle déterminant et parmi eux, ceux qui détiennent le pouvoir : les archevêques et la grande aristocratie locale. Par le rôle et les responsabilités qu'ils exercent au sein du diocèse, les premiers contrôlent toutes formes de vie religieuse, en canalisant les diverses expressions et expériences : rien ne se fait ni ne se passe dans leur ressort sans leur accord, si ce n'est dans les monastères exempts. Cet aspect, bien connu des historiens des institutions, n'a rien d'original et quelques exemples suffiront pour dégager les principaux axes de l'action épiscopale et indiquer ainsi l'importance de leur rôle.

Les archevêques peuvent favoriser ou freiner le mouvement monastique de plusieurs façons. En optant délibérément pour la vie canoniale, Hugues Ier propose à son clergé des collégiales qui doivent être autant de foyers de ferveur et de régularité, préférant ainsi les chanoines aux moines pour servir les besoins de sa pastorale. Sans aller jusqu'à une attitude aussi exclusive, ses successeurs ont inversé leur choix et accordé leurs préférences au mouvement monastique, clunisien plus particulièrement. Si, par leurs confirmations, ils contribuent à la défense et à la stabilité du patrimoine, ils peuvent intervenir plus directement encore par des créations — Saint-Vincent de Besançon en 1092— ou par des donations de biens qui assurent l'avenir des établissements ; en ce sens, les concessions d'églises rurales qu'ils consentent à cette époque aux divers monastères, fournissent une impulsion nouvelle aux bénéficiaires. Leurs pouvoirs dépassent même ce stade de simple collaboration puisque leur juridiction s'étend aux monastères non exempts.

A en juger par la bulle d'Urbain II de 1095 qui énumère les abbayes soumises à l'autorité épiscopale, aucune, apparemment, n'échappe à leur contrôle, mis à part quelques prieurés clunisiens : « Nous te confirmons dans la possession définitive des abbayes qui sont à l'intérieur de la ville et que possède l'Eglise de Besançon, selon un droit ancien. Sur celles situées hors de la ville, c'est-à-dire Baume (les-Moines), Château-Chalon, Losne, Mouthier-Hautepierre, Cusance, Vaucluse, Baume (les-Dames), Luxeuil, Lure, Faverney, Saint-Ursanne, que ta fraternité ait la juridiction qu'ont eue tes prédécesseurs avec l'autorité du Siège apostolique »[1].

Cette liste, qui donne le nom des principaux établissements diocésains, ne précise pas le degré d'autorité dont disposent les archevêques ; elle soulève néanmoins le problème juridique de l'exemption pontificale qui soustrait certaines abbayes de la juridiction épiscopale pour les rattacher directement à la papauté. La réponse n'est pas simple parce qu'elle exige de saisir dans une sorte d'instantané une évolution complexe et mouvante, qui, commencée au VIIIe siècle, ne s'achève qu'au XIIIe siècle, en prenant les contours accusés d'une définition de canoniste. Au terme de ce cheminement, l'évêque perd son droit de visite et de correction, il ne peut venir à l'abbaye que sur une invitation de l'abbé et celui-ci peut s'adresser au prélat de son choix pour la consécration des autels et des moines[2]. Chaque monastère doit être examiné séparément, sans qu'il y ait interférence avec Cluny qui a fait l'objet des recherches les plus approfondies. En effet, au cours des Xe et XIe siècles, l'abbaye bourguignonne voit ses privilèges s'accroître sans cesse : libre élection de l'abbé et soumission directe au Saint Siège (910), exemption de l'ordinaire (vers 999), interdiction aux évêques d'excommunier Cluny (1025), possibilité pour les prêtres des paroisses de Cluny de ne pas répondre aux convocations synodales (1144), etc. Mais s'étendent-ils automatiquement aux monastères qui dépendent de Cluny ? Pas obligatoirement, car les statuts, qui règlent la soumission de Baume à Cluny à la fin du XIIe siècle, réservent un droit de visite et de correction de l'archevêque de Besançon.

Dans le diocèse de Besançon, deux abbayes seulement essaient de bénéficier de ce statut privilégié : Luxeuil, dont les bulles pontificales du XIIe siècle confirment la progressive *liberté*, et qui en obtient la reconnaissance juridique au XIIIe, et Lure, qui, inversement, perd les avantages acquis précédemment, pour retomber sous la juridiction épiscopale. Cette situation ne déplaît point à la hiérarchie locale, toujours méfiante à l'égard de l'exemption, et l'incite probablement à soutenir les monastères qui n'en bénéficient pas : le succès de Baume, la réussite des collégiales d'Hugues de Salins doivent sans doute beaucoup à cette réaction.

Ce sont, en effet, les archevêques qui reçoivent le serment des nouveaux abbés et contrôlent ainsi la validité des élections abbatiales[3]. Ce sont eux qui consacrent les églises ou les autels sis dans le monastère, tels ceux de Vaucluse, Hautepierre, qui procèdent à l'ordination sacerdotale des religieux ; enfin, ils peuvent exercer dans les établissements non exempts visite et correction[4]. Ces droits ainsi formulés ne de-

---

1. Bulle du 27 juin 1095 dans DUNOD, *Hist. du Comté de Bourg.*, II, p. 585, et TROUILLAT (J.) *Monuments de l'hist. de l'évêché de Bâle*, I, p. 211.
2. Nous renvoyons aux études classiques sur l'exemption : LETONNELIER (G.), *L'abbaye exempte de Cluny et le Saint-Siège. Etude sur le développement de l'exemption clunisienne des origines jusqu'à la fin du XIIIe siècle*, Paris, 1923 ; LEMARIGNIER (J.F.), *Etude sur le privilège d'exemption et de juridiction ecclésiastique dans les abbayes normandes depuis les origines jusqu'en 1140*, Paris 1937 et L'exemption monastique et les origines de la réforme grégorienne, *A C luny*, 1950, p. 288-334 ; SZAIWERT (W.), Die Entstehung-und Entwiklung des Klosterexemption bis zum Ausgang des XI Jhts, dans *Mitteilungen des Inst. für österreichische Geschichtsforschung*, 1951, p. 265-298.
3. Nous avons conservé pour cette période les serments des abbesses de Faverney, Château-Chalon, Baume-les-Dames publiés par G. WAITZ, Obedienzerklärung Burgundischer und Französischer Bischöfe, dans *Neue Archiv*, III, 1877, p. 195-199. En 1120, serments de l'abbé de Lure et de l'abbesse de Baume à Anseri, dans Bibl. Mun. Bes., Droz 32, fol. 312.
4. Nous n'avons pas d'exemple pour cette époque, sinon des interventions pour régler des conflits. Sur ces rapports des abbayes avec l'ordinaire, nous renvoyons à Dom J. HOURLIER, *L'âge classique. Les religieux,* p. 460 et suiv.

meurent pas théoriques puisque les prélats veillent à la bonne marche de ces maisons et qu'en cas de nécessité, de décadence caractérisée ou d'abandon de la vie religieuse, ils n'hésitent pas à en confier le destin à de plus capables ; le cas se produit maintes fois dans la seconde moitié du xiᵉ siècle : Saint-Paul de Besançon, Vaucluse, Haute-pierre, Cusance, Jussamoutier doivent leur survie à ces interventions et à ces transferts.

En agissant de cette façon, les archevêques réalisent un des objectifs fondamentaux de la réforme qui vise au bon fonctionnement des monastères et au maintien de la régularité ; ils en ont conscience et plusieurs fois, au début du xiiᵉ siècle, ils justifient leurs interventions par le rappel des grands principes : la sauvegarde des biens ecclésiastiques afin de prévenir les usurpations ou les dilapidations [1], la défense de la vie conventuelle [2], l'exemple des saints pères et l'application des statuts canoniques [3]. Ces préoccupations du bon pasteur, qui encourage les bonnes actions et réprimande au besoin, ne suffisent pas à assurer et garantir le développement des institutions monastiques : il faut en outre des commanditaires, qui traduisent en actes les invitations de la hiérarchie : ces véritables promoteurs se recrutent au sein de l'aristocratie locale.

L'aristocratie

Jusqu'au xiiᵉ siècle, l'essor du monachisme dépend si étroitement des dispositions de quelques familles privilégiées qu'il apparaît d'abord comme une réalisation aristocratique, en liaison avec les aspirations religieuses de l'époque. Ce caractère de classe subsiste, mais avec moins de force, par la suite, du fait de la participation de couches sociales plus larges à la grande floraison monastique, tandis qu'au moment de la réforme tout semble se limiter à un groupe très restreint : fondation, recrutement, protection et entretien relèvent des seuls aristocrates.

Ce sont eux qui, en général, ont l'initiative de fonder sur leurs terres un établissement religieux confié aux moines de leur choix : le cas est évident, quand il s'agit de prieuré castral, création familiale par excellence qui réalise un objectif autant politique que religieux : le prieuré met à la disposition du châtelain un personnel qualifié et assure aussi le prestige du lignage qui possède désormais son propre centre de prières et sa nécropole. Lorsque le seigneur de Fouvent décide de construire près de son château un monastère sous la direction de Bèze, il obtient que « le corps des chevaliers défunts qui ne pourront être portés, selon la coutume, du château de Fouvent à Bèze, soient normalement enterrés dans le cimetière de ce lieu, consacré par moi (évêque de Langres). De même, ceux qui mourront dans la châtellenie ou dans le ressort et l'étendue de la châtellenie seront désormais inhumés dans le cimetière de Sainte-Marie » [4]. Vers la fin du siècle, le sire de Traves, solidement encastré sur les rives de la Saône supérieure, ne poursuit pas d'autre but en érigeant une église priorale dans son château : convaincu de faute par les réformateurs pour détention abusive de biens ecclésiastiques, il désire certes réparer ses torts en construisant une église qu'il donne à Saint-Marcel-lès-Chalon, mais surtout garantir par la prière des moines la sauvegarde spirituelle de son lignage [5].

---

1. Charte d'Hugues, archevêque de Lyon, en 1084 pour Saint-Oyend, Staatsbibl. Berlin, Phillipps 1757, II, fol. 30.
2. *Ibidem*, fol. 52, acte de 1112/1118 pour Saint-Oyend.
3. Intervention de Guy de Vienne dans un conflit Baume-Saint-Oyend en 1113, *ibidem*, fol. 52.
4. Bougaud (E.), *Chronique de Saint-Pierre de Bèze*, p. 308.
5. Canat de Chizy, *Cartulaire de Saint-Marcel*, p. 34, ou Perreciot, *Etat civil des per-*

Mais l'initiative seigneuriale ne se limite pas à la création de prieurés castraux, elle s'étend à d'autres fondations : c'est Otte-Guillaume lui-même qui au début du XIe siècle attire les moines clunisiens dans la reculée de Vaux-sur-Poligny et assure la dotation de l'établissement[1] ; un siècle plus tard, une de ses descendantes, Ermentrude, veuve de Thierry, comte de Bar et de Montbéliard, installe d'autres clunisiens dans sa *cour appelée Froide-Fontaine*, à la limite du diocèse de Bâle[2], tandis que la famille de Durnes place un des siens à la tête du prieuré de Morteau.

Ces observations, devenues communes par leur fréquence, valent néanmoins d'être relevées, parce qu'elles constituent un élément d'appréciation dans l'étude des lignages féodaux : la possession d'un prieuré ou d'une collégiale fait partie du train de vie normal de tout châtelain désireux d'affirmer sa puissance, elle introduit donc un critère de différentiation entre ceux qui n'ont pas les moyens de réaliser cette ambition et les autres, ou ceux qui peuvent s'offrir le luxe de doter plusieurs établissements. Les comtes de Bourgogne affirment ainsi leur supériorité en multipliant leur générosité envers Cluny, Baume-les-Messieurs, Saint-Bénigne de Dijon, Bèze, les établissements bisontins, alors que les puissants sires de Salins limitent leurs dons aux maisons implantés dans la ville ou dans les environs et que la plupart des autres seigneurs se satisfont d'un seul établissement.

Dès que la fondation dépasse le stade d'un simple prieuré rural pour abriter une communauté susceptible de réciter l'office divin, elle nécessite la générosité de plusieurs lignages auxquels s'associent les familles chevaleresques vivant dans leur orbite : sur les confins occidentaux, Bèze se ménage non seulement les faveurs des Fouvent et des Beaujeu, mais aussi les dons des chevaliers de Ray, de Vaites, de la Ferté, de Frettes, de Percey, de Ruffey et plusieurs de ces derniers viennent mourir dans les murs de l'abbaye. Comme les donations sur le lit de mort, ces conversions *ad succurrendum* se répètent fréquemment au cours du siècle. Mais tous n'attendent pas leur vieillesse pour quitter la *milice du siècle* et revêtir l'habit monastique ; des vagues de contagion semblent surgir à certaines époques, comme vers 1080, où tour à tour Guy, comte de Mâcon, Simon, comte en Valois, Hugues, duc de Bourgogne, Guillaume, seigneur de Fouvent... abandonnent tout et se retirent dans une abbaye. Créés par la noblesse et constamment entretenus par sa générosité, les monastères paraissent recruter parmi ses membres l'essentiel de leurs effectifs : aussi maintiennent-ils de constants et fructueux échanges matériels et spirituels avec les milieux féodaux[3].

L'avouerie   Le rôle de l'aristocratie se prolonge parfois au-delà de ces relations, par une ingérence dans les affaires temporelles, grâce à l'avouerie. Depuis les travaux de F. Senn, les études régionales ont précisé le fonctionnement de cette institution et montré les différences de ce rouage administratif selon les pays[4]. De cette histoire complexe nous dégagerons quelques remarques susceptibles d'éclairer la situation locale à la fin du XIe siècle.

Etablie par les souverains carolingiens pour la bonne gestion des terres jouissant

---

sonnes, III, p. 4.

1. Arch. dép. Jura, 13 H 2.

2. TROUILLAT (J.), *Monuments de l'hist. de l'évêché de Bâle*, I, p. 220.

3. Th. SCHIEFFER, Cluny et la querelle des investitures, dans la *Revue Hist.*, CCXXV, 1961, p. 50.

4. F. SENN, *L'institution des avoueries ecclésiastiques en France*, Paris, 1903, G. DUBY, *La société aux XIe et XIIe siècles dans la région mâconnaise*, p. 97-101 ; M. PARISSE, *La noblesse lorraine*, p. 59-106 ; M. BUR, *La formation du comté de Champagne*, p. 343-391.

de l'immunité, l'avouerie survit à l'effondrement de l'Etat, mais en s'adaptant aux nouvelles conditions et en changeant radicalement de caractère. De juge public dans les enclaves soustraites à l'autorité du comte ou du centenier, l'avoué se mue en un personnage aux fonctions variables : là où les princes territoriaux ont réussi à sauvegarder un pouvoir central fort et organisé, l'institution s'est étiolée pour faire place à la tutelle du prince auquel revient le soin de régler les conflits et d'exécuter les sentences judiciaires ; l'exemple de la Normandie ou de l'Anjou atteste cette évolution [1]. Même déformation en Mâconnais, en Champagne, où l'avouerie se définit au xie siècle comme la protection qu'un puissant accorde à une église et à ses dépendances et où elle s'apparente à la garde : « cette protection ou *tuitio* n'a de sens que si l'église a conservé sa *potestas*, c'est-à-dire la libre disposition de ses prérogatives seigneuriales sur ses biens » [2]. Inversement, quand l'émiettement des pouvoirs a gagné la principauté, l'avoué a eu tendance à profiter de sa position privilégiée pour accaparer d'autres responsabilités et exercer des droits seigneuriaux sur les possessions ecclésiastiques : de juge délégué, il devient alors l'équivalent de seigneur au détriment de l'Eglise. Dans l'Empire enfin, l'avouerie s'est fortement maintenue, mais en se modifiant aussi : la puissance et le rôle politique de l'Eglise ont incité le roi à la protéger, à la défendre contre les ambitions laïques, « en réservant à ses chefs et à leurs avoués le droit de gérer leurs terres et d'y faire régner la justice et la paix. Lui-même (le roi) au sommet en était le protecteur général » [3].

La rareté des renseignements touchant à l'avouerie ne doit pas faire conclure à son absence dans le diocèse de Besançon au xie siècle, même si le régime de l'église privée a transformé progressivement les données initiales, Les quelques exemples glanés dans les textes révèlent l'emprise du prince qui superpose sa protection aux pouvoirs des avoués et qui n'hésite pas à prendre la défense des églises contre les excès de ces tyranneaux. Ainsi la fonction s'exerce à plusieurs niveaux et associe au représentant de l'autorité centrale des avoués locaux chargés de veiller sur les biens dispersés des établissements religieux.

Cette démultiplication apparaît nettement à Romainmôtier au milieu du xie siècle : cet important prieuré clunisien établi outre-Jura possédait de vastes domaines aux environs de Pontarlier, dans la Chaux d'Arlier, là où précisément les sires de Salins ambitionnaient d'élargir leur influence. Nous voyons l'un d'eux, Gaucher, frère de l'archevêque Hugues Ier, accaparer l'avouerie de ces biens et en son nom exercer des exactions sur les habitants. Devant les plaintes du prieur, Gaucher prétendit justifier son attitude en alléguant une donation des abbés de Cluny, Mayeul et Odilon. Malheureusement pour lui, Odilon vint à passer dans la région : « à cette nouvelle, les serviteurs de Saint-Pierre (Romainmôtier) allèrent à sa rencontre et portèrent plainte pour les maux que leur causait Gaucher — maux si grands qu'ils ne pouvaient les supporter —, cela sous prétexte qu'il avait obtenu l'avouerie. En les entendant, l'abbé Odilon fut affligé de leurs malheurs » et, profitant de la fête de Saint-Etienne, « à l'occasion de laquelle le comte Renaud, selon l'usage, rendait la justice à tous ceux qui lui portaient leurs causes », il saisit le prince de cette affaire et lui fit valoir que ni Mayeul ni lui-même « n'avaient donné à Gaucher ni l'avouerie ni aucun droit sur la terre de Saint-Pierre et que même, à bien des reprises, ils lui

1. T. Mayer, *Fürsten und Staat. Studien zur Verfassungsgeschichte des deutschen Mittelalters*, Weimar, 1950, p. 19-21 : analyse de ces différences régionales. J. Yver, Autour de l'absence d'avouerie, dans *Bull. Soc. Ant. Normandie*, LVII, 1963-64), p. 189-283.
2. M. Bur, *La formation du comté de Champagne*, p. 390.
3. M. Parisse, *La noblesse lorraine*, p. 103.

avaient résisté et l'avaient excommunié » [1]. Ainsi échouait la tentative des sires de Salins d'intégrer à leur seigneurie des biens ecclésiastiques en se prévalant d'une avouerie locale usurpée.

Près d'un siècle plus tard, au moment où Faverney s'affilie à la Chaise-Dieu, les avoués sont convoqués par l'archevêque de Besançon : « le comte (de Bourgogne) Renaud, Richard de Montfaucon, Guy de Jonvelle et son frère Henri, Thiébaud de Rougemont, Humbert de Jussey et son frère Louis ». L'énumération, qui porte sur de grandes familles établies entre la Saône et le Doubs, là où précisément l'abbaye possède son temporel, fait aussi apparaître cette superposition des ayants droit, puisque « tous ont déposé et abandonné entre les mains du comte Renaud toutes les coutumes justes ou injustes qu'ils avaient sur les villages dépendant de Faverney... Ensuite le comte Renaud nous (c'est l'archevêque qui parle) a remis les coutumes déposées par les avoués entre ses mains et nous les avons offertes sur l'autel, à Dieu et à Sainte-Marie » [2]. Le comte n'est pas seul à revendiquer ce droit général de protection puisqu'à la périphérie, d'autres princes font état de leur privilège d'avoué : le comte Gérard d'Éguisheim à Lure, les seigneurs de Ferrette à Froidefontaine, tandis que les abbayes de Luxeuil, Lure, Saint-Claude prétendent, se rattacher directement à l'empereur.

De ces exemples découlent quelques observations : l'avoué ne se cantonne pas à un rôle honorifique puisque les *coutumes* qu'il prélève sur les habitants se justifient par de réelles fonctions de justice et de défense. Poussait-il au XIe siècle ses pouvoirs jusqu'à s'immiscer dans la gestion des biens ecclésiastiques, comme dans d'autres régions ? C'est possible, mais à la fin du siècle cette avouerie de type seigneurial se heurte à la résistance des autorités religieuses qui ont souci de l'exclure des nouveaux contrats : lors de la fondation d'un prieuré de Molesme, dans le nord du diocèse, vers 1096/1100, deux beaux-frères, Raimbaud et Renaud, reconnaissent que « ni eux ni leurs successeurs n'auront à l'avenir d'autre droit que celui d'être avoués de ce lieu..., non pour y exercer quelque violence ou y prélever des coutumes, mais pour la défense et la protection du lieu » [3] ; d'ailleurs le prieur exercera lui-même la justice sur ses hommes, en recourant au besoin à l'aide des avoués.

Par leurs fonctions ceux-ci doivent s'opposer à toute action illégalement entreprise contre le monastère, en veillant plus particulièrement aux usurpations et aux exactions : vers 1130, le comte Renaud III fait rendre gorge à son prévôt Odon qui, par tyrannie, avait enlevé sept marcs d'argent au prieuré Saint-Christophe de Champlitte [4]. Mais les avoués manifestèrent-ils tous autant d'honnêteté et de scrupules que le comte ? Ne profitaient-ils pas au contraire de leur position de force pour imposer leurs ambitions, à l'exemple des sires de Salins ? C'est du moins l'argument avancé par les historiens pour justifier la disparition de l'ancienne avouerie et son remplacement par la garde. Ce phénomène est perceptible dès le début du XIIe siècle avec l'arrivée du nouveau monachisme ; auparavant, les autorités ne manquent jamais de consulter les avoués sur le changement de statut ou de destination des terres protégées : ainsi les seigneurs de Rougemont donnent-ils plusieurs fois leur accord sur les mutations successives du monastère de Vaucluse [5]. Par la suite, la démarche se modifie en substituant au consentement le désistement même des seigneurs : l'exemple

---

1. *Cartulaire de Romainmôtier*, p. 445-446 ; B. de VREGILLE, *Hugues de Salins*, p. 185.
2. Arch. dép. Haute-Saône, H 435, acte de 1132.
3. L. VIELLARD, *Doc. et Mém... du Territoire de Belfort*, n° 112.
4. E. BOUGAUD, *Chronique de Saint-Pierre de Bèze*, p. 477.
5. Acte de 1098 : Bibl. nat., col. Baluze 142, fol. 128. Acte de 1107 : A. BRUEL , *Chartes de Cluny*, n° 3855.

de Faverney, analysé précédemment, illustre cette attitude, qui se renouvelle plusieurs fois après 1120 et qui constitue une étape importante dans l'institution de l'avouerie et dans l'affirmation du nouveau monachisme.

Les écoles

Un bilan, même sommaire, ne peut passer sous silence le rôle des moines et des chanoines dans le domaine culturel. Nous aurions voulu y inclure leurs activités de bâtisseurs à une époque où précisément le monde occidental « secoue ses vieux haillons pour se revêtir d'un blanc manteau d'églises. Alors les fidèles reconstruisirent presque toutes les cathédrales, mais aussi les monastères et même les petites églises des villages » [1]. Si le bourguignon Raoul Glaber songeait à l'aube du second millénaire, sa citation vaut pour toute la période romane qui symbolise un renouveau architectural dans toute la Chrétienté. Dans quelle mesure et de quelle façon le diocèse de Besançon participe-t-il à cette fièvre de la construction ? Quels procédés utilise-t-on dans l'édification des nouveaux monastères, dans la restauration des anciens sanctuaires ? En utilisant les recherches ponctuelles sur les vestiges qui subsistent encore, nous avons parfois évoqué ces questions (cathédrale Saint-Jean, Saint-Claude), mais l'archéologie monastique locale ne saurait se satisfaire de ces balbutiements et attend des spécialistes les renseignements qui comblent nos lacunes, en particulier sur l'impulsion donnée à ces activités par la réforme grégorienne.

On peut en revanche aborder les répercussions du mouvement quant à la formation du clergé urbain, dans la mesure où Hugues de Salins, puis les réformateurs, ont eu à cœur de créer des foyers modèles, des centres de rayonnement séculiers et réguliers : le seul point sur lequel les sources apportent quelques lueurs concerne les écoles et les activités intellectuelles. Nous ne reviendrons pas sur le rôle d'Hugues Ier, que la légende et l'histoire s'accordent à reconnaître comme déterminant : s'il a pu doter son église de « clercs réguliers et instruits dans les lettres » [2], c'est grâce à une politique consciente et audacieuse en la matière. Il a envoyé des clercs se former en divers lieux, il a fait venir des maîtres à Besançon, il a encouragé la création de *scholæ* dans les deux chapitres cathédraux et à Saint- Paul, et, quand Pierre Damien visite cette cité, il est frappé de l'ambiance studieuse qui règne dans le cloître de Saint-Jean [3].

Ce témoignage est corroboré par l'intense activité déployée dans le *scriptorium* de Besançon, qui se consacre aux livres liturgiques, et par une production hagiographique d'une qualité et d'une abondance étonnantes [4]. Aucune abbaye, aucun autre centre dans le diocèse n'est capable de rivaliser avec la cité épiscopale : Luxeuil et Saint-Claude, qui ont eu toutes deux leur atelier célèbre, ne peuvent soutenir la comparaison avec Besançon, même si la bibliothèque de la seconde continue de s'enrichir de nouveaux volumes fabriqués sur place.

A la mort d'Hugues Ier, les études ne semblent pas subir d'éclipse à Besançon : les écoles se maintiennent, comme le laisse supposer l'apparition d'un titre nouveau dans les souscriptions d'Hugues II : le *magister scholarum*, porté par un dignitaire de Saint-Jean, préposé aux écoles capitulaires. Durant plus de trente ans (vers 1083-1114), Bernard, dit tour à tour *magister, magister scholarum, scolasticus*, honore cette fonction qu'il cumule avec un archidiaconat : l'importance de sa charge et l'influence de sa personnalité donnent à ce chanoine une place prééminente au sein du

---

1. Raoul Glaber, *Les cinq livres de ses histoires (900-1044)*, édit. M. Prou, III, 4.
2. Légende de saint Agapit, citée par B. de Vregille, *H.S.*, III, p. 132-133. Sur cette action, voir du même auteur *Hugues de Salins*, p. 370 et sq.
3. Pierre Damien, *Epist. III*, dans *P.L.*, t.145, c. 641 ; B. de Vregille, p. 235.
4. B. de Vregille, *Hugues de Salins*, p. 337 et sq.

chapitre, venant immédiatement après le doyen, le chantre et le grand archidiacre.

Mais il n'est pas le seul maître à Besançon, puisque La Madeleine en compte un en 1111, que le fameux Roscelin de Compiègne prétend avoir enseigné dans la cité comtoise, où il aurait même possédé un canonicat[1] et qu'un autre maître illustre fait la gloire de cette ville : Gerland, que la *Chronique* d'Aubri de Trois-Fontaines a retenu comme le personnage marquant de l'année 1084[2]. En fait, deux clercs semblent avoir porté successivement ce nom : le premier — auteur connu d'une œuvre à la fois théologique et canonique, la *Candela* —, s'est présenté dans cet ouvrage sous le titre de *Garlandus Crisopolitani Sancti Pauli scholarum preceptor et canonicus*. Il vivait à la fin du xiᵉ siècle et termine sa carrière comme évêque d'Agrigente (1092-1104). Le second apparaît un peu plus tard comme maître (vers 1118-1120) et joue un rôle décisif dans le passage de Saint-Paul à la régularité : si sa production intellectuelle se dissocie mal de celle de son homonyme, son influence sur le renouveau religieux de la cité paraît incontestable[3]. D'autres maîtres aussi célèbres prolongent l'éclat des écoles bisontines, tel Zacharie, que nous retrouvons après 1130 aux côtés d'Anseri. Cette continuité et la valeur de plusieurs d'entre eux expliquent sans doute la bonne formation reçue dans sa jeunesse par Guy, archevêque de Vienne, « très versé dans les sciences divines et humaines ».

Besançon présente-t-elle un cas exceptionnel ? Sans doute non, puisque d'autres villes épiscopales de la périphérie se flattent elles aussi d'un renouveau scolaire. A cet égard, le rôle d'Autun mériterait d'être mis en valeur, car il influe plusieurs fois sur le destin de Besançon : c'est là que se sont formés Hugues Iᵉʳ et Halinard, archevêque de Lyon, au début du xiᵉ siècle, et de là que sort un siècle plus tard un autre grand prélat réformateur, Anseri (1117- 1134). En outre, des maîtres d'école enseignent à la fin du xiᵉ siècle à Lyon[4], à Vienne, Grenoble, Langres, Chalon, Mâcon[5]. On assiste donc à un essor des écoles capitulaires qui fonctionnent sous la direction de l'écolâtre. Entrent-elles en concurrence avec les anciennes écoles monastiques qui, du fait de leur inadaptation aux nouveaux besoins de la société, verraient leur avenir compromis ? En réalité, l'absence totale de documents nous oblige à taire le rôle de ces dernières: très peu de moines ont laissé un nom dans les lettres, hormis l'anonyme, originaire de Salins, qui compose dans la seconde moitié du xiᵉ siècle une *Chronique de Saint-Bénigne de Dijon*. Normalement, à cette époque, s'ouvrent, dans les bourgs et les villes, des écoles qui ne sont pas destinées aux seuls chanoines et moines, mais qui acceptent des laïcs : est-ce pour cette raison qu'un grammairien habite Poligny, résidence comtale au début du xiiᵉ siècle[6] ?

---

1. *P.L.*, t. 178, col. 360 : lettre à Abélard.
2. « En Bourgogne, au diocèse de Besançon, brillait maître Gerland, dont l'ouvrage s'appelle Candela », *M.G.H., SS.*, XXIII, p. 880. Sur Gerland, voir l'article Gerland, de B. de VREGILLE, dans le *D. G. H. E.* et celui de S. KUTTNER, Gerland of Besançon. and the manuscripts of his " candela ", dans *Studies in memory of Edwin A. Quain*, New York, 1976, p. 71-84.
3. On le retrouve vers 1147 sur les bords du Rhin en compagnie de Thierry de Chartres, dans l'entourage de l'archevêque Albert de Trèves, qui parle de ces deux maîtres en termes élogieux : *duos fama et gloria doctore nostri temporis excellentissimos*, (*M.G.H., SS.*, VIII, p. 257). Gerland figure à l'obituaire de Saint-Paul au 2 octobre, sous le titre de *magister Gerlandus canonicus noster et prior Lantenensis*.
4. Saint Bernard dit que cette cité surpasse les autres églises de la Gaule *honestis studiis*, lettre 174, *P.L.*, 182, col 333.
5. J. MARILIER, Les écoles dans le diocèse de Langres, Autun et Chalon aux XIᵉ et XIIᵉ siècles, dans *Mém. Acad. Dijon,* 1954-1956, p. 9-19.
6. En 1115, le comte Renaud III donne une confirmation « à Poligny, dans la maison de

Le silence sur les écoles monastiques ne signifie pas qu'elles aient cessé de fonctionner pour leur usage interne : il fallait bien former les novices, donner aux moines un minimum de culture religieuse et les entretenir dans les sciences sacrées. Chaque abbaye avait donc ses maîtres, sa bibliothèque, et souvent même un *scriptorium* où se fabriquaient les ouvrages. De cette activité, seul Saint-Claude a gardé le souvenir à travers le catalogue de sa bibliothèque [1]. A la fin du xie siècle, l'abbaye possède cent quinze manuscrits dont l'un (le *De Civitate Dei*, de saint Augustin), était en voie de confection ; seule, une vingtaine d'entre eux peut être identifiée : sept remontent au ixe siècle, à l'époque du prévôt Manon, dit le Philosophe, qui les avait offerts au tombeau de saint Oyend [2], une douzaine d'autres ayant été composés avant la fin du xie siècle. Il est difficile de tirer des conclusions valables à partir d'un échantillon si réduit. Si le Nouveau Testament est représenté par un *Evangéliaire* et les *Epîtres de saint Paul*, les Pères de l'Eglise, par leurs commentaires variés, fournissent la part essentielle : saint Jerôme, saint Ambroise, saint Augustin, Isidore de Séville confirment leur autorité, tandis que Bède le Vénérable, Alcuin ne sont pas inconnus des moines de Saint-Claude ; parmi les autres ouvrages, se trouvent un manuscrit de Frédégaire, une production du canoniste Burchard de Worms, et le *Livre de Grammaire* de Priscien.

La culture religieuse l'emporte donc et de loin, sur la curiosité plus profane, mais ce qui paraît le plus important à souligner vient du continuel enrichissement de cette bibliothèque : outre l'ouvrage de saint Augustin, en cours de rédaction, chaque siècle fournit par la suite son petit lot d'acquisitions ; une trentaine de volumes aux xiie et xiiie siècles représentent l'apport du droit canonique et quelques aspects littéraires, tel le *Liber Balaan et Josepha* (sic), le douzième livre de l'Enéïde... Malheureusement, l'échantillon demeure trop restreint pour faire des comparaisons avec d'autres bibliothèques monastiques de la même époque : il montre seulement le souci d'une grande abbaye de mettre à la disposition des religieux quelques ouvrages classiques, sans doute confectionnés dans son propre *scriptorium*. Cette petite incursion dans l'inventaire des manuscrits ne livre évidemment rien de l'utilisation de ces livres, ni de la culture intellectuelle des moines.

Laurent *grammatici* » (Arch. dép. Jura, 13 H 2).

1. A. Castan, La bibliothèque de l'abbaye de Saint-Claude du Jura, esquisse de son histoire, dans *Bibl. Ec. Chartes*, 50 (1189), p. 301-354 ; y ajouter D. Benoit, *Histoire de l'abbaye de Saint-Claude,* II, p. 264-270, qui reprend les données de Castan.

2. Ces manuscrits, aujourd'hui dispersés dans les bibliothèques de Paris, Troyes, Montpellier, Lons-le-Saunier, correspondent aux numéros 16, 30, 31, 37, 55, 68, 77 de l'inventaire de 1492. Voir : "Inventaire de la Librairie", dans Castan, *op. cit.*, p. 319 et sq.

GÉNÉLOGIE SOMMAIRE DES COMTES DE BOURGOGNE

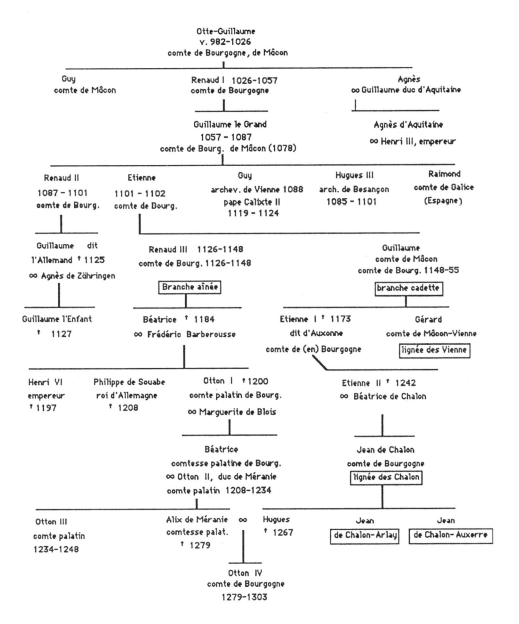

LISTE DES ARCHEVÊQUES DE BESANCON
XIe-XIIIe SIÈCLES

1031-1066 (27 juillet)	Hugues I de Salins
1066-1085 (26 septembre)	Hugues II (de Saint-Quentin ?)
1085-1101 (13 septembre)	Hugues III, fils du comte de Bourgogne consacré en 1089, † en Terre Sainte
1101 (fin)-1107	Ponce (de Traves ?) démissionne
1108-1109 (début) [1]	Hugues IV de Montfaucon
1109-1116	Guillaume d'Arguel (archidiacre) démissionne
1117-1134 (19 avril)	Anseri (prévôt d'Autun)
1134-1161 (1 octobre)	Humbert de Scey (archidiacre du Varais en 1124, chambrier en 1131)
1162	Gauthier de Bourgogne transféré à Langres
1163-1170	Herbert (prévôt d'Aix-La-Chapelle)
1170 [2]-1180 (6 octobre)	Évrard de Saint-Quentin (trésorier de Saint-Jean)
1180-1190 (novembre)	Thierry de Montfaucon (doyen de Saint-Etienne) † en Terre sainte
1191-1193	Etienne de Vienne
1193-1220	Amédée de Dramelay (doyen de Saint-Etienne) démissionne, † 18 janvier 1221

1. C'est Guy, archevêque de Vienne, qui donne la bénédiction à l'abbé Ponce de Cluny, le 9 mai 1109, probablement parce que le siège bisontin était alors sans titulaire.
2. Évrard a probablement été élu dès l'automne 1170. Il est, en effet, témoin dans un acord passé entre Frédéric Barberousse et Gérard, comte de Vienne. Or, Frédéric se trouve dans le Vivarais à l'automne 1170 ; parmi les autres témoins de cet acte, figure le comte Etienne de Traves, frère de Gérard, qui part à la croisade à la même époque.

CHAPITRE 4

LE SORT DES ÉGLISES

L'action conjuguée des moines, des clercs et des laïcs en faveur d'une régénération morale de l'Eglise et de la société fait partie de ce qu'on a appelé la réforme grégorienne : mouvement qui suscite un profond courant d'opinion, générateur d'idées et d'expériences nouvelles. Objectifs et mobiles de cet élan se répercutent dans toutes les couches de la société, en échos plus ou moins assourdis, selon les niveaux et les régions, et suscitent des initiatives variées, touchant aussi bien les pratiques religieuses que les structures ecclésiastiques. Ici, les autorités locales s'évertuent à faire passer dans les habitudes la législation concernant la simonie, les investitures, les restitutions d'églises ; là, des aspirants à la perfection mettent à l'épreuve un évangélisme remis au goût du jour ; partout, un nombre croissant d'hommes et de femmes tentent d'adapter leur comportement quotidien aux exigences de paix, de pauvreté, de vie communautaire ou d'ascèse.

Si, théoriquement, les champs d'application de cette réforme s'étendent à tous les aspects de la vie religieuse, ils ne sont pas également présents dans les sources, qui en privilégient les retombées matérielles au détriment des expressions spirituelles et qui, en minimisant la participation des laïcs, altèrent la réalité et lui donnent une teinte trop cléricale. Tout ce qui concerne la querelle des investitures, la renaissance du monachisme, les progrès de l'administration diocésaine, constitue autant de manifestations locales de cette évolution générale, mais beaucoup d'autres applications se devinent plus ou moins nettement, parmi lesquelles nous retiendrons le sort des églises, directement lié à l'emprise du monachisme sur la société.

A. DES ÉGLISES CONVOITÉES.

L'église privée

Si la régénération du clergé régulier constitue une priorité dans les objectifs de la réforme, celle-ci ne néglige pas pour autant le sort des prêtres ruraux, victimes plus fréquentes de la dégradation morale dénoncée partout dans la Chrétienté : le système de l'église privée les livre sans défense aux propriétaires qui les choisissent en fonction de leurs intérêts, sans toujours se préoccuper de leur formation intellectuelle, ni même de leurs conditions de vie ou de leur probité morale. Pour ces derniers, les revenus ecclésiastiques provenant de l'autel ou du manse presbytéral ne se distinguent pas des autres rentes, le curé s'assimilant trop souvent au reste du personnel à leur service. Aussi, les prêtres ruraux subissent-ils plus facilement les conséquences de ces pratiques, sans avoir les moyens de réagir contre elles ; en faisant payer les sacrements qu'ils administrent, ils récupèrent les sommes parfois engagées pour obtenir leur charge, tombant ainsi dans la simonie en palliant les ressources trop modestes laissées à leur disposition ; s'il leur arrive de vivre en concubinage, ils y sont incités autant par leur mode de vie que par les incitations de la chair, et, par là, ils pèchent par nicolaïsme.

D'ailleurs, leur incontinence scandalise moins leurs ouailles, peu sensibilisées jusque-là au problème du célibat ecclésiastique, que leur âpreté au gain ; mais, aux yeux de la hiérarchie, elle risquait d'entraîner l'hérédité des fonctions curiales et l'accaparement du patrimoine de l'église, autant que l'enlisement des prêtres dans des tâches familiales et matérielles. Certes, le tableau général, qui résulte autant des déductions de l'historien que des exagérations des réformateurs appelés à noircir la situation pour mieux la combattre, demande à être nuancé selon les diocèses : nous tenterons une démarche de ce genre, après avoir rappelé les efforts entrepris par l'Eglise pour se donner les moyens de sortir de cette ornière.

Les données générales   Amorcée localement par divers précurseurs, dont Hugues Ier de Salins, prise en main par la Papauté à partir de Léon IX, la réforme a d'abord cherché une restauration morale du clergé, en condamnant les pratiques simoniaques et le concubinage : les conciles provinciaux, tel celui de Vienne en 1060, se font l'écho des grands synodes de la Chrétienté qui publient une législation visant l'interdiction du commerce des dîmes, des revenus ecclésiastiques, des cumuls et invitant les prêtres à respecter le célibat. Mais c'est la chasse aux simoniaques qui l'emporte progressivement et, pour attaquer le mal à sa racine, Grégoire VII proscrit en 1075 l'investiture laïque, c'est-à-dire la remise d'une charge ecclésiastique par un laïc, ce qui allait à l'encontre de l'*Eigenkirchensystem*.

Désormais, les textes juridiques, sans cesse renouvelés et enrichis par les conciles, invitent les prélats à se montrer vigilants sur cette question et les légats se chargent de rappeler à l'ordre ceux qui se laissent distraire de leurs devoirs, comme le prouvent les multiples et énergiques interventions d'Hugues de Die dans le royaume de Bourgogne. Au besoin, le pape n'hésite pas à donner de plus amples précisions à ceux qui le consultent sur des points précis : c'est ainsi qu'en 1089 Pibon de Toul dut demander des consignes sur la conduite à tenir à l'égard des simoniaques et des nicolaïtes, puisqu'Urbain II lui adresse une longue lettre s'inspirant des canons du récent concile de Melfi [1] : l'évêque lui-même doit donner l'exemple et éviter toute pratique simoniaque, l'accès à la prêtrise est conditionné par l'âge du postulant, par son célibat ; si le sous-diacre ne se sépare pas de sa femme, il s'exclut de toute charge ecclésiastique, etc... Ainsi se met en place tout un arsenal juridique susceptible de répondre aux cas les plus variés.

La situation locale   Quelle est la situation à Besançon ? comment le diocèse accueille-t-il cet aspect de la réforme ? La comparaison avec d'autres évêchés [2], si prometteuse soit-elle, risque d'être faussée dès le départ du fait même qu'une première épuration a déjà porté ses fruits sous Hugues Ier. Le prélat, en effet, a poursuivi la rénovation morale de son clergé en imposant à ses prêtres le respect du célibat, en luttant contre les usurpations des biens ecclésiastiques, en encourageant les laïcs à restituer les autels ; il appliquait, en somme, la première partie du programme réformateur, en recourant plus, semble-t-il, à la persuasion qu'à la contrainte. Bien que les résultats ne puissent se chiffrer, ni même s'évaluer

---

1. Mansi, *Ampl. coll. concil.*, XX, p. 676 ; J. Choux, Pibon et la querelle des Investitures, dans *Annales de l'Est*, 1950, p. 99.
2. Parmi les nombreuses études régionales portant sur la réforme grégorienne, nous avons retenu : J.-M. Bienvenu, Les caractères originaux de la réforme grégorienne dans le diocèse d'Angers, dans *Bull. Phil. et Hist.*, 1968, p. 545-556 ; G. Devailly, Une enquête en cours : l'application de la réforme grégorienne en Bretagne, dans *Annales de Bretagne,* 1968, n° 2, p. 293-316 ; du même, *Le Berry du Xe au milieu du XIIIe siècle*, Paris, 1973, p. 239 et suiv. ; J. Choux, Paroisses nouvelles dans le diocèse de Toul à la fin du XIe siècle, dans *Rev. hist. de la Lorraine*, 1949, n° 4, p. 3-9 ; du même, L'encadrement paroissial : rigueur et insuffisance, dans *La religion populaire en Languedoc, XIIIe-mi-XIVe siècle*, Cahiers de Fanjeaux, n° 11, p. 387-417.

approximativement, il est vraisemblable que cette action a porté des fruits, même au sein du clergé rural et parmi les laïcs, comme le laisse supposer l'excellente réputation du prélat après sa mort. D'ailleurs, du vivant même d'Hugues Ier, l'empereur Henri III et le pape Léon IX avaient exalté plusieurs fois le rôle exemplaire de l'archevêque qui avait restauré les églises de sa cité en les libérant de l'emprise laïque : « En ce temps-là, la cité se trouvait soumise au pouvoir des princes laïques, par suite de l'incurie autant que de la faiblesse des pasteurs... Cet homme éminent réussit par son industrie à l'arracher de la gueule des tyrans » [1]. Cependant, l'action déclenchée par le prélat porte sur quelques foyers ponctuels et, si des restitutions d'autels marquent l'efficacité de ses méthodes, les décennies suivant la condamnation des investitures montrent qu'en ce domaine beaucoup restait à faire.

Bien que l'importance de l'enjeu n'échappât à personne, ni aux laïcs directement concernés, ni aux clercs intéressés par les restitutions, l'église locale n'a malheureusement pas conservé trace des grands débats qui agitent alors la Chrétienté ; pas de décision synodale visant l'investiture ou le statut des paroisses, pas de chronique épiscopale relatant l'action des prélats en ce domaine ou les cas de conscience posés aux détenteurs de biens ecclésiastiques ; rien sur le célibat des prêtres après les initiatives d'Hugues Ier : les quelques mentions de fils de prêtres, voire de doyens ruraux qui figurent en tant que témoins, ne prouvent rien en l'absence de toute autre indication. Inversement, quand les renseignements prennent l'allure de l'anecdote, comme dans l'affaire de la colonge de La Madeleine analysée ci-dessous, il paraît difficile de les utiliser autrement qu'à titre de simple exemple. Seul l'examen attentif des chartes, portant donation ou restitution de biens ecclésiastiques permet de saisir l'ampleur du mouvement et par là d'entrevoir la portée de la réforme dans le diocèse ; encore convient-il au départ de distinguer des libéralités la simple réparation des torts, exactions ou usurpations, même si ces derniers mots couvrent dans la seconde moitié du XIe siècle des réalités différentes selon les utilisateurs.

L'historien peut-il prendre à la lettre les déclarations de l'époque et dénoncer l'emprise laïque comme une plaie généralisée ? Quelques documents l'y inciteraient, telle cette prière récitée à Saint-Jean et à Saint-Etienne, et composée par le chanoine Fulbert, vers la fin du XIe siècle : tant par son contenu et son style que par l'idéologie sous-jacente, elle donne à l'entreprise de libération de l'église l'allure d'une cause juste et sainte : « Nous venons à toi, Seigneur, humblement prosternés, nous élevons nos voix, parce que les iniques et les superbes, confiants dans leurs propres forces, se dressent de toutes parts contre nous. Ils envahissent, ils pillent, ils dévastent les terres de Saint-Jean et de Saint-Etienne. Ils font vivre dans la douleur et le dénuement les pauvres qui les cultivent. Ils les font périr par le glaive et les tourments. Les biens que nous avaient légués des âmes pieuses pour vivre dans ton service, sont devenus des proies qu'ils nous ont violemment arrachées. Cette Eglise que tu avais fondée dans les temps anciens, que tu avais élevée en l'honneur de saint Jean, ton apôtre, et de saint Etienne, ton premier martyr, est assise dans la tristesse, et il n'y a que toi qui puisses la consoler et la délivrer de ses ennemis. Viens à notre aide, Seigneur... ; combats ceux qui nous persécutent. Brise leur orgueil. Tu les connais nommément. Tu connaissais leurs corps et leurs cœurs bien avant qu'ils fussent au monde. Aussi, Seigneur, fais-leur sentir la rigueur de ta justice. Fais, si telle est ta volonté, qu'ils reconnaissent leurs forfaits et délivre-nous dans ta miséricorde » [2].

---

1. *M.G.H., Diplomata*, V, n° 239, pour Henri III. La citation est tirée de la Légende de saint Agapit, qui reprend une bulle de Léon IX (*Histoire de Besançon*, t. I, p. 246).
2. F.-I. DUNOD, *Histoire des Séquanois ... et de l'Eglise de Besançon*, 1735, pr. CVIII.

Propriétaires d'églises

Qui étaient ces détenteurs d'églises antérieurement à la réforme ? Répondre à la question permettrait de dresser un tableau de l'emprise laïque, d'apprécier l'urgence et l'importance de la réforme et, indirectement, d'évaluer la portée de la propagande cléricale. Les tentatives effectuées dans divers diocèses aboutissent à des résultats approximatifs, tellement les données demeurent fragmentaires [1]. G. Devailly a renoncé pour l'ouest de la France à fournir des pourcentages et propose un classement relatif des divers propriétaires : d'abord les laïcs, puis les établissements religieux (chapitres, abbayes, évêchés), plus rarement les desservants mêmes de l'église. Nos déductions ne vont guère plus loin que ces estimations, car l'origine des églises restituées aux monastères nous échappe fréquemment et il serait fallacieux de faire de quelques exemples connus un échantillon valable. Sur les treize églises qu'obtient Baume-les-Messieurs en 1083, huit proviennent de châtelains représentant l'aristocratie comtoise — dont trois des comtes de Bourgogne, deux des sires de Salins, deux des vicomtes de Montmorot — deux autres sont le fait de chevaliers associés ou non à des copropriétaires ; les deux dernières relèvent de clercs dont un seul a des rapports avec l'église cédée, tandis que le second, un chanoine, se rattache à l'aristocratie châtelaine dont il est issu par le sang ; reste un détenteur, Thierry, fils de Frédégise, qui n'indique pas son appartenance sociale ; au total, onze membres de la noblesse, dont deux clercs [2]. Remarquons que l'acte enregistre l'accord des prêtres de l'église en question dans sept cas seulement.

Dans la charte de fondation de l'abbaye bénédictine de Saint-Vincent de Besançon, Hugues III a pris soin de noter l'origine et la nature des biens qui constituent la dotation initiale : onze autels, quatre chapelles, trois moulins, dix-neuf meix, sept terres allodiales forment l'essentiel du temporel. Si aucun qualificatif social n'accompagne le nom du donateur du meix ou de la terre, les églises proviennent toutes de milieux privilégiés, soit que l'archevêque les ait prises sur la mense épiscopale (sept), soit qu'il les ait soustraites de son patrimoine avec l'accord de son frère Etienne (six), les deux autres émanant d'un archidiacre apparenté à la vicomtesse de Besançon.

Peut-on dépasser le stade des exemples particuliers et aboutir à des conclusions sur l'ensemble des propriétaires d'églises avant le mouvement des restitutions ? L'imprécision des chartes excluant l'usage de statistiques, nous ne pouvons formuler que des appréciations donnant un ordre de grandeur et non un classement rigoureux. Parmi les gens nommément mentionnés, la haute aristocratie comtoise vient largement en tête, à l'image de la charte de Baume-les-Messieurs. En premier lieu la famille comtale, dont la générosité suppose une importante dotation d'églises à l'origine, puis un groupe de châtelains éminents qui se répartissent inégalement dans le pays : avec plus de densité le long de la Saône dominée par les Fouvent, qui descendent des comtes d'Attuyer, les Beaujeu liés à l'abbaye de Bèze, les Traves d'où sortira bientôt la branche cadette des comtes de Bourgogne ; ailleurs, leurs pairs se rencon-

1. G. Mollat, Les restitutions des églises privées au patrimoine ecclésiastique en France du IXe au XIe siècle, dans Rev. Hist. de Droit français et étranger, 1949, p. 399-423 ; G. Devailly, Les restitutions de paroisses au temps de la réforme grégorienne, Bretagne et Berry : étude comparée, dans Bull. Phil. et Hist., 1968, p. 583-597 ; A. Chedeville, Les restitutions d'églises en faveur de l'abbaye de Saint-Vincent du Mans, contribution à l'étude de la réforme grégorienne, dans Cahiers de Civil. méd., n° 10, p. 209-217.
2. Acquisition d'églises par Baume-les-Messieurs en 1083 (Arch. dép. Jura, 1 H 17).

trent chez les Montmorot, vicomtes de Lons-le-Saunier, les Faucogney, vicomtes de Vesoul, les sires de Salins promis à un bel avenir. Au-dessous d'eux, du moins à en juger par la possession d'églises, un réseau de châtelains plus modestes malgré les alliances familiales ou leurs ambitions personnelles, tels les Navilly apparentés aux sires de Salins, les Joux, les Neublans, les Scey, etc. C'est entre les mains de cette aristocratie que se concentrent les églises privées, les chevaliers n'intervenant que dans une proportion très restreinte.

Quant aux clercs, il leur arrive d'avoir dans leur patrimoine des églises, mais, souvent, dans ce cas, il s'agit de membres de la noblesse se confondant avec l'aristo-cratie : les archevêques Hugues Ier, issu des sires de Salins, Hugues III, fils des comtes de Bourgogne, ont largement puisé dans leur contingent personnel au profit de collégiales et de monastères ; de même, certains chanoines de Saint-Jean et de Saint-Etienne, tel cet archidiacre Guichard de Navilly, qui cède en 1086 ses droits sur trois églises. Ont-ils tous suivi cet exemple et obéi aux prescriptions de l'Eglise ? La question reste posée. Mais l'héritage n'était pas la seule dévolution des églises pour les clercs : certains en obtiennent la possession par diverses formes de conces-sions, viagères ou perpétuelles, qui s'assimilent aux transactions portant sur les autres types de biens. En 1110, Aimé, prêtre, cède sur son lit de mort les autels de Bletterans et de La Chapelle, qu'il tenait de ses prédécesseurs, sans en indiquer le mode de transmission [1] ; souvent même, le clerc se contente, en une formule ellip-tique, de remettre à l'archevêque l'église dont il avait autrefois reçu l'investiture, et ce laconisme donne une plus grande valeur au cas de ce prêtre Guy, qui remet à l'archevêque Hugues III *per baculum pastorale* l'église reçue des mains d'Hugues de Salins [2]. Dans ces conditions, il est difficile de distinguer propriété et possession et d'apprécier l'emprise exacte des laïcs sur les biens ecclésiastiques : à en juger par le mouvement de restitution, nous serions tentés d'attribuer à l'*Eigenkirchensystem* un rôle considérable qu'il convient toutefois de nuancer en examinant attentivement quelques exemples.

Les cas dénoncés

L'usurpation par la contrainte se rencontre, mais elle est dénoncée avec tant de véhémence qu'elle paraît marginale : nous avons déjà cité les mauvais procédés des sires de Joux à l'égard de Romainmôtier et, à tous les faits similaires que l'on pour-rait énumérer, nous préférons opposer deux attitudes caractéristiques de la mentalité et des méthodes de certains nobles. En 1086, Guichard de Navilly, chanoine et archi-diacre de Saint-Etienne, fils d'un châtelain, cède pour la mense de ses frères toute sa part de l'héritage maternel ; mais, « par la suite, Gaucher, fils de Gaucher (sire de Salins) et oncle dudit Guichard, espérant avoir l'héritage de ce dernier et mû par la convoitise, alors qu'il aurait dû encourager cette bonne action, non seulement ne donna pas son accord, mais essaya d'annuler la donation en suscitant un procès contre l'église du saint Protomartyr. Voyant son église aux prises avec cette tem-pête, le vénérable archevêque, Hugues III, lui tendit une main secourable et, fort de son bon droit, persuada Gaucher par la menace et la prière de céder ce qui avait été donné, et de confirmer ce qui avait été cédé » [3]. Attitude fréquente du seigneur qui veut récupérer ce qu'il considère comme une aliénation de l'héritage maternel et qui conteste la valeur d'une donation revenant, selon lui, au patrimoine familial.

1. Bibl. nat., N.A.F. 1039, fol. 212.
2. Bibl. mun. Besançon, Droz 32, fol. 305.
3 . Arch. dép. Doubs, G. 421 ; J.-B. GUILLAUME, *Histoire généal. des sires de Salins*, I, pr. 22.

L'affaire de la colonge de La Madeleine, qui se déroule sur trois quarts de siècle, est plus étonnante par ce qu'elle nous révèle du comportement de certains prêtres séculiers. En fondant ce chapitre à Besançon, Hugues Ier avait donné, pour assurer le service de la cuisine, une colonge tenue par trois frères, tous trois prêtres : Pierre de Chalèze, Dominique et Constantin ; ceux-ci avaient obtenu à titre de dédommagement une prébende dans la collégiale pour l'aîné d'entre eux, Pierre. Mais, « après la mort de l'archevêque de bonne mémoire, mort qui privait l'église d'un si grand protecteur », Pierre quitta sa prébende et se mit avec ses frères à revendiquer la possession de la colonge. « Longtemps et méchamment, au temps de l'archevêque Hugues qui gît à Saint-Vincent (Hugues II, 1066-1085), ils firent un procès injuste contre l'église » et obtinrent finalement ladite colonge en bénéfice de La Madeleine : « par serment, ils devinrent les hommes de cette église ». Peu de temps après, ils moururent, mais voici qu'entrent en scène leurs héritiers, à savoir leurs enfants respectifs, qui vendent à La Madeleine leurs droits sur la colonge, qu'ils reprennent dans sa totalité en fief, avec l'accord d'Hugues III (1085-1100).

L'affaire aurait pu s'arrêter là, si les tenanciers n'avaient à leur tour pris le relais à propos du droit d'usage qu'ils revendiquaient dans un bois de Besançon, à Chailluz ; l'un d'eux, Robert, vida alors la querelle par jugement d'eau chaude, en présence de l'archevêque, du maire Pierre et de plusieurs autres. Ainsi tous les colons de cette colonge eurent-ils dans ce bois tous les droits d'usage voulus et possibles, sans autorisation du gardien, sans redevance ni service. C'est ensuite le rentier du manse qui s'approprie les droits de vente « qu'il s'efforça avec beaucoup de ténacité d'enlever à l'église pour les garder ; aussi l'affaire vint-elle devant la cour du seigneur archevêque Ponce (1102-1107), où furent réduites à néant les usurpations dudit rentier ». L'histoire rebondit une dernière fois en 1124, quand les héritiers des frères, avec leurs complices, inquiétèrent les chanoines de La Madeleine à propos de la colonge donnée par Hugues de Salins, mais, grâce à l'intervention du très pacifique Anseri, « ils s'amendèrent entre les mains de l'archidiacre Guy » [1]. Ainsi, durant plus de soixante-dix ans, la plupart des archevêques de Besançon durent venir en aide à La Madeleine à propos de cette affaire de colonge, qui dévoile l'attitude peu recommandable de cette famille de prêtres, la prestation du serment de fidélité par des clercs, le recours au jugement de Dieu en présence d'un prélat, les tentatives d'usurpation de certains ministériaux, enfin la difficulté de démêler les droits respectifs de chacun, ce qui explique les compromis et les procédures incessantes.

B. Modalités de la réforme

Pour atteindre les objectifs de la réforme, l'Eglise devait amener clercs et laïcs à se soumettre à ses vues et à ses lois interdisant de recevoir une église *de manu alicujus laicæ personæ* et invitant à en restituer la possession. Dans la pensée de Grégoire VII et d'Urbain II, la réforme ne concernait pas seulement les bénéfices majeurs, évêchés ou abbayes, elle devait s'étendre à toutes les églises, à toutes les paroisses sur lesquelles pesait la domination laïque. Mais comment amener leurs détenteurs à se soumettre à cette législation et à abandonner ce que ceux-ci considéraient comme une partie normale de leur patrimoine ? Suffisait-il de prendre des mesures de rétorsion par décrets ou canons conciliaires, de les diffuser par la voie des statuts synodaux, pour atteindre les résultats escomptés ? La durée et la vivacité de la querelle dite des investitures, la lenteur du mouvement de restitution prouvent les difficultés de l'entreprise ; il appartenait à chaque évêque, à chaque abbé et autre res-

---

1. Arch. dép. Doubs, G 1265.

ponsable ecclésiastique, de faire œuvre de propagande et de convaincre les intéressés de se plier aux nouvelles exigences.

La vigilance épiscopale

Conformément aux obligations de sa charte pastorale, l'archevêque n'hésite pas à porter secours aux églises de son diocèse en butte à la convoitise des laïcs, soit en intervenant personnellement, soit en déléguant ses pouvoirs à ses ministres, archidiacres ou dignitaires des chapitres. A défaut de textes législatifs qui explicitent sa conduite en matière d'investiture, les préambules des chartes qu'il fait expédier se réfèrent parfois aux dispositions de l'Eglise ou à leurs répercussions dans les mentalités. Ainsi depuis qu'un des objectifs de la réforme vise à récupérer les terres inféodées autrefois aux laïcs, se généralisent un vocabulaire et des expressions destinés à justifier ce dessein et à culpabiliser ceux qui restent sourds à ces appels : les anciennes concessions, précaires ou bénéfices, soumises selon l'évolution générale à la transmission héréditaire, deviennent des détentions illégales, des usurpations ; les prélats qui les ont accordées sont alors taxés d'imprévoyance, d'incurie ; les bénéficiaires ne peuvent être que des mauvais, des tyrans agissant par avidité. Il s'agit d'arracher de la gueule de ces loups les biens usurpés, donc de faire œuvre de justice et d'épuration.

Ces jugements de valeur portés sur des prédécesseurs anonymes, ces expressions péjoratives, nous les rencontrons déjà à l'époque d'Hugues de Salins, où l'on condamne aisément « l'insouciance ou plutôt l'incurie de prédécesseurs à la vie mauvaise, tenue par tous ou presque pour la plus méprisable » [1], où l'on dénonce sans nuance « la cupidité envahissante des diverses puissances, dont la rage avait tellement sévi contre cette sainte Eglise qu'elle avait usurpé à son profit presque toute la juridiction sur la ville » [2].

Ce langage s'amplifie par la suite et, si les scribes ne changent pas de vocabulaire, c'est qu'il reste adapté à la situation ; il s'enrichit même de connotations religieuses, comme le sous-entend cette lettre de l'archevêque de Lyon à l'abbé de Saint-Oyend en 1082 : « Si c'est une impiété et un crime appelant la fureur et la malédiction divines que d'usurper les biens temporels donnés à l'Eglise pour le salut des âmes, c'est faire œuvre de piété non seulement d'accorder de nouvelles possessions aux maisons religieuses, mais encore de défendre contre les entreprises de leurs ennemis, dans un esprit de justice, celles qui leur ont été données, ou de rétablir avec zèle dans leur intégrité celles que la négligence a laissé disperser » [3].

La défense et la consolidation du patrimoine ecclésiastique deviennent alors un leitmotiv des préambules, parce qu'elles correspondent à l'une des préoccupations majeures de l'époque, la stabilité des ressources et le rétablissement de l'ordre favorisant le retour à la régularité conventuelle. Travailler à ce but répond aux vœux de l'Eglise, qui condamne la possession de certains biens par les laïcs, ainsi que le rappelait l'archevêque Hugues II, en 1083, à l'abbé de Baume-les-Messieurs.

Les motivations

Là encore, les considérations générales développées dans les chartes nous font deviner les motivations de ceux qui se rendent aux arguments de l'église. La majorité d'entre eux obéissent par peur des sanctions spirituelles, ou, plus précisément, pour ne pas compromettre leur vie éternelle : « Pour le salut de mon âme, pour le remède

---

1. *Histoire de Besançon*, I, p. 246 ; B. de VREGILLE, *Hugues de Salins*, p. 68 et suiv.
2. *Histoire de Besançon*, I, p. 250.
3. *Ibidem*, I, p. 250.

de l'âme de mes ancêtres... », telles sont les formules les plus fréquemment utilisées dans les restitutions comme dans les vraies donations. Mais cet apaisement de la conscience n'empêche pas un abbé ou un chanoine d'effectuer une démarche auprès des seigneurs possesseurs d'églises, l'archevêque n'intervenant qu'ensuite et seulement pour valider la transaction conformément aux dispositions canoniques [1]. Le cas de Baume met en évidence l'initiative de l'abbé, qui reçoit de l'archevêque un encouragement à poursuivre dans cette voie.

Cependant, les chartes ne rapportent pas toujours les vrais mobiles, elles les dissimulent sous d'autres sentiments : combien de laïcs cèdent à l'appât d'un gain, passé sous silence dans la transaction pour ne pas tomber sous le coup des lois antisimoniaques ! Si les exemples de rachat se rapportent essentiellement aux dîmes [2], en réalité les abandons désintéressés devaient être assez rares, du moins ils concordent mal avec les habitudes de l'époque [3]. Très souvent, les chartes ne font qu'enregistrer la renonciation du détenteur, même lorsqu'il s'agit d'un clerc : *Hujus autem ecclesie investituram habuerat quidam clericus Hugo nomine, qui eam in manu nostra guerpivit*, déclare l'archevêque Guillaume vers 1109-1113 [4]. C'est le remords qui pousse Guy, seigneur de Verdun-sur-le-Doubs, à donner à Saint-Marcel de Chalon les églises de Navilly et de Parcey, pour avoir brûlé celle de Pontoux [5]. Quant à Aldeberte de Montmorot, elle agit parce qu'elle se sent pécheresse et menacée de l'excommunication apostolique [6].

Peu communs ceux qui ont conscience de participer à la réalisation d'une œuvre réformatrice en luttant contre la simonie ; en 1105, Frédéric de Ferrette cède à Cluny, par l'intermédiaire du prieur de Morteau, l'église d'Altkirch « parce qu'il ne veut pas que ce lieu... soit pollué par les simoniaques » [7]. Derrière ces motivations multiples se cache l'action tenace et insistante des clercs pour convaincre les détenteurs des risques qu'ils encourent, et pour mettre en œuvre un arsenal très varié d'arguments n'excluant pas l'enquête par documents et par témoignage.

Voici une relation très instructive d'Hugues III (1085-1100), qui nous dévoile des méthodes que les chartes habituelles ne rapportent pas : « Moi, Hugues III, par la grâce de Dieu archevêque de Chrysopolis, je fais connaître aux gens présents ce que j'ai découvert dans les écrits de mes prédécesseurs et par le témoignage d'honnêtes personnes. Une noble matrone, Adela, était allée trouver mon prédécesseur Gerfroi [944-953] et le supplier humblement de lui céder en précaire, à elle et à ses deux fils, un domaine (*curtis*) sis dans le *pagus* de Port et appelé Fretigney, en sorte qu'elle seule le tiendrait avec ses deux fils et qu'ensuite le domaine reviendrait à l'église dont il avait été soustrait. L'archevêque fit cette concession et la mère tint ce domaine avec ses deux fils. Mais, tant par l'avidité de ses successeurs que par la négligence de mes prédécesseurs, les héritiers ont accaparé le domaine et l'ont gardé jusqu'à ce jour. Cette spoliation de l'Eglise m'affligeait. Aussi, informé par les écrits des anciens et conforté par le témoignage d'honnêtes personnes, j'ai, de moi-même et par des inter-

---

1. Par exemple, le concile de Melfi (1089) interdit aux moines d'accepter dîmes et églises des laïcs, sans le consentement de l'évêque (Mansi, *Ampl. coll. concil.*, XX, p. 271).
2. Vers 1098, Hugues III rachète de main laïque un muid de vin *de terciis vinearum* de Saint-Maurice de Besançon (Bibl. mun. Besançon, Droz 32, col. 295).
3. Comparer avec l'exemple de la région narbonnaise, où E. Magnou-Nortier (*ouv. cité*, p. 552) suggère la même hypothèse.
4 . Chevrier et Chaume, *Chartes de Saint-Bénigne*, n° 426.
5. Canat de Chizy, *Cartulaire de Saint-Marcel*, p. 47 : acte des années 1075-1100.
6. *Ibidem*, p. 69, vers 1070.
7 . Bruel, *Chartes de Cluny*, V, n° 3835.

médiaires, averti un certain Otton de Scey, successeur de cette matrone et détenteur du domaine, et l'ai tant supplié qu'il a fini par céder à mes prières. Il m'a donc restitué à moi et à mes successeurs, en possession perpétuelle, ce qu'il avait dans ladite cour, avec l'approbation et la confirmation de son épouse Pétronille, de ses fils Robert et Humbert ; il m'a rendu l'église de cette cour — l'église d'Etrelles—, avec deux tiers des dîmes qui en relevaient et avec ses dépendances : champs, prés... » [1].

La clarté de ce texte dispense de tout commentaire ; remarquons seulement que l'enquête de l'archevêque remonte un siècle et demi en arrière, que le détenteur, Otton de Scey, est d'une famille châtelaine, et que, conformément au schéma général, les restitutions ne portent pas uniquement sur les églises, mais concernent aussi — dans une moindre mesure il est vrai — les autres possessions ecclésiastiques [2].

C. RESTITUTION DES ÉGLISES

Le sort des paroisses

Pour saisir la complexité du problème et les difficultés d'interprétation, il convient au préalable d'expliquer le sens et la portée des restitutions au niveau de la paroisse, avec les conséquences qu'elles entraînent pour les divers intéressés : propriétaires, desservants, hiérarchie. L'église (car les mots *paroisse, curé,* n'apparaissent pas dans le vocabulaire de l'époque) désigne un ensemble diversifié comprenant non seulement l'édifice avec son mobilier cultuel, une assise territoriale dans laquelle vit une communauté de fidèles sous la direction d'un prêtre, mais aussi des biens matériels, un personnel ecclésiastique, des obligations envers l'archevêque [3]. Chaque paroisse possède un patrimoine constitué d'un domaine foncier (*dos, dotalitium, altaris*) d'importance variable et généralement assuré par le fondateur pour l'entretien du desservant ; s'y ajoutent des revenus en argent et en nature qui correspondent à notre notion de droits paroissiaux, parfois désignés à cette époque par le terme général de *servitium*: on y trouve aussi bien les taxes perçues pour l'administration de certains sacrements (*oblationes, sepultura, presbyteratus* et *cimeterium*) [4], que de menus profits ayant trait au culte (récupération de la cire non usée aux cérémonies), aumônes faites spontanément par les fidèles, sans oublier le produit très recherché

---

1. Bibl. mun. Besançon, Droz 33, fol. 297. L'on notera au passage la situation ecclésiastique de cette cour : bien que sise à Fretigney (église paroissiale citée au XIIᵉ siècle), elle a sa propre église (Etrelles), qui n'est pas répertoriée dans les pouillés du XIIIᵉ siècle, et qui est vicariale de Frasne-le-Château. La cour a donc formé un noyau à part et n'est pas à l'origine de l'église paroissiale.

2. Les restitutions de dîmes et d'autres biens procèdent souvent des mêmes démarches : en 1090, Hugues III fait rendre à Saint-Jean la moitié des dîmes de Velotte que tenaient indûment en bénéfice deux chevaliers (Bibl. mun. Besançon, Droz 32, fol. 281). Vers 1063, le comte Guillaume restitue à Saint-Claude les iniques coutumes *de portu et de transitu Carusii fluminis* (Staatsbibl. Berlin, Phillipps 1757, II, fol. 24)

3. Voir l'ouvrage collectif : R. FIÉTIER, R. LOCATELLI ... , *Recherches sur les droits paroissiaux en Franche-Comté au Moyen Age*, p. 214 et suiv., auquel on ajoutera les mises au point les plus récentes de J. BECQUET et M. PARISSE, dans *Le istituzioni ecclesiastiche della " societas christiana" dei secoli XI e XII : diocesi, pievi e parrochie*, Milan, 1977; J. AVRIL, *Le gouvernement des évêques ... d'Angers*, p. 103 et suiv.

4. *Chronique de Bèze*, p. 454 : restitution, au début du XIIᵉ siècle, de droits sur l'église de Mantoche, à savoir le *cimeterium*, droit qui ne se confond pas avec les offrandes de sépulture, mais qui pèse sur l'aître (*atrium* : vers 1100, le comte Etienne donne au chapitre le droit annuel qu'il percevait sur le cimetière de Saint-Hilaire : Arch. dép. Doubs, G 532, fol. 340).

des dîmes.

A la tête de la paroisse, le desservant, assisté ou non de clercs, est chargé du service religieux, de la *cura animarum* : cette expression se rencontre au xie siècle, alors que son dérivé, le *curatus*, ne se généralise pas avant le xiiie siècle. Appelé *presbyter*, plus fréquemment *capellanus*, ce responsable est choisi par le propriétaire qui l'investit du bénéfice curial et qui le présente à l'évêque dont il reçoit l'investiture canonique (c'est-à-dire la *cura animarum*). Par sa charge (*capellania*), le desservant dépend à la fois du propriétaire qui partage avec lui les revenus de la paroisse et de l'archevêque ou de ses ministres qui exercent la juridiction spirituelle[1] : c'est donc lui qui « répond des droits épiscopaux devant les officiers de l'archevêque »[2].

Effectivement, ces droits se concrétisent en diverses contributions versées par chaque église à son diocésain ou à ses représentants, et rappelées dans les formules de sauvegarde qui terminent fréquemment les transactions sur les paroisses : *redditibus consuetudinariis retentis, paratis videlicet et eulogiis et omnibus que nos seu ministeriales in predicta ecclesia vel tenuimus vel tenere visi sumus*[3]. Ces redevances prélevées dans la plupart des diocèses symbolisent la dépendance des églises vis-à-vis du siège épiscopal plus qu'elle ne constituent une source de revenus appréciable : les eulogies, versées à l'occasion du synode épiscopal portent aussi le nom de *synodum*, d'*eulogie sinodale*[4], tandis que les *paratæ* s'assimilent à un droit de gîte, à une fourniture due à l'évêque lors de ses visites pastorales (les *circatæ*). A ces coutumes ordinaires s'ajoutent les taxes perçues lors de l'exercice de la juridiction épiscopale, archidiaconale ou décanale : *justicias ad nos sive ministros nostros pertinentes*[5].

Pour éviter l'accaparement des revenus paroissiaux par le propriétaire laïque, le xie siècle avait subtilement dissocié l'église et l'autel, la première comprenant les ressources temporelles et les dîmes, le second les émoluments perçus à l'occasion de l'exercice du culte et les aumônes ; la première pouvait appartenir au propriétaire tandis que l'autel, retiré du commerce, est censé n'appartenir qu'à l'évêque qui en dispose librement. Cette distinction existe dans le diocèse de Toul[6] et se pratique couramment sous Hugues Ier, témoin cet acte de 1040 concernant dix-neuf églises : l'abbaye de Baume-les-Dames, qui disposait déjà de tous les revenus sauf des autels, en sollicite l'octroi ; l'archevêque y consent et renonce même à la taxe qu'il prélevait habituellement en conférant ces autels aux desservants, sorte de droit d'entrée qui s'appelle ailleurs *cathedraticum* et qui ressemble trop à un rachat simoniaque pour ne pas déclencher les foudres des réformateurs[7].

Grâce à cette distinction que reprend le courant modéré à la fin du xie siècle pour mettre en évidence deux modalités d'investiture, l'église restreignait déjà les préroga-

---

1. La *cura animarum* se rencontre par exemple dans un texte de 1095-1100 (Bibl. mun. Besançon, Droz 38, fol. 53) ainsi que la *capellania* (*ibidem*, fol. 50).
2. *Ibidem*, fol. 53.
3. Arbois, 1098-99 : Arch. dép. Jura, 2 H I, 72, 21. En 1089, Hugues II emploie le terme *servitium* pour désigner les *parata et synodum* (Arch. dép. Jura, 1 H 17).
4. En 1091, l'évêque de Genève retient sur l'église de Cessy *paratam et synodum* (Arch. dép. Jura, 2 H II, 124, 1).
5. Bibl. mun. Besançon, ms. 726, fol. 89, acte de 1109 ; de même en 1091, *ibidem*, ms. 776, fol. 94. Beaucoup de formules équivalentes : *canonicas justicias* (Chevrier et Chaume, *Chartes de Saint-Bénigne*, n° 366, vers1087-1100) ; " les services dus à l'archidiacre et à l'archiprêtre " (Arch. dép. Jura, 2 H I, 100, 13, acte de 1091).
6. J. Choux, *L'épiscopat de Pibon*, p. 67 ; sur le *cathedraticum*, p. 74.
7. Acte de 1040, édité par B. de Vregille, *H.S.*, III, p. 45.

tives des laïcs en détachant des droits de propriété le droit de patronage, qu'elle laissait entre les mains des fondateurs et de leurs héritiers, et qui subsistera jusqu'à la fin de l'Ancien Régime ; par ce biais, les laïcs perdaient toute possession réelle d'églises et devenaient de simples protecteurs ou patrons, jouissant du privilège de présentation du candidat à l'évêque en cas du vacance de la cure ; mais ce droit de collation, qui reste un compromis, n'entre dans les mœurs qu'au cours du XIIe siècle et n'empêche pas les nouveaux détenteurs de garder pour eux une part des revenus paroissiaux, dont les dîmes.

La condamnation de l'église privée et de l'investiture laïque obligeait normalement les propriétaires à se défaire de ce qui devenait une détention illégale. Accélérées par les canons conciliaires postérieurs à 1075, les restitutions deviennent plus nombreuses sous Grégoire VII et ses successeurs immédiats, spécialement au profit des monastères. Mais, pour éviter les manœuvres frauduleuses et donner au mouvement un caractère irrévocable, le concile de Melfi (1089) interdit formellement aux moines d'accepter dîmes et églises des mains des laïcs sans le consentement ni la volonté de l'évêque : c'est pourquoi les chartes mentionnent fréquemment que tel don est fait *per manum archiepiscopi*, plus rarement *per baculum pastorale*. Cependant, les paroisses, qui auraient dû bénéficier de cette vaste opération, n'en profitent pas : elles ne deviennent pas propriétaires de leurs églises, car, plutôt que de restitution, il faudrait parler de transfert au profit des établissements religieux, abbayes ou chapitres, qui obtiennent les patronages cédés par les laïcs. Si le changement présente au moins l'avantage de mettre un terme à la transmission des églises par voie successorale ou à leur aliénation — les établissements les conservent généralement dans leur patrimoine — il ne supprime pas radicalement les rivalités d'intérêts au niveau de la paroisse, ni même les problèmes de partage des revenus entre nouveaux patrons et desservants.

Restitutions

Ces précisions sur le statut de la paroisse lors de la réforme grégorienne permettent d'aborder l'étude des restitutions elles-mêmes avec plus de facilité et d'acuité. Dans quelle mesure l'Eglise a-t-elle réussi à convaincre les laïcs et les propriétaires de biens ecclésiastiques en général de renoncer à l'investiture et à leurs anciens droits ? La réponse à cette question permet d'évaluer sur un point précis la portée de la réforme, des changements que celle-ci a réussi ou non à faire adopter. Simple dans sa formulation, cette problématique l'est moins au niveau de la solution. En effet, les actes de véritable cession d'église sont rares parce que les chartiers n'ont pas conservé les modalités proprement dites d'acquisition (donation, achat, compromis...) qui exposent les accords passés entre le propriétaire et le bénéficiaire. A ces pièces de la pratique courante, les moines ont préféré un titre légal authentifiant leur possession ; or, conformément aux dispositions du concile de Melfi, l'instrument devait porter l'approbation de l'autorité ecclésiastique. Il suffisait donc de garder la confirmation épiscopale ou pontificale (particulière ou générale) adressée à chaque établissement et énumérant les églises relevant de son patronage. Bien qu'elles donnent un bilan périodique de la situation, ces chartes présentent toutefois nombre d'inconvénients : elles négligent les formalités d'acquisition (nom du donateur, date et nature de la transaction), leur expédition est liée à des circonstances qui nous échappent (propres à chaque établissement) et qui expliquent partiellement leur discontinuité ; enfin, elles disparaissent au XIIIe siècle, supplantées par les transactions privées ou les actes passés devant les officialités diocésaines.

Afin d'atténuer ces différences et pour donner à nos conclusions l'élément diachronique indispensable, nous avons prolongé l'enquête au-delà de l'époque grégorienne, au-delà même du xiie siècle, en étudiant systématiquement les cessions d'églises ou de patronages faites au cours du xiiie siècle, et en analysant les données des pouillés diocésains pour les époques ultérieures. Cette démarche, sans doute longue et fastidieuse, a l'avantage de restreindre les risques d'erreur en éliminant au maximum les méprises toponymiques et surtout de mettre en évidence la continuité du mouvement en montrant son évolution au cours de deux siècles. Toutefois, demeurent des incertitudes dues à la nature de la documentation : par exemple, la distinction entre église et chapelle, qui varie selon l'époque envisagée, le morcellement des droits qui entraînent des cessions de parts et qui risquent d'exagérer le nombre des transactions [1], les transferts des patronages qui existent malgré leur relative rareté et peuvent fausser les résultats [2], les amodiations du droit de présentation qui, au xiiie siècle, dissocient à nouveau la possession de l'église de sa collation [3], la force des habitudes féodales qui contaminent toujours le comportement des clercs [4], les omissions des textes qui ne précisent pas ce que les laïcs gardent pour eux, par exemple, les dîmes, les cens sur le manse ecclésiastique, etc.

Patronage religieux

En tenant compte de ces éléments incertains, qui donnent aux résultats une portée indicative et non définitive, nous avons rassemblé les données de cette recherche en trois tableaux. Le premier, intitulé *Patronages d'églises et établissements religieux* [5], comptabilise le nombre d'églises et de chapelles relevant de la présentation des établissements religieux à diverses époques : d'abord jusqu'en 1134, date de la mort d'Anseri dont le pontificat clôt la période dite de la réforme, puis celles qui viennent s'ajouter à ce nombre durant le reste du xiie siècle, enfin les données du xiiie siècle, les xve et xviiie siècles apportant, grâce à leurs pouillés plus complets, des précisions

---

1. Il n'est pas rare de rencontrer pour une même église plusieurs transactions échelonnées dans le temps et portant sur la cession de " droits " détenus par divers particuliers.

2. Par exemple, lors de sa révolte en 1147, Baume-les-Messieurs perd un certain nombre d'églises, attribuées momentanément aux chapitres bisontins.

3. De même, les actes continuent parfois de faire la différence entre patronage et revenus de l'église, entre collation et autel : en 1243, Richard de Scey donne à Buillon le patronage et l'autel de Déservillers (Bibl. mun. Besançon, Droz 74, fol. 92). De même, en 1247, il donne encore à l'abbaye cistercienne de Buillon les revenus de l'autel de Fertans, avec le droit de patronage (*ibidem*, fol. 91).

4. En 1225, Gérard, prêtre de Champvans, cède à l'abbaye d'Acey le sixième de cette église, qu'il avait en fief du seigneur d'Apremont ; deux autres clercs, Henri et Guillaume de Champvans, cèdent de même leurs droits (portant sur le patronage, la collation, l'autel et le cimetière) également fief de ce seigneur (Arch. dép. Haute-Saône, H 36). Les propriétaires d'églises ont-ils vraiment conscience que la législation canonique les invite à faire la différence entre les biens ecclésiastiques et les fiefs ordinaires ? que, pour éviter toute trace de simonie, il vaut mieux se séparer des premiers et les abandonner à l'évêque ou à des monastères ? Cette dichotomie, sans doute commode à l'historien pour opposer deux époques — avant et après la réforme — ne semble pas toujours correspondre au comportement des laïcs ou des clercs, même après le concordat de Worms : une église peut encore faire partie d'un fief cédé à un laïc par un archevêque, même lorsque ce dernier s'appelle Anseri, sans soulever apparemment d'obstruction juridique ; c'est du moins ce que révèle une curieuse notice qui, en un style vivant, parfois savoureux, raconte l'aventure d'un jeune seigneur des environs de Besançon, Guillaume d'Arguel, qui dispute à un chanoine de Saint-Paul, vers les années 1131-1133, l'église voisine de Pugey (Arch. dép. Doubs, 67 H 310).

5. Tableau en fin de chapitre.

supplémentaires.

Nous constatons que l'acquisition des églises, ou plus exactement du droit de patronage par les établissements ecclésiastiques, ne se termine pas au concordat de Worms, mais se prolonge jusqu'au xiiie siècle. Il est vrai qu'à cette époque il s'agit parfois de créations consécutives à l'essor économique et au défrichement de certaines régions. Mais même en tenant compte de cet aspect et des réserves formulées précédemment, l'on doit constater que, malgré la législation canonique, des laïcs et des clercs détiennent encore dans leur patrimoine des églises et divers revenus allant des dîmes aux droits d'autel. Quoi de plus instructif que cet aveu d'un Guy Varascon, prêtre, qui reconnaît en 1208 tenir « l'église d'Yvory par droit d'héritage, ou plutôt sans droit, pour la perte de son âme ? Ayant reçu avertissement et ordre du pape, ainsi qu'il l'a reconnu devant nous (c'est l'archidiacre de Salins qui parle), de renoncer à la possession héréditaire du sanctuaire de Dieu, cette église avec tout ce qu'il y tenait en héritage selon une mauvaise coutume, il l'a entièrement donnée à Dieu et à Sainte-Marie de Goailles, et l'église elle-même, il l'a remise entre nos mains ; et nous qui, dans notre archidiaconé, agissons au nom et place de l'archevêque, en avons investi Humbert, abbé de Goailles » [1].

Un peu plus tard, en 1225, un chevalier, Hugues de Montmirey, se rend aux injonctions de l'archevêque (*ex precepto Johannis archiepiscopi*) et cède son droit de patronage sur l'église de Pointre [2]. Pour un aveu de ce genre, combien de gens s'accommodaient aisément de la loi ecclésiastique sans avoir conscience de compromettre leur salut ? Et parmi eux, se comptent des ecclésiastiques qui, comme Guy Varascon, n'obéissent que sur rappel à l'ordre de la hiérarchie.

De ce tableau se détachent encore diverses remarques qui complètent les observations précédentes : pour la période retenue, le nombre de collations cédées reste impressionnant, puisqu'il se monte à plus de trois cents pour chacune des trois premières colonnes ; cela voudrait dire qu'à la fin de la période grégorienne, à peine un tiers des églises et chapelles est détenu par des établissements religieux et que la plupart des autres demeurent entre les mains des laïcs. Certes, ce résultat brut ne correspond pas exactement à la réalité et exagère la part de ces derniers car, pour quelques monastères, la documentation conservée ne commence qu'à la fin du xiie siècle, tandis que l'augmentation de la population a provoqué le dédoublement de certains lieux de culte. Pour corroborer cette conclusion, il faudrait dresser la liste de tous ceux qui, nommément, cèdent leurs droits après 1134, et la comparer à ces chiffres mais, nous l'avons vu, les confirmations générales qui constituent une de nos sources importantes pour le xiie siècle, ne contiennent pas ce genre de détail ; là où la recherche s'avère possible, elle confirme les remarques faites antérieurement sur la part privilégiée des grandes familles nobles.

Quant aux bénéficiaires de ce mouvement, nous constatons qu'il s'agit des prin-

---

1. Arch. dép. Jura, 12 F 35 ; *Recherches sur les droits paroissiaux en Franche-Comté au Moyen Age*, p. 23.
2. Arch. dép. Haute-Saône, H 36. Autre témoignage du décalage entre la législation canonique et la réalité, cet aveu d'Humbert, seigneur de Fouvent qui, en 1174, cède à l'abbaye de Bèze la part qu'il possédait encore sur l'église de Fouvent-la-Ville : « Parce que ce don fait aux moines par des personnes du siècle n'est peut-être pas sûr (*stabile*) aux yeux de l'Eglise — car des personnes du siècle ne peuvent rien posséder légalement des revenus d'église— j'ai cédé et concédé à perpétuité cette église de Fouvent-la-Ville avec toutes ses dépendances aux moines, étant saufs les droits du curé (*presbyteratus*) et de l'église de Langres » (Dr. J. BERTIN, *Hist. Généal. de la maison de Beaujeu-sur-Saône*, I, p. 181).

cipales maisons religieuses du diocèse et de la périphérie, que l'archevêque en profite peu et que les paroisses en sont exclues : au total soixante-quinze maisons, dont une trentaine d'étrangères, qui se partagent très inégalement le patronage des églises. Lorsque la documentation offre suffisamment de continuité, elle montre que la part des établissements de la périphérie diminue et que les restitutions profitent davantage aux maisons diocésaines.

Si nous affinons quelque peu ces résultats globaux en examinant l'appartenance religieuse des divers bénéficiaires [1], nous constatons le rôle prédominant des bénédictins et des chanoines séculiers jusqu'en 1134, et même jusqu'au xiiie siècle; les premiers, qui bénéficient largement de l'élan grégorien, sont représentés par les grandes abbayes du diocèse, dont Baume-les-Messieurs et Luxeuil, tandis que le classement de Saint-Oyend parmi les établissements extérieurs exagère l'influence de ces derniers. Aux bénédictins pourraient s'ajouter les maisons féminines, ce qui augmenterait encore leur part. Quant aux chanoines, ils s'identifient essentiellement aux chapitres et collégiales de Besançon, et leur bon résultat démontre a posteriori la valeur des fondations d'Hugues de Salins. Nous n'insisterons pas sur les autres données du tableau, suffisamment explicites par elles-mêmes : la faible participation des clunisiens, qui ne comptent pas de grands établissements dans le diocèse à cette époque, la percée tardive, mais spectaculaire des chanoines réguliers voués au service paroissial et répondant à un véritable besoin au xiie siècle, l'arrivée inattendue des cisterciens dès le xiie siècle, alors que les statuts prohibaient la possession d'églises, l'absence des mendiants, etc.

En nous limitant aux xie et xiie siècles et aux quelques établissements offrant une documentation plus régulière et continue, nous arrivons encore à plus de précision chronologique [2] : la grande époque des restitutions se situe dans la seconde moitié du xie siècle, au moins avant 1120 pour la plupart des maisons (Baume, chapitres Saint-Jean et Saint-Etienne), puis s'amortit progressivement après 1150, les exceptions s'expliquant par des circonstances particulières. Si Saint-Paul fait un bond après 1130, l'abbaye le doit à son adoption de la régularité à cette époque, tandis qu'à Baume-les-Dames et à Saint-Vincent, seule une lacune de la documentation entre 1100 et 1120 semble responsable de l'anomalie du tableau. Signalons la progression discordante des chapitres cathédraux : Saint-Etienne marque un temps d'arrêt entre 1100 et 1120, victime de la querelle qu'il suscite contre Saint-Jean, et qui lui vaut de fortes animosités, puis il comble son retard sous Anseri qui a poussé Saint-Jean à lui rétrocéder une dizaine d'églises. Par la suite, s'instaure entre eux une politique d'équilibre, gage d'une meilleure entente. De son côté, Saint-Paul distance largement La Madeleine pour se hisser au rang des grands collateurs, tandis qu'en ce domaine le rôle de Saint-Claude est amoindri du fait que le tableau n'a retenu que les églises du diocèse de Besançon.

Faute de statistiques, la comparaison avec les autres diocèses s'avère difficile : G. Devailly a montré qu'à Bourges le mouvement d'abandon par les laïcs a commencé très tôt après 1075 et se poursuit au cours de la première moitié du xiie siècle, mais il semble que la plupart des églises privées aient été abandonnées avant 1100-1120 ; le mouvement paraît plus lent et plus difficile à suivre en Bretagne [3]. Plus précoce, le diocèse d'Angers voit un nombre important d'églises changer de propriétaires dès la première moitié du xie siècle, mais le phénomène s'accentue après 1050.

---

1. Voir le tableau " Collateurs d'églises selon leur *ordo* " à la suite de ce chapitre.
2. Voir le tableau " Les collations d'églises aux xie-xiie siècles ".
3. G. Devailly, La restitution des paroisses, dans B*ull. Phil. et Hist.*, 1968, p. 583-597.

Chaque région apporte donc sa note personnelle dans une chronologie plus ou moins étalée, très peu dans la nouvelle répartition des patronages. En effet, les abandons d'églises profitent surtout aux monastères, aux collégiales dans une proportion moindre, très peu finalement aux évêques : moins de la moitié à Bourges, un pourcentage beaucoup plus réduit à Besançon [1].

Ainsi, sous l'impulsion des évêques, de la papauté et du courant réformateur qui accentue sa pression dans la seconde moitié du xie siècle, le mouvement d'émancipation aboutit à la restitution par les laïcs d'églises ou de droits de patronage dans des pourcentages qui varient selon les diocèses et selon une durée très différente : pour les uns, l'essentiel paraît acquis lors du concordat de Worms, alors que, dans l'est, le phénomène se prolonge durant tout le xiie siècle et même au-delà puisque nous trouvons encore au milieu du xiiie siècle des particuliers en infraction avec la loi canonique sur ce point, possédant des droits patrimoniaux sur des églises, preuve que la réforme dite grégorienne a mis près de deux siècles à passer totalement dans les mœurs. Certes, beaucoup d'interrogations demeurent : il faudrait analyser dans le détail les formes et l'objet de la possession laïque, dissocier de la collation le partage des revenus, analyser les circonstances des donations, etc. Soulignons cependant que, malgré les apparences, l'archevêque ne sort pas perdant de ces transferts de propriété ecclésiastique car, s'il n'acquiert que peu de patronages, toutes les restitutions se font avec son approbation et celle de ses ministres, ce qui renforce son pouvoir juridictionnel.

Moines et desserte des paroisses

L'attribution du patronage aux établissements religieux pose, avant même la fin du xie siècle, le problème de la desserte des paroisses : pouvait-on confier cette tâche à des moines et à des chanoines ? Les débats et les décisions contradictoires qui se suivent alors, mettent l'accent sur les avantages et les inconvénients de cette solution [2]. Si, du point de vue des réformateurs, moines et chanoines répondent aux exigences de moralité et de formation souhaitées chez les prêtres, ils suscitent les réticences des autorités régulières et séculières. Pour les uns, la dispersion des moines dans des cures rurales et leur retour au siècle constituent un péril réel pour l'idéal conventuel, tandis que les autres ne voient pas sans crainte le contrôle des paroisses par des établissements religieux, ce qui risquait à long terme d'entraver la juridiction épiscopale.

Aussi les conciles se penchent-ils sur cette question en exhumant les compilations des canonistes antérieurs. Rappelant que Grégoire le Grand avait écarté les moines de la desserte paroissiale, les conciles de Rouen en 1074, de Rome en 1083,

---

1. Dans une bulle d'Honorius III, adressée à l'archevêque Jean Halgrin (P. Pressutti, *Regesta Honorii papæ III (1216-1277)*, n° 6110, 18 décembre 1226), le pape pense qu'il y a dans le diocèse de Besançon une soixantaine d'églises dans lesquelles des clercs et des laïcs perçoivent dîmes et revenus ; ce texte, qui a toujours fait difficulté d'interprétation, ne s'applique pas au total des églises diocésaines, qui approchent du millier, mais vise sans doute celles restées à la collation du prélat, chiffre qui dépasse d'une vingtaine celui auquel nous arrivons.

2. La question a depuis longtemps intéressé les historiens : Y. Congar, Les ministres d'Eglise dans le monde féodal jusqu'à la réforme Grégorienne, dans *Revue de Droit canon*, 23 (1973), p. 77-97 ; G. Devailly, Le clergé régulier et le ministère paroissial, dans *Aspects de la vie conventuelle*, p. 150-169 ; J. Avril, Recherches sur la politique paroissiale des établissements monastiques et canoniaux (XIe-XIIIe s.), dans *Revue Mabillon*, 59 (1980), p. 453-517 ; J. Avril, L'encadrement diocésain et l'organisation paroissiale, dans *Le troisième concile du Latran (1179)*, p. 53-74.

réitèrent l'interdiction, tandis que le pape Urbain II cherche une voie moyenne et passe par des phases contradictoires, autorisant à Nîmes le service curial des religieux, puis revenant bien vite sur sa décision [1]. Finalement, ces hésitations aboutissent à la condamnation par Latran I de la *cura animarum* par les moines : « Qu'ils renoncent à célébrer en public des messes solennelles, établit le canon 16, qu'ils s'abstiennent totalement de rendre aux malades des visites publiques, d'administrer l'extrême onction et même la pénitence, ce qui ne relève aucunement de leurs fonctions. Dans les églises qu'ils desservent notoirement, ils ne peuvent instituer des prêtres, si ce n'est de la main de l'évêque auquel ceux-ci doivent répondre de la charge d'âmes qui leur aura été remise » [2].

Sans résoudre définitivement le problème, qui ressurgit au xııe siècle pour les chanoines réguliers, puis à nouveau pour les moines, le canon a du moins le mérite de codifier le mode de désignation du desservant dans les églises dépendant du patronage monastique et de définir de cette façon l'institution canonique : l'abbé présente son candidat qui doit être reconnu comme capable (*idoneus*) par la hiérarchie diocésaine, qui en retour lui confie l'investiture, la *cura animarum*. C'est trop brièvement résumer le système qui se met en place progressivement au cours du xııe siècle, aboutissant selon les diocèses à plusieurs types de statuts paroissiaux. Très souvent, l'application des canons conciliaires fait du monastère le simple le patron, qui abandonne le service paroissial à un clerc qu'il choisit et avec qui il partage les revenus de l'autel ; si, avant 1123, l'on rencontrait des mentions de la desserte par des moines, celles-ci se font rares dans les décennies postérieures. L'abandon par les moines, ou plus exactement leur éloignement de la *cura animarum*, est indirectement confirmé par les querelles d'un autre genre qui surgissent au xııe siècle, celles des droits paroissiaux et de leur partage entre patrons et desservants : aussi les canons des troisième et quatrième conciles de Latran s'intéressent-ils au sort des malheureux séculiers qui se trouvent lésés par des collateurs trop avides et qui n'ont pas la certitude de toucher une portion congrue.

Pour les chanoines, la situation s'avère plus complexe : si leur vocation pastorale les destine au service des autres, leur collégialité les invite à ne pas se disperser dans les cures rurales, d'où les restrictions formulées dès cette époque par les archevêques. Vers 1095-1100, Hugues III veut bien céder à Saint-Paul de Besançon l'autel de Rosey, mais « à condition que cette église ait toujours un autre chapelain (curé) qu'un chanoine, qui reçoive la *cura animarum* de l'archevêque et qui réponde des droits épiscopaux aux officiers de l'archevêque » [3]. Le problème prend encore plus d'acuité avec les chanoines réguliers et les prémontrés, astreints à une régularité plus stricte, ce qui conduit les conciles de Latran III et IV à examiner cette question [4].

Néanmoins, les moines et à plus forte raison les chanoines, n'ont pas remis toutes leurs églises entre les mains des clercs séculiers, ils ont transformé certaines d'entre elles — les principales — en prieurés ruraux qui remplissent à la fois les fonctions de centres de gestion et d'annexes monastiques, permettant à l'abbaye de concrétiser sa présence au sein des campagnes : aux cours et aux villas d'autrefois se substituent ces petites cellules au nom encore incertain, baptisées tantôt *cellæ*, tantôt églises ou prieurés. Pour éviter qu'elles ne dissimulent de simples cures, le xııe siècle se préoccupe de définir leur existence et leur statut : Latran III interdit aux

---

1. Mansi, *Ampl. coll. concil.*, XX, p. 400, 934.
2. R. Foreville, *Latran I, II, III, IV*, p. 177.
3. Bibl. mun. Besançon, Droz 30, fol. 53.
4. G. Devailly, Le clergé régulier et le ministère paroissial, dans *Aspects de la vie conventuelle*, p. 158.

moines de vivre seuls dans une église ou une villa[1].

Malgré ces restrictions ou ces mesures préventives, le nombre des prieurés va croissant dès le début du XIIe siècle, sans que l'on puisse toujours distinguer les conventuels, où se pratique une véritable vie communautaire avec récitation de l'office divin, des simples prieurés ruraux, abritant un ou deux moines et remplissant une mission plus temporelle que pastorale ; dans le premier cas, l'application des lois entraîne la séparation matérielle de l'église paroissiale et du prieuré : deux lieux de culte se créent dès lors, qui subsisteront parfois jusqu'à l'époque moderne, mais dont il est souvent difficile de dater l'apparition exacte. A Dole, les moines de Baume-les-Messieurs qui ont obtenu en 1078 une simple chapelle près du château comtal, tentent d'en faire au début du XIIe siècle le centre paroissial du bourg nouveau, tandis que la *cella* voisine de Jouhe se double un peu plus tard (1157) d'une chapelle destinée à devenir paroissiale. Cluny, qui avait obtenu en 1025 l'église de Saint-Etienne de Port-sur-Saône, y établit un peu plus tard un prieuré doté d'une chapelle particulière dédiée à saint Benoît.

D'autres lieux disposent ainsi de deux édifices religieux, voire de trois quand la bourgade se dédouble : la ville haute de Jussey juxtaposait l'église de la Nativité de la Vierge (détruite à la fin du XVIe siècle lors de l'invasion de Tremblecourt) à celle, priorale, de Saint-Thiébaud de Lestre (probablement édifiée dans l'enceinte du cimetière, dans l'aître) alors que la ville basse avait son église Saint-Pierre. Quand Jonvelle perd son église Sainte-Croix, détruite elle aussi par Tremblecourt, et que la Guerre de Dix ans ruine celle de Saint-Jean-Baptiste de Colonne (1636), c'est dans les deux cas la chapelle priorale qui prend la relève.

Plus fréquemment, cette dualité des édifices n'existe pas, moines et séculiers se partageant les mêmes bâtiments selon des conventions variables : tantôt, comme à La Loye, les religieux se réservent une partie du sanctuaire[2], tantôt, comme à Moutherot-lès-Traves, ils disposent de la totalité du chœur et abandonnent la nef aux paroissiens, situation la plus courante que constatent les pouillés de l'époque moderne[3]. Prêtres et moines ont en revanche chacun leur maison, située à proximité l'une de l'autre, à l'intérieur de l'aître, comme à Saint-Laurent-la-Roche[4]. Mais, en ce début du XIIe siècle, il est difficile de préciser davantage la place des prieurés ruraux dans les paroisses et de savoir, par exemple, si s'établit une coopération entre les deux clergés, les séculiers participant à la célébration de l'*opus Dei*, tandis que les religieux collaboreraient au service liturgique de la paroisse ; rien ne laisse deviner le rôle des moines dans le cadre paroissial, rien ne permet d'évoquer la situation de ce clergé rural, sa formation, ses activités, rien ne transparaît de la vie religieuse elle-même des laïcs, de la fréquentation des sacrements.

---

1. R. FOREVILLE, *Latran I, II, III, IV,* canon 10 de Latran III (1179), p. 215). Voir la mise au point de J. AVRIL, dans *Le troisième concile du Latran (1179),* p. 61 et suiv.
2. Arch. dép. Doubs, G 1, fol. 460 : « Le chœur de l'église est scindé en deux par un mur : à l'est, c'est la partie paroissiale ; à l'ouest, la partie du prieuré Notre-Dame, dans lequel il n'y aucun moine de temps immémorial ».
3. Voici l'exemple de Pretin, dans le Jura : dans la nef de l'église priorale, se trouve l'autel paroissial, mais le sanctuaire est commun ; prêtres et moines ont en revanche chacun leur propre maison de résidence (Arch. dép. Doubs, G 5, fol. 695).
4. Saint-Laurent-La-Roche (Jura) : *ecclesia posita est in colle extra oppidum a meridie amplissimo cœmeterio, in cujus extremitate occidentali domus prioratus est sita et paulo ultra domus presbiteralis* (Arch. dép. Doubs, G 3, fol. 251).

PATRONAGES D'ÉGLISES ET ÉTABLISSEMENTS RELIGIEUX
(en italique : les établissements étrangers au diocèse)

NOMS des établissements	Avant 1134	XIIe	XIIIe	XVe	XVIIIe	Transferts	Ordre
Acey			4	1	2		Cist. (C)
Ambronay			2				Bénéd. (B)
Autun : St-Jean			3	1	1		B Féminin
" *: St-Martin*		1					Chan. (ch)
Baume-les-Dames	19	17	3			6	B Fem
Baume-les-Messieurs	103	11	7			20	B
Balerne		4	1		1	1	C
Belchamp		9		1			Prém. (P.)
Belleley		3					P
Bellevaux		2	4			2	C
Bèze	8		3			2	B
Bithaine				2	1		C
Bonlieu				1			Chartreux
Buillon			7				C
Calmoutier		2	5	4			Ch
Chaise-Dieu (La)			2				B
Chalon : St-Marcel	8		1			1	Cluny (Cl)
" *: St-Pierre*			2				Ch. rég.
Charité (La)		5	9			2	C
Château-Chalon		26	3	3			B Fém.
Château-sur-Salins			8	1		1	Cl
Chaumouzey	3	7	4	1			Ch. rég.
Chaux-lès-Clerval			3				Cl
Cherlieu		5	5				C
Cluny	1						Cl
Corneux			18	1	1	7	P
Dijon : St-Bénigne	21	1	3			10	B
" *: St-Etienne*	4		2			1	Ch. rég.
Faverney			4				B
Ferté (La)			2				C
Gigny		2	15	2			Cl
Goailles			1	2			Ch. rég.
Hautepierre	3	2	4	4	1		Cl
Lanthenans		27	3	1		1	Ch. rég.
Lieucroissant		4		2			C
Lucelle			1				C
Luxeuil	25	7	8	5	2	3	B
Lure		12		1		2	B
Lyon : archevêque			2				
Mâcon : St-Pierre		1	3	1			Ch. rég.
" *: St-Vincent*			5				Cl
Mièges			1	1			Cl
Montbéliard		4		1		3	Ch.
Montbenoît			11	9	4		Ch. rég.
Morteau		1	2	2			Cl
Murbach	2					2	B
Nantua			4				B
Pesmes				2			B

NOMS des établissements	Avant 1134	XIIe	XIIIe	XVe	XVIIIe	Trans-ferts	Ordre
Relanges			3				Cl
Remiremont			3				Ch. Fém.
Romainmôtier	2						Cl
Saint-Mihiel	1					1	B
Saint-Oyend	38	7	27	3		5	B
St-Sauveur/Vingeanne		1	2				B
Saint-Ursanne				1			Ch.
St-Vivant de Vergy	4	7	2		1	2	Cl
Salins : St-Anatoile			3		1		Ch.
Theuley			1				C
Toul : St-Mansuy			2				B
Tournus			2				B
Vaucluse	1		6	5			Cl
Vesoul : Marteroy			7				Ch. rég.
Vaux/Poligny	12		2	1		3	Cl
Templiers		1	7	1			
Hospitaliers de St-Jean		2	12	3			
Besançon : Archevêque	7	1	37	14		17	
" : Saint-Jean	30	30	60	3		29	Ch.
" : Saint-Etienne	20	34					Ch.
" : Saint-Paul	24	30	7	5		6	Ch. rég.
" : La Madeleine	10	7	2	1		1	Ch.
" : Saint-Vincent	16	27	14	2		11	B
TOTAL	363	311	367	82	10	136	
Collat. étrangers	92	29	91				

COLLATION DES ÉGLISES AUX XIᵉ-XIIᵉ SIÈCLES
d'après les confirmations

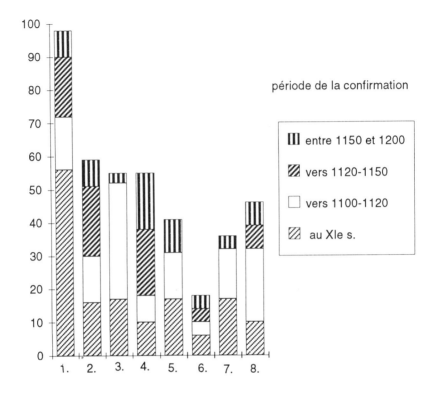

1. Baume-les-Messieurs — 2. Saint-Jean de Besançon — 3. Saint-Etienne de Besançon — 4. Saint-Paul de Besançon — 5. Saint-Vincent de Besançon — 6. La Madeleine de Besançon — 7. Baume-les-Dames — 8. Saint-Oyend.

COLLATEURS D'ÉGLISES SELON LEUR *ORDO*

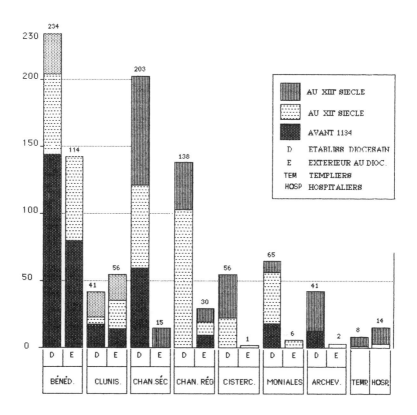

LIVRE II

L'ÈRE DU MONACHISME
(vers 1117-1160)

La quarantaine d'années qui sépare le concordat de Worms de l'élection de l'anti-pape Victor IV, constitue une phase importante et originale dans l'histoire du diocèse : une poussée monastique et canoniale, jamais égalée par la suite et s'insérant entre deux moments de crises particulièrement aiguës. Alors que la Chrétienté parvient à résoudre momentanément la querelle des Investitures et que le premier concile du Latran (1123) consacre la victoire des idées réformatrices, une rivalité entre les deux chapitres cathédraux assombrit l'horizon local : par leurs intrigues et leur obstination, les deux factions ont profondément altéré l'atmosphère religieuse et, en quelque sorte, paralysé l'action épiscopale ; le pontificat d'Anseri (1117-1134) s'ouvre sur de sombres perspectives et dans un climat de suspicion, générateur de troubles et néfaste à l'éclosion de la piété. Or, en quelques années, le miracle se produit, grâce aux éminentes vertus du prélat soutenu par l'action énergique de Calixte II qui n' a pas oublié ses origines comtoises.

La paix revient et, tel un printemps tardif qui sort brutalement la nature de sa torpeur, les nouvelles aspirations qui couvaient jusque là en silence, éclatent au grand jour : des communautés se forment pour vivre leur évangélisme, ces expériences se déroulent çà et là, qui bientôt se moulent dans des structures éprouvées. C'est alors qu'en une dizaine d'années déferlent les grandes vagues de fond : tour à tour chanoines réguliers et cisterciens partent à la conquête du diocèse, entraînant dans leur sillage d'autres émules de constitution encore fragile : chartreux, templiers, religieuses... Partout le cloître l'emporte. Dans les perspectives d'une réforme de la société, il s'impose comme le refuge des valeurs fondamentales auprès des clercs et des laïcs qui associés étroitement au mouvement. Cet élan des ordres nouveaux ébranle l'assise des monastères traditionnels qu'il accule à une adaptation parfois douloureuse. Passé le demi-siècle, l'enthousiasme s'émousse et avec la maturité commence la phase d'amortissement, de banalisation. C'est à ce moment-là qu'une autre tempête secoue le diocèse et met un terme à cette efflorescence monastique : devenu comte de Bourgogne, Frédéric Barberousse entraîne la région dans les remous du schisme victorin.

DIOCÈSE DE BESANÇON AU XIIᵉ SIÈCLE : CIRCONSCRIPTIONS

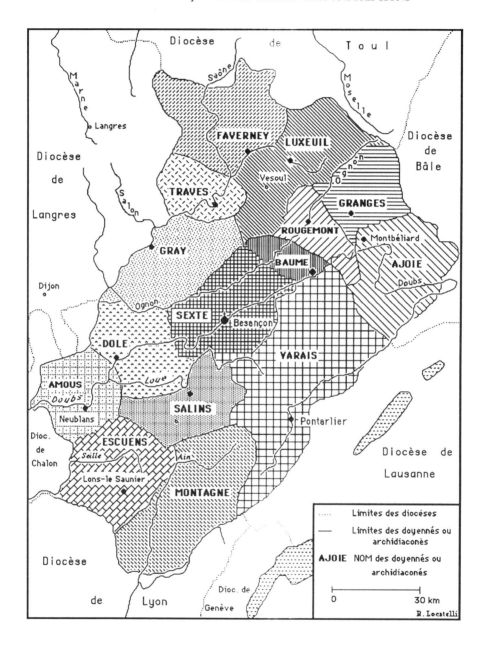

Diocèse de Toul

Diocèse de Bâle

Diocèse de Langres

Diocèse de Lausanne

Dioc. de Chalon

Diocèse de Lyon

Dioc. de Genève

Marne

Saône

Moselle

Langres

Dijon

Salon

Ognon

Loue

Doubs

Seille

Ain

FAVERNEY

LUXEUIL

Vesoul

TRAVES

GRANGES

ROUGEMONT

Montbéliard

GRAY

BAUME

AJOIE

Doubs

SEXTE

Besançon

DOLE

VARAIS

AMOUS

Doubs

SALINS

Pontarlier

Neublans

ESCUENS

Lons-le Saunier

MONTAGNE

..... Limites des diocèses

—— Limites des doyennés ou archidiaconés

AJOIE NOM des doyennés ou archidiaconés

0   30 km

R. Locatelli

CHAPITRE 1

DEUX PRÉLATS RÉFORMATEURS

Anseri (1117-1134)
et Humbert (1134-1161)

Si, une nouvelle fois dans son histoire, le diocèse devient terre de monachisme, il ne le doit pas seulement à sa proximité des centres d'impulsion (Cîteaux après Cluny), car il a su produire en son sein quelques meneurs d'hommes, qui, à l'exemple de Bernard de Clairvaux, sèment et récoltent abondamment : les uns agissent sur le terrain, tels les Gerland, les Raimbaud, les Narduin, qui animent le mouvement canonial, d'autre veillent au bon grain, encouragent les initiatives et mettent leur sollicitude au service des pauvres du Christ. Si ces artisans du renouveau se recrutent parmi clercs et laïcs qui, chacun à leur manière et selon leurs moyens, coopèrent à cette efflorescence religieuse, nul n'a mieux travaillé à la vigne du Seigneur que l'archevêque Anseri (1117-1134) pui son successeur Humbert (1134-1161), opportunément secondés par le comte Renaud III († 1148).

Exemples même de ces évêques réformateurs entièrement dévoués à la restauration de leur église et convaincus du rôle moteur joué par les foyers de régularité au sein de leurs fidèles, ils ont fait de leur diocèse une pépinière de vocations religieuses. Homme de paix, homme de Dieu, Anseri a véritablement orchestré cette efflorescence et laissé un souvenir impérissable à la postérité, qui l'a comparé à juste titre à son prédécesseur, Hugues Ier. Parce que plus discret et compromis, vers la fin de sa vie, par son zèle pour l'Empire, Humbert de Scey n'a pas atteint cette popularité, même posthume, alors qu'il a parachevé avec efficacité l'œuvre d'Anseri.

Toutefois, leur action se situe dans un milieu très différent du siècle précédent : les conditions politiques, sociales et religieuses ont beaucoup évolué, l'horizon s'est rétréci de l'Empire à la principauté et le pouvoir comtal se heurte à une féodalité plus nombreuse et mieux organisée. Aussi convient-il d'esquisser rapidement les principaux aspects de cette mutation [1].

A. LES MUTATIONS PROVINCIALES

Alors qu'Hugues Ier avait pu déployer ses talents dans les sphères pontificales et impériales, l'action d'Anseri et d'Humbert se limite au cadre provincial : le rêve bourguignon, qui avait soutenu la carrière diplomatique d'Hugues, s'est évanoui avec la querelle des Investitures. L'allégeance à l'Empire subsiste, mais vidée de son contenu par cinquante années d'absence ou de lutte. Le concordat de Worms (1122) arrivait trop tard pour laisser à Henri V le temps de s'intéresser réellement au royaume de Bourgogne. A sa mort (1125), la couronne germanique redevient élective et, les

---

1. Présentation sommaire des faits dans l'*Histoire de la Franche-Comté*, sous la direction de R. FIETIER, chap. VI : Naissance et essor du comté de Bourgogne. Pour une vision plus générale et plus fouillée, nous renvoyons à J.-Y. MARIOTTE, *Le comté de Bourgogne sous les Hohenstaufen (1156-1208)* ; R. LOCATELLI, Frédéric Barberousse et le royaume de Bourgogne, dans les Actes du colloque de Reichenau (1989) sur Frédéric Barberousse (à paraître).

grands désignent Lothaire III (1125-1137), puis Conrad III de Hohenstaufen (1137-1152), son rival. La guerre que se livrent les deux factions germaniques, continue de paralyser la royauté et renforce l'autonomie des princes bourguignons, qui mènent une politique conforme à leurs propres intérêts, sans trop se préoccuper des difficultés de leur suzerain.

Rétrécissement de l'horizon politique

Au plan local, la situation s'est elle aussi modifiée : fini le temps des Guillaume le Grand dont les relations s'étendaient jusqu'en Italie. Les partages et les coups du sort ont durement frappé sa descendance. Après le lourd tribut payé à la croisade [1], deux branches peuvent prétendre à sa succession : l'aînée, représentée par Guillaume dit l'Allemand à cause de l'éducation germanique qu'il reçoit dans la famille de sa mère, les Oltingen ; aux terres bourguignonnes, ce dernier préfère ses possessions en Suisse alémanique et son mariage avec Agnès de Zähringen, petite fille de l'ancien rival d'Henri IV, confirme cette orientation. La cadette, en la personne de son cousin Renaud III, qui porte lui aussi le titre de comte de Bourgogne et semble associé à l'administration des terres cisjuranes, dans lesquelles il demeure. La situation se clarifie bientôt par la mort successive, en des circonstances tragiques, des deux représentants de la branche aînée : Guillaume l'Allemand est assassiné en 1126, tandis que son fils Guillaume l'Enfant disparaît deux ans plus tard, laissant son héritage à son oncle, le Welf Conrad de Zähringen [2].

La portée exacte de cette extinction de la branche aînée nous échappe dans la mesure où nous ignorons la position juridique de Renaud vis à vis de son cousin et l'existence d'un éventuel partage antérieur à 1125 : de trop rares actes signalent la présence de Guillaume, *comte de Bourgogne et de Mâcon* [3], de ce côté-ci du Jura, tandis que, dès 1122, Renaud traite en toute liberté avec l'archevêque, sans en référer à quiconque. A lire cette disposition dans un acte antérieur à 1124 « faite sous l'épiscopat d'Anseri, vénérable archevêque de Besançon et sous l'administration du comte Renaud, fils de cette église » [4], les droits de ce dernier sur le comté paraissent évidents. La suite des événements comporte une part importante d'incertitude. Y eut-il une tentative de Renaud sur les fiefs alémaniques ou une velléité de l'empereur d'exercer sa prééminence sur les terres jurassiennes ?

Rectorat de Bourgogne On peut aussi vraisemblablement envisager la constitution entre les mains des Zähringen, alliés de Lothaire, d'une sorte de rectorat de Bourgogne qui aurait provoqué l'hostilité de plusieurs princes. Quoi qu'il en soit, si personne ne paraît, ou ne peut contester les comtés de Bourgogne et de Mâcon à Renaud III, qui associe aussitôt à leur gouvernement son frère Guillaume, un état de guerre endémique s'installe outre-Jura entre partisans et adversaires des Zähringen. Cette situation confuse expliquerait la vacance de l'évêché de Lausanne à la mort de Gérard de Faucigny (1129), puis, le sort des armes penchant du côté bourguignon, le choix d'un chanoine de Saint-Jean, archidiacre du Varais, Guy de Maligny (1130), dont l'inconduite provoque l'expulsion une

---

1. Sont morts à la croisade les trois fils de Guillaume le Grand : les comtes Renaud II, Etienne I et l'archevêque Hugues III.
2. *Fontes Rerum Bernensium*, I, p. 406.
3. La citation termine une pancarte de donations à la collégiale de Montseugny, Archives dép. Doubs, B 520.
4. Vers 1130, Anseri confirme une donation faite à Vaux-sur-Poligny, par le « comte (consul) Guillaume, fils du comte Etienne, frère du comte Renaud... » (F. F., Chevalier, *Mém. hist. sur... Poligny*, I, p. 322).

quinzaine d'années plus tard [1].

Le comte Renaud III a participé à cette lutte aux mobiles incertains, ainsi qu'il l'évoque lui-même en deux circonstances : « Moi Renaud, par la grâce de Dieu comte de Bourgogne, j'allais combattre les Teutons lorsque j'ai donné... au martyr saint Vincent...» ; puis une autre fois : «Moi Renaud... revenant d'un siège avec mon armée, j'ai fait halte dans le village de Saint-Lothain » [2]. Son engagement aux côtés des Helvètes explique sans doute son activité réduite de ce côté-ci du Jura avant 1135, alors que, par la suite, sa présence s'y manifeste constamment. Si les sources allemandes ont vu dans cette guerre une manifestation du particularisme bourguignon et un refus de l'allégeance germanique, elles ont cependant dénié à Renaud III le rôle de meneur de jeu [3].

Inversement, les érudits comtois, surtout du xixe siècle, ont oublié dans les causes de cette guerre l'affaire de succession pour ne retenir que le défi lancé à l'Empire et en faire la première manifestation d'un patriotisme local : en rejetant délibérément la suzeraineté impériale, Renaud III devenait le premier franc-comte, du moins expliquait-on de cette façon l'expression Franche-Comté qui, en réalité, est inusitée avant le xive siècle.

Le problème de succession   En 1148, la mort de Renaud III, qui laisse une fillette mineure, Béatrice, ne donne lieu à aucune querelle de dévolution : son frère Guillaume, associé depuis longtemps au pouvoir, assure la continuité, sans que l'on sache exactement s'il le fait au nom de sa nièce ou avec l'arrière-pensée de se substituer à elle. Ce sont les chroniqueurs allemands qui, après le mariage de Frédéric Barberousse avec l'héritière de Renaud III, ont accrédité la version de l'usurpateur sans scrupule, d'un oncle dénaturé qui aurait enfermé sa nièce dans un cachot pour gouverner en son nom ; ils ont feint d'ignorer la coutume féodale qui avait cours depuis la fin du xie siècle et qui, par une sorte de frérage, faisait participer les membres de la famille comtale à l'administration de la principauté : les frères se prévalent du titre de comte, apparaissent aux côtés de l'aîné dans les actes importants, possèdent en apanage des biens pour lesquels ils doivent l'hommage [4].

Ainsi avaient fait au début du xiie siècle les descendants de Thierry de Mousson († 1105) avant de se partager son héritage : vers 1125 seulement, Thierry II et Frédéric démembrent réellement leurs terres et individualisent les deux comtés de Montbéliard et de Ferrette [5]. Renaud III n'agit pas autrement à l'égard de son frère qu'il associe à sa gestion ; il garde pour lui l'essentiel des terres comtoises et cède à son cadet d'importants fiefs, les comtés de Mâcon et de Vienne : le premier constituait un excellent pied-à-terre outre-Saône, en terre française, à proximité de l'abbaye de Cluny, tandis que les possessions rhodaniennes d'origine et de nature imprécises, lui

---

1. *Cartulaire du chapitre de Notre Dame de Lausanne*, édit. par Ch. Roth, p. 37 : *Giroldo successit Guido de Marlanie, quo expulso propter enormitates et incontinentiam suam, successit ei Amadeus.*

2. Arch. dép. Doubs, 1 H 10, fol. 356 et F.-F. Chevalier, *Mém. hist. sur... Poligny*, I, p. 322.

3. *Ottonis et Rahewini Gesta Friderici I imperatoris*, éd. par G.Waitz, M.G.H., SS. in usum scholarum, 1912, p. 155-156 ; cité par J.-Y. Mariotte, *Le comté de Bourgogne sous les Hohenstaufen*, p. 45.

4. Sur cette version germanique et la succession de Renaud III, nous renvoyons à l'ouvrage de J.-Y. Mariotte, *Le comté de Bourgogne*, p. 68-69.

5. Ch. Wilsdorf, *Les comtes de Ferrette. Leurs possessions et leurs droits (du début du xiie siècle à 1324)*, Thèse Ecole des Chartes, 1951 et *Histoire des comtes de Ferrette (1005-1324)*, Mulhouse, 1991..

conféraient une dimension bourguignonne beaucoup plus vaste, susceptible d'alimenter d'ambitieuses prétentions [1].

Le comté dans l'orbite germanique

Effectivement, le changement se situe non dans la substitution d'un frère à l'autre, mais dans l'avènement de Frédéric Barberousse qui succède à son oncle Conrad en 1152 et qui, la même année, renouvelle l'alliance conclue avec les Zähringen : il charge le duc Berthold de prendre en main les droits de l'Empire en Bourgogne et d'y organiser une démonstration militaire pour ramener l'ancien royaume rodolphien dans l'orbite impériale. Quand, l'année suivante (1153), Frédéric et Berthold visitent la haute Bourgogne, ils s'arrêtent à Besançon, où les accueille Guillaume qui fait alors acte d'allégeance [2]. Personne ne conteste sa qualité de comte, et si l'expédition s'arrête là, faute de moyens militaires, elle inaugure néanmoins la nouvelle politique germanique envers le royaume de Bourgogne et dans le comté, considéré comme la porte d'accès. Les dernières années de Guillaume confirment cette orientation : en juin 1153, le comte assiste à la diète de Worms, tandis que le duc de Zähringen se charge de restreindre ses ambitions du côté de Vienne : la normalisation des rapports suit son cours. Lorsque Guillaume meurt, le 20 septembre 1155, la dévolution du comté se pose en termes différents par rapport à 1148 : Béatrice, la fille de Renaud III, est alors majeure ou tout au moins nubile et en droit de réclamer la restitution de ses biens administrés par son oncle.

Mais dans quelle mesure Etienne et Gérard, fils de Guillaume, étaient-ils disposés à renoncer à toute visée sur le principat et à se satisfaire de leur apanage ? N'ont-ils pas été pris de court par les intrigues d'un clan pro-impérial, constitué autour de l'archevêque Humbert et peut-être de Mathieu, duc de Lorraine, beau-frère de Renaud III, et visant à remettre entre les mains du suzerain les droits de Béatrice ? Nous ne savons pas qui eut l'idée de pousser Frédéric à épouser l'héritière du comté et de s'allier ainsi à une famille solidement installée en Bourgogne. L'empereur, couronné l'année précédente, se trouvait libre depuis que le pape avait bien voulu annuler son mariage stérile avec Adèle de Vohburg ; un moment, il avait songé à épouser une princesse byzantine, mais les négociations engagées de ce côté piétinaient à cause du problème de l'Italie du sud, et son âge — il avait trente-cinq ans et toujours pas d'héritier — ne lui permettait plus d'attendre. Il jeta donc son choix sur la fille de Renaud III qui, outre sa jeunesse — elle avait autour de quinze ans — lui apportait le moyen de réaliser sa politique bourguignonne.

Le mariage de Frédéric et Béatrice   Le 9 juin 1156, l'archevêque Humbert et l'évêque Ortlieb de Bâle, Etienne de Bourgogne et le comte Thierry de Montbéliard, assistent au mariage de Frédéric et de Béatrice, célébré à Würzbourg, au milieu d'un grand concours de princes et de prélats. L'aventure de la jeune princesse bourguignonne, qui avait la chance d'épouser un grand empereur, bientôt considéré comme l'héritier de Charlemagne et qui, de surcroît, réalisait un mariage d'amour, dut inspirer plus d'un trouvère : nous en trouvons l'écho dans l'œuvre de Jean Renard dont le *Guillaume de Dole* raconte comment un empereur nommé Conrad s'éprend, sur le rapport qu'on lui fait, de Liénor, sœur de

---

1. En 1155, Frédéric Ier et le duc de Zähringen prennent sous leur protection l'archevêque de Vienne (H. APPELT, *Die Urkunden Friedrichs I*, tome I, n° 62, p. 107).
2. Actes du 15 février 1153 donné par Frédéric, à Besançon, pour le chapitre de Saint-Jean (*Die Urkunden Friedrichs I*, tome I, n° 49, p. 81) et à Baume-les-Dames, pour Saint-Paul (*ibidem*, n° 50, p. 83).

Guillaume de Dole, et l'épouse, après que le frère et la sœur eurent fait preuve de leur bravoure et de leur pureté [1].

Le sort des cadets de Bourgogne   Bien qu'écartés définitivement de la succession de Renaud III, les comtes Etienne et Gérard conservent une situation privilégiée au sein de la noblesse locale : leurs seigneuries de Traves, Scey, Auxonne, Lons, Mâcon, Vienne, leur confèrent une puissance sans doute inférieure à celle du comte, mais suffisante pour les placer au-dessus des autres seigneurs et leur donner les moyens d'une politique ambitieuse ; cette constatation se vérifie plus d'une fois dans la seconde moitié du XIIe siècle, avec leurs nombreuses interventions auprès des abbayes et dans les affaires religieuses du diocèse.

Cependant le mariage ne fait pas que des heureux, à l'image du duc Berthold de Zähringen, qui voyait son avenir compromis, puisque le rectorat de Bourgogne perdait sa raison d'être ; les compensations cédées par l'empereur (avoueries des évêchés de Lausanne, Bâle, Genève) dédommagent mal cette perte de puissance, et remettent en cause la fidélité des Zähringen pour les Staufen. De même, si momentanément les seigneurs comtois bénéficiaient du prestige impérial, ils pouvaient redouter à long terme une suzeraineté trop contraignante, puisque Frédéric entendait profiter de sa double qualité de comte et d'empereur pour faire du comté un tremplin qui amorçât sa pénétration dans le reste du royaume de Bourgogne, en direction de la vallée du Rhône et de la Provence.

Dès 1157, Frédéric revient à Besançon [2] et se fait reconnaître sans difficulté par la noblesse et le clergé : il prend alors possession des domaines comtaux, dont il organise l'administration en y nommant des légats, équivalents des baillis français ou des justiciers anglais [3]. Le mariage instaurait donc dans le pays une situation nouvelle qui rappelait, en l'aggravant, la mainmise impériale opérée par Henri III au siècle précédent. Pour la rendre moins pesante, Frédéric laisse Béatrice jouer un rôle personnel dans le gouvernement de la province : par la connaissance qu'elle a du comté, de sa langue et de ses habitudes, l'impératrice s'impose comme l'intermédiaire privilégiée entre le souverain et ses nouveaux vassaux.

B. UN AMI DES MOINES : ANSERI (1117-1134)

L'arrivée d'Anseri à Besançon (1117) marque l'accession au pontificat d'une nouvelle génération de prélats, entièrement dévoués à la réforme, mais poursuivant des objectifs différents avec des méthodes distinctes. Encore recrutés parmi les dignitaires capitulaires, ces évêques n'abandonnent pas les préoccupations de leurs prédécesseurs, mais choisissent leurs priorités en fonction des situations locales et pensent que l'évangélisme constitue la voie royale pour atteindre la perfection, le meilleur moyen de créer des foyers de rayonnement qui réalisent la réforme dans sa plénitude. Aussi son pontificat coïncide-t-il avec une efflorescence monastique et religieuse qui marque le diocèse d'une empreinte indélébile.

Curieusement, cette orientation, qui aurait pu conduire à la promotion épiscopale de religieux, ne se réalise pas à Besançon, alors qu'après 1130 bien des évêchés

---

1. Curieusement, les historiens de la littérature n'ont pas songé à faire le rapprochement avec Béatrice, alors que, dans le roman de Jean Renard, bien des descriptions et des évocations font incontestablement penser au comté de Bourgogne et à sa jeune héritière.

2. PATZE (H.), *Friedrich Barbarossa und die deutschen Fürsten*, dans *Die Zeit der Staufen*, V, p. 55.

3. ALLEMAND (M.-Th.), *Le pouvoir des comtes de Bourgogne au XIIIe siècle*, Paris, 1988, p. 323 et suiv.

voisins sont occupés par des représentants des ordres nouveaux : les cisterciens s'imposent en Tarentaise avec Pierre Ier (1132-1140), fondateur de La Ferté-sur-Grosne, avec Pierre II (1141-1174), ancien abbé de Tamié ; à Langres avec Godefroy (1138-1164), dont l'élection fit scandale ; à Lausanne, avec Amédée (1145-1159) ; à Sion, avec Guérin (1138-1150) ; à Chalon, avec Pierre (v. 1164-1178) ; à Valence, avec Jean, abbé de Bonnevaux, etc. De leur côté, les chartreux placent les leurs à Belley (Bernard de Portes (1136-1152) et Anthelme (1163-1175), canonisé par la suite) et à Grenoble. Si l'épiscopat d'Anseri se situe entre deux grands types de prélats que, pour simplifier, l'on pourrait appeler grégoriens et monastiques, sa personnalité est telle qu'elle ne souffre pas de cette comparaison.

Le personnage

L'homme qui monte sur le siège métropolitain en cette année 1117 devait avoir une force de caractère exceptionnelle pour oser braver les handicaps qui l'attendent : étranger au diocèse, il arrive au moment où la querelle des deux chapitres atteint son paroxysme ; son prédécesseur Guillaume a préféré démissionner l'année précédente, mais, loin d'apaiser les rivalités capitulaires, ce départ accroît l'enjeu du différend et rend impossible le recours à la libre élection.

Le choix   Dans de telles circonstances, la papauté n'hésitait pas à se substituer aux électeurs et, par le truchement du légat, à désigner le nouveau titulaire. Bien que nous n'ayons pas de preuve pour l'affirmer, il est fort possible que cette éventualité ait joué et que le pape ait invité son représentant en Bourgogne à procéder au choix de l'archevêque. En effet, Guy de Vienne, qui remplissait alors les fonctions de légat, connaissait parfaitement la situation bisontine et savait que seul un étranger au diocèse pouvait se faire accepter par les deux chapitres bisontins ; à cause des rebondissements qu'offrait alors la querelle des Investitures, il prit même quelqu'un d'extérieur à l'Empire en fixant son choix sur Anseri, prévôt du chapitre d'Autun. Nomination surprenante de prime abord, mais qui ne tarde pas à révéler la sûreté de jugement du légat.

Pourquoi s'être tourné du côté d'Autun ? Certes, plusieurs conciles venaient de se dérouler aux frontières du royaume et l'on pourrait imaginer quelques brillantes interventions du futur prélat qui aurait attiré sur lui l'attention de l'archevêque de Vienne. Mais le caractère d'Anseri se prête mal à des démonstrations publiques, lui qui ne semble rechercher ni les honneurs, ni les distinctions officielles. Mieux vaut se tourner du côté des relations personnelles qui unissent Guy de Vienne à Autun et qui ont leurs origines dans sa famille et dans son diocèse d'origine. En effet, Autun a plusieurs fois marqué de son empreinte l'histoire religieuse de Besançon : sans remonter aux prestigieux évêques saint Léger ou saint Symphorien, dont le culte s'est largement répandu dans notre diocèse, nous savons qu'Hugues Ier de Salins avait établi des liens très étroits avec cette cité. Divers monastères autunois gardent aux XIIe et XIIIe siècles des possessions importantes dans notre diocèse, remontant à une époque indéterminée : l'abbaye féminine de Saint-Jean possède des terres et des églises à proximité de Poligny, un prieuré à Colonne, le tout géré par une équipe de ministériaux [1] ; de même, Saint-Martin détient le village de Saint-Ylie près de Dole, qu'il échange en 1270 contre des biens à Avallon [2].

---

1. Les ministériaux apparaissent dans le cartulaire de Rosières : un prévôt, un *matricularius*, un custode, des *villici*. En 1178, Frédéric Barberousse confirme à Saint-Jean d'Autun ses possessions comtoises, Arch. dép. Saône-et-Loire, H 1170, fol. 250.
2. J.-G. BULLIOT, *Essai hist. sur l'abbaye Saint-Martin d'Autun*, II, n° 18, acte de 1164 et

Plus étonnantes sont les relations qui se sont établies à la fin du xie siècle entre Autun et le comte de Bar, Thierry de Mousson et son épouse Ermentrude de Bourgogne, propre sœur de Guy de Vienne. L'évêque d'Autun, Etienne de Bâgé (1112-1139), réputé pour sa culture et sa piété, était l'ami de Cluny, où il termine ses jours comme simple moine, et en même temps du duc de Bourgogne ; mais il eut sans doute des relations encore plus cordiales avec le couple comtal, dont le tombeau demeura dans la nouvelle église de Saint-Lazare jusqu'au xviiie siècle.

Ermentrude passe même pour la grande bienfaitrice de cette cathédrale, dont Etienne de Bâgé entreprend la construction après la visite de Calixte II durant les fêtes de Noël 1119 ; son fils Etienne, qui aurait été chanoine d'Autun avant de devenir évêque de Metz (1119-1163), a lui aussi son obit inscrit sur les murs de cette église [1]. Même si le pourquoi de telles relations familiales demeure inexpliqué, celles-ci paraissent suffisamment fortes pour donner au choix de Guy une justification rationnelle : le légat connaissait sans doute personnellement le prévôt de Saint-Nazaire et l'estimait capable d'assumer une situation aussi délicate. Se fondait-il sur l'action d'Anseri à la tête du chapitre, sur l'amitié que celui-ci lui inspira, ou sur les recommandations de personnages influents ? Nous ne le savons pas, mais, comme son évêque Etienne de Bâgé, le prévôt évolue dans l'entourage du duc de Bourgogne, Hugues II, dont il est le conseiller [2].

L'amitié de Calixte II   Par la suite, Calixte ne lui ménage jamais son soutien : non seulement il suit et approuve sa fermeté prudente dans l'affaire des deux chapitres, mais, chaque fois que l'occasion se présente, il lui donne les moyens de poursuivre sa tâche difficile et lui confie d'autres missions délicates. Après son élection apostolique, Calixte II ne perd jamais de vue le dossier bisontin : il multiplie les confirmations, sanctionne fermement les chanoines de Saint-Etienne qui s'étaient joués de lui et d'Anseri et, lorsque ce dernier quitte le concile œcuménique du Latran pour regagner sa cité, il le munit d'une lettre personnelle pour appuyer son action aux yeux du peuple et du clergé bisontins ; sous les termes officiels se dissimule une sympathie indéniable qui révèle une sorte de complicité entre les deux personnages [3].

Qui est donc cet archevêque, dont le pontificat dure moins de vingt ans, mais qui déjà de son vivant et plus encore après sa mort, suscite le respect, puis la vénération : *homo venerabilis, vir reverendissimus, bone memorie* ? L'ascendant qu'il exerce, l'œuvre qu'il accomplit, le mettent au rang des grands archevêques et bien des fois suscitent la comparaison avec Hugues Ier : tous deux ont puisé à Autun leur sagesse et leur zèle religieux, tous deux ont incarné, à leur manière et selon les critères de leur temps, le modèle du prélat, tous deux mettent autant de conscience à accomplir leur charge pastorale et laissent derrière eux une œuvre différente, mais décisive pour le diocèse. Si Hugues s'est voulu le père des chanoines, Anseri est avant tout l'ami et le bienfaiteur des ordres nouveaux. Les éléments de comparaison ne

---

n° 79, acte de 1270 ; l'échange se fait avec le duc de Bourgogne.

1. Grivot (chanoine D.), *La cathédrale d'Autun au Moyen Age*, dans *Histoire et Archéologie*, mai 1981, p. 40. Fontenay (H. de), *Epigraphie autunoise*, dans *Mém. Soc. Eduenne*, XVI, 1888, p. 304 : *IV° calendas januarii obiit Stephanus pie memorie Sancte Metuensis ecclesie episcopus anno ab incarn. millesimo centesimo sexagesimo tercio.*

2. Plancher (Dom), *Histoire générale et particulière de Bourgogne*, II, p. 261.

3. Castan (A.), *Origines de la commune de Besançon*, dans *Mém. Soc. Emul. Doubs*, 1858, p. 329 ; Castan date cette bulle de 1120 (4 avril), mais il faut la replacer après le concile de Latran I, en 1124 (texte omis par U. Robert, dans son *Bullaire de Calixte II*). Cité dans *Histoire de Besançon*, I, p. 299.

s'arrêtent pas là et les oppositions contribuent aussi à rehausser leur personnalité. Anseri n'a rien du prélat lotharingien qui évolue autant dans les cours germaniques et pontificales que dans son diocèse ; entre temps, les légats sont passés, l'Empire n'a guère les moyens de poursuivre une politique bourguignonne, l'archevêque se contente de ses activités provinciales, comme la plupart de ses confrères. S'il y perd incontestablement ce prestige et cette audience dont s'auréole Hugues Ier, il gagne en revanche une profondeur et une sincérité de sentiments qui donnent à son action une homogénéité incomparable : pacificateur et réformateur de la nouvelle vague, il ne réussit peut-être pas à exporter son image de marque, mais il laisse à la postérité le modèle du prélat qui réalise dans sa vie quotidienne les valeurs évangéliques, mises en pratique dans les communautés de son diocèse [1].

Homme de paix

Les déclarations d'intentions, enregistrées dans les préambules de ses chartes, définissent les grandes lignes directrices de son programme : *homme de paix et de réforme*, Anseri l'a été pendant les dix-sept années de son pontificat. Lui qui hérite en 1117 d'une situation explosive mettant aux prises les chanoines entre eux, les clercs et les laïcs, l'Eglise et l'Empire, laisse à sa mort un diocèse apaisé, des relations avec l'empereur normalisées, la concorde renouée avec les comtes. Beaucoup de ses actes, même les plus importants, sont de conciliation, de règlement pacifique et répètent inlassablement les mots *amicabiliter, amicabili compositione*.

Rien de plus révélateur à cet égard que la procédure qu'il adopte dans le premier conflit qu'il règle et qui oppose Humbert de Salins à Cluny en 1118 : « Sur ordre du légat (Guy de Vienne),nous avons cité et fait venir à Besançon ledit Humbert pour faire justice à ce sujet. Après avoir écouté les faits et les arguments de chaque partie, nous avons avec l'accord des adversaires engagé une procédure. Mais avant que ne fût rendue la sentence, nous avons lancé un appel à Humbert, qui connaissait trop bien la fragilité de sa cause, et aux moines eux-mêmes, qui préféraient la paix à l'argent et qui, dans leur intérêt futur, aimaient mieux faire un geste plutôt que de se lancer dans les procès ; nous désirions vider cette querelle par un arrangement amiable plutôt que par l'application laborieuse d'une sentence judiciaire » [2]. La même attitude apparaît dans le conflit Baume avec la collégiale de La Madeleine, qu'il règle en 1120 : *complacuit ut amicabili potius compositione quam judicabili calculo lis ea terminatur* [3].

Durant tout son pontificat, Anseri milite pour la paix sans jamais se soustraire aux difficultés, ni faire preuve de pusillanimité ou d'esprit de démission. Grâce au soutien constant de Calixte II, il vient à bout de la querelle des deux chapitres et si, par souci de concorde, il multiplie les mesures d'apaisement, jamais il ne transige sur le fond :.la maternité de Saint-Jean est officiellement reconnue, les chanoines de Saint-Etienne déboutés de leurs prétentions et condamnés ; le concordat de Worms leur enlève l'espoir d'un recours impérial. Loin de les accabler, l'archevêque met alors tout en œuvre pour tempérer la rigueur de leur échec et, par de nombreuses concessions, compenser la perte de prestige subie par leur cathédrale : il accroît leur puissance temporelle au point de la rendre équivalente à celle de Saint-Jean.

La liquidation de la querelle des investitures exige moins d'efforts de sa part, parce que la rupture ne s'était jamais produite avec l'Empire et que le principe électif

---

1. R. LOCATELLI, Les fruits de la réforme grégorienne : Anseri, archevêque de Besançon (1117-1134), dans *Mélanges Roland Fiétier*, Paris, 1985, p. 429-454.

2. CHEVRIER et CHAUME, *Chartes de Saint-Bénigne de Dijon, II,* n° 456 (acte de 1118).

3. Arch. dép. Doubs, G 1363, acte publié dans *Les droits paroissiaux en Franche-Comté au Moyen Age,* p. 137.

de l'archevêque était admis depuis le milieu du XIᵉ siècle. Mais les problèmes disputés depuis une cinquantaine d'années avaient entraîné une dégradation des rapports avec l'empereur et gâté les bonnes relations qui existaient entre les prélats et les comtes de Bourgogne au temps d'Hugues III. Là encore, Anseri héritait d'un contentieux malsain et préjudiciable à ses désirs de paix. Aussi, conformément à la politique de Calixte II et sans même attendre la signature du concordat de Worms, il engage des pourparlers avec le comte ; celui-ci semble avoir profité des embarras épiscopaux dans l'affaire des deux chapitres pour faire payer chèrement ses services et mettre la main sur quelques biens ecclésiastiques.

De même, après le concordat de Worms n'a-t-il aucune raison de ne pas renouer avec l'empereur : en janvier 1125, il est à Strasbourg aux côtés d'Henri V, en compagnie du comte Guillaume l'Allemand, de Frédéric, comte de Montbéliard, et de Gérard, évêque de Langres, qui occupe alors les fonctions de chancelier [1]. Mais la mort du roi interrompt cette reprise de contact et nous ne connaissons pas l'attitude d'Anseri face à Lothaire III, particulièrement dans l'affaire de la succession de Bourgogne : à en juger par son fidèle continuateur, Humbert, les archevêques ont toujours joué la carte impériale contre les pouvoirs locaux. Anseri s'est-il prêté à des combinaisons diplomatiques au risque de rompre son traité avec Renaud III ? Lorsqu'il rencontre Lothaire à Bâle en 1130, n'est-ce pas plutôt pour offrir ses bons offices de conciliateur [2] ? Aucune mention de différend avec le comte n'apparaît sous son pontificat, ce qui n'est pas le cas sous son successeur.

A côté d'initiatives spectaculaires concernant la Paix de Dieu ou les applications locales du concordat de Worms, Anseri réalise de multiples réconciliations entre les monastères de son diocèse ; faute de pouvoir toutes les énumérer, citons les principales : il intervient entre Baume-les-Messieurs et La Madeleine qui se disputent la nouvelle église de Dole, il veille personnellement à ce que la paix entre Château-Chalon et Saint-Pierre de Mâcon soit officiellement enregistrée devant l'archidiacre Manassès, il apaise l'hostilité qui éclate entre les deux communautés régulières et séculières de Saint-Paul..., mais ce geste appartient déjà à l'action réformatrice qu'il mène ardemment et qui aboutit au renouveau de la vie religieuse [3].

Le réformateur

L'homme de paix rejoint, en effet, le réformateur non pour une simple restauration de la discipline ecclésiastique ou la lutte contre les malversations en tous genres, mais pour une véritable régénération de son église, pour un printemps religieux marqué par une floraison aussi abondante que variée. Dans une simplification rapide, l'on pourrait dire que les deux aspects de son action se succèdent chronologiquement et divisent son pontificat en deux périodes : au début dominent les œuvres de pacification, au début s'accomplit le travail ingrat, mais nécessaire, de la préparation des sols et des semailles.

Le retour au calme favorise la germination des idées et des aspirations nouvelles véhiculées par la réforme : c'est le temps des expériences religieuses et des tâton-

---

1. J. TROUILLAT, *Monuments de l'histoire de l'ancien évêché de Bâle*, I, p. 246.
2. C'est de Bâle qu'Anseri date la donation qu'il fait à la cathédrale Saint-Jean d'un fief à Bonnay (Bibl. mun. Besançon, Droz 32, fol. 321).
3. Ces différents actes s'échelonnent de 1120 (*Les droits paroissiaux en Franche-Comté au Moyen Age*, p. 137) à 1131 (*Necrologium Sancti Petri Matisconensis*, p. 92, et *Gallia Christiana*, XV, instr. col. 26). Anseri intervient aussi pour défendre Remiremont contre les usurpations des seigneurs d'Aigremont (BRIDOT (J.), *Chartes de l'abbaye de Remiremont*, p. 122, vers 1127-1130).

nements. Arrivent les années 1130 : le blé lève rapidement et les champs qui mûrissent se transforment en une moisson d'abbayes nouvelles, canoniales ou monastiques ; le mouvement se précipite alors. Quand, après avoir si bien travaillé la vigne du Seigneur, Anseri s'est présenté devant le Seigneur pour percevoir son salaire, c'est avec émotion qu'il dut contempler tous ces jeunes fils spirituels qu'il avait nourris du lait de la piété et qu'il aimait d'un amour plus fort à cause de leur fragilité, c'est avec émotion qu'il dut écouter leurs psalmodies montant de toutes parts en son honneur. En ce domaine, la comparaison avec Hugues de Salins lui donne un avantage indéniable : alors que son prédécesseur avait fondé ou rénové quelques chapitres dans sa propre cité ou à Salins, c'est une vingtaine de monastères relevant tous des ordres nouveaux qu'Anseri a favorisés et à la croissance desquels il a participé d'une manière directe et efficace.

Le protecteur des religieux   Ami et protecteur des religieux, comme il l'affirme à maintes reprises dans ses préambules, il considère cette préoccupation comme partie intégrante et essentielle de sa sollicitude épiscopale. Comme Hugues Ier, il entretient des liens d'amitié avec Cluny et, selon une tradition déjà ancienne, c'est lui qui, en 1122, donne la bénédiction abbatiale à Pierre le Vénérable et qui prend en main la défense des intérêts clunisiens dans le diocèse. Cette amitié ne se dément pas sous son successeur Humbert et, lorsque ce dernier subit une campagne de calomnies, Pierre le Vénérable n'hésite pas à voler à son secours et à dénoncer les faits au pape. Même s'il ne cache pas sa préférence pour les ordres nouveaux, Anseri n'a pas pour autant abandonné à leur sort les anciens monastères, envers lesquels il se montre généreux : Saint-Bénigne de Dijon, Saint-Oyend, Château-Chalon bénéficient de ses bonnes dispositions, tandis que Baume-les-Messieurs obtient le patronage de très nombreuses églises [1].

Il suit de près l'évolution des plus récents : « Après les anciens nés du sein de l'Eglise de Besançon, c'est-à-dire après les monastères érigés depuis longtemps, celui de Balerne a récemment pris naissance, comme un fils nouveau-né et a poussé comme un jeune rejeton spirituel ; pour empêcher que cette nouvelle plante ne vienne à se dessécher faute d'aliment, nous devons l'arroser plus fréquemment du flot de toutes les aumônes, afin de pouvoir goûter un jour de ses bons fruits, au banquet du juste » [2]. A plus forte raison suit-il avec bienveillance les efforts de restauration entrepris par les moniales de Faverney et, lorsque ceux-ci échouent, il ne laisse pas la situation se dégrader et prend aussitôt les mesures pour donner une nouvelle vie à l'établissement : visite sur place, convocation des avoués, transfert à La Chaise-Dieu, etc.

Toutefois, son affection spirituelle le porte naturellement vers les nouveaux-venus, dont les vertus évangéliques apportent un sang neuf au corps diocésain et, en leur accordant un soutien presque inconditionnel, Anseri s'est forgé son titre de gloire le plus durable, celui de père du renouveau religieux, qu'il favorise sous toutes ses formes et dans toutes ses expressions. La composition de son entourage confirme d'ailleurs ses propres dispositions : à côté des membres statutaires, puisés au sein des chapitres bisontins, siègent diverses personnalités, toutes acquises à ce nouvel idéal de perfection, en particulier des chanoines réguliers de saint Augustin : Narduin, prieur de Montbenoît, connu pour son zèle à répandre la nouvelle règle ; maître Gerland, dont la culture religieuse ne le cède en rien à sa valeur intellectuelle et qui, avec Guichard, réussit la mutation de Saint-Paul en un prieuré régulier. Toutefois, les

1. Acte du 8 avril 1133, Arch. dép. Jura, 1 H 17.
2. Bibl. nat., Moreau 51, fol. 72 ; Bibl. mun. Besançon, Droz 74, fol. 162.

liens avec Autun ne sont pas rompus puisque Hugues, originaire de cette ville, occupe un canonicat à Saint-Jean.

Anseri meurt le 19 avril 1134 et fut peut-être inhumé à Saint-Paul car, peu de temps auparavant, il venait de fonder son anniversaire en cette église et, pour la circonstance, avait fait une importante donation : il abandonnait, avec l'approbation de sa *familia*, tout ce qu'il possédait de droits seigneuriaux, *plaid général, coutume et revenu*, sur trois meix appartenant à Saint-Paul, ce qui élargissait l'enclave franche de l'abbaye [1]. Comme son arrivée à Besançon, son départ se fait dans la même discrétion documentaire : nous continuerons à ignorer ses origines familiales et son état civil, seule demeure en transparence dans les parchemins la vision d'une personnalité exceptionnelle et incontestée, même de ses contemporains [2].

C. UN SUCCESSEUR FIDÈLE : HUMBERT (1134-1161)

L'œuvre de pacification d'Anseri ne fait aucun doute, car sa mort ne provoque ni trouble, ni querelle : l'on aurait pu craindre des manœuvres de Saint-Etienne, sinon pour imposer un des siens ou prolonger une vacance propice à toute contestation, du moins pour repousser tout candidat pris au sein de Saint-Jean et obliger les électeurs à se tourner vers l'extérieur. Le choix d'Humbert de Scey, chanoine de Saint-Jean, archidiacre du Varais depuis 1124 et chambrier (1131), prouve que les dissensions ne l'ont pas emporté sur l'esprit de concorde et que l'influence d'Anseri crée l'accord sur le nom d'un de ses plus proches collaborateurs. Il n'y a pas lieu, en effet, de mettre en doute le mode électif au profit d'une intervention pontificale qui ne s'imposait pas et qui aboutit généralement à la nomination d'une personne étrangère au diocèse. Le nouvel élu ne rencontre par la suite aucune opposition au sein du clergé bisontin, même lorsqu'il évoque les liens affectifs qui l'unissent à Saint-Jean.

Son programme

Le pontificat d'Humbert débute de ce fait dans de meilleures conditions que celui d'Anseri, auquel cependant il ressemble par plus d'un point commun : même programme, même floraison monastique, mêmes difficultés ; l'analogie va au-delà de l'action pour s'appliquer aux individus eux-mêmes. Humbert est le fidèle continuateur d'Anseri, après avoir été son homme de confiance ; moins brillant peut-être, moins fascinant certainement, il a surtout la malchance de terminer son long épiscopat dans des conditions équivoques : sa fidélité à l'Empire, que son âge avancé n'ose mettre en question, le plonge dans les remous du schisme victorin et entache sa réputation d'un soupçon de faiblesse. Le juger d'après des critères purement alexandrins et une fin de vie malheureuse manquerait singulièrement d'impartialité, si bien qu'il est préférable de rattacher les années postérieures à la diète de Besançon (1157) à la phase germanique de l'histoire du diocèse.

Ses antécédents   Si Humbert a réuni sur son nom les suffrages de ses confrères, c'est qu'il leur offrait les garanties d'une politique de continuité et d'apaisement, qu'il poursuit effectivement avec bonheur. Issu d'une importante famille seigneuriale, les Scey-en-Varais qui dominent la haute vallée de

---

1. Arch. dép. Doubs, 67 H 13 : *Placitum generalem, consuetudinem et reditum quem ibi in dominicatu habebat super eorum terram* : souscrivent Humbert, archidiacre et chambrier, Etienne, vicomte, Hugues et Sigismond, séchaux, Aymon, bouteiller, Mainier, panetier, Pierre, maire de Besançon, Teudebert et Etienne, forestiers...
2. La tradition veut qu'il appartienne à la famille bourguignonne de Montréal.

la Loue, mais dont le réseau d'alliances élargit la zone d'influence [1], il symbolise la promotion de l'aristocratie locale, bénéficiaire du système électif. Toute sa carrière ecclésiastique se déroule au sein du chapitre de Saint-Jean et, comme il se plaît à le répéter, il porte une grande affection à cette église « au sein de laquelle nous avons été élevé et dans laquelle nous avons reçu, grâce à la miséricorde divine, la charge pastorale » [2]. Peu de temps avant sa mort, il explicite ses sentiments de reconnaissance envers cette Eglise en termes d'amour filial : « C'est elle qui, enfant, m'a nourri de son lait ; elle qui, homme mûr, m'a placé sur le trône pontifical ; elle qui, vieillard, a daigné me soutenir du bâton de sa compassion » [3]. Si émouvante soit-elle, cette métaphore des trois âges manque de précision chronologique sur les grandes étapes de sa carrière : admis à Saint-Jean dans sa jeunesse, il y exerce diverses responsabilités durant une dizaine d'années avant d'être élu archevêque, si bien que l'on peut raisonnablement placer cette promotion après la trentaine et admettre que vingt-sept années de pontificat font effectivement de lui un vieillard.

Humbert reçoit sa formation intellectuelle et culturelle au sein du chapitre de Saint-Jean, à une époque où brillent les écoles cathédrales, mais où règne la zizanie avec Saint-Etienne. Archidiacre en 1123 — du Varais, sans doute —, il gagne la confiance d'Anseri, qui sait s'entourer d'hommes remarquables et qui fait de lui son chambrier, chargé de la gestion du temporel épiscopal, et son bras droit dans toutes les affaires importantes [4] ; à ce titre, et sans doute aussi comme partisan du même programme, Humbert prend une part de plus en plus active aux grandes décisions dans les dernières années d'Anseri. En le choisissant comme successeur de ce dernier, les chanoines confirment donc les grandes orientations suivies jusque-là.

Pastorale   Le nouvel archevêque peut donc appliquer son programme sans rencontrer d'obstacles majeurs et affirmer sa volonté de continuité. Il suffit de parcourir les préambules de ses chartes pour percevoir cette permanence et retrouver sous des formules plus ou moins stéréotypées les préoccupations profondes du prélat. Comme Anseri, il manifeste une conscience aiguë des devoirs que lui impose sa charge et auxquels il ne veut pas se dérober ; au nombre de ceux-ci figurent le maintien de la paix pour le bien des églises, l'aide aux religieux qui vivent dans la régularité, le souci de dispenser une nourriture à la fois spirituelle et temporelle.

Mais, comme chez Anseri, sa préférence va aux réguliers qui ont choisi la voie étroite conduisant à la perfection. Il ne cache pas son admiration à l'abbé de Cîteaux : « Vénérable Père, sensible à votre sainteté comme à un parfum de suave odeur, nous

---

1. Il n'y a pas lieu de mettre en doute les origines familiales d'Humbert, bien attestées par plusieurs documents : Bibl. Berlin, Phillipps 15, II, fol. 55 ; *Chartes de Saint-Etienne de Dijon,* II, n° 54. Dunod le rattache sans preuve à la maison de Saint-Quentin à cause de la forte influence de deux de ses membres sous son pontificat, tandis que l'abbé RICHARD (*Histoire du diocèse de Besançon,* I, p. 357) en fait un membre de la famille de La Roche-sur-Ognon, parce qu'il a deux neveux dans ce lignage (Hugues et Othon, cités dans un document de 1149).
2. Texte publié par A. CASTAN, Les origines de la commune..., dans *Mém. Soc. Emul. Doubs,* 1858, p. 336.
3. Donation à Saint-Jean en 1161 : Bibl. mun. Besançon, Droz 32, fol. 370 ; texte cité dans *Histoire de Besançon,* I, p. 309.
4. La charge apparaît pour la première fois en 1130 entre les mains d'un certain Hugues et correspond à une phase importante de l'organisation de la curie épiscopale ; généralement associée à une fonction d'archidiacre, puis à celle de chantre de Saint-Jean, elle fait de son titulaire l'homme de confiance de l'archevêque ; Humbert confère cette fonction au doyen de Saint-Etienne, Pierre de Traves.

accordons à votre église, etc. »[1]. Aux moines de La Grâce-Dieu, il donne en guise de salut ce conseil significatif : « Persévérez inlassablement dans le projet de la sainteté »[2]. Il semble témoigner une affection particulière aux cisterciens que leur pauvreté rapproche davantage du Christ : « Dieu nous a confié le gouvernement de son Eglise pour que nous soulagions plus spécialement les souffrances des pauvres du Christ qui, pour lui, ne désirent rien avoir, pour que nous partagions leurs fardeaux et que nous prenions soin de les aider selon nos moyens »[3].

Cette expression, *pauvres du Christ*, appliquée aux cisterciens, revient plusieurs fois et convient parfaitement à l'archevêque Humbert lorsque, souscrivant une donation de Bellevaux, il se dit *cultor et amator pauperum Bellevallis*[4]. Père, protecteur des pauvres, la formule renvoie à une tradition dans l'Eglise qui met l'évêque au service des religieux qui se sont voués volontairement à la pauvreté et secondairement au secours des malheureux, des démunis[5]. Une telle attitude est d'ailleurs conforme à la politique suivie par de nombreux évêques depuis la fin du xie siècle, attentifs à ne pas laisser les congrégations religieuses passer leur temps en procès, au lieu de s'adonner à la prière. En choisissant cette formule, *cultor et amator pauperum*, comme ligne de conduite, Humbert oriente délibérément son action pastorale dans le même sens que celle d'Anseri.

Floraison monastique   Si, comme Anseri, il ne cache pas ses sympathies pour les ordres nouveaux, Humbert ne néglige pas pour autant les anciens : la plupart d'entre eux obtiennent de lui des avantages, qui des églises, qui des confirmations... Il suit de près l'évolution de Faverney et de Luxeuil ; il approuve et peut-être même sollicite la décision pontificale de confier Baume-les-Messieurs à Cluny, il défend Remiremont contre les seigneurs de Bourbonne-les-Bains ou les ducs de Lorraine[6]. Inutile d'allonger la liste des interventions qui relèvent des responsabilités habituelles de l'ordinaire et prouvent simplement que l'archevêque fait son devoir ; de même lorsqu'il consacre l'église collégiale de Montbéliard vers 1150, en présence des suffragants de Bâle et de Lausanne, de l'évêque de Metz, propre frère de Thierry de Montbéliard[7]. Mais ces témoignages s'estompent devant les multiples attentions qu'Humbert réserve à ses amis cisterciens ; les chartriers de Bellevaux, d'Acey, de Rosières, de Buillon, de Bithaine... contiennent les preuves de cette sympathie bienveillante : nombreuses et très longues pancartes de confirmations, visites dans les monastères, consécration de l'abbatiale de Bellevaux en 1143, donations diverses, cession même d'églises, etc. Autant de façons de concrétiser son amour pour les pauvres du Christ[8].

Autre catégorie d'établissements à bénéficier de ses faveurs : les églises de

1. Vers 1131-41 : Arch. dép. Doubs, 5 J 2.
2. 1147, texte édité par RICHARD (abbé), *Histoire de La Grâce-Dieu*, p. 261.
3. Rosières, 1136 (J.-B. GUILLAUME, *Histoire généal. des sires de Salins*, I, pr. 40).
4. Bellevaux, Arch. dép. Haute-Saône, H 205.
5. On comparera avec l'ouest de la France : AVRIL (J.), *Le gouvernement des évêques*, p. 65.
6. J. BRIDOT, *Chartes de l'abbaye de Remiremont*, p. 142 et 15 : en juin 1144, les évêques de Besançon, Toul, Verdun et Langres déclarent qu'ils se sont réunis à Saint-Dié, à la demande du pape, pour régler non sans peine le conflit entre le duc de Lorraine et Remiremont.
7. L. VIELLARD, *Doc. et mém. pour servir à l'hist. du Terr. de Belfort*, n° 219.
8. Avant 1144, il cède l'église de Cirey, confirmée par Lucius en ces termes : *ut exinde vobis agere liceat secundum consilium Cisterciensis capituli* (WIEDERHOLD, *Papsturkunden, La Franche-Comté*, n° 27, et Arch. dép. Haute-Saône, H 139).

Besançon, ce qui rappelle le dessein d'Hugues Ier de transformer celles-ci en foyers spirituels pour tout le diocèse. Toutes les abbayes et collégiales — à l'exception de Jussamoutier qui dépend de Baume — reçoivent des avantages appréciables ; à Saint-Vincent, considérée comme la propre fille de l'Eglise bisontine, il accorde la priorité sur les autres abbayes : son abbé « trouve place et dignité parmi les chanoines de Saint-Jean » et participe à ce titre à l'élection épiscopale [1].

Il apaise les tensions entre les chanoines de la Madeleine et leur doyen qui cumulait cette fonction avec la charge de trésorier de Saint-Jean [2], tandis que ses bonnes relations avec Pierre de Traves entretiennent l'entente avec Saint-Etienne, soutenue par quelques concessions opportunes [3]. Depuis son passage à la régularité augustinienne, Saint-Paul reste le grand foyer spirituel de la cité et reçoit naturellement des marques de sympathie sous forme de dons ; c'est d'ailleurs là que choisit de se faire inhumer Humbert [4]. Mais, nous l'avons dit, le prélat à gardé une affection toute spéciale à Saint-Jean où il a vécu jusqu'à sa consécration épiscopale et où il garde de nombreux amis et conseillers : le chapitre le soutient dans sa politique religieuse comme dans sa lutte contre le comte et, en compensation des avances considérables qu'il lui consent, il reçoit des droits sur la monnaie.

L'archevêque a une raison supplémentaire de lui accorder toute son attention : l'église de Saint-Jean est alors en pleine reconstruction, une cathédrale entièrement nouvelle s'apprête à remplacer l'ancien édifice d'Hugues Ier. Les recherches récentes [5] ont considérablement modifié nos connaissances archéologiques et mis en évidence l'œuvre du XIIe siècle : auparavant, on rattachait le gros œuvre de l'édifice à la période carolingienne avec une restauration au milieu du XIe siècle et l'on n'attribuait à l'époque romane que des remaniements secondaires au niveau des absides et du décor, en particulier des chapiteaux. Les dernières conclusions inversent totalement ces perspectives : il ne subsiste rien de l'ancienne cathédrale carolingienne autour de laquelle se sont organisés les bâtiments épiscopaux et claustraux, car le XIIe siècle part sur des bases entièrement neuves jusque dans ses fondations ; il infléchit même le nouvel axe du bâtiment vers le sud-est pour permettre un allongement de l'église et reconstruit la totalité de l'édifice [6].

A mesure que prend corps le nouvel édifice, le pontificat d'Humbert approche de

---

1. Confirmation de 1140 : Arch. dép. Doubs, 1 H 18, publiée dans J.-Y. MARIOTTE, *Le comté de Bourgogne...*, p. 198.
2. Acte de 1160 : Arch. dép. Doubs, G 1261.
3. 1142, dîmes de la paroisse de Velotte (Bibl. mun. Besançon, Droz 32, fol. 339).
4. Saint-Paul reçoit diverses églises : en 1138, Onoz et Roche-lès-Clerval (Bibl. mun. Besançon, Droz 38, fol. 77) ; en 1155, Humbert excommunie Thiébaud de Rougemont pour les exactions commises à Beaumotte-lès-Montbozon (Arch. dép. Doubs, 67 H 167). Obituaire de Saint-Paul (Bibl. mun. Besançon, Droz 38) : *kl. oct : Humbertus archiepiscopus, canonicus noster, hic sepultus.*
5. Compléter les travaux de R. TOURNIER, *Les églises comtoises, leur architecture des origines au XVIIIe siècle*, Paris, 1954, et *Franche-comté romane*, coll. "La nuit des temps", Zodiaque, 1979, par J. ZINK, *Die mittelalterliche Kathedrale von Besançon bis zum 13[en] Jahrhundert* (Inaugural Dissertation zur Erlangung der Doktorwürde...), Freiburg, 1974 (C.R. dans le *Bull. Monumental* 133 (1975), p. 192-195, sous la plume de D. JACOUB) ; G. FORESTIER, La sculpture monumentale romane de la cathédrale Saint-Jean de Besançon, dans *Bull. Phil. et Hist.*, 1974 (Paris, 1977), p. 71-74 ; une synthèse rapide et commode est donnée par B. de VREGILLE dans la nouvelle édition de l'*Histoire de Besançon*, I, (1981), p. 285-288.
6. Après l'incendie de 1212 qui détruit les charpentes, la cathédrale reçoit des voûtes gothiques qui modifient alors sa partie supérieure

son apogée, ponctué de plusieurs événements marquants. L'archevêque de Lyon, Amédée, légat pontifical, lui rend visite en décembre 1144, sans doute pour l'assurer de son soutien dans les difficultés qui l'opposent au comte ou dans la campagne de diffamation menée contre lui, mais il ne prononce aucune sentence [1]. De nombreux abbés séjournent fréquemment dans la cité épiscopale et souscrivent volontiers aux côtés du prélat : ainsi le 3 mai 1147, à une époque de l'année où se tiennent habituellement les synodes diocésains, les abbés de Lieucroissant, Bithaine, La Charité, Luxeuil, Belchamp et Bellelay, les prieurs de Saint-Paul et de Marast, apportent leur témoignage en faveur de La Grâce-Dieu, aux côtés des comtes de Montbéliard, des seigneurs de Faucogney, de La Roche, de Rougemont, de Montfaucon, de Montjustin et d'autres [2]. Mais, parmi toutes les manifestations, celles qui se déroulent en 1148 revêtent une solennité toute particulière : c'est d'abord Pierre le Vénérable lui-même qui vient recevoir des mains d'Humbert une confirmation solennelle du rattachement de Baume à Cluny ; les remous suscités par cette affaire exigeaient une remise officielle qui justifiait la présence de Guy, cardinal de Saint-Laurent et Saint-Damase, de tous les dignitaires de Saint-Jean de Besançon, des compagnons de route de l'abbé de Cluny : son camérier, son connétable et deux chapelains, sans oublier « Milon, maître d'œuvre de Cluny et prieur de Lieu-Dieu » [3].

Pierre profite de cette rencontre pour aborder le problème de Gigny-Le Miroir [4]. Aux premiers jours de mai 1148, Humbert accueille le pape Eugène III qui, venant de Langres, gagne l'Italie par la route de Jougne et Lausanne, accompagné de sa suite pontificale et probablement de saint Bernard ; bien qu'elle fasse partie de l'itinéraire normal du pontife, cette étape bisontine revêt un éclat et une signification qui sortent de l'ordinaire : l'ancien cistercien qu'est Eugène III n'ignore pas la place privilégiée prise dans le diocèse par les abbayes de son ordre, ni la profonde sympathie que leur manifeste l'archevêque. L'on devine donc la chaleur de l'accueil et la joie, de part et d'autre, quand le pape procède à la consécration de la nouvelle cathédrale Saint-Jean, le 5 mai [5] ; pour Humbert, cet instant solennel récompensait tous les efforts déployés au service de son Eglise, tandis que Saint-Jean recevait les marques et les privilèges dus à sa primauté [6].

Ce séjour du pape apportait aussi un démenti formel à ceux qui, à la même époque, avaient alimenté une campagne de calomnies contre l'archevêque, à la suite peut-être de ses difficultés avec Renaud III ou de son attitude à l'égard de Baume ; vivement affecté par ces insinuations, Humbert avait demandé à Pierre le Vénérable d'intervenir auprès d'Eugène III pour qu'il n'accordât pas foi à ces accusations

---

1. Sur ces difficultés, voir infra. Le séjour du légat est attesté dans un échange entre Bellevaux et Saint-Vincent de Besançon : Arch. dép.Haute-Saône, H 139.
2. Texte publié dans l'abbé RICHARD, *Hist. de La Grâce-Dieu*, p. 261.
3. A. BRUEL, *Recueil des chartes de l'abbaye de Cluny*, V, n° 4141 : la date indiquée est 1149, mais l'indiction, comme d'ailleurs les circonstances générales, renvoient à 1148. La présence de ce Milon dans la région est intéressante, car l'église de Lieu-Dieu près d'Abbans-Dessous semble remonter à cette époque.
4. C. CONSTABLE, *The letters of Peter the Venerable*, Cambridge, 1967, II, p. 265.
5. Mention de la consécration dans l'*Ordo canonicorum* de Saint-Jean : Bibl. mun. Besançon, ms. 711, fol. 275.
6. Bulle d'Eugène III pour Saint-Jean, datée de Lausanne, (dans WIEDERHOLD, *Papsturkunden,* n° 38) : l'anniversaire de la dédicace se fera désormais dans tout le diocèse (comme celui de Saint-Etienne) et les fidèles qui se rendront ce jour-là à Saint-Jean gagneront vingt jours d'indulgence. Durant ce même voyage, Eugène III consacre d'autres églises : Saint-Bénigne de Dijon, Sainte-Marie de Verdun, Saint-Maurice d'Agaune.

mensongères. L'affaire paraît suffisamment grave pour que Pierre le Vénérable use de son crédit personnel auprès du pape et lui recommande l'archevêque de Besançon, « cher ami de l'Eglise de Cluny. En effet, d'après ce qu'il m'a été dit, écrit l'abbé, il est accusé par quelques personnes douteuses de son Eglise, alors qu'il jouit de la confiance et de l'estime des plus consciencieux, en particulier de ceux qui font profession d'une grande piété et d'une vie religieuse plus stricte » [1]. D'après cette formule qui s'applique à la voie étroite choisie par les ordres nouveaux, l'opposition semblerait venir de religieux hostiles à la politique d'Humbert et à sa volonté de réformer des abbayes comme Baume, Luxeuil, Saint-Claude. Aussi, Pierre demande-t-il au pape de tirer les conclusions qui s'imposent : « Que votre discrétion ait la bonté de les écouter (les vrais religieux) et nous avec eux et de ne prêter foi aux malhonnêtes pour le détriment des justes, aux méchants contre les bons, aux mal famés contre ceux qui jouissent d'une estime générale et grande ». Une fois lavé de tout soupçon, Humbert peut continuer son œuvre de pasteur et de chef du diocèse en luttant pour la paix.

Politique épiscopale

La fidélité au programme d'Anseri se retrouve, en effet, dans la politique conduite à l'égard des puissances laïques : son prédécesseur l'avait placée sous le signe de la concorde et de la coexistence pacifique, Humbert cherche lui aussi à se concilier l'amitié de deux forces parfois divergentes, les comtes de Bourgogne et les souverains germaniques. Envers les premiers, il réussit à maintenir un climat de confiance et de coopération, tant avec Renaud III qu'avec son frère Guillaume et son neveu Eudes de Champagne fixé en Bourgogne depuis qu'il avait été déshérité en Champagne [2] : il confirme fréquemment leurs dons aux abbayes, reçoit sans difficulté dans sa ville épiscopale Renaud III [3] ; de son côté, Guillaume profite de cette bonne entente pour demander en 1151 au prélat d'envoyer à Lons-le-Saunier un de ses monnayeurs nommé Lambert : Humbert y consent et favorise de cette façon la frappe d'une monnaie comtale (denier lédonien), au risque de gêner l'estevenant bisontin [4].

Si Humbert joue délibérément la carte impériale malgré les risques réels qu'elle présentait à long terme, il le fait pour respecter son serment de fidélité et par conviction ; depuis que le concordat de Worms a diminué les dangers de simonie et d'ingérence laïque dans les élections épiscopales, il pense, comme beaucoup de prélats, que l'Empire constitue pour l'Eglise le meilleur protecteur de l'ordre, le meilleur défenseur contre les empiétements seigneuriaux ; vassal direct du souverain comme les comtes de Montbéliard et de Bourgogne, il voit dans le système de l'Eglise impériale une garantie indéniable d'autonomie, d'autant que les empereurs n'ont guère la possibilité de concrétiser leur pouvoir. Aussi, lorsqu'en 1153 Frédéric Barberousse dévoile ses projets bourguignons en imposant sa suzeraineté, au besoin par une dé-

---

1. C. CONSTABLE, *The letters of Peter the Venerable*, I, p. 154 : *arctioris religionis et ordinis professores* ; au lieu des années 1152-53, il vaudrait mieux choisir pour cette lettre le contexte des années 1147-48, moment où Humbert se heurte à l'opposition de Renaud III et de Baume.
2. Sur cette affaire, se référer à M. BUR, *La formation du comté de Champagne*, p. 275.
3. Renaud III donne certains actes à Besançon : en 1135 pour Saint-Etienne de Dijon (*Chartes de Saint-Etienne de Dijon*, II, n° 105) ; une autre fois, il précise : « un jour que j'entendais la messe dans l'église du martyr saint Vincent » (Arch. dép. Doubs, 1 H 10, fol. 356).
4. L. FEVRET, Notes sur la monnaie de Lons-le-Saunier, dans *Mém. Soc. Emul. Jura*, 1903, p. 258 ; on retrouve ce monnayeur à Lons en 1171.

monstration militaire, l'Église de Besançon n'a pas, semble-t-il, manifesté d'opposition, car, du séjour du prince dans ses murs, elle a tiré plusieurs confirmations [1].

La rencontre avec le roi a même renforcé l'allégeance à l'Empire, puisqu'il ne se passe pas d'année désormais que l'on ne trouve Humbert dans l'entourage royal, soit à Worms, soit à Spire ou à Würzbourg. Lorsque Frédéric épouse, en 1156, la comtesse Béatrice, il réalise les vœux d'un clan germanique auquel a sans doute adhéré l'archevêque ; l'Eglise impériale prend davantage corps en Bourgogne, l'alliance entre le trône et le haut clergé se renforce de concessions de *regalia* [2]. En fait, la réunion entre les mêmes mains des fonctions impériale et comtale aurait dû inquiéter le prélat, puisque l'équilibre réalisé jusque là entre Renaud III et l'archevêque se trouvait rompu au détriment de ce dernier, désormais dans une sujétion plus étroite envers son suzerain. Mais lorsque Frédéric ouvre en 1157 la diète de Besançon qui allait relancer la guerre froide avec la papauté, l'heure des inquiétudes et des remises en question n'a pas encore sonné ; les prélats goûtent plutôt à la joie de leur souverain, comme Othon de Freising qui laisse exploser son enthousiasme : « Toute la terre, remplie d'admiration pour la clémence et la justice de l'empereur, touchée à la fois de crainte et d'amour, s'efforçait de combler son héros de louanges nouvelles et de nouveaux honneurs » [3].

Ecoles florissantes   De même prennent-ils autant de soin à ne pas interrompre la politique scolaire lancée au XIᵉ siècle et valorisée par la réputation de quelques grands maîtres formés à Besançon. Nous avons alors assisté à l'essor des écoles capitulaires de Saint-Jean, des collégiales de Saint-Paul et de la Madeleine, dont l'ambition visait à former des foyers de rayonnement intellectuel et religieux. Loin de freiner ce mouvement, l'arrivée des chanoines réguliers et des ordres nouveaux lui assure un second souffle. A l'exemple de Saint-Victor de Paris, mais dans des proportions plus modestes, Saint-Jean et Saint-Paul sont les centres d'attraction où se déploie l'activité de Gerland, de Zacharie et de quelques maîtres aussi dévoués à l'enseignement qu'à la réforme religieuse. Gerland, le second à porter ce nom, enseigne aux écoles capitulaires vers 1120 avant de prendre la tête de la communauté régulière de Saint-Paul ; une fois achevée la mutation de cet établissement, il ne tarde pas à quitter définitivement Besançon, où un nouveau prieur nommé Guichard le remplace dès 1136 [4].

Zacharie, qui le remplace à la tête des écoles de Saint-Jean dès 1131, suit une carrière similaire : attiré par la voie étroite que lui révèlent les prémontrés de Laon venus s'installer à Corneux, il quitte Besançon vers 1134 pour se retirer, semble-t-il, à Laon ; une note laconique d'Aubry de Trois-Fontaines rappelle, en une sorte d'épitaphe, la réputation de ce maître, pour un temps bisontin : « En ce temps-là (vers 1157), brillaient des hommes dignes de mention. Parmi eux, Zacharie de Chrysopolis, prémontré à Saint-Martin de Laon, composa ce remarquable ouvrage sur les quatre Evangiles, intitulé *Unum ex quatuor* » [5].

---

1. Par exemple, pour Saint-Paul et le chapitre de Saint-Jean : *M.G.H., Die Urkunden Friedrichs I*, tome I, n° 49 et 50.
2. P. FOURNIER, *Le royaume d'Arles et de Vienne*, 1891, p. 20 et suiv. ; J.-Y.MARIOTTE, *Le comté de Bourgogne...*, p. 45.
3. *M.G.H., SS.*, XX, p. 420.
4. Gerland est présenté par B. de VREGILLE, dans l'*Histoire de Besançon*, I, p. 305 et dans le *Dict. Hist. Géo. Ecclés.*, art. Gerland.
5. *M.G.H., SS.*, XXIII, p. 843. Sur Zacharie, consulter J.-B. VALVEKENS, Zacharias Chrysopolitanus, dans *Analecta Præmonstratensia*, 28 (1952) p. 53-58; B. de

Ainsi, à quelques années d'intervalle, les deux principaux maîtres bisontins ont ressenti l'attrait exercé sur les lettrés par l'idéal de vie des chanoines réguliers. Il se pourrait que d'autres aient suivi un itinéraire intellectuel et religieux semblable, tel ce prieur de Morimond, Odon, qui en 1147 écrit une lettre au doyen Pierre de Traves pour défendre un de ses ouvrages : les spécialistes pensent que ses protestations de reconnaissance envers Pierre se justifient par l'amitié et les souvenirs qui le lient à ce dernier ; Odon aurait reçu à Besançon sa première formation intellectuelle qu'il complète à Saint-Victor de Paris avant d'entrer à Morimond en 1133[1]. Cette hypothèse, si elle se vérifie, apporte un témoignage supplémentaire sur l'activité des écoles au temps d'Anseri et conforte l'image que nous avons esquissée du doyen de Saint-Etienne : un homme instruit, très lié avec les nouveaux ordres religieux. D'autres moines se distinguent par leur culture et laissent un nom dans les lettres : parmi eux un autre Cistercien, l'abbé Burcard de Balerne, versé à la fois dans les Ecritures et la musique, mais sans avoir reçu obligatoirement sa formation à Besançon[2].

Par ses écoles épiscopales dont le rayonnement se poursuit jusqu'au milieu du XIIe siècle, le diocèse de Besançon participe à l'effort de réflexion théologique et moral qui renouvelle la pensée occidentale de cette époque. Si les grands maîtres ne font que passer dans la cité, ils y laissent plus qu'un renom, puisque Gerland et Zacharie interviennent directement dans le renouveau religieux en favorisant l'essor des chanoines réguliers : par cette double action se vérifie la justesse des vues d'Hugues Ier et d'Anseri qui voyaient dans ces centres de formation pour leurs clercs des organismes de propagande spirituelle susceptibles de répondre aux nouvelles aspirations.

L'effort se maintient sous Humbert mais en s'amortissant progressivement parce que les nouvelles abbayes prennent le relais et se substituent à eux comme foyers de rayonnement. Le diocèse vit donc à l'unisson de la Chrétienté occidentale et reçoit un écho plus ou moins assourdi des grandes questions qui s'y débattent : nous assisterons à une certaine rivalité des cisterciens et des clunisiens, nous devinons à travers les justifications d'Odon, prieur de Morimond, la défense des nouvelles démarches intellectuelles. La seconde croisade elle-même, prêchée par saint Bernard, n'a pas le succès escompté dans la noblesse comtoise, déjà engagée dans la querelle du comte et de l'archevêque. L'exemple de Louis VII et de Conrad III, joint à l'influence cistercienne aurait dû mobiliser beaucoup de monde, ce que ne confirment pas les documents. Certes, quelques groupes de seigneurs ont répondu à l'appel de Vézelay : le comte Guillaume y participe sous l'étendard de Louis VII après avoir obtenu de

---

VREGILLE, La vie et l'œuvre de Zacharie de Besançon, dans *Analecta Præmonstratensis*, 41 (1965), p. 293-304 : outre la chronique d'Aubry de Trois-Fontaines, une demi-douzaine de chartes nous renseignent sur les activités de Zacharie à Besançon, qui durent de 1131 à 1134. B. de Vregille donne les références de ces actes et conclut : « Son départ coïncide avec la mort d'Anseri, son protecteur. On constate, en effet, que les successions épiscopales entraînaient souvent des changements notables de personnel. Pour les années postérieurs à 1134, nous n'avons plus de renseignement sur la carrière de Zacharie, sinon la notice d'Aubry de Trois-Fontaine ». La notice de J. SCHMID, Zacharias Chrysop., dans *Lexikon für Theologie und Kirche*, 1966, col. 1301, apporte un résumé commode. Sur l'œuvre de Zacharie, voir Tr. GERETS, Notes sur la tradition manuscrite et imprimée du traité *In unum ex quatuor* de Zacharie de Besançon, dans *Analecta Præmonstrat.*, 42 (1966), p. 276-303.

1. *Epistola defensionis* édit. par GRILL (*Studia Anselmiana*, 50, p. 193-203 : lettre datée de 1147, donc peu de temps avant la mort de Pierre de Traves.

2. Burcard, abbé de Balerne, sera traité dans le chapitre sur les cisterciens.

Cluny une avance de 16 000 sous[1] ; plusieurs seigneurs du Varais font ensemble le voyage d'outre-mer et, lorsque l'un d'eux, Barthélémy de Cicon, tombe malade à Jérusalem, ils l'assistent dans ce qu'ils croient être ses dernières volontés et témoignent, par la suite, de donations trop vite oubliées avec le retour à la santé[2]. D'autres, comme Humbert de Beaujeu, meurent en Palestine[3]. Mais rien au total qui ressemble à la grande mobilisation de 1096-1100 : la deuxième croisade n'entraîne aucune coupure dans l'histoire du diocèse.

Il n'y a pas de discontinuité entre les deux pontificats, puisque l'un comme l'autre poursuivent le même programme, avec la même équipe de collaborateurs. Le renouvellement du personnel s'opère progressivement au fur et à mesure des disparitions. Après 1138, les anciens compagnons se font plus rares : survit encore Narduin de Montbenoît, mais Guichard a remplacé Gerland à la tête de Saint-Paul et les chapitres cathédraux accroissent leur influence ; les souscriptions du doyen de Saint-Etienne et des frères de Saint-Quentin, Hugues et Volbert, tous deux dignitaires de Saint-Jean, attestent par leur fréquence ce changement. Mais avec les uns et les autres, Humbert reste fidèle aux grandes idées de son prédécesseur : le maintien de la paix, la défense et la protection des églises.

---

1. P.-F. CHIFFLET, *Lettre touchant Béatrix*, p. 124.
2. Sur l'épisode de Barthélémy de Cicon, voir *Mém. et Doc. inédits sur l'histoire de Franche-Comté*, IV, p. 379.
3. Dr BERTIN, *Histoire généalogique de la Maison de Beaujeu-sur-Saône*, I, p. 178.

L'EXPANSION CISTERCIENNE DANS LE DIOCÈSE DE BESANÇON
au XIIe siècle

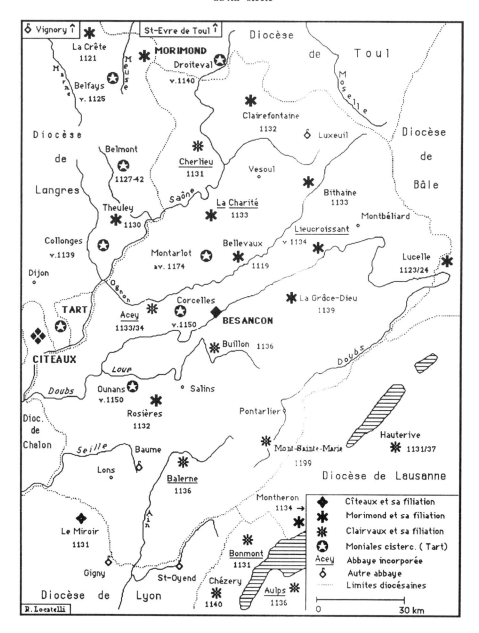

CHAPITRE 2

L'IRRÉSISTIBLE POUSSÉE CANONIALE

Si le pontificat d'Anseri inaugure l'ère du monachisme et marque un des temps forts de l'histoire diocésaine, il ne constitue pas une rupture brutale avec la période précédente, comme le laisserait croire notre découpage thématique ; certes, il clôt le temps des querelles intestines et des tensions avec l'Empire, mais, lorsqu'il opte pour les nouvelles voies de la perfection, il n'innove pas entièrement et exploite un courant qui, depuis plusieurs décennies, travaille en profondeur le diocèse. Pendant que la hiérarchie se mobilisait sur des problèmes de préséance ou de relations diplomatiques, les fidèles se pénètrent progressivement des idées et des aspirations religieuses qui courent dans la Chrétienté.

Nous avons eu l'occasion d'insister sur cette fermentation spirituelle qui se traduit dans la poursuite de nouvelles valeurs : critique contre l'âpreté au gain des moines ou contre l'appropriation individuelle des chanoines, recherche de la pauvreté volontaire, fuite du monde et attrait toujours vif du désert, le tout culminant dans un idéal de perfection, la *vita apostolica* ; tout en renouant avec la fraternité et la simplicité des premières communautés chrétiennes, ces aspirants de l'absolu ne cessent de soupirer après la solitude et tentent, de diverses manières, de la faire passer dans les modes de vie qu'ils expérimentent. Mais sans la formidable éclosion qui caractérise les années 1120-1140, l'on serait tenté de minimiser l'ouverture du diocèse aux courants qui agitent la Chrétienté au début du XIIe siècle : c'est que la diffusion de ceux-ci exigeait une préparation plus ou moins longue des esprits, une période de fermentation qui échappe à toute investigation, parce qu'elle emprunte les cheminements obscurs des influences personnelles.

Depuis deux décennies, les historiens ont montré l'ampleur du phénomène au niveau de la Chrétienté latine et ses multiples expressions, d'où sortent les grands modèles de la *voie étroite* acceptés par la hiérarchie[1]. Si chanoines réguliers, cisterciens et chartreux incarnent plus particulièrement ces ordres nouveaux, ils ne sont pas les uniques porteurs d'une recherche très ouverte et très profonde. Dans le seul diocèse de Besançon, l'appel du désert et la *vita apostolica* revêtent plusieurs formules, empruntées souvent aux régions périphériques.

A. LE TEMPS DES EXPÉRIENCES

La documentation révèle sous l'épiscopat d'Anseri l'existence de diverses communautés, dont l'originalité essentielle réside dans leur caractère informel qui surprend l'historien avide de catégories bien définies et de schémas très homogènes. Consti-

---

1. Nous pensons en particulier aux divers congrès internationaux qui ont ont publié des mises au point qui font encore autorité : Convegni del centro di studi sulla spiritualità medievale avec le volume *Chiesa e riforma nella spiritualità del secolo XI*, Todi, 1968 ; Les Miscellanea del centro di studi medioevali (Atti delle settimane di studio della Mendola) : *La vita comune del clero nei secoli XI e XII*, Milano, 2 vol., 1962 ; *Eremetismo nei secoli XI e XII*, 1965 ; *Il monachesimo e la riforma ecclesiastica, 1049-1122*, 1971 ; Actes du congrès de l'Association des historiens médiévistes de l'Enseignement supérieur public : *Aspects de la vie conventuelle aux XIe et XIIe siècles*, publiés par les Cahiers d'Histoire, 1975.

tuent-elles des rassemblements d'ermites venus s'agréger à un solitaire ? des collégiales créées par un seigneur ? des amorces de prieurés en voie de rattachement à un monastère ? ou simplement des groupes de laïcs s'exerçant à la *vita apostolica* ?

Les conditions

Si l'on pose le problème en termes juridiques, la réponse est malaisée, voire impossible, car ces communautés ne s'intègrent pas obligatoirement dans un ordre préexistant, et, de par leur côté expérimental, elles subissent une évolution qui leur fait adopter des structures différentes, passant par exemple du stade érémitique à l'organisation régulière ; aussi leur forme varie-t-elle en fonction du moment où les appréhendent les textes. Cette instabilité n'a rien cependant d'étonnant, lorsqu'elle s'applique à des groupements à la recherche de l'observance qui convient le mieux à leurs conditions matérielles de vie et qui respecte le plus leurs motivations religieuses : les grandes fondations ont connu de tels avatars avant de trouver la formule adéquate et les études récentes ont bien mis en valeur les transformations successives qui conduisent l'expérience au terme final de la normalisation régulière. Cette approche globale du phénomène évite de s'enfermer dans une systématisation trop étroite et de disséquer un mouvement dont l'originalité repose sur la vie.

Les lieux   En partant de ces prémisses, nous avons, à notre tour, tenté de décrire cette phase importante et la manière dont le diocèse réagit aux nouvelles aspirations, qui traduisent le renouveau monastique et canonial. Outre les manifestations que nous avons rappelées dans l'introduction comme antérieures à 1120 et qui se prolongent au temps d'Anseri, une dizaine de communautés surgissent avant 1130, les unes d'inspiration érémitique (Val-Saint-Jean, Migette, Montseugny), les autres déjà plus avancées sur la voie de la régularisation (Cherlieu, la Charité, Corneux, Montbenoît, Fay), d'autres enfin de nature incertaine, tel Lieucroissant[1].

Toutes ces expériences ont ceci de commun qu'elles se déroulent d'abord dans un milieu géographique assez semblable et propice à la recherche d'un *eremus* : à part Montbenoît, qui se niche dans la vallée du Doubs au nord de Pontarlier appelée le Sauget, aucune de ces retraites ne s'établit dans les immenses *joux* qui couvrent encore le Jura montagneux ; le *désert* se trouve à proximité de lieux habités, non loin des grandes vallées de la Saône, de l'Ognon et du Doubs, dans les lambeaux de forêts qui forment la lisière des villages.

Les petites rivières affluentes de la Saône attirent nombre de ces disciples, puisque, après Cîteaux fixé sur la rive droite, cinq communautés s'implantent de part et d'autre de la vallée : Corneux dans une région marécageuse mal drainée par la Morthe et encore boudée par les hommes, Montseugny et Fay dans un site identique, à proximité de la Saône ou de la Vingeanne, etc. Lieucroissant s'écarte d'un Doubs encore mal domestiqué et lui préfère les avant-monts plissés qui endiguent la rivière, tandis que les ermites du Val Saint-Jean élisent leur retraite dans le petit massif granitique et forestier de la Serre ; de même, en remontant la vallée escarpée du

---

1. Références des mentions : Val Saint-Jean : Arch. dép. Jura, 15 H 11, texte de 1127-1128. — Migette : Bibl. nat., Moreau 51, fol. 72, ou Bibl. mun. Besançon, Droz 74, fol. 162. — Fay : connu d'après une confirmation de 1211 : Arch. dép. Haute-Saône, 25 J 18. — Montseugny : Arch. dép. Doubs, B. 520, texte antérieur à 1124. — Cherlieu : Bibl. nat., Lat.. 10973, fol. 9, texte de 1127 publié dans *Histoire de Jonvelle et de ses environs*, par les abbés COUDRIET et CHATELET, p. 491. — La Charité : Arch. dép. Doubs, 58 H 2, fol. 67, texte de 1128-1130. — Montbenoît : Arch. dép. Doubs, 69 H 113. — Lieucroissant : Arch. dép. Doubs, 63 H 1.

Lison, presque jusqu'à sa source, d'autres trouvent à Migette une solitude si grande qu'elle ne tarde pas à leur peser. Ainsi, comme pour les cisterciens qui, quelques années plus tard, se mettent en quête de lieux semblables, l'*eremus* s'identifie très rarement aux solitudes forestières de la chaîne du Jura, à peine entamées jusque-là par les bénédictins de Saint-Oyend et de Mouthe, les clunisiens de Morteau, les chanoines du Lac de Joux : il est choisi probablement non loin des lieux où ont vécu les promoteurs et en fonction des influences reçues, la concentration des communautés dans la vallée de la Saône laissant deviner l'importance des courants venus du nord-ouest, du diocèse de Langres plus précisément.

Les formes   Bien que nous fassent défaut les récits hagiographiques qui, dans l'ouest de la France, permettent de suivre le cheminement d'un Etienne de Muret, d'un Etienne d'Obazine ou de Bernard de Thiron et qui, ailleurs, s'attachent aux pas de Norbert de Xanten ou même d'Anthénor, les notices de donation fournissent quelques renseignements sur la personnalité et les motivations des fondateurs. Il s'agit fréquemment d'un érémitisme clérical, qui groupe des compagnons (frères laïques) autour d'un prêtre et dont l'installation se fait avec l'accord, tacite ou non, de la hiérarchie. Au Val Saint-Jean, l'initiative vient « du prêtre Constantin et de son frère Robert, qui ont délaissé pour Dieu les affections charnelles et les liens terrestres, et qui ont voulu marcher sur les traces du Christ, en suivant son conseil : *Venez à moi vous tous qui souffrez et qui êtes affligés, je vous donnerai le repos* » [1]. Même démarche à Montseugny : au prêtre Bernard qui y vit en solitaire viennent s'agréger « des frères qui servent Dieu et sainte Marie, sa mère » [2]. Ailleurs, les circonstances varient sur des points de détail, puisqu'à Fay, frère Hugues, *qui primus ibidem conversari religiose cepit*, obtient ce lieu d'un chanoine de Langres à la fin du xie siècle.

Mais la fixation du postulant peut être l'aboutissement d'une longue quête terrestre, qui s'achève incidemment dans le diocèse de Besançon : « un moine pèlerin (*peregrinus*), nommé Thierry, est venu dans notre diocèse, précise Anseri en 1123, et là, dans les montagnes du Jura, en une vallée appelée Migette, il a construit une chapelle en bois avec l'aide de personnes de bien et surtout d'un certain Guilenc, notre prêtre » [3]. De ces instigateurs, les chartes ne retiennent donc que leur intention de changer de vie, leur *conversio*, qui entraîne la rupture avec le monde, la retraite dans le désert et surtout la volonté de dépouiller le vieil homme pour marcher dans les pas du Christ ; ce faisant, ils suivent l'exemple de précurseurs célèbres, tel Jean-Baptiste, qui passe pour le modèle de l'ermite et qui devint le patron de l'église du Val Saint-Jean.

Comment s'organise la retraite de ces solitaires ? Les notices de donation déforment évidemment les faits en privilégiant exclusivement la vie matérielle, au détriment de toute spiritualité ; cependant, celle-ci perce à travers quelques allusions. Les frères du Val Saint-Jean indiquent que la solitude n'est pas un but en soi, mais doit amener l'ermite à briser les liens terrestres; elle dispose à la prière, elle facilite les exercices de contemplation. Hommes de prière, c'est ainsi que les perçoivent souvent les gens du voisinage, qui s'adressent à eux comme à des intercesseurs privilégiés auprès de Dieu et leur demandent des secours pour leur âme. Par là, nous voyons que ces ermites, malgré leur rupture avec le monde, restent en relation avec

---

1. Arch. dép. Jura, 15 H 11.
2. Arch. dép. Doubs, B 520 : le texte insiste sur le rôle primordial de ce Bernard, « maître et fondateur de ce lieu ».
3. Bibl. nat., Moreau 51, fol. 72, ou Bibl. mun. Besançon, Droz 74, fol.162.

le siècle, puisqu'ils y remplissent une fonction spirituelle évidente, facilitée par leur normalisation progressive.

En effet, leur solitude ne dure pas longtemps : très rapidement, parfois même dès le départ, ils s'associent un ou plusieurs compagnons, des frères charnels ou spirituels, avec qui ils partagent leur vie et leurs aspirations ; ensemble, ils prient, construisent, travaillent. Cette activité matérielle conditionne la survie du groupe et l'installation au désert commence par une étape de construction plus ou moins sommaire ; à Migette, Anseri n'a retenu que le symbole de cette installation : la chapelle en bois dont il investit le prêtre, compagnon du moine pèlerin et que les gens du voisinage ont aidé à édifier : « Peu de temps après, le prêtre vint en ce lieu, s'y installa lui et ses biens et se proposa d'y mener avec le moine une vie solitaire » [1]. Ainsi débute le recrutement. De même, le Val Saint-Jean, Fay, Montseugny, se dotent très vite d'une chapelle, alors qu'à Vaux et Mont-du-Fourg, on ne parle que de constructions [2]. Partout l'évolution semble la même : à mesure que s'accroît la renommée des solitaires, des disciples arrivent et, avec eux, les donations ; l'ermitage se transforme en une communauté de compagnons qui perd peu à peu ses caractères originels pour se muer en un établissement religieux différent toutefois de l'ancien par le travail manuel et l'observance qu'on y pratique.

En réalité, les textes occultent souvent la phase proprement érémitique et ne montrent que l'étape suivante : l'organisation matérielle amorçant la marche vers le cénobitisme. Ainsi l'abbaye cistercienne de Lieucroissant semble avoir connu le stade préliminaire d'un compagnonnage établi à la Pretière, que, par la suite, le rédacteur du cartulaire imagine conforme au modèle cistercien : l'initiative revient à un nommé Thiébaud, qui réunit autour de lui « des pauvres du Christ menant une vie d'ermites dans une petite solitude et vivant du travail de leurs mains ». A mesure que croît la bonne renommée du groupe, « progresse également le nombre des frères qui fuient la vie séculière, des convers et des donnés à Dieu » [3].

---

1. Bibl. mun. Besançon, Droz 74, fol. 162.

2. *Cartulaire de Romainmôtier*, p. 26, texte de 1126.

3. La préhistoire de Lieucroissant pose le problème de l'existence et de la nature de l'étape antérieure à l'adoption de la règle cistercienne : doit-on admettre un simple transfert des bâtiments du lieu voisin de la Pretière à l'emplacement même de Lieucroissant ? Un texte de 1260 cite en effet « le lieu de l'ancienne abbaye avec les terres et tout ce qu'il y avait à la Pretière », qui devient par la suite une simple grange (Arch. dép. Doubs, 63 H 1, fol. 6). Mais la tradition a toujours parlé d'une phase préliminaire sous la forme d'un prieuré, que certains ont cru clunisien par confusion avec Vaucluse (L. VIELLARD, *Doc. et Mém. pour servir à l'histoire de... Belfort*, n° 167).

La consultation du cartulaire n'élimine pas toute incertitude, parce que le scribe, qui a rassemblé les actes à la fin du Moyen Age (Archives dép. Doubs, 63 H 1), a rédigé une notice dans laquelle il a repensé les origines de la maison dans un esprit de justification et d'apologie : tout en partant des documents, il glisse des confusions de dates, décrit le genre de vie de la première communauté selon le modèle cistercien. Une lecture attentive des actes et de la notice conduit à l'interprétation suivante : les Clunisiens de Vaucluse possèdent effectivement des terres à proximité de l'Isle-sur-le-Doubs, au Petit Vagenans ; vers 1130, une petite communauté de frères s'établit non loin de là, à la Pretière, autour de Thiébaud, dans une région sensibilisée aux nouvelles aspirations religieuses, puisqu'une recluse vit à Appenans ; sous l'influence d'Anseri et probablement des seigneurs de Rougemont, auxquels semble appartenir Thiébaud, la normalisation se fait en 1134 avec l'affiliation à Cîteaux : c'est alors que les Clunisiens de Vaucluse procèdent à un échange de terre destiné à faciliter la croissance de la nouvelle abbaye qui s'implante à Lieucroissant (village de Mancenans).

Genre de vie   A partir du moment où existe une communauté — qu'elle soit d'origine érémitique ou non — la vie matérielle s'organise sur le même modèle, d'un lieu à l'autre. L'exemple de Montseugny, le plus explicite en la matière, se répète à Fay, à Migette et à Acey : le prêtre Bernard et ses compagnons ont obtenu des seigneurs voisins des terres, à titre de don purement gratuit et définitif ; les limites du domaine, fixées avec précision, définissent leur *eremus*, à l'intérieur duquel les frères agissent en toute liberté, puisqu'ils disposent même des dîmes de leurs travaux. Là, ils se livrent aux travaux agricoles, défrichent et labourent, tandis qu'ils organisent progressivement leur observance : ils construisent leur propre église et vivent bientôt *sub religione*. Mais « si la foi prospère en ces lieux, les difficultés matérielles s'accentuent » avec l'arrivée de recrues si bien que seigneurs et ministériaux s'entendent pour faire des donations au-delà des limites primitives : droits de défrichement hors du domaine ; là où il n'y a pas de colons, les frères pourront posséder en paix prés et champs qu'ils auront gagnés, droits habituels de parcours dans les forêts pour les troupeaux, de pêche dans les rivières. « Par la suite, Guillaume de Pesmes et d'autres fidèles virent les difficultés que les frères avaient surtout pour moudre leur grain durant l'étiage : compatissant à leurs peines ils cédèrent à Dieu, à Sainte-Marie de Montseugny... l'emplacement d'un moulin à faire sur la rivière de la Résie » [1].

Par leurs activités matérielles et leur évolution religieuse, les frères atténuent progressivement les différences avec les autres communautés ; ils travaillent de leurs mains, ils sortent bientôt de leur *eremus* primitif et se trouvent pris dans le circuit économique qui les entraîne à une expansion. En retour des dons, ils s'obligent à accentuer leur rôle de spécialistes de la prière : ils s'engagent à célébrer des anniversaires (signe que des prêtres ont rejoint la communauté), à associer les bienfaiteurs aux prières et aux bénéfices spirituels de leur établissement ; la cénobitisation progresse donc rapidement puisque le même Guillaume de Pesmes fait une donation à Montseugny « au bénéfice de sa mère qui s'y est faite converse » [2]. Des clauses similaires interviennent au Val-Saint-Jean, où l'on distingue le lieu même où est édifiée l'église, des autres possessions plus dispersées et des droits d'usage donnés par les seigneurs et chevaliers des environs, auxquels s'associent les hommes libres, « pour que leurs âmes et celles de leurs prédécesseurs soient recommandées dans les prières, messes et autres bonnes actions de tous ceux qui habiteront là jusqu'à la fin des siècles » [3].

Evolution.

Le genre de vie que nous révèlent ces documents s'applique non aux premiers solitaires, pionniers de l'expérience érémitique, ni même aux groupes de compagnons qui s'agrègent à eux, mais à des communautés déjà très avancées sur la voie cénobitique : par leur travail et leur rôle spirituel, celles-ci s'identifient de plus en plus aux établissements de type nouveau, cisterciens ou chanoines réguliers, qui se répandent après 1120. Le passage se fait sans rupture de continuité, sans abandon de l'idéal primitif, mais par un glissement imperceptible et inéluctable, imposé par les conditions matérielles et favorisé par la hiérarchie, trop heureuse de canaliser un mouvement qui risquait de lui échapper. La cause première tient au succès même des solitaires qui, en acceptant des compagnons, amorcent déjà la transformation de

---

1. Arch. dép. Doubs, B 520.
2. *Ibidem*.
3. Arch. dép. Jura, 15 H 11.

l'*eremitagium* en un *cœnobium* ; à ce stade, un compromis entre le désert et le monastère, à la façon des chartreux, restait encore possible, à condition de résoudre la difficulté majeure, inhérente au genre de vie érémitique lui-même, dont l'apprentissage exige une force de caractère peu commune et qui peut décourager des disciples mal préparés à affronter la solitude : ce danger d'abandon ou de déviation se trouve atténué par l'intégration du novice dans un groupe, sous une règle expérimentée.

Parallèlement à cette évolution interne, la hiérarchie ne pouvait rester indifférente ou neutre devant ces expressions aussi marquées et intensives de la vie religieuse. Aucun document ne rapporte les réactions d'Anseri ou de ses prédécesseurs face à ces pionniers, face à ces communautés d'ermites : l'admiration pour une forme d'ascèse aussi poussée l'emportait-elle sur la crainte des excès, des écarts de conduite, d'usurpation de privilèges ecclésiastiques ? Sans jamais décourager ces aspirants à la perfection, le prélat (ou celui de Langres) donne l'impression d'user de son autorité pour contenir leur ardeur dans les limites canoniques et empêcher les laïcs de se prendre pour des religieux avant d'en avoir fait les preuves. Tout au long du chemin qui conduit de l'ermitage au couvent, la juridiction épiscopale surveille, donne son accord ou influe sur les choix : Hugues, maître de Fay, reconnaît qu'il a bâti ce lieu du consentement de l'évêque de Langres, Renard [1].

Lorsque Anseri publie une confirmation à l'usage du Val Saint-Jean, de Migette, de Montseugny ou d'autres lieux, il intervient, par ce biais, dans l'existence de la communauté en lui apportant sa caution morale ; il la prend sous sa protection, lui donne une reconnaissance officielle et prévient les contestations ultérieures. Il intervient encore de façon directe lorsque la communauté se dote d'une chapelle, puisque la consécration des édifices religieux relève de sa seule compétence et qu'au besoin il en profite pour régler la question de la *cura animarum* : à Migette, Anseri consacre une chapelle en bois et, du bâton pastoral, en investit le prêtre qui vit en compagnie du moine pèlerin. Il répète ce geste au Val Saint-Jean, où vivent le prêtre Constantin, son frère Robert et leurs compagnons : là, écrit Anseri, « nous avons consacré le V des ides de décembre (1127-1128) une basilique en l'honneur de saint Jean-Baptiste et d'autres saints, pour qu'ils la possèdent en toute paix, qu'ils y habitent eux, leurs compagnons et leurs successeurs et qu'ils y servent Dieu pour le remède et le salut de leurs âmes » [2].

Si l'aventure de ces pionniers vient à tourner court, le prélat veille à ce que la mutation se fasse sans scandale, ni dommage pour l'église ; le cas se produit à Migette, où, après quelque temps de vie érémitique, le moine et le prêtre prennent conscience des reproches adressés par Yves de Chartres « aux ambitieux qui... veulent devenir maîtres sans avoir jamais été disciples » [3]. « Par la suite, nous apprend un acte de 1123, tous deux réfléchirent qu'on ne devait pas commander avant d'avoir appris à obéir ; aussi, craignant de s'entendre appeler *acéphales*, c'est-à-dire sans tête, ils jugèrent plus convenable et plus salutaire pour leur âme de se donner un chef qui ne les obligeât point à s'écarter de leur genre de vie, mais qui pût encore développer et faire prospérer leur maison. Accédant à notre humble personne, ce prêtre remit entre nos mains (c'est toujours Anseri qui parle) l'investiture du lieu qu'il avait reçue de nous et nous pria instamment de donner cet endroit à notre très cher Aymon, abbé de Balerne, parce que la possession d'un tel lieu convenait davantage à Aymon et à ses moines, habitués à vivre du travail de leurs mains » [4].

---

1. Arch. dép. Haute-Saône, 25 J 18.
2. Arch. dép. Jura, 15 H 11.
3. *P. L.*, CLXII, *Epistola* 192, col. 201.
4. Bibl. nat., Moreau 51, fol. 72 ; Bibl. mun. Besançon, Droz 74, fol.162 : cette muta-

Présent dans toutes les étapes importantes qui jalonnent l'évolution de ces groupes, l'archevêque intervient enfin pour régler les questions de dîmes, en particulier pour légaliser les exemptions que leur consentent les décimateurs ou pour imposer dans certains cas un prieur à une communauté en difficulté [1]. En canalisant ainsi cette vitalité religieuse de pionniers souvent inexpérimentés, Anseri atténue les risques d'échec ou de désordre et, par la même occasion, facilite leur régularisation et leur adhésion à un ordre.

Ce faisant, il n'agit pas à contre-courant, car un large mouvement d'opinion incline dans le même sens, comme le confirme le succès des nouveaux ordres religieux, déjà structurés et organisés. En effet, les laïcs avaient intérêt à voir se pérenniser les fondations auxquelles ils confiaient leur salut, tandis que les anciens établissements eux-mêmes se sentaient sécurisés par l'assagissement des nouveaux venus. Si les pionniers reçoivent des donations des particuliers, ce n'est souvent qu'à l'approche ou au stade de la phase cénobitique que les abbayes sortent de leur réserve pour consolider cette évolution : devenue prieuré, la maison de Fay reçoit alors diverses terres de Flavigny, de la Romagne et même de Collonges (v. 1140-1150), tandis que le chapitre Saint-Jean accorde aux frères du Val Saint-Jean l'exemption de dîmes sur « tout ce qu'ils cultiveront de leurs mains ou avec six bœufs, dans la paroisse de Thervay ».

Phase cénobitique Dans ces conditions, lorsque l'ermitage ne vit pas en symbiose avec un monastère, le passage au cénobitisme ne paraît qu'une question de temps : tôt ou tard, à moins de refuser le recrutement et de s'exposer ainsi à disparaître, les solitaires finissent par se plier à une observance déjà éprouvée et proche de leur idéal primitif, ou même par s'affilier directement à un établissement voisin.

Les circonstances varient d'une communauté à l'autre, en fonction des difficultés du moment, de la personnalité des animateurs et du rayonnement des abbayes, mais seule la notice de Migette révèle quelques modalités précises de cette mutation. En craignant d'être accusés d'*acéphales*, les deux ermites soulèvent effectivement un des problèmes majeurs de ces expériences : la difficulté d'organiser la vie quotidienne des compagnons, de leur donner une règle appropriée, ce qui exige un long apprentissage et des qualités qu'ils ne se reconnaissent pas. Déjà trente ans plus tôt, lorsque Séhère succéda à Anthénor à la tête de Chaumouzey, il avait envoyé deux frères jusqu'au monastère provençal de Saint-Ruf, pour y apprendre les bonnes coutumes. Aussi les ermites de Migette préfèrent-ils renoncer à leur indépendance et passer sous l'obédience de Balerne : cette dernière abbaye, qui suivait les usages de Molesme, offrait à leurs yeux un idéal proche du leur, qui ne les obligeait pas « à s'écarter de leur genre de vie, parce que l'abbé Aymon et ses moines étaient habitués à vivre du travail de leurs mains » [2].

Nous retrouvons dans ces préoccupations deux aspects essentiels des nouvelles aspirations religieuses : l'attrait de la solitude et l'ascèse par le travail manuel. En outre, Balerne avait les moyens matériels d'assurer la survie de la communauté. Effectivement, entre ce moment (1123) et l'affiliation de Balerne à Cîteaux (1136), Migette subsiste à l'état de prieuré et reçoit de la part des seigneurs voisins (les Scey, Durnes, Chay, Malans...) divers dons en échange desquels elle assure des

---

tion s'opérant en 1123, on peut penser que la consécration de la basilique de Migette avait eu lieu tout au début de l'épiscopat d'Anseri (1117-1134).
1. Le cas se produit à Cherlieu avant 1127 : Bibl. nat., lat. 10973, fol. 9.
2. Bibl. mun. Besançon, Droz 74, fol. 162.

services d'anniversaire[1]. Si nous ignorons le sort des anciens ermites, nous savons en revanche que la maison comprend des moines et des convers et nous pouvons penser que, dans le cas présent, les anciens clercs se sont mués en profès, alors que les compagnons laïcs prenaient rang parmi les convers. Migette n'avait cependant pas fini pour autant ses avatars, puisque le passage de Balerne à Cîteaux en 1136 allait remettre en question son existence de prieuré.

Ailleurs, la phase cénobitique, qui se réalise sans laisser de traces documentaires, ne doit pas s'éloigner beaucoup du schéma précédent : les deux frères qui ont établi leur ermitage au Val Saint-Jean dans le massif de la Serre, subissent ou suivent un processus de régularisation aussi rapide. En 1127-1128, ils disposent d'une chapelle et mènent une vie matérielle peu différente des moines nouveaux, à en juger par le contenu des donations ; la distinction s'atténue encore six ans plus tard, lorsqu'Anseri confirme la communauté et s'adresse à Constantin (le prêtre pionnier) et à ses frères qui vivent dans le val *in sancto ordine*[2]. Mais quelle règle suivaient-ils ? Eux aussi tiennent à sauvegarder leur originalité fondée sur les valeurs érémitiques et le travail manuel, puisqu'avant 1136 ils adoptent les usages cisterciens. Comme à Lieucroissant, qui opère sa mutation à la même époque, cette affiliation entraîne un changement de lieu : à la forêt de la Serre, ils préfèrent alors les bords de l'Ognon, à Acey. Nous reviendrons dans le chapitre suivant sur les motivations de ce transfert et de cette adhésion, liés à la vague cistercienne qui déferle sur le diocèse.

Mais les cisterciens ne sont pas les seuls à offrir aux communautés un genre de vie conforme à leur idéal primitif, puisque certaines d'entre elles terminent leur métamorphose au sein de l'ordre des chanoines réguliers. Montbenoît s'érige en prieuré canonial avant 1131, tandis que Montseugny, puis Fay se mettent dans la dépendance de Saint-Etienne de Dijon. Pour Montseugny, le passage se réalise avant 1124, avec l'accord de toutes les parties intéressées : si l'initiative semble venir du prêtre Bernard, qui avait fondé l'ermitage et présidé à son essor temporel, le rôle d'Anseri ne paraît point négligeable ; il fait le déplacement à Dijon pour confirmer le geste de Bernard et, sans doute pour récompenser les chanoines ou resserrer les liens avec eux, il donne plusieurs possessions sises dans son propre diocèse. Quant aux seigneurs qui avaient assuré la dotation primitive de la communauté et tenaient à sauvegarder leurs intérêts matériels et spirituels, ils assistent pour les principaux d'entre eux à la passation des pouvoirs à Dijon et donnent explicitement leur accord : Narduin d'Apremont, Galon de Villiers, Robert de Germigney[3].

Quel sort Saint-Etienne réserve-t-il à Montseugny ? Les confirmations postérieures n'emploient jamais le terme de prieuré, se contentant de citer le *lieu* de Montseugny comprenant l'église et les biens qui en dépendent, comme si la cession avait mis fin à toute vie conventuelle[4]. D'ailleurs, vers le milieu du XIIᵉ siècle,

---

1. Bibl. de Montmirey-le-Château, Cartulaire de Balerne, fol. 116.
2. Acte de 1133 : Arch. dép. Jura, 15 H 11, et Bibl. nat., lat. 5683, fol. 4.
3. La cession s'est faite avant le 10 novembre 1124, date à laquelle Calixte II énumère parmi les biens de Saint-Etienne de Dijon le *locum de Monte Cyconienso* (PÉRARD, *Recueil de pièces curieuses,* p. 101). L'acte de cession est rapporté dans les *Chartes de Saint-Etienne de Dijon,* II, n° 40 (avec des erreurs), dans E. FYOT, *Histoire de Saint-Etienne de Dijon,* p. 82 ; l'original se trouve aux Archives départementales du Rhône, 48 H 3046, Montseugny. La confirmation d'Anseri est publiée dans les *Chartes de Saint-Etienne,* II, n° 54, alors que l'original subsiste à Lyon (48 H 3046).
4. Par exemple en 1139, *Chartes de Saint-Etienne,* II, n° 107 : Montseugny est alors sur le même pied que Franxault, qui n'a jamais connu de prieuré ; en 1156, il ne figure plus parmi les possessions de Saint-Etienne (Arch. dép. Haute-Saône, H 106).

Dijon se sépare de cette dépendance, qu'elle semble avoir reçue sans enthousiasme, en la cédant aux Hospitaliers de Saint-Jean de Jérusalem. Doit-on en conclure qu'au moment de son rattachement, Montseugny avait un avenir déjà compromis et que Saint-Etienne n'accepta qu'à regret ce cadeau embarrassant, sur la pression amicale d'Anseri ? Sans même envisager de crise interne, une telle évolution serait à mettre au compte de la concurrence monastique dans une région où les grands établissements (Bèze, Theuley, Acey, Corneux, La Romagne, sans compter les anciens prieurés de Saint-Léger et de Saint-Sauveur), se disputent la même clientèle. L'explication ne satisfait pas entièrement, dans la mesure où Saint-Etienne accepte la maison du Fay, située dans un secteur géographique très voisin et transformée par la suite en prieuré [1].

Outre les conditions inhérentes à la situation des maisons, l'échec ou la réussite du rattachement dépend aussi du rôle spécifique que remplissent les chanoines réguliers dans la société chrétienne, puisque, contrairement aux moines de cette époque, ils assument le ministère pastoral et que les membres des communautés primitives n'avaient pas tous la formation exigée pour la *cura animarum ;* beaucoup de ces laïcs, qui avaient embrassé la vie érémitique, ne pouvaient accéder aux ordres sacrés et restaient confinés dans les tâches matérielles des convers ; or, pour garder sa spécificité, une maison canoniale devait compter, outre ces derniers, un minimum de prêtres capables de célébrer l'*opus Dei* et d'exercer le service paroissial ; tel n'était sans doute pas le cas de Montseugny, réduit alors au rang de maison ou de grange. Cet exemple, joint à celui de Fay, nous introduit déjà au cœur du mouvement canonial qui, sous l'épiscopat d'Anseri, connaît un renouveau très fort au sein du diocèse, qu'il pénètre d'abord de l'extérieur, grâce aux abbayes périphériques, avant de l'irriguer de l'intérieur.

B. LA PÉNÉTRATION DES CHANOINES RÉGULIERS

La réforme grégorienne est, nous l'avons vu, à beaucoup d'égards, le temps des chanoines, le temps où le clergé trouve dans les efforts déployés par la hiérarchie un encouragement à se conformer avec plus de rigueur à la *vita apostolica*. Alors que les pays lotharingiens se contentaient de réactualiser la règle d'Aix, au nord et au sud de la Chrétienté s'était mise au point une vie communautaire plus stricte, créant aux côtés des chanoines séculiers ceux qu'on appela désormais les chanoines augustiniens ou réguliers de saint Augustin. La *Regula sancti Augustini* allait être bientôt et de plus en plus prise comme référence nouvelle pour l'ordre canonial, d'abord par les chapitres et collégiales existants qui choisissaient de se réformer, puis par les groupements nouveaux, nés autour des ermites et des clercs solitaires.

Au début du XIIᵉ siècle, le mouvement trouve en France sa terre d'élection, avant de s'étendre aux pays voisins ; aux maisons isolées qui adoptent les nouveaux usages, s'ajoutent alors des unions ou congrégations, groupant autour d'une abbaye-mère des filiales observant la même coutume : si Saint-Victor de Paris, Saint-Ruf d'Avignon ou Arrouaise atteignent rapidement la célébrité pour des raisons diverses, elles sont loin d'être les seules ; bien d'autres abbayes s'organisent en chefs d'ordre dans la première moitié du XIIᵉ siècle [2].

---

1. L'opération est conclue avant 1161 (Bibl. nat., Moreau 873, fol. 29) : la maison leur a été donnée par Hugues, qui l'avait fait construire du consentement de l'évêque de Langres, Renard († 1085) ; auparavant, Hugues, *qui primus ibidem conversare religiose cepit* était qualifié de prieur (Arch. dép. Haute-Saône, 25 J 18).
2. Voir les nombreuses études de J. BECQUET, en particulier Le mouvement canonial en

Dans le diocèse, comme en Lorraine, la vague canoniale accuse un certain retard : après une tentative avortée à Hautepierre à la fin du xiie siècle, les chanoines réguliers ne parviennent pas à s'imposer dans les anciennes collégiales, ni même à susciter des implantations avant 1120. Cependant, sous l'archevêque Anseri, l'idéal augustinien jusque-là peu prisé des milieux réformateurs locaux recueille une adhésion sans cesse croissante, au point de devenir, vers les années 1130, le fer de lance du renouveau religieux. Comment expliquer ce revirement ? La pénétration des influences extérieures et l'action des fraternités jouent le rôle de ferment et poussent quelques animateurs à créer des foyers spirituels à l'usage des clercs.

Saint-Pierre de Mâcon

C'est de la périphérie que viennent, en effet, les premières expériences canoniales, qui, de ce fait, se propagent le long des principales voies de circulation : Saint-Pierre de Mâcon et Chaumouzey, qui ont adopté la nouvelle règle augustinienne dès la fin du xie siècle, ont des rapports avec le diocèse de Besançon, malgré leur relatif éloignement. Que le premier possède des intérêts matériels dans le décanat de Lons, le plus proche de Mâcon, ne saurait surprendre [1] ; qu'il obtienne par la suite l'église du Marteroy à Vesoul, où il édifie un prieuré, paraît plus étonnant à cause des distances qui séparent les deux lieux ; en réalité, le lien est assuré par les comtes de Bourgogne, qui depuis 1078 ont hérité le comté de Mâcon et qui, d'autre part, possédaient d'importants biens dans la région de Vesoul, dont le château : dans ces perspectives, la fondation d'un prieuré ne pouvait que rehausser le prestige de cette forteresse et du bourg qui s'édifiait au pied de la Motte. A quelle date se fait l'opération ? A la fin du xie siècle, au moment où Renaud II gratifie Saint-Pierre de diverses donations et où l'archevêque Hugues III, son frère, consacre la nouvelle église du Marteroy ? Cette concomitance trouverait une conclusion logique dans la desserte de ce lieu par des chanoines réguliers : mais, outre le fait qu'aucun prieur n'est mentionné avant le milieu du xiie siècle, le comte Othon Ier laisse entendre vers 1195 que la création du prieuré reviendrait à son père, Frédéric Barberousse [2]. Finalement, malgré l'ancienneté de sa régularité canoniale et de ses liens avec le diocèse, Saint-Pierre de Mâcon comporte encore trop d'incertitudes historiques pour se prévaloir d'une grande influence dans l'expansion du mouvement.

Influence lorraine

De leur côté, les établissements lorrains exercèrent un ascendant variable. Bien que le groupe d'ermites établi à Hérival par Engibald confine au doyenné de Luxeuil,

---

Limousin aux xie-xiie siècles, dans *Bull. Phil. et Hist.*, 1977, p. 33-43 ; L. MILIS, *L'ordre des chanoines réguliers d'Arrouaise*, Bruges, 1969; M. PARISSE, Les chanoines réguliers en Lorraine, fondations, expansion, dans *Annales de l'Est*, 1968, p. 347-388.

1. Vers 1120-1130, la paix est conclue entre Saint-Pierre de Mâcon et les moniales de Château-Chalon (*Necrologium ecclesiæ Sancti Petri Matisconensis*, p. 92) ; à la fin du xiiie siècle, l'établissement possède le patronage de plusieurs églises à proximité de Louhans : Montagny, Sagy, Saint-Usuge, puis Châteaurenaud. De même, vers 1125, une association de prières est conclue entre Mâcon et Balerne (*Ibidem*, p. 91).

2. Donations de Renaud II vers 1080 : *Necrologium ecclesiæ Sancti Petri Matisconensis*, p. 77 ; dédicace de l'église du Marteroy en 1092 : Bibl. nat., Lat... 1241 et Arch. dép. Haute-Saône, G 38 ; confirmation du comte palatin Othon Ier à Saint-Pierre de Mâcon vers 1195-1199 : « pour répondre à tes prières, très cher frère B., prieur de Mâcon, nous prenons sous notre protection et défense l'église du Marteroy - qui a été fondée, nous a-t-on dit, par notre père sur notre alleu - avec les chanoines qui y servent Dieu » (Arch. dép. Haute-Saône, 25 J A 15, vidimus de 1326).

il n'exerce qu'un rayonnement limité, sans doute à cause de son ascétisme trop radical ou des démêlés qui l'opposent aux autorités ecclésiastiques ; la période de normalisation, qui s'opère sous Richard, ne rompt pas cet isolement, puisque la règle de saint Augustin n'y est pas adoptée avant le milieu du XIIe siècle [1].

Non loin de là, la création similaire d'Anthénor au Saint-Mont suit une évolution beaucoup plus rapide : après avoir essaimé à Toul, puis à Chaumouzey près d'Epinal, elle adopte, dès 1093, les usages des chanoines réguliers de Saint-Ruf d'Avignon [2]. Cela lui valut d'influencer d'autres communautés : Saint-Pierremont au diocèse de Metz, Marbach dans celui de Bâle, sans toutefois laisser de trace dans la traversée obligatoire de notre région. D'ailleurs, ces emprunts ne résolvent pas tous les problèmes, puisque l'arrivée des prémontrés jette le doute à Chaumouzey, si bien que l'abbé Séhère demande encore à Saint-Ruf de résoudre ses inquiétudes sur quelques points de l'observance [3]. Cette correspondance contient de précieuses indications sur la liturgie, le jeûne, l'abstinence de vin, le silence, le travail manuel et le vêtement des religieux.

Après avoir réglé les querelles qui l'opposent à l'abbaye féminine de Remiremont sur diverses possessions, Chaumouzey aborde, vers 1120, sa phase expansive dans les diocèses de Toul, Langres, Besançon. Les actes qui rapportent son installation à Marast, près de Villersexel, en attribuent l'initiative à deux seigneurs comtois, Thiébaud de Rougemont et Richard de Montfaucon. Ont-ils été séduits par la piété des chanoines, comme Hugues de Champagne qui crée un prieuré à Larzicourt après avoir visité Saint-Léon de Toul ? Les deux seigneurs, qui manifesteront leur inclination pour les nouvelles aspirations religieuses en soutenant les abbayes cisterciennes de Bellevaux et de Lucelle, puis de Lieucroissant et de la Grâce-Dieu, obéissent à de profondes convictions : « sous l'inspiration du Saint-Esprit », ils donnent en 1117 à Chaumouzey une partie de leur domaine d'Esprels dans la paroisse de Moimay, comprenant une portion marécageuse qui vaudra au futur prieuré le nom de *Maresco*, Marast [4]. Même s'il n'est pas à l'origine de ce geste, Anseri s'en réjouit sincèrement dans la confirmation de 1120 aux chanoines de Chaumouzey : « Dieu vous ayant conduits dans notre diocèse, nous en ressentons la plus vive joie et nous cherchons avec une pieuse sollicitude à vous y procurer une paix durable et la stabilité » [5].

Aussi accepte-t-il que le curé de Moimay abandonne ses droits sur le domaine et que, si l'afflux de colons exigeait un jour l'érection d'une paroisse, la présentation du desservant appartienne au prieur. Exempts de la dîme, comme les communautés étudiées précédemment, les chanoines de Marast se mettent au travail, construisent une église qu'ils inaugurent avant 1123 [6] et qui demeure, de nos jours, le seul mais

1. A. GALLI, Les origines du prieuré de Notre-Dame d'Hérival, dans *Revue Mabillon*, 1959, p. 1-34, et *Hérival et son héritage*, Epinal, 1981.
2. C.-E. PERRIN, La chronique de Chaumouzey, dans Annuaire de la *Féd. hist. de Lorraine*, IV, 1931-1932, p. 265-280 ; J. CHOUX, *L'épiscopat de Pibon*, p. 161-169.
3. On trouvera dans J. CHOUX, *L'épiscopat de Pibon*, p. 166-169, un exposé de cette controverse avec Prémontré, la réponse de l'abbé de Saint-Ruf et de l'évêque de Maguelone, dont les chanoines suivaient l'*ordo* de Saint-Ruf.
4. Confirmation de Calixte II en 1123 (U. ROBERT, *Bullaire de Calixte II*, II, p. 89). Il n'y a pas d'étude sur Marast en dehors des articles de J. GAUTHIER, Le prieuré de Marast (Haute-Saône) et les dalles funéraires de sa chapelle, dans *Mém. Acad. Besançon*, 1875-1877, p. 132-147, et de J.-P. BILLY, *Marast, église du XIIe siècle*, polycopié sans date.
5. J.-P. BILLY, *Marast, église du XIIe siècle*, p. 5.
6. Dans la bulle de Calixte II (U. ROBERT, *Bullaire de Calixte II*, II, p. 89) de 1123 : « Le jour de la consécration de l'église, le noble seigneur Thiébaud (de Rougemont) a ajouté d'autres dons ». Cette église était dédiée à sainte Marie-Madeleine.

remarquable vestige des bâtiments prioraux de cette époque [1] : ainsi naît une *cella canoniale.*

Malgré cette double protection seigneuriale et archiépiscopale, et en raison sans doute de la médiocrité des lieux ou d'un projet trop ambitieux, le prieuré vit des débuts assez difficiles, qui présentent du moins l'avantage d'entretenir la ferveur religieuse : ce foyer spirituel ne déçoit pas l'attente de ses fondateurs et, par son rayonnement, attire la sympathie des prêtres et de la hiérarchie, qui lui confient le patronage d'églises environnantes. La première lui vient de Saint-Vincent de Besançon, en 1133, et la notice relative à Cubry dévoile les instances légales qui concourent au même but : « A la demande de Pierre de Traves, archidiacre (et doyen de Saint-Etienne), l'archevêque Humbert cède à Marast, à cause de sa pauvreté et pour la mense des frères vivant dans la *cella* de Marast, l'autel de l'église de Cubry, reçu des mains du prêtre Aimé » [2]. Au milieu du XIIe siècle, c'est une dizaine d'églises ou de chapelles qui relèvent de son patronage, ce qui illustre l'influence et la spécificité d'un prieuré de chanoines réguliers, dans une région en pleine mutation économique et sociale.

D'ailleurs le rayonnement de Chaumouzey ne se cantonne pas aux environs de Villersexel, puisqu'avant 1147 l'abbaye possède un autre établissement au nord du diocèse, la petite *cella* de Fleurey-les-Loup, enrichie de deux alleux à Bouligney et Dampvalley ; mais, dans le cas présent, la finalité de cette implantation répond plus à des critères économiques que religieux : relais pratique sur la route qui conduit de Chaumouzey à Marast par Luxeuil et Lure, Fleurey n'intervient pas dans la desserte paroissiale des environs. Ainsi, à la différence de Saint-Pierre de Mâcon, isolé dans son prieuré du Marteroy, l'abbaye de Chaumouzey soutient son expansion méridionale par une logistique appropriée.

Saint-Etienne de Dijon

Le troisième centre de diffusion de la réforme canoniale se situe dans une région en relations avec le comté de Bourgogne : Saint-Etienne de Dijon. Jusque-là effacée par rapport aux opulentes abbayes bénédictines de Saint-Bénigne et de Bèze, la collégiale sort de sa léthargie apparente lors de l'adoption de la règle de saint Augustin qui lui insuffle un esprit nouveau au début du XIIe siècle. La personnalité de l'évêque de Langres, Robert de Brancion (1113-1125), n'est pas étrangère à cette conversion qui s'opère sous son pontificat : la retraite de l'évêque en ce lieu suit l'élection du premier abbé régulier (1125) [3].

Avant même d'avoir terminé sa mutation, Saint-Etienne amorce, en direction de notre diocèse, une attraction incontestable, favorisée sinon sollicitée par l'archevêque Anseri : l'abbaye recrute jusque dans la région de Besançon et de Salins [4] et reçoit

---

1. Le nouveau *Dictionnaire des communes de la Haute-Saône* donne, sous la plume de G. CUGNIER, une description de cette église (t. IV, p. 75-76) ; de même, *La Franche-Comté romane*, p. 30-31.
2. Arch. dép. Haute-Saône, G 667, vers 1140.
3. Nous renvoyons au second volume des *Chartes de l'abbaye de Saint- Etienne de Dijon*, établi par J. COURTOIS, Dijon, 1908 : il couvre la période 1098-1140 ; à PÉRARD, *Recueil de plusieurs pièces curieuses...*, p. 213 : *quomodo in ecclesia Sancti Stephani Divionensis de sæcularibus facti fuerunt regulares et ordo canonicus ibidem institutus* ; dans sa bulle du 10 novembre 1124, Calixte II confirme l'observation de la règle de saint Augustin à Dijon (U. ROBERT, *Bullaire de Calixte II*, II, n° 270).
4. Vers 1115, c'est-à-dire dès le début de la régularisation, un chanoine de Besançon, Lambert, choisit de faire conversion à Dijon (CHEVRIER et CHAUME, *Chartes de l'abbaye*

diverses donations, dont une du comte Renaud III ; de son côté, Anseri, tenu au courant de l'évolution interne de l'établissement par son ami Robert de Brancion, vient à Dijon en 1124 dans le but probable d'établir des liens plus étroits avec les chanoines réguliers : il confirme solennellement leurs acquisitions dans le diocèse [1], dont celle de Montseugny, et les autorise à en faire d'autres. Visite de courtoisie et d'intérêt, il profite sans doute de son séjour pour étudier la règle et l'observance canoniales aux fins de les faire appliquer dans son diocèse : c'est vers cette époque qu'elles apparaissent, en effet, à Saint-Paul de Besançon et dans les prieurés de Corneux, la Charité et Cherlieu. Bien que Saint-Etienne reçoive encore par la suite quelques marques de confiance, son influence décroît après 1130 : une fois le relais passé aux établissements diocésains, ceux-ci prennent en mains leur propre destin sans chercher à s'agréger à l'abbaye dijonnaise.

Mais aussi important fût-il, l'exemple de Dijon n'aurait pu à lui seul rallier le diocèse à l'idéal des chanoines réguliers : d'autres courants venus du sud, de la Savoie ou de l'Helvétie, ont contribué à propager ces aspirations et à sensibiliser l'élite religieuse à cette forme de vie, combinant l'ascèse et l'apostolat au service des autres. C'est le cas de l'abbaye d'Abondance qui, établie au milieu du xie siècle dans la vallée de la Dranse, en Savoie, suit un développement parallèle à celui d'Aulps, sa voisine, ou de l'hospice du Grand-Saint-Bernard, dit de Montjoux, qui, depuis la fin du xie siècle, est animé par des chanoines réguliers et dont nous étudierons plus loin le rayonnement. Retenons seulement, pour éclairer nos propos, que leur expansion s'insère dans la troisième décennie du siècle, qu'elle se propage le long de la route Italie-Champagne, que vers 1130-1135 ces établissements possèdent des biens au-delà de Besançon, entre Pontarlier et Salins.

Agaune

Cet itinéraire, qui emprunte le col de Jougne, prend vers 1130 une coloration canoniale qui met en évidence le rôle et l'importance des échanges : tour à tour, Agaune, le Lac de Joux et Montbenoît se déterminent par rapport à ce point de passage. Depuis fort longtemps, l'abbaye Saint-Maurice d'Agaune, dont l'audience dépassait largement le Valais et dont la position sur la route du Grand-Saint-Bernard renforçait le prestige, entretenait des relations avec la Bourgogne : ces liens, qui apparaissent déjà à l'époque des Pères du Jura, ont favorisé la diffusion du culte de saint Maurice le long de ces axes routiers ; par la suite, ils se concrétisent par des concessions de biens fonciers, que la tradition attribue au roi Sigismond et qui sont probablement antérieurs à l'époque carolingienne [2].

Saint-Bénigne, n° 427) tandis qu'Etienne, clerc de Salins, apporte au moment de sa profession de foi une chaudière de muire, des vignes et un cheval (*ibidem*, II, n° 66) ; de son côté, Constance de Salins donne une rente de quatre deniers par semaine sur son meix pour se faire accepter comme converse : quand elle ira au monastère de Saint-Etienne de Dijon, *causa conversationis*, les chanoines recevront deux autres deniers (*ibidem*, n° 67). « Le chevalier Bernard de Salins donne un bouillon pour la mémoire de sa mère » (*Ibidem*, n° 69). Se souvenant des bons rapports entretenus par ses aïeux avec Dijon, Renaud III écrit : « reconnaissant à mon égard la grâce de Dieu qui m'a donné la puissance terrestre malgré mon indignité, je donne (à Saint-Etienne), pour racheter des aumônes mes péchés, les coutumes, ventes et péages qu'ils me devaient à Salins et à Dole » (*ibidem*, n° 105, charte de 1135).
1. *Ibidem*, II, n° 54 : Montseugny, Franxault et *locum de terra Jurensi* (non identifié).
2. J.-M. THEURILLAT, L'abbaye Saint-Maurice d'Agaune, des origines à la réforme canoniale (515-830 environ), dans *Valesia*, IX, 1954, p. 86 ; G. MOYSE, *Les origines du monachisme*, p. 54-55.

A l'âge féodal, avec la mainmise des pouvoirs politiques, l'abbaye traverse une
ère de mutations et de difficultés : sécularisation, destructions, emprise laïque
l'obligent au milieu du xᵉ siècle à inféoder à Aubry, comte de Mâcon, une partie de
ses possessions du diocèse de Besançon : Salins et divers domaines du Varais et de
l'Escuens, la Chaux d'Arlier, le Val des Usiers et la vallée de la Loue [1]. Cette
inféodation assure, à la génération suivante, l'établissement et la fortune des sires de
Salins, qui héritent de ces biens pour lesquels ils prêtent encore hommage à l'abbé
d'Agaune aux xiiᵉ et xiiiᵉ siècles; signifie-t-elle aliénation générale de ses possessions
comtoises ? Certains auteurs ont avancé une implantation valaisane dans la vallée du
Dessoubre (Laval, Vaucluse) à une époque indéterminée, mais ancienne et, partant de
cette hypothèse, ils ont présumé son intervention ou tout au moins son patronage
occulte dans l'établissement des chanoines réguliers de Montbenoît, envisagé dès lors
comme un relais [2].

En fait, ces dires qui reposent sur l'appartenance du seul Laval à Agaune, attestée
à la fin du xiiᵉ siècle, ne sont pas nécessaires pour admettre la persistance de
l'influence de Saint-Maurice dans la région : par les fiefs que l'abbaye y conserve, par
le rôle de ses abbés, promus maintes fois au siège épiscopal de Sion, par sa position
sur le chemin des Alpes et la route de Rome (bien des prélats bisontins qui faisaient
leur voyage *ad limina* ont dû s'arrêter à Agaune et s'incliner sur les tombeaux des
martyrs de la légion thébaine), elle demeure en relations avec le diocèse. Aussi la
réforme qui s'y déroule vers 1127-1128 recueille-t-elle sans doute un écho important
dans le Jura : sous l'influence conjointe de l'évêque de Grenoble, saint Hugues, et du
comte Amédée de Savoie, Saint-Maurice d'Agaune adopte la régularité canoniale et
récupère une partie de ses biens aliénés, amorçant de cette façon la restauration de sa
puissance et de son prestige, que constate avec plaisir le pape Eugène III, lors de son
passage en 1148 [3].

Au moment même où s'opère cette mutation, Saint-Paul de Besançon procède à
la même conversion, tandis que d'autres chanoines réguliers s'implantent de part et
d'autre du col de Joux, ce qui contribue à donner à ces années 1125-1133 une très
forte coloration canoniale. En 1126, les prémontrés arrivent au Lac de Joux, avant
1130 Montbenoît affirme son existence, Corneux et plusieurs autres prieurés
abritent une petite communauté : durant cette étroite fourchette de moins de dix ans,
la phénomène canonial atteint son paroxysme dans un diocèse qui, jusque-là, s'était
contenté d'en saisir l'originalité par l'entremise d'abbayes étrangères.

C. LE PAROXYSME CANONIAL (vers 1125-1133)

L'analyse des réalisations diocésaines révèle un mouvement à la fois complexe et
diversifié, brusque mais fragile. A la stimulation des abbayes périphériques succède

---

1. Inféodation de 940-941, dans J.-B. GUILLAUME, *Histoire généal. des sires de Salins*, I,
   p. 5-6 ; confirmation par le roi de Bourgogne, Conrad, en juillet 942 (*Die Urkunden des
   Burgundischen Rudolfinger*, par Th. SCHIEFFER, *M.G.H*, p. 206-207).
2. Echo repris par J. de TREVILLERS, *Sequania monastica*, p. 156 et discuté par R. LOCATEL-
   LI, Les origines de Montbenoît et du Sauget, dans *Mém. Soc. Emul. Doubs*, 1976, p. 13.
3. Sur la réforme de 1128, diplôme d'Amédée de Savoie, dans *Gallia christiana nova*, XII,
   instr. col. 430 : « Sur les conseils du seigneur Hugues, archevêque de Grenoble, nous
   avons réformé le statut de cette église que nous avons trouvée dans une situation lamentable, puisque les offices divins y avaient même cessé. Aussi... statuons-nous que les
   chanoines séculiers, qui le consentent, se transforment en réguliers, qu'ils servent Dieu
   avec piété, que toutes les possessions autrefois aliénées abusivement par cette église lui
   reviennent...».

le rôle primordial de quelques personnalités, Gerland de Besançon, Narduin de Montbenoît et Raimbaud, véritables pionniers de la régularité canoniale. Mais l'adoption de cette dernière n'engendre ni uniformisation des observances, ni émergence d'importantes congrégations, puisque la diversité l'emporte avec l'apparition de trois types d'établissements : la maison autonome comme Montbenoît, la Charité, Cherlieu, Corneux ; d'autres, affiliées à l'ancienne collégiale de Saint-Paul de Besançon et constituant une petite congrégation ; des adhésions individuelles aux prémontrés.

Les membres du premier groupe présentent beaucoup de points communs, tant par les incertitudes qui pèsent sur leurs origines que par l'ambiguïté de leur statut et leurs difficultés d'adaptation. Si leur existence est attestée vers les années 1125-1131, tous se réclament d'une tradition plus ancienne, dont la vraisemblance varie selon les cas et qui permettrait de les incorporer aux expériences précédemment analysées.

Montbenoît

Le prieuré de Montbenoît connaît ainsi une préhistoire, dont la trame se tisse au fil des siècles suivants et qui se résume de cette façon : sa naissance, qui remonterait au temps de la première croisade, se rattacherait à la présence d'un ermite, Benoît, qui avait choisi son désert en aval de Pontarlier, là où la vallée du Doubs s'individualise en une petite cellule géographique, appelée dès la fin du XIIe siècle le Sauget[1] ; entre l'agglomération de Pontarlier animée par le passage de la route internationale et le val de Morteau, où des cluniciens ont choisi de vivre, s'étale une région vallonnée et encore déserte, qui se confond avec les joux environnantes. Vraisemblable faute d'être certain, cet ermitage, que la postérité admet sans discussion[2], se transforme en une fraternité, elle-aussi incertaine, qu'aucun document écrit ne signale avant 1128. Ce n'est que plus tard, devant le succès confirmé de cette communauté, que les sires de Joux songèrent à en tirer profit pour leur prestige personnel et se firent les protecteurs attitrés et même les fondateurs de cette maison, en rédigeant des chartes à effet rétroactif[3]. Quel que fût le rôle initial des sires de Joux, la fraternité se maintient : au lieu de s'étioler au fil des années, elle avance sur le chemin de la régularisation, puisqu'elle forme en 1128 un prieuré dont l'observance, non indiquée, relève probablement de la coutume augustinienne.

A sa tête, se trouve alors un homme qui joue un grand rôle dans les destinées du futur monastère et dans la diffusion du mouvement canonial : de son prénom Narduin, il est originaire de la région, puisque son frère possède des biens à Pontarlier et à Nods ; il pourrait s'apparenter à la famille de Joux ou de Scey, ce qui

---

1. Le mot apparaît pour la première fois dans une bulle d'Innocent III de 1199 : Arch. dép. Doubs, 69 H 2, fol. 31 ; R. LOCATELLI, Les origines de Montbenoît et du Sauget, dans *Mém. Soc. Emul. Doubs*, 1976, p. 12-14.
2. R. LOCATELLI, Les origines de Montbenoît, p. 11.
3. Dans une pancarte dressée par l'archevêque Humbert en 1169 (Arch. dép. Doubs, 69 H 26, et E. DROZ, *Mém. pour servir à l'histoire de Pontarlier*, p. 260), le sire de Joux fait intervenir son ancêtre Landri (mort avant 1110) qui aurait cédé « tout ce qu'il avait au lieu de Montbenoît, en forêts, pâturages, eaux, prés et autres choses nécessaires aux serviteurs de Dieu qui demeuraient là ». Soixante ans plus tard, la tradition se fait plus précise et cette donation originelle de Landri devient alors une véritable dotation : au lieu des termes précédents, assez vagues, le texte prête à Landri la délimitation explicite d'un territoire, indice probable des contestations qui ont dû surgir au XIIe siècle (Arch. dép. Doubs, 69 H 27, : charte reproduite avec certaines erreurs dans E. DROZ, *ouv. cité*, p. 280, texte de 1218 et non de 1228).

expliquerait en partie la réussite de son entreprise et sa présence fréquente dans l'entourage des archevêques, Anseri et Humbert de Scey[1].

Souvent cité en compagnie de gens acquis à la réforme canoniale et plus généralement au monachisme nouveau, il fait partie de ces conseillers influents, consultés en des circonstances décisives pour les nouvelles orientations religieuses : il souscrit la première charte d'Anseri pour Bellevaux, assiste au passage de Saint-Paul à la régularité, se trouve à Besançon aux côtés de l'abbé de Cîteaux[2]. Premier prieur connu de Montbenoît, il est sans doute à l'origine de l'adoption de la règle de saint Augustin par les frères. Comme cette mutation a lieu avant 1128, elle ne peut résulter d'une intervention d'Agaune, passée à la régularité en 1128 seulement, ce qui récuse l'hypothèse trop communément admise d'une création valaisanne. Le rôle de Narduin paraît décisif et la suite de l'histoire confirme l'influence de cette personnalité qui fait accéder son prieuré au rang d'abbaye canoniale avant 1140[3].

Les trois autres établissements, qui voient le jour avant 1127, se situent à l'ouest du diocèse, non loin de la vallée de la Saône ; tous trois sortent de l'ombre après une période incertaine (comme à Montbenoît). Sans relater ici les affabulations auxquelles ont donné lieu leurs origines, nous exposons seulement la version la moins entachée d'invraisemblances. Rien ne s'oppose à la création d'un prieuré ou d'une collégiale à la Charité vers 1120 par Alice ou Eluis de Traves, bien que l'établissement ne soit pas établi à proximité d'un château ; en effet, les seigneurs ne procèdent pas seulement à des fondations castrales et, comme la forteresse de Traves possédait déjà un prieuré clunisien, Elvis a pu souhaiter non loin de là une maison consacrée aux nouvelles aspirations religieuses. Rien ne s'oppose à cette version à condition de ne pas en reculer l'initiative au début du siècle, mais de la placer après 1120, au moment où l'idéal des chanoines réguliers touche le diocèse. Par la suite, cette maison conforte son existence et accède au rang d'abbaye : elle abrite en 1128-1130 une communauté régulière sous la direction d'un certain Raimbaud[4].

Corneux

La préhistoire de Corneux repose sur une tradition semblable : la fondation d'un prieuré de chanoines réguliers par la famille de Beaujeu-sur-Saône et le rôle d'animateur joué par un prêtre nommé aussi Raimbaud. Or, plusieurs faits corroborent en partie ces suppositions[5] et, lorsque la maison apparaît au grand jour, en 1133, il s'agit alors d'un prieuré qui, sous la direction de ce Raimbaud, relève de la juridiction épiscopale, sans dépendre d'aucun autre établissement ; dans son église dédiée à sainte Marie se pratique la conventualité, puisqu'elle compte parmi ses membres des *frères réguliers* et des convers, astreints à l'observance canoniale. Mais rien ne permet

---

1. Dans une donation à Bellevaux de 1128 (Bibl. nat., lat. 2363 avec sceau), Narduin, prieur de Montbenoît, est cité en tête des témoins, avant Guichard, chanoine de Saint-Paul, Hugues, abbé de Luxeuil.
2. Bibl. nat., lat. 2363 ; *Gallia christiana*, XV, instr. col. 26 : 4 mai 1131.
3. Il est témoin en tant qu'abbé le 27 octobre 1140 : Arch. dép. Doubs, 1 H 13.
4. J.-L. LABREUCHE, *L'abbaye cistercienne de la Charité aux XIIe et XIIIe siècles : réalités économiques et sociales comtoises*, Mém. de maîtrise, Besançon, 1975 : l'auteur expose les données traditionnelles sur les origines de l'abbaye. Acte de 1128-1130 : Arch. dép. Doubs, 58 H 2, fol. 67. Quant à la régularité, elle est établie par le témoignage de « Gilbert et Hugues, chanoines réguliers de la Charité », en 1131 (*Gallia Christiana*, XV, instr. col. 26).
5. Le prêtre Raimbaud de Corneux témoigne en faveur de Montseugny en 1124 (Arch. dép. Doubs, B 520), tandis que le patronage d'Hugues et de Sigismond de Beaujeu est confirmé en 1133 dans une pancarte d'Anseri (Arch. dép. Haute-Saône, H 750).

d'identifier son prieur Raimbaud à son homonyme, abbé de la Charité.

Pour subvenir à leur existence, les frères se livrent aux activités agricoles, défrichent des terres, reçoivent de nombreuses donations des seigneurs environnants (Beaujeu, Rigny, Arc-les-Gray, Battrans...) tous vassaux de Renaud III, si bien que, dès cette époque, les grandes lignes du temporel de Corneux sont esquissées[1] ; en somme, ils pratiquent un genre de vie semblable à celui des communautés examinées précédemment et rien ne filtre des difficultés qui les obligent en 1134 à faire appel aux prémontrés de Laon.

Cherlieu

Le sort de Cherlieu, établi au-delà de la Saône, à proximité de Jussey, s'apparente beaucoup à celui de Corneux, une fois abandonnée l'impossible tradition qui cherche à en faire d'abord un établissement d'Antonins fondé à la fin du XIe siècle par les Fouvent. Nous verrons, en effet, dans un chapitre ultérieur, que cette hypothèse repose sur une confusion avec Aumônières[2]. Dans ces conditions, la charte d'Anseri, datée de 1127, est le premier document incontestable et nous révèle une situation identique à celle de Corneux. Construit dans la paroisse de Bougey, Cherlieu constitue alors un prieuré qui dispose de sa propre église, mais qui relève de la juridiction épiscopale, puisqu'Anseri a mis à sa tête le prieur Germain. Comme aucune observance n'est spécifiée, ni aucun lien de dépendance indiqué, l'on peut voir dans cet établissement l'une de ces communautés canoniales qui fleurissent un peu partout à cette époque et qui se caractérisent par leur genre de vie : sur le domaine initial cédé par les seigneurs de Jussey et leurs vassaux, les religieux peuvent cultiver et défricher de leurs propres mains ou par leur *familia* ; d'autres donations — comme la cession des dîmes par le curé du lieu — viennent compléter ce premier temporel, dont disposent en toute franchise les frères[3].

Prieuré et abbaye de chanoines réguliers pour Corneux et la Charité ? Assurément. A Cherlieu, l'incertitude demeure, de même que subsistent encore de nombreuses interrogations sur les origines de ces établissements que l'histoire ne saisit qu'au terme de leur évolution, juste avant leur ultime métamorphose : le passage à Cîteaux pour Cherlieu et la Charité, l'adhésion aux prémontrés pour Corneux. La sollicitude que leur manifeste Anseri et la juridiction qu'il y conserve nous engagent à voir en eux des expressions du mouvement canonial, qui tend à s'imposer comme modèle dans le diocèse, vers les années 1125-1130. En dehors de leurs activités économiques fondées sur le travail de leurs membres et de leur domesticité, leurs fonctions spirituelles et leur impact dans la société locale échappent à notre investigation.

Depuis longtemps, les historiens ont établi un rapport entre l'essaimage de ces

---

1. En 1133, actes de Renaud III et d'Anseri « à Raimbaud, prieur de l'église Sainte-Marie de Corneux », Arch. dép. Haute-Saône, H 750.
2. Cette tradition se trouve dans tous les aperçus historiques sur Cherlieu : Arch. dép. Doubs, Ms. 122 ; J.-P. KEMPF, *L'abbaye de Cherlieu (XIIe- XIIIe siècles). Economie et société*, S.A.L.S.A., 1976, p. 17 : « La toponymie locale appelle Saint-Antoine la colline située entre Cherlieu et Marlay. Au siècle dernier, d'après l'abbé Châtelet, quelques ruines y étaient encore visibles ». Voyez troisième partie : Les œuvres de miséricorde.
3. Confirmation de 1127 par Anseri : Bibl. nat., lat. 10973, fol. 9 ; acte publié par les abbés COUDRIET et CHATELET, *Hist. de la seigneurie de Jonvelle...*, p. 491 : Anseri confirme au « très cher fils Germain l'église de Cherlieu à la tête de laquelle nous t'avons établi comme prieur avec l'aide de Dieu.... ».

communautés, en particulier de celles qui groupent, autour des clercs, des convers laïcs, et l'essor démographique qui caractérise cette période. Mais comment établir que la conversion est pour la famille nombreuse un des moyens de réduire le surpeuplement du patrimoine familial ? Allant même plus loin dans cette problématique, G. Duby se demande « dans quelle mesure les fraternités sont apparues comme des refuges, comme des parentés de remplacement pour des individus mal à l'aise au milieu de leur rang », dans des structures familiales en crise [1] ? La solution exigerait une meilleure connaissance des milieux nobiliaires.

Même si elles répondent à de nouveaux besoins créés par l'accroissement démographique et le développement de la circulation, ces fondations remplissent d'abord des fonctions religieuses pour des groupes humains plus nombreux ou nouvellement implantés à l'écart des anciens lieux de culte : leur concentration à proximité de la Saône traduit probablement l'animation de cette artère fluviale. Mais quelles que soient leurs modalités d'apparition — ermitage, prieuré, fraternité —, leur développement reçoit son impulsion de l'aristocratie qui, par ses libéralités, tend à les rattacher au service du lignage et à les intégrer dans les nouvelles structures politiques. Leur réussite tient non seulement au nouvel idéal qu'elles incarnent, mais aussi à la manière dont elles s'insèrent dans l'économie : sur les déserts ou les domaines concédés aux pionniers, les communautés aménagent par leur travail de grosses exploitations rurales, à l'écart des terroirs organisés et des contraintes collectives ; elles constituent déjà des entreprises de colonisation appelées à se multiplier avec les ordres nouveaux ; elles bénéficient déjà de privilèges intéressants, telle cette exemption de dîmes pour les terres cultivées par la fraternité.

Quels que soient les facteurs économiques, politiques ou religieux qui expliquent ces créations, le rôle personnel des animateurs paraît encore plus déterminant, car ce sont eux qui assurent la réussite de l'entreprise. L'exemple de Raimbaud illustre bien ce type de fondateur zélé et opiniâtre, entraîneur d'hommes, suffisamment convaincant pour réunir les moyens matériels de ses expériences. Une notice tardive, insérée dans l'obituaire de Saint-Paul, exalte son influence personnelle et son activité au point de lui attribuer les maisons de Corneux, la Charité, Cherlieu, puis celles de Bellefontaine et de Courtefontaine [2].

Si elle prête à confusion, la similitude des noms n'autorise pas toutefois un tel cumul, ni un tel culte de la personnalité. Il faut d'abord lui enlever l'abbaye de Cherlieu, à la tête de laquelle préside le prieur Germain [3] et le dissocier probablement de son homonyme, abbé de la Charité avant 1130 [4], pour tracer la carrière suivante : comme ses confrères Gerland et Zacharie, Raimbaud reçoit à Saint-Paul une formation intellectuelle qui lui vaut le titre de maître [5] ; après son ordination

1. G. DUBY, Les chanoines et la vie économique des XIᵉ et XIIᵉ siècles, dans *Vita comune del clero*, I, p. 76.
2. Bibl. mun. Besançon, Droz 38, fol. 76 : « Aux nones d'octobre mourut le prêtre Raimbaud, chanoine régulier, fondateur de Bellefontaine et de Courtefontaine... Il a fondé l'abbaye de Corneux en 1133 (sic) que l'année suivante il laissa à l'ordre de Prémontré, selon le cartulaire de cette abbaye ; on dit même qu'il aurait fondé les abbayes de la Charité et de Cherlieu et qu'il les a livrées à saint Bernard ».
3. Acte de 1127, Bibl. nat., lat. 10973, fol. 9.
4. Arch. dép. Doubs, 58 H 2, fol. 67 : acte de 1128-1130 : si l'on admet l'identité des deux Raimbaud, la carrière du personnage suivrait un cursus étrange : après avoir été à Corneux, on le trouve abbé de la Charité, puis à nouveau prieur de Corneux.
5. Arch. dép. Haute-Saône, H 222 : maître Raimbaud est témoin d'une donation à Bellevaux, non datée.

sacerdotale, il se retire à Corneux, lieu jusque-là désert, où il fonde une petite communauté régulière. A la suite de difficultés sur lesquelles nous reviendrons, il fait venir (ou consent à faire venir), en 1134, les prémontrés de Laon et abandonne la direction de Corneux au nouvel abbé Gaucher. Quelques années de son existence nous échappent alors, avant qu'il ne réapparaisse en 1138 à la tête d'un autre prieuré de chanoines réguliers, Bellefontaine où, durant une vingtaine d'années, il déploie une grande activité : grâce à son zèle, la maison prospère et peut même établir la conventualité à Courtefontaine. Après sa mort, qui survient vers 1160, ses deux fondations se rattachent à l'obédience de Saint-Paul, qui rend hommage aux mérites de Raimbaud en l'inscrivant dans son obituaire.

Sa vie concrétise donc un dévouement total à la cause canoniale et l'influence déterminante de ces pionniers, qui créent en pleine campagne des foyers de régularité et de culture religieuse. Mais, pour indispensable qu'elle soit, cette initiative ne suffit pas à pérenniser ces petits établissements, dont la modicité rend la survie toujours aléatoire : passé l'enthousiasme des créations, vient l'époque de la consolidation de l'œuvre, qui s'opère autour de Saint-Paul.

Saint-Paul de Besançon

Avec l'adoption de la vie canoniale selon la règle de saint Augustin par l'établissement bisontin, l'*ordo canonicus* réformé emporte un franc succès : moins d'un siècle plus tôt, Hugues avait déjà sauvé cette abbaye de la ruine et montré l'attachement qu'il accordait à la restauration de son église en y élisant sépulture : après avoir demandé à ses successeurs de ne pas revenir sur sa réforme, il les invitait, au contraire, à faire progresser en ce lieu la vie canoniale. Grâce à sa sollicitude et à celle des autres prélats, cette collégiale occupait une place sans cesse croissante dans la vie de la cité, où elle prenait rang immédiatement après les chapitres cathédraux : ses écoles, ses privilèges et sa puissance temporelle contribuaient à accroître son renom. Aussi sa conversion à la régularité avait-elle toute chance d'atteindre un grand retentissement. Il appartenait au plus digne successeur d'Hugues Ier, Anseri, de réaliser cette seconde réforme et de donner à Saint-Paul un second départ, aussi fécond que le premier. Cette transformation, officiellement reconnue en 1131, remonte en fait à quelques années antérieures et résulte de la convergence des multiples influences que nous avons analysées précédemment : stimulations de l'extérieur, dont celle de Saint-Etienne de Dijon, actions personnelles de Gerland et d'Anseri, désirs de la hiérarchie de porter la réforme au cœur même de la cité.

A qui en reviennent l'initiative et le mérite ? Une notice rédigée dans le cartulaire de Saint-Paul longtemps après les faits résume assez bien les modalités de cette mutation et le rôle des principaux acteurs : « Sous le gouvernement d'Aymon (doyen de la collégiale), un certain chanoine de Saint-Paul, du nom de Gerland, touché par l'Esprit Saint et le désir d'une vie régulière, commença avec quelques autres chanoines de cette maison à pratiquer la vie régulière, ce qui engendra alors dans cette église une mésentente entre les chanoines séculiers et les réguliers sur les différentes règles de vie. Par son autorité et sa sagacité, l'archevêque Anseri termina la querelle en favorisant les réguliers et, bien qu'on ne dise pas à quel institut ils se rattachent, il apparaît clairement, d'après le décret d'Innocent II qui introduisit la règle de saint Augustin (1132), que les chanoines se rattachaient à l'ordre des chanoines réguliers de saint Augustin, qui apparut en Gaule dès le XIe siècle, où il fut répandu par Yves de Chartres et Ruf d'Avignon dans de nombreuses églises » [1].

---

1. Bibl. mun. Besançon, Droz 38, fol. 62.

Nous savons, en effet, que rien n'avait commencé en 1122, lorsque le doyen, Aymon, reçut une confirmation de Calixte II[1], que l'initiative part de Gerland, maître des écoles de Saint-Jean, qui décide avec quelques amis d'introduire la régularité à Saint-Paul. A quel moment exact ? Nous ne le savons pas, bien que son successeur aux écoles, Zacharie, n'apparaisse qu'en 1131. De même, nous ignorons pourquoi il ne tente pas cette démarche à Saint-Jean et comment il réussit à convaincre un petit noyau de chanoines de Saint-Paul. L'entreprise n'était point commode, puisqu'un conflit ne tarde pas à opposer les deux communautés qui vivent sous le même toit. C'est alors que, le 4 mai 1131, Anseri intervient en faveur des réguliers et procède à une réconciliation solennelle en apaisant les craintes des séculiers sur le sort qui leur était réservé. A cet acte assistaient des témoins engagés dans la réforme canoniale, comme Narduin de Montbenoît, cité en premier lieu, ou des personnes expérimentées dans ce genre de difficultés : Jocerand, ancien évêque de Langres, retiré à Saint-Etienne de Dijon, où il avait vécu la coexistence de deux groupes[2].

Cette réconciliation apporte quelques précisions sur les ressentiments éprouvés par les séculiers qui, groupés autour de leur doyen, Aymon, cherchent surtout à préserver leurs intérêts matériels, c'est-à-dire des conditions de survie décente, raison pour laquelle ils manifestent leur hostilité depuis un certain temps déjà ; en échange de garanties concernant le recrutement et la gestion du temporel, ils abandonnent en réalité la direction, l'administration et le service liturgique aux réguliers réunis autour de leur prieur Gerland ; ils admettent que ces derniers « obtiennent désormais la libre direction de toute l'église, à l'intérieur dans les offices divins comme dans les revenus matériels, ils admettent qu'aucun chanoine n'y soit institué si ce n'est un régulier... (mais en accord avec les séculiers). L'accueil des hôtes et la pitance des malades seront de la décision du prieur. Les réguliers ont admis que soit donné aux séculiers ce qu'eux-mêmes auront au réfectoire et tel quel...». Le 3 février 1132, de Cluny, le pape Innocent II ratifie la transformation survenue à Saint-Paul : « Nous statuons que l'ordre canonial, institué avec la grâce de Dieu, y soit désormais maintenu hors de toute contestation. Que les possessions, les biens et le trésor de cette église demeurent en ta libre possession et disposition, ainsi qu'en celle de tes successeurs. Qu'à la mort des chanoines séculiers actuels, leurs prébendes soient réservées aux besoins des frères réguliers et que personne n'y soit substitué qui n'ait fait profession dans la vie canoniale selon la règle de saint Augustin »[3].

Dans ces textes apparaît à maintes reprises une des différences essentielles entre l'*ordo antiquus* et l'*ordo novus* : au terme de son évolution, le premier a fini par admettre à Saint-Paul les prébendes et les maisons individuelles, que rejettent les tenants du second, en insistant d'autre part sur l'accueil des hôtes, les soins aux malades, plusieurs fois évoqués dans la pacification de 1131 et la liturgie communautaire. De même qu'Hugues Ier avait banni le titre de prévôt, discrédité par les ingérences laïques, de même les promoteurs du renouveau préfèrent à la tête de la communauté régulière un prieur, au lieu du doyen, qui subsistera jusqu'à la disparition du corps séculier[4]. Effectivement, la coexistence des deux groupes se prolonge plusieurs années, en bonne harmonie d'ailleurs, et, à mesure que s'écoule le temps, les rancœurs se dissipent et les séculiers abandonnent tout ou partie de leurs

---

1. U. ROBERT, *Bullaire de Calixte II,* II, n° 284.
2. Acte du 4 mai 1131, publié dans *Gallia Christiana,* XV, instr. col. 26 ; P. MARQUISET, *Abbaye de Saint-Paul,* p. 272.
3. WIEDERHOLD, *Papsturkunden, La Franche-Comté,* n° 10, p. 31.
4. En 1133 on trouve comme témoin Pierre, doyen de Saint-Paul (Bibl. mun. Besançon, Droz 38, fol. 72 ou J.-B. GUILLAUME, *Hist. généal. des sires de Salins,* I, pr. 44).

prébendes : en 1134, le chanoine Thierry cède à l'archevêque Anseri, qui les remet ensuite sur sa demande à l'église de Saint-Paul, huit des églises qu'il détenait dans sa prébende [1]. Pour quelques-uns, doués de longévité, la cohabitation dure une trentaine d'années [2].

Loin de satisfaire toute notre curiosité, ces quelques détails appellent de nombreuses questions : comment Gerland, ce maître des écoles de Saint-Jean, est-il parvenu à ses fins? La collégiale de Saint-Paul offrait probablement un terrain propice, déjà sensibilisé à la *voie étroite*, mais sous quelle influence ? Combien étaient-ils à se grouper derrière Gerland pour vivre ce nouvel idéal ? Un acte de 1133 cite, outre le prieur, onze chanoines réguliers, dont Guichard, qui lui succède peu de temps après [3]. Le rang de prieuré, que l'établissement conserve jusqu'au milieu du XIIIe siècle, ne doit faire croire ni à une dépendance, ni à une infériorité quelconque. Quelles que soient les difficultés rencontrées ou le temps mis à les aplanir, l'introduction de la régularité amorce une incontestable ascension de Saint-Paul qui, de collégiale urbaine, acquiert en quelques décennies une dimension diocésaine, grâce aux nombreuses églises qu'elle acquiert et aux succursales qu'elle dissémine sur le territoire. D'ailleurs, Anseri, jamais en retard lorsqu'il s'agit de favoriser le démarrage des établissements nouveaux, lui fait avant sa mort un remarquable cadeau : en lui cédant une partie de ses propres droits seigneuriaux, il contribue à élargir l'enclave formée par la terre franche de Saint-Paul. Mais c'est après la mort du prélat que le prieuré augustinien entre dans l'apogée de son rayonnement.

D) LES PRÉMONTRÉS

Parmi les familles canoniales qui adoptent le véritable *ordo novus* et qui se propagent dans le diocèse de Besançon, Prémontré apporte une contribution intéressante, grâce à sa forte originalité et grâce aussi à la bonne connaissance que nous en avons [4]. A ses origines, un jeune et brillant prédicateur populaire de Germanie, Norbert de Xanten, qui trouve sa vocation à la suite d'une expérience érémitique, comme il arrive souvent à cette époque, où des clercs lettrés redécouvrent les Pères du désert et où l'expansion démographique pousse les laïcs convertis à défricher.

Après avoir vainement tenté de convertir ses confrères du chapitre de Xanten à la vie régulière, il s'en va sur les routes du pèlerinage ; au concile de Reims en 1119, présidé par Calixte II, les autorités ecclésiastiques invitent Norbert à cesser son errance et à se fixer en un lieu : c'est alors qu'entre en scène un prélat, dont l'action déterminera bientôt l'expansion du futur ordre vers la Suisse et le comté de Bourgogne, Barthélémy de Joux, évêque de Laon (1125-1150). S'il est difficile de préciser son appartenance lignagère — Cossonay ? Grandson ? Joret ou Juret ? — ses

---

1. Bibl. mun. Besançon, 1539, fol. 1.
2. En 1161, l'archevêque Humbert donne à Saint-Paul les églises d'Audelange et d'Esclangeot, dont avait été investi Thiébaud, chanoine de Saint-Paul, par la main d'Anseri (Arch. dép. Doubs, 67 H 154).
3. Bibl. mun. Besançon, Ms 1539, fol. 1.
4. Abondante bibliographie avec mise au point régulière dans la revue *Analecta Præmonstratensia* qui permet de suivre les études en cours sur les diverses maisons de l'Ordre. L'ouvrage classique de N. BACKMUND, *Monasticon Præmonstratense*, Straubing, 1949, 3 vol., après un rappel historique fait état de la littérature propre à chaque établissement. HUGO (C.-L.), *Annales Ordinis Præmonstratensis* (2 vol. in-folio), Nancy, 1734-1736, reste précieux par les sources qu'il apporte. DEREINE (Ch.), *Les origines de Prémontré*, dans *Rev. Hist. Eccl.* XLII (1947), p. 352-378. PETIT (Fr.), *La spiritualité des Prémontrés aux XIIe et XIIIe siècles*, Paris, 1947.

origines jurassiennes ne font plus de doute et expliquent les contacts qu'il maintient avec cette région éloignée de son diocèse. De même, si bien des aspects du personnage restent encore dans l'ombre, d'autres le classent dans cette minorité agissante, entièrement dévouée à la réforme : comme Jarenton de Saint-Bénigne, ou le clunisien Damas Joret et bien d'autres Bourguignons ou Laonnois, il participe à la Reconquista et assiste en 1118 à la consécration de la cathédrale de Saragosse reprise aux musulmans. Est-ce de cette façon qu'il entre en contact avec Guy de Vienne, presque compatriote et intéressé lui aussi aux affaires espagnoles ? Barthélémy ne tarde pas à faire partie de ce groupe de conseillers réformateurs qui évoluent dans l'entourage de Calixte II et qui partagent l'amitié et les vues du pape. Frappé par la personnalité de Norbert, il soutient son action, après que celui-ci a obtenu la collégiale Saint-Martin de Laon (1119).

Devant les réticences momentanées des chanoines et toujours avec l'aide de l'évêque, Norbert préfère tenter une véritable fondation : il se retire non loin de là, au cœur de la forêt de Coucy, au lieu dit Prémontré, où il élabore le genre de vie propre à ses disciples (1121) et confirmé par le pape en 1126 : s'il exige de chaque recrue un serment de conversion des mœurs et de stabilité selon l'Evangile du Christ, l'institution apostolique et la règle canonique du bienheureux Augustin, il manifeste sa volonté d'ouvrir sa communauté canoniale aux exigences du temps : travail manuel, austérité sans concession, recrutement de convers des deux sexes et exercice éventuel du ministère pastoral.

Comme certaines fraternités, les chanoines de Prémontré acceptent à leur service des convertis laïcs, hommes et femmes. Les premiers ne posent pas de problème particulier, puisque, jusque-là, ils suivaient le modèle cistercien : sans la clôture à laquelle ils s'astreignent et les vœux qu'ils prononcent, ils restent proches des laboureurs, artisans et autres tâcherons de leur temps. Quant aux secondes, elles se distinguent des moniales habituelles, cloîtrées dans des couvents indépendants, puisqu'elles vivent juxtaposées aux précédents, formant avec eux ce qu'on appelle un monastère double (parthénon). Bien qu'empruntée à Fontevrault, cette particularité entraîne vite de telles difficultés de coexistence que Prémontré doit plus d'une fois réviser son attitude à l'égard des sœurs, passant, nous le verrons, de la méfiance à l'hostilité. La seconde nouveauté concerne le ministère pastoral, qui ne se réduit pas à la simple desserte des églises paroissiales, puisque tout groupe canonial stable célèbre un office liturgique accessible aux fidèles et fournit l'hospitalité aux pauvres et aux voyageurs.

Mais comme Norbert a implanté sa communauté loin de toute agglomération de fidèles, les premiers prémontrés ont eu une réaction de défiance à l'égard des églises rurales : ils ne les acceptent que si elles servent de support à la fondation d'une abbaye et s'interdisent de les considérer seulement comme des sources de rentes. Bien que les maisons, qui s'affilièrent à leur ordre, n'eussent pas toutes les mêmes scrupules, cette attitude radicale, qui s'atténua assez vite, contribua à rapprocher les prémontrés des nouvelles communautés monastiques : en faisant appel aux convers pour les gros travaux manuels, en repoussant les rentes pour revenir à l'ascèse et à la pauvreté, en insistant sur l'office divin et la vie collective, les premiers Norbertins offraient beaucoup de ressemblance avec les cisterciens, au point que les laïcs pouvaient aisément confondre moines et curés blancs.

Pour importante qu'elle soit, l'action de Norbert se limite cependant à l'impulsion initiale, puisque dès 1126 il quitte Prémontré pour l'archevêché de Magdebourg. Aussi l'organisation de l'Ordre doit-elle beaucoup à son successeur, Hugues de Fosses, qui lui donne une structure calquée sur la *Carta Caritatis*, avec un chapitre général annuel (1128) et des statuts (vers 1130-1134) qui unifient et codifient l'observance ; remarquons toutefois que ces premiers statuts associent les évêques au contrôle de l'Ordre, avant de les supplanter par l'assemblée capitulaire : de là vient l'influence de certains prélats dans la diffusion des Norbertins.

Lac de Joux   Seulement amorcée au temps de Norbert, la véritable expansion des prémontrés se fait au cours de la décennie 1130-1140, d'abord dans la région laonnoise, puis dans l'est de la France et les régions germaniques. Leur implantation dans le Jura met en évidence le rôle des prélats et l'influence des relations personnelles au sein de l'aristocratie. Ainsi n'est-il plus nécessaire de recourir à un hypothétique passage de Norbert dans le diocèse pour justifier l'arrivée inopinée d'une colonie norbertine sur les bords du Lac de Joux en 1126[1], d'autant que la route normale de Rome évite cette vallée, étirée entre les Monts Risoux et Tendre, en direction des Rousses et de Saint-Claude. Les origines jurassiennes de l'évêque de Laon fournissent une explication plus plausible : au moment où s'affirme un incontestable attrait pour la vie canoniale, les seigneurs de Grandson, qui comptent parmi les plus puissants barons du Pays de Vaud, s'adressent à leur parent Barthélémy (ou répondent à sa demande) pour créer un établissement de ce genre sur leurs terres. L'évêque de Laon obtient qu'y soit envoyé un disciple de Norbert, appelé Gosbert, qui se fixe sur la rive orientale du Lac de Joux.

Malgré la proximité de Romainmôtier, le nouvel établissement, dit bientôt du Lac de Joux ou de Cuarnens, ne semble pas avoir rencontré de réelles difficultés avec les cluniisens, alors que Saint-Oyend s'inquiète d'une présence en bordure même de sa terre, à quelques encablures de son ermitage du Lieu. Malheureusement, nous ignorons tout des origines de ce dernier, situé sur l'autre rive du lac de Joux, juste en face des prémontrés : était-il ancien ou venait-il d'être réactualisé par Saint-Claude pour prévenir toute pénétration même monastique sur sa terre ? La contestation, qui s'ensuit et se prolonge une trentaine d'années, met en jeu des intérêts matériels : les Hautes Joux s'éveillent à la colonisation rurale, par l'intermédiaire des religieux qui s'infiltrent dans les flancs du Jura et menacent le monopole que Saint-Oyend entend se réserver sur des terres autrefois désertes et inutiles.

Cette installation des prémontrés au Lac de Joux suppose l'établissement de contacts institutionnels avec la maison-mère : l'assistance au chapitre général, décidée en 1128, fait partie de ces liens qui amènent de fréquents déplacements sur la route qui gagne Laon par Pontarlier, Besançon, Gray et Langres. Ces voyages suscitent à leur tour des rencontres ou des prises de contacts, ils font connaître l'Ordre et créent parfois les coïncidences qui interviennent lors de certaines créations ou lors de transferts comme dans le cas de Corneux en 1134. Effectivement, les communautés canoniales fondées dans la décennie précédente ne répondent pas toutes aux espérances de leurs promoteurs, soit que leur genre de vie paraisse mal adapté aux difficiles conditions matérielles, soit qu'elles arrivent à un moment où l'idéal religieux manifeste des exigences d'ascèse plus strictes. Cherlieu, puis la Charité, ne résistent pas à l'appel des nouvelles sirènes et passent à Cîteaux avant 1133, tandis

---

1. La tradition prétend que le fondateur, passant par le Risoux, trouva le val si désert qu'il résolut d'y fonder un établissement, auquel il donna le nom de Maison-Dieu de Cuarnens (tradition rappelée dans L. REYMOND, *La vallée de Joux*, Lausanne, 1877, p. 26). L'étude la plus ancienne et encore utilisable remonte à F. GINGINS de La SARRAZ, *Annales de l'abbaye de Joux depuis sa fondation jusqu'à sa suppression en 1535*, coll. Mém. et doc. de la Soc. Hist. Suisse romande, 1842 ; L. WETTSTEIN, L'avouerie du Lac de Joux, dans *Mém. Soc. Hist. Droit Bourg.*, 24 (1963), p. 333-336. Pour la bibliographie récente, se reporter à *Helvetia Sacra*.

que l'archevêque Anseri et Renaud III tentent d'affermir Corneux en lui apportant le soutien de leur autorité[1]. En vain ! L'année suivante, le prieur Raimbaud baisse les bras et accepte, sur l'invitation du prélat, de céder le prieuré aux prémontrés, avant de se retirer à Bellefontaine[2]

Corneux   La passation des pouvoirs, qui se fait en 1134, en présence d'Anseri et de ses principaux collaborateurs, donne lieu à l'établissement d'un acte officiel, riche de renseignements[3]. Parlant de l'échec de l'ancienne communauté, l'archevêque déclare : « Nous devons protéger plus spécialement ceux qui, par un heureux naufrage, ont échappé aux basses embûches de ce monde pour atteindre le port paisible et tranquille de la contemplation, afin que, grâce à leurs oraisons, nous trouvions en retour un secours à notre imperfection ». Il reconnaît par la suite que Raimbaud a mis Corneux à la disposition de l'abbé de Saint-Martin de Laon, « pour que celui-ci y établisse un abbé qui vive avec ses frères soumis à la règle de saint Augustin selon l'observance du monastère de Laon ».

Si la sujétion se traduit par le droit de correction du nouveau père, avec, au besoin, le recours à l'archevêque, elle n'implique aucune redevance financière : « l'abbé de Saint-Martin, de qui Corneux a reçu son inspiration religieuse, libère cette abbaye pour les temps présents et futurs de toute demande de profit matériel, mais veillera à ce que la règle y soit observée ; en récompense de sa peine, il recevra des prières ininterrompues ». Conformément aux statuts de l'Ordre, Corneux ne jouit pas de l'exemption et l'ordinaire garde sur elle certains droits : il se réserve la profession des abbés, leur obéissance filiale et leur présence aux synodes diocésains. Bien entendu, toutes les anciennes possessions de Corneux, y compris celles dispersées, passent entre les mains des prémontrés. Y eut-il départ de l'ancienne communauté canoniale remplacée par une colonie de Laon ? Rien ne s'oppose à ce que les chanoines désireux de suivre la voie étroite soient restés sur place, même si le prieur Raimbaud s'efface devant le nouvel abbé, Walchelme ou Vaucher, signalé dès 1135, et quitte les lieux. Comme dans les cas d'affiliation cistercienne, le transfert d'obédience s'accompagne parfois d'un déplacement de l'abbaye, l'ancien lieu se révélant inadapté aux besoins des nouveaux venus : les chartes de Corneux citent à plusieurs reprises *l'ancien* ou *le petit Corneux*, qui occupait probablement un site trop humide et qui se réduit par la suite en une simple grange.

A la lumière de ce que nous savons sur le Lac de Joux, le passage de Corneux aux prémontrés s'éclaire mieux, sans que se trouvent toutefois explicitées les soudaines difficultés des chanoines qui l'ont motivé : épreuves matérielles ou crise d'identité face aux aspirations de l'*ordo novus* ? Pour Anseri qui désirait sauver ce foyer religieux en l'intégrant à une communauté mieux structurée et plus stricte, les prémontrés offraient plusieurs garanties : attaches jurassiennes, observance rigoureuse, maison non exempte de l'ordinaire, travaux manuels.

Il fallait, en effet, que les nouveaux occupants ne craignissent point d'affronter ces terres marécageuses et malsaines que drainait péniblement la Morthe, avant de se

---

1. Voir leur confirmation générale de 1133 : Arch. dép. Haute-Saône, H 750.
2. La bibliographie sur Corneux est donnée par N. BACKMUND, *Monasticon Præmonstratense*, I, p. 360-361 avec quelques erreurs sur les origines, reprises dans le *Dict. Hist. Géo. Ecclés.*, XIII (1956), col. 896-897, par le même auteur. Parmi les études comtoises, citons : abbé GROSSARD, *Histoire de l'abbaye de Corneux*, 563 p., manuscrit rédigé en 1899 et déposé à la Bibliothèque du Grand Séminaire de Besançon, et P. PHEULPIN, *L'abbaye prémontrée de Corneux, XIIe-XIIIe siècles*, Mém. maîtrise, Besançon, 1974, 192 p. dactyl. : étudie surtout les aspects économiques et sociaux.
3. Arch. dép. Haute-Saône, H 750.

jeter dans la Saône, en amont de Gray. Aidés de leurs convers, les prémontrés se mettent au travail ; ils canalisent le lit de la rivière, aménagent le lac d'Ancier, assainissent les terres froides des environs, sur lesquelles ils construisent des granges adaptées aux ressources du sol : cultures, prairies, vignobles, exploitation des bois. Grâce à l'acquis de leurs prédécesseurs et à leur propre ténacité, ils disposent déjà de cinq granges en 1141. Faut-il mettre ce succès au crédit des chanoines et, après la mutation de Saint-Paul, croire en une prééminence canoniale incontestée ? En réalité, face aux tentations du nouveau monachisme et de l'*ordo novus*, les chanoines réguliers, fussent-ils de saint Augustin, accusent le coup : leur progression se ralentit, ils doivent même abandonner plusieurs maisons aux tenants de la voie étroite ; aussi la disparition d'Anseri marque-t-elle un nouveau temps dans l'ère canoniale, celui de l'étale, durant laquelle se consolident les créations qui résistent à la vague cistercienne ou prémontrée.

E. L'ÉTALE

Durant l'épiscopat d'Humbert (1134-1161) et sous la pression d'une concurrence monastique plus vive, due à l'augmentation des établissements religieux, les chanoines réguliers de saint Augustin abordent une phase d'organisation, qui n'exclut pas la création, mais qui donne la priorité à la défense des positions acquises. Comme chaque famille rencontre des problèmes spécifiques, nous distinguerons une fois de plus les prémontrés des chanoines réguliers et séculiers. Les Norbertins vivent encore sur la lancée du nouveau monachisme et continuent leur progression dans les pays lotharingiens et germaniques.

Les prémontrés

En Lorraine, quinze monastères prémontrés voient le jour de 1135 à 1150 environ, dépassant en nombre les treize cisterciens : parmi eux, Flabémont qui s'installe vers 1138 aux portes mêmes du diocèse sur une terre donnée par les seigneurs d'Aigremont et qui essaime bientôt à Bonfays (1145) et à Etival [1] ; l'impulsion ne vient pas seulement des prélats et des seigneurs, mais peut-être de saint Bernard lui-même, désireux de voir établissements urbains et collégiales revenir à une observance plus régulière : loin d'atteindre une telle vigueur, la propagation des prémontrés de part et d'autre du Jura s'efface largement devant les cisterciens.

Si la fondation d'Humilimont (ou Marsens) par le Lac de Joux en 1136, à l'appel des seigneurs de Gruyère, concerne peu notre diocèse, celle de Bellelay, dans l'actuel canton du Jura suisse, intéresse tout l'ancien pays d'Ajoie [2] ; qu'elle remonte à 1136 ou 1140, la création de cette dernière se fait en liaison avec le prévôt du chapitre séculier de Moutier-Grandval, Siginand, qui cède aux religieux venus de Joux (ou d'Humilimont ?) une terre sur l'antique route romaine, qui, de Bienne par Pierre-Pertuis, conduisait aux Rangiers, puis à Mandeure [3] ; cette initiative du prévôt est le seul geste que nous ayons rencontré d'un établissement canonial en faveur des prémontrés : ni à Joux, ni à Corneux, ni plus tard à Belchamp, les Norbertins

1. M. PARISSE, Les chanoines réguliers en Lorraine..., dans *Annales de l'Est*, 1968, p. 378-379.
2. P.-S. SAUCY, *Histoire de l'ancienne abbaye de Bellelay de l'Ordre des Prémontrés*, Porrentruy, 1869, à corriger sur les origines par WYSS (A.), *Die ehemalige Prämonstratenserabtei Bellelay, eine architekturhistorische Monographie*, Bern, 1960.
3. La confirmation pontificale de 1142 est la première mention authentique de cette abbaye, N. BACKMUND, *Monasticon Prœmonstratense*, I, p. 358.

n'obtiennent apparemment de leurs cousins proches ou lointains des marques d'encouragement. Installée à proximité des limites diocésaines, Bellelay ne rayonne cependant pas de ce côté-ci avant les années 1180, époque à laquelle elle fait l'acquisition du prieuré de Grandgourt, près de Porrentruy.

Belchamp   Entre temps, vers 1140-1143, Corneux envoyait une colonie de religieux dans le comté de Montbéliard, à Belchamp. Cette création mérite qu'on s'y attarde, car, jusque-là, cette région ne comptait pas ou peu d'établissement religieux digne de ce nom : mis à part l'insignifiant prieuré de Méroux, les autres maisons se situaient à la périphérie et n'offraient guère plus de consistance : Granges et Héricourt dépendant de Luxeuil, Saint-Nicolas des Bois, Lanthenans. Bientôt, la pression extérieure se fait plus forte sur le comté, avec les cisterciens de Lucelle (1124), puis de Lieucroissant (avant 1134), mais ce sont les chanoines qui, vers le milieu du siècle, opèrent la percée la plus significative avec l'expansion de Lanthenans, la création d'une collégiale à Montbéliard et l'arrivée des prémontrés à Belchamp.

Cette originalité tient en partie à l'histoire du comté qui n'acquiert sa véritable individualité qu'après 1125, lorsque se fait le partage entre les deux frères, Frédéric et Thierry II, respectivement installés à Ferrette et Montbéliard. Dès lors, se comprend la politique de Thierry, de faire de Montbéliard un centre politique et religieux digne de son lignage. Si l'érection de la collégiale de Saint-Maimbœuf remplit en partie ces conditions et lui assure un personnel dévoué, elle ne répond pas exactement aux aspirations spirituelles de l'époque, qui voyait dans la régularité une exigence minimale ; il convenait donc d'établir, hors du bourg de Montbéliard, un tel foyer religieux.

La tradition veut que Thierry II ait connu à la cour impériale Norbert, auquel l'auraient rattaché des liens du sang ; assertion difficilement vérifiable, à laquelle il faut préférer le souci du prince de maintenir un certain équilibre entre les divers ordres [1] et de créer un centre de vie sacerdotale ; se laissa-t-il influencer par l'exemple des comtes de Bourgogne qui avaient favorisé l'installation de Corneux à proximité de leur château de Gray ? Les trop rares documents permettent seulement de poser quelques jalons sur les débuts de Belchamp : fondée vers 1140-1143, l'abbaye, qui se rattache à la filiation de Corneux, reçoit une confirmation officielle le 3 mai 1147 à Besançon, en présence du comte Thierry, des principaux donateurs, des abbés de la région venus sans doute assister au synode diocésain [2]. Le rôle des comtes de Montbéliard dans cette fondation ne fait aucun doute : c'est par leurs mains que passent la plupart des donations seigneuriales et, quelques mois avant de disparaître, Thierry II réaffirme à « cette abbaye qu'il a fondée et aidée, qu'il se propose de la soutenir jusqu'à sa mort » [3].

Là encore, l'abbaye prémontrée accuse peu de différence avec le monastère cistercien : choix des mêmes sites, activités matérielles identiques, difficultés semblables. Belchamp se situe dans un lieu favorable à la contemplation : aujourd'hui, malgré l'invasion des bruits de l'industrie moderne, le lieu jouit encore

---

1. Les cluniciens sont présents à Vaucluse, Froidefontaine ; les Cisterciens à Lucelle et à Lieucroissant ; les bénédictins dans les prieurés de Granges, Héricourt, Saint-Nicolas ; seul Lanthenans représentait les chanoines réguliers.
2. L. VIELLARD, *Doc. et mém... l'hist... Belfort*, n° 194 : l'archevêque Humbert confirme les donations de Thierry et de son fils, en présence des abbés de Belchamp, Lucelle, Lieucroissant, Bithaine, la Charité, Bellelay, La Grâce-Dieu ; des seigneurs de Rougemont, Montfaucon, Belmont, Granges, Azuel et Pierre, avoué de Montbéliard.
3. L. VIELLARD, *Doc. et mém... l'hist... Belfort*, n° 234.

du voisinage d'une forêt, au bord du Doubs qui draine une plaine alluviale propice aux travaux des champs. Des laïcs, elle ne reçoit longtemps ni rente, ni église, mais uniquement des biens fonciers ; à proximité même du monastère, ou à quelques lieues, elle ébauche son temporel autour de quelques granges qui en constituent l'ossature : trois, puis quatre vers 1190, tandis que le prieur de Grandgourt en compte, à lui seul, cinq, que Corneux en possède une douzaine sans compter ses celliers, ni ses maisons de convers.

Comparables aux cisterciens dans leurs activités matérielles, les prémontrés les rejoignent aussi dans leur attitude face aux églises rurales : alors que les chanoines réguliers et séculiers s'estiment qualifiés pour la possession et la desserte des lieux de culte, eux boudent jusque vers 1160 le simple patronage, considéré comme une forme de rente ; position compréhensible pour des moines qui fuient le monde, plus délicate pour des chanoines qui sont d'abord des prêtres, elle traduit leur volonté de ne pas céder à la tentation des bénéfices et de rester fidèles à leur idéal de pauvreté ; ils y parviennent durant toute cette période. Est-ce le respect de la rigueur primitive et leur indigence qui retardent l'édification en dur des bâtiments abbatiaux ? En 1161, Corneux ne dispose encore que d'une chapelle en bois, tandis que Belchamp ne procède qu'en 1183 à la dédicace de son église [1].

Par leurs possessions comme dans leur recrutement, les abbayes prémontrées du diocèse font preuve d'un rayonnement très localisé et moins étendu que celui des cisterciens : Corneux ne dépasse pas les limites du décanat de Gray, sauf pour quelques biens à Salins qui lui viennent d'un de ses chanoines. C'est dans ce petit espace géographique qu'elle recrute ses membres qui, avant 1160, représentent les diverses couches de la société : des nobles comme Ponce de Beaujeu, Suevens et Hugues de Battrans, qui prennent l'habit de chanoines [2], des artisans comme cet Hugues *cocus* de Gray et cet Humbert *faber* de Sornay, qui deviennent convers.

Et les femmes ? La mention de plusieurs converses au milieu du XIIᵉ siècle [3] pose le délicat problème des monastères doubles chez les prémontrés, mais, comme ces difficultés se rencontrent aussi chez les cisterciens et rejoignent la question plus générale du sort réservé dans la société féodale aux femmes pieuses, nous en réservons l'étude dans un chapitre traitant des monastères féminins dans leur ensemble. Finalement, l'expérience de la vie religieuse selon l'idéal de saint Norbert n'a pas rencontré dans le diocèse de Besançon le retentissement qu'elle a connu en Lorraine ou même outre-Jura : elle se limite aux deux extrémités occidentale et orientale du diocèse, sans parvenir à élargir sa zone d'influence dans un rayon digne d'une grande abbaye. Pour comprendre ce phénomène, il ne suffit pas d'évoquer la concurrence cistercienne qui s'exerce sur le même terrain, mais il convient aussi de s'interroger sur le sort du mouvement canonial durant le pontificat d'Humbert.

---

1. *Ante altare Sancte Marie Corneoli* (autel principal) *in capella nostra lignea*, texte de 1161 publié dans J. BERTIN, *Hist. généal. de la maison de Beaujeu*, I, p. 180. Charte de la dédicace de Belchamp dans L. VIELLARD, *Doc. et mém... l'hist. Belfort*, n° 260, 261.
2. Arch. dép. Haute-Saône, 25 J 19, en 1153 ; Ponce de Beaujeu, signalé en 1133, puis en 1148, faisait sans doute partie de la première communauté canoniale, antérieure au rattachement à Laon.
3. Parmi les converses de Corneux : Marie de Cult, mère d'un prêtre de Gy, signalée en 1154 (Arch. dép. Haute-Saône, 25 J 19) ; l'épouse de Guy de Salins avant 1169 (Arch. dép. Haute-Saône, H 744) ; *soror Hudeaz qui fuit conversa Corneoli*, acte de 1197 (Arch. dép. Haute-Saône, H 831).

Augustiniens

Trois constatations se dégagent de l'examen de cette période : constitué essentiellement de petits établissements qui ont chacun leurs particularités, l'Ordre ne présente pas une évolution homogène ; seul le prieuré de Saint-Paul de Besançon amorce un regroupement qui le met à la tête d'une petite congrégation, la seule au niveau du diocèse, tandis que la pénétration des influences extérieures, si forte auparavant, se limite à une percée d'Abondance et de Montjoux, venus respectivement du Chablais et du Valais. Bien que planté à la porte même du diocèse, Hérival n'y procède à aucune expansion avant le XIIIe siècle : peu actif, ce prieuré se trouve gêné par la proximité des abbayes de Remiremont et de Luxeuil.

En revanche, si l'autre abbaye lorraine, celle de Chaumouzey, manifeste plus de dynamisme, ses deux dépendances comtoises subissent un sort très différent : la *cella* de Marast établie avant 1123 progresse constamment au XIIe siècle en obtenant églises et terres ; certes, son aire d'influence se restreint à un rayon d'une dizaine de kilomètres, mais, à l'intérieur de cet espace, elle finit par contrôler une douzaine d'autels et par posséder trois granges, ce qui correspond à une petite communauté canoniale, soucieuse de maintenir l'équilibre entre l'exploitation directe et les revenus paroissiaux. ; bien des prieurés ne parviennent pas à cette harmonie et se consacrent exclusivement à l'une ou l'autre de ces ressources. L'autre dépendance, la *celle* de Fleurey-les-Loup appartient à cette catégorie de petite succursale, créée pour gérer quelques terres ou autres biens fonciers.

Le Marteroy de Vesoul   De son côté, le modeste prieuré du Marteroy, desservi à Vesoul par les chanoines de Saint-Pierre de Mâcon, répond d'abord à la définition des collégiales castrales, avant de se muer en centre paroissial au XIIIe siècle ; c'est aussi un exemple d'adaptation aux nouvelles structures politiques : l'existence d'un château (au lieudit *La Motte*) dans l'ancienne paroisse de Pont-lès-Vesoul. Dès le XIe siècle, Saint-Bénigne de Dijon avait tenté de se mettre à la disposition des vicomtes de Vesoul en détachant quelques religieux auprès de la chapelle Saint-Georges, mais avait échoué face aux réactions xénophobes des empereurs germaniques. Un siècle plus tard, le Marteroy, établi non loin de la Motte, remplit sans doute des fonctions similaires : y vit au milieu du XIIe siècle une petite communauté d'au moins cinq personnes, qui s'adonnent au service de Dieu et des vicomtes, sans rechercher la *cura animarum*[1]. Avec l'accroissement de la population, le bourg cherche à acquérir son autonomie religieuse et, lorsque la chapelle Saint-Georges est promue au rang d'église paroissiale en 1247, les chanoines renouent avec une de leurs missions, la desserte ; ils prennent le titre de curés de Vesoul et acquièrent en même temps le patronage d'églises environnantes.

Malgré l'attraction qu'elle avait exercée durant la décennie 1120-1130, l'église Saint-Etienne de Dijon voit assez vite son influence se restreindre à la rive droite de la Saône soumise à la mouvance comtale, en particulier à la région d'Autrey-lès-Gray ; elle ne profite guère des concessions qui lui ont été faites à Montseugny et à Fay, puisqu'elle cède bientôt la première maison aux Hospitaliers de Saint-Jean de Jérusalem : tout se passe comme si l'essor de Corneux faisait écran à son influence et qu'elle ressentait particulièrement la concurrence des autres établissements.

---

1. Arch. dép. Haute-Saône, H 150 : fait une donation à Bellevaux *Humbertus prior de Martireio, laudantibus canonicis suis videlicet Ticelino, Widone, Gysleberto et reliquis... Hoc ipsum donum fecit Hugo prior Masticonensis, laudante capitulo suo.*

Montbenoît   Plus curieux se révèle le cas de Montbenoît, ce prieuré canonial établi en aval de Pontarlier : à mesure que s'affirme la personnalité du prieur Narduin, la maison attire sur elle l'attention et la bienveillance des sires de Joux et de la hiérarchie ecclésiastique. Les premiers s'affirment les protecteurs avant 1169, lui réservent la possession exclusive du val du Sauget et, par leur exemple, stimulent la générosité des grandes familles de la région : les Salins, les Cicon, les Scey, les Usiers [1]. Quant à l'archevêque Humbert de Scey, dont le berceau familial avoisinait ce val, il affiche une grande sympathie envers le prieur Narduin : « Très vénérable fils Narduin (*reverendissime*), écrit-il vers 1140, considérant l'aridité des lieux où vous êtes établis, ta piété et celle de tes frères, la pauvreté de ton église...». Un peu plus tard, il lui réitère ses sentiments, dus pour une part à cette pauvreté qu'il affectionne et qu'il découvre sur place : « Désirant par un pieux amour porter remède à la pauvreté de l'église de Montbenoît considérée comme notre fille » [2]. Il est vrai que les conditions de vie dans cette région isolée, de climat difficile, se prêtaient à l'ascèse et au dénuement et que les chanoines méritaient sans doute cette expression de *pauvres du Christ* que leur applique encore Gaucher de Salins en 1148 [3].

Ces circonstances expliquent le rayonnement de cet établissement qui, dès 1141, a fixé les grandes lignes de son évolution future, esquissées dans la confirmation pontificale d'Innocent II [4] : Montbenoît accède alors au rang abbatial ; en plus et hors du territoire du Sauget, elle détient trois granges, diverses terres à Morre, Montigny, Orbe, et une dizaine d'églises. Parmi ces dernières, huit se trouvent outre-Jura, dans le pays de Vaud, donation qui ne peut venir des seigneurs vaudois, les Cossonay, absents des chartes de l'abbaye. Pour justifier le don, nous avançons une hypothèse : c'est l'évêque de Lausanne, Guy de Maligny, d'origine comtoise, qui en serait la cause [5].

Mais si l'on fait abstraction de ces églises vaudoises, Montbenoît a esquissé, dès 1141, les bases de sa future expansion. En effet, hors du Sauget et des villages environnants, ses possessions se disséminent le long des principales voies : Pontarlier - Langres par Besançon, et la route du sel. Par les terres que l'abbaye obtient à Orbe, à Morre et à Liège (Fontain), aux portes de Besançon, par les églises qu'elle contrôle à Pontarlier, puis à Glamondans (ou Vuillorbe) et à Grandecourt, qui se transforment bientôt en prieurés, par sa présence à Montigny, où elle procède à une politique d'investissement considérable, Montbenoît illustre l'attention que les chanoines réguliers portent à la vie de relations et aux structures d'accueil qui facilitent les déplacements ; ces préoccupations n'excluent point le désir de diversifier leur économie en pratiquant, comme les cisterciens, une implantation systématique dans la région du vignoble et du sel.

---

1. On trouve une énumération de leurs dons dans les deux chartes récapitulatives de 1169 et de 1189 : Arch. dép. Doubs, 69 H 26.
2. Première citation vers 1141 : Arch. dép. Doubs, 69 H 120 ; la seconde en 1135 : Arch. dép. Doubs, 69 H 108.
3. *Ego Gualcherius pauperibus Christi fratribus scilicet de Monte Benedicti ibidem sub regula beati Augustini Domino famulantibus, de bonis meis aliquid impertiri disposui* : il leur donne deux bichets de sel par semaine (Arch. dép. Doubs, 69 H 128).
4. 11 avril 1141, Latran (Arch. dép. Doubs, 69 H 2) : confirmation accordée sur les prières d'André de Clairvaux.
5. Il est de passage à Montbenoît en 1147 : Arch. dép. Doubs, 69 H 120.

Bellefontaine   Les prieurés fondés par Raimbaud à Bellefontaine et à
                   Courtefontaine relèvent de la même typologie. Après le transfert de
Corneux aux prémontrés, ce chanoine n'a pas adopté l'*ordo novus* et a préféré
poursuivre sa vocation d'animateur en conservant sa liberté de manœuvre. S'est-il
retiré à Saint-Paul de Besançon ? Le fait, généralement admis, suite à son inscription
dans l'obituaire de cette abbaye, importe peu, car il en sort rapidement pour créer
avant 1138 une communauté canoniale à Bellefontaine, non loin des rives de
l'Ognon, au milieu d'une campagne très humide [1]. La confirmation que lui expédie
Innocent II, en février 1140, nous apprend que ce monastère Sainte-Marie se plie à
l'observance canoniale selon la règle de saint Augustin et qu'il a déjà reçu
l'approbation de l'archevêque Humbert ; en outre, le prieuré, aux destinées duquel
préside Raimbaud, ne relève pas encore de Saint-Paul, puisque le pape ne fait
mention d'aucune dépendance et proclame au contraire son autonomie : libre élection
du prieur par les frères de ce lieu ou la *sanior pars*, conformément à la coutume
augustinienne, interdiction pour les chanoines de quitter cette église après leur
profession, sans autorisation expresse du prieur [2]. La modestie de cette création ne
fait, en revanche, aucun doute, à lire le peu de biens qui constituent le temporel de
Bellefontaine : « Ce que vous possédez légitimement dans la châtellenie de Ruffey, la
villa de Chasoy, ainsi que Courtefontaine avec ses dépendances et La Bretenière ».
    Durant les vingt années que Raimbaud passe à la tête de ce prieuré, s'opère avec
Saint-Paul un rapprochement qui, sans aller jusqu'à l'absorption juridique, traduit
déjà une communauté d'intérêts assez poussée : mêmes rapports privilégiés avec les
chapitres cathédraux qui facilitent le démarrage de la maison [3], acquisition d'églises
qui jusque-là relevaient de Saint-Paul [4] ; cependant, l'intégration ne se produit pas à
cette époque, puisque Bellefontaine ne figure pas en 1177 dans la liste des
possessions, alors que l'établissement bisontin manifeste par ailleurs une susceptibilité ombrageuse en la matière, comme en témoigne l'exemple de Lanthenans [5].
Situation donc ambiguë, montrant la diversité des liens qui unissent entre elles les
maisons canoniales. Grâce à cette compréhension, la maison de Raimbaud consolide
ses bases : en 1178 elle dispose de cinq granges et du patronage de six églises et,
avant 1170, elle a même réussi à transformer son domaine de Courtefontaine en un
petit prieuré conventuel, dont l'église est consacrée en 1179 : à cette date, vivent en
ce lieu quatre chanoines sous l'autorité de maître Narduin [6].

Saint-Paul   Mais ces réussites, ajoutées à celle de Montbenoît, n'éclipsent pas la
                montée de Saint-Paul, qui symbolise, au milieu du XIIe siècle, la
puissance du mouvement canonial au sein du diocèse. L'adoption de la régularité en

---

1. Ph. CHIFFLET, *Histoire du prieuré de Notre-Dame de Bellefontaine au comté de
Bourgogne*, Anvers, 1631, p. 16 (très rapide).
2. WIEDERHOLD, *Papsturkunden, La Franche-Comté*, n° 14, p. 38.
3. Courtefontaine s'établit dans la paroisse de Villars-Saint-Georges qui dépend de Saint-
Etienne et se présente comme une échancrure taillée dans la lisière orientale de la forêt
de Chaux ; de son côté, Saint-Jean cède en 1152 l'église de Pin-l'Emagny (Arch. dép.
Doubs, 71 H 1, acte qui est dressé dans le cloître de Bellefontaine).
4. En 1155, église d'Auxon-Dessous disputée par un chevalier (Ph. CHIFFLET, *Histoire du
prieuré...*, p. 19) ; avant 1178, celle de Chaucenne.
5. Sur Lanthenans, voir infra. L'appartenance de Bellefontaine à Saint-Paul est chose faite
au XIIIe siècle (Bibl. mun. Besançon, Droz 38, fol. 123, acte de 1260) alors que la
confirmation pontificale de 1177 n'en souffle mot (WIEDERHOLD, *Papsturkunden, La
Franche-Comté*, n° 49, p. 94).
6. *Ibidem*, 72 H 27 ; les sires d'Abbans participent à la dotation de Courtefontaine.

1131 n'a pas bouleversé, nous l'avons vu, la vie apparente de cet établissement bisontin, ni provoqué un essor immédiat : la coexistence des deux communautés, séculière et régulière, demeurait un handicap progressivement surmonté par la disparition naturelle des anciens chanoines, dont les prébendes retournaient à la mense commune, et par l'appui indiscutable des autorités ecclésiastiques.

Il suffit de parcourir l'obituaire de Saint-Paul pour se rendre compte de l'attachement des archevêques et du chapitre de Saint-Jean à ce prieuré gagné à la régularité par l'un des leurs, Gerland : nous y trouvons, sous la mention de *redditi et sepulti*, plusieurs dignitaires capitulaires du XIIe siècle, plus facilement identifiables que leurs simples confrères [1], tandis que la plupart y figurent nommément, dont l'archevêque Humbert qui y est inhumé. Du côté de Saint-Etienne, les rapports semblent plus distants, sans tourner pour autant à l'indifférence ou à la méfiance : Saint-Paul opère ainsi une timide percée vers le sud du diocèse, dans les régions où prédomine l'influence du chapitre avec Courtefontaine, puis Alaise, qui devient au XIIIe siècle un important centre de gestion.

Grâce à ces protections, grâce au bon renom que lui vaut le retour à la régularité, le prieuré bisontin accomplit sous l'épiscopat d'Humbert une expansion remarquable, de façon directe ou par l'intermédiaire de ses prieurés. Il fait plus que doubler le nombre des églises qui relèvent de son patronage : certes, si quelques-unes d'entre elles proviennent des prébendes séculières qui font retour à la mense commune, les autres témoignent de la vigueur du mouvement de restitution en sa faveur. A part l'étonnante diffusion de Lanthenans, dont nous reparlerons, et la timide percée en direction du sud, l'essentiel des acquisitions se fait dans les anciennes zones d'influence de Saint-Paul : la basse vallée de l'Ognon autour de Marnay, où s'opère une concentration évidente, le long de la forêt de Chaux en direction de Dole, sur les plateaux de la Haute-Saône à partir de Frasne-le-Château et sur les terres du Varais. La nouveauté tient plus au mode d'organisation de ces possessions : au lieu des granges habituellement rencontrées chez les autres chanoines réguliers, Saint-Paul reste fidèle à l'héritage des séculiers et fonde sa gestion sur quelques centres aux fonctions diverses : les hôpitaux de Naisey et de Geneuille, les anciennes églises de Leugney et d'Alaise, puis les prieurés.

Lanthenans   La nouveauté vient aussi de l'essor du prieuré de Lanthenans qui, fort de son succès, fait la désagréable expérience d'une tentative avortée d'indépendance vers 1150-1155. Intégrée à Saint-Paul depuis le début du XIIe siècle, cette maison se développe de façon étonnante au cours du siècle, comme le montrent deux confirmations établies à trente ans d'intervalle en 1147 et en 1177 [2]. La première, qui ne fait mention d'aucune dépendance envers le prieuré bisontin, énumère les biens acquis jusqu'à cette date : dîmes, terres en abondance, une chaudière de muire à Saulnot, auxquelles s'ajoutent une quinzaine d'églises, le tout se disséminant surtout dans le pays de Montbéliard ; nous devons y voir une intention évidente du comte Thierry II qui, après avoir favorisé les cisterciens de Lucelle et de Lieucroissant, inaugure une politique canoniale très active, en fondant la collégiale

1. Voir la liste les dignitaires mentionnés dans l'obituaire de Saint-Paul (*Mém. et doc. inédits de Franche-Comté*, XI)). Les différents obituaires de Saint-Paul sont recensés dans le *Répertoire des documents nécrologiques français*, publié par P. MAROT et J.-L. LEMAITRE, Paris, 1980, p. 948-952 (àcompléter par la référence au manuscrit le plus ancien conservé aux Arch. dép. Haute-Saône, 25 J 50).

2. VIELLARD (L.), *Doc. et mém.... Belfort*, n° 196 et 254 : le 1er acte est une confirmation de l'archevêque Humbert, le 2eme une bulle du pape Alexandre III du 4 mai 1177.

de Saint-Maimbœuf, les prémontrés de Belchamp et en encourageant les réguliers de Lanthenans, peut-être sous l'influence de son gendre et héritier Richard de Montfaucon, dont les fiefs recouvraient les plateaux du Varais.

Trente ans plus tard, une quinzaine d'autres églises confirment la progression vers les confins bâlois, mais à cette date le pape Alexandre III insiste sur les liens de sujétion envers Saint-Paul. C'est qu'entre temps, Lanthenans a tenté de profiter de sa prospérité, comme de ses appuis pour briser cette sujétion et acquérir son indépendance. L'affaire, qui a dû se dérouler vers 1150, est suffisamment grave pour nécessiter un arbitrage solennel, donné par les abbés de Saint-Vincent et de Montbenoît, par le prieur Raimbaud de Bellefontaine, et confirmé par les principales maisons canoniales de la région : Saint-Etienne de Dijon, Saint-Pierre de Mâcon, Chaumouzey [1] : ainsi s'affirme une solidarité augustinienne pour sortir l'un des leurs d'un mauvais pas et éviter à l'ordre le discrédit des querelles intestines.

Tout naturellement, les clauses de cet accord portent sur les points de divergence : modalités d'élection du prieur de Lanthenans, appartenance des chanoines à l'une ou l'autre église, solidarité dans les besoins matériels, le tout dans une perspective de dépendance envers Saint-Paul [2]. Cet accord, confirmé par Eugène III (1145-1153) [3], ne brise pas l'expansion de Lanthenans ; au contraire, une fois levée l'ambiguïté de son statut, le prieuré affirme sa vocation montbéliardaise, en recevant le patronage de nombreuses églises. Ainsi, grâce à son propre dynamisme et à l'action conjuguée de ses dépendances, Lanthenans, puis plus tard Bellefontaine, Saint-Paul se taille une place privilégiée dans le diocèse de Besançon, où il constitue une mini-congrégation, regroupant sous son patronage une centaine d'églises réparties dans la zone médiane, de part et d'autre du Doubs et de l'Ognon.

Sa réussite, jointe à l'apport des prémontrés, a eu pour résultat d'atténuer les infiltrations des maisons extérieures : ni Saint-Ruf, ni Arrouaise, présents dans les diocèses de Lorraine ou de Belley, ne cherchent apparemment à s'implanter dans la région, pas plus qu'Agaune, qui y avait cependant de puissants intérêts politiques. En revanche, l'animation des routes amène certaines maisons canoniales, tournées vers les services hospitaliers, à multiplier les relais pour pèlerins et voyageurs : c'est

---

1. Arch. dép. Doubs, 76 H 2, arbitrage qui intervient vers 1150.
2. « Nous voulons porter à la connaissance des gens... comment l'église de Lanthenans a fait la paix et la concorde avec son église-mère, Saint-Paul de Besançon, comme un membre à l'égard de la tête ou la fille à l'égard de sa mère, ainsi que l'exigent l'esprit d'union et les liens de la paix... Les chanoines d'une église sont en même temps chanoines de l'autre église, avec cette seule réserve que les chanoines de Lanthenans recevront leur bénédiction et feront leur profession dans l'église de Saint-Paul ; quant au choix de l'obédience dans l'une ou l'autre église, il se fera selon les exigences du moment, sur décision avisée d prieur de Saint-Paul. En ce qui concerne l'élection du prieur de Lanthenans, voici les modalités à suivre : le prieur de l'église-mère de Saint-Paul choisira avec le conseil des frères craignant Dieu une personne comme il faut au sein de l'église de Saint-Paul, s'il peut en trouver une ; sinon, il se transportera dans l'église de Lanthenans et là, il choisira et établira un prieur. Au sujet des ressources, une décision raisonnable a été prise, dans un esprit de charité réciproque : la mère secourra la fille, la fille secourra la mère selon les besoins du moment et l'une ne jouira pas de l'abondance quand l'autre souffrira de pénurie... Si l'église de Lanthenans a besoin de quelqu'un de Saint-Paul pour la desserte d'une obédience ou pour une autre raison, le prieur pourra choisir cette personne au sein de l'église-mère de Saint-Paul...» (Arch. dép. Doubs, 76 H 2).
3. Comme le rappelle Alexandre III en 1177 (VIELLARD, *Doc. et mém... Belfort*, n° 254).

le cas des chanoines du Grand-Saint-Bernard, dit aussi de Montjoux, dont l'action suit l'intensification du trafic sur la voie Italie-Champagne, passant par le col du Jougne. Nous ne connaissons pas les modalités précises de leur implantation, ni même les activités qu'ils y déploient, les actes procédant par simples allusions ; nous les voyons ainsi fortuitement céder à Acey vers 1139 une terre à Fontelenay, le long de la route Besançon-Gray ; vers 1150, ils font une autre concession aux cisterciens de Rosières, par le biais de leur maison de Bellaigue qui se trouve à mi-chemin entre Pontarlier et Salins et où vivent plusieurs chanoines et convers [1]. A mesure que s'écoulent les ans, leur progression prend plus de consistance, puisqu'ils possèdent une *cella* dans les environs de Dole (Eclans), des églises à Jougne et à Cendrey, enfin, à Salins même, un hôpital et une grange. Malgré la discrétion des documents, cette présence de Montjoux dans le diocèse atteste à la fois l'animation d'une grande artère et la fonction caritative de certains ordres.

Abondance   Pour l'abbaye d'Abondance en Chablais, l'expansion ne répond pas à des fins hospitalières : détachée d'Agaune au début du XIIe siècle, cette maison rallie la régularité vers 1128 et n'accède au rang abbatial qu'en 1144, suivant un cheminement comparable à celui de Montbenoît [2] ; mais, alors que l'établissement comtois reste de taille moyenne, Abondance affiche au milieu du XIIe siècle un rayonnement incontestable, à en juger par son rapide essaimage : tour à tour Sixt, Entremont, Filly naissent dans le diocèse de Genève. Grâce aux liens qui unissent certaines abbayes chablaisiennes, comme Aulps, à celle comtoise de Balerne, grâce surtout à l'éveil de la route qui conduit de Genève à Besançon par les cols de la Faucille et de la Savine, Abondance ne tarde pas à s'intéresser au sud du Jura, là où s'étendent encore de vastes espaces inoccupés et où peut se faire l'approvisionnement en sel. Aussi n'est-il pas surprenant de constater sa progression le long des deux itinéraires qui, après avoir contourné le Léman, gagnent notre diocèse : Saint-Sauveur (v. 1150) au-delà de Pontarlier, le Grandvaux (vers 1170), puis aux abords mêmes de Salins (Beaulieu, Goailles) à la fin du siècle. En réalité, cette pénétration se fait tardivement, une fois débutées les enchères sur la terre de Saint-Claude par les seigneurs de Montmoret, de Salins ou par les abbayes qui ceinturent cette partie du Jura. Sous l'épiscopat d'Humbert, elle n'a qu'un point d'ancrage, la terre de Saint-Sauveur, que lui cède en 1159 Gaucher de Salins, non loin du château de Chalamont qui contrôle l'accès aux salines.

Curieusement, de part et d'autre du chemin qui traverse la forêt de la Joux s'opère une concentration de relais, significative des intérêts économiques en jeu : tandis que les grandes abbayes de Saint-Bénigne de Dijon ou de Baume contrôlent les églises de Boujailles et de Villers-les-Bois, Balerne a construit la grange de Montorge, Montjoux possède un prieuré à Bellaigue et la terre de Saint-Sauveur amorce l'implantation d'Abondance, qui ne tarde pas à en faire une grange, avant d'établir une maison priorale aux abords mêmes de la route, à Villers-sous-Chalamont [3].

Avec ces créations se clôt dans le diocèse l'expansion du mouvement augustinien, dont nous saisissons mieux à présent les caractères spécifiques. L'adoption de

---

1. Bibl. mun. Besançon, Droz 74, fol. 160 + 14 et 160 + 13.
2. R. OURSEL, L'abbatiale d'Abondance en Chablais, notes archéologiques, dans *Vallesia*, IX (1954), p. 183.
3. Arch. dép. Jura, 20 H 4 : Gaucher de Salins donne en 1159 la terre dite *locus Sancti Salvatoris vel alio nomine Spelunce Rupis* ; les limites fixes touchent à Montorge, Arc-sous-Montenot... Le prieuré de Villers existe en 1185-1187, date à laquelle Guillaume de Chay donne aux frères qui demeurent en ce lieu une rente de six bichets de blé : vivent à ce moment au moins un prieur, un chanoine et un convers.

la régularité est surtout le fait d'établissements nouveaux, elle ne concerne ni les chapitres cathédraux, ni les monastères : les premiers restent fidèles à l'idéal que leur avait proposé Hugues Ier et qui correspond alors à l'observance séculière, ce qui n'a rien d'exceptionnel et place Besançon dans les normes de l'époque. En effet, la règle de saint Augustin ne touche alors qu'une vingtaine de chapitres cathédraux, tous situés au sud d'une ligne Bordeaux-Belley [1] ; elle n'affecte pas ceux de la région septentrionale, qui se contentent d'y participer par des libéralités ou par une confraternité spirituelle jouant surtout au bénéfice des défunts : c'est le cas de Saint-Jean, qui fait inscrire la plupart de ses membres dans l'obituaire de Saint-Paul. En revanche, la régularité réussit mieux dans les maisons nouvelles, issues de l'érémitisme comme Montbenoît, Montseugny..., soit constituées en fraternités ou collégiales autonomes comme à Corneux, la Charité, Cherlieu..., ou en prieuré castral comme Le Marteroy ; seule, la collégiale urbaine de Saint-Paul, choisit la voie étroite.

Dans le passage à la régularité, si les influences extérieures donnent l'impulsion initiale en proposant des exemples, elles s'effacent bien vite devant les initiatives locales, conduites par quelques personnalités bénéficiant de la sympathie active des archevêques ; grâce à eux, la solidarité canoniale s'exerce effectivement et, face à la difficile concurrence créée par le monachisme nouveau, parvient à assurer la survie d'un certain nombre de maisons. Si les courants extérieurs existent, ils proviennent pour la plupart d'une périphérie proche, Chaumouzey, Dijon, Mâcon, Abondance..., jamais de grandes congrégations comme Saint-Ruf ou Arrouaise. Est-ce la raison pour laquelle plusieurs établissements canoniaux ne réussissent pas à franchir le cap des années 1131-1134, marqué par le déferlement des ordres nouveaux mieux structurés et plus séduisants ? Plusieurs préfèrent se rallier aux cisterciens (Cherlieu, la Charité, Migette) ou aux prémontrés (Corneux). Dans cette compétition, les petites maisons autonomes se placent mal, seuls résistent bien les prieurés affiliés à des abbayes plus importantes et, pour l'avoir compris, Saint-Paul sort du lot commun et devient le grand établissement canonial du diocèse, capable de supporter la comparaison avec les abbayes extérieures, de Dijon, d'Abondance, d'Agaune...

Malgré la communauté d'observance réalisée à partir de la règle de saint Augustin, chaque maison conserve une certaine originalité : sans même parler ici des prémontrés, qui vont le plus loin dans la voie étroite en adoptant un genre de vie presque monastique, chacune met l'accent sur un aspect particulier : Montbenoît se lance activement dans le défrichement du Sauget, le Marteroy et Lanthenans servent davantage à des fonctions hospitalières et développent des structures d'accueil le long des grands itinéraires. Quant au prieuré de Saint-Paul, il assure le rayonnement de la réforme canoniale dans les campagnes, grâce à la centaine d'églises rurales qu'il contrôle : en choisissant le desservant, il peut se montrer plus exigeant dans les critères de moralité et de formation et donner la préférence à ceux qui témoignent des nouvelles aspirations religieuses.

Mais la diffusion du mouvement canonial ne touche ni tout le diocèse, ni tout le XIIe siècle : la carte fait apparaître de grands espaces vides, au nord et au sud. Dans les confins septentrionaux, les grandes abbayes forment un écran assez efficace, que seul Chaumouzey parvient à percer avec son prieuré de Marast ; au sud de Salins, les décanats de la Montagne, de Lons et de Neublans paraissent rebuter toute création

---

1. J. BECQUET, La réforme des chapitres cathédraux en France aux XIe et XIIe siècles, dans *Bull. Phil. et Hist.*, 1975, p. 34 ; Dom J. DUBOIS, L'implantation monastique dans le Bugey au Moyen Age, dans *Le Journal des Savants*, 1971, p. 28.

canoniale, à l'exception d'Abondance qui y implante tardivement l'abbaye de Grand-vaux, et la route de Lyon ne sert de support à aucune influence venue du sud, la présence de Saint-Oyend, Baume et Gigny n'expliquant pas tout : doit-on chercher une solution du côté des princes, les comtes de Mâcon-Vienne, plus attachés au mouvement monastique ? La démonstration reste à faire, faute de documents. Dans le temps, la diffusion de la régularité se concentre sur les décennies 1120-1140 ; auparavant, elle n'existe pas encore, alors qu'elle change de forme par la suite, en prenant un caractère hospitalier et qu'elle s'amortit assez rapidement.

F. LES SÉCULIERS

L'histoire des chanoines durant la période 1120-1160 serait incomplète sans le complément qu'apportent les séculiers, témoins d'un ancien idéal et souvent acteurs influents des transformations religieuses. Au groupe initial des créations d'Hugues Ier viennent s'ajouter quelques collégiales dont les origines prêtent à discussion, mais dont l'existence ne fait plus de doute au milieu du XIIe siècle : Calmoutier près de Vesoul, Saint-Anatoile de Salins, Saint-Maimbœuf de Montbéliard.

Calmoutier   Sans revenir sur les possibilités de rattacher les deux premières à l'époque d'Hugues Ier, nous pouvons faire le point de la façon suivante : le chapitre de Calmoutier, qui succède à un ancien monastère (*Colombe monasterium*) soumis à la juridiction de Saint-Jean en 1049[1], sort du silence documentaire sous l'archevêque Anseri, qui lui accorde une confirmation[2] ; comme il ne figure plus parmi les possessions de Saint-Jean en 1120, on peut faire remonter ses origines à 1110-1120. Etablie dans la vallée de la Colombine, à mi-chemin des châteaux de Vesoul (comtal) et de Noroy (épiscopal), cette collégiale dirigée par un doyen n'a jamais dépassé la taille d'un petit établissement secondaire ; sans doute freinée dans son expansion par la proximité du Marteroy, de Bithaine et de Luxeuil, elle ne contrôle au siècle suivant qu'une dizaine d'églises. Bien qu'il s'agisse parfois d'une formule éculée, l'archevêque Humbert se dit en 1144 « touché par la pauvreté de cette église »[3]. Malheureusement, nos informations s'arrêtent là et l'on peut s'interroger sur le caractère et la finalité de cette création, à un moment où les collégiales accusent dans l'est de la France un fléchissement très net.

Saint-Maimbœuf de Montbéliard   En revanche, le mouvement reprend après 1140, comme l'atteste l'apparition de chapitres périphériques, (Saint-Ursanne[4]), et c'est dans ces perspectives qu'il faut replacer les deux collégiales de Saint-Maimbœuf et de Saint-Anatoile : toutes deux concrétisent la politique religieuse de deux princes très actifs en ce domaine, Thierry II de Montbéliard et Gaucher IV de Salins. Le premier veut assurer la desserte de son château par un collège de chanoines dévoués à la cause de son lignage et destinés à

---

1. Bulle du pape Léon IX qui soumet cette *abbatialem domum* à Saint-Jean (B. de VREGILLE, *H.S.*, II, p. 1038).

2. Arch. dép. Haute-Saône, H 648, acte non daté (1117-1134) : apparu sous Anseri, le chapitre de Calmoutier présente encore une grosse lacune documentaire pour la période 1140-1250.

3. *Compatiens paupertati ecclesie Colomonasteriensis*, Arch. dép. Haute-Saône, 25 J A4 : donation de l'église de Mollans, 1144.

4. P. CORBET (*Les fondations et la vie canoniale en Champagne des origines au XIIIe siècle*, Mém. de maîtrise, Reims, 1972) montre la reprise du mouvement dans la seconde moitié du XIIIe siècle. Saint-Ursanne est confirmé en 1139, TROUILLAT (J.), *Monum. de l'hist.... Bâle*, I, p. 276.

lui fournir un personnel qualifié, tandis que, non loin de là, les prémontrés de Belchamp formaient le véritable foyer spirituel ; les deux opérations semblent menées de front, puisque le chapitre de Saint-Maimbœuf est cité dès 1145, sous la direction du doyen Manegaud [1].

Dans les années qui suivent, Thierry procède aux aménagements nécessaires, reconstruit ou restaure l'église castrale que vient inaugurer l'archevêque Humbert en 1154-1155, en présence d'une foule nombreuse : la famille comtale, les deux frères de Thierry, Frédéric, comte de Ferrette, et Etienne, évêque de Metz, les évêques de Bâle et de Lausanne ; conformément à la législation canonique, Thierry abandonne entre les mains de l'archevêque tous ses droits sur l'église, sauf la garde [2]. Sa nature de collégiale castrale ne prédisposait pas Saint-Maimbœuf à prendre une grande envergure religieuse : au moins par son temporel, l'établissement demeure modeste, puisqu'il ne possède en 1196 que quatre églises, même si la paroisse qu'il dessert comprend un vaste ressort territorial [3] ; en somme, le bourg de Montbéliard, qui se développe au pied du château, manque encore de consistance, pour rehausser le prestige de la collégiale et sa situation rappelle celle de Dole avec le prieuré baumois ou celle de Vesoul avec le Marteroy.

Saint-Anatoile de Salins   Si la politique religieuse de Gaucher IV de Salins rejoint les ambitions de Thierry II, le cadre dans lequel elle se déroule offre un contraste frappant : Salins est alors une ville importante, partagée en deux bourgs. Ses quatre églises paroissiales, ses salines, ses chapelles monastiques, en attendant la prolifération des hospices et hôpitaux, font de ce centre urbain la capitale économique du diocèse. Paradoxalement, malgré ou peut-être à cause de ce rôle primordial, aucun grand établissement religieux n'a réussi jusqu'à ce jour à s'y développer : la collégiale de Saint-Anatoile, créée par Hugues Ier a fait long feu, les tentatives des abbayes dijonnaises se sont heurtées aux résistances de l'église bisontine et n'ont débouché que sur de petites succursales, à l'exemple de Saint-Nicolas qui joue le rôle de prieuré clunisien castral auprès de la forteresse de Bracon. Autant que la dualité du pouvoir partagé entre les comtes et les seigneurs, la crainte qu'éprouvaient les chapitres cathédraux, patrons des paroisses, de voir émerger la suprématie d'une abbaye, peut expliquer une telle situation. Cependant, cette méfiance ne convenait point à la politique ambitieuse des sires de Salins, seigneurs du Bourg-Dessus et de la grande saunerie, désireux de créer à l'extérieur les foyers spirituels que méritait leur lignage.

Si Humbert fonde le monastère cistercien de Rosières, son fils Gaucher IV crée l'abbaye féminine d'Ounans et comble de libéralités les établissements des environs. Parallèlement à ces actions menées hors de ville, c'est à lui qu'il faut probablement

1. Bibl. mun. Besançon, Duvernoy 39, fol. 44.
2. L. VIELLARD, *Doc. et mém.... Belfort,* n° 219. On a pu penser que les *Acta Maimbodi* (*AA.SS., Jan.,* II, p. 542-543) furent composés à cette époque pour valoriser le patron de la nouvelle collégiale, en le rattachant à l'épopée colombanienne, mais B. de VREGILLE insère ce texte dans le grand cycle hagiographique du XIe siècle (*H.S.,* III, p.195-196). L'existence, au Xe siècle, d'un couvent de dix moines pour desservir une ancienne église de Saint-Pierre n'est qu'une invention postérieure aux *Acta Mimbodi,* qui, au XIe siècle, ne soufflent mot ni d'une telle titulature, ni d'une telle communauté. Cette légende est cependant admise dans la récente *Histoire de Montbéliard,* p. 118.
3. Bulle de Calixte III, 1196 (L. VIELLARD, *Doc. et mém.... Belfort,* n° 302). La paroisse dessert Montbéliard, Arbouans, Vieux-Charmont, Grand-Charmont, Sochaux et Charmontey.

attribuer l'initiative d'une collégiale à Saint-Anatoile : principale paroisse du Bourg-Dessus, qui relèvait de Saint-Etienne de Besançon, cette église bénéficiait du prestige d'un saint patron dont la vie fut composée au milieu du XIe siècle[1].

Ainsi, au moment où les collégiales trouvent un regain de popularité dans l'est de la France, une communauté de chanoines prend en charge la desserte de Saint-Anatoile, avec l'accord de Saint-Etienne, qui maintient des relations étroites avec le nouvel établissement. Sur les modalités mêmes de cette érection, les textes n'apportent que des allusions sybillines, témoin cette première mention antérieure à 1140 : les chanoines de Saint-Anatoile laissent entendre dans une donation à Rosières qu'ils devront vivre selon la règle de saint Augustin[2].

Y aurait-il eu, au départ, une communauté régulière ? Une mention de doyen rencontrée en 1145 irait dans ce sens[3], puis le silence s'abat sur Saint-Anatoile, qui ne resurgit qu'après 1170, sous forme d'une collégiale séculière, dirigée par un prévôt. L'hypothèse d'une régularité initiale n'aurait donc rien d'invraisemblable, puisqu'en 1140 l'observance augustinienne exerce encore tous ses attraits au niveau diocésain et que l'échec de cette tentative expliquerait le silence des textes jusqu'en 1170 ; elle s'insère aisément dans l'évolution du chapitre de Saint-Etienne qui, sous son doyen Pierre de Traves (1120-1148), donne maintes preuves de sympathie à l'égard des idées réformatrices : à l'instar des chanoines de Saint-Jean, qui contrôlent par leur trésorier la collégiale de la Madeleine et ont introduit la régularité à Saint-Paul par l'intermédiaire de Gerland, ceux de Saint-Etienne auraient tenté la même démarche à Salins et répondu de cette façon aux vœux de Gaucher IV.

Quelles que soient la nature et les modalités de cette tentative, qui aboutit finalement à la création d'une collégiale, l'on ne peut arguer d'une opposition entre chanoines réguliers et séculiers pour comprendre cet éventuel échec, parce qu'elle ne correspond pas à la matérialité des faits. La vie séculière, qui se maintient, nous l'avons vu, dans la cité de Besançon et s'installe dans quelques bourgs, n'engendre aucune hostilité ni méfiance à l'égard de l'*ordo novus* ; bien au contraire, chacun s'efforce, selon ses moyens et sa manière, de participer à la rénovation religieuse entreprise sous l'égide des archevêques.

Si la Madeleine ne se manifeste pas beaucoup, c'est qu'elle demeure avant tout une petite collégiale tournée essentiellement vers la desserte d'une grande paroisse urbaine, dont le développement accapare ses activités. Au contraire, de par leurs responsabilités diocésaines, les chapitres cathédraux donnent à leurs prises de position un retentissement incontestable. Or, nous avons eu l'occasion de le dire maintes fois, tous deux coopèrent à la politique réformatrice des archevêques Anséri et Humbert : sous l'épiscopat de ces derniers, les querelles intestines de préséance s'estompent[4]. En échange de sa soumission, Saint-Etienne a reçu d'évidentes

---

1. *B.H.L.*, 422 ; voir B. de VREGILLE, *H.S.*, III, p. 195 et *Hugues de Salins*, p. 394 : Anatoile est un pèlerin scot qui faisait le voyage de Rome ; au retour, il ne peut résister aux charmes du site de Salins et obtient du ciel d'y terminer son pèlerinage terrestre ; depuis cette époque, il ne ménage pas sa protection aux Salinois et passe pour le meilleur gardien de la muire.

2. *Ita sane ut... idem canonici sancti Augustini regulam sub ea victuri acceperent...*, Bibl. mun. Besançon, Droz 43, fol. 20 + 62 : texte à dater des années 1137-1143, à cause de l'abbé Christian de Rosières.

3. Etienne doyen, dit Patricius, est témoin avec ses chanoines Guillaume et maître Yvon, Arch. dép. Jura, 19 H 10.

4. La maternité de Saint-Jean est régulièrement confirmée par la papauté en 1148, 1158

compensations matérielles, puisque son doyen cumule des fonctions qui font de lui le bras droit de l'archevêque Humbert et que le chapitre se réserve la juridiction des trois doyennés de Dole, Amous et Salins.

Cette entente cordiale ou raisonnable n'entraîne ni uniformité de vues, ni prises de position similaires : chacun reste maître de ses engagements à l'égard des mouvements religieux. C'est ainsi que Saint-Jean affiche une attitude résolument coopérative, alors que Saint-Etienne se contente d'une bienveillance feutrée. Engagé sans réserve dans la régularisation de Saint-Paul par un traité de confraternité spéciale, Saint-Jean récidive avec les cisterciens, auxquels il se lie par un solennel traité d'association en 1141 [1]. Moins enthousiaste pour les aspirations nouvelles ou plus réaliste dans sa politique de soutien, Saint-Etienne se limite à des actions ponctuelles avec les monastères situés dans sa zone d'influence : Courtefontaine, Bellevaux... Mais rien ne permet d'affirmer ou de supposer de sa part méfiance ou hostilité, pas même les quelques bavures qui se produisent à l'encontre des cisterciens et qui n'engagent pas sa seule responsabilité, comme nous le verrons dans le chapitre suivant.

A l'égard de leurs confrères réguliers, les deux chapitres donnent des preuves d'une sympathie plus ou moins active, mais indéniable ; à leur manière, ils ont donc favorisé l'essor du mouvement canonial sous les épiscopats d'Anseri et d'Humbert. Si la règle de saint Augustin connaît alors un succès indéniable, elle n'inspire pas toute la vie canoniale puisque des communautés séculières subsistent et que des nouvelles apparaissent même, ces dernières répondant à des fins autant politiques que pastorales, en particulier la desserte de paroisses en pleine expansion. Hormis les sujets abordés, il resterait à saisir l'impact religieux de toutes ces communautés de clercs, qui, à des degrés divers, maintiennent des contacts avec le monde des fidèles : si les séculiers ont à cœur de restaurer la valeur des célébrations liturgiques, les réguliers apportent dans le respect de la vie communautaire une note de fraternité évidente, tandis que l'*ordo novus*, avec les prémontrés, sublime l'ascèse et la pauvreté en imposant à ses membres le travail manuel et une véritable vie cloîtrée.

Cette diversité, qui caractérise le mouvement canonial, ne doit pas le desservir au profit de l'ordre monastique, trop souvent considéré comme le seul et grand bénéficiaire de la réforme grégorienne. En effet, la *vita apostolica*, qui inspire de nombreuses fraternités au début du XIIe siècle, a donné une très vive impulsion à la vie augustinienne et le diocèse de Besançon apporte la preuve que la rénovation religieuse a d'abord pris une teinte canoniale très vive jusque vers 1130 et que les chanoines réguliers ont su incarner, un certain temps, les nouvelles aspirations. Brusquement, après 1130, le déferlement des cisterciens remet en cause la prééminence qu'ils s'étaient taillée dans la région : l'ère du monachisme commence véritablement.

(WIEDERHOLD, *Papsturkunden, La Franche-Comté*, p. 79 et 81).
1. *Gallia Christiana*, XV, instr. col. 32.

CHAPITRE 3

LA VAGUE CISTERCIENNE
ET LE NOUVEAU MONACHISME

Au moment même où les chanoines réguliers affirment leur prééminence, leur place au sein du diocèse et leur genre de vie sont brusquement remis en question par le déferlement de nouveaux venus, les moines cisterciens. Apparus précocement en 1119 à Bellevaux, non loin de Besançon, ceux-ci patientent toutefois une dizaine d'années avant de se lancer à la conquête du diocèse, le temps que Clairvaux et Morimond se fortifient et que saint Bernard fasse entendre sa voix de héraut de l'Ordre. Avec l'année 1130 commence cette extraordinaire floraison, qui s'accélère à mesure que s'écoule la décennie : Clairvaux et Morimond semblent alors rivaliser de zèle pour essaimer leurs filiales et capter les faveurs de l'aristocratie comtoise. En moins de dix ans, une douzaine d'abbayes voient le jour et, si la frénésie de création se tempère après 1140, elle ne disparaît pas totalement, puisqu'elle se tourne vers les cloîtres féminins ou s'exporte au-delà du Jura et des Alpes : au total, seize établissements pour le seul diocèse. Aucun ordre n'avait connu de succès aussi rapide et aussi spectaculaire. De ce fait, les cisterciens étouffent l'expansion canoniale et rétablissent dans le diocèse la suprématie de l'*ordo monasticus* un moment contrebalancé par les chanoines réguliers ou séculiers.

Bien qu'il ne soit pas propre à la région, un tel phénomène s'y distingue néanmoins par son intensité : les expressions maintes fois employées pour le caractériser — vague, floraison cistercienne, déferlement, invasion — trouvent ici une justification indiscutable pour en souligner la valeur exemplaire. Une fois de plus, après l'aventure des Pères du Jura, l'épopée des Colombaniens et l'expérience de Baume-Gigny, la région s'affirme comme une terre d'élection du monachisme. Reste à l'historien la tâche difficile d'analyser le mouvement et de proposer des explications satisfaisantes, qui tiennent compte à la fois des données locales et des conditions générales, qui répondent aux multiples questions soulevées par ce succès sans précédent et qui en décrivent parallèlement les phases essentielles. Aussi, après une présentation chronologique des principales données, insisterons-nous sur les modalités de cette réussite sous la forme d'une problématique générale, avant de terminer sur le développement cistercien vers 1150-1160.

A. LA CHRONOLOGIE

L'ordre cistercien

Le déferlement cistercien au comté du Bourgogne ne se comprend que replacé dans l'histoire générale de l'Ordre et du renouveau religieux au début du XIIᵉ siècle [1].

---

1. Parmi les nombreuses études cisterciennes susceptibles de fournir une bibliographie récente, nous citons les trois ouvrages collectifs : *Die Zisterzienser Ordensleben zwischen Ideal und Wirlichkeit*, Cologne, 1980.— *L'Economie cistercienne. Géographie, mutations du Moyen Age aux Temps modernes*, Journées intern. d'hist., Auch, 1983.— Les actes du colloque sur saint Bernard (1990), publiés en *Introduction Générale aux œuvres complètes de saint Bernard*, coll. Sources chrétiennes (à paraître).—

Nous avons déjà évoqué l'évolution de la conjoncture spirituelle ; quant à l'abondante littérature consacrée aux débuts cisterciens, elle insiste moins sur les phases d'expansion que sur les originalités du mouvement : les déboires de Robert de Molesme lors de la création de Cîteaux (1098), le rôle des premiers abbés, dont l'Anglais Etienne Harding (1109-1133), l'arrivée de Bernard de Fontaine (1112) et les premières créations, etc.

Longtemps, les débats ont porté sur la délicate interprétation des origines, telles que nous les révèlent les *Monuments primitifs de la Règle cistercienne*[1], en particulier le *Petit Exorde* rédigé une vingtaine d'années après la fondation et répondant à des préoccupations apologétiques, le *Grand Exorde*, écrit à la fin du XIIe siècle. Naturellement, l'ascendant de saint Bernard était trop évident pour ne pas influer sur l'orientation du nouvel institut et nombre d'auteurs ont cherché à cerner sa personnalité et son rôle, tant au sein de l'Ordre qu'au niveau de la Chrétienté[2].

De même, l'intérêt des chercheurs s'est porté sur l'organisation cistercienne, dont la célèbre *Carta Caritatis* constitue l'ossature fondamentale[3]. D'autres historiens continuent de s'interroger sur le sens et la portée de la controverse engagée entre saint Bernard et Pierre le Vénérable, à la suite d'un échange de lettres demeurées célèbres, intervenant au moment où chacun des deux ordres sort d'une mauvaise passe : pour Cluny, la démission de l'abbé Pons de Melgueil (1122) et sa tentative scandaleuse de retour (1125-1126), tandis que le démarrage de l'expansion cistercienne crée un certain déséquilibre et provoque une crise à Morimond. Dans un tel contexte, toute critique risquait de tourner en réquisitoire et l'*Apologie* de saint Bernard a déclenché une polémique que chacun interprète à sa façon[4].

Si le retour à Cîteaux, en 1128, de Robert, cousin de Bernard, apaise momentanément la querelle, les divergences de vue subsistent, puisque les critiques formulées à l'égard de Cluny ne visent pas seulement de prétendus abus, mais relèvent d'une conception différente de la vie monastique et le débat ne tarde pas à se rouvrir après 1132, à propos de l'exemption des dîmes. Au nom de la lettre de la Règle, les cisterciens s'insurgent contre l'allongement de la prière liturgique, contre le luxe et l'aisance des monastères, contre une intégration dans une société tenue pour immuable ;

Voir notre article dans les *Cahiers d'Histoire*, 1975, p. 61-62 : L'implantation cistercienne dans le comté de Bourgogne jusqu'au milieu du XIIe siècle.

1. Titre d'un ouvrage de Ph. GUIGNARD, Dijon, 1878. On trouvera les textes d'*Exordium Cistercii* (éd. J.-A. LEFEVRE) dans *Coll. Ord. Cist. Ref.*, 16 (1954), p. 96-104 ; *Exordium parvum* (éd. C. NOSCHITZKA) dans *An. Sacr. Ord. Cist.*, 6 (1950), p. 6-22 ; *Exordium magnum cisterciense sive narratio de initio cisterciensis ordinis*, éd. B. GRIESSER, Roma, 1961.

2. La bibliographie bernardine est trop volumineuse pour que nous l'évoquions ; nous renvoyons le lecteur à la mise à jour d'H. ROCHAIS & E. MANNING, *Bibliographie de saint Bernard*, Rochefort, 1979 - 1980, 2 vol.

3. VAN DAMME (J.-B.), Formation de la Constitution cistercienne. Esquisse historique, dans *Studia Monastica* 4 (1962), p. 111-137, et *Analecta Ord. Cist.*, 21 (1965), p. 128-137 ; LUCET (B.), *La codification cistercienne de 1202 et son évolution ultérieure*, Rome, 1964 ; LUCET (B.), Les *codifications cisterciennes de 1237 et de 1257*, Paris, 1977.

4. BREDERO (A. H.), Cluny et Cîteaux au XIIe siècle : les origines des la controverse, dans *Studi mediævali*, 11 (1971), p. 135-175 ; du même, Comment les institutions de l'Ordre de Cluny se sont rapprochées de Cîteaux, dans *Istituzioni monastiche e istituzioni canonicali...*, Milan, 1980, p. 164-202 ; du même, Le *Dialogus duorum monachorum* : un rebondissement de la polémique entre Cisterciens et Clunisiens, dans *Studi mediævali*, 1981, p. 501-585.

ils militent donc pour un monachisme rénové : la rupture avec le monde se veut plus radicale, puisque leurs monastères s'établissent dans des lieux déserts ; ils ne se préoccupent pas d'encadrement paroissial, ni d'ouverture d'écoles pour les enfants. L'esprit communautaire se renforce et astreint les moines à un cénobitisme total, propice à l'exercice des vertus d'obéissance et de charité. Pour éviter la tentation de puissance et de richesse, les nouvelles abbayes repoussent toute rente, tout privilège d'exemption et astreignent leurs religieux au travail manuel, considéré comme l'ascèse fondamentale ; de cette façon, les moines, qui travaillent pour subvenir à leurs besoins alimentaires, se confirment à l'esprit de pauvreté et trouvent dans ces occupations manuelles un remède contre toute vanité. Ainsi se comprend l'invitation du *Petit Exorde* à « vivre pauvre comme le Christ pauvre », ainsi s'expliquent les formules fréquemment utilisées pour désigner les premiers cisterciens, « les pauvres du Christ ».

D'ailleurs, le débat entre Cluny et Cîteaux se vide progressivement de sa substance, à mesure que l'expérience cistercienne abandonne une partie de son originalité et s'intègre de plus en plus à la société monastique traditionnelle : après 1150-1160, les abbayes comtoises concrétisent effectivement cette évolution marquée par les premières infractions à la rigueur primitive : possession d'églises, d'autels, de dîmes... Si importants soient-ils, ces aspects ne peuvent trouver place dans notre étude régionale : ils ne seront abordés qu'indirectement, par les répercussions qu'ils ont sur l'expansion de l'Ordre dans le diocèse.

Difficultés initiales   Pour saisir les modalités du déferlement cistercien dans la région, il est toutefois nécessaire de rappeler brièvement les difficultés initiales de l'Ordre et son organisation interne car, malgré la proximité géographique de l'abbaye-mère et de ses deux filles — La Ferté-sur-Grosne et Morimond — la pénétration, qui ne se fait pas avant 1130, procède d'un partage d'influence qui écarte Cîteaux au profit de Clairvaux et de Morimond. L'arrivée, au printemps 1112, de Bernard de Fontaine avec ses trente compagnons marque, on l'a souvent répété, le démarrage de Cîteaux et lui insuffle un nouveau dynamisme, si bien que les novices affluent et que l'abbé Etienne, estimant difficile de maintenir les vertus du cénobitisme dans une communauté trop nombreuse, décide de fonder d'autres monastères qui seront les filles directes : tour à tour naissent La Ferté-sur-Grosne dans la forêt de Bragny, au sud-ouest de Chalon (1113), Pontigny-sur-Serein au nord d'Auxerre (1114), Clairvaux sur l'Aube naissante (1115) et Morimond à l'est de Chaumont (1115). Grâce à ce groupe de cinq maisons dont quelques-unes s'égrènent aux abords de la Saône, le rayonnement du monachisme se trouve considérablement accru, puisque chaque fille peut à son tour essaimer : une dizaine d'abbés se réunissent à Cîteaux en 1119, trois cent quarante-trois à la mort de saint Bernard [1].

En même temps que se diffuse l'observance cistercienne, l'Ordre s'organise en complétant progressivement la *Carta Caritatis*, qui le dote de structures originales et efficaces, conciliant l'autonomie de chaque établissement avec l'existence d'une congrégation : celle-ci réunit, en effet, toutes les abbayes unies les unes aux autres par un lien d'amour et de charité, outre la communion au même idéal et à la même ascèse. La visite canonique annuelle que fait l'abbé-père dans les abbayes qu'il a fondées évite l'isolement et l'étiolement des maisons-filles, tandis que le Chapitre géné-

---

1. Sur ces questions, voir LEFEVRE (J.), *L'Ordre cistercien en France dans la première moitié du XIIe siècle*, Louvain, 1948-1949, Thèse de doctorat; R. LOCATELLI, L'expansion de l'ordre cistercien au temps de saint Bernard, dans *Introduction générale aux œuvres de saint Bernard*, p. 102-140.

ral, réuni chaque année, assure la cohésion de l'Ordre sans tomber dans l'excès de la centralisation clunisienne. S'il est banal de souligner l'originalité et l'efficacité de ces structures que d'autres ordres adopteront au xiie siècle, tels les prémontrés et même les chartreux, soulignons toutefois que ce système de filiation, qui crée un lien très fort entre les monastères, a facilité l'expansion et la réussite cisterciennes : le père immédiat ne se contente pas d'une visite de courtoisie, il exerce un pouvoir de correction et surtout parraine le nouvel établissement, dont il suit le développement avec sollicitude : en lui envoyant une colonie de ses moines, il lui insuffle le premier signe de vie ; lors d'une vacance abbatiale, il assure l'intérim, puis préside à l'élection du nouvel abbé ; en cas de difficultés matérielles, il lui vient en aide avec le concours des maisons-filles. Ainsi se crée une cohésion, fondée non plus sur le seul contrôle de l'autorité, mais sur une solidarité réelle et fraternelle.

Filiation   Si cet équilibre n'élimine pas tous les heurts, il contribue à la bonne renommée de l'Ordre, parce qu'à l'instar des moines les laïcs apprécient l'autonomie laissée au nouvel établissement qu'ils dotent matériellement et dont ils ont l'impression de rester plus proches. Cependant, si heureuses soient-elles, ces dispositions ne suffisent pas à assurer la diffusion de la nouvelle observance, il faut aussi que les premières filles aient la capacité de parrainer les fondations et de distraire de leur communauté une partie de son effectif sans risquer de s'anémier. C'est pourquoi le mouvement ne présente ni uniformité, ni continuité, tout en respectant quelques règles destinées à prévenir rivalités ou développement anarchique.

Très tôt, la mère et les quatre filles ont admis pour chacune d'elles des zones d'influence ou des aires d'expansion, en fonction de leur position géographique et de leurs centres d'intérêts : normalement, Morimond s'était réservé la diffusion vers les pays germaniques et le nord de l'ancien royaume de Bourgogne, ce qui éliminait Cîteaux et La Ferté pourtant situées aux confins mêmes du diocèse ; alors que la seconde se montre peu dynamique, la première dirige son rayonnement vers le sud-est, en direction du Languedoc et de la Provence ; elle n'établit sur la rive gauche de la Saône que de rares granges[1] et, parmi ses nombreuses filles, seule l'abbaye du Miroir se signale à notre attention par ses démêlés célèbres avec Gigny. Ces répartitions à l'amiable n'ont toutefois rien de contraignant ou de définitif, si bien que les circonstances se chargent bientôt d'introduire des modifications importantes : alors que la vocation de Clairvaux la destine à coloniser les régions langroise et champenoise, les fréquents déplacements de saint Bernard en Italie, à partir de 1131, l'amènent à créer des filiales en direction de la Savoie, des pays alpins et dans la partie méridionale du diocèse de Besançon, si bien que les abbayes comtoises se rattachent à deux branches au lieu d'une : Morimond et Clairvaux.

Ces premières remarques introduisent déjà des précisions sur le déroulement chronologique des opérations et leur caractère relativement tardif dans notre région, par rapport à la proximité géographique de Cîteaux. Jusqu'en 1131, Clairvaux rayonne dans les diocèses environnants d'Autun, de Châlons-sur-Marne, de Laon... et ne cherche pas à s'infiltrer dans les pays langrois et comtois[2]. C'est le schisme

---

1. Consulter MARILIER (J.), *Chartes et documents concernant l'abbaye de Cîteaux (1098-1182)*, Roma, 1961, et RICHARD (J.), Cîteaux à travers ses archives, dans *Mém. Acad. Dijon*, 1947, p. 210-222.

2. DIMIER (M.-A.), Le monde claravallien à la mort de saint Bernard, dans *Mélanges Saint Bernard*, 1953, p. 248 et suiv. Parmi les premières créations, nous avons : Fontenay (1119, diocèse d'Autun), Trois-Fontaines (1119, diocèse de Châlons), Foigny (1121, diocèse de Laon), Igny (1126, diocèse de Reims), Rigny (1129, diocèse d'Auxerre), Ourscamp (1129, diocèse de Noyon).

d'Anaclet qui, en appelant Bernard en Italie et en Allemagne, occasionne, nous le verrons, son intervention dans plusieurs rattachements à Clairvaux. Le cas de Morimond diffère sensiblement du précédent : si aucun de ses abbés ne jouit du prestige de Bernard, sa situation géographique l'avantage incontestablement. Cette quatrième fille de Cîteaux se trouve non loin de Langres, aux sources de la Meuse, à la jonction même des trois diocèses de Langres, Toul et Besançon ; en outre, sa position au carrefour de la route de Lyon à Toul conduisant vers l'Allemagne de l'ouest et de la route de Paris à Bâle se dirigeant vers la Suisse alémanique, la place aux confins des principautés de Bourgogne, de Champagne et de Lorraine et amène dans ses murs de nombreux voyageurs allemands qui y reçoivent l'hospitalité[1]. S'il n'est pas sûr que son premier abbé, Arnold, fût le propre frère de l'archevêque de Cologne, ses origines germaniques ne font cependant pas de doute et elles paraissent décisives dans l'orientation de son abbatiat.

Arnold manifeste autant de zèle que saint Bernard et ses fondations alternent de façon frappante avec celles de Clairvaux : Bellevaux à proximité de Besançon (1119) et La Crête (1121) suivent la création de Trois-Fontaines et de Fontenay (1118), tandis que Camp, au diocèse de Cologne (1123), fait pendant à Foigny (1121). Précipitation intempestive ou gestion maladroite ? Au lieu de donner à Morimond une santé qu'elle a beaucoup de mal à trouver, ces saignées consécutives aggravent les difficultés matérielles et les dissensions internes ; il suffit du rigoureux hiver de 1124 pour qu'à la faveur d'une pénurie matérielle la crise éclate, entraînant le découragement des religieux : la fuite de l'abbé avec une partie de la communauté compromet l'avenir de la maison et oblige Etienne Harding et Bernard à voler au chevet de la malade. Finalement, le prieur de Clairvaux, Gaucher, prend la tête de l'abbaye et adopte les mesures de sauvetage qui s'imposaient : rapprochement avec les seigneurs d'Aigremont, les fondateurs, pour récupérer la stabilité matérielle, retour des moines fugitifs à l'exception d'Arnold, mort entre temps, concertation plus étroite avec Clairvaux... Le temps cicatrisant les plaies, Morimond recouvre bientôt le dynamisme nécessaire pour répondre à la demande de créations : parmi les premiers satisfaits, les seigneurs comtois, qui obtiennent l'installation des moines blancs à Theuley. Nous sommes alors en 1130, Clairvaux et Morimond entrent dans leur apogée, le déferlement cistercien commence[2].

Tableau   Notre tableau des *Abbayes cisterciennes du diocèse de Besançon* résume cette expansion prodigieuse et met en évidence les principaux points de notre développement : filiation, chronologie, modalités, etc. Ne nous attardons pas aux problèmes de datation : les divergences relevées chez les différents auteurs ne découlent pas seulement d'incertitudes, mais aussi des sens différents donnés au mot *fondation* ; selon qu'on retient la décision initiale, la charte qui publie la première dotation, l'installation des moines ou la dédicace de l'église, les décalages s'accentuent[3]. Mis à part les cas particuliers ou extrêmes de Bellevaux (1119) et de

---

1. Commission d'Histoire de l'Ordre de Cîteaux, *Bernard de Clairvaux*, Paris, 1953, p. 119, à propos de la situation de Morimond résumée de cette façon humoristique : « on priait en France, tandis qu'on mangeait en Allemagne ».

2. GRILL (L.), Morimond, sœur jumelle de Clairvaux, dans *Bernard de Clairvaux*, 1953, p. 117-146 ; DELESSARD (L.), Les débuts de l'abbaye de Morimond, dans *Mém. Soc. Hist. Droit...*, 15 (1953), p. 65-68 ; DIMIER (M.-A.), Morimond et son empire, dans *Mém. Soc. Hist. et Archéol. de Langres*, V, 1959, p. 46-80.

3. DICKINSON (J.-C.), Les constructions des premiers chanoines réguliers en France, dans *Cahiers Civ. Méd.*, 38 (1967), p. 179-198. Pour simplifier, nous avons retenu comme point de départ la première mention du monastère ou de l'abbé dans les documents ori-

Mont-Sainte-Marie (1199), l'implantation cistercienne a lieu dans un laps de temps très réduit, puisqu'elle n'occupe même pas toute la décennie 1130-1140 et qu'elle atteint une très forte intensité durant les dernières années du pontificat d'Anseri († 1134).

La coïncidence n'a rien de fortuit et nécessite une explication : au moment où la floraison canoniale donne quelques signes d'essoufflement, les cisterciens détournent à leur profit les désirs d'un renouveau religieux, que popularise la renommée de saint Bernard et que favorise Anseri : ce dernier, qui n'a jamais dissimulé sa sollicitude à l'égard de toute recherche spirituelle, ne désire pas moins maintenir un certain équilibre entre les grandes familles monastiques et canoniales. En contrebalançant les établissements de bénédictins ou de chanoines, la dizaine d'abbayes cisterciennes créées sous son pontificat présentent, en outre, l'avantage de se tenir à l'écart des maisons traditionnelles et de ne point trop aggraver de ce fait les risques de rivalité.

Conformément aux accords tacites précédemment évoqués, elles se répartissent inégalement entre les deux branches de Morimond et de Clairvaux, puisque sur les treize monastères d'hommes, huit relèvent de la première ; si on laisse de côté Mont-Sainte-Marie créé tardivement et dans un contexte très particulier, Clairvaux ne compte à son actif que quatre établissements.

A cette première différence s'ajoutent les modes de filiation qui s'opposent de l'une à l'autre : Morimond procède de préférence à de véritables créations, tandis que saint Bernard agit davantage par substitution, en récupérant des maisons en déperdition ou à la recherche d'une meilleure observance, ce qui constitue l'originalité fondamentale pour notre région. Quant aux abbayes féminines qui tentent de se greffer sur le mouvement cistercien, les particularités qui entourent leur naissance, les difficultés auxquelles elles se heurtent, l'époque à laquelle elles s'implantent, nous ont incité à les dissocier de leurs homologues masculins et à les étudier avec les autres monastères doubles et les moniales bénédictines ; remarquons seulement que, par leur nombre (quatre), elles accentuent l'emprise des nouveaux ordres, mais que par leur étalement dans le temps elles suggèrent déjà les difficultés que rencontrent les femmes pieuses pour réaliser un idéal semblable à celui des hommes.

La filiation de Morimond

Dans cette efflorescence cistercienne, créations et substitutions se font simultanément, mais comme elles correspondent à des modalités d'action différentes, nous les analysons séparément, d'autant qu'elles procèdent de méthodes spécifiques.

Bellevaux   La première création de Morimond a lieu d'ailleurs dans notre diocèse, à Bellevaux, en 1119, dix ans avant le grand essor cistercien, après que le pape comtois Calixte II a confirmé la *Carta Caritatis* et accordé sa protection au nouvel Ordre. Bien que, pour une fois, nous ayons la chance de posséder une notice de fondation, rédigée une vingtaine d'années après les événements [1], celle-ci ne satisfait point entièrement notre curiosité ; si elle met bien en évidence l'initiative du seigneur de La Roche-sur-Ognon, elle ne précise ni ses motivations, ni les modalités. La notice relate la démarche d'un puissant châtelain, agissant de concert avec sa famille et ses *milites castri*, et la recherche d'un lieu propice, répondant aux

---

ginaux, ce qui permet déjà de rectifier un certain nombre d'inexactitudes qui persistent dans les chronologies officielles ; JANAUSCHEK (P.-L.), *Originum cisterciensium*, Vienne, 1877 ou MANRIQUE (A.), *Annales Cistercienses*, Lyon, 1642, 4 vol.
1. Arch. comm. Chambornay-lès-Bellevaux, DD 2 ; acte édité par L.VIELLARD, *Doc. et Mém.... l'hist. de Belfort*, n° 174, avec quelques variantes par rapport à DD 2.

nouvelles normes monastiques ; l'*eremus* n'est pas perdu dans les grandes joux inoccupées, mais se niche sur les bords de l'Ognon, dans une région anciennement peuplée, à la lisière de deux villages. Le reste de la charte insiste sur la délimitation du territoire abbatial, auquel procèdent les chevaliers du lieu, sous l'autorité de leurs seigneurs respectifs (Ponce de La Roche, Etienne de Traves, Richard de Montfaucon) et sur le rôle discret, mais déterminant, de l'archevêque Anseri : ce dernier suit de près les opérations, fait publier les résultats précis du bornage, se montre en somme préoccupé de faciliter les débuts, toujours difficiles, du nouveau monastère[1]. En rédigeant cette notice, son successeur Humbert se préoccupe moins de « raconter comment et quand a pris naissance l'église Sainte-Marie située à Bellevaux »[2], que de confirmer les concessions des premiers seigneurs, pour mettre fin aux contestations qui ont déjà cours.

Bellevaux connaît un démarrage rapide, puisque, dès 1124, avant même que la documentation ne révèle sa prospérité matérielle, elle est en mesure d'envoyer une colonie de moines dans le diocèse de Bâle, pour y fonder Lucelle : par sa position aux frontières des deux diocèses, à la limite des parlers romans et germaniques, non loin de la voie qui conduit à la vallée du Rhin, cette création marque un jalon important pour l'expansion prochaine des cisterciens vers les pays alsaciens et allemands, comme le prouve sa prospère filiation[3].

Bien que n'appartenant pas à notre diocèse, Lucelle lui est si proche que les seigneurs comtois interviennent pour une large part dans sa dotation et qu'une bonne partie de son temporel se développe de ce côté-ci de la frontière, le long des rives du Doubs[4]. D'ailleurs, l'initiative en revient aux seigneurs de Montfaucon, qui ont déjà participé à la dotation de Bellevaux et qui possèdent des biens dans les Franches-Montagnes, où existe un hameau de Montfaucon : la confirmation officielle donnée en 1125 par Henri V, renouvelée par Conrad III, met en évidence le rôle de trois membres de ce lignage, Hugues, Amédée et Richard, qui implantent l'établissement sur une terre de l'église de Bâle, appelée *Lucicella*[5]. Comme à Bellevaux précédemment, le caractère familial transparaît dans les modalités matérielles et le réseau d'alliances qui unit les protagonistes : Richard est le beau-frère de l'évêque de Bâle, Berthold de Neuchâtel, et l'expansion temporelle de Lucelle se fait en partie dans le

---

1. L'initiative de Ponce de La Roche est mise en évidence par diverses donations postérieures qui explicitent le contenu de la dotation primitive (Bibl. du Vatican, Vat. Lat. 248, fol. III, 2).
2. Préambule de la notice. Il est probable que le premier abbé Ponce est issu de la famille de La Roche, en tant que fils ou neveu du seigneur Ponce : comme dans d'autres cas, la création de Bellevaux serait une affaire de famille.
3. Bibliographie sur Lucelle dans *Helvetia Sacra, III, Die Orden mit Benediktinerregel*, 3, 1 : *Die Zisterzienser...*, Bern, I, 1982, p. 290-311, par A. CHEVRE ; du même auteur, *Lucelle, Histoire d'une ancienne abbaye cistercienne*, Délémont, 1973. Le premier abbé Etienne (1124-1131) passe pour un compagnon de saint Bernard, tandis que Christianus (1131-1175) serait un des douze moines venus de Bellevaux en 1124.
4. Dans le coude du Doubs, entre Saint-Hippolyte et Pont-de-Roide ; les centres en étaient Liebvillers, un hameau proche de cette rivière, Dampjoux... ; parmi les seigneurs qui participent à sa dotation, figurent, outre les Montfaucon, Guillaume et Henri de Granges, Pierre de Vy..., ainsi que les abbayes de Baume-les-Dames et de Vaucluse (J. TROUILLAT, *Mon. de l'hist. de l'ancien évêché de Bâle*, I, p. 262).
5. Hugues, Amédée et Richard ne sont pas frères, mais cousins germains. Confirmation d'Henri V (TROUILLAT, *ibidem*, p. 246) ; diplôme de Conrad III donné à Strasbourg le 28 mai 1139 (*M.G.H., Diplomata*, IX : Konrad III, 1969, p. 39).

diocèse de Besançon, là où Richard et ses alliés possèdent fiefs et seigneuries ; pour cette raison, la nouvelle abbaye jouit du double patronage des évêques de Bâle et de Besançon et intervient de multiples façons dans le développement monastique du Pays de Montbéliard [1].

Theuley Passé la crise des années 1124-1126, Morimond prend son véritable essor sous le gouvernement bénéfique de Gaucher (1126-1138), ami personnel de saint Bernard. Deux de ses filles directes naissent dans le diocèse, avant même l'arrivée des renforts conduits par Othon de Freising: en mars 1130, Theuley, en 1131, Clairefontaine.

La première offre quelques analogies avec le cas de Lucelle, puisqu'elle relève de l'évêché de Langres et qu'une partie de ses relations féodales s'établit avec les comtes de Bourgogne : création des sires de Montsaugeon, son *désert* comprend, entre autres terres, l'emplacement d'un de leurs anciens châteaux, celui d'Auvet récemment détruit. Composée plus tardivement, la notice, qui relate cette fondation, use de l'artifice d'un miracle pour rehausser la valeur du geste. Pierre Mauregard, puissant châtelain de Montsaugeon, Mirebeau et Auvet, avait cinq fils, dont quatre chevaliers et un ecclésiastique, chanoine et archidiacre de Langres ; il apparaît après sa mort à un ami, lui aussi chanoine de Langres, pour lui demander d'intervenir auprès de ses fils, afin que ceux-ci donnent aux moines blancs le désert de Tulley. « A cette requête, les aînés répondent par l'étonnement : "Mais où sont donc les moines blancs ? ". Alors, quelqu'un de s'avancer en déclarant : " Aujourd'hui même, j'ai vu l'abbé de Morimond dans cette ville (Langres) ". S'enquérant aussitôt de lui, les deux frères (aînés) le trouvent et exécutent aussitôt la donation dudit lieu en présence de Villain d'Aigremont, évêque de cette cité » [2].

Laissons de côté cet enchaînement de merveilleuses coïncidences pour ne retenir que les éléments vraisemblables, confirmés par d'autres versions, et pour souligner une fois de plus les influences personnelles et familiales : les deux frères, Eudes et Othon de Montsaugeon, sont en relation avec Langres, où leur cadet occupe effectivement la charge d'archidiacre, sous l'épiscopat de l'évêque Villain d'Aigremont, dont la famille protégeait Morimond. A partir de ce canevas, le scénario se devine aisément : rencontre des Montsaugeon avec les cisterciens, par l'entremise de l'évêque ou des chanoines, intérêt pour leur genre de vie et les valeurs qu'ils incarnent, désir de magnifier leur lignage par un établissement qui leur soit propre, contacts avec l'abbé Gaucher de Morimond, participation de la famille et des voisins avec l'approbation du seigneur, Hugues de Beaumont, le processus suit un déroulement classique. A mesure que le projet prend corps, les transactions mobilisent un nombre croissant de personnes, dont la liste ne s'arrête pas aux seuls nobles.

Clairefontaine Bien que Clairefontaine n'ait rien conservé de ses débuts, sinon une série impressionnante de confirmations des années 1150-1160, qui intéressent la constitution du temporel, les origines et le développement de ce monastère ne semblent pas s'écarter du canevas précédent, dont il suffit de dégager les

---

1. Anseri est témoin des confirmations d'Henri V et de Conrad III.
2. Cartulaire de Theuley, collection particulière(microfilm auxArchives dép. Haute-Saône, 1 Mi 3 ; copie Bibl. nat., Moreau 873, fol. 106). Les confirmations postérieures de 1135, 1136, 1175, donnent plusieurs variantes des modalités initiales (Arch. dép. Haute-Saône, H 404; Bibl. mun. Besançon, 2117, fol. 539). La charte de 1136 paraît la plus proche de la réalité. Sur les problèmes du fonds de Theuley, nous renvoyons à J.-M. DUMONT, Le cartulaire de Theuley, dans *Bull. Phil. et Hist.*, 1955-1956, p. 27-31.

principales articulations : l'abbaye, qui voit le jour avant septembre 1132, est issue directement de Morimond, avec qui les relations resteront privilégiées [1], ce qu'explique la proximité des deux maisons. La tradition en attribue l'initiative à Guy, sire de Jonvelle, puissamment établi sur la Saône supérieure, non loin du Bassigny : même si beaucoup d'autres seigneurs contribuent à la dotation initiale (les comtes de Toul [2], les vicomtes de Vesoul, les seigneurs d'Annegray, de Fougerolles...), l'hypothèse paraît se justifier par les nombreuses interventions des Jonvelle dans l'histoire de l'abbaye.

Plus qu'une réplique au geste de Clairvaux qui avait précédemment implanté Cherlieu au voisinage même de Morimond, la création de Clairefontaine concrétise l'attraction du nouveau monachisme face à la défaillance des anciennes formes de la vie conventuelle. C'est, en effet, l'époque où les moniales de Faverney avouent leur impuissance à se réformer, ce qui incite Anseri à chercher une solution du côté de la Chaise-Dieu ; lors des tractations qui s'engagent, les Casadéens n'acceptent que si les avoués de Faverney — les Jonvelle et les Jussey — abandonnent leurs droits. On peut donc penser que, déçus à la fois par l'échec des bénédictines et par leur éviction temporelle, ces mêmes seigneurs ont préféré se lancer dans l'aventure d'une création qui répondît à leurs préoccupations religieuses et politiques ; la popularité des cisterciens, ainsi que les contacts qu'ils entretiennent avec Morimond, ont probablement déterminé leur choix.

Rosières   La même année 1132, l'action de Morimond est relayée par une de ses filles comtoises, Bellevaux, dont la vitalité s'affirme par une troisième création : après Lucelle et Montherond en Suisse, vient le tour de Rosières implantée au sud de la forêt de Chaux, dans une région dominée féodalement par les sires de Salins. Cette importante famille, qui partage avec les comtes de Bourgogne la ville et les salines de Salins, n'a pas eu jusque-là de politique religieuse digne de son prestige : avec Rosières, surgit la première grande réalisation des sires de Salins qui, après avoir longtemps affirmé leur puissance aux dépens des monastères, changent d'attitude et bâtissent leur politique sur une collaboration étroite avec les nouveaux ordres religieux. Doit-on lier cette conversion d'Humbert III, sire de Salins, à un départ pour la croisade, comme la tradition s'en fait l'écho ? Peu importe ce recours à une motivation classique, la fondation a lieu du vivant même d'Anseri et c'est Humbert qui cède entre les mains de l'archevêque le domaine initial, sur lequel s'installe une colonie de Bellevaux et dont les limites fixées avec précision indiquent la cohésion ; à ses côtés, les principales familles seigneuriales de la région apportent leur quote-part en cédant tous leurs droits et, parmi elles, les Dramelay, les

---

1. Lambert, abbé de Clairefontaine, assiste à la cession de Faverney à La Chaise-Dieu, le 16 septembre 1132 : Arch. dép. Haute-Saône, H 435. Deux abbés de Clairefontaine passeront à la tête de Morimond : ce même Lambert en 1154, puis Aldeprand en 1162. Voir GRILL (L.), *Series abbatum Morimundi des 12^{en} Jahrhunderts*, dans *Cîteaux. Comm. Cist.*, 1966, p. 157-160.
2. Henri, frère du comte de Toul, intervient dans plusieurs confirmations il a des possessions dans la région et son fils devient comte de Dampierre-le-Château. Certains font même de Guy de Jonvelle le frère de Frédéric, comte de Toul. Au XIIIe siècle, les Jonvelle sont gardiens de Clairefontaine. Un texte du XIVe siècle l'affirme explicitement : « laquelle (abbaye) est de notre garde et fondation, en laquelle nosdits prédécesseurs sunt enterey » (Arch. dép. Haute-Saône, H 369). Les confirmations des années 1150-1160 se trouvent aux Arch. dép. Haute-Saône, H 345, 358, 369, 388 ; voir E. AFFOLTER, L'abbaye de Clairefontaine aux XIIe et XIIIe siècles, dans *S.A.L.S.A.*, 12, 1978, p. 12-17.

Neublans, les Vadans, les Belmont[1].

Bithaine   En 1133, Morimond poursuit son expansion dans le diocèse, en en-
                  gendrant deux nouvelles filles, l'une par création et l'autre par sub-
stitution, mais toutes deux situées dans son aire d'influence. La première, Bithaine,
correspond à une infiltration dans l'espace gardé jusque-là jalousement par les grandes
abbayes de Remiremont, Lure, Luxeuil et Faverney, avec d'ailleurs leur complaisance active. Malheureusement les trop maigres renseignements que nous tirons de
sources fragmentaires n'explicitent guère les modalités. Seul, un acte de 1146 nous
apprend que la dotation du lieu a été faite directement entre les mains de l'abbé Gaucher de Morimond, par Aymon, seigneur de Faucogney avec l'accord de ses trois fils
et la collaboration de ses vassaux[2] ; renseignement fort utile, qui confirme les conclusions précédentes : la création est l'œuvre d'une famille locale, puissante, qui ne
dispose pas encore de monastère à elle, puisque les abbayes voisines de Remiremont,
Lure et Luxeuil ont acquis le statut d'établissements royaux. Certes, le vocable de
Bithaine suggère un rapprochement avec Béthanie et un passage outre-mer qu'aurait
accompli Aymon de Faucogney, mais sans autre preuve à l'appui[3].

La Charité   Le cas de La Charité présente plus d'intérêt parce que, pour la pre-
                  mière fois, par le biais de Bellevaux, Morimond agit par substitu-
tion : le fait ne manque pas de surprendre, car il ne correspond guère à ses habitudes.
Nous savons qu'une communauté de chanoines réguliers vivaient auparavant à La
Charité, sous l'autorité de l'abbé Raimbaud ; pourquoi ces derniers abandonnent-ils
leur genre de vie ? Dans la charte du 25 juillet 1133 qui annonce le changement d'observance, Anseri fournit des explications claires : « Cette église (de la Charité), épui-
sée par les vexations continuelles d'hommes pervers, ne pouvait plus vivre décem-
ment sous la règle de saint Augustin et elle désirait emprunter les sentiers d'une vie
plus rigoureuse (*vitæ arctioris*) ; aussi a-t-elle obtenu de nous par ses nombreuses
prières que nous la recommandions à votre providence »[4].

     La convergence d'une double évolution justifie donc aux yeux du prélat cette
substitution : les difficultés matérielles et le désir des chanoines, insatisfaits de leur
genre de vie, de changer de règle. Effectivement, Raimbaud se heurtait au mauvais
vouloir de quelques laïques qui ne reculaient devant aucune provocation : deux vassaux de Thiébaud de Rougemont (Paganus et Odebaud), qui tenaient en fief la prévôté de Fretigney, n'hésitent pas, vers 1130, à assassiner un chanoine[5] ; si le crime

---

1. La croisade d'Humbert III est rapportée par J.-B. GUILLAUME, *Hist. généal. des sires de
Salins*, I, p. 25. Dans la charte de confirmation de 1136 (*ibidem*, pr. 40), l'archevêque
Humbert précise qu'avant Gaucher IV (1135-1175), son père Humbert avait déjà donné
ce domaine au vénérable Ponce, abbé de Bellevaux ; autre confirmation de 1135, du vivant même d'Humbert III, dans Bibl. mun. Besançon, Droz 43, fol. 2 ; c'est donc bien à
ce dernier que revient le mérite de la fondation, non à son fils, Gaucher IV, qui se
contente de l'approuver et ne cesse par la suite de lui prodiguer sa sollicitude.
2. Archives dép. Haute-Saône, 34 J 129; parmi les vassaux d'Aymon de Faucogney : les
sires de Calmoutier, de Traves, de Sainte-Marie, d'Ainvelle...
3. Ces rapprochements débouchent sur une légende qui se retrouve dans la genèse de
nombreux établissements jusqu'à l'époque moderne : durant son voyage en Terre Sainte,
le seigneur tombe entre les mains des Musulmans, mais échappe miraculeusement à ses
geôliers après avoir fait le vœu de construire une abbaye sur ses terres, d'où les thèmes
iconographiques qui représentent le donateur à genoux, avec des chaînes brisées à terre.
4. Arch. dép. Doubs, 58 H 2, fol. 1.
5. *Ibidem,* fol. 67 : « Plaidant coupables, Paganus et Odebaud sont venus à La Charité, là
où ils avaient tué le chanoine Henri : se jetant aux pieds de l'abbé Raimbaud, devant tout

ne reste pas impuni, les raisons de cette hostilité ne semblent pas s'atténuer au dire d'Anseri. Y a-t-il conflit d'intérêts ? De par leur rang social, les famille des assassins n'ont guère la possibilité d'intervenir dans les orientations de la collégiale.

La seconde raison avancée par Anseri laisse plutôt deviner une communauté partagée en deux tendances : ceux qui, avec Raimbaud, se satisfont de la règle de saint Augustin et les autres qui, autour du prieur Pierre, aspirent à plus d'austérité, à *la voie étroite* et se sentent confortés dans cette tendance par les exemples récents de Saint-Paul et de la maison voisine, Cherlieu. Ces dissensions rendent la vie quotidienne difficile et chacun cherche probablement des appuis à l'extérieur, ce qui provoque tensions et vexations. En gagnant à sa cause l'archevêque Anseri, la tendance dure finit par l'emporter et par convaincre l'ensemble des chanoines de la nécessité de se rallier à l'observance cistercienne. « Cette église de La Charité, écrit en effet Anseri, les chanoines eux-mêmes qui ne pouvaient plus vivre sous la règle de saint Augustin, nous l'ont donnée d'un commun accord, avec tous ses biens », pour qu'y soit instituée la règle de saint Benoît selon l'observance de Cîteaux.

La substitution est officialisée le 25 juillet 1133 par Anseri, qui remet solennellement l'église de La Charité au nouvel abbé-père, Ponce de Bellevaux, en présence de nombreux dignitaires : Pierre de Traves, maître Zacharie... Quant aux anciens chanoines, ils ont opté selon leurs convictions : une partie d'entre eux a dû quitter les lieux, du moins retrouvons-nous leur ancien abbé, Raimbaud, quelques années plus tard, à la tête du prieuré canonial de Bellefontaine, tandis que les autres s'agrègent au renfort venu de Bellevaux pour constituer la communauté cistercienne. Le prieur Pierre, qui avait pris la tête du second groupe, se voit récompensé de ses efforts, puisqu'il obtient la charge d'abbé : il s'agit de Pierre de Vadans, originaire de la région de Salins. Le 8 février 1134, au cours d'une sorte de concile régional qui réunit à Besançon les évêques de Chalon, Toul, Belley et Bâle, la nouvelle abbaye reçoit une sanction officielle, sous forme d'une charte par laquelle Anseri manifeste une dernière fois toute sa sollicitude pour ce genre de vie monastique et religieux qu'il a sans cesse encouragé et favorisé [1].

Lieucroissant Avant de mourir, le prélat a la joie de bénir une autre réalisation : l'arrivée des cisterciens de Lucelle à Lieucroissant, dans la vallée du Doubs, aux portes mêmes du comté de Montbéliard. Nous avons évoqué au chapitre précédent la préhistoire de cet établissement vue et écrite par l'auteur du cartulaire à une époque bien postérieure [2] : ses imprécisions laissent planer un doute sur l'existence d'une fraternité, parce que le scribe cherche moins à percevoir la réalité qu'à exalter les débuts du nouveau monastère, conçus comme une aventure extraordinaire ; pour lui, le caractère merveilleux éclate dans la disproportion entre les moyens et la réussite, dans l'action exemplaire d'Anseri et la collaboration efficace des princes et des seigneurs :

« Illuminé par la grâce d'En-Haut, il (Anseri) fit construire et édifier l'église du monastère de Lieucroissant dédiée à Notre Seigneur et à la Vierge Marie, mère de Dieu, afin que les frères y servent Dieu plus dévotement, selon la règle de saint Benoît et selon le rite de l'église de Cîteaux et de son Ordre. Malgré le peu d'expé-

---

le couvent de ce lieu, ils implorèrent miséricorde pour un tel crime. Emus jusqu'aux larmes par la sincérité de leurs sentiments, l'abbé Raimbaud et les chanoines leur remirent leur péché, dans la mesure du possible.

1. Arch. dép. Doubs, 58 H 2, fol. 2.
2. Arch. dép. Doubs, 62 H 1 : cartulaire sans doute composé au XVIe siècle, à partir d'originaux dont la plupart ont depuis disparu.

rience de l'abbé Thiébaud, de ses frères et de leurs successeurs, dans les travaux manuels et dans les affaires matérielles, personne ne refusa de concourir à la construction ; Dieu prêtant ainsi son aide aux constructeurs, il n'est pas étonnant que le monastère fût construit et édifié en si peu de temps. »

Outre l'action essentielle du prélat, qui aurait procédé lui-même à la dédicace de l'église et donné le nom symbolique de *Lieu croissant* [1], le récit dégage la chronologie du concours apporté par les laïques : au départ, seul Thiébaud, seigneur de Rougemont, paraît jouer le rôle d'éminence grise, discret mais déterminant dans l'affiliation cistercienne, puis, la décision prise, les gens participent en grand nombre à la construction proprement dite ; enfin, le jour de la dédicace donne l'occasion de dresser la liste des bienfaiteurs selon un ordre hiérarchique : comtes de Bourgogne, de Montbéliard et de La Roche, seigneurs de Rougemont, etc. Mais les omissions ne sont pas moins significatives (la chronique passe sous silence l'influence de Lucelle), si bien que les débuts de Lieucroissant doivent être recomposés à partir de quelques repères indiscutables.

L'affiliation de Lieucroissant à l'Ordre cistercien se déroule effectivement au temps d'Anseri, comme le rappellent les confirmations postérieures [2]. Mais peut-on admettre la dédicace de cette église par le prélat ? Conscient de la difficulté, le chroniqueur insiste sur la rapidité étonnante de la construction, due au concours unanime de la population, argument peu convaincant qui, dans la perspective d'une création, ramène les délais à moins de deux ans. Mais l'objection tombe d'elle-même avec la probabilité — suggérée par ailleurs — d'une substitution, les moines se contentant d'aménager les anciens bâtiments. Ce changement de destination explique mieux la genèse de la fondation et la position des divers bienfaiteurs : l'établissement débute autour de l'abbé Thiébaud, issu sans doute de la famille de Rougemont, qui participe la première à sa dotation ; lors du transfert à Cîteaux, Thiébaud reste en place, mais les comtes de la Roche-Saint-Hippolyte prennent désormais le relais : avec eux, c'est une fois de plus toute une politique régionale qui s'esquisse à travers cette fondation et qui se réfère aux structures féodales ; possessionnée dans la moyenne vallée du Doubs, la famille de La Roche opère une prodigieuse percée au début du XIIᵉ siècle : dans des circonstances mal élucidées, mais tenant probablement à des alliances, Simon prend le titre de comte, tandis que son fils Eudes épouse Ermentrude, fille du comte de Montbéliard.

Cette ascension ne se conçoit pas sans support religieux et, après avoir favorisé l'expansion de Lucelle dans le diocèse, Eudes souhaite vraisemblablement patronner une abbaye située dans sa zone d'influence, et saisit l'occasion que présentait cette fraternité de Lieucroissant, cherchant à la fois un nouveau statut et un bienfaiteur ; il se tourne naturellement vers Lucelle qui accepte le parrainage et qui, même si la chronique n'en dit rien, intervient plusieurs fois, conformément à son rôle défini par la *Carta Caritatis* [3]. Cette version explique le réseau de protection dont bénéficie Lieucroissant, non seulement la noblesse locale, petite et grande avec les Rouge-

---

1. *Ibidem* ou Bibl. mun. Besançon, 2117, fol. 429 : la date du VI kal. mai 1136 est fausse, puisqu'Anséri est mort depuis deux ans.
2. Celle de Conrad III, du 28 mai 1139 (Bibl. mun. Besançon, 2117, fol. 427) : « Ladite abbaye, du diocèse de Besançon, dans le comté du comte de Bourgogne Renaud, a été construite au temps de l'empereur Lothaire par l'archevêque Anseri ».
3. Bibl. mun. Besançon, 2117, fol. 434 : l'abbé intervient lors d'une querelle suscitée par Guy de La Roche, oncle d'Eudes ; cette filiation par Lucelle, jointe à la protection des comtes de Montbéliard, explique que Lieucroissant ait plus tard des biens en Alsace, à Soulce.

mont, Granges, La Roche, mais aussi les comtes de Montbéliard-Montfaucon alliés à ces derniers, le comte de Bourgogne désireux d'affirmer sa présence aux extrémités de sa principauté. Une telle interprétation privilégie outrageusement l'aristocratie en occultant l'avis des principaux intéressés, les moines et l'adhésion du reste de la population. En réalité, la chronique montre surtout la part respective des éléments laïcs : le concours des fidèles intervient à des moments différents, en fonction d'intérêts politiques, familiaux ou de la sensibilité de chacun aux valeurs spirituelles.

La Grâce-Dieu Dernière fille de Morimond, La Grâce-Dieu voit le jour un peu plus tard, vers 1139, sur le plateau de Vercel : déjà l'enthousiasme faiblit, du moins ne suffit-il plus à surmonter les difficultés initiales d'une abbaye née sous une étoile peu favorable : chichement dotée, semble-t-il, elle parvient mal à sortir de la médiocrité matérielle qui, durant tout le XIIe siècle, menace sa survie ; aussi occupe-t-elle une place plus effacée, que la destruction malencontreuse de ses archives réduit presque à l'anonymat [1]. En réunissant les quelques renseignements recueillis sur elle, nous parvenons néanmoins à percer le mystère de ses origines. Cette abbaye a été fondée avant 1145, probablement vers 1139 ; son affiliation à Morimond par La Charité et Bellevaux est attestée dès le milieu du XIIe siècle [2], tandis que ses bienfaiteurs se recrutent dans les familles de Montfaucon et de Rougemont ; nous pouvons porter cette création au crédit de Richard de Montfaucon.

Après avoir épousé l'héritière de Montbéliard, ce dernier cherche à contrôler les plateaux qui séparent ses possessions bisontines de celles de son épouse et l'implantation d'une abbaye dans une contrée jusque-là boudée par les monastères répond à des aspirations autant politiques que religieuses. Située dans un vallon sauvage qui se prête admirablement aux conditions requises par Cîteaux, La Grâce-Dieu constitue un relais pratique sur des plateaux monotones. Mais pourquoi ce rattachement à La Charité, alors que les Montfaucon-Rougemont sont en relations étroites avec Bellevaux ? Celle-ci, qui a déjà parrainé quatre filles, ne pouvait indéfiniment distraire des religieux de sa communauté sans risquer de compromettre son propre équilibre ; aussi a-t-elle probablement décliné l'invitation et laissé l'initiative à l'une de ses filles. Quoi qu'il en soit, cette création parachève la branche de Morimond dans notre diocèse : sept filles ou petites filles, même neuf si l'on compte Theuley et Lucelle établies sur les marges ; parmi elles, se détache Bellevaux par son ancienneté et son dynamisme, puisqu'à son tour elle prend la tête d'une descendance prospère. Si Morimond n'hésite pas au besoin à assurer la relève d'établissements défaillants en y substituant une colonie de Cisterciens, le procédé demeure exceptionnel : elle préfère

---

1. « Dans une lettre de 1768, on trouve ces explications : un incendie de 1367 détruisit tous les monuments de l'abbaye : peu de papiers et quelques titres échappaient à la violence du feu. On a conservé une charte, qui nous apprend que cette abbaye fut fondée en 1139, par l'abbaye de La Charité ; celle-ci envoya une colonie de cinq religieux sous la conduite d'un Pierre Gautier, qui en fut le premier abbé. Elle fut dotée de quelques fonds par un sire de Montfaucon, un Jean de Cicon, un seigneur de Vercel », RICHARD (abbé), *Histoire de l'abbaye de La Grâce-Dieu,* Besançon, 1857, p. 257.

2. Si la première charte remonte à 1147 (*Ibidem,* p. 261), un premier abbé, Garnier, témoigne dans une donation à Belchamp en 1145. D'après la tradition (Dutemps, Manrique...), la création aurait eu lieu le 25 mars 1139, jour de l'Annonciation de Notre-Dame, devenue pour ce motif fête patronale du nouveau monastère. Pour l'affiliation à Morimond, voir Arch. dép. Haute-Saône, H 173, et le diplôme de Frédéric Barberousse en 1156 (*M.G.H., die Urkunden Friedrichs I,* t.I, édit. H. APPELT, n° 144, p. 242). Les armoiries des Montfaucon coupaient celles de La Grâce-Dieu et plusieurs membres de cette famille auraient été inhumés là.

accepter les abbayes nouvelles qui s'offre à lui construire l'aristocratie locale.

La filiation de Clairvaux

La démarche de Clairvaux s'inverse par rapport à celle de Morimond : à Cherlieu, Acey, Balerne, Mont-Sainte-Marie, elle agit par substitution et ne compte à son actif qu'une seule création, Buillon. D'emblée, nous constatons que sa filiation n'égale point celle de Morimond et qu'elle couvre la partie méridionale du diocèse, en direction des Alpes ; avant de donner à cette expansion méridionale allure de rivalité ou d'empiétement dans une zone qui ne lui était pas destinée, mieux vaut en étudier les modalités pratiques, en commençant par l'artisan de cette réussite, saint Bernard. En effet, les historiens ont depuis longtemps reconnu le rôle déterminant de l'abbé de Clairvaux dans le succès cistercien, l'action personnelle qu'il a menée au niveau de la Chrétienté, l'impulsion qu'il a donnée à la spiritualité monastique ; personne ne conteste l'envergure du personnage, même si ses méthodes irritent parfois. Qu'il nous suffise donc de mettre l'accent sur ses interventions dans la région pour comprendre la présence de Clairvaux[1].

Aux multiples raisons qui justifient habituellement les ingérences de Bernard, s'ajoutent, dans le cas présent, les liens de parenté qui l'unissent à quelques familles de Bourgogne, de Savoie et de Vaud : les Maligny, Blonay, Grancey[2] ; en outre, les voyages qu'il fait en Italie l'amènent à traverser plusieurs fois la région, tandis que la renommée de Clairvaux conduit vers cette abbaye des recrues célèbres, comme le jeune Amédée de Clermont, apparenté à la famille comtale de Savoie ; très tôt, des cisterciens accèdent à l'épiscopat[3]. Son action dans le royaume de Bourgogne s'intensifie à partir de 1130, avec la nomination, à l'évêché de Lausanne, de Guy de Maligny, archidiacre de Besançon. L'année suivante, il fait entrer dans la filiation de Clairvaux les monastères de Cherlieu et de Bonmont, succès important qui conditionne la diffusion claravallienne dans le sud-est et qu'il convient donc d'expliquer.

Cherlieu   Les deux établissements ne nous sont point étrangers, puisque le premier abritait jusque-là une communauté canoniale et que le second, situé au pied de la Dôle, avait été créé en 1121 par Balerne et se rattachait à Molesme, avec Aulps, Hauterive... Dans les deux cas, l'influence de saint Bernard paraît à l'origine du transfert. A la mi-juin 1131, l'abbé de Clairvaux assiste à Besançon à une confirmation solennelle des biens de son abbaye et cette date correspond justement au passage de Cherlieu à l'observance cistercienne[4]. Répondait-il à une invitation d'Anseri, inquiet du demi-succès des chanoines et désireux de suivre

1. DIMIER (M.-A.), *Saint Bernard et la Savoie*, Annecy, 1948 ; Saint Bernard et ses abbayes filles, dans *Analecta Cisterciensia*, XXV (1969), p. 244-268 ; Saint Bernard, fondateur de monastères, dans *Collectanea Ord. Cist.*, XV (1953), p. 45 et suiv., XVI (1954), p. 122-128, 192-203 ; REYMOND (M.), L'œuvre de saint Bernard dans les diocèses de Lausanne et Genève, dans *Saint Bernard et son temps*, I, p. 252-261 ; R. LOCATELLI, Saint Bernard et le diocèse de Besançon, dans *Mém. Acad. Besancon,* 1991 (à paraître).

2. DIMIER (M.-A.), *Saint Bernard et la Savoie*, p. 8 : par son aïeule, l'abbé de Clairvaux se rattachait aux Grancey, grande maison bourguignonne apparentée aux sires de Blonay, barons vaudois ; ceux-ci étaient alliés aux Maligny, seigneurs bourguignons dont un représentant, Hugues, figure parmi les fondateurs de Molesme ; un autre, Guy, devient évêque de Lausanne, grâce, semble-t-il, à son intervention.

3. 1124, Pierre, premier abbé de La Ferté, archevêque de Tarentaise (*Bernard de Clairvaux,* 1953, p. 575).

4. Arch. dép. Haute-Saône, H 47.

l'exemple de son ami l'évêque d'Autun, Etienne de Bâgé, qui avait fondé Fontenay [1] ? Nous ignorons tout de la collégiale à cette époque, car les données traditionnelles comportent trop d'éléments contradictoires pour être admises [2].

Mais on imagine difficilement un transfert sans l'avis et l'accord des intéressés, les chanoines qui vivaient sur place : le cas, analysé précédemment, de la Charité a mis en évidence le rôle déterminant du groupe de religieux qui, résolus à changer de règle, finissent par amener à leurs vues l'archevêque Anseri. Cette liberté de choix s'étend-elle aussi à la filiation ? C'est sans doute à ce niveau que jouent les circonstances, relations ou influences personnelles. Ainsi l'impulsion pourrait venir non seulement d'Anseri, mais aussi du comte Renaud III, qui manifeste par la suite une affection particulière pour Cherlieu : par les rapports qu'il entretient avec la noblesse d'outre-Saône, il n'ignore pas la popularité ni l'ascendant de saint Bernard. Cette hypothèse expliquerait l'implantation claravallienne dans une région si proche de Morimond, sans que celle-ci ne s'offusque de cette intervention. S'agissant d'une substitution qui exige de la diplomatie, Clairvaux offrait sans doute plus de garanties que sa sœur. Quoi qu'il en soit, Bernard a accepté le ralliement de Cherlieu : selon la tradition rapportée par ses biographes, Guillaume de Saint-Thierry et Geoffroy d'Auxerre, il visite à plusieurs reprises le monastère, où il a l'occasion d'accomplir deux miracles [3]. Comme chef de la nouvelle communauté, il désigne un de ses disciples, Guy, que certains prétendent de la famille de Durnes, en relation avec la Champagne et la Bourgogne et qui ne tarde pas à confirmer par sa valeur le choix judicieux de l'abbé. A l'égal de Bellevaux, qui dans la branche de Morimond devient chef de file, Cherlieu manifeste rapidement un dynamisme qui la met à la tête de cinq filles, dont la première est Acey en 1133-1134.

Acey   Sur les flancs de la forêt de la Serre, au Val Saint-Jean vivait, sous la direction du prêtre Constantin, une communauté dont nous avons pu suivre précédemment les progrès dans le sens d'une régularisation toujours plus stricte et qui, lors de son transfert à Cîteaux, change de nom et de lieu pour adopter celui d'Acey. Dans le cas présent, la mutation semble s'opérer rapidement : alors que le 15 août 1133 la fraternité reçoit encore une confirmation d'Anseri [4], quelques mois plus tard, le même prélat procède à la substitution officielle. Une fois de plus les modalités nous échappent. Nous savons seulement que Renaud III et ses vassaux ont donné à Dieu et à sainte Marie tout ce qu'ils avaient à Acey « pour y construire une abbaye selon l'ordre et la coutume de Cîteaux » et que de son côté un clerc nommé Thierry se désiste, dans le même but, de l'église du lieu, pour qu'Anseri la cède à Cherlieu [5]. Comme à Lieucroissant, la substitution s'accompagne d'un transfert des bâtiments, puisque la nouvelle abbaye s'implante aux bords de l'Ognon et absorbe une ancienne église ; quant au Val Saint-Jean, il s'évanouit momentanément avant de réapparaître sous forme de grange.

Dans cette opération rondement menée, demeurent en suspens bien des questions :

---

1. RICHARD (J.), *Les débuts de La Bussière et de Fontenay*, dans *Mém. Soc. Hist. Droit...*, 15 (1953), p. 127.
2. *Vie des Saints de Franche-Comté*, IV, p. 220 : passage de Cherlieu à Cîteaux sous l'influence d'un saint homme nommé Eustache ?
3. *Vita S. Bernardi, AA. SS.,Aug.*, IV, 1739, p. 272 et 316, miracles rapportés aussi par MANRIQUE, *Annales Cist.*, I, p. 225.
4. Arch. dép. Jura, 15 H 11 ; Bibl. nat., Moreau 872, fol. 26 ou fr. 5683, fol. 4.
5. Arch. dép. Jura, 15 H 8 : acte antérieur à 1136 et 15 H 19, avant avril 1134.

d'abord le sort de l'ancienne communauté. Faut-il supposer sa dispersion après la mort de son animateur, le prêtre Constantin [1], ou sa scission comme à La Charité ? Le premier abbé, Philippe, porte un prénom très rare dans la région et vient probablement de l'extérieur. Mais qui a décidé du choix de l'abbé-père ? les frères ? Anseri ? Renaud III ou le Chapitre général normalement instruit de l'affaire ? La réponse varie sans doute en fonction des circonstances, comme le prouve l'exemple de Balerne.

Balerne   Ici, la substitution relève d'un dessein prémédité, destiné à récupérer les anciennes filiales de Molesme que les cisterciens considéraient un peu comme des proches parentes. Nous ne reviendrons pas sur l'expansion de cette abbaye bourguignonne vers la Savoie, ni sur la désintégration progressive de la congrégation, dans la troisième décennie du XIIᵉ siècle. Dès 1120, Aulps se dégage de ses liens et acquiert sa liberté dans le cadre de la grande famille bénédictine, imitée en cela quelques années plus tard par Balerne [2], qui avait établi deux filiales : à Migette, dans le Jura central, et à Bonmont, en Suisse. Après la rupture avec Molesme, le glissement vers Cîteaux débute en 1131 par l'adhésion de Bonmont, sans doute sous l'influence de l'évêque de Lausanne, Guy de Maligny, et l'intervention directe de saint Bernard. Quelle fut la réaction de Balerne ? N'imaginons pas toujours ces liens entre maisons sous un rapport de force ou en concurrence religieuse qui dissimulerait des intentions jalouses ou perfides : l'adoption de la voie étroite par un couvent est considérée comme un progrès sur le chemin de la perfection, comme un modèle à suivre. L'Eglise le reconnaît, puisqu'elle autorise et encourage même ce changement de statut.

Dans ces perspectives, l'émancipation de la fille ne lèse pas forcément les intérêts de la mère et constitue pour celle-ci un exemple stimulant. Balerne ne fait pas opposition à l'indépendance de Bonmont, du moins ne persiste-t-elle pas dans ce sentiment, comme le rappelle une bulle d'Innocent II en 1132 : « Tant que vous observerez un genre de vie régulier, aucun de vos moines ne pourra, sans l'autorisation de l'abbé, se rendre au désert ou dans un autre monastère. Que votre abbaye ne soit soumise à aucune autre. Puisque les frères de Bonmont, qui ont choisi une vie plus sereine, ont décidé de vivre selon la règle des frères cisterciens, leur monastère est désormais émancipé de la soumission envers le vôtre et sera désormais, tant pour le lieu que pour les frères y servant Dieu, soumis au monastère de Clairvaux ; néanmoins, pour cette émancipation, ils vous devront chaque année cinq sous genevois » [3]. D'ailleurs, la distinction entre l'observance de Molesme marquée par l'influence érémitique et celle de Cîteaux, venue au cénobitisme intégral, s'est beaucoup atténuée à Balerne : si cette abbaye accepte le patronage des églises et l'inhumation des laïques, elle met aussi l'accent sur le travail manuel, sur la vie cénobitique, puisque le pape laisse au seul abbé le soin d'apprécier les expériences au désert [4].

---

1. Constantin avait un frère nommé Robert : vers 1135-1137, un convers de ce nom est mentionné dans les chartes, mais homonymie ne signifie pas forcément identité.

2. LUGON (C.), *Saint Garin, abbé d'Aulps, évêque de Sion*, Genève, 1970, p. 77 ; pour Balerne, ROBERT (U.), *Bullaire de Calixte II*, n° 514, et LAURENT (J.), *Cartulaire de l'abbaye de Molesme*, II, p. 150.

3. WIEDERHOLD, *Papsturkunden, La Franche-Comté*, p. 32 ; la première phrase se trouve déjà dans le privilège pontifical du 19 février 1129 (*ibidem*, p. 28).

4. Bulle d'Honorius II pour Balerne du 19 février 1129 (*ibidem*, p. 28), qui rappelle ces différents éléments : exemption des dîmes de leurs travaux, possession d'églises, inhumation : « Si un paroissien veut se faire ensevelir chez vous, vous avez le droit de l'accueillir après qu'il a versé à l'église-mère le montant des droits».

Au cours de ses voyages en Italie [1], Bernard a l'occasion de travailler pour la cause de l'Ordre : il fonde Chiaravalle au diocèse de Milan, visite Bonmont et prépare la conversion des autres filles de Molesme qui, l'une après l'autre, rejoignent la grande famille cistercienne : Hautecombe en juin 1135, Balerne en mai 1136, suivie le mois d'après par Aulps. M.-A. Dimier a vu dans ces adhésions successives la volonté de ramener à l'Ordre des filles issues de Molesme, d'où Cîteaux tirait ses origines ; sans aucun doute, mais la décision appartenait en dernier ressort aux moines eux-mêmes, libres d'opter pour l'observance la plus stricte. La tradition prétend qu'en 1135, ceux de Balerne ont prié l'abbé de Clairvaux de leur envoyer un de ses disciples pour les guider et les conseiller dans leur choix : il est certain que le jour où cette abbaye devient cistercienne, Burcard prend la tête du monastère [2]. Une dizaine d'années auparavant, Balerne avait créé à Migette une *cella* où vivaient moines et convers : qu'advient-il de cette succursale puisque les statuts n'autorisent pas la possession de prieuré ? Acquiert-elle son indépendance ou se trouve-t-elle réduite au rang de simple grange de Balerne ? Les documents ne permettent pas de trancher ce cas pourtant intéressant mais, après un effacement momentané, Migette réapparaît comme une grange de Buillon [3], probablement à la suite d'un cadeau de la mère à sa fille.

Buillon   Effectivement, l'année même où Balerne passe à Cîteaux, elle crée une abbaye dans la vallée de la Loue, à Buillon : nous possédons à ce sujet une intéressante notice qui relate, après coup, l'événement et trace en raccourci les modalités d'une fondation cistercienne, en retenant la convergence de trois éléments [4] : la volonté de Burcard d'essaimer, ce qui l'amène à prospecter la région ; l'intervention de deux moines originaires de ces lieux qui lui fournissent des renseignements et le mettent en relations avec l'aristocratie ; l'accueil favorable des seigneurs de Chenecey et de Scey qui acceptent le projet avec empressement et organisent la dotation du nouvel établissement.

Curieuse démarche de la part de Burcard qui, au lieu d'ériger Migette en abbaye, procède à une création ! Parmi les raisons qui pourraient justifier cette attitude, vient l'inadaptation des lieux : vallée étroite et isolée du Lison qui se prête à une *cella* de type érémitique, non à un monastère cistercien, et trop grande proximité de Balerne, sans oublier l'influence prépondérante des seigneurs. Représentants typiques de l'aristocratie locale, ces châtelains de Chenecey et de Scey aspirent, comme leurs pairs, à manifester leur puissance ; l'Eglise leur en offre la possibilité puisqu'un des leurs, Humbert de Scey, occupe déjà le siège archiépiscopal ; en attachant leur nom à un monastère, ils procurent au lignage un prestige supplémentaire, car Buillon, comme La Grâce-Dieu, correspond à ce type d'établissement modeste, au rayonnement très local, susceptible de satisfaire les aspirations spirituelles de la noblesse des environs ; elle possède en outre la particularité d'être dans le diocèse de Besançon la seule création de la branche claravallienne, dont l'expansion s'interrompt alors, création en réalité complexe, dans la mesure où Buillon a dû recueillir les moines du prieuré de Migette, transformé en grange [5].

---

1. En 1133, 1135, 1137-1138 : à son retour, en 1135, il est accueilli avec beaucoup d'égards à Besançon, *P.L.*, t. 185, col. 284.
2. CHAUVIN (B.), Saint Bernard et l'abbaye de Balerne, dans *Mém. Soc. Emul. Jura*, 1165-1169, p. 227-267.
3. Cela s'est fait avant 1159 : WIEDERHOLD, *Papsturkunden, La Franche-Comté*, p. 90.
4. Arch. dép. Doubs, 57 H 4 ; édité par L. VIELLARD, *Doc. et mém. pour... hist. du Terr. de Belfort*, n° 430.
5. Mont-Sainte-Marie est fondée en 1199 dans des conditions très particulières que nous

Rivalités ?   La présence de deux lignées cisterciennes au sein du même diocèse, leur inégal développement, l'interférence de leur zone d'essaimage, posent inévitablement la question d'une éventuelle rivalité entre les deux : cette hypothèse, suggérée aussi par l'implantation claravallienne à proximité même de Morimond (Cherlieu) et par les querelles qui éclatent dès le milieu du siècle entre quelques-unes des filles (Cherlieu–Clairefontaine), a incité les historiens comtois à parler de concurrence, chacune répliquant à l'initiative de l'autre par une création.

Il n'y a pas de rivalité, à cette époque, entre les deux lignées, ni entre leurs filles et si leur expansion se recoupe au nord et au centre du diocèse, elle s'opère de connivence et dans un esprit d'entente qui exclut tout affrontement. Plusieurs observations corroborent cette affirmation. Lorsque la vague cistercienne atteint la région, les deux abbayes ont à leur tête deux hommes liés entre eux par une amitié et une estime réciproques : saint Bernard et Gaucher. Aucune querelle, aucun grief ne oppose Gaucher à Bernard durant son abbatiat décisif (1126-1138). Son rôle dans notre région n'a pas été jusqu'à présent mis en valeur, alors qu'il contribue plus que son ami à l'implantation de l'Ordre ; il intervient personnellement dans les trois créations de Theuley, de Clairefontaine et de Bithaine (1130-1133), témoigne lors de nombreuses donations et assiste au succès de la branche de Morimond. De l'année 1129 à sa mort, il déploie une grande activité dans tout le nord et le centre du diocèse, qui lui paraît sans doute une excellente base de départ pour une expansion vers l'est.

De même, l'ascendant de saint Bernard, qui ne se limite pas aux moines de la filiation claravallienne, renforce la cohésion de l'Ordre autour de sa personne et prévient d'éventuelles divergences ; certains de ses disciples se retrouvent à la tête d'abbayes de l'autre branche [1]. Quant à l'apparente concurrence sur le terrain, elle traduit des modalités d'action différentes ou l'utilisation des meilleures compétences : tandis que Morimond procède essentiellement par création, Clairvaux agit surtout par substitution, en incorporant dans sa filiation d'anciens monastères et en s'attachant plus particulièrement à ceux de l'ancienne congrégation de Molesme. Lorsque l'abbaye absorbe des groupes hétérogènes (collégiales, bénédictins, fraternités), ce n'est pas elle qui décide et qui impose son observance, mais l'ancienne communauté, sans doute influencée par la personnalité de saint Bernard, le rayonnement de l'Ordre, les suggestions d'Anseri et de quelques autres. A Cherlieu, Acey, Balerne, comme à Bonmont, Aulps, les Claravalliens agissent, semble-t-il, sur appel et établissent au bout de quelques années une zone d'essaimage vers l'Italie qui prend en écharpe tout l'ouest et le sud du diocèse.

Cette action de Clairvaux n'est spécifique ni de la région, ni de la filiation de Molesme, puisqu'elle se répète aux frontières de la Lorraine : Arrouaise, qui y avait quatre ou cinq fondations qui végétaient, les voit toutes passer à Cîteaux au point même que les deux abbayes de Cheminon et de Trois-Fontaines se trouvaient trop proches, contrairement aux habitudes de la Règle [2]. Cette méthode suscite moins de problème à l'intérieur de l'Ordre qu'avec Cluny, spécialisée elle aussi dans le sauvetage des monastères en péril, ce qui contribue à aggraver le contentieux entre Bernard et Pierre le Vénérable. Si la phase d'expansion de Clairvaux n'engendre pas de rivalités internes, elle contribue néanmoins à compromettre l'équilibre ultérieur : passé le moment de ferveur et d'enthousiasme, les abbayes-filles commencent à s'affronter sur des questions matérielles, en particulier par granges interposées, mais cette concur-

---

analyserons dans la IIIe partie
1. Ainsi, Etienne, premier abbé de Lucelle († 1136), dans *Revue d'Alsace*, 1864, p. 391.
2. M. Parisse, dans *Aspects de la vie conventuelle aux XIe et XIIe siècles*, p. 114.

rence, qui surgit dès le milieu du siècle, ne met en cause que des intérêts économiques. Jusque-là, rivalité et émulation ne sauraient expliquer le choix des affiliations. Mais la vague cistercienne soulève bien d'autres problèmes que nous voudrions aborder en étudiant la genèse de la carte cistercienne.

B. GENÈSE DE LA CARTE CISTERCIENNE

La propagation cistercienne s'est faite dans un milieu réceptif, dans une société qui, déjà gagnée aux nouvelles idées religieuses, traduit son adhésion par ses libéralités et participe à la réussite matérielle du mouvement. A ces conditions à la fois spirituelles et psychologiques s'en ajoutent bien d'autres qui tiennent autant des impératifs socio-économiques que de la géographie historique. Où s'implantent les nouvelles abbayes et selon quels critères choisissent-elles leur emplacement ? Peut-on parler de contraintes physiques, sinon de déterminisme ? La réponse n'est pas simple, tant d'éléments variés concourent à ce choix.

Pour s'épanouir correctement, l'idéal de Cîteaux a besoin d'un environnement qui se prête au travail comme à la contemplation et permette à une communauté de se suffire ; aussi les textes législatifs comme le *Petit Exorde*, qui contient le manifeste cistercien, ou les statuts capitulaires destinés à maintenir la véritable observance, rappellent-ils ces conditions élémentaires [1]. Le goût pour l'isolement a pu faire croire que les cisterciens ont recherché de façon systématique non seulement des espaces étendus pour les couper du monde, mais de véritables solitudes loin des hommes et de la civilisation. Plusieurs études, dont celles de M.-A. Dimier, ont montré l'exagération de telles affirmations, dues à une interprétation trop littérale du mot *désert*, choisi généralement pour désigner l'emplacement du monastère, alors que les confins de deux villages, ou une section de vallée pouvaient offrir cette coupure avec le monde ; elles ont de même prouvé l'absence de déterminisme naturel dans ce domaine et la grande diversité des lieux d'implantation. Si les sites de vallées convenaient particulièrement, comme à toute communauté religieuse cherchant à s'isoler et à subvenir à ses besoins matériels par le travail de ses membres, les cisterciens n'ont pas répugné à s'installer dans les plaines, sur des plateaux. En fait, leur choix dépendait de ce qu'on leur offrait, c'est-à-dire des terres libres et de la bonne volonté des donateurs, sur laquelle ils pouvaient influer jusqu'à un certain point seulement.

Les seigneurs, qui acceptent de doter une abbaye, tentent de concilier leurs intérêts matériels et les projets monastiques, en évitant de prélever de bonnes terres cultivées et en choisissant de préférence les moins convoitées ou les plus disponibles. Il est évident que le problème ne se pose que pour les créations, puisque, dans le cas de substitution, les cisterciens prennent la relève d'anciens établissements, à moins qu'ils ne transfèrent les bâtiments dans des lieux plus propices. Lorsqu'ils projettent une création, moines et seigneurs se livrent à une véritable prospection, comme le relatent les notices de Bellevaux et de Buillon, en tenant compte de la densité de l'occupation humaine et monastique : l'espace nécessaire, il faut le prendre sans trop léser les villageois, ni les établissements religieux possessionnés dans la contrée. Autant d'impératifs parfois difficiles à accorder, qui expliquent les contestations postérieures.

---

1. CANIVEZ, *Statuta Capitulorum*, I, p. 13. Fr. J. B. AUBERGER, *L'unanimité cistercienne primitive...*, p. 85 et suiv.

Implantation

Pour comprendre les modalités de l'implantation cistercienne, l'historien doit à son tour reconstituer ces conditions et dresser une véritable carte du peuplement où figurent villages et hameaux, prieurés et châteaux, paysages forestiers et réseau féodal, à l'aube du xiie siècle. Comme ils ont préféré le cénobitisme au genre de vie solitaire, les cisterciens ont délaissé les parties du diocèse encore non colonisées, celles qui présentaient des conditions matérielles et climatiques trop difficiles, rendant aléatoire la réussite : ils n'ont rien tenté dans la chaîne du Jura qui court de Saint-Claude à Saint-Ursanne, où abondaient cependant l'espace, l'eau les terres à défricher ; seul Mont-Sainte-Marie fait exception à la fin du siècle, à une époque où les conditions ont changé, tandis que d'autres maisons se contentent de l'aborder de l'extérieur : Lucelle, Bonmont, Chézery. Comment ne pas s'étonner de cette prudence, alors que bénédictins, clunisiens ou chanoines réguliers ont bravé ces même intempéries et l'hostilité des Joux ? Pour des raisons semblables, le rebord vosgien du nord-est demeure un pôle répulsif, tandis que la partie bressane du diocèse fait aussi le vide monastique, à l'exception du Miroir qui s'accroche aux contreforts du Revermont et qui relève de la métropole lyonnaise.

A proximité des grandes vallées L'implantation cistercienne s'est faite sur les plateaux centraux, dans les régions les plus anciennement peuplées, où la densité humaine semble même la plus forte au début du xiie siècle, dans ou à proximité des grandes vallées. En effet, hameaux, prieurés et châteaux se pressent de part et d'autre de la Saône et de ses affluents : nous y rencontrons les plus importantes trouvailles archéologiques (dont les cimetières mérovingiens), les indices toponymiques en faveur d'un habitat ancien et continu (avec la superposition des différentes vagues d'envahisseurs), des maisons féodales prestigieuses (Jonvelle, Traves, Jussey, Scey…), les grandes abbayes.

Autour de Clairefontaine, Cherlieu, Theuley, La Charité…, la presque totalité des villages connus existent déjà à l'aube du xiie siècle, avec un réseau paroissial très élaboré ; compte tenu des écarts disparus au cours des XIIe-XVIe siècles, il semble même que, dans certains cas, leur nombre fut plus élevé. Evidemment, ces indications trop approximatives excluent toute notion de densité, d'évaluation des terroirs agricoles. Aussi convient-il de compléter ces données générales par des investigations plus précises, conduites au niveau de chaque abbaye, ce que nous avons tenté pour bon nombre d'entre elles.

A Cherlieu, Clairefontaine, Theuley, les moines ont préféré, à la vallée proprement dite de la Saône, les plateaux avoisinants, échancrés par les rivières affluentes et empruntés par quelques routes fort anciennes [1]. Là, sur les interfluves, subsistent encore de vastes forêts, des terrains de parcours plus ou moins riches, des terres peut-être difficiles à cultiver, mais plus aisément disponibles. Blottie auprès d'un ruisseau qui lui procure l'eau et l'énergie nécessaires à ses activités, l'abbaye crée son *désert* aux confins des villages ou au milieu d'une étendue boisée et, à mesure qu'elle se développe, des granges trouent de clairières le manteau forestier et agrandissent le domaine abbatial. Mais le désert n'est pas forcément boisé puisque s'y mêlent d'après les donations, prairies, terres, parcours ; à Theuley, une partie de la dotation provient

---

1. Cherlieu (paroisse de Bougey) se trouve non loin d'une voie antique conduisant à Jussey : en 1157, dans une donation à Agneaucourt, la délimitation se fait *ab antiqua via lapidibus constructa* (Bibl. nat., 10973, fol. 18) ; dans les environs de Theuley, de Clairefontaine, plusieurs "vie" sont attestées, dont le *chemin de Charlemagne*.

de l'emplacement d'un ancien château détruit (Auvet) et la contrée se distingue par sa forte densité monastique : Bèze, qui, voisine de la nouvelle abbaye, contrôle la région par ses nombreux prieurés et ses patronages d'églises, tandis que le prieuré rural d'Ecuelle ne constitue pas une gêne au développement de Theuley [1].

Cependant, cette contrée ne cesse de se transformer au rythme des grandes mutations économiques et politiques : les châteaux se multiplient et fixent à leurs pieds de nouveaux noyaux de population (Champlitte, Gray...), tandis que les échanges animent les routes conduisant à Langres et en Champagne et que d'autres religieux profitent de ces circonstances pour s'y établir avant le milieu du XIIe siècle : les Templiers de La Romaine, les moniales de Collonges.

Bien que moins spectaculaires, les changements existent autour de Cherlieu et affectent les vallées voisines de la Rance et de la Saône : si là abondent villages anciens (toponymes en -ey, -court, -velle ou -villers ou les vocables à résonance hagiographique comme Dommartin, Saint-Andoche..., Semmadon pour Saint-Mardon), d'autres localités ont des origines plus récentes : La Ferté, La Rochelle, Châtillon. Comme les grands espaces des plateaux, les terres légères et les terrains sablonneux des cours d'eau sont occupés par la forêt, l'abbaye dispose de plus d'espace, elle se développe plus aisément et deviendra avec sa quinzaine de granges l'établissement cistercien le plus important du diocèse. La Charité, Bithaine, Clairefontaine, réunissent des conditions assez voisines : villages et forêts coexistent, offrant, malgré l'ancienneté du peuplement, de la place aux nouveaux venus ; si les Faucogney réussissent à installer des moines à Bithaine, dans un espace contrôlé depuis fort longtemps par les abbayes de Lure, Luxeuil et Remiremont, ils n'y parviennent qu'avec le concours de ces dernières.

Acey   Les cisterciens ne répugnent pas à construire leur abbaye dans les plaines alluviales des grandes vallées de l'Ognon et du Doubs, ainsi qu'en témoignent Acey, Bellevaux et Lieucroissant, au besoin après un transfert. Alors que les ermites du Val Saint-Jean avaient caché leurs cabanes dans la forêt de la Serre, les cisterciens préfèrent s'établir au bord de l'Ognon, autour de l'église d'Acey donnée par un clerc, dans un secteur beaucoup plus humanisé. En effet, la carte des structures ecclésiastiques montre un réseau paroissial très élaboré au début du XIIe siècle et dont l'ancienneté est confirmée par la forte emprise des établissements bisontins ; malheureusement, nous ne savons pas à quoi correspond cette église d'Acey, ni par conséquent si les moines ont éliminé un ancien hameau.

Comme la vallée constitue une voie de pénétration, la pression laïque et ecclésiastique se fait sentir par les nombreuses forteresses qui se dressent de Pesmes à Marnay, par les hôpitaux mentionnés à Salans, Saligney, Ougney, un peu plus tard par la présence des Hospitaliers de Saint-Jean à Montseugny. Une population déjà nombreuse semble donc caractériser les villages qui s'égrènent le long de la rivière, mais à une distance suffisante pour en éviter les caprices : dans les chartes de l'abbaye les transactions énumèrent, aux côtés des seigneurs ou des clercs, un foule de personnes, alleutiers, hommes libres, ministériaux, *rustici* et dépendants [2]. En s'installant près de la rivière, les moines choisissent l'endroit où des terrasses commandent le passage à travers la plaine alluviale, alors marécageuse et inexploitée ; ainsi, l'environnement change-t-il profondément par rapport au Val Saint-Jean ou à Cher-

---

1. Ecuelle : prieuré bénédictin dépendant de Moutier-Saint-Jean.
2. Nous renvoyons à l'article de J.-B. EBERSOLT, La seigneurie et la société dans les chartes de l'abbaye cistercienne d'Acey au XIIe siècle, dans *Mém. Soc. Hist. Droit...*, 15 (1953), p. 153-173.

lieu, puisque la forêt s'estompe au profit des prairies ; l'espace que les cisterciens peuvent prétendre occuper sans entrer en concurrence avec les possesseurs de biens fonciers est d'avance indiqué : la vallée et ses abords, puis les terres lointaines de la Serre et les bois de Fontelenay.

Bellevaux   Plus en amont de l'Ognon, la région de Bellevaux présente des caractères différents. Bien qu'ancienne, l'occupation humaine forme un réseau moins dense de villages fixés non loin des rives, tandis qu'au-delà de la plaine alluviale les plateaux opposent leur paysage forestier. Le contraste est donc plus vigoureux entre les deux éléments du relief, vallée et plateau. Mais là ne s'arrête pas la dissemblance avec Acey : les structures paroissiales témoignent d'un tissu humain plus riche et les paroisses englobent encore de vastes ressorts territoriaux comprenant plusieurs écarts, tandis que l'emprise de la féodalité se ressent de ces conditions assez médiocres ; si les châtelains de La Roche partagent la domination du pays avec les Traves et les Montfaucon, vassaux de l'archevêque, leur clientèle vassalique paraît faible, beaucoup d'alleux subsistent encore et les forteresses sont moins nombreuses. Çà et là percent quelques indices de changement, telle cette chapelle de Saint-Justin qui rappelle l'ancienne église primitive, la paroisse-mère qui desservait la contrée et qui s'est démembrée au profit de Chambornay et de Cirey. Aux cisterciens qu'ils font venir de Morimond, les seigneurs de La Roche offrent une petite vallée qui, mitoyenne des villages précédents, échancre le plateau et leur donne en suffisance terres, prairies et forêts.

Lieucroissant   Bien qu'avec Lieucroissant nous passions dans la moyenne vallée du Doubs, en aval de Montbéliard, la situation ne varie guère, sinon que la proximité du Lomont accentue l'encaissement de la rivière : mêmes structures humaines, politiques et ecclésiastiques ; la plupart des villages actuels existent déjà avec leur église et abritent quelques artisans (maçon, meunier) et ministériaux cités dans les chartes, mais la hiérarchie sociale s'affirme avec plus de netteté : de la masse des anonymes (*rustici*, artisans...) émergent de nombreux chevaliers, qui s'effacent eux-mêmes devant les *domini* (Belmont, Granges, Montby, Lomont), coiffés à leur tour par quelques grands lignages (Rougemont, La Roche-Saint-Hippolyte, Dramelay, Montfaucon), dont la présence est diffuse dans tout le diocèse.

Buillon   A l'exception de Mont-Sainte-Marie, dont la création à l'extrême fin du siècle se rattache à des considérations très différentes, les autres abbayes cisterciennes se dispersent sur les plateaux du Jura central. Bien que blottie au fond de la vallée de la Loue, Buillon, fille de Balerne, n'occupe pas une situation de passage, à cause des canyons qui entaillent le Lizon puis la Loue : au lieu d'emprunter des rivières trop encaissées et tortueuses, les relations s'effectuent plus commodément par le plateau d'Amancey, sur lequel se disséminent les villages. Si la toponymie et les structures paroissiales plaident pour une occupation ancienne, elles révèlent aussi un caractère incomplet : à partir du XIIe siècle, les défrichements transforment la physionomie de la région en y ajoutant des hameaux, le réseau de forteresses s'intensifie, dont certaines appelées à jouer un rôle important (Montmahoux) ; plus qu'à Bellevaux ou Lieucroissant, la création de Buillon, concomitante de ces transformations, symbolise ce nouvel âge féodal ; du fait de son isolement dans une région dominée par une petite noblesse, l'abbaye connaît un développement assez laborieux : déjà Balerne avait préféré ne pas ériger en abbaye son prieuré de Migette perdu aux sources du Lison et consent, vers le milieu du siècle, à laisser cette grange à sa fille.

La Grâce-Dieu   Même si la situation géographique se modifie énormément à La Grâce-Dieu, les conditions ne s'améliorent pas : loin de toute grande vallée et de toute route importante, l'abbaye souffre encore plus que Buillon de son isolement et de la médiocrité de l'environnement. Cette création des seigneurs de Montfaucon, sur un plateau de Saône marqué par un peuplement assez lâche, conviendrait mieux à des ermites qu'à une communauté de moines. Ici, peu de villages, encore de grandes paroisses qui, comme Leugney, étendent leur ressort sur un vaste territoire, une implantation monastique jusque-là inexistante, des châtelains qui préfèrent les bords du Doubs à ces vallons boisés.

L'abbaye est construite au fond d'une petite vallée solitaire et profonde, limitée par des falaises escarpées, couronnée de rochers aux formes bizarres qui lui valent des noms aussi pittoresques que symboliques : vallée des Hiboux (*Vallis Bubonum*), puis du Rocher Fleuri, enfin de La Grâce-Dieu ou Miséricorde-Dieu. Ce vallon est arrosé et ravagé par le torrent de l'Audeux, qui prend sa source à quatre kilomètres de là et qui entre dans le territoire de la Grâce-Dieu par une gorge très serrée, formant cascades.

Rosières   A ce tableau déjà disparate, Rosières apporte une nouvelle nuance puisqu'elle se rattache à la région qui, à l'ouest de Salins, assure la transition entre le Revermont et la plaine humide de la Bresse : zone de contrastes par excellence, où se côtoient les aspects les plus variés : aux plaines fertiles de la Loue et du Finage (Val d'Amour) succèdent des plateaux boisés, bordés à l'est par les coteaux du Vignoble. Là ne manquent pas les vestiges archéologiques qui intéressent plus l'époque gallo-romaine que le haut Moyen Age ; plaine et Vignoble se distinguent du reste par la richesse de leur passé : *villa*s mises au jour près de Saint-Lothain, Grozon, Pupillin (*villa* des Chambrettes aussi célèbre que celle de Membrey), ressources en sel exploitées très tôt à Grozon, puis à Salins, vie de relations attestée par la présence des grandes abbayes périphériques (Autun, près de Colonne, Agaune et Dijon dans le val de la Loue et à Salins, Saint-Marcel de Chalon à Longvy, etc.).

Tous ces éléments contribuent à accentuer au début du XIIe siècle les contrastes locaux. Les zones de forte occupation humaine (vallées et Revermont) abritent déjà de grosses bourgades — dont Grozon et Salins, avec chacune un et deux bourgs — sans exclure les défrichements qui entament le plateau en direction de la Bresse, ni une certaine mobilité de la population : des villages nouveaux apparaissent (Molamboz, Mouchard, Abergement, Villeneuve), alors que d'autres sont absorbés par la grande propriété monastique (Brenans, vieux Mathenay) ou disparaissent (Châtillon). En outre, la diversification des activités économiques donne à cette région un caractère original : le vignoble accroît fortement la valeur du Revermont et provoque une concentration de la propriété ecclésiastique autour d'Arbois et de Poligny ; de même, l'exploitation du sel s'intensifie nettement à partir du XIe siècle à Salins et à Grozon.

Pour toutes ces raisons, la région est disputée au plan politique par quelques grandes familles, unies entre elles par des alliances. D'abord les comtes de Bourgogne et les sires de Salins, qui se partagent la maîtrise de Salins et des salines et qui, de là, étendent leur suprématie sur tous les environs : ainsi les premiers occupent dans le triangle Dole-Poligny-Salins de fortes positions tenues par leurs nombreux prévôts, alors que les seconds tournent leurs ambitions aussi bien à l'est qu'à l'ouest ; à l'est, ils cherchent à dominer la route de Pontarlier, tandis qu'ils visent le prolongement de celle-ci vers la Loue et Dole, en contrôlant les châteaux de Vadans et de Vaudrey. Ce sont eux qui fondent Rosières, puis Ounans. Mais les uns et les autres se disputent une clientèle de seigneurs, très nombreux dans la région et très hiérarchisés. Emergent quelques lignages, qui se distinguent du lot commun par leur puissance et, parmi eux, les Dramelay, les Chay (ou Joret) alliés aux Chaussin, les Vaudrey ; ils ont à leur disposition de nombreux ministériaux, des clients [1], dont plusieurs remplissent les fonctions de sergents, des chevaliers établis dans les bourgades ou le plat pays. Cette féodalisation très poussée par rapport aux autres contrées de l'est s'accompagne d'une forte concentration de châteaux qui, s'ajoutant aux activités économiques, assurent l'essor de Poligny, Arbois.

Après avoir passé en revue les lieux choisis par les cisterciens, en essayant de dégager pour chacun d'eux leur environnement historique au début du xiie siècle, peut-on formuler quelques remarques en guise de conclusion ? Retrouve-t-on, par exemple, à travers les impératifs géographiques très variés du diocèse, une adaptation du modèle cistercien ? En réalité, les conditions suggérées par les textes législatifs laissent une liberté de manœuvre suffisante pour éviter un stéréotype : l'isolement, l'eau, l'espace se rencontrent dans bien des paysages, de même que la notion de *désert* définit plus une rupture avec le monde environnant qu'une solitude réelle ; il n'y a pas d'uniformité. Si, partout, le site comprend une rivière avec des prairies, des forêts, jamais le cadre ne se répète de façon identique, jamais le paysage ne se ressemble : vallée encaissée, dépression fermée, plaine alluviale succèdent à des vallonnements boisés, à des plateaux forestiers, etc.

Beaucoup de lieux peuvent concourir à créer les conditions propices à un établissement cistercien. D'ailleurs, les transferts, auxquels procèdent les moines blancs, prouvent qu'ils recherchent moins la solitude que des terres propices à la culture, des espaces suffisants pour leur développement : dans le cas d'Acey, ils abandonnent les sols granitiques de la forêt de la Serre pour les terres alluviales de l'Ognon, tandis qu'à Lieucroissant ils optent pour une vallée plus spacieuse. Un siècle plus tard, les moines de Mont-Sainte-Marie avancent des critères qui sous-entendent des changements de mentalité inquiétants : « L'abbé et les religieux, signale un texte de 1243 relatif au transfert, déplorent la situation de leur monastère dans un lieu désagréable et isolé, ainsi que les faibles revenus qu'il offrait... Parce qu'ils se trouvaient loin des agglomérations humaines, ils considéraient comme avantageux pour eux de pouvoir construire maisons et églises du voisinage du monastère, en vue d'accroître le culte divin et de pouvoir défricher des bois pour disposer du minimum de biens nécessaires » [2].

Modalités

Corrigeons le côté excessif de ces remarques qui laisseraient croire que les cisterciens ont toujours le libre choix du site, en examinant les modalités concrètes qui aboutissent à la création d'une abbaye. Quatre notices, qui se complètent heureusement et qui retracent les débuts de Bellevaux, Theuley, Lieucroissant et Buillon, nous apportent, malgré leur diversité, quelques précisions qui définissent de façon symbolique chacune des étapes essentielles : démarches préliminaires, constitution du domaine ou dotation, construction des bâtiments, inauguration officielle [3].

---

1. Certains ministériaux se recrutent dans la classe chevaleresque, tels les prévôts de Liesle, Neublans, Salins ; quant aux "*clientes*", on peut les assimiler aux *milites castri*.
2. Arch. dép. Doubs, 64 H 23, décembre 1243.
3. La notice de Bellevaux est, en réalité, une confirmation de l'archevêque Humbert donnée vers 1140 (Arch. comm. Chambornay, D D 2).— Celle de Theuley correspond à une

Initiatives   Comme la création d'une abbaye exige, en plus des conditions religieuses, un investissement considérable et une équipe de moines,
elle ne peut s'envisager sans des contacts préliminaires entre ceux qui cèdent le lieu
(on les appelle ordinairement les *fondateurs*) et l'abbaye-mère, qui prend en charge la
direction spirituelle et envoie sur place le premier noyau de religieux ; la tradition
veut qu'à l'exemple des apôtres ceux-ci soient au nombre de douze, mais aucun document n'a jamais permis de vérifier ce chiffre. Qui a l'initiative ou l'idée de créer un
monastère ? Seigneurs de la région ou abbé-père ? Si les textes prêtent volontiers le
beau rôle aux laïques, ils n'oublient jamais de préciser que leurs intentions coïncident avec le désir du second d'essaimer.

A Bellevaux, Ponce de La Roche, d'accord avec ses frères, sa mère et les chevaliers du château — ce qui révèle un projet mûri en commun — ont invité des
« moines de Morimond qui désiraient étendre le règne de la religion », tandis que
Theuley montre que la décision des seigneurs de Montsaugeon procède d'une inspiration divine ; le père défunt apparaît en songe à un chanoine de Langres pour lui
signifier sa volonté posthume de créer une abbaye ; mais l'ordre s'inverse d'une notice à l'autre, puisque celle de Buillon donne l'avantage à l'abbé de Balerne, qui, aussitôt après son affiliation à Clairvaux, se met en quête d'un lieu où il pourrait
essaimer.

Quel que soit le promoteur, le projet suppose l'accord des parties réalisé avec ou
sans intermédiaires. En effet, Burcard ne se lance pas à l'aveuglette, car deux de ses
moines, issus probablement du lignage de Chenecey, se mettent en relations avec
leur famille. Alors se rencontrent les deux parties, c'est-à-dire l'abbé avec son
conseil, les chevaliers susdits avec leurs hommes. A Bellevaux, les moines de Morimond venus sur invitation des seigneurs de La Roche « visitaient le diocèse pour
trouver un endroit qui se prêtât à l'édification d'une abbaye selon la règle de saint
Benoît et les usages de l'église de Cîteaux ; ils repérèrent le désert de Bellevaux qui
se trouvait aux confins des deux villages de Chambornay et de Cirey » ; dès lors, les
pourparlers s'engagent sur la cession de ces terres. Mis au courant des désirs post-
humes de leur père, les chevaliers de Montsaugeon entrent aussitôt en contact avec
l'abbé de Morimond pour exécuter les volontés du défunt.

La dotation   Une fois le site repéré, commence la deuxième phase, une des plus
délicates : la constitution du domaine abbatial. Les fondateurs s'entendent pour doter le futur établissement des biens et des terres qui doivent assurer sa
subsistance, d'abord de l'espace vital nécessaire, constituant le *désert*, noyau initial
sur lequel se greffent toutes les donations ultérieures. Faut-il imaginer cette phase
d'après la complexité de toute opération immobilière engageant les intérêts de plusieurs possédants ? La réalité est difficile à saisir, parce que nous ignorons tout ou
presque tout des structures foncières, de la nature exacte et de la répartition des propriétés, de la superficie ou de l'importance des concessions, de l'imbrication des pouvoirs féodaux, et chacun de ces points exigerait une longue et minutieuse recherche.

---

version plus tardive et déjà plus interprétative (Arch. dép. Haute-Saône, 1 Mi 3, ou
Bibl. nat. Moreau 873, fol. 106) ; recoupée par plusieurs confirmations, elle fournit
néanmoins une trame valable. Il en va de même pour la notice de Lieucroissant, composée au XVIe siècle, d'après des originaux (Arch. dép. Doubs, 62 H 1, ou Bibl. mun.
Besançon, 2117, fol. 422). Quant à Buillon, le texte est plus intéressant, parce qu'en
même temps plus proche des événements et plus complet (Arch. dép. Doubs, 54 H 4,
Bibl. nat. Moreau 54, fol. 145) ; il n'est pas exempt de problèmes, puisque la mention
de la date est inachevée (MCXXX...), probablement vers 1139.

Bien souvent, il semble que l'abbaye reçoive non seulement le *désert* qui l'entoure, mais encore d'autres terres dispersées, qui constituent l'amorce des futures granges.

Le désert de Bellevaux, situé aux confins de deux villages, nécessite l'accord des chevaliers de Chambornay et de Cirey, qui « cédèrent en toute liberté ce qui leur appartenait dans ces endroits... ». Les sires de Chenecey ne procèdent pas autrement, puisqu'avec leurs hommes, « ils donnèrent à Dieu et à la Bienheureuse Vierge Marie de Balerne, pour y construire une abbaye, tout ce qu'ils avaient en cet endroit avec leurs dépendances et leurs droits et tout ce qui relevait de leurs possessions, sans rien retenir pour eux sur le versant de la colline... ». La notice de Lieucroissant fait défiler devant l'autel, le jour de la Dédicace « tous ceux qui ont pris sur leurs biens et leurs propres ressources et donné de copieuses aumônes pour la construction de ce monastère ».

C'est l'occasion que saisit généralement l'archevêque pour vérifier que tout s'est déroulé légalement, en particulier que les moines possèdent en toute liberté les terres sur lesquelles sont édifiées l'église et l'abbaye ; ce rappel, qui revient plusieurs fois dans les préoccupations des prélats consécrateurs, est clairement formulé dans la notice de Buillon : *archiepiscopus interrogans monachos illius loci si liber esset locus ille quia mos est ecclesiasticus non facere dedicationem in aliquo loco nisi liber sit.* Or, Pierre de Scey percevait sur cette terre, qu'il avait auparavant donnée aux moines, une redevance de dix sous ; il leur donna et abandonna cette redevance. De même, l'archevêque profite de sa présence pour enregistrer les donations et préciser les limites du domaine.

La construction   Pour entreprendre la troisième étape, aucun délai n'est requis, car la construction de l'église et des bâtiments démarre aussitôt l'accord réalisé : « Satisfait de cette bonne nouvelle, l'abbé (de Balerne) se hâta de regagner son abbaye et d'envoyer sur place (Buillon) des moines et des convers, des bœufs, des moutons et beaucoup d'autres choses ». Sur l'ouverture et le déroulement de ces chantiers, sur les techniques de construction, aucun renseignement n'apparaît, pas même sur les difficultés matérielles inhérentes à ce genre d'opérations : « Malgré le peu d'expérience de l'abbé Thiébaud (de Lieucroissant), de ses frères et de leurs successeurs dans les travaux manuels et dans les affaires matérielles, personne ne refusa de participer à la construction. Dieu prêtant son aide aux constructeurs, il n'est pas étonnant que le monastère fût construit en si peu de temps ». Maigre moisson, hormis l'envoi d'une équipe et de moyens par l'abbaye-mère, hormis les concours extérieurs, sur lesquels nous aimerions avoir des précisions.

A en croire les notices avides de sensationnel, la construction se fait en des temps records : « après avoir accepté les donations avec reconnaissance, l'abbé de Theuley travailla dans ces lieux et, peu de temps après, y édifia une abbaye dont il changea le nom de Tulley en Theuley, c'est-à-dire Lieu-de-Dieu. » A Buillon, les travaux auraient duré moins de quatre ans ; de même à Lieucroissant, tout est terminé avant la mort d'Anseri qui procède à la consécration de l'église, ce qui réduit le délai à moins de deux ans ! Il est vrai que ce dernier exemple vise une substitution où des aménagements pouvaient suffire. Mais ailleurs ? S'agit-il, de la part des auteurs qui écrivent longtemps après les événements, de raccourci prémédité pour mettre en valeur l'enthousiasme et la foi des pionniers ? Bien que les conditions aient sans doute varié avec chaque chantier, la réalité exige un étalement plus considérable, d'ailleurs confirmé par les rares documents. Alors que Bellevaux est fondé en 1119, la consécration de l'église n'a lieu que le 23 juillet 1143 ; pour des abbayes moins importantes comme Bithaine, le délai reste d'une quinzaine d'années, le plus souvent il s'étend sur plusieurs décennies : l'archéologie révèle à Acey plusieurs campagnes de construction avec même des modifications de plan en cours de route. Ces observations rejoignent d'ailleurs ce que les auteurs ont constaté d'une façon générale [1].

A défaut d'une enquête systématique portant sur l'architecture des églises cisterciennes en Franche-Comté, les conclusions risquent de ne porter que sur des aspects partiels ou ponctuels : adoption du célèbre plan dit claravallien à chevet plat, influence bourguignonne dans le cas de Rosières qui aurait été une réplique de Fontenay, multiples phases de restauration qui conduisent à l'adoption de plusieurs styles, comme le montre Acey : interrompue lors du schisme victorin, la construction se poursuit après 1175, pour se terminer au milieu du XIIIe siècle ; aussi aboutit-elle à un édifice de transition, où se mêlent harmonieusement les techniques romanes et gothiques. Déjà difficile au niveau des seules églises abbatiales, une étude architecturale se révèle plus ardue et plus indispensable encore pour les bâtiments conventuels sans cesse remaniés au cours des siècles : si les plans de l'époque moderne confirment la disposition classique d'un cloître accolé au flanc méridional, parfois septentrional de l'église, leur exploitation historique nécessiterait trop de recherches pour être tentée ici.

La consécration   A mesure qu'avance la construction, l'abbaye prend forme avec son ensemble claustral et ses bâtiments d'exploitation ; le recrutement local vient renforcer l'équipe envoyée de la maison-mère ; si l'on se réfère aux pancartes de donations, le monastère vit une époque d'enthousiasme qui se traduit par des avalanches de concessions et qui atteint son intensité maximale le jour de la consécration de l'église. En effet, dès que les travaux du monastère permettent la célébration des offices, l'archevêque de Besançon vient en personne procéder à la consécration de l'autel, à la dédicace de l'église qui reçoit son nom officiel : instant solennel qui réunit à l'abbaye les foules des jours de fête.

Voici comment la notice de Buillon relate la préparation à ce moment grandiose : « Une fois terminée la construction en l'honneur de Dieu, de l'église et des autres bâtiments, les moines de ce lieu demandèrent la création d'un cimetière en cet endroit et la dédicace de leur église. Aussi se rendirent-ils auprès de l'archevêque de Besançon, Humbert, pour lui demander de venir sur place et d'y faire la grande consécration. L'archevêque fixa une date pour sa venue qui, le jour dit, réunit tous les chevaliers de Chenecey et Pierre, seigneur de Scey, Guillaume, seigneur de Chay, Oger de Châtillon et beaucoup d'autres. » De cette assistance le scribe n'a retenu que le nom des seigneurs fondateurs, l'abbé de Balerne accompagné d'une délégation de moines ; de même insiste-t-il sur la démarche de l'ordinaire, qui se livre à une enquête de conformité avant de consacrer les lieux.

Quant à la dédicace elle-même, l'auteur de la notice de Lieucroissant l'imagine à travers ses réminiscences bibliques : « L'église fut donc construite et édifiée par l'archevêque de pieuse mémoire, Anseri ; ce vénérable archevêque, selon la coutume du pieux pasteur, a sans doute suivi l'exemple du sage Salomon qui, après avoir édifié au seigneur Dieu le temple de Jérusalem, vint au temple avec les anciens du peuple, les prêtres et les lévites, et le dédia au seigneur Dieu : devant toute l'assemblée, les

---

1. L'église de La Charité aurait été consacrée en 1148, celle de Rosières en 1177 (G. DU-HEM, Quelques églises disparues du Jura, dans *Mém. Soc. Emul. Jura*, 1938, p. 148). La seule église cistercienne qui ait survécu partiellement est celle d'Acey (P. LACROIX, *Eglises jurassiennes romanes et gothiques,* Besançon, 1981, p. 293-300). Pour les comparaisons avec l'évolution générale, nous renvoyons à M. AUBERT, *L'architecture cistercienne en France*, Paris, 1943, 2 vol. et M.-A. DIMIER, *Recueil de plans d'églises cisterciennes*, Paris, 1949, 2 vol., et Supplément, Paris, 1967, 2 vol.

deux genoux à terre, il leva les deux mains, suppliant Dieu par ses prières, comme le raconte l'Ecclésiaste et il rendit grâce pour l'accomplissement de la promesse de David, qui avait promis d'édifier au Dieu unique une maison par la main de son fils. Ainsi cette maison de Lieucroissant, Anseri l'a dédiée à Dieu, à Notre-Seigneur Jésus Christ, en l'honneur de la Bienheureuse Vierge et Mère de Dieu, Marie, patronne dudit monastère et de toute la cour céleste, le V des calendes de mai 1136 » [1]. Un peu plus loin, le même scribe ajoute : « Ces choses furent confirmées lors de la dédicace de cette église par Anseri, archevêque de Besançon, qui donna à ce lieu le nom de Lieucroissant, Humbert étant alors archidiacre ».

Dénomination   L'intervention du diocésain relève de la procédure normale, puisque les cisterciens n'ont pas encore demandé le libre choix du prélat consécrateur. Mais est-ce vraiment lui qui choisit le vocable de l'établissement ? Que la chronique de Lieucroissant laisse ce soin à Anseri, témoigne d'une touchante attention de la postérité à l'égard d'un archevêque qui a favorisé de toutes ses forces la rénovation monastique ! Parfois, cet honneur revient à l'abbé-père, comme l'indique la charte de Theuley.

Conformément à la tradition cistercienne de cette époque, les abbayes comtoises, dédiées à Dieu et à Notre-Dame, adoptent un nom officiel, qui peut reprendre l'ancien toponyme ou qui est créé de toutes pièces. Dans les cas de substitution, les établissements ne suivent pas de règle précise : les uns gardent leur nom, que celui-ci ait ou non une teinte cistercienne (Cherlieu, La Charité, Acey, Balerne), d'autres préfèrent en changer (Lieucroissant, Mont-Sainte-Marie) ; le même comportement se repète lors des créations, avec cette fois-ci une tendance plus prononcée pour le changement : si Rosières et Buillon semblent correspondre aux toponymes originaux, les autres adoptent des noms de baptême qui, comme ailleurs, s'inspirent de diverses sources : emprunts à une nature idéalisée et embellie par la présence cistercienne (Bellevaux, Clairefontaine...), évocation d'un souvenir biblique (Béthanie, Bithaine), jeu de mots qui christianise le toponyme (Tulley transformé en Theuley, *Theolocus*).

Que plusieurs vocables s'appliquent à la même abbaye n'a rien d'exceptionnel (*Speciosa Vallis, Bella Vallis*), mais l'onomastique ne manquera pas de souligner les hésitations qui pèsent sur La Grâce-Dieu et qui semblent correspondre à un démarrage difficile : en baptisant la vallée des Hiboux (*Vallis Bubonum*) des qualificatifs plus agréables de Rocher Fleuri (*Rupes Florida*) ou de Vallée Fleurie, les moines suivaient en cela l'exemple de saint Bernard lui-même qui avait changé le nom du val sauvage de l'Absinthe en Clairvaux ; mais pourquoi invoquer parallèlement sur ce même lieu la faveur divine en lui appliquant les expressions de *Misericordia Dei* ou de *Gratia Dei* qu'il conserve par la suite ? Parfois, un événement exceptionnel provoque l'adoption temporaire d'un toponyme : si celui des Trois-Rois accolé à Lieucroissant se réfère au passage de ces reliques dans la région vers 1162-1164, il n'apparaît cependant pas cité dans les documents avant le milieu du XIIIᵉ siècle [2]. Toutefois, ces changements restent rares après le XIIᵉ siècle, car une fois le démarrage assuré, les abbayes gardent leur nom.

Ainsi, dans la genèse du mouvement cistercien, la documentation comtoise apporte des éléments précieux et concrets qui permettent de suivre le déroulement des opérations. Sans assouvir entièrement notre curiosité, elle montre la complexité du

---

1. La date ne convient pas, puisqu'Anséri est mort en 1134.
2. 1253 : donation de Jean de Chalon à l'abbaye de Lieucroissant dite des « Troys Roys » (Arch. dép. Doubs, 63 H 1, fol. 39).

mouvement qui répond à des motivations multiples, mais auquel l'aristocratie donne l'impulsion et les caractères principaux : à l'origine des créations qu'ils appellent de leurs vœux et qu'ils réalisent sur leurs biens, les nobles ont donné aux abbayes la possibilité d'assumer leur développement.

C. LE DÉVELOPPEMENT DES ABBAYES

Alors que les fraternités et les collégiales n'ont pas confirmé toutes les espérances mises en elles par leurs fondateurs, les abbayes cisterciennes ne connaissent apparemment pas d'échec : après des débuts plus ou moins aisés, créations et substitutions consolident leurs bases matérielles et, sauf une crise temporaire de la Grâce-Dieu après 1160, aucune d'entre elles ne disparaît ; toutes entament une existence qui se prolongera jusqu'à la période moderne. L'étude analytique, que nous avons menée jusqu'ici et qui a fait ressortir les particularités de chaque fondation, laisse entrevoir les raisons d'un tel succès qui se justifie par des considérations à la fois générales et locales, parmi lesquelles les contacts que la noblesse locale maintenait outre-Saône, les déplacements de saint Bernard, l'influence de l'archevêque Anseri, qui, selon la notice de Lieucroissant, « n'oubliait jamais les pauvres du Christ » [1], la personnalité des premiers abbés, les bonnes dispositions des laïques sensibilisés à cet idéal par les expériences antérieures, l'ampleur d'un diocèse capable d'accueillir les nouveaux venus hors de l'espace vital des grands monastères, une région où le démarrage économique soutient les grandes réalisations, une féodalité dont la structuration s'accompagne d'une politique religieuse très active, etc. Comme certains de ces aspects ont été abordés précédemment dans l'étude du milieu, il nous suffira d'insister maintenant sur les artisans de cette réussite, d'esquisser la formation du temporel des abbayes et de saisir leur rayonnement dans et hors du diocèse.

Les artisans laïcs

Hormis saint Bernard et Anseri, l'aristocratie mérite d'être citée avant les deux autres ordres, tant elle s'associe étroitement à l'implantation et à l'essor cistercien : elle n'intervient pas seulement au moment de la fondation mais, par ses dispositions bienveillantes, elle suscite autour des nouveaux monastères un courant de sympathie qui facilite d'autant leur démarrage. Certes, le terme de fondateur, revendiqué dès la fin du XIIᵉ siècle par quelques familles, contient une ambiguïté, puisqu'il fait de la dotation la condition essentielle et première et laisse croire que le mérite d'une création revient à un seul lignage. En fait, une fondation, nous l'avons entrevu, résulte d'une pluralité d'initiatives dont il est délicat, sinon impossible, de déterminer celle qui est prioritaire : parce qu'attentifs à sauvegarder les titres de propriété de l'abbaye, les cartulaires nous transmettent une image partielle et déformée. Or, la réalité s'avère plus complexe et, sans récuser le rôle primordial de ces derniers, elle montre que, par exemple à Bellevaux et à Buillon, l'initiative vient des abbés-pères ; à plus forte raison dans les cas de substitution, où c'est l'ancienne communauté qui se prononce sur son propre sort. Une fois admis ce concours de bonnes volontés, qui aboutit à la décision de créer une abbaye, les fondateurs rassemblent les moyens matériels indispensables à sa naissance.

La dotation temporelle détermine le noyau initial autour duquel viennent s'agréger par la suite d'autres éléments, acquis par donations, achats ou échanges. Il n'est pas possible de passer en revue tous ceux qui, clercs ou laïcs, collaborent par leur générosité à la réussite du mouvement cistercien dans le comté de Bourgogne : leurs

---

1. Arch. dép. Doubs, 62 H 1.

noms remplissent les pancartes publiées par les archevêques. Malgré leur monotone répétition, malgré leurs imprécisions ou leur difficile exploitation, ces chartes apportent des renseignements fort précieux, mais inégalement répartis dans le temps et l'espace : très nombreuses vers les années 1150, quand l'archevêque Humbert fait établir à la demande des abbés de longues pancartes qui récapitulent les donations antérieures, elles se raréfient durant la période du schisme pour reprendre un peu plus tard, tandis que les hasards de la conservation provoquent de fortes disparités d'un établissement à l'autre.

Laïcs   Parmi les indications sélectionnées dans ces documents, retenons en premier lieu que l'aristocratie a largement contribué à la dotation des cisterciens : quelques grandes familles ont même attaché leur nom à la création d'une abbaye, tels les seigneurs de La Roche-sur-Ognon à Bellevaux, Gaucher IV de Salins à Rosières et Ounans, les Faucogney à Bithaine, les Chenecey à Buillon, les Jonvelle à Clairefontaine. Peut-on pousser plus loin l'idée de fondation de famille et suggérer que le lignage réserve pour l'un des siens le gouvernement de la nouvelle communauté ? Etablie sur des biens patrimoniaux, la création répondrait alors à un choix déterminé à l'avance et aboutirait à une sorte de quadrillage du pays par quelques clans. L'hypothèse paraît d'autant plus séduisante qu'elle s'appuie sur l'exemple de Clairvaux, dotée par les seigneurs de Fontaine pour le plus illustre d'entre eux, saint Bernard. La réponse à cette question exige que l'on connaisse, outre le fondateur, les origines familiales des premiers abbés.

L'examen des listes abbatiales ne permet pas d'affirmer catégoriquement l'existence d'une proche parenté entre les premiers abbés cisterciens et les fondateurs : à Rosières, il faut attendre le cinquième abbé, Humbert (1145), pour trouver un prénom courant chez les seigneurs de Salins [1] ; ailleurs, trop d'incertitudes demeurent pour aller au-delà des simples suppositions. Le seul cas explicite que nous livrent les documents va même à l'opposé de cette hypothèse : à La Charité, protégée par les seigneurs de Traves et la branche cadette des comtes de Bourgogne, le premier abbé cistercien est originaire de la région de Salins et ne présente aucun lien connu de parenté avec les précédents ; il n'accomplit son noviciat ni à Rosières, abbaye proche du berceau familial, ni dans un autre monastère cistercien, puisqu'il fait partie de la communauté qui vivait à La Charité avant l'affiliation de cette dernière à l'Ordre cistercien. Ajoutons, pour compléter cet exemple unique, que l'étude de la personnalité de quelques abbés montre une certaine mobilité de leur part, puisque leur carrière se déroule dans plusieurs établissements.

Comment expliquer alors que les seigneurs n'aient pas réussi ou n'aient pas tenté d'imposer un de leurs membres à la tête des communautés cisterciennes ? Outre le fait que les substitutions compliquent les données initiales et que les moines restent maîtres de leur choix, la rapidité de l'expansion cistercienne dans le diocèse n'a pas toujours laissé des délais suffisants à la formation de recrues locales, aptes à occuper ensuite les fonctions abbatiales. L'influence seigneuriale se porte donc sur les générations postérieures.

Le fondateur   Loin de disparaître ou de se fondre dans la foule des donateurs, le fondateur affirme son rôle avec plus de vigueur encore dans les décennies suivantes, lorsque lui-même et ses successeurs n'hésitent plus à magnifier leur action et à revendiquer pour leur lignage le mérite d'une œuvre souvent collective. Il est vrai que ce titre ne met pas seulement en jeu des privilèges spirituels ou honorifiques, comme celui d'être inhumé dans l'église abbatiale, mais aussi des ques-

---

1. Les premiers abbés de Rosières sont Bernard, Anselme, Chrétien, Guy.

tions de profits et d'autorité, inhérentes à la garde du monastère. Caractéristiques de cette attitude, les affirmations de Roger de Monnet en 1184, qui, pour la première fois, met en évidence le rôle réel ou supposé de ses ancêtres dans les origines de Balerne : *ab antecessoribus meis abbatia fundata est, sicut multoties audivi et dedici a patre meo* [1]. Ainsi, s'élabore dans la seconde moitié du XIIe siècle un tableau d'honneur, où figurent les plus grandes familles comtoises, à commencer par le comte Renaud III ; dès 1133, il affranchit tous les hommes dépendant de l'Ordre « des taxes perçues à cause de nos droits de tonlieu, et des autres taxes qu'on exige habituellement dans tout notre comté sur ceux qui vendent, achètent ou même transitent » [2].

Moins généreux, son frère Guillaume mérite toutefois plus qu'une mention, aux côtés du comte Thierry de Montbéliard, de Gaucher IV de Salins, de Richard de Montfaucon, des seigneurs de Faucogney, Rougemont, Jonvelle, La Roche-sur-Ognon, La Roche-Saint-Hippolyte, Monnet... D'ailleurs, le comportement de cette grande aristocratie tranche, nous l'avons déjà constaté, sur l'attitude des autres seigneurs par une politique religieuse plus ambitieuse : alors que les seconds s'attachent à un seul établissement du voisinage, les premiers manifestent une polyvalence à la mesure de leur puissance. Les Traves, possessionnés dans la vallée de la Saône, interviennent à Bellevaux (vallée de l'Ognon), Lieucroissant (Doubs), tandis que les Dramelay, dont le château se dresse dans la pointe méridionale du diocèse, opèrent aussi dans la région de Salins ou à proximité de Montbéliard, etc.

Une coopération   Cependant, ils ne monopolisent pas le privilège de la générosité : même si leur fortune ne souffre pas de ces prodigalités qui leur procurent en compensation beaucoup de prestige, ils associent à leurs entreprises religieuses une foule d'autres laïques, chevaliers, alleutiers de tous ordres, artisans, ministériaux..., car une fondation s'avère une œuvre collective, à laquelle participe un nombre plus ou moins grand de personnes, selon les cas. Même à Theuley, où trois des *déserts* qui constituent l'essentiel du domaine abbatial proviennent de la famille des Montsaugeon, l'aristocratie locale apporte sa quote-part : approbation pour les plus fortunés (duc de Bourgogne, Renaud III, les seigneurs de Beaumont, Fouvent, Jonvelle) ou, pour les autres, contribution foncière, qui intéresse la formation des granges. Partout ailleurs, l'éventail s'élargit encore davantage. A Bellevaux, le premier monastère établi dans le diocèse, les seigneurs de La Roche agissent avec leur *familia* : si Ponce a l'initiative, il met dans l'affaire toute sa famille (ses frères, sa mère, son oncle plus ou moins récalcitrant), les chevaliers du château, les vassaux établis à Cirey et à Chambornay : à en juger par la nature des concessions, le désert se présente comme un terrain de parcours assez boisé, dont une partie relève de fiefs, l'autre d'alleux, propriétés des hommes de Chambornay, ce qui oblige l'abbaye à solliciter de nombreux accords.

Tous les donateurs ne partagent pas l'enthousiasme du fondateur, tel Renaud de Traves, qui ne consent à abandonner ses droits seigneuriaux sur Cirey qu'à condition d'être déchargé du service féodal dû au seigneur de Montfaucon pour ce fief [3]. Les réticences n'épargnent pas la famille du fondateur, puisqu'aussitôt après la mort de Ponce, son oncle Guillaume chicane certaines concessions : « Les moines, dit un texte de 1130, qui ne supportaient pas son hostilité, suggérèrent unanimement à leur abbé Ponce qu'au lieu de posséder des biens contestés, il accordât une compensation

---

1. Bibl. mun. Besançon, Baverel 38, fol. 21.
2. MARILIER (J.), *Chartes et documents concernant l'abbaye de Cîteaux (1098-1182)*, Roma, 1961, n° 106
3. Arch. dép. Haute-Saône, H 139.

à Guillaume, pour éteindre l'amertume de ses plaintes. Cédant avec empressement à cette sage idée, l'abbé donne audit Guillaume un cheval de quarante sous, vingt sous de monnaie bisontine, une tunique avec des chaussures »[1].

Cet exemple de Bellevaux se reproduit dans les autres monastères avec plus ou moins de nuance. Les pancartes de donation fournissent des listes d'intervenants, dont la qualité et le nombre varient selon les lieux d'implantation, l'importance de l'établissement et la densité de l'occupation humaine. Dans la vallée supérieure de la Colombine, où abondent les terres ingrates, la dotation de Bithaine met en scène surtout de grands propriétaires, nobles ou monastiques, peu de rustres, artisans ou autres anonymes, mais toujours selon une hiérarchie caractéristique ceux qui, autour des Faucogney, participent directement à la constitution du domaine avec les familles apparentées, dont les vicomtes de Vesoul, puis les vassaux directs, tel ce Guillaume d'Auxelles, qui cède terres et moulins, ou ce Wirric de Gouhenans, qui laisse une fabrique de fer, et enfin de nombreux chevaliers de la région, aux dons plus modestes ; pour chaque grange qui forme un domaine particulier, le processus se renouvelle avec des personnes différentes.

Viennent ensuite ceux qui, sans céder de terres proprement dites, jouent de leur position féodale pour accorder des droits : droit d'acquérir quelque chose de leurs vassaux, droits de parcours pour les troupeaux, libre circulation des personnes et des biens, etc; à ce groupe appartiennent Renaud III et son frère Guillaume, Mathieu, duc de Lorraine, qui, tous trois, exemptent de péage les moines de Bithaine, puis les *domini* d'Auxelles, de Calmoutier, d'Oricourt et d'Achey, qui accordent des doits d'usages sur leurs domaines. A Clairefontaine, Rosières, Lieucroissant, la hiérarchie sociale s'esquisse avec plus de netteté encore, en distinguant des nobles (grands féodaux, *domini*, chevaliers) les ministériaux, les artisans et autres anonymes, les ecclésiastiques. Il est évident que ces indications exigeraient une étude plus approfondie de la société, avant d'avoir valeur de conclusion. Chaque abbaye, chaque grange, devrait être analysée séparément, en fonction de la chronologie des actes, de la qualité des intervenants, de l'importance et de la nature des donations (terres, droits, *laudatio*), des motivations (couple aumônes-prières, entrée en religion, emprunt ou vente déguisés), etc.

Néanmoins, d'après nos échantillonnages, aucune catégorie de la population ne reste à l'écart, puisqu'à Clairefontaine des artisans (*faber pellifex, carpentarius, cementarius*), quelques individus sans titre, de nombreux ministériaux se joignent aux clercs et surtout aux nobles et que la même constatation vaut pour Acey, Lieucroissant, Rosières. Dans quelles circonstances les humbles s'associent-ils à ces donations ? Sous la pression seigneuriale ou de leur propre initiative ? Dans l'espoir de participer aux bienfaits du monastère comme inscrits dans les prières ou comme convers ? Faute d'indications précises, les conclusions restent au mode interrogatif.

Les ecclésiastiques

Si déterminant soit-il, le rôle des nobles n'exclut point les autres classes sociales, ni le peuple comme nous venons de le voir, ni les clercs activement associés à la réussite du nouveau monachisme. Cette affirmation ne saurait étonner, puisque les fraternités, si sensibles aux aspirations religieuses modernes, comprenaient déjà dans leurs rangs des membres du clergé rural ; l'installation des cisterciens ne pouvait laisser ces derniers indifférents, car, par son rayonnement spirituel, l'abbaye ne tarde pas à influer sur l'attitude des fidèles en attirant à elle les aumônes,

---

1. Bibl. vaticane, lat. 248, fol. III.

puis les sépultures ; de même, en se faisant exempter des dîmes sur leurs propres travaux, les moines touchent à un revenu ecclésiastique important.

Les clercs   Cependant, jusqu'au milieu du XIIe siècle, les chartes ne révèlent aucune hostilité systématique de la part des clercs qui apportent au contraire leur contribution volontaire. A Acey, c'est un prêtre, Thierry, qui donne à Cherlieu, par l'intermédiaire de l'ordinaire, l'église du lieu pour y construire une abbaye [1] ; dans le cas de Clairefontaine, dont plusieurs pancartes récapitulent les donations antérieures à 1160, interviennent au total une dizaine de clercs, pour la plupart prêtres des environs, qui prennent sur leur patrimoine familial des terres ou des droits cédés à l'abbaye : un seul cas d'aliénation partielle du manse ecclésiastique se produit à Dampierre, où un clerc cède les droits que l'église avait sur la grange de Varigney contre un cens de trois deniers [2]. Rien que de très normal dans ces attitudes, puisque la législation canonique interdit tout abrègement des biens ecclésiastiques [3]. Cependant, le nombre des clercs qui font des donations aux cisterciens ne va jamais au-delà des chiffres de Clairefontaine. S'agit-il d'indifférence ? Non, mais d'un autre type d'engagement, puisqu'ils ont choisi une voie religieuse différente. N'oublions pas, enfin, qu'ils représentent un faible pourcentage de la population.

Les abbayes   Quant aux établissements monastiques, leur réaction à l'égard des cisterciens obéit à diverses motivations, parfois contradictoires : satisfaction de voir arriver d'autres ouvriers à la vigne du seigneur, crainte d'être supplantés par eux dans la générosité des fidèles, jalousie rentrée de leur éclatante réussite ou assurance tranquille d'atteindre à la même perfection par des chemins différents...

Trop souvent, l'accent est mis sur les rivalités temporelles qui éclatent inévitablement entre abbayes, avec tendance à accuser les anciens de conservatisme, de méfiance à l'égard des cisterciens ; trop souvent, le succès de ces derniers tourne au désavantage des autres, taxés de décadents, et les heurts s'interprètent alors en termes de rivalités, d'affrontements, d'autant que les exemples scandaleux éclaboussent même les justes : le démêlé de Gigny contre le Miroir, faisant suite au débat Cluny–Cîteaux, ternit inévitablement une image de marque et des rapports fondés théoriquement sur des sentiments charitables et fraternels. Pour comprendre les réactions du monachisme traditionnel face à la vague cistercienne, il ne faut pas s'attarder aux gestes spectaculaires, mais saisir l'ensemble du comportement, celui qui, par sa correction, échappe à la chronique : aussi avons-nous réservé cette étude au chapitre suivant, nous contentant d'indiquer ici quelques observations générales.

La plupart du temps, les cisterciens reçoivent bon accueil de la part des autres communautés canoniales ou bénédictines, qui ont même contribué activement à leur implantation et cette attitude ne se dément guère jusque vers 1160. Presque toutes les abbayes et collégiales font à un moment quelconque un geste en faveur des cisterciens : dès 1121, Saint-Oyend donne l'exemple à l'égard de Clairvaux. La formation des temporels de Bithaine, Rosières, Cherlieu, doit beaucoup à la collaboration des établissements voisins : les bénédictins de Luxeuil et Faverney, les clunisiens de Vaucluse, les moniales de Remiremont interviennent à Bithaine pour des dons importants, soit une grange, soit des terres suffisantes pour une future grange.

---

1. Arch. dép. Jura, 15 H 19.
2. Arch. dép. Haute-Saône, H 345 et 358.
3. Lorsqu'en 1142, Alard, clerc de Mornay, donne à Theuley un pré « qui faisait partie des biens de cette église, afin de prévenir toute querelle, moi, Godefroy, évêque de Langres, j'ai voulu confirmer ce don de mes mains » (Arch. dép. Haute-Saône, 25 J 18).

Soulignons au passage l'attitude des chapitres cathédraux, révélatrice des bons sentiments qui animent les chanoines : outre ses dons à Bellevaux, Acey, Theuley et Rosières, Saint-Jean conclut en 1141 une association de prières : « Voulant s'attacher les pauvres de l'Ordre de Cîteaux par des liens de charité plus forts », le chapitre signe un pacte « avec les abbés de cet Ordre qui demeurent dans le diocèse » : défense de leurs droits et offices des morts en constituent la base [1]. De son côté, Saint-Etienne a l'occasion de manifester sa sympathie à Bellevaux, Rosières, Buillon ; même si des différends surgissent par la suite, ils n'autorisent pas à mettre en opposition le comportement des deux chapitres : ne prenons pas à la lettre les reproches de saint Bernard au doyen Pierre de Traves, accusé de persécuter les serviteurs de Dieu à Bellevaux [2]. Quant aux chanoines eux-mêmes, qui ont abusé de la bonne foi d'Eugène III en faisant inclure dans une confirmation générale les pâturages contestés de Valleroy, le procédé est trop courant à l'époque pour compromettre à jamais la réputation de leurs auteurs [3].

Cependant, la comparaison avec l'attitude des laïques s'avère difficile, parce qu'en se montrant généreux, les monastères encourent le risque de subir le reproche d'aliéner leur domaine ; pour éviter cette éventualité, ils maintiennent leurs droits éminents sur les biens qu'ils cèdent à titre de censives, en exigeant un cens récognitif ou en réservant dans les contrats certaines clauses de retour : lorsque Saint-Oyend abandonne ses biens à Acey, elle exige, outre un cens de cinq sous, « de récupérer cette terre si l'abbaye vient à disparaître ou décide de passer de la règle cistercienne à un autre ordre » [4]. Les exemples de Rosières et de Cherlieu permettent de compléter ces remarques générales.

La première abbaye a conservé dans son cartulaire des témoignages de la générosité ecclésiastique : y figurent d'abord les établissements voisins, dont les chanoines séculiers de Saint-Anatoile de Salins, ceux des chapitres cathédraux, l'abbé de La Charité à titre personnel, la maison clunisienne de Saint-Jean de Losne, qui passe avec elle un traité d'association de prières ; se joignent à eux quelques clercs et prêtres du voisinage (Vadans, Grozon, Salins), un moine de Baume, sans oublier Humbert, clerc de Vadans, qui, avec l'accord de son épouse et de ses fils, fait plusieurs donations ; terminant cette énumération, l'abbaye féminine de Saint-Jean d'Autun, qui possède des biens dans les environs de Colonne et Châtillon. Au nord du diocèse, Cherlieu connaît le même mouvement de sympathie à son égard : la plupart des prieurés voisins font un geste, qu'ils soient bénédictins (Saint-Marcel, Jussey) ou d'obédience clunisienne (Voisey, Confracourt, Traves) ; de même, Luxeuil, qui instaure, dès 1139, un service réciproque de cinquante psaumes et d'une messe à chaque décès de moine survenant dans l'une ou l'autre abbaye [5]. Plusieurs prêtres, deux archidiacres de Besançon, ont laissé leur nom dans les archives, en même temps que des abbayes périphériques comme Bèze, Remiremont...

Ainsi, en un premier temps, les anciens monastères, la hiérarchie séculière, une partie du clergé rural manifestent leur adhésion au nouveau monachisme, dont la pauvreté semble les avoir frappés. Ce n'est qu'à partir du milieu du siècle, que les progrès économiques des cisterciens, la multiplication des granges et peut-être leur trop grand appétit matériel, provoqueront plus de méfiance à leur égard et, partant, moins de favoritisme. Toutes ces donations, vraies ou déguisées — car nous n'avons

---

1. *Gallia Christiana*, XV, instr., col. 32.
2. Livre II, chapitre 1 ; *P.L.*, 197, Lettre 197.
3. W. WIEDERHOLD, *Papsturkunden...*, n° 31, vers 1145-1146.
4. Arch. dép. Jura, 15 H 11, 1136.
5. Arch. dép. Haute-Saône, H 603 ; Bibl. mun. Besançon, Droz 41, fol. 121.

pas trouvé beaucoup d'achats à cette époque — aboutissent à la constitution de domaines plus ou moins vastes selon les abbayes.

Le temporel

Comme l'étude du temporel ne relève pas directement de nos préoccupations, nous n'en retiendrons que les aspects susceptibles d'éclairer l'évolution religieuse des abbayes et leur rayonnement. Pour connaître la situation réelle des monastères et comparer leur importance pour saisir leur influence et comprendre leur essaimage, pour savoir s'ils respectent la législation cistercienne en matière de possessions, nous sommes obligé, sinon d'aborder ces questions matérielles, du moins de les supposer résolues [1].

Dotation   Conformément aux prescriptions de l'Ordre, qui bannissent la possession de rentes, pour que les moines vivent du seul travail de leurs mains, les abbayes cisterciennes se sont vu confier des domaines ruraux plus ou moins aptes aux activités agricoles, composés de terres, de prés, de terrains de parcours et de forêts en proportion variable suivant les lieux. L'exemples de Rosières prouve que, si les modalités pratiques de constitution du temporel changent d'un établissement à l'autre, les résultats d'ensemble ne diffèrent guère. La dotation initiale des sires de Salins détermine les grandes lignes du domaine, puisque, dès sa naissance, celui-ci comprend plusieurs noyaux : le plus important et le mieux délimité s'étale autour du monastère lui-même et son exploitation se fait à partir de l'abbaye. Deux autres noyaux de terres complètent ce premier ensemble : l'un au sud-est, autour du Vieux Mathenay, l'autre plus éloigné, à Charnay, au sud de Salins. Dès lors, intervient sur ces bases le processus classique de formation du temporel : transactions de tous ordres que téléguide l'abbé dans un souci évident de concentration et apport du propre travail des moines et des convers.

En effet, la fondation provoque une campagne de sensibilisation des gens, qui les amène à participer à la constitution du domaine par des concessions, des échanges, des approbations, plus rarement des ventes ; les actes de pure générosité (aumône) se mêlent à des gestes plus intéressés (dot d'un frère entrant en religion, cession contre un cens récognitif), mais les uns et les autres toujours empreints d'une finalité spirituelle (salut de l'âme).

Au fil des ans, l'enthousiasme se modère : les donations diminuent et s'amoindrissent, les échanges et les achats s'intensifient, les transactions portent davantage sur des droits (parcours, exemptions de dîmes), tandis que les premières contestations surgissent dans les décennies 1150-1170 : l'extension territoriale de Rosières heurte des intérêts privés et exige des délimitations de plus en plus délicates, alors que la progression des défrichements provoque une certaine méfiance ; parfois, les compensations données par les moines se révèlent au bout de quelques années insuffisantes : ainsi, Constantin de Vadans conteste que le bœuf donné par Rosières vaille trente sous, à quoi rétorque l'abbaye que lui-même n'a pas payé le cens pesant sur sa maison (vers 1170).

Mais, durant cette première époque, les querelles se règlent facilement à l'amiable, les relations avec le monastère ne se dégradent pas encore. Cette politique

---

1. Bien que les cartulaires privilégient ces études du temporel et facilitent l'établissement de monographies, nous ne disposons pas encore de synthèse pour le XIIe siècle. Parmi les études générales nous retiendrons : HIGOUNET (C.), Le premier siècle de l'économie rurale cistercienne, dans *Istituzioni monastiche et istituzioni canonicali in Occidente*, Milano, 1980, p. 345-368.

d'investissement et d'extension aboutit à des résultats assez spectaculaires : en moins de vingt ans, Rosières a forgé l'essentiel de sa puissance temporelle : trois granges gravitent autour de l'abbaye, deux autres exploitent les terres autour de Salins, tandis que les autres points d'ancrage sont déjà en place ; à Salins même, le monastère dispose de sa muire et à Montigny, pays du vignoble, d'un cellier, alors que la faveur des seigneurs de Dramelay lui vaut, aux confins du diocèse de Lyon, une base lointaine, siège d'une future grange (Vescles).

Les granges   La seconde remarque touche à la structure et à l'organisation de cette propriété, à laquelle les cisterciens ont conféré une empreinte originale, grâce au système des granges. Le fait est bien connu [1] et les historiens ont montré la différence, parfois la continuité qui pouvait exister entre les prieurés bénédictins, les doyennés clunisiens et les granges cisterciennes : alors que les premiers ont le caractère d'un petit monastère assez indépendant, les seconds définissent déjà des centres de gestion dans le cadre de circonscriptions féodales, tandis que les troisièmes s'assimilent à des exploitations rurales dont les profits vont entièrement à l'abbaye, tout en cumulant les avantages du doyenné. Comme autant de satellites qui gravitent à plus ou moins grande distance du monastère, les granges, qui se retrouvent chez les prémontrés, fixent les noyaux fondamentaux du temporel, autour desquels s'organisent les possessions abbatiales et l'exploitation de ses terres : « L'institution fondamentale de l'économie rurale cistercienne était la grange, exploitation en faire-valoir direct, confiée aux convers. En quelques années ou quelques décennies après leur fondation, toutes les abbayes, à l'exception de Santa Creus, se sont entourées d'une auréole de granges. Il y a eu cependant deux générations de ces créations, l'une du XIIe siècle, l'autre du premier tiers du XIIIe siècle ; le nombre total a pu varier de quatre à cinq jusqu'à la quinzaine, rarement plus. L'implantation rurale de l'Ordre s'est ainsi en moyenne multipliée par dix. Un atlas de l'Ordre cistercien ne sera valable que lorsque toutes les granges auront été cartographiées avec les abbayes » [2].

Nous n'épiloguerons ni sur leur appellation, ni sur leur fonctionnement ou leur composition, ni sur leur localisation, ou bien d'autres aspects habituellement abordés dans les études économiques [3] : seule nous intéresse ici la grange comme élément de comparaison entre les abbayes. Leur nombre, entrevu déjà pour le milieu du XIIe siècle, détermine un classement des monastères qui ne varie guère par la suite [4] : l'essentiel est fixé dès la première génération, avant la fin du siècle et si Cherlieu n'affirme pas encore son écrasante supériorité, le fait ne vient pas d'un développement tardif, mais d'une documentation défaillante ; assez loin derrière elle, se pressent la plupart des monastères comtois en un peloton serré, auquel s'agrègent même ceux qui, par la suite, perdent pied et seront considérés comme plus pauvres, telle la Grâce-Dieu Sans atteindre les chiffres extravagants parfois avancés, les établissements diocésains font bonne figure parmi leurs confrères cisterciens : Pontigny ne compte pas plus de sept granges en 1160, Cîteaux dix en 1182, Savigny en Normandie une quinzaine, Lucelle quatorze, tandis que les deux maisons de prémontrés

---

1. HIGOUNET (C.), *La grange de Vaulerent. Structure et exploitation d'un terroir cistercien de la plaine de France, XIIe-XVe siècles,* Paris, 1965 ; BERNARD (F.), *L'abbaye de Tamié. Ses granges (1132-1793),* Grenoble, 1967 ; important article de J. DUBOIS, Grangia, dans *Dizionario degli Istituti di perfezione,* IV, 1977, col. 1391-1402.
2. HIGOUNET (C.), *Le premier siècle de l'économie rurale cistercienne,* p. 354; du même, *Essai sur les granges cisterciennes,* dans *L'Economie cistercienne...,* p. 157-188.
3. Voir le tableau des granges cisterciennes
4. Voir le tableau sur les granges cisterciennes au XIIe siecle.

(Corneux et Belchamp) en dénombrent respectivement douze et quatre[1].

Mais ces statistiques brutes n'expriment qu'une approche relative de l'importance économique des abbayes cisterciennes, puisque la grange recouvre des réalités variables, impossibles à transcrire en chiffres ou à estimer en revenus annuels, d'où la méfiance que nous devons conserver sur tout classement, non pondéré de multiples restrictions ou nuances. En outre, bien qu'il paraisse prématuré de parler de spécialisation de certaines granges dès le milieu du XIIe siècle, nous constatons néanmoins qu'un bon nombre d'abbayes comtoises ont investi dans le sel et dans le vignoble : à la suite de dons, plusieurs ont à Salins, Lons-le-Saunier ou Scey-sur-Saône, de la muire, c'est-à-dire de l'eau salée qu'elles font cuire à leurs frais dans des bernes ou meix[2], tandis que d'autres établissent, après 1170, des celliers dans la région du Vignoble ; ces possessions, qui ne tardent pas à se révéler très rentables, accentuent l'écart avec les monastères qui en sont dépourvus, comme la Grâce-Dieu.

Les interdictions   Le problème que pose cet essor matériel concerne moins le niveau d'enrichissement que le respect de la législation primitive, qui avait formulé un certain nombre d'interdictions. En effet, conformément à leur idéal de *pauperes Christi* et pour éviter les désordres amenés par un genre de vie trop féodal reproché aux moines noirs, les premiers cisterciens ont refusé de devenir des rentiers du sol et ont, de ce fait, renoncé à toute une catégorie de ressources ; le *Petit Exorde* en donne l'énumération suivante : « églises, autels, offrandes, sépultures, dîmes des autres hommes, fours, moulins, villages, serfs »[3].

En prohibant les revenus provenant des églises, ils tenaient leurs moines à l'écart du service paroissial ou des prieurés-cures et prévenaient ainsi une des causes les plus fréquentes de conflit avec le clergé séculier. Quant aux autres interdictions, elles ne procèdent d'aucune doctrine économique ou humanitaire, mais expriment leur volonté de revenir à une observance littérale de la règle et de réaliser leur idéal de pauvreté ; elles ne récusent pas la légitimité de la dîme, mais renoncent seulement à percevoir celles *alieni laboris*, c'est-à-dire levées sur des terres qu'eux-mêmes ne cultivaient pas

Qu'en est-il dans la réalité ? On pourrait craindre que cette position, qui allait à l'encontre de l'organisation économique régnant partout alors, n'entraînât des difficultés ou de tacites accommodements. Cependant, les abbayes qui s'affilient à l'Ordre ont, au départ, respecté cette législation : après son transfert, Acey semble abandonner l'ancienne chapelle du Val Saint-Jean, probablement intégrée à une grange. Mais l'exemple le plus significatif vient de Balerne, qui avait reçu en 1130, avant son passage à Cîteaux, l'église de Cognos ; pour en obtenir confirmation d'Anseri, les moines avaient alors fait valoir comme argument leur souci d'échapper à la dîme : « Les religieux de Balerne, craignant que d'autres moines ne s'y implantent et ne les tourmentent en exigeant d'eux, selon le droit paroissial, le paiement des dîmes sur les fruits de leurs travaux et de leurs récoltes... » avaient obtenu que l'archevêque leur cédât l'église dans sa totalité[4].

A peine Balerne a-t-elle adopté les usages cisterciens, qu'elle résigne entre les

---

1. J. DUBOIS, *Les ordres religieux au XIIe siècle selon la curie romaine*, dans *Revue Bénédictine*, 78 (1968), p. 294-296.

2. Nous renvoyons pour ces termes techniques à C. BRELOT et R. LOCATELLI, *Les salines de Salins, un millénaire d'exploitation du sel en Franche-Comté*, Besançon, 1981.

3. Cité dans J.-B. MAHN, *L'Ordre cistercien...*, p. 48-49.

4. Arch. dép. Jura, 16 H 4, 1130. Voir B. CHAUVIN, L'abbaye de Balerne et la propriété de l'église de Cognoz au XIIe siècle, dans *Cîteaux. Comm. Cist.*, 1980, p. 148, texte publié.

mains de l'archevêque ces revenus ecclésiastiques : dès 1138, en effet, le prieur de Saint-Paul se trouve en possession de l'église de Cognos et de ses chapelles de Ney et de Loulle [1]. Bel exemple de probité et d'obéissance, qui pose néanmoins interrogation, car, dans le même temps, plusieurs de ces abbayes qui s'affilient à l'Ordre n'hésitent pas à s'accommoder des interdictions et à garder des rentes ou des églises [2]. Sans mettre en doute la sincérité de Balerne, on peut se demander ce que les moines ont réellement abandonné à Saint-Paul, puisque quarante ans plus tard, après un procès, ils obtiennent restitution de ces églises. Quelles conditions avaient-ils mises à leur cession avant 1138 ? nous l'ignorons.

Eglises   L'évolution, qui s'amorce dans l'Ordre moins de dix ans après cet abandon, fait de Balerne une victime de sa conscience. Très tôt, en effet, se produisent des infractions de la part des abbayes affiliées ou créées, dans le diocèse comme ailleurs. Dès 1144, Bellevaux le fait ouvertement et avec l'approbation de la hiérarchie séculière : elle avait établi son *désert* aux confins des paroisses de Chambornay et de Cirey [3], sur le territoire desquelles elle procède à de nombreux investissements : terres, granges, parcours..., si bien qu'elle obtient simultanément des exemptions de dîmes et qu'à terme se pose inévitablement le problème du patronage de ces églises : le 28 décembre 1144, en présence du légat pontifical, Amédée de Lyon, et à l'initiative, semble-t-il, de l'archevêque Humbert, Bellevaux obtient l'église de Cirey *liberam et quietam*. Cette transaction ne soulève apparemment aucune difficulté juridique, ni réprobation, puisque le pape cistercien Eugène III la confirme aussitôt [4].

Quelques mois plus tard, l'opération se renouvelle pour l'église de Chambornay, dont l'abbé Ponce obtient l'investiture officielle en présence de l'évêque de Langres, Godefroy, ancien prieur de Clairvaux, des abbés de Cherlieu et de Clairefontaine [5]. Mais, cette fois-ci, Bellevaux est allée trop vite ou trop loin, car, probablement sous pression du Chapitre général qui ne voit pas la nécessité de cette possession, elle restitue à Saint-Jean une partie de ses droits, en introduisant toutefois dans la transaction des clauses de préemption et d'autres garanties, significatives de l'attitude moins radicale des cisterciens envers les anciennes interdictions et de la complaisance de l'archevêque à leur égard [6] : dans les deux cas, le choix du chapelain demeure à la

---

1. Arch. dép. Doubs, 67 H 313, original ; B. CHAUVIN, *ibidem*, p. 150 ; on lit dans l'obituaire de Saint-Paul (*Mém. et doc. inédits de Franche-Comté*, XI, p. 192) à la date du 14 février : *XVI kal. mart. obiit Brochardus abbas de Bellevalle, per quem acquisivimus ecclesiam de Cognos cum appendiciis suis.*
2. VAN DAMME (J.-B.), La constitution cistercienne de 1165, dans *Analecta Cist.*, XIX (1963), p. 62-66.
3. En fait, il y a trois églises avec trois patronages différents :
   - l'ancienne église-mère de Saint-Justin (appartenant à Saint-Etienne depuis 1049 au moins) qui n'est plus qu'une chapelle ;
   - celle de Chambornay relevant de Saint-Jean depuis 967 ;
   - celle de Cirey, dont le patronage appartient en 1140 à Saint-Vincent.
4. WIEDERHOLD, *Papsturkunden, La Franche-Comté*, n° 28 : *ecclesiam de Ciriaco sicut a venerabili fratre nostro Humberto archiepiscopo Bisuntino vobis concessa est, qui ab abbate Sancti Vincentii et fratribus suis per concambium eam recepit* (1er avril 1145).
5. 27 avril 1145, Arch. dép. Haute-Saône, H 117.
6. Bellevaux rend l'église, *jura tamen episcopi et ministrorum sibi et ecclesie sue per omnia retinens ; fecit autem omnem fructum prefate ecclesie canonicis beati Johannis donari, sibi nihilhominus retinens quod capellanus in ecclesia illa nisi per abbatem Bellevallis poni ... non possit ; retinuit etiam facultatem revocandi ipsam ecclesiam in proprium suum si aliquodo modo ab ecclesia sancti Johannis alienetur, amore cujus et*

discrétion de l'abbé.

A partir du moment où les nécessités locales justifient et légitiment quelques entorses à la règle, les monastères ne tardent pas à solliciter des exceptions, et, après Bellevaux, première création de Morimond, Cherlieu, la plus importante fille de Clairvaux, entre allègrement dans la brèche, puisque, avant 1161, elle réussit à obtenir le patronage de six églises ; ce droit comprenait-il systématiquement les revenus de l'autel ? Pas obligatoirement, mais à Malvillers, Cherlieu reçoit l'église avec les dîmes, oblations, offrandes[1]. Le mouvement ne fera que s'accélérer après 1160, en s'étendant, nous le verrons, à la plupart des abbayes.

Les dîmes   Concerne-t-il les autres interdictions, en particulier les rentes et les dîmes ? La documentation ne permet pas toujours de savoir si les cisterciens exploitent par eux-mêmes les biens reçus ou s'ils utilisent le faire-valoir indirect avec perception de cens : lorsqu'ils obtiennent par exemple des chaudières de muire, ils ne procèdent pas obligatoirement eux-mêmes à la cuite des eaux salées, mais les convertissent assez vite en rente de sel[2] ; de même, le don et l'achat de moulins ne renseignent pas sur leur mise en valeur.

Quant aux dîmes, qui ont davantage attiré l'attention des chercheurs[3], nos conclusions vont dans le sens des leurs en les complétant sur des points de détail. Simple dans son principe de base, cette redevance pose, dans ses applications, de nombreux problèmes qui dépassent très largement nos préoccupations : produits imposés, montant de son taux, organisation et répartition, exploitation par les laïcs avec le mouvement de restitution, autorité de tutelle disputée entre épiscopat et papauté... Pour le nouveau monachisme, la problématique essentielle peut se ramener à cette double proposition, conforme à la ligne de conduite qui régit ses moyens de subsistance : refus de la dîme-rente *alieni laboris*, c'est-à-dire levée sur des terres ne leur appartenant pas et destinée normalement à subvenir aux besoins de l'Eglise, mais, parallèlement, volonté de soustraire à cet impôt les biens que les moines cultivent « de leurs mains ou à leurs frais », *propriis manibus sumptibusque*, expression qui fera fortune.

Déjà, avant même l'arrivée des cisterciens, fraternités et communautés obtiennent fréquemment d'être exemptées des dîmes de leurs travaux : les chanoines de Cherlieu se font ainsi confirmer par Anseri « les dîmes de leurs travaux, celles de leur *familia*

---

gratia eam guerpierat..., Arch. dép. Haute-Saône H 117. Texte non daté, mais probablement vers 1148 (Bibl. mun. Besançon, Droz 32, fol. 358). Cette église de Chambornay est confirmée à Saint - Jean en 1161 par le même Humbert (Droz 32, fol. 370 ; Arch dép Doubs, G 531, fol. 118).

1. Rosières en 1151 (Bibl. nat. Lat. 10973, fol. 13), Chargey et Purgerot avant 1160 (*ibidem*, fol. 11), Montigny en 1158 (Bibl. mun. Besançon, 2117, fol. 243), Malvillers v. 116O (Bibl. nat., Lat. 10973 fol 18 (*ibidem*, fol. 3O et Arch. dép. Haute-Saône, H 320, sans date). A ces cinq églises, il faut ajouter celle de Bougey, paroisse dans laquelle s'élève l'abbaye de Cherlieu.

2. Au départ les moines reçoivent fréquemment des *chaudières en fer et en muire*, c'est-à-dire de l'eau salée qu'ils cuisent à leurs propres frais, tandis qu'au XIIIe siècle, ils se contentent de percevoir des revenus en sel.

3. VIARD (P.), *Histoire de la dîme ecclésiastique dans le royaume de France aux XIIe-XIIIe siècles (1150-1313),* Paris, 1912 ; GANSHOF (F.-L.), La dîme monastique du IXe au XIIe siècle, dans *Cahiers. Civ. Méd.,* 1968, p.413-420 ; RENARDY (C.), Recherches sur les restitutions ou cessions de dîmes aux églises du diocèse de Liège du XIe au début du XIVe siècle, dans *Le Moyen Age,* 1970, p. 205-261 ; RENARDY (C.), Synodes, juridictions de paix et cessions de dîmes aux églises, XIe-XIVe siècles, dans *Le Moyen Age,* 1975, p. 245-264.

domestique, celles de leurs charrues à Bougey et à Oigney », tandis que les frères du
Val Saint-Jean se voient remettre par le chapitre, contre un cens récognitif, « toutes
les dîmes revenant à l'église de Thervay sur ce qu'ils pouvaient cultiver de leurs
mains ou avec six bœufs » [1].

Après leur affiliation à l'Ordre, ces établissements conservent leurs privilèges,
tandis que les nouvelles abbayes profitent des mêmes avantages, soit qu'elles les sollicitent, soit que, la plupart du temps, l'initiative vienne de l'archevêque ou des particuliers : dès 1121, l'abbaye de Saint-Oyend remet à saint Bernard les dîmes perçues à
Saint-Usage à condition toutefois que les cisterciens de Clairvaux gardent la propriété de la terre et la travaillent de leurs propres mains à la bêche ou à la charrue :
« si cette abbaye vient à tomber dans le relâchement que l'on voit dans certains monastères, la présente donation se trouve annulée » [2]. De son côté, Anseri intervient
plusieurs fois pour exempter Bellevaux des dîmes, en abandonnant ses propres droits
et en obtenant le désistement de certains prêtres [3].

Comme dans d'autres diocèses, cette initiative de l'épiscopat en faveur des cisterciens crée un courant d'opinion, une tradition que la papauté ne tarde pas à sanctionner de son autorité : ainsi, Innocent II ne fait-il que consacrer un usage de plus en
plus général, en exemptant les moines blancs de cette redevance pour les terres qu'ils
travaillent « de leurs propres mains ou qui servent à la nourriture de leurs animaux » [4]. D'ailleurs, la papauté ne réserve pas ces dispositions aux seuls ordres nouveaux, puisque Pascal II les avait déjà utilisées pour d'autres et que les bénédictins de
Luxeuil en bénéficiaient : « Comme ils partagent la vie communautaire, écrit Célestin II au sujet des moines de Luxeuil en 1144, qu'ils doivent vivre des aumônes et de
la charité des autres, sans que dommages ni préjudices ne grèvent leurs biens, nous
décidons que sur les terres (de laboribus) que vous travaillez à vos propres frais, nul
n'ose exiger de vous ni recevoir de dîmes » [5].

Cependant, les cisterciens ne rencontrent pas toujours la même compréhension
auprès des décimateurs habituels, monastères ou laïcs, soucieux de préserver leurs
ressources et inquiets de ces pertes de revenus, qui alourdissaient d'autant leurs
charges. Tout le monde connaît la longue et dure querelle que suscite à ce sujet, dès
1134, le prieuré clunisien de Gigny contre l'abbaye cistercienne du Miroir et qui se
greffe sur la controverse Cluny-Cîteaux [6]. Comme les moines blancs avaient construit une grange à Gisia, sur un territoire dont Gigny était décimateur, ils refusèrent
de verser la redevance, malgré les réclamations pressantes des clunisiens ; très vite, la
querelle déborde le contexte local par l'intervention des plus hautes autorités (saint
Bernard et Pierre le Vénérable), qui ne parviennent pas à apaiser les esprits, jusqu'au
jour où la manière forte l'emporte sur les arbitrages : en 1150, les moines de Gigny
n'hésitent pas à brûler la grange de Gisia, au grand scandale des uns et des autres.

---

1. Bibl. nat., lat. 10973, fol. 9 et Arch. dép. Jura, 15 H 11.
2. *Gallia Christiana*, IV, instr. 15 ; WAQUET (J.), *Recueil des chartes de l'abbaye de Clairvaux (XIIe siècle)*, I, Troyes, 1950, p. 3.
3. Arch. dép. Haute-Saône, H 47, 206, 205.
4. Bulle du 10 février 1132, dans *P. L.*, 179, col. 122. La formule est reprise par Innocent
   II dans une bulle du 14 avril 1139 pour Bellevaux (WIEDERHOLD, *Papsturkunden...*, n° 12
   : *Porro de laboribus quos propriis manibus sumptibus colligitis sive etiam nutrimentis
   vestris, a vobis decimas exigi omnino prohibemus.*
5. W. WIEDERHOLD, *Papsturkunden, La Franche-Comté*, n° 23.
6. B. GASPARD, *Histoire de Gigny*, Lons-le-Saunier, 1843, p. 41 et suiv. ; P. VIARD, *Histoire de la dîme...*, p. 200 et suiv. ; CONSTABLE (G.), Cluniac tithes and the controversy
   between Gigny and the Miroir, dans *Revue Bénédictine*, LXX (1960), p. 591-624.

Si le compromis de 1155 oblige les clunisiens à réparer leurs torts [1], il ne résoud pas entièrement les difficultés d'application de la bulle d'Innocent II, qui lèse les intérêts matériels de certains décimateurs.

A la même époque et dans l'espoir de prévenir de tels affrontements, les cisterciens prennent, en effet, l'habitude de payer cens ou compensation aux églises qui, sans cela, se trouveraient frustrées d'une source plus ou moins importante de revenus. La papauté prend conscience à son tour de toutes ces données, puisque la période étudiée se termine sur des décisions contradictoires : en 1156, le pape bénédictin Adrien IV restreint l'exemption aux seules terres nouvellement mises en culture, les *novales*, alors que son successeur, Alexandre III, rend à l'Ordre l'exemption totale [2]. Loin d'être résolu, le problème se pose avec d'autant plus d'acuité dans la seconde moitié du XIIᵉ siècle, que les cisterciens manifestent moins de scrupules à l'égard des interdictions primitives. Il est donc évident que les premiers arrangements ou manquements signalés avant 1150 trahissent le désir conscient ou naturel d'atténuer leur rigueur et témoignent d'un affadissement de la sévérité initiale. En étudiant l'évolution des cisterciens après 1160, nous verrons les conséquences qu'entraînent ces accommodements et le changement d'esprit qui s'infiltre dans l'Ordre : on en vient à ce que l'on peut appeler l'abandon des principes, qui conduit progressivement à des mutations, dont les premières se manifestent en matière économique [3].

Exemption   Parallèlement à ces questions matérielles et à leur attitude vis-à-vis de la dîme, monastères anciens et nouveaux divergent encore sur leur degré de soumission envers le pouvoir épiscopal, dans la mesure où les premiers cherchent à s'y soustraire pour être rattachés directement à la papauté et jouir de l'exemption pontificale. Au début de leur histoire, les cisterciens affirment leur originalité en reconnaissant la juridiction de l'ordinaire et, dans son *De consideratione*, saint Bernard s'en prend même violemment à l'exemption, considérée comme une cause de désordre dans les institutions ecclésiastiques. Ses avis furent écoutés et si, de son vivant, les cisterciens bénéficient d'importants privilèges, ils n'échappent pas complètement à la vie commune du diocèse : c'est encore l'archevêque qui procède aux ordinations et aux bénédictions d'abbés, c'est lui qui consacre les églises et qui, dans ses confirmations générales, ne manque jamais de mentionner la réserve des droits épiscopaux.

Mais, progressivement, les particularités de leur observance amènent les cisterciens hors du statut commun : la tenue d'un Chapitre général et la visite annuelle de l'abbé-père rendent moins nécessaire la surveillance épiscopale, de même que leur refus des églises et du service paroissial restreint l'intérêt de leur présence au synode diocésain : dès 1132, Innocent II accorde à l'abbé de Cîteaux « qu'aucun archevêque ou évêque ne pourrait le forcer *nisi pro fide* à venir à son synode, pas plus lui-même que n'importe quel abbé de l'Ordre », privilège parfois confirmé à certaines abbayes, dont Bellevaux, sans qu'il faille y voir la moindre suspicion à l'égard de l'archevêque, Humbert [4]. En évitant d'accumuler à son profit des privilèges, dont certaines per-

---

1. Texte du compromis dans B. GASPARD, *Histoire de Gigny*, p. 645 : exempté de la dîme, Le Miroir doit leur verser une rente de soixante-dix sous de monnaie lédonienne.
2. Bulle du 11 juin 1156, *J.L.*, n° 10189 et MAHN (J.-B.), *L'Ordre cistercien...*, p. 107.
3. C. HIGOUNET en donne plusieurs exemples dans Le premier siècle de l'économie cistercienne, p. 363-364.
4. J.-B. MAHN, *Le gouvernement de l'Ordre*, p. 136, pour le privilège d'Innocent II, et W. WIEDERHOLD, *Papsturkunden*, *La Franche-Comté*, n° 12, pour Bellevaux : bulle du 14 avril 1139 : *Sancimus etiam ut nullus episcopus neque aliqua persona hominum ad sinodos vel ad conventus forenses vos invitos ire compellat.*

sonnes contestaient le bien-fondé, Cîteaux s'attire la bienveillance de la hiérarchie diocésaine, toujours jalouse de ses prérogatives, et se crée une image de marque qui contribue beaucoup à son rayonnement.

D. RAYONNEMENT

La propagation rapide et générale de l'Ordre jusqu'au milieu du xiie siècle constitue le meilleur témoignage de son exceptionnelle réussite. Si les résultats varient selon les régions, ils atteignent au comté de Bourgogne un niveau éclatant, dont nous voudrions mesurer l'ampleur autrement que par des critères économiques ou matériels : les bâtiments et le domaine qui constituent une abbaye n'ont, en effet, pas d'autre raison d'être que de subvenir à une communauté vivante d'hommes, qui s'essaient, avec plus ou moins de bonheur, à la perfection et qui remplissent une fonction religieuse au sein de la société chrétienne. Comment dès lors, saisir leur rayonnement spirituel ? N'est-ce pas utopique de vouloir mesurer une influence qui agit dans le secret des consciences et ne laisse guère de traces écrites ?

L'historien ne doit-il pas avouer son impuissance à apprécier à sa juste valeur le rôle de ces hommes, à la fois contemplatifs et spécialistes de la prière, même s'il en comprend l'activité ? Trop préoccupés par les activités matérielles ou extérieures des moines, nous risquons d'oublier leur spécificité fondamentale : leur action spirituelle ; en réalisant sa vocation personnelle, le cistercien ne poursuit pas un but individuel ou égoïste, puisqu'il a la profonde conviction de coopérer au salut du monde entier ; il s'insère donc naturellement dans une société en marche vers Dieu et contribue par ses prières et ses mérites à racheter une partie des fautes de l'Humanité.

C'est parce qu'ils partagent ces croyances que les laïques cherchent auprès des religieux des remèdes pour leurs âmes et celles de leur entourage et qu'ils offrent en compensation des dons. L'afflux des aumônes constitue donc un signe indirect de leur rayonnement, à condition que l'historien ne se laisse pas abuser par le vocabulaire des chartes souvent déformant ou trompeur : toute transaction qui comprend une part, si minime soit-elle, de libéralité, est baptisée donation, si bien qu'en déguisant un pourcentage d'actes en dons, le scribe travestit les motivations profondes, du moins les rend-il encore plus inaccessibles et moins quantifiables. Il suffit d'avoir pratiqué quelque temps cette documentation du xiie siècle pour deviner les nombreux pièges qui attendent le statisticien : reprise des dons sous de multiples formes, disparité des actes, imprécision de la chronologie, etc. Pour être utilisée avec efficacité, la méthode exige une étude approfondie de tous les chartriers et des développements qui dépassent notre objectif. Au lieu d'argumenter avec ces preuves matérielles, nous avons préféré saisir le rayonnement cistercien à travers d'autres manifestations : le recrutement, la personnalité des premiers abbés et la création de filiales à l'extérieur du diocèse.

Recrutement

L'impact d'une abbaye dans la société de son temps se répercute au niveau du recrutement, à condition qu'il n'implique ni restriction, ni *numerus clausus*. Si les statuts des Chapitres généraux apportent de nombreux détails sur de telles pratiques à la fin du xiie siècle, le manque de renseignements pour la période antérieure invite à nous en tenir à la législation primitive et à exploiter les données locales. Bien sûr, les chartriers comtois ne livrent aucune liste exhaustive du personnel monastique, aucune indication chiffrée : aussi ne pouvons-nous admettre les estimations fantaisistes, habituellement avancées pour ébahir le lecteur trop crédule ou accentuer le caractère merveilleux de l'épopée cistercienne : six cents moines à Cherlieu, cinq cents à Bellevaux [1] ! Si la création de filiales suppose de l'abbaye-mère une disponibilité d'effectifs pour constituer le premier noyau de la nouvelle communauté, elle ne permet pas de fonder une estimation chiffrée : dans le cas de Bellevaux et de Cherlieu, les parrainages, qui s'étalent sur une dizaine d'années, doivent prendre en considération l'intégration des anciennes communautés ; en outre, la colonie initiale n'est pas obligatoirement prise au sein de la seule abbaye-mère.

Pour éviter le recours à des critères aussi discutables, mieux vaut revenir à des moyens plus traditionnels en exploitant les listes de témoins qui garantissent les transactions de cette époque. Nous avons tenté l'opération sur le cartulaire le plus riche en noms, celui de Rosières et, pour donner plus d'assises à notre enquête, nous l'avons élargie à tout le XIIe siècle. Entre les années 1160 et 1190, plus de quatre-vingt-dix religieux figurent sur cette liste de Rosières et, à ne prendre que ceux qui sont cités en même temps, nous arrivons à une vingtaine de profès et une dizaine de convers, donc à un total d'une trentaine de religieux. Si un tel chiffre n'a rien de commun avec les cohortes monastiques grouillant dans l'imagination de certains auteurs, ni même avec les deux cents ou trois cents moines qui ont peuplé Cluny [2], il paraît très raisonnable et vraisemblable pour le diocèse de Besançon : à cette même époque, les chapitres cathédraux ne dépassent pas la quarantaine, de même que de grands établissements comme Baume-les-Moines au début du XIIIe siècle. Or, avec ses six granges, Rosières fait figure de moyenne abbaye dans l'Ordre cistercien.

Etendue aux autres établissements avec les corrections qui s'imposent, la méthode révélerait mieux le caractère de cette vague monastique qui déferle sur le diocèse de Besançon vers 1130-1140. Ce chiffre minimal d'une trentaine, si modeste soit-il par rapport aux estimations fantaisistes citées plus haut, n'est point dépassé au XIIIe siècle, qui assiste au contraire à une réduction des effectifs ; durant l'âge d'or monastique, pendant lequel moines et convers travaillent de leurs mains, les abbayes supportent d'être très peuplées, alors qu'en se transformant progressivement en rentières du sol, comme leurs consœurs bénédictines, elles ne tardent pas à diminuer leur capacité numérique.

Les religieux cités dans les chartes de Rosières se répartissent inégalement entre moines de chœur et convers : le statut et le rôle spécifique de chaque catégorie sont trop connus pour que nous y insistions, d'autant que notre documentation n'apporte aucune conclusion nouvelle sur la sociologie de ces deux corps et sur leur place au sein du monastère. 51 convers pour 73 profès au cours du XIIe siècle à Rosières : cette évaluation correspond-elle à la réalité, alors qu'habituellement on a tendance à inverser le rapport en faveur des convers ? Doit-on supposer que, dispersés dans les

---

1. *Vie des Saints de Franche-Comté* IV, Besançon, 1856, p. 225.
2. Sur le problème si important des effectifs monastiques, nous renvoyons à l'article très judicieux et convaincant de dom J. DUBOIS, Du nombre des moines dans les monastères, dans *Lettre de Ligugé*, 134, 1969, p. 24-36 : l'auteur montre combien il faut se méfier des chiffres traditionnellement avancés et de la théorie selon laquelle « le nombre des moines a toujours été décroissant depuis la période des origines qui représente la prospérité et la ferveur » (Dom P. COUSIN, *Précis d'histoire monastique*, Paris, 1956, p. 346). Passant en revue les différents ordres, il essaie d'apprécier, en spécialiste de ces questions, les effectifs probables : moins de cent à l'époque la plus brillante de Cluny (les effectifs augmentent ensuite au XIIIe siècle), tandis que dans les abbayes cisterciennes " trente moines paraissaient un bon chiffre " (p. 28). Du même auteur, L'institution des convers au XIIe siècle. Forme de vie monastique propre aux laïcs, dans *I laici nella "societas christiana" dei secoli XI e XII,* (Mendola, 1965), p. 183-261). Le lecteur trouvera plus aisément accès à ces pages pénétrantes dans le volume de reprints édité sous le titre *Histoire monastique en France au XIIe siècle*, London, 1982.

granges ou accaparés par les tâches matérielles, ces derniers sont moins disponibles pour venir témoigner ? L'argument ne convainc pas dans la mesure où leur dispersion et leurs occupations les mettent plus facilement en contact avec le monde extérieur.

En faisant appel plus fréquemment aux dignitaires qu'aux simples moines, les souscriptions mettent en évidence le rôle des premiers : parmi les religieux de chœur appelés à donner leur témoignage, les deux tiers occupent d'importantes fonctions dans l'abbaye : abbé, prieur, cellérier, chantre, sacristain, sous-cellérier, sous-prieur, portier, grangier, plus rarement infirmier ou hospitalier, garde-robe. A cette époque, la charge de grangier n'est pas réservée à des convers, puisque plusieurs profès remplissent cette fonction. Parmi les observations qui se dégagent de la liste, la plus intéressante concerne la rotation rapide de ces responsabilités, qui changent fréquemment de titulaires : c'est frappant pour le prieur, beaucoup moins pour le cellérier qui a la charge du temporel et dont la formation ne s'improvise pas. En outre, le tableau esquisse une sorte de cursus de la carrière monastique suivie par plusieurs dignitaires : sous-cellérier, portier, cellérier, prieur, parfois abbé, avec quelques variantes intégrant le grangier. Quant aux abbés, la récolte de renseignements s'avère peu fructueuse, hormis le fait que ces investigations presque exhaustives complètent et renouvellent les listes dressées jusqu'à ce jour [1].

Contrairement aux abbayes principales (Cherlieu, Bellevaux, Balerne, Clairefontaine...), où les premiers abbés demeurent longtemps en place, Rosières voit défiler une douzaine de supérieurs en soixante-cinq ans ; mais comme leur carrière nous échappe, cette cadence rapide reste difficile à expliquer. Nous ignorons si le premier abbé, Bernard, sortait de Bellevaux ; en revanche, son homonyme, Bernard II (1168-1180), était auparavant *pelliparius* de La Charité [2], tandis qu'un abbé Etienne se retire à Bellevaux, autant de passages d'une abbaye à l'autre devenus des habitudes dans le monde cistercien [3]. Si leurs origines nobiliaires ne semblent plus faire de doute aux yeux des historiens, elles ne ressortent du cartulaire de Rosières que pour un seul d'entre eux [4].

Du côté des convers, la liste établie ne fait que confirmer les données générales : recrutement très local et spécialisation des fonctions. La plupart d'entre eux viennent des villages environnants, plus particulièrement de la région de Salins et témoignent dans des transactions qui concernent, soit la grange où ils vivent, soit leur contrée d'origine. En dehors du grangier responsable de l'exploitation, ils remplissent des tâches précises : pâtre, porcher, vacher et même viticulteur dans les celliers établis sur le vignoble, ce qui correspond au panorama des activités agricoles de Rosières ; par une curieuse lacune de la documentation, alors que l'abbaye dispose de ressources en muire non négligeables, au point de donner au xiiie siècle son nom à une saline de Salins (la Chauderette de Rosières), aucun responsable de la fabrication de sel ne se manifeste dans les chartes. De même, les archives restent muettes sur les modalités de recrutement des convers, sur leur formation religieuse, sur les rapports avec les moines ; quelques-uns, entrés sur le tard au monastère, ont un fils qui éventuellement témoigne à leurs côtés, tandis que Pierre d'Ivory, *donné* à l'abbaye vers 1170, s'y retrouve vingt ans plus tard à titre de convers.

---

1. De 1135 à 1165, Rosières compte successivement huit abbés, dont un seul occupe la fonction durant douze ans.
2. Bibl. mun. Besançon, Droz 43, fol. 63.
3. Est-ce ce même Etienne qui fut auparavant chanoine de Saint-Jean-de-Losne, puis sacristain de Rosières (*ibidem*, fol. 126) ?
4. Jean, vers 1162-1166, qui a deux frères chevaliers (*ibidem*, fol. 6).

Par rapport aux multiples questions que pose l'étude du recrutement religieux et des moyens mis en œuvre, la modestie des résultats ne laisse pas de surprendre. Nous avons tenté une recherche élargie à l'ensemble des monastères comtois en mettant sur fiches tous les religieux cités aux xiiᵉ et xiiiᵉ siècles ; si longue soit-elle, l'entreprise confirme la richesse des renseignements qu'elle fournit dans des domaines très variés : liste des dignitaires avec leur carrière, étude onomastique, datation des actes par recoupement, relations entre abbayes..., mais, limitée au seul xiiᵉ siècle, elle ne permet pas d'application sérielle, ni ne répond exactement à nos préoccupations : origines sociales des novices, modalités de recrutement, formation, etc. Aussi avons-nous renoncé à traduire en pourcentage le nombre des moines sortis de la noblesse ou du clergé, tant les données fragmentaires risquaient de fausser la réalité du xiiᵉ siècle.

Une fois entrés au monastère, les religieux effaçaient-ils les barrières sociales ? Au moins dans le vocabulaire des actes, puisque l'appartenance aux ordres privilégiés n'est rappelée que si elle renforce la validité du témoignage, par exemple un moine qui dépose lors d'une donation familiale. Rares sont les mentions aussi explicites que celle de *Theobaldus, miles, frater Hugonis de Rosers, relicto seculo, factus monachus in Bellavalle,* ou celle d'Ardricus, moine de Rosières, tandis que son père Bonus s'est retiré à Bellevaux [1].

Seule donnée constante et banale dans son évidence : les moines proviennent d'une aire géographique d'autant plus restreinte que leur abbaye tient une place modeste ou exerce un rayonnement limité. La plupart des religieux de Rosières se recrutent dans un rayon de quinze kilomètres autour de l'abbaye, mais de façon très inégale, puisque la région occidentale accuse un vide très net, alors que les bourgades urbaines et rurales de l'est concentrent l'essentiel des novices : c'est là que se trouve la plus forte population, là que se groupent les principaux centres d'intérêts (sel, vigne, commerce), là que Rosières a établi ses granges qui relaient dans le pays l'influence de l'abbaye. Aussi n'est-il pas étonnant que Salins, Grozon et Arbois se distinguent du plat pays, d'autant que Rosières représente dans la région le nouveau monachisme.

Quant aux noyaux dispersés, ils s'expliquent moins par le hasard que par le jeu des relations familiales : dans l'extrême sud du Jura, le monastère a obtenu des terres de la part des seigneurs de Dramelay (vers 1160) et ne tarde pas à y édifier une grange qui joue le rôle d'agence de recrutement ; sise à plus de quatre-vingts kilomètres de l'abbaye — alors que la législation primitive prévoyait la possibilité pour les convers de regagner en un jour la maison-mère — et dans le diocèse de Lyon, cette grange de Vescles draine vers Rosières moines et convers, sans tenir compte des circonscriptions ecclésiastiques et cet exemple montre opportunément que la rivalité des monastères doit prendre en considération le réseau de prieurés et de granges, véritables succursales par lesquelles chacun déploie ses unités sur le terrain [2].

Dans le cas de Bellevaux, fille aînée de Morimond et mère elle-même de plusieurs établissements, le recrutement perd de son caractère strictement local pour une dispersion plus nette, due sans doute aux moines des filiales qui se retirent chez elle,

---

1. Arch. dép. Haute-Saône, H 205, acte de 1159 pour Theobaldus, et Bibl. mun. Besançon, Droz 43, fol. 7 pour Ardricus.
2. Cette création de Vescles, loin du monastère, ne manque pas de surprendre : pourquoi les Dramelay, possessionnés aussi dans la région de Salins, ont-ils favorisé l'érection d'une grange de Rosières à proximité de leur château ? Le problème n'est pas simple et montre que, même à ce niveau, bien des questions restent en suspens (Arch. dép. Jura, 19 H 12).

sans oublier les coïncidences : alors qu'elle n'a pas d'intérêts matériels à Salins, elle reçoit des novices de cette ville. Il n'est donc pas toujours facile d'utiliser ces critères du recrutement pour rendre compte du rayonnement d'une abbaye, car ils répondent à des stimulations très variables et pas toujours explicables.

Personnalités

Si les nouveaux monastères profitent pleinement du courant qui sous-tend l'ascension de Cîteaux et de ses émules, ils n'exploitent pas cette adhésion de la même façon, parce que, là encore, l'action des hommes joue un rôle déterminant ; parmi eux, les abbés qui ont la responsabilité de guider et d'animer la communauté. En effet, l'influence de saint Bernard, de Gaucher de Morimond, est relayée au niveau diocésain par quelques personnalités, qui, par leurs mérites et leur valeur, ont laissé un nom dans les annales cisterciennes. La première génération de ces abbés se distingue des autres par des hommes remarquables à plus d'un égard : long abbatiat qui permet une action en profondeur, qualités d'entraîneurs d'hommes, culture religieuse intense, carrière parfois étonnante ; ainsi se signalent Ponce de Bellevaux (1119-1156), Burcard de Balerne (1136-1157), Pierre de La Charité (1134-1162), Guy de Cherlieu (1131-1153), Lambert de Clairefontaine (1132-1153), Nicodème de Theuley (1135-1152)...

Ponce   Le premier d'entre eux chronologiquement, Ponce de Bellevaux, préside à l'essor et à l'expansion de son abbaye, qu'il dirige pendant près de quarante ans : homme d'une grande activité, à en juger par les nombreux actes auxquels il assiste et les contacts qu'il entretient avec les abbés de l'Ordre et les prélats, il assure à son monastère une telle envergure que la tradition y fait vivre jusqu'à cinq cents moines, façon, nous l'avons vu, de valoriser le rôle et la filiation de Bellevaux. Qu'il soit issu ou non des seigneurs de La Roche-sur-Ognon, les fondateurs, peu importe ! son influence spirituelle complète à merveille son ascendance, dans les relations qu'il noue avec les princes de la région, avec les archevêques Anseri et Humbert ; saint Bernard lui-même, dans ses déplacements vers l'Italie, lui aurait rendu visite et laissé, en signe d'amitié, son étole. Dans la confirmation qu'il lui adresse en juillet 1131, Anseri lui exprime sa sympathie et son admiration : « Très cher frère dans le Christ..., l'église que tu diriges..., nouvellement fondée et justement célèbre par l'éclat de sa vie religieuse »[1], tandis qu'ailleurs revient plusieurs fois l'expression *venerabilis pater et dominus Pontius Bellevallis abbas*. Dans ses *Annales*, Manrique le qualifie « d'homme vraiment saint, associé aux miracles de saint Bernard », sans doute impressionné par le miracle que rapporte Geoffroy d'Auxerre dans sa *Vie de saint Bernard* : Ponce délivre un possédé du démon, en brandissant l'étole que lui avait laissée saint Bernard : « par le nom du Seigneur et par les mérites du saint homme à qui cette étole a appartenu, je t'ordonne de sortir sans délai »[2].

Guy   Tandis que Ponce assure dans le diocèse le succès de la branche de Morimond, Guy de Cherlieu associe son nom à celle de Clairvaux avec moins d'éclat et de prestige. Peut-être issu de l'importante famille des Durnes, qui étend ses relations de la Champagne à la Bourgogne, il se voit confier en 1131 la direction de Cherlieu : disciple et ami de saint Bernard, il le reçoit plusieurs fois dans

---

1. Arch. dép. Haute-Saône, H 47.
2. MANRIQUE, *Annales cist.*, I, p. 117. Sur le miracle, voir *AA.SS., Aug.*, IV, p. 306. La vie légendaire de Ponce est rapportée dans *Vies des Saints de Franche-Comté*, Besançon, 1856, IV, p. 245-257.

son monastère et assiste à deux de ses miracles rapportés par les biographes du saint [1]. L'insistance avec laquelle l'abbé de Clairvaux défend Guy contre les malveillances de Faverney ou du chapitre bisontin témoigne d'une estime réciproque profonde entre les deux personnages [2]. Dans une lettre adressée à Innocent II, il souligne son courage : « malgré les fatigues et les dépenses d'un long voyage et malgré les périlleuses conjonctions des temps, il a mieux aimé risquer sa vie que de la passer dans les alarmes et dans la privation de cette tranquillité qu'il a toujours chérie » [3].

A cet amour de la paix et à ce courage s'ajoutent le savoir et l'intelligence, qui valent à Guy d'être distingué et de contribuer à la restauration du chant liturgique : lorsque le Chapitre général charge Bernard de s'occuper de la correction de l'antiphonaire cistercien, ce dernier confie le travail à plusieurs disciples : Guy d'Eu, très versé dans le plain-chant, et Guy de Cherlieu qui fait précéder le résultat de son confrère d'un prologue ; par la suite, on eut tendance à attribuer au seul abbé de Cherlieu ce travail collectif où il n'eut cependant pas la part la plus active [4]. Le Ménologe de Cîteaux, comme les *Annales* de Manrique, font mémoire de lui au 23 septembre sous le titre de bienheureux : *In Gallis beatus Guido, abbas Cariloci, monasticæ humilitatis et paupertatis admirabilis emulator, qui, post multos labores, peregrinationes et molestias pro Christo et justitia sublatas, meritis dives, piissime obdormivit in Domino* [5].

Burcard   Non moins célèbre, l'abbé de Balerne, Burcard, jouit lui aussi de l'affection privilégiée de saint Bernard. Ancien moine de Clairvaux, il est placé en 1136 à la tête du monastère au moment délicat où ce dernier abandonne l'observance de Molesme pour les usages cisterciens. A peine a-t-il réalisé cette conversion que Burcard utilise le trop-plein d'énergie de son monastère pour fonder l'année même Buillon. Vingt ans plus tard, vers 1157-1158, sa compétence lui vaut de prendre la tête d'une des abbayes les plus importantes du diocèse, Bellevaux. Ce passage de la filiation de Clairvaux à celle de Morimond, quoique rare, n'a rien d'exceptionnel, puisque la *Carta Caritatis* admet l'éligibilité de tout moine cistercien. Mais, de même que Gaucher, prieur de Clairvaux, prend la direction de Morimond lors de la crise provoquée par la fuite d'Arnold, de même Burcard assume cette responsabilité à Bellevaux, au moment où le ciel comtois s'assombrit : la politique religieuse de Frédéric Barberousse provoque de sérieuses inquiétudes que ne tarde pas à justifier le schisme victorin, si préjudiciable aux intérêts cisterciens dans le diocèse. Chef de file des abbayes comtoises avec Cherlieu, Bellevaux se choisit alors, comme abbé, un homme connu par sa personnalité et capable d'éviter à l'Ordre les faux pas. Il est le troisième abbé du diocèse à figurer au *Ménologe de Cîteaux* (19 avril), avec le titre de bienheureux, alors que les Bollandistes le placent à la même date parmi les saints de l'Ordre « *rejectos vel pretermissos* » [6].

1. *AA.SS.*, *Aug.*, IV, p. 272 et 316 : guérison d'un adolescent vers 1131 et d'une dame impotente vers 1148.
2. *P.L.*, 182, Ep. 197-199, voir chapitre suivant.
3. *P.L.*, 182, Ep. 198.
4. Sur le rôle exact de Guy de Cherlieu dans cette réforme du chant, voir LA CROIX BOUTON (J. de), *Negotia ordinis*, dans *Bernard de Clairvaux*, 1953, p. 162 ; HUOT (F.), L'antiphonaire cistercien au XIIe siècle d'après les manuscrits de la Maigrange, dans *Rev. Hist. Eccles. Suisse*, 1971, p. 302-404.
5. HENRIQUEZ, *Menologium cisterciense*, au 23 sept. (à corriger par l'édition plus récente du P. S. LENSSENS, *Menologium cisterciense*, Westmalle, 1952).
6. Pour plus de renseignements sur Burcard, nous renvoyons au *Dict. Hist. Geo. Eccl.*, article de J.-M. CANIVEZ, X, col. 1229-1230 ; *Vies des Saints de Franche-Comté*, IV, p.

Sans nier ses mérites spirituels, ni ses qualités d'administrateur, la postérité a surtout retenu de lui ses talents d'écrivain et de théologien ; si ses œuvres ont disparu, le souvenir en subsiste dans la correspondance de saint Bernard et chez ses contemporains. Nous avons même conservé de lui la lettre qu'il écrit à Nicolas, ancien moine de Cluny, entré à Clairvaux avant de devenir secrétaire de Bernard ; Burcard se complaît dans les métaphores animalières pour affirmer son humilité ou bien joue sur le noir et blanc, couleurs des habits monastiques revêtus successivement par Nicolas : « Qu'il soit permis à un petit animal sans plumes de s'élever comme par échelons, jusqu'au premier des animaux emplumés. Mais la tortue osera-t-elle parler au chantre ailé ? La taupe peut-elle bondir avec le cerf ?... N'est-ce pas opérer un admirable changement que de revêtir de blancheur ce qui était noir auparavant, et d'élever celui qui était parfait à un état plus parfait encore ? Mais Il fait toujours bien ce qu'il fait Celui qui, en vous transformant, a, pour ainsi dire, blanchi un Ethiopien » [1].

Lambert   Un autre abbé comtois se distingue par sa carrière : il s'agit de Lambert de Clairefontaine (1133-1154), devenu successivement abbé de Morimond, puis de Cîteaux (1155-1161), tandis que son successeur à Clairefontaine, Aldeprand, accède lui aussi à la charge supérieure à Morimond [2]. Nous ignorons ce qui vaut à Lambert l'estime de ses contemporains : Clairefontaine n'a jamais été une grande abbaye et son chartrier contient peu de documents sur la période de son abbatiat. Néanmoins, le *Ménologe* cistercien, repris par Manrique, fait mention de lui au 12 juillet sous le titre de *beatus*. Il eut du moins la lourde tâche de définir l'attitude des cisterciens face aux prétentions de Frédéric Barberousse : avec Pierre de Tarentaise, il désapprouve la politique impériale qui conduit au schisme et, au Chapitre général de 1161, il engage résolument l'Ordre aux côtés d'Alexandre III, en sachant bien qu'il l'expose du courroux du prince ; l'année même, il démissionne pour se retirer à Morimond, où il meurt en 1163.

Un autre détail de sa vie mérite d'être rapporté parce qu'il illustre la grande solidarité qui unit les cisterciens, quelle que soit leur filiation : il s'agit d'une lettre écrite vers 1150, en commun, par les abbés de Clairefontaine, Bellevaux, Cherlieu, La Charité et Bithaine, à la célèbre abbesse de Spanheim, Hildegarde, qui s'était retirée au Mont-Saint-Rupert. La renommée de cette religieuse, que le ciel favorisait de communications mystérieuses, était parvenue jusque dans notre diocèse et les cinq abbés résolurent de la consulter pour lui demander des conseils et des prières : ils confièrent leur lettre à une femme noble de la province, qui, ne pouvant pas avoir

258-274 ; Burchard, erster cistercienser Abt in Balerne, dans *Cisterc. Chronik*, XXXV (1923), p. 145-147 ; B. CHAUVIN, Une nouvelle liste des abbés de Balerne au XIIe siècle, dans *Cîteaux.Comm. Cist.*, 1971, p. 105-125. Burcard est encore à la tête de Bellevaux en 1162-1163, Arch. dép. Haute-Saône, H 113, 133.

1. *Annales Cisterc.*, II, col. IX, ad ann. 1145.
2. GRILL (L.), Series abbatum Morimundi des XII[en] Jahrhunderts, dans *Cîteaux.Comm. Cist.*, 1966, p. 157-160. Lambert est abbé de Morimond en 1154, tandis que Aldeprand (dit aussi Aleprand, Alexandre), est abbé de Clairefontaine jusqu'en 1161 (Arch. dép. Haute-Saône, H 216) avant de passer à Morimond, 1162-1168. Sur Lambert, voir *Vies des Saints de Franche-Comté*, IV, p. 274-292.

d'enfants, désirait obtenir l'intercession de la sainte en sa faveur[1].

Grâce à ces fortes personnalités, les abbés de Clairvaux et de Morimond se trouvent épaulés par des fils spirituels d'incontestable valeur, qui, tant par leur action que par leur réputation, contribuent sans aucun doute à faire connaître et apprécier les moines blancs autour d'eux.

Essaimage

La vitalité des abbayes comtoises se manifeste aussi dans leur essaimage hors du diocèse. En effet, grâce à l'organisation prévue par la *Carta Caritatis*, tout monastère peut répondre à une demande de création en envoyant sur place une colonie de moines (douze théoriquement), qui forme le noyau initial de la future communauté. Cette filiation spirituelle, que nous avons mise sous forme de tableau, permet de mesurer le rayonnement des abbayes comtoises à l'extérieur du diocèse : elle se révèle à la fois féconde et caractéristique de la méthode cistercienne, puisqu'à partir des créations rattachées aux deux branches de Clairvaux et de Morimond s'esquisse un arbre généalogique qui se ramifie de plus en plus au cours du xiie siècle. De ce tableau se dégagent plusieurs observations.

D'abord, la plupart des créations extérieures se concentrent dans les décennies 1130-1150, au moment où l'essor cistercien atteint son apogée dans le diocèse de Besançon et où la rigueur primitive n'admet pas encore de compromission ; par la suite, elles prennent un caractère moins religieux, davantage lié aux conditions politiques ou économiques du moment, soit qu'elles favorisent l'ambition de quelques princes, soit qu'elles accompagnent la conquête de l'empire byzantin par les croisés.

La seconde observation porte sur l'inégale fécondité des abbayes ; la prolifique descendance de Bellevaux, de Cherlieu et de Lucelle contraste avec l'impuissance relative des autres : sept filles directes pour Lucelle, cinq pour Cherlieu et Bellevaux. Cette fécondité résulte-t-elle d'une prospérité matérielle, qui permette d'abriter une nombreuse communauté et d'en distraire aisément les cohortes fondatrices ? Si l'argument vaut pour Cherlieu et pour Lucelle qui comptent chacune une quinzaine de granges à la fin du siècle, il ne joue pas en faveur de Bellevaux. En réalité, des raisons complexes interviennent dans l'essaimage à l'extérieur : la position géographique de Lucelle à la frontière linguistique des parlers romand et germaniques fait de cette abbaye un trait d'union privilégié entre Cîteaux et l'Empire[2]. De même, les filiations des deux autres servent à propos les desseins de leur mère respective : Bellevaux amorce l'expansion de Morimond vers l'est, tandis que saint Bernard utilise Cherlieu pour ses projets savoyards et italiens.

Cette hypothèse rejoint la troisième remarque inspirée du tableau : l'essaimage des abbayes comtoises s'opère dans les zones d'influence réservées à Clairvaux et à Morimond. Les filles de Molesme se rattachent directement à la première, tandis que Lucelle rayonne dans les diocèses périphériques de Strasbourg, Augsbourg, Constance et Bâle ; à l'exemple de son métropolitain de Besançon, le diocèse de Lausanne accepte les deux branches, le partage s'effectuant suivant les circonstances et non d'après un plan prémédité : Montherond ou Théla est due à l'initiative de l'évêque Gérard de Faucigny, qui s'est tourné naturellement vers Bellevaux, avant que l'in-

---

1. MARTENE, *Amplissima collectio*, Paris, 1724, II, p. 1012.
2. L'exemple alsacien a été étudié par P. FRIEDRICH, Die Zisterzienser im Elsass, dans *Coll. Ord. Cist.*, 1934, p. 205-212 ; dans cette expansion de Lucelle, Bellevaux peut apporter son aide : Flovin, abbé de Salem, serait originaire de cette abbaye comtoise, où il avait été disciple de Ponce (*Vies des Saints de Franche-Comté*, IV, p. 293-296).

fluence bernardine ne se propage vers les Alpes[1]. Plus tard, l'évêque Guy de Maligny, apparenté à saint Bernard, à qui il doit peut-être sa promotion au siège de Lausanne, favorise la branche claravallienne à Haucrêt (1134), puis à Hauterive, où il autorise Guy de Cherlieu à établir une colonie de moines[2].

Mais l'expansion ne touche pas seulement les confins orientaux puisqu'elle se fait aussi vers le nord, en direction de la Lorraine, ou vers l'ouest aux environs de Langres. En Lorraine, le mouvement cistercien ne présente ni la même chronologie, ni le même dynamisme qu'au comté : sur les treize abbayes qui se fondent entre 1129 et 1151, deux sont féminines et près des deux tiers voient le jour après 1137, c'est-à-dire lorsque la vague a déjà traversé le diocèse de Besançon. D'ailleurs, deux d'entre elles sont parrainées par des monastères comtois : Haute-Seille vers 1140, dotée par la comtesse de Salm et affiliée à Theuley, Clairlieu que le comte de Vaudémont rattache, avant 1150, à Bithaine[3]. Si la Lorraine accuse un léger retard, elle le doit à son originalité par rapport à la Bourgogne : les cisterciens entrent en concurrence durant cette période avec les prémontrés, qui se montrent plus actifs (quinze monastères de 1135 à 1145 environ) et qui s'implantent de préférence dans la partie méridionale ; en outre, si la branche de Morimond y règne sans conteste, aucune de ses filles directes ne parvient à s'imposer à l'instar de Bellevaux.

A mesure que les créations s'étalent dans le temps, elles présentent, nous l'avons dit, une physionomie différente, qu'illustrent assez bien les cas de Beaulieu, et de Vaux-la-Douce fondées vers 1166-1168 à proximité l'une de l'autre dans la vallée de la Mance. Toutes deux n'ont jamais dépassé la taille de petits établissements, ce qu'explique probablement leurs origines. En effet, Vaux résulte de la transformation d'une grange de Clairefontaine en une maison conventuelle (1168) : à une époque de difficultés (schisme victorin), où se multiplient les incidents entre abbayes, elle semble répondre à la création de Beaulieu (166) par Cherlieu (branche claravallienne) ; dès 1170, une transaction s'avère nécessaire pour fixer les limites respectives des deux abbayes[4].

Ces péripéties, qui se déroulent à une date tardive, n'autorisent pas à projeter une éventuelle rivalité entre Morimond et Clairvaux pour l'époque antérieure, qui correspond à l'âge d'or cistercien : si les apparences plaident en faveur d'une telle hypothèse, les documents l'infirment, nous l'avons vu, sans équivoque : les bons rapports entre saint Bernard et Gaucher, la bonne entente entre Bellevaux, Cherlieu et leurs filles, les multiples échanges signalés précédemment, attestent bien au contraire une profonde solidarité cistercienne. En fait, et là nous touchons le problème plus général de la concurrence monastique, les relations ne se dégradent entre certaines abbayes

---

1. *Cartulaire de l'abbaye de Montheron*, édit. par F. GINGINS, coll. Mém. et doc. hist. Suisse romande, XII, Lausanne, 1854, p. 2. Pour la bibliographie, se reporter à *Helvetia Sacra*, III : *die Orden mit Benediktinerregel*, tome 3, 1 : *die Zisterzienser*, Bern, 1982, p. 312-340. La fondation se situe entre 1126 et 1130 et le monastère a été appelé successivement Grâce-Dieu, Thela, Montheron.

2. Sur Haucrêt, *Helvetia Sacra, ibidem*, p. 142-177 ; sur Hauterive, *ibidem*, p. 176-245.

3. M. PARISSE, *La Lorraine monastique,* p. 76. Les familles princières ont des liens avec le comté de Bourgogne (M. PARISSE, *Noblesse et chevalerie en Lorraine médiévale*, Nancy, 1982, p. 101-118).

4. Bibliographie sur Beaulieu et Vaux-la-Douce dressée par J. LAURENT et F. CLAUDON, *Diocèses de Langres et de Dijon*, tome XII de la coll. " Abbayes et prieurés de l'ancienne France", Paris, 1941, p. 369 et 371, ouvrage auquel on ajoutera, du côté comtois, celui d'E. AFFOLTER, *L'abbaye de Clairefontaine aux XIIᵉ et XIIIᵉ siècles*, Vesoul, 1978, p. 20. La grange de Vaux est citée en 1151 (Arch. dép. Haute-Saône, H 345).

voisines qu'après 1150, au moment où l'expansion temporelle conduit à la multiplication des granges, où les droits de parcours conduisent à l'affrontement des convers des diverses maisons et où la question des dîmes détériore les rapports avec les anciens établissements : sans atteindre une telle dégénérescence dans le diocèse, la querelle Gigny–Le Miroir a son équivalent dans les conflits qui opposent Baume-les-Moines à Balerne, Faverney à Cherlieu ou à Clairefontaine.

Une fois de plus, ces constatations mettent en évidence une période privilégiée, l'âge d'or cistercien, qui se prolonge jusqu'au milieu du XIIe siècle et qui se caractérise par une fidélité à l'idéal primitif dans un climat exemplaire de charité. Passé ce moment de ferveur, l'Ordre subit l'inexorable loi du temps qui érode les enthousiasmes les plus nobles ; par ailleurs, il ressent les méfaits d'une croissance trop rapide : pour éloigner toute tentation d'enlisement matériel et favoriser une plus grande homogénéité interne, le Chapitre général essaie, en 1152, de freiner l'essor en interdisant toute création. En vain ! Car, sans atteindre l'intensité précédente, le mouvement se poursuit encore, à la périphérie du diocèse ; à l'intérieur, ce sont les femmes qui manifestent alors le plus d'activité, en obtenant la fondation de plusieurs abbayes rattachées au Tart : après Collonges (vers 1139), Ounans et Corcelles (vers 1150), puis Montarlot (vers 1180) offrent aux femmes pieuses la possibilité de réaliser leur vocation religieuse conformément aux aspirations de Cîteaux [1].

Curieusement, le succès des moines blancs connaît aussi des limites : alors que, dans les diocèses voisins, beaucoup d'évêques sortent de leurs rangs, aucun régulier, fût-il cistercien, ne monte sur le siège archiépiscopal de Besançon [2].

En outre, si les fils de saint Bernard ont parfois occupé d'anciennes collégiales, ils n'ont pas éliminé, tant s'en faut, les chanoines réguliers qui, renforcés des prémontrés, les ont précédés dans le diocèse ; par leur succès, ils ont toutefois donné au nouveau monachisme un souffle jamais égalé jusque-là. En popularisant un idéal fondé sur l'ascèse et la pauvreté, ils n'ont cependant pas assouvi complètement toutes les aspirations qui s'exprimaient dans les expériences du début du siècle ; mais, loin de les étouffer, leur réussite semble les avoir fortifiées : au milieu du siècle, les premiers hôpitaux mobilisent les âmes charitables au service des nécessiteux, tandis que les moines-soldats venus de Champagne et de Bourgogne parcourent la région pour y fonder des commanderies de Templiers et d'Hospitaliers [3].

E. LA CHARTREUSE DE VAUCLUSE

Dans un éventail de professions de foi aussi large, les chartreux qui arrivent timidement vers 1140 passeraient inaperçus si ces *pauperes Christi*, comme les appelle Guibert de Nogent, ne symbolisaient tout le courant érémitique, fortement ressenti depuis la fin du XIe siècle. En réalisant un équilibre entre la solitude et un minimum de cénobitisme (cloître, office liturgique) et en proposant à ses disciples une vie tournée essentiellement vers la contemplation, saint Bruno avait expérimenté à la Grande Chartreuse une nouvelle voie de la perfection, voie originale mais difficile, d'autant que ni lui, ni ses premiers successeurs n'avaient mis par écrit les observances des chartreux ; cette tâche est accomplie par Guigues, le cinquième prieur (1109-1136), qui joua un rôle primordial dans l'organisation de l'Ordre.

M. Bligny a consacré d'excellentes pages à définir la spiritualité cartusienne et à

---

1. Voir livre III, chapitre V : Le sort des femmes pieuses.
2. CROZET (B.), L'épiscopat de France et l'Ordre de Cîteaux au XIIe siècle dans *Cah. Civ. Méd.*, 18 (1975), p. 263-268.
3. Livre III, chapitre IV : Les oeuvres de miséricorde.

retracer la lente et laborieuse expansion du mouvement[1]. Les chartreux prennent pied dans le siècle, comme les autres moines et ils y exercent une influence qui dépasse les environs de leur désert. En effet, plusieurs des leurs ont accédé à l'épiscopat : dès 1121, l'un d'eux occupe le siège de Belley, qui devient comme une annexe de la chartreuse de Portes et qui s'honore même d'une canonisation, celle d'Anthelme.[2] ; d'autres se plaisent à Grenoble, à l'exemple d'Hugues II (poussé par Guigues) en 1132, en Maurienne, à Vienne, à Die, etc. Toutes ces manifestations extérieures de puissance paraîtraient banales ou du moins conformes à l'histoire monastique, si les Chartreux n'étaient pas restés quantitativement très inférieurs aux grands ordres religieux : trente-neuf chartreuses en 1200. Il est vrai que leur concentration dans les Alpes et le Jura atténue cette infériorité, puisque le royaume de Bourgogne en compte à lui seul vingt-quatre à la fin du siècle.

L'expansion de l'Ordre en direction du Jura passe par le Bugey qui joue le rôle essentiel de relais, en abritant des communautés fort importantes : n'oublions pas que, lorsque Guigues rédige vers 1127 ses *Coutumes*, il les adresse à trois monastères du Bugey : Portes et Meyriat, situés dans le diocèse de Lyon, et Saint-Sulpice qui, peu de temps après, adopte l'observance cistercienne ; par leurs hésitations et leurs incertitudes initiales, ces maisons marquent une étape significative dans l'histoire cartusienne[3]. La formation de l'Ordre, son développement, ont été bien plus lents que celui de Cîteaux : jusque vers 1115, soit une trentaine d'années après la fondation de la Grande Chartreuse, il n'y a rien à part une création en Calabre. Le mouvement démarre à cette date, avec plusieurs fondations, dont Portes, et c'est précisément pour répondre aux besoins des nouvelles communautés que Guigues rédige ses *Coutumes* quelques années plus tard.

Plus que les péripéties d'installation, deux observations caractérisent ces premières créations dans le Jura méridional : aucune des trois ne se fait dans un *désert* vide d'habitants, où personne ne vient revendiquer de droits ; au contraire, leur histoire, est une suite continue de donations, de ventes, d'échanges ou de disputes, qui montrent que ces terres avaient auparavant des possesseurs et impliquaient une superposition de droits allant du tenancier au seigneur. D'où la seconde remarque qui découle de cette situation : plus que les cisterciens encore, les chartreux ont essayé de se constituer un domaine cohérent, où ils seraient absolument seuls, et, pour cela, ils ont accordé une attention toute particulière à la délimitation de leur *désert* : le pape Innocent II, leur grand protecteur, ne manque pas de confirmer les limites de Portes et de Meyriat[4].

Mais à l'intérieur de l'espace ainsi défini, tout n'appartient pas d'emblée aux

---

1. B. BLIGNY, *L'Eglise et les ordres religieux dans le royaume de Bourgogne aux XIe et XIIe siècles*, p. 245-318 ; du même auteur, *Recueil des plus anciens actes de la Grande Chartreuse (1086-1196)*, Grenoble, 1958 et Les Chartreux dans la société occidentale du XIIe siècle, dans *Aspects de la vie conventuelle*, p. 29-58.
2. Ponce du Balmey, fondateur de la chartreuse de Meyriat, évêque de Belley (1121-1130). Sur Anthelme, évêque de Belley (1163-1178), nous renvoyons au volume commémoratif : *Saint Anthelme, Chartreux et évêque de Belley, 1178-1978*, Belley, 1979.
3. Sur les chartreuses du Bugey et l'histoire monastique du Jura méridional, nous ajoutons à l'ouvrage précédent les articles de dom J. DUBOIS, Moines et monastères du Bugey, dans *Le Bugey*, 49 (1962), p. 1-63, et L'implantation monastique dans le Bugey, dans *Journal des Savants*, 1971, p. 15-31, qui comportent tous deux de nombreuses cartes.
4. Acte du 25 janvier 1136 pour Portes, édit. par D. LE COUTEULX, *Annales ordinis Cartusiensis*, I, p. 458 ; du 12 février 1137 pour Meyriat, édit. M.-C. GUIGUE, *Petit cartulaire de Saint-Sulpice*, Lyon, 1884, n° 7

chartreux, des enclaves subsistent, puisque le pape prend soin d'approuver à l'avance les acquisitions qu'ils pourraient y faire : cette situation explique certains conflits entre les religieux et les possédants exposés à une expropriation progressive et soumis à des contraintes qu'exigeait l'otium cartusien. Ces exemples permettent de mieux comprendre les modalités d'expansion de l'Ordre dans le nord du royaume de Bourgogne et les problèmes spécifiques posés par la création des chartreuses.

Après 1130, la progression continue de façon régulière, mais selon un rythme très modéré : la présence de chartreux sur le siège de Belley, les sympathies des comtes de Genevois, le caractère montagneux du pays favorisent la pénétration du Jura méridional et des diocèses limitrophes : Vallon en 1136, Arvières en 1140, Oujon en 1146. Le diocèse de Besançon est à son tour touché par le phénomène, puisque deux maisons s'implantent sur les plateaux méridionaux, en bordure de la Terre de Saint-Claude : Vaucluse vers 1139-1140, Bonlieu en 1170. Seule la première retiendra pour le moment notre attention, parce que la seconde se trouve étroitement associée aux péripéties du schisme victorin [1].

Vaucluse   Par son site, Vaucluse révèle le choix judicieux d'un désert jouxtant des régions variées et fortement humanisées. Entre le faisceau d'Orgelet qui prolonge au sud la côte de l'Heute et le Jura plissé proprement dit, s'étire le plateau de l'Ain dans lequel la rivière façonne une vallée très contrastée, s'élargissant au nord dans la Combe d'Ain, puis s'encaissant, au-delà de Pont-de-Poitte, en des gorges étroites, aujourd'hui noyées par le lac artificiel du barrage de Vouglans. A hauteur de Moirans, l'étreinte rocheuse se desserrait quelque peu : c'est là, sur la rive droite, que s'était fixée la chartreuse de Vaucluse, elle aussi engloutie sous les eaux du lac. Avant l'arrivée des moines, ces rives hostiles portaient le nom de *Mauvaise Vallée* ; en le transformant en *Vallée Close, Vaucluse,* ils n'ont pas cherché à en égayer le caractère, mais simplement à en faire leur désert.

Jusqu'à la disparition du site, un unique chemin pierreux, coincé entre la rivière et les pentes escarpées, conduisait aux bâtiments, en longeant la rive droite. En amont et en aval, quelques terres recouvraient les terrasses alluviales, tandis que sur les versants et le plateau abondent encore forêts et pâturages. En décrivant cette région telle que l'avaient laissée les chartreux, nous exagérons sans doute le caractère répulsif, car, avant leur implantation, fermes et villages encerclaient le *désert* ou se disséminaient à l'intérieur du domaine, tandis que les seigneurs voisins de Maisod, de Virechâtel, de Viremont, de Cernon..., s'en disputaient la possession. Donc, terres anciennement occupées, que les fondateurs durent partiellement acheter pour les offrir

---

1. La bibliographie de Vaucluse est donnée par R. TOURNIER, *L'ancienne chartreuse de Vaucluse (Jura),* plaquette éditée par E.D.F. avec l'agrément du Ministère des Affaires culturelles, Lyon, 1968, à la suite de circonstances particulières : en effet, la construction du barrage de Vouglans (1963) a créé un vaste lac artificiel qui a noyé la vallée de l'Ain sur une longueur de 35 km, depuis le Saut de la Saisse à Pont-de-Poitte, et les restes de la chartreuse se trouvent actuellement engloutis sous les eaux. La plaquette donne une description très précieuse des bâtiments des XVIIe et XVIIIe siècles, qui subsistaient en partie seulement ; pour la période antérieure, nous disposons d'une vue cavalière du XVIIe siècle, tirée du *Monasticon ou Maisons de l'Ordre cartusien*, I, Parkminster, 1915, p. 179. Les quelques pages que cet auteur a consacrées aux origines de la chartreuse s'appuient sur le diplôme (secondaire) d'Etudes supérieures de Cl. BRELOT, *La constitution du domaine temporel de la chartreuse de Vaucluse aux XIIe et XIIIe siècles,* Fac. Lettres Besançon, 1964, 47 pages dactyl. L'essentiel des sources se trouve aux Arch. dép. Jura, 27 H, fonds de Vaucluse (106 articles, XIIe s.-1790) en cours de classement ; nos références (provisoires) indiquent donc les cartons et les liasses.

aux religieux ; terres bordées aussi de chemins et de sentiers qui traversaient l'Ain à Crouillat ou à Cernon et qui servent de délimitation au domaine.

Dans quelles circonstances les chartreux obtiennent-ils la concession de ce *désert* ? Bien qu'elles ne précisent ni les modalités, ni la date de leur implantation, les chartes permettent de dégager plusieurs certitudes : le *domus Valliscluse fundator* est Hugues de Cuiseaux, issu d'un important lignage qui, avec les Andelot-Coligny, les Dramelay, les Thoire, les Montmorot, contrôle le sud du comté de Bourgogne ; si le berceau familial des Cuiseaux se situe dans le Revermont, entre Gigny et Le Miroir, Hugues possède aussi des biens dans la vallée de l'Ain puisqu'il se dit seigneur de Virechâtel et de Clairvaux (-les-Lacs), à proximité de Vaucluse. Ce que les chartes ne livrent point, ce sont les motivations du fondateur : voulait-il rivaliser avec les Coligny qui avaient créé Le Miroir ? Pourquoi choisit-il les chartreux de préférence aux cisterciens ? Nous ne pouvons retenir l'hypothèse d'une hostilité qu'auraient manifestée à l'égard de ces derniers les bénédictins de Saint-Claude, dont la Terre englobait une partie du domaine vauclusien : trop d'affinités et de points communs unissaient moines blancs et chartreux pour rendre vraisemblable cette supposition.

C'est plus tard après 1170 seulement, que l'abbaye de Saint-Oyend s'opposera à l'encerclement et à la pénétration de sa Terre par d'autres religieux. En revanche, la chartreuse du Vallon en Chablais, région en fréquentes relations avec notre diocèse, pourrait bien avoir inspiré la décision d'Hugues de Cuiseaux, car un traité d'association, conclu entre Vallon et Vaucluse en 1180, suggère un lien de filiation entre elles : *Hec enim domus ambe matres et filie fuerunt et utraque ex altera processit* [1]. La première ayant vu le jour en 1136, la fondation de Vaucluse peut se situer, par recoupements, vers 1139-1140.

Aussitôt sa décision prise, Hugues de Cuiseaux intervient activement *ut ibi ordo Carthose teneatur nec alii ordini detur nec alius ordo ibi mittatur* [2] et les actes montrent sa préoccupation majeure à composer un domaine suffisant à l'installation des chartreux. Une fois de plus, la dotation temporelle s'avère décisive et se traduit par la délimitation précise du domaine concédé. Hugues parvient à leur donner en toute liberté la *Mauvaise Vallée* avec toutes les terres qui s'étendent sur le versant occidental de la vallée de l'Ain [3]. L'archevêque Humbert, puis le pape Anastase IV confirment l'acte de leur autorité et interdisent à quiconque de construire à l'intérieur de ces limites église, grange ou maison sans l'autorisation des religieux [4].

Désormais, comme chez les chartreux du Bugey, s'esquisse une double démarche de la part des moines : acquérir toutes les terres et les droits à l'intérieur du périmètre fixé et porter toujours plus loin les limites initiales. J. Dubois a bien montré que ces dernières « ont été tracées non autour de terrains qui appartenaient aux chartreux, mais autour des terres qu'ils estimaient nécessaires pour se constituer un désert » [5].

Aussi voit-on divers particuliers abandonner de leur propre gré ou sous pression monastique leurs droits à l'intérieur du périmètre initial : les prêtres de Maisod et de Charchilla, puis Guillaume de Maisod, Guillaume de Charchilla [6], les abbayes de

---

1. Arch. dép. Jura, '27 H, XI, 1 /12.

2. *Ibidem*, XI, 1 /13.

3. *Ibidem,* XI, 1 / 13.

4. 26 janvier 1154, *ibidem*, XI, 1 / 1.

5. J. DUBOIS, Les limites des chartreuses, dans *Bull. Soc. nat. des Antiquaires de France*, 1965, p. 186-197, citation p. 189 ; ajouter à titre d'exemple, du même auteur, Le domaine de la chartreuse de Meyriat, dans *Le Moyen Age*, LXXIV, 1968, p. 459-493.

6. Arch. dép. Jura, 27 H, XI, 1 /5.

Saint-Claude et de Château-Chalon. Parallèlement à ces expropriations, le monastère parvient à agrandir son désert grâce à des donations complémentaires des Cuiseaux ou d'autres seigneurs : élargissements progressifs qui englobent successivement les fermes de Chava et des Fenils, une partie de la rive gauche de l'Ain prise sur la Terre de Saint-Claude, puis l'étang et la ferme de Verglas avec le Mont Thiel, etc. [1]. S'y ajoutent même des droits de parcours pour les troupeaux des religieux sur des terres extérieures et enfin, après 1170, des biens dispersés dans les environs, si bien qu'à la fin du XIIe siècle le temporel de Vaucluse se décompose ainsi : le désert de Vaucluse, le vignoble de Cuiseaux appelé à un grand développement, un noyau de terres cultivables à Sarrogna et des droits de parcours dans tous les environs.

Si cette implantation des chartreux dans le diocèse de Besançon doit beaucoup aux seigneurs de Cuiseaux et à leurs vassaux, elle révèle aussi l'attitude coopérative des établissements monastiques, en particulier de Saint-Oyend, qui, loin de jalouser ces nouveaux venus, leur ouvre sa terre. Après avoir vendu à Hugues la grange de Bonnans, l'abbaye confirme et élargit au temps de l'abbé Humbert (1147-1149), la concession primitive en donnant aux chartreux tout ce qui lui appartenait sur les deux rives de l'Ain, sous certaines conditions : « Si lesdits frères — pourvu que non — quittent un jour ce lieu ou bien s'agrègent à un autre ordre, tout ce que l'abbé avait cédé retournera à son abbaye » [2]. Quelques années plus tard, l'abbé Odon II y ajoute le droit de pâturage sur toutes les terres du monastère [3]. De leur côté, les moniales de Château-Chalon abandonnent les mêmes droits sur leurs biens en amont de Vaucluse [4]. Comme dans le Bugey, l'implantation de la première chartreuse se fait avec le consentement et la participation des abbayes voisines.

Avec Vaucluse, le mouvement cartusien poursuit l'investissement du massif jurassien, commencé dans le Bugey vingt ans plus tôt. Sur le versant helvétique, déjà entamé par les chanoines réguliers et les cisterciens, d'autres disciples de saint Bruno réussissent à trouver un désert, au pied du Mont Pelé, non loin du col de Saint-Cergue, à Oujon : c'est en 1146 que les seigneurs de Mont, aidés par les comtes de Genevois et les sires de Gex, encouragés par l'évêque de Lausanne, leur donnent la *terre de Saint-Israël* pour y construire une chartreuse [5]. Là encore, l'abbaye de Saint-Claude, dont la terre s'étendait jusqu'à proximité du nouveau monastère, témoigne de son ouverture en venant en aide aux solitaires, puisque les abbés Humbert et Adon, déjà bienfaiteurs de Vaucluse, exemptent Oujon de toute dîme et lui cèdent le droit de pâturage en divers lieux [6]. Ainsi les chartreux paraissaient-ils décidés à se lancer, aux côtés des chanoines réguliers et des cisterciens, à la conquête des hautes joux qui s'ouvraient à la colonisation et ils le prouvèrent un peu plus tard,

1. Bibl. nat., fr. 4775, fol. 106.
2. 1147-1149 : Arch. dép. Jura, 27 H, XI, 1./9 : en présence du grand prieur Archingaud, d'Anscherius, prieur claustral, d'Adon, doyen, d'Humbert, aumônier... donation d'Adon II avant 1161, *ibidem*, XI, 1 / 7.
3. Acte antérieur à 1161 : Arch. dép. Jura, 27 H, XI, 1 / 7.
4. Bibl. nat., Fr. 1775, fol. 109 : *Domina Petronilla abbatissa de Karoli Castro et totius ejusdem ecclesie sanctimonialium conventus...*
5. *Cartulaire d'Oujon*, édit. M. HISELY, dans la coll. Mém. et doc. Soc. Hist. Suisse romande, 1853, p. 12.
6. Confirmation de l'évêque Arduic de Genève. « Nous confirmons tout ce que l'abbé Humbert de Saint-Oyend, avec l'accord de son chapitre, a donné et cédé tant en dîmes qu'en pâturages, ce que, par la suite, Adon, abbé de ce monastère, a loué et confirmé avec l'accord de son chapitre » (*Cartulaire d'Oujon*, p. 1, et LE COUTEULX, *Annales ordinis Cartusiensis*, II, p. 51).

lorsqu'ils répondirent à l'appel des seigneurs de Montmorot et de Salins pour s'installer à Bonlieu, non loin de Grandvaux.

Curieusement, cette dernière création marque l'arrêt de leur progression vers le Jura septentrional et, déjà, nous l'avons dit, elle revêt un caractère différent des précédentes ; désormais, si la vie érémitique continue d'exercer son attraction, ce n'est plus dans le Jura ni dans le diocèse de Besançon qu'elle trouve son aire d'expansion, mais du côté de la Bresse. Pourquoi cet arrêt, alors que les *joux* offraient encore bien d'autres déserts ? N'est-ce pas un indice des changements qui atteignent ces régions montagneuses et qui frappent le monachisme traditionnel ? L'ère du monachisme est close et les rares créations postérieures ne modifieront guère la carte religieuse.

Mais, durant un demi-siècle, le diocèse a vécu l'aventure extraordinaire du nouveau monachisme, amorcée timidement par des expériences discrètes et triomphant avec l'éclatante réussite des cisterciens ; durant un demi-siècle, divers courants se sont exprimés et concrétisés par des réalisations multiples et, si le genre de vie adopté distingue juridiquement les chanoines réguliers des cisterciens et des chartreux, les oppositions ne sont pas en réalité aussi prononcées : plusieurs fois, nous avons décelé les hésitations des adeptes entre les usages de Cîteaux, l'observance de Prémontré ou les coutumes cartusiennes, tous représentant ces nouvelles voies de la perfection, mais chacun mettant l'accent sur un point particulier. Malgré sa diversité, le nouveau monachisme, entendu au sens large, constitue une grande famille, dont les membres ne sont point rivaux, mais complémentaires. Seule, cette solidarité rend compte de certaines anomalies apparentes, constatées dans la répartition géographique des maisons : l'observance des cisterciens et des chanoines réguliers dans la partie méridionale du diocèse posait un problème, que nous expliquons partiellement par la politique des grandes abbayes qui, au nord comme au sud, préservait leur espace territorial, en fonction des nécessités économiques. L'infiltration des chartreux amène à nuancer cette hypothèse et à étudier avec plus d'objectivité le comportement du monachisme traditionnel, face aux nouvelles aspirations religieuses.

CHAPITRE 4

DIFFICILE ADAPTATION
DES ANCIENS MONASTÈRES

En qualifiant d'*ère du monachisme* la période qui couvre les pontificats d'Anseri et d'Humbert (1117-1161), nous pensons surtout à l'exubérante floraison portée par les nouveaux instituts, qui submergent le diocèse et reléguent à l'arrière-plan les anciens monastères que, par simplification, nous appellerons bénédictins et clunisiens : même si l'emploi du premier terme s'avère ambigu, il demeure commode pour désigner les établissements antérieurs à Cluny, demeurés indépendants de tout ordre centralisé et unifié, et continuant donc d'avoir pour seule référence la règle de saint Benoît, sans aucune adjonction nouvelle [1]. Face à la nouvelle vague monastique quel sort est-il réservé aux maisons existantes ? Comment ces dernières supportent-elles la multiplication des couvents ? Subissent-elles les répercussions d'une éventuelle rivalité ?

Plus que jamais, resurgit la tentation d'une schématisation dualiste réduisant le problème à une querelle des anciens et des modernes et entraînant des jugements de valeur péremptoires : les nouveaux moines, les réformés, seraient, par définition, meilleurs que leurs prédécesseurs, puisqu'ils suppriment abus, désordres ; pour ce faire, ils reviennent à une interprétation plus stricte et plus rigoureuse de la règle et se posent en champions de l'orthodoxie ; de là, à considérer que les autres se trompent ou ont dévié, le risque existe et certains auteurs l'ont couru en taxant les anciens, sinon de décadence, au moins de relâchement et en parlant de défaillance du monachisme traditionnel, qui expliquerait les origines et le succès des courants réformateurs. A partir de cet a priori, il suffit de glaner les exemples des difficultés ou des crises susceptibles d'étayer ces affirmations.

Or, si les affrontements n'ont jamais manqué, ils prennent dans ces perspectives une valeur toute particulière, en incarnant le désarroi moral, le relâchement : la moindre querelle témoigne alors d'un esprit de chicane, caractéristique d'un enlisement matériel. La conduite d'un moine donne-t-elle lieu à un scandale occasionnel ? La preuve est faite du dérèglement de toute la communauté, ce qui exige une sanction : la déchéance. Quand saint Bernard dénonce la conduite d'un abbé de Faverney ou la situation de Saint-Oyend, quand Pierre le Vénérable essaie d'intervenir à Luxeuil, la crise ne fait plus de doute ; elle trouve son aboutissement normal dans le coup de main de Gigny contre Le Miroir ou dans l'odieux attentat de Baume contre un légat pontifical.

La réalité se réduit-elle à l'antinomie décadence-réforme, crise-réussite? Sans nier l'existence de difficultés au sein du monachisme ancien, nul ne peut plus se contenter d'une présentation aussi sommaire et édulcorée des faits, dont la complexité et l'enchevêtrement exigent une investigation plus approfondie. En effet, mis à part l'Ordre clunisien qui, par sa centralisation, jouit d'une forte homogénéité, les autres monastères, dits bénédictins, se caractérisent par leur autonomie : chacun d'eux aborde cette période dans une situation qui lui est propre et qu'il convient de

---

1. J. DUBOIS, Les moines dans la société du Moyen Age, dans *Rev. Hist. Eglise France*, LX (1974), p. 5-37, en particulier p. 8.

connaître pour comprendre son évolution ultérieure ; les uns, tels Baume, Saint-Oyend, paraissent en pleine ascension, tandis que certains, comme Luxeuil, rêvent de leur grandeur passée et que d'autres, tels les monastères périphériques, voient leur progression stoppée.

A partir de ces différences initiales, les réactions aux événements ne font qu'accentuer les écarts, elles mettent surtout en évidence une instabilité surprenante, qui bouleverse des positions que l'on croyait définitives et plonge brutalement dans les difficultés des monastères supposés prospères : moins de dix ans après la mort d'Aubry, dont l'abbatiat symbolise une sorte d'apogée, Baume-les-Moines affronte la phase la plus critique de son existence ; de même, l'état de Saint-Oyend se ressent fortement de la gestion de certains abbés, si bref soit leur passage à la tête de l'abbaye.

En fait, cette apparente instabilité traduit la nécessaire et difficile adaptation à un milieu changeant, à des conditions que la conjoncture spirituelle rend fluctuantes : rien n'est donc acquis, chaque situation évolue avec plus ou moins de rapidité et infirme toute classification trop rigoureuse. Une crise vient-elle à éclater ? Les causes en sont si variées qu'on ne peut conclure au dérèglement religieux sans un examen attentif de ses manifestations : une mauvaise administration, un incendie ou d'autres catastrophes naturelles compromettent gravement la vie communautaire. Pour l'avoir compris, Hugues Ier avait subordonné tout retour à la régularité à une stabilité des ressources matérielles. Souvent, un malheur n'arrivant jamais seul, les difficultés engendrent des dissensions au sein de l'établissement, dont elles menacent l'existence même : la fuite de l'abbé de Morimond en 1125 traduit effectivement son désarroi face au mécontentement de ses moines et son impuissance à résoudre les problème économiques ; de même, l'incendie de Gigny, qui survient en 1157, après l'épineuse affaire du Miroir, jette le couvent dans la consternation et l'accablement : comment ne pas voir dans cette épreuve une punition divine et surtout comment rétablir une situation financière très compromise ?

Outre la complexité des causes qui engendrent autant de réactions différentes, l'arrivée massive des Ordres nouveaux oblige les monastère traditionnels à soutenir leur rayonnement et à défendre leurs positions par des moyens mieux adaptés, c'est-à-dire par des efforts continus qui se prolongent sur plusieurs décennies. En effet, si la grande vague déferle entre 1130 et 1140, ses répercussions se prolongent au-delà de 1150, au moment où la conjoncture politique se dramatise avec le schisme victorin et incite plus d'une abbaye en difficulté à chercher le salut dans un engagement aux côtés de l'empereur ; cette tentation, qui n'est pas propre à l'époque, se retrouvera dans d'autres moments troublés, comme à la fin du xiie siècle.

Ainsi, à mesure qu'évolue le contexte général et que se réalisent les nouvelles aspirations religieuses, l'observance traditionnelle s'expose à apparaître inadaptée, voire périmée, si elle ne tente pas une certaine rénovation sur les points les plus contestés ; de ces efforts dépend le succès ou l'échec, c'est-à-dire la prospérité ou la crise. Si le premier résultat passe inaperçu, le second aboutit à des désordres variables, même à des révoltes qui entraînent pour l'abbaye la perte de son autonomie. Bien que, de ce point de vue, il n'y ait pas rupture au moment du schisme, mais persistance d'une situation qui ira en se dégradant, nous restreignons notre étude aux pontificats d'Anseri et d'Humbert, selon les limites adoptées au début de cette partie. Dans le cadre d'une problématique ainsi définie, il s'agit de voir comment l'ancien monachisme se comporte, quelle parade il esquisse pour défendre son identité et, éventuellement, par quels malaises se traduit son inadaptation.

A. Une attitude variable

Au début du XIIe siècle, le monachisme etait représenté dans le diocèse par deux courants : les monastères se satisfaisaient de la seule règle de saint Benoît, sans constituer de congrégation, ni former des structures fédératives, et les prieurés clunisiens rattachés un ordre fortement centralisé. A leurs côtés et en attendant l'éclosion des nouvelles tendances, se perpétuait le mouvement canonial, qu'Hugues Ier avait fortement revalorisé, mais que ses successeurs avaient cessé de privilégier, si bien qu'il demeurait stationnaire.

Bénédictins

Comme les chanoines, les moines ont profité des fruits de la réforme grégorienne, et l'on assiste, au début du XIIe siècle, à une vigoureuse poussée du monachisme bénédictin. Les résultats varient d'une maison à l'autre : tour à tour Luxeuil et Saint-Claude témoignent de ce regain de faveur, en obtenant d'anciens monastères en dépérissement (par exemple Cusance), en déployant une politique de récupération de leurs anciens biens, au besoin en redéfinissant leurs aires d'expansion [1]. La réussite de Saint-Oyend ne paraît pas discutable car, en ce début du XIIe siècle, elle est la seule à accéder au rang de grande abbaye, même si elle ne jouit pas du privilège d'exemption. Contrairement à Luxeuil elle conservait une vaste assise foncière, tandis que la gestion de ce patrimoine s'organisait jusqu'au milieu du XIe siècle autour de quelques grands domaines (cours, villas), Saint-Oyend adopte alors un autre mode de groupement, fondé sur les prieurés et les églises, dont le nombre permet d'apprécier l'emprise spatiale du monastère et l'ampleur de son rayonnement.

La progression se poursuit-elle au XIIe siècle ? L'hétérogénéité des sources impose une grande prudence en la matière. En effet, nous ne possédons pas de confirmations générales avant 1184, et les estimations antérieures résultent de données partielles. Malgré ces réserves, les chiffres sont éloquents, puisque les 152 églises qui gravitent autour de cette abbaye, font de celle-ci l'établissement le plus important ; tout en affirmant sa vocation essentiellement jurassienne, Saint-Claude rayonne avec une intensité presque égale dans les trois diocèses de Lyon, Besançon et Genève, tandis qu'elle maintient sa présence en Champagne et dans la vallée du Rhône. Ainsi, par rapport à Luxeuil, elle affirme au XIIe siècle une puissance remarquable : alors que la première, autrefois plus riche et mieux implantée dans l'empire carolingien, se trouve réduite au rang des monastères quasi ordinaires, Saint-Oyend fait grande figure à la tête d'une petite congrégation, ce qui ne lui évitera pas toutefois de connaître de graves difficultés au milieu du siècle.

Le même contraste différencie les autres monastères du diocèse, puisque Baume-les-Moines accentue sa progression, pendant que Saint-Vincent se contente de consolider sa récente création et que Lure poursuit une existence somnolente. Malgré son statut privilégié d'abbaye impériale, cette dernière ne parvient pas à renouer avec un passé réputé prospère et, comme Luxeuil, sa voisine, elle n'a pas profité de la réforme pour affirmer sa puissance : même si la destruction de ses archives interdit de longs commentaires, les douze églises qu'elle possède en 1178 la placent en queue de liste, loin derrière les autres abbayes, et sa taille de petit établissement la condamne désormais à un rayonnement très local [2].

---

1. Nous renvoyons au chapitre IV de la première partie.
2. Arch. dép. Haute-Saône, H 578, fol. 31 : confirmation d'Alexandre III.

Baume-les-Messieurs   Inversement, Baume réussit, au début du XIIe siècle, une percée remarquable : avec ses huit prieurés et ses soixante-cinq églises, elle prend une excellente place au sein du diocèse. Non seulement elle domine territorialement tout le sud-ouest mais, grâce à son bon renom, elle s'implante en divers points stratégiques, dont Pontarlier, Dole, Quingey, Scey et Besançon. Nous avons essayé précédemment d'analyser les raisons de ce succès, lié autant à la personnalité des abbés qu'à la sympathie des prélats, des comtes et de l'aristocratie en général ; par les prieurés castraux que l'abbaye implante à la demande de quelques grands lignages, elle resserre ses liens avec ces derniers et contribue au développement de plusieurs bourgades (Dole, Quingey, Poligny). D'ailleurs, son essor se poursuit sous le pontificat d'Anseri, à l'époque même où d'autres formes de vie religieuse concurrencent déjà les monastères enlisés dans une vie r-trop tradition-nelle : en témoigne l'acquisition d'églises et de chapelles — plus d'une vingtaine — qui la mettent en tête des établissements diocésains et qui correspondent à un rayonne-ment incontestable [1].

A cette époque, des liens privilégiés l'unissent au siège bisontin et montrent la confiance qu'elle inspire aux autorités locales : les chanoines de Saint-Jean la consi-dèrent comme la fille adoptive et spirituelle de leur église cathédrale, presqu'au même titre que Saint-Vincent de Besançon [2], et expriment par ce qualificatif l'aide et l'affection qu'ils lui portent. Tout semble donc réussir à cette abbaye également pro-tégée par les comtes de Bourgogne et si bien implantée dans le sud-ouest du diocèse qu'aucun autre établissement ne pourra s'y infiltrer. Comme elle ne cherche pas à franchir les rives de l'Ain, vers l'est, elle entretient de bons rapports avec Saint-Oyend [3]. Il est donc loin le temps où la petite *cella* de Baume subissait la loi de Gigny, sa sœur aînée : alors que celle-ci s'est volontairement intégrée à l'Ordre cluni-sien dès 1076, pour remédier à son dépérissement, la première sauvegarde son indé-pendance et affiche, sous Anseri, une prospérité qui la met à l'abri, semble-t-il, de toute concurrence.

Saint-Vincent de Besançon   Par ses origines comme par sa position, Saint-Vincent de Besançon fournit un autre exemple de l'ex-trême diversité que présentent les établissements, dits bénédictins, dans cette pre-mière moitié du XIIe siècle : fondation urbaine voulue dans leur propre cité par les archevêques de Besançon, elle se distingue de la plupart des autres créations, sises à l'écart des agglomérations, et bénéficie de l'aide constante des prélats. Plus que Baume, elle entretient un lien privilégié avec l'Eglise bisontine : si la première se considère comme une fille adoptive, Saint-Vincent se prévaut de la qualité de « fille aînée, née du sein de sa mère, l'Eglise de Besançon, élevée dans son giron » [4]. Mal-gré cette protection, elle n'opère cependant qu'une ascension modeste, sans parvenir à égaler Baume ni même Luxeuil : dotée, dès le départ, d'une quinzaine d'églises, elle ne réussit que péniblement à doubler ce nombre en une cinquantaine d'années ; il est vrai que son expansion territoriale, entre le Doubs et l'Ognon, se heurte à la préémi-

---

1. La charte de confirmation donnée par Anseri, le 8 avril 1133 (Arch. dép. Jura, 1 H 17, d'après une copie fautive de 1550) montre la progression de Baume.
2. Charte de 1139 (Bibl. mun. Besançon, Dunand 12, fol. 283), par laquelle Saint-Jean donne à l'abbé Aubri l'église de Vincelles.
3. Association de prières signées avec Saint-Oyend vers 1133 (Bibl. mun. Besançon, Droz 43, fol. 73).
4. Charte du 27 octobre 1144 donnée par l'archevêque Humbert : Arch. dép. Doubs, 1 H 78, publiée par J.-Y. MARIOTTE, *Le comté de Bourgogne...*, p. 198.

nence des chapitres bisontins et que les laïques manifestent peu d'empressement à son égard.

Néanmoins, Saint-Vincent dépasse le caractère d'abbaye urbaine, puisqu'elle se développe surtout en dehors de la cité et, par les possessions qu'elle obtient dans l'ouest du diocèse, elle freine la progression des abbayes périphériques : autour de la forêt de Chaux, elle tend à substituer son influence à celle de Saint-Bénigne de Dijon, tandis qu'au nord-ouest, elle concurrence à nouveau les moines dijonnais et l'évêque de Langres, par ses églises qu'elle groupe autour de Frasne ou de Bourbonne. De ce fait, sa création et son essor prennent un relief supplémentaire, sans toutefois lui assurer d'envergure : elle demeure au XIIᵉ siècle un établissement modeste, partagée dans ses ambitions entre le rôle qu'elle espère jouer au sein de la cité et le désir d'accélérer une expansion temporelle, trop lente à son gré ; ses deux ou trois prieurés ne doivent pas faire illusion, car, au début du XIIIᵉ siècle, ses abbés ne cessent de dénoncer la médiocrité de leurs revenus [1]. Du moins, sa modeste taille et son assise urbaine, jointes à son statut juridique, la protégeront plus aisément de la concurrence monastique, dont elle ne paraîtra pas trop souffrir.

Si les grandes abbayes périphériques ont, à la fin du XIᵉ siècle, accentué leur pression aux confins du diocèse, en particulier le long de la Saône, elles marquent ensuite très nettement le pas, à l'exception des établissements clunisiens qui opèrent encore une forte poussée. Nous avons vu les obstacles suscités à Saint-Bénigne, qui avait progressé, avec beaucoup d'habileté, le long des principales voies de communications, vers la haute vallée de la Saône ou le long de la route de Salins et Pontarlier : sans abandonner leurs possessions, les moines de Dijon ne gagnent plus de terrain dans le diocèse après 1115.

Avec leurs quatre prieurés [2] et une quinzaine d'églises, ils continuent, néanmoins, d'exercer une grande influence, d'autant que les comtes de Bourgogne leur conservent une réelle sympathie, qui remonte à l'époque d'Otte-Guillaume : le prieuré de La Loye, établi à la lisière de la forêt de Chaux, près d'une forteresse comtale, assure le relais entre ces derniers et la maison-mère, comme en témoigne la forte personnalité d'un de ses supérieurs, Guy de Reims. Mais la mort du grand abbé Jarenton (vers 1113) amorce incontestablement une perte de prestige et d'attraction, au profit du nouveau monachisme.

Clunisiens

De même, les établissements clunisiens ne poursuivent pas sous le pontificat d'Anseri la progression qu'ils ont connue au début du siècle. Cependant, par les prieurés qu'elle a fondés elle-même ou par les grands monastères soumis à son autorité, l'abbaye de Cluny a véritablement investi le diocèse : Bèze, Saint-Vivant de Vergy, Saint-Marcel de Chalon, Gigny, Nantua, Romainmôtier, ceinturent presque de toutes parts l'archevêché et poussent vers l'intérieur leurs églises qui, comme autant de pions, jouent un rôle de relais [3]. Chacun d'eux se taille une aire d'influence plus ou moins grande et toujours difficile à déterminer. En effet, la disparité des sources rend aléatoire toute comparaison et, pour bon nombre d'entre eux, la documentation ne commence réellement qu'au XIIIᵉ siècle : aussi avons-nous établi la carte des églises clunisiennes en étalant nos investigations sur ces deux siècles, afin

---

1. En 1213, Saint-Vincent obtient que son église devienne paroissiale pour subvenir à l'insuffisance de ses ressources : c'est l'origine de la paroisse de Saint-Marcellin (Arch. dép. Doubs, 1 H 20).
2. Enfonvelle, Serqueux, Saint-Marcel, La Neuve-Loye.
3. Voir la carte de "L'implantation clunisienne".

d'avoir une vision moins tronquée et plus équitable de ce réseau. Si les monastères périphériques contrôlent les confins diocésains vers l'intérieur, ce sont les prieurés, directement assujettis à l'abbaye bourguignonne, qui assurent la présence clunisienne, les uns anciens comme Vaux-sur-Poligny, la plupart ayant vu le jour au début du siècle : Vaucluse, Morteau, Chaux, Château-sur-Salins...

De cet ensemble disparate, nous ne retiendrons que les éléments susceptibles de caractériser l'évolution générale durant la première moitié du XIIe siècle. Sous les archevêques Anseri et Humbert, qui entretiennent d'excellents rapports avec Pierre le Vénérable, l'essaimage clunisien cesse, la seule exception concernant la pénétration de Saint-Vivant de Vergy (diocèse d'Autun), qui reçoit l'investiture de l'ancienne collégiale de Notre-Dame de Losne, apparemment en détresse.

Déjà l'un de ses chanoines avait coopéré à la fondation de Rosières, où il prit l'habit cistercien [1] ; en 1138, « mettant tout son espoir en la miséricorde divine et dans la règle des frères de Vergy, pour remédier à la désolation de ce lieu et lui redonner un meilleur état matériel et spirituel », l'archevêque Humbert le cède aux clunisiens, à condition que ces derniers maintiennent l'appartenance du lieu au diocèse. En effet, cette église Notre-Dame, sise sur la rive gauche de la Saône, relève de Besançon, tandis que Saint-Jean, sur l'autre rive, appartient au diocèse de Langres ; aussi Humbert exige-t-il du prieur que « chaque année, il vienne avec deux frères et deux capes à Besançon, pour y célébrer la fête du protomartyr Etienne, patron du diocèse » [2]. Après s'être substitué à l'ancienne collégiale, le nouveau prieuré procède à un véritable investissement de la région, profitant sans doute de l'intégration autoritaire dans l'ordre clunisien des prieurés baumois de Dole et de Jouhe en 1147 : quelque temps plus tard, cette influence se concrétise par l'apparition d'une succursale, Saint-Vivant-en-Amous, bientôt érigée elle-même en prieuré et en centre de gestion de nombreuses possessions qui gravitent autour d'elle [3].

A part cette substitution, qui s'intègre dans une perspective plus générale de Cluny, spécialisée dans le sauvetage des monastères en perdition, l'Ordre procède plutôt à un renforcement de ses structures administratives : les principales maisons organisent leur temporel autour de quelques églises, elles essaient de bénéficier des restitutions et développent sur le terrain les contacts avec l'aristocratie locale. Cette politique n'a rien d'original, puisqu'elle se pratique dans la plupart des ordres et aboutit à l'essaimage de prieurés castraux : Vaux-sur-Poligny, Château-sur-Salins, Mièges, etc., correspondent à ce type d'établissements et paraissent mener une vie somnolente, à mi-chemin entre la conventualité et la ruralité. Néanmoins, cet aménagement interne serait fort intéressant à suivre dans le détail, parce qu'il aboutit à la mise en place d'un réseau de prieurés, qui se retrouvent dans les pouillés de la fin du XIIIe siècle, mais la déficience des sources nous obligerait à une série de discussions fort érudites sur la probabilité de leur existence à l'époque que nous étudions.

L'exemple de Gigny est sur ce point caractéristique : le tableau de ses églises fait apparaître une douzaine de prieurés secondaires, qui se répartissent dans les deux diocèses de Lyon et de Besançon. Si leur présence est attestée au XIIIe siècle, nous igno-

---

1. Eudes, chanoine de Losne, frère d'Hugues de Changens, fait une donation à Rosières, *ipso die quando ibi factus est monachus* (Arch. dép. Jura, 19 H 10).
2. Transfert de Notre-Dame de Losne aux clunisiens en 1138, Bibl. mun. Besançon, Droz 32, fol. 331 ; sur la position de Losne, voyez J. MARILIER, Les droits épiscopaux de l'Eglise de Losne, dans *Mém. Soc. Hist. Droit...*, 1962, p. 185-201.
3. Les possessions apparaissent dans la confirmation d'Alexandre III à Saint-Vivant du Vergy (8 décembre 1178), qui énumère les églises de Saint-Vivant-en-Amous, dont Auxonne, Abergement-lès-Auxonne, etc. (*Bullaire de Cluny*, p. 75).

rons, en revanche, l'époque de leur création, d'où les confusions et les interpolations qui se greffent souvent sur des traditions discutables ou invérifiables : ainsi le prieuré Saint-Vincent de la Motte (ou Ilay), en qui certains auteurs voient la résurgence d'un hypothétique monastère du VIᵉ siècle, alors que les titres les plus anciens ne remontent pas au-delà de 1176[1]. Ce silence est encore plus gênant lorsqu'il occulte des origines et une évolution particulières, comme dans le cas de Morteau, qui tranche sur tous les autres établissements clunisiens par son rôle colonisateur important : établi avant 1105 dans une région jusque-là inhabitée, le prieuré procède à la mise en valeur économique du val et accorde, dès 1198, à ses habitants, un *record de coutumes*, qui témoigne du succès de l'entreprise[2].

De son côté, Romainmôtier poursuit des objectifs semblables, mais moins ambitieux : ses implantations à proximité du lac de Saint-Point constituent plus un relais vers la Chaux d'Arlier qu'une base de colonisation[3]. Ces activités de Morteau, accessoirement de Romainmôtier, prouvent que, comme les chanoines réguliers et les cisterciens, les clunisiens sont capables de lancer de grandes entreprises de défrichement, en attirant et en hébergeant des colons autour de leurs églises.

Pour le reste, si les quelques renseignements privilégient trop souvent les aspects temporels, ils montrent aussi que les prieurés clunisiens remplissent leur rôle de centres spirituels, qui, en échange de dons, assurent la prière pour les vivants et pour les morts ; parfois un détail révèle qu'ils pratiquent eux aussi les conversions de dernière heure et se transforment en maisons de retraite pour accueillir les hommes et les femmes qui désirent terminer leur vie à l'ombre du cloître, sous l'habit monastique, tel ce couple de nobles qui, vers 1140, se retirent à Mouthier-Hautepierre, en prenant toutefois la précaution de garantir leur choix : ils donnent au prieuré tout leur héritage, à condition que soit toujours observée à Hautepierre la discipline clunisienne et qu'un moine de Cluny ait la direction de l'établissement, sinon ils prendront leur retraite à l'abbaye-mère[4]. Bel exemple de croyance en l'efficacité spirituelle de cette dernière ! Est-ce un signe de vitalité et d'attraction sur le pays ?

Lors du déferlement cistercien, aucun prieuré ne change d'observance, aucun de ceux connus à cette époque ne disparaît, victime de la concurrence : leur petite taille, la vigilance de Pierre le Vénérable et la grande cohésion de l'Ordre facilitent sans doute leur résistance. Si le silence documentaire passe trop facilement pour un indice de léthargie, si la querelle Cluny-Cîteaux, amplifiée dans le diocèse par l'attitude de Gigny, tourne trop souvent à l'avantage des moines blancs, n'oublions pas qu'à cette époque l'Ordre clunisien conserve toute sa puissance, tout son prestige et le prouvera maintes fois dans les affaires de Baume et de Luxeuil. De ce tableau du monachisme à la veille du déferlement cistercien, on ne peut donc conclure à un contexte de crise, ni même parler de somnolence, puisque la plupart des maisons déploient une incontestable activité, témoin d'une bonne santé et d'une situation saine ; de même ne doit-on pas s'appuyer sur la défaillance de l'une ou l'autre pour mettre en doute la régularité et la bonne marche de l'ensemble : les clunisiens se portent bien, tandis

---

1. Abbé MAILLET-GUY, *Histoire de l'abbaye de Grandvaux*, Besançon, 1933, p. 20. Pour l'acte de 1176, se reporter à B. GASPARD, *Histoire de Gigny...*, p. 654.
2. Texte de 1198 pour Morteau, publié dans *Mém. et doc. inéd.... Fr.-Comté*, XI, p. 313.
3. Les établissements de Romainmôtier (vers 1120) se situent à Mont-du-Fourg et à Vaux : à la fin du XIIᵉ siècle, le premier est remplacé par les Cisterciens de Mont-Sainte-Marie, tandis que le second est transféré à Saint-Point sur les rives du lac, alors appelé Dampvauthier.
4. Besançon, Arch. dép. Doubs, Fonds de l'hôpital du Saint-Esprit, 53 J 67 : en échange, le couple donne à Hautepierre 16 meix.

qu'une plus grande disparité introduit des cas d'espèce chez les autres moines. Dans cette présentation sommaire, nous laissons de côté (une fois de plus) les branches féminines, tant leurs problèmes paraissent spécifiques [1].

Personnalités

Cette disparité ne crée d'ailleurs point de situation définitive, chaque établissement évoluant au gré de circonstances générales ou particulières, la plupart du temps inconnues quand il s'agit d'un contexte local. Mais souvent, les documents mettent en évidence le rôle et la responsabilité de l'abbé et, en cas de crise, tendent à faire de lui un bouc émissaire commode. Il est vrai que ses pouvoirs lui permettent d'influer directement sur les destinées de sa maison : par une gestion rigoureuse ou, inversement, par des dépenses inconsidérées, en veillant au respect de la stricte régularité ou se laissant entraîner dans des engagements politiques, il exerce une action indiscutable et importante, même si cela ne suffit pas à tout expliquer. Quelques personnalités se dégagent ainsi du lot commun.

Guy de Reims   Guy de Reims, prieur de La Nouvelle Loye vers 1130-1140, représente le type même de ces supérieurs influents, qui défendent avec efficacité les intérêts de leur monastère et lui assurent un rayonnement incontestable [2]. Si ses origines familiales et ses débuts à Saint-Bénigne de Dijon restent enveloppés de mystère, il sort de l'anonymat en prenant la tête d'un prieuré apparemment secondaire, situé à la périphérie de la forêt de Chaux ; il ne tarde pas à s'affirmer, dès lors, comme le porte-parole privilégié de son abbaye auprès des comtes de Bourgogne et des archevêques de Besançon. Une véritable amitié le lie à Renaud III, ce qui rappelle l'estime que le comte Raimond portait autrefois à Jarenton et, plus anciennement encore, l'affection d'Otte-Guillaume pour Guillaume de Volpiano : malgré la coupure que l'évolution politique du XIe siècle a établie entre le duché et le comté de Bourgogne, les princes comtois maintiennent les bonnes dispositions de leurs aïeux envers Saint-Bénigne [3].

Moine à Dijon, puis prieur de La Nouvelle Loye, Guy de Reims multiplie les rencontres avec Renaud III pour obtenir concessions ou reconnaissances ; nous le voyons plusieurs fois se déplacer à Besançon, Arbois, Dole, ou accueillir le prince dans son cloître, et chacune de ces visites se solde par un avantage pour son prieuré ou son abbaye : immunités judiciaires, confirmation de dons, droits de pêche, etc [4]. En échange, il remet au comte des assurances de prières ou parfois des cadeaux très appréciés, comme un palefroi avec la selle et le mors [5]. De telles relations ne manquent pas de surprendre, si l'on se souvient que La Nouvelle Loye est un modeste prieuré, dont le principal mérite réside dans sa proximité des châteaux comtaux et dans les liens qu'il assure avec Dijon.

Si Guy de Reims se satisfait de ce rôle discret au service de son monastère, d'autres n'hésitent pas en revanche à profiter des relations que leur procurent les liens

---

1. Nous renvoyons au chapitre V du IIIe Livre : " Le sort des femmes pieuses".
2. G. CHEVRIER et M. CHAUME (*Chartes et doc. de Saint-Bénigne de Dijon...*) ne lui consacrent pas de notice.
3. Dans un acte, vers 1140, Renaud III s'exprime ainsi : « Guy de Reims, alors prieur, que j'aimais particulièrement...» (P.-Fr. CHIFFLET, *Lettre touchant Béatrix*, p. 119 ; autre acte dans E. PERARD, *Recueil de plusieurs pièces curieuses...*, p. 229).
4. Principaux actes : Arch. dép. Doubs, 5 J 2 ; E. PERARD, *Recueil de plusieurs pièces curieuses..*, p. 227, 229, 230 ; P.-F. CHIFFLET, *Lettre touchant Béatrix...*, p. 111 ; G. CHEVRIER et M. CHAUME, *Chartes et doc. de Saint-Bénigne de Dijon*, II, p. 332, 325...
5. E. PERARD, *Recueil de plusieurs pièces curieuses...*, p. 229.

du sang pour obtenir des avantages : en 1123, Henri V renouvelle à l'abbé Hugues de Luxeuil, son *consanguineus,* les concessions de Pépin et de Charlemagne, en particulier la possibilité de commercer librement dans tout l'Empire, sans payer de péage ni de tonlieu [1]. Comment douter de l'influence déterminante des abbés, quand l'histoire en apporte de probants témoignages ? Laissons de côté les plus célèbres d'entre eux, les saint Bernard, Pierre le Vénérable, Jarenton de Saint-Bénigne, ou les nombreux fondateurs d'ordres ou de maisons cités au cours de notre étude, pour nous pencher sur de plus humbles, qui accomplissent un travail non moins remarquable dans leur monastère.

L'apogée de Baume-les-Moines coïncide avec l'abbatiat d'Aubry (vers 1107-1139), constructeur de la nouvelle église et artisan de son essor : homme de pacification à l'exemple de son archevêque Anseri, il reçoit de ce dernier de nombreux autels, qui attestent la confiance que lui porte le prélat [2].

Adon de Saint-Claude   Dernier exemple retenu pour illustrer la variété des cas : celui de Saint-Claude qui, en cinquante ans, voit défiler à sa tête trois personnalités très différentes : Adon I (1113-1147), Humbert (1147-1149) et Adon II (1149-1175). Contemporain du nouveau monachisme, le premier témoigne d'une ouverture d'esprit assez remarquable, qui le pousse à favoriser l'implantation des cisterciens et des chartreux : Clairvaux, Acey et la plupart des monastères voisins de sa Terre reçoivent des marques d'encouragement. Adon va même plus loin et, considérant sans doute que l'émulation pieuse ne doit pas engendrer de rivalités, mais favoriser l'entraide, il développe systématiquement les contacts avec d'autres maisons et signe un grand nombre d'associations de prières, qui resserrent les liens d'amitié, au total, une douzaine avec les grands monastères de la région : Ainay, Ambronay, Aulps, Saint-André-en-Viennois, Savigny etc... [3].

Si les dispositions pratiques envers les défunts varient, le même esprit anime ces touchantes unions de prières, qui resserrent les liens de charité entre les vivants et procurent d'abondants suffrages aux morts. Par là, Adon rejoint la cohorte de ceux qui militent pour une coexistence harmonieuse, pour le développement des relations pacifiques. Nous verrons toutefois que son abbatiat eut à résoudre plus d'un affrontement, toujours soulevé par des questions matérielles (possessions d'églises et de dîmes) mais pas toujours significatif d'une dégradation de la vie religieuse.

Après Adon, Humbert ne fait qu'un bref passage (1147-1149), suffisant toutefois pour marquer de son empreinte l'histoire du monastère : tout en poursuivant la politique d'association de son prédécesseur, il liquide plusieurs conflits et obtient diverses confirmations, soit des papes, soit des comtes de Champagne [4]. Les bons rapports qu'il entretient avec saint Bernard confirment l'impression du légat Amédée,

---

1. Bibl. nat., lat. 12678, fol. 369, ou Moreau 869, fol. 337.
2. *L'Abbaye de Baume-les-Messieurs*, p. 46 ; voyez en particulier la charte d'Anseri de 1133, acte intéressant et curieux qui énumère à Baume des églises secondaires qui n'apparaissent plus dans les actes postérieurs (Arch. dép. Jura, 1 H 17).
3. *Martyrologium jurense et Necrologium,* Bibl. mun. Besançon, ms. 767 (fol. 110-114) : Le Nécrologe a eu une double publication : par G. GUIGUE et J. LAURENT, dans les *Obituaires de la province de Lyon,* Paris, 1951, p. 310 et suiv., et par G. DUHEM et M. BERTHET, dans *Bull. Soc. Emul. Jura,* 1970, p. 131-218.
4. Confirmation d'Eugène III donnée à Langres (1148) : *Quoties illud a nobis,* Bibl. Berlin, Phillipps, 15, II, fol. 63 ; d'Henri, comte, fils de Thibaud, en 1149 : *ibidem,* fol. 65, et Bibl. mun. Besançon, Droz 42, fol. 112, et Arch. dép. Jura, 2 H I, 101, 24 ; la confirmation du comte de Champagne est obtenue à la demande de saint Bernard.

archevêque de Lyon, louant la piété qui anime les moines de Saint-Oyend[1].

De même qu'à Baume la mort d'Aubry précipite sans transition le monastère du Capitole à la Roche tarpéïenne, de même, Saint-Oyend traverse sous le successeur d'Humbert, Adon II (1149-1175), diverses épreuves et de graves désordres, qui provoquent la zizanie au sein de la communauté : face à ce retournement de situation, une chronique écrite quelques décennies après les événements en rejette la responsabilité sur le nouvel abbé qu'elle accuse de malversations et dont la réputation demeure à jamais ternie : « Adon ne parut être élevé à la dignité abbatiale que pour mettre en quelque sorte au pillage les biens du monastère. Ses dilapidations mirent le trouble parmi les frères ; quelques-uns prirent parti pour lui, la plupart récriminèrent »[2]. En réalité, l'abbé paraît victime des circonstances, ainsi que de la mauvaise foi du chroniqueur : il prend, en effet, la tête de l'abbaye au moment où des difficultés de toutes sortes (gênes matérielles, perte de prestige...) s'accumulent sur Saint-Oyend comme sur bien d'autres monastères et où l'évolution politique, exacerbée par le schisme, multiplie les causes de mécontentement. Aussi, avant de condamner la mémoire d'Adon et de ses semblables, convient-il d'examiner comment ils ont réagi face au nouveau monachisme et dans quelle voie ils ont engagé leur propre maison.

B. A LA RECHERCHE D'UN EQUILIBRE

Face au succès des aspirations religieuses qui régissent de nouvelles formes de vie communautaire (canoniale ou monastique), les anciens monastères n'ont pu rester indifférents : qu'ils se sentent ou non concernés par ces courants, qu'ils s'y opposent ou les encouragent, ils finissent par en subir le contrecoup, surtout après 1140, au moment de l'étalement de la vague ; qu'ils le veuillent ou non, ils doivent en supporter les effets, avec plus ou moins de bonheur selon les établissements. En effet, l'engouement pour la *voie étroite* conduit les fidèles à les délaisser quelque peu pour leur préférer les nouveaux venus : c'est vers ces derniers que se tournent beaucoup d'aspirants à la perfection, vers eux que vont plus facilement leurs libéralités, à eux que l'on recommande plus volontiers le salut des âmes. Face aux anciens, ceux-ci présentent, outre l'attrait de la nouveauté, la conviction d'une plus grande efficacité spirituelle. Si, d'une façon générale, la vie du cloître s'en trouve revalorisée, elle accuse cependant d'une maison à l'autre des contrastes plus prononcés : alors que les instituts récents bénéficient pleinement de cette promotion, les autres doivent défendre leur existence, soutenir la comparaison avec les premiers et répondre éventuellement aux critiques qui en découlent.

Attitude vis-à-vis des nouveaux

Débat Cluny-Cîteaux   Le débat entre Pierre le Vénérable et saint Bernard est trop connu, trop souvent cité, pour que nous en parlions autrement que par une furtive évocation[3]. En dehors des critiques dénonçant les abus qui s'étaient introduits à Cluny, chacun des deux auteurs s'ingénie en fait à défendre

---

1. Acte de 1147, dans Staatsbibl. Berlin, Phillipps, 1757, II, fol. 62, et A. VAYSSIERE, Le Livre d'or, ou Livre des vassaux de l'abbaye de Saint-Claude, dans *Mém. Soc. Em. Jura,* 1884, p. 220.
2. Texte qui précède les Miracles de Saint-Claude, dans *AA. SS., Jun.,* I, p. 652.
3. H. BREDERO, Cluny et Cîteaux au XIIe siècle : les origines de la controverse, dans *Studi Medievali,* 11 (1971), p. 135-175 ; Comment les institutions de l'Ordre de Cluny se sont rapprochées de Cîteaux, dans *Istituzioni monastiche e istituzioni canonicali in Occidente,* Milan, 1980, p. 164-202.

l'originalité de son Ordre et sa propre conception de la vie monastique : au nom de la lettre de la règle, Cîteaux s'insurge contre la richesse des monastères, contre l'alourdissement de la prière liturgique, contre l'abandon du travail manuel, tandis qu'au nom de l'esprit de la règle, Cluny justifie ces changements comme une nécessaire adaptation au temps.

Bientôt apaisée au niveau des principes, la controverse repart sur des questions matérielles quand, en 1132, l'abbaye cistercienne du Miroir refuse de payer les dîmes à sa voisine de Gigny, et que l'abbé de Cluny prend la défense de cette dernière, qu'il juge lésée par cette mesure [1]. Cette affaire ne concerne pas seulement les deux établissements rivaux, mais la plupart des monastères directement intéressés par ce débat, puisque les cisterciens ont obtenu d'Innocent II le privilège de ne pas payer de dîmes sur leurs terres : elle se greffe donc sur une opposition plus profonde entre le monachisme ancien, représenté par Cluny, et le nouveau, incarné par Cîteaux. Se déroulant aux portes du diocèse, elle ne peut laisser indifférentes les maisons comtoises, qui se heurtent aux mêmes problèmes ; non seulement leur progression est stoppée, mais leur situation matérielle ne tarde pas à ressentir le contre-coup de la réussite des cisterciens et, accessoirement, des prémontrés : recrutement plus difficile, donations moins nombreuses, en un mot rayonnement plus restreint.

L'on peut même avancer que les monastères diocésains se trouvent plongés au cœur des grands débats qui secouent alors le monde des réguliers : à la lettre que saint Bernard adresse à Robert de Châtillon, fait pendant celle de Burcard, abbé de Balerne, écrite à un moine nommé Nicolas, qui vient de quitter l'habit clunisien pour entrer à Clairvaux ; Burcard ne cache pas sa joie personnelle, ni la conviction que ce transfert constitue un progrès indéniable sur le chemin de la sainteté et du salut : «Je rends grâce à Dieu par qui tout se renouvelle, je Lui rends grâce de ce qu'Il a merveilleusement changé et renouvelé Nicolas. N'est-ce pas, en effet, opérer un admirable changement que de revêtir de blancheur celui qui était noir auparavant et d'élever celui qui était parfait à un état plus parfait encore » [2] ?

Aussi, convient-il d'approfondir cette question : face à un succès qui, par son intensité, tourne aisément à la concurrence, comment réagissent les monastères traditionnels ? Quelles relations entretiennent-ils avec les autres ? Du fait de leur autonomie et d'une situation de départ très variée, aucune ligne de conduite commune ne s'impose, ni aucune solidarité : chacun répond selon ses moyens et il paraît difficile de dégager des attitudes caractéristiques, du moins est-ce l'impression que nous retirons d'un examen attentif des liens qui s'établissent entre monastères après 1120 ; clunisiens et bénédictins, comme d'ailleurs les maisons canoniales, n'ont guère de dissensions et, vis à vis des nouveaux venus, oscillent, selon les époques et les circonstances, entre une bienveillance active et une opposition passagère ou un attentisme prudent.

Si les motifs de querelle se multiplient après 1160, il n'y a pas auparavant de comportement spécifique, de prise de position systématique. Bien que couvrant de leurs nombreuses églises une grande partie du territoire diocésain, les établissements clunisiens sont presque absents de cette première moitié du XIIe siècle : à part quelque rare geste de l'un ou l'autre prieuré envers des cisterciens, rien apparemment ne vient troubler leur quiétude, ni motiver un affrontement : ni opposition, ni coopération ! Évitons de mettre ce comportement sur le compte d'une indifférence, qui, dans le

---

1. G. CONSTABLE, Cluniac tithes and the controversy between Gigny and Le Miroir, dans *Rev. Bénéd.*, LXX (1960), p. 591-624.
2. *Annales Cistercienses*, II, col. IX, *ad annum* 1145.

langage religieux, se charge d'une connotation défavorable et parlons plutôt d'une co-existence pacifique de deux formes de vie monastique.

Faut-il attribuer cette harmonie à la vigilance de Pierre le Vénérable qui veille à la bonne marche de l'Ordre ? La réponse se situerait, de préférence, dans la petite taille des établissements clunisiens qui, en dehors de Gigny et de Romainmôtier, sis à la périphérie, comptent peu de moines, ou, comme Mouthier-Hautepierre et Morteau, se situent dans une zone de moindre densité monastique. Mais l'exemple de Vaucluse, qui se prête à des échanges avec Lieucroissant et applique envers Lucelle la législation sur les dîmes, montre que les divergences Cîteaux-Cluny ne dégénèrent pas obligatoirement partout en conflits.

Bénédictins   Les bénédictins, quant à eux, sortent de cette réserve prudente et font, pour la plupart, quelques gestes en faveur des nouveaux venus. Les querelles, qu'ils ont à soutenir, ne visent généralement pas ces derniers, mais d'anciens établissements : ainsi Luxeuil avec Saint-Bénigne, Cluny ou Saint-Evre ; Saint-Claude avec Molosmes, Nantua, Saint-Seine ou les prémontrés du Lac de Joux.

En revanche, Baume n'affiche pas de sympathie très prononcée pour les cisterciens, auxquels elle ne cède qu'à contrecœur : tandis que son prieuré bisontin de Jussamoutier rechigne à abandonner à Bellevaux les dîmes de Cirey, conformément à la législation pontificale, l'abbaye n'agit guère mieux à l'égard du couvent de Balerne, comme le montre l'affaire de Glénon, en 1146[1]. Dans ce village, qui disparaît par la suite, victime de la colonisation cistercienne, plusieurs établissements se trouvent possessionnés : Vaux-sur-Poligny, patron de l'église, Baume, qui y détient une terre importante, Balerne, qui y a pris pied récemment et semble avoir besoin de cette terre pour sa survie. Aussi l'abbé Burcard met-il tout en œuvre pour en obtenir la cession de Baume et n'y parvient-il qu'au terme de laborieuses négociations, très révélatrices des réticences bénédictines : multiples démarches, prières, interventions d'amis, dont saint Bernard lui-même, etc.

Finalement, les cisterciens parviennent à fléchir les moines de Baume et le texte établi à cette occasion est plein de sous-entendus significatifs : « J'ai longtemps demandé par moi-même, écrit l'abbé Burcard, et par de nombreux intercesseurs, cette terre qu'ils (les moines de Baume) ne lâchaient pas aisément, à cause d'hésitations diverses, comme cela se produit fréquemment. Finalement, mus par l'esprit de conseil et de piété, grâce aux prières et aux lettres antérieures de Bernard, abbé de Clairvaux, ils ont cédé à une pieuse et providentielle inspiration et ils ont donné cette terre à l'église de Balerne dans les conditions suivantes...»[2].

Face aux besoins des cisterciens en pleine expansion, les bénédictins de Baume ne manifestent aucun désir de coopération et le texte prouve implicitement qu'on a dû faire pression sur eux avant de les décider à l'abandon de la terre de Glénon, en échange d'un cens récognitif de leur droit. La solennité de la donation montre l'importance qu'attache Balerne à cette concession et les précautions qu'elle prend pour prévenir une volte-face des donateurs : tout se passe comme si les cisterciens avaient le pressentiment de ce qui allait survenir l'année suivante, avec la crise ouverte de Baume. Ce sont sans aucun doute ces coïncidences, qui ont amené certains auteurs à assimiler ces troubles à ceux que traverse Gigny à la même époque et à voir dans

---

1. Querelle de dîmes entre Jussamoutier et Bellevaux : Arch. dép. Haute Saône, H 139 ; sur l'affaire de Glénon, consulter *L'abbaye de Baume- les-Messieurs*, p. 49.
2. Donation de la terre de Glénon à Balerne : Bibl. mun. Besançon, Baverel 38, fol. 28. Texte traduit dans *L'abbaye de Baume-les-Messieurs*, p. 50.

cette affaire de Glénon une histoire de dîmes, que les documents auraient passée sous silence[1].

Les autres établissements bénédictins témoignent d'une compréhension beaucoup plus grande, même ceux qui, comme Saint-Oyend, défendent par ailleurs leur territoire contre toute intrusion. Les exemples significatifs ne manquent pas de concessions faites, la plupart du temps, contre un cens au moins récognitif qui sauvegarde les droits du donateur, ou contre une clause de retour, en cas de changement d'observance. Lorsque l'abbé de Saint-Oyend cède, en 1121, à saint Bernard, ses dîmes de Saint-Usage, il y met des conditions liées au maintien du nouveau style de vie monastique[2]. Même précaution à l'égard d'Acey, à qui Saint-Claude abandonne ses droits[3].

Ces conditions traduisent bien la considération qu'éprouvent les moines pour un genre de vie différent du leur et ressenti comme plus difficile : ils comprennent ces aspirations plus exigeantes et favorisent ceux qui les incarnent. Il s'agit donc d'une attitude bienveillante, que le vocabulaire religieux qualifie de charitable ; mais pour savoir jusqu'où vont cette prise de conscience et cette entraide, il faudrait connaître la valeur réelle des sacrifices matériels consentis : à quoi correspondent les droits que Luxeuil abandonne à Cherlieu, dans la châtellenie de Jussey, ou le cens qu'elle exige de Bithaine pour la cession d'un bois et d'une terre[4] ? Nous savons pertinemment que des dons dissimulent des compensations ou d'autres types de transactions : quand Saint-Vincent laisse à Bellevaux l'église de Cirey, l'acte dressé à cette occasion en 1146 ne précise pas que l'abbaye bisontine reçoit un dédommagement[5].

Cependant, l'aspect matériel n'entre pas seul en compte et, malgré notre difficulté d'apprécier la part de générosité pure et désintéressée intervenant dans ces affaires, nous ne pouvons repousser systématiquement toute idée d'altruisme et de charité, affirmée et maintes fois confirmée dans les textes. Cette réserve faite, nous constatons que, si la plupart des établissements anciens participent à un moment donné à l'implantation des nouveaux ordres, leur coopération varie beaucoup d'une maison à l'autre. Reste à comprendre cette différence de comportement : se justifie-t-elle par de simples questions d'environnement (plus ou moins forte densité monastique) ? par un concours de circonstances ou de personnes (rôle d'un abbé, par exemple) ou par un dessein mûrement réfléchi ? Seule cette dernière attitude, qui dépasse les facteurs occasionnels, permettrait de décrire les sentiments des anciens face aux nouveaux et de parler de solidarité, de méfiance, voire d'hostilité.

Par leur succès, les nouvelles aspirations ont parfois jeté le doute chez les tenants de l'ancien monachisme et provoqué chez eux une crise d'identité : Pierre le Vénérable a bien saisi ce risque, lui qui, dans sa réponse à saint Bernard, défend avec vigueur les coutumes en usage et invite les monastères clunisiens à maintenir et à affirmer leur originalité, sans rougir de leur genre de vie ; à eux de se donner les moyens psychologiques et matériels de poursuivre dans la voie anciennement choisie. Aussi voit-on cette recherche d'un équilibre déboucher naturellement sur la sauvegarde d'un temporel, nécessaire à toute régularité.

---

1. B. GASPARD, *Histoire de Gigny...*, p. 41.

2. Acte de 1121, dans J. WAQUET, *Recueil des Chartes de l'abbaye de Clairvaux,* I, p. 3.

3. Arch. dép. Jura, 15 H 11, vers 1133-1134.

4. Vers 1130, Luxeuil cède ses droits à Cherlieu : Arch. dép. Haute-Saône, H 603 ; donation à Bithaine confirmée par Innocent II en 1141 : *ibidem,* 34 J 129.

5. Arch. dép. Doubs, 1 H 376 : un autre acte nous apprend que Saint Vincent reçoit l'église de Servigney, *trans Ararim fluvium.*

Défense du temporel

Cette réaction n'est pas nouvelle, puisqu'un des objectifs des réformateurs visait précisément à la restitution des biens ecclésiastiques par les laïques et que de nombreux monastères ont fait de cette récupération des terres aliénées une des conditions de leur restauration : ainsi avons-nous vu Saint-Oyend et Luxeuil, pour ne citer que les plus illustres, tenter de retrouver leur antique prospérité et mettre en œuvre des moyens très variés, dont le recours à de faux diplômes carolingiens pour justifier leurs prétentions. L'œuvre ne s'interrompt pas au concordat de Worms et profite au contraire de la propagande menée pour la restitution des églises. Naturellement, cette défense du patrimoine revêt des aspects multiples : plus grande vigilance à l'égard des usurpateurs, revendication de biens aliénés par des prédécesseurs, même lointains, définition d'aires d'influence, chasse aux patronages, etc.

Contre les laïques, les abbayes n'hésitent pas à s'appuyer sur les autorités séculières, les princes territoriaux trop heureux de jouer ce rôle de protecteurs de l'ordre face à des avoués trop ambitieux ou des ministériaux peu scrupuleux ; ainsi Faverney se tourne tour à tour vers l'archevêque et le comte de Bourgogne pour résister aux tyranneaux locaux : « Par sentence judiciaire de Renaud, comte de Bourgogne, il a été décidé (vers 1140) et décrété qu'à la suite du duel qui s'est déroulé à Jonvelle entre Louis (de Jussey) et Olivier (de Jonvelle), les rapines et les exactions commises par Henri (de Jonvelle), par ces mêmes princes et leurs complices, seront restituées aux églises de Faverney et de Saint-Marcel, par le seigneur Guy de Jonvelle »[1].

Si les chartriers privilégient l'action menée contre les puissances séculières, en particulier contre l'aristocratie châtelaine, qui a édifié une partie de son pouvoir banal au détriment des églises, ces interventions ne représentent qu'un des moyens mis en œuvre par les anciens monastères pour défendre leur temporel. En effet, les usurpations et les aliénations n'ont pas profité aux seuls laïques, puisque, par le jeu des dévolutions ou des fondations, une part de ces transferts est retombée dans le patrimoine ecclésiastique, si bien que les revendications se tournent aussi contre d'autres établissements. Amorcée dès la seconde moitié du XIe siècle, nous l'avons vu, cette politique incite les abbés de Luxeuil et de Saint-Oyend à reconstituer leur ancien potentiel, en faisant valoir des droits que l'on aurait cru périmés : leurs prétentions ne restent pas théoriques, puisque tous deux confectionnent à cette époque des diplômes carolingiens pour appuyer les procès engagés dans ce but. Parmi les conflits les plus connus, celui que Luxeuil engage contre Saint-Bénigne de Dijon témoigne de l'âpreté des débats et de l'habileté procédurière de certains abbés, qui savent exploiter à leur avantage la conjoncture internationale[2].

Luxeuil   Au cours du premier âge féodal, deux anciennes terres de Luxeuil, Vignory et Clefmont, étaient tombées entre les mains de laïques, qui, après y avoir édifié une châtellenie, voulurent compléter leur œuvre par la création de prieurés castraux, souvent caractéristiques de la politique religieuse de la fin du XIe siècle : c'est ainsi que les moines de Saint-Bénigne, alors en pleine expansion

---

1. E. PERARD, *Recueil de plusieurs pièces curieuses...*, p. 229 ; abbés COUDRIET et CHATELET, *Histoire de la seigneurie de Jonvelle...*, p. 492.
2. Sur le conflit qui oppose Saint-Bénigne à Luxeuil, J. d'ARBAUMONT, *Cartulaire du prieuré Saint-Etienne de Vignory*, Langres, 1882, donne les principales sources, à compléter par la mise au point de J. MARILIER, Saint Bernard et Vignory, dans *Cahiers Haut-Marnais*, 1952 (n° 30), p. 138-143.

sous l'abbatiat de Jarenton (1077-1113), se virent confier cette tâche, sans protestation apparente de quiconque. Or, après une possession plus que trentenaire, Dijon se voit contester, après 1120, la propriété de ces deux églises par Luxeuil, qui engage une procédure de récupération, d'abord auprès des autorités locales, puis en cour de Rome. En la circonstance, son abbé Hugues fait preuve de rouerie en choisissant le moment le plus opportun : la mort de Jarenton prive les Dijonnais d'une personnalité au renom indiscuté, tandis qu'Hugues se prévaut lui-même de liens de parenté avec l'empereur Henri V et que le pape comtois, Calixte II (1119-1124), ne peut se désintéresser d'un monastère soumis directement au Saint-Siège et symbolisant, par son passé colombanien, une grande page de l'histoire monastique.

Pour ces raisons, les années 1123-1124 paraissent le mieux convenir au déclenchement de l'affaire. A mesure que les mois passent, les interventions extérieures se multiplient, qui compliquent le déroulement de l'instruction, et le ton se fait plus violent. Saint Bernard n'hésite pas à jeter tout le poids de son autorité du côté de Saint-Bénigne, tandis que le pape Honorius II, protecteur du monastère exempt de Luxeuil, montre plus de pondération. Fort de ses appuis, l'abbé Hugues affiche une certaine désinvolture, en refusant de se soumettre aux décisions des juges locaux, si bien que le procès court de synode en synode, jusqu'à ce qu'il soit évoqué au concile de Reims d'avril 1128. Dans la lettre qu'il écrit alors au pape pour rendre compte des débats, le cardinal légat, Matthieu d'Albano, fait observer que l'opinion publique se prononce vivement en faveur des moines de Dijon, alors que ceux de Luxeuil n'ont pas ou peu de partisans [1].

Finalement, après bien des rebondissements et des manœuvres dilatoires, le pape commet en 1129, pour un jugement définitif, les archevêques de Lyon et de Vienne, l'abbé d'Ambronay et l'évêque de Belley qui, retenu par ses infirmités, est remplacé par l'abbé de Saint-Just de Lyon : « Alors, en désespoir de cause, Hugues de Luxeuil sortit ses diplômes impériaux... et tout bien récapitulé, examiné et retourné, on s'accorda sur une transaction : Saint-Bénigne garderait Vignory, mais Clermont retournerait à Luxeuil » [2]. Le compromis final témoigne de l'embarras de la hiérarchie dans ce démêlé, qui nous apparaît simple, dans la mesure où nous récusons le piège des diplômes carolingiens fondant le droit de Luxeuil sur ces deux localités ; pour les contemporains, la cause est moins évidente, puisque l'abbé Hugues avait obtenu de son impérial cousin une confirmation en bonne et due forme, qui réactualisait les donations des souverains antérieurs et annulait les aliénations faites entre temps [3].

Déjà intéressante dans les perspectives de défense du temporel, cette affaire prend encore davantage de relief avec l'intervention de saint Bernard, qui se situe probablement à l'automne 1128 : les trois lettres — ou plutôt les trois billets de recommandation — qu'il donne au mandataire de Saint-Bénigne pour Honorius II, prolongent la polémique au sujet de deux types ou de deux conceptions du monachisme. Plus que les liens familiaux, ce qui incite l'abbé de Clairvaux à prendre le parti des Dijonnais, c'est leur genre de vie irréprochable : « Je ne suis pas partie, écrit-il, mais je fais mienne la cause des moines de Dijon, *quia veri religiosi sunt* ». Ailleurs, il renchérit à l'intention du pontife : « Nous avons confiance que votre bienveillance, qui

---

1. Lettre du légat à Honorius II, dans le *Recueil des Historiens des Gaules et de France*, XV, p. 266.
2. J. MARILIER, Saint Bernard et Vignory, p. 139 ; le texte du jugement se trouve dans le *Cartulaire de... Vignory*, édit. par J. d'ARBAUMONT, n° III.
3. Bibl. Nat., lat. 12678, fol. 369, ou Moreau 869, fol. 337 : Strasbourg, le 27 juin 1123 ; *Gallia Christiana*, XV, instr., col. 24

s'exerce surtout en faveur de ceux qui sont religieux, fera sentir ses effets » [1]. A ces
moines authentiques s'opposeraient donc les autres, sur qui saint Bernard jette un
doute de duplicité, mais sans formuler ouvertement son accusation. Faut-il partager
ses soupçons ? Nous aurons l'occasion d'en débattre plus loin.

Saint-Oyend   Bien que de caractère différent, la querelle que Saint-Oyend suscite au
milieu du XIIe siècle à l'encontre des prémontrés du Lac de Joux se
rattache à une préoccupation semblable : la défense du temporel, car l'abbaye jurassienne se trouve confrontée aux mêmes problèmes que Luxeuil. En présentant l'effort de restauration qu'elle entreprend au cours du XIe siècle, nous avons eu l'occasion
de montrer qu'elle aussi rêvait de l'âge d'or carolingien, mais qu'ayant réussi à sauvegarder la plupart de ses biens dispersés, elle concentre ses efforts sur les hautes joux,
menacées par la colonisation monastique qui se déclenche dans la première moitié du
XIIe siècle : face à l'encerclement clunisien, canonial, puis cistercien et chartreux, qui
investit de l'extérieur une région jusque-là délaissée et qui menace son espace vital,
elle se réserve le monopole d'un immense domaine forestier courant de la Valserine
au col de Jougne et, pour le mieux protéger de toute contestation, en attribue les
origines à des concessions carolingiennes. Dès lors, à mesure que se font les implantations monastiques à la périphérie de ce qu'elle estime être sa terre, elle intervient
soit pour accorder des pâturages et ainsi faire reconnaître ses droits éminents, soit
pour mettre fin à une poussée jugée trop dangereuse.

Le conflit avec le Lac de Joux rentre dans la seconde catégorie. En effet, vers
1127, les prémontrés avaient fondé sur la rive droite du Lac une abbaye, dont les
débuts ne semblent pas inquiéter les bénédictins de Saint-Oyend ; du moins ces derniers prennent-ils la précaution de rappeler leur *dominium* en favorisant ou en relan-
çant l'installation d'un petit ermitage sur l'autre rive du lac, à l'endroit dit de l'ermite
Ponce ou Point [2]. Une vingtaine d'années plus tard, la colonie d'ermites est en pleine
expansion et, du fait de sa proximité, porte ombrage aux chanoines : en effet, au
moment où éclate le procès (1155), plus de dix frères occupent les lieux et se livrent
à diverses activités rurales (culture, élevage, pêche), en tout point semblables à
celles des prémontrés. Si l'on ignore laquelle des parties engage le procès, l'on sait
que Saint-Claude fait aussitôt état de ses droits éminents sur les deux rives du lac,
conformément au contenu de prétendus diplômes carolingiens, et qu'elle fait même
remonter à une époque fort ancienne les origines de l'ermitage : Ponce serait un
moine de Condat, venu s'établir en ces lieux au VIe siècle [3].

Comme de telles rivalités entre les ordres éclataient inévitablement, la hiérarchie
s'est toujours préoccupée de les terminer au mieux des intérêts communs et, au
besoin, de les prévenir par des mesures appropriées ; aussi voit-on Prémontré passer
des accords avec Cluny et Cîteaux, en 1140 et 1142, pour fixer les règles d'une
coexistence pacifique : aucun membre d'un ordre ne pourra être reçu dans l'autre et,
afin d'éviter les inconvénients d'une trop grande proximité, aucune maison ne sera à
l'avenir édifiée à moins de quatre lieues de leurs abbayes respectives *nisi forte antiqua
loca sunt quorum redditus et possessiones ad tenendum conventum sufficiunt* ; de

---

1. Les trois lettres de saint Bernard portent les numéros 14, 15 et 16 ; les citations sont
tirées des lettres 16 et 14.
2. Aujourd'hui, l'emplacement de cet ermitage correspond à la localité du Lieu (Suisse,
canton de Vaud). Doit-on admettre l'ancienneté de cet ermitage et le faire remonter, selon une tradition forgée à cette époque, au haut Moyen Age ? L'hypothèse reste invéri-
fiable et nous renvoyons à la critique qu'en fait G. MOYSE, *Les origines du monachisme*,
p. 47.
3. M. BESSON, *Contribution à l'histoire du diocèse de Lausanne*, n° 27, p. 57-63.

même, les granges devront respecter la distance minimale d'une lieue, tandis que les couvents de moniales se tiendront à deux lieues des monastères masculins [1].

Saisi de la querelle entre le Lac de Joux et Saint-Oyend, le pape désigne deux arbitres, l'archevêque Pierre de Tarentaise et l'évêque Amédée de Lausanne, deux cisterciens illustres, qui se rendent sur les lieux et donnent en 1155, à Lausanne, une première sentence, défavorable aux moines du Jura : « Les frères qui demeurent au lieu (de l'ermite Ponce) ne pourront recevoir aucun postulant, tant qu'ils seront plus de dix ; quand ils seront redescendus à ce nombre, ils ne devront plus le dépasser, se contentant d'être quatre religieux de chœur et six convers (*coronatos et laicos conversos*), soumis à l'évêque de Lausanne. Ils n'accueilleront ni chanoine, ni frère convers de l'autre monastère, mais seulement les personnes du siècle qui voudront embrasser l'état religieux... Ils ne pourront point avoir de bétail. Ils ne pourront pêcher dans le lac avec un filet (*sagena*), qu'un jour et une nuit par semaine, avec d'autres instruments autant qu'ils le voudront... S'ils viennent à abandonner le lieu, ils ne pourront le donner à une église ou à un monastère, ce lieu ira à l'église du Lac... » [2].

Mécontente de cette décision, l'abbaye de Saint-Oyend fait appel au Saint-Siège et obtient une révision de procès, confiée au légat Etienne, archevêque de Vienne et à Pierre de Tarentaise. La nouvelle sentence, promulguée en 1157, reconnaît cette fois-ci les droits éminents de Saint-Claude sur les deux rives du Lac de Joux, cédés en jouissance perpétuelle aux prémontrés, contre un cens de 160 truites. Mais pour éteindre toute rivalité, l'abbaye jurassienne renonce à l'ermitage qu'elle entretenait au Lieu ; si elle accorde aux habitants le droit de défricher des terres, elle se réserve néanmoins tout le versant du Risoux et interdit d'y bâtir granges ou demeures permanentes. Enfin, une commission, composée des abbés de Saint-Vincent de Besançon et de Corneux, fixera les limites réciproques ; en attendant leurs résultats et « dans l'intérêt commun des deux parties, il a été convenu que l'espace compris entre Mouthe et le lieu de l'ermite Ponce ne sera donné à personne pour y être habité » [3].

Quelque temps plus tard, les derniers points du litige font l'objet d'une nouvelle rencontre d'arbitres à Saint-Oyend même : « Les chanoines ont affirmé qu'ils pouvaient pêcher dans le lac, mais devaient rendre sur les poissons pris à la ligne, aux filets ou aux *nases*, cent poissons ; ils ont ajouté que, pour les prés, ils devaient rendre en plus des cent poissons, un cens annuel de soixante poissons pour la nourriture des frères, le jour de la dédicace du monastère de Saint-Oyend » [4]. Conformément aux habitudes monastiques de l'époque, une association de prières vient renforcer la paix entre les deux abbayes : « Les rouleaux des frères défunts de Saint-Oyend et du monastère du Lac seront échangés réciproquement ».

Ainsi se termine une querelle qui, sous des apparences banales, apporte de précieux renseignements : d'abord, l'intervention de Pierre de Tarentaise, dont le séjour dans le Jura coïncide avec les premières manifestations du culte de saint Claude et qui sera chargé, par la suite, d'autres missions dans le diocèse ; ensuite, la fixation des limites orientales de la Terre de Saint-Claude, qui inclut dans son domaine utile tout le versant oriental du Risoux, tandis que sa mouvance s'étend au-delà du Lac de Joux ; enfin, la manière dont se clôt cette rivalité monastique : la facilité avec laquelle Saint-Oyend abandonne un ermitage pourtant florissant ne manque pas de sur-

---

1. Cité par R.P. T. GERITS, Les actes de confraternité de 1142 et de 1153 entre Cîteaux et Prémontré, dans *Analect. Praemonst.*, 1964, p. 193-205.
2. Sentence de 1155, publiée dans *Mém. et doc... de la Suisse romande*, I, p. 85.
3. Staatsbibl. Berlin, Phillipps, 1757, II, fol. 66.
4. Acte publié vers 1158 (Arch. dép. Jura, 2 H II, 123, 7) : *sive piscina, sive retibus, sive nansis.*

prendre ; l'accord entraîne, en effet, la disparition du Lieu, dont on peut dès lors se demander si sa naissance ne constituait pas une riposte à l'installation des prémontrés. Une fois éliminée cette pierre d'achoppement, les relations entre les deux établissements s'harmonisent dans une coexistence pacifique.

Patronages

Toutefois, si de telles conventions règlent les questions urgentes de voisinage, elles n'éliminent pas toutes les causes de frictions entre les monastères. A cause des intérêts matériels en jeu, toute gestion de temporel suppose fréquemment un contentieux plus ou moins lourd, qui n'est pas spécifique de cette époque, ni caractéristique d'un relâchement. Aussi négligerons-nous les différends portant sur des cens, même si ceux-ci traduisent des droits éminents et préviennent toute tentative d'aliénation : leur étude risquerait de nous conduire à des énumérations fastidieuses ou peu significatives de mentalités religieuses. En revanche, les querelles touchant le patronage d'églises présentent plus d'intérêt pour notre sujet, parce qu'elles laissent entrevoir l'importance qu'y attachent les monastères, au moment où les restitutions continuent d'affluer.

Conflits   Le fait que, durant ces trente années, Saint-Oyend se heurte plusieurs fois à des abbayes comme Molosmes, Nantua, Saint-Seine ou à d'autres détenteurs comme l'archevêque de Lyon, que Luxeuil affronte Saint-Evre, que des conflits mobilisent les plus hautes autorités, illustre suffisamment la place et le rôle qu'occupent ces églises dans le rayonnement d'une abbaye et dans la structure de son temporel. Les disputes, qu'occasionne leur possession, mettent en œuvre des procédures fort longues, sujettes à rebondissements et l'historien finit pas se perdre dans le dédale des arguments avancés. Quand Saint-Oyend revendique contre les bénédictins de Molosmes [1] les églises de Bar-sur-Aube, au nom d'une possession plus que trentenaire et qu'en présence d'une foule de témoins l'archevêque de Lyon et l'évêque de Langres enregistrent en 1121 la défection de ses adversaires, l'on pourrait penser à un proche dénouement ; or, vingt ans plus tard, le procès poursuit encore son cours et accapare tant l'abbé de Saint-Oyend qu'il néglige d'importantes affaires et qu'interviennent des sentences définitives de la part de juges délégués par le pape ; finalement, les droits de Saint-Claude sont proclamés en 1141 avec, comme témoin, *dominus Bernardus Clarevallis abbas, cujus providentia acta sunt hæc* [2].

L'abbaye jurassienne sait aussi se défendre et même user à l'égard de ses adversaires d'expédients arbitraires. Saint-Seine l'apprend à ses dépens, quand l'abbé Adon Ier fait occuper de force l'église de la Rochetaillée, qu'il refuse de répondre à une convocation de l'évêque de Langres et qu'il accumule les artifices de procédure avant de se voir condamner en 1140 par le même Godefroy, qui revient de Rome avec la ferme intention d'en finir au plus vite [3]. Généralement, ces affaires, qui s'éternisent en appel, débouchent sur des compromis, parce que les droits de chaque partie s'imbriquent dans un écheveau toujours difficile à débrouiller et que les arbitres ou juges commis à cet effet cherchent à réconcilier les adversaires à partir de concessions mutuelles.

C'est le cas de la contestation Saint-Oyend-Nantua, qui porte sur des délimita-

---

1. Molosmes : Yonne, canton de Tonnerre.
2. Actes concernant le conflit Molosmes-Saint-Oyend : Staatsbibl. Berlin, Phillipps, 1757, II, fol. 56, et ARBOIS de JUBAINVILLE, *Histoire de Bar- sur-Aube*, p. 141 pour l'acte de 1121 ; Arch. dép. Jura, 2 H II, 101, 9, pour 1141.
3. Staatsbibl. Berlin, Phillipps, 1757, II, fol. 80.

tions de terres et qui surgit à trois reprises, avant de se terminer sur des désistements réciproques, après 1151 [1]. L'accord que saint Bernard — encore lui — réalise vers 1140, sur commission pontificale, entre Luxeuil et Saint-Evre, va dans le même sens, puisque chacune des parties cède ses droits sur une église [2]. Bien que la fréquence de tels affrontements les rendent presque banals, l'on ne peut les négliger, ni les traiter comme de simples péripéties : il suffit, en effet, de constater combien de juges et d'arbitres se mobilisent pour en venir à bout.

Eglises et prieurés   En outre, les églises rurales voient au cours de cette période leur rôle se renforcer, dans la mesure où elles servent de support à la structure du temporel des grandes abbayes : au lieu des villas et des grands domaines, qui en constituaient l'ossature à l'époque antérieure, au lieu des granges qu'établissent cisterciens et prémontrés, les bénédictins organisent leur patrimoine autour de quelques églises rurales, baptisées de ce fait prieurés, obédiences, maisons (*domus*) ou simplement lieux ; les embarras du vocabulaire prouvent que l'évolution n'est point achevée avant la fin du XIIe siècle et que les contemporain sont très conscients de l'ambiguïté de ces termes.

Nous rappelons pour mémoire la politique paroissiale des moines qui, par le biais des patronages, les conduit à intervenir dans le choix du desservant, parfois même à assumer des obligations pastorales [3] ; si elle pose, en effet, des problèmes spécifiques, que tente de résoudre la législation conciliaire (le concile de Latran III interdira la desserte par un moine seul [4]) ou synodale, elle contribue aussi au rayonnement des abbayes et à la formation de ce qu'on a appelé les *empires monastiques*. Profitant autant que les chanoines des restitutions d'églises, les bénédictins ont tissé dans le pays un réseau plus ou moins dense de biens et de droits qu'ils consolident par l'érection de prieurés ruraux. Les exemples de Saint-Oyend et de Baume sont suffisamment explicites sur ce sujet, puisque les confirmations du XIIe siècle citent un nombre croissant de ces centres secondaires ; quelques-uns de ces derniers, qualifiés indistinctement de monastères, d'obédiences, de *celle*, plus rarement d'abbayes ou de prieurés (ce mot ne se généralise qu'au XIIIe siècle), abritent sans doute un couvent, mais lorsque les chartes font alterner les mots *églises* et *prieurés* ou *obédiences*, elles désignent certainement des noyaux autour desquels s'organise la gestion du temporel.

---

1. Un premier traité a été conclu entre Adon Ier, abbé de Saint-Claude, et Pierre, prieur de Nantua, son neveu, sous l'autorité de l'archevêque de Lyon, vers 1130. A la suite d'une nouvelle querelle intervient en 1151 un jugement des archevêques de Lyon et de Vienne à propos du lieu dit "Balandor" (Arch. dép. Jura, 2 H I, 19, 41), que confirme quelques années plus tard le pape Adrien IV (*ibidem*, 2 H I, 9, 16). Finalement, Saint-Claude renonce à ses prétentions, lorsque Humbert de Thoire leur donne en compensation le village appelé "Molet" (G. GUIGUES, *Cartulaire lyonnais*, n° 38, p. 52).

2. Arch. dép. Haute-Saône, H 652, et CALMET, *Histoire de la Lorraine*, V, pr. CCCXL : *Ego, Bernardus Clarevallis vocatus abbas, cui dominus papa causam Luxoviensis et Sancti Apri abbatum commisit decidendam, eidem cause per concordiam hoc modo finem imposui...* Luxeuil cède les dîmes et les droits sur l'église de Bulgnéville, tandis qu'elle reçoit la renonciation de Saint-Evre sur Vaudoncourt. L'accord est réalisé en présence des évêques de Langres et de Troyes, des abbés de Trois-Fontaines, de Saint-Martin de Troyes, de Châtillon, de la Crète, de Cherlieu.

3. Sur ces problèmes, voir J. AVRIL, Recherches sur la politique paroissiale des établissements monastiques et canoniaux (XIe-XIIIe siècles), dans *Revue Mabillon*, LIX (1980), p. 465 et suiv.

4. J. AVRIL, Paroisses et dépendances monastiques au Moyen Age, *Sous la règle de saint Benoît,* 1982, p. 95-106.

Parmi la centaine d'églises qui composent sa dotation au XIIᵉ siècle, Baume compte une dizaine de petits monastères et autant de prieurés ruraux [1].

En même temps qu'il se donne un nouveau visage, le monachisme traditionnel veille à défendre sa cohésion interne, en maintenant dans son orbite, au besoin par la force, prieurés et obédiences. En effet, un des dangers permanents qui guettent ces grands ensembles monastiques, vient des velléités autonomistes qui agitent les dépendances et qui s'exaspèrent plus facilement dans les périodes difficiles. Luxeuil fait l'amère expérience de ces dissensions. Une des plus anciennes créations colombaniennes, le prieuré de Fontaine, tente vers les années 1145, d'acquérir son indépendance en revendiquant la liberté d'élire son supérieur. Cette attitude n'est pas a priori condamnable, puisque l'Eglise autorisait l'affranchissement pour les monastères qui choisissaient une *voie plus étroite* ou lorsque le chef d'ordre donnait des signes alarmants de décadence : la papauté avait ainsi libéré diverses abbayes de l'autorité de Molesme. Mais Eugène III ne juge pas opportun d'aller dans ce sens, au moment même où plusieurs monastères prennent le chemin de la révolte : Baume regimbe contre Cluny, tandis que les chanoines réguliers de Lanthenans récusent la nomination de Saint-Paul. Aussi, lors de son passage à Besançon, en mai 1148, il prend la défense de Luxeuil en rétablissant l'ancien ordre des choses [2].

En fait, ce renforcement des structures ne constitue pas une nouveauté, puisque l'Eglise l'encourage depuis l'époque grégorienne, au moins pour remédier aux inconvénients de l'autonomie : livrés à leurs seules ressources, trop de monastères bénédictins ont sombré dans la tourmente féodale, alors que les ordres ou les congrégations offraient par leur cohésion interne et leur solidarité une garantie contre les méfaits de l'isolement ; aussi avons-nous vu la hiérarchie favoriser ceux qui présentaient cette caution, de préférence aux maisons indépendantes ou aux expériences communautaires. A la fin du XIᵉ siècle, elle avait confié à Luxeuil ou à Baume des monastères en perdition, tels Cusance et Jussamoutier, puis Cluny prend ensuite la relève et ne tarde pas à se spécialiser dans le sauvetage des abbayes en difficulté, récupérant Gigny, Vaucluse, Losne, avant de venir au secours de Luxeuil et de Baume ; dans le même temps, les ordres nouveaux absorbaient d'autres communautés autonomes, avec la bénédiction des archevêques, soucieux de rompre l'isolement ou une trop grande indépendance. Aussi, les tentatives de Fontaine et de Lanthenans, qui allaient à contre-courant de cette tendance et qui ne se justifiaient pas par une conversion à la voie étroite, étaient-elles vouées à l'échec : l'heure n'était pas à la décentralisation, considérée comme nocive pour certains monastères.

C. LES CRISES

Alors que, vers 1135-1150, triomphe l'*ordo novus*, l'ancien monachisme traverse une situation difficile et par moment si tendue, que l'on peut employer le terme de crise pour le décrire. Nous avons jusqu'à présent analysé séparément les symptômes de cet état de faiblesse : arrêt de la croissance, freinage du recrutement, indices de dissensions internes, personnalités d'abbés mises en question, réorganisation des struc-

---

1. Parmi les prieurés conventuels : Dole, Etrabonne, Grandfontaine, Jouhe, Jussamoutier, Lons-le-Saunier, Mouthier-en-Bresse, Saint-Lothain. C'est dans la bulle d'Adrien IV de 1156 (*Bull. Clun.*, p. 67, et *P.L.*, t. 188, col. 1415) que se rencontrent le plus d'obédiences. Pour se rendre compte du caractère imprécis du vocabulaire, il suffit de citer le cas de Saint-Etienne de Pontarlier, qualifié de monastère en 1153 (*M.G.H., Die Urkunden Friedrichs I.*, édit. par APPELT, t. I,, n° 58), d'obédience en 1156 et d'église dans un autre diplôme de Frédéric Barberousse en 1157 (*ibidem*, n° 193).
2. W. WIEDERHOLD, *Papsturkunden., La Franche-Comté*, p. 77.

tures administratives, volonté plus marquée de défendre les anciennes positions..., ce qui se traduit par un nombre croissant de querelles et de procès. Il s'agit maintenant de faire le point à la lumière de tous les facteurs, de dégager le comportement général des monastères, d'apprécier leur ligne de conduite. Pour éviter tout jugement subjectif, remarquons d'abord que ces signes de malaise portent non sur la vie religieuse elle-même, mais sur la santé économique des établissements.

Tout se passe comme si le succès des nouveaux venus après 1130 acculait progressivement les anciens à une sorte de récession : si tous semblent atteints par ce phénomène, ils ne réagissent pas tous de la même façon. Au contraire, la crise diversifie les attitudes : les bénédictins se montrent plus fragiles, alors que les clunisiens ne paraissent pas souffrir outre mesure de cet arrêt de croissance ; selon les maisons, les difficultés frappent à des moments variables et surtout engendrent des réactions spécifiques, exigeant des remèdes appropriés : de la semonce à la sanction disciplinaire, beaucoup de moyens différencient la gravité du mal. Dans la détermination du diagnostic, une idée lancinante poursuit l'historien : dans quelle mesure la crise touche-t-elle la vie spirituelle ? Peut-on parler de relâchement et de décadence des monastères dans leurs fonctions principales : prière, contemplation ? Comme la stabilité des ressources et la prospérité matérielle conditionnent généralement la vie régulière, la question prend une acuité particulière.

Crise de type passager

En réalité, il n'y a pas de réponse simple, unique : chaque patient réagit à sa façon, sans que l'on puisse toujours discerner le remède qui lui a été le plus efficace. Paradoxalement, les petits établissements résistent mieux, soit que leur taille réduite diminue les méfaits de la concurrence, soit que leur insertion dans le milieu local atténue l'appel des nouvelles sirènes. Quant aux autres établissements, la diversité des cas oblige à nuancer les conclusions. De ce point de vue la comparaison de Saint-Vincent de Besançon avec Lure fournit quelques renseignements précieux : ce sont toutes deux des abbayes de taille moyenne, mais qui s'opposent beaucoup plus qu'elles ne se ressemblent, tant dans leur passé que sur leur façon de traverser la crise. Si toutes deux se plaignent constamment de la médiocrité de leurs ressources [1], elles n'offrent pas la même sensibilité aux incitations extérieures et à la concurrence monastique : implantée dans une ville en pleine expansion, choyée par la hiérarchie diocésaine comme sa fille privilégiée, Saint-Vincent ne donne aucun signe de malaise, même si son expansion ne progresse plus guère après 1140.

Lure En revanche, la protection impériale ne suffit pas à garantir la stabilité des ressources à Lure, ancienne abbaye, qui mise sur l'efficacité de ses privilèges d'immunité pour se sortir du marasme : lors du passage de Frédéric Barberousse en 1157, elle profite de la double qualité du prince — empereur et comte —, pour l'apitoyer sur son sort et obtenir son appui : « Pour arracher son église à de nouvelles tribulations imméritées, Ulric, abbé de Lure, nous a montré les franchises du roi Pépin, de Charles, de Louis et notre ancêtre Henri II, empereur de divine mémoire, dans lesquelles nous avons trouvé insérée la manière dont ils avaient toujours assuré l'entière défense et la protection de cette abbaye royale de Lure... Aussi, pour apporter à cette église, qui a récemment souffert des persécutions, le nouveau remède de notre aide, écoutant les prières de l'abbé et cédant à la demande de notre chère épouse Béatrice, notre auguste impératrice..., nous prenons cette abbaye de Lure avec

---

1. Saint-Vincent obtiendra en 1213 le droit paroissial dans son église pour accroître ses revenus : Arch. dép. Doubs, 1 H 20 et 1 H 201.

tous ses biens... sous notre protection impériale »[1]. L'empereur renouvelle donc les anciens privilèges et garantit en particulier la liberté des élections abbatiales, mais ne précise malheureusement pas la nature des récentes tribulations de Lure : dans la bouche des religieux, le mot *persécution* s'applique fréquemment aux manœuvres laïques, dirigées contre des possessions monastiques, aux usurpations et aux procès qui en découlent ; rien toutefois ne permet de conclure à une éventuelle décadence religieuse, d'autant que l'abbaye a franchement soutenu l'installation des cisterciens de Bithaine, à proximité.

Faverney   Si le doute joue en sa faveur, il ne semble plus de mise lorsque les plus hautes autorités morales de la Chrétienté — saint Bernard et Pierre le Vénérable — dénoncent le comportement ou la situation de plusieurs abbayes comtoises : tour à tour Faverney, Saint-Claude, Luxeuil, puis Baume attirent sur elles de cinglantes critiques, interprétées par les historiens comme des preuves indiscutables d'une dégradation de la vie religieuse. Là encore, avant de rallier ce point de vue, l'examen objectif doit porter sur l'ensemble des faits et ne pas se contenter de jugements plus ou moins partiaux, motivés par d'autres considérations.

Contre Faverney, saint Bernard se laisse aller à une de ses colères savamment orchestrées par son biographe, pour discréditer aux yeux de la papauté ceux qui osent léser les intérêts cisterciens. De quoi s'agit-il exactement ? Cet ancien monastère de femmes, confié en 1132 aux bénédictins de la Chaise-Dieu, se heurte à des difficultés matérielles, que le prestige casadéen et les appuis comtaux ou épiscopaux ne suffisent pas à éliminer : récupération des biens aliénés au temps des moniales, mauvaise volonté de certains avoués, concurrence cistercienne qu'elle accueille de bonne grâce au départ, puisqu'elle donne à Bithaine l'importante terre de Planois, bientôt transformée en grange[2]. Les problèmes, qui surgissent vers 1140, semblent moins provenir de son initiative que de la trop rapide expansion de deux abbayes cisterciennes voisines, Clairefontaine et Cherlieu : la première établit des granges jusque sur les bords de la Lanterne, tandis que la seconde colonise véritablement les rives de la Saône ; l'une et l'autre ne tardent pas à se heurter aux bénédictins qui, face à ces appétits croissants, cherchent à défendre leur espace vital ; la carte des établissements religieux dans le nord du diocèse montre en effet qu'au milieu du XIIe siècle, Faverney est encerclée par les granges cisterciennes.

A Clairefontaine, elle conteste la donation d'une ancienne moniale, tandis qu'elle refuse de céder à Cherlieu ses droits d'usage dans la forêt de Purgerot et divers biens à Trémoncourt. Etait-elle dans ses torts ? Apparemment, puisque les événements tournent à son désavantage, mais ce qui suscite l'ire de saint Bernard concerne moins le fond du procès que les moyens utilisés par l'abbé de Faverney pour défendre sa cause. Dans les deux lettres qu'il écrit en 1141 à Innocent II pour voler au secours des cisterciens de Cherlieu et de Clairefontaine, saint Bernard stigmatise, en termes très violents, une conduite qu'il juge indigne d'un moine et propre à un voleur ou à un ennemi de la croix du Christ ; cette fois-ci, la colère lui enlève toute retenue et son langage, habituellement passionné, atteint ici les limites de la tolérance : « Déjà, une ou deux fois, j'ai eu l'occasion de vous faire le portrait de celui qui l'attaque : c'est un prévaricateur de sa propre règle et un dissipateur des biens de son monastère ; j'ajouterai même aujourd'hui, les larmes aux yeux, que c'est un ennemi de la croix de

---

1. *M.G.H., die Urkunden Friedrichs I.*, édit. par APPELT, n° 191, p. 319.
2. Le fonds du Séminaire de Luxeuil recueilli aux Arch. dép. Haute-Saône (34 J) ne concerve plus ce document : dans l'article regroupant les titres de Bitaine, le premier acte mentionnant la donation de Faverney est la bulle d'Alexandre III, de 1165 (34 J 129).

Jésus Christ, un violent oppresseur des gens de bien qui vivent dans son voisinage, un persécuteur des pauvres, un homme qui, après avoir dévoré son propre bien, se jette sur celui de ses voisins, qu'il tourmente comme un véritable tyran. Sous l'habit religieux, il fait le métier de voleur, foule aux pieds toute règle monastique et se met aussi peu en peine des saints canons que des lois.... » [1].

Rarement l'abbé de Clairvaux use à l'égard d'un religieux d'un style aussi dur et comminatoire. Qui est ce personnage dont il dénonce pour la troisième fois, semble-t-il, une inconduite notoire et qui mérite, de sa part, les accusations les plus graves ? Même en faisant la part de l'exagération habituelle à ce genre d'affaires touchant les cisterciens, il est difficile de penser que de telles attaques n'aient pas de fondement réel, bien que nous n'en trouvions nul autre écho. D'ailleurs Bernard récidive quelques mois plus tard : comme le pape tarde à ratifier la sentence favorable à Cherlieu, qu'ont rendue les évêques de Grenoble et de Valence, il réitère ses accusations en demandant cette fois la destitution du coupable, qui a osé faire appel à Rome. « J'ajouterai, avec la hardiesse que vous me connaissez, que, si Votre Sainteté me faisait l'honneur de suivre mon avis, Elle ferait rentrer dans son couvent cet homme, qui abuse de ses bontés, et ordonnerait à l'abbé de La Chaise-Dieu de nommer au monastère, qu'il occupe si indignement, un abbé vertueux qui y fît observer la discipline régulière. Cette action ne serait pas moins digne du successeur des apôtres qu'agréable à Dieu, en même temps que, par ce moyen, vous sauveriez l'âme de cet homme et le monastère qu'il accable de tout son poids » [2].

Répétons-le, cette affaire nous trouble autant par la gravité des accusations que par le manque d'informations. Certes, nous trouvons trace quelques années plus tard d'une réconciliation de Faverney avec Cherlieu et Clairefontaine [3], mais les raisons du conflit importent moins que l'inconduite de cet abbé et ses répercussions au niveau du monastère. A lire saint Bernard, le coupable manifeste les plus graves dérèglements et entraîne sa maison à la ruine matérielle et spirituelle! Or cet abbé vient d'être placé à la tête de Faverney pour y acclimater la nouvelle observance casadéenne. Erreur de choix très grave, qui engage non seulement la responsabilité de l'abbé de La Chaise-Dieu, mais aussi celle de l'archevêque Humbert, qui conserve un droit de regard sur le monastère [4]. Malheureusement, nous devons nous résoudre à ignorer l'épilogue de cette affaire, et, sur la foi de saint Bernard, mettre au compte d'une défaillance personnelle, une situation momentanément critique : l'abbaye de Faverney semble s'être remise aisément de ses difficultés par la suite.

Saint-Oyend   Ce rôle d'accusateur public pour la sauvegarde de la régularité, saint Bernard l'assume encore vers le milieu du siècle, en dénonçant au pape Eugène III l'état de Saint-Oyend, : « S'il faut en croire la renommée, le beau monastère de Saint-Oyend, cette abbaye si opulente et si sainte, est à deux doigts de sa ruine ; je vois qu'il y a peu à rabattre sur ce que rapporte le bruit public. Les maisons de notre voisinage, qui dépendent de cette communauté et que vous connaissez très bien, sont aussi, à notre grand chagrin, en partie détruites ou sur le point de

---

1. Lettre de saint Bernard, n° 198 : nous adoptons la traduction de DION-CHARPENTIER, *Oeuvres de saint Bernard*, Paris, 1874, p. 272, en corrigeant toutefois les erreurs d'identification.
2. Lettre 199, traduction de DION-CHARPENTIER, *ibidem*, p. 274.
3. Bibl. Nat., lat. 10976, fol. 15 et 12, pour Cherlieu : acte des années 1150-1151, complété par une association de prières ; avec Clairefontaine la réconciliation se fait avant 1143 : Arch. dép. Haute-Saône, H 345.
4. En 1260, une querelle oppose l'archevêque à La Chaise-Dieu au sujet de leur juridiction respective sur Faverney : Arch. dép. Haute-Saône, H 435, fol. 71.

l'être. Or, ce que nous voyons de nos propres yeux dans les dépendances de cette abbaye se trouve, dit-on, avec une tout autre gravité dans la maison-mère. » [1].

Si le ton de cette lettre tranche sur la précédente par sa modération, elle n'en constitue pas moins une charge accablante : malgré des précautions de style (*on dit, s'il faut en croire la renommée*), Bernard dénonce le délabrement matériel de Saint-Oyend, d'abord des prieurés champenois, dont il a pu lui-même constater le triste état, puis celui de l'abbaye, rapporté par le prieur Archegaud, qui jouit de toute sa confiance. A l'entendre, le mal ne gangrène pas seulement les bâtiments — ce qui reflète déjà une situation économique désastreuse —, mais frapperait aussi la communauté qui, d'après les réticences du prieur à s'exprimer, apparaîtrait divisée ; s'il demande au pape d'agir de toute urgence pour sauver la maison, c'est à son courroux et à sa rigueur qu'il fait appel ! il faut frapper vite et fort.

Malheureusement, comme souvent dans ses lettres, Bernard procède par insinuation et ne nomme ni les coupables, ni les causes du scandale. Sans mettre en doute sa bonne foi ni ses informations, il convient de faire la part de subjectivité, chez un personnage toujours enclin à dénoncer avec passion et véhémence ce qui n'est pas conforme à son propre idéal religieux ; en outre, ce prieur Archegaud, originaire de Champagne et ami de l'abbé de Clairvaux, peut déformer les faits et noircir le tableau, dans le but de déclencher d'autorité une réforme de son monastère [2]. Aussi, pour comprendre la réelle portée de cette intervention, une évocation du contexte s'avère-t-elle nécessaire.

Tout en manifestant ses bonnes dispositions à l'égard du nouveau monachisme, particulièrement envers Clairvaux, l'abbaye, nous l'avons vu, engage une série d'actions contre des particuliers ou des établissements religieux pour défendre son patrimoine : querelle avec Molosmes, Saint-Seine, Nantua, Le Lac de Joux etc... Si certains de ces procès tournent à son désavantage (Saint-Seine), ils prennent, à la lumière du témoignage bernardin, leur réelle signification : il ne s'agit ni d'un goût prononcé pour la chicane, ni d'une agressivité intempestive, mais d'une volonté de l'abbé Adon (1113-1147) de sortir son monastère d'un marasme économique, probablement engendré par la nouvelle vague monastique.

D'ailleurs, les multiples interventions de saint Bernard en faveur de Saint-Oyend ne se justifieraient pas si cette dernière abbaye avait toujours donné des signes de relâchement spirituel : en 1141, il l'aide à conserver l'église de Bar-sur-Aube, revendiquée par Molosmes, tandis qu'il obtient d'Henri, comte de Champagne, en 1146, une confirmation des donations faites antérieurement à Saint-Oyend [3]. Plaideraient encore en faveur de la bonne moralité des moines du Jura les nombreux traités d'association ou de confraternité qu'Adon conclut sous son abbatiat, et le témoignage de l'archevêque de Lyon, qui, vers 1147-1149, loue la piété régnant dans cette abbaye.

Aussi, contrairement à Faverney, ce n'est ni la personnalité de l'abbé qui est en cause, ni la santé spirituelle du monastère mais son état matériel qui, apparemment, ne cesse de se dégrader. Le bref abbatiat d'Humbert (1147-1149) ne change rien à cette évolution qui semble même se précipiter sous son successeur Adon II (1149-1175). C'est alors que se confirment les craintes de Bernard et que, de préoccupante,

---

1. Lettre 291 (traduction DION-CHARPENTIER, *ibidem*, p. 400) : elle n'est datée que par rapport au pontificat d'Eugène III (1145-1153).
2. Un Archegaud est prieur de la Ferté-sur-Aube (non loin de Clairvaux) en 1121 (J. WAQUET, *Recueil des chartes de... Clairvaux*, I, p. 3), puis un peu plus tard grand prieur à Saint-Oyend.
3. Arch. dép. Jura, 2 H II, 101, 9, 1141 : querelle Saint-Oyend-Molosmes ; Bibl. mun. Besançon, Droz 42, fol. 112, 1146 : confirmation du comte de Champagne.

la situation devient dramatique, l'engagement politique d'Adon aux côtés de Frédéric Barberousse dans le schisme victorin ne faisant qu'ajouter une cause supplémentaire de mécontentement : comme autrefois à Morimond, les difficultés provoquent alors une crise très grave et des dissensions internes au sein de la communauté, mais le scandale n'éclate pas avant 1175. A la lumière de ces faits, la lettre de saint Bernard, qui se situe vraisemblablement vers 1150, acquiert toute sa signification : l'intérêt qu'il porte depuis longtemps à cette abbaye, l'état larvé de crise l'invitent à agir avec beaucoup de circonspection, d'autant que la tendance représentée par Archegaud demeure minoritaire ; mais qu'attendait-il de l'appel à la papauté ? En demandant une réforme de Saint-Oyend, souhaitait-il changer l'observance bénédictine ? La question n'est, en effet, pas vaine, puisque le cas se produit à Luxeuil et à Baume, avec plus ou moins de bonheur.

Crises d'identité ? Luxeuil

Avec ces deux dernières abbayes, nous changeons une fois de plus de scénario, même si les intrigues se ressemblent : les actions qui s'y déroulent de 1135 à 1147 connaissent un dénouement plus dramatique, qui a failli coûter à Luxeuil son autonomie et qui jette la consternation à Baume. Comme Saint-Oyend, Luxeuil semble, en effet, se débattre contre un dépérissement matériel, qu'elle se refuse à voir comme inéluctable : nous la voyons recourir tour à tour aux privilèges impériaux, à des amodiations de biens à Cluny, Cherlieu, Bithaine, Morimond, ou bien engager de longs procès dans l'espoir de récupérer d'anciennes terres ; un moment même, elle frise la dislocation avec la révolte du prieuré de Fontaine, autant de symptômes qui traduisent une fébrilité permanente, une impossible adaptation à des conditions difficiles. Simples accidents de parcours, ou marasme persistant qui entraîne un délabrement spirituel ? Alors qu'à Saint-Claude, l'abbé de Clairvaux dénonce surtout l'aspect matériel, les deux lettres que Pierre le Vénérable adresse à Innocent II, au sujet de Luxeuil, constituent un implacable réquisitoire. Certes, l'on peut chez lui aussi soupçonner une part de subjectivité, voire un souci de justification qui tend à noircir la réalité, mais l'abbé de Cluny n'a pas coutume de manier l'hyperbole, et le ton modéré de ses lettres rend son argumentation encore plus impitoyable.

La première, écrite vers 1137-1138, résume assez clairement la situation : à la suite de la longue et pénible querelle qu'elle a menée contre Saint-Bénigne de Dijon, l'abbaye de Luxeuil n'a pas manqué d'attirer sur elle l'attention du pape Innocent II, de qui elle dépendait directement ; sans doute inquiet de la tournure des événements et craignant que de tels agissements ne débouchent sur l'esprit de chicane et de désordre, le pontife décide de passer à l'action [1]. C'est l'époque où, grâce à l'appui de Cluny, de Cîteaux et de leurs milices, il a renforcé ses positions face à son rival, Anaclet II, où le succès des ordres nouveaux l'incite à sauver de l'asphyxie Luxeuil, dont le glorieux passé symbolisait l'âge d'or du monachisme colombanien.

Seule l'abbaye de Cluny, avec son prestige et sa forte centralisation, paraissait mieux armée pour prendre en mains les monastères en péril ; elle n'a d'ailleurs pas attendu le pontificat d'Innocent II pour se spécialiser dans ces sauvetages, puisque son expansion est fondée, en partie, sur l'absorption d'anciennes maisons, venues à elle librement (Gigny), ou d'établissements abandonnés, que les prélats ont voulu ressusciter (Vaucluse, Hautepierre). De leur côté, Grégoire VII, Urbain II et Pascal II, ont fait appel à l'abbé Hugues pour lui confier des communautés à réformer, tels

---

1. La bibliographie sur Luxeuil se trouve dans notre article : Luxeuil aux XIIᵉ et XIIIᵉ siècles, dans *Revue Mabillon*, LX (1981), p. 77-102.

Montierneuf (1076), Saint-Germain d'Auxerre (vers 1097), Saint-Bertin (vers 1101), Saint-Cyprien de Poitiers, Vézelay (1102)...

Dans le cas de ces soumissions autoritaires, Cluny n'a pas toujours la partie facile, car les moines n'acceptent pas aisément de perdre leur indépendance ; ils refusent en particulier d'aliéner leur privilège d'élire leur supérieur, et le début du xiie siècle retentit déjà de révoltes scandaleuses (Moissac, Saint-Bertin, Poitiers...), qui jalonnent ce chemin épineux et, en 1131, Pierre le Vénérable a la désagréable surprise de constater que le germe de rébellion agite son ancien couvent de Vézelay. Aussi, c'est souvent sans enthousiasme qu'il accepte ce rôle d'éducateur spécialisé, comme nous le verrons dans les affaires de Luxeuil et de Baume. Face à ces résistances et aux critiques formulées par saint Bernard, Pierre entreprend de réformer l'Ordre lui-même : les statuts qu'il publie en 1132 suppriment un certains nombre de dérogations à la règle clunisienne dans la nourriture, le vêtement, le régime alimentaire, l'accès des laïcs au monastère, etc. tandis qu'Innocent II lui confère, en 1136, le pouvoir de corriger tout ce qu'il y avait de défectueux dans les maisons de l'Ordre. Ces antécédents expliquent que, conformément à une tradition bien établie et malgré les risques encourus, le pape ait demandé, vers 1135-1137, à l'abbé de Cluny d'intervenir à Luxeuil.

Le prétexte exact nous échappe, mais nous pouvons déduire de leur correspondance qu'à la suite de difficultés matérielles, les bénédictins sont divisés sur la conduite à tenir et ne parviennent pas à se mettre d'accord sur le choix d'un abbé ; averti de ces dissensions, le pape, protecteur immédiat, décide de détruire le ver de la discorde et de confier l'affaire à Pierre le Vénérable. Nous possédons dès lors tous les éléments pour comprendre et apprécier la lettre que ce dernier adresse peu de temps après au pontife, et qui rend compte de sa mission :

« Les frères de Luxeuil sont venus récemment nous trouver et nous montrer les lettres de Votre Paternité, dans lesquelles votre piété paternelle déplorait l'état d'abandon de l'antique et grand monastère de Luxeuil, et nous enjoignait d'y envoyer un abbé avec les officiers indispensables, pris au sein de notre communauté.... Nous avons accueilli cet ordre avec l'obéissance qui vous est due, mais non sans éprouver une très forte appréhension devant les difficultés de l'entreprise. En effet, comme le sait votre sagesse, il est plus facile en matière religieuse de fonder de nouvelles maisons que de restaurer les anciennes ... Cependant, nous avons écarté toutes nos appréhensions et, selon votre ordre, nous avons tout mis en œuvre pour donner à ces frères, venus nous trouver, abbé et autres officiers indispensables. Mais ces frères, qui demandaient des choses dangereuses pour nous et peu utiles pour eux-mêmes, ont refusé notre choix et promettant, disaient-ils, de revenir le jour fixé pour cette affaire, s'en retournèrent chez eux...» [1].

Cette lettre, admirable de pondération et de clairvoyance, suggère plusieurs remarques : la décadence de Luxeuil ne fait aucun doute dans l'esprit de Pierre le Vénérable, qui oppose la situation actuelle à un âge d'or ancien. Mais les expériences récentes, dont celle de Vézelay, lui font craindre de nouveaux déboires, aussi n'entend-il pas assumer la direction du monastère sans l'accord des intéressés : ceux-ci doivent se plier à ses exigences et accepter que l'abbé et les principaux dignitaires soient pris parmi des clunisiens. Etait-ce outrepasser les directives pontificales ? Nous ne le saurons jamais, mais les Luxoviens refusent une telle sujétion et, sans rompre les pourparlers, s'orientent vers une nouvelle solution : convaincre le pape de

---

1. G. CONSTABLE, *The Letters of Peter the Venerable*, Cambridge, 1967, I, p. 42 : lettre antérieure à 1136, date à laquelle le nouvel abbé Jocerand reçoit confirmation du pape.

ne leur imposer qu'un abbé seulement, à l'exclusion des autres officiers, en lui promettant sans doute de se réformer au plus vite.

Innocent se rallie à cette solution : il met à la tête de l'abbaye un clunisien, Jocerand, auquel il accorde une confirmation générale des biens, le 22 novembre 1136[1]. De cette façon, Luxeuil sauve son indépendance et son observance, sans rompre les relations avec Cluny, puisque la bulle signale une transaction survenue un peu plus tard au sujet d'une église[2].

Toutefois, l'objectif essentiel (le rétablissement de la situation) restait à atteindre. En effet, une seconde lettre de Pierre le Vénérable écrite vers 1137[3], ne laisse planer aucun doute à ce sujet : d'après lui, l'état de l'abbaye n'a fait qu'empirer, au point qu'il estime de son devoir de dénoncer le scandale au pape. « Je fais savoir que le monastère de Luxeuil, auquel l'an passé tu as voulu pourvoir par l'intermédiaire de nos frères clunisiens et auquel tu as pourvu, il est vrai, mais pour un temps bref, est retombé dans un état pire qu'autrefois : il a presque abandonné toute observance et forme de vie religieuse et se distingue si peu des séculiers que lui, qui marchait autrefois en tête de tous les monastères de la Gaule, paraît à présent les suivre de loin et difficilement. »

Cette fois, Pierre le Vénérable choisit un ton cinglant pour vilipender explicitement la décadence spirituelle de Luxeuil. Eprouve-t-il de son récent échec un soupçon de rancœur qui le pousse à accabler des rebelles ? En tout cas, le tableau qu'il dresse est sévère : inapplication de l'observance, qui empêche toute véritable vie religieuse, incapacité notoire de l'abbé... Sans mettre en doute la sincérité de Pierre, l'on peut contester néanmoins la valeur du diagnostic s'appliquant à un malade qui se refuse à suivre le régime clunisien : Luxeuil n'entend perdre ni son indépendance, ni ses usages, et cette attitude déplaît probablement à l'abbé de Cluny, qui juge la vie luxovienne d'après ses propres exigences.

L'évolution postérieure va dans le sens de cette hypothèse : le nouvel abbé qui, dès 1139, prend la tête de l'établissement, semble redresser la situation : il règle à l'amiable les démêlés avec ses voisins cisterciens, tandis que saint Bernard lui offre sa médiation dans le conflit avec Saint-Evre ; les reproches cessent de pleuvoir sur l'abbaye, et Pierre le Vénérable ne tente plus rien de ce côté. Quand le prieuré de Fontaine essaie de se soustraire à l'obédience de Luxeuil, Eugène III réagit vigoureusement contre cette rébellion, sans remettre en cause l'indépendance de l'abbaye. Ce qui demeure équivoque dans cette prétendue crise, comme dans celle de Faverney, c'est le vocabulaire utilisé par les contemporains pour la dépeindre : quand ils parlent d'état d'abandon et dénoncent les errements d'un abbé, nous avons tendance à supposer le pire et en déduire une évolution irréversible vers une proche décadence, d'où notre surprise lorsque, quelques années plus tard, le scandale s'oublie et que l'existence reprend son cours normal.

---

1. Bibl. nat., lat. 12678, fol. 369 ; Bibl. mun. Besançon, Droz 41, fol.119 ; *Gallia Christiana*, XV, instr., col. 30.
2. « Avec le cens d'un demi marc d'argent que vous doivent les moines de Cluny pour la cella qu'ils ont édifiée dans votre paroisse de Rumilly » (Pas-de-Calais, canton d'Hucqueliers).
3. G. CONSTABLE, *The Letters...*, I, p. 97, propose la date de 1141-1142 ; nous préférons la situer avant 1139, car à cette époque, un nouvel abbé, Etienne, prend la tête de l'établissement et semble redresser la situation.

L'affaire de Baume

Si le passé prestigieux de Saint-Oyend et de Luxeuil plaidait en faveur de leur sauvegarde, un argument semblable s'applique au dernier des monastères bénédictins, Baume-les-Moines, où s'était formé le fondateur de Cluny, Bernon. Alors que, rattachée à l'Ordre depuis 1076, Gigny menait dans son ombre une existence calme et presque anonyme, Baume réalisait une remarquable ascension, au point de se hisser au premier rang des établissements diocésains, avant même Luxeuil : associée par son ancien abbé Gunzon à la construction de Cluny III, bénéficiant de la protection directe des comtes de Bourgogne et de la faveur de l'archevêque Anseri, l'abbaye connaît sous la direction d'Aubry (1117-1139) une étonnante prospérité.

Scandale de 1147   Apparence trompeuse ? Moins de huit ans après la mort de ce dernier, elle se trouve rejetée au banc de l'infamie, accusée publiquement de crimes honteux et sanctionnée avec la plus grande rigueur. Sans entrer dans le détail des péripéties, nous retiendrons seulement les principaux éléments susceptibles de nous éclairer sur les causes de ce drame, sur son déroulement et ses conséquences immédiates [1]. Là encore, les aléas de la documentation ne permettent pas de satisfaire entièrement notre curiosité, puisqu'ils nous plongent directement en pleine crise, au moment précis où les sanctions pontificales s'abattent brutalement sur le monastère. En effet, une lettre d'Eugène III, expédiée de Paris le 29 mai 1147, nous apprend « l'attentat horrible et exécrable — signe d'un mépris inouï pour l'Eglise romaine — perpétré avec une audace sacrilège par les moines de Baume sur la personne du cher fils, maître Osbert », sans préciser ni la nature du crime, ni ses mobiles [2] ; le mot *scelus*, qui signifie aussi bien meurtre que coups et blessures, couvre trop de vilenies pour qu'on puisse imaginer le même supplice qu'Abélard, mort quelques années auparavant à proximité de notre région. Par divers recoupements nous savons seulement que la victime, maître Osbert, était un chanoine d'Autun, que l'agression commise à son égard affecte profondément la papauté, comme si Osbert remplissait une mission officielle suite à une procédure d'appel introduite dans un conflit l'opposant à Baume.

Nous savons qu'effectivement l'Eglise d'Autun avait des intérêts matériels dans la région, intérêts que Baume contestait depuis un certain nombre d'années, pour des raisons qui nous échappent, mais qui tiennent probablement à la volonté de récupérer d'anciens droits, pour sortir d'une situation temporelle difficile : dès 1133/34, Innocent II demandait à l'abbé de justifier ses revendications contre les chanoines d'Autun [3]. Rome se trouvait donc saisie d'une de ces nombreuses querelles qui résultaient de la concurrence monastique et qui se terminaient habituellement par un compromis plus ou moins satisfaisant. Mais quand l'une des parties se refuse à toute concession, l'affaire va d'appel en appel ; elle peut parfois s'envenimer et tourner à l'affrontement brutal : devançant les convers de Gigny les moines de Baume en font la démonstration en brutalisant le représentant de la partie adverse.

Décadence ?   Passons sur le scandale qui en découle, sur l'émoi des autorités religieuses qui voient dans un tel comportement le signe révélateur d'une décadence spirituelle : conformément aux mentalités de l'époque, la crise de

---

1. Pour le détail, nous renvoyons à *L'Abbaye de Baume-les-Messieurs*, chapitre III : les démêlés avec Cluny au XIIe siècle.
2. Lettre d'Eugène III (*Bull. Clun.*, p. 57, *P.L.*, t. 180, col. 1227) donnée à Paris le 29 mai 1147.
3. *JL*, 7640.

Baume ne peut que résulter d'une dégradation de la vie religieuse, ce qui appelle des sanctions exemplaires. Guillaume, comte de Bourgogne et de Mâcon, parle même d'un dépérissement de la vie religieuse [1], tandis que le pape dresse un implacable réquisitoire : « Alors que les frères rassemblés dans ce monastère de Baume auraient dû exhaler le parfum de la bonne renommée et resplendir de l'éclat de leur vie religieuse, sous l'inspiration du diable, ils ont imité les actes du vieil homme ! Aussi leur monastère s'est-il desséché et est-il tombé dans une misère tant spirituelle que temporelle » [2]. Avec encore plus d'émotion et d'éloquence, Pierre le Vénérable qui, dans une lettre de 1151, esquisse le bilan de son action à Baume, trace un sombre tableau de la situation qu'il y a trouvée quatre ans auparavant, en insistant, comme le pape, sur la décadence matérielle et spirituelle. Il commence par opposer à cette dégradation actuelle le passé très glorieux du monastère, tel que le travestit l'historiographie clunisienne, qui en fait une fondation colombanienne : embellissant ainsi les origines de Baume, Cluny n'avait plus à rougir de la mère insignifiante et obscure qui avait nourri spirituellement Bernon et Odon [3]. Cette fois-ci, en faisant de Baume l'incarnation des valeurs colombaniennes, Cluny se pose face à Cîteaux, qui s'intéresse à Saint-Claude, face aux ordres nouveaux, comme détentrice de la légitimité monastique [4].

Ainsi transcendé et posé en exemple, le sort de Baume intéresse toute la Chrétienté et, comme celui de Luxeuil ou de Saint-Claude, ne doit pas supporter la médiocrité : avec la réussite des nouveaux ordres qui ont renforcé les exigences monastiques, l'ancien idéal apparaît désuet, insuffisant ; d'ailleurs, les difficultés matérielles dans lesquelles se débattent ces maisons traduisent, aux yeux des contemporains, cet enlisement et rendent nécessaire une réforme : les brutalités commises par les moines ou leurs gens ne corroborent-elles pas, après coup, la thèse du relâchement, la victoire de l'esprit du mal ?

Ecoutons la suite de Pierre le Vénérable : « Pour servir d'exemple à tous les orgueilleux mortels, en démontrant que ni l'homme, ni les réalisations humaines ne subsistent longtemps dans ce monde, et pour que se vérifie la parole de l'Ecriture Sainte au sujet de l'homme : *rien en lui ne demeure dans le même état*, le monastère de Baume n'est pas resté indéfiniment sur les sommets ; pour une raison que j'ignore, il s'est écarté peu à peu de la vie religieuse qu'il avait si longtemps et bien pratiquée, et des sommets il a sombré dans les abîmes... Presque déserté de nos jours par toute véritable vie religieuse, ce lieu, si souvent cité — je parle du monastère de Baume — le seigneur pape Eugène me l'a confié de façon inattendue ; par lettres, il m'a demandé et ordonné de mettre tout le soin que je pourrais à le réformer » [5]. C'est encore à Pierre le Vénérable que nous empruntons la conclusion de cette enquête sur les mobiles : « Ces causes que tout le monde connaît, ne méritent pas d'être transmises par écrit du fait de leur vilenie ».

Répression   Aussitôt connu le scandale, le pape Eugène III, qui séjourne à Paris, déclenche à la fin de mai 1147 une répression exemplaire : excommunication des moines avec interdit jeté sur leurs terres [6]. Il enjoint aussitôt aux au-

---

1. Lettre de juin 1147, dans BRUEL (A.), *Recueil des chartes de Cluny*, V, n° 4122 et 4126.
2. Lettre d'Eugène III, du 23 août 1147, ibidem, n° 4125.
3. *L'Abbaye de Baume-les-Messieurs*, p. 27.
4. G. CONSTABLE, The Letters..., I, n° 23 ; *L'Abbaye de Baume-les-Messieurs*, p. 249.
5. G. CONSTABLE, *The Letters...*, n° 23.
6. Fait connu par la bulle du 14 juillet 1147, donnée à Auxerre, *P.L.*, t. 180, col. 1251, ou *Bull. Clun.*, p. 61.

torités locales d'appliquer les sanctions avec toute la sévérité requise en pareil cas : à l'archevêque de Besançon — Baume n'étant pas un établissement exempt —, à Guillaume, comte de Mâcon et de Bourgogne, avoué du monastère, qui s'empresse de procéder à la dispersion de la communauté et invite ses principaux vassaux à chasser les religieux de leur abbaye et de leurs possessions, à récupérer toutes leurs terres et à remettre le tout entre les mains de Pierre le Vénérable. Cette opération fut rondement menée, puisque Guillaume vient en rendre compte à Cluny dès le 14 juin 1147[1].

Mais devant ce scandale, qui dénotait un profond dérèglement de la conscience religieuse, Eugène III entend aller plus loin et imposer une réforme disciplinaire ; pour y parvenir, il fait passer Baume sous la juridiction clunisienne et la ravale au rang de simple prieuré. Par cette façon d'agir, le pape veut laisser les coudées franches à Pierre le Vénérable pour y mettre les dignitaires de son choix et y exercer son droit de correction, en même temps qu'il cherche à prévenir les difficultés suscitées par les abbayes soumises à Cluny, comme Vézelay, Moissac, Saint-Bertin et Luxeuil[2].

Ainsi, après Gigny, qui avait elle-même sollicité son intégration à l'Ordre, voici que Baume faisait son entrée — peu glorieuse, il est vrai — dans la grande congrégation. Certes, le traitement infligé à cette mère spirituelle récalcitrante relevait d'une thérapeutique de choc, mais personne à l'époque ne s'indigne, ni ne s'apitoie sur le sort qu'on lui réserve : l'archevêque de Besançon se contente de confirmer à plusieurs reprises les sanctions pontificales, tandis que le comte Guillaume paraît heureux de remplir l'office du bras séculier[3]. Le seul accent de commisération, nous le rencontrons curieusement chez saint Bernard, tenu jusque-là à l'écart des incidents ! Lui qui réclamait avec véhémence des sanctions contre les abbés de Faverney et de Saint-Oyend, dévoile son cœur de père miséricordieux, en demandant bientôt au pape de pardonner aux religieux de Baume, justement mais suffisamment punis : « Toute l'Eglise a loué votre zèle et vous a su gré d'avoir élevé la voix en cette occasion et sévi avec énergie, au lieu de laisser passer les choses, comme si vous n'en aviez point été instruit… Vous ne pouvez donc refuser de faire grâce à ceux qui ont expulsé de leur maison les auteurs de l'attentat. Pourquoi ne le voudriez-vous pas, quand ils vous ont obéi…? Ayez donc pitié d'eux, et que l'iniquité des uns ne cause aucun préjudice à l'innocence des autres… »[4].

Au-delà de ces sentiments sincères et généreux, qui donnent au personnage une dimension humaine inégalable, ne peut-on percevoir le désir de ne pas laisser à Cluny une si grande marge de manœuvre et autant de pouvoir ? Mais en prêtant à l'abbé de Clairvaux de telles intentions, peut-être sommes-nous à notre tour déformés par l'idée d'une rivalité Cluny-Cîteaux. En tout cas, le pape se range à l'avis de saint Bernard et, le 14 juillet 1147, lève les sentences d'excommunication et d'inter-

---

1. Bulle d'Eugène III du 29 mai 1147, dans *P.L.*, t. 180, col. 1228, et lettres de Guillaume à ses vassaux, dans A. BRUEL, *Recueil des chartes de Cluny*, n° 4126 : « Que le seigneur Guy de Monnet, qui a dans sa seigneurie la terre de Baume, la remette selon l'ordre du pape aux frères de Cluny et, si les moines de Baume refusent de quitter les lieux, qu'il les chasse et qu'il fasse restituer aux frères de Cluny les terres vendues ou mises en gage par lesdits moines depuis la sentence prise contre eux ; que le prévôt de Lons fasse de même pour les possessions qui se trouvent dans sa seigneurie, etc...».
2. G. CONSTABLE, *The Letters...*, n° 23.
3. Actes de l'archevêque Humbert dans A. BRUEL, *Recueil des chartes de Cluny*, n° 4131, 4141...
4. Lettre 251, trad. DION-CHARPENTIER, *Œuvres de saint Bernard*, p. 358.

dit [1]. Cluny envoie sur place une équipe de responsables, qui prend en mains les destinées du nouveau prieuré, tandis que les religieux regagnent l'établissement, après en avoir expulsé les coupables. Tous s'emploient dès lors à assainir la situation, en particulier en reconstituant le temporel du monastère, mis à mal durant la crise par des aliénations abusives ou des spoliations illégales : des églises étaient ainsi passées sous le patronage de Saint-Étienne de Besançon.

Bilan   La normalisation du nouvel état se poursuit sous la responsabilité de Pierre le Vénérable qui, le 1er janvier 1151, dresse le bilan de son action dans une admirable lettre, pleine de lucidité et de modestie : « Ainsi que je l'ai dit, j'ai accepté la direction de ce monastère où je n'ai pas ménagé ma peine : je me suis beaucoup dépensé pour améliorer la vie tant spirituelle que matérielle. Enfin, en peu de temps, grâce au Saint-Esprit, j'ai transformé cette mère respectable en une belle et jeune fille de Cluny, que j'ai embellie chaque jour davantage. Aussi, selon cette parole du Seigneur à un évangéliste : *L'ouvrier mérite son salaire*, et cette autre : *Il mérite rétribution*, je voudrais, s'il plaît au Dieu tout-puissant, percevoir quelque fruit de mon travail ici bas, mais en transformant le prix de mes heures de travail en une rétribution éternelle. J'ordonne donc et j'établis que, le jour où il plaira à Dieu de me faire quitter cette vie charnelle et où il ordonnera à chaque mort de verser son dû, le prieur de Baume, quel qu'il soit, accorde aux frères, dans le réfectoire commun et à l'infirmerie, les distributions des jours majeurs et solennels, à savoir du bon pain et de bonnes fèves, du bon vin, de bons et gros poissons ; quant aux malades, si ce n'est jour d'abstinence majeure, on leur donnera une bonne ration de viande. En outre, j'établis que, ce même jour, l'on restaure cent pauvres en pain, vin, viande ou, si c'est l'époque d'abstinence, en aliments autorisés ce jour-là… Quant à ce que l'on fera pour mon âme, de mon vivant ou le jour de ma mort, ce n'est pas à moi de le dire, et je n'indiquerai rien à ce sujet : je le laisse à l'initiative et à la charité de nos frères…» [2].

Durant l'abbatiat de Pierre le Vénérable, qui se termine en 1156, le calme règne dans le prieuré de Baume, et chacun s'emploie apparemment à respecter le statut de 1147, confirmé par les autorités civiles et religieuses. Le 11 juin 1153, Frédéric Barberousse approuve officiellement, à la demande de Pierre, « le privilège de donation attribuant à l'église de Cluny le monastère de Baume, avec toutes ses possessions et ses dépendances et accordé par notre révérend père le pape, Eugène III, par le vénérable archevêque de Besançon, Humbert, et par l'illustre comte de Bourgogne, Guillaume. A notre tour, par le privilège de cette présente page, nous transférons au monastère de Cluny et à ses abbés notre droit éminent (*dominium*) et celui du royaume sur Baume, sauf cependant le droit qui rattache l'église de Baume au royaume…» [3].

De leur côté, les successeurs d'Eugène III ne manquent pas d'entériner la situation à chaque changement de titulaire [4] : on peut interpréter ces gestes comme des actes de pure routine ou bien comme de sages précautions contre un retour possible de la tempête après un calme trompeur. Effectivement, la mort de Pierre le Vénérable, survenant au moment où les relations de l'Empire avec la papauté commencent à se

---

1. *P.L.*, t. 180, col. 1251, *Bull. Clun.*, p. 61.

2. G. CONSTABLE, *The Letters*.., I, n° 23 ; *L'Abbaye de Baume-les-Messieurs*, p. 248-250.

3. Diplôme de Frédéric Barberousse, donné à Worms le 11 juin 1153, dans A. BRUEL, *Recueil des chartes de Cluny*, V, n° 4167 ; *M.G.H., die Urkunden Friedrichs I*, I, p. 98.

4. Confirmation d'Anastase IV du 23 avril 1154 (*Bibl. Clun.*, col. 1498), d'Adrien IV du 5 mai 1155 (A. BRUEL, n° 4181, notice ; *Bibl. Clun.*, col. 1498) ; du 7 mai 1156 (*P.L.*, t. 188, col. 1415, *Bull. Clun.*, p. 67).

détériorer, change les rapports de force et amène les moines de Baume à rejeter le joug clunisien, puis à entrer en rébellion ouverte contre leurs supérieurs hiérarchiques. Bien qu'elle se rattache aux événements qui précèdent, cette action s'insère dans un contexte très différent, marqué par les prodromes du schisme impérial : nous en réservons donc l'étude dans la prochaine partie.

Conclusions : Le malaise

Survenant après d'autres manifestations, heureusement moins graves, l'affaire de Baume confirme le malaise qui sévit dans les maisons bénédictines et, d'une façon générale, dans le monachisme traditionnel durant les décennies 1130-1150. Ces difficultés frappent successivement la plupart des grands établissements, comme le montre une chronologie succincte, et provoquent l'intervention des deux principales autorités morales, saint Bernard et Pierre le Vénérable :

Date	Monastères concernés	Intervenant
1132-1133	Querelle Gigny - Le Miroir	Pierre le Vénérable
1135-1139	Crise de Luxeuil : rattachement manqué à Cluny	Pierre le Vénérable
1141	Méfaits de l'abbé de Faverney contre Cherlieu et contre Clairefontaine	saint Bernard
v. 1145-1150	Saint-Claude touché par difficultés	saint Bernard
1147	Crise de Baume-les-Moines : abbaye rattachée à Cluny	Pierre le Vénérable
1150	Querelle Gigny-Le Miroir	saint Bernard

Parmi les abbayes bénédictines, seule Saint-Vincent de Besançon est épargnée par les symptômes de la crise : le doit-elle à sa création récente, à sa taille modeste ou à son implantation urbaine sous l'aile vigilante des archevêques qui la protègent ? Comme le nouveau monachisme affiche un caractère exclusivement rural, l'on peut aussi supposer que sa concurrence épargne davantage les grosses agglomérations.

Quant aux nombreux prieurés clunisiens, les lacunes de la documentation n'autorisent guère de conclusions : ils ne se font remarquer ni par leur dynamisme, ni par leurs errements et, s'il leur arrive de flancher, la question se règle au sein de l'Ordre, sans le recours à d'autres intervenants. Seul le cas de Gigny a soulevé quelques émotions dans la Chrétienté par la portée du débat et les méthodes mises en œuvre : en voulant percevoir, selon la coutume, leurs dîmes sur des terres cultivées par des cisterciens, malgré le récent privilège d'Innocent II, les clunisiens de Gigny posent publiquement le problème de la stabilité des ressources, nécessaire à toute régularité. Pierre le Vénérable l'a bien compris, qui, dans des réponses au pape, au chancelier Aymeric et au chapitre de Cîteaux, évoque les répercussions des récentes mesures pontificales sur l'avenir des anciens monastères : le nombre des cisterciens et des autres religieux, dit-il en substance au pape, s'est tellement multiplié autour des établissements clunisiens — et des bénédictins — que, si ces derniers cédaient les dîmes à tous ces nouveaux venus, ils perdraient la dixième partie de leurs moines, lesquels, en certains lieux, seraient même obligés d'abandonner leur monastère [1]. La suite de l'affaire, chacun la connaît, puisque loin de s'apaiser, elle aboutit au coup de main de 1150 contre Le Miroir.

Sans nous attarder au compromis de 1155, qui ne règle pas le vrai problème de fond, celui des dîmes, nous remarquons seulement que ces questions matérielles

---

1. Voir ces lettres dans G. Constable, I, p. 70.

constituent le facteur commun de tous les malaises analysés précédemment ; à Saint-Oyend, Luxeuil, Faverney, Baume, l'on ne cesse de dénoncer après coup les aliénations ou un état d'abandon, qui suggère incontestablement une diminution des ressources, avec tous les expédients que celle-ci entraîne : ventes, amodiations, récupération des droits perdus et, sans doute, moins de générosité à l'égard des autres. Ainsi, la prétendue crise du monachisme traditionnel se situe d'abord au plan économique : non seulement les monastères voient leur croissance stoppée après 1130, mais ils connaissent momentanément une instabilité matérielle, voire une récession, le temps que les nouveaux ordres perdent de leur allant. Que l'impéritie de quelques abbés aggrave cette précarité par une gestion inappropriée et des dépenses inconsidérées, c'est ce que reproche saint Bernard à l'abbé de Faverney ; l'exemple de Luxeuil confirme aussi la responsabilité de l'abbé, qui ne sait ou ne peut prendre les mesures efficaces pour enrayer cette dégradation économique.

Une fois enclenché, le processus de détérioration ne tarde pas à provoquer, dans certains cas, de néfastes effets sur la vie spirituelle. Morimond a connu ce genre d'épreuves, puisque le cohésion de la communauté n'a pas résisté aux difficultés des années 1123-1125. Nous devons donc nous demander à présent si le monachisme traditionnel subit, de ce fait, une décadence spirituelle, un relâchement dans la vie religieuse. Il semble bien que les crises les plus aiguës s'accompagnent de manquements à la règle, de désordres plus ou moins graves dénoncés avec véhémence par saint Bernard et Pierre le Vénérable : les deux gardiens de la régularité visent des négligences importantes concernant l'observance, le service divin, une mauvaise gestion... Ils s'insurgent contre les maux qui accablent Saint-Oyend et se scandalisent de la misère tant spirituelle que matérielle qui a chassé de Baume toute véritable vie religieuse. Mis à part le dernier cas cité, les récriminations demeurent toutefois imprécises, vagues et prennent parfois allure d'insinuations.

Sans accuser à notre tour leurs auteurs d'exagération ou de malveillance, nous serions enclin à introduire un élément de pondération, applicable à l'évolution du monachisme bénédictin : de même que la querelle Cluny-Cîteaux oppose deux conceptions différentes, mais complémentaires de la vie religieuse, les accusations précédentes traduisent le point de vue de réformateurs, qui formulent des exigences et des valeurs, pas forcément reconnues comme telles par les bénédictins. Comme les maisons incriminées (Luxeuil, Baume, Saint-Claude) incarnent les origines glorieuses du monachisme occidental (Colomban, Cluny, les Pères du Jura), les divergences deviennent insupportables, d'où le désir plus ou moins conscient et prémédité de les normaliser, de les amener à rallier les rangs de la nouvelle majorité. La démarche réussit à Baume, a failli se réaliser à Luxeuil, mais se heurte probablement aux réticences des moines de Saint-Oyend, puis à l'hostilité de Frédéric Barberousse. Dans ces perspectives, il s'agirait moins d'une crise véritable du monachisme traditionnel que d'une adaptation difficile à un contexte qui ne lui est pas favorable.

S'ils s'affrontent en défendant leur conception personnelle du cénobitisme, Bernard et Pierre le Vénérable se retrouvent côte à côte pour jouer dans la Chrétienté, et particulièrement en Bourgogne, le rôle de gardiens de la régularité : leurs interventions dans le diocèse démontrent à l'évidence la *sollicitudo* qu'ils témoignent aux monastères de la région, en tant que redresseurs de torts, de dénonciateurs de scandales, ou même d'arbitres de la paix. L'omniprésence et le prestige de Bernard font de lui les yeux et les oreilles des papes Innocent II et Eugène III, nous pourrions ajouter leur conscience, dans la mesure où il ne ménage ni ses avis, ni ses conseils. Quant à Pierre le Vénérable, il représente, à la tête de l'Ordre clunisien, la force tranquille, à laquelle on recourt dans les cas les plus difficiles, lorsque les monastères refusent de se réformer. Mais n'ont-ils pas l'un et l'autre cherché à absorber dans leur ordre respectif les monastères comtois, qui incarnaient une sorte de légitimité monastique ?

LIVRE III

DE L'ÉGLISE IMPÉRIALE A L'ÉGLISE PONTIFICALE

(vers 1160-1220)

Le mariage de l'empereur Frédéric Barberousse avec la comtesse Béatrice, en juin 1156, inaugure dans le royaume de Bourgogne une nouvelle politique : alors que ses prédécesseurs, Lothaire III et Conrad III, n'ont pas eu les moyens d'affirmer autrement que par des intentions leur suzeraineté sur ces pays d'outre-Rhin, le jeune monarque, dès son avènement, indique clairement que la couronne bourguignonne ne lui est pas indifférente. Mais très tôt entraîné dans le tourbillon italien, le prince est obligé de subordonner son rêve bourguignon aux contraintes d'une conjoncture internationale difficile et fluctuante : le diocèse devient alors un des théâtres d'opérations où se joue la querelle du Sacerdoce et de l'Empire.

Les affrontements de l'empereur avec Alexandre III aboutissent à une déchirure de la Chrétienté occidentale (schisme dit victorin), qui se prolonge durant une vingtaine d'années (1159-1177) : la Bourgogne et plus particulièrement le diocèse de Besançon se transforment en un champ clos, où les champions de chaque clan se battent sans merci, en déployant toutes leurs armes juridiques et idéologiques : à l'archevêque Herbert (1163-1170), qui incarne le Reichskirchensystem, *répond son homologue, Pierre, archevêque de Tarentaise (vers 1141-1174), dont la* Vita *symbolise le combat de ceux qui se disent catholiques, en union avec Alexandre III.*

Après 1177, le diocèse réintègre l'orthodoxie et les légats pontificaux, au nombre desquels se distingue Roger de Vico-Pisano, se chargent de liquider les séquelles de la querelle. La réaction alexandrine, qui suit la paix de Venise, ne s'interrompt pas avec le troisième concile du Latran (1179), elle se poursuit sous le pontificat de l'archevêque Thierry (1180-1190), qui assure le retour au calme et à la normalisation. Sans rompre volontairement avec sa politique, les successeurs de Frédéric, dont Henri VI (1190-1197) et Philippe de Souabe (1197-1208), se trouvent contraints par les circonstances à sacrifier la Bourgogne aux objectifs siciliens ou germaniques et à abandonner le sort de cette dernière aux pouvoirs locaux.

BESANCON A LA FIN DU XIIIe SIÈCLE

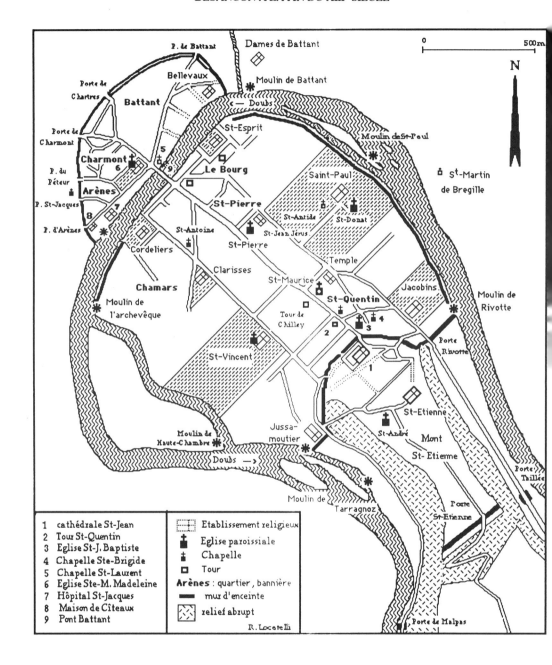

0   500m.

N

P. de Battant — Dames de Battant
Bellevaux — Moulin de Battant
Porte de Chartres — Battant
Porte de Charmont — Doubs — St-Esprit
Charmont 6 — Moulin de St-Paul
P. du Péteur — 5 9 — Le Bourg — Saint-Paul — St-Martin de Bregille
Arènes — St-Pierre
P. St-Jacques — 8 7 — St-Antide — St-Donat
P. d'Arènes — St-Antoine — St-Jean Jérus
Cordeliers — St-Pierre
Clarisses — Temple
Chamars — St-Maurice — Jacobins — Moulin de Rivotte
Moulin de l'archevêque — St-Quentin
Tour de Chilley — 2 3 4 — Porte Rivotte
St-Vincent — 1
Moulin de Haute-Chambre — St-Etienne
Jussa-moutier — St-André — Mont St-Etienne
Doubs — Porte Thillée
Moulin de Tarragnoz — Porte St-Etienne
Porte de Malpas

1   cathédrale St-Jean
2   Tour St-Quentin
3   Eglise St-J. Baptiste
4   Chapelle Ste-Brigide
5   Chapelle St-Laurent
6   Eglise Ste-M. Madeleine
7   Hôpital St-Jacques
8   Maison de Cîteaux
9   Pont Battant

Etablissement religieux
Eglise paroissiale
Chapelle
Tour
Arènes : quartier, bannière
mur d'enceinte
relief abrupt

R. Locatelli

CHAPITRE 1

LES TENTATIVES D'ÉGLISE IMPÉRIALE

Alors que l'ère du monachisme coïncidait avec l'affirmation de l'autonomie provinciale, la seconde moitié du XIIe siècle voit le retour en force de l'ingérence germanique dans la vie locale. En effet, le mariage de Frédéric avec Béatrice, l'héritière de Renaud III, ouvre une nouvelle période où l'influence des Staufen est déterminante, tant au plan politique que dans le domaine religieux : l'immédiatisation des relations féodales par rapport au suzerain, les ambitions bourguignonnes du jeune empereur, modifient profondément les rapports de forces et font du comté la pierre angulaire d'un vaste projet, destiné à faciliter la pénétration germanique vers la Provence.

A. LE SCHISME

Les aspirations du souverain au *dominium mundi*, sa volonté de restaurer l'autorité impériale en lui soumettant le contrôle des églises locales, ses ambitions italiennes ne tardent pas à transformer les relations des deux pouvoirs en une lutte du Sacerdoce et de l'Empire, qui embrase la Chrétienté occidentale et la plonge à nouveau dans les affres d'un schisme pontifical[1]. Nous ne pouvons, dans le cadre de cette étude, retracer les origines du conflit, ni même en esquisser les principales étapes ; nous limiterons l'enquête aux aspects régionaux d'un affrontement que nous voyons naître en Bourgogne, à la diète de Besançon (octobre 1157), s'y développer avec la rivalité des deux obédiences et y provoquer de graves désarrois parmi les clercs et les moines[2].

Vers le schisme

Le premier incident caractéristique de cette escalade vers la guerre froide, se déroule précisément à Besançon, lors de la diète impériale d'octobre 1157[3], réunie non seulement pour inaugurer officiellement la nouvelle politique bourguignonne de Frédéric Ier, mais aussi pour régler quelques litiges diplomatiques ; parmi ces derniers, l'affaire de l'archevêque de Lund, Eskil, primat de Danemark et de Suède, qui, au retour de sa visite *ad limina*, a été arrêté par un seigneur brigand, dépouillé de ses

---

1. Sur les intentions de Frédéric Barberousse, nous renvoyons aux pages de M. PACAUT, *Frédéric Barberousse,* p. 92 et suiv.
2. La bibliographie sur le schisme de 1159-1177 est si abondante que nous la limiterons à quelques ouvrages fondamentaux, en renvoyant pour le reste à celle indiquée dans la *Storia della Chiesa,* sous la direction de H. JEDIN, V/1, *Civitas medievale,* 1976, p. 93-97. L'aspect événementiel du conflit est largement développé dans le volume de la collection Histoire de l'Eglise, t. 9 : *Du premier concile du Latran à l'avènement d'Innocent III,* par R. FOREVILLE et J. ROUSSET de PINA (2e partie, 1154-1198), Paris, 1953. Sur les querelles idéologiques, nous renvoyons à M. PACAUT, *Alexandre III, Etude sur la conception du pouvoir dans sa pensée et dans son œuvre,* Paris, 1956 ; R. FOLZ, *L'idée d'Empire en Occident du Ve au XIVe siècle,* Paris, 1953 ; R. LOCATELLI, Frédéric Barberousse et les archevêques de Besançon, dans *Francia,* 15 (1987), p. 130-147.
3. *Histoire de Besançon,* I, p. 327 ; W. ULLMANN, Cardinal Roland and the incident at Besançon, dans *Miscellanea Historiae Pontificae,* 18 (1954), p. 107.

bagages et jeté au fond d'un donjon pour l'appât d'une rançon ; selon la chronique d'Othon de Freising, l'agression aurait eu lieu sur le sol comtois [1]. Malgré une protestation pontificale, Frédéric, qui résidait alors dans la région, n'avait rien fait pour châtier le coupable, si bien qu'Adrien IV avait chargé son chancelier d'une nouvelle requête auprès de l'empereur. Le cardinal Bandinelli, accompagné de Bernard, cardinal de Saint-Clément, se présente à Besançon, au cours d'une assemblée toute acquise aux thèses impériales et conçue comme une manifestation de puissance parmi les possessions francophones [2].

L'émotion que soulève la lecture des lettres pontificales provoque alors un incident célèbre : chargé de traduire en dialecte germanique l'exposé des motifs qui auraient dû pousser l'empereur à sévir contre le coupable, Rainald de Dassel a joué, volontairement ou non, sur le sens des *beneficia* reçus de la main du pape, en les interprétant comme des fiefs et non comme des bienfaits ; l'entourage germanique crut ou feignit de croire qu'Adrien IV se considérait comme le suzerain de l'empereur. Une violente agitation s'ensuit, au cours de laquelle le comte Othon de Wittelsbach lève son épée sur les légats : or, l'assemblée se déroulait dans une église ! Tout en intervenant pour garantir la sécurité des deux cardinaux, Frédéric s'empresse de les renvoyer sur le champ : non seulement il se refuse à toute satisfaction sur le sort d'Eskil de Lund, mais il se hâte d'exploiter l'anecdote en mobilisant l'épiscopat germanique contre les prétentions pontificales.

Politique impériale   Tandis que se déroule cette campagne d'opinion, l'empereur prend sur place toute une série de mesures, très significatives de sa politique religieuse : il se veut le protecteur et le maître des églises, auxquelles il renouvelle leurs privilèges, mais qu'il entend maintenir sous son contrôle en leur interdisant d'aliéner les fiefs tenus de l'Empire. Parmi ces actes, qui réactualisent les droits régaliens, figure la bulle d'or adressée à l'archevêque de Lyon et confirmant à ce dernier la juridiction sur les habitants, en même temps qu'elle proclame la souveraineté sur sa cité [3]. Bien d'autres prélats bénéficient de ces prévenances : l'Eglise de Besançon obtient ainsi une reconnaissance officielle de ses libertés et privilèges le 4 novembre 1157 [4]. Comme en Allemagne, les prodromes de la crise renforcent la cohésion de l'épiscopat bourguignon du nord autour de Frédéric Barberousse : les archevêques de Lyon, Besançon et Tarentaise (ce dernier est alors le cistercien Pierre) accompagnent le souverain dans sa tournée officielle [5].

La détérioration du climat diplomatique prend suffisamment d'ampleur pour exhumer d'anciennes rancœurs et amener l'empereur à soutenir certaines revendications. Nous avons deux exemples caractéristiques, qui se renouvelleront d'ailleurs à d'autres moments critiques (à la fin du XIIᵉ siècle et lors des premières insurrections communales) : les chanoines de Saint-Etienne et les moines de Baume entendent pro-

---

1. *M.G.H., SS*, XX, p. 307
2. Sur les assistants à la diète, consulter H. PATZE, Friedrich Barbarossa und die deutschen Fürsten, dans *Die Zeit des Staufen*, V, 1979, p. 65 ; le continuateur d'Othon de Freising, Rahewin, *De gestis Friderici I, M.G.H., SS*, XX, p. 4.
3. M. PACAUT, *Frédéric Barberousse*, p. 124 ; acte dans *M.G.H., Die Urkunden Friedrichs I.*, édit. H. APPELT, I, n° 160. Consulter Br. GALLAND, Archevêché et comté de Lyon : développement et affirmation du pouvoir épiscopal, dans *Les pays de l'Entre-Deux au Moyen Age* (Actes du 113ᵉ Congrès nat. des Soc. sav., Strabourg 1988), p. 16-34.
4. Arch. dép. Doubs, G 11, et *Die Urkunden Friedrichs I.*, édit. H. APPELT, I, n° 190.
5. Le 26 novembre 1157, tous trois se trouvent en sa compagnie à Chambéry (PERARD, *Recueil de pièces curieuses...*, p. 239).

fiter des circonstances pour remettre en cause un statut qu'ils jugent défavorable ou qu'ils ont accepté à contrecœur ; les premiers contestent à Saint-Jean le privilège d'église cathédrale, tandis que les seconds récusent la sujétion de Cluny, qui leur a été imposée de force en 1147. Mais les réclamations des uns et des autres n'ont pas la même portée : en dénonçant un ordre péniblement instauré par Anseri et approuvé sans réserve par Humbert, les chanoines savent pertinemment qu'ils s'opposent à leur archevêque et que, de ce fait, ils ne peuvent pas compter sur l'appui impérial acquis à ce dernier ; on le constate dans les déclarations du prélat, qui renouvelle sans ambiguïté son affection à Saint-Jean [1].

Au contraire, les prétentions de Baume à recouvrer son indépendance plongent moins dans l'embarras les autorités civiles et religieuses, qui avaient cependant applaudi à son humiliation : en 1153, Frédéric n'avait manifesté aucune réticence en ratifiant *in æternum* le rattachement à Cluny, accepté auparavant par Humbert [2]. Comment justifier cette volte-face ? Par le seul souci de défendre les intérêts locaux ou par le dessein d'affaiblir les grands monastères exempts (Cluny) au profit de la juridiction épiscopale ? Les circonstances y ont sans doute une part non négligeable, car l'abbatiat de Pierre le Vénérable se termine sur des difficultés au sein de l'Ordre, qui aboutissent à une double élection : Hugues de Fraisans se heurte à Robert le Gros qui, malgré l'appui du comte de Flandre, est condamné par le pape. Aussi l'occasion s'avère-t-elle opportune pour Baume de secouer la tutelle clunisienne et d'expulser les dignitaires qu'on leur imposait [3].

Frédéric ne semble pas avoir tergiversé sur l'attitude à adopter et, malgré l'appel que lui adresse Hugues de Fraisans, il choisit de faire pour Baume un geste doublement symbolique : en rétablissant cette maison vénérable dans sa dignité abbatiale, il lui redonne son indépendance et son prestige ; il honore aussi le comté, dont il vient de prendre possession et privilégie l'Eglise locale, conformément à ses intentions politiques [4]. Ainsi, la destinée de Baume se trouve-t-elle associée, pour quelque

---

1. La tentative de Saint-Etienne pour relancer la querelle de maternité apparaît dans la bulle d'Adrien IV du 6 mars 1158 qui confirme à l'archevêque Humbert la sentence de Calixte II reconnaissant Saint-Jean comme église cathédrale (W. WIEDERHOLD, *Papsturkunden, La Franche-Comté*, n° 45 qui ne publie que l'adresse et les souscriptions, d'après un original détérioré des Archives dép. Doubs, G 191 ; notice à la Bibl. mun. Besançon, Droz 32, fol. 367). La prédilection d'Humbert pour Saint-Jean apparaît dans une charte de 1161 : « Elle (cette église de Saint-Jean) qui, enfant, m'a nourri de son lait, elle qui, adulte, m'a placé sur le trône pontifical, elle qui soutient ma vieillesse du bâton de sa compassion » (Arch. dép. Doubs, G 531, fol. 118, et Bibl. mun. Besançon, Droz 32, fol. 370).

2. Diplôme du 11 juin 1153, *Die Urkunden Friedrichs I.*, édit. H. APPELT, I, n° 58.

3. Lettre d'Hugues de Fraisans à l'empereur pour se plaindre de cette expulsion (BRUEL, *Recueil des chartes de Cluny*, V, n° 4193) ; cet ancien prieur claustral de Cluny, devenu abbé, semblerait être un Comtois d'origine.

4. Diplôme de Frédéric donné à Arbois le 18 novembre 1157 : « Lorsque nous sommes allé en Bourgogne, voici, parmi les aberrations de l'organisation ecclésiastique et de l'ordre public, ce que nous avons trouvé : l'Eglise de Baume, d'illustre origine, que nos prédécesseurs, rois et empereurs, avaient comblée de bienfaits et de possessions, qu'ils avaient élevée par de justes distinctions au rang d'abbaye, se trouvait de nouveau ravagée, privée de service divin et de tout esprit religieux et — nous ne pouvons pas le dire sans douleur — réduite d'abbaye impériale au rang de prieuré, voire de grange clunisienne. Aussi, sur les conseils de religieux de ce pays et à la demande de tous, tant princes que barons, et parce qu'il convenait de révoquer des actes illicites qui contrevenaient aux très saintes constitutions impériales, nous avons délié l'Eglise de Baume de

temps, au sort du Staufen qui, en contrepartie de sa protection, gagne un point d'appui solide dans le sud du pays. Quant à Cluny, dont l'autorité se voit publiquement bafouée, nous ignorons sa réaction, mais le rapprochement qu'opère l'abbé Hugues de Fraisans avec l'Empire à partir de 1159, laisse supposer qu'il s'est résigné à la décision royale.

D'ailleurs, les deux affaires ne s'achèvent pas sur cette note d'apaisement car, à mesure que les relations Sacerdoce-Empire tournent à l'affrontement, elles subissent de significatifs rebondissements. Un moment apaisée (en mars 1158, Adrien IV condamne l'attitude de Saint-Etienne), la tension avec Rome s'aggrave lors de la diète de Roncaglia (novembre 1158), qui enregistre une poussée du césaro-papisme [1] et elle atteint son paroxysme aaprès la mort d'Adrien IV (1er septembre 1159) : la double élection du cardinal Bandinelli, sous le nom d'Alexandre III et du cardinal Octavien sous le nom de Victor IV, déclenche un schisme, appelé victorin ou octavien, qui ne tarde pas à gagner l'Italie puis la Chrétienté toute entière. Frédéric, tout acquis à Victor IV, ancien chef du parti impérialiste, affecte fort habilement de ne pas se prononcer entre les deux candidats et de s'en remettre à un concile, qu'il convoque à Pavie pour février 1160, où une majorité de prélats allemands se rallie à ses vues. Absent de cette assemblée, Alexandre III refuse de se soumettre à un vote partisan : commence dès lors entre lui et son rival une lutte d'influence pour ranger à leur obédience respective le maximum de princes et de prélats.

Le schisme

Notre propos ne vise pas à retracer les péripéties de ce duel qui secoue l'Eglise occidentale durant une vingtaine d'années (1159-1177), mais d'étudier les réactions et les conséquences au niveau d'un diocèse fortement engagé aux côtés de l'empereur et soumis par sa situation géographique à de vifs tiraillements. Comme beaucoup de ses collègues bourguignons, l'archevêque Humbert ne semble pas avoir pressenti la véritable portée de l'enjeu ; fidèle à la ligne de conduite qu'il a toujours suivie, il se range aux côtés du souverain. S'il ne se rend pas personnellement à Pavie, il s'y fait représenter par l'évêque de Bâle et, comme ses confrères de Lyon, d'Arles et de Vienne, il consent à la validation de Victor IV en tant que pape légitime [2]. Choqués de cette compromission, les historiens locaux ont cherché soit à minimiser la participation d'Humbert au schisme, soit à mettre cette faiblesse sur le compte de l'âge [3],

---

tout pouvoir étranger et de celui, abusif, des Clunisiens ; nous l'avons restaurée intégralement dans son ancienne dignité abbatiale que lui avaient conférée nos pères...», *Die Urkunden Friedrichs I.,* édit. H. APPELT, I, n° 193, avec quelques identications de noms de lieux douteuses. Dire que les moines accueillirent avec joie cette constitution impériale va de soi, et un érudit du XIXe siècle, Désiré Monnier, rapporte que les moines appelaient ce diplôme la Bulle d'Or à cause du prix inestimable dont il était l'objet à leurs yeux (R. LOCATELLI, *L'abbaye de Baume-les-Messieurs,* p. 59).

1. Y assistent les archevêques de Besançon, d'Arles et de Lyon, les évêques de Lausanne, Genève, Grenoble, Bâle, Metz, Toul et Verdun (J. TROUILLAT, *Monuments de l'histoire de l'ancien évêché de Bâle*, I, p. 332).

2. *Ibidem,* p. 335. L'adhésion de l'archevêque Humbert à l'obédience de Victor IV ne fait aucun doute, puisque, dans une lettre écrite quelque temps plus tard, ce même pontife exprime toute l'affection qu'il éprouve à l'égard de l'Eglise de Besançon (*Gallia Christiana,* XV, instr. 40 ; *J.L.,* 14479 ; acte non daté, que F. GUETERBOCK situe en juin 1161).

3. La plupart des historiens du XIXe siècle (E. CLERC, *Essai sur l'histoire de Franche-Comté,* p. 356 ; abbé LOYE, *Histoire de l'Eglise de Besançon,* II, p. 178) laissent entendre que, comprenant trop tard son erreur et dévoré de scrupules, Humbert aurait alors abandonné son siège pour se retirer chez les chanoines réguliers de Saint-Paul.

oubliant dans leurs explications embarrassées que la cause d'Alexandre III n'est apparue légitime que plus tard, au cours des années 1161-1162, surtout après l'échec de l'entrevue de Saint-Jean-de-Losne (septembre 1162).

En réalité, jusqu'à sa mort, qui survient avant octobre 1161, l'archevêque Humbert demeure en place et maintient ses engagements antérieurs envers Frédéric qui, à plusieurs reprises, lui renouvelle sa confiance : le souverain condamne, sans équivoque, les prétentions des chanoines de Saint-Etienne et demande au prélat (*frater archiepiscope, eo fide et dilectione quibus nobis obnoxius esse videris*) de prendre à leur égard des mesures énergiques, allant jusqu'à la confiscation des prébendes et à l'interdit ; dans le même esprit, il l'invite à sévir contre quelques laïcs, vassaux de Saint-Etienne, qui ont profité de la révolte de Baume contre Cluny pour accaparer certaines possessions [1]. Le choix de Landry, doyen de Saint-Jean de Besançon, comme évêque de Lausanne en 1160, constitue une autre preuve de l'identité de vue existant entre Frédéric et Humbert : nous ne savons pas s'il résulte d'une élection canonique, mais, même dans ce cas et vu les circonstances, il ne pouvait contrecarrer les vœux du prince. Or, le nouveau prélat appartient au lignage des Durnes, dont l'un des membres, Guy l'Abbé, se distingue comme agent impérial après avoir été l'homme de confiance de Renaud III, tandis que ses fonctions décanales en faisaient un allié de l'archevêque contre les prétentions de Saint-Etienne [2].

Attitude des moines   A la même époque, la persistance du schisme commence à jeter le trouble dans certaines consciences et à perturber les deux aires d'obédience : alors que les royaumes d'Allemagne et de Bourgogne continuent de soutenir Victor IV et que Capétiens et Plantagenêts marquent leurs préférences pour Alexandre III, des hésitations, puis des abandons apparaissent chez certains ordres religieux dont l'influence pèse d'un grand poids sur l'évolution ultérieure. Si les prémontrés n'adoptent pas d'attitude commune, les clunisiens, quant à eux, manifestent une évolution caractéristique du dilemme qui se pose à eux, partagés entre leurs intérêts matériels et leurs désirs d'universalité chrétienne : après avoir opté pour le rapprochement avec l'Empire, l'abbé Hugues (1157-1161), s'oriente vers la voie de la neutralité, difficile à respecter devant les pressions contradictoires d'un comte de Mâcon acquis à Victor IV et d'une fraction des moines favorables à son rival ; ceux-ci l'emportent en 1161 et l'obligent à démissionner, pour le remplacer par un de leurs partisans, Etienne (1161-1173), ancien prieur de Saint-Marcel de Chalon [3], dont l'attitude toutefois prudente lui évite les sanctions impériales.

---

1. J.-Y. MARIOTTE, Une lettre de Frédéric Barberousse au sujet de l'abbaye de Baume-les-Messieurs en Franche Comté, dans *Archiv für Diplomatik*, 1961, p. 204-213. Le fait qu'il associe Burcard d'Asuel à cette demande ne constitue pas une marque de défiance envers l'archevêque ; c'est tout simplement la première apparition des légats, institution qui est largement exploitée ensuite par l'empereur ; sous le patronyme de *Guy l'Abbé* (identifié parfois sans raison à un abbé de Corneux) se dissimule un membre de la famille de Durnes).

2. C'est l'archevêque Humbert qui, selon la tradition, procède au sacre de Landry de Durnes, à Lausanne, en 1160, entouré des évêques de Belley et de Genève (Bibl. mun. Besançon, Droz 32, fol. 370). S'il fallait ajouter une preuve supplémentaire à cette unité de vues entre les deux hommes, nous la trouverions dans le choix que fait Frédéric de deux hommes de confiance, Pierre et Raoul de Scey, qui appartenaient tous deux au lignage de l'archevêque.

3. Hugues se serait retiré auprès de l'empereur, puisqu'on le trouve à Dole en juillet 1166 (L. VIELLARD, *Doc. et mém.... Terr. de Belfort*, n° 237), ou au prieuré de Vaux-sur-Poligny où il serait mort en 1166, après s'être réconcilié avec Alexandre III (D. RICHE,

A l'inverse des moines noirs, les cisterciens passent pour avoir choisi une ligne de conduite plus dure, en se ralliant dès le début à l'obédience alexandrine, sous l'influence de l'archevêque Pierre de Tarentaise, dont les vertus et le rayonnement font la gloire de l'Ordre, depuis la disparition de saint Bernard (1153). Sans porter atteinte au crédit du thaumaturge, ni à son influence indiscutable, nous verrons que sa campagne de persuasion se déroule surtout après 1162 et que d'autres cisterciens jouent un rôle aussi déterminant sur la décision du Chapitre général ; parmi eux, Henri, évêque de Beauvais [1], qui, au concile de Tours de juillet 1160, amène les Eglises de France et d'Angleterre à adhérer au parti d'Alexandre [2]. Dans ces conditions, le Chapitre de 1161, présidé par l'ancien abbé de Clairefontaine, Lambert, pouvait difficilement renoncer à s'engager dans la même voie, d'autant que la majorité des abbés qui le composait, échappait à la domination germanique ; par sa netteté, la décision des cisterciens constitue un événement, dont l'importance n'échappe pas à Barberousse [3]. On peut, au contraire, douter du concours apporté par les Templiers à la cause alexandrine, car leur expansion dans le diocèse de Besançon coïncide précisément avec le règne de Frédéric Ier. Ce bref rappel des positions monastiques face au schisme pontifical montre bien que jusqu'en 1161, date de la mort de l'archevêque Humbert, les hésitations restaient permises et que la fidélité du prélat à ses choix initiaux n'a rien de surprenant, ni de honteux pour sa mémoire.

Saint-Jean de Losne   Si la tempête n'éclate pas encore, des nuages inquiétants s'amoncèlent dans le ciel bourguignon, dus à la volonté de Frédéric d'imposer l'obédience de Victor IV contre vents et marées. Dans ces conditions, le choix du nouvel archevêque ne pouvait le laisser indifférent et l'on comprend les embarras des électeurs qui, en mai 1162, ne s'étaient pas encore décidés [4]. Finalement, c'est Gauthier, doyen de Saint-Etienne et frère du duc de Bourgogne, qui est désigné [5] : choix surprenant à double titre, puisqu'il favorise les anciens contestataires de Saint-Etienne et fait référence à des sympathies bourguignonnes acquises à Alexandre III. Si la première raison ne concerne qu'un rapport de forces au sein de l'Eglise bisontine, la seconde plaide en faveur d'un ralliement des électeurs aux vues impériales : au moment où Frédéric tente, durant l'été 1162, de détourner la France de l'obédience alexandrine, la promotion de Gauthier constitue un geste de détente et sert à accréditer la volonté de l'empereur d'engager de franches négociations, lors de l'entrevue de Saint-Jean-de-Losne, fixée en août de la même année.

L'issue de ces projets est connue : la rencontre des deux rois sur les bords de la Saône le 29 août 1162 n'a pas lieu et l'échec conforte Louis VII dans la crainte que

---

L'ordre de Cluny de la mort de Piezrre le Vénérable à Jean III de Bourbon, tome II, p. 394-396).

1. Henri, frère du roi Louis VII, devint archevêque de Reims.
2. Lettre de Fastrède, abbé de Clairvaux, qui retrace le déroulement de ce concile (LABBÉ, *Concilia*, X, col. 1407, et *P.L.*, 200, col. 1363).
3. Sur l'attitude générale des cisterciens, nous renvoyons à M. PREISS, *Die politische Tätigkeit und Stellung der Cisterzienser im Schisma*, Berlin, 1934; M. A. DIMIER, Les Cisterciens et le schisme d'Octavien, dans *Mélanges Dimier*, 1/2, p. 525-528 ; R. LOCATELLI, La papauté et les cisterciens du diocèse de Besançon au XIIe siècle, dans *La papauté et l'Eglise de France Xe-XIIIe siècles*, (colloque d'oct. 1990 organisé par l'Inst. hist. all. de Paris et l'Ecole nat. des chartes), à paraître.
4. Le fait est confirmé dans un acte de l'abbaye de Montbenoît du 3 mai 1162 (Arch. dép. Doubs, 69 H 125) : *Quia vero sedes Bisuntina... pontifice vacabat.*
5. Gauthier est le frère d'Eudes II, duc de Bourgogne (1143-1162), et de Robert, évêque d'Autun (1148-1170).

lui inspire la politique de son interlocuteur [1]. Néanmoins, l'empereur et son chancelier Rainald de Dassel, accompagnés de leur pape Victor IV, décident, pour impressionner leurs adversaires, de tenir une diète à Dole (7 septembre 1162) et même de lui donner l'allure et l'importance d'un concile : une bonne cinquantaine d'évêques venus de Bourgogne et d'Allemagne y assistent, aux côtés des principaux membres de l'entourage royal [2] ; mais, du fait de l'absence des Français et des partisans d'Alexandre III, la diète se contente d'enregistrer la légitimité de son adversaire et, au lieu de favoriser le rapprochement, incite le roi de France à dissiper les derniers malentendus qui le séparaient d'Alexandre et à reconnaître officiellement ce dernier.

Contrairement aux espoirs du printemps, loin de prendre fin, le schisme s'enlise et s'aggrave même, puisque chacun est désormais décidé à aller jusqu'au bout. Dans ces conditions, l'ambiance ne tarde pas à s'altérer, même au plan bisontin où l'archevêque Gauthier mesure l'inconfort de sa position, depuis la rupture des négociations avec le roi de France : avant même que l'empereur ne quitte la région à l'automne 1162, il renonce au siège de Besançon et opte pour celui de Langres, sans que l'on sache s'il se retire de lui-même ou sur pression impériale [3].

Herbert (1163-1170)

Malgré l'intransigeance affichée de part et d'autre, il serait toutefois abusif d'imaginer des attitudes irrémédiablement figées dès l'automne 1162 ou une ligne de conduite très uniforme dans chaque royaume ; la réalité montre plus de nuance et, en dehors d'un effritement progressif de l'obédience victorine, plus ou moins rapide selon les lieux et les circonstances, la situation varie au niveau de chaque province, voire de chaque diocèse. Alors que l'Allemagne maintient une grande docilité envers les exigences impériales, le royaume de Bourgogne devient un terrain favorable à la propagande des Alexandrins.

L'homme   Le pontificat d'Herbert, archevêque de Besançon (1163-1170), illustre le cas particulier d'un évêché dont la vacance survient à un moment critique des rapports du Sacerdoce et de l'Empire, mais qui, par sa position géographique et les liens privilégiés qui l'unissent au souverain, prend valeur de symbole : le rôle et l'évolution du *Reichskirchensystem* hors de la Germanie. En effet, Frédéric ne pouvait pas se désintéresser du comté de son épouse, pierre angulaire de sa politique bourguignonne et terre ouverte à l'influence française. Bien qu'il

---

1. La Chronique de l'abbaye de Vézelay, écrite vers 1170, qui raconte l'entrevue ratée de Saint-Jean-de-Losne, précise que « l'empereur Frédéric se fit construire au lieu de Dole, aux confins de son empire, un palais d'une grandeur admirable » (*Monumenta Vizeliacensia*, édit.R.-B. HUYGENS, Turnhout, 1976, p. 526).

2. P. FOURNIER, *Le royaume d'Arles*, p. 37 ; M. PACAUT, Frédéric Barberousse, p. 162 ; R. FOREVILLE, *Du premier concile du Latran...*, p. 71.

3. Gauthier demeure évêque de Langres de 1162 à 1180 ; il a plusieurs fois l'occasion d'intervenir dans son diocèse d'origine, en particulier en 1178 pour témoigner au sujet de la mainmorte à Besançon ; il rappelle à cette occasion ses antécédents en termes très clairs : *In civitate Bisuntina diutius conversati, primo habuimus decanitatum Sancti Stephani, deinde in regimen Bisuntine sedes fuimus electi...* (édit. dans *Mém. Soc. Em. Doubs*, 1858, p. 344). A-t-il reçu la consécration épiscopale avant d'être transféré à Langres ? Dans un acte en faveur de Bellevaux, il se déclare « élu de Besançon », tandis que le 24 septembre 1162, il témoigne aux côtés de Frédéric Ier avec le titre d'archevêque (*Die Urkunden Friedrichs I.*, n° 390, p. 261). Certains auteurs avancent que son élection à Langres serait antérieure à l'assemblée de Saint-Jean-de-Losne.

soit inconnu des milieux bourguignons, l'élu a déjà derrière lui une longue carrière de conseiller des rois germaniques : chapelain de Conrad III, il fait partie des personnages influents qui vivent à l'ombre du monarque et exécutent des missions de confiance, puisque les historiens allemands ont mis en lumière son activité à la chancellerie et son rôle diplomatique en Italie. Frédéric utilise ses compétences et le garde dans sa chapelle en attendant de lui confier, comme à Rainald de Dassel, de plus hautes responsabilités.

D'ailleurs, la comparaison avec ce dernier, promu chancelier en 1156, s'impose à plus d'un titre : même carrière, même compétence, même attachement à l'idéologie impériale. D'après le témoignage de Césaire, abbé d'Heisterbach, Herbert est *litteratus*, versé dans le commerce des lettres, tandis que le chroniqueur Rahewin met en avant sa prudence et son habileté diplomatique [1]. Herbert, alors simple conseiller de l'empereur, se distingue au concile de Pavie en s'engageant à fond en faveur de Victor IV, qu'il contribue personnellement à faire accepter par le concile : il se voit alors récompensé de ses services en devenant prévôt d'Aix-la-Chapelle, poste d'attente qui le prépare à de plus hautes responsabilités.

Trois ans plus tard, il arrive à Besançon, sans que l'on connaisse les modalités de sa promotion, mais le choix de cet étranger au diocèse, comme la crise consécutive au départ de Gauthier, plaide pour une forte pression impériale, sinon pour une désignation pure et simple, enregistrée par les chapitres cathédraux [2]. D'ailleurs, Herbert arrive en Comté avec le double titre d'archevêque élu et de légat impérial en Bourgogne, ce qui lui confère les pleins pouvoirs et montre l'estime dans laquelle le tient le souverain [3] ; avec lui, l'Eglise impériale trouve sa meilleure formulation et correspond dans l'esprit du souverain à une mesure de circonstance, imposée par une situation de crise.

Cette nomination politique explique le peu d'empressement qu'il met à recevoir la consécration épiscopale : durant quatre ans, il administre son diocèse en simple élu, ce qui ajoute une analogie avec Rainald, ancien prévôt de Munster, élu à l'archevêché de Cologne en 1156 : alors que la diète de Würzbourg (mai 1165) contraint ce dernier à lever toute ambiguïté sur son statut, en se faisant sacrer en même temps que plusieurs autres évêques présents à l'assemblée [4], Herbert échappe curieusement à cette mise en demeure et ne régularise sa situation que le 30 juillet 1167, à Rome, deux jours avant le couronnement de l'impératrice. A ce moment-là, Frédéric triomphe, et les négociations sur le schisme tournent à son avantage [5]. Carrière,

---

1. Rapporté par F. GUETERBOCK, p. 190 : *virum prudentem et in negocio regni longa eruditione exercitum.*
2. Le premier acte d'Herbert dans le diocèse date de 1163 : il scelle la paix entre Buillon et les frères de Layer à propos de la grange de Scey (Bibl. Mun. Besançon, Droz 74, fol. 160 + 23 ; Bibl. Nat., Moreau 72, fol. 92, édit. J.-Y. MARIOTTE, *Le comté de Bourgogne...*, p. 202).
3. En fait, le titre de légat n'apparaît pas systématiquement dans les actes d'Herbert, bien qu'il soit fréquent à partir de 1164 : *H. Dei gratia Bisunt. electus, imperialis aule legatus* (Arch. dép. Haute-Saône, H 65).
4. L'anecdote est rapportée par un partisan d'Alexandre III, qui insiste sur le peu d'enthousiasme des intéressés à se plier à la décision de Würzbourg : Rainald accepte *vehementer astrictus* (*P.L.*, t. 200, col. 145).
5. Sur la date de la consécration d'Herbert : *Histoire de Besançon,* I, p. 330, qui s'appuie sur les Grandes Annales de Cologne (*M.G.H., SS*, XVII, p. 781) et les Annales d'Aix (*M.G.H., SS*, XXIV, p. 38). Les chartes locales en apportent la confirmation : il est encore " élu " le 17 juillet 1166 (L. VIELLARD, *Doc. et mém.... Terr. de Belfort*, n° 237) et porte en 1167 le titre d'archevêque de Besançon (Arch. dép. Haute-Saône, H 200, avec

choix, pouvoir, consécration, tout concourt à placer l'épiscopat d'Herbert hors du commun, dans une conjoncture de crise qui détermine ses actions prioritaires et explique en partie sa réputation posthume.

Les détracteurs   S'il a joui durant sa vie de la considération attachée à ses importantes fonctions, sa mémoire n'a pas survécu à l'échec de la cause qu'il a servie avec beaucoup d'efficacité : la réconciliation de Frédéric avec Alexandre III, lors de la paix de Venise, exigeait des boucs émissaires qui portassent la responsabilité des erreurs du schisme; on les a facilement trouvés parmi les conseillers impériaux que la mort désignait comme victimes idéales. Alors que Christian, l'archevêque de Mayence, vit assez longtemps pour prévenir les calomnies, Herbert, tout comme Rainald de Dassel disparu quelques années avant lui, succombe à la réaction alexandrine qui s'acharne à le déconsidérer et à effacer les traces de son souvenir, en faisant même disparaître les chartes qu'il a données [1]. La fidélité inébranlable avec laquelle il a servi la politique religieuse de l'empereur, l'accumulation des pouvoirs entre ses mains, la fermeté de son administration, sans oublier sa qualité d'étranger, deviennent après 1178 autant de motifs d'accusation qu'une propagande effrénée exploite sans scrupule.

Sans le nommer en personne, le troisième concile du Latran déclenche officiellement cette campagne en condamnant les ordinations faites par les hérésiarques [2] et en considérant comme des intrus les prélats assermentés aux antipapes. Pour dissiper à jamais les relents du schisme, le pape dépêche sur place un légat, Roger de Vico-Pisano, chargé de reprendre en main le diocèse de Besançon et de « révoquer les décisions de l'intrus de Besançon, Herbert de maudite mémoire ou des autres schismatiques contre les frères de l'Ordre cistercien ou les autres catholiques... » [3]. Tandis qu'en 1173 l'archevêque Evrard osait encore évoquer avec décence la mémoire de son prédécesseur, désormais chacun s'ingénie à dénoncer son infamie et à décrier son gouvernement. Le délégué apostolique donne le ton en traitant Herbert « d'indigne prélat, dont tous les actes sont souillés de la macule schismatique » ; aussi convient-il « que rien de souillé ne subsiste dans cette église après ce schisme, dont ce prélat a été l'auteur durant tout son épiscopat » [4]. Dès lors, les condamnations se multiplient, avalisées par la papauté et répercutées par certains chroniqueurs contempo-

---

sceau). Avait-il reçu auparavant les ordres majeurs ? Son sceau d' " electus " le représente barbu et chevelu, en habit laïc (J. GAUTHIER, Notes sur quatre sceaux inédits des archevêques de Besançon, dans *Mém. Acad. Besançon*, 1880, p. 85-93). Ajoutons qu'il reçoit sa consécration de l'antipape Pascal III (1164-1168), ce qui lui sera beaucoup reproché par la suite.

1. Il subsiste effectivement peu de documents de l'épiscopat d'Herbert et nous verrons un peu plus loin le soin qu'ont mis certaines personnes, comme le légat pontifical, Roger de Vico-Pisano, à infirmer et à détruire les traces de son activité

2. Canon 2 (R. FOREVILLE, *Latran I, II, III, IV*, p. 211) : « Quiconque aura reçu des dignités ou des bénéfices ecclésiastiques conférés par ces schismatiques sera privé des charges illicites ».

3. Texte cité par A. CASTAN, Origines de la commune de Besançon, dans *Mém. Soc. Em. Doubs*, 1858, p. 158.

4. Acte de 1180 pour Bellevaux (Arch. dép. Haute-Saône, H 47) et J.-J. CHIFFLET, *Vesontio, civitas imperialis libera, Sequanorum metropolis*, Lyon, 1618, p. 249.

rains, tel cet anonyme de Laon, qui ne cite parmi les personnalités sanctionnées après 1178, qu'un seul nom, celui de l'archevêque de Besançon [1].

Mais nul détracteur ne frappe aussi fort, ni avec autant d'éclat, que Geoffroy d'Auxerre, moine d'Hautecombe, chargé d'écrire vers 1184 la *Vie de Pierre de Tarentaise* [2] : pour mieux dégager l'étonnante personnalité de son héros, qui a exercé une partie de son apostolat en Bourgogne, l'hagiographe l'oppose, dans un dualisme simplificateur, aux forces sataniques, dont Herbert incarne une des manifestations ; c'est lui qui accumule les apostrophes d'intrus, *incubator Chrysopolitane ecclesie*, d'apostat, de persécuteur ; c'est lui qui accrédite les campagnes de persécution à l'égard des cisterciens, lui qui fait d'Herbert le conseiller diabolique de l'empereur, jaloux de la considération que ce dernier témoignait au saint évêque [3]. Aussi Geoffroy d'Auxerre prête-t-il à Herbert une fin qui ressemble à un jugement de Dieu et sanctionne une vie de mensonges et de persécutions [4].

Nous avons cité le moine d'Hautecombe non pour la véracité de son témoignage, qui accumule les clichés et les défauts du genre apologétique, mais parce qu'il a fortement contribué à la légende posthume du mauvais Herbert ; cette tradition imprègne encore l'historiographie du prélat ou jette dans l'embarras ceux qui ne veulent pas prendre à la lettre les calomnies d'un auteur en mal de documentation [5]. Confrontées aux autres documents, les accusations de Geoffroy ne résistent pas à l'examen des faits.

Son action   Bien qu'étranger à la province et paré du titre de légat de la cour impériale, il n'arrive pas à Besançon avec une pléiade de conseillers, mais recrute sur place les collaborateurs dont il a besoin pour administrer le comté et le diocèse : soit dans la noblesse (Pierre de Scey, Guy l'Abbé de Durnes), soit dans les corps traditionnels (cour épiscopale et chapitres cathédraux). Aucune coupure, aucune opposition n'apparaît en ce domaine, puisqu'il conserve le personnel d'Humbert, dont maître Etienne de Foucherans et Evrard de la Tour (archidiacre, puis trésorier de Saint-Jean), qui figurent souvent à ses côtés ; tout naturellement, il fait aussi appel aux principaux dignitaires des chapitres, qui ne manifes-

---

1. Bulle de Célestin III de 1194 (W. WIEDERHOLD, *Papsturkunden,* n° 83) et Ex chronico universali anonymi Laudunensis, cité par J.-Y. MARIOTTE, *Le comté de Bourgogne,* p. 90.
2. Références bibliographiques sur Pierre de Tarentaise dans *Bibliotheca Sanctorum,* X, Roma, 1968 : article Pietro II, arcivescovo di Tarentasia, par M.-A. DIMIER, à qui l'on devait déjà une biographie de Saint Pierre de Tarentaise, parue à Ligugé en 1935. Les références de la *Vita* renvoient aux *AA. SS., Maii,* II (Anvers, 1680), p. 320 et suiv.
3. *AA. SS.,* Maii, II, p. 330.
4. *Ibidem,* p. 331.
5. Sur l'historiographie propre à Herbert, nous renvoyons à ce qu'en dit brièvement Mgr CLERE (Herbert, archevêque schismatique..., p. 4) qui conclut « avec évidence qu'Herbert fut indiscutablement un archevêque schismatique et un intrus, plusieurs fois anathématisé par l'autorité pontificale et par conséquent indigne de figurer dans le catalogue des archevêques légitimes de Besançon » (p. 21). Le même auteur rapporte une inscription latine du XVIIe siècle, qu'on pouvait lire sur sa tombe et qui introduit une note positive : « Le prélat H. a fait à son heure les œuvres que vous voyez. S'il lui avait été permis, il en eût fait de meilleures » (p. 19). Au XIXe siècle, l'abbé RICHARD (*Histoire du diocèse de Besançon et de Saint-Claud*e, I, p. 401) et les auteurs des *Vies des saints de Franche-Comté* (I, p. 553, saint Pierre de Tarentaise) le regardent comme un bon administrateur du diocèse, tandis que F. GUETERBOCK apporte, dans cette timide réhabilitation, quelques preuves supplémentaires.

tent aucune dissension interne sous son pontificat[1]. Du fait de ses multiples absences, c'est même ce personnel administratif qui exerce la réalité du pouvoir, donnant ainsi l'impression d'une continuité avec l'époque précédente.

Une semblable constatation se dégage au niveau des principes qui guident l'action de l'archevêque : nous avons maintes fois constaté que les préambules des chartes permettaient aux prélats d'exprimer, au-delà des formules stéréotypées, quelques idées directrices ou un certain idéal de leurs fonctions. Herbert n'innove pas et revient curieusement aux grandes déclarations d'Anseri : une église au service des religieux et des plus faibles, dirigée par de dignes pasteurs et travaillant pour la paix.

La continuité qu'il maintient au niveau des principes se retrouve dans son action quotidienne, du moins dans sa politique diocésaine. Il agit en prélat soucieux de défendre les prérogatives de l'Eglise dont il a la charge, et ne tolère aucune usurpation d'autorité. L'attitude qu'il adopte vis-à-vis des citoyens de Besançon révèle beaucoup de fermeté : à la suite du flottement consécutif aux embarras, puis à la démission de l'archevêque Gauthier, à la faveur des grands rassemblements de foule provoqués par les diètes impériales, les habitants de la cité cherchent, en effet, à battre en brèche certains monopoles financiers du prélat, ce qui était pour eux une façon de prendre conscience des aspirations communes et de tester leur potentiel de résistance. Déjà, sous Humbert, ils avaient obtenu un abonnement des tailles, à présent ils entendaient profiter des commissions fructueuses prélevées sur les opérations de changes monétaires, en s'arrogeant le droit de dresser dans les rues des tables de changeurs[2]. Bien que ces habitudes paraissent antérieures à son avènement, Herbert y met fin, en revenant au monopole épiscopal en la matière.

Même fermeté pour prévenir toute tentative d'usurpation de biens relevant de la mense épiscopale[3] ou pour défendre les droits et les privilèges attachés à ses fonctions épiscopales : alors qu'Anseri avait accordé en toute franchise au chapitre de Saint-Etienne l'archidiaconat de Salins, il n'hésite pas, quant à lui, à soumettre le titulaire de cette dignité à la loi commune, en exigeant un hommage, rendu jusque-là au seul doyen de Saint-Etienne[4]. De même, toujours jaloux de son autorité, il ne craint pas, pour la défendre, de remettre en cause des privilèges obtenus du pape pour lequel il milite : l'exemple le plus curieux vient de l'abbaye bisontine de Saint-Vincent que des liens privilégiés unissaient à l'Eglise cathédrale et aux prélats, puisque son abbé trouvait place et dignité parmi les chanoines de Saint-Jean. Or, en 1161, à la demande même de l'archevêque Humbert et dudit chapitre, l'antipape Victor IV avait accordé à ce même abbé l'usage de la mitre et de l'anneau lorsqu'il célébrait la messe solennelle à la cathédrale, comme vicaire du prélat[5]. Plus soucieux de dé-

---

1. Maître Etienne de Foucherans apparaît jusqu'en 1169. Nombre de chartes reprennent la formule : « Sur les conseils d'Evrard, notre trésorier, de maître Etienne et de plusieurs autres...» (Acte de 1169, Arch.dép. Haute-Saône, H 747).

2. Diplôme de Frédéric Barberousse donné le 30 décembre 1164 à Strasbourg, édité dans *Die Urkunden Friedrichs I.*, I, n° 472, p. 383.

3. Dans le même acte, Frédéric lui confirme la possession de l'ancien domaine abbatial de Bregille sur la rive droite du Doubs, domaine « qu'Anséri, le vénérable archevêque de ladite Eglise, a repris par une énergique action de justice, alors qu'il avait été indûment aliéné par la passivité et la négligence de ses prédécesseurs ».

4. Fait connu par un jugement de Célestin III de 1194 (W. WIEDERHOLD, *Papsturkunden*, n° 84) qui casse cette décision d'Herbert parce que cet hommage a pour origine le schismatique Herbert et que tous les actes des schismatiques doivent être réprouvés par le Siège apostolique.

5. Arch. dép. Doubs, 1 H 8, fol. 12, d'après un acte de 1252.

fendre ses prérogatives que sensible aux rapports humains qui expliquaient cette faveur, Herbert fait annuler ces dérogations, sans nous fournir d'explication [1].

S'il se montre attentif à sauvegarder les droits pontificaux, Herbert met aussi en pratique une des idées exprimées dans les préambules des chartes : il se veut au service de l'Eglise et plus particulièrement des religieux, dont il défend les intérêts matériels. Après l'invalidation de ses actes par le concile du Latran, la plupart des monastères ont procédé à l'expurgation de leurs chartriers en faisant disparaître des documents devenus inutiles ou compromettants, si bien qu'il en subsiste peu de nos jours ; cependant, parmi ceux qui ont échappé à la destruction, la majorité concerne les cisterciens : confirmations ou jugements en faveur des moines, cela dans la pure tradition d'Anseri et d'Humbert.

Le chroniqueur allemand Césaire d'Heisterbach rapporte un épisode significatif qu'il tenait d'un de ses religieux, témoin oculaire. A l'en croire, deux prédicateurs qu'il appelle de faux prophètes, semaient la perturbation à Besançon en essayant de gagner la confiance de la foule par des apparences de miracles. S'agit-il d'opposants à Herbert, partisans d'Alexandre III, comme le laisse entendre le moine germanique, ou plutôt d'hérétiques, comme on en trouve alors dans la vallée du Rhône, en liaison avec les Cathares du sud de la France [2] ?

La seconde version paraît plus vraisemblable qu'une tentative de soulèvement dans une cité entièrement acquise à son seigneur. Quelle que soit la nature de leur provocation, c'est, d'après le récit, Herbert qui aurait démasqué les deux charlatans en ayant recours à la nécromancie pour dévoiler leurs artifices. Comme ils refusaient de se soumettre aux épreuves du jugement de Dieu, la foule les précipita dans un bûcher où ils périrent par le feu. Un tel récit comporte trop d'extravagances et de lieux communs pour être pris à la lettre, d'autant que l'auteur prête à Herbert un rôle diabolique ; on trouve dans cette scène si brève tous les clichés relatifs à l'hérésie : les deux prédicateurs, l'accueil chaleureux de la foule séduite par les faux miracles, la difficulté de démasquer leurs erreurs, enfin la fureur populaire et le bûcher. C'est, cependant, la seule fois, au cours du XIIe siècle, que la présence d'hérétiques est signalée dans le diocèse, précisément à l'époque où la tenue des diètes impériales à Besançon a déplacé beaucoup de gens, venus de la région et d'ailleurs.

L'évêque d'Empire   Cet épisode nous ramène une fois de plus à la question essentielle : l'attitude d'Herbert face au schisme qui divise l'Eglise. En ce domaine, aucun doute n'est permis et tout ce que nous avons dit jusqu'à présent corrobore notre affirmation : serviteur dévoué de Frédéric Barberousse, à qui il doit sa carrière ecclésiastique et politique et avec lequel il reste en liaison constante [3], chargé par le souverain de défendre ses intérêts en Bourgogne en tant qu'*imperialis aule legatus*, il n'a pas failli à sa tâche. Il assume son rôle de champion de la cause impériale jusqu'au bout, alors même que son parti allait s'effritant.

Cependant, à mesure que s'accentuent les difficultés italiennes, la propagande adverse s'intensifie en Bourgogne malgré les efforts de Rainald de Dassel pour la contenir. En vain fait-il traverser le pays en grande pompe par les reliques des Rois

---

1. Acte donné à Crémone en juin (probablement 1161) : Arch. dép. Doubs, 1 H 8, n° 1, fol. 12, J.L., 14 479, édit. dans *Gallia Christiana,* XV, instr., col. 40.
2. *Césaire d'Heisterbach, Dialogus miraculorum*, édit. P.-J. STRANGE, Cologne, 1850, ch. XVIII.
3. Herbert se trouve aux côtés de Frédéric Ier, en 1164 à Strasbourg, 1165 à Würzbourg, 1166 à Besançon, 1167 en Italie, 1168 à Besançon, 1169 en Italie, 1170 en Bourgogne.

Mages, ramenées de Milan vers Cologne en 1164 ; en vain essaie-t-il, la même année, de relancer au concile de Vienne l'ardeur de ses collègues. Les prélats bourguignons hésitent de plus en plus à se rallier à Pascal III. Désormais, une scission de plus en plus nette se produit au sein de cet épiscopat, entre ceux du sud qui s'y refusent et ceux du nord qui le reconnaissent comme pape légitime ou qui tergiversent. Les péripéties qui se déroulent à Lyon, au moment où Pierre de Tarentaise part en mission contre les Victorins, illustrent ce climat de compétition et d'intrigues : à peine l'archevêque Drogon de Beauvoir s'est-il prononcé en faveur de l'antipape que les Alexandrins lui suscitent un rival en la personne de Guichard, abbé de Pontigny ; vers la fin de 1167, après la déroute des impériaux en Italie, Guichard peut occuper le siège pontifical [1].

Inversement, la partie septentrionale du royaume, de part et d'autre du Jura, reste sourde aux appels de l'archevêque de Tarentaise et les sanctions, qui s'abattent après 1178 sur les survivants, prouvent leur compromission : les titulaires des sièges de Bâle, Lausanne (Strasbourg aussi) seront obligés de démissionner. L'attitude d'Herbert ne tranche donc pas sur celle de ses suffragants (sauf Belley, occupé par le chartreux saint Anthelme), ni sur celle de ses voisins. Si, plus tard, la réaction alexandrine s'acharne à flétrir sa mémoire, c'est qu'elle le considère à juste titre comme l'exécuteur des volontés impériales en Bourgogne et qu'elle lui reproche son rôle dans la négociation de Pavie et sa consécration par Pascal III, signes trop évidents d'une responsabilité dans le schisme ; en annulant ses actes et en le déclarant intrus sur le siège bisontin (mesure prise à l'égard des plus compromis), elle a cherché à discréditer l'homme et son œuvre. Herbert meurt à une date inconnue, probablement en 1170, puisque l'année suivant Evrard occupe le siège bisontin [2]. Avec sa disparition se clôt une page originale et importante de l'histoire diocésaine qui a vu le triomphe de l'Eglise impériale jusqu'à ses conséquences extrêmes.

Évrard (1171-1180)

Les circonstances qui ont conduit l'empereur à bousculer les habitudes locales pour imposer son candidat en 1163 et sa politique ont beaucoup changé en une dizaine d'années, tant en Bourgogne qu'au niveau international : Frédéric abandonne, après 1168, la fermeté pour temporiser, sinon pour négocier en position de force. En 1169, il a même chargé les abbés de Cîteaux et de Clairvaux de sonder les intentions d'Alexandre III, tandis qu'un an plus tard, l'évêque Eberhard de Bamberg engage des pourparlers difficiles, qui achoppent sur les affaires italiennes ; chacun des protagonistes cherche à soudoyer les alliés de son adversaire, si bien qu'Alexandre doit intervenir en 1172 pour dissuader Louis VII d'accepter une alliance franco-germanique

---

1. P. POUZET, La vie de Guichard, abbé de Pontigny, 1136-1165, archevêque de Lyon (1165-1185), dans *Bull. Soc. litt. hist. et archéol. de Lyon*, 10 (1926-1928), p. 117-150, surtout p. 121-129, sur l'épisode ; H. BITSCH, *Das Erzstift Lyon zwischen Frankreich und dem Reich im hohen Mittelalter*, Göttingen, 1971, p. 62.
2. F. GUETERBOCK (*Zur Geschichte...*, p. 197) fixe la mort d'Herbert en 1171, J.-Y. MARIOTTE (*Le comté de Bourgogne*, p. 76) en 1170 et pense même que son successeur Evrard a été élu dès cette année-là ; en réalité un doute subsiste sur la date d'élection d'Evrard, puisque le premier document certain est de 1171 (Arch. dép. Haute-Saône, H 164), à moins que la réconciliation de Gérard, comte de Vienne, avec l'empereur, réconciliation sur laquelle il apparaît comme témoin, remonte à 1170. Mais dans un autre document de 1170 (Arch. dép. Haute-Saône, H 137), Evrard est encore trésorier de Besançon.

qu'aurait scellée un mariage [1]. En outre, accaparé par les affaires allemandes et italiennes, Frédéric abandonne momentanément son rêve de dominer une Bourgogne livrée à la propagande alexandrine : jusqu'en 1177, ses ambitions se limitent aux pays helvètes et jurassiens. Aussi la mort d'Herbert ouvre-t-elle des perspectives fort différentes : pour ne pas compromettre les diverses négociations en cours et prolonger une situation régionale chaque jour plus critique, la prudence invite à alléger la tutelle impériale et à laisser aux pouvoirs locaux la bride sur le cou, c'est du moins l'interprétation que suggère le pontificat d'Evrard (1171-1180).

L'homme   Le choix du nouveau prélat laisse supposer le retour au système électoral ou une pression très discrète du prince ; en effet, contrairement à Herbert, Evrard est recruté sur place : il appartient à une famille bisontine fort connue, les Saint-Quentin, qui a déjà fourni plusieurs officiers épiscopaux et de nombreux chanoines capitulaires [2] ; deux de ses oncles, archidiacres de Saint-Jean, ont joué un rôle important sous Humbert, tandis que son père, panetier de l'archevêque, fait lui-même sa conversion chez les chanoines réguliers. Cette tradition familiale au service de l'Eglise bisontine se poursuit au cours de sa génération, puisqu'un de ses frères, chevalier, est bouteiller des prélats, tandis qu'un autre occupe un archidiaconé à Saint-Jean ; il s'agit donc de notables importants à Besançon, de par leurs fonctions curiales.

Evrard fait carrière dans le chapitre de Saint-Jean, où, dès 1140, il accède à la dignité d'archidiacre, puis de trésorier en 1160, ce qui fait en même temps de lui le doyen de la collégiale urbaine de la Madeleine. Durant le schisme, il figure souvent comme témoin des actes d'Herbert ou des diplômes impériaux : on peut donc le considérer comme un des représentants influents du parti impérial au sein du chapitre. Est-ce la raison pour laquelle il succède à Herbert ?

Nous ignorons tout de ses convictions personnelles, mais son cheminement postérieur révèle un homme pondéré, qui choisit la voie de la modération, en essayant d'accorder ses obligations politiques à ses devoirs religieux. Cette prudence, assimilable par certains côtés à de l'opportunisme, vient à temps pour faciliter les négociations engagées par Frédéric et pour laisser espérer aux Alexandrins un ralliement prochain ; mais, comme il est difficile de prouver les calculs et les compromissions, que sous-entend le terme d'opportunisme, mieux vaut parler de réserve, de retenue, car, sans renoncer à l'efficacité de son prédécesseur, le pontificat d'Evrard se place sous le signe de la discrétion : pas d'action d'éclat, pas d'affrontement spectaculaire, un rôle qui se veut effacé.

La voie médiane   Le pontificat d'Evrard rompt avec les positions extrêmes d'Herbert pour tenter avec succès la voie médiane, qui concilie sa fidélité au pape Alexandre III avec le service dû à l'empereur ; chose étonnante, il y parvient aisément, sans encourir les foudres du prince. L'évolution au plan local était sans doute préparée par l'action de Pierre de Tarentaise, laquelle, jointe à celle des cisterciens, invitait à s'aligner sur le reste de la Bourgogne et à rejoindre les options françaises. Nous ne savons pas comment se fait ce revirement, ni sous quelles influences : seule une allusion contenue dans une bulle pontificale atteste qu'il est

---

1. Union projetée de Philippe-Auguste avec Sophie, fille de Frédéric Ier (M. PACAUT, *Frédéric Barberousse*, p. 217).
2. R. FIÉTIER, Notes généalogiques sur quelques familles bisontines du XIIe au XIVe siècle, dans *Mém. Soc. Em. Doubs*, 1970-1971, p. 74 et 82, où l'auteur rectifie une confusion fréquente qui fait d'Evrard un membre de la famille de La Tour ou de La Tour-Saint-Quentin (cette dernière n'apparaissant pas avant le XIVe siècle).

antérieur à 1174 et qu'Evrard est « alors réconcilié à Alexandre III et à l'Eglise catholique » [1]. Nous avons tout lieu de penser qu'il précède même sa consécration épiscopale, puisqu'en 1172 le prélat a des contacts avec l'un de ses prédécesseurs, Gauthier, évêque de Langres, acquis à l'obédience alexandrine dès 1162 [2] ; à s'en tenir à la *Vie de saint Pierre de Tarentaise*, écrite vers 1184, le mérite de cette réconciliation reviendrait au saint prédicateur, *per ipsius opus et operam* » [3].

Quelles qu'en soient les circonstances et malgré la discrétion attachée à sa conclusion, le ralliement d'Evrard ne pouvait passer inaperçu, à cause des liens étroits qui unissaient le prélat et la région à Frédéric Barberousse : ancien collaborateur d'Herbert, vassal direct du souverain de qui dépendent les régales de Besançon, l'archevêque était de multiples façons tributaire de l'empereur. A-t-il fait cette démarche en accord tacite avec le prince, comme gage des bonnes intentions de ce dernier dans les négociations amorcées avec le Capétien ? L'hypothèse expliquerait qu'aucune sanction ne se soit abattue sur Evrard et que, loin de lui tenir rigueur d'une telle trahison, Frédéric viendra par la suite à son secours et utilisera ses compétences dans les négociations de Venise [4]. Ainsi Evrard réussit-il à servir deux maîtres à la fois, comme si le schisme n'existait plus ou s'arrêtait aux portes du diocèse. Ne se sentait-il plus concerné par un débat dépassé ou profita-t-il plus simplement des embarras de Frédéric, conjoncture favorable à l'autonomie de l'Eglise locale ?

Un rôle effacé   Contrairement à ce que l'on pourrait craindre a priori, son action épiscopale ne reflète aucune hésitation, ni contestation. Sans doute, la nature de la documentation ne crédite pas Evrard d'un rôle très brillant, ni d'initiatives spectaculaires, en le cantonnant à des arbitrages ou à des pacifications entre laïcs et monastères. Cependant, quelques sons discordants viennent troubler les derniers mois de son existence et jeter un doute sur le consensus réalisé autour de sa personne et de son œuvre. Si le concile du Latran l'épargne, Alexandre III n'en a pas moins jugé bon de procéder dans le diocèse à une sorte d'épuration, qu'il confie à son légat, Roger de Vico-Pisano, élu évêque de Lausanne, ce qui traduit une méfiance à l'égard d'une politique de ménagement, une victoire de la tendance intransigeante vis-à-vis des efforts de modération. Ainsi, en 1178-1180, Evrard, qui doit se sentir déjugé par la papauté, entre-t-il dans une semi-retraite, laissant le légat procéder à la chasse aux schismatiques.

A la même époque, il doit défendre son pouvoir seigneurial face aux citoyens de Besançon, impatients de lui arracher un début d'autonomie municipale. Profitant sans doute de l'absence du prélat appelé aux négociations de Venise, une émeute éclate vers 1177, au cours de laquelle les révoltés pillent les biens épiscopaux et construisent une tour dans la cité [5]. Après ces affrontements armés, qui ne leur sont apparemment pas favorables, les Bisontins ne renoncent pas à leurs revendications et

---

1. Dans une bulle adressée en 1175 à Bellevaux (W. WIEDERHOLD, *Papsturkunden* n° 48, p. 93), Alexandre III fait allusion à un jugement rendu par Evrard (qu'un autre document permet de dater d'avril 1174, Arch. dép. Haute-Saône, H 205) : *postquam nobis et ecclesie reconciliatus est.*

2. Sa consécration épiscopale a lieu avant octobre 1172 (Arch. dép. Haute-Saône, H 133); Evrard et Gauthier sont témoins de la réconciliation du comte Gérard avec l'empereur (Bibl. nat., Baluze 143, fol. 127).

3. Les obsèques de Pierre de Tarentaise sont célébrées à Bellevaux *ab archiepiscopo Chrysopolitano per ipsius opem et operam jam catholico* (*AA.SS., Maii*, II, p. 334).

4. Sur la participation d'Evrard aux négociations de Vienne, F. GUETERBOCK, *Zur Geschichte...,* p. 195.

5. *Histoire de Besançon*, I, p. 331.

se démènent pour obtenir, à défaut des franchises urbaines, l'amélioration de leur statut personnel en demandant l'abolition des taxes de succession[1].

C'est Frédéric Barberousse lui-même qui tranche le débat et, dans la sentence qu'il rend à Colmar, le 9 mai 1179, il concède une réduction qui aboutit à une suppression de fait, tout en confirmant les prérogatives seigneuriales de son fidèle, l'archevêque de Besançon[2]. Bien qu'elle se termine à la satisfaction des parties, la querelle révèle la hardiesse croissante des citoyens de Besançon, dont les coups de force pèsent de plus en plus lourd dans la politique épiscopale. C'est donc sur une note d'amertume que se termine un pontificat placé sous le signe de la réconciliation.

B. Les conséquences du schisme

Ce que nous avons indiqué précédemment sur le déroulement du schisme et la conduite des archevêques prouve que la querelle du Sacerdoce et de l'Empire n'est pas restée au plan théorique, ni confinée aux royaumes d'Allemagne et d'Italie, mais qu'elle plonge les églises dans un dilemme difficile à résoudre à cause des imbrications politiques et religieuses. A l'occasion de ces affrontements, le *Reichskirchensystem* est déployé en Bourgogne septentrionale pour circonvenir la poussée des Alexandrins. Peut-on cependant réduire ces dix-sept années du schisme au heurt de deux dominations et de deux systèmes politico-religieux sans s'interroger sur leurs répercussions profondes au niveau des fidèles ?

Dans les églises de France restées constamment dans la dépendance alexandrine, la querelle, qui n'affecte guère les consciences, ne donne lieu à aucune mobilisation, en dehors des intrigues menées par les instances supérieures : ainsi le diocèse d'Angers ne vit-il le schisme que d'une façon très lointaine, comme un débat étranger à l'évolution régionale[3]. Là où le choix de l'obédience a donné lieu à une discussion, peu de personnes y ont participé, tandis que la véritable prise de conscience ne s'opère qu'après coup avec les sanctions qui condamnent la mauvaise option : la réaction consécutive à la paix de Venise tend à amplifier les faits, voire à les dénaturer, si bien que cette version partisane peut tromper plus d'un historien de bonne foi.

L'historiographie du diocèse de Besançon est sur ce point caractéristique de cette déformation induite par les condamnations portées par les légats pontificauxet selon laquelle la période du schisme aurait vu se dérouler un pathétique combat entre les tenants de l'erreur, conduits par l'intrus Herbert, et les vrais catholiques, dont les cisterciens, victimes de leur fidélité et de leur courage.

Pierre de Tarentaise

Sans disséquer davantage ce courant historiographique conforme à l'orthodoxie romaine, il convient toutefois de retrouver dans la documentation médiévale les éléments qui ont servi à l'alimenter. Parmi ces derniers, la *Vie de saint Pierre de Tarentaise* occupe une place privilégiée, en fournissant à elle seule la plupart des données concrètes, authentiques ou imaginaires ; elle ne concerne pas seulement l'épiscopat d'Herbert, que nous avons déjà étudié, mais aussi toute la période du schisme. La raison en est très simple : plusieurs fois l'action de cet archevêque a pour cadre le diocèse de Besançon et c'est dans un des monastères comtois, Bellevaux, qu'il meurt en 1174 et que son corps a reposé.

---

1. *Ibidem*, p. 331 et surtout R. Fiétier, *La cité de Besançon*, p. 15, 232.
2. *Die Urkunden Friedrichs I.*, III, n° 777, p. 339.
3. J. Avril (*Le gouvernement des évêques* ...) ne perçoit aucun écho direct.

La biographie que lui a consacrée en 1935 M.-A. Dimier a tiré de l'oubli un saint, dont la mémoire et le culte ont connu autrefois une notoriété extraordinaire [1]. Déjà, de son vivant, l'homme atteint une gloire surprenante qui fait de lui le successeur spirituel de saint Bernard et qui lui vaut ces mots élogieux gravés sur son tombeau : *Miraculus orbis*, Merveille de l'Univers ! Moins de dix ans après sa mort, comme de nombreux abbés de Cîteaux et le roi de France lui-même sollicitent sa canonisation, le pape demande (1184) qu'on écrive la *Vie de Pierre*, tâche que les autorités cisterciennes confient à un moine d'Hautecombe, Geoffroy d'Auxerre, qui a connu et accompagné l'archevêque dans plusieurs de ses voyages.

Avant que Pierre ne soit porté sur les autels, les foules se pressent sur le tombeau de celui qu'on appelle le thaumaturge, tandis que les moines de Tamié et le clergé de Tarentaise disputent aux cisterciens de Bellevaux la possession de son corps ; mais comme le prélat avait exprimé la volonté d'être enseveli dans le lieu sacré le plus proche de l'endroit où il mourrait, Alexandre III accorde aux moines franc-comtois de conserver chez eux cette précieuse relique [2].

Le 10 mai 1191 paraît enfin la bulle de canonisation, qui consacre officiellement un culte très populaire, dont Bellevaux était le foyer [3] : les pèlerins y accourent en foule si nombreuse que l'année suivante, en la fête du saint, le service d'ordre des moines est débordé et que des femmes franchissent la clôture monastique pour parvenir au tombeau, violant ainsi la règle cistercienne. L'anecdote mérite d'être citée parce qu'elle est confirmée par le Chapitre général de 1192, qui eut à sanctionner cette transgression : l'abbé de Bellevaux est condamné à un jour au pain et à l'eau, tandis que les moines doivent se donner la discipline [4]. Par la suite, le culte de l'archevêque de Tarentaise se répand non seulement dans le diocèse de Besançon (ses interventions miraculeuses font affluer les pèlerins à Bellevaux), mais dans l'Ordre cistercien lui-même et dans l'Eglise [5].

Les rapprochements que suggère la *Vita* de Geoffroy avec l'action de saint Bernard ne manquent pas, mais Pierre incarne avant tout un autre type de religieux, dont le rayonnement marque profondément cette seconde moitié du XIIe siècle : ces évêques, issus du clergé régulier et poussés par leur ordre sur les sièges périphériques, alors que Besançon résiste à l'appel de ces nouvelles sirènes ; les exemples proches de Lausanne, Sion, Aulps et de Langres entre les mains de cisterciens, ceux de Belley et de Grenoble monopolisés par les chartreux, illustrent cette influence monastique. Pierre s'est formé à l'abbaye cistercienne de Bonnevaux, près de Vienne, qui a eu l'honneur de donner, à cette époque, plusieurs prélats, dont Jean de Valence et Amédée de Clermont, porté au siège de Lausanne, après y avoir été abbé d'Hautecombe. Vers sa trentième année (1132), Pierre est choisi pour prendre la tête de la nouvelle

---

1. [M.-A. DIMIER], *Saint Pierre de Tarentaise. Essai historique* ; R. LOCATELLI, Un modèle d'évêque au XIIe siècle. Pierre II de Tarentaise (1040/41 -1174), dans *Mélanges Marcel Pacaut* (à paraître)
2. Bulle du 12 juillet 1178 adressée à l'abbaye de Bellevaux, éditée par M.-A. DIMIER, *Saint Pierre de Tarentaise*, p. 18.
3. Arch. dép. Doubs, ms. 259, fol. 24 ; *AA. SS., Maii*, II, p. 344.
4. CANIVEZ, *Statuta Capitulorum*, I, p. 156, n° 50 : *quoniam mulieres intraverunt in Bellemvallem in festo sancti Petri...* Plus tard, on changea la date de la fête de saint Pierre de Tarentaise pour permettre sans doute aux abbés cisterciens de la célébrer dans leur monastère, alors que, le 11 septembre, ils étaient normalement en chemin pour le Chapitre général : la fête fut fixée au 10 mai.
5. En 1261, son nom est inscrit dans les litanies de Cîteaux (CANIVEZ, *Statuta capitulorum*, II, p. 477, n° 12).

abbaye de Tamié, fondée par son homonyme [1], Pierre Ier de Tarentaise, avant d'être appelé à lui succéder dans les fonctions épiscopales vers 1141.

Durant plus de trente ans, le nouvel archevêque déploie une activité dont les grands axes rappellent les efforts déployés par Anseri et Humbert : amour de la paix qui le pousse à arbitrer de nombreux conflits entre abbayes et particuliers, recherche de l'abnégation qui l'incite à s'intéresser aux humbles, aux œuvres de charité [2] et qui lui vaut le titre élogieux de *père des pauvres* prédilection pour les religieux qui l'amène à introduire la régularité dans son chapitre cathédral et à soutenir des abbayes canoniales, dont certaines, comme Agaune et Abondance, entretiennent d'étroites relations avec notre diocèse. Cet idéal, qu'il partage avec d'autres prélats d'origine monastique, contribue sans doute à propager les objectifs de la réforme ; il lui permet de mener à bien la réorganisation de son diocèse et ne tarde pas à attirer sur son auteur l'attention des autorités ecclésiastiques.

Dès 1155, le légat Etienne, archevêque de Vienne, lui demande de régler avec Amédée de Lausanne le conflit qui oppose les prémontrés du Lac de Joux aux bénédictins de Saint-Oyend, à propos de l'ermitage du Lieu, mission apparemment banale, mais qui permet de compléter le témoignage de Geoffroy et qui apporte de précieux renseignements sur le culte de saint Claude [3]. Tout d'abord, Pierre a le plaisir de rendre cet arbitrage avec un ancien moine de Bonnevaux, Amédée, qui l'accueille dans sa cathédrale de Lausanne ; il a ensuite l'occasion de découvrir le monastère le plus ancien du Jura, Saint-Oyend, où il vient probablement effectuer son enquête. En effet, Geoffroy cite un séjour de deux mois et plus que Pierre a fait dans cette abbaye, sans en préciser la date, ni les circonstances ; mais comment ne pas le rattacher à cette affaire du Lac de Joux signalée par d'autres sources, d'autant que celle-ci se prolonge sur plusieurs années ? Or, la visite de Pierre, qui fait éclater au grand jour les preuves de sa sainteté, coïncide avec les premières manifestations connues du culte de saint Claude [4]. Nous trouvons confirmation de ce séjour et de ce rayonnement dans un autre récit, composé vers la même époque : les *Miracles de saint Claude*, dont le préambule contient une évocation de l'archevêque de Tarentaise. L'anecdote, qui permet de dater les premières manifestations de ce nouveau culte, révèle la sensibilité de ce *père des pauvres*, aimant le contact avec les petites gens [5].

En 1159, il accompagne en Italie les abbés de Clairvaux et de Morimond, consultés par l'empereur en vue de la préparation du concile de Pavie. Avant même que le Chapitre général de 1161 ne se prononce pour Alexandre III, il aurait reconnu la légitimité de ce dernier et commencé de prêcher en sa faveur, parcourant toute la Bourgogne jusqu'en Alsace et en Lorraine, pour faire reconnaître la cause dont il justifiait la légitimité par des miracles. En réalité, la *Vita sancti Petri* manque de repères chronologiques et, si le zèle missionnaire du prélat ne fait pas de doute, nous ne savons pas quand, ni comment, il le déploya ; nous ignorons même si son influence fut déterminante au Chapitre général de 1161.

---

1. Ancien moine de Cîteaux, abbé de La Ferté puis archevêque de Tarentaise (1124-1140).
2. Pierre II a favorisé l'essor de l'hospice du Petit Saint-Bernard ; on lui attribue aussi la fameuse aumône du *Pain de Mai*, qui consistait en une distribution de soupe faite à la porte de l'archevêché par le prélat lui-même et aux frais de sa mense, pendant les 28 premiers jours du mois de mai (voir M.-A. DIMIER, p. 78-79).
3. L'affaire de l'ermitage du Lieu est traitée au Livre II, chapitre IV.
4. *AA. SS., Maii*, II, p. 332.
5. *AA. SS., Jun.*, I, p. 652. Nous reviendrons dans le chapitre suivant sur les miracles de saint Claude.

Néanmoins, cette année marque un moment important dans l'évolution régionale du schisme, puisqu'elle voit aussi l'adhésion des chartreux à l'obédience alexandrine, sous l'impulsion d'Anthelme, promu évêque de Belley en 1163. Le destin de ces deux prélats ne manque pas de ressemblance et certains points de leur carrière s'éclairent mutuellement : ainsi Frédéric Barberousse ne tient aucune rigueur à Anthelme de ses prises de position, puisqu'en 1175 il accorde à l'Eglise de Belley de précieux privilèges, qui font de son évêque un prince d'Empire [1] ; il manifeste la même tolérance à l'égard de Pierre, qui mène campagne contre lui et à ceux qui s'étonnent d'une telle attitude, il répond par la bouche de son biographe : « Si je m'oppose aux hommes, ils le méritent bien ; mais comment voulez-vous que je m'oppose à Dieu lui-même ? »

L'archevêque de Tarentaise a-t-il fait une ou plusieurs campagnes de prédication dans le diocèse de Besançon entre 1162 et 1170 : la *Vita* ne permet guère de répondre à cette question, parce qu'elle se contente de rapporter diverses anecdotes, sans chercher à les situer dans le temps. Mais comme les événements qu'elle raconte s'enchaînent assez bien et qu'elle fait de Pierre le témoin des derniers jours d'Herbert, nous penchons volontiers pour un seul voyage qui se situerait à la fin de l'été 1170. Cette année-là, l'empereur opère un séjour rapide et discret dans le comté de Bourgogne et l'on imagine aisément le saint prélat entreprendre une démarche personnelle auprès du souverain pour la paix de l'Eglise. Les circonstances s'y prêtent, parce que Frédéric n'est plus en mesure d'imposer sa volonté et qu'il envisage des pourparlers avec la France : aussi peut-on supposer avec vraisemblance que Pierre mette à profit l'estime dans laquelle le tient le prince, pour obtenir une entrevue.

Ce faisant, il parcourt la Franche-Comté, d'un monastère à l'autre, renouvelant à chaque étape ses pouvoirs miraculeux sur les malades, et son itinéraire, que l'on peut reconstituer partiellement, concorde avec celui du souverain venant d'Allemagne ou y retournant : Besançon, Cusance près de Baume-les-Dames qui est une étape fréquente, Bithaine proche de Lure, puis au retour Bellevaux, où sa présence réjouit une communauté monastique subjuguée par le rayonnement du thaumaturge. Suit parfois une réflexion, qui, sous son apparente banalité, trahit la réalité d'une situation confirmée par d'autres documents et, par là, l'exactitude de certaines des informations de Geoffroy, qui devait probablement accompagner le saint : « Ne passons pas sous silence le monastère de Buillon, de crainte que les frères de ce lieu n'aillent nous reprocher de paraître mépriser les humbles, contrairement à l'habitude de celui dont nous écrivons la vie. C'est avec consolation qu'il rendait aussi visite à ces amis des pauvres et il ne se plaisait pas peu dans ces bâtiments modestes. C'est aussi chez eux, comme ils l'attestent fermement, que, grâce au signe de la croix, il rendit la lumière à une femme aveugle par le collyre de sa salive » [2]. Effectivement, l'abbaye de Buillon se distingue des autres par sa modestie, et l'hagiographe ne pouvait inventer ce détail ; elle traverse même une phase matérielle difficile, qui compromet momentanément son existence.

A mesure que s'écoule le voyage et qu'approche la mort d'Herbert, Geoffroy donne à son récit l'allure d'un affrontement entre les deux archevêques, le bon et le mauvais ; bien sûr, Herbert contrecarre les projets de Pierre et, lorsque celui-ci promet une visite au monastère cistercien de Bithaine, il s'annonce lui aussi pour le même jour, espérant par cette mesure intimider son adversaire. En réalité, c'est l'abbé de Bithaine qui, effrayé à l'idée de cette rencontre, court au-devant de Pierre de Taren-

---

1. *AA. SS., Maii*, II, p. 327.
2. *AA. SS., Maii*, II, p. 333.

taise pour le supplier de faire demi-tour ; feignant de croire à des difficultés maté-rielles de logement, comme à Buillon, il répond qu'un petit coin lui suffirait pour se mettre à l'abri [1]. Tout ce que Geoffroy raconte sur la période du schisme n'est pas en-tièrement forgé, sinon l'invraisemblance aurait desservi le but recherché : il paraît difficile d'admettre qu'aient joué seulement l'impopularité du prélat fondée sur sa qua-lité d'étranger, son tempérament autoritaire et sa politique au service de l'Empire. Nous avons donc cherché d'autres faits susceptibles d'accréditer la thèse d'une persé-cution des catholiques, en passant au crible de la critique tous les documents de l'époque.

Attitude des moines

Quels témoignages viennent corroborer la version de Geoffroy ? Un des légats pontificaux, Roger de Vico-Pisano, laisse entendre dans plusieurs actes officiels délivrés à des établissements cisterciens que ces derniers avaient subi durant le schisme certains sévices et s'étaient même exposés, par leur fidélité à Alexandre, à la perte de leurs libertés ; voici la présentation qu'il donne des événements, dans deux chartes identiques de confirmation (Clairefontaine et Bellevaux) en 1179-1180 : « Nous voulons témoigner qu'au temps où l'horreur schismatique et l'erreur téné-breuse enveloppaient malheureusement de toutes parts beaucoup de gens, les chers frères de Clairefontaine (ou de Bellevaux) restèrent constamment debout pour l'unité catholique, exposant avec courage leurs ressources aux pillards et leurs personnes à l'exil. Cependant, contraints par les circonstances, ils ont dû consolider les affaires de leurs maisons ou leurs acquisitions en les faisant confirmer par le témoignage de celui qui dirigeait alors l'Eglise bisontine [Herbert]. Bien que cet archevêque ait été entièrement souillé par la macule du schisme, on leur conseilla cependant de vivre ce temps d'épreuves sous son ombre et de supporter les attaques des schismatiques en attendant de pouvoir y répondre efficacement. Grâce à Dieu, la paix revenant de nou-veau, la vérité a jailli au grand jour et, dans l'Eglise catholique, le pape catholique siégeant comme seul pasteur régit un seul troupeau. Lesdits frères ont alors voulu rejeter ces chartes, pour qu'on ne puisse un jour contester leurs privilèges » [2].

Bien que la tare du schisme ternisse a priori la mémoire d'Herbert, le jugement du légat manifeste déjà moins d'intransigeance que celui de Geoffroy, en reconnaissant que les cisterciens comtois se sont accommodés de son autorité et en n'imputant pas à l'intrus toutes les vilenies commises durant cette période ; néanmoins, à la suite des condamnations de Latran III, Roger rejette la validité des actes d'Herbert et conduit la campagne officielle menée contre lui, en créant ou en favorisant le mou-vement d'opinion repris quelques années plus tard par Geoffroy d'Auxerre.

Dans quelle mesure les ordres religieux ont-ils milité en faveur d'Alexandre III et subi, du fait de leur engagement, des sanctions, confiscations de biens ou exil des moines ? Seul, Baume-les-Messieurs adopte une attitude résolue, dictée par ses propres intérêts, en choisissant de militer aux côtés de Frédéric Barberousse qui l'avait restaurée dans sa dignité abbatiale en 1157 ; au début du schisme, le monas-tère prend fait et cause pour le parti victorin et s'en trouve bientôt récompensé puis-qu'en 1162 l'antipape le dégage de la sujétion de Cluny et lui rend son indépen-dance [3]. Ainsi l'engagement de Baume ne relève-t-il pas de considérations religieuses,

---

1. *Ibidem*, p. 330 : *angulus nobis quantuluscumque sufficiet, ne turberis.*
2. Arch. dép. Haute-Saône, H 435, édit. par J.-Y. MARIOTTE, Le schisme de 1159...,
   p. 336, et pour Bellevaux, *Gallia Christiana*, XV, instr., col. 48.
3. A. BRUEL, *Recueil des chartes de Cluny*, n° 4210.

ni d'arguments politiques, puisque son seul objectif eétait de recouvrer son statut antérieur à 1147.

Est-ce un calcul aussi intéressé qui amène, en 1173, le prieuré de Chaux, près de Clerval, à conclure un pacte d'association avec le souverain ? Même si le traité assure à cette maison la protection impériale, il s'explique davantage par le désir de Frédéric de contrôler la vallée du Doubs en aval de Besançon, que par des préoccupations relatives au schisme [1]. L'attitude des cluniens, du moins là où nous pouvons la saisir, n'obéit donc pas à une ligne de conduite uniforme, imposée par l'abbaye bourguignonne, mais laisse à penser que la modestie de leurs prieurés les invite à se tenir à l'écart de tout militantisme ou à faire passer les avantages matériels de leurs maisons avant des options politico-religieuses lointaines.

Les bénédictins n'affichent pas tous la même réserve et plusieurs abbayes, à l'exemple précédent de Baume, ont publiquement rallié le clan victorin. Là encore, certains le font moins pour servir une cause générale que par calcul d'intérêts immédiats, comme le prouve le cas de Saint-Vincent de Besançon, qui obtient de Victor IV des privilèges honorifiques, bientôt abolis par Herbert lui-même. D'autres se contentent de respecter les clauses de fidélité qui les lient à Frédéric ou à la comtesse : les abbayes immédiatement soumises à l'empereur (Luxeuil, Lure) ou au comte de Bourgogne (Faverney) pouvaient difficilement se soustraire aux convocations impériales, comme l'indique la présence de leurs abbés à certaines diètes, dont celle de Worms en 1165.

Quant au monastère de Saint-Oyend, il choisit lui aussi la voie de la prudence, qui lui conseillait de rester proche de ceux qui avaient le plus contribué à défendre sa terre, c'est-à-dire les souverains germaniques ; mais les oppositions que rencontre l'abbé Adon au sein même de la communauté prouvent les hésitations et les embarras des religieux, dont certains contestent sa politique et lui attribuent tous les déboires que connaît alors le monastère. Sacrifié, nous le verrons, sur l'autel de la réconciliation par l'empereur, qui cesse momentanément de le soutenir, Adon est déposé, mais son successeur reçoit la récompense de son loyalisme en obtenant du souverain le droit de battre monnaie ; nous trouvons un écho de ces péripéties dans l'auteur anonyme des *Miracles de saint Claude* qui, sans se prononcer sur l'opportunité de ces engagements, ni accabler les responsables de récriminations, se contente de relater les événements d'une manière presque détachée et impartiale [2].

Lauteur insiste sur les dissensions qui éclatent dans l'abbaye, mais sans les relier au schisme, alors que l'abbatiat d'Adon (1149-1175) couvre cette période troublée ; s'il passe sous silence les causes de la discorde, il se complaît, en revanche, à en détailler les conséquences néfastes : dissipation des biens qui compromet la stabilité matérielle et désagrège la communauté. L'argument mérite d'être relevé, car nous verrons plus d'une église se plaindre des mêmes maux et les attribuer à des persécutions. Quelles conclusions retenir d'une telle version établie lors de la réaction alexandrine ?

L'abbaye de Saint-Oyend connaît alors quelques difficultés économiques qui, comme autrefois à Morimond ou plus récemment à Luxeuil, suscitent des oppositions au sein du couvent et poussent une partie des moines à mettre en cause la gestion de l'abbé ; comme Adon a pris position en faveur de Frédéric, la propagande adverse n'a sans doute pas manqué d'exploiter ces divergences. En effet, certains faits

---

1. *Ibidem*, n° 4246, association conclue à Baume-les-Dames : ce traité de pariage permet à l'empereur de construire à Clerval un château qui contrôle la vallée du Doubs.
2. *AA. SS., Jun.*, I, p. 642.

troublants suggèrent l'idée d'une campagne dirigée contre le monastère jurassien ; alors que ce dernier avait réussi jusque-là à écarter tout importun (fût-il religieux !) de sa terre, l'on assiste vers 1170-1172, malgré son opposition ou ses réticences, à la création de deux maisons dans sa zone d'influence : la chartreuse de Bonlieu et l'abbaye de Grandvaux, lointaine antenne des chanoines réguliers d'Abondance installés en Savoie. Dans les deux cas, nous retrouvons, comme instigateurs, les seigneurs de Montmorot qui, il est vrai, agissent plus par ambition personnelle que par motivation purement religieuse ou par dévouement à la cause alexandrine [1]. En 1175, le parti alexandrin est assez puissant dans la région pour obtenir la démission de l'abbé Adon, sans que l'empereur, engagé dans les pourparlers de paix, puisse ou désire venir à son secours. Si les exemples de Saint-Oyend et de Saint-Vincent ne résument pas à eux seuls les comportements des bénédictins, ils montrent néanmoins que la conduite des établissements n'a rien d'homogène, que chacun utilise la liberté de manœuvre dont il dispose en fonction de sa situation particulière, pas toujours perceptible dans la documentation.

Les prémontrés de Corneux, qui ont eu fréquemment recours à l'archevêque Herbert dans leurs affaires temporelles, ne manifestent aucune inquiétude après 1178, au point qu'ils ne prennent même pas la peine d'expurger de leur chartrier les confirmations de l'intrus, ni d'en faire valider le contenu par Roger de Vico-Pisano [2] ; seule, une bulle d'Alexandre III (donné en avril 1178 à la demande des chanoines), régularise une situation qui ne semble pas avoir posé problème [3]. De même, templiers et hospitaliers, dont l'expansion dans le diocèse de Besançon coïncide avec le règne de Frédéric, n'essuient-ils aucun reproche pour cette protection impériale.

C. LES CISTERCIENS ET LE SCHISME

Si les atermoiements des clunisiens et l'autonomie des monastères bénédictins laissait à chaque établissement le soin de définir son attitude durant le schisme, la détermination des ordres cistercien et cartusien risquait en revanche d'embarrasser les abbayes comtoises sises sous la tutelle germanique et dans la juridiction d'Herbert, à la fois évêque er légat impérial. Ne possédant qu'une petite maison dans le diocèse (Vaucluse), les chartreux ne constituent pas un exemple valable ; cependant, le suffragant de Besançon, Anthelme de Belley (1163-1178), qui représente brillamment les disciples de saint Bruno, ne semble pas pâtir de son adhésion officielle à Alexandre III ; il est vrai que sa *Vita* se montre très discrète en ce domaine et ne fait pas de lui un champion de la cause pontificale, à l'image de Pierre de Tarentaise. Aussi les chartreux peuvent-ils répondre vers 1170 à la demande de seigneurs com-

---

1. Sur ces créations, voir le chapitre suivant.
2. Corneux obtient plusieurs pancartes de confirmation d'Herbert, particulièrement en 1169 (Arch. dép. Haute-Saône, H 747 et 25 J/A4). Comme bien d'autres établissements et ceci de façon normale, Corneux recourt aux autorités légales, civiles ou religieuses, pour régler les litiges qui l'opposent aux laïcs. Un exemple de 1169 montre bien cette procédure : l'abbé Ticelin et les hommes du village voisin d'Hugier s'opposaient à propos de limites territoriales ; mécontents d'un jugement rendu par les collistiers du légat (Guy de Durnes et Pierre de Scey), « les moines sont allés trouver l'empereur en Lombardie et là, en notre présence, [c'est Herbert qui parle] et sur ordre de l'empereur, Eudes de Champagne, Hugues d'Apremont... ont rendu une sentence » que l'archevêque légat a charge de faire appliquer à son retour dans le diocèse (Arch. dép. Haute-Saône, H 747 et Bibl. mun. Besançon, Droz 46, fol. 63).
3. Bibl. mun. Besançon, ms. 2117, fol. 430.

tois et fonder une seconde maison dans le sud du diocèse, à Bonlieu : seule l'abbaye de Saint-Oyend s'émeut de cette initiative pour des raisons d'ordre matériel.

Vu leur nombre et leur dispersion dans tout le diocèse, vu l'attitude résolue qu'on leur prête habituellement, les monastères cisterciens constituent un meilleur champ d'investigation. En effet, plusieurs assertions, dont les déclarations du légat, étayent la thèse de persécutions subies par les moines blancs, à cause de leur ralliement à Alexandre III [1].

Persécution systématique ?

La plus pertinente et la plus précoce provient d'un arbitrage prononcé par l'archevêque élu, Evrard (vers 1171-1172) entre l'abbaye d'Acey et un seigneur des environs, Gérard de Thervay, et contenant cette accusation : *G(erardus) investituram totius possessionis eorum in terris, pratis, nemoribus..., sicut monachi eo tempore quo causa scismatis a domibus suis ejecti sunt possidebant, concessit.*

Aussi a-t-on conclu que les religieux avait non seulement subi des déprédations, mais qu'ils ont même été contraints de quitter momentanément leur cloître, à cause de leur zèle pour la bonne cause [2]. Sans aller jusqu'à l'exil, une charte de Clairefontaine révèle que les sévices des seigneurs ont lourdement grevé l'abbaye, puisque Gérard de La Tour doit l'indemniser « pour les dommages qu'il a causés au monastère au temps du schisme et que les moines estimaient à plus de 100 livres estevenantes » [3]. Extrapolant à partir de cette somme, certains auteurs en ont déduit que l'abbaye avait été brûlée pour sa conduite courageuse.

Après Acey et Clairefontaine, Bellevaux aurait été à son tour exposée à la vindicte des schismatiques, mais, comme les faits sont moins explicites, ils n'ont pas donné lieu à des accusations aussi péremptoires. Or, nous voyons cependant les moines se heurter aux vassaux des comtes de Montbéliard qui récusent des donations antérieures, en alléguant que « ce sont des fiefs et que des moines ne doivent pas tenir de telles terres » [4]. D'une manière générale — la remarque vaut pour la plupart des monastères cisterciens comtois — après 1177, Bellevaux engage de nombreuses procédures de restitutions de biens prétendument usurpés par des laïcs, ou encore par des établissements religieux. C'est ainsi que le chapitre de Saint-Jean revient à résipiscence en abandonnant, à la demande du pape et de ses délégués, un cens indûment exigé ; les Hospitaliers de la Villedieu reconnaissent plus difficilement qu'ils ont usurpé la terre de Marloz, tandis que les clunisiens de Chaux font état d'une sentence de la cour archiépiscopale leur attribuant la terre contestée de Filain, que les bénédictins de Saint-Vincent leur disputent les dîmes et la paroisse de Cirey et que les chanoines de Saint-Etienne ont mis la main sur divers biens [5].

---

1. *Post multa damna monachis de Caritate, concordiam cum abbatia fecit* (Ponce de La Roche) : accord réalisé en 1168, sous l'autorité d'Herbert (Arch. dép. Doubs, 58 H 1, fol. 91).

2. Arch. dép. Jura, 15 H 17 et Bibl. nat., Lat. 5683, fol. 28. L'expulsion des moines est affirmée par l'abbé C. BLANCHOT, *Histoire de Notre-Dame d''Acey*, p. 77, et est reprise par la plupart des historiens postérieurs.

3. Arch. dép. Haute-Saône, H 36, acte de 1176 que J.-Y. MARIOTTE (Le schisme de 1159, p. 323) estime être un faux du début du XIIIᵉ siècle. L'incendie est affirmé par l'abbé A. BRULTEY (*Etude d'hist. sur le cartulaire de l'ancienne abbaye de Clairefontaine*, p. 50).

4. *Contra homines mei asserebant, quod feodi est, monachos non debere tenere* (Archives dép. Haute-Saône, H 136).

5. Contestation de Saint-Jean : acte de 1177, Arch. dép. Haute-Saône, H 133 ; querelle avec Saint-Etienne évoquée dans une bulle d'Alexandre III du 3 juillet 1175 (W. WIEDERHOLD, *Papsturkunden*, n° 48) ; querelle avec Saint-Vincent : acte de 1178 (Arch. dép.

Personne n'a jusqu'ici exploité, ni même entrevu un autre fait, plus grave et plus rare : la suppression momentanée de l'abbaye de la Grâce-Dieu, (alors appelée Buczhum) décidée entre 1167 et 1174 et amenant ses pères (la Charité et Bellevaux) à se disputer certaines possessions,dont la grange de Morchamps, située entre les vallées du Doubs et de l'Ognon comme le laisse entendre un jugement de l'abbé de Morimond[1] :

« Ceux de Bellevaux voulaient avoir la grange de Morchamps parce que, d'autorité du chapitre de Cîteaux, la maison de Buczhum avait été séparée de l'Ordre avec ses dépendances et qu'ainsi séparée, elle avait elle-même aliéné cette grange grevée de 18 livres de dettes ; cette dernière était alors tombée au pouvoir de l'archevêque, qui l'avait donnée aux moines de Bellevaux. De leur côté, ceux de la Charité alléguaient que, sur le conseil de l'Ordre et de l'abbé de Bellevaux, ils voulaient restaurer la maison de Buczhum ; cette grange, qui en était une dépendance, leur revenait donc de droit. Pour rétablir la paix, voici la définition ; si cette abbaye est restaurée dans les trois ans qui suivront le prochain Chapitre général, elle aura la grange aux conditions suivantes : sur les pâturages qui s'étendent au-delà du Doubs et dont les anciennes limites sont reconduites, les maisons de la Charité et de Bellevaux ne pourront jamais avoir, ni l'une ni l'autre, de moutons, brebis, boucs ou béliers, ni acquérir des fonds de terre ; seule l'abbaye de Buczhum pourra faire des acquisitions aux confins de la grange de Morchamps, sur le conseil et avec l'autorisation de Bellevaux. Si, dans le délai prévu, ce lieu n'est pas érigé ou restauré en abbaye ou cesse à nouveau d'être une abbaye, la grange de Morchamps, avec sa dette de 18 livres, retournera à la maison de Bellevaux et à aucune autre »[2].

Outre l'intérêt qu'il présente pour les relations entre abbayes cisterciennes (mère-fille-petite fille) et pour les querelles de granges qui se multiplient à cette époque, ce texte pose le problème de la suppression d'une abbaye sur ordre ou sur constat du Chapitre général, et de la dévolution de ses biens ; loin de satisfaire notre curiosité, il suscite de nombreuses interrogations, tant sur les raisons profondes de cet échec que sur les modalités de la restauration envisagée et finalement réussie, puisque la Grâce-Dieu retrouve bientôt son rang abbatial. Comme cette curieuse affaire se déroule entre 1167 et 1174, on cherche inévitablement à la rattacher aux difficultés rencontrées par les cisterciens durant le schisme ; l'abbaye serait alors victime soit de la récession qui aurait frappé l'Ordre dans le diocèse, soit d'une désobéissance à la ligne de conduite adoptée par le Chapitre général en 1161[3]. Doit-on, au contraire, dissocier son cas des exemples précédemment cités et n'accuser qu'un mauvais coup du hasard (calamité naturelle) ?

Haute-Saône, H 139) ; avec les Hospitaliers de la Villedieu, dans une bulle d'Alexandre III, du 12 juillet 1178 (W. WIEDERHOLD, n° 55) ; avec le prieuré de Chaux, (Arch. dép. Haute-Saône, H 156, édit. par PERRECIOT, *Etat Civil*, III, p. 33).

1. La suppression ne peut être que postérieure à 1167, date à laquelle témoigne son abbé Robert.

2. Arch. dép. Haute-Saône, H 173, jugement rendu en 1174.

3. A la mort du comte Amédée de Montbéliard (1162-1195), son épouse fait une donation à la Grâce-Dieu « pour le remède de son âme et pour réparer les méfaits que le comte avait causés à l'égard de l'église et des frères de la Grâce-Dieu » (texte édité par L. VIELLARD, *Doc. et mém.... hist. Terr. de Belfort*, n° 287) ; mais nous ne pouvons nous fonder sur ces seuls aveux, qui reviennent fréquemment chez les seigneurs, pour accuser ce prince de persécutions, puisqu'il a, par ailleurs, maintes fois montré sa générosité envers cette maison.

L'hypothèse d'une persécution systématique des cisterciens apporterait une solution facile, qui reste toutefois à prouver, car la plupart des indices qui l'étayent proviennent de l'époque où la réaction alexandrine interprète dans un sens partisan les données antérieures. Pour approcher la vérité, nous ne pouvons donc nous limiter à ces présomptions, mais devons élargir l'enquête à tous les établissements cisterciens du diocèse pour examiner leur attitude et les difficultés qu'ils rencontrent. Une investigation attentive nous oblige à reconnaître qu'il n'y a pas eu de campagne généralisée de répression à leur égard et que les exactions commises relèvent la plupart du temps de faits ponctuels, limités à un lieu ou propres à une personne.

Quand le seigneur de Thervay expulse les moines d'Acey de leurs maisons, l'incident ne doit donner lieu à aucune interpolation : rien n'autorise à conclure à des mesures de rétorsion liées au schisme et la déclaration de l'archevêque Evrard, qui l'affirme, paraît invraisemblable dans le contexte de 1171-1172 ; même si l'on ne met pas en doute l'authenticité de l'acte, la conclusion reste à démontrer, le seigneur de Thervay pouvant simplement profiter de la situation embarrassée d'Acey pour imposer ses solutions. D'autre part, l'incident doit être ramené à ses justes proportions : le différend porte sur la grange de Colombier et diverses terres situées à la périphérie de la forêt de la Serre ; le seigneur conteste à l'abbaye la perception de dîmes, certains défrichements, des droits d'usage dans la forêt et, lorsqu'il décide d'utiliser la force pour contraindre les moines, il leur interdit l'accès de certains chemins et les expulse sans doute de la seule grange du Colombier, car, tirant la leçon de ce coup de main, les religieux obtiennent par la suite l'autorisation de construire autour de cette grange une clôture en bois ou en pierre [1].

En mettant au compte du schisme ces querelles de voisinage et de rivalité économique, les religieux idéalisaient une cause banale et peu glorieuse et augmentaient leurs chances d'obtenir satisfaction. Pareillement, les exactions relevées à Clairefontaine et à Bellevaux relèvent d'autres opérations ponctuelles, menées par quelques seigneurs qui contestent l'emprise économique croissante des abbayes ; seul le cas inexpliqué de la Grâce-Dieu vise l'existence même du monastère.

Hostilité

Certes, les exemples de conflit ne manquent pas, mais ils se rencontrent à toutes les époques et rares sont les seigneurs qui n'ont jamais cédé à la tentation d'abuser de leurs pouvoirs. Chaque fois que des monastères traversent une phase difficile, se découvrent des profiteurs, laïcs et ecclésiastiques, toujours prêts à saisir l'occasion de s'enrichir au détriment d'un rival ou d'un émule malheureux. Seule la motivation doit être prise en considération : des seigneurs ont-ils sciemment exploité la conjoncture du schisme pour s'en prendre systématiquement aux partisans d'Alexandre III ?

---

1. Les faits nous sont rapportés dans un jugement de l'archevêque élu Evrard (vers 1171-1172), dans lequel interviennent les abbés de Bellevaux et de Cherlieu (Arch. dép. Jura, 15 H 17 ou Bibl. nat., lat. 5683, fol. 18) ; faut-il en suspecter l'authenticité ? Il paraît curieux qu'avant même sa réconciliation officielle, Evrard, qui a été jusque-là un partisan d'Herbert et du parti impérial, emploie l'expression *causa scismatis* comme s'il était du côté des Cisterciens et d'Alexandre. Il pourrait s'agir d'un faux, composé à la fin du XIIe siècle (le cas est fréquent et se rencontre à Clairefontaine). Voici le passage : *Clausuram grangie de Columbar faciant monachi ligneam vel lapideam qualem secundum ordinem suum facere voluerunt.* Il faut compléter le document par une confirmation de 1181 rapportant une donation du même Gérard de Thervay, dont une terre *que redacta est de nemore in planum a Seyprez* (Arch. dép. Jura, 15 H 20).

Nous avons le cas de Gérard, comte de Mâcon-Vienne, qui s'est fait le champion de la cause impériale à l'ouest de la Saône, au détriment d'établissements religieux, dont Cluny [1]. Les laïcs eux-mêmes ont senti la menace, tel le comte de Forez, qui lance un appel au roi de France contre les schismatiques lyonnais : ceux-ci l'ont attaqué et veulent « faire passer son comté qui relève de la couronne de France, à l'Empire germanique ». Effectivement, Frédéric Barberousse soutient les entreprises de ses agents, qui infestent le pays de routiers venus de l'Empire, les *Brabançons*, et intimident les églises jusqu'à ce que les interventions de Louis VII, en 1166, inversent les rapports de force.

La politique provocatrice de Gérard, comte de Mâcon, trop facilement qualifiée de brouillonne, a desservi son auteur à qui l'on a prêté des sentiments peu amicaux à l'égard des cisterciens, en se fondant sur quelques plaintes isolées [2]. Il se peut que son action dans le Mâconnais l'ait amené à prendre contre les partisans d'Alexandre III des mesures de rétorsion, que n'auraient pas conservées les chartriers ; mais dès 1170, au moment où son frère Etienne, partant en croisade, arrose les monastères de ses libéralités, les bonnes dispositions de Gérard ne font plus de doute : à son tour, il multiplie les confirmations en y ajoutant fréquemment quelques dons personnels ; plusieurs abbayes, dont Cîteaux et Bellevaux, l'assurent alors de leur reconnaissance en lui promettant à sa mort le même service qu'à un abbé de l'Ordre [3] ; Gérard va même plus loin dans la voie de la bienveillance, puisqu'il accorde libre circulation sur toutes ses terres et qu'il prend sous sa sauvegarde tous les frères et leurs marchandises, en échange de quoi le Chapitre général l'associe aux bienfaits spirituels de l'Ordre [4]. Comme les cisterciens n'ont pas coutume de brader de telles faveurs, la conclusion se dégage d'elle-même : après 1170, le comte de Mâcon entretient avec eux d'excellents rapports, que l'on ne peut toutefois appliquer à la période antérieure.

Ces changements d'attitude, nous les retrouvons chez plus d'un seigneur, grand ou petit, même chez ceux qui, comme les sires de Thervay ou de La Tour, avouent leurs méfaits contre les moines blancs ; ils traduisent en réalité un comportement courant, où les gestes de générosité n'excluent point quelques mauvaises actions ; la conduite se détermine souvent en fonction des intérêts et des dispositions du moment, ce qui rend difficile un jugement d'ensemble. Toute monographie religieuse déroule ainsi de nombreuses litanies de donations et de querelles, d'exactions et de repentirs : la période du schisme provoque-t-elle une recrudescence de démêlés et de conflits ?

Exemple de Bellevaux   L'examen des chartes de Bellevaux qui offrent une série continue pour le XIIe siècle, amène quelques remarques intéressantes [5]. La grande période des donations spontanées et enthousiastes est révolue, laissant place à des confirmations, des échanges et surtout des

---

1. G. DUBY, *La société dans la région mâconnaise*, p. 537 et suiv.
2. Acte de 1184 (Arch. dép. Côte d'Or, 11 H 78, fol. 218) : à la mort de Gérard, son épouse et son fils « investissent entièrement les abbés et les frères de l'Ordre de tous les biens dont les avait dévêtis le comte Gérard à Lons et dont ils avaient une charte de concession et de confirmation du même comte Gérard ». Nous savons ce qu'une telle formule peut avoir d'équivoque, car, dès 1173, Cîteaux se voyait confirmée dans la possession de ses biens à Lons, par le même Gérard (Abbé J. MARILLIER, *Chartes et doc. de Cîteaux*, n° 223).
3. Acte de 1173, donné à Losne (*ibidem*, n° 223 et Arch. dép. Haute-Saone, H 205).
4. *Ibidem*, n° 222, 1173.
5. L'on notera au passage, parmi les donateurs, l'archevêque Herbert, qui cède à l'abbaye l'église de Cirey (Arch. dép. Haute-Saône, H 139).

contestations : laïcs et ecclésiastiques disputent aux cisterciens des dîmes, quelquefois des terres et reviennent fréquemment sur des donations antérieures. Que certains opportunistes aient profité de la position inconfortable des cisterciens dans le diocèse pour formuler des revendications qu'ils n'osaient soulever jusque-là, n'a rien d'invraisemblable ; que, par la suite, on ait astucieusement mis ces prétentions au compte du schisme relève d'intentions politiques trop évidentes pour surprendre l'historien.

Mais les véritables raisons de ces affrontements se situent ailleurs, en particulier dans l'évolution des abbayes elles-mêmes, davantage préoccupées par l'organisation et la défense de leur temporel que par des engagements idéologiques. C'est, en effet, l'époque où le domaine se structure autour des granges et où les moines s'efforcent de rendre viables ces centres d'exploitation par une politique judicieuse d'achats et d'échanges ; parallèlement à cette concentration du temporel, ils se préoccupent de faire respecter la législation sur les dîmes, qui dispense leurs terres de cette imposition ou ils tentent de récupérer à leur profit une redevance rentable et facile à prélever. Une telle évolution ne se réalise pas sans tractations, ni marchandages et se heurte à la mauvaise volonté de particuliers, pas toujours convaincus que les intérêts des cisterciens coïncidaient avec ceux de Dieu. Ainsi s'expliquent les réticences que Bellevaux rencontre autour de ses principales granges de Champoux, Tréviers, Baslières, Magny ou Marloz...

De leur côté, les autres établissements religieux implantés dans la même région (les chapitres bisontins, les hospitaliers), conscients de la prospérité économique de Bellevaux, manifestent moins de désintéressement envers ceux qu'ils reconnaissent plus difficilement comme des *pauvres du Christ* : ils exigent les cens avec plus d'âpreté ou refusent de se priver de la ressource des dîmes, autant de frictions qui nécessitent de patients arbitrages. Nous aurons l'occasion de montrer plus loin qu'en abandonnant les interdictions primitives visant les possessions d'églises, de dîmes et d'autres rentes, les cisterciens entrent en concurrence plus directe avec les anciennes abbayes.

Exemple de Rosières   La situation des maisons n'étant pas forcément identique dans tout le diocèse, il faudrait étudier, outre les monastères en difficulté, ceux qui traversent la période sans rencontrer d'opposition particulière. L'abbaye de Rosières, implantée non loin de Salins, répond à cette catégorie d'établissements et son riche cartulaire permet d'en suivre l'évolution de 1160 à 1190. Dans les deux cents actes de ces trois décennies, jamais ne perce la moindre allusion au schisme ni à la remise en ordre qui le suit ; si l'archevêque-légat de Lyon, Guichard, intervient en 1168 pour confirmer un don des Dramelay, son geste se justifie moins par des questions d'obédience que par des raisons de juridiction, puisque la terre cédée relève de son diocèse [1].

L'abondance et la continuité de la documentation permetent de dégager plusieurs observations sur le comportement du monastère durant ces trente années : tout d'abord, il poursuit et consolide son expansion temporelle en arrondissant son domaine autour des granges, en accroissant ses droits d'usage dans les forêts environnantes et en renforçant son implantation dans le vignoble de Montigny ; il parvient même à créer une nouvelle grange, très loin de sa base, à Vescles, grâce à la généro-

---

1. En 1168, Guillaume de Dramelay donne ce qu'il a dans la ville dite de Vescles (Bibl. mun. Besançon, Droz 43, fol. 3) ; son fils Guillaume confirme ce don la même année (*ibidem*, fol. 162), ainsi que le seigneur de Binans, devant l'archevêque de Lyon (Arch. dép. Jura, 15 H 11).

sité des seigneurs de Dramelay et de leurs vassaux. Mais là aussi, le temps des donations importantes est clos et la plupart des actes se contentent d'enregistrer des cessions de droits ou de rentes, souvent modestes, des remises de cens [1], des parts de
terres ou de vignes, surtout des approbations venant de la parenté des donateurs [2].

Certes, les querelles ne manquent pas, mais, comme à Bellevaux, elles ne sortent
pas des habituelles contestations portant sur des donations antérieures, sur des droits
d'usage, des dîmes..., à l'image de ce Constantin de Vadans qui garde pour lui un
cens de douze deniers et le *terragium* d'une terre, parce que le bœuf, que devait lui
donner l'abbaye, ne valait pas trente sous [3]. Souvent, l'enjeu témoigne de la réticence
des populations face à l'appétit matériel toujours croissant de Rosières et les plus
graves conflits, qui dressent contre l'abbaye de grands seigneurs, tournent autour de
ces questions économiques : Gaucher de Salins fait préciser en 1162 les limites de la
grange de la Tournelle, tandis que les habitants de Mesnay s'opposent par la force à
la pénétration de Rosières sur la terre des Moidons [4].

Plus importants encore les désaccords sur les usages en forêts, parce que les
seigneurs, conscients du dynamisme des moines, essaient de restreindre leurs droits
de parcours ou de leur interdire les défrichements : ces affaires, trop sérieuses pour
être laissées à l'appréciation des notables locaux, font intervenir l'archevêque et
d'autres abbés [5]. Rien dans toutes ces querelles n'a trait, de près ou de loin, au grand
débat de la Chrétienté, pas même lorsque Gaucher de Salins, protecteur de l'abbaye,
est sanctionné par l'empereur et se voit privé de la seigneurie de Vadans au profit du
comte de Ferrette. Quant aux clercs des paroisses rurales, ils supportent mal que les
cisterciens échappent aux dîmes et se font plus d'une fois tirer l'oreille pour appliquer la législation canonique.

En conclusion, à Rosières comme à Bellevaux, les communautés monastiques ne
semblent guère tourmentées dans leur vie quotidienne par les querelles politico-religieuses de l'Empire et l'augmentation des procès après 1175 s'explique aussi bien par
l'évolution économique du monachisme cistercien que par la volonté de se dédom-
mager des vexations antérieures, mises parfois indûment au compte du schisme.

Arrêt de la croissance ?   Cette enquête sur le sort des abbayes cisterciennes durant
                        le schisme ne lève donc pas toutes les incertitudes : si de
nombreuses questions subsistent, si les contradictions ne disparaissent pas toutes, il
y a néanmoins suffisamment d'arguments pour infirmer la thèse d'une persécution

---

1. Aumône d'Humbert, dit le Renforciez, de Salins : *de remissione custume illius que fun-
gella vocatur* (Arch. dép. Jura, 15 H 8 et H 4).
2. En 1163, Simon, seigneur de Chaussin, donne en aumône *terram et frutices de Brullet*
(Brulot, près de Vadans) e*t per denarium qui ad dexteram pendet, quas pro investitura ob-
tulit, ecclesiam de Roseriis investivit, adjunto verbo* (Bibl. mun. Besançon, Droz 43,
fol. 180).
3. Vers 1170, *ibidem*, fol. 4 + 50.
4. *Ibidem*, fol. 149, acte de 1162 et un autre de 1188 (J.-Y. MARIOTTE, *Le comté de Bourgogne*, p. 208), très intéressant du point de vue juridique et par l'énumération des représentants villageois ; finalement, les habitants doivent admettre un partage.
5. En 1165, le prévôt de Vadans conteste l'utilisation par les moines du bois de Brunens
et les abbés d'Acey et de La Charité interviennent dans l'arbitrage (Bibl. mun. Besançon, Droz 43, fol. 149) ; autre procès en 1170-1180 arbitré par les abbés de Bellevaux
et de Balerne (*ibidem*, fol. 18) ; en 1180, le seigneur de Vaudrey proteste contre les défrichements dans le bois de Vaudrey (arbitrage de l'archevêque Thierry, Arch. dép. Jura,
19 H 11) ; en 1183, c'est l'impératrice qui intervient à Brunens et qui se réserve le puits
à muire de Grozon (PERRECIOT, *Etat civil des personnes*, III, p. 39).

systématique des cisterciens ; l'Ordre ne régresse pas et si, après 1175, quelques abbayes engagent des procédures de dédommagement, les faits reprochés concernent des exactions commises dans les granges, des infractions à la législation sur les dîmes, des conflits sur les droits d'usages, jamais des saisies de biens sanctionnant des prises de position contre l'Empire, en faveur d'Alexandre III.

Si les abbayes comtoises avaient choisi de s'engager publiquement en faveur d'Alexandre III, elles n'auraient pas manqué d'obtenir le soutien de ce dernier, sous forme de bulles de protection et de confirmations générales de leurs privilèges ; or, en l'absence de demandes explicites, les différents papes ont très peu délivré de diplômes jusqu'en 1177. Victor IV et ses successeurs n'interviennent plus dans le diocèse après la conférence manquée de Saint-Jean de Losne tandis qu'Alexandre III se borne à expédier cinq actes pour des abbayes situées aux antipodes : l'un pour la chartreuse de Vaucluse, dans le sud en 1163, l'autre pour les cisterciens de la Charité (1164), de Bithaine (1165), d'Acey (1171) et de Bellevaux (1175)[1] ; les légats, quant à eux, observent la même discrétion, puisque seul l'archevêque de Lyon, Guichard, opère deux fois dans les confins méridionaux[2]. Manifestement, les cisterciens, comme les autres établissements religieux du diocèse, ne tiennent pas à solliciter leur arbitrage, ni à les voir intervenir, préférant recourir aux archevêques Herbert et Evrard.

Ils semblent avoir vécu ces décennies d'une façon presque normale, se heurtant aux habituels problèmes de concurrence économique et de dîmes : que des laïcs et des établissements religieux aient profité de la *normalisation* progressive de l'Ordre cistercien pour revenir sur certaines donations antérieures et freiner une expansion jugée menaçante, les exemples d'Acey, de Bellevaux, de Rosières, etc. le prouvent suffisamment. Certains n'ont même pas hésité à employer la manière forte en expulsant les moines de leurs granges ou en provoquant d'importants dégâts matériels.

Mais il n'est pas nécessaire de recourir au schisme pour expliquer de tels comportements, puisque le coup de main de Gigny contre le Miroir le précède de dix ans ; de même lors de ses révoltes contre Cluny, Baume se plaint amèrement des profiteurs — au nombre desquels se trouve le chapitre de Saint-Etienne — qui abusent de la situation et accaparent divers biens. Plutôt que de persécutions ou de conflit idéologique, mieux vaut parler de temporisation : conscients de la partie qui se joue au niveau de la Chrétienté et des rapports de forces locales qui favorisent incontestablement le prince, les abbayes laissent passer la tourmente et ne prennent aucun engagement susceptible de compromettre leur avenir. Les événements ne tardent d'ailleurs pas à leur donner raison, puisque l'archevêque Herbert n'exige aucun ralliement officiel, ni ne déclenche de poursuite, tandis que son successeur Evrard prépare habilement et sans éclat une réconciliation avec Alexandre III : son pontificat ménage une transition entre le schisme et la réaction qui lui fait suite, après 1177.

---

1. Bulles d'Alexandre III pour Vaucluse (Bibl. nat., N.A.F. 4775, fol. 192) ; Bithaine (Arch. dép. Haute-Saône, H 216, donnée à Sens, le 2 février 1165 (W. WIEDERHOLD, *Papsturkunden*, n° 47) ; La Charité (notice d'inventaire, Arch. dép. Doubs, 2 B 1333, fol. 33) ; Acey (Bibl. mun. Besançon, ms 2117, fol. 66) ; Bellevaux (Arch. dép. Haute-saône H 43).
2. Bibl. mun. Besançon, Droz 43, fol. 3 : acte donné à Cîteaux en 1168 et confirmant une donation de Guillaume de Dramelay à Vescles pour Rosières. Autre acte de 1173 par Acey, concernant Lons-Le-Saunier (Bibl. nat. 8895, fol. 347.

D. LIQUIDATION DU SCHISME (1177-1193)

Les préliminaires de la paix de Venise ont mis en évidence, sans toujours les résoudre, les principaux problèmes qui opposaient l'empereur au pape : la reconnaissance de la légitimité d'Alexandre III et l'épineuse question des ordinations schismatiques et des clercs compromis dans le schisme ; un traitement de faveur est prévu pour les prélats allemands, tandis que, dans les pays non germaniques, le sort des coupables était soumis à un tribunal apostolique, avec la faculté pour l'empereur d'intervenir pour une douzaine d'entre eux, dont les évêques de Bâle et de Strasbourg, d'ores et déjà renvoyés au jugement conjoint du pape et du souverain. Si les pourparlers n'aboutissent pas immédiatement et se prolongent durant près d'une année avant la signature officielle (juillet 1177), l'issue ne fait pas de doute et la *normalisation* du diocèse, entreprise depuis quelque temps, s'accélère alors, pour connaître sa plus grande intensité dans les années 1178-1182.

La normalisation du diocèse

Plusieurs indices viennent étayer cette impression : nombreuses interventions d'Alexandre III, envoi de légats, sans oublier les mesures prises à titre de sanction. Dès avril 1177, les bulles pontificales, jusque-là très rares, commencent à affluer dans le diocèse : avec le retour de l'archevêque Evrard, qui a participé aux négociations d'Anagni, les monastères comtois, assurés de la tournure des événements, s'empressent de demander au pape des confirmations générales ou particulières (ratification d'un jugement, rappel à l'ordre à propos de la législation sur les dîmes...). Sur la trentaine de bulles adressées aux établissements religieux du diocèse, cinq seulement sont antérieures à 1177, alors que toutes les autres se concentrent sur les quatre dernières années de son pontificat ; le même rythme se maintient durant la décennie suivante, puisque Lucius III (1181-1185), Urbain III (1185-1187), Grégoire VIII (1187) et Clément III (1187-1191) en expédient à leur tour un nombre aussi grand.

Leur quantité témoigne du souci qu'ont les monastères de faire authentifier leurs titres par les autorités légales ; elle montre aussi qu'une fois rétablies les communications régulières entre Rome et le diocèse, l'influence pontificale pénètre largement notre région et favorise une centralisation, qui ne tarde pas à se faire sentir sous le pontificat d'Amédée (1194-1220) : la papauté ne se contente plus de valider acquisitions ou jugements, mais intervient plus directement par des consultations juridiques et grâce aux appels encore plus fréquents à ses tribunaux.

Légats pontificaux   Parallèlement à cette action de la chancellerie, l'envoi de représentants permet de mener sur place des enquêtes et de résoudre un certain nombre d'affaires. Les uns agissent ponctuellement : chargés par la papauté d'une mission précise, ils se distinguent difficilement des juges délégués, tandis que d'autres obtiennent une juridiction plus large sur toute une région et pour un temps indéterminé. Comme l'institution a été étudiée [1], nous nous bornerons à quelques remarques sur son fonctionnement à l'époque qui nous intéresse, en y ajoutant les renseignements tirés des archives locales.

Là encore, les années 1177-1180 introduisent un changement profond, caractéristique de la volonté de reprise en mains par la papauté de régions jusque-là trop peu

---

1. M. PACAUT, Les légats d'Alexandre III, 1159-1181, dans *Rev. Hist. Eccl.*, 1953, p. 821-838, et W. JANSSEN, *Die päpstlichen Legaten in Frankreich vom Schisma Anaklets II bis zum Tode Celestins III (1130-1198)*, p. 60-122.

dociles : auparavant, le diocèse a pratiquement échappé aux légats *a latere* puisque seul intervient Guichard de Lyon en faveur de Rosières et d'Acey, la légation dont se trouvait revêtu l'archevêque de Vienne restant purement théorique[1]. Dès 1177, plusieurs délégués pontificaux se succèdent au contraire dans le diocèse, pour y résoudre quelques problèmes délicats : l'évêque de Toul, Pierre de Brixey, fraîchement rallié à Alexandre III, ne fait qu'une brève apparition pour y régler un conflit entre Bellevaux et les hospitaliers[2]. A la même époque, l'évêque de Maurienne, Lambert, reçoit mandat du souverain pontife pour trancher un litige de Bellevaux avec le prieuré clunisien de Chaux[3].

D'autres juges délégués remplissent des missions du même genre, aussi ponctuelles que temporaires : ajoutons aux exemples précédents, mais sans clore la liste, le cardinal Pierre de Tusculum, qui défend une grange d'Acey contre la rapacité seigneuriale, et le cardinal Henri d'Albano, qui s'entremet dans un procès entre Rosières et Aymon, seigneur de Vaudrey[4]. Ce dernier exemple illustre bien le caractère occasionnel de ces interventions ; en effet, là comme dans beaucoup de litiges, le seigneur, qui refusait aux moines le droit de faire des défrichements dans un bois, fait traîner la procédure engagée en la cour archiépiscopale, allant jusqu'à se plaindre *quod monachi in ipsius personam aliquid contumeliose et inhoste egissent* ; mécontents de cette tournure, les moines font appel au cardinal d'Albano, *qui tunc legatus ad partes nostras a latere domine pape destinatus erat.* Mais c'est l'unique mission qu'effectue dans le diocèse le prélat et qui se résoud finalement par une sentence de l'archevêque Evrard.

Roger de Vico-Pisano   La seule légation qui tranche sur ces tournées rapides ou ponctuelles par sa durée et son importance, est celle de Roger de Vico-Pisano, évêque de Lausanne. Sa promotion au siège vaudois annonce déjà l'emprise croissante de la curie romaine : compatriote et familier d'Alexandre III, qu'il sert en Italie lors de missions diplomatiques, il évolue dans le milieu du Sacré Collège et, lorsque Landry de Durnes se voit contraint de démissionner de l'évêché de Lausanne en 1178, pour s'être compromis dans le schisme, c'est lui qui le remplace, probablement sur proposition pontificale : c'est, en effet, le premier Italien qui occupe ce siège, jusque-là réservé à des membres de la noblesse régionale. Elu de Lausanne en 1178, il se fait consacrer, non pas par son métropolitain de Besançon, mais à Rome, lors du concile du Latran[5].

---

1. Un indult du 25 septembre 1180 nous apprend qu'Alexandre III a supprimé le mandat de l'archevêque de Vienne : Arch. dép. Doubs, G 531, fol. 34.
2. Ces démarches nous sont révélées par les bulles du 16 juin 1178 (WIEDERHOLD, *Papsturkunden,* n° 53) et du 12 juillet 1178 (*ibidem,* n° 55).
3. L'évêque de Maurienne précise : « Le prieur avait affirmé à la cour de maître Daniel, légat impérial, qu'il avait obtenu la possession contestée d'une sentence de la cour archiépiscopale et que, pour cette raison, il avait saisi ce bien, causant ainsi des dommages à l'église de Bellevaux » (Arch. dép. Haaute-Saône, H 156, acte de 1178, édit. par PERRECIOT, *Etat civil,* III, p. 21).
4. Intervention de Pierre de Tusculum en 1181 (Arch. dép. Jura, 15 H 22) ; d'Henri d'Albano en 1180 (*ibidem,* 19 H 11, édit. dans *Gallia Christiana,* XV, instr., col. 47).
5. Sur le personnage, nous renvoyons aux deux articles de J.-Y. MARIOTTE, Un Pisan, évêque de Lausanne : la carrière de Roger de Vico-Pisano jusqu'à sa consécration épiscopale, dans *Rev. Hist. Vaudoise,* 1975, p. 31-49 ; Le schisme de 1159, la légation de Roger deVico-Pisano.., dans *Archiv für Diplomatik,* 1972, p. 313 et suiv.

Les chroniques locales lui reconnaissent volontiers une certaine personnalité [1] et un grand dévouement *pro libertate Ecclesie ;* cependant, s'il jouit de la confiance d'Alexandre III et de Lucius III, il paraît moins bien en cour par la suite et Innocent III lui préfère d'autres exécutants. Dès 1178, et jusqu'à la fin du XIIᵉ siècle, nous le trouvons plusieurs fois chargé d'intervenir dans le diocèse, en particulier pour liquider les séquelles du schisme. Evoquant les chartes délivrées par Herbert, il précise : « comme la légation qui nous a été confiée, nous a conduit à visiter la province de Besançon, nous avons jugé bon de reléguer ces instruments avec leur auteur, afin qu'aucune trace d'infamie ne subsiste dans l'Eglise de Besançon, qui doit être sans tache » [2].

Intensive jusqu'en 1182, sa mission se réduit par la suite à des actions de plus en plus espacées, la dernière se déroulant en 1194 ; elle crée toutefois une sorte de psychose, qui permet à bien des mécontents de dénoncer les décisions d'Herbert ou de mettre au compte du schisme quelques déboires temporels ; par exemple, en refusant de prêter serment à l'archevêque pour l'archidiaconat de Salins en 1194, les chanoines de Saint-Etienne ont l'habileté d'avancer l'argument le plus opportun : ce serment était une initiative d'Herbert [3].

Ainsi la fin du schisme s'accompagne d'une reprise en main du diocèse par la papauté, c'est du moins l'explication que l'on peut donner à ces envois répétés de légats pontificaux qui tentent de substituer leur influence à celle des représentants impériaux qui, sans disparaître, se cantonnent davantage aux affaires purement domaniales. De même, le nombre considérable de bulles expédiées par Alexandre III et ses successeurs, prouve que chacun se veut en règle, dans une église désormais pacifiée et unie sous un seul pasteur.

Les règlements   Outre les mesures de réaction contre la politique précédente et les sanctions à l'égard des fauteurs de troubles, les Alexandrins devaient examiner un autre problème, aussi grave : la validité des ordinations schismatiques. En effet, les négociations de Venise avaient soulevé cette délicate question : fallait-il invalider systématiquement les ordinations conférées par les évêques schismatiques ?

Au cours des négociations de Venise, Frédéric avait non seulement obtenu des mesures de faveur pour quelques membres de l'épiscopat germanique, mais aussi des assurances pour l'application en Allemagne de la théorie la plus libérale, alors que le concile du Latran adoptait une attitude plus intransigeante : le second canon annule les ordinations faites par les antipapes Victor IV, Pascal III et Calixte III et par les prélats consacrés par eux ; il ordonne la restitution intégrale des bénéfices et des biens ecclésiastiques distribués par les schismatiques [4].

Ces mesures touchaient rétrospectivement le diocèse de Besançon, puisqu'Herbert avait été ordonné par Pascal III, en juillet 1167 : il était donc invalidé à titre pos-

---

1. *Fuit natus in Tuscia de castro quod dicitur Vicus Pisanus, nobilio genere et moribus, subdiaconus domini pape et legatus in archiepiscopatu Bisuntino, homo honestis et litteratus et valde misericors et multas sustentavit guerras pro libertate ecclesie* : portrait tracé vers 1235 par le prévôt de Lausanne, Conon d'Estavoyer, dans le *Cartulaire du chapitre Notre-Dame de Lausanne*, édit. C. ROTH, p. 39.
2. Acte de 1180 : Arch. dép. Haute-Saône, H 47, édit. *Gallia Christiana*, XV, instr. 48.
3. En 1194, le pape Célestin III le charge d'instruire la cause entre l'archevêque Amédée et le chapitre Saint-Etienne à propos de l'archidiacre de Salins : « il nous apparaît manifeste que l'archidiaconat de Salins, attribué autrefois à Saint-Etienne, en a été soustrait par le schismatique [Herbert] au moyen d'un hommage ».
4. R. FOREVILLE, *Latran I, II, III, IV*, p. 211.

thume, déclaré schismatique et intrus, c'est-à-dire rayé de la liste officielle des archevêques ; surtout, le concile remettait en cause les ordinations pratiquées après sa consécration, les attributions de bénéfices qu'il avait faites et annulait les actes juridiques qu'il avait pu établir contre les catholiques au cours de son épiscopat. Ce n'étaient pas de simples formules, puisque Alexandre III encourage les moines de Bellevaux à faire appel des sentences ou des décisions prises par l'ancien prélat à leur détriment : « Nous vous demandons de dénoncer en appel tout ce qui a été établi par Herbert, de satanique mémoire, ancien intrus de Besançon, ou par d'autres schismatiques contre les frères de l'Ordre cistercien ou contre d'autres catholiques »[1].

Nous ne savons pas combien de clercs ont été touchés par ces dispositions : si, du fait de sa tardive consécration, Herbert n'a exercé que très peu de temps son pouvoir d'ordre, il a, en revanche, durant les sept années de son épiscopat, procédé à des nominations et tranché tous les cas soumis à sa juridiction. L'on devine l'inquiétude éprouvée par ceux que hantait l'angoisse de perdre une situation. Malheureusement, les chartriers, essentiellement monastiques, n'ont rien conservé de ces problèmes d'ordinations et de bénéfices, qui les concernaient peu et, faute de toute allusion, nous devons nous contenter de soulever la question.

Parallèlement à cet examen, le légat devait répondre aux plaintes de tous ceux qui s'estimaient à tort ou à raison lésés par les sentences de l'intrus et qui avaient reçu les encouragements verbaux d'Alexandre III de faire appel, conformément au canon 2 de Latran. Nous avons pu constater que certaines abbayes cisterciennes en ont profité, en prenant la précaution de faire invalider les actes enregistrés sous l'épiscopat d'Herbert et de réviser les jugements qu'ils estimaient leur être défavorables. De la perturbation et du climat psychologique qu'entraîne cette remise en ordre, pour ne pas parler d'épuration, nous avons la preuve encore au début du XIIIe siècle dans l'habileté de quelques faussaires à fabriquer de prétendus jugements ou confirmations du légat ou de l'archevêque Evrard, avantageant leur monastère[2]. Le successeur d'Herbert, Evrard de La Tour, échappe à toute révision parce que, nous l'avons vu, il s'était réconcilié très tôt avec Alexandre III et qu'il avait certainement reçu la consécration d'un prélat catholique.

En même temps qu'il frappe à la tête, le mouvement d'épuration invite certains monastères à un examen de conscience sur leur conduite durant ces dernières années. Nous avons constaté l'augmentation des querelles entre les maisons religieuses après 1177, mais en soulignant qu'elles ne provenaient pas toutes de règlements de comptes consécutifs au schisme : leur interprétation reste souvent délicate, tant les raisons pouvaient être variées.

L'engagement de l'ordre cistercien en faveur d'Alexandre III leur vaut toutefois la bienveillance de ce dernier, qui ne ménage pas sa reconnaissance à ses anciens alliés : en 1179, il accorde à l'abbaye de Clairefontaine le libre choix de l'évêque consécrateur. Le fait mérite d'être relevé parce que c'est une des premières applications de ce privilège aux cisterciens[3]. Faut-il y voir un signe de méfiance à l'égard de l'archevêque Evrard, venant s'ajouter à la légation de Roger de Vico-Pisano ? Pas forcément : le pontife ne fait que tirer les conclusions des dangers que présentait la soumission au diocésain, dans une époque de lutte ; d'ailleurs, quelques années plus tard, de tels privilèges se généralisent et se renforcent même.

---

1. Bulle du 25 mai 1180/81 (Bibl. mun. Besançon, Droz 44, fol. 96).
2. J.-Y. MARIOTTE, Le schisme..., p. 316.
3. Bulle du 7 mai 1179 (Arch. dép. Haute-Saône, H 344, édit. par WIEDERHOLD, *Papsturkunden,* n° 59). Le problème de l'exemption cistercienne est abordé par J.-B. MAHN, *L'ordre cistercien...*, p. 90.

En revanche, les maisons qui ont obtenu des avantages grâce aux antipapes, sont contraintes d'en faire leur deuil : si l'abbaye de Saint-Vincent de Besançon n'ose pas encore dénoncer la décision d'Herbert qui annulait les privilèges honorifiques accordés par Victor IV, elle le fera au milieu du xiiie siècle quand, le nom de l'anti-pape étant oublié à Besançon, seule survit la macule attachée au souvenir de l'archevêque intrus. Baume-les-Messieurs aurait sans doute aimé conserver le bénéfice des faveurs impériales et de la bienveillance de Victor IV, qui lui avaient restitué son rang abbatial et son indépendance ; mais, comme l'abbé Adon de Saint-Claude lâché par Frédéric au moment où soufflent les vents contraires, l'abbaye jurassienne paie sa compromission aux côtés des schismatiques.

Bien que ses archives n'aient gardé aucune trace des mesures répressives — elles présentent curieusement un trou dans la documentation entre 1162 et 1185 —, il nous est aisé de deviner ce qui se passe vers 1180 et que confirme une bulle d'Urbain à Cluny en 1186 ; se référant aux décisions d'Eugène III et de ses successeurs, la pape renouvelle les dispositions qui assujettissent Baume à Cluny : rattachement à la maison-mère, observance clunisienne, nomination des dignitaires, droit de visite et de correction ; sur un seul point et, probablement, grâce à l'intervention impériale, les religieux comtois obtiennent une satisfaction d'amour propre, puisqu'au sein de l'Ordre leur établissement conserve son rang d'abbaye, piètre consolation qui n'efface pas l'amertume laissée par la suppression de la bulle d'or, du vivant même de Frédéric [1]. Le schisme n'a été pour eux que l'occasion de briser des liens honnis, en dehors de toute préoccupation idéologique.

Si rares soient les témoignages sur la remise en ordre et l'épuration consécutives au schisme, ils prouvent que le diocèse de Besançon a fait l'objet de l'attention particulière de la papauté, soucieuse d'éliminer les conséquences de l'Eglise impériale et d'éviter le retour d'une scission. Mais en insistant sur l'aspect répressif de cette politique, nos propos déforment l'œuvre conciliaire de Latran III, qui consacre l'essentiel de sa législation à la réforme proprement dite : sur les vingt-sept canons promulgués, seuls les deux premiers concernent le schisme, tous les autres tendent à améliorer les conditions de la vie spirituelle et matérielle de l'Eglise et de la société chrétienne. D'autre part, la liquidation de la querelle ne s'interrompt pas avec la clôture du concile, puisqu'elle se poursuit après la mort d'Alexandre III (30 août 1181) par l'action des légats, par les causes introduites en cour de Rome et qu'elle se confond bientôt avec les progrès de la centralisation pontificale.

Sous les successeurs d'Alexandre, abbayes et prieurés continuent de s'adresser aussi fréquemment à la papauté pour garantir leur temporel contre toute aliénation ou obtenir des faveurs particulières : l'habitude est prise de recourir désormais aux instances supérieures et de faire appel en cour pontificale, au point que l'afflux des causes commence à encombrer les tribunaux de la curie et que le concile a cherché à en réglementer la procédure, en éliminant les appels d'intention frauduleuse ou simplement dilatoire [2]. C'est donc dans une ambiance très différente de la période précédente que se déroule le pontificat de Thierry (1180-1190).

Thierry de Montfaucon (1180-1190)

Alors qu'Evrard avait vécu la fin délicate du schisme en se réconciliant avec Alexandre III, sans rompre avec l'empereur, son successeur profite apparemment de conditions plus faciles. Certes, la papauté maintient une forte pression sur le diocèse

---

1. Bulle d'Urbain III du 4/5 mars 1186 à l'abbé de Cluny, édit. par BRUEL, *Chartes de Cluny,* V, n° 4303.
2. Canon 6 de Latran III.

par l'intermédiaire de son impétueux légat Roger de Vico-Pisano, mais le nouveau prélat dispose d'une marge de manœuvre plus grande du côté impérial : c'est l'époque où Barberousse n'a guère le loisir de s'occuper de la Bourgogne, où il laisse davantage d'initiatives à son épouse Béatrice avant d'organiser la succession de son fils Othon ; les légats impériaux, qu'il continue de déléguer occasionnellement dans le comté, s'occupent surtout d'affaires domaniales, en un mot Frédéric ne renouvelle pas l'expérience de la *Reichskirche*.

Dans ces conditions, le nouvel archevêque se sent d'autant plus à l'aise que ses origines familiales lui assurent prestige et puissance sur toute l'aristocratie locale : il est, en effet, le frère du comte de Montbéliard en exercice, Amédée (1162-1195), dont nous avons souligné précédemment les ambitions et le rôle important dans les desseins frédériciens : par son comté auquel il joint l'héritage des Montfaucon, il domine les plateaux et la vallée du Doubs en amont de Besançon. Sa sœur Stéphanie dirige à la même époque l'abbaye féminine de Baume-les-Dames. D'ailleurs, l'archevêque Thierry, dit plus fréquemment de Montfaucon que de Montbéliard, n'oubliera jamais les intérêts de son lignage, qu'il sert en favorisant les monastères qui en dépendent.

L'homme   Est-ce à son rang qu'il doit son élection épiscopale ou à l'expérience que lui donnent sa carrière et son âge, ou à l'orientation politique que symbolise sa famille, alliée fidèle des Staufen, ou encore au souci des électeurs de maintenir une certaine alternance entre les deux chapitres cathédraux ? Alors qu'Evrard sortait d'un lignage qui plaçait systématiquement les siens à Saint-Jean, Thierry représente le chapitre de Saint-Etienne, où il entre dès son jeune âge, à l'époque d'Humbert, et où il fait une carrière classique, mais brillante : archidiacre vers 1155, puis doyen de ce chapitre en 1172, il occupe donc dans la cité bisontine une fonction prééminente, qui conduit plus d'un titulaire à une promotion épiscopale [1]. Contrairement à Evrard qui, avant son élection, avait déployé auprès d'Herbert une grande activité, Thierry demeure plus effacé, plus discret.

Le nouveau prélat ne manque pas cependant de personnalité, puisque la tradition a retenu de lui deux qualités qui caractérisent assez bien l'aristocratie de son époque : amour des lettres et prouesse chevaleresque, auxquels nous ajouterons une certaine pugnacité. Il passe pour avoir cultivé avec succès la poésie, à laquelle il aurait pris goût à la cour de Frédéric Ier [2]. Sans nous attarder à l'évocation romantique des *Minnesänger*, qui auraient animé les séjours du couple impérial en Franche-Comté, ni à celle du prélat-poète qui aurait évolué dans ces milieux courtois et composé des vers, retenons de Thierry l'image d'un homme cultivé qui a aussi consacré ses talents littéraires à la prose religieuse puisqu'il nous reste de lui un hymne pour la fête de saint Vincent, martyr [3].

Quant à sa prouesse chevaleresque, il la déploie au cours de la troisième croisade, qu'il accomplit à la suite de l'empereur et en compagnie de nombreux chevaliers

---

1. Thierry entre à Saint-Etienne avant 1148 (à cette date, il témoigne, comme chanoine, d'une donation de son père, Arch. dép. Doubs, G 531, fol. 346) ; est-il archidiacre de Salins ? Peut-être, et dans ce cas, c'est de lui qu'Herbert aurait exigé un serment de fidélité (on le trouve cité comme archidiacre dans Arch. dép. Doubs, 69 H 108).
2. M. RICHARD, *Histoire des diocèses de Besançon...*, I, p. 419, qui reprend F.-I. DUNOD, *Histoire de l'Eglise... de Besançon*, I, 1750, p. 160.
3. Hymne publié par E. CLERC, *Essai sur l'histoire de Franche-Comté*, I, p. 377.

comtois, émus comme lui de la prise de Jérusalem par Saladin en 1187[1]. Par son courage, par ses exhortations et son esprit inventif, il contribue personnellement à la prise de Saint-Jean d'Acre ; aux dires des chroniqueurs, il fait construire, durant le siège de la ville, un bélier en bois et en fer, dont la forme et la puissance destructrice inquiétèrent beaucoup les Sarrasins. Mais la peste eut raison de ce nouveau Turpin : Thierry succombe, probablement le 15 novembre 1190, laissant les plus vifs regrets dans le camp des Chrétiens[2].

Sa pugnacité, il la manifeste non seulement dans cet ultime combat, mais au cours de sa carrière, en défendant énergiquement, voire parfois avec un certain cynisme, ses intérêts personnels, ceux de son chapitre, surtout ceux du siège épiscopal. Alors qu'il était doyen de Saint-Etienne, il engage un procès d'intention aux Cistercien de Bellevaux en leur réclamant la pôté de Cirey *quod de jure patrimonii sui erat et fratri sui pecunia data fuerat et curia imperialis omnia feodalia monachis abjudicaverat*[3]. Ce faisant, il revenait sur une concession faite par son père Richard de Montfaucon, contestée par son frère Amédée, puis approuvée en 1167 par ce dernier, qui reçut pour ce geste de l'argent des moines[4] ; probablement vexé de n'avoir rien touché, Thierry n'hésita pas à faire jouer une sentence de la cour impériale interdisant aux moines de posséder un fief. Les cisterciens n'eurent aucune peine à établir la mauvaise foi du doyen en montrant que la sentence avait été rendue en leur absence, sans même qu'ils aient été convoqués à la cour, tandis que, cité à prouver que l'argent avait été donné légalement et non par force, Thierry préféra s'abstenir. C'est avec la même ténacité, mais par des voies moins ambiguës, qu'il défendra ses droits de prince et de prélat[5].

---

1. Sur le rôle de Thierry à la croisade, C. DUVERNOY, Les Montbéliard en Palestine, dans *Revue d'Alsace*, 1875, p. 347-379 et 475-519. Il part avec l'évêque de Bâle, avec son cousin le comte de Ferrette et de nombreux seigneurs comtois : Richard de Montfaucon son frère, les abbés de La Charité et de Rosières, Gaucher de Salins, Gilbert de Faucogney, vicomte de Vesoul, Ponce de Cuiseaux, Hugues de Saint-Quentin (E. PETIT, *Histoire des ducs de Bourgogne,* III, p. 46). Ces seigneurs sont eux-mêmes accompagnés de leurs vassaux : sur le chemin de la croisade, à Saint-Amour, Pierre de Molpré, Rodolphe de Monnet, Humbert de Monnet, Bernard de Layer témoignent dans une donation de Gaucher de Salins à Balerne, (J.-B. GUILLAUME, *Histoire des sires de Salins*, I, p. 85) ; d'autres, inconnus, semblent avoir pris la croix, tel ce Rémi de Grozon, fils du prêtre Falcon, qui donne un pré à Rosières avant de partir (Bibl. Mun. Besançon, Droz 31, fol. 108).

2. Ses travaux ont été racontés dans une sorte de légende latine rimée, dont voici les premiers vers (cité dans L. VIELLARD, *Doc. et mém.... Terr. de Belfort*, n° 284).:

« Que dirai-je de l'archevêque de Besançon ?
Cet homme s'est entièrement consacré à l'œuvre divine.
Il prie pour les fidèles avec un coeur de colombe,
Mais combat les perfides avec l'astuce du serpent.
Il a fait ici un bélier armé de fer,
Qui a rendu courage à la plupart d'entre nous ».

3. Episode connu lors d'un jugement d'Evrard en 1174 (L. VIELLARD, *Doc. et mém.... Terr. de Belfort*, n° 251, avec une version différente dans Arch. dép. Haute-Saône, H 205).

4. L'attitude d'Amédée de Montbéliard nous est révélée dans un jugement de 1167 (*ibidem*, n° 238) qui ne parle pas toutefois de l'argent versé par les moines.

5. Sur la politique de Thierry dans la région de Montbéliard, voir R. LOCATELLI, Politique et religion dans l'ancien pays d'Ajoye (XIe-XIIIe s.), dans *Le Pays de Montbéliard et l'ancien évêché de Bâle dans l'histoire*, p. 47-69.

Plus qu'à ses qualités personnelles, il doit sans doute sa promotion à l'influence de son lignage et à la volonté de ses électeurs de se démarquer de la ligne de conduite officielle de l'Eglise : au moment où le triomphe d'Alexandre III aboutit à une normalisation du diocèse et où, par conséquent, le loyalisme envers le Staufen paraît inopportun, le choix d'un Montbéliard, partisan de la fidélité impériale, acquiert une signification politique réelle ; c'est une façon de dénoncer ou de prévenir les excès de la réaction alexandrine en cours, ou la preuve de l'emprise toujours forte du couple impérial dans la région. Là encore, le diocèse manifeste son originalité au sein du royaume de Bourgogne, en demeurant plus proche de l'Eglise d'Allemagne, qui continue d'échapper à l'influence directe d'Alexandre III.

Depuis Humbert, resté toute sa vie fidèle à ses engagements envers le souverain, jusqu'à Amédée de Dramelay qui prend les armes pour défendre la cause des Staufen, les archevêques de Besançon affichent la même constance dans leur loyalisme envers l'Empire, sans toutefois avaliser le *Reichskirchensystem* ; pour avoir compris l'inconfort de sa position, Gauthier de Bourgogne partisan de l'alliance française, avait préféré démissionner de son siège bisontin en 1162. Pour Thierry de Montfaucon, que les liens de parenté tournaient du côté septentrional, l'adhésion au dessein impérial d'un axe Bourgogne-Alsace ne pose guère de problème et ses fonctions de métropolitain de Bâle l'amènent plusieurs fois à s'occuper d'affaires alsaciennes : c'est d'ailleurs aux côtés du duc Frédéric qu'on le rencontre pour la première fois en 1181, sans doute de retour d'Allemagne, où il est allé recevoir les régales de Besançon [1]. Autres preuves de son attachement au souverain : l'empressement qu'il met à répondre aux convocations pour les diètes ou ses bonnes relations avec le légat, maître Daniel [2].

La pause   Les dix années de son pontificat (1180-1190) marquent une pause entre la période du schisme et la reprise de l'agitation politique sous Amédée, mais ce calme ne signifie point que Thierry cède à l'inertie. Face aux exigences du légat qui, durant les premières années, s'immisce dans les affaires diocésaines, le prélat cherche, au contraire, à sauvegarder ses prérogatives en multipliant ses interventions, en défendant jalousement son autorité seigneuriale, en manifestant une sollicitude particulière aux églises locales. Naturellement, l'origine de la documentation nous donne de son œuvre une vision partielle, uniquement ou presque orientée vers la défense et la protection du patrimoine monastique : en cela, Thierry n'innove pas puisqu'il reprend à son compte la tradition de ses prédécesseurs ; confirmations, arbitrages gracieux, jugements, révèlent l'attention qu'il porte à la plupart des établissements religieux de son diocèse, seuls ceux de la frange méridionale (Baume, Bonlieu, Vaucluse, Saint-Oyend) faisant moins appel à son autorité !

Si cette forme de juridiction paraît banale en soi, le nombre et la continuité de ses interventions dénotent une volonté de donner à ses fonctions épiscopales tout leur lustre et toute leur puissance. Ainsi les abbayes cisterciennes reçoivent avec facilité les authentifications qu'elles demandent au prélat : Cherlieu obtient huit chartes de confirmation pour ses biens situés dans le diocèse, tandis que l'évêque Manassès de Langres en délivre six autres pour les possessions sises dans le royaume de France ; mais tous les ordres religieux passent de même par la cour

---

1. J.-D. SCHOEPFLIN, *Alsacia Diplomatica,* I, p. 275. En mai 1180, Thierry est encore doyen (Cité dans L. VIELLARD, *Doc. et mém.... Terr. de Belfort,* n° 259 et 284).

2. Il assiste aux diètes de 1184, 1186, 1189 (F. GUETERBOCK, *Zur Geschichte...,* p. 197, et J.-Y. MARIOTTE, *Le comté de Bourgogne...,* p. 101). Ses relations avec maître Daniel apparaissent dans un acte de 1183 (Arch. dép. Haute-Saône, H 133).

archiépiscopale pour régulariser leur situation matérielle, l'évêque assumant pleinement son rôle traditionnel de protecteur et de défenseur des moines, parallèlement aux papes qui multiplient leurs confirmations.

Il s'inquiète donc de l'état matériel de son clergé et n'hésite pas à prendre les dispositions qui s'imposent, soit en accroissant la dotation, soit en réduisant le nombre des titulaires. En 1185, la collégiale urbaine de La Madeleine fait ainsi l'objet de sa sollicitude pastorale : confirmation d'églises, révision de ses statuts : « Après avoir examiné attentivement, avec le conseil des chanoines de l'église de Sainte-Madeleine, les possibilités de cette église en fonction de ses moyens, nous avons fixé le nombre des chanoines et interdisons sous menace d'anathème qu'au-delà de treize chanoines on reçoive quelqu'un comme chanoine » [1]. Conformément aux dispositions générales du concile, qui cherche à accroître les responsabilités des évêques dans leur diocèse, Thierry veille jalousement à la régularité des transactions concernant les églises : aucune cession ne se réalise sans son accord ni celui des officiers concernés, archidiacres et doyens ruraux ; au besoin, il procède lui-même, *par son anneau*, à l'investiture du nouveau bénéficiaire [2].

La vigilance qu'il met à faire respecter son autorité archiépiscopale ne l'empêche pas d'accorder une attention plus particulière aux églises du comté de Montbéliard et aux établissements protégés par ces princes, témoignant ainsi d'un esprit de famille toujours vif : tour à tour Bellevaux et la Grâce-Dieu patronnées par les Montfaucon, Baume-les-Dames dirigée par sa sœur, Lieucroissant établie aux portes du comté et surtout les maisons fixées à proximité du château de Montbéliard reçoivent des marques de sa sollicitude.

Les prémontrés de Belchamp et les chanoines de la collégiale castrale de Saint-Maimbœuf, dont la proximité engendrait une rivalité avivée par la médiocrité de leurs revenus, n'ont qu'à se féliciter de cette complaisance. Fondé depuis plus de quarante ans, le monastère de Belchamp avait enfin terminé son sanctuaire et l'occasion était belle pour Thierry de procéder à la consécration officielle d'une église qui symbolisait justement la réussite de la principauté : il le fait solennellement en 1183, après avoir réglé un dernier détail, l'opposition de Saint-Maimbœuf qui, « à propos d'une querelle portant sur des échanges de terres, empêchait la dédicace de l'église » [3]. Quelque temps plus tard, ces mêmes établissements se voient gratifier par le prélat de plusieurs églises rurales et bénéficient par ailleurs de la générosité de ses frères et sœurs [4].

Défense de intérêts épiscopaux   Si le sens des intérêts lignagers le pousse à quelque partialité, jamais il ne l'incite à leur sacrifier ses prérogatives épiscopales et c'est dans la défense de son autorité seigneuriale qu'il manifeste une grande énergie. Maître de la ville et ses environs, Thierry entend

---

1. Bibl. mun. Besançon, Droz 40, fol. 23, ou ms. 726, fol. 20.
2. En 1185, donation à l'abbaye cistercienne de La Charité des églises de Frétigney et d'Etrelles, dont il investit l'abbé par l'anneau ; la transaction se déroule dans la Chambre épiscopale (Arch. dép. Doubs, 58 H 2, fol. 7).
3. Acte de 1183 (L. VIELLARD, *Doc. et mém.... Terr. de Belfort*, n° 261).
4. 1188 : les églises d'Exincourt, Hérimoncourt et Vandoncourt pour Belchamp, en présence et avec l'accord de Guillaume, archidiacre du lieu (*ibidem*, n° 273). L'église de Valentigney est résignée par le prêtre entre les mains du prélat et donnée en 1189 (n° 279), tandis que Saint-Maimboeuf reçoit celle de Courgenay (n° 282). En 1182, Stéphanie, abbesse de Baume, donne divers biens à Bellevaux (Arch. dép. Haute-Saône, H 139).

le rester, malgré les tentatives des citoyens de battre en brèche son pouvoir ou les ambitions temporelles de certaines maisons religieuses : la puissance des chapitres capitulaires, des abbayes de Saint-Paul et de Saint-Vincent, qui avaient obtenu les uns des privilèges d'immunité sur leurs quartiers ou acquis une assise foncière fort étendue pour les autres, concurrençaient au plan économique les revenus épiscopaux et surtout irritaient les citoyens impatients de freiner l'appropriation ecclésiastique. Les frictions se multipliant, un accord finit par s'imposer à la fin du XIIᵉ siècle, qui contrôle l'expansion de Saint-Paul et de Saint-Vincent en soumettant leurs acquisitions foncières à l'accord préalable de l'archevêque et des citoyens[1].

Comme ses prédécesseurs, mais avec plus de vigilance dans la mesure où les velléités communales des Bisontins mettent en danger son monopole seigneurial, Thierry combat les revendications des citoyens qui, toujours exclus des affaires municipales, se sentent de plus en plus brimés, malgré les améliorations de statut personnel obtenues jusque-là. Aussi la tension demeure-t-elle constante et le moindre incident dénote que les Bisontins cherchent à profiter de l'éloignement de Frédéric pour exploiter la situation. Tout est prétexte à revendication : les citoyens s'en prennent un jour à l'abbaye de Bellevaux dont la grange de Braillans empiétait, selon eux, sur la forêt de Chailluz dans la banlieue urbaine ; Thierry s'interpose et demande aux moines de fournir la preuve de leur possession trentenaire, ce qu'ils font sans peine, mais, le jour venu pour la production des témoins, les bourgeois récusent la procédure épiscopale : « Au milieu de cris et d'un grand vacarme, nos citoyens, constate avec stupéfaction l'archevêque, envahissent le tribunal malgré notre volonté ; supportant difficilement cette atteinte à notre autorité, nous nous sommes levé de notre siège, l'angoisse au cœur et nous avons accordé aux moines l'autorisation de quitter la séance »[2]. Par cette intrusion violente, les Bisontins cherchaient moins à contraindre Bellevaux à la renonciation qu'à décliner la compétence du tribunal épiscopal et à exiger de participer à l'exercice de la justice comme membres du jury.

Si Thierry réussit à contenir ces revendications, celles-ci aboutissent néanmoins quelques années plus tard, sans que l'on sache dans quelles circonstances. Mais l'heure de l'insurrection communale n'a pas encore sonné et si certaines communautés serviles, comme Morteau, obtiennent des abonnements de tailles et autres franchises du même genre, le mouvement d'autonomie municipale doit attendre encore plus d'une génération ; toutes les études s'accordent en effet à reconnaître comme un faux la sentence de Mayence rendue en mai 1190 par Henri VI, qui aurait créé la première commune de Besançon et accordé de plus amples immunités aux communautés religieuses[3].

Sa mort survenant peu de mois après celle de Frédéric Barberousse n'interrompt pas aussitôt cette période d'accalmie et de stabilité. L'autorité dont a fait preuve Thierry et les précautions du Staufen pour assurer la continuité dans le comté comme dans l'Empire portent leurs fruits : malgré son impatience à satisfaire ses ambitions personnelles, le jeune Othon Iᵉʳ s'initie au gouvernement de la principauté sous la tutelle de son frère Henri VI, tandis que les électeurs bisontins choisissent une fois encore la fidélité à l'empereur en portant leurs suffrages sur Étienne de

---

1. Accord survenu en 1197 : *Histoire de Besançon*, I, p. 333.
2. Arch. dép. Haute-Saône, H 700, et A. CASTAN, Aux origines de la commune.., p. 351.
3. Sur Morteau, texte de 1188 dans BRUEL, *Chartes de Cluny*, V, p. 692.— J.-Y. MARIOTTE (*Le comté de Bourgogne..*, p. 103) a repris et réactualisé, à la lumière de la critique moderne, la démonstration d'A. CASTAN (Aux origines de la commune..., p. 292 et suiv.), établissant les caractères fallacieux de cette sentence dite de Mayence.

Vienne, frère de Guillaume, comte de Vienne et de Mâcon, et de Gaucher V, seigneur de Salins [1].

Le nouvel élu sort lui aussi d'une des plus grandes familles de l'aristocratie locale, dont les ambitions couvrent le sud-ouest du diocèse et dont l'attachement aux Staufen était une sorte de tradition. Mais nous ignorons tout de la très brève carrière du prélat qui meurt en juin 1193, avant d'avoir reçu la consécration. Peut-on s'appuyer sur cette seule qualité d'élu pour conclure à son jeune âge [2] ?

La seule remarque que nous puissions tirer de son épiscopat porte sur la dégradation rapide de la situation locale : les révoltes féodales contre le comte Othon, qui expliquent peut-être la non-consécration de l'élu, perturbent la province au point qu'Henri VI doit intervenir en 1193 pour une réconciliation provisoire. Finie désormais l'unanimité des seigneurs et des prélats derrière le Staufen, les troubles affectent aussi l'Eglise et le nouvel archevêque, Amédée, l'apprendra à ses dépens. Une ère de déstabilisation commence, qui se prolongera sur près d'un demi-siècle. Jusque-là, le diocèse ne faisait que répercuter avec plus ou moins d'intensité les dissensions du Sacerdoce et de l'Empire et avait constitué un des nombreux théâtres d'opérations d'une lutte menée au niveau de la Chrétienté ; durant une trentaine d'années, il avait même été le fer de lance de la politique du Staufen en Bourgogne ; mais après une brève tentative d'Eglise impériale sous Herbert, la réaction alexandrine avait interrompu l'expérience sans pour autant briser l'alliance des archevêques avec le souverain. Celle-ci survit à la paix de Venise et aux efforts pontificaux de reprise en mains, elle s'avère même le fait essentiel et paradoxal qui distingue le diocèse de la Bourgogne méridionale et le rapproche du système politique germanique.

E. LE DIOCÈSE AU TEMPS D'INNOCENT III

A beaucoup le pontificat d'Innocent III (1198-1216) apparaît comme l'expression heureuse et grandiose de la monarchie pontificale, comme l'aube d'une période glorieuse qu'incarne admirablement le « siècle de saint Louis ». Aucun pape avant lui n'avait porté si haut son rôle d'*arbitre du monde* et si bien imposé aux royaumes chrétiens l'autorité morale du *vicaire du Christ*. Le concile œcuménique, qu'il ouvre au Latran en novembre 1215, réunit autour de lui près de cinq cents pères et constitue le grand moment de ces assises de la Chrétienté. Après avoir rappelé les articles fondamentaux de la foi et des mystères religieux, l'assemblée a condensé dans ses soixante et onze canons une législation fort importante sur le gouvernement ecclésiastique, le ministère pastoral et la procédure canonique, législation reprise et diffusée par le mouvement synodal qui s'accélère au XIIIe siècle et fait passer le droit uni-

---

1. L'identification exacte est donnée par Aubry de Trois-Fontaines (*M.G.H., SS.*, XXII, p. 872) qui, toutefois, fixe par erreur sa mort à 1195 au lieu de 1193 : *Comes Girardus Viennensis duxit filiam Gualcherii de Salinis de qua genuit comitem Guillelmum et quemdam Gualcherum et Stephanum electum Bisuntinensem.*
2. Abbé LOYE, *Histoire de l'Eglise de Besançon*, II, p. 193 : « Comme il n'avait pas l'âge requis par le dernier concile de Latran pour recevoir la consécration épiscopale et que sa mort prématurée (11 juin 1193) ne le lui laissa pas atteindre, il prit le titre d'élu ».
Voici les maigres renseignements récoltés sur Etienne de Vienne : le 16 février 1191, il fonde son anniversaire au chapitre cathédral (Arch. dép. Doubs, G 532, fol. 16) ; il figure sur les obitaires de Saint-Jean au 12 juin et celui de Saint-Etienne au 11 juin ; son tombeau portait l'inscription très laconique : *Stepahnus, Bisuntinus electus* (abbé RICHARD, *Histoire des diocèses de Besançon...*, I, p. 424).

versel dans les ordonnances diocésaines [1]. Certes, les notes discordantes ne manquent pas : papauté et Chrétienté ressentent parfois douloureusement les dissensions qui déchirent la communauté des fidèles ; la compétition à l'Empire n'affecte pas seulement le royaume germanique, puisque la dispute s'étend aussi de l'Italie du sud à la Bourgogne. Si la lutte contre les Albigeois mobilise surtout la France du nord contre celle du midi, l'hérésie, quant à elle, infecte toute l'Eglise latine, tandis que l'échec ou les déviations de la croisade inquiètent plus d'une bonne conscience.

La comparaison entre la situation générale et locale paraît d'autant plus justifiée que le pontificat de l'archevêque Amédée (1193-1220) recouvre celui d'Innocent III et correspond au plan diocésain à une étape importante : la pénétration décisive de l'influence romaine.

Un prélat suspect : Amédée de Dramelay (1193-1220)

La carrière de l'archevêque Amédée de Dramelay (1193-1220) se place sous le signe de la contradiction, voire du scandale. Jamais un archevêque n'avait suscité de propos aussi infamants, même du temps d'Herbert. Malgré un long pontificat, riche en événements, le personnage n'a guère intéressé les érudits, déconcertés sans doute par les soupçons qui pèsent sur lui [2].

A plus d'un titre, Amédée mérite l'attention des historiens, tant il symbolise par sa vie et son œuvre, sinon par sa conduite, un type de prélat fréquent à cette époque. Il appartient à une grande famille, les Dramelay, apparentée aux principaux lignages comtois : les Neufchâtel, La Roche, Montfaucon-Montbéliard [3]. Dans la confirmation officielle des régales de 1199, Philippe de Souabe, un des candidats à l'Empire, le reconnaît comme son *consanguineus*, sans que l'on sache par quel lien ni à quel degré s'effectue ce rapprochement [4]. La parenté d'Amédée apparaît plusieurs fois au hasard des confirmations pontificales : le chevalier Fromond, *frater noster carnalis*, avec ses deux fils Amédée et Thiébaud ; sa sœur qui a épousé un seigneur de Bourbonne ; son neveu Renaud de Durnes [5]. Pousse-t-il l'esprit de famille jusqu'à les appeler dans son entourage, pour leur confier des missions de confiance ? L'hypothèse ne paraît pas invraisemblable.

A une époque où les chapitres cathédraux, maîtres de l'élection épiscopale, se recrutent au sein de la noblesse régionale, un solide réseau d'alliances ne peut que faciliter la carrière des chanoines. Admis à une date inconnue à Saint-Etienne de Besançon, Amédée sort de l'anonymat grâce à son cousin, l'archevêque Thierry de Montfaucon, qui lui confie la chancellerie (avant 1183), charge généralement cumulée avec celle de chantre du chapitre. Il s'initie ainsi à l'administration du diocèse et aux affaires politiques, nouant à cette occasion avec les Staufen des liens qui ne se démentiront jamais par la suite. A la mort d'Etienne de Vienne, qui ne fait que passer sur le siège bisontin, les suffrages des électeurs se portent sur Amédée ; si aucun

1. M. MACCARONE, *Studi su Innocenzo III*, Padova, 1972 ; R. FOREVILLE, *Latran I, II, III et Latran IV*, coll. " Hist. des conciles œcuméniques ", Paris, 1965.

2. Par exemple, Abbé LOYE (*Histoire de l'Eglise de Besançon*, II, p. 195), qui essaie d'atténuer ces accusations.

3. Sur le lignage des Dramelay, nous renvoyons à H. de FAGET de CASTELJAU, Lignées féodales comtoises, dans les *Actes du 99ᵉ Congrès National des Sociétés Savantes* (Besançon, 1974), *Bull. Phil. et Hist.*, II, p. 7-25 ; du même, Le démembrement de la seigneurie de Dramelay (Xᵉ-XIIIᵉ siècle), dans *Mém. Soc. Emul. Jura*, 1983-1984, p. 49-78.

4. 1199 : Bibl. mun. Besançon, ms. 716, n° 64.

5. 1213 : Archives dép. Doubs, 67 H 167 ; Archives dép. Haute-Marne, 8 H 15 ; 1208 : Archives dép. Doubs, 5 J 2.

document ne justifie ce choix, celui-ci ne doit pas déplaire à son *consanguineus*, le jeune et ambitieux Otton, comte palatin de Bourgogne et frère d'Henri VI et de Philippe de Souabe. C'était, pour les chanoines, une façon de condamner certains excès de la réaction alexandrine encore sensible sous le pontificat précédent. Elu dès février 1193, Amédée ne rencontre aucune opposition de la part de ses confrères de Saint-Jean et reçoit probablement sa consécration au cours de l'année[1]. Mais, comme beaucoup de prélats, son activité n'est perceptible dans la documentation qu'avec un certain décalage.

Une fois au pouvoir, le nouvel archevêque reste fidèle à la tradition. Très vite, il manifeste ses véritables sentiments : délaissant l'esprit de conciliation d'Anseri ou d'Humbert, celui de temporisation d'Evrard, il opte pour la fermeté d'Herbert, dont il se rapproche sur plus d'un point. Dès le début, il dévoile les grandes options auxquelles il restera fidèle durant tout son pontificat : retour à l'évêque d'Empire entièrement dévoué à la famille des Staufen, affirmation d'une autorité que son entêtement rendra plus pesante encore, goût de l'ordre politique, préférable à la volonté de réforme.

Premier affrontement : 1194   Ses anciens collègues de Saint-Etienne découvrent, les premiers et à leurs dépens, les méthodes et le tempérament du prélat, qui entend abattre leur superbe et juguler leur esprit d'indépendance. Ayant vécu dans cette maison, Amédée sait, en effet, quelle menace constante de désordre représentent les ambitions de ce chapitre et de quelles manœuvres sont capables ces chanoines ; pour avoir sous-estimé leur force de résistance, lui-même fera l'amère expérience de leur détermination, dénuée de tout scrupule. C'est autour de l'archidiaconat de Salins que se cristallise l'affrontement puisque, dès 1194, l'archevêque exige de son titulaire une prestation d'hommage. En voulant, par ce moyen, le soumettre à sa juridiction, il espère abolir le privilège d'Anseri, qui avait concédé cette dignité en toute liberté à Saint-Etienne. Très vite, l'affaire prend un tour désagréable, et l'appel aboutit à Rome où Célestin III nomme deux juges apostoliques, les évêques de Lausanne (toujours Roger de Vico-Pisano) et de Belley[2].

Décidés à sauvegarder à tout prix leur autonomie, les chanoines interviennent directement à la curie romaine, où ils disposent d'un complice en la personne d'un de leurs sous-diacres, qui, d'ailleurs, réussira à faire partie de l'entourage d'Innocent III. Une lettre signée du doyen de Saint-Etienne et de quatre archidiacres dénonce Amédée au tribunal apostolique pour parjure, crime de simonie et d'adultère. Ainsi apparaissent pour la première fois de graves accusations, qui resurgiront à chaque conflit. Elles donnent une piètre idée de ces électeurs qui, à les en croire, ont confié la crosse à un indigne pasteur. La querelle s'envenime au point que « par crainte de représailles, l'évêque de Belley se récuse », que les autres arbitres cherchent à temporiser et que l'affaire n'est pas encore close à l'avènement d'Innocent III. Morigéné par le nouveau pontife, Roger de Vico-Pisano conclut alors en faveur des chanoines, parce que le dit archidiaconat de Salins « avait été attribué à l'Eglise de Saint-Etienne par

---

1. Février 1193 : *Amedeus Dei gratia electus* notifie un acte de pacification en faveur de Saint-Vincent (Archives dép. Doubs, 10 H 2). Un acte de 1206 (Archives dép. Côte d'Or, 11 H 78, fol. 75) parle de la treizième année de sa consécration.
2. Nous connaissons l'affaire grâce à une lettre de Roger de Vico-Pisano, vers 1198 (Archives dép. Doubs, G 28 suppl.) et à la bulle d'Innocent III, du 10 juin 1198 (O. HAGENEDER, *Die Regester Innocenz III.*, n° 277).

Anseri et ensuite soustrait par le schismatique Herbert au moyen d'un hommage »[1]. Désormais, l'archidiacre ne prêtera serment qu'à son doyen.

Une telle sentence, contraire aux efforts de centralisation administrative entrepris dans la plupart des diocèses, et aux principes mis en avant par la papauté elle-même, est en fait une condamnation à peine déguisée de la politique d'Amédée. Car, entre temps, la situation locale et générale s'est fortement dégradée ; la mort inopinée d'Henri VI et la compétition impériale entre Philippe de Souabe et Otton de Brunswick créent un imbroglio difficile à résoudre. Tandis qu'Innocent III se donne le temps de la réflexion, Amédée se lance franchement aux côtés du Staufen contre un certain nombre de féodaux comtois, opposés à leur comte palatin. Les maladresses et la violence de ce dernier déchaînent, en effet, contre lui, une coalition rassemblant, outre des Comtois (Etienne d'Auxonne et le comte de Montbéliard), les évêques de Bâle et de Strasbourg, le duc Berthold de Zähringen[2]. Le prélat va-t-il jusqu'à payer de sa personne en prenant la tête d'un contingent militaire ? En tout cas, la chance ne sourit pas à ce nouveau Turpin, que le comte de Montbéliard fait et garde prisonnier durant plusieurs mois[3].

Ces événements malencontreux, qui montrent la radicalisation des engagements dans le nord de la Bourgogne, ne servent pas la réputation de l'archevêque, que ses adversaires continuent d'accabler d'insinuations malveillantes : il suffit qu'un scandale éclate quelque part dans son diocèse pour qu'on l'en rende responsable. Ses ennemis ne l'accusent-ils pas en cour de Rome d'avoir poussé les moines de Baume à se révolter contre Cluny en 1198[4] ? Une accalmie passagère survient en juin 1198, après que Saint-Etienne a obtenu satisfaction et que Baume est obligé de se soumettre. Libéré par ses geôliers, Amédée s'empresse d'aller plaider sa cause à Rome, où il apprend que les chanoines bisontins renoncent à le poursuivre. Mais ce désistement ne satisfait pas le pape, qui exige quelques éclaircissements sur les accusations d'immoralité ; les chanoines répondent « qu'ils n'avaient pas écrit cela dans l'intention de traîner en justice le prélat ; ils avaient simplement voulu alerter le siège apostolique à son sujet, parce qu'il paraissait incorrigible sur certains points ». Réponse, on ne peut plus ambiguë, qui laisse persister les doutes et incite Innocent III à confier une enquête de moralité à l'évêque de Chalon et à l'abbé de La Ferté[5].

Nous ne connaissons pas les résultats de cette mission, mais les événements se chargent très vite de rompre la trêve. Rentré dans son diocèse, Amédée revient vite à ses anciens errements. S'il ne tente rien contre Saint-Etienne, il réaffirme son soutien à Philippe de Souabe. En mai 1199, il est le seul évêque bourguignon à souscrire à un document adressé au pape, à l'appui des prétentions de la maison des Staufen, et rédigé à Spire par un bon nombre de princes ecclésiastiques et laïcs d'Empire, dont les archevêques de Magdebourg et de Trèves[6]. En échange de cette fidélité, il reçoit confirmation des régales en 1199[7].

---

1. Archives dép. Doubs, G 28, suppl.
2. Sur ces problèmes, se référer à l'ouvrage collectif *Papsttum und Kaisertum bei Innocenz III.*, Rome, 1954.
3. Divers actes donnés durant cet interim (1197-1198) par le doyen de Saint-Jean et l'abbé de Saint-Vincent se réfèrent à cette captivité (Archives dép. Haute-Saône, H 90 et L. VIELLARD, *Doc.... Terr. de Belfort*, n° 294, 295).
4. O. HAGENEDER, *Die Regester Innocenz III.*, n° 115.
5. *Ibidem*, n° 277, lettre du 10 juin 1198.
6. P. FOURNIER, *Le royaume d'Arles*, p. 90 : « Il n'y eut à Spire aucun autre seigneur ni aucun autre prélat de la Comté et de la vallée du Rhône ».
7. WINKELMANN, *Acta imperii inedita*, I, n° 3.

Mais, lorsque Innocent III lève toute incertitude et se prononce pour Otton de Brunswick (janvier 1201), l'archevêque s'enferre dans son engagement pour le Staufen, avec encore plus d'audace et d'entêtement. Comme la mort du comte palatin crée un certain flottement dans la région, Amédée joue les chefs de file, multiplie les démarches, affiche hardiment ses opinions : on le voit dans l'entourage de Philippe de Souabe, qu'il reçoit même dans sa cité, avec beaucoup de solennité, en juin 1202[1]. Colère du pape, face à ce qu'il considère comme un camouflet à son égard, puisque le prétendant Staufen était excommunié et que l'archevêque viole ouvertement les directives pontificales.

C'est à nouveau la rupture, mais cette fois-ci pour des raisons purement politiques. En octobre 1202, Innocent III expédie un rappel à l'ordre très ferme, intimant à Amédée l'injonction de venir se justifier à Rome sous peine d'une suspension immédiate. Dans une lettre qu'il adresse à ce sujet à l'évêque de Langres, le pape laisse entendre ses ressentiments : « Lui, qui est lié par un serment de fidélité à l'Eglise romaine, ne devrait avoir avec cette dernière aucune raison de dissension ou d'opposition. Or, bien que connaissant parfaitement les objectifs de notre politique dans les affaires de l'Empire, non seulement il n'a pas craint de s'y opposer, mais il a même poussé à dévaster la Bourgogne le noble seigneur Philippe, duc de Souabe, qu'il a reçu dans son église de Besançon, en procession, comme un roi catholique et à qui il a fait rendre par les siens honneur et révérence comme à un roi légitime. Il a toléré qu'on saisisse dans sa cité et sur sa terre nos délégués et nos lettres, et lui, qui aurait dû être leur défenseur, s'est fait leur ennemi public »[2].

Crise de 1211-1215   Sans modifier fondamentalement l'attitude du prélat, l'assassinat de Philippe de Souabe (21 juin 1208) bouleverse une fois de plus les données du problème. Otton IV de Brunswick ne tarde pas à inquiéter, puis à dresser contre lui la papauté, sans chercher à intervenir en Bourgogne, en particulier dans le nord, où se poursuit la lutte entre le nouveau comte Otton II de Méranie et les grands féodaux. La croisade des Albigeois, qui mobilise une partie de la Provence et de la vallée du Rhône, ne parvient pas à faire diversion ; enchères diplomatiques, guerres et désordres de tous genres s'intensifient dans le diocèse où l'action politique d'Amédée ne semble pas d'une grande efficacité. Il faut dire, à sa décharge, que les fréquentes absences du comte, auquel vont ses sympathies, ne facilitent pas sa tâche, mais diminuent son crédit, face à ses adversaires. Quant au jeune Frédéric II, qui hérite des prétentions des Souabe, si sa cause gagne beaucoup de terrain après 1211, il ne manifeste jamais d'intérêt pour la partie septentrionale du royaume de Bourgogne qu'il abandonne à son propre destin, privant ainsi l'archevêque d'un autre soutien moral.

C'est dans ces conditions qu'éclate à Besançon la crise des années 1211-1214, rappelant avec plus d'acuité celle de 1194-1198. L'agitation est alors à son comble dans le comté et, pour des raisons qui nous échappent, gagne la cité épiscopale où les chapitres cathédraux retombent dans leurs querelles intestines et où le prélat se heurte une fois de plus aux chanoines de Saint-Etienne[3]. Comble de malchance, un incendie, qui détruit toute la couverture de la cathédrale Saint-Jean, prend l'allure d'un

---

1. Amédée est à Haguenau le 6 décembre 1201 ; sur la visite à Besançon de Philippe de Souabe, allusion dans un acte rapporté par F.-L. CHEVALIER, *Mém.... hist. de Poligny*, II, p. 334.
2. *P.L.*, t. 216, col. 1077, n° 71 : il y a divergence sur la date de cette lettre que certains placent en 1205 ; en fait, il vaut mieux la replacer en 1202 (3 octobre), juste après la réception de Philippe de Souabe à Besançon.
3. Bibl. mun. Besançon, Droz 33, fol. 9.

jugement de Dieu : au lieu de rapprocher les clercs dans un élan de générosité, il ne fait qu'attiser les rivalités temporelles. Les passions sont si exacerbées que les adversaires en viennent aux arguments violents : pour empêcher les Stéphanistes de célébrer les offices à Saint-Quentin de Besançon, les chanoines de Saint-Jean dépouillent cette église de tous ses ornements et habits sacerdotaux [1], tandis que de très graves accusations parviennent une fois de plus à Rome, à l'encontre d'Amédée.

Des prêtres du diocèse, probablement de Saint-Etienne, l'accablent de toute une série d'ignominies, valant chacune la déposition : simonie éhontée, exactions à l'égard des prêtres, adultère, incitation à la débauche, déni de justice, protection des assassins, absolutions indues, absences fréquentes et injustifiées... La lettre pontificale qui nous révèle tous ces scandales, apporte de telles précisions qu'il ne s'agit plus cette fois-ci de rumeurs, mais d'une accusation en règle.

« Sachez que, sur notification de nos fils Humbert, Etienne et Pierre, prêtres du diocèse de Besançon, nous avons appris que notre vénérable frère l'archevêque de Besançon, qui devrait être, dans sa charge et ses fonctions pontificales, un exemple pour ses fidèles, ne tient pas ses engagements ; faisant fi de l'opinion publique, non seulement il vit de façon déréglée, mais, par ses nombreux et honteux excès, il est un scandale pour beaucoup d'âmes. Il va jusqu'à se déshonorer en public et avec indécence, au point que ce candélabre, qu'il est, émet sur les membres de son entourage, non une lumière, mais une fumée toxique pour leurs âmes. Il s'est tellement adonné au vice de la simonie que, chez lui, il n'y a presque pas d'église consacrée ou de bénéfice spirituel conféré à quelqu'un sans cette tare. Au mépris du siège apostolique, il force les clercs qui veulent recevoir les ordres sacrés à promettre de ne pas lui demander de bénéfice, en exhibant quelques lettres du siège apostolique.

Certains de ceux qui ne respectent pas leurs vœux ou qui sont engagés dans les ordres religieux et même des moniales, il les aide à contracter mariage et à vivre dans le siècle comme des laïcs. Son frère a abandonné son épouse légitime — l'archevêque le sait — pour vivre avec une moniale qu'il entretient ouvertement dans sa maison comme une épouse ; et, pour que ce forfait, perpétré par son frère, devienne plus irrévocable encore, l'archevêque a fait de l'épouse délaissée, malgré son ignorance, l'abbesse d'un monastère, alors que son frère continuait à vivre dans le monde sans observer la continence. Par ses continuelles exactions, ce prélat tourmente à ce point ses prêtres et ses clercs que ceux-ci croulent sous le poids de la pauvreté et que, tels des rustres, ils sont obligés de vivre de façon vile, déconsidérant ainsi l'état ecclésiastique. En outre, il a donné un décanat contre argent à un prêtre ; à un autre, qui avait frappé violemment quelqu'un et qu'il avait fait incarcérer, il permet de célébrer l'office. Sciemment, il reste en relations avec des prêtres simoniaques et, contre argent, il prononce la dissolution de mariages canoniques.

Bien que certains Bisontins et plusieurs des prêtres de sa cité et de son diocèse entretiennent ouvertement des concubines, il ne fait rien pour les corriger, parce que lui-même est atteint d'un mal plus grave encore : la rumeur publique l'accuse, en effet, d'avoir perpétré un inceste ignoble avec une de ses parentes charnelles, l'abbesse de Remiremont, d'avoir eu de la progéniture avec une moniale, de s'être adonné à la débauche presqu'au grand jour, avec la fille d'un prêtre. Lorsque, dans sa propre maison, a été commis le meurtre d'un prêtre, il n'a pris aucune mesure de représailles contre les meurtriers qu'il connaissait bien. Il reçoit à sa table des excommuniés, il retient des biens laïcs hypothéqués par gages et empêche ainsi qu'on les rende. Il absout tout incendiaire qui lui promet une somme d'argent, car il affirme avoir le

---

1. Archives dép. Doubs, G 531, fol. 50.

pouvoir de le faire. Il ne réside pas, ou très peu, en l'Eglise de Besançon. Souvent les jours de fête, où il devrait honorer l'Eglise de sa présence, il n'est pas là, tout accaparé qu'il est manifestement par sa vie scandaleuse et son seul souci de la débauche charnelle. D'où le scandale des laïcs, qui concluent que la fornication n'est pas un péché mortel » [1].

La lecture d'un tel document ne manque pas de stupéfier, tant par la gravité et la multitude des fautes que par la réaction modérée d'Innocent III, qui se contente de nommer une commission d'enquête, confiée à l'évêque de Genève. En réalité, il ne s'agit de sa part, ni de faiblesse, ni de complaisance, car il a prouvé en plus d'une circonstance qu'il sait sanctionner les fautes publiques ; mais il tient à ne pas punir sur de simples dénonciations, si graves soient-elles, et il engage donc la procédure habituelle. Parallèlement à cette recherche de la vérité, il charge le même évêque de débrouiller la situation bisontine et de procéder aux réformes qui s'imposent. Bernard de Genève s'exécute avec beaucoup de zèle et d'habileté, puisqu'il apaise la querelle des chapitres et publie en septembre 1212 des statuts corrigeant les principaux abus. Bien qu'il ait découvert dans les églises cathédrales négligence et indiscipline, il ne fait aucunement état de cette débauche générale, ni de cette corruption scandaleuse dénoncée au pape : seul un chanoine vit en concubinage.

Cependant, Amédée ne sort pas blanchi de cette enquête, car le délégué apostolique transmet au pape un dossier assez compromettant. Même s'il n'a pas retenu la litanie des griefs formulés précédemment, des fautes et des présomptions demeurent : l'archevêque faisait fi des lettres de recommandation pontificales et, pour ce motif, se voit suspendu de ses fonctions en mai 1213 [2]. En outre, comme subsistent des doutes sur sa conduite personnelle (simonie, adultère, vénalité de sa justice), le pape ordonne à Amédée de se justifier par serment, dans les trois mois à venir. Un refus de sa part entraînerait sa déposition.

Si, jusque-là, l'archevêque pouvait se dire victime d'une campagne d'infamie, ses tergiversations et ses manœuvres dilatoires constituent désormais une charge accablante. Face aux délégués pontificaux chargés de recueillir son serment purgatoire, il chicane la formule, prétendant « qu'il est purifié des crimes pour lesquels il devait faire purgation » et, à la fin de l'année 1213, il va trouve le pape à Rome. « Il nous supplia, écrit Innocent III, d'atténuer la sévérité de la purgation, au moins sur un point : l'incontinence, parce qu'il n'osait pas affirmer que, depuis sa naissance, il n'ait commis le péché de chair. En outre, il ne croyait pas nécessaire de prêter un tel serment et préférait jurer sous une autre forme, à savoir que, la pénitence effaçant les fautes passées, il se trouvait lavé de celles dont on l'accusait. ». Mais cette fois-ci, Amédée est allé trop loin, et le pape trouve sa démarche inconvenante, voire déplacée ; il lui impose une formule sans équivoque : « Ces fautes très graves, dont l'accuse la rumeur publique — la simonie, la vénalité de sa justice et l'incontinence — qu'il jure ne les avoir jamais commises après sa promotion à la dignité épiscopale et que les co-jureurs jurent qu'ils croient en la sincérité de son serment. Cela fait, renvoyez-le en paix, sinon suspendez-le de sa charge pastorale, sans appel possible » [3].

Nous ignorons le résultat de l'enquête, mais, malgré les lourdes présomptions accumulées sur lui, Amédée n'a pas été suspendu. Sans doute a-t-il trouvé des confrères qui se sont portés garants de sa moralité et lui ont ainsi évité une déposi-

---

1. Lettre d'Innocent III à l'évêque de Genève, à l'abbé d'Abondance et au prieur de Condamine, du 16 novembre 1211, dans *P.L.*, 216, col. 479, n° 125.
2. Lettre du 29 mai 1213, *P.L.*, 216, col. 866.
3. Lettre, 2 janvier 1214 à l'évêque de Langres et à l'abbé de Morimond, dans *P.L.*, 216, col. 946, n° 158.

tion, car Innocent III n'avait pas l'habitude de badiner avec ce genre de faute publique. Il est vrai que la tournure des événements politiques (la défaite d'Otton IV à Bouvines et les succès du jeune Frédéric II) arrive à point pour redonner au prélat un peu plus de crédit. Mais quand, en novembre 1214, Frédéric II tient une diète à Bâle pour marquer le ralliement du royaume de Bourgogne à son autorité, il ne lui sait aucun gré de son action passée en faveur des Staufen : il n'a d'attention que pour la Provence et réserve ses faveurs aux archevêques de Vienne et d'Arles, le premier obtenant l'archichancellerie du royaume, tandis qu'il expédie très peu de diplômes pour les églises du comté[1].

Fin du pontificat   Déçu du côté impérial, Amédée n'avait plus rien à attendre de la papauté qui lui avait accordé une clémence inespérée ; manifestement, Rome n'a guère confiance en lui et évite par la suite de lui confier quelque mission. L'archevêque assiste au quatrième concile du Latran, sans que l'on sache si ses récents démêlés lui valurent la suspicion de ses confrères[2]. L'avènement d'Honorius III (juillet 1216) n'améliore pas le climat, et l'activité du prélat au sein de son diocèse reste discrète, jusqu'au moment où, en 1219, il prend le chemin de la Terre sainte. En réalité, la décision remonte à quelques années plus tôt, probablement en 1215, comme en témoigne cette lettre de son chambrier Henri : « Au temps d'Innocent III, de pieuse mémoire, fut célébré le saint concile général du Latran, qui autorisa les clercs voulant partir au secours de la Terre sainte de Jérusalem à se démettre de leurs bénéfices et à confier les fonctions qui pouvaient êtres remplies par d'autres à des personnes idoines de leur choix. Avant de partir au secours de la terre de Jérusalem, notre seigneur Amédée, archevêque de Besançon, couvert par l'autorité du concile, nous a confié, malgré notre indignité, l'administration des biens ecclésiastiques de la province de Besançon »[3].

Malgré l'importance accordée à la croisade par Latran IV, l'on ne peut s'empêcher de lier ce départ à la pénible affaire du serment. L'archevêque n'aurait-il échappé à la déposition qu'en faisant le vœu du grand pèlerinage ? Pour un homme d'âge avancé, l'épreuve était de taille : les vingt-sept années de pontificat s'ajoutant à dix ans de chancellerie, sans compter le temps du canonicat, laissent supposer qu'il devait atteindre ou même dépasser la soixantaine. Aussi n'était-ce pas sans risque qu'il s'engageait dans un voyage long et pénible. Si sa robuste constitution lui permet de regagner son diocèse, il a perdu, semble-t-il, le goût de la lutte et, face à l'agitation qui se développe à Besançon, il préfère démissionner, alléguant les misères de l'âge, qui ne sont sans doute pas seulement diplomatiques puisqu'il meurt en janvier 1221[4].

Loin d'être la brebis galeuse qu'on dénonce pour se donner bonne conscience, Amédée représente ces prélats que la réforme grégorienne avait écartés du pontificat, mais qui réapparaissent à chaque période de relâchement : membres de la haute aristocratie, formés au sein des chapitres cathédraux et rôdés à l'administration diocésaine par une fonction curiale. Alors qu'à l'ère du monachisme, les évêques réguliers manifestaient des exigences morales très élevées et donnaient eux-mêmes l'exemple des

---

1. P. FOURNIER, *Le royaume d'Arles*, p. 106. Diplôme pour Luxeuil en 1218 (HUILLARD-BREHOLLES, *Historia diplomatica Friderici II*, I, p. 533) et pour Lure (*ibidem*, p. 537).
2. Archives dép. Haute-Saône, H 99 : acte d'Etienne, prieur de Saint-Paul et vicaire de l'archevêque *dum esset apud Romam tempore concilii*.
3. Acte de 1219, dans *Mém. et doc. inéd. Franche-Comté*, III, p. 509.
4. Sa démission est acceptée par le pape en mai 1220, PRESSUTTI, *Regesta Honorii III*, n° 2450 et *Gallia Christiana*, XV, instr. 63.

vertus ascétiques, ceux-là préfèrent une carrière politique. Toutefois, les adversaires d'Amédée, n'obéissent pas à des préoccupations morales ; en dénonçant les pratiques simoniaques et le nicolaïsme de leur archevêque, les chanoines de Saint-Etienne pensent moins aux objectifs de la réforme qu'à leurs intérêts immédiats : profiter des embarras de leur ordinaire pour faire aboutir leurs traditionnelles revendications d'autonomie et la prééminence de leur église.

Ce contexte local n'autorise guère de conclusion générale, car la méthode employée par Innocent III pour résoudre ce cas embarrassant illustre bien ses intentions réformatrices, mais le thème est trop connu pour mériter un long développement. Si le pape n'hésite pas à prendre des sanctions contre les prélats fautifs, il ne cède néanmoins pas aux pressions de ceux qui réclament une chasse aux sorcières : l'exemple d'Amédée ne ressemble en rien à celui d'Herbert, victime de la réaction alexandrine et d'une vengeance posthume. Lorsque la culpabilité d'un évêque est prouvée, Innocent III sanctionne : si les demi-mesures prises à l'encontre d'Amédée laissent planer un doute, le pape a montré en d'autres circonstances sa détermination, en déposant des prélats jugés indignes : l'archevêque de Bordeaux, l'évêque de Poitiers en font l'amère expérience, sans parler de Mathieu de Toul, chassé de son siège en 1200 pour avoir trempé dans l'assassinat de son prédécesseur. L'on pourrait citer d'autres exemples qui témoigneraient de l'effort persévérant du pape pour réformer un épiscopat contaminé par le siècle, mais qui inciterait à croire en un mal généralisé. Amédée de Dramelay montre que la réalité n'est jamais simple : arguments moraux et oppositions politiques interfèrent souvent pour donner à chaque situation un retentissement particulier.

Le diocèse efleuré par les mutations

Cette originalité, nous la retrouvons au-delà de la personnalité du prélat, dans l'état du diocèse au début du XIIIe siècle. Certes, les points communs ne manquent pas, qui rapprochent Besançon, non seulement des évêchés périphériques, mais de l'ensemble de la Chrétienté latine. Tant au niveau des institutions qu'au plan des mentalités, nous avons maintes fois souligné, au cours de cette étude, les points de convergence. Cependant, au moment où s'affirme le triomphe de la monarchie pontificale, l'uniformisation ne nivelle pas les églises locales. Une grande stabilité, assortie de changements mineurs, caractérise le diocèse de Besançon, par rapport à l'époque de la réforme grégorienne et relativement à ses semblables, double trait qui se répète au niveau de l'administration et de l'influence romaine.

Les institutions diocésaines   Les grandes innovations institutionnelles, qui touchent certaines provinces, pénètrent plus difficilement en Comté ou n'y laissent encore que peu de traces. Ainsi, le renouveau des métropoles ecclésiastiques, qui se traduit par la tenue de conciles provinciaux et des visites archiépiscopales destinées à corriger les abus et à promouvoir des réformes, ne se manifeste aucunement au temps d'Amédée. Comme sous Alexandre III, ce sont des légats pontificaux ou leurs délégués qui remplissent ces charges ; les relations avec les suffragants de Bâle, Lausanne et Belley n'affichent aucune vitalité particulière, du moins la documentation n'a-t-elle rien retenu qui permette de les opposer à celles de l'époque précédente [1].

L'autorité de l'archevêque demeure toute puissante, au plan politique et religieux. S'il est difficile d'apprécier l'importance et l'évolution de son temporel avant le

---

1. J. AVRIL, *Le gouvernement des évêques*, p. 388, montre le renouveau de la métropole de Tours.

milieu du XIIIᵉ siècle, nous savons qu'il dispose de ressources importantes, provenant de ses domaines fonciers. Mais, plus que ces biens-fonds demeurés en sa possession et que les fiefs engagés entre les mains d'une vaste clientèle vassalique, c'est la seigneurie de Besançon qui assure sa puissance et son prestige : maître de la ville qu'il tient directement de l'empereur, l'archevêque y exerce tous les droits régaliens, depuis la justice jusqu'à la frappe monétaire.

Cependant les nuages assombrissent le ciel bisontin : si, jusque-là, l'archevêque a réussi à contenir la pression de la bourgeoisie et empêché la formation d'une commune, si Amédée lui-même a su habilement endiguer toute revendication urbaine, la situation se détériore brusquement après 1220. Son successeur Gérard de Rougemont est chassé de sa cité en 1224 par une insurrection qui établit une commune jurée. S'ajoutant aux guerres féodales qui désolent le comté depuis la fin du siècle, cette agitation tend à généraliser un état d'insécurité qui n'est pas un phénomène isolé, puisqu'elle trouble d'autres villes impériales (Metz, Toul, Verdun) ; elle contribue à aggraver l'instabilité de la région.

Relations avec les chapitres   Heureusement pour le prélat, son autorité de diocésain ne rencontre pas de semblables contestations. Malgré les divergences qui l'opposent parfois à certains archidiacres de Saint-Etienne, la coopération avec les chapitres cathédraux fonctionne sur les mêmes bases qu'au temps d'Anseri ou d'Hugues Iᵉʳ ; c'est au sein de ces assemblées que l'archevêque recrute la plupart de ses auxiliaires (archidiacres, chancelier, trésorier) et, en cas de vacance du siège épiscopal, c'est naturellement le chapitre de l'Eglise-mère, Saint-Jean, qui assure la continuité du pouvoir.

Les suspensions et les absences d'Amédée permettent de vérifier ce principe et, lorsqu'un interim de deux ans provoque quelques contestations, le doyen de Saint-Jean rappelle en 1229 les dispositions légales : « Il est connu que, dans les temps anciens, le pouvoir épiscopal en matière spirituelle est dévolu de plein droit à notre église qui est indubitablement mère et cathédrale. Pour éviter toute dissension et querelle sur le fait de savoir si le doyen exerce ce pouvoir, seul ou en collaboration avec le chapitre, nous statuons, avec l'accord et la volonté du chapitre, ce qui suit : le doyen exerce ce pouvoir en matière spirituelle, *sede vacante*, à la place de notre église ; ce pouvoir est à jamais lié à la fonction décanale, en sorte que le doyen, en personne ou par ses délégués, écoute et définisse les causes, visite l'archidiocèse, corrige et réforme, exerce pleinement la censure ecclésiastique, confère les bénéfices vacants, tant majeurs que mineurs ; le doyen fait et dispense tout ce qui relève du pouvoir spirituel, comme le ferait l'archevêque s'il était là » [1]. Quant à la gestion financière, elle demeure entre les mains du chambrier épiscopal, puisque c'est à lui que, cette année-là, le nouvel archevêque Nicolas de Flavigny réclame des comptes [2].

Ces fonctions du chapitre, qui collabore au gouvernement du diocèse et en assure la continuité en cas de vacance épiscopale, est une donnée traditionnelle. Peu de changements interviennent depuis la réforme grégorienne, les mutations institutionnelles ne se réalisent qu'après 1220. Les exigences de la réforme, qui ont renforcé le contrôle des paroisses, ont donné davantage de responsabilités aux archidiacres : ceux-ci se sont vu définir à l'intérieur de leur ressort une autorité dénommée *ministerium*, ils assistent à toute transaction concernant les églises paroissiales, contrô-

---

1. Bibl. nat., Moreau 864, fol. 491.
2. *Gallia Christiana*, XV, instr., col. 74.

lent la nomination des desservants et prélèvent, parfois abusivement, des subsides [1].
L'importance prise par ces collaborateurs, auxquels s'adjoignent les doyens ruraux,
constitue sans doute un des traits essentiels des modifications survenues au cours du
XIIe siècle.

Face à cette évolution, qui pouvait amoindrir leur autorité, les prélats n'ont
pas manqué de réagir, soit en essayant vainement de maintenir dans leur obédience
directe tous ces auxiliaires, soit en modifiant la composition de leur entourage, dans
lequel ils introduisent plus de gens à leur dévotion. Tandis que les officiers laïcs
(maire, vicomte...) sont cantonnés à des services féodaux ou à l'administration de la
cité épiscopale, les archevêques ont renforcé le nombre et le rôle du petit personnel,
qui fait ainsi contrepoids aux officiers ecclésiastiques recrutés au sein des chapitres :
les notaires. Les chapelains particuliers figurent très souvent dans les actes d'Amédée
ou de ses prédécesseurs ; il semble même que l'influence de la famille ne soit pas
négligeable sous Thierry de Montfaucon et le même Amédée. Mais ces nuances ne
modifient en rien les structures de l'administration diocésaine, qui affichent donc une
grande continuité durant la période étudiée.

L'official   Les véritables transformations s'opèrent dans notre région
                          après Latran IV et la démission d'Amédée. Parmi elles, la
création d'un tribunal épiscopal, l'Officialité. La multiplication des causes judiciaires, l'évolution de la procédure, qui substitue à l'empirisme traditionnel l'usage
du droit canonique et romain, favorisent l'apparition de juges spécialisés. Etabli
avant même la fin du XIIe siècle dans le nord de la France et en Angleterre, l'official
ne se répand dans les pays rhénans qu'après 1215 et, de ce point de vue, le diocèse
affirme son appartenance aux sphères d'influence lotharingienne, puisque la première
mention de ce juge date de 1223 [2]. L'essor de cette fonction s'accompagne d'une
rénovation administrative indiscutable, car l'official ne tarde pas à concentrer entre
ses mains des responsabilités de plus en plus larges, non seulement dans le domaine
judiciaire, mais aussi dans l'enregistrement et la publication des actes : il double le
chancelier avant de se substituer à lui au milieu du XIIIe siècle, époque à laquelle sont
remodelées les circonscriptions diocésaines, le nombre des archidiaconés étant
ramené de quinze à cinq.

Il semblerait logique de rattacher à cette même période l'institution d'évêques
auxiliaires, souhaitée par le quatrième concile de Latran dans les diocèses ayant un
vaste ressort ; tenant ses fonctions de l'ordinaire, qui le choisit et le révoque à son
gré, ce suppléant renforce l'autorité du prélat face à l'esprit d'indépendance des archidiacres. Castan a cru trouver deux de ces auxiliaires dans la première moitié du XIIIe
siècle, en la personne d'Henri, abbé de Mont-Sainte-Marie, puis évêque de Grande

---

1. R. LOCATELLI et R. FIETIER, *Les archidiacres dans le diocèse de Besançon (fin* XIe-*fin* XIIIe
siècle), dans *Mém. Soc. Hist. Dr.*, 34 (1977), p. 51-81.
2. Le premier official connu est Nicolas de Bourbonne, *officialis domini archiepiscopi
Bisuntini* en 1223 (Archives dép. Haute-Marne, 8 H 105), puis maître Guy en 1226
(Bibl. mun. Besançon, Droz 74, fol. 160 + 97 ; Archives dép. Côte d'Or, 115 H dos.
1240). Nous renvoyons aux pages de G. LE BRAS, *Les institutions de la Chrétienté*, p.
399 et suiv. Parmi les mentions périphériques, signalons celle de Langres dès 1174
(ROUSSEL, *Langres*, IV, p. 161), Lyon en 1214 (G. LE BRAS, p. 399), Metz en 1215, Genève en 1224 (M. REYMOND, *Dignitaires de Lausanne*, p. 75), Lausanne en 1236 ou
1244 (*ibidem*, p. 75), Bâle en 1252 (*Helvetia Sacra*, I/1, p. 244).

Troie, et de Renaud, archevêque de Corinthe[1]. Mais ses arguments n'emportent pas la conviction, et il faut attendre la seconde moitié du siècle pour affirmer l'existence de ces collaborateurs au sein du diocèse. Ainsi, jusqu'à la fin du pontificat d'Amédée, très peu d'éléments nouveaux modifient le gouvernement du diocèse, qui s'effectue sur les mêmes bases qu'au temps d'Anseri.

Nous ne saurions rien des écoles capitulaires, dont l'obligation est rappelée par le canon 11 de Latran IV, sans les incidents de 1224, dont sont victimes « les pauvres clercs qui fréquentent les écoles de Saint-Etienne » ; Honorius III précise à l'archevêque Gérard de Rougemont que leur surveillance et leur protection lui incombent, et qu'il doit veiller à ce que ces étudiants puissent quêter publiquement des aumônes sans risquer d'être brimés ou battus[2].

Les paroisses   Dans ce panorama des institutions diocésaines au début du XIIIe siècle, les structures locales n'apparaissent qu'en demi-teinte ou avec des oppositions fortement contrastées : le cadre paroissial ressort mieux depuis que la réforme grégorienne l'a mis en valeur et que le vocabulaire s'est affiné sous l'influence du droit. Tour à tour, canonistes et théologiens, canons conciliaires et chartes diocésaines, ont précisé et codifié le statut paroissial en insistant sur le pouvoir des évêques et de ses auxiliaires, sur les critères d'idonéité du desservant, sur le partage des responsabilités et des revenus entre le patron et le *proprius sacerdos*. Ces aspects juridiques sont à présent mieux connus, au plan général comme au niveau régional, où ils ont été abordés sous l'angle des droits paroissiaux[3] : nous en rappellerons seulement quelques traits majeurs. Le mouvement de restitutions, amorcé depuis plus d'un siècle, se poursuit encore et, continuellement, clercs et laïcs abandonnent des prérogatives qu'ils possèdent en patrimoine, au mépris de la législation canonique et au péril de leur âme[4] ; ces cessions, contrôlées et avalisées par la hiérarchie, s'opèrent au bénéfice des établissements religieux et, de son côté, lorsqu'une église paroissiale vient à vaquer, l'archevêque n'hésite pas à en faire don à des religieux[5].

---

1. A. CASTAN, Les évêques auxiliaires du siège métropolitain de Besançon, dans *Mém. Soc. Emul. Doubs*, 1876, p. 456-483 : voir la critique qu'en donne R. FIETIER, *La cité de Besançon*, p. 1531.

2. Bulle du 1er mai 1224, PRESSUTTI, *Regesta Honorii III*, n° 4834, et *Mém. et doc. inéd. Franche-Comté*, III, p. 94, avec sentence de l'archevêque.

3. Sur ces problèmes paroissiaux, études de J. AVRIL, A propos du *proprius sacerdos* : quelques réflexions sur les pouvoirs du prêtre de paroisse, dans *Proceedings of the Fifth International Congress of Medieval Canon Law (Salamanca, 1976)*, Vatican, 1980, p. 471-486 ; du même, L'encadrement diocésain et l'organisation paroissiale, dans *Le troisième concile de Latran (1179)*, Paris, 1982, p. 53-74 ; R. FIETIER..., *Les droits paroissiaux en Franche-Comté au Moyen Age*, Paris, 1976.

4. Ainsi en 1212, « Guillaume capellanus de Croyse », en présence de l'archevêque Amédée, reconnaît *quod ecclesias de Croysei Magno* (Crosey-le-Grand) *et Crosei Parvo, licet eas de dono et investitura possideret, in sue periculum anime diu possederet* (Archives dép. Jura, 2 H II, 140, 10).

5. Cédant en 1179 l'église d'Osselle aux chanoines réguliers de Courtefontaine, Evrard s'exprime ainsi : « Nous avons cédé l'église d'Osselle, qui se trouvait vacante entre nos mains, avec ses chapelles et ses dépendances, à l'église de Courtefontaine... Chaque fois qu'elle était vacante, nos prédécesseurs avaient fait don de cette église d'Osselle, comme le montre clairement une charte d'Anseri, d'heureuse mémoire...» (Archives dép. Doubs, 72 H 27).

Plus que cette continuité, c'est toutefois la multiplication des litiges entre patrons et desservants qui caractérise cette période, litiges qui contribuent d'ailleurs à mieux définir le droit respectif des parties. Nous connaissons les problèmes soulevés par cette appropriation de la *cura animarum* par les réguliers, les mises en garde réitérées par les conciles, en particulier Latran III (canon 7) et Latran IV (canon 32) pour éviter l'isolement des moines et prévenir les craintes des évêques devant les conséquences de l'exemption monastique. Malgré ces avertissements et ces mesures restrictives, l'époque d'Amédée favorise l'incorporation des églises à la mense monastique ou canoniale ; dans la seule cité de Besançon, Saint-Paul obtient le droit paroissial pour sa chapelle de Saint-Donat, qui jouxte la maison-mère, tandis que les Bénédictins de Saint-Vincent ouvrent leur église aux paroissiens de Saint-Marcellin.

Cependant, hormis ces questions juridiques, nos informations s'avèrent désespérément pauvres. Le diocèse n'a pas la chance d'avoir conservé de statuts synodaux [1], de procès-verbaux de visites pastorales, ni de ces matériaux qui, comme les testaments ou les statuts de confréries, apporteraient quelques lueurs sur les mentalités de cette époque. Une enquête sur ces thèmes n'est pas envisageable avant la fin du XIIIe siècle, sinon sous des aspects très ponctuels. D'ailleurs, cette remarque ne vaut pas seulement pour le diocèse de Besançon, puisque rares sont les métropoles ou les évêchés qui possèdent l'équivalent du *Synodal de l'Ouest* ou des visites d'Eudes Rigaud, archevêque de Rouen.

Influence romaine

Faute de statuts synodaux répercutant, en échos fidèles, les préoccupations de l'Eglise occidentale, nous disposons d'autres sources, moins complètes il est vrai, pour mesurer la sensibilisation du diocèse aux influences romaines : décrétales (éléments privilégiés de la législation pontificale), mais aussi les autres moyens traditionnels, tels que bulles, lettres, ordonnances....

Interventions pontificales   Pour apprécier les progrès de la monarchie pontificale, nous avons comptabilisé toutes interventions de la papauté dans le diocèse de 1193 à 1220, c'est-à-dire durant l'épiscopat d'Amédée. Leur seul nombre — plus de quatre-vingt-dix sur une période de vingt-ans — attestent l'emprise croissante du Siège apostolique, car une telle intensité n'avait jamais été atteinte auparavant, sauf durant les quelques années qui ont suivi la paix de Venise. Quant au contenu, il n'est pas moins révélateur des intentions et des méthodes de la papauté. Innocent III ne se contente pas d'étendre sa protection aux établissements religieux en confirmant leurs biens ou en prenant leur défense, il s'intéresse plus particulièrement à la promotion dans le diocèse de ses objectifs fondamentaux : réforme de l'Eglise locale et croisade, aspects que nous avons développés précédemment.

Soucieux d'éliminer de la procédure judiciaire les pratiques surannées, il interdit en 1202 de soumettre les cisterciens aux ordalies. Déjà en 1189, les légats impériaux avaient accepté de rejeter l'usage du duel judiciaire comme une *procédure trop ignominieuse* pour des religieux [2]. Mais la décrétale d'Innocent III nous apprend que des usages encore plus abjects subsistaient dans le diocèse de Besançon : « Certains de vos paroissiens n'ont pas le respect voulu pour ce qui appartient à Dieu et ne crai-

---

1. Les premiers datent de la fin du XIIIe siècle.
2. Procès entre les bénédictins d'Arbois et les Hospitaliers de Saint-Jean de Jérusalem (Archives dép. Jura, J 176).

gnent pas de traîner les frères de Cîteaux devant les tribunaux séculiers, les forçant à subir l'épreuve de l'eau froide, du feu brûlant ou du duel, qui est interdit » [1].

Par ses légats et par ses délégués apostoliques, la papauté accentue de plus en plus sa pression dans le diocèse. Nous la voyons intervenir dans des affaires toujours plus nombreuses et diverses, sans qu'elle porte à elle seule la responsabilité de cette centralisation. En effet, depuis le milieu du XIIᵉ siècle, des voix s'élèvent pour dénoncer comme excessive et fâcheuse cette subordination des églises ; saint Bernard avait déjà jeté un cri d'alarme, et Innocent III lui-même a conscience des dangers que fait courir cette accumulation des causes en cour de Rome ; il a essayé de réagir en supprimant les appels abusifs qui ajournent l'exécution des sentences, en dépêchant davantage de légats sur place, mais aussi en chargeant les pouvoirs locaux de régler certaines affaires.

Nous constatons qu'effectivement bien des interventions pontificales ont été sollicitées, soit que des mécontents attendent de l'audience apostolique une sentence plus avantageuse pour eux, soit qu'un vice de forme entraîne une annulation d'élection ou de collation à des bénéfices, soit enfin que les autorités diocésaines répugnent à prendre leurs responsabilités et préfèrent s'en remettre au jugement de la curie. En parcourant la dizaine de décrétales qui sont conservées, nous sommes surpris de la futilité des questions posées ; cette attitude révèle-t-elle simplement l'embarras des juristes locaux qui maîtriseraient encore mal le droit canonique ? Comme elle se retrouve ailleurs, elle symbolise une évolution plus profonde et plus lourde de conséquences : l'habitude se crée de se tourner vers le Siège romain qui, malgré certaines protestations, y trouve profit et intérêt.

Les bénéfices   Déjà, les clercs avides de bénéfices n'hésitent plus à solliciter de Rome des lettres apostoliques qui ont cours forcé, puisqu'Amédée se voit suspendu pour les avoir refusées. Déjà se met en place une politique bénéficiale qui bouleverse les anciennes données. De ce point de vue, le choix du successeur d'Amédée montre bien le passage du principe électif à la nomination pontificale : en un premier temps, les électeurs bisontins, divisés par la querelle de maternité, proposent le siège épiscopal au légat, le cardinal Conrad de Porto, que le pape réserve à de plus hautes fonctions ; un peu plus tard, en 1225, Honorius profite des mêmes divergences pour imposer son candidat, Jean Halgrin, un maître réputé, originaire d'Abbeville et doyen de théologie à Paris. Cette impossibilité d'entente, qui traduit un malaise quasi permanent par la suite, amène ainsi la papauté à s'interposer au début par obligation, une fois épuisés tous les moyens de conciliation, à décider ensuite *motu proprio*.

Symbolisant cette nouvelle étape de l'histoire diocésaine, l'arrivée des Ordres mendiants à Besançon, en 1224, sert aussi de terme commode à cette étude. Les changements de mentalités, perceptibles depuis quelques décennies, s'incarnent désormais dans un idéal nouveau : la fuite du monde et le *contemptus mundi* s'effacent devant un besoin de conviction plus profonde et la nécessité d'un magistère pastoral. Au milieu des difficultés qui assaillent l'Eglise bisontine en 1224, l'espoir surgit sous l'habit des Dominicains, que les chanoines de Saint-Jean appellent dans le quartier de Rivotte, au pied de leur cathédrale [2] : « Considérant combien était nécessaire le fruit de la prédication pour leurs propres besoins, ceux de leurs sujets et de toute la province de Besançon..., le doyen et tout le chapitre de Saint-Jean l'Evangéliste (...) ont appelé dans notre cité les révérends frères, chanoines de l'Ordre des Prêcheurs. Ils

---

1. POTTHAST, I, n° 1737 ; *P.L.*, 214, col. 1106, n° 107.
2. Acte de 1224, dans *Mém. et doc. inéd. Franche-Comté*, III, p. 516.

leur ont même donné une terre sur le propre ressort de leur église, à côté de leur moulin de Rivotte, et ils ne leur ont ménagé ni aide, ni conseil, pour l'édification de ce lieu ».

CHAPITRE 2

LA VITALITÉ CANONIALE

Le déferlement monastique passé, le mouvement canonial s'organise, se structure, en affirmant l'originalité de chacune de ses composantes. Les séculiers, répartis en chapitres ou en collégiales, conservent leur caractère essentiellement urbain et paroissial : leur concentration massive à Besançon et la forte influence des deux chapitres cathédraux tendent toutefois à minimiser les autres réalisations au caractère plus hétéroclite. Grâce à la pénétration des établissements périphériques (Saint-Étienne de Dijon, Saint-Pierre de Mâcon, Chaumouzey, Agaune...) et surtout grâce au passage de Saint-Paul de Besançon à la régularité (1131), les Augustiniens réussissent une tardive, mais brillante implantation dans le diocèse ; en regroupant autour de lui diverses maisons, dont Lanthenans tourné vers le pays de Montbéliard, le prieuré de Saint-Paul domine ce second groupe canonial, ouvert à des activités diversifiées : foyer spirituel, vocation pastorale, service hospitalier, fuite du monde... L'éventail est suffisamment large pour passer sans hiatus au troisième groupe constitué par les prémontrés que le genre de vie et l'idéal rapprochent beaucoup des cisterciens, mais que leur faible nombre (Corneux, Belchamp) rend minoritaires au sein du monde canonial ou monastique.

Quelle que soit la formule retenue, chacune de ces branches aborde la seconde moitié du XIIe siècle sur des bases nouvelles : les créations s'espacent ; s'ouvre une période où l'enthousiasme des débuts fait place aux impératifs de gestion et de développement économique ; pour survivre et assurer leur croissance, les établissements récents doivent s'organiser, tandis que les anciens n'évitent les effets de la concurrence que par une administration plus stricte. A compulser leurs chartriers, on voit que les intérêts matériels priment désormais sur toute autre considération : querelles de voisinage, plus grande âpreté au gain, engagements politiques... paraissent alors condamner les chanoines à un enlisement dans le siècle et à un rayonnement religieux médiocre. Les thèses traditionnelles d'une sécularisation croissante insinuent même un rapprochement des diverses observances et une orientation pastorale de plus en plus poussée.

Cette vision superficielle, trop souvent reproduite pour les besoins d'une simplification hâtive, ne correspond pas à la réalité historique, en particulier à la situation diocésaine : séculiers et réguliers réservent beaucoup de surprises à l'observateur attentif. D'abord par leur dynamisme persistant, puisque des créations s'opèrent encore dans la seconde moitié du XIIe siècle (collégiales de Salins, établissements augustiniens de Grandvaux, Goailles, Damparis...). Ensuite par leur diversité : entre les chanoines capitulaires et les prémontrés s'interposent toujours des genres de vie variés, même si l'observance et la règle paraissent communes. Les uns restent proches de l'idéal monastique, par leur refus du monde, les autres, fidèles à la *vita apostolica,* incluent dans leurs activités le ministère pastoral, tandis que certains choisissent la voie hospitalière. Face à une telle diversité de vocations, l'approche ne peut être identique et nous dissocierons l'étude des chanoines séculiers, affrontés à des problèmes spécifiques, de celle des réguliers, soumis par leur règle à des contraintes particulières.

A. LES CHANOINES SÉCULIERS

Avec l'efflorescence monastique, qui incarnait l'étonnante attraction des valeurs ascétiques, l'on aurait pu craindre une désaffection marquée pour un idéal suranné, qui ne répondait pas ou très partiellement aux nouvelles exigences. Or, si les séculiers ont marqué le pas au temps de saint Bernard, ils se maintiennent honorablement par la suite et, dans certaines régions, comme la Champagne, amorcent une seconde expansion sous forme de collégiales urbaines ou castrales. Concurrencés dans le diocèse par les clunisiens ou par leurs confrères réguliers, ils n'ont plus apparemment la préférence des laïcs ou de la hiérarchie, comme au temps d'Hugues de Salins ; cependant, par les fonctions qu'ils remplissent, ils tiennent une place encore importante qui se mesure non à leur nombre, mais à la nature des services rendus. Davantage liés au phénomène d'urbanisation qu'associés au développement des châtellenies, ils assurent la desserte d'églises privilégiées : cathédrales et grosses paroisses urbaines.

Au milieu du XIIe siècle, chapitres et collégiales demeurent numériquement faibles, puisqu'en dehors des établissements bisontins (les deux chapitres, La Madeleine), ils ne comptent que trois maisons dans le diocèse : Montbéliard, Saint-Anatoile de Salins, Calmoutier. Par la suite, ce nombre s'accroît : alors que la période précédente avait enregistré plusieurs disparitions, la fin du siècle voit la création de deux collégiales à Salins : Saint-Maurice (1198) et Saint-Michel (vers 1200) ; il faut ensuite attendre un demi-siècle avant que d'autres implantations ne soient envisagées [1]. Quelles sont donc, à l'aube du siècle, les principales caractéristiques de ces maisons séculières ? Deux groupes se détachent de l'ensemble : les chapitres cathédraux et les collégiales urbaines ; seul, l'établissement de Calmoutier reste difficile à classer du fait des lacunes documentaires : sans être castral, il n'a pas la responsabilité d'une paroisse importante et il faut expliquer sa véritable nature par ses origines : ayant probablement succédé à un ancien monastère abandonné depuis longtemps, il joue le rôle d'un prieuré, à la fois foyer spirituel, centre de gestion et d'animation pastorale, qui patronne quelques églises du voisinage. Son rôle paraît donc modeste et, comme ses semblables, il entretient des relations privilégiées avec l'une des cathédrales, Saint-Jean [2].

Besançon

Le trait le plus frappant vient de la concentration des collégiales dans les deux principales villes du diocèse, Besançon et Salins et dans une agglomération naissante, Montbéliard. Mais ce caractère urbain ne suffit pas à les définir, tant les situations varient d'un lieu à l'autre. A Besançon, La Madeleine dessert la plus importante paroisse de la cité, celle d'Outre-pont, développée sur la rive droite du Doubs, au-delà du pont Battant : activités commerciales, population de vignerons font de ce quartier l'un des plus actifs et des mieux individualisés à l'intérieur de la

---

1. En juin 1248, le comte de Bourgogne Othon III décide d'établir un collège « de douze chanoines, dans l'église qui se reconstruit dans le bourg de Poligny » (*Cartulaire des comtes de Bourgogne*, n° XXIV), mais le projet ne se réalise pas ; il est néanmoins repris à Dole dès 1286 et voit le jour en 1304 (J. THEUROT, *Histoire de Dole*, p. 36).
2. La documentation sur Calmoutier fait défaut entre 1144 et 1246 ; l'église appartenait autrefois au chapitre de Saint-Jean et au XIIIe siècle plusieurs chanoines de Calmoutier sont prébendés à Saint-Jean ou à Saint-Etienne. Un texte de 1246 (Arch. dép. Haute-Saône, G 51) indique que trois chanoines résident sur place.

ligne de remparts qui le ceinture désormais en demi-cercle [1]. Toutefois, en confiant la charge de cette église à un groupe de chanoines (1063), Hugues Ier visait moins l'efficacité pastorale que la propre sanctification des clercs et, par ce biais, l'édification des fidèles : la collégiale est un foyer spirituel, où la célébration divine (*opus*) se fait dans des conditions optimales et qui confère à l'église un prestige indéniable. Malgré le développement de la Boucle au XIIe siècle, aucune autre paroisse de Besançon n'éprouve le besoin de s'attacher le service d'un chapitre, pas même Saint-Pierre qui affirme peu à peu sa prééminence.

Au cours des XIIe et XIIIe siècles, la collégiale de La Madeleine confirme sa vocation paroissiale de plus en plus accentuée, du fait que l'essentiel de ses activités et de ses revenus concerne la desserte de ce quartier et qu'elle dispose du monopole spirituel en la matière [2] : elle défend ses droits curiaux avec beaucoup d'acharnement et, lorsqu'en 1227 une abbaye de moniales choisit de s'installer à proximité, elle s'oppose à toute usurpation de ses privilèges par celle-ci [3]. Comme sa situation à l'entrée du pont Battant lui amène pèlerins et autres gens de la route, elle demande et obtient en 1182 l'autorisation d'ouvrir une maison hospitalière, qui emprunte à la chapelle voisine de Saint-Jacques d'Arènes son nom : « Ainsi que nous l'avons appris, écrit le pape Lucius, votre église comprend une grande paroisse traversée par une voie publique et, comme elle n'a pas d'hospice pour les gens de passage, vous avez décidé de réserver une maison pour l'accueil des voyageurs, afin que ceux qui vont à Rome ou partent pour Jérusalem y reçoivent les secours de la charité » [4]. De cette spécialisation paroissiale et occasionnellement hospitalière, La Madeleine tire son originalité, qu'en contrepartie elle paie d'un rayonnement très localisé, sans rapport avec celui des autres établissements de Besançon ou du diocèse.

De par leurs fonctions, leur rôle au sein du diocèse et leur recrutement les chapitres cathédraux se distinguent nettement de ces collégiales même si leur genre de vie n'offre pas d'opposition caractéristique. Nous ne reviendrons pas sur leur importance, qui ne subit aucune restriction par rapport à la période précédente : ils restent les maîtres de l'élection épiscopale avant que les difficultés du XIIIe siècle ne les privent de ce monopole au profit de la papauté, et c'est parmi leurs membres qu'ils choisissent le prélat ; à l'exception d'Herbert, imposé par Frédéric Barberousse, Evrard, Thierry, Etienne, Amédée, sortent ainsi de leurs rangs. De même, et malgré le renforcement de la curie épiscopale, ils continuent à collaborer directement à l'administration diocésaine en fournissant aux archevêques une partie de ses auxiliaires : chancelier, chambrier, chambellan et les archidiacres nécessaires au contrôle des quinze circonscriptions ecclésiastiques. Leur puissante assise territoriale et leur recrutement aristocratique contribuent à soutenir leur prestige et leur influence.

Salins

Le cas de Salins a maintes fois retenu notre attention par son rôle dans l'histoire diocésaine, par l'attraction qu'elle exerce sur les grands établissements religieux

---

1. Les remparts existent dès la seconde moitié du XIIe siècle (R. FIÉTIER, *La cité de Besançon*, I, p. 32, 56).

2. L'ancienne collégiale Saint-Laurent disparaît avant la fin du XIe siècle et ses biens tombent dans le patrimoine de Saint-Pierre (R. FIÉTIER, *La cité de Besançon*, p. 140), tandis que la chapelle Saint-Jacques des Arènes n'assume aucune fonction paroissiale.

3. Lors de la création de l'abbaye des dames de Battant, La Madeleine impose à celle-ci qu'aucun paroissien ne se fasse inhumer dans le cimetière des moniales (texte de 1227 édité dans *Les droits paroissiaux en Franche-Comté au Moyen Age*, p. 70).

4. Bibl. mun. Besançon, Droz 40, fol. 39 : bulle du 19 mai 1182 par Lucius III .

(Cluny, Dijon, Cîteaux, Montjoux...). Si les réactions impériales du XIe siècle avaient momentanément freiné la pénétration bourguignonne, l'essor économique de la ville au XIIe siècle attise les convoitises, au point de faire de Salins le grand centre d'investissement pour les capitaux laïques et ecclésiastiques. Bien que ses trois activités fondamentales (salines, viticulture, passage) se retrouvent dans plusieurs bourgs du Vignoble, dont Lons-le-Saunier et Grozon, elles acquièrent à Salins un dynamisme croissant qui aboutira, au siècle suivant, à l'élimination progressive de ses concurrents, au moins en ce qui concerne la production du sel.

Les salines   En effet, l'exploitation de la muire, qui s'intensifie, conditionne le développement de la ville, organisé en fonction du nombre et de la possession des puits : deux salines, deux bourgs comprenant chacun deux paroisses et plusieurs établissements religieux et correspondant à la répartition des pouvoirs politiques entre le comte de Bourgogne et les seigneurs de Salins [1]. Comme l'agglomération s'étire en longueur dans la vallée encaissée de la Furieuse, deux ensembles s'individualisent au début du XIIe siècle : en amont, le Bourg-Dessus, qui appartient aux sires de Salins, contient la grande Saunerie, alimentée par une source souterraine (dite puits) ; resserré entre la Furieuse et les premières pentes du versant occidental, il se développe de part et d'autre de quelques rues parallèles à la rivière, dominées par l'ancienne église de Saint-Anatoile, tandis que la résidence seigneuriale de Bracon se perche sur un éperon de la rive orientale. Nous ne savons pas si une enceinte fortifiée ceinture chacun des bourgs avant le XIIIe siècle, époque à laquelle apparaissent d'autres châteaux au-dessus de Saint-Anatoile (Châtel-Guyon, Belin) et des faubourgs, soit en amont (Chantave), soit au pied de Bracon. Deux paroisses assurent alors la desserte religieuse, toutes deux patronnées par la chapitre Saint-Etienne de Besançon : Saint-Anatoile, qui abrite une collégiale depuis le milieu du XIIe siècle, et Saint-Jean-Baptiste, situé à proximité de la grande saline.

Au-delà, vers l'aval, le Bourg-Dessous, qui dépend de la juridiction des comtes de Bourgogne, présente une structure urbaine semblable : la petite saline, dite Puits à muire, se situe dans le prolongement même de la grande, tandis que le réseau urbain s'étire sur le versant occidental de la Furieuse. Bien qu'aucune forteresse particulière ne semble protéger ce secteur et que la production du puits à muire ne puisse rivaliser avec celle de l'autre bourg, ce quartier connaît un fort développement, sans doute dû à l'initiative ou à la protection comtale : c'est là que s'installent de préfé-rence hospices et celliers monastiques. Les besoins spirituels de la population sont assurés par deux églises paroissiales, cette fois-ci sous le contrôle de Saint-Jean de Besançon : Notre-Dame et Saint-Maurice. Comme précédemment, l'urbanisation se prolonge le long de la Furieuse avec l'apparition du faubourg Saint-Pierre où existe déjà une chapelle sous le patronage de Saint-Bénigne.

Cette rapide description ne révèle rien du tissu humain, ni des structures sociales, si difficiles à saisir avant les chartes de franchises qui ne sont accordées que tardivement au cours du XIIIe siècle [2] et avant la réorganisation des salines par Jean de Chalon (milieu du XIIIe siècle). Jusque-là, le comte et le seigneur de Salins se contentent de surveiller les sources et la distribution des rentes en muire, que chaque bénéficiaire doit faire cuire dans sa propre chaudière, s'il en possède une, ou dans celle du seigneur, mais à ses propres frais [3], à moins qu'il n'ait obtenu le privilège d'en user gratuitement.

---

1. Voir le plan de Salins.
2. En 1249, pour le Bourg-Dessus, en 1319 pour le Bourg-Dessous.
3. On parle alors de "bouillon en fer et en muire".

Ainsi, plusieurs abbayes, telles Cluny, Rosières, Montbenoît, disposent de leur berne qu'elles entretiennent avec beaucoup de soin et l'habileté des moines dans les techniques de construction ne tarde pas à leur valoir une excellente réputation : dès 1171, les *probi viri* de Lons s'adressent à Balerne pour la réfection de leur puits salé, en demandant à l'abbé de leur prêter « frère Rodolphe, très expérimenté dans ce travail, ainsi qu'un autre charpentier » [1]. Un peu plus tard, c'est au tour des cisterciens de Rosières de se distinguer en proposant leurs services techniques à Gaucher V de Salins. « En effet comme le réservoir de ce puits (d'Amont) menaçait ruine et constituait un danger pour nous tous, reconnaît le seigneur de Salins, ils se proposèrent d'y remédier en refaisant de leurs mains et à leurs frais ce réservoir presqu'en ruines parce qu'il était ancien et en bois, et de le remplacer par un autre aussi grand, en pierre. Ils ont tenu leur promesse » [2].

Les multiples tractations qui précèdent et suivent la mort de Gaucher V (1219), seigneur du Bourg-Dessus et de la grande Saline, attestent l'importance prise par le sel au début du XIIIe siècle. Les laïcs ne sont pas les seuls à s'en rendre compte, puisque, depuis longtemps déjà, les établissements religieux essaient d'assurer leur approvisionnement en obtenant des rentes en muire, premier pas vers une implantation dans la ville avec la possession d'une berne, d'un hospice, puis de divers biens immobiliers, dont vignes et maisons. Cet investissement de Salins par les abbayes, commencé dès le haut Moyen Age par Saint-Maurice d'Agaune, poursuivi par les établissements dijonnais, puis par Cluny, s'intensifie après 1150 et n'a plus rien de commun avec la politique d'installation dans les autres villes.

Saint-Anatoile   Cependant, si une douzaine d'hospices monastiques ou canoniaux, si plusieurs *celle* (Saint-Michel, Sainte-Marie-Madeleine, Saint-Nicolas de Bracon) s'y dénombrent, sans oublier les maisons des hospitaliers et des templiers, la ville ne compte paradoxalement aucune abbaye, ni aucun établissement religieux digne de ce nom avant l'apparition de la collégiale Saint-Anatoile, vers le milieu du XIIe siècle. Nous avons déjà examiné cette création, due probablement à l'initiative du seigneur de Salins, au moment même où le comte de Montbéliard installe une collégiale dans son bourg castral : en obtenant de Saint-Etienne de Besançon qu'un groupe de chanoines, dirigé par un prévôt, desserve la plus ancienne et la plus importante paroisse de la ville, les sires de Salins rehaussaient le prestige de leur dynastie et de leur bourg, tout en y améliorant le service religieux. Mais était-ce suffisant pour équilibrer la poussée venue de l'extérieur et répondre aux besoins ou aux ambitions d'une population urbaine croissante ? L'on peut en douter, puisqu'aux alentours de 1200 trois fondations viennent compléter successivement cet équipement religieux : les deux collégiales de Saint-Maurice et de Saint-Michel, l'abbaye de chanoines réguliers de Goailles.

Saint-Maurice   La collégiale de Saint-Maurice, érigée en 1198, est la réplique même de Saint-Anatoile : elle s'établit dans le Bourg-Dessous pour desservir une ancienne paroisse, à la demande expresse du chapitre de Saint-Jean de Besançon, qui garde sur elle un droit de regard. Pour ce faire, les chanoines bisontins se sont adressés au pape Innocent III, qui donne son accord en ces termes : « Comme vous voulez instituer dans l'église de Saint-Maurice, que vous avez à Salins, l'ordre des chanoines et que les ressources de cette église le permettent..., nous voulons répondre favorablement à votre demande et vous laisser réaliser un vœu si pieux, si

---

1. Acte de 1171 publié dans *Mém. Soc. Emul. Jura,* 1978, p. 69.
2. Acte de 1196, Arch. dép. Jura, 19 H 8.

vous avez l'accord de notre vénérable frère, l'archevêque de Besançon...»[1]. Les raisons de cette initiative rejoignent sans doute les objectifs indiqués précédemment pour Saint-Anatoile et les seuls statuts qui nous sont parvenus révèlent la volonté de Saint-Jean de maintenir cette succursale sous son contrôle : les chanoines élus à Saint-Maurice seront présentés au chapitre cathédral, qui examinera leur aptitude ; de même, le prévôt choisi par ses confrères de Salins devra obtenir confirmation et prêter obéissance à l'Eglise de Besançon ; cette dépendance s'exprimera symboliquement par la présence des chanoines de Saint-Maurice lors de la dédicace de Saint-Jean et par la visite annuelle que fera le doyen du chapitre cathédral à Salins, avec une escorte qui ne dépassera pas douze personnes[2].

Saint-Michel   La fondation d'une seconde collégiale dans le Bourg-Dessous, à Saint-Michel, pose davantage de problèmes, bien qu'elle apparaisse à la même époque[3] : elle ne concerne pas cette fois-ci d'église paroissiale, mais une chapelle dépendant de Saint- Bénigne de Dijon et qualifiée de *cella* en 1177[4]. Comme aucun document ne subsiste, susceptible d'apporter l'explication de ce geste, l'interrogation demeure à la fois sur le rôle et l'importance de cet établissement, écarté apparemment de tout service paroissial, et sur le responsable de cette initiative.

Dans quel but les bénédictins de Dijon cèdent-ils leur place à des chanoines séculiers ? Comme Saint-Bénigne perd par la suite la possession de ce lieu et que la paroisse Notre-Dame devient à son tour une prébende du noùveau chapitre, nous verrions volontiers dans cette création le résultat de tractations mettant un terme à de très anciennes revendications de Besançon : déjà, lors de la querelle des investitures, Dijon s'était vu contester ses droits et l'évolution du XIIe siècle ne lui est point favorable dans le diocèse, plus particulièrement à Salins, où ses positions subissent la concurrence des autres établissements. Quel dédommagement aurait obtenu Saint-Bénigne ? Nous l'ignorons. Les comtes de Bourgogne n'étaient pas mécontents d'honorer leur bourg de deux collégiales et de faire ainsi contrepoids à la politique très active de Gaucher V. C'est, en effet, l'époque où ce dernier procède à la fondation d'une abbaye à Goailles, dans une petite reculée sise en amont de la ville ; après la collégiale de Saint-Anatoile tournée vers la desserte paroissiale, cette création complétait harmonieusement l'équipement religieux de la contrée en mettant sur pieds un foyer spirituel davantage tourné vers la prière et la contemplation.

La vie des trois collégiales de Salins aux premiers temps de leur existence ne peut être retracée, ni dans son développement temporel, ni dans son organisation religieuse ; mais à en juger par l'évolution du XIIIe siècle, un air de famille les rapproche de Saint-Maimbœuf de Montbéliard et de La Madeleine de Besançon : bien que castrale à l'origine, la première, dont le ressort paroissial englobe plusieurs villages des environs, acquiert un caractère de plus en plus urbain, à mesure que le bourg prend de l'importance : création d'un hôpital en 1248 avec chapelle et cimetière, puis à la fin du siècle érection d'une seconde église Saint-Martin, présence de Juifs et de Lombards[5].

---

1. Arch. dép. Jura, G 1299 bis, fol. 1 (O. HAGENEDER, *Die Regester Innocenz III.*, I, n° 273, avec une confusion sur le vocable: Saint-Martin, au lieu de Saint-Maurice).
2. Statuts de 1208, Bibl. mun. Besançon, Droz 31, fol. 1 et Duvernoy 77, fol. 350.
3. Elle est antérieure à 1204 : Arch. dép. Jura, 11 F 35, fol. 24.
4. Bulle d'Alexandre III du 28 avril 1177 (Bibl. nat., lat. 17 080, n° 116).
5. R. LOCATELLI, Politique et religion dans l'ancien pays d'Ajoye (XIe-XIIIe s.), dans *Le Pays de Montbéliard et l'ancien évêché de Bâle dans l'histoire*, p. 47-69.

Aussi, à Salins, Besançon, Montbéliard, les chanoines séculiers se heurtent-ils aux mêmes problèmes et aux mêmes difficultés, en particulier au souci de se procurer des ressources suffisantes. Les collégiales ne paraissent pas très riches au regard des chapitres cathédraux : peu de domaines, des terres dispersées dans les environs, quelques églises rurales et surtout des revenus paroissiaux. Aussi défendent-elles avec âpreté leurs droits curiaux contre tout nouveau venu ; Saint-Anatoile craint par exemple que les chanoines réguliers de Goailles ne les privent des donations *in articulo mortis* et d'inhumations, tandis que La Madeleine ne réagit point autrement vis-à-vis des moniales de Battant en 1227 [1].

Au cours du XIIIe siècle, ces questions de casuel soulèvent de vifs débats, non seulement avec les ordres mendiants, mais encore avec les fidèles, inquiets de l'accroissement des charges paroissiales. Malgré leur monopole curial, malgré les quelques églises qu'elles réussissent à obtenir en raison de leur pauvreté, ces collégiales se plaignent fréquemment de la médiocrité de leurs ressources ; à Saint-Anatoile, au milieu du XIIIe siècle certaines prébendes ne rapportent pas plus de huit livres ! Il est vrai que la reconstruction de l'église, qui nécessite des fonds considérables, les met dans l'embarras et les oblige en 1257 à procéder à une campagne de prédications et de quêtes pour financer le gros œuvre [2].

Une des mesures les plus courantes pour remédier à cette pénurie ou la prévenir, consiste à limiter le recrutement, à fixer le nombre maximal des prébendes qui tourne généralement autour de la douzaine : à La Madeleine, c'est un statut de 1185 qui définit le *numerus clausus* et la notification de l'archevêque Thierry ne dissimule pas le caractère économique et contraignant d'une telle mesure : « Après avoir examiné avec le conseil des chanoines de l'église de La Madeleine, les possibilités de cette église en fonction de ses moyens, nous avons fixé le nombre des chanoines et interdisons sous menace d'anathème qu'au-delà de treize chanoines on admette encore quelqu'un » [3]. Dans les autres collégiales, les données numériques manquent à cette période, mais, un peu plus tard, elles viennent confirmer que ce chiffre constitue un maximum qui n'est point dépassé à Saint-Anatoile et qui ne semble atteint ni à Saint-Michel, ni à Saint-Maurice [4].

Sécularisation ?

Ce qui paraît plus intéressant et concerne tous les chanoines séculiers, c'est leur genre de vie, qui abandonne progressivement les dernières contraintes collectives pour adopter un régime plus individualiste, déjà la Règle d'Aix avait laissé la disposition de maisons individuelles, mais les chanoines demeuraient soumis à des servitudes communautaires, lors de certaines périodes de l'année liturgique et pour les obligations du service de leur cathédrale ; ils se retrouvaient alors au réfectoire pour les repas et passaient leur nuit en dortoir. Devaient-ils résider sur place ? L'évocation des maisons dans l'enclos capitulaire va dans ce sens ; toutefois, si l'on ne dénonce

---

1. Un accord intervient en 1203 entre Goailles et Saint-Anatoile sous l'égide de Saint-Etienne de Besançon, au sujet de ces problèmes (Arch. dép. Jura, 11 F 35, fol. XI).
2. Sur le rapport d'une prébende : Arch. dép. Doubs, G 1062 ; la reconstruction de l'église Saint-Anatoile est évoquée dans G 877 (Arch. dép. Jura).
3. Bibl. mun. Besançon, ms. 726, fol. 20.
4. Pour Saint-Anatoile, un texte de 1276 confirme ce chiffre (Bibl. mun.Besançon, ms. 728, fol. 40). Saint-Maurice et Saint-Michel ont à peine une dizaine de chanoines. L'étude de J. GAY, L'évolution des collégiales en Franche-Comté au Moyen Age : Saint-Anatoile de Salins (dans *Mém. Soc. Hist. Droit*, XXIV (1964), p. 85-122) vaut pour la période postérieure à celle envisagée ici.

pas encore l'absentéisme, si l'on ne parle pas encore de stage obligatoire, des dispositions particulières s'appliquaient aux dignitaires, comme les archidiacres, amenés à se déplacer dans leurs circonscriptions. Quels sont les indices de changement après 1150 ? Nous les rencontrons chez les chanoines capitulaires, plus rarement dans les collégiales, plus discrètes sur ce point.

Si les lieux à usage collectif (cloître, dortoir, réfectoire) subsistent, ils connaissent une désaffection grandissante et leur entretien pose des problèmes. Sans doute les fondations d'anniversaires prévoient-elles souvent une réfection pour les frères, mais sans préciser si le repas sera obligatoirement pris en commun [1]. Respecte-t-on dans les chapitres capitulaires les coutumes du xie siècle obligeant les chanoines à dîner ensemble certains jours de l'année ? L'usage du réfectoire soit pour les chanoines, soit pour leurs familiers ne se perd pas totalement, puisque le doyen de Saint-Etienne, Rodolphe d'Auxelles († 1237), reconstruit le sien : *domum refectorii reedificavit* [2].

En revanche, le dortoir perd de son utilité et, en 1210, les chanoines de ce même chapitre cèdent à un de leurs chapelains la moitié du leur, « pour qu'il y fasse une demeure à ses propres frais » [3]. Quant au cloître, lieu de rassemblement par excellence, s'il continue à remplir son rôle dans les cathédrales où évolue tout un monde d'auxiliaires et de familiers, il rassemble dans les collégiales les maisons individuelles des chanoines : c'est là qu'au début du xiiie siècle certains dignitaires de La Madeleine construisent encore leur demeure [4].

Prébendes   La dissolution de la vie communautaire entraîne le partage des revenus en prébendes individuelles, dont chaque titulaire assure la gestion, la mense collective se réduisant aux distributions et à l'entretien de certains bâtiments. Si l'énoncé du principe paraît simple, les faits le sont moins dans la mesure où la Règle d'Aix qui autorisait une possession individuelle, a pris, au cours du xiie siècle, une importance croissante. Nous ne pouvons donc fixer de date précise pour l'apparition des prébendes, dont l'organisation se met en place dans la seconde moitié du xiie siècle, au moins en ce qui concerne les chapitres capitulaires. Le premier document qui nous renseigne sur ce point est une liste, qui a été établie au début du xiiie siècle et qui énumère vingt-deux prébendes pour Saint-Jean et vingt pour Saint-Etienne [5].

Le total peut paraître faible par rapport aux cinquante chanoines annoncés pour la seule cathédrale de Saint-Etienne lors de sa fondation [6], mais il correspond aux estimations contemporaines et postérieures ; les statuts de Saint-Etienne de 1212 prévoient pour les besoins du service un minimum de dix-sept titulaires (sept chanoines prêtres, cinq diacres, cinq sous-diacres), tandis que la bulle d'union des deux chapitres fixe, en 1254, le nombre des prébendes à quarante-cinq, en laissant

---

1. A Saint-Anatoile, en 1196, des prières *post refectionem fratrum* sont prévues et ROUSSET (*Dict. des communes du Jura*, VI, p. 493) conclut à une vie communautaire !
2. Bibl. mun. Besançon, Droz 32, fol. 336.
3. *Ibidem*, Droz 33, fol. 5.
4. 1217, Guillaume, doyen de Sexte, par exemple (Bibl. mun. Besançon, ms. 726, fol. 25) ; en 1260, le chantre, maître Simon, fait *in claustro nostro* une maison en pierre et en bois *cum cellerario* (*ibidem*, Droz 40, fol. 198) : s'agit-il simplement de l'enclos ?
5. Cette liste est publiée par E. CLOUZOT, *Pouillés des provinces de Besançon*, I, p. 3-4, qui la date de la fin du xiie siècle ; nous la reculons de quelques décennies (vers 1220-1230) parce que, parmi les églises citées, plusieurs n'ont été données qu'au début du xiiie siècle.
6. Diplôme d'Henri III, dans *M.G.H., Diplomata*, V, p. 318, n° 239.

toutefois entendre qu'il y a une liste d'attente [1]. Ainsi, la première fois où existent des estimations d'effectifs, ceux-ci surprennent de prime abord par leur modestie, mais replacés dans leur époque et dans leur contexte local, ils correspondent à une situation normale, rencontrée dans maints autres diocèses.

Outre ces renseignements quantitatifs, cette liste a l'avantage d'énumérer nommément les prébendes de chaque chapitre et, dans le cas de Saint-Jean, d'y inclure les patronages d'églises : elle met en évidence une répartition équilibrée entre les deux établissements, fruit d'une politique poursuivie délibérément depuis Anseri pour prévenir toute rivalité. Chaque titulaire gère un ensemble de biens et de revenus dont la composition n'est connue que plus tardivement, mais qui se définissent par rapport à un centre administratif qui donne son nom à la prébende ; leur report sur une carte permet donc de localiser les zones d'influence, qui ne se confondent pas : Saint-Jean domine les plateaux entre le Doubs et l'Ognon, en aval de Besançon, tandis que Saint-Etienne confirme sa présence dans le Jura autour de Salins et de Dole, avec quelques noyaux au nord de l'Ognon.

Du mode de gestion et d'attribution de ces prébendes, de leurs rapports économiques, nous ne savons rien pour cette époque, de même que nous ignorons tout de leur répartition dans les différentes collégiales que nous avons étudiées [2]. Leur existence ne fait pas de doute à La Madeleine, où, dès 1160, les chanoines contestent la part de leur doyen, trop souvent absent à cause des fonctions de trésorier qu'il remplit à Saint-Jean ; aussi rechignent-ils à lui verser un pourcentage des offrandes ou à inclure dans sa part certaines donations [3]. Ailleurs le titre de prévôt, honni au temps d'Hugues Ier comme symbole de l'appropriation individuelle, fait supposer qu'il n'en va pas autrement. Si le système de gestion, qui laisse à chaque titulaire une grande liberté de manœuvre, favorise l'initiative et les responsabilités individuelles, il accroît les risques de détournement et d'aliénation, lésant donc les intérêts de l'Eglise et du service religieux.

Comme pour les fiefs exposés aux mêmes risques, les autorités veillent à ce que de telles malversations ne se produisent pas et les statuts de réforme attirent fréquemment l'attention sur ce point : « avec l'accord de notre archevêque, nous ordonnons et décidons, écrit le doyen de La Madeleine, sous peine du jugement divin, de faire observer ce qui suit : toutes les terres, vignes, possessions, rentes, qui relèvent du chapitre de cette église et qui auraient été cédées par leurs détenteurs, doivent retourner à la communauté du chapitre » [4].

Relâchement ?

La diminution des astreintes collectives, l'individualisme du système des prébendes s'ajoutant aux obligations professionnelles des chanoines et au caractère urbain des collégiales, favorisent, comme partout ailleurs, non pas forcément un relâchement de la vie religieuse mais certaines habitudes, dont la persistance ou la systématisation dégénère bientôt en abus [5]. Cumul et absentéisme seront les deux

---

1. Bulle du 1er août 1254, E. BERGER, *Registres d'Innocent IV*, III, n° 790 ; *Gallia Christiana*, XV, instr., col. 87.
2. Sur les aspects temporels, nous renvoyons à G. DARFIN, *Le temporel du chapitre métropolitain (de Besançon) des origines à 1360*, Mém. de maîtrise, Fac. de Besançon, 1973, dactyl., p. 260 et suiv.
3. Arch. dép. Doubs, G 1261.
4. Statuts de 1240, Bibl. mun. Besançon, Droz 40, fol. 139.
5. H.-J. LIGIER, *Les églises collégiales en France, des origines au XVe siècle* (Thèse de droit, dactyl., Paris, 1955), insiste sur l'aspect temporel : « la collégiale est le centre

maux les plus fréquemment dénoncés au XIIIe siècle, quand les provisions pontificales se seront généralisées ; ces pratiques existent déjà avant 1220 dans le diocèse, souvent en conformité avec les statuts et le problème est de savoir à partir de quel moment ou de quel seuil leur utilisation tourne à l'excès.

Les liens qui unissent les collégiales aux chapitres, les fonctions occupées par les chanoines tolèrent un nombre important de cumuls : le trésorier de Besançon est en même temps doyen de La Madeleine, plusieurs dignitaires de Saint-Jean et de Saint-Etienne jouissent d'une prébende dans une collégiale de Salins [1], sans parler de tous ceux qui siègent à la cour épiscopale ou qui occupent un archidiaconat ; nous avons même sous l'archevêque Humbert le cas spectaculaire de Pierre de Traves, à la fois doyen et chantre de Saint-Etienne, archidiacre, chancelier et camérier de l'archevêque ! Le cumul ne va pas sans absentéisme même légal, mais l'insuffisance des statuts ne permet pas de trancher entre les bons usages et les abus, entre ce qui paraît normal aux chanoines ou, au contraire, intolérable.

Dans la mesure où ils restent les maîtres de la cooptation, ils ont peu de scandales à dénoncer ; en revanche, ils ne craignent pas d'accuser dans les nominations extérieures les risques d'un système conduisant inévitablement à des abus. L'exemple le plus caractéristique nous est donné par Saint-Jean qui, en 1198, soumet au pape Innocent III le cas de son trésorier : « Sous la pression d'Othon, comte de Bourgogne, les chanoines se sont vus contraints, malgré eux, d'attribuer la trésorerie de l'Eglise de Besançon à un Allemand, C(onrad), qui possédait déjà plusieurs revenus dans les églises de Trèves et de Spire. Cette charge, plus que toute autre, exige la résidence du trésorier. Or, voici plus de deux ans que ledit trésorier n'est pas venu à Besançon, il occupe donc indûment un poste et, par là, prive l'Eglise de Besançon d'un service auquel elle a droit » [2]. Aussi appartient-il aux responsables de prévenir de telles aberrations et de prendre au besoin les mesures pour les supprimer : la tâche en revient aux doyens et aux prévôts des collégiales, qui doivent agir de concert avec l'archevêque ou sur sa demande. C'est dire le rôle primordial des chapitres capitulaires qui contrôlent les établissements de La Madeleine et de Salins.

Réformes

Eux-mêmes ne sont d'ailleurs pas à l'abri des déviations et, s'il ne se rencontre pas en leur sein un consensus suffisant pour les éliminer, l'intervention de la papauté, par le biais de ses légats, supplée les défaillances locales : nous en avons la preuve sous l'archevêque Amédée (1193-1220), quand Innocent III est saisi des accusations que se portent mutuellement le prélat et le chapitre de Saint-Etienne. Comme le débat, nous l'avons vu, s'envenime, le pape délègue sur place l'évêque de Genève, Bernard, pour une enquête approfondie [3]. Le prélat prend son rôle au sérieux et ne se contente pas d'apaiser la querelle, mais décide de publier toute une série de

---

de la vie seigneuriale. Elle est à la fois centre de défense, instrument d'expansion, organe d'administration » (p. 134), ce qui ne correspond pas tout-à-fait à notre analyse.

1. En 1220, Etienne, chantre de l'église Saint-Etienne de Besançon est aussi *tunc temporis obedienciarius Salinensis* (Arch. dép. Jura, 20 H 41) ; en 1268, Hugues, chanoine de Saint-Etienne, est prévôt de Saint-Anatoile (P.-F. CHIFFLET, *Lettre touchant Béatrice*, p. 134).

2. Lettre de juin 1198, (O. HAGENEDER, *Die Regester Innocenz III.*, n° 278).

3. « Nous avons été chargé par le Siège apostolique de nous rendre dans les églises de Saint-Jean et de Saint-Etienne de Besançon, pour y remplir à sa place le devoir de visite et, après avoir enquêté auprès des chanoines, y réformer aussitôt et sans appel possible tout ce qui exigeait de l'être » (Bibl. mun. Besançon, ms. 711, fol. 285).

mesures réformatrices dictées par la situation locale ; c'est l'objet des statuts de 1212 qui, malgré leur caractère incomplet, nous livrent des renseignements fort révélateurs sur l'un et l'autre chapitre [1].

Viennent d'abord les questions accessoires, touchant l'attitude des chanoines vis-à-vis de leurs chapelains ou leurs relations réciproques : le légat lance une excommunication contre les chanoines de Saint-Jean qui s'opposent par la force à la célébration d'offices divins dans la chapelle de Saint-Quentin, proche de leur cathédrale, alors que Saint-Etienne s'y montre favorable. Pour empêcher ce culte, les premiers avaient tout simplement dévalisé ladite église de tous ses ornements sacerdotaux [2]. Il reproche aux seconds de ne pas verser aux deux chapelains de l'autel Saint-Georges en leur église les seize livres de rente que leur avait assignées la comtesse Béatrice, en mémoire de son père Renaud III [3].

L'essentiel de ses observations porte sur la vie et l'organisation des chapitres : accession aux dignités, célébration des offices divins, tenue et conduite des chanoines. Certains dignitaires ne respectent pas la législation canonique, qui les astreint à recevoir les ordres majeurs ; le doyen de Saint-Jean lui-même — il s'agit de Guillaume de Chay en place depuis 1200, soit depuis douze ans ! — donne le mauvais exemple, puisqu'il n'est pas prêtre ; s'il ne régularise pas sa situation dans l'année qui vient, il se verra privé de ses bénéfices. Toujours à Saint-Jean, les archidiacres qui n'ont pas reçu le diaconat sont contraints de le faire dans les mêmes conditions. Il y a donc une désaffection pour les ordres sacrés, qui n'est pas particulière à Saint-Jean, puisqu'elle sévit dans les autres chapitres du diocèse et d'ailleurs. L'évêque de Genève précise pour Saint-Etienne les proportions minimales que doivent respecter les chanoines : sept prêtres dont le doyen, cinq diacres, cinq sous-diacres. Les conditions ne semblent pas différentes dans les collégiales, car pour remédier à un relâchement dans les offices constaté à La Madeleine, l'archevêque Gérard ordonne en 1226 qu'il y ait au moins quatre prêtres sur les treize membres de la communauté [4] ; explicitant en outre ses exigences en matière morale et juridictionnelle, le même prélat interdit toute collation de prébende à un prêtre qui ne serait pas *honeste conversationis et in sacris ordinibus constitutus*.

A cette désaffection s'ajoute le cumul, qui devient la plaie croissante du xiiie siècle et qui touche plus spécialement archidiaconats ou décanats ruraux. Parmi eux, le doyen de Saint-Etienne, qui réunit traditionnellement entre ses mains les doyennés de Dole et de Neublans (Amous). L'évêque de Genève constate aussi un laisser-aller dans le service divin des cathédrales : certains chanoines, désignés pour célébrer un office au chœur, refusent parfois de l'accomplir ; qu'ils soient punis, durant deux jours, de distributions, sortes de jetons de présence établis pour encourager l'assiduité. D'autres résidents ne se lèvent pas pour les leçons des matines : s'ils n'ont pas d'excuse valable (maladie ou autre nécessité), ils resteront au cloître ce jour-là et, s'ils refusent, se verront suspendus de leur bénéfice. D'autres enfin, qui, au lieu de se joindre à leurs confrères psalmodiant au chœur, restent devant l'église ou déambulent à l'intérieur de celle-ci, subiront les mêmes sanctions.

Après ces fautes individuelles, viennent les manquements aux règles de la bonne tenue et de conduite morale, plus ou moins graves selon les cas. Dans cette énumération réapparaissent les éternels griefs faits aux clercs au cours du xiiie siècle,

---

1. Copies plus ou moins partielles, dans divers dépôts : Bibl. mun. Besançon, ms. 711, fol. 285 ; Droz 33, fol. 23 ; Arch. dép. Doubs, G 531, fol. 50..
2. Arch. dép. Doubs, G 531, fol. 50.
3. Arch. dép. Doubs, G 29 suppl.
4. Bibl. mun. Besançon, ms. 726, fol. 23 ; Arch. dép. Doubs, G 1265 (orig.).

concernant leur habillement et leurs occupations : interdiction de se promener dans l'église et dans le cloître en habits mondains, de sortir en ville sans cape ou sans manteau, de porter des souliers pointus, de négliger leur tonsure ; tous ces négligents encourent une privation de sortie et de distribution pendant un jour ou deux et, si la sanction ne suffit pas, ils risquent de se voir refuser l'entrée de l'église.

La même dignité est requise dans les distractions et si les chanoines de Besançon ne succombent pas à la tentation des tavernes, certains d'entre eux se livrent aux jeux de dés et de hasard, depuis longtemps condamnés par l'église : dans ce cas, la punition peut atteindre une semaine de consigne, sans distribution. Plus grave, bien sûr, le cas de ceux qui entretiennent une concubine et l'évêque a déniché la brebis galeuse : « A ce chanoine, nous interdisons par sentence d'excommunication l'entrée de l'église et, aussi longtemps qu'il la (sa concubine) gardera, il ne percevra rien de sa prébende ; s'il brave la sentence d'excommunication pendant un mois, qu'il soit suspendu de toute fonction et de tout bénéfice et ne puisse en obtenir restitution que du souverain pontife lui seul... Item, aucun chanoine ne prendra comme commensal un clerc ou un prêtre connu comme concubinaire ; s'il en a un, qu'il lui interdise l'entrée de l'église ; s'il n'applique pas cette sentence, il encourt au bout d'un mois la même peine que le concubinaire ».

Rien de nouveau dans cette législation, qui reprend les canons conciliaires édités depuis la réforme grégorienne. Nous devinons à travers l'allusion au commensal un monde de familiers (prêtres, clercs, domestiques) évoluant autour des chanoines capitulaires, ce que justifie la position sociale élevée de ces derniers. Les manquements ne visent pas seulement la conduite morale, puisque la négligence se glisse jusque dans les obligations matérielles : « Nous ordonnons, dit encore le légat, à ceux qui laissent tomber en ruines leur maison, par négligence, de se hâter d'en faire les réparations ; si celles-ci ne sont pas exécutées dans les deux années à venir, le chapitre les fera sur les revenus de leurs prébendes et au besoin l'archevêque obligera le chapitre peu empressé, à s'exécuter ».

Au total, le délégué pontifical dénonce une série de fautes ou de déviations qu'il a lui-même constatées sur place, mais qui ne permettent pas d'accuser à notre tour les deux chapitres de décadence. Certes, il a repéré un certain laisser-aller dans la tenue vestimentaire et dans la discipline, sans indiquer toutefois la fréquence, ni la gravité de ces relâchements. Combien de chanoines cèdent à la paresse matinale ? à la tentation des jeux ? aux bavardages à la porte de l'église ? à l'attrait des habits mondains ? Ce sont là des infractions légères, qui, si elles ne se répètent pas couramment, ne mettent pas en danger le sens moral ou religieux ; elles relèvent de ces faiblesses humaines que les censeurs ne cessent de dénoncer.

En revanche, le concubinage ne peut rencontrer l'indulgence du légat, même si la réforme grégorienne ne l'a pas complètement extirpé du clergé rural, même si des bruits infamants courent sur le compte même de l'archevêque Amédée. Bien qu'il s'agisse d'un cas unique, le légat craint fort que le mauvais exemple d'un chanoine n'encourage les instincts charnels du clergé et il prend des mesures énergiques pour l'exclure du chapitre et de son entourage. Quant aux cumuls et au non-respect de la législation sur les ordres sacrés, ils font déjà partie de ces habitudes qui tendent à se généraliser à mesure que se sécularise le genre de vie canonial. Aussi, sans chercher à disculper les chanoines de Besançon, constatons-nous que leur conduite n'est ni plus scandaleuse, ni plus exemplaire que celle des autres chapitres. Nous aimerions seulement disposer de semblables renseignements sur les autres collégiales, même s'ils sont de caractère pénal, pour juger du niveau moral du clergé urbain.

B. LES CHANOINES RÉGULIERS

Par leur nombre, leur diversité et les modalités de leur implantation, les chanoines réguliers occupent dans l'histoire du diocèse, une place différente de celle de leurs homologues séculiers. Apparus tardivement, après 1120, sous l'influence des maisons périphériques, ils fleurissent en une multitude de lieux et sous des aspects originaux, si bien que le mouvement se caractérise par une grande hétérogénéité et une certaine fragilité vis-à-vis des cisterciens. En traitant précédemment de la poussée canoniale [1], nous avons esquissé un tableau du mouvement vers 1150, où se devinait déjà l'évolution des décennies ultérieures. Pour éviter de reprendre ces conclusions, nous ne reviendrons pas sur les considérations générales, ni sur l'historique de chaque maison, mais développerons ce qui apparaissait déjà en filigrane et donne à l'implantation canoniale sa physionomie spéciale : la diversité.

Diversité

La pluralité qui a présidé à l'essaimage des communautés persiste au niveau de leur organisation et de leur finalité. Mis à part les prémontrés, qui se structurent à la mode cistercienne, les chanoines réguliers, qui ont adopté la Règle dite de saint Augustin, ne forment en ce diocèse ni un ordre, ni même une congrégation : ils se rattachent à différentes maisons indépendantes les unes des autres, sans instance commune, ni rapports organiques autres que la similitude d'observance, à la manière des monastères traditionnels. Entre les chanoines de Saint-Paul, ceux de Montbenoît et de Saint-Etienne de Dijon, n'existent d'autres liens que des affinités découlant du même genre de vie et du même idéal, puisque chaque établissement vit indépendamment des autres. La remarque prend d'autant plus de poids que les grandes congrégations canoniales qui se sont créées ailleurs, dans le nord (Arrouaise) ou dans le sud (Saint-Ruf d'Avignon) n'ont pas essaimé dans la région et que seul Saint-Paul de Besançon a réussi à prendre la tête d'une communauté suffisamment importante pour se mesurer aux grandes abbayes locales, mais restreinte au seul diocèse ; la plupart des autres se réduisent à des maisons de taille modeste (Montbenoît, Belchamp...) ou à des prieurés secondaires.

Activités Cette situation découle moins d'une méfiance à l'égard des grands ordres que de la manière dont s'est diffusé le mouvement augustinien : par impulsions successives ou concomitantes, venues de la périphérie. Issue d'établissements à vocations diverses, cette forte influence extérieure explique l'hétérogénéité des fondations diocésaines, qui ne réside pas uniquement dans la différence entre chanoines noirs et blancs (Arrouaise, prémontrés, Saint-Victor...), entre *ordo antiquus* et *novus* — ce dernier étant plus marqué par l'attrait monastique — mais aussi dans le choix des activités prédominantes. Si aucune maison ne récuse en principe l'*opus divinum* et la *cura animarum*, elles se distinguent souvent les unes des autres par des coutumes qui mettent l'accent sur une orientation particulière. Bien que la plupart pratiquent l'hospitalité dans leurs murs ou dans des hospices qui jalonnent les grands itinéraires (Saint-Paul à Naisey et Geneuille, Montbenoît à Pontarlier...), certaines se spécialisent dans cet accueil des voyageurs ou des déshérités et, à l'exemple de Saint-Bernard de Montjoux, développent leurs structures hospitalières.

Inversement, les chanoines blancs, représentés dans le diocèse par les seuls prémontrés, préfèrent aux œuvres caritatives la louange divine et l'ascèse, en

---

1. Livre II, chapitre 1.

empruntant aux cisterciens leur goût pour la solitude et leur répulsion du genre de vie féodale. Parmi les prieurés, certains se rapprochent par leurs fonctions des collégiales castrales (le Marteroy), d'autres se réduisent à des centres de gestion (Fleurey). Mais l'éventail ne s'arrête pas à cette énumération, puisque le mouvement canonial a beaucoup profité de la réforme grégorienne qui a incité les clercs à une rénovation morale et les a sensibilisés à des valeurs plus exigeantes : aussi beaucoup d'établissements augustiniens se veulent-ils des foyers de la nouvelle spiritualité et, en retour, reçoivent-ils un chaleureux accueil des laïcs qui procèdent à des restitutions d'églises en leur faveur. L'exemple de Saint-Paul de Besançon caractérise ce rayonnement puisqu'avec le concours de ses prieurés, il contrôle une centaine de patronages ruraux et qu'il exploite la situation de Lanthenans pour se placer dans le pays de Montbéliard.

Enfin, quelques abbayes, comme Montbenoît, témoignent d'une polyvalence qui rend leur classement très difficile : bien qu'éloignée du château des sires de Joux qui l'ont fondée, elle joue le rôle habituellement dévolu aux prieurés castraux, mais par ses origines et son implantation géographique, elle a gardé un attrait pour la solitude ; elle se lance dans la mise en valeur des joux et la colonisation des terres environnantes, à l'image de ce que réalisent les prémontrés de Corneux ou les chanoines de Marast dans leur marécage. Ce faisant, elle ne néglige point son rôle de foyer spirituel (elle dessert des églises), ni le secours des infortunés (elle a un hôpital à Pontarlier), ni même ses intérêts économiques (elle investit à Salins et dans le Vignoble). Aussi, sous l'appellation d'ordre canonial, se dissimulent des maisons aux fonctions très variées.

Organisation   Cette pluralité se prolonge au niveau de l'organisation interne : nous ne retrouvons pas l'homogénéité des monastères bénédictins qui, malgré leur autonomie, remplissent des fonctions similaires et révèlent de ce fait un agencement très semblable. Hors des abbayes-mères et des prieurés dépendants, une grande diversité règne en apparence dans le mouvement canonial, reflet de la réalité ou des défaillances documentaires : granges, églises rurales, centres de gestion, *celle* ou prieurés structurent indifféremment le temporel, sans que l'on sache toujours à quels critères se réfère le système adopté ! Les chanoines blancs n'ont pas le monopole des granges, qu'utilisent aussi leurs confrères de Montbenoît, Montjoux, Chaumouzey. En exploitant à l'intérieur de sa petite congrégation les diverses formules, Saint-Paul montre qu'il n'y a ni contradiction, ni opposition : les prieurés de Bellefontaine et de Courtefontaine, très proches des prémontrés de Corneux par leur fondateur Rambaud, ont choisi d'organiser leurs possessions autour de quelques granges, tandis que l'établissement bisontin n'en compte aucune dans son propre temporel.

Cependant, ne nous laissons pas abuser par les mots en imaginant toute grange sur le modèle cistercien : domaine rural homogène, bien individualisé et exploité directement par une main d'œuvre monastique ; nous avons vu que le vocabulaire ne recouvre pas toujours la même réalité et, pour conclure à l'équivalence, il faudrait connaître la composition et le fonctionnement de ces centres agricoles, ce qui n'est pas le cas au XIIᵉ siècle. Rien n'indique que les chanoines de Montbenoît ou de Montjoux travaillent eux-mêmes leurs terres avec l'aide de leur *familia* ; peut-être ont-ils simplement donné le nom de grange à un ensemble de biens gérés par un des leurs à partir d'une exploitation principale, ce qui la rapprocherait alors de certains prieurés conçus comme centres de gestion.

Stabilité

La diversité qui caractérise les établissements augustiniens des années 1150 résiste-t-elle à l'évolution postérieure qui, sans effacer toutes les originalités, tend du moins à en atténuer les contrastes ? Entre prémontrés et chanoines noirs, s'opère-t-il un rapprochement et, si oui, de quelle nature ? Comme chez les séculiers, la période n'amène en fait aucun bouleversement et ne procède qu'à des aménagements secondaires, qui se placent sous le signe de la stabilité et de la maturation. Une fois amortie la vague cistercienne qui a emporté plus d'une fraternité, les survivants s'organisent matériellement pour résister à l'érosion du temps et se donner les moyens de mettre en pratique leur idéal respectif. Les tâches ne manquent pas, car les derniers venus n'ont pas encore terminé la construction de leur église ou de leur cloître ; les vestiges archéologiques de Marast et de Montbenoît se réfèrent à cette époque, tandis qu'un texte permet de dater de 1183 la consécration du sanctuaire de Belchamp, une quarantaine d'années après l'arrivée des prémontrés [1].

Là où les documents existent en nombre suffisant, comme à Montbenoît, nous constatons que les donations ne tarissent pas, mais l'exemple ne peut être généralisé, car Saint-Paul affiche une discrétion surprenante qui le rapproche des autres établissements canoniaux, aussi réservés sur leur propre sort. Du moins, les chartes qu'ont cru devoir conserver les chanoines révèlent-elles des préoccupations intéressantes, qui tranchent sur celles des années précédentes et qui s'estompent progressivement au début du xiiie siècle : la constitution du temporel, établi sur ses bases essentielles au temps d'Hugues Ier, s'est poursuivie et parachevée après le passage à la régularité vers les années 1130-1150 ; par la suite, Saint-Paul se contente de l'exploiter et surtout de le défendre contre tout empiétement. Pour ce faire, le prieuré engage plusieurs procédures contre des laïcs et quelques ecclésiastiques et il garde précieusement la teneur de ces transactions afin de prévenir toute contestation ultérieure.

Le classement par thèmes de cette documentation dégage plusieurs remarques. D'abord, le nombre réduit de ces conflits matériels et leur caractère modéré : aucun procès retentissant aux rebondissements multiples, aucune agitation scandaleuse. Le seul point chaud se trouve près de Montbozon, sur les bords de l'Ognon ; là interfèrent des intérêts divergents. Bellevaux y possède une grange très active (Magny), les Templiers cherchent à y consolider leurs assises, alors que les seigneurs et surtout les habitants de Beaumotte s'inquiètent de plus en plus de ces investissements. Mais, à part une excommunication lancée par l'archevêque Humbert contre Thiébaud de Rougemont, coupable d'avoir causé d'importants dégâts matériels, tout se règle dans un climat suffisamment cordial pour éviter une cascade procédurière. Signe des temps : les litiges portent moins sur des droits de propriété que sur des questions de dîmes, d'églises, d'usages en forêt, révélant ainsi que l'assise foncière ne varie plus guère et que les problèmes juridiques découlent de son exploitation.

A en juger par les seuls actes qui nous sont parvenus, le prieuré de Saint-Paul (le plus important des établissements canoniaux du diocèse) vit cette période sous le signe d'une grande discrétion : il se tient à l'écart de tout engagement dans la querelle du schisme [2] ou dans les troubles qui suivent la mort du comte Othon Ier (1200).

---

1. La consécration de Belchamp se fait en 1183 (Arch. dép. Haute-Saône, G 108, édit. par L. VIELLARD, *Doc.... Terr. de Belfort*, n° 261). Pour Marast et Montbenoît, voir *La Franche-Comté romane*, coll. La nuit des temps, Zodiaque, 1979, p. 30-31, en ajoutant pour Marast *La Haute-SaôneLe. Nouveau dictionnaire des communes* , IV, p. 75-76.

2. Le diplôme de Frédéric Barberousse pour Bellefontaine en 1162 semble antérieur à la soumission de ce prieuré à Saint-Paul.

S'agit-il d'une volonté délibérée, destinée à préserver une vie religieuse intense ? S'agit-il, au contraire, d'une sorte de repli sur soi-même, traduisant un manque de dynamisme ? Si l'on excepte la part revenant à ses différents prieurs, son temporel ne s'accroît guère durant l'époque envisagée, alors qu'après 1220, le prieuré se lance dans une politique beaucoup plus active, donnant presque dans l'affairisme. Les opérations financières se multiplient, qui vont de l'achat au prêt à intérêt [1]. Le privilège qu'accorde au prieur Clément III, en 1188, d'absoudre les chanoines ou les convers qui viendraient à se battre, n'indique aucunement l'instauration d'un climat de violence, mais fait partie de ces mesures de confiance octroyées aux supérieurs de grands établissements qui jouissent par ailleurs d'immunités judiciaires.

Aménagements

Toutefois, cette stabilité ne signifie pas stagnation. A l'intérieur de l'ordre augustinien se produit un certain nombre de réaménagements, caractéristiques de la constante adaptation aux nécessités du temps et de la solidarité canoniale. Ces modifications concernent particulièrement les abbayes périphériques, victimes de leur éloignement par rapport à leurs possessions ou de la dispersion de leurs biens : Montjoux, Saint-Maurice d'Agaune, Saint-Etienne de Dijon, Bellelay... Les deux premières maisons préfèrent concentrer leur action dans la région de Salins et se défaire de leurs dépendances trop excentriques : après avoir cédé quelques terres à Acey, Montjoux abandonne à Saint-Paul l'église de Cendrey dans la vallée de l'Ognon, contre un cens de huit sous, mais en s'y réservant le gîte quatre fois par an pour un équipage de trois chevaux [2].

De même, l'abbaye valaisane, qui avait depuis longtemps inféodé la plupart de ses possessions jurassiennes aux sires de Salins, se sépare d'un petit prieuré qu'elle avait conservé sur le plateau de Pierrefontaine, à Laval, pour des raisons clairement explicitées dans la transaction de 1184 : « Guillaume, vénérable abbé du monastère d'Agaune, sur le conseil et avec l'assentiment de son chapitre, a donné en possession à Pierre, abbé de Montbenoît et à ses successeurs, la maison (*prelationem*) qu'il avait à Laval (*Vallis*) et tout le droit qu'il avait sur elle. Puisque, par suite de la proximité des lieux et de nombreuses autres raisons, ledit abbé de Montbenoît peut manifester une attention plus grande envers la maison de Laval (qu'Agaune), il aura donc en surplus tous les biens que ce même abbé Pierre et ses successeurs auraient eus dans cette maison, pour l'honneur de Dieu et l'intérêt de cette église » [3].

De son côté, Saint-Etienne de Dijon procède à des aliénations pour des raisons qui ne tiennent pas à l'éloignement, mais plutôt aux sentiments religieux ; entre 1139 et 1156, cette abbaye cède aux Hospitaliers de Saint-Jean de Jérusalem l'ancienne collégiale dont elle avait hérité au temps d'Anseri, à Montseugny, un peu à l'écart des rives de la Saône [4]. Lorsqu'au début du XIIIe siècle elle transfère son prieuré de Vertfontaine à Autrey-lès-Gray, elle obéit à des motivations beaucoup plus temporelles, puisque la décision résulte d'un traité de pariage signé avec les

---

1. Cette politique est retracée par C. MARION, *Le temporel de l'abbaye Saint-Paul de Besançon, des origines à 1333*, Thèse Ecole des chartes, 1969, dactyl., 269 p.
2. Arch. dép. Doubs, 67 H 238.
3. Arch. dép. Doubs, 69 H 102 et 69 H 2, fol. 70, édit. par E. DROZ, *Histoire de Pontarlier*, p. 219. Le toponyme de *Vallis* se réfère sans contestation possible à Laval, car un acte de 1199 (*ibidem*, 69 H 2, fol. 31) précise à propos de ce prieuré : *cellam de Valle infra Viniac cum grangiis*.
4. Montseugny est confirmé à Saint-Etienne de Dijon en 1139 (*Chartes de Saint-Etienne*, II, n° 107) et ne figure plus dans ses biens en 1156 (Arch. dép. Haute-Saône, H 106).

sires de Vergy, qui veulent construire un village à Vertfontaine[1] ; associés pour moitié aux revenus du futur hameau, les chanoines attribuent la qualité priorale à une église qu'ils possédaient depuis peu et qui se trouvait à proximité de là. Il s'agit donc d'une opération courante, qui tend même à se généraliser au XIIIe siècle et qui permet aux seigneurs de prendre le relais des monastères dans la mise en valeur économique de la région.

La dernière transaction nous transporte à l'extrémité orientale du diocèse, dans le décanat d'Ajoie, et concerne l'expansion des prémontrés. En effet, l'abbaye suisse de Bellelay a favorisé, dans des circonstances totalement inconnues, l'érection d'une maison à Grandgourt, près de Porrentruy. Lorsque l'on sait l'émulation ou la rivalité qui a souvent joué entre les comtes de Montbéliard et de Ferrette, on peut raisonnablement se demander si cette création ne constitue pas une réplique à l'abbaye de Belchamp. Dans ce cas, les Ferrette, qui contrôlent la châtellenie de Porrentruy, auraient fait appel à un monastère, sis comme eux dans le diocèse de Bâle, pour envoyer une colonie de chanoines blancs à Grandgourt.

C'est le pape Célestin III qui, dans sa bulle de 1188[2], nous apporte les premiers renseignements sur le nouvel établissement ; s'adressant à son supérieur, qu'il qualifie d'abbé, il lui confirme « le lieu de Grandgourt, où se trouve ladite église, avec toutes ses dépendances, lieu que vous tenez de votre église-mère de Bellelay ». Il ne s'agit pas d'une création récente, puisqu'à cette date, l'abbaye possède cinq granges, devançant ainsi sa voisine de Belchamp. Apparence trompeuse de prospérité, puisqu'un peu plus tard, l'archevêque Thierry parle de « la très pauvre maison de Grandgourt, où résident des frères de Bellelay »[3] et qui ne tarde pas d'ailleurs à changer son titre d'abbaye pour celui de simple prieuré. La volonté du prince ne suffit pas toujours à rendre un établissement viable ; même si la châtellenie de Porrentruy ne comptait pas encore de monastère, les conditions ne sont pas réunies pour donner sa chance à Grandgourt et, dans ce cas, la perte d'autonomie compense les risques d'asphyxie ; en tombant au rang de simple dépendance de Bellelay, le prieuré était en droit d'attendre de sa mère les secours matériels ou spirituels nécessaires à sa survie.

C. LES CRÉATIONS MÉRIDIONALES

Le contexte

Grandgourt n'est pas la seule nouveauté canoniale de cette époque, puisque le sud du diocèse donne le jour à plusieurs maisons : celles du Grandvaux (v. 1170) et de Goailles (vers 1200), patronnées par l'abbaye savoyarde d'Abondance, et la chartreuse de Bonlieu, dont la création se rattache au même contexte régional. Très active depuis le milieu du XIIe siècle, Abondance avait déjà essaimé dans les vallées du Chablais, à Sixt, Entremont, Filly, puis organisé sa petite congrégation sur le modèle de la *Carta Caritatis*[4]. Ses relations avec le diocèse sont anciennes : en 1120, un de ses chanoines souscrit des chartes à Besançon. Mais ses ambitions semblent se porter sur les routes du sel, qui constituent un double itinéraire, déjà emprunté par les cisterciens d'Aulps et de Balerne : soit la rive occidentale du lac de Genève par les cols de la Faucille et de la Savine qui débouchent sur Champagnole, soit la rive orientale par Lausanne et le col de Jougne, qui conduit à Salins, en empruntant la

1. Acte de 1027 (*Chartes de Saint-Etienne de Dijon*, V, n° 11).
2. J. Trouillat, *Mon. de l'hist. ... de Bâle*, II, p. 27.
3. J. Trouillat, *Mon. de l'hist. ... de Bâle*, III, p. 2.
4. Article " Abondance" du *D. H. G. E.* par J. Garin, tome I, 1912, col. 144-153.

Chaux d'Arlier et le péage de Chalamont. S'il est difficile de suivre les étapes chronologiques de cette progression, nous disposons néanmoins de quelques points de repère révélateurs : dès le milieu du siècle, Abondance obtient un pied-à-terre près de Chalamont, là même où Balerne et Montjoux établissent des granges (à Montorge) ou des prieurés-relais (Bellaigue) : l'initiative revient à Gaucher de Salins, qui lui cède une terre dite le *lieu du Saint-Sauveur*, transformée un peu plus tard en un prieuré (Vilars-Saint-Sauveur), tandis qu'Abondance en implante un second aux portes mêmes de Salins, à Beaulieu[1].

Cette réussite, fruit de la bienveillante coopération des sires de Salins, est complétée par une création plus importante dans le sud, à Grandvaux (vers 1170). Malgré le rapprochement des dates, le contexte et la nature de cette fondation diffèrent totalement des précédentes. Comme les mêmes acteurs et les mêmes motivations se retrouvent pour l'installation des chartreux à Bonlieu, nous les étudierons simultanément. Nous sommes ici dans ce qu'on appellera plus tard la Terre de Saint-Claude. A mesure que depuis Champagnole, dont l'église n'existe pas encore, la route s'élève pour gravir les chaînons du Jura, les joux s'épaississent, les déserts forestiers s'accentuent ; alors que les franges occidentales (vallée et combe d'Ain) abritent un peuplement fort ancien, la mise en valeur ne fait que débuter ici, non à l'initiative de l'abbaye jurassienne, mais sur interventions extérieures, qui entraînent des contestations de seigneuries, dans le climat malsain du schisme victorin. Nous avons eu l'occasion de montrer que la domination de Saint-Claude n'avait pas au départ de limites géographiques précises et que celles-ci se définissent progressivement lors des conflits qui surgissent au XIIe siècle.

Profitant des difficultés qui assaillent l'abbaye jurassienne vers 1170, quelques seigneurs cherchent à s'infiltrer dans ces zones encore libres ; parmi eux, les sires de Montmorot et de Cuiseaux, vassaux des comtes de Mâcon et de Vienne. Possessionnés aux portes de Lons-le-Saunier, dont leur forteresse contrôle la sortie méridionale, les premiers portent même le titre de vicomtes et font partie de cette aristocratie châtelaine dont l'ambition transparaît dans la politique religieuse : non contents de participer à la dotation de Vaucluse (chartreuse) et de Buillon (cistercienne), ils veulent parachever le prestige de leur dynastie par des fondations dévouées à leur seul lignage ; c'est pourquoi Tibert de Montmorot suscite coup sur coup, vers 1170, la chartreuse de Bonlieu et l'abbaye canoniale du Grandvaux.

A ses côtés, une autre famille féodale de la région, aussi ancienne et aussi puissante que celle des Montmorot : les Cuiseaux, qui, avec les Andelot-Coligny, dominent le Revermont, et qui ont déjà amorcé leur expansion vers le Jura proprement dit ; eux aussi apparaissent dans les chartes du Miroir, de Rosières, de Balerne, puis de Clairvaux-les-Lacs et se prévalent de la création de la chartreuse de

---

1. Bellaigue, à proximité de la vieille église Notre-Dame du Bois, apparaît vers 1159 (Arch. dép. Jura, 20 H 4) ; sur Montorge, B. CHAUVIN, Les abbayes de Balerne et de Mont-Sainte-Marie et la grange de Montorge au début du XIIIe siècle, dans *Cîteaux Comm. Cist.*, XXVIII (1977), p. 268-305. C'est en 1159 que Gaucher donne à « l'église d'Abondance consacrée en l'honneur de la Vierge, mère du Seigneur, la terre dite Lieu du Saint-Sauveur ou Grotte de la Roche, dont voici les limites : d'un côté, la voie publique jusqu'au lieu défriché qu'est la terre cultivée de Montorge, de l'autre, depuis les confins du village d'Arc [-sous-Montenot] jusqu'au village de Boujailles » (Arch. dép. Jura, 20 H 4). Vers 1180, Guillaume de Chay donne à Abondance six bichets de sel à l'usage des frères qui demeurent au lieu dit Vilars (*ibidem*, 12 F 35, fol. 27). Vers 1200, l'abbaye de Goailles se substitue au prieuré de Beaulieu, mais Abondance garde une maison à Salins (vers 1207, *ibidem*, 12 F 35, fol. 24).

Vaucluse (vers 1140). Quant aux Vienne, qui imposent leur suzeraineté à ces deux lignages, nous avons plusieurs fois souligné leur dynamisme, particulièrement sensible dans cette portion du Jura, à l'époque des Staufen : toutes les initiatives susceptibles d'accroître leur influence, même indirecte, les intéressent vivement.

La création du Grandvaux et de Bonlieu ne procède pas d'un coup de force inspiré par une vengeance à l'égard de Saint-Oyend, même si cette dernière abbaye n'a pas lieu de s'en réjouir : elle s'insère dans ce mouvement qui, commencé au début du siècle, lance à la conquête des *joux* les seigneurs, par moines interposés. Du lac de Joux à Genève, tout le versant oriental est déjà entamé par la colonisation monastique. Cisterciens, prémontrés et chartreux rivalisent de zèle, alors que la frange occidentale s'ouvre plus timidement à cette pénétration. Certes, les chartreux de Vaucluse ont ouvert une première brèche sur la rive droite de l'Ain, tandis que les possessions de Gigny (Clairvaux et Islay), ne paraissent pas adaptées pour cette entreprise et que l'expansion de Saint-Oyend ne déborde guère la vallée de la Bienne. Le temps semble donc venu pour une étape plus audacieuse, visant à attaquer ces *joux* de l'intérieur ; Le Miroir donne l'exemple avec sa grange d'Etival, implantée en plein cœur du massif jurassien. Avant de prendre la relève au XIIIe siècle par le système des pariages et l'établissement d'un réseau de forteresses, les laïcs ont la faculté d'intervenir par l'intermédiaire des religieux. La création du Grandvaux et de Bonlieu répond à ces objectifs, sans rien sacrifier des préoccupations spirituelles.

Grandvaux

Pourquoi, vers 1170, Tibert de Montmorot porte-t-il son choix sur les chanoines d'Abondance, auxquels il cède le lieu du Grandvaux, alors que les cisterciens d'Aulps, de Bonmont et de Balerne empruntent aussi fréquemment cette route de la Faucille et ont donné des preuves de leur capacité en matière de colonisation ? Désir de prendre ses distances à l'égard d'établissements patronnés par d'autres lignages, ou à l'égard d'un ordre trop engagé dans la querelle du Schisme ? Initiative des chanoines, à la recherche d'un pied à terre qui leur facilite la traversée du Jura ? En tout cas, la dotation de la nouvelle abbaye par les Montmorot ne fait aucun doute : « Sachent tous ceux qui verront cette page que moi, Tibert de Montmorot, avec l'accord de mes fils et pour le salut de nos âmes et de celles de nos prédécesseurs, j'ai cédé à Dieu, à sainte Marie et à l'ordre d'Abondance le lieu appelé Grandvaux, en possession perpétuelle et libre, sans aucune restriction ni arrière-pensée » [1].

Comme il s'agit d'un endroit encore inculte, il y ajoute d'autres biens, sis sous des cieux plus cléments : à Lons, Charchilla, Crilla et même au-delà, sur la route de Chalon, à Ruffey-sur-Seille, ce qui deviendra plus tard le prieuré de Fleurey ou de Sainte-Madeleine. Aussitôt, les chanoines se mettent au travail et entreprennent la construction d'un prieuré, un peu à l'écart de la route, dans une vallée sise à plus de 850 mètres d'altitude. Un petit lac leur offre ses rives hospitalières, mais la présence de grands espaces n'atténue pas les difficultés de l'opération, vivement ressenties par les religieux : « Sachent les gens présents et à venir, lit-on dans une charte de 1172, que l'Eglise d'Abondance... a construit le lieu du Grandvaux avec beaucoup de peine et de fortes défenses ; dans ce lieu propice à la vie religieuse, elle a fondé avec zèle une maison et y a instauré activement l'observance régulière » [2].

D'autres libéralités viennent s'ajouter à celles des Montmorot, dédommageant

---

1. Vers 1170 : Arch. dép. Jura, 2 H II, 105, 3, et Staatsbibl. Berlin, Phillipps 1757, II, fol. 100.

2. F.-I. DUNOD, *Histoire des Séquanois,* I, pr. XCII ; MAILLET-GUY (abbé L.), *Histoire du Grandvaux,* p. 24.

ainsi les chanoines de leurs peines. C'est la maladie qui donne aux Cuiseaux l'occasion de s'associer à cette fondation et l'épisode mérite d'être relevé, parce qu'il apporte des éclaircissements sur les motivations réelles des seigneurs, qui voient dans les monastère non seulement des foyers de prières et de contemplation, mais aussi des maisons d'accueil pour ceux des leurs exposés par leurs infirmités à l'impotence ou à une mort lente. Le récit est suffisamment explicite pour se passer de commentaire :

« Face à la très grave et presque insupportable maladie de son frère Henri, frappé d'une langueur très aiguë, l'illustre personne Ponce de Cuiseaux, sur les conseils et les pieuses intentions du seigneur Tibert de Montmorot, est venu (à Salins) trouver Burcard, abbé d'Abondance et les frères qui l'accompagnaient, pour le supplier humblement de recevoir dans un geste de piété ledit Henri et de lui donner un habit religieux. Aussi, cédant aux prières de ce très noble et éminent chevalier, ils ont admis et promis de garder ledit Henri dans la communauté des frères. Comme l'Eglise d'Abondance venait alors d'entreprendre l'édification d'une église au lieu du Grandvaux, Ponce, agissant de sa propre volonté et à la demande et sollicitation du seigneur abbé Burcard et du seigneur Tibert de Montmorot, mû en outre par un sentiment de piété, sans arrière-pensée ni intention maligne, a donné à l'Eglise d'Abondance et aux frères du Grandvaux, présents et futurs, qui y serviront Dieu, la chaux dite *Marreis*, la chaux *Biolée* et tout ce qu'il avait dans cette vallée en terre cultivée ou inculte jusqu'au lieu du Dombief ; il l'a donné en paisible possession pour que les frères le cultivent pour leurs propres besoins »[1].

Grâce à la collaboration des deux seigneurs, le projet prend corps rapidement, si bien que Tibert de Montmorot et Ponce de Cuiseaux conviennent alors de lui donner plus de prestige, en obtenant l'érection du prieuré en une abbaye autonome : « Au bout d'un certain laps de temps, les vénérables frères de ce lieu, qui servaient Dieu et la Sainte Vierge avec dévotion et discipline, pressés par l'inspiration de Celui qui n'a cessé d'exalter les humbles, vinrent au chapitre d'Abondance avec les lettres de supplique de Tibert de Montmorot et de Ponce de Cuiseaux ; là, ils demandèrent humblement qu'on leur accordât un abbé. Après avoir examiné leur pieuse demande, le seigneur Ponce, abbé d'Abondance[2] et les autres frères, acceptèrent de leur choisir un abbé au sein du chapitre, en se réservant seulement tout ce qui leur appartenait dans cette maison au temps du prieuré »[3].

Cet accord survient en février 1172, et le reste du texte fixe les rapports entre les deux maisons, en s'inspirant de la *Carta Caritatis*, mais sans concéder autant d'autonomie ; ainsi, le choix de l'abbé se fera au chapitre d'Abondance, parmi les chanoines du lieu ou du Grandvaux ; le nouvel élu devra obédience à l'abbé d'Abondance, avant de recueillir celle de ses frères du Grandvaux, et il occupera la quatrième place dans l'Ordre, après les abbés de Sixt et d'Entremont. L'abbaye-mère se réserve enfin le droit de visite et de correction. Ainsi voit le jour un nouvel établissement canonial érigé vers 1170 dans la vallée du Grandvaux, qui s'allonge entre les forêts de la Joux et du Mont-Noir, et transformé en une abbaye (1172) qui vient grandir la congrégation d'Abondance.

---

1. Donné à Salins, en 1172 : Arch. dép. Jura, 2 H II, 84, 77. Par mesure de précaution, la donation est renouvelée publiquement à Cuiseaux, « le dimanche après la célébration de la messe, devant le peuple et le clergé ».
2. C'est le frère d'Arducius de Faucigny, évêque de Genève.
3. Arch. dép. Jura, 2 H II, 4, 35, édit. par F.-I. DUNOD, *Hist. des Séquanois*, I, pr. XCII.

Bonlieu

Avant d'examiner les réactions des autorités civiles ou religieuses il convient d'associer à cette fondation sa voisine, la chartreuse de Bonlieu, dont la naissance s'inscrit dans le même contexte politique et régional. Située une dizaine de kilomètres plus au nord-ouest, elle s'individualise du Grandvaux par une ride anticlinale — la forêt de Prénovel que porte la combe de la Trémontagne —, interrompue au nord par une cluse qu'emprunte de nos jours la route de Lons à Saint-Laurent du Grandvaux ; c'est là, au flanc des derniers plissements bordant la Combe d'Ain, que choisit de s'installer le monastère, à proximité d'un petit lac. Si ses origines demeurent obscures, quelques jalons permettent néanmoins d'esquisser la trame essentielle.

C'est encore Tibert de Montmorot qui joue le rôle principal, puisqu'une charte de 1200 le qualifie de *fundator dicte domus* [1] et que la création se situe vers 1170 ; en 1172, le comte de Mâcon-Vienne, Gérard, confirme le fait dans les termes suivants : « Il (Gérard) a donné aux frères de Bonlieu la terre que tenait de lui en fief le seigneur Tibert de Montmorot, tout ce que lui-même avait à l'intérieur des limites fixées et ce que les frères pourraient y acquérir légitimement de ses vassaux ; il a donné aussi aux frères actuels et futurs l'usage des pâturages sur toute sa terre, ainsi que la Chaux du Saut du Jura (aujourd'hui du Saut-Girard)... Il a pris ladite maison sous sa tutelle et sous sa garde. En récompense, les frères de Bonlieu lui ont accordé association et fraternité dans la maison et feront pour lui, durant sa vie et à sa mort, comme pour un de leurs frères » [2].

Un peu plus tard, Ponce de Cuiseaux se joint à Tibert et Gérard pour compléter la dotation, en y ajoutant « tout son droit sur la terre de Saint-Cloud (*Sancto Claudio*) et la moitié de la joux entre le plan (*planum*) du Grandvaux et la Chaux du Dombief », c'est-à-dire ce qui correspond à la Trémontagne. Avec lui, nous retrouvons la triade qui avait présidé à la naissance du Grandvaux et, pour parachever le réseau d'influences qui pèsent sur le Jura méridional, nous leur joindrons les sires de Salins, qu'unissent aux Vienne des liens de mariage très étroits, et qui entretiennent aussi des relations avec Abondance. Bien qu'ils n'expliquent pas tous les problèmes posés par l'arrivée des chartreux, ces faits mettent bien en évidence le rôle de l'aristocratie locale, dont la solidarité trouve ses prolongements dans la politique religieuse. Par Ponce de Cuiseaux, dont le père avait fondé Vaucluse, les Montmorot et les Vienne connaissaient les fils de saint Bruno et sans doute les admiraient. En créant coup sur coup une chartreuse et une abbaye augustinienne, Tibert réalisait probablement une opération de prestige susceptible d'appuyer ses prétentions dans la conquête du Jura méridional, tandis que Girard consolidait sa domination en obtenant la garde des deux monastères.

Les réactions

Or, aucun de ces seigneurs ne pouvait ignorer les prétentions de Saint-Oyend sur les hautes joux et sa volonté d'en contrôler la colonisation. Curieusement, les bénédictins sont tenus à l'écart de ces fondations, comme si l'affaire ne les concernait pas ou que leurs droits n'étaient pas reconnus. En réalité, les laïcs avaient profité des embarras de l'abbaye, empêtrée dans une agitation interne et mal soutenue par Frédéric Barberousse. C'est seulement après la paix de Venise, lorsque l'empereur répare son apparente désinvolture en octroyant divers privilèges, dont le droit de

---

1. Arch. dép. Jura, 44 H 36, fol. 2.
2. Acte dressé en 1172 (Arch. dép. Jura, 44 H N 10) en présence du prieur de Meyniat.

monnaie et la domination des joux [1], que Saint-Oyend réussit à faire entendre son courroux : en 1185, l'abbaye signe un traité de paix avec le Grandvaux sans passer par l'intermédiaire des Montmorot, ni des Vienne [2].

D'après la teneur du texte, les moines reprochaient aux chanoines d'avoir usurpé leurs possessions, en particulier le lieu où se trouvait l'abbaye du Grandvaux ; celle-ci reconnaît le bien-fondé de leurs réclamations, en accordant à titre de cens récognitif « pleine réfection une fois l'an, en pain, vin et fromage, le mercredi après la Septuagésime ». Comme souvent, en pareil cas, un pacte d'association fraternelle resserre les deux communautés. Un tel compromis signifie que l'implantation du Grandvaux s'est faite sans l'accord de Saint-Oyend et que Tibert de Montmorot a abusé de ses pouvoirs.

Cette hypothèse trouve confirmation dans les *Miracles de Saint-Claude*, où l'auteur raconte que les reliques du Thaumaturge reçurent mauvais accueil à Lons-le-Saunier, à cause d'un certain Humbert, petit-fils de Tibert, dont il tire vengeance en ternissant sa mémoire : « Apprenant l'arrivée des moines [avec leurs reliques à Lons], Humbert, comme un méchant serviteur de l'abbaye de Joux, plein d'arrogance et de superbe pour les biens qu'il tenait d'elle, vomit le fiel de son cœur méchant sur la face de sa mère et, par un édit public, interdit aux bienheureux Claude et à sa *familia* de loger dans la ville et d'entrer dans l'église » [3]. Mais avant la fin du siècle, une réconciliation intervient avec les Montmorot, qui renoncent en faveur de Saint-Oyend aux 1500 sous de gage que la maison d'Oysenans (Ruffey) leur devait [4]. Si de tels démêlés ne surgissent pas du côté de Bonlieu, plus éloigné vers le nord, il n'empêche que, dans une donation de 1189, Ponce de Cuiseaux parle, on l'a vu, d'une terre de Saint-Cloud (*Sancto Claudio*) qu'il abandonne aux chartreux.

Sans faire les frais de ces rivalités, les monastères du Grandvaux et de Bonlieu se ressentent, dans leur développement, du manque de concertation préliminaire ; malgré les grands espaces qui les entourent, ils souffrent d'une trop grande proximité et du voisinage d'autres maisons : Ilay au nord, qui appartient à Gigny, la grange d'Etival, au sud-ouest, qui relève du Miroir. Leurs biens s'enchevêtrent — Grandvaux établit une grange à Saint-Maurice, au-delà de Trémontagne — et finissent par provoquer des conflits. C'est surtout Bonlieu qui paraît souffrir le plus d'un espace vital trop restreint. Il est vrai que les chartreux se veulent maîtres chez eux et cherchent donc à expulser ou à exproprier du domaine qu'ils entendent se réserver, les importuns, possesseurs de rentes ou de terres ; vaste domaine dont la partie la plus basse, avec le village des Petites Chiettes (aujourd'hui Bonlieu) appartient à la Combe d'Ain, la partie haute avec la Chaux de Dombief se rattachant au territoire du Grandvaux. Aussi les oppositions surgissent-elles de clercs et de laïcs.

Les uns refusent de se dessaisir des dîmes sur les terres des chartreux, malgré les privilèges de l'Ordre, que le pape Célestin III doit rappeler [5] et le prieur de Gigny ne consent à renoncer à celles perçues du côté d'Ilay que contre une somme de quatre-vingt dix livres lédoniennes [6]. Les autres, tel Jacques de Montmorot dit Aragon, Hugues de Monnet, Rénier de Crillia, oublient les donations de leurs ancêtres et s'approprient des droits qu'ils n'ont plus ; plusieurs d'entre eux, dont Aragon et Rénier, doivent implorer à genoux le pardon du prieur ou bien, « mains jointes et les

1. Acte du 16 novembre 1184, *Die Urkunden Friedrichs I.*, tome IV, n° 884, p. 128-131.
2. Arch. dép. Jura, 2 H I, 137, 4, ou II, 84, 77.
3. *AA. SS.*, *Jun.* I, p. 642.
4. Arch. dép. Jura, 2 H I, 21, 1.
5. Bulle du 10 juillet 1192 (Arch. dép. Jura, 44 H 55).
6. Acte de 1204, *ibidem*, Bonlieu, H 57, 1. 12.

genoux fléchis, faire hommage en la main de père Etienne, prieur de cette maison »[1].

Déjà pénibles et retors avec les laïcs, les conflits qui portent sur des intérêts matériels prennent parfois une tournure dramatique lorsqu'ils dressent deux monastères l'un contre l'autre. L'exemple de Gigny et du Miroir se reproduit ici au début du XIIIᵉ siècle, quand le Grandvaux dispute à Bonlieu les défrichements de *joux* qui les séparent. Une lettre d'Innocent III nous révèle la violence que pouvaient engendrer ces contestations, sinon des religieux eux-mêmes, du moins de leurs hommes : « Les frères de la maison de Bonlieu se sont plaints à nous de ce que l'abbé et les chanoines du Grandvaux ont entrepris de leur enlever de force la moitié de la *joux* donnée par Ponce de Cuiseaux, et osent y construire des bâtiments. Quelques hommes du Grandvaux ont même eu l'audace de se jeter sur une de leurs granges, d'y mettre le feu, d'en tuer le bétail, d'y enlever les meubles. En un mot, les frères de Bonlieu se plaignent d'avoir éprouvé de l'abbé du Grandvaux et de ses gens beaucoup de mauvais traitements, d'injures et de dommages »[2].

Dès 1209, le fils du donateur Ponce de Cuiseaux s'interpose entre les deux maisons pour tenter de délimiter les droits de chacun. Dans son château de Clairvaux, il réunit une commission d'arbitrage composée des abbés de Goailles, du Miroir, du prieur de Clairvaux, de plusieurs seigneurs, dont les Dramelay, de l'archiprêtre de Coligny, qui cherchent un compromis satisfaisant ; Grandvaux garderait tous ses défrichements (*omnes explanationes suas*) et les trois quarts en long et en large du bois restant sur le versant, de son côté ; à Bonlieu reviendrait tout ce qui a été brûlé et défriché sur leur versant par eux ou par ceux du Grandvaux[3].

Mais ce partage ne réussit pas à ramener le calme et l'affaire arrive en cour de Rome, qui charge l'évêque de Mâcon d'enquêter sur les lieux et de clore l'incident. S'engage alors la procédure habituelle : citations, confrontations, tentatives d'arbitrage, jusqu'au jour où, las de l'attitude cynique des Grandvalliers, l'évêque les frappe d'excommunication[4]. En 1213, les abbés de Saint-Claude et de Goailles reviennent à la charge pour proposer une délimitation fondée sur le témoignage des habitants ; des bornes sont posées, qui, conformément à la donation primitive de Ponce de Cuiseaux, accordent l'avantage à Bonlieu[5]. Mais Grandvaux ne baisse que momentanément les bras, et la question de ces *joux* rejaillira par la suite.

Ces péripéties illustrent les problèmes rencontrés par les établissements religieux dans les régions en voie de colonisation. Ces *joux* jusque-là inutiles deviennent l'objet d'une conquête systématique de la part des ecclésiastiques comme des seigneurs ; les querelles de voisinage se font par granges interposées et se multiplient à mesure que ces dernières augmentent en nombre. Au départ, les seigneurs cèdent des terres vierges, les moines arrivent et avec leurs hommes défrichent, élargissent les clairières. Les progrès de la colonisation ne tardent pas à inquiéter des confrères désireux de se protéger par un espace vital d'autant plus vaste que les rigueurs du climat et les contraintes du relief réduisent les possibilités de culture. Les quelques allusions du XIIIᵉ siècle semblent bien indiquer une économie pastorale,

---

1. 1209, pour Aragon, petit-fils de Tibert de Montmorot (Arch. dép. Haute-Saône, 25 J A/3); 1212 pour Hugues de Monnet, bâtard, fils de Roger de Monnet (Arch. dép. Jura, 44 H 32) et 1229 (Arch. dép. Doubs, G 27 suppl.).
2. Lettre du 4 avril 1210, Arch. dép. Jura, Bonlieu H 32, fol. 5.
3. Arch. dép. Jura, 2 H II, 84, 77 : *quidquid crematum et combustum et explanatum erat.*
4. *Ibidem*, 2 H II, 56, 8.
5. *Ibidem*, 44 H 32, fol. 80.

avec l'élevage extensif du mouton, exigeant de vastes pâturages [1].

Les intérêts matériels prennent alors le pas sur toute autre considération. L'exemple de la grange d'Etival, située dans l'une de ces nombreuses gouttières qui s'étirent au sud-ouest du Grandvaux, s'inscrit dans ce processus de rivalité. Ponce de Cuiseaux avait autorisé les moines du Miroir à prendre pied dans cette vallée qui offrait de bons pâturages ; les cisterciens y construisent une grange, mais bientôt s'attirent les récriminations des chanoines qui arguent de la trop grande proximité du lieu par rapport à leur abbaye. querelles et tractations s'engagent et finalement le Miroir accède aux désirs du Grandvaux en lui cédant sa grange, en 1219, contre un cens de douze sous estevenants [2].

Ce fragile équilibre est remis en question au XIIIe siècle par l'attitude des laïcs qui prennent directement en mains la colonisation du pays et dont les châteaux assurent le relais des monastères. Le Châtel de Joux dominera Etival, celui du Grandvaux doublera l'abbaye, etc. Aussi les difficultés matérielles des chanoines ne feront-elles que croître et avec elles le découragement et l'abandon de la régularité ; en 1244, Abondance adopte une solution radicale : en échange de biens dans le pays de Genève, elle cède à Saint-Claude l'abbaye du Grandvaux, qui devient alors un simple prieuré bénédictin.

« A cause des péchés des hommes, l'église du Grandvaux, qui était jusque-là une abbaye, se trouvait écrasée de dettes si lourdes et si excessives que les ressources de cette église ne suffisaient plus à la voracité des usuriers et aux dents des tyrans. Par suite de cette misère, ses serviteurs se trouvaient dispersés et l'église privée d'offices divins. Ce lieu consacré au culte et les possessions qui en relevaient étaient convoités par de puissants voisins ; il n'y avait personne qui pût leur résister et apporter aide et conseil devant une telle adversité. Par l'église d'Abondance, de laquelle elle dépendait directement, telle une fille à l'égard de sa mère, l'église du Grandvaux ne pouvait être libérée de si graves périls ; comme de tout temps elle payait le cens à Saint-Oyend de Joux, qui se trouvait beaucoup plus proche d'elle qu'Abondance, l'abbé Humbert et le couvent de Saint-Oyend d'une part, l'abbé Jean et le couvent d'Abondance d'autre part, après avoir considéré l'intérêt de leurs maisons et pris l'avis d'amis et d'experts, ont fait une permutation à l'amiable de leurs églises : l'église du Grandvaux avec toutes ses possessions et ses dépendances, est passée dans l'obédience et la soumission du monastère de Saint-Oyend de Joux, comme elle l'était auparavant dans celle d'Abondance, mais les prieurés de Divonne et d'Avrigny, qui sont plus proches d'Abondance, sont passés avec tous leurs biens et leurs dépendances dans l'obédience et la soumission d'Abondance » [3].

---

1. En 1235, par exemple (*ibidem*, 44 H 32, 4), Jean de Monnet de Beauregard donne droit de parcours sur sa terre pour nourrir les moutons et le bétail des chartreux contre un cens de 10 sous et trois aulnes de drap.

2. *Ibidem*, 2 H II, 84, 77 et 2 H I, 137, 1.

3. Acte de novembre 1244, Staatsbibl. Berlin, Phillipps 1757, II, fol. 98, publié par F.-I. DUNOD, *Histoire des Séquanois*, I, pr. XCIII : l'acte précise que cet échange ne tarda pas à mécontenter les chanoines d'Abondance « parce que les biens donnés au monastère de Saint-Oyend dépassaient ceux livrés à l'église d'Abondance... ».
Au lieu de Divonne, Saint-Oyend céda les prieurés de Nyon et de Saint-Genis et une rente annuelle de quatre livres genevoises. Auparavant, ce traité d'échange, approuvé au chapitre de Saint-Oyend le 29 mai 1244, avait reçu l'approbation de Jean, archevêque élu de Besançon, le 11 juin, d'Humbert, dit Aragon, seigneur de Crilliat, « parce que ses prédécesseurs avaient fondé et doté le monastère du Grandvaux », le 1er octobre 1244 (Arch. dép. Jura, 2 H II, 137, 6).

Cet échec apparent du Grandvaux, dû au contexte très particulier du xIII[e] siècle, ne compromet pas l'application de Bonlieu à étendre son désert. L'avantage des chartreux a été de fonder l'avenir de leur maison sur une économie plus diversifiée, en ne se contentant pas des revenus pastoraux de leur domaine. A Bonlieu, comme précédemment à Vaucluse, les moines noirs ont su investir ailleurs que dans les *joux*, là où ils trouvaient des ressources complémentaires et rentables ; dès 1170-1180, Vaucluse obtenait de Ponce de Cuiseaux plusieurs vignes à Cuiseaux même et diverses terres à Sarrogna [1], augmentées par la suite d'autres dons ou acquisitions, si bien qu'à la fin du xII[e] siècle le domaine des chartreux comprend plusieurs noyaux : la *retraite* proprement dite de Vaucluse, le vignoble de Cuiseaux, appelé à un grand essor, des terres cultivables à Sarrogna et des droits de parcours en divers lieux.

De son côté, Bonlieu suit la même démarche et, comme son fondateur Tibert de Montmorot résidait aux portes de Lons-le-Saunier, ses investissements se font dans et autour de cette agglomération. Elle crée un vignoble à Montaigu, par une série d'achats qui s'intensifient à partir de 1233 [2], réalise des acquisitions immobilières à Lons même, dont une maison de pierre avec cellier devant le monastère de Saint-Désiré, puis s'assure des rentes en muire au puits salé.

Moins libre de ses mouvements et coincé entre une chartreuse très obstinée dans la défense de ses intérêts matériels et l'abbaye de Saint-Claude, avide de reprendre le contrôle de terres qu'elle considérait comme siennes, le Grandvaux n'a pas eu cette alternative et ne put guère compter sur l'appui d'Abondance, embarrassée par la situation de sa filiale. Si la création de cette dernière se justifiait au moment du schisme, elle perdait de son opportunité par la suite, quand l'abbaye de Saint-Oyend se réconcilia avec l'aristocratie locale et reprit la domination effective des *joux* méridionales. Abondance se sentit d'autant plus mal à l'aise qu'elle entretenait de bonnes relations avec les Montmorot, les Cuiseaux, les Salins et les Vienne. Nous en avons la preuve dans la fondation, vers 1200 de Goailles, dernière filiale d'Abondance, établie aux portes mêmes de Salins.

Goailles

C'est Gaucher V, le fils cadet de Gérard de Vienne, qui a l'initiative des opérations et, comme toujours, son geste s'inscrit dans une optique religieuse et politique qui ne concerne pas seulement ses relations avec l'abbaye chablésienne, mais révèle des desseins plus ambitieux. Nous avons vu les liens amicaux qu'Abondance avait noués avec son ancêtre Gaucher IV, qui lui avait cédé des biens près de Chalamont, des rentes en muire et qui avait probablement favorisé l'érection du prieuré de Beaulieu, à l'emplacement de la future abbaye. Celui-ci était le terminus d'une chaîne de relais qui jalonnaient la route de la Savoie à travers le Jura [3]. Certes, le lieu se prêtait admirablement à la vie contemplative ; à quelques kilomètres à l'est de Salins, un peu à l'écart de la route qui arrive de Pontarlier, une petite reculée, taillée en cirque dans le rocher, offre les conditions requises pour un

---

1. Arch. dép. Jura, G 46.
2. *Ibidem*, 44 H 32, fol. 5.
3. Nous savons que le prieuré de Beaulieu se situait à l'emplacement même de Goailles, comme le précise une charte non datée de Gaucher V (Arch.dép. Jura, 12 F 35, fol. 5) : *Ad construendam abbatiam in eodem loco in quo prius erat prioratus qui modo Bellus Locus dicitur.* La meilleur étude sur Goailles est celle de D. VUILLERMOZ, *L'abbaye de Goailles au Moyen Age, de sa fondation à 1350*, Mém. maîtrise, Besançon, 1970, dactyl.

monastère : l'eau, le calme, la forêt[1]. Les eaux de la Goaillette passent même à l'époque moderne pour avoir des vertus thérapeutiques. Des malades venaient se plonger dans une piscine à l'intérieur de l'abbaye, tandis que les chanoines disaient guérir de l'hydropisie[2]. Mais il est impossible de savoir si une telle tradition courait déjà au Moyen Age.

Vers 1199-1200, Gaucher V décide de transformer le petit prieuré rural de Beaulieu en une abbaye augustinienne qui prend le nom de Goailles. Son initiative ne fait pas de doute, parce qu'il l'explicite dans plusieurs chartes : « Sachent les hommes présents et futurs que moi, Gaucher, seigneur de Salins, avec l'accord de ma mère la comtesse Maurette, pour construire une abbaye dans le lieu même où se trouvait auparavant le prieuré de Beaulieu », ou bien : « L'église de Goailles, *quam in proprio meo fundavi territorio* »[3]. En même temps qu'il prend cette décision, il opère une autre mutation en affiliant l'ermitage du Mont-Sainte-Marie à l'ordre cistercien ; deux créations concomitantes, c'était suffisant pour que la tradition embellisse ce geste et lui attribue d'autres initiatives, comme en témoigne au XVIe siècle le premier historien comtois, Gollut : « Ceste maison de Salins hat estée si grande que Gauchier osat bien et le feit rentier trois abbaies en un jour ; car le matin il pourveut Rosières, à midy il fournit Goelle et à vespres il dotat Mont-Sainte-Marie et les bastit commodément »[4].

Comme toujours, les motivations de Gaucher ne se bornent pas à des objectifs religieux (foyer spirituel, centre de prières), mais interfèrent avec sa politique lignagère et régionale : dans la mainmise qu'il effectue sur la route de Pontarlier, les deux monastères (Goailles et Mont-Sainte-Marie) constituent des points d'appui non négligeables, à chaque extrémité, en même temps qu'ils rehaussent indéniablement le prestige de leur fondateur. En outre, la pieuse émulation qui sévit à Salins, où les chapitres bisontins érigent les collégiales de Saint-Maurice et de Saint-Michel, l'incite à relever le défi.

Le seigneur du Bourg-Dessus n'avait à leur opposer que le petit prieuré castral de Bracon. La transformation de Beaulieu en abbaye servait à point les ambitions de Gaucher face aux chanoines séculiers, aux côtés des Templiers et des Hospitaliers, déjà choyés par ses prédécesseurs. Elle présentait les conditions requises pour être à la fois un havre de prières et un mausolée familial : « Considérant que mes prédécesseurs, les sires de Salins, n'avaient pas de lieu de sépulture attitré, écrit Gaucher en 1217, sous l'inspiration divine, je suis venu dans l'église Sainte-Marie de Goailles que j'ai fondée sur ma propre terre et là, devant l'abbé Humbert et son chapitre, devant les deux abbés cisterciens de Haucrêt et d'Aulps, et devant plusieurs autres personnes, j'ai choisi ma propre sépulture dans ce lieu. Pour que mon vœu crée un lien plus fort, je me suis donné pieusement entre les mains dudit abbé, par le Livre et j'ai été admis dans leur confraternité »[5]. Sa sœur Ida, épouse de Simon, duc de Lorraine, suit l'exemple fraternel en 1218 : « L'abbé m'a fait participer à tous les bienfaits de l'Ordre d'Abondance à titre de consœur et moi-même, entre ses mains et par le Livre, je me suis pieusement offerte, choisissant de cette manière ma

---

1. Voir la description qu'en donne au début du XIXe siècle J. TRIPART, *Notices sur la ville et les communes du canton de Salins,* p. 35.
2. *Ibidem*, p. 350-410
3. Arch. dép. Jura, 12 F 35, fol. 2, et 20 H 4.
4. L. GOLLUT, *Mém. de la Rép. Séquanoise,* col. 139.
5. Arch. dép. Jura, 20 H 4, texte de 1217. Le prénom de cet abbé de Goailles Humbert, est très courant chez les seigneurs de Salins ; s'agit-il d'un membre de cette famille ?

sépulture dans cette église »[1]. De telles déclarations nous éclairent sur la finalité de l'établissement canonial, davantage tourné vers le service lignager que paroissial.

Si Gaucher satisfait ses ambitions, Abondance ne perd rien à cette transformation. Après Grandvaux, dont la demi-réussite lui assurait néanmoins un relais dans le Jura, Goailles renforce opportunément ses positions à Salins. Aussi n'hésite-t-elle pas à accéder aux désirs du fondateur et à rattacher à la nouvelle abbaye ses possessions dispersées dans la région de Chalamont : le prieuré de Villars, qui devient bientôt une simple grange, le village du même nom et tout ce qu'elle avait dans les environs du château de Joux, ne se réservant que la muire de Salins. Restait à régler les rapports de filiation, qui n'ont apparemment pas soulevé de difficulté, puisqu'ils n'ont donné lieu à aucun texte écrit. A en juger par les contestations ultérieures, Goailles a cependant disposé d'une plus grande autonomie que Grandvaux car elle avait le privilège de choisir l'abbé en son propre sein, avant de le présenter au chapitre d'Abondance[2]. A cause de sa taille modeste et de ses antécédents prioraux, la construction de l'abbatiale a été réalisée très rapidement. Dès 1204, l'archevêque Amédée procédait à la consécration de son église Saint-Jean, en ajoutant le droit d'asile pour toute personne qui se réfugierait dans les limites du cimetière[3].

Dans cette création, comme dans les autres, les réticences viennent des centres paroissiaux, toujours inquiets de l'attraction éventuelle des nouveaux foyers religieux sur leurs ouailles et de la perte de revenus qui pouvait en découler. Les collégiales de Saint-Anatoile et de Saint-Michel s'empressent donc de stipuler une de leurs conditions essentielles : Goailles « n'acceptera aucun chanoine ni aucun paroissien de ces églises, si ce n'est les malades qui ont élu sépulture en ce lieu »[4]. Cette clause confirme ce que nous devinons de Goailles par ailleurs : petite abbaye augustinienne, au service des seigneurs de Salins, mais volontairement tenue à l'écart des intérêts religieux de cette ville et du ministère pastoral ; son temporel ne compte pas de patronages en dehors de Cernans, d'Ivory, sis à proximité, et de Villars-sous-Chalamont, intégré dans ses possessions originelles.

Les chapitres de Salins avaient raison de craindre la concurrence de Goailles, car le rayonnement de celle-ci se fait surtout en direction de la ville et le long de la route qui conduit à Pontarlier. Le développement de son temporel s'organise en effet autour de trois noyaux d'inégale importance : aux environs de Chalamont, un premier ensemble regroupe les anciennes terres d'Abondance (Saint-Sauveur, grange et village de Villars, exemption du péage de Chalamont) ; un second noyau s'amorce autour d'Ivory à partir de l'église et de quelques autres biens, mais l'essentiel se situe à proximité de Goailles et de Salins : une, puis bientôt trois granges, exploitent les terres qu'acquiert l'abbaye selon une politique d'investissement qui s'intensifie après 1230 ; dans la ville, Goailles ne se contente pas de rentes en sel ou en muire, elle place systématiquement ses capitaux en biens immobiliers (maison proche de Saint-Jean en 1231) et surtout en vignes : en quelques décennies, elle se trouve possessionnée dans les principaux vignobles qui tapissent les versants de la Furieuse.

Si elle réussit par là à diversifier son économie et à affirmer sa présence à Salins au même titre que beaucoup d'autres maisons, elle ne parvient pas toutefois à se hausser au niveau des grandes abbayes et les estimations de la fin du siècle la classent au rang des établissements très moyens, avant Buillon, Montbenoît ou Rosières ; rang toutefois honorable si l'on considère son apparition tardive, les diffi-

---

1. *Ibidem,* 12 F 35, fol. 4.
2. Accords de 1270 et 1272 (*ibidem,* 12 F 35, fol. 30).
3. *Ibidem,* 12 F 35, fol. 3.
4. *Ibidem,* 12 F 35, fol. 11-12.

cultés rencontrées par les abbayes au xiiie siècle et l'échec de sa sœur du Grandvaux, très vite absorbée dans la zone d'attraction de Saint-Claude.

Damparis

Ces deux exemples montrent le destin contradictoire des créations qui ont lieu après le grand essor canonial de la première moitié du xiie siècle et qui résultent de motivations plus diverses, dans lesquelles entre une part importante de considérations politiques. Aux initiatives des sires de Salins, des Montmorot et des Cuiseaux, il aurait été intéressant de joindre une autre fondation, qui apparaît à la frontière occidentale du diocèse, aux portes de Dole, Damparis. Mais les hommes et le temps ont sévi dans ce lieu, dispersant ou détruisant ce que leurs ancêtres avaient patiemment construit, si bien qu'aucun document ne permet d'en retracer les origines. Seuls, quelques vestiges archéologiques d'une église maintes fois remaniée et restaurée, évoquent par leur disposition et leur sobriété la comparaison avec les édifices cisterciens de la fin du siècle [1].

La tradition prétend que vers 1160 un religieux nommé Paris aurait fondé sur l'emplacement d'un ancien ermitage une communauté augustinienne et qu'il aurait reçu le soutien de la comtesse-impératrice Béatrice, puis de la maison de Vienne [2]. Sans entrer dans la critique des affabulations que suscite l'absence de documents, nous retiendrons les quelques données certaines, qui ne prêtent à aucune discussion. Des abbés du Meix Sainte-Marie de Damparis — c'est le nom de cet établissement — régulièrement cités dans les archives de Cîteaux après 1229, se trouvent à la tête d'une maison de chanoines réguliers de saint Augustin, dont l'église est dédiée à saint Denis [3]. L'abbaye, qui n'abrite pas plus de six religieux à la fin du xiiie siècle, végète et, face aux difficultés matérielles qui l'assaillent, finit par être rattachée aux bénédictins de Saint-Vincent de Besançon [4].

La seule démarche plausible consiste à intégrer ces éléments dans l'évolution régionale. Nous avons déjà souligné l'importance de Dole dans le dispositif comtal du xiie siècle et le développement du bourg castral à mesure que s'intensifient les passages du Doubs. Parallèlement à cet essor économique et politique, la pénétration des ordres religieux souligne l'intérêt croissant porté à cette contrée. Les bénédictins de Baume ont très tôt pris pied à Dole et à Jouhe, bientôt talonnés par les clunisiens qui s'installent à Losne et à Saint-Vivant (ce dernier prieuré étant dû à l'influence de Saint-Vivant de Vergy), tandis qu'au-delà du Doubs s'égrènent un établissement du Temple et deux dépendances de Montjoux. Mais l'équipement religieux ne se limite pas au plat pays et, à partir de la fin du xiie siècle, se concentre aux alentours de Dole ou dans la ville ; c'est dans ce bourg que Cîteaux décide de construire une maison, à la suite de donations dont la gratifient la veuve du comte Othon Ier, Marguerite de Blois, et son beau-frère le roi Philippe de Souabe [5]. Dès lors, l'abbaye de Cîteaux se dote d'une assise foncière de plus en plus importante et se lance dans une série d'investissements dont témoigne son cartulaire.

Mais à la même époque, les bouleversements de la conjoncture modifient profon-

---

1. R. Tournier, Lés églises comtoises, p. 378.
2. Abbé Richard, Histoire des diocèses de Besançon, p. 387 et D. Bienmiller, L'abbaye de Damparis, 1970 (plaquette), p. 7, qui contient une bibliographie.
3. Arch. dép. Côte d'Or, 11 H 78, fol. 231 : abbas Mansi S. Marie de Dampno Parisio.
4. Le rattachement a lieu en 1305 (Arch. dép. Doubs, 1 H 21) ; à ce moment-là, Damparis compte trois granges sises à proximité même de l'abbaye : Damparis, Belvoie et Gevry.
5. Arch. dép. Côte d'Or, 11 H 78, fol. 227, actes de 1200-1208.

dément l'équilibre politique sur la frontière de la Saône. Le duc de Bourgogne profite de la déstabilisation du comté pour y prendre des gages ; soit directement, soit par l'intermédiaire de ses vassaux, il obtient la suzeraineté pour les têtes de pont de Mailly, Pouilly et Navilly, tandis que les seigneurs de Chaussin lui font hommage, en 1222, pour la forteresse de Tavaux, située aux portes même de Dole[1].

De leur côté, les seigneurs de Vergy, dont le berceau se trouve dans le diocèse d'Autun, accentuent leur influence au point de devenir tout puissants dans la région. Déjà maîtres de Beaumont et d'Autrey depuis le milieu du XIIe siècle, ils contrôlent certains passages de la Saône, dont Auxonne, qui est un fief de leur prieuré de Vergy, mais c'est sous Guillaume († 1240), que leur emprise s'élargit considérablement, au moment où les guerres féodales effritent l'autorité des comtes de Bourgogne. Tandis que sa sœur Alix épouse le duc Eudes, son frère Guy obtient en 1224 l'évêché d'Autun et l'abbaye de Bèze, que le légat pontifical lui demande de réformer, et lui-même épouse (en 1202) Clémence, l'héritière des Fouvent, ce qui lui assure une position privilégiée dans le nord-ouest du diocèse. Par eux tous, la pénétration française s'intensifie et nous inclinons à placer la création de Damparis dans ces perspectives. Les patronages de l'église d'Autun dans les doyennés de Neublans et de Dole, la dédicace de Damparis à sainte Marie et à saint Denis font irrésistiblement penser à l'influence des Vergy, qui avaient déjà fondé une collégiale sous le même vocable.

Désireux d'exploiter le recul des comtes de Bourgogne et d'équilibrer la poussée des différents ordres religieux (Saint-Vivant avait déjà essaimé au-delà de la Saône), ces seigneurs auraient pu créer, au début du XIIIe siècle, à proximité de Dole et de Tavaux, une abbaye augustinienne qui réalisât les mêmes objectifs que Goailles et qui concrétisât leurs ambitions politiques. Cette hypothèse, qui expliquerait la tardive apparition de Damparis, sa taille modeste et l'indifférence des comtes de Bourgogne à son égard, a l'avantage de rendre compte de l'avancée des seigneurs d'Outre-Saône et de l'expansion difficile de cette maison, très vite emportée par les embarras matériels.

Survenant après Goailles et le Grandvaux, cet exemple montre enfin l'étroite imbrication de la politique et de la religion, qui semble encore plus forte au moment où les aspirations spirituelles de la réforme se sont essoufflées. Néanmoins, l'idéal canonial, que la vague cistercienne avait semblé refouler, résiste bien à l'érosion du temps, puisque sous sa forme séculière ou régulière et même dans l'aspect plus strict de l'observance prémontrée, il parvient à récupérer la plupart des créations de cette période.

D. SPÉCIFICITÉ DES ANCIENNES MAISONS

Si la vitalité augustinienne persiste, elle n'aboutit pas à uniformiser un mouvement dans lequel, comme au départ, chaque maison ou chaque groupe conserve sa spécificité. Certes, des tendances générales se dessinent, qui ne s'appliquent pas à lui seul, mais valent aussi pour l'ensemble du monachisme. Nous verrons que, même dans le ministère pastoral, que l'on aurait pu croire réservé aux chanoines, les moines noirs exercent une influence prépondérante par le nombre des églises en leur possession. Des distinctions s'observent à l'intérieur de chaque grande catégorie. En effet, les prémontrés se rapprochent une fois de plus des cisterciens pour avoir longtemps négligé la recherche des patronages et y viennent même plus tardivement

---

1. J. RICHARD, Passages de la Saône aux XIIe et XIIIe siècles, dans *Annales de Bourgogne*, 1950, p. 265

que ces derniers, puisque leurs premières acquisitions datent des années 1188-1189. Belchamp, moins riche en granges que Grandgourt ou Corneux, en obtient une dizaine, grâce à la complicité de l'archevêque Thierry de Montbéliard ; la réticence de Corneux à l'égard de ces revenus ecclésiastiques persiste jusqu'au début du xiiie siècle, comme si son aisance matérielle (elle possède une douzaine de granges) lui permettait de rester fidèle plus longtemps à la rigueur primitive.

Chez les Augustiniens, si aucun statut ne confirme leur vocation au ministère pastoral, les restitutions d'églises en leur faveur témoignent de leur aptitude en la matière. Abbayes et prieurés accumulent les patronages, en proportion non de leur effectif, mais de leur rayonnement. L'exemple de Saint-Paul est significatif, puisque c'est après son passage à la régularité (1131) que le prieuré bisontin fait un bond en avant spectaculaire. Malgré son isolement et sans doute grâce à la personnalité de son supérieur Narduin, Montbenoît se voit confier des églises lointaines, sièges de futurs prieurés : Grandecourt, Glamondans, puis Laval. Parmi les autres maisons qui dépendent d'abbayes périphériques et dont les possessions se limitent à quelques unités, Marast tranche par son attraction, puisqu'elle récupère une dizaine d'églises ; originalité difficile à expliquer, tant les raisons profondes nous échappent : influence de Chaumouzey ? rôle de ses protecteurs, les Rougemont ? rayonnement de la petite communauté ?

La possession d'églises n'oblige pas les patrons à assurer eux-mêmes la desserte paroissiale, même si la législation du xiie siècle reconnaît en général aux établissements canoniaux la faculté de présenter un de leurs religieux pour la *cura animarum*[1]. Qu'en est-il dans la réalité diocésaine ? Il paraît évident que les chanoines réguliers ne remplissent pas les fonctions pastorales dans toutes leurs églises. Les effectifs de Saint-Paul ne suffiraient pas à cette tâche pour leurs seules possessions et nous ignorons en quelle mesure ils y participent ou s'ils se contentent de prendre en main uniquement les églises priorales. Nous ne connaissons que quelques cas particuliers du xiiie siècle, étudiés par ailleurs[2].

Saint-Paul de Besançon

Comme toujours, la documentation de cette époque est trop fragmentaire pour saisir le problème dans son ensemble et le traiter par rapport aux autres activités spirituelles, hospitalières ou économiques. Là où l'approche est partiellement réalisable pour Saint-Paul, Montbenoît, Corneux, elle montre qu'à la fin de la période envisagée, chaque maison conserve sa spécificité. L'établissement bisontin illustre les efforts et les difficultés d'une petite congrégation à s'organiser et à consolider les positions acquises ; il ne déploie pas dans la seconde moitié du xiie siècle une très grande activité, comme s'il était absorbé par ses problèmes internes. Alors qu'autrefois il donnait à la cité des maîtres et des prieurs remarquables, aucune personnalité éminente ne se détache avant le xiiie siècle, ni aucune action particulière. La maison vit une étape effacée de son existence, mais cette discrétion ne signifie ni stagnation, ni recul, parce qu'elle forge les moyens de la politique très ambitieuse qu'elle déploie après 1220.

C'est l'époque où, ayant intégré plusieurs prieurés, Saint-Paul structure sa petite congrégation. Après Lanthenans, elle obtient la juridiction sur les anciennes création

---

1. J. BECQUET, La paroisse en France, dans *Istituzione ecclesiastiche della "Societas Christiana"*, p. 217-220 ; J. AVRIL, Recherches sur la politique paroissiale des établissements monastiques et canoniaux..., dans *Revue Mabillon*, LIX (1980), p. 493.
2. R. FIÉTIER ..., *Les droits paroissiaux en Franche-Comté au Moyen Age :* y sont étudiés divers exemples portant sur les XIIe et XIIIe siècles.

de Rambaud, Bellefontaine et Courtefontaine [1], qui viennent s'ajouter aux importants centres domaniaux qu'elle possède à Naisey, Geneuille et Alaise près de Salins. Il s'agit pour elle de laisser à chacun de ses prieurés assez d'autonomie pour éviter les dissensions internes, sans aller toutefois jusqu'au libre choix du supérieur. Aussi veille-t-elle jalousement à prévenir toute manifestation d'indépendance, en particulier de la part de Lanthenans que son éloignement et son rayonnement dans le comté de Montbéliard incitent toujours à l'émancipation [2].

Saint-Paul ne cherche pas à accroître le nombre de ses prieurés. Seule l'église de Rosey, sise dans le décanat de Traves, accède à ce rang en 1227 [3], alors qu'ailleurs l'établissement bisontin préfère organiser sa gestion à partir de centres ruraux, baptisés plus tard d'obédiences [4]. Tout se passe comme s'il évitait la dispersion, et, lorsqu'un bienfaiteur fait une donation en vue d'instituer un nouveau prieuré, les chanoines ne répondent pas automatiquement à ses vœux, puisqu'une tentative de ce genre échoue en 1229 dans le val de Durnes [5].

Cette prudence correspond-elle à une gêne économique ? Rien ne permet de l'affirmer pour le xiie siècle, pas même la création de la paroisse Saint-Donat, à proximité même du couvent, *infra claustra ecclesie fundata* : celle-ci cherche moins à obtenir des revenus supplémentaires qu'à concrétiser les progrès de l'urbanisation à l'intérieur de la boucle et le désir des chanoines de rester les maîtres de leur quartier [6]. Saint-Paul vit donc paisiblement cette période sans connaître de graves problèmes de discipline ni de subsistance. Après une phase de forte expansion, elle opère une pause, qu'elle met à profit pour mieux se structurer, comme le confirment les privilèges juridiques de Clément III en 1188 : droit pour le prieur d'absoudre les

---

1. En 1179, le premier témoin de la consécration de l'église de Courtefontaine est Jérémie, prieur de Saint-Paul (Arch. dép. Doubs, 72 H 27).
2. Des tentatives ont eu lieu en 1147 (voir Livre II, chapitre 2) qui se renouvellent en 1245, 1257, et 1261 (Bibl. mun. Besançon, Droz 38, fol. 69).
3. *Cartulaire des comtes de Bourgogne*, n° 16 ; une série presque ininterrompue de prieurs est attestée pour le xiiie siècle.
4. Un acte de 1260, qui énumère les principaux dignitaires, fait état soit de prieurés soit d'obédiences : « Renaud d'Usier, abbé, Thiébaud de Burgille, prieur claustral, Pierre de Scey, prieur de Rosey, Richard de Beaujeu, prieur de Bellefontaine, Pierre de Sancey, vestiaire, Jean de La Roche, obédiencier de Naisey, Guillaume de Montmartin, obédiencier d'Alaise, Amédée de Gonsans, prieur de Courtefontaine, Hugues de Vennes, séchal, Henri d'Usier, prieur de Lanthenans, Etienne de La Roche, obédiencier de Leugney » (Bibl. mun. Besançon, Droz 38, fol. 123).
5. « Hugues de Saint-Hippolyte, chanoine de Besançon, a donné en aumône à Dieu, à sainte Marie et à l'église de Saint-Paul de Besançon ce qu'il avait dans la vallée à côté de Durnes, appelé ordinairement Val. Le prieur et le couvent de Saint-Paul ont promis à Hugues, en bonne foi, de fonder prochainement dans cette vallée une église cimitérale en l'honneur de la sainte Vierge Marie, qu'ils doteront de leurs propres biens et des biens de ce lieu, de telle sorte qu'y soit institué dorénavant un prieuré de l'ordre de saint Augustin, avec un ou plusieurs chanoines de l'église de Saint-Paul, qui y serviront Dieu, selon les possibilités du lieu et qui y feront résidence à tour de rôle » (1229, Arch. dép. Doubs, 67 H 329). Ce prieuré a-t-il vu le jour au xiiie s. ? Il ne figure pas, en tant que tel, dans l'énumération précédente.
6. Bulle du pape Célestin III, du 5 décembre 1193 : « Nous décidons d'accorder que dans l'église paroissiale de Saint-Donat, fondée dans le clos de votre église, vous ayez la *cura animarum* et vous puissiez instituer un de vos chanoines pour y célébrer les offices divins » (WIEDERHOLD, *Papsturkunden, La Franche-Comé*, n° 83).

chanoines et les convers qui se battent entre eux, influence décisive de la *sanior pars* au sein du chapitre [1].

Montbenoît

Face à Saint-Paul, Montbenoît représente une maison canoniale différente par ses caractères et son évolution. L'abbaye déploie une activité à la fois plus intense et plus polyvalente. Ilot de prière isolé au cœur des *joux* montagneuses, elle prend en main la colonisation de ce qui deviendra la val du Sauget, et comme tous les établissements pionniers, elle doit diversifier ses investissements pour assurer sa subsistance, d'où ses possessions à Pontarlier (églises, hôpital), dans le Vignoble (Montigny) et le long des axes de circulation. Mais, en même temps que s'affirme sa réussite matérielle, se resserrent les liens qu'elle entretient depuis ses origines avec les sires de Joux. Enfin, sise non loin de Pontarlier, qui ne compte pas de monastère, hormis une petite obédience de Baume, elle profite du développement de la ville où se constitue un noyau patricien de nobles et de bourgeois. Pour toutes ces raisons, il est donc difficile de lui dégager une fonction spécifique.

Alors que le développement de Saint-Paul marque le pas après 1140, Montbenoît continue son expansion, amorcée avant 1140 par Narduin, au moment où ce dernier lui donne le rang d'abbaye. Les dons, qui traduisent son influence et son attraction spirituelles dans la contrée, continuent d'affluer durant tout le XIIe siècle, comme le prouve une pancarte de l'archevêque Thierry, qui récapitule les libéralités antérieures à 1189, soit quatre-vingt-une au total [2]. On y voit défiler dans le plus beau désordre toutes les classes sociales et des horizons géographiques variés : une vingtaine d'ecclésiastiques, autant de nobles... Parmi les premiers, les archevêques Anseri et Humbert, trois chanoines de la cathédrale, douze prêtres, deux clercs. un convers, mais aucun monastère ni prieuré. Chez les nobles, la représentativité est mieux assurée, puisque l'énumération va du comte de Bourgogne à la chevalerie locale (Pontarlier, Chaffois, Usiers) en passant par les grands lignages (Montfaucon, Salins, Montmorot, Durnes, Arguel, Scey, Joux, Orbe...). Pour le reste, une foule d'anonymes, désignés seulement par leurs prénoms, plus rarement par leurs villages d'origine ou leurs fonctions. La nature et l'importance des dons varient évidemment avec le niveau social du bienfaiteur et, par là, cette pancarte offre un bon échantillonnage de ce qui contribue à la formation du temporel abbatial : beaucoup de biens immobiliers, allant du meix à la petite pièce de terre, de pré ou de vigne, sans oublier les droits de pâturages, ni les rentes (dîmes, censives, muire), ni les droits seigneuriaux pesant sur les exploitants, serfs ou mainmortables.

Dans cette litanie de donateurs, les sires de Joux occupent une place privilégiée. Dès le début, ils ont participé au lancement de l'abbaye, en autorisant les premiers frères à s'implanter au milieu de leur forêt du Sauget et en leur assurant un espace vital. Par la suite, ils n'ont cessé de manifester leur sollicitude à leur égard, même si parfois celle-ci devenait contraignante, et tous les chefs de la dynastie figurent comme bienfaiteurs dans les actes du monastère. Aussi n'est-il pas étonnant que les sires de Joux aient fait de cette abbaye le *Saint-Denis* de leur maison [3]. Grâce à ces

---

1. Bibl. mun. Besançon, Droz 38, fol. 96 : 11 juillet 1188, édit. P. Marquiset, *Histoire de l'abbaye de Saint-Paul*, p. 281.
2. Arch. dép. Doubs, 69 H 29, édit E. Droz, *Mém... hist. de la ville de Pontarlier*, Besançon, 1760, p. 267 ; nous renvoyons à notre étude Les origines de Montbenoît et du Sauget, XIIe-XIVe siècles, dans *Mém. Soc. Em. Doubs*, 1976, p. 16 et suiv.
3. Parmi les plus connus, signalons Henri Ier (†1243) à qui Ferri Carondelet fit graver cette épitaphe sur un monument élevé dans le chœur de l'église au XVIe siècle :

dons et à une habile gestion, Montbenoît s'est trouvé à la tête d'un temporel assez étendu, dont le cœur est constitué par le val du Sauget. Il serait trop long d'énumérer tout ce qu'elle possédait, tous les droits dont elle jouissait, tous les domaines et terres qu'elle exploitait en faire-valoir direct ou indirect. A la fin du xiie siècle, trois prieurés relèvent de son obédience : Vuilorbe ou Glamondans, Grandecourt et Laval, une douzaine d'églises paroissiales, sises dans le voisinage, sans compter une multitude de biens épars jusqu'à Besançon et Salins (le petit Montbenoît) ; enfin, trois granges qui constituent trois noyaux importants (Bugny, Arçon et Chevigney) et le cellier de Montigny.

De ce temporel se détache le val du Sauget, c'est-à-dire la petite cellule géographique formée par la vallée du Doubs de part et d'autre de Montbenoît et séparée de Morteau par le cañon pittoresque des gorges de Remonot : vallon jusque-là désert, dont l'abbaye procède à la colonisation au cours des xiie et xiiie siècles. Grâce aux confirmations de plus en plus explicites que délivrent les sires de Joux, nous arrivons à retracer les grandes étapes de cette mise en valeur. Le point de départ est donné au début du xiie siècle par la donation de Landri, qui, rédigée un demi-siècle après l'événement, montre le sire de Joux abandonnant des droits très vagues et très généraux : « Tout ce qu'il avait au lieu de Montbenoît en forêts, en pâturages, eaux, prés... », autant d'éléments qui caractérisent un val encore proche de la nature et peu convoité, puisque Landri n'éprouve pas le besoin de délimiter la donation [1].

Dès le milieu du siècle, le paysage commence à se modifier et les religieux ne sont plus les seuls habitants du val ; en effet, ils ont des hommes établis à Arçon et à Bugny, où apparaissent plusieurs mentions de meix, tandis que d'autres gravitent autour du monastère même, sur lesquels ils se réservent des droits seigneuriaux. Hugues, sire de Joux, cède à l'abbaye les redevances habituelles qu'il percevait sur les hommes de Montbenoît, en y ajoutant l'usage exclusif des eaux du Doubs sur une portion déterminée, avec interdiction pour quiconque de pêcher ou de creuser un puits. Ainsi se dévoilent déjà plusieurs noyaux de peuplement : un, central, autour de l'abbaye qui utilise une main-d'œuvre servile pour exploiter son domaine ; d'autres, à la périphérie, notamment à Arçon et à Bugny, où les chanoines lotissent des terres qui formeront bientôt des granges.

Cinquante ans plus tard, en confirmant les biens de Montbenoît, Innocent III met en lumière les progrès de cette colonisation [2]. Pour la première fois apparaît dans l'histoire le toponyme du Sauget, dans l'expression *Val del Saugey*, pour désigner l'extension territoriale de la seigneurie abbatiale, en même temps que surgit un autre hameau, Lièvremont. Tout cet ensemble forme alors une seule paroisse desservie par les chanoines.

Un autre bond en avant se décèle en 1228 dans une charte d'Henri Ier, sire de Joux, qui reprend les donations de ses prédécesseurs, mais en complétant celles qui devaient poser des problèmes. C'est ainsi que l'acte de Landri change de formulation ; au lieu des termes primitifs, vagues et généraux, Henri Ier définit un territoire aux limites précises, qui fixent pour la première fois les frontières du Sauget, indice certain des contestations qui ont dû surgir, soit de la part des seigneurs voisins, soit de la part

« Accepte, Seigneur, les voeux d'Henri de Joux, qui a doté cette abbaye et confirmé les donations de ses prédécesseurs ». En réalité, Henri Ier n'est pas le fondateur, puisqu'il se contente d'expliciter le rôle de chacun de ses ancêtres et de fixer les limites du domaine abbatial.

1. Pancarte de l'archevêque Herbert de 1169 (Arch. dép. Doubs, 69 H 26, édit. par E. DROZ, *Mém. ... hist. de la ville de Pontarlier*, p. 260).
2. Arch. dép. Doubs, 69 H 2, fol. 31, édit. E. DROZ, p. 273.

de nouveaux colons désireux de s'implanter dans cette région [1].

Cependant, la colonisation n'est pas arrivée à son terme, puisque Henri de Joux accorde aux chanoines la possibilité de faire venir des immigrés et même de les installer sur ses autres terres : « Je cède et confirme aux chanoines le territoire *del Saugey* avec ses habitants actuels et à venir, sans aucune revendication de ma part ; et partout où ils auront des étrangers sur ma terre, à savoir la seigneurie de Joux et des Usiers, qu'ils en disposent librement et pleinement ». Ainsi l'implantation des chanoines augustiniens à Montbenoît s'accompagne d'une mise en valeur de la vallée du Doubs et détermine la formation d'une seigneurie cohérente et bien individualisée, ce qui contribue à donner à cette unité géographique qu'est le Sauget une homogénéité politique, religieuse et sociale, à l'origine de son particularisme.

Corneux

La comparaison avec Corneux s'avère au premier abord difficile, tant les prémontrés diffèrent apparemment de leurs confrères. Nous avons montré précédemment que le développement de cette abbaye, sise aux portes de Gray, ressemblait plus à ses voisines cisterciennes de La Charité, d'Acey ou de Theuley, qu'aux autres établissements canoniaux, par sa répulsion pour certaines catégories de rentes (églises...), par l'organisation de son temporel autour des granges, par les grands travaux auxquels se livrent ses membres. A plus d'un titre, son évolution dans la seconde moitié du XIIe siècle accentue cette similitude. Les prémontrés ont choisi leur *désert* non loin des rives de la Saône, à proximité de la route de Langres à Besançon, dans la petite vallée marécageuse de la Morthe ; en cela, ils se conforment aux autres maisons religieuses qui ont préféré à l'interfluve Saône-Ognon les sites fluviaux, si bien qu'un contraste frappant oppose les plateaux de Gy délaissés par les religieux, à ses abords occupés par les cisterciens d'Acey et de La Charité, par les hospitaliers de Montseugny et divers autres prieurés.

Aussi, malgré une forte densité monastique très inégalement répartie, Corneux trouve-t-elle à proximité, sur les plateaux de Gy, une zone favorable à son expansion. C'est là qu'elle établit la plupart de ses granges, en ayant soin de les approprier aux diverses ressources du sol : labours et pâturages aux abords de la Morthe et de Gray, parcours et exploitation des bois sur les terres froides de l'intérieur (Arsans, Valay...), vignobles sur les coteaux bien exposés de la Saône (Beaujeu) ou de Gy (Saint-Maurice). Organisées sur le modèle cistercien avec un responsable profès et des convers, ces granges ne disposent pas seulement de bâtiments agricoles, mais aussi d'une chapelle à l'usage de leur personnel, elles constituent autant de succursales de l'exploitation dont l'abbaye demeure le centre.

Outre la mise en valeur des terres froides, plus ou moins délaissées jusque-là, la tradition attribue aux prémontrés des travaux d'assainissement dans la vallée de la Morthe : les marécages qui couvraient la plaine alluviale faisaient de la région une zone répulsive et les chanoines auraient eux-mêmes procédé à leur assèchement en creusant un lit large et profond pour la rivière, au point de la rendre accessible au flottage des bois, et en agrandissant le lac d'Ancier ; à la suite de ces aménagements, ils auraient même procédé au transfert de l'abbaye sur des rives désormais plus saines, ce qui expliquerait l'appellation de *Petit* ou Vieux *Corneux* donnée à l'une des granges [2].

---

1. *Ibidem*, 69 H 27 (porte par erreur la date de 1218 au lieu de 1228) et E. DROZ, p. 280.
2. Abbé MOREY, Une colonie agricole au XIIe siècle : l'abbaye de Corneux, dans *Mém. Acad. Besançon*, 1875-1877, p. 49-62 (insiste peu sur ces défrichements) et P. PHEULPIN, *L'abbaye Prémontrée de Corneux, XIIe-XIIIe siècles*, Mém. maîtrise, Besançon,

Mais les traits les plus caractéristiques de l'évolution de Corneux au XIIe siècle, par rapport aux autres établissements canoniaux, concernent son aire de rayonnement, très localisée. A l'exception des inévitables rentes en sel dont elle hérite à Salins [1], la presque totalité de ses possessions se regroupe entre la Saône, l'Ognon et les collines de Gy. L'abbaye ne semble pas rechercher les investissements lointains et tous ses efforts portent sur une meilleure implantation dans cette région, en réglant au mieux de ses intérêts les querelles de voisinage avec les laïcs (à Hugier, avec la grange de Pagny).

Cependant, malgré la proximité de trois abbayes cisterciennes (Theuley, La Charité et Acey) et l'inéluctable interférence de leurs granges, les chartes n'ont pas retenu de conflits entre leurs convers, même sur les questions de pâturages qui empoisonnent si fréquemment les relations monastiques. Aucune rivalité non plus du côté de Saint-Bénigne de Dijon, pourtant bien implanté aux portes de Corneux, dans le village de Saint-Broing (*Sanctus Benignus*) ; il est vrai que de sages solutions préviennent les heurts, puisqu'en 1210 Dijon vend son village aux prémontrés, pour la somme de cent cinquante livres et un cens d'un demi-marc de bon et pur argent au poids de Troyes [2].

Cette importante transaction survient au moment où l'avenir de Corneux s'assombrit, du fait des guerres qui se déroulent dans le comté et de la pression qu'exercent aux frontières les voisins. Malgré la protection des comtes de Bourgogne, assurée depuis leur château de Gray, Corneux n'échappe ni à l'insécurité, ni au pillage : « Pour les nombreux dommages, dégâts et méfaits que j'ai maintes fois causés à cette église… », reconnaît Etienne de Bourgogne en 1230, qui cède en dédommagement au couvent plusieurs patronages d'églises et une somme de mille livres estevenantes [3]. Sous la pression des événements, l'abbaye infléchit d'ailleurs sa politique économique en préférant désormais aux investissements fonciers les rentes, les patronages, les cens, qui amorcent l'abandon progressif de l'exploitation directe. Si elle ne possède que deux églises à la fin du XIIe siècle, quelques décennies plus tard elle en compte dix-sept supplémentaires, toutes situées dans le décanat de Gray, ce qui renforce l'idée précédemment émise d'un rayonnement très localisé.

Ainsi, malgré quelques traits généraux dus à la communauté d'observance, la comparaison des trois abbayes de Corneux, de Montbenoît et de Saint-Paul, met en évidence les particularités de chacune d'elles, dans leur organisation et leur développement. Selon leur implantation, selon leurs fonctions spécifiques et selon aussi les circonstances, elles offrent à la fin du XIIe siècle une physionomie distincte qui les rapproche, soit du monachisme traditionnel soit des ordres nouveaux, cette diversité constituant l'originalité même du mouvement augustinien.

1974, dactyl.
1. Une chaudière en 1178 (WIEDERHOLD, *Papsturkunden, La Franche-Comté*, n° 51) ; en 1197 (Arch. dép. Haute-Saône, H 831), donation, par la fille d'Aymonin du Biez, d'un moulin près de l'église Saint-Maurice *pro nepte sua que fuit conversa Corneoli*.
2. Arch. dép. Haute-Saône, H 816.
3. Bibl. mun. Besançon, Droz 46, fol. 187.

LA TERRE DE SAINT-CLAUDE AUX XIIᵉ ET XIIIᵉ SIÈCLES

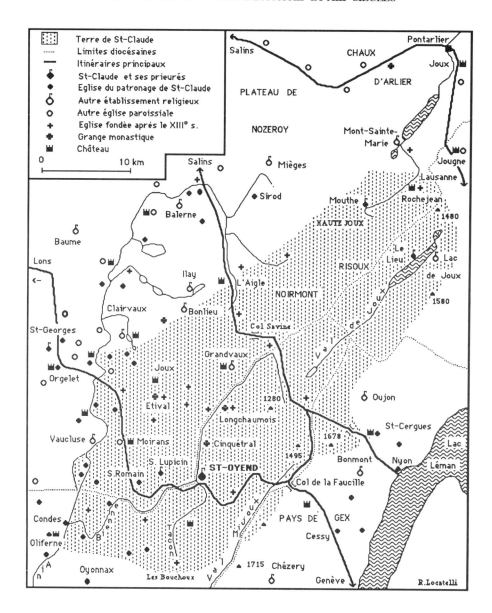

CHAPITRE 3

ESSOR ET CONVERGENCE DU MONACHISME

La période qui va du schisme victorin à l'arrivée des ordres mendiants, amorce un rapprochement entre les monastères traditionnels et les nouveaux, non que les premiers retrouvent leur antique prospérité, mais parce que les seconds abordent une évolution qui les dépouille progressivement et de leur impétuosité. Les uns et les autres organisent leur survie ou leur croissance en fonction de conditions qui ne sont pas toujours favorables. Dans l'adaptation que chacun tente, des solutions comparables s'esquissent, qui ne suppriment pas l'originalité des différents ordres, mais donnent à ceux qui se réclament de la Règle bénédictine un air de famille incontestable. C'est dans cette perspective que nous voudrions étudier l'évolution du monachisme entre 1160 et 1220 : après l'étude particulière des grandes branches (monastères traditionnels et cisterciens), un bilan s'attachera à dégager leurs aspects communs, au début du xiiie siècle.

A. LES MONASTÈRES TRADITIONNELS

Le déferlement des ordres nouveaux avait provoqué chez les anciens monastères une instabilité qui a conduit la plupart de ces derniers à une crise d'identité. Tour à tour, Faverney, Luxeuil, Baume et Saint-Claude ont été surpris et désemparés par les effets d'une concurrence involontaire, qui s'exerçait à leurs dépens et semblait les condamner à une stagnation sans gloire ; ils vacillèrent sur leurs bases, non à cause d'une dégradation de la régularité, mais par une perte d'influence au sein du monde laïque davantage attiré par les ordres récents.

Alors qu'après 1160 s'atténue la faveur portée à ces derniers et que les anciens voient la tempête s'éloigner, le schisme victorin ébranle cet équilibre fragile en laissant espérer aux moines des solutions aussi vaines qu'illusoires : l'engagement politique aux côtés de Frédéric Barberousse et de ses antipapes, avec l'espoir d'obtenir en contrepartie des privilèges ou des avantages matériels. Mais la défaite impériale démontre l'inanité et les risques d'une telle politique, qui plonge les abbayes dans les ennuis, parfois même dans les désordres. C'est donc sous le signe de cette contradiction que s'annonce la troisième période qui s'achève avec l'arrivée des ordres mendiants.

Avant d'en dégager les traits majeurs, il convient d'associer dans cette évolution monastères traditionnels et bénédictins. Alors qu'auparavant les seconds se démarquaient des premiers par leur dynamisme et leur bonne résistance face à la concurrence, la querelle de Gigny contre les cisterciens du Miroir les révèle désormais aussi sensibles et aussi vulnérables à la détérioration matérielle. Effectivement, dans la seconde moitié du xiie siècle, les prieurés de Cluny se heurtent aux mêmes difficultés que les bénédictins et tentent, pour échapper à la sclérose qui les guette les uns et les autres, des solutions identiques : renforcement des structures internes, amodiation des maisons lointaines ou déficientes, association avec les seigneurs laïques par des traités de pariage, enfin, recours à la puissance surnaturelle par l'exploitation des miracles.

Comme pour la période précédente, nous éviterons de poser les problèmes dans les perspectives d'un dualisme trop simplificateur (épanouissement ou décadence), parce que les sources ne permettent pas de mesurer l'intensité de la vie religieuse. Inconsciemment surgit l'inévitable tentation de justifier l'apparition et le succès des Mendiants par l'échec des ordres précédents, en particulier des bénédictins ; or, même si ces derniers subissent l'érosion du temps, ils ont encore un long avenir devant eux et leur histoire ne s'arrête pas au quatrième concile du Latran. Il s'agit donc de saisir dans cette longue métamorphose les avatars caractéristiques de chaque période, de découvrir les originalités éventuelles ou les innovations susceptibles de déceler une orientation différente.

Un équilibre toujours précaire

Les difficultés rencontrées durant la période précédente et ravivées au début du schisme, ne disparaissent pas miraculeusement. Elles se prolongent, rejaillissent périodiquement, sans toutefois tourner à l'endémie ou à l'obsession. Il s'agit de gênes momentanées ou persistantes, dont les causes varient avec chaque monastère et qui peuvent engendrer des troubles plus ou moins graves. A Gigny, les péripéties de la querelle soutenue contre les cisterciens du Miroir ont mis en péril des finances du monastère, condamné à verser de lourds dédommagements. A peine l'amertume de la défaite commençait-elle à s'estomper qu'en 1157 un violent incendie vient accabler les moines, frappés par ce jugement de Dieu qui semblait condamner leur attitude antérieure. Attisées par une très forte bise, les flammes réduisent en cendres le bourg et une grande partie du monastère, sauf l'église [1]. De telles catastrophes compromettent dangereusement l'économie d'une abbaye, obligée de faire face à des dépenses considérables par ses propres moyens ; elles expliquent les expédients auxquels recourt Gigny et que nous analyserons plus loin : appel à l'intercession de saint Taurin, amodiation de terres, etc.

Saint-Oyend   Bien qu'aucune catastrophe n'ait frappé Saint-Oyend, la situation de l'abbaye jurassienne ne paraît guère plus enviable, à en juger par le sombre tableau qu'en dresse l'auteur des *Miracles de Saint-Claude* vers les années 1180-1185 [2]. Autrefois, dit en substance l'hagiographe régnaient au monastère paix, prospérité et régularité, mais le gouvernement de l'abbé Adon (1149-1175) a semé la zizanie au sein du couvent et suscité l'émergence d'égoïsmes privés au détriment des intérêts collectifs ; les biens de l'église sont dilapidés, les brebis dispersées. Une fois admise la volonté d'exagération propre à tout récit hagiographique, qui oppose les situations en les contrastant au maximum, reste à déterminer les éléments d'exactitude qui subsistent dans une version partisane ; quelles difficultés rencontre alors Saint-Oyend et quelles causes leur attribuer ?

Le reproche essentiel adressé à Adon vise les aliénations de biens qui s'effectuent sous son autorité et dont on le rend responsable. Son administration désastreuse aurait conduit le monastère au bord de la ruine. Certes, nous savons que les pouvoirs d'un abbé bénédictin sont suffisamment étendus pour ne pas exclure les risques d'une mauvaise gestion, mais les documents d'archives ne donnent pas cette impression et infirment même les accusations portées contre Adon. Nous voyons, en effet, ce dernier très attentif à défendre les droits de sa congrégation en obtenant des confirmations de la part des autorités civiles ou ecclésiastiques et il n'hésite pas, dans ce but, à recourir aux bons offices de saint Bernard ou de Pierre de Tarentaise. Ainsi obtient-

---

1. B. GASPARD, *Histoire de Gigny*, p. 51.
2. Miracles de saint Claude, dans *AA. SS., Junii*, I, p. 642-667.

il qu'Henri, comte de Champagne, reconnaisse les divers prieurés établis dans la vallée de l'Aube ou de la Saulx [1], qu'il défende les droits du prieuré de Mont Bar contre le maire du lieu [2], qu'il ratifie la donation de son père, à savoir la dîme de ses revenus sur les foires de Bar [3]. Toutes ces transactions traduisent d'ailleurs un climat de confiance et de bonnes relations entre l'abbé et le comte.

Lorsque ce dernier veut fonder en 1159 une collégiale de chanoines dans son château de Bar, il obtient sans peine d'Adon la disposition de la chapelle de Saint-Marcoul, contre un cens de dix livres de Provins [4]. Mais l'attention de l'abbé ne se porte pas uniquement sur la Champagne, puisqu'elle s'intéresse au sort des prieurés de Nyon et de Divonne en Suisse [5] ou aux églises dispersées dans le diocèse de Besançon ; à sa demande, l'archevêque Humbert lui accorde une confirmation générale, qui énumère un monastère (Cusance) et une quarantaine d'autels, dont celui de Sirod, moyennant le cens assez exceptionnel de vingt livres d'huile d'olive [6].

Plus que par cette vigilance à défendre les biens de son monastère l'abbatiat d'Adon se caractérise par la volonté de régler les conflits, dont la plupart traînent depuis de longues années. Se montre-t-il dur en affaires ? Il ne semble pas, puisqu'il parvient à liquider ces querelles et que, dans certains cas, il fait preuve de conciliation et de magnanimité ; à Clairvaux, il remet, par exemple, un cens de trois sous dû sur une grange et accorde divers usages dans les forêts du prieuré de La Ferté [7]; cette décision ne résulte pas d'un caprice personnel de l'abbé, car elle est prise au chapitre de Saint-Oyend en présence des principaux dignitaires. Ainsi parvient-il à rétablir la paix avec Nantua, avec le Lac de Joux, avec l'abbaye de Cheminon... Son esprit de concorde le pousse encore à satisfaire les pieuses intentions du comte de Champagne ou à procéder à des échanges avec l'abbé d'Auberive [8].

Est-il allé trop loin dans les concessions, mécontentant ainsi une partie des moines qui l'auraient jugé trop débonnaire ? Il se pourrait que sa conciliation, prise pour de la faiblesse, ait contribué à lui aliéner la confiance de certains membres. Si l'on se réfère à des perspectives purement temporelles, les jugements et les arbitrages qui interviennent successivement dans l'affaire du Lac de Joux montrent un recul de Saint-Oyend qui, après avoir consenti à réduire le nombre des religieux vivant au Lieu, renonce à la possession de cet ancien ermitage et finit par partager avec les prémontrés la pêche dans le lac.

Ces désistements s'accordent, en effet, assez mal avec les prétentions de Saint-Claude à affirmer ses droits seigneuriaux sur une grande partie des joux et l'on comprend que les craintes de quelques dignitaires aient viré à l'opposition, lorsque la création de Bonlieu et du Grandvaux (vers 1172) sur des terres san-claudiennes, a de nou-

1. Arch. dép. Jura, 2 H I, 101, 14, 1149.
2. Bibl. mun. Besançon, Droz 42, fol. 20 : 1149, en présence de saint Bernard.
3. Arch. dép. Jura, 2 H II, 86, 22 : 1174, à la demande de Pierre de Tarentaise.
4. Staatsbibl. Berlin, Phillipps, 1757, II, fol. 68.
5. Arch. dép. Jura, 2 H II, 31, 14 : 1149 : l'évêque de Genève confirme les droits du prieuré de Nyon ; *ibidem*, 2 H II, 103, 4 ou 2 H I, 175, 5 1160 : l'archevêque Humbert confirme aux moines de Divonne les dîmes du lieu.
6. Bibl. mun. Berlin, 15, II, fol. 67 : *ut viginti libras olie olive in domenica Passione nobis (...) persolventur, censuali consuetudine.*
7. Arch. dép. Aube, 3 H 10, 1164 : *presentibus fratribus nostris in capitulo, quorumdam etiam nomina hic assignare curavimus : Vincentius prior, Matheus tunc prior Firmitatis, Guichardus camerarius, Aimo cellerarius, Humbertus elemosinarius, Constantinus sacrista...* et huit noms de moines, dont plusieurs de La Ferté.
8. En 1162, il cède l'église d'Allofroy contre celle de Latrecey, qui deviendra bientôt un prieuré (Staatsbibl. Berlin, Phillipps 1757, II, fol. 69).

veau bafoué les ambitions temporelles de l'abbaye. En analysant précédemment les circonstances de ces deux fondations, nous avons tenté de percevoir la réaction de Saint-Oyend qui, après un temps de silence (ou de réflexion), s'est décidé à contester les droits des chanoines réguliers du Grandvaux, puis des chartreux. Nous serions enclin à lier ce changement d'attitude à la déposition d'Adon. En effet, l'implantation des deux établissements n'a pu se faire contre le gré de l'abbé qui, en donnant son accord tacite, a provoqué le mécontentement et la colère d'une partie de la communauté. Ainsi s'expliqueraient les accusations de gaspillage et de zizanie portées contre lui et venant s'ajouter à d'autres griefs moins nets, dont sa conduite durant le schisme.

L'auteur des *Miracles* raconte qu'Adon a été destitué (vers 1176) par ordre du pape et de l'empereur. L'allégation paraît surprenante, puisque, cette année-là, Adon reçoit une insigne marque de confiance de Frédéric Barberousse : après lui avoir renouvelé les prétendues concessions des souverains, celui-ci lui octroie un droit régalien très recherché, symbole d'un *dominium* très puissant, le droit de battre monnaie [1]. Faut-il mettre en doute l'authenticité de ce privilège, repris et explicité dans les confirmations ultérieures de Frédéric Barberousse en 1184, de Frédéric Ier en 1238 ou d'Henri VII en 1311 [2] ? La destitution d'Adon s'explique sans le recours à ce subterfuge. Au moment où l'empereur accorde ce droit monétaire, il a déjà entamé les négociations avec Alexandre III et doit, en guise de bonne foi, lâcher quelques uns de ses partisans ; dans une région presque entièrement soumise à l'influence de Pierre de Tarentaise, la fidélité à l'empereur paraît une tare d'autant plus grave que la politique d'Adon ne rallie pas toute la communauté monastique. En 1174, l'archevêque de Tarentaise intervient auprès du comte de Champagne pour les prieurés de Bar [3] et cette immixtion dans les affaires de l'abbaye annonce les campagnes d'opposition menées contre l'abbé, et sa destitution, probablement en 1176.

Adon est donc une des premières victimes de la réaction alexandrine. Ecrivant une décennie plus tard, l'auteur des *Miracles* ne peut que charger sa mémoire de tous les maux vraisemblables. Il le tient pour responsable non seulement des divergences au sein de la communauté, mais encore des difficultés financières qui auraient assailli l'abbaye et sur lesquelles nous ne savons rien. D'ailleurs, les reproches restent de vagues insinuations ; nulle part, nous ne trouvons trace de réelles aliénations, ni d'annulation de contrats passés sous son nom ; aucun de ses successeurs ne remet, par exemple, en cause l'amodiation du prieuré de Saint-Christophe réalisée en 1166 [4], de même que personne ne lui sait gré d'avoir obtenu de précieux privilèges impériaux.

Cependant, si la réhabilitation de la mémoire d'Adon écarte les fausses explications, forgées pour les besoins d'une cause partisane, elle ne résout pas le problème de la situation temporelle ou spirituelle de l'abbaye. Pourquoi celle-ci procède-t-elle vers 1180 à la pérégrination des reliques de saint Claude ? Quel objectif poursuit-elle à travers cette publicité tapageuse ? A écouter l'auteur des Miracles, les moines sont poussés par les nécessités matérielles : « Ils gémissaient sur le dénuement pitoyable et l'affliction sans précédent de l'église du Jura, leur mère. Dieu leur inspira l'idée

---

1. 23 avril 1175 : *Ut predictus abbas et ejus successores potestatem habeant cudendi monetam ut ipsi ecclesie Sancti Eugendi magis expedire cognoverint (Die Urkunden Friedrichs I.*, tome III, n° 639, p. 138).
2. Edition de ces actes dans dom BENOIT, *Hist. de Saint-Claude*, I, p. 642-645.
3. Arch. dép. Jura, 2 H II, 86, 22.
4. *Ibidem*, 2 H I, 21, 9.

d'exposer aux yeux des foules, pour la consolation de Sion et la rémission des péchés, leur trésor incomparable, le corps de saint Claude ».

Sans récuser cette affirmation, nous devons néanmoins préciser qu'aucun document de la fin du XIIe siècle ne la corrobore directement. Alors que les scribes ont l'habitude d'apitoyer les laïcs sur la pauvreté de leur monastère, aucune plainte semblable ne se lit dans les chartes de l'époque, ni aucune récrimination contre la voracité d'éventuels usuriers. La seule aliénation importante concerne le petit prieuré de Saint-Christophe, amodié en 1166 au sire voisin de Revigny, moins dans un but économique que pour des raisons politiques, liées à la constitution d'une châtellenie ; le contrat stipule que le seigneur prêtera hommage lige à l'abbé, qu'il logera et nourrira les religieux de Saint-Claude passant et repassant par ce lieu, qu'il ne pourra vendre ni aliéner ce fief à une quelconque église[1]. Quelque temps plus tard, apparaît la mention du château de La Tour-du-May, édifié à proximité même du prieuré[2].

Nous avons insisté sur le cas de Saint-Oyend pour montrer qu'en dehors de quelques traits communs, il diffère de l'exemple de Gigny ou de Baume et qu'il est donc aléatoire de dégager à tout prix des règles générales avec une documentation fragmentaire, sans avoir procédé à des analyses approfondies.

Luxeuil   En offrant un autre type de situation, Luxeuil confirme cette impression. Elle aussi sort de difficultés qui, vers les années 1130-1140, ont failli lui coûter son indépendance. Elle aussi présente des éléments en apparence contradictoires, soit qu'elle affiche de bonnes relations avec ses semblables — indice de stabilité — soit qu'elle révèle quelques signes inquiétants de malaise. En réalité, son état évolue au gré des circonstances. Durant le schisme, elle manifeste une telle discrétion qu'il est difficile de saisir son attitude. Vassale directe de l'empereur dans une région proche de l'Alsace, elle pouvait difficilement se soustraire au contrôle des Staufen, tandis que son statut d'exemption devait la sensibiliser à toute propagande pontificale. Les contacts qu'elle maintient avec les abbayes cisterciennes ne suffisent pas à établir sa soumission à l'obédience alexandrine. En 1164, au nom du prieuré de Clefmont, Sifroy, qui se dit abbé de Luxeuil par la grâce de Dieu, cède diverses possessions à La Crête et fait de même à l'égard de sa propre voisine, Bithaine[3].

Cependant, loin de s'inquiéter de l'esprit de réaction qui sévit après 1177, l'abbaye semble, au contraire, connaître un regain de vitalité. Elle reçoit plusieurs églises de l'évêque de Langres, l'ancien bisontin Gautier[4] et, quand l'archevêque Thierry part pour la croisade en 1189, il choisit pour assurer l'interim l'abbé de Luxeuil, Olivier d'Abbans. Certes, on peut supposer que le réseau de relations familiales n'est pas étranger à une telle nomination, mais eût-il suffi si l'abbaye avait donné prise à des critiques ou à des accusations de décadence ?

---

1. *Ibidem*, chirographe de 1166.
2. *Ibidem*, 2 H II, 129, 31, 1236 : *in castro de Turre et in prioratu Sancti Christofori*. Nécrologe de l'abbaye (IV des ides de décembre) : *Obiit bone memorie Guido abbas qui edificavit castrum de Turre* (G. GUIGUE et J. LAURENT, *Obituaires de la province de Lyon*, t. I, 1933, que complète l'Obituaire de l'abbaye de Saint-Oyend de Joux publié par G. DUHEM et M. BERTHET, dans *Mém. Soc. Emul. Jura*, 1970, p. 133-216).
3. Arch. dép. Haute-Marne, 5 H 8, 1164. Vers 1164, Sifroy cède à Bithaine des pâturages autour de l'abbaye contre un cens de 12 émines (WIEDERHOLD, *Papsturkunden*, n° 67) ; cet accord, remis en question en 1179, est confirmé par les abbés de Bellevaux et de Chaumouzey (Arch. dép. Haute-Saône, H 216).
4. Bulle du 19 février 1222, non citée dans P. PRESSUTTI, *Regesta Honorii III*, (Bibl. mun. Besançon, Droz 41, fol. 146, ou Baverel 40, fol. 27).

C'est dans la dernière décennie du siècle que la situation se dégrade à Luxeuil, à la suite des troubles qui marquent la succession comtale et impériale et qui affectent plus particulièrement le nord-est de la région. Dès lors, l'abbaye se trouve soumise à des pressions politiques, voire à des menaces qui ne tardent pas à se matérialiser et, pour se défendre, elle est obligée d'engager de fortes dépenses. Commence pour elle, après 1190, une période d'instabilité et de difficultés qui se poursuivent durant une bonne partie du XIIIe siècle et qui amènent le monastère, comme celui de Lure, à chercher des protecteurs du côté de la Lorraine ou de la Champagne. Pressée par des besoins d'argent, elle engage en 1194 divers biens à Bithaine, pour la somme de 89 livres estevenantes [1], elle dénonce les accords antérieurs passés avec La Crête, Morimond, Flabémont [2]. Pour l'attirer dans son clan, Etienne d'Auxonne, chef des coalisés contre Othon Ier, lui donne une chaudière d'eau salée à Scey-sur-Saône et un local pour la cuire [3].

Mais de tels engagements lui attirent des mesures de représailles ; vers 1200, un incendie criminel détruit l'église et endommage gravement le monastère, si bien que l'abbé va implorer la sollicitude de Philippe de Souabe à Haguenau : « Frédéric, abbé de Luxeuil, précise le diplôme royal, est venu nous trouver et nous a exposé les malheurs de son église, à savoir un incendie qui, nous a-t-il expliqué, a consumé aussi les privilèges que rois et empereur savaient accordés à cette église ; pour cette raison, il nous a demandé de les renouveler ». C'est l'occasion pour le souverain de rappeler les franchises d'immunité accordées à l'époque carolingienne et surtout l'indépendance du monastère : « Tant qu'existeront des moines qui voudront vivre en communauté selon la règle de saint Benoît, ils auront la faculté de choisir leur abbé » [4].

La régularité se ressent fortement de ces troubles ; désireux de se donner un gestionnaire efficace, les moines n'hésitent pas à enfreindre les règles électorales et se font rappeler à l'ordre par Innocent III : « Nous avons récemment appris, écrit le pape en janvier 1199, qu'H(ugues) occupait la charge abbatiale de Luxeuil sans avoir été moine avant son élection ; considérant que c'est contraire aux préceptes traditionnels — personne ne doit se faire moine pour être élu abbé — nous décidons, sur le conseil de nos frères, de ne pas ratifier cette élection » [5].

Effectivement, ledit Hugues disparaît des archives pour céder la place à Frédéric, probablement ancien prieur de La Ferté [6]. De telles pratiques ne sont pas étrangères à un glissement vers la dissociation de certaines responsabilités ; en 1200, le chapitre dispose d'un sceau particulier qu'il appose à côté de celui de l'abbé, dans une transaction avec Morimond [7]. Dans le climat d'insécurité qui s'instaure, l'on comprend le désarroi des moines, dont le genre de vie ne supporte guère les troubles ni l'instabilité. Face aux châteaux forts qu'édifient les seigneurs, ils cherchent eux aussi à se prémunir contre les coups de main et, après avoir essuyé de nouveaux déboires en

---

1. Arch. dép. Haute-Saône, H 22 : le texte précise « à rendre à la même valeur : quand l'engagère a été faite, le marc d'argent valait, en effet, 55 sous estevenants ». Luxeuil a sept ans pour racheter cette hypothèque.
2. La Crête : Arch. dép. Haute-Marne, 5 H 8, 1200 ; Morimond, *ibidem*, 8 H 25, 1200 ; Flabémont : Bibl. mun. Besançon, Droz 41, fol. 131, 1204.
3. Acte de 1200, publié dans *Mém. et doc. inéd. Franche-Comté*, III, p. 487.
4. Haguenau, le 5 décembre 1201 : Arch. dép. Doubs, 6 H 1, édité dans *Mém. et doc. inéd. Franche-Comté*, VII, p. 62.
5. O. HAGENEDER, *Die Regester Innocenz III.*, I/1, n° 523, 11 janvier 1199.
6. Il est témoin en 1195 (Bibl. nat., Moreau 872, fol. 264).
7. Arch. dép. Haute-Marne, 8 H 25.

1214, ils décident de fortifier le bourg de Luxeuil, en le dotant d'enceintes et de fossés, malgré les protestations du comte Othon II de Méranie ; ce dernier estimait, en effet, que c'était un privilège régalien nécessitant l'autorisation préalable de l'empereur dont il était le représentant[1]. En 1228, le souverain tranche le litige en faveur des moine[2].

Parallèlement à ces mesures de sécurité, une restauration matérielle et spirituelle s'imposait pour relever le monastère de ses ruines et lui insuffler une nouvelle régularité. C'est l'époque où les seigneurs de Faucogney lui manifestent une grande sollicitude, due probablement à la présence d'un des leurs sur le siège abbatial plus qu'à des intérêts politiques[3]. Forte de l'appui de cette famille qui contrôle les Vosges comtoises, l'abbaye obtient réparation de la part des incendiaires et fait rendre gorge à certains avoués locaux, tandis que Renaud de Choiseul, devenu seigneur de Faucogney, lui assure plusieurs donations et participe même à la fondation du petit prieuré de Saulx en 1215[4] ; en échange, il obtient un prêt de deux cents livres estevenantes pour son fils qui part pour la croisade[5].

Mais ces efforts ne suffisent pas, semble-t-il, à relever l'abbaye et à lui rendre sa prospérité matérielle car, durant tout le XIIIe siècle, Luxeuil paraît manquer d'argent ; elle doit engager des biens, emprunter à des taux usuraires ou procéder à des aliénations[6]. L'insécurité permanente qui agite la région, les campagnes successives de reconstruction qui se prolongent jusqu'au milieu du XIIIe siècle, la difficile ou tardive adaptation à une économie d'échanges, justifient sans doute les plaintes incessantes des moines au sujet de la vétusté de leurs bâtiments ou de leur endettement excessif. Mais elles n'excluent pas la responsabilité des hommes, pas toujours disposés aux sacrifices.

Les autres   Cet exemple confirme le malaise connu par certaines abbayes après 1160. Peut-on généraliser ces symptômes à tous les autres établissements cisterciens et clunisiens et en tirer des remarques générales ? Malheureusement, les lacunes documentaires créent de telles disparités entre les maisons que les risques d'extrapolation fausseraient toute conclusion ou du moins lui enlèveraient une part de sa crédibilité. Parce que situées dans la zone la plus touchée par l'insécurité politique, Faverney et Lure auraient sans doute apporté d'utiles compléments si leurs chartriers n'avaient pas souffert des destructions. De même, la plupart des

---

1. Othon II avait obtenu d'Henri, roi des Romains, le fils de Frédéric Ier, les droits régaliens sur Luxeuil (Arch. dép. Doubs, B 502 ; DUNOD, *Histoire du comté de Bourgogne*, II, p. 187 ; *Layettes du Trésor des Chartes*, II, n° 1972) ; c'est donc à ce titre qu'il se plaint de l'initiative des moines.
2. *Mém. et doc. inéd. Franche-Comté*, III, p. 519, et VII, p. 78.
3. Il s'agirait de l'abbé Hugues (vers 1209-1215).
4. Pour avoir participé à l'incendie de Luxeuil, Renaud d'Aigremont cède des corvées de Thons, près de Monthureux (Bibl. mun. Besançon, Droz 41, fol. 44). Considérant que certains chevaliers abusent de leur avouerie et que lui-même avait eu la main lourde sur la ville de Monthureux, A., seigneur de Darney, revient en 1211 à de meilleurs sentiments (Bibl. nat., Moreau 869, fol. 568). Philippe d'Achey fait de même en 1215 à Rovillars (Bibl. mun. Besançon, Droz 41, fol. 141). Donations des sires de Faucogney au début du XIIIe siècle (Bibl. mun. Besançon, Droz 41, fol. 20, 44, 133, 135, 149). Fondation de Saulx (Arch. dép. Haute-Saône, H 601, fol. 13).
5. Acte de 1209 (Arch. dép. Haute-Saône, H 665 ; Bibl. mun. Besançon, Droz 41, fol. 135, édit. J. FINOT, *Les sires de Faucogney*, p. 226).
6. Nous renvoyons à notre article, Luxeuil aux XIIe et XIIIe siècles..., dans *Revue Mabillon*, LX (1981), p. 96-97.

prieurés clunisiens, importants ou secondaires, n'offrent pour cette période que des bribes d'information inexploitables. Il semble toutefois que la pression des laïcs s'accentue à mesure que Cluny perd de son prestige et de sa puissance ; en 1173, le prieuré de Chaux accepte d'associer à l'exploitation de ses terres l'empereur Frédéric, intéressé par le contrôle de la vallée du Doubs[1].

De leur côté, les habitants du val de Morteau obtiennent du prieur une sorte de record de coutumes, tarifant la taille au prorata des troupeaux, limitant les corvées et le gîte, mais affermant la mainmorte, cependant que les seigneurs de Montfaucon, gardiens de l'établissement, cherchent à imposer leur domination[2]. Tentés de faire partager aux hommes du lieu leurs difficultés financières, seigneurs et prieurs se heurtent à la résistance de leurs sujets, qui refusent d'être mis en gage pour les dettes de leurs maîtres[3]. A Besançon, les bénédictins de Saint-Vincent voient leurs investissements limités par les citoyens, qui obtiennent de l'archevêque que tout achat de biens immobiliers *intra muros civitatis* soit soumis à l'autorisation conjointe du prélat et des bourgeois ; la mesure s'applique aussi à Saint-Paul[4].

Aux critiques des laïcs inquiets de l'appétit matériel des moines et de cette fringale d'acquisitions qui gagne aussi les cisterciens, répondent les plaintes des religieux déplorant leur gêne, sinon leur dénuement. Le thème revient fréquemment dans les préambules pour justifier les concessions et implorer des secours. Formules de rhétorique ou cris d'alarme authentiques ? Seules de minutieuses analyses permettraient d'en discerner le bien fondé selon les lieux et les circonstances, car, dans l'état actuel des connaissances, des doutes subsistent quant à la sincérité de ces lamentations ; elles peuvent aussi bien traduire un réel appauvrissement que la nécessité de satisfaire à de nouveaux besoins, c'est-à-dire l'abandon progressif de l'ascèse primitive au profit d'exigences matérielles croissantes.

Baume   L'exemple de Baume-les-Messieurs nous amène à faire état de conditions particulières qui ne se répètent pas forcément ailleurs ; il pose le sempiternel problème des abbayes soumises d'autorité à Cluny et regimbant à toute occasion contre la perte de leur indépendance. Si Baume n'a pas le privilège de ces rébellions qui ont agité Mauzac, Saint-Germain d'Auxerre, Saint-Bertin, Saint-Cyprien de Poitiers, Vézelay..., elle manifeste du moins une telle obstination que son attitude symbolise à merveille cet esprit de résistance, peu compatible avec les principes d'obéissance prônés par la Règle bénédictine. Dès que la conjoncture générale ou locale ébranle la suprématie clunisienne ou laisse espérer de puissants appuis pour la remettre en cause, les moines comtois dénoncent la tutelle bourguignonne, expulsent les dignitaires imposés de l'extérieur et proclament leur liberté, qu'ils demandent aux autorités locales de défendre. La paix de Venise n'a que momentanément suspendu leurs efforts : l'année même où Urbain III confirme la juridiction de Cluny sur leur abbaye (1186), ils supplient Henri VI de renouveler la bulle d'or de Frédéric Barberousse, tandis que l'insistance mise par Clément III à réitérer ses ordres de soumission prouve la précarité de la situation[5].

---

1. A. BRUEL, *Chartes de Cluny,* V, n° 4246.
2. Acte de 1188, qui est un des rares exemples rencontrés à cette époque dans le comté de Bourgogne, *(Mém. et doc.... Franche-Comté,* XI : *Livre noir de Morteau,* p. 313).
3. Enquête intéressante de 1244 auprès des curés des environs, *ibidem,* XI, p. 317.
4. Arch. dép. Doubs, 1 H 31, acte de 1197.
5. Bulles d'Urbain III du 4/5 mars 1186 (BRUEL, *Chartes de Cluny,* n° 4303) et diplôme d'Henri VI du 27 mars 1186 (Arch. dép. Jura, 21 H 16, et *Regesta imperii Henrici,* n° VI). Bulles de Clément III du 26 février 1188 (BRUEL, n° 4320), du 9 décembre 1192

Les troubles qui éclatent dans le comté après 1191 donnent aux moines l'occasion espérée. Dès lors se répète le scénario de 1147, avec le cycle révolte-violence-répression, car Innocent III n'était pas homme à tolérer de tels comportements. En mai 1198, il expédie de Rome des lettres impératives et coercitives : à l'abbé de Cluny, il confirme tous ses droits, tandis qu'il excommunie les religieux de Baume et annule par avance toutes leurs décisions ; tous les vassaux de l'abbaye se voient déliés de leur serment de fidélité et invités à joindre leurs efforts à ceux de Cluny [1].

Passons sur les péripéties de cette révolte vouée à l'échec, à mesure que pâlit l'étoile des Staufen. L'accord qui survient en 1202-1204 ne se veut pas répressif et révèle par son esprit de conciliation que les autorités ecclésiastiques ont pris en considération certains vœux de Baume. Sans transiger sur l'essentiel (la soumission à Cluny), celles-ci accordent quelques satisfactions d'amour propre [2] : le choix du supérieur et la place du monastère au sein de l'Ordre. En cas de vacance du siège abbatial, les moines pourront élire eux-mêmes leur supérieur, à condition de le prendre au sein du couvent de Cluny et de le faire avec l'accord de cet abbé ; « cette nomination se déroulera au chapitre de Cluny selon les usages du lieu » et le texte raconte les modalités du choix de l'abbé Thiébaud : les moines de Baume ont envoyé quatre des leurs, dont le doyen Humbert Blanc, à Cluny, et ces derniers désignent alors le prieur Thiébaud, qui reçut l'investiture des mains de son abbé par le bâton pastoral. Quant au choix des officiers claustraux, Cluny imposa une réserve en exigeant que le grand prieur de Baume soit pris au sein de l'abbaye bourguignonne. A travers l'insistance mise dans la définition de toutes ces modalités, l'on devine la préoccupation de Cluny de trouver suffisamment de garanties tout en lâchant du lest pour éviter le retour aux désordres précédents. Connaissant l'importance des premiers dignitaires à la tête d'une abbaye, on peut penser que l'élection à la tête de Baume de deux moines clunisiens répond à cette double préoccupation.

En revanche, la seconde concession flattait davantage l'amour propre des moines, en accordant à leur monastère une place privilégiée au sein de l'ordre clunisien. « Parce que celui-ci émane du monastère de Baume, comme le montrent et l'authentifient les récits des anciens Pères et des relations plus récentes, l'abbé et le couvent de Cluny ont accordé comme privilège à l'église de Baume qu'en l'absence de l'abbé de Moissac qui, de droit, vient immédiatement après celui de Cluny, l'abbé de Baume occupe en dignité le premier rang ». Venaient donc en tête de l'Ordre les deux établissements qui avaient manifesté à plusieurs reprises la volonté la plus opiniâtre et la plus violente d'en sortir.

Le nouveau régime, établi par ces accords, fonctionne correctement une trentaine d'années, probablement grâce à la personnalité du nouvel abbé, Thiébaud, qui préside aux destinées du monastère jusque vers 1217 et qui marque son passage à Baume par un apaisement des passions et une restauration de la vie religieuse, c'est du moins ce que laissent deviner les principaux actes de son administration. Avec lui, la confiance réapparaît et la hiérarchie ecclésiastique n'hésite pas à charger Thiébaud de

---

(Arch. dép. Jura, 1 H 12 avec extraits dans W. WIEDERHOLD, *Papsturkunden*, n° 81), du 28 juillet 1191 (BRUEL, n° 4349).

1. O. HAGENEDER, *Die Regester Innocenz III.*, I/1, n° 133 (mai 1198) ; n° 115 (mai 1198). Accord de 1202-1204 dans A. BRUEL, *Chartes de Cluny*, v, n° 4388, qui le date de 1200, sans raison apparente.

2. En 1205, Innocent III demande à l'évêque de Mâcon et à l'abbé de Baume d'intervenir à Saint-Bénigne de Dijon (*Gallia Christiana*, IV, col. 684 ou *P.L.*, t. 215, col. 632).

missions officielles dès 1205 [1]. Désireux de liquider toute trace du passé susceptible de rallumer l'incendie, celui-ci met fin définitivement aux diverses querelles qui traînaient depuis plus d'un demi-siècle, soit avec l'abbaye cistercienne de Balerne, soit avec l'église d'Autun et il sait se réconcilier avec la branche cadette des comtes de Bourgogne. Succès total ? En réalité, si son abbatiat met du baume dans le coeur des moines, il ne les guérit pas de leur obsession et, dès 1234, la plaie s'ouvre une fois de plus.

Que conclure de ces révoltes successives qui laissent l'historien pantois ? Au moment où la hiérarchie ecclésiastique cherche à développer des structures provinciales, l'attitude de Baume paraît réactionnaire ; elle traduit simplement l'attachement très fort des anciennes abbayes à leur indépendance. Mais celle-ci n'a plus les mêmes vertus ; si, pour les moines, elle signifie libre gestion, libre choix du supérieur et confère au monastère un prestige indéniable, elle entraîne aux yeux des autorités un isolement peu propice à la stimulation religieuse et à toute forme de contrôle.

Au-delà des structures administratives et des comportements, tributaires des grandes aspirations du moment, les contraintes économiques réduisent la part d'initiative laissée à chaque maison et le cas de Baume tombe dans le lot commun des abbayes de plus en plus enlisées dans les soucis matériels, de plus en plus installées dans le siècle. Un moment délaissés au profit des ordres nouveaux, les monastères traditionnels retrouvent donc difficilement leur prospérité temporelle ; la concurrence reste vive, tandis que le faire-valoir indirect, utilisé pour l'exploitation de leurs domaines, se ressent de la dévaluation de la rente féodale. Pour remédier à cet équilibre précaire, générateur de tensions internes et sans cesse menacé par la moindre crise, ils sont à la recherche de solutions susceptibles d'améliorer leurs conditions de vie, soit en accroissant leurs sources de revenus ou en diminuant leur recrutement, soit en redonnant une nouvelle audience à leur maison.

Recours aux miracles

A défaut de pouvoir suivre les efforts déployés en matière de régularité et de réforme, nous voyons des monastères recourir à l'intercession miraculeuse des saints, pour se refaire une santé morale et physique ; c'est ainsi que deux d'entre eux (Gigny et Saint-Oyend) songent simultanément à exploiter leur potentiel de reliques dans les années 1160-1180.

Gigny   L'initiative vient de Gigny qui, après ses pénibles démêlés avec Le Miroir et le terrible incendie de 1157, décide de mettre à contribution son saint patron, Taurin, en organisant la pérégrination de ses reliques à travers la région. Si de telles pratiques ne surprennent pas, elles posent néanmoins le problème de la popularité de l'intercesseur, choisi pour ses capacités à séduire les foules et à réveiller la générosité des fidèles. Nous n'aborderons pas ici le difficile débat hagiographique sur l'identité du personnage ni sur les origines des reliques [2]. C'est

---

1. 1208 : traité entre Etienne comte de Bourgogne et Baume (Bibl. mun. Besançon, Droz 28, fol. 153). — 1209 : pacification entre Baume et Balerne au sujet de Glénon (Cartulaire de Balerne, Château de Montmirey, fol. 34, et F. L. CHEVALIER, *Mém. hist. sur Poligny*, I, pr. 665). — 1213 : composition entre Baume et l'église d'Autun (Arch. dép. Jura, 1 F 26, n° 55, et CHARMASSE, *Cartulaire de l'Eglise d'Autun*, p. 130). — 1217 : nouvel accord (CHARMASSE, p. 134, et CHEVALIER, I, p. 337).
2. Un état sommaire de la question est donné par C. BOILLON, à l'article Taurino, vescovo di Evreux, dans *Bibliotheca Sanctorum*, XII, 1969, col. 146-148. Le récit des miracles que nous utiliserons se trouve dans les *AA.SS., Aug.*, II (1735, Anvers), p. 650-656.

Bernon, le fondateur de Cluny, qui aurait eu le privilège d'accueillir Taurin, évêque de Bayeux, au temps de son séjour à Gigny, ce qui rendrait compte de la propagation du culte en Bourgogne méridionale et justifierait l'itinéraire choisi pour la pérégrination. Une fois installé à Gigny, Taurin ne tarde pas à en devenir le protecteur privilégié, comme le confirment les sceaux du xiiie siècle frappés à son effigie.

Vraisemblablement, au milieu du xiie siècle, la popularité du saint évêque ne fait de doute dans la vallée du Suran et dans les environs ; c'est en tout cas sur elle que comptent les moines pour redresser la situation de leur monastère ; en décidant d'organiser une procession des reliques jusqu'à Cluny, ils entendent non seulement solliciter des secours de l'abbaye bourguignonne, la fille aînée de Gigny, mais en même temps profiter de pieuses collectes au cours du voyage. Effectivement, aux dires de l'hagiographe, de nombreux et éclatants miracles marquent la traversée des bourgs et des villages. L'accueil de Cluny est triomphal puisque l'abbé Hugues reçoit le cortège avec toute la solennité possible, au milieu d'un grand concours de fidèles, qui donne lieu sans doute à de nombreuses offrandes.

Au retour, les reliques font un crochet par Lyon, le siège de l'archevêché, en passant par Mâcon, Bâgé-le-Châtel, Chaveyria, Neuville « où se trouve un monastère de moniales, qui vivent sous la règle de saint Benoît et sous la direction de l'abbé de Saint-Oyend », Trévoux, « *bourg nouveau* », Légny où les habitants, « *tels les fils de Bélial* », manifestent peu de piété. L'arrivée à Lyon tombe mal, au moment où les troupes alliées de l'archevêque et de Gérard, comte de Mâcon, viennent d'être battues par celles de Guigues, comte du Forez [1].

Grâce à cette tournée, que l'auteur des miracles décrit comme triomphale, Gigny espère réactiver son rayonnement spirituel et retrouver une stabilité matérielle compromise par l'incendie et l'évolution antérieures. Y parvient-elle ? Si la discontinuité documentaire rend toute réponse aléatoire, du moins le saint patron gagne-t-il une audience plus large, puisqu'au début du xiiie siècle sa fête est célébrée à Saint-Oyend *cum solemnitate duplici* [2]. Mais outre les renseignements anecdotiques qu'elle apporte sur les bourgades traversées, sur les types de miracles réalisés et sur les traits de mentalités qui en découlent, cette pérégrination de reliques montre que la zone d'influence de Gigny reste encore tournée vers la Bourgogne méridionale et le Lyonnais ; c'est dans cette direction que le monastère va chercher des secours ; sa pénétration dans le sud du diocèse de Besançon, bien qu'amorcée depuis le début du siècle, demeure discrète et ne motive pas la visite de Taurin.

Saint Claude   Plus encore que saint Taurin de Gigny, saint Claude mérite une attention particulière, parce qu'il nous donne l'occasion d'assister à la naissance et à l'essor d'un culte, d'en dater les principales manifestations. Cet ancien abbé de Saint-Oyend, dont on conservait le corps à l'abbaye, surgit de l'anonymat au milieu du xiie siècle et se met à faire preuve de ses qualités de thaumaturge lors du séjour de Pierre de Tarentaise ; sa popularité grandit si vite que, vers 1180-1184, les moines utilisent son crédit pour restaurer le prestige et l'influence de leur monastère, par une pérégrination triomphale de ses reliques. Les miracles qu'il effectue durant

---

Sur l'histoire de saint Taurin dans le Jura, nous renvoyons à B. GASPARD, *Histoire de Gigny*..., p. 539-574, et *Vie des saints de Franche-Comté*, t. III, p. 393-423

1. Sur cet épisode, G. DUBY, *La société dans la région mâconnaise*, p. 536 et suiv. Citations empruntées aux *Miracles* (*AA.SS., Aug.*, II, p. 650-656, ou GASPARD, p. 647-651).

2. Arch. dép. Jura, 2 H I, 50, 63 ou 194, 2 : ce jour-là, il y a au monastère de Saint-Oyend pleine réfection *in pane, vino, piscibus et flatonibus*.

cette tournée sont aussitôt consignés par écrit, en même temps qu'une *Vita* (dite *longior*) vient au début du XIII⁰ siècle satisfaire la curiosité des pèlerins qui se pressent de plus en plus nombreux à son tombeau.

Dès lors, l'abbé Humbert de Buenc (1234-1262) emploie tous ses efforts à promouvoir et à organiser ce nouveau culte, sans négliger pour autant celui, plus ancien, de saint Oyend ; c'est lui qui fait exécuter les châsses précieuses des deux saints, c'est lui qui obtient d'Innocent IV, le 7 juin 1245, une bulle adressée aux fidèles des diocèses de Lyon, Besançon et Genève et concédant la faveur très recherchée de vingt jours d'indulgence à tous ceux qui assisteraient dorénavant à la fête de saint Claude ; c'est enfin lui qui, avant 1247, introduit la célébration liturgique du second patron de l'abbaye à la date du 6 juin et qui, à cet usage, fait rédiger une *Vita brevior* [1].

Grâce à ces repères chronologiques extrêmement précis, l'historien peut exploiter la légende hagiographique, en montrer sa naissance et son utilisation. Dans une étude qui reste un modèle du genre, B. de Vregille a reconstitué la genèse de sa tradition, à partir de rares certitudes empruntées à quelques documents ou à un catalogue abbatial du XII⁰ siècle ; il a mis en évidence les erreurs d'interprétation. Nos connaissances se réduisent effectivement à très peu de choses : Claude, abbé de Saint-Oyend de Joux, a administré cette abbaye durant une cinquantaine d'années (seconde moitié du VII⁰ siècle) et revêtu quelque temps la charge d'évêque claustral, ce qui a provoqué la confusion avec son homonyme, archevêque de Besançon (vers 517). Il fut probablement inhumé, comme tous les abbés de cette époque, dans l'ancienne église bâtie au VI⁰ siècle sur la tombe de saint Oyend.

A-t-on attendu le milieu du XII⁰ siècle pour l'invention de son corps, alors qu'après l'an 1000, l'abbé Gaucerand a réédifié de fond en comble cette église ? L'hypothèse paraît invraisemblable, parce qu'une telle reconstruction ne pouvait se réaliser sans relever les corps enfouis dans le sol. C'est sans doute au cours de cette exhumation qu'on a découvert l'état étonnant de conservation du corps de Claude, interprété comme un fait miraculeux et un indice de sainteté ; en 1245, Innocent IV ne manque pas de souligner dans sa bulle d'indulgence que « le corps du bienheureux Claude, confesseur, repose en entier dans l'église de Saint-Oyend » [2].

Dès lors, les fidèles ont dû l'implorer comme un nouvel intercesseur mais, pour que son culte s'imposât, il fallait que le personnage incarnât un idéal très prisé au XII⁰ siècle et par là attirât l'attention des contemporains. Cette stature, il l'acquiert au cours du siècle, quand l'accession des réguliers à l'épiscopat met à la mode un nouveau type de saint, le prélat modèle. Le catalogue abbatial, transcrit vers 1150, a justifié le titre d'évêque attribué à Claude en lui attribuant le siège archiépiscopal de Besançon, ceci à une époque où l'on s'inquiète de recueillir les premiers miracles accomplis par son intermédiaire. Le plus ancien bénéficiaire connu est un prêtre aveugle de Lausanne, à qui la Vierge conseille en songe d'aller en pèlerinage sur le tombeau de saint Claude ; il s'exécute et recouvre aussitôt la vue. A son retour, il ressuscite un enfant noyé, à l'aide d'une fiole d'eau qui avait touché le corps du bienheureux confesseur. Débute alors l'épopée merveilleuse de celui qu'à l'exemple de

---

1. Les renseignements sur le culte de saint Claude proviennent en grande partie de l'ouvrage collectif *Saint Claude. Vie et présence*, Paris, 1960, en particulier des articles de B. de VREGILLE, Les Vies et la vie de saint Claude, p. 23-71, et l'appendice bibliographique, p. 189 et suiv.

2. Arch. dép. Jura, ms. 11, fol. 268 ; *Gallia Christiana*, IV, instr. 32-33, avec la date de 1254 (*XI° anno*, au lieu de *II° anno*) ; POTTHAST (*Regesta,* n° 13993) a corrigé en *VII° anno*, mais c'est bien à 1245 que se réfère le document.

Pierre, archevêque de Tarentaise, on appellera le Thaumaturge, le faiseur de miracles, *Patrator miraculorum,* selon une inscripion du xve siècle dans les stalles de l'église.

D'ailleurs, l'évocation de Pierre de Tarentaise s'impose, puisque l'archevêque a séjourné à l'abbaye en 1155 et y a même opéré des miracles [1]. Sans contredire le témoignage de Geoffroy d'Auxerre qui a rédigé la *Vie de saint Pierre de Tarentaise,* l'auteur anonyme des *Miracles de saint Claude,* écrivant à la même époque, fait bien allusion au succès du prélat cistercien ; il profite sans doute du passage de l'archevêque et de son retentissement sur les foules pour ancrer plus solidement le culte naissant de son héros.

Bien que les premiers miracles de Claude se déroulent sous l'abbatiat d'Adon (1149-vers 1176), le saint, aux dires de son biographe, ne lui en sait aucun gré et l'abandonne à la vindicte des Alexandrins qui obtiennent sa destitution. En revanche, le successeur, Aymon, malgré le peu d'années qu'il passe à la tête de l'abbaye [2], trouve grâce à ses yeux, moins pour avoir réconcilié une communauté divisée que pour avoir assuré la publicité du nouveau thaumaturge ; c'est lui qui, vers 1180, décide une tournée extraordinaire des reliques dans la région, pour attirer des secours matériels et spirituels à l'abbaye en difficulté et pour mobiliser ses moines autour d'une idée unificatrice. Sans doute le précédent de Gigny avait-il donné des résultats suffisamment probants pour inciter les moines de Saint-Oyend à organiser vingt ans plus tard une semblable pérégrination.

Tout est minutieusement préparé et l'auteur des *Miracles* traduit bien l'émotion de cette mise en scène savamment orchestrée : « Les religieux de l'abbaye de Joux gémissaient sur le dénuement pitoyable et l'affliction inouïe de leur mère (l'église) ; se voyant sans ressources humaines, ils prirent par l'inspiration divine le parti de porter à travers les peuples et les nations leur trésor incomparable, le corps du bien-heureux Claude, pour la consolation de sa mère en deuil, la fille de Sion, et pour la rémission des péchés. Tous, d'un commun accord, approuvent le projet. On choisit alors de pieux religieux pour porter et garder le saint trésor. Toute la communauté les accompagne à quelque distance du cloître, en chantant des psaumes, mais les voix étaient pleines d'un accent de tristesse et entrecoupées de sanglots : les moines qui restent se montrent comme désolés du départ de leur père, comme de l'affliction de leur mère. Ils recommandent aux gardiens du saint corps de se conserver durant le voyage dans un esprit de rigoureuse pénitence et de parfaite obéissance » [3].

Nous ne pouvons accompagner la châsse de saint Claude dans tout son périple, ni nous livrer à une étude approfondie des miracles qui, en dépit de leur intérêt incontestable, nous éloigneraient par trop de nos propos. A la différence de saint Taurin, dont la popularité touche davantage la Bourgogne méridionale, l'audience de saint Claude est essentiellement jurassienne, car l'accueil que lui réserve le diocèse de Lyon n'a pas suscité l'enthousiasme. L'hagiographe rapporte la déception que lui réservent les Lyonnais. Tandis que saint Taurin avait été invité et bien reçu dans la cité archiépiscopale, saint Claude n'y rencontre qu'indifférence et, s'il opère néanmoins un miracle, c'est pour donner une leçon à ses hôtes incrédules : saint Claude

---

1. *AA.SS., Maii,* II, p. 32
2. Aymon est signalé en 1181 et 1184 ; prend-il l'abbatiat dès 1176 ? S'identifie-t-il au cellérier Aymon, connu entre 1162 et 1166 ?
3. *AA. SS., Junii,* I, p. 642. Sur les manuscrits et éditions des *Miracles* et des *Vitæ* de saint Claude, toutes les indications ont été données par B. de VREGILLE, *Saint Claude...,* p. 189 et suiv. Dans les citations, nous suivrons l'édition des *AA. SS., Junii,* I, p. 642-657, plus complète que la traduction donnée le chapitre II du volume *Saint Claude. Vie et présence.*

accorde ses faveurs à un marginal, un Vaudois, au moment même où la secte devient suspecte à Lyon[1] : « Il se nommait Christian. C'était un homme imbu de la tradition vaudoise, qui mendiait en public et était connu de tout le monde... »[2].

Pourquoi saint Claude obtient-il une plus grande audience dans le diocèse de Besançon, alors que son abbaye dépend de la juridiction de Lyon ? Le fait d'avoir assimilé le thaumaturge à un homonyme archevêque de Besançon au vi° siècle n'explique pas tout et, au-delà de la popularité de saint Claude qui s'affirme essentiellement dans le sud du Jura, nous devinons la volonté des moines d'appuyer leurs prétentions temporelles sur des terres qui leur sont disputées. Curieusement, le cortège évite Salins, où l'abbaye de Saint-Oyend n'avait pas de pied-à-terre, et choisit de demeurer longuement à Arbois où se déroule l'essentiel de cette tournée triomphale ; son église, dédiée à saint Just, relève de l'abbaye qui y avait établi un prieuré. Les porteurs de la châsse se trouvaient donc assurés d'y rencontrer chaleur et conviction. C'est donc là, au cours d'une halte prolongée, que saint Claude opère la plupart des trente cinq miracles. Cependant, les bénéficiaires ne proviennent pas seulement des les environs immédiats, mais aussi d'une zone beaucoup plus large, couvrant la partie méridionale du diocèse : Besançon, Dole, Saint-Aubin, Cuiseaux. Même réservées aux fidèles du diocèse de Besançon, les interventions miraculeuses ne dégagent pas de typologie bien précise. Le thaumaturge, qui n'a encore aucune attribution spécialisée, dispose de pouvoirs étonnamment variés, allant de la résurrection à la récupération d'objets perdus.

Plus intéressantes, les interventions qu'opère saint Claude en faveur du bétail et qui introduisent une note de caractère économique : il exauce les prières d'un convers qui garde les moutons au-dessus d'Arbois et dont le troupeau, soudain frappé de tremblements, ne peut plus se tenir debout. Un autre miracle nous vaut une brève description des plateaux qui dominent Saint-Claude et les ravins sauvages qui les découpent : « Auprès du monastère de Saint-Oyend est une gorge longue et étroite, enfoncée entre de hautes montagnes et échappant par sa profondeur aux rayons du soleil. Les rochers à pic qui bordent cette gorge portent un plateau étendu, fournissant de gras pâturages aux nombreux troupeaux qu'on y entretient... »[3].

Nous ignorons les résultats immédiats de cette pérégrination ; apporte-t-elle à Saint-Oyend les réconforts matériels et moraux qu'avaient escomptés les moines ? Ramène-t-elle l'unité et la prospérité au sein de la congrégation ? Dans un domaine au moins, la réussite ne fait pas de doute, puisqu'elle contribue fortement à la diffusion de ce nouveau culte. Nous en avons la preuve dans l'élaboration d'une liturgie propre, à laquelle s'emploie l'abbé Humbert de Buenc (1234-1262).

Les actions de type économique

Pour faire face à la pression croissante des laïcs et remédier aux anciennes modalités d'exploitation, de moindre rapport que le faire-valoir direct, pour obvier à une tournure économique peu propice à la rente féodale, certains établissements tentent d'améliorer leurs revenus par des méthodes diverses et complémentaires : regroupements de leurs biens, amodiations des éléments les plus dispersés ou déficitaires, traités de pariage avec quelques grands seigneurs, mise en valeur de terres nouvelles.

---

1. Apparus vers 1170, les Vaudois sont suspectés d'hérésie à partir de 1179, avant d'être chassés de Lyon en 1182-1183 et condamnés en 1184 (J. GONNET, La figure et l'oeuvre de Vaudès dans la tradition historique et selon les dernières recherches, dans *Cahiers de Fanjeaux*, n° 2, p. 87-110, en particulier p. 97).

2. *AA. SS., Junii*, I, p. 647.

3. *Ibidem*, p. 647.

La première démarche n'a rien de novateur puisqu'elle fait partie de ces mesures tradi-tionnellement déployées par les grandes abbayes pour prévenir les effets fâcheux de l'éparpillement ou pour améliorer le rapport de leurs domaines, en concentrant leurs biens autour de quelques noyaux. Par une politique judicieuse de ventes et surtout par des échanges et des concessions, les monastères essaient de compenser le carac-tère incontrôlé des donations et de restreindre les conséquences inévitables d'une riva-lité due à l'imbrication des biens ou à une trop grande proximité. Au temps de la réforme grégorienne comme à l'ère du monachisme, une telle politique préside aux relations entre les divers établissements et nous avons vu qu'elle constitue un des aspects essentiels de l'évolution canoniale après 1160.

Constamment, bénédictins, clunisiens, cisterciens et prémontrés procèdent à leur tour à des échanges ou à des concessions en censives, qui sauvegardent leurs droits de propriété, dans l'intérêt commun de leurs maisons. Saint-Oyend et Luxeuil ont ainsi conservé trace dans leurs chartriers d'accords avec les abbayes champenoises ou com-toises [1]. Les raisons invoquées ne varient guère : trop grand éloignement de la maison-mère, difficultés matérielles persistantes, souci de mettre fin à des querelles de voisinage... L'abbaye bisontine de Saint-Vincent, qui possédait l'église paroissiale de Pont-sur-l'Ognon a proximité de Villersexel, la cède en 1183 aux chanoines régu-liers de Marast, à la demande de ces derniers, précise le texte, en ajoutant qu'elle est trop éloignée de la cité épiscopale et qu'elle rapportait trop peu [2]. Nous pourrions multiplier les exemples en montrant que la transaction s'opère souvent à l'initiative des ordres nouveaux. La chartreuse de Bonlieu obtient que Gigny lui cède en 1204 ce qui relève de son obédience d'Ilay en dîmes et en terres, à proximité du domaine car-tusien, contre 90 livres lédoniennes et un cens de cinq sous [3].

Bien que les textes ne le mentionnent pas toujours, ces accords terminent fré-quemment une longue période de contestations ou de mauvais vouloir : déjà, en 1147, les moines de Baume s'étaient fait tirer l'oreille pour laisser aux cisterciens de Balerne leur terre de Glénon près de Grozon et ils n'avaient cédé que sur l'interven-tion de plusieurs amis, dont saint Bernard lui-même [4]. Devant le succès des moines blancs qui ont fait de ce domaine le noyau d'une de leurs granges les plus prospères, ils profitent de leur révolte contre Cluny pour résilier cette concession, puis sont finalement contraints de venir à résipiscence en 1209 [5].

Pariage   Loin de se ralentir, ces aliénations prennent une ampleur croissante et des formes nouvelles à la fin du XIIe siècle, car elles n'intéressent pas seulement les moines, mais de plus en plus les laïcs, toujours avides de mettre la main sur les domaines ecclésiastiques. Si le phénomène avait déjà attiré l'attention des réformateurs, qui avaient vigoureusement condamné les usurpations et dénoncé les donations de complaisance, il acquiert désormais des apparences légales, qui faci-litent la généralisation du système avec les traités d'inféodation et de pariage. Les premiers, conclus dans le cadre des rapports féodo-vassaliques, portent sur des élé-

1. Saint-Oyend avec Clairvaux en 1132, 1182, 1239 (Arch. dép. Aube, 3 H 10), avec Morimond en 1200 (Arch. dép. Haute-Marne, 8 H 25), avec La Crête... ; Luxeuil avec Bithaine (Arch. dép. Haute-Saône, H 22, en 1195), avec Morimond, La Crête, etc.
2. *Modicum questum prestabat*, Arch. dép. Doubs, 1 H 406.
3. Acte publié par GASPARD, *Hist. de Gigny...*, p. 654.
4. Histoire de Baume-les-Messieurs, p. 51.
5. Accord publié par F.-L. CHEVALIER, *Mém. hist. sur Poligny*, II, p. 665, avec l'arbitrage d'Etienne de Bourgogne ; sur cette grange, nous renvoyons à B. CHAUVIN, *Histoire de la Terre de Glénon*, t. I (967-1445), Fac. Lettres de Dijon, dactyl., 308 p.

ments variés du temporel monastique et ne laissent à l'abbé qu'un pouvoir de contrôle restreint, alors que les seconds associent un seigneur à la mise en valeur d'une terre ou d'une région et au partage des revenus qui en résultent, habituellement de moitié pour les profits temporels, ce qui explique le sens étymologique du terme. Introduits à la fin du XIIᵉ siècle, les pariages se justifient par des objectifs à la fois politiques, économiques et militaires, que l'abbaye ne peut réaliser elle-même ou que le seigneur la contraint d'accepter bon gré, mal gré.

Amorcé en 1173, le phénomène s'accélère après 1190 et revêt une intensité toute particulière dans le diocèse, en raison de l'insécurité qui y règne ou des convoitises qui s'y développent. Frédéric Barberousse et Béatrice y voient, par exemple, un moyen pratique de consolider leur domination en échange de la protection qu'ils accordent aux monastères ; la convention qu'ils passent en 1173 avec le prieuré de Chaux, dans la vallée du Doubs, leur permet de construire la forteresse de Clerval et d'affermir l'axe Alsace-Bourgogne, tandis que les clunisiens obtiennent des avantages non négligeables : l'intégralité des revenus ecclésiastiques (dîmes, offrandes, aumônes, droits d'autel) et la moitié de tous les autres. Un agent, nommé par les deux parties, aura désormais la responsabilité de gérer le patrimoine commun [1]. De son côté, Romainmôtier trouve son profit dans une telle association, conclue en 1181, puisque la collaboration de Béatrice lui donne les moyens de construire et de peupler une partie de son bourg [2].

Lorsque le pariage concerne la fondation d'une ville neuve, l'érection d'une forteresse ou la mise en valeur de terres nouvelles, les clauses se font plus explicites. En 1208, par exemple, l'abbaye de Baume-les-Messieurs « a laissé et donné à Etienne, comte de Bourgogne, en fief, chasement et association, le mont situé sur Chavenay [qui domine Lons-le-Saunier], où il a bâti le château appelé Montaigu... Voici les conditions de ce traité : le comte bâtira pour les moines, dans le bourg dudit château, une église en laquelle sera transféré le prieuré qui était auparavant à Chavenay ; le même comte assignera à l'église de Baume une rente de 25 livres de monnaie lédonienne, à percevoir sur son éminage de Lons. Dans les limites de la châtellenie, l'abbé recevra la moitié de tous les usages et commodités, des cens, marchés, ventes et justices, amendes et banalités, même du péage s'il y en a un d'établi, enfin de tous les revenus et coutumes qui seront perçus. Le comte bâtira à ses frais les moulins et les fours, dont la moitié reviendra à l'abbé... Celui-ci aura sur place son agent, de même que le comte ; l'agent du comte prêtera serment de fidélité à l'abbé et promettra de ne faire aucune fraude ni dommage dans l'exercice de sa charge ; de même l'agent de l'abbé prêtera pareil serment au comte, qui n'aura aucune juridiction sur lui, ni sur sa famille, vivant du pain de la maison des moines » [3].

Sans passer en revue tous les traités de pariage conclus dans les premières décennies du XIIIᵉ siècle, nous voudrions seulement relever l'utilisation systématique qu'en fait Etienne d'Auxonne, le représentant de la branche cadette des comtes de Bourgogne, pour renforcer sa domination territoriale dans le sud du pays. Co-seigneur de Lons avec son cousin Guillaume, comte de Vienne et de Mâcon, il réussit à signer de nombreux contrats d'association avec les principales abbayes: Gigny, Baume, Saint-Claude et Château-Chalon. Tandis que Baume lui laisse construire le château de Montaigu qui domine Lons et double celui des Montmorot, Château-Chalon le reconnaît comme gardien du promontoire et de la forteresse qui protègent le couvent

---

1. A. Bruel, *Chartes de l'abbaye de Cluny,* V, n° 4246.
2. *Cartulaire de Romainmôtier*, p. 586.
3. Arch. dép. Jura, 194 G 14 ; Bibl. mun. Besançon, Chifflet 2, fol. 137.

des moniales ; mais c'est avec Gigny et Saint-Claude qu'il réalise les meilleurs résultats. Les clunisiens lui accordent l'autorisation de fonder une ville neuve à Saint-Laurent-La-Roche, sur un éperon dont la position défensive n'échappe à personne, puis l'établissent dans la vallée du Suran, de part et d'autre de leur propre monastère. Grâce au bon vouloir des moines, il construit en 1192 le château de Montfleur et partage avec eux les revenus d'une quinzaine de villages disséminés dans les environs. Quelques années plus tard, il prend pied en amont de la vallée, en contrôlant le château de Cressia [1].

Les traités de pariage conclus au début du xiiie siècle concernent surtout les monastères traditionnels, qui renoncent progressivement à diriger par eux-mêmes l'exploitation de leurs domaines pour n'être plus que des rentiers du sol. Les convers, trop peu nombreux chez les cisterciens comme chez les clunisiens, ne suffisent plus à assurer les tâches manuelles, alors que les moines de chœur répugnent à vivre dans les granges perdues au milieu des chaumes ou dans les petits prieurés ruraux qui n'en diffèrent souvent que par le nom. Le recours aux séculiers s'impose d'autant plus que le recrutement se ralentit et renforce ses caractères aristocratiques. Il n'est pas surprenant que, dans ces conditions, les religieux, après avoir renoncé à organiser la colonisation de leurs terres, en viennent aussi à abandonner certains prieurés. Ils les amodient à des particuliers, c'est-à-dire qu'ils les cèdent en location temporaire ou viagère, à des conditions variables.

Amodiations   Comme les contrats de pariage, les amodiations n'obéissent pas à des règles immuables. Bien qu'une première aliénation de ce genre ait eu lieu en 1166, le mouvement ne commence réellement qu'au début du xiiie siècle, au moment où la situation locale se dégrade. Il n'affecte pas les seuls monastères traditionnels, puisque clunisiens et chanoines réguliers subissent les effets de cette détérioration et que, nous le verrons, certaines granges cisterciennes accusent les mêmes difficultés. Il s'agit donc d'une évolution générale, accélérée dans le diocèse par l'insécurité, mais accusant un léger décalage avec ce qui se passe dans l'ouest de la France [2].

Au départ, ce procédé ne semble guère satisfaire les abbayes qui rechignent à confier, même temporairement, à des laïcs la gestion d'une église et de ses biens. Dans la mesure où elles le peuvent, elles préfèrent l'acenser à un religieux de leur maison ou d'une autre congrégation ; ainsi, en 1226, Saint-Bénigne de Dijon amodie en viager son prieuré de Salins à Guillaume de Dramelay, issu d'une puissante famille de la région et dignitaire de Saint-Oyend [3]. Les Dijonnais récidivent quelque temps plus tard en chargeant un chanoine de Langres, Hugues d'Aigremont, de gérer au mieux le prieuré voisin d'Enfonvelle, tandis que Grandvaux confie à un moine de Baume, Jean de Vaudrey, une tâche équivalente. Qu'exige-t-on de ces administrateurs recrutés sur place ? Une bonne connaissance de la situation, sans doute quelques aptitudes à la gestion et surtout la perspective de solides appuis féodaux.

A défaut de découvrir de telles garanties parmi les réguliers, on se tourne du côté des clercs, voire des laïcs, ainsi que le dit sans ambages l'abbé de Saint-Oyend en 1266 : « Comme nos prieurés de Cusance et d'Oysenans étaient lourdement grevés de

---

1. Association d'Etienne de Bourgogne avec Château-Chalon vers 1210-1214 (dans LE RICHE, *Mém. pour servir à l'histoire de Château-Chalon*, p. 179) ; avec Gigny pour Montfleur en 1191 (GASPARD, *Hist. de Gigny*, p. 651) ; pour Saint-Laurent-La-Roche en 1192 (*ibidem*, p. 652) ; pour Cressia en 1227 (*ibidem*, p. 657).

2. J. AVRIL, *Le gouvernement des évêques... dans le diocèse d'Angers*, p. 333.

3. Guillaume de Dramelay est prieur de Sermaize (*Gallia Christiana*, IV, pr. col. 29).

dettes et qu'il ne se trouvait parmi nos moines personne qui puisse les tirer de cette crise, nous les avons confiés à un prêtre, Guillaume de Vernantois, à titre de véritable et fidèle ami de notre église...» [1]. Quand le recours aux laïcs s'impose comme seule solution, le choix tombe toujours sur un seigneur voisin, directement intéressé au sort du prieuré : détenteurs de la Tour-du-May, les Revigny ont sans doute à cœur de relever la *celle* voisine de Saint-Christophe, de même les Montmorot, à l'égard de cette maison d'Oysenans, ou les Montfaucon-Montbéliard, qui entendent se réserver la domination des plateaux septentrionaux, en y incluant la garde ou la gestion des monastères.

Quel que soit le preneur, l'amodiation reste considérée comme un pis-aller et les responsables, qui en prennent conscience, cherchent à en atténuer les conséquences. Ainsi l'abbé de Cluny tente-t-il en 1248 de mettre fin au mandat d'Amédée de Montfaucon, qui avait obtenu de son prédécesseur l'acensement du prieuré de Morteau. Dans ce but, les abbayes multiplient les clauses interdisant toute aliénation de biens, toute transmission illicite. Comme ces contrats se justifient généralement par la situation catastrophique du prieuré, les bailleurs demandent, outre le versement d'un cens, l'extinction des dettes et parfois la restauration des bâtiments ; ils ne manquent pas de préciser le nombre de religieux qui doivent être entretenus dans le monastère et de se réserver le gîte une ou deux fois l'an. Grâce à de telles clauses, apparaît la différence entre les prieurés conventuels, comme Morteau, où vivent quatre moines au minimum et ceux, ruraux, de Saint-Christophe, d'Oysenans, d'Hugier, cantonnés à des tâches de gestion et momentanément désertés par tout religieux.

Nécessités de réformes

Jointes à tous les symptômes précédemment analysés, les amodiations renforcent l'impression de malaise que dégage la situation des monastères bénédictins et clunisiens ; les contraintes matérielles que ceux-ci subissent depuis la fin du XIIᵉ siècle les poussent à abandonner certains principes de régularité et à se laisser glisser vers une lente sécularisation. Faut-il parler de décadence ? De refroidissement de la vie religieuse, avancé autrefois pour expliquer le succès des ordres mendiants ? Certes, les exemples ne manquent pas, en ce début du XIIIᵉ siècle, pour étayer cette thèse, aussi bien dans le diocèse que dans la Chrétienté : ces moines de Baume, plus préoccupés de leur indépendance que de pénitence, ces actes de violence perpétrés à l'égard de deux dignitaires de Saint-Oyend, l'un et l'autre assassinés [2], ces incendies criminels des abbayes de Luxeuil en 1201 et de Lure en 1234, l'élection irrégulière d'un abbé à Luxeuil en 1198, etc.

Tous ces indices glanés dans les chartes ne constituent-ils que des faits divers ou résultent-ils d'un relâchement de la vie religieuse ? N'annonceraient-ils pas cette sécularisation qui a déjà gagné le monastère féminin de Remiremont et qui s'apprête à envahir nombre d'abbayes d'hommes ? Nous l'admettons volontiers, en constatant le développement d'habitudes individuelles au sein des communautés ; c'est le cas de ces dignitaires de Baume qui prennent en amodiation des prieurés et qui, par conséquent, abandonnent la vie collective pour se consacrer à l'exécution de leur contrat ; c'est

---

1. Arch. dép. Jura, 2 H I, 103, 23.
2. Il s'agit du cellérier de Saint-Oyend, Guillaume, assassiné vers 1228 par un prévôt, Pierre de Chassal (dom BENOIT, *Histoire de... Saint-Claude*, I, p. 629). Pour lui on sonnera les cloches le jour de son anniversaire, on fera l'office entier et pleine réfection *in panibus, vino, flatonibus et coquina*, à prendre sur les dîmes de Marigny ». Quelques années plus tôt, en novembre 1215, c'était le prieur de Cunfin, dans l'Aube, qui avait été assassiné par Simon de Bar (Bibl. mun. Berlin, Phillipps 15, II, fol. 80).

aussi le cas de ces officiers de Saint-Oyend (sacristain, cellérier, aumônier) dotés de revenus particuliers, qui se rapprochent de la prébende, ou encore de ce dédoublement de sceau à Luxeuil entre l'abbé et le couvent.

Conscientes des difficultés traversées par les monastères bénédictins, les autorités ecclésiastiques ont tenté de réagir en enrayant cette lente dégradation, mais sans saisir que les véritables causes se situaient au niveau de l'évolution économique et intellectuelle qui favorisait les villes au détriment des campagnes et qui détournait des abbayes traditionnelles les aspirations du moment. Comme au temps de la vague cistercienne, elles ont incriminé l'autonomie dont jouissaient les maisons et qui, à leurs yeux, les maintenait dans une solitude jugée néfaste et dangereuse. Parmi ces partisans convaincus d'une réforme se distingue Innocent III, qui s'est préoccupé personnellement de promouvoir des mesures efficaces et d'en contrôler l'application : pour rompre leur isolement, il veut imposer aux monastères leur regroupement au sein de provinces, avec tenues de chapitres généraux et tournées de visiteurs, conformément aux principes cisterciens et clunisiens. Mais sa sollicitude ne se limite pas aux moines bénédictins, puisqu'il s'intéresse, nous l'avons vu, au sort des chanoines séculiers et réguliers. Après avoir expérimenté la formule dans les régions qu'il connaissait bien (Italie), il en élargit progressivement le champ au reste de la Chrétienté, avant d'en faire voter l'obligation au quatrième concile du Latran [1].

Comme le concile ne fait toutefois que généraliser des mesures déjà appliquées dans certaines régions, nous ne sommes pas surpris d'en trouver un écho indirect dès 1208, dans la province voisine de Lyon : il s'agit d'une réclamation formulée par deux des principales abbayes, Saint-Bénigne de Dijon et Saint-Oyend, auprès d'Innocent III, qui nous en rapporte l'objet dans sa décrétale du 22 décembre 1208. « Nous avons reçu de votre part la requête suivante : quand vous avez réuni le chapitre général des abbés, prieurs et autres profès de votre ordre de la province de Lyon, vous avez été contraints de supporter à vous seuls les frais engagés à cette occasion, parce que ces mêmes abbés, prieurs et administrateurs des monastères et prieurés de l'ordre se montraient réticents à participer aux dépenses, au prorata de leurs possibilités. Sensibles à votre supplication, nous vous autorisons par l'autorité des présentes à contraindre les abbés, prieurs et administrateurs à cette participation si le chapitre ou la majorité de ce dernier en décide ainsi » [2]. C'est malheureusement le seul renseignement que nous ayons trouvé sur la tenue de chapitres généraux durant cette période, et nous ignorons si l'équivalent a existé pour la province de Besançon, ou si les consignes du pape et du concile y ont été appliquées. Alors que dans certains diocèses, comme Angers, une abondante législation montre comment les autorités ecclésiastiques ont suivi et répercuté ces mots d'ordre [3], rien de semblable ne subsiste dans notre région.

Les tentatives de réforme ne s'arrêtent pas en 1215, puisque les successeurs d'Innocent III ont manifesté les mêmes préoccupations en la matière. Honorius III a insisté sur les visites canoniques, n'hésitant pas à envoyer au besoin ses légats à Saint-Gilles, à Bèze, tandis que Grégoire IX a repris et développé ces mesures dans ses importants statuts de 1235 et 1237, visant à favoriser la régularité et le retour à une discipline plus stricte [4] ; il rappelle l'obligation de la clôture, la nécessité de pra-

---

1. Trad. R. FOREVILLE, *Latran I, II, III, et Latran IV*, p. 353.
2. Arch. dép. Jura, 2 H II, 122, 1.
3. J. AVRIL, *Le gouvernement des évêques... dans le diocèse d'Angers*, p. 591 et suiv.
4. Sur la réforme des réguliers au début du XIIIe siècle, nous renvoyons aux études d'U. BERLIERE, Innocent III et la réorganisation des monastères bénédictins, dans *Revue Bénédictine*, 32 (1920), p. 22-42 et 145-159 ; du même, Les chapitres généraux de

tiquer la pauvreté individuelle, la remise en honneur du jeûne et de l'abstinence, le respect du silence, etc. Lui aussi insiste sur la réunion des chapitres généraux, sur les pouvoirs des visiteurs. Face aux réticences des religieux à appliquer ces consignes, il donne l'exemple en multipliant l'envoi de délégués pontificaux dans les monastères exempts, qui dépendent directement de sa juridiction. Ainsi, après le transfert de l'abbé de Luxeuil à Bèze, justifié par la méchanceté des moines, Grégoire IX charge plusieurs abbés cisterciens, dont celui de Bithaine, de visiter le monastère colombanien en 1233, mais, à en juger par le rapport qu'en dresse ensuite la papauté, la confraternité et l'esprit religieux ne semblent guère habiter cette maison [1].

La situation ne paraît guère plus enviable au monastère voisin de Lure, victime, à cause de ses intérêts alsaciens, des conflits opposant les Ferrette aux comtes de Montbéliard. En 1234, le comte Thierry IV est même excommunié par l'archevêque de Besançon pour avoir pillé l'abbaye et dispersé de force la communauté [2]. Dans l'espoir d'y ramener l'ordre et la régularité, le pape dépêche en 1237 au monastère « qui dépend directement de l'Eglise romaine », les abbé et prieur de Lieucroissant (encore des cisterciens du voisinage) ; « à cause de la méchanceté de certains nobles des environs, qui ont mis à sa tête un des leurs, le monastère de Lure semble depuis longtemps vacant et comme la dévolution revient au Siège apostolique », le pape ordonne aux visiteurs de se rendre sur place et non seulement de pourvoir ce lieu d'un abbé, mais aussi de le réformer et d'y corriger tout ce qui sera nécessaire [3].

Autre indice de la nécessité des réformes : l'effervescence qui règne à Baume-les-Messieurs durant cette décennie 1230-1240. Une fois de plus, les religieux ont rompu leur sujétion envers Cluny et fait appel aux autorités locales pour défendre leur liberté. Malheureusement pour eux, l'archevêque Nicolas de Flavigny (1227-1235), homme cultivé, prédicateur apprécié et administrateur habile, ne partage pas leurs aspirations et se range résolument aux côtés des réformateurs ; il a d'ailleurs l'oreille du pape Grégoire IX, qui l'a nommé au siège archiépiscopal et le charge de vider cet abcès chronique. Muni des pleins pouvoirs, Nicolas procède en 1234 à de profondes réformes qui ne laissent planer aucun doute sur la dégradation de la vie monastique à Baume ; il commence par déposer l'abbé, « à cause de ses fautes » et, en attendant le moment propice pour une élection, il confie l'interim au prieur de Gigny, d'obédience clunisienne, ce qui n'a pas l'heur de plaire aux moines récalcitrants [4].

Ainsi, à la fin de la période qui nous intéresse, la situation des monastères traditionnels appelle plusieurs remarques. Incontestablement, des indices inquiétants suggèrent un relâchement de l'ancienne discipline, surtout dans les établissements du diocèse de Besançon ; en dehors de Saint-Vincent, que semble favoriser et protéger sa position à l'intérieur de la cité épiscopale, les autres se débattent au milieu de difficultés plus ou moins graves et souffrent d'un malaise permanent, dont témoignent les transferts d'abbés, l'envoi de visiteurs pontificaux, les coups de main laïques, le recours aux pratiques d'aliénation de biens, etc. Tour à tour, Baume, Luxeuil, Lure,

---

l'ordre de saint Benoît, dans *Revue Bénédictine*, 18 (1901), p. 364-371; de M. MACCARONE, Riforma e sviluppo della vita religiosa con Innocenzo III, dans *Rivista di storie della Chiesa in Italia*, 16 (1962), p. 29-72 ; de J. HOURLIER, *L'âge classique. Les religieux*, p. 395-396 et 418-420.

1. L. AUVRAY, *Registres de Grégoire IX*, I, n° 1249 (1er mars 1233), notice, Arch. Vaticanes, Registres de Grégoire IX, VIe année, vol. 16, col. 344.
2. L. AUVRAY, *ibidem*, n° 1277, 28 avril 1233.
3. *Ibidem*, n° 3772.
4. Nous renvoyons, pour le détail, à *L'abbaye de Baume-les-Messieurs*, p. 66.

Bèze, plongent dans les désordres, tandis que d'autres comme Morteau, Chaux-lès-Clerval, abandonnent leur sort entre les mains de seigneurs.

Les efforts entrepris par la hiérarchie ecclésiastique pour remédier à cette situation ne semblent pas donner les mêmes résultats d'une province à l'autre. Saint-Claude, Gigny, bénéficient d'un sursis dont on ne peut expliquer les origines précises : retombées des interventions miraculeuses de leurs saints protecteurs ? Heureuses conséquences de la tenue régulière de chapitres provinciaux ou éloignement des troubles qui sévissent dans le reste du comté ? Ailleurs, les monastères septentrionaux paient un lourd tribut aux guerres qui ravagent le pays dans la première moitié du XIIIe siècle et paraissent incapables de mettre sur pied des structures provinciales, tandis que Baume s'enferme dans une opposition obstinée à Cluny. Quant aux petits établissements, il faut généralement attendre les premiers rapports des visites clunisiennes pour apprécier plus justement leur sort[1].

Toutefois, cette impression générale de malaise ne s'applique pas à toute la période, ni à tous les monastères en même temps : notre analyse nous a conduit à insister sur l'originalité de chaque maison et à nuancer le caractère trop simplificateur des conclusions qui se veulent générales.

B. VITALITÉ ET MUTATIONS CISTERCIENNES

Alors que les monastères traditionnels abordent la seconde moitié du XIIe siècle avec un lourd handicap, les cisterciens partent favoris et bénéficient même d'une avance incontestable, qui semble les rendre invincibles. Dans quelle mesure ont-ils maintenu leur vitalité et sauvegardé leur spécificité par rapport aux bénédictins ou aux chanoines réguliers ? Comment se sont-ils comportés après le ralentissement des fondations et face au détachement progressif des fidèles, attirés par de nouvelles aspirations religieuses ? Quelles solutions adoptent-ils pour enrayer les méfaits d'une dégradation économique ?

Ces questions n'ont rien de factice, car elles posent les problèmes de l'évolution de l'Ordre cistercien durant une période de transition, c'est-à-dire durant les soixante années qui séparent son apogée (vers 1160) de l'arrivée des ordres mendiants (vers 1220), avec le passage de la prospérité aux premières difficultés sérieuses. Avant même que l'expansion n'ait amorcé sa décrue, quelques dérogations aux principes de rigueur originelle annoncent déjà l'altération d'un idéal qui se voulait intransigeant ; au fur et à mesure des difficultés rencontrées ou simplement lorsque fléchissent la ferveur populaire et la générosité, les adaptations se font plus nombreuses. Il importe donc d'analyser avec attention l'attitude des cisterciens et de voir de quelle manière les monastères comtois permettent de dégager quelques principes généraux applicables au reste de l'Ordre. Notre démonstration s'articulera autour de trois idées fondamentales : la consolidation de l'expansion, les mécanismes de la réussite économique, l'insertion graduelle dans le monde féodal.

Une expansion au ralenti

Alors que, dans la période précédente, le déferlement cistercien avait ébranlé plus d'une abbaye de type traditionnel, la vague s'est apaisée avant même le milieu du XIIe siècle et les quelques créations réalisées par la suite changent de caractère. Il ne

---

1. Sur ces visites, voir dom G. CHARVIN, *Statuts, Chapitres généraux et visites de l'ordre de Cluny*, t. I, Paris, 1965, et à l'étude qu'en a faite E. GAUTHIER, *Etat des monastères clunisiens du diocèse de Besançon (1260-1360)*, mém. maîtrise, Besançon, 1974, dactyl.

s'agit pas à proprement parler d'un essoufflement de l'Ordre, qui continue sa propagation hors du diocèse, mais de la détente qui suit un effort soutenu : avec ses onze monastères d'hommes et ses deux établissements de moniales, sans compter les maisons voisines de Theuley et de Collonges, le diocèse peut raisonnablement estimer avoir fait le plein de moines blancs et répondu aux demandes des laïcs. Inquiet à juste titre d'une diffusion trop rapide et mal assimilée, le Chapitre général de 1153 a tenté d'arrêter le mouvement en interdisant toute nouvelle création et affiliation [1], mais ce n'est pas cette décision qui aurait pu décourager les initiatives comtoises, puisqu'elle est demeurée sans effet partout ailleurs.

L'Ordre pouvait difficilement empêcher son propre développement, alors que sa santé paraissait florissante et son rayonnement indiscutable ; les témoignages affluent en sa faveur, tel celui de Frédéric Barberousse qui, au lendemain de son couronnement, sollicite le privilège d'être associé à ses bienfaits spirituels. A ce vibrant éloge prononcé dans l'euphorie du couronnement, succèdent bientôt des sentiments plus mitigés, inspirés à Frédéric par l'attitude des cisterciens lors du schisme victorin. Mais ce dernier, nous l'avons vu, ne joue qu'un rôle secondaire dans le développement cistercien : il n'explique pas les difficultés rencontrées par la Grâce-Dieu, qui disparaît temporairement, ni celles de Buillon, dont Pierre de Tarentaise souligne le dénuement. Quant aux autres abbayes, elles n'accusent aucune rupture, ni aucun ralentissement : à ne considérer que le critère des granges, l'on constate que leur nombre marque une très nette progression entre le milieu du XIIe siècle et les années 1180 ; eût-il atteint une croissance supérieure sans le schisme ?

Créations   Dans ces conditions, les quelques créations postérieures à 1150 constituent autant de cas particuliers, répondant à des circonstances différentes. Les influences lorraines qui s'exercent dans le nord du diocèse par les réseaux vassaliques ou le biais d'abbayes comme Remiremont, Luxeuil, expliquent sans doute que le duc de Lorraine ou le comte de Vaudémont s'adressent à Bithaine pour obtenir une colonie de religieux, lors de la fondation de Clairlieu, près de Nancy [2]. L'exemple resterait banal si Bithaine ne se signalait pas par la médiocrité de ses moyens matériels. Il pose donc le problème des modalités d'intervention lors d'une filiation : combien de religieux prélève-t-on sur l'abbaye-mère ? Le chiffre de douze fixé par les statuts constitue-t-il une obligation impérative ou un simple conseil ? En réalité, une grande souplesse semble avoir modulé les réponses au gré des situations : affiliation, création *ex nihilo*, transfert, préexistence d'un noyau de religieux, possibilités de la maison-mère...

Plus curieuses se révèlent les initiatives de Cherlieu et de Clairefontaine qui, entre 1166 et 1172, transforment chacune une de leurs granges en abbaye autonome : Beaulieu pour la première, Vaux-la-Douce pour la seconde, toutes deux situées dans la vallée de la Mance, au diocèse de Langres. Pour n'être pas unique, le procédé n'en soulève pas moins diverses interrogations, car nombre d'incertitudes planent sur les véritables motivations. L'émulation, qui semble animer les abbayes-mères, acquiert une signification toute particulière dans le contexte des années 1170 : l'extraordinaire expansion de Cherlieu, qui tisse autour d'elle un réseau de granges de plus en plus dense, semble heurter les ambitions de ses voisines, Clairefontaine, La Charité, Theuley. Leurs convers, qui prennent à cœur les intérêts de leurs maisons, déclen-

---

1. J.-B. MAHN, *L'Ordre cistercien et son gouvernement*, p. 203 ; *Dict. Hist. et Géo. Ecclés.*, art. Cistercien, par J.-M. CANIVEZ, XII, 1953, col. 959-997.
2. En réalité, la fondation remonte à 1150 ; elle eut d'abord lieu à La Ferrière (Chavigny), puis fut transférée à Clairlieu en 1159 (M. PARISSE, *La Lorraine monastique*, p. 131).

chent de nombreuses querelles, empoisonnant les relations de voisinage. Ces rivalités, par granges interposées, altèrent-elles les rapports entre les deux branches cisterciennes ? C'est sans doute leur accorder trop d'importance. Elles peuvent, en revanche stimuler deux maisons et les pousser à une sorte de surenchère, la création de Vaux répondant à celle de Beaulieu.

La fondation des deux abbayes aux portes du diocèse de Besançon, à une époque où sévit la plus forte tension entre le pape et l'empereur, prend inévitablement aux yeux de l'historien une coloration partisane : la présence à la tête de Langres de l'ancien élu de Besançon, Gautier de Bourgogne, face à l'évêque impérial Herbert, la propagande de Pierre de Tarentaise, les menées subversives du comte de Mâcon, Gérard, au-delà de la Saône, avaient créé aux frontières occidentales du diocèse un climat d'incertitudes et de surenchère ; mais il n'est pas facile de deviner à quels mobiles obéissent Cherlieu et Clairefontaine en émancipant deux granges sises en mouvance française, à quelle menace elles entendent obvier ou quel avantage elles espéraient en obtenir. Notre embarras à trouver une explication satisfaisante vient de ce que nous ignorons tout du rôle et des intentions des fondateurs, ces seigneurs qui, généralement, sollicitent une fondation [1].

Les hypothèses s'avèrent encore plus délicates en ce qui concerne les origines de Montarlot et de Pilis. De la première, nous n'avons qu'une mention de son existence pour le XIIe siècle : il s'agit d'une maison de moniales fondée sur les rives de l'Ognon, à une distance respectable de Bellevaux [2]. Quant à la seconde, Pilis, située en Hongrie, elle soulève le problème des relations avec l'Europe danubienne [3]. Sa fondation a lieu en 1184, à la suite de négociations engagées par les émissaires du roi Bélos III (1172-1196), futur beau-frère de Philippe Auguste, avec les représentants de l'Ordre de Cîteaux ; située au cœur du royaume Hongrois, sur l'emplacement même d'une ancienne abbaye bénédictine, la nouvelle recrue allait jouer un grand rôle au cours du XIIIe siècle, non seulement à l'intérieur de son pays, mais aussi dans les rapports entre l'Orient et l'Occident.

Malheureusement, aucun texte n'explique pourquoi le Chapitre général a demandé à Acey de fournir la première colonie de religieux nécessaire à cette affiliation [4]. Pilis ne se situe pas dans l'aire d'expansion de Clairvaux et l'alliance française aurait dû jouer normalement en faveur d'un monastère d'outre-Saône ; avancer le surnombre des moines à Acey pour justifier ce choix ne saurait tenir lieu d'argument, puisqu'aucun document ne vient étayer cette hypothèse. Une fois de plus, ce constat d'ignorance nous incite à la prudence : toute conclusion sur l'expansion des abbayes comtoises après 1160 semble prématurée.

---

1. En l'état actuel de la documentation, les origines de Beaulieu et de Vaux-la-Douce présentent encore bien des incertitudes ; dans leur importante étude sur *Les diocèses de Langres et de Dijon* (p. 369 et 371), J. LAURENT et F. CLAUDON font état de traditions contradictoires, sans apporter pour autant de solutions satisfaisantes ; à compléter par B. JOLY, Les chartes de fondation des abbayes cisterciennes au XIIe siècle, dans le diocèse de Langres, dans *Les Cahiers Haut-Marnais*, n° 167 (1986), p. 107-144. Nous savons néanmoins que ces abbayes étaient à l'origine des granges respectives de Cherlieu et de Clairefontaine (J.-P. KEMPF, *L'abbaye de Cherlieu*, p. 30, et E. AFFOLTER, *L'abbaye de Clairefontaine*, p. 20 ; Arch. dép. Haute-Saône, H 344, acte de 1179). Des recherches sur ces points précis seraient encore souhaitables.

2. Arch. dép. Côte d'Or, 21 H 78, 1042 : Sibille, abbesse, témoin en 1180.

3. L. GEREVICH, Les fouilles de l'abbaye hongroise de Pilis, dans *Mélanges A. Dimier*, 5, 1983, p. 371-393, avec quelques indications bibliographiques.

4. Nous savons que l'abbé d'Acey est l'abbé-père de Pilis (J.-M. CANIVEZ, *Statuta capitulorum*, I, p. 234, 1199 : l'abbé d'Acey est allé visiter sa fille).

Mont-Sainte-Marie

En revanche, la fondation de Mont-Sainte-Marie en 1199 apporte de très utiles renseignements sur les modalités suivies et le chemin parcouru depuis la grande vague cistercienne. Pour la première fois, les moines blancs choisissent leur désert dans une contrée qui offrait par sa situation l'isolement et des terres en abondance, alors qu'auparavant ils ont préféré les zones de peuplement ancien. Ce choix est-il délibéré et implique-t-il la volonté de se lancer dans les grandes entreprises de colonisation ? Non, dans la mesure où ils se substituent à une ancienne communauté et où ils répondent à des considérations aussi politiques qu'économiques. Sans reprendre un historique connu dans ses grandes lignes, nous nous contenterons d'en résumer les principales phases à la lumière des données locales et générales [1].

Contexte   L'histoire du peuplement met en évidence le contraste entre cette région longtemps inoccupée et les plateaux périphériques, parcourus par l'homme dès les temps préhistoriques (Chaux d'Arlier, plateaux suisses). Ici, aucune trace certaine de l'homme, si ce n'est le long de la route du col de Jougne, empruntée par les pèlerins et les voyageurs qui se rendent en Italie par le Grand Saint-Bernard. Le rôle de cette voie est attesté par les anciennes églises qui la jalonnent : Saint-Maurice de Jougne (un des monuments religieux les plus anciens de la Franche-Comté), les trois églises de Pontarlier (Saint-Bénigne, Saint-Etienne, Notre-Dame), Dommartin, Dompierre, Saint-Maurice de Boujailles... Quant à son importance stratégique, elle est confirmée par les forteresses qui se dressent le long de son parcours : les Clées (en Suisse), Jougne, Joux dès le XIᵉ siècle, le bourg fortifié de Pontarlier, puis La Rivière, Chalamont et Salins [2].

Mais les cisterciens ne sont pas les premiers occupants des lieux : eux, que la tradition représente toujours comme les grands défricheurs, ont systématiquement boudé ces déserts forestiers, alors que d'autres religieux, considérés à tort comme moins aptes aux entreprises de colonisation, n'ont pas hésité à se lancer dans l'aventure : clunisiens de Morteau (début du XIIᵉ siècle), chanoines réguliers de Montbenoît (début du XIIᵉ siècle) et du Grandvaux (vers 1170), bénédictins de Saint-Oyend à Mouthe (vers 1077), prémontrés du Lac de Joux (vers 1127)... C'est ainsi qu'en amont de Pontarlier, sont nés trois îlots de peuplement, à l'initiative des bénédictins de Saint-Oyend (Mouthe) et des clunisiens de Romainmôtier, établis entre les lacs Dampvauthier et Savoureux (Saint-Point et Remoray), à Vaux et Mont-du-Fourg, au début du XIIᵉ siècle.

Même si les modalités de cette mise en valeur échappent à toute investigation, les étapes ultérieures montrent le succès de ces tentatives, lancées cependant dans des perspectives différentes : la clairière de Mouthe, qui a sans doute abrité la retraite éphémère de saint Simon, s'organise bientôt autour d'une église priorale comme centre d'accueil pour les colons *habergés* sur les terres nouvelles [3]. De leur côté, les moines de Romainmôtier, qui cherchaient essentiellement un pied-à-terre servant de

---

1. R. LOCATELLI, La région de Pontarlier au XIIᵉ siècle et la fondation de Mont-Sainte-Marie, dans *Mém. Soc. Hist. Dr.... Bourg.*, 28 (1967), p. 1-87.
2. H. DUBOIS, *Les foires de Chalon et le commerce dans la vallée de la Saône à la fin du Moyen Age (vers 1280-vers 1430)* complète et élargit les données de V. CHOMEL et J. EBERSOLT, *Cinq siècles de circulation interna-tionale vue de Jougne. Un péage jurassien du XIIIᵉ au XVIIIᵉ siècle.*
3. Mouthe est cité dans les confirmations de Saint-Oyend, en 1129 comme église, en 1151 et en 1184 (lieu de Mouthe), en 1185 (église et prieuré).

relais entre leur monastère et la Chaux d'Arlier, se contentent du seul établissement de Vaux, où ils consolident leur position, avant de le transférer au XIIIe siècle sur les rives du lac Saint-Point [1].

C'est au cours du XIIe siècle que se modifie incontestablement la conjoncture régionale et que se créent les conditions favorables à une accélération de la colonisation : ces forêts jusque-là inutiles et réservées à des ermites en quête de solitude révèlent progressivement leur potentiel économique en offrant aux pionniers des terrains de parcours en abondance, des essarts à volonté, des bois, de la résine... Désormais, les religieux ne sont plus les seuls à s'intéresser à ces joux désertes, et les laïcs entrevoient à leur tour les possibilités qu'elles présentent ; tandis que les bourgeois de Pontarlier investissent lentement les rives du lac Dampvauthier, les seigneurs de Salins prennent conscience des avantages qu'ils peuvent tirer de leur occupation pour leur politique d'expansion vers Pontarlier et le col de Jougne. Possédant en fief de l'abbaye d'Agaune le val de Mièges, la Chaux d'Arlier, le val des Usiers et divers autres droits, ces seigneurs cherchent à faire passer la route sous leur contrôle, mais se heurtent aux ambitions des sires de Joux, maîtres du péage de La Cluse, et aux bourgeois de Pontarlier. Aussi suivent-ils attentivement toute action susceptible de modifier l'équilibre de cette région.

Fraternité ?   Dès le début du XIIe siècle, ils ont tenté d'imposer leur domination, à l'encontre de la coutume du Jura autorisant les libres défrichements et, lorsque se fonde Mont-Sainte-Marie en 1199, ce sont eux qui lui cèdent, en guise de dotation, les terres environnantes et qui ont probablement favorisé cette initiative. Les circonstances précises méritent d'être citées, car elles apportent des détails inédits sur les antécédents du monastère, les machinations dont il fait l'objet. Nous savons, d'après plusieurs documents (dont une enquête très précieuse de 1228), qu'à la fin du XIIe siècle, plusieurs frères laïcs occupent l'ancien ermitage de Mont-du-Fourg et forment une fraternité religieuse, semblable à celles qui existaient au temps d'Anseri ; comme cinq d'entre eux vivent encore en 1228, on peut supposer leur nombre plus important à l'origine, compte tenu des morts survenues durant plus de trois décennies. Ils n'adhèrent à aucune observance et ne se rattachent à aucune règle : ils se reconnaissent laïcs, bien que se disant frères de sainte Marie en 1196 et prétendent n'avoir d'autre occupation que le service de Dieu. Vivant du travail de leurs mains, ils acceptent des terres, des droits d'usage, parfois très loin de leur base, ce qui montre un processus de cénobitisation rapide [2]. En effet, leur nombre les oblige certainement à une organisation plus stricte de leur genre de vie, en même temps que les autorités civiles et religieuses les pressent sans doute de se rallier à une observance ayant déjà fait ses preuves. Rien de très original dans cette évolution, sinon que l'aspect tardif de l'expérience ne nuit aucunement à sa réussite.

L'affaire se complique au moment du choix de l'affiliation, les frères ne paraissant pas convaincus de la nécessité d'appartenir à un ordre. Seule leur importe la présence parmi eux d'un prêtre, *qui curam haberet animarum ipsorum*. L'enquête de 1228 raconte comment ils procèdent, narrant avec une pointe d'humour les mésaventures auxquelles ils s'exposent. Selon les habitudes de l'époque, les frères se tournent vers les abbayes voisines et sollicitent de celles-ci un religieux prêtre, dont ils connaissaient la bonne réputation. Ainsi demandent-ils un ancien abbé de Montbenoît,

---

1. Le prieuré de Saint-Point est attesté dès 1243 (Arch. dép. Doubs, 64 H 9 et 64 H 59).
2. Enquête de 1228, *ibidem*, p. 85 (Arch. dép. Doubs, 64 H 7, fol. CII) ; en 1196, ils reçoivent une terre dans le val des Usiers, donnée par les sires de Joux et transformée dès 1200 en grange de Pissenavache (64 H 9)

nommé Gérard, qui s'était retiré à l'abbaye du Lac de Joux, renseignement déjà précieux qui montre les bons rapports existant entre des abbayes voisines, d'obédience différente et le souci de choisir un homme ayant l'expérience de la direction spirituelle.

Mais l'abbé prémontré de Joux ne peut acquiescer à leur requête, parce que Gérard dépendait toujours de Montbenoît, comme chanoine régulier : il appartenait donc à ce monastère d'accepter ou de refuser son détachement. Après avoir effectué une démarche auprès de cette abbaye, les frères obtiennent satisfaction et présentent leur candidat à l'archevêque de Besançon, qui l'investit de sa charge pastorale, conformément aux usages canoniques. Tout en exerçant ses fonctions de chapelain de la petite communauté de Mont-du-Fourg, Gérard ne rompt pas avec son monastère, puisqu'à sa mort « il élit sa sépulture à Montbenoît, lieu de sa première profession ». Ces événements se déroulent vers 1190-1196..

Après lui, Pierre, chanoine du Lac de Joux, réunit les suffrages des frères, le consentement de son abbé et la confirmation de l'archevêque. Mais avec lui commencent les difficultés. Pierre profite, en effet, de ses fonctions pour inciter les frères à suivre la règle de Prémontré, c'est-à-dire à abandonner leur indépendance pour devenir une filiale de Joux. Le récit, qu'en fait trente ans plus tard le frère Didier, ne manque pas de piquant : « Comme le chanoine Pierre s'était beaucoup donné, mais sans succès, à cette tâche, il abandonna sa charge de chapelain, dit adieu aux frères, et regagna son abbaye... ». Un autre frère rapporte les propos discourtois qui s'échangèrent au Lac de Joux, lors du retour ; à l'abbé qui lui demandait des explications, le chapelain répondit « que les frères de Mont-Sainte-Marie ne voulaient pas s'affilier à leur ordre et que même ils n'avaient cure de leur ordre. Dans ce cas, rétorqua l'abbé, lui aussi se moquait de leur sort... ».

L'anecdote nous renseigne sur les relations qui pouvaient s'établir entre le monachisme traditionnel et des formes moins régulières de vie religieuse. Elle révèle la dépendance des frères laïcs dans le choix d'un chapelain, la tentation pour les abbayes de profiter de cette situation pour intégrer les anciens ermites dans leur obédience, les tiraillements qui en résultent. Le Lac de Joux ne s'en tint pas à la boutade de son supérieur et vengea son échec par un procès. Un chanoine de ce lieu, qui avait longtemps vécu au Mont-Sainte-Marie, sous l'habit de prémontré, voulut regagner la maison-mère après le départ de son confrère ; mais il dut faire pénitence à la porte de son monastère, comme un vulgaire fugitif.

Pour remplacer le chanoine Pierre, les frères font appel, selon la même procédure, à un prêtre cistercien de Buillon. Pourquoi ce choix, alors que d'autres monastères se trouvaient mieux placés pour fournir un chapelain ? Balerne, plus proche au plan géographique, ou Rosières, qui avait déjà les faveurs des sires de Salins. Les frères connaissaient-ils personnellement leur futur aumônier ou voyaient-ils dans la pauvreté de Buillon une garantie d'indépendance ?

Filiation cistercienne   Nous ignorons dans quelles circonstances et pour quels motifs les frères ont adopté les usages de Cîteaux. L'événement est antérieur à 1199, date à laquelle Gaucher V, sire de Salins, délivre une charte de confirmation ; peut-être remonte-t-il à 1196, puisque, cette année-là, le changement de nom est réalisé, les frères s'appelant de Mont-Sainte-Marie ? Bien qu'elle se rencontre aussi chez les ermites [1], cette dédicace à la Vierge fait songer aux cisterciens et cette hypothèse expliquerait qu'en 1196 les religieux acceptent des terres à plus de

---

1. Dom J. Becquet, *L'érémitisme clérical et laïc dans l'ouest de la France*, dans *Eremitismo in Occidente*, p. 200.

vingt kilomètres de leur maison. Mais pourquoi cette affiliation, survenant après l'échec cuisant des chanoines de Joux ? Le dépit qu'en éprouvent ces derniers et le procès qu'ils soutiennent contre la nouvelle abbaye, pourraient laisser croire en une opposition entre prémontrés et cisterciens, alors que nous avons maintes fois insisté sur les bons rapports existant entre les deux ordres. Malgré d'inévitables litiges, les deux ordres vivent en bonne harmonie, conformément à l'accord signé entre eux au milieu du XIIᵉ siècle : chacun s'engageait à ne pas recueillir de transfuge, à respecter une certaine distance entre ses monastères et ses granges, à transférer tout différend devant le Chapitre général [1]. Le diocèse de Besançon ne fait pas exception à cette règle de coexistence pacifique, puisque la seule querelle importante engagée par l'abbaye de Joux concerne les bénédictins de Saint-Oyend.

La préférence des frères pour Cîteaux tient sans doute à plusieurs raisons : de façon négative, à leur crainte de voir leur maison réduite au rang de simple dépendance, à cause de la proximité du Lac de Joux, ou à la volonté de se différencier des ordres déjà présents sur place : bénédictins de Mouthe, clunisiens de Vaux, chanoines réguliers de Montbenoît, prémontrés de Joux. Mais le choix ne résulte pas d'une simple élimination et se justifie aussi par les avantages ou les attraits que présentent les moines blancs : rayonnement spirituel, organisation économique... En effet, dans la dernière décennie du XIIᵉ siècle, Célestin III canonise Pierre de Tarentaise, dont le corps repose à Bellevaux et dont le culte contribue à la glorification de l'Ordre ; de même, le genre de vie cistercien assez proche de celui des frères lais, donne à ces derniers l'assurance d'écarter toute rupture.

Quant à l'influence du chapelain venu de Buillon, les anecdotes précédentes ont prouvé qu'elle était déterminante, à condition d'éviter les maladresses du chanoine Pierre et d'user de ménagements. Et la position des autorités dans cette affaire ? La hiérarchie ecclésiastique n'a jamais caché son désir d'intégrer ces expériences isolées à des structures régulières. Pour Gaucher de Salins, qui fonde à la même époque Goailles et dispose dans sa ville d'établissements canoniaux et clunisiens, ses préférences vont aux moines blancs ; en outre, la création d'une abbaye lui donne l'occasion de consolider sa présence dans une région qu'il considère comme stratégique pour ses ambitions politiques.

La charte que Gaucher délivre en 1199 est habituellement considérée comme l'acte officiel de fondation de Mont-Sainte-Marie ; elle montre la part incontestable prise par le sire de Salins, sinon dans le transfert à Cîteaux, du moins dans les modalités matérielles [2] : «avec l'accord des frères qui vivent dans ce lieu», et probablement avec l'assentiment des autorités régulières, il fixe la filiation de la nouvelle abbaye et lui assure sa dotation temporelle ; au lieu de rattacher le monastère à Buillon, comme le laissait supposer la présence du chapelain Etienne, il en fait une fille directe de Clairvaux, annulant ainsi le rôle et les droits éventuels de la première. Cette immédiatisation ne traduit pas forcément une méfiance de Gaucher à l'égard de Buillon, puisque l'initiative ne vient pas obligatoirement de lui : en écartant un abbé-père trop modeste et trop besogneux pour lui préférer la paternité plus glorieuse de Clairvaux, elle donne à la fondation plus d'éclat, mais elle lèse les intérêts de Buillon ; du moins, c'est ainsi que nous expliquons le litige qui oppose cette dernière à Mont-Sainte-Marie, que l'abbé de Clairvaux tente en vain d'apaiser en 1205, et dont le Chapitre général se réserve finalement l'instruction [3].

---

1. Dom E. WILLEM, *Esquisse hist. de l'Ordre de Cîteaux*, I, p. 110.
2. Édit. par R. LOCATELLI, La région de Pontarlier, p. 81.
3. J.-M. CANIVEZ, *Statuta*, I, p. 319 et 323. Buillon avait-elle aidé matériellement la communauté de Mont-Sainte-Marie avant et lors de son passage à l'observance

Après avoir réglé ce point délicat de la filiation, Gaucher garantit à sa nouvelle protégée la sécurité matérielle, en la dotant de trois bouillons de muire, de droits d'usage sur toute sa terre et en réservant aux moines le droit de « faire des défrichements et des cernois dans un rayon d'une grande lieue autour de l'abbaye ». Par là, il assure aux religieux la possession d'un grand domaine foncier, encore inculte, avec la possibilité de le mettre en valeur sans craindre la concurrence de rivaux ; non seulement il parle en « fondateur du lieu », titre que lui reconnaît l'archevêque Amédée dès 1200 [1], mais aussi en maître de la contrée, qui dispose à sa guise des terres disponibles, sans se référer cette fois-ci à la coutume du Jura.

Les autorités ecclésiastiques donnent aussitôt leur aval à cette mutation de l'ancienne fraternité ; Clairvaux se fait représenter auprès de Gaucher par deux de ses filles, Bonmont et Aulps, dont les abbés ont l'occasion de transiter par Salins, tandis que l'archevêque de Besançon et le pape Innocent III expédient chacun une charte de confirmation. Le premier nous apprend le nom du responsable de la nouvelle communauté de Mont-Sainte-Marie : il ne s'agit pas d'Etienne, l'ancien chapelain de Buillon, mais d'Henri, qui serait devenu par la suite évêque de Troyes, donc une forte personnalité, sortie probablement de Clairvaux [2]. De son côté, le pape résume dans une longue bulle de juillet 1201 les privilèges possédés par les cisterciens au début du xiie siècle, ce qui éclaire utilement sur le statut des moines blancs [3].

Grâce à l'appui des sires de Salins, Mont-Sainte-Marie semblait assurée d'un essor rapide. En réalité, sur le plan économique, le seul que nous puissions contrôler, de nombreuses difficultés ont retardé sa croissance, qui démarre véritablement une vingtaine d'années plus tard. Sa situation dans une contrée à peine touchée par les défrichements l'expose, en effet, à un isolement peu favorable au développement d'une abbaye cistercienne : elle restreint la générosité des fidèles et accentue les difficultés de recrutement. En outre, sa fondation survient au moment où d'autres s'intéressent à ces terres incultes, si bien que l'installation des moines ne fait pas l'unanimité. Interventions épiscopales ou pontificales, procès, querelles de voisinage, concrétisent ces premières contrariétés, comme l'évoque une bulle d'Innocent III à l'archevêque de Besançon [4]. Les allusions pontificales trouvent un écho dans cette remarque du sire de Joux terminant un acte de 1218 : « J'ai fait ces dons, alors que de nombreux obstacles retardaient la construction du monastère... » [5].

Cet exemple de Mont-Sainte-Marie concrétise certaines mutations de l'Ordre cistercien, un siècle après sa fondation : si les moines se montrent moins stricts à l'égard des interdictions primitives et acceptent toutes sortes de rentes et de revenus, si l'enthousiasme des premiers pères ne se perçoit guère dans les tractations qui aboutissent à la naissance d'une abbaye, si les intérêts politiques ou économiques prennent plus d'importance, si la solidarité cistercienne présente quelques failles, en revanche l'Ordre fait encore preuve d'une étonnante faculté d'adaptation. Face à l'expérience des chanoines réguliers, des prémontrés, des clunisiens et des bénédictins ins-

---

cistercienne, ou simplement envoyé quelques moines sur place ? Nous aimerions connaître les détails de cette affaire, puisque trente ans plus tard, suite à leur tentative avortée d'affiliation, les prémontrés de Joux réclament eux aussi des indemnités et finissent par obtenir 35 livres estevenantes de dédommagement (*Mém. et doc. Suisse romande*, **X**, p. 157 et 158 ; Arch. dép. Doubs, 64 H 32, 2 actes de 1230).

1. Arch. dép. Doubs, 64 H 9.
2. *Dict. Spir. Asc. et Myst.* art. " Henry ", par le R.P. G. RACITE.
3. Latran, 1er juillet 1201, édité par R. LOCATELLI, La région de Pontarlier, p. 82-84.
4. 5 mars 1210, Arch. dép. Doubs, 64 H 10.
5. *Ibidem*, 64 H 58.

tallés depuis longtemps dans cette contrée et entraînés aux entreprises de défrichement, les moines blancs manifestent leur esprit d'émulation. Grâce au crédit qu'ils conservent auprès de l'aristocratie locale, grâce à l'attrait que leur genre de vie exerce encore sur les aspirants à la perfection, ils l'emportent sur leurs rivaux en obtenant la préférence des frères lais qui vivaient à Mont-du-Fourg.

Une fois de plus, la branche claravallienne souligne son aptitude à accueillir une nouvelle fille par la procédure de substitution Toutefois l'originalité de Mont-Sainte-Marie ne réside pas dans les seules conditions de sa naissance, mais aussi dans les activités économiques qu'elle déploie : aucune de ses devancières comtoises n'avait osé jusque-là s'implanter dans les *joux* et se lancer dans l'aventure des grands défrichements ; si l'abbaye le fait avec le même succès que ses voisines, n'est-ce pas qu'elle a su appliquer à cette tâche leurs méthodes, en recourant au travail d'autrui (contrat d'abergement), étape importante dans l'évolution de l'Ordre ?

Laurum   Mont-Sainte-Marie est la seule création masculine de Cîteaux dans le diocèse de Besançon après 1150. Mais, au début du XIIIᵉ siècle, les cisterciens se voient associés à la conquête de l'Empire latin de Constantinople, où Innocent III les convie à relever les monastères abandonnés par les Grecs : « Nous voulons que l'Ordre de Cîteaux, qui, telle une vigne féconde, a projeté au loin ses rameaux, écrit-il en 1212, se propage en Romanie, afin que les brebis qui, de nouveau, ont été ramenées à l'unité, glorifient le Père qui est dans les cieux, en voyant que les Latins ont choisi une vie plus sainte...» [1]. Les seigneurs comtois se sont particulièrement distingués aux côtés du marquis de Montferrat et de Geoffroi de Villehardouin ; parmi eux, les seigneurs de Champlitte, de Cicon, de Montbéliard, de Pesmes, de la Roche-sur-Ognon. Aussi l'appel du pape rencontre-t-il un écho favorable dans les monastères comtois. Si nous ignorons dans quelles circonstances Rosières a essaimé à Saint-Thomas, en Vénétie [2], en revanche, c'est par les seigneurs voisins de La Roche-sur-Ognon qu'une colonie de Bellevaux arrive en Attique, à Daphni, dit aussi Laurum [3] : Othon, qui lie son sort à celui du marquis de Montferrat, devient duc d'Athènes et de Thèbes et, au cours d'une vie mouvementée et bien remplie, il n'oublie jamais de se rappeler au bon souvenir des moines comtois par diverses donations [4].

Les monastères cisterciens du diocèse font donc preuve d'une vitalité incontestable, puisqu'après 1150, ils comptent à leur actif plusieurs créations et qu'en 1227 une abbaye de moniales voit encore le jour à Besançon : Notre-Dame de Battant. Mais cette expansion n'a rien de commun avec le prodigieux essor des années 1130-1140, dont elle diffère tant par l'aspect qualitatif que quantitatif. L'essaimage se fait surtout hors du diocèse et, sans restreindre la finalité religieuse de ces fondations, il faut reconnaître que celles-ci participent davantage aux ambitions politiques des

1. Cité par D.-R. CLAIR, Les filles de Hautecombe dans l'Empire latin de Constantinople, dans *Analecta Sacri Ord. Cist.*, 17 (1961), p. 261-297.
2. Le fait est attesté dans les statuts de 1203 (J.-M. CANIVEZ, *Statuta*, I, p. 292) : Rosières demande au Chapitre général l'autorisation de construire une abbaye en Vénétie ; il s'agit probablement de Saint-Thomas.
3. J. RICHARD, Laurum, une abbaye cistercienne fantôme, dans *Bibl. Ecole des chartes*, CXXIX (1971), p. 409-410 ; G. MILLET, *Le monastère de Daphni*, Paris, 1899. Vers 1210-1220, est attesté Etienne, abbé de Laurum (Arch. dép. Haute-Saône, H 90).
4. Sur Othon de La Roche, voir J. LONGNON, Les premiers ducs d'Athènes et leur famille, dans *Le Journal des Savants*, 1973, p. 62-78. Othon, duc d'Athènes, fait diverses donations à Bellevaux, en particulier en 1217, 1221, en vue d'y fonder son anniversaire (Archives dép. Haute-Saône, H 191).

princes, comme le montre Mont-Sainte-Marie, associé à la mainmise territoriale des seigneurs de Salins sur le Haut-Doubs, ou Daphni, liée à l'épopée des sires de la Roche-sur-Ognon en Romanie. Avant même de signifier un affadissement de l'idéal primitif, ces changements traduisent l'inévitable insertion des monastères cisterciens dans l'économie générale et régionale ; ceux-ci doivent assurer leur survie et la seconde moitié du xɪɪ^e siècle correspond effectivement à une phase de lente mutation, perceptible dans le domaine temporel.

La réussite économique et ses problèmes

La réussite des cisterciens ne fait guère de doute aux yeux des chercheurs qui, depuis un siècle, multiplient les études sur leur rôle de défricheurs, leurs apports techniques et leur place au sein de l'essor économique du xɪɪ^e siècle : victimes de leur succès, les moines blancs auraient été amenés, malgré eux, à sacrifier leur ancien idéal et à composer progressivement avec le siècle. De cette grande popularité subsistent encore de nos jours beaucoup de lieux communs et de clichés, colportés dans de nombreuses monographies. Face à cette historiographie, volontairement ou non laudative, s'amorce actuellement un courant à la fois plus critique et plus ouvert, qui essaie de ne pas isoler les activités cisterciennes de leur contexte et de les comparer à celles de leurs contemporains, clercs, moines ou laïcs [1].

Maîtrise des sols   Que convient-il de souligner dans l'évolution postérieure à 1150, outre la persistance de gestes désintéressés ? Deux tendances s'affirment progressivement au point de dominer le marché des transactions vers 1220 : une politique rationnelle et contrôlée des investissements, le nombre croissant des contestations qui expriment une méfiance et une hostilité à l'expansion cistercienne, jugée concurrente. Nous n'insisterons pas sur le premier aspect, largement démontré par les historiens, et correspondant aux principes élémentaires d'une saine gestion : la mise en place du patrimoine foncier ne se fait pas au hasard, et, si les cisterciens n'ont pas toujours choisi leur dotation primitive, ni contrôlé la générosité initiale des fidèles, ils n'ont pas tardé à en canaliser le mouvement dans les directions fixées par eux. Très vite, par leur volonté d'organiser leur domaine autour de quelques granges et « de créer ainsi des blocs de faire-valoir direct au milieu de terroirs qui pratiquent largement l'acensement » [2], ils ont cherché à orienter, peut-être même à susciter les donations qui répondaient à leurs vœux et à leurs intérêts économiques. Lorsque la documentation est à la fois continue et abondante, comme à Rosières, nous constatons que moins de dix ans après sa création, l'abbaye a dégagé les principaux éléments constitutifs de son patrimoine et déterminé les zones d'investissements ultérieurs ; elle possède déjà la plupart des granges ou des terres qui serviront à l'implantation de ces dernières, soit autour de l'abbaye (Les Isles, Mathenay, La Tournelle), soit sur le premier plateau entaillé par les reculées (Tillerey, Charnay), sans oublier une assise foncière importante dans le Vignoble (cellier de Montigny), ni de précieuses options à Salins. Ne viendra s'ajouter à cet ensemble qu'un seul

---

1. Nous ne citerons parmi les nombreux travaux que les plus récents : C. HIGOUNET, *Le premier siècle de l'économie rurale cistercienne*, dans *Istituzioni monastiche e istituzioni canonicali in Occidente*, Milan, 1980, p. 345-368 ; l'étude collective allemande, *Die Zisterzienser Ordensleben zwischen Ideal und Wirklichkeit*, Bonn, 1980 ; les récentes et importantes conclusions des Troisièmes Journées internationales d'Histoire (Flaran, 1981), *L'économie cistercienne. Géographie, mutations du Moyen Age aux Temps modernes,* Auch, 1980 ; *Moines et métallurgie dans la France médiévale*, études réunies par P. BENOIT et D. CAILLEAUX, Paris, 1991.
2. R. FOSSIER, L'économie cistercienne..., dans *L'économie cistercienne*, p. 63.

noyau très décentré et éloigné dans le sud du Jura : la grange de Vescles, établie sur une terre donnée en 1168 par Guillaume de Dramelay [1].

Après 1145, la plupart des transactions conservées dans le cartulaire de Rosières portent sur ces secteurs privilégiés, le reste ne jouant qu'un rôle secondaire : terres dispersées de Lons à Arbois, mais toujours dans le Vignoble, exceptionnellement à Dole. L'abbaye renforce donc ses positions initiales en choisissant délibérément une politique de regroupement. Pour parvenir à ce résultat, elle ne met pas seulement en œuvre ses propres moyens (achats qui s'accroissent au cours du siècle, échanges peu nombreux), mais elle réussit encore à orienter les donations sur ces objectifs prioritaires. Les scribes se gardent bien de nous expliquer comment les moines parviennent à convaincre les futurs donateurs de la meilleure façon d'utiliser leur crédit spirituel.

Défrichements   Dans la formation de l'espace cistercien, nous avons laissé de côté l'aspect important des défrichements qui a suscité une littérature abondante, mais contradictoire : l'historiographie traditionnelle a depuis le XIXe siècle idéalisé l'action bienfaisante et civilisatrice des religieux essarteurs et mis au compte des moines blancs des XIIe et XIIIe siècles beaucoup de travaux réalisés par de pionniers ultérieurs. Aussi la critique moderne se montre-t-elle plus réservée en ce domaine et, sans nier l'initiative religieuse, la réduit à une part moindre, parfois inférieure à celle d'autres ordres : « Je pense que sur ce plan, conclut R. Fossier, les cisterciens n'ont pas concouru pour plus d'un dixième des défrichements picards, loin derrière les chanoines réguliers, les clunisiens ou les ordres militaires » [2]. Comme partout ailleurs, le diocèse offre des exemples pouvant alimenter l'une ou l'autre thèse, si bien que des conclusions devraient s'appuyer sur une recherche plus approfondie. Néanmoins, quelques idées peuvent orienter une réflexion sur ce thème.

Dans la plupart des chartriers, nous trouvons des mentions plus ou moins explicites de défrichements monastiques, non seulement dans le vocabulaire (*essartare, extirpare, cernire...*) ou la toponymie (*Villeneuve, Abergement...*), mais aussi dans les transactions : quelque-fois, les cisterciens obtiennent le droit de faire *campos et novalia* dans une forêt [3]. Il arrive que leurs déboisements soient jugés intempestifs, comme dans la forêt de la Serre, où Acey se heurte à la résistance des seigneurs de Thervay, dans la région de Salins, où l'approvisionnement en bois des salines nécessite le maintien de réserves forestières. Les réalisations ponctuelles ne manquent pas : sans parler des grands travaux d'assainissement impossibles à dater (Acey, avec son canal de dérivation sur l'Ognon), nous avons l'apparition de lieux nouveaux qui naissent à proximité des granges et forment les noyaux de futures paroisses : l'ancien ermitage de Migette aux sources du Lison, les hameaux de Clux et Villeneuve sur les bords de la Saône (relevant de La Ferté), le village de Senargent dans la vallée du Doubs, celui de Cornot pour lequel Cherlieu obtient l'érection d'une église paroissiale en 1257 [4]. Mais nous ignorons la part exacte revenant aux travaux des moines

---

1. Donation solennelle de Vescles faite à Cîteaux le 10 novembre 1168, en présence de nombreux abbés, dont ceux de Clairvaux, La Ferté, Acey, Clairefontaine (Bibl. mun. Besançon, Droz 43, fol. 3). Guillaume est reçu dans la fraternité des moines et, à sa mort, on fera pour lui comme pour un moine (*ibidem*, fol. 162).

2. R. FOSSIER, L'économie cistercienne..., p. 69 : l'auteur cite, en référence, plusieurs thèses contradictoires sur ce point.

3. A Theuley vers 1150-1160, Arch. dép. Haute-Saône, H 420.

4. Senargent est au départ une grange de Lieucroissant, qui cède la place à un village au XIIIe siècle, doté d'une église paroissiale en 1310 (Bibl. mun. Besançon, 2117, fol.

et à ceux des laïcs, d'autant que ces résultats apparaissent au XIIIe siècle, au moment où les abbayes font appel à une main-d'œuvre de colons ou de salariés.

Inversement, l'activité des moines peut amener la disparition de hameaux, selon des modalités qui échappent à notre investigation : le transfert d'Acey s'opère dans un lieu desservi par une église, elle-même absorbée dans l'enceinte monastique ; l'église d'Onoz, que se disputent Balerne et Saint-Paul au XIIe siècle, disparaît de la documentation au siècle suivant, au profit d'une grange ; à proximité d'Arbois, la terre de Glénon subit le même sort de la part de Balerne, ainsi que le hameau de Brenans annexé à son domaine par Rosières [1]. Un texte de 1179 reconnaît que la grange des Alliés, appartenant à Bithaine, était autrefois un village [2]. Mais les cisterciens ne détiennent pas l'originalité des expropriations légales, puisque les chartreux ne procèdent pas autrement dans leur désert, que les chanoines réguliers et les prémontrés déploient autant de zèle.   .

Le principal problème réside dans l'appréciation des efforts respectifs, dans l'estimation de la part prise par les cisterciens dans les défrichements. Nous avons précédemment souligné l'étrange paradoxe des moines blancs, dont toutes les implantations se font dans les zones de peuplement ancien, à proximité de grandes vallées, aux confins des terres fertiles ; aucune n'a lieu dans les *joux* montagneuses, où la place ne manquait pas et où les autres ordres n'ont pas hésité à se fixer. Il faut attendre l'extrême fin du XIIe siècle pour que Mont-Sainte-Marie, prenant le relais d'une ancienne fraternité, représente les cisterciens dans la colonisation du Jura. Nous retrouvons à travers cette étrangeté l'interrogation déjà formulée : dans quelle mesure les moines ont-ils le choix de leur implantation ou parviennent-ils à influencer les futurs donateurs ? Sur l'autre versant du Jura (Bonmont) ou dans le Bugey méridional, les moines blancs ne répugnent pas à disputer aux chartreux la colonisation des terres élevées. Est-ce alors une question d'environnement social ?

Ces restrictions ne frustrent pas les cisterciens d'une réussite économique qu'ils ont habilement conduite, grâce à leur rayonnement, grâce aussi à leurs méthodes d'exploitation des terres ; au lieu de faire appel à des colons ou de recourir aux acensements, comme cela se pratique dans la plupart des domaines ecclésiastiques, ils ont créé, avec leur système de granges, des blocs de faire-valoir direct utilisant la main d'œuvre gratuite et motivée des convers ; s'ils n'ignorent pas les salariés, ils limitent le rôle de ces derniers à des travaux d'appoint ou à des tâches inférieures, (gardiens de troupeaux, par exemple). Nous n'épiloguerons pas sur ces données trop connues et déjà abordées, nous contentant de dégager les grands traits de l'évolution après 1150 : multiplication des granges à proximité, puis de plus en plus loin de l'abbaye, spécialisation de certaines d'entre elles, investissement dans les villes, le tout au prix de quelques accommodements avec la législation primitive.

---

440). Sur Cornot, voir Arch. dép. Haute Saône, H 278 et *Les droits paroissiaux en Franche-Comté*, p. 151.
1. Une église est signalée à Brenans en 1170, au moment où Rosières y est déjà possessionnée ; l'église et le hameau disparaissent au XIIIe siècle, seule est citée la grange abbatiale. A Glénon, l'église et le village, confirmés à Vaux-sur-Poligny en 1189, subissent le même sort au profit d'une grange de Balerne.
2. Arch. dép. Haute-Saône, H 216 : accord Luxeuil-Bithaine.

Granges   L'accroissement numérique des granges traduit l'expansion domaniale. A
mesure que le temporel prend de l'ampleur territoriale, les distances s'accroissent et ne respectent plus la journée de marche initialement prévue par le
Chapitre général entre l'abbaye et ses granges [1]. Cet éloignement s'explique différemment selon les cas : donation importante d'un seigneur qui constitue le noyau
initial autour duquel s'agrègent les autres acquisitions, comme le font Rosières à
Vescles, Mont-Sainte-Marie à Pissenavache ; volonté d'obtenir une production impossible sur le domaine (vin, sel) ; désir d'établir un relais sur un itinéraire obligé ou
un pied-à-terre dans une ville importante [2]. L'on aboutit ainsi à un réseau élaboré en
fonction des besoins, parfois remanié selon les nécessités du moment.

Bien que le fait soit rare avant le milieu du XIIIe siècle, quelques cessions de
granges se produisent entre monastères, ne répondant pas toujours au seul critère
d'une meilleure répartition des temporels respectifs. Si, en 1145, Cîteaux abandonne
à La Bussière la grange de Veuchey, excentrée par rapport à ses autres possessions,
nous ignorons quelles conditions financières elle met à ce transfert. Mais de tels
gestes n'excluent pas un certain désintéressement, ni la volonté de venir en aide à
une fille moins fortunée : Balerne, qui possédait au début du XIIe siècle le prieuré de
Migette, aux sources du Lison, cède ce lieu à Buillon avant 1156, date à laquelle
apparaît une grange de ce nom. En revanche, lorsque la même abbaye de Balerne
vend Montorge à Mont-Sainte-Marie en 1226, l'opération qui répondait aux vœux de
cette dernière, donne lieu à un marchandage et à des contestations [3].

Le second trait de l'évolution concerne l'activité de ces exploitations rurales et
leur tendance à une certaine spécialisation, dès la fin du XIIe siècle. Le phénomène,
reconnu par les historiens, s'applique aussi à notre région, à condition de ne pas
l'exagérer, ni de faire des granges cisterciennes des centres de monoculture. La plupart d'entre elles demeurent polyvalentes et se livrent à des occupations agro-pastorales, utilisant au mieux les terroirs pour couvrir les besoins du couvent en vin ou
en légumes, pour trouver les prairies et les pâturages nécessaires aux troupeaux et
surtout pour assurer les récoltes céréalières. Dès le début, les prescriptions de l'Ordre
exigeaient que les monastères fussent équipés d'ateliers pour garantir l'autarcie de
l'abbaye et l'indépendance à l'égard du monde [4].

Ces nécessités ont poussé les moines à organiser la production sur l'ensemble de
leurs granges et à chercher ailleurs, au besoin assez loin, les cultures impossibles
sur place du fait des conditions climatiques et pédologiques. Pour cette raison, les
monastères du plateau (Buillon, Mont-Sainte-Marie, Balerne...) ont très tôt investi
dans le Vignoble, où ils procèdent à des achats systématiques : le plus important
d'entre eux, Balerne, compte bientôt quatre celliers (Cuiseaux, Lons, Poligny, Glénon), tandis que le village de Montigny, près d'Arbois, concentre l'essentiel de la
propriété monastique. De son côté Lieucroissant, situé trop près de la Porte de Bourgogne pour se livrer à la viticulture, se tourne du côté de l'Alsace grâce à la compli-

---

1. Prescriptions rappelées par C. HIGOUNET, Essai sur les granges cisterciennes, dans
L'économie cistercienne, p. 158. 145.
2. Se reporter au tableau *Les granges cisterciennes au XIIe siècle*.
3. B. CHAUVIN, Les abbayes de Balerne et de Mont-Sainte-Marie et la grange de Montorge
au début du XIIIe siècle, dans *Cîteaux. Comm. Cist.*, XXVIII (1977), p. 268-305.
4. W. ROSERER, L'économie cistercienne de l'Allemagne occidentale, dans *L'économie
cistercienne*, p. 148.

cité des comtes de Ferrette[1]. Cet intérêt pour la vigne n'aurait rien d'exceptionnel dans les perspectives d'autarcie, s'il s'accompagnait d'une consommation abondante de vin dans les abbayes et les granges. Or, la législation cistercienne du xiie siècle comporte sur ce point des hésitations, voire des restrictions gênantes: toléré en 1174, l'usage de boissons alcoolisées (vin, cervoise) est limité par la suite, puisque les statuts de 1180 l'interdisent dans la plupart des granges, mesure que les chapitres postérieurs à cette date révisent dans un sens plus ou moins libéral[2].

Si l'attrait de la viticulture ne fait aucun doute, l'importance et la place de l'élevage dans l'économie cistercienne se perçoivent mal, au moins à cette époque. Certes, les mentions ne manquent pas, évoquant soit des dons de prés, soit des terres de parcours, soit des troupeaux eux-mêmes. A en juger par la vivacité des querelles qui dressent Cherlieu contre Clairefontaine ou La Charité, Bellevaux contre les Templiers, à propos de pâturages, nous ne pouvons douter des puissants intérêts qu'elles mettent en jeu, mais nos données ne vont guère au-delà de ces présomptions, même pour les monastères situés dans les régions propices à l'élevage.

En revanche, la production du sel, qui constitue l'originalité de l'économie régionale, ne tarde pas à attirer l'attention des cisterciens, désireux de s'assurer un approvisionnement en sel, régulier et bon marché ; ils réussissent à obtenir des seigneurs, qui contrôlent l'extraction de la muire, des rentes dans la plupart des gisements salifères du Vignoble comme de la bordure des Vosges : chaudières ou quartiers d'eau salée qu'ils traitent à leurs frais dans les bernes ou celliers construits sur place. Les monastères, qui bénéficient de la protection particulière des sires de Salins (Rosières, Mont-Sainte-Marie), se voient ainsi dotés en muire dès leur fondation, mais beaucoup d'autres finissent par en obtenir au cours du siècle. Si Salins, avec ses deux salines, constitue le grand centre de production, c'est à Lons-le-Saunier que s'opère une étonnante concentration des rentes monastiques, grâce aux libéralités des comtes de la branche cadette : Etienne d'Auxonne, qui, avant de partir en Terre sainte en 1170, arrose de ses libéralités nombre d'abbayes, et son frère Gérard de Vienne qui, réconcilié avec les cisterciens, rachète ses errements passés par des compensations en sel.

Les abbayes comtoises ne sont pas les seules à convoiter cet or blanc, puisque beaucoup d'établissements périphériques viennent chercher leur approvisionnement en Franche-Comté. L'exemple de Cîteaux caractérise, en l'exagérant peut-être, cette attitude[3] : présente à Salins dès le milieu du xiie siècle, puis à Lons quelques années plus tard, l'abbaye paraît assez longtemps limiter ses appétits et ses ambitions. Changement spectaculaire de politique avant l'aube du xiiie siècle, puisqu'elle se lance dans les investissements en tous genres, à Lons comme à Salins : muire, vignes, maisons, prés, etc. Chaque fois qu'une abbaye besogneuse doit vendre ses rentes pour faire face à ses dettes, c'est elle qui, en accord avec le Chapitre général, en fait l'acquisition ; parallèlement à cette sorte d'affairisme qui heurte des intérêts privés, les contestations se multiplient à Salins, où Cîteaux tient une place grandissante dans l'économie de la ville. Mais, avant elle, d'autres établissements avaient tracé la voie en s'intéressant de près à l'extraction du sel : Rosières, qui contrôle une unité de fabrication à Salins, appelée la Chauderette de Rosières, Balerne, qui possède un cel-

---

1. Avant 1187, Lieucroissant est implanté dans le vignoble de Soultz (L. VIELLARD, *Doc... Terr. de Belfort*, n° 267).
2. Voir les statuts (CANIVEZ, I) de 1180 (n° 6), 1184 (n° 15), 1185 (n° 9), 1201 (n° 48)...
3. *Les salines de Salins au XIII° siècle* : introduction et tableaux, p. 48 et suiv.

lier dans les deux principales sauneries (Salins, Lons) et procède à de nombreuses transactions sur la muire du puits salé à Lons [1].

Peut-on pousser plus loin la spécialisation de certaines de leurs granges au XIIe siècle en l'étendant au domaine de la métallurgie ? La démarche semble prématurée, car les recherches fructueuses entreprises en Bourgogne ducale, dans le nord de la France ou en Angleterre, ne valent pas forcément pour le diocèse de Besançon [2]. Les deux mentions de forges que nous avons rencontrées demeurent très allusives et, jusqu'au XIIe siècle, cette activité échappe aux investigations des chercheurs [3].

Ces remarques, formulées en guise de conclusion provisoire, estompent sans doute l'image du moine défricheur, à l'avant-garde du progrès et jouant un rôle primordial dans l'essor du XIIe siècle ; elles ne récusent pas son influence, mais lui enlèvent son caractère exceptionnel et spectaculaire ; sans ramener totalement les cisterciens dans le rang, elles plaident pour un rapprochement, pour une évolution moins originale.

Insertion dans le monde

D'autres indices témoignent de leur insertion progressive dans le monde contemporain, mouvement qui débute avant même les années 1150 et qui s'accélère dans la seconde moitié du XIIe siècle. Tout en la condamnant, la législation ne parvient pas à empêcher cette évolution peu conforme à l'idéal primitif : les implantations en ville commencent et, sous l'effet d'une concurrence de plus en plus vive, les entorses aux prescriptions originelles se multiplient, en même temps que retentissent les premières critiques adressées à l'Ordre. Les inégalités entre monastères s'accentuent, mettant à dure épreuve la solidarité régulière, bref l'apparition des difficultés au début du XIIIe siècle donne l'impression que les cisterciens amorcent une mutation.

Églises   Nous avons vu précédemment que les entorses au *Petit Exorde* qui condamne la possession d'églises, d'offrandes, de dîmes, de moulins, de serfs..., ont commencé très tôt, avant la mort de saint Bernard. Nous avons cité l'exemple révélateur de Bellevaux, qui obtient de l'archevêque une église dès 1144, de Cherlieu qui, en 1151, détient six patronages. La brèche ne fait que s'élargir dans la seconde moitié du XIIe siècle pour laisser place ensuite à un véritable déferlement. En 1157, l'ancien prieur de Clairvaux, devenu évêque de Langres, ne sanctionne-t-il pas cette évolution en gratifiant l'abbaye de Quincy d'une église ? Dans le diocèse de Besançon, la tendance s'affirme au grand jour sous les archevêques Thierry (1180-1190) et Amédée (1194-1220), qui multiplient les concessions de ce genre aux moines blancs. Si la liste s'allonge considérablement après 1200, au point de rapprocher les moines blancs des autres ordres religieux, elle révèle pour la période antérieure des contrastes frappants entre les établissements. Ce sont les abbayes les plus importantes au plan matériel qui possèdent le plus d'églises : Cherlieu (sept), La Charité (sept), Bellevaux (six), Balerne (quatre)...

---

1. Sur Balerne, B. CHAUVIN, Notes et documents pour servir à l'histoire du sel de Lons-le-Saunier au Moyen Age : les archives de l'abbaye de Balerne, 1170-1267, dans *Mém. Soc. Em. Jura*, 1975-1976, p. 33-126.
2. C. VERNA, La sidérurgie cistercienne en Champagne méridionale et en Bourgogne du Nord, XIIe-XVe siècles, dans *L'économie cistercienne*, p. 207.
3. Mentions de forges : Bithaine, 1186 (Arch. dép. Haute-Saône, H 220), et Morimond à Scey-sur-Saône, 1172 (C. VERNA, p. 208).

Désormais, la possession ne se limite plus à d'éventuels droits de présentation, comme ce fut le cas de Bellevaux en 1139 [1], elle intègre de plus en plus les autres aspects (cimetière, manse ecclésiastique, offrandes...), si bien que les cisterciens, comme leurs confrères bénédictins, ne tardent pas à se heurter aux desservants à propos du partage des revenus [2]. Mais suffit-il d'en montrer le rythme pour comprendre la portée de cette évolution ? Bien que toute préoccupation pastorale soit à ce moment-là étrangère aux cisterciens, nous aimerions savoir si ces restitutions d'églises, dont ils bénéficient, se font à leur demande ou à l'initiative des donateurs ou des archevêques, désireux de confier le sort des autels à des religieux très populaires. Par leur situation dans la zone d'influence des abbayes, ces églises renforcent la domination et le rayonnement des monastères.

Dîmes   Le cas des dîmes s'avère plus complexe, parce que la législation sur ce point introduit des distinctions que les divers intéressés montrent peu d'empressement à respecter. Si, au départ, les cisterciens répugnent à lever cette rente sur des terres ne leur appartenant pas, ils ont cependant accueilli avec faveur le privilège d'en être exemptés sur leurs propres travaux ; mais nous avons vu que cette dispense, accordée en 1132 par Innocent II, n'a pas fait l'unanimité même parmi les réguliers, si bien que la législation postérieure cherche à concilier des intérêts contradictoires par des mesures restrictives ou fluctuantes : Adrien IV limite en 1156 l'exemption aux *novales*, alors que son successeur Alexandre III revient à la dispense générale de 1132 ; si les moines s'en estiment satisfaits, les décimateurs laïcs ou ecclésiastiques feignent parfois d'ignorer ce privilège ou prétendent ne l'appliquer qu'aux terres nouvellement mises en culture ; c'est, du moins, l'attitude de l'archevêque, dans un procès opposant les cisterciens de Bellevaux aux chanoines de Saint-Etienne. Aux premiers qui proclament : « Nous ne devons payer à personne, puisque la bienveillance apostolique nous a dispensés de toute dîme de nos travaux », le prélat répond : « Quant aux dîmes que les moines disent leur avoir été abandonnées par privilège apostolique, nous jugeons qu'ils ne peuvent garder que les *novales*, suivant l'interprétation habituelle de la cour de Rome elle-même, les autres revenant légitimement à l'église de Saint-Etienne » [3].

Comment le prélat pouvait-il méconnaître à ce point la pensée pontificale, puisque, dès 1168, Alexandre III récusa formellement cette interprétation restrictive dans sa bulle *Audivimus et audientes*, dont un exemplaire lui fut adressé, en même temps qu'à l'archevêque légat de Lyon ? « En déformant de façon malhonnête le sens des privilèges apostoliques, écrit en effet le pape, certains affirment qu'il faut comprendre *novales* là où c'est écrit *de leurs travaux*. Il est évident pour tous les gens de bonne foi qu'une telle interprétation est fausse et contraire au vrai sens, car, d'après ce privilège, les moines sont libérés et affranchis du versement des dîmes, tant pour

---

1. En 1139, Bellevaux, pour respecter la législation, aurait donné l'église de Chambornay à Saint-Jean, mais en gardant le droit de présentation (Arch. dép. Doubs, G 531, fol. 153, inventaire du XVIIIe s.).
2. La Charité en 1188 a une querelle avec Aymon de Molay et ses fils (Arch. dép. Doubs, 58 H 2, fol. 8) : l'abbaye s'engage à concéder à Pierre et Etienne, clercs, fils d'Aymon, la moitié des bénéfices relevant des églises de Fretigney et d'Etrelles ; mais, pour remplacer les chapelains desservant l'une et l'autre église, ce sont Pierre et Etienne qui présenteront le candidat à l'abbé ; s'il n'a pas de raison de refuser ce choix, l'abbé le présentera à son tour à l'archevêque.
3. 10 avril 1174, Arch. dép. Haute-Saône, H 205 ; *Gallia Christiana*, XV, instr., col. 41 ; L. VIELLARD, *Doc.... Terr. de Belfort*, n° 251, qui en donne un texte différent. Sur le problème général des dîmes, J.-B. MAHN, *L'ordre cistercien...*, p. 102 et suiv.

les terres qu'ils ont défrichées ou qu'ils défrichent, que pour les terres qu'ils cultivent de leurs mains ou à leurs frais » [1].

En réalité, le prélat de Besançon traduit les craintes de l'épiscopat face au profond mécontentement des décimateurs et au manque de retenue des cisterciens, qui réclament une application stricte de la loi. Le pape lui-même doit inviter ces derniers à ne pas abuser de leur privilège et, conscient des risques encourus par une attitude trop ferme, le Chapitre général de 1180 conseille aux monastères de payer la dîme sur toute future acquisition de terre ou de vigne. Nous n'insisterons pas sur les querelles suscitées dans le diocèse par cette législation, inadéquate au but recherché et valable au temps où l'Ordre était pauvre. La plupart d'entre elles se terminent par des compromis : versement d'un cens ou d'une indemnité compensatoire. Le mécontentement, qui continue de sévir, aboutit d'ailleurs à la mesure décisive du quatrième concile du Latran (canon 55) : les cisterciens paieront intégralement la dîme sur toutes les terres qu'ils acquérront à l'avenir, mais en resteront dispensés tant pour celles possédées avant le concile que pour les *novales*. C'est désormais cette distinction qui s'impose progressivement dans les contestations, et la politique diocésaine s'inscrit dans ce schéma général.

Peut-on aller plus loin dans l'analyse du problème et relever des exemples d'abbayes détentrices de dîmes sur des terres ne leur appartenant pas ? De telles rentes se rencontrent en diverses régions au début du XIIIe siècle, spécialement dans les villages où se concentre la possession monastique. Mais l'affirmation de leur existence suppose que l'on établisse avec certitude qu'il s'agit bien de *decimis aliorum hominum*. Or, les textes laissent planer trop de doutes sur la propriété des sols, pour confirmer valablement cette hypothèse. D'ailleurs, la législation des décennies suivantes enlève les derniers obstacles subsistant en ce domaine et les cisterciens deviennent alors des décimateurs comme les autres.

Autres entorses   Cet assouplissement juridique ne se limite ni aux églises, ni aux dîmes, mais, durant la même époque, gagne d'autres secteurs : acquisitions d'immeubles (dont les moulins...), de rentes, d'hommes, inhumations à l'intérieur du monastère... Comme cette évolution est connue, nous nous contenterons de quelques exemples pris parmi les premiers que nous offre la documentation. Dès 1174, Theuley reçoit d'Humbert de Fouvent un homme avec son *ténement*, tandis que Guillaume d'Auxelles cède vingt ans plus tard, à Bithaine, trois moulins, dont celui qu'il a construit sur la terre des moines à Ailleroncourt [2]. Quant aux rentes, l'attitude des cisterciens à l'égard du sel montre bien que la nécessité fait loi et qu'ils n'hésitent pas à s'en procurer ; d'ailleurs, ils obtiennent aussi tout autre type de rentes portant sur des moulins, des vignes, des terres qui ne leur appartiennent pas : en 1192, Otton de Scey donne à Buillon deux bichets de froment sur un moulin de Casamène, ainsi qu'un muid de vin à Morre [3].

Les restrictions mises par les premiers cisterciens aux inhumations de laïcs dans leurs cimetière et église tombent elles aussi. Alors que les bénédictins et les autres religieux se font confirmer le privilège de libre sépulture par Lucius III [4], Cîteaux a longtemps émis des réserves et pratiqué une sorte de sélection : pour éviter que les

---

1. Arch. dép. Jura, 19 H 2.
2. 1174 : Arch. dép. Haute-Saône, H 409 et 1156, Bibl. nat., Moreau 872, fol. 1150.
3. 1192 : Bibl. mun. Besançon, Droz 74, fol. 100 + 96.
4. En 1182, Lucius III confirme à Belchamp la libre sépulture (L. VIELLARD, *Doc... Terr. de Belfort*, n° 260), à Baume-les-Messieurs en 1185 (W. WIEDERHOLD, *Papsturkunden, La Franche-Comté*, p. 122).

cortèges funéraires ne troublent la paix du monastère, on n'enterre à l'église même que les très hauts personnages, les autres étant déférés dans le cimetière, parfois dans le cloître. Ces mesures sont observées à Lieucroissant vers 1150-1160, lorsque Etienne de Fallon confirme certaines donations « le jour même où son frère est enterré au cimetière » de l'abbaye. Mais, comme la plupart des textes ne mentionnent jamais le lieu d'inhumation, doit-on en déduire un respect systématique du règlement ? Probablement et, lorsqu'un Bernard de Rigney, qualifié d'*usurator*, obtient sépulture dans l'abbaye de Bellevaux en 1178, il faut supposer qu'il ne se livrait pas aux activités financières suggérées par son surnom [1].

Mais, face aux avantages matériels et honorifiques qui découlent de ces inhumations, face à la pression des laïcs désireux de reposer le plus près possible du chœur, les cisterciens ne tardent pas à adopter les pratiques des autres religieux et à leur disputer la dépouille des grands de ce monde. Passe encore qu'ils se mobilisent pour des reliques, comme les restes de Pierre de Tarentaise, mais la querelle prend une autre signification lorsqu'elle concerne le corps de quelque grand seigneur. Au début du XIIIe siècle, Bellevaux et La Charité, deux abbayes cisterciennes, s'opposent violemment au sujet de l'inhumation de Ponce de La Roche, pour des intérêts financiers évidents, et le différend paraît suffisamment sérieux pour nécessiter l'intervention de l'abbé de Morimond ; en route pour Cîteaux, il tient à Theuley un mini-chapitre général, réunissant plus de soixante abbés, pour trancher la question : La Charité gardera le corps, mais versera vingt livres estevenantes à Bellevaux et s'engage à ne plus accueillir de personnes qui se sont données à d'autres abbayes [2]. Les dernières réticences de Cîteaux sont levées lorsqu'en 1228 Grégoire IX autorise les cisterciens à inhumer dans leurs églises les fondateurs de leurs abbayes ou les autres fidèles qui y élisent sépulture [3].

En sollicitant ces accommodements, les moines blancs se rapprochent des autres ordres et accentuent leur insertion dans le monde. D'autres indices établissent cette lente évolution. Nous avons plusieurs fois évoqué les acquisitions réalisées dans les villes comme Dijon, Salins, Besançon, sous forme de maisons servant de pied-à-terre, de refuge ou de local commercial. C'est, pour les monastères, un moyen de s'approvisionner en certaines denrées (vin, sel...), d'écouler probablement les surplus de leurs granges. Dès 1168, Theuley possède une maison à Dijon, tandis que Bellevaux s'implante en 1176 à Besançon, dans le quartier des vignerons de Battant, où elle édifie une maison avec jardin [4]. Mais aucune abbaye du diocèse ne parvient à rivaliser avec Cîteaux. Outre les nombreuses acquisitions qu'elle réalise dans les autres diocèses, l'abbaye-mère manifeste dans notre région un appétit matériel croissant et un sens des affaires développé. Avant même le milieu du siècle, elle a réussi à s'infiltrer à Salins, Besançon, Dole [5].

Longtemps, sa présence reste discrète, mais, quand apparaît à la fin du siècle l'inanité des statuts condamnant toute frénésie de possession, Cîteaux s'abandonne à une audacieuse et spectaculaire fièvre d'investissements, dont témoignent les que-

---

1. Lieucroissant : Bibl. mun. Besançon, 2117, fol. 435 ; Bellevaux : Arch. dép. Haute-Saône, 25 J A /16.
2. 1203 : Arch. dép. Doubs, 58 H 2 ; l'abbé de Morimond agit sur mandat du Chapitre général, mais l'incident n'a pas été recensé dans les statuts de J.-M. CANIVEZ.
3. Arch. dép. Haute-Saône, H 44.
4. Theuley, Arch. dép. Haute-Saône, H 422 : donation d'Hugues Porcellus.
5. Le cartulaire de Cîteaux (Archives dép. Côte d'Or, 11 H 78) énumère les biens de l'abbaye à Besançon, Salins, Lons-le-Saunier et Dole (J. RICHARD, *Répertoire numérique des Archives dép. de la Côte d'Or, 11 H (abbaye de Cîteaux)*, Dijon, 1950).

relles qu'elle soutient à Salins et ses rachats systématiques de muire à Lons-le-Saunier. Autre signe de sa perspicacité : son extension à Dole, au début du xiiie siècle, au moment où la bourgade comtale s'urbanise davantage et développe son rôle politique et économique (passage) ; Cîteaux finit par y implanter une importante maison, sorte de grange établie au départ à proximité des fortifications, puis intégrée dans l'espace urbain à la fin du siècle ; désormais, cette installation prendra le nom d'*hôtel de Cîteaux*[1].

Conscient que cette soif d'acquisitions présentait de réels dangers pour la santé spiruelle de ses abbayes, de plus en plus accaparées par les soucis matériels et engagées dans la course à l'expansion, le Chapitre général avait multiplié les mises en garde et les interdictions ; l'important statut de *non acquirendo*, rédigé une première fois en 1180, réapparaît en 1190, 1191, puis périodiquement au début du xiiie siècle avant de tomber dans l'oubli. De même, le statut de *non ædificando* subit un sort analogue (1180, 1190, 1191...) ; les *grandia et sumptuosa ædificia* sévèrement interdits continuent de se construire.

Statuts du Chapitre général   Les répercussions de ce décalage entre l'idéal et la réalité ne sont pas seulement d'ordre financier et économique. Outre les endettements excessifs provoqués par des investissements aventureux, une gestion maladroite ou les coups du sort (incendie, guerre...), les abbayes subissent une concurrence de plus en plus dure de la part des laïcs, d'autres établissements religieux ou de consœurs cisterciennes. Sans s'en rendre compte ou peut-être malgré elles, elles se laissent gagner par les préoccupations temporelles et prennent des accommodements avec une règle qui n'était pas faite pour ce genre de vie. Nous trouvons une illustration de ce glissement dans les statuts du Chapitre général, qui complètent sur certains points nos données documentaires. Certes, il s'agit d'une approche négative puisque ces textes, de nature pénale dénoncent ou sanctionnent des fautes sans délivrer en contrepartie de *satisfecit* aux nombreux monastères qui se conduisent bien. Nous ne les utiliserons donc pas pour dresser un tableau acerbe du monde cistercien à l'aube du xiiie siècle, mais uniquement pour repérer les principales déviations et les fautes les plus fréquentes.

Viennent en premier lieu les manquements à la solidarité, les querelles entre monastères cisterciens, par granges interposées. Les mésententes de Cherlieu avec ses voisines de Clairefontaine et La Charité paraissent caractéristiques des difficultés de coexistence même au sein de l'Ordre : la proximité et l'imbrication de leurs diverses granges amènent inévitablement des contestations à propos des droits d'usage et de pâturages et, loin de s'atténuer avec les ans, ces questions matérielles prennent à la fin du siècle une importance grandissante. Plus qu'une improbable rivalité de filiation qui opposerait la branche de Morimond (Clairefontaine et La Charité) à celle de Clairvaux (Cherlieu), c'est la forte et impétueuse expansion temporelle de Cherlieu qui suscite l'inquiétude de ses voisins ; avec ses quinze granges qui se livrent aux activités agro-pastorales, l'abbaye ne cesse d'élargir sa zone d'influence, débordant largement la vallée de la Saône[2].

Du vivant de saint Bernard, Clairefontaine avait alerté les pères du Chapitre général, qui avaient tenté de modérer l'animosité réciproque des grangiers[3] ; en vain, car les bergers ne respectent guère les limites imposées, si bien que les incidents ne ces-

---

1. J. THEUROT, *Histoire de Dole*, p. 39.
2. Cartes de J.-P. KEMPF, *L'abbaye de Cherlieu*, p. 44.
3. L'intervention de saint Bernard est connue grâce à l'acte de 1179 (Arch. dép. Haute-Saône, H 246).

sent d'éclater périodiquement, au grand dam du Chapitre, qui dépêche chaque fois sur place une commission d'enquête : en 1179, les abbés de Morimond, d'Auberive et de Longué s'attachent à fixer des frontières précises à la divagation des troupeaux entre Ormoy et Amance, et font même planter un certain nombre de bornes du côté de Saponcourt et de Contréglise.

Mais les convers, qui défendent les intérêts de leurs granges, ne se rendent pas aussi facilement aux arguments de leurs supérieurs, du moins retombent-ils assez vite dans le piège de la rivalité. En 1194 les conflits ressurgissent dans le même secteur, où les bornes n'ont pas résisté aux intempéries — les juges décident d'en faire désormais en pierre — et, plus au nord, dans la châtellenie de Jonvelle. Ils font, deux années de suite, l'objet de débats au Chapitre général, avant d'être provisoirement résolus en 1196 [1]. Pour peu de temps, puisque les affrontements reprennent après 1210, nécessitant les envois répétés d'enquêteurs et d'arbitres, qui ne parviennent pas à vider l'abcès ; comme toujours en de telles circonstances, les esprits finissent par s'échauffer, les convers passent des invectives aux actes. En 1220, ceux de Clairefontaine brisent les bornes litigieuses. Aussitôt, les sanctions s'abattent sur les coupables, qui iront expier leur faute à Cherlieu, tandis que les quatre abbés-pères de La Ferté, Montigny, Morimond et Clairvaux, réussissent à convaincre chaque partie de procéder à des échanges de terres pour éviter les contestations futures. Cet exemple, qui se répète avec La Charité, montre la somme d'énergie dépensée dans ces querelles de voisinage, l'importance croissante des questions économiques, leurs effets néfastes sur le comportement des moines, toujours enclins à faire passer les intérêts de leur maison avant ceux de l'Ordre.

Malgré la vigilance du Chapitre général à dénoncer et à sanctionner toute trace de cupidité, tout achat inconsidéré ou toute opération de caractère usuraire, un danger de déviation subsiste, vérifiable au niveau de la réalité quotidienne, même si les avertissements ne portent pas sur un nombre considérable ou particulièrement scandaleux de faits. Ce convers de Theuley, qui avait dissimulé de l'argent sous sa paillasse, illustre la perpétuelle tentation de la possession personnelle. Le prieur de Balerne qui, de sa propre initiative, fait un don de vingt-cinq livres lèse, quant à lui, les intérêts de la communauté ; de même cet abbé de La Charité, qui grève l'avenir de son monastère par le versement d'un cens trop lourd. Dans les deux cas, la sanction s'avère lourde puisque les coupables sont déplacés. Mais pour quelques fautes dénoncées au Chapitre général, combien de tractations douteuses passées sous silence ?

Combien d'engagements financiers discutables ? C'est, en effet, l'époque où les monastères voient transiter des sommes d'argent parfois considérables, résultant des rentes, des dons ou même des ventes, et se laissent séduire par certaines formes de spéculation ; ils s'insèrent de plus en plus facilement dans les circuits monétaires. Des exemples de prêts sur gage se rencontrent à Cherlieu, à Bellevaux, tandis qu'Acey reçoit en 1220 trois mille cinq cents livres de Marguerite de Blois et que La Charité avance cinq mille livres estevenantes à Etienne de Bourgogne en 1230 [2].

---

1. *Ibidem*, H 243 ; CANIVEZ, *Statuta*, t. I : 1194 : n° 52, p. 170 ; 1195 : n° 53, p. 189; 1220 : n° 44, p. 525.
2. En 1196, Cherlieu prête cent sous à Gervasin, qui cède en gage ses droits d'usage dans la châtellenie de Jonvelle (Bibl. nat., lat. 10973, fol. 27) ; Acey, 1220 : Arch. dép. Jura, 15 H 14 ; La Charité, 1230 : Arch. dép. Doubs, 58 H 2 (le comte engage sa chaudière de Lons). Dans sa thèse d'Ecole des chartes, A.-M. AUBERT étudie ces questions de prêts (*Histoire et développement économique d'une abbaye cistercienne : Bellevaux en Franche-Comté du XII° à la fin du XVI° siècle,* 1926, Archives de l'Académie de Besançon, ms 4, p. 180 et suiv.).

Face à ces déviations, les manquements à la discipline pourraient apparaître comme de banales faiblesses humaines. En réalité, certains d'entre eux caractérisent la propension, toujours présente, d'un glissement vers la vie séculière, et méritent de ce fait les sanctions les plus lourdes. Il appartient aux pères d'apprécier la gravité des fautes. Ainsi, les infractions à la clôture n'ont pas la même signification selon qu'elles impliquent ou non la connivence des moines ; ces laïcs, hommes et femmes, qui pénètrent dans le monastère le jour de la dédicace de l'église (La Charité, Mont-Sainte-Marie) ou se pressent au tombeau de saint Pierre de Tarentaise (Bellevaux) ennuient sans doute le Chapitre général, mais ne valent pas aux moines, débordés par cette affluence, d'écrasantes pénalités. En revanche, l'abbé de Bithaine, qui transgresse sciemment la loi de la clôture en accueillant dans son église et au réfectoire soixante-dix prêtres, est déposé de sa charge [1].

Les cas d'indiscipline notoires attirent pour les mêmes raisons des sanctions exemplaires. L'abbé d'Acey, qui prolonge indûment sa visite chez sa fille de Pilis en Hongrie, devra racheter sa négligence par un séjour à Cherlieu ; aucune pitié non plus pour ce profès chassé de son couvent pour l'avoir quitté sans autorisation, ni pour ces religieux frondeurs de Buillon, dispersés en diverses maisons, pour avoir comploté contre leur abbé. Mais, plus que la pénitence, nous aimerions dans ce cas précis connaître la nature de la révolte.

Si intéressants soient-ils, les statuts nous laissent plus d'une fois sur notre faim. Leur caractère tardif — ils ne sont connus qu'à partir de 1189 — n'autorise pas de comparaison avec la période précédente. En outre, ils ne traitent que des affaires soumises à l'arbitrage du Chapitre général. Bien des problèmes internes, qui nous éclaireraient sur la vie monastique, sont réglés au sein même du monastère, lors du chapitre des coulpes ou lors de la visite annuelle de l'abbé-père ; la *Charte de charité* invite, en effet, les moines à dénoncer publiquement ou secrètement à ce supérieur ce qu'ils jugent mauvais dans l'administration de leur abbé. Mais aucune récrimination ne nous est parvenue sur ce genre d'enquête et, lorsque l'abbé de Balerne fait triste mine pour accueillir l'abbé de Cîteaux en 1195, il craint sans doute moins les désagréments d'une inspection que les frais occasionnés par ce droit de gîte. Les assemblées de Cîteaux ne résolvent donc pas toutes les affaires de l'Ordre, en particulier celles dans lesquelles sont impliqués des laïcs, ou dont le scandale exige une réparation publique. C'est ainsi que, vers 1182, les moines d'Acey, victimes de leur sens de l'hospitalité, font appel au pape contre une bande de malotrus qui ont pillé leurs granges [2].

Les statuts fondent donc un certain nombre de critiques formulées à l'égard des cisterciens. Sans aller jusqu'aux propos acerbes de Guiot de Provins qui, dans sa *Bible*, se fait parfois leur détracteur, tous les faits rapportés précédemment dénoncent un affadissement de l'idéal primitif : à la recherche de la pauvreté se substitue progressivement une fringale d'investissements ; à l'observance rigoureuse et stricte de la Règle, sont préférés divers accommodements visant les relations avec le siècle, les possessions de biens, parfois la nourriture ou le vêtement des moines. Doit-on traduire ces indices en termes de jugement et parler de relâchement, voire de déclin ou de décadence ? Les qualificatifs nous paraissent excessifs et inadéquats, car, en dépit de ces signes inquiétants, l'Ordre reste vigoureux et attractif ; il vaut mieux y voir

---

1. CANIVEZ, *Statuta*, t. I, 1211 : n° 50, p. 389. L'identification de Bithaine n'est pas assurée.
2. Arch. dép. Jura, 1 H 12 ; faut-il mettre ce brigandage en rapport avec la conduite des seigneurs de Thervay, qui s'opposent aux défrichements des moines en saccageant certaines de leurs granges ?

les symptômes d'une évolution qui conduit les cisterciens à une insertion de plus en plus forte dans le siècle et, par là, à un rapprochement avec les monastères traditionnels.

Les premières difficultés   Les origines de ces transformations sont aussi bien d'ordre économique qu'humain. Tout l'environnement de l'époque concourt à rendre de plus en plus difficile le genre de vie adopté par les premiers cisterciens, et les crises que traversent certaines abbayes au début du xiiie siècle démontrent cette fragilité croissante et les inégalités entre les monastères. Nous ne reviendrons pas sur le cas exceptionnel de La Grâce-Dieu, qui, vers les années 1160-1170, a failli disparaître, victime de son indigence. Au moment où l'arrivée des mendiants accélère ce phénomène d'inadaptation, c'est l'endettement qui conduit plus d'une maison au bord de la faillite. Pour parer à cette dernière éventualité, des abbayes procèdent à des aliénations massives de biens ; dès 1186, Quincy vend à Cîteaux sa rente en muire de Lons, pour deux cent trente-six livres de Provins [1].

C'est principalement autour des années 1215-1230 que la crise frappe plusieurs établissements (La Grâce-Dieu, Acey, Rosières, Theuley, Vaux-la-Douce, Le Miroir...). Lorsque, en 1214, La Grâce-Dieu vend à La Charité sa muire de Lons pour deux cent quatre-vingts livres, elle en donne la justification : *paupertate compulsa* [2]. Pour Vaux-la-Douce, la faillite économique n'est pas loin, puisqu'Etienne de Bourgogne nous apprend qu'en 1229, *dicta domus ad nihilum est redacta* [3]. Pour payer ses dettes, Rosières vend successivement à Auberive deux montées de muire à Lons pour quatre cent soixante-dix livres et, à Cîteaux, quatre chaudières sur les huit qu'elle possédait à Salins, pour six cent cinquante livres. Le Miroir fait la même chose, tandis que Theuley vend à Saint-Etienne de Dijon sa maison de pierre, sise dans cette ville, *juxta domum Sancti-Antonii extra muros*, pour six cent cinquante livres. Même Clairvaux n'échappe pas à cette fatalité et engage sa muire de Lons à sa consœur d'Auberive [4]. Toutefois, la crise frappe inégalement, puisque ce sont d'autres maisons cisterciennes (Cîteaux, Auberive, Morimond) qui profitent de ces difficultés, ou qui jouent la carte de la solidarité.

Certes, ces aliénations ont d'autres justifications que le seul endettement et, outre la politique de regroupement entreprise par la plupart des maisons, l'instabilité politique que connaît le comté de Bourgogne au début du xiiie siècle, n'est pas étrangère à certaines difficultés [5]. Les textes contiennent de nombreuses protestations de moines ou de la hiérarchie séculière contre de prétendus dénis de justice, contre des exactions incessantes ou des spoliations. Bien que clercs et religieux aient coutume de se lamenter à ce sujet, il arrive que des laïcs confirment leurs plaintes. Ainsi Etienne de Bourgogne reconnaît-il l'importance des dommages causés aux abbayes cisterciennes durant les opérations militaires en 1230 ; il en estime le montant à plus de cinq mille livres pour le seul monastère de La Charité, auquel il engage sa chaudière de Lons. L'année suivante, le même Etienne et son cousin, le comte de Vienne, s'enga-

---

1. Arch. dép. Côte d'Or, 11 H 78, fol. 217.
2. La Grâce-Dieu, 1214 : Arch. dép. Doubs, 58 H 2, fol. 20.
3. Vaux-la-Douce, 1229 : *ibidem*, fol. 30.
4. Rosières, 1225 : Arch. dép. Haute-Marne, cartulaire d'Auberive, n° 83-86 ; 1229 : Bibl. mun. Besançon, Chifflet 42, fol. 6. — Theuley, 1224 : *Chartes de Saint-Etienne de Dijon*, V, n° 263. — Clairvaux, 1231 : cartulaire d'Auberive, n° 95.
5. Après avoir vendu sa maison de Dijon, Theuley achète en 1236 le prieuré d'Ecuelle.

gent à réparer les torts causés aux autres abbayes cisterciennes *propter guerras et alia magna negocia*[1].

Un recensement systématique de ces doléances donnerait une idée plus juste de la situation au niveau de chaque monastère et au plan régional pour le début du XIIIᵉ siècle, sans forcément anticiper sur les traits de l'évolution postérieure : abandon de l'exploitation directe, amodiation de terres, traités de pariage, etc. Alors que bénédictins et clunisiens n'hésitent pas à associer les laïcs à la mise en valeur de leurs terres, les cisterciens répugnent encore à ce procédé. Si l'évolution générale rapproche insensiblement ces derniers des ordres traditionnels, elle n'abroge pas un décalage chronologique qui demeure un des aspects essentiels de cette époque.

Bilan du monachisme vers 1220

Bien qu'en cours de réalisation, cette convergence autorise, en guise de conclusion, un bilan provisoire de l'état du monachisme diocésain à l'arrivée des Mendiants. Par rapport au tableau des années 1150, d'où ressortaient les mots-clés *nouveauté* et *expansion*, les différences ne manquent pas, même si aucune discontinuité n'apparaît dans l'évolution.

Peu d'innovations   D'abord, peu ou pas d'innovations fondamentales, puisque la plupart des fondations se rattachent à des ordres connus auparavant. Malgré la concurrence que lui font chartreux et cisterciens, le mouvement érémitique ne s'évanouit pas totalement et sert encore de support, à la fin du XIIIᵉ siècle, à des fraternités qui, comme à Mont-Sainte-Marie, débouchent sur une normalisation régulière. Mais les témoignages sur ce genre de vie s'espacent, sans donner naissance à d'autres formes d'expériences. Les reclus, les béguins et leurs homologues féminins, qui connaissent ailleurs des débuts prometteurs, s'adaptent mal dans notre diocèse, où deux mentions seulement concernent notre époque : un reclus à Salins vers 1190, un autre aux portes de Besançon vers 1190 ; quant aux béguines, elles n'apparaissent pas avant le milieu du XIIIᵉ siècle[2].

S'opère dans la plupart des maisons un glissement progressif que nous avons qualifié d'insertion dans le monde et qui caractérise la seconde originalité de la période. Parce qu'elles trouvent dans l'urbanisation un milieu propice que ne leur disputent ni les clunisiens, ni les cisterciens, les collégiales de chanoines séculiers se développent (Salins, Montbéliard), parallèlement à certains réguliers, tels les chanoines d'Abondance qui progressent le long des grands itinéraires jurassiens.

Cette même urbanisation profite aux anciens prieurés castraux établis à Dole, Vesoul, Poligny, en attendant que Mendiants et hospitaliers confirment à Gray et à

---

1. La Charité, 1230 : Arch. dép. Haute-Saône, H 235.— 1231 : Arch. dép. Haute-Marne, *Cartulaire d'Auberive*, n° 94. — 1232 pour Henri de Vienne : Arch. dép. Côte d'Or, 11 H 78, fol. 220. D'autres allusions à la guerre se rencontrent, comme à Bellevaux vers 1200-1219 (Arch. dép. Haute-Saône, H 190) dans une querelle avec les chevaliers de Pouligney (canton de Roulans), au sujet de deux arpents de terre : des hommes la tenaient autrefois des chevaliers, mais *Theotonici venientes terram undique vastaverunt et expulsis hominibus illis, remansit terra sine cultore,* en sorte que les moines en font aisément l'acquisition.
2. Vers 1180, dans une donation du sire de Salins figure le témoignage de *Wilhelmi tunc reclusi Sancti-Anatholi* (Bibl. mun. Besançon, Droz 43, fol. 31). Le reclus qui apparaît à Rivière, près du faubourg Rivotte de Besançon (R. FIETIER, *La cité de Besançon,* p. 1243), reçoit des donations en 1227 (*incluso et domui de Ryveria,* Arch. dép. Doubs, 1 H 304) avant de passer sous le contrôle de Saint-Vincent au XIVᵉ siècle. Pour les béguines, R. FIÉTIER, *La cité de Besançon,* p. 1339.

Lons-le-Saunier leur caractère de villes. La variété des abbayes est fonction de leur environnement : là où progresse la colonisation rurale, bénédictins (Saint-Claude), chanoines réguliers (Montbenoît, Grandvaux) et clunisiens(Morteau), en attendant l'arrivée tardive des cisterciens (Mont-Sainte-Marie en 1199), semblent trouver dans l'expansion économique les moyens de consolider un équilibre, souvent difficile à réaliser pour les autres. Les bénédictins de Baume, de Luxeuil ou de Lure, les clunisiens de Gigny, se résignent à vivre sur les positions acquises précédemment.

Une nécessaire adaptation se fait sentir, que réalisent certains, que d'autres répugnent à entreprendre. Grâce à la coopération des archevêques, des réformes éliminent les principaux abus des chapitres cathédraux et de La Madeleine, qui ont adopté le genre de vie séculier. De son côté, Cluny reçoit l'appui de la papauté pour maintenir Baume dans son obédience. Les efforts des cisterciens pour contenir une évolution contraire à l'esprit de la Règle se heurtent à des impératifs économiques et au moindre enthousiasme de ses membres, qui n'adhèrent plus totalement à l'idéal primitif.

Difficultés croissantes   Un troisième trait vient des difficultés croissantes qui assaillent les monastères. Sans doute ne faut-il pas tomber dans les pièges de la documentation en exagérant ces embarras, puisque très rares sont les établissements qui succombent et qui disparaissent. Néanmoins, les symptômes d'un malaise jusque-là réservé aux monastères traditionnels se développent aussi chez les autres. La concurrence se fait plus dure, la coexistence exige des trésors de diplomatie, sans compter les marchandages et les compensations. Les questions de dîmes et de pâturages, les imbrications de biens, la recherche de mécènes... multiplient les risques de frictions entre les abbayes, condamnées à maintenir leur rythme d'expansion. Maintes fois, nous avons abordé ces rivalités que favorise la gestion directe de leurs domaines par les moines ; elles concernent toutes les maisons et leur répartition chronologique reflète davantage les inégalités de la documentation que les crises affectant la Chrétienté (par exemple, le schisme victorin).

Ces heurts ne traduisent pas forcément un relâchement disciplinaire, ni des appétits matériels démesurés : la forte densité d'établissements à vocation semblable dans le nord-ouest du diocèse ou dans la région du Vignoble justifie nombre de querelles de voisinage ; les activités agro-pastorales des granges ou la recherche de vigne ou de muire déclenchent des compétitions auxquelles les convers donnent très vite l'allure d'une concurrence impitoyable. A mesure que s'écoule le siècle, et alors que se consolide l'assise territoriale des nouveaux établissements, les difficultés économiques s'accentuent, l'endettement obère plus d'un budget et chacun s'efforce de limiter ses effectifs. Si les guerres féodales, qui se déchaînent après 1190, occasionnent des dommages plus importants, elles n'expliquent pas le malaise qui tend à se généraliser dans les contrées en paix. Mauvaise gestion, travaux de construction, changement du régime d'exploitation..., les historien tentent diverses hypothèses pour comprendre l'évolution qui s'amorce à cette époque.

Face à cette détérioration, les religieux ne restent pas inactifs, ils cherchent aussi des solutions qui s'avèrent la plupart du temps de simples expédients. Reconnaissons-leur néanmoins le mérite d'une meilleure organisation de leur temporel, par regroupement des possessions autour de quelques noyaux, baptisés en l'occurrence *granges, prieurés, celliers, prébendes*... C'est, en effet, l'époque où, à la prolifération des granges cisterciennes ou canoniales, répond un accroissement du nombre des prieurés clunisiens ou bénédictins. D'autres efforts d'adaptation les montrent conscients des transformations qui s'opèrent autour d'eux : après avoir fui pour la plupart le monde, ils n'hésitent plus à la fin du siècle à créer des antennes dans les villes, à procéder à des investissements qu'ils espèrent lucratifs, à ne plus se contenter de terres ou d'églises. Si les cisterciens n'abandonnent que timidement l'exploitation directe et répugnent encore au système des censives, bénédictins, clunisiens et chanoines séculiers n'hésitent plus à se transformer en rentiers du sol, et à passer la main aux laïcs pour les grandes entreprises de colonisation : les contrats de pariage marquent une étape importante, puisque le château tend à supplanter le monastère comme centre de peuplement.

Rôle spirituel   Si bref soit-il, le bilan ne saurait se restreindre aux aspects économiques, sans altérer gravement la véritable image du monachisme. Les défaillances que nous avons tenté de dépister n'empêchent pas ce dernier d'exercer un profond rayonnement sur les clercs et les laïcs. Certes, le moine, comme le chanoine qui a choisi la voie de la conversion, opère un engagement personnel intéressant déjà son propre salut, mais il sait aussi qu'en progressant dans la perfection, il accroît par ses mérites son influence sur les hommes restés dans le monde. Il est pour eux plus qu'un modèle, un intercesseur privilégié, qui peut agir sur leur destin spirituel. Ont-ils atteint leur but, tous ces aspirants à la perfection, qui, au cours du XIIe siècle, se pressent dans le cloître ? Selon la formule évangélique, la réponse n'est pas de ce monde ; si aucun de ceux qui ont alors peuplé les monastères comtois n'a reçu la reconnaissance officielle de la sainteté, en revanche, aucune maison n'a acquis la réputation d'une abbaye de Thélème.

Puisqu'il ne peut sonder ni les reins, ni les cœurs, l'historien doit se satisfaire d'une approche indirecte et empirique pour percevoir le rayonnement spirituel des monastères. Centres de prières, d'éducation et de culture, ceux-ci remplissent un rôle qui déborde largement les besoins du recrutement. Nous avons plus d'une fois évoqué ces questions en parlant des donations laïques, des fondations d'anniversaires, des inhumations, de la participation aux bienfaits d'une abbaye. Autour des monastères se forment de véritables clientèles, caractérisées par les services réciproques que l'on se rend et liées souvent par de véritables contrats d'association, aux clauses multiples. En échange des biens reçus ou à recevoir, les moines offrent aux laïcs diverses formules, qui tiennent compte des intentions (recherche du salut), des goûts (attrait plus ou moins prononcé pour la vie religieuse, la vocation) et des moyens de l'abbaye (problème des effectifs). Entre l'agrégation à la communauté comme profès ou convers et la conversion *in extremis* dite *ad succurrendum*, s'intercalent d'autres possibilités : accueil au monastère comme familier ou pensionnaire à titre provisoire ou permanent, éducation des enfants jusqu'à leur majorité et jusqu'au moment du choix décisif, statut plus souple du *condonné*, qui permet de participer aux bienfaits spirituels de l'établissement à titre de convers et de converse [1].

Sur ces problèmes de recrutement, peu abordés dans les sources classiques, les rares exemples concernent les religieux avec parfois quelques allusions aux autres types de contrats : « Les frères de Cherlieu ont promis à Bernard Cholez de le recevoir comme convers s'il vient en chrétien et s'engage à respecter la Règle ; s'il ne peut se plier à la Règle, il sera reçu parmi les familiers. Tant qu'il demeurera dans le siècle, il peut, s'il tombe malade, venir à l'hospice pour y être entretenu jusqu'à sa guérison, et les frères seront tenus de lui donner, chaque année et à sa demande, des vêtements d'occasion si sa pauvreté l'exige. Si, du fait de la guerre ou de toute autre nécessité, il veut déposer ses biens à Cherlieu ou dans les granges, on ne pourra le lui refuser » [2].

---

1. Sur ces problèmes, J. HOURLIER, *L'âge classique, les religieux*, p. 262 et suiv.
2. Vers 1180-1200, Arch. dép. Haute-Saône, H 280.

Avant de gagner l'empire latin de Constantinople, Pierre et Jean de Filain remettent à Bellevaux l'éducation de leur frère Ponce, en échange de diverses donations et aux conditions suivantes : « Pendant quatre ans, les religieux assureront la nourriture de leur frère Ponce et le garderont dans leur école. Après ces quatre ans, si Ponce veut se faire moine, s'il meurt ou s'il va se fixer en Romanie sur invitation de ses frères, cette donation restera acquise définitivement et sans contestation aux religieux. Mais si Ponce veut reprendre la terre, il entrera librement en possession de celle-ci, moins l'aumône faite à perpétuité à Bellevaux »[1].

Parfois, le contrat se borne à une simple assistance matérielle : obligée d'engager divers biens à Bellevaux, Louise, dame de Fretigney, fait stipuler, parmi les clauses, qu'elle « a donné à la maison de Bellevaux deux de ses fils, Richard et Aimé, pour qu'ils y servent Dieu ; elle les a offerts sur l'autel aux conditions suivantes : pendant quatre ans, la mère gardera avec elle les deux enfants, encore inaptes à recevoir les ordres ; elle les nourrira et leur fera apprendre les lettres, tandis que la maison de Bellevaux lui donnera chaque année six bichets de blé à la mesure de Besançon..., plus dix sous pour la pitance, deux vêtements et deux paires de chaussures. Si, parvenus à l'âge de recevoir les ordres, les deux adolescents les refusent, la maison de Bellevaux ne sera plus tenue de leur verser l'annone, ni les autres biens »[2].

Quant à la dédition au monastère sous le statut de convers, de rares exemples montrent la grande souplesse de la formule. Hugues Garin, de Dole, qui s'est donné à Cîteaux avec son fils Eudes comme *familiares et redditi*, fait préciser ceci : « Si, par la suite, parvenu à l'âge de raison, son fils Eudes veut être reçu comme convers à la maison de Cîteaux, tous ses biens reviendront à Cîteaux ; de même, s'il meurt dans l'habit de familier ; mais s'il quitte la société de l'Ordre ou l'Ordre lui-même, sans vouloir devenir ni familier, ni convers, ni *condonné* (*redditus*), une partie de la terre seulement lui reviendra »[3].

Les femmes pouvaient, elles aussi, bénéficier de la participation, à titre de converses, comme le montre ce contrat de 1206 passé par Thierry et Garsilus, seigneurs de Fougerolles : « L'abbé de Bellevaux recevra en personne les frères Thierry et Garsilus, leur mère et leur épouse parmi les frères et sœurs de l'église de Bellevaux ; si l'un d'eux veut se convertir, il le recevra comme moine, convers ou converse... En outre, si l'une des personnes nommées vivant dans le siècle quitte cette vie, à l'annonce de sa mort, l'église de Bellevaux fera pour elle comme pour l'un de ses frères »[4].

Les moines savent pertinemment que les conversions faites en danger de mort sont parfois remises en cause ; ils s'arrangent donc pour trouver le compromis convenant aux deux parties : « Atteint d'une grave maladie, Robert de Grozon s'est donné à Dieu et à la maison de Rosières sous l'habit et la règle des convers ; s'il se remet de cette maladie ou si l'abbé et la maison le jugent préférable, il pourra rester dans le monde sous la sujétion et dans la dépendance de l'abbé, mais aura cependant sa sépulture dans l'abbaye avec l'office des défunts équivalent à celui d'un moine ou d'un convers. De la même façon, son épouse s'est donnée à la maison. Comme Robert avait déjà fait une première dédition à cette maison, au temps de l'abbé Bernard, et qu'il en avait été dégagé pour cause de faiblesse (*levitate*), touché par la pénitence, il

---

1. *Ibidem*, H 195.
2. Bibl. mun. Besançon, Académie 439, n° 26.
3. Arch. dép. Jura, 1 F 51.
4. Arch. dép. Haute-Saône, H 147.

a fait cette dernière dédition de façon solennelle avec son épouse et a donné en aumône au monastère sa grange sise hors de Grozon » [1].

Tous ces exemples, qui correspondent aux normes de l'époque, permettent de
mieux comprendre le rôle d'une abbaye dans les milieux laïcs, de mettre en lumière
ces contrats d'association, qui, avant l'apparition des tiers ordres, élargissent le recrutement au-delà des profès et des convers *stricto sensu*. Mesurer quantitativement cette
influence sort de nos possibilités. Les données numériques que nous possédons pour
les XIIe et XIIIe siècles, concernent les seuls effectifs monastiques ; elles sont à la fois
rares, éclectiques et incomplètes. Il faut attendre les visites de la seconde moitié du
XIIIe siècle pour avoir quelque idée de l'importance des prieurés clunisiens, dont certains ne respectent pas les obligations conciliaires fixant à deux le minimum de
résidents [2].

EFFECTIFS DES PRIEURÉS CLUNISIENS SELON LES VISITES

Prieurés	av. 1261	1261	1273
Chaux-lès-Clerval	1	2	2
Hautepierre	6	5	5
Lieu-Dieu	1	0	0
Mièges		3	3
Morteau	2		
Port-sur-Saône	4	3	3
Vaucluse	6	6	6
Vaux-sur-Poligny		11	11
Gigny	26	33	
Romainmôtier		20	

Outre les estimations que nous avons tentées pour Rosières et qui ne dépassent
pas la trentaine de religieux, le seul chiffre intéressant les cisterciens vient de l'importante abbaye de Lucelle, sise à l'extrémité occidentale du diocèse de Bâle. En
1257, comme elle n'arrive plus à entretenir la soixantaine de ses membres, le pape
Innocent IV l'autorise à ramener ce nombre à quarante [3]. Les grandes abbayes de
Saint-Oyend, Luxeuil, Baume, ne livrent aucune donnée, alors que Faverney abrite
en 1185 une communauté de quinze personnes. Nous avons vu que plusieurs collégiales, dont La Madeleine de Besançon, s'étaient fixé un maximum de treize chanoines, tandis que les prébendes capitulaires de Saint-Jean et de Saint-Etienne
n'atteignent pas ensemble la cinquantaine. Les petits établissements canoniaux ressemblent, quant à eux, aux prieurés clunisiens par la faiblesse de leurs effectifs :
quatre chanoines à Bellefontaine en 1179, trois à Calmoutier, dont un curé, un peu
plus de trois au Marteroy de Vesoul en 1159.

Ces chiffres modestes invitent à reconsidérer les affabulations traditionnelles et à
aborder avec beaucoup de prudence tout essai d'évaluation numérique pour le
XIIe siècle. Ils ne minimisent aucune l'importance du monachisme au sein de la

---

1. Arch. dép. Jura, 19 H 12.
2. Tiré des données de Dom G. CHARVIN, *Statuts, Chapitres généraux et visites de l'Ordre
de Cluny*, I (1965), p. 223 et suiv.
3. *Les registres d'Innocent IV*, par E. BERGER, n° 7621.

société chrétienne. Il suffit de considérer le réseau très dense que constituent dans le diocèse les abbayes avec leurs prieurés, leurs granges, leurs hôpitaux et autres formes de résidence pour se convaincre de leur omniprésence ; celle-ci est encore plus évidente lorsqu'on y ajoute la liste des églises rurales ou urbaines patronnées par moines et chanoines. Nous avons montré, en effet, qu'au début du XIIIe siècle, tous les ordres religieux, à l'exception des chartreux, admettent ce genre de possession, qu'ils le recherchent volontiers pour les avantages qu'ils en tirent : plus que la participation aux revenus paroissiaux, ils y voient le moyen d'asseoir leur influence au sein des communautés rurales, témoins les rivalités des monastères qui en viennent à se disputer les corps des paroissiens, et l'hostilité des patrons à toute implantation de chapelles sur leur ressort paroissial. Dans ce domaine, comme dans tous les autres étudiés précédemment, se dessine, au début du XIIIe siècle, une évolution qui prépare au monachisme un visage différent. L'arrivée des Ordres mendiants servira de révélateur à ce phénomène en gestation.

CHAPITRE 4

LES ŒUVRES DE MISÉRICORDE

La réussite monastique et canoniale du xiie siècle tend à minimiser les autres manifestations de la vie religieuse, en particulier celles qui s'appliquent aux œuvres caritatives. Cette impression est d'autant plus vive que jusque-là les soins aux malades, les secours aux pauvres et aux pèlerins incombaient aux abbayes et aux collégiales, qui réservaient à cet effet leurs hospices ou aumôneries, sans toutefois leur accorder une place prépondérante. En ce domaine, l'époque grégorienne amorce aussi une évolution fondamentale, qui se prolonge et s'épanouit au xiiie siècle et qui résulte moins d'une modification de la conjoncture économique et sociale que des changements de mentalités liés aux aspirations religieuses. En effet, les études récentes sur la pauvreté et les pauvres, conduites sous l'égide de M. Mollat, ont confirmé l'ampleur d'un phénomène encore mal perçu : malgré les améliorations du niveau de vie, une frange de la population, plus ou moins importante selon les lieux et les temps, a pour lot quotidien la pénurie avec son cortège habituel de misères physiques et morales ; beaucoup d'autres végètent dans un équilibre précaire, périodiquement rompu par des calamités de toutes sortes, guerres, intempéries et autres catastrophes [1].

Si effrois et commotions n'ont laissé aucun écho, pas même les Capuchonnés du Puy qui affectèrent la Bourgogne, certaines misères s'étalent ouvertement dans la littérature hagiographique, tels les livres de miracles qui, au-delà des clichés habituels au genre [2], montrent les graves infirmités, rebelles à toute guérison humaine. Parmi les exploits qu'opère la translation des reliques de saint Claude à la fin du xiie siècle [3], aucun ne met en scène de gens affamés ou de déclassés, mais presque tous relatent des infirmités physiques, des accidents corporels, des victimes de la violence, quelques malades frappés de mal mystérieux (langueur, épilepsie) ou effrayant (folie furieuse) ; si les misères morales et les maladies courantes ne semblent guère intéresser le thaumaturge, du moins réagit-il devant certaines adversités économiques : il connaît la valeur du cheptel bovin en ce pays de montagne, et n'hésite pas à venir au secours d'animaux accidentés pour éviter de lourdes pertes à leurs propriétaires [4].

Dans la plupart des cas, ces infortunes conduisent à la misère, voire à la mendicité, comme « cette femme de Besançon (qui), aveugle depuis deux ans, menait une vie misérable » [5] ; les riches eux-mêmes, frappés de ces maux implacables, n'échappent pas à l'inexorable enchaînement qui aboutit à l'indigence : « Dans un village près de Lons, vivait un jeune homme riche, qui tomba gravement malade : arthrite, paralysie, etc. Les médecins à qui il s'adressa n'en voulaient qu'à sa fortune. Quand

---

1. *Etude sur l'histoire de la pauvreté* (recueil édité sous la direction de M. MOLLAT), 2 vol., Paris, 1974 ; M. MOLLAT, *Les pauvres au Moyen Age*, Paris, 1978 : nous renvoyons le lecteur à ce dernier volume pour une bibliographie plus détaillée du sujet.
2. SIGAL (A.), Pauvreté et charité d'après quelques textes hagiographiques, dans *Etude sur l'histoire de la pauvreté*, p. 141-162.
3. *AA. SS., Jun.*, I, p. 649-657 ; *Saint Claude, vie et présence*, p. 71-86.
4. Saint Claude. Vie et présence, p. 72.
5. *Ibidem*, p. 81.

ils l'eurent complètement ruiné, ils l'abandonnèrent. Que faire, se dit avec angoisse notre malade ? Je ne peux piocher, j'ai honte de mendier. Je sais ce que je ferai. Je quitterai mon pays natal et je me rendrai en des lieux inconnus. Sans tarder, il monta en voiture et partit jusqu'à Dijon. Là, pressé par la nécessité, il mendia pendant cinq ans » [1]. Ainsi les estropiés viennent-ils grossir le lot des déracinés, des vagabonds qui ne constituent cependant pas la lie de la société, car il existe une catégorie plus misérable, celle des exclus, condamnés par une affection contagieuse à vivre en marge de toute communauté : aucun miracle de saint Claude ne concerne de lépreux, ni de malades du feu sacré.

Mais les pauvres ne se limitent pas à ces malheureux, atteints dans leur corps ou leur esprit : ils se recrutent aussi parmi les valides qu'un échec social, une guerre ou une oppression quelconque ont réduit au dénuement : l'essor économique de l'époque compte, en effet, ses délaissés qui ne trouvent pas de place au soleil malgré les défrichements, ou que leur comportement met au ban de la société : hors-la-loi, serfs en fuite... Combien sont-ils, tous ces déshérités jetés sur les routes, laissés à la merci des possédants ? Aucune possibilité de savoir si leur nombre diminue du XIe au XIIIe siècle.

Ce qui change, c'est l'attitude d'une élite religieuse face au problème de l'indigence, conçue non plus seulement comme une punition divine ou une épreuve redoutable, mais comme un des chemins de la perfection. Parmi les composantes de la *Vita apostolica* l'époque grégorienne a mis en évidence l'exemple du Christ, toujours prêt à venir en aide et à guérir : les *pauvres du Christ* renoncent à leur sécurité matérielle pour affronter le dénuement et alléger les souffrances des autres [2]. Le réveil de la charité évangélique, contemporain de la flambée érémitique, entraîne le développement d'activités spécifiques d'entraide, qui renouvellent complètement l'assistance traditionnelle et lui donnent des formes multiples et précises. On a parlé d'une *révolution de la charité* qui, inaugurée au XIIe siècle, s'épanouit au XIIIe siècle en multipliant les œuvres de miséricorde, les services hospitaliers [3].

Si le point de départ est souvent le même — secours aux déshérités, accueil des pèlerins, soins aux malades — très vite s'effectue parmi les nouveaux ordres hospitaliers une certaine spécialisation, amenant les uns à se tourner davantage vers les indigents ou certains types de malades, les autres à abandonner progressivement l'assistance pour se consacrer à la formation de moines-soldats : ainsi s'esquisse la différence entre les ordres militaires — templiers et hospitaliers de Saint-Jean de Jérusalem — et les ordres caritatifs, plus nombreux et souvent moins universels : antonins, Saint-Esprit, Saint-Lazare...

Avant l'étude particulière de ces deux grandes catégories, quelques remarques préliminaires s'imposent : outre leur vocation originelle, un autre point commun concerne leur approche historique : déficiences documentaires et confusions caractérisent trop souvent leur développement à l'époque féodale et, de cette situation, le diocèse de Besançon souffre autant sinon plus que tout autre. En outre, si cette *révolution de la charité*, amorcée au XIe siècle, éclate au XIIe siècle, elle ne se réalise vraiment qu'au siècle suivant : aussi est-il difficile d'en restreindre l'étude à la seule période de formation sans risquer de tronquer ou d'altérer le mouvement ; le risque s'avère encore plus grand lorsque le diocèse accuse un certain décalage dans l'évolu-

---

1. *Ibidem*, p. 82.
2. Pour replacer le phénomène dans l'évolution générale de la spiritualité, on se reportera à A. VAUCHEZ, *La spiritualité du Moyen Age occidental (VIIIe-XIIe siècles)*, Paris, 1975, p. 132 et suiv..
3. Expression employée par M. MOLLAT, *Les pauvres au Moyen Age*, p. 165.

tion ou que la documentation ne saisit le phénomène qu'au moment de son épanouis-sement. Volontairement donc, cette recherche déborde les limites chronologiques fixées au départ, pour faire des investigations dans le XIIIᵉ siècle et appréhender l'am-pleur du mouvement hospitalier. Malgré cet élargissement des recherches, les résul-tats peuvent décevoir : fondés sur les seules sources existantes, hors de toute extrapo-lation, ils ne permettent pas toujours de faire la synthèse et se bornent parfois à un état de la question quelque peu aride. Enfin, si dans l'exposé les ordres militaires viennent en premier, c'est pour mieux respecter les conditions locales qui ont privi-légié les grands organismes aux dépens des fondations isolées.

A. LES ORDRES MILITAIRES

C'est un lieu commun de déplorer les difficultés particulières qui s'attachent à l'histoire des ordres militaires : ésotérisme, passion ou fantaisie tentent trop souvent de suppléer la pénurie des sources, et, faute d'une approche méthodique, nombre d'amateurs se sont contentés de transposer au XIIᵉ siècle la situation du bas Moyen Age, lorsque la suppression des templiers a conduit à la fusion de leurs biens avec ceux des hospitaliers et à une organisation administrative plus rigoureuse [1]. Par ces difficultés, comme par leurs origines, leur vocation et leur expansion dans le dio-cèse, les ordres militaires présentent beaucoup de ressemblances, nécessitant une étude commune et complémentaire sans que soit toutefois récusée la spécificité de chacun d'eux. Celle-ci tient d'abord à la place différente que leur consacre l'historio-graphie, du fait de l'attrait irrésistible des templiers sur les amateurs de légendes ou de pathétique : les bûchers de Philippe le Bel hantent toujours les mémoires, tandis que les dénonciations malveillantes recueillies au cours du procès laissent toujours planer la suspicion de dérèglements et de déviations.

Templiers

L'histoire régionale n'a pas échappé a ces divers écueils : à la présentation prosaï-que des faits, elle a, avant même le XIXᵉ siècle, préféré sacrifier au culte de la person-nalité en mettant l'accent sur quelques ténors locaux, Renaud III le grand initiateur, Bernard de Dramelay, le héros du siège d'Ascalon, Jacques de Molay, le martyr, tous issus du pays comtois [2] ; à la recherche de l'impartialité elle a préféré favoriser outra-geusement les templiers, au besoin par des falsifications plus ou moins délibérées. Enthousiasmé par sa découverte du Moyen Age et de ses littératures nationales, le Romantisme fournit à quelques auteurs le prétexte de franchir allègrement les limites du réel, grâce à la mode des romans historiques ou des pseudo-chroniques médiévales

---

1. R. LACOUR, *Index alphabétique des noms de personnes et de lieux relevés dans l'inven-taire du fonds de l'Ordre de Malte (48 H)*, Archives départementales du Rhône, Lyon, 1978 (abondante bibliographie) ; ALBON (marquis d'), *Cartulaire général de l'Ordre du Temple (1119-1150)*, Paris, 1913-1920 ; E.-G. LEONARD, *Introduction au cartulaire manuscrit du Temple (1150-1317)* constitué par le marquis d'Albon, Paris, 1930. Pour une approche régionale : R. CHEVREUL, *Les commanderies bourguignonnes de l'Ordre souverain et militaire des Hospitaliers de Saint-Jean de Jérusalem, de Rhodes et de Malte*, Dijon, 1973 ; J. RICHARD, Les Templiers et les Hospitaliers en Bourgogne et en Champagne, dans *Die geistlichen Riterorden Europas*, Sigmaringen, 1980, p. 231-242.
2. V. THAMASSIN, *Figures comtoises. Jacques de Molay, dernier grand maître de l'Ordre du Temple*, Paris, 1912 ; à corriger par les déclarations de J. de Molay lors de son procès, dans G. LIZZERAND, *Le dossier de l'affaire des Templiers*, coll. " Classiques de l'hist. de France au Moyen Age ", p. 32-37.

traitées à la façon courtoise [1].

Plus que dans tout autre domaine, la persistance de ces traditions et la recherche de l'ésotérisme rendent nécessaire la mise au point fondée sur la seule documentation existante et la distinction entre légendes et réalité. Des études récentes ont facilité notre démarche et si nos efforts, joints aux leurs, n'ont pas résolu tous les problèmes, ils présentent du moins l'avantage d'écarter impitoyablement les hypothèses fantaisistes ou insuffisamment étayées [2]. En comparaison de la richesse documentaire de certaines commanderies, la région fait preuve sinon d'une indigence notoire, du moins de lacunes regrettables sur l'évolution des ordres au XIIe siècle, si bien que l'approche historique doit procéder par touches successives, accentuant inévitablement les contrastes chronologiques ou les disparités d'une maison à l'autre.

Au-delà des divergences d'interprétation, le regroupement de tous les indices aboutit néanmoins à repérer quelques jalons et à dégager des caractéristiques essentielles. Tout d'abord, le diocèse de Besançon s'est largement ouvert à la pénétration de la Milice du Temple, de façon certes inégale, mais indiscutable, comme le prouve la carte qui met en évidence une dizaine d'établissements. Immédiatement surgit une première difficulté pour dénommer ces divers lieux topographiques, car le vocabulaire du XIIe siècle garde une grande imprécision, se contentant des mots *maison, lieu, temple,* sans fixer de liens juridiques ni hiérarchiques entre eux, sans même se référer aux termes qui se généralisent au XIIIe siècle : *commanderies, préceptories, baillies...*

D'autre part, à cause de la disparité de la documentation, les principales maisons comtoises, dont Dole, Salins, La Laine, Sales supportent difficilement la comparaison avec les établissement bourguignons ou champenois beaucoup plus importants (Bure et La Romagne). Lorsqu'ils existent, les éléments de confrontation restent toujours fragmentaires et contradictoires : avec près de 200 livres estevenantes de revenus sur les salines au XIIIe siècle, la maison de Salins fait figure de gros centre et cependant elle n'abrite dans ses murs ni chapelle, ni précepteur, ce dernier résidant habituellement à Campesières-en-Genevois.

Du fait des imprécisions linguistiques qui ne distinguent pas encore les membres de la maison principale, les modalités de l'implantation se trouvent obscurcies. La tradition attribue unanimement la paternité du mouvement au comte Renaud III et fait de Dole la première commanderie qui remonterait aux années 1130-1145 : or, les premiers documents sont postérieurs d'au moins trois décennies, hormis la présence occasionnelle de quelques templiers à des transactions qui se déroulent dans la région de Salins. Avant de rejeter catégoriquement cette hypothèse, il convient de la confronter à ce que nous savons par ailleurs sur les débuts de l'Ordre en France, par-

---

1. L. DUSILLET, *Le château de Frédéric Barberousse à Dole ou Le maléfice, chronique du douzième siècle attribuée à Hues de Brayes-Selves, gay menestrel* ou bien *Yseut de Dole, chronique du VIIIe siècle, par le très vénérable archevêque Turpin*, Paris, 1923. Les données traditionnelles, dans ce qu'elles ont de moins excessif, sont consignées dans l'ouvrage de J. de TREVILLERS, *Sequania monastica*, Vesoul 1950.

2. M. REY, L'Ordre du Temple en Franche-Comté à la lumière des documents écrits, dans *Mém. Acad. Besançon*, vol. 180 (1972-1973), p. 93-120 ; G. MOYSE, Les Hospitaliers de Saint-Jean de Jérusalem dans le diocèse de Besançon en 1373, dans *Mél. Ec. Fr. de Rome*, t. 85, 1973, p. 485-514 : réalisée dans le cadre de la recherche lancée par J. GLENISSON (L'enquête pontificale de 1373 sur les possessions des Hospitaliers de Saint-Jean de Jérusalem, dans *Bibl. Ec. chartes*, CXXIX (1971), p. 83-111). Ces deux études nous dispensent de citer la production antérieure qu'il faut utiliser avec beaucoup de prudence et sur des points secondaires seulement.

ticulièrement dans les régions voisines de Champagne, Bourgogne et Lorraine [1].

Débuts de l'Ordre   Si la fondation de cette milice sacrée au service des Lieux Saints par le Champenois Hugues de Payens et le Flamand Geoffroi de Saint-Omer date de 1119, l'expansion en est un peu plus tardive, car le recrutement se fait mal durant la première décennie et nécessite le retour d'Hugues en Europe en 1127. Une série d'événements ne tardent pas alors à lier plus étroitement la Champagne à l'établissement des pauvres chevaliers du Temple en Occident : outre l'exemple et l'appui du comte Hugues de Troyes, qui s'est engagé dans la Milice en 1125 [2], l'approbation donnée en 1125 par le concile de Troyes à la Règle de l'Ordre lui vaut très vite la bienveillance des évêques champenois qui collaborent à l'implantation des premiers établissements dans leurs diocèses. Restait à prévoir la propagande de la nouvelle Milice, à faire l'éloge du moine-soldat, à esquisser les perspectives et les objectifs du mouvement.

Ce rôle revint à saint Bernard lui-même qui, après avoir surmonté ses réticences initiales exprima son enthousiasme en écrivant, vers 1135-1136 le *De laude novæ militiæ* dans lequel il opposait deux types de chevalerie : celle de luxe et celle de l'humilité, incarnée par les templiers : « Ils [ces nouveaux chevaliers] vont et viennent sur un signe de leur commandeur ; ils portent les vêtements qu'il leur donne..., ils se méfient de tout excès en vivres ou en vêtements, ne désirant que le nécessaire. Il vivent tous ensemble sans femmes ni enfants... Les paroles insolentes, les actes inutiles, les rires immodérés, les plaintes et les murmures, s'ils sont remarqués, ne restent pas impunis. Ils détestent les échecs et les dés ; ils ont la chasse en horreur ; ils ne trouvent pas dans la poursuite ridicule des oiseaux le plaisir accoutumé. Ils évitent et abominent les mimes, les magiciens et les jongleurs, les chansons lestes et les soties » [3].

Grâce à l'abbé de Clairvaux, grâce à l'influence qu'il pouvait avoir sur la noblesse, directement ou par le relais des cisterciens, le nouvel idéal se propage rapidement et, à en croire saint Bernard lui-même, aurait suscité l'enthousiasme et la mobilisation des nobles. Allégations difficiles à contrôler, dans lesquelles intervient une part de publicité et d'exagération ; mais son soutien n'est sans doute pas étranger à l'implantation de commanderies à proximité d'abbayes cisterciennes : Cherlieu, La Charité, Bellevaux, Rosières...

Les conditions sont donc réunies autour des années 1130-1140 pour assurer le succès de la nouvelle Milice : tandis qu'Hugues de Payens continue sa tournée de propagande en Anjou, en Flandre, en Angleterre, d'autres relaient son action, car la

---

1. V. CARRIERE, *Les débuts de l'Ordre du Temple en France*, dans *Le Moyen Age*, 1914, p. 308-335 ; MARAIS (OHL des), *L'Ordre des Templiers en Lorraine du XIe au XIVe siècle*, dans *Bulletin de la Soc. Philomatique Vosgienne*, 1954, p. 5-60, à corriger par M. PARISSE, *La Lorraine monastique*, p. 87-90.

2. Rappelons qu'auparavant ce comte avait épousé une princesse comtoise, Elisabeth, sœur de Renaud III, mais, que convaincu de l'infidélité de son épouse, il a refusé de reconnaître l'enfant né d'elle, Eudes, et l'a déshérité au profit de son neveu Thibaud, comte de Blois ; chassé de la Champagne et désormais réduit au statut de bâtard, Eudes, dit le Champenois, se réfugia auprès de son oncle le comte de Bourgogne qui lui réserva quelques fiefs dans la région de Champlitte.

3. Cité par A. OLLIVIER, *Les Templiers*, Paris, 1967, p. 21. Sur le rôle du saint, voir P. COUSIN, Les débuts de l'Ordre des Templiers et saint Bernard, dans *Mélanges saint Bernard*, p. 41-52 ; R. L. L. HERNANDEZ, *Les débuts du Temple et l'intervention de Cîteaux : étude méthodologique sur les rôles joués par Hugues Payns et Bernard de Clairvaux à cette époque*, thèse de 3e cycle, Strasbourg II, 1975, 214 p.

Règle prévoyait l'envoi dans la Chrétienté de religieux chargés de solliciter des aumônes et de recruter des prosélytes : des frères, parfois pourvus du titre de maîtres ou
de procureurs, partent en provinces accomplir ce travail en profondeur : Payen de
Montdidier, Guillaume le Faucon ont ainsi parcouru la Picardie, la Champagne et la
Bourgogne [1]. Qui se chargea des pays à l'est de la Saône ? Ne peut-on voir en ces
témoins qui apparaissent furtivement au hasard d'une transaction, ces chargés de mission, dont la présence coïncide avec le lancement de la seconde croisade ? Girard et
Gilles, *Ierosolomitani Templi milites*, sont alors signalés dans la vallée de l'Ognon,
tandis que Narduin, chapelain du Temple, parcourt la région de Salins [2].

Grâce à cette active propagande, les adhésions se multiplient en Champagne et en
Bourgogne, suivies de donations de terres et de rentes [3] ; ces aumônes, qui constituent l'amorce du patrimoine des templiers, nécessitent bientôt un mode de gestion
approprié aux besoins et aux objectifs de l'Ordre : posséder dans chaque région un ou
plusieurs établissements qui soient à la fois un centre d'exploitation rurale, un lieu
de formation pour les novices, une agence de publicité, en somme une succursale
regroupant les biens et les recrues. Ainsi naissent les premières commanderies dont
l'implantation résulte d'abord de la générosité des fidèles, avant de procéder d'une
volonté de coordination ou de répondre à des critères d'une plus grande efficacité.

Diverses études ont tenté de reconstituer le mécanisme de ces créations et ont mis
en évidence le rôle de certaines personnalités, donnant à chaque région son originalité : dans le diocèse de Laon, l'évêque Barthélémy de Joux favorise l'Ordre avec un
zèle et une continuité qui ne laissent pas de faire impression ; à son exemple ou à
son appel, gens d'Eglise, nobles, bourgeois se piquent d'émulation et sacrifient
terres, rentes et droits ; ses lettres de 1149, rédigées en forme de mandement, ne
citent pas moins d'une cinquantaine de localités où la chevalerie acquiert des biens [4].
Même vogue dans le diocèse de Troyes et en Bourgogne, où apparaissent très vite
deux importantes maisons : la première et la plus ancienne est celle de Bure, qui
étend sa zone d'influence au sud de Langres jusqu'à Dijon, tandis que celle de La
Romagne, installée dans la vallée de la Vingeanne vers 1140, amorce une expansion
remarquable sur les franges du comté de Bourgogne [5].

Pénétration tardive   Comment, dans ces conditions, le diocèse de Besançon a-t-il
                          accueilli la nouvelle milice et quelle place lui a-t-il faite au
sein des établissements religieux ? Sur la foi d'on ne sait quels renseignements, la
tradition a fait de plusieurs grands maîtres des Comtois d'origine, ce qui corroborait
la précocité et l'ampleur de l'implantation dans la région [6]. Mais Robert de Craon,

---

1. V. CARRIERE, Les débuts de l'Ordre..., dans *Le Moyen Age*, 1914, p. 331.
2. Bibl. mun. Besançon, Droz 259, f. 278 ; P. F. CHIFFLET, *Lettre touchant Béatrice...*,
   p. 122 ; Archives dép. Jura, 19 H 10.
3. ALBON (marquis d'), *Cartulaire général de l'Ordre du Temple, 1119-1150* : nombreuses
   donations entre 1128-1132 ; le mouvement ne diminue guère jusqu'au milieu du XIIᵉ
   siècle (300 actes avant 1143), marquant même une nette recrudescence au moment de la
   seconde croisade.
4. *Ibidem*, p. 340-344.
5. Bure a été fondé vers les années 1130-1133 à la suite de la rentrée dans l'Ordre de Payen
   de Bure (Archives dép. Côte d'Or, 112 H 1156), alors que La Romagne est mentionnée
   seulement en 1144 (Archives dép. Côte d'Or, 112 H 1230). Elles furent au XIIIᵉ siècle les
   deux plus importantes commanderies de la baillie de Bourgogne.
6. M. RICHARD, *Histoire des diocèses de Besançon et Saint-Claude*, I, p. 35 : « Sur
   vingt-quatre grands maîtres qui gouvernèrent cet ordre fameux, cinq étaient franc-
   comtois : Robert le Bourguignon, qui descendait de notre comte Renaud Iᵉʳ et non

dit le Bourguignon, qui succède à Hugues de Payens (1136-1147), se rattache difficilement à la Bourgogne comtale, tandis que Bernard de Dramelay (1151-1153), qui s'immortalise au siège d'Ascalon par sa cupide bravoure, n'a probablement rien de commun avec son homonyme laïc qui gravite dans l'entourage du comte Renaud III jusqu'en 1140 et était possessionné dans le sud du Jura ; le toponyme peut d'ailleurs correspondre à un quelconque Trembloy du centre-est de la France et le silence des sources locales joue en faveur de cette hypothèse, car le choix d'un tel grand maître n'aurait pas manqué de susciter des donations, de son vivant même, sans attendre la fin du siècle.

De même convient-il de récuser la tradition qui fait de Renaud III le grand bienfaiteur et propagateur des templiers ; d'après celle-ci, il aurait créé vers 1132-1135 la commanderie de Dole en la dotant généreusement et en mettant à sa tête Bernard de Dramelay ; quelques années plus tard (vers 1140-1145), il aurait réitéré son geste en fondant la toute puissante maison de Salins dans le Bourg-Dessous, créations qui auraient rayonné aussitôt dans tout le comté de Bourgogne. Si la générosité du prince à l'égard des monastères ne fait aucun doute, tant les preuves surabondent, ses dons envers la nouvelle milice restent hypothétiques, puisqu'un seul acte nous est parvenu[1]. L'analogie avec le cas de l'archevêque Humbert est frappante, car cet autre grand bienfaiteur des moines passe lui aussi pour avoir favorisé les templiers, comme ses confrères de Champagne, sans que l'on puisse infirmer ou confirmer cette version[2].

Alléguer en guise d'argument la disparition des chartriers ne suffit pas, puisque d'autres indices suggèrent l'hypothèse plus vraisemblable d'une implantation tardive dans le diocèse de Besançon, en tout cas postérieure à 1145, date de la première mention de templiers dans la région. Alors que la seconde croisade, prêchée en France et en Allemagne par saint Bernard et ses amis, entraîne une véritable mobilisation autour de Louis VII et de Conrad III, elle ne recueille qu'une adhésion mitigée dans le comté de Bourgogne, à en juger par le faible nombre de chevaliers engagés dans cette aventure : seuls quelques seigneurs de Granges ou du Varais ont signé leur participation de dons à divers monastères[3]. Pourquoi cette attitude réservée, alors que l'écho

---

moins illustre par ses vertus que par sa naissance ; Bernard de Tramelay, qui se couvrit d'une gloire immortelle au siège d'Ascalon (1153) ; Renaud de Chauviré, Guillaume de Beaujeu et le plus illustre de tous, cet infortuné Jacques de Molay ».

1. ALBON (marquis d'), *Cartulaire général de l'Ordre*, n° 444, P- 278 : acte de 1147 (le comte est mort en 1148) incomplet parce que la détérioration du manuscrit ne permet pas d'en connaître la teneur précise, malgré la notice qu'en donne l'inventaire (Archives dép. Doubs, G 531, p. 281).

2. Un seul acte d'Humbert à l'égard des Templiers demeure : Archives dép. Côte d'Or, 112 H 1230, acte de 1154 pour La Romagne.

3. Les frères Henri et Conon, dits *Pelerini*, chevaliers de Granges, font vers 1146/1148 une donation à Lieucroissant. Plus curieux, le cas de deux chevaliers de Cicon, Guillaume et Barthélémy, qui contestent à leur retour la valeur des dons faits antérieurement : Guillaume prétend que les cent sous donnés à Montbenoît ne devaient rester à cette abbaye que s'il était mort au cours de la pérégrination (Archives dép. Doubs, 69 H 26) ; quant au second, Barthélémy, tombé gravement malade à Jérusalem, il a fait son testament ; mais, guéri et de retour dans sa seigneurie, il conteste lui aussi la portée de ses engagements, que viennent alors authentifier des compagnons d'armes présents à ses côtés lors de sa maladie ; ce sont des seigneurs des environs : Carbon de Bretigney, Pierre de Cléron, Carbilius de Scey et Raimbaud, frère du Temple de Jérusalem (*Mém. et Doc. inédits de Franche-Comté*, IV, p. 379).

de cette expédition se rencontre dans une charte du comte Guillaume en 1147 :
« Louis le Jeune, roi de France, partant contre les Sarrasins avec une nombreuse armée de comtes et d'amis »[1]. Faut-il en chercher les raisons dans la faible influence
des templiers jusque-là ou dans la distension momentanée des liens entre l'Empire et
la Bourgogne ?

Diffusion   Imperceptible jusqu'en 1150 dans le diocèse de Besançon comme en
Lorraine[2], l'implantation des templiers se fait activement dans les
trois décennies suivantes, au point de rattraper bientôt le retard par rapport à la périphérie occidentale : simultanément, plusieurs maisons apparaissent, selon des modalités mal élucidées, dans le centre et le nord du comté et très vite leur expansion
suscite des heurts avec des abbayes voisines touchées dans leurs intérêts matériels. Il
semblerait même que cette concurrence s'attisa après la paix de Venise, comme si les
templiers, ayant bénéficié de la bienveillance impériale durant le schisme, subissaient alors le contrecoup de l'échec de Frédéric Barberousse.

Si les liens avec la Champagne et la Bourgogne ont facilité leur pénétration par
le nord-ouest (vallée de la Saône et de l'Ognon), rien ne s'oppose à des installations
ponctuelles, au gré des circonstances et des sollicitations, comme à Salins, à qui
revient la priorité sur les autres lieux. En effet, vers 1160, un chapelain du Temple,
Narduin, paraît résider dans la région où il intervient plusieurs fois, à titre de
témoin, durant les décennies suivantes, tandis que des contestations avec l'abbaye
cistercienne de Rosières justifient le déplacement de deux maîtres venus défendre les
intérêts déjà importants de l'Ordre[3]. Voici comment l'on peut reconstituer le processus d'implantation : les templiers ont été appelés par plusieurs seigneurs, ceux de La
Ferté proche de Salins (dont un membre est entré dans la Milice et accède au rang de
maître), ceux de Salins, jamais insensibles à tout ce qui peut rehausser le prestige de
leur lignage. Les premiers, ils obtiennent probablement des terres à proximité de
Rosières, dont le domaine de Brenans, revendiqué ensuite par l'abbaye, alors que
Gaucher IV leur donne une bonne rente sur ses salines, « dix livres à percevoir par le
maître qui demeurera dans la maison de Salins »[4].

Ainsi se trouvent-ils dès le départ ancrés dans la partie du diocèse qui répond le
mieux à leurs objectifs : lieux de passage évident sur la route de Langres par Dole ou
Besançon, assise foncière indispensable à toute fixation, rente financière fondée sur
une industrie en plein essor ; ils ne tardent pas à compléter cette trilogie par l'autre
source de richesse typique de la région : le vignoble qu'ils acquièrent en abondance
sur les confins d'Arbois, à La Villette et à Changins, au point d'avoir sur place au
XIIe siècle, un responsable, chargé de la gestion de ces biens[5]. Mais le succès de ces

---

1. A. BRUEL (A.), *Chartes de Cluny*, V, n° 4122, acte donné à Cluny le 14 juin 1147.
2. M. PARISSE, *La Lorraine monastique*, p. 88 : « Les commanderies de Ruetz et de Metz
   existent vers 1150, Libdeau près de Toul, Daginville et Xugney avant 1190, Pierrevillers et Couvertpuis vers 1200, Doncourt et Marbotte vers 1210... ».
3. Archives dép. Jura, 19 H 2, et Bibl. mun. Besançon, Droz 43, fol. 169.
4. Mention de Renaud de La Ferté, chevalier, puis maître du Temple vers 1160-1170, dans
   le cartulaire de Rosières : Bibl. mun. Besançon, Droz 43, fol. 24, et ms. 2117, fol.
   516, 526 ; la donation de Gaucher IV se situe entre 1145 et 1170 : Bibl. mun.
   Besançon, Chifflet 42, fol. 56.
5. Archives dép. Doubs, 64 H 249 : frère Champion *templarius magister et rector tunc
   temporis domus Templi christiane milicie de Arbosio* ; cette mention est de 1275, mais
   il est probable que l'acquisition de vignes attestée au milieu de XIIIe siècle remonte à la
   fin du XIIe siècle, car c'est l'époque où nous voyons la plupart des établissements religieux se préoccuper d'obtenir des vignobles dans la région d'Arbois.

investissements inquiète bientôt les établissements religieux voisins, qui poursuivent les mêmes objectifs matériels et recherchent les faveurs de la même clientèle, comme en témoignent les querelles avec Rosières et avec Cluny ; avec la première, la concurrence porte sur une terre proche de l'abbaye, celle de Brenans, dont chacun revendique la possession à la faveur des imbrications féodales, tandis que Cluny dispute à la Milice la possession d'une chaudière de muire à Salins et en obtient le contrôle en versant un cens de vingt sous au représentant du Temple qui demeure dans l'*obedientia* de cette ville [1].

Genrupt   Bien installée au centre du diocèse, la milice de Salomon pénètre à la même époque en force la partie septentrionale, en direction de Genrupt, Traves et la vallée de l'Ognon. Cette fois, l'initiative vient de l'extérieur, de la maison de la Romagne établie sur les bords de la Vingeanne et étendant progressivement son aire de rayonnement : tour à tour, nous la voyons prendre pied à Champlitte et à Autrey, dans le voisinage de l'abbaye cistercienne de Theuley, puis, après 1160, beaucoup plus au nord, à Genrupt, Barges, Neuvelle où elle jette les bases d'une importante assise foncière [2]. Dans cette région de passage dominée par une puissante féodalité châtelaine (Bourbonne, Jonvelle, La Ferté, Jussey) et déjà fortement imprégnée de présence monastique [3], les templiers réussissent néanmoins à s'infiltrer et même à se faire une place très honorable : ils recrutent dans la plupart des familles seigneuriales, reçoivent des terres, procèdent à des acquisitions et à des échanges et, pour gérer le tout, construisent une résidence à Genrupt [4].

Cette prospérité dérange les Clunisiens de Voisey qui ne veulent pas leur faire grâce de la dîme des terres qu'ils cultivent à Neuvelle, alors que le couvent de Faverney tente d'annuler le geste de leur abbé, qui, de sa seule initiative, a cédé le domaine de Barges [5]. Mais le processus était trop engagé pour remettre en cause l'implantation des templiers de La Romagne qui, à la fin du XIIe siècle, disposent d'une maison à Autrey et à Genrupt, de vignobles à Champlitte, de bonnes terres à Neuvelle, d'un autre domaine à Barges, autant de biens qui constituent le noyau de futurs accroissements.

La pénétration vers les vallées de la Saône et de l'Ognon suit des modalités qui échappent à toute investigation : les quelques mentions éparses permettent seulement de corriger les données traditionnelles sur plusieurs points. A proximité de Traves, là, où la branche cadette des comtes possédait son château familial, naît, dans la se-

---

1. Cette querelle avec Rosières nécessite l'intervention de plusieurs maîtres : Renaud (Bibl. mun. Besançon, Droz 43, fol. 24), Girard *Fasendarius major Templi magister* (*ibidem*, fol. 156) ; les Templiers finissent par céder la terre que Rosières s'empresse de faire confirmer par Alexandre III en 1178. Pour Cluny, acte de 1174, dans A. BRUEL, *Chartes de Cluny*, V, n° 4253

2. M. REY L'Ordre du Temple en Franche-Comté, p. 102-103.

3. Prieurés clunisiens et bénédictins de Voisey, Jonvelle, Enfonvelle, Jussey, abbayes cisterciennes de Cherlieu, La Charité.

4. Appelés dans la région par les seigneurs de Bourbonne entre 1160 et 1170, les templiers ne tardent pas à élargir leur recrutement : un acte de 1182 (publié par J.-Y. MARIOTTE, *Le comté de Bourgogne*, p. 204) énumère comme témoins les frères du Temple : Guy de Jonvelle, Guillaume de La Ferté-sur-Amance, Rénier de Bourbonne, Humbert de Genrupt, Girard de Vergy.

5. Sentence des délégués pontificaux, les abbés de Saint-Bénigne et de Saint Etienne de Dijon qui, en 1178, obligent les Templiers à verser la moitié des dîmes au prieur de Voisey (Archives dép. Côte d'Or, 115 H doss. 1239) ; pour Faverney, acte de 1182 publié par J.-Y. MARIOTTE, *Le comté de Bourgogne...*, p. 204.

conde moitié du XIIe siècle une maison des templiers suffisamment importante pour avoir à sa tête un précepteur en 1196 et recevoir des dons jusque dans les environs de Vesoul : Sales [1]. L'évolution postérieure confirme ces heureuses prémisses et montre son expansion sur les plateaux de la Haute-Saône, dans une quinzaine de localités [2].

La Laine   L'installation à proximité de la vallée de l'Ognon, à La Laine, dans une région dominée par les seigneurs de Montfaucon, se fait à la même époque et de façon aussi obscure : avant 1178, les templiers qui y possèdent déjà une grange, se heurtent à la puissante abbaye de Bellevaux ; survient alors une première transaction pour limiter les terres et les droits de parcours de chacun, sans pour autant mettre un terme à leur rivalité [3]. Engendrée par l'essor des deux maisons, celle-ci n'incombe pas toujours aux cisterciens, car la Milice de Salomon déploie autant d'habileté que les disciples de saint Bernard dans la gestion de ses affaires temporelles. La maison de La Laine ne cesse, par exemple, de s'agrandir et de grange devient bientôt une commanderie : en 1203, elle obtient du chapitre de Saint-Etienne l'autorisation de construire une chapelle, à condition de ne pas l'ouvrir aux villageois, ni de chercher à capter les héritages revenant aux chanoines ; puis elle se tisse un réseau de possessions et de dépendances s'étalant de Rioz à Lure [4]. La fin du XIIe siècle correspond effectivement à une époque où la concurrence économique se durcit : après avoir beaucoup investi en biens fonciers et agricoles, la plupart des ordres monastiques, canoniaux ou militaires, se disputent aussi les revenus paroissiaux et se heurtent aux ambitions des princes qui reconstituent leurs pouvoirs territoriaux. Ces affrontements, plus ou moins sévères, se répètent pour les autres établissements du diocèse.

Dole, Girefontaine   Le Temple de Dole, établi en réalité à quelques lieues à l'est du bourg, à Falletans, existe dès 1181 [5] et les fréquents séjours qu'y font les comtes de Bourgogne, Béatrice et ses successeurs, nous incitent à penser qu'il doit ses origines, sinon à Renaud III, du moins à l'impératrice ; cette hypothèse justifierait l'importance acquise par cette maison de Dole dans les régions que contrôlent ou cherchent à contrôler les comtes. C'est ainsi qu'au XIIIe siècle elle sert de relais à Jean de Chalon pour concurrencer dans le sud du Jura la puissante famille des Vienne. A Girefontaine, un Thiébaud de Falletans passe pour avoir donné au Temple le domaine qu'il possédait à l'Etoile, sur une colline pittoresque des environs de Lons-le-Saunier, dite puy de Saint-Corneille, déjà convoitée pour ses vignobles réputés ; bientôt s'y élève une maison de la Milice avec une chapelle dédiée à saint Georges et quand, au milieu du XIIIe siècle, Jean de Chalon, seigneur d'Arlay, entreprend d'affirmer sa présence en y construisant une forteresse, il n'hésite pas à payer très cher la cession de terres par les templiers, soit une rente de 150 livres sur ses salines [6].

---

1. « Guillaume, prêtre et précepteur de l'église de Sales » (Archives dép. Haute-Saône, H 117) agit comme arbitre dans une querelle de Bellevaux. Vers 1170, G. vicomte de Vesoul, donne des biens à Pugey (Archives dép. Rhône, 48 H 40).
2. Archives dép. Rhône, 48 H 3059.
3. Querelle de 1178 : Archives dép. Haute-Saône, H 161 ; voir, par exemple, le traité de 1211, Archives dép. Haute-Saône, H 83.
4. Accord de 1203 avec Saint-Etienne : Archives dép. Doubs, G 532, fol. 227.
5. *Cartulaire de Romainmôtier*, p. 586.
6. Traité de 1253 entre Jean de Chalon, comte de Bourgogne et sire de Salins, et le précepteur et les frères de la Milice de Temple en France (Bibl. mun. Besançon, Chifflet 42, fol. 91). Girefontaine continue à subsister en tant qu'établissement et à posséder encore des terres et des vignes dans les environs.

Montagna   Il opère de la même façon pour une autre possession de la Milice, sise hors du diocèse, à proximité de Gigny : lorsque l'un des siens, Manassès, s'engage dans la Milice de Salomon vers 1212-1220, la puissante famille de Coligny qui domine le sud du Revermont donne à l'Ordre le domaine de Montagna, dans la vallée du Suran, qui longeait la route de Lyon [1] ; si belle fût-elle, la donation était loin d'égaler la terre de l'Etoile, puisque la rente versée par Jean de Chalon en 1263 contre sa cession s'élève seulement à 25 livres prises sur les revenus de Dole [2]. Ces échanges consentis par l'Ordre du Temple ne traduisent pas un recul d'influence, mais correspondent à une réorganisation de son assise territoriale et à une adaptation des méthodes de gestion substituant des rentes à l'exploitation directe.

Fay, Besançon   De l'établissement de Fay sur le plateau de Saône, nous ignorons tout avant la fin du XIIIᵉ siècle, sauf que les frères reçoivent en 1211 une part des revenus paroissiaux du village voisin de Dammartin [3]. Il paraît de même curieux que Besançon n'ait pas conservé de trace de l'implantation des templiers avant 1234, quand on se rappelle leur politique systématique de prendre pied dans les villes métropolitaines d'Occident ; à cette date, ils disposent d'une maison rue du Chateur, mais le rôle de celle-ci reste secondaire, servant plutôt de pied à terre pour l'administrateur de l'Ordre ou les frères de passage, que de couvent pour les novices ; elle n'a d'ailleurs ni chapelle, ni autonomie, puisqu'elle dépend de la commanderie de Dole à la fin du XIIIᵉ siècle [4].

Au terme de ce périple, quelles conclusions se dégagent de cet inventaire rapide des possessions au XIIᵉ siècle ? Nous avons jusqu'ici évité d'employer les termes de commanderie, de préceptorie ou de baillie, afin de ne pas transposer à cette époque une réalité administrative postérieure, mais il s'agit de retrouver l'organisation qui régissait l'ensemble des possessions et d'esquisser, si possible, son évolution au XIIIᵉ siècle. Cet agencement dépend d'abord des objectifs que s'était fixés l'ordre en Occident, car ce qu'il recherchait était double : un recrutement en hommes (chevaliers, sergents, chapelains) pour la défense des Lieux Saints et des revenus réguliers qui couvrent leurs besoins matériels et la formation des novices, revenus tirés de la possession d'un temporel.

Grâce à la dot apportée par les recrues, grâce aux dons des nombreux sympathisants, et à une politique d'investissement, les templiers ont acquis, dès le XIIᵉ siècle, une fortune qui se distingue mal de celle des autres congrégations religieuses, des cisterciens par exemple : les biens fonciers, les droits d'usage, les rentes de tous genres, plus ou moins dispersés selon les circonstances, en constituent l'essentiel ; comme les cisterciens, ils pratiquent donc une exploitation directe par l'intermédiaire de leur *familia*, mais sans aller jusqu'à travailler de leurs mains ; comme eux, ils se heurtent aux problèmes de la concurrence, aux difficultés de recrutement qui détériorent progressivement ce mode de production ; aussi lui préfèrent-ils au XIIIᵉ siècle un système d'amodiation qui les transforme en administrateurs de rentes, cela d'une façon plus courante ou plus précoce que leurs confrères bénédictins ou cisterciens. L'abandon de leurs biens à Montagna ou à l'Etoile, au profit de revenus sur les salines de Salins ou sur les gens de Dole, constitue l'exemple le plus caractéristique, mais les transactions les plus fréquentes portent habituellement sur des rentes plus

---

1. Acte connu par la confirmation qu'en donne Aimé de Coligny, son frère, en 1237 (*Cartulaire des comte de Bourgogne*, n° XVIII : date, à tort, l'acte de 1227.
2. *Cartulaire des comtes de Bourgogne*, n° CLXVIII.
3. Archives dép. Doubs, G 248, fol. 294 : donation du chapitre de Saint-Jean.
4. R. FIETIER, *La cité de Besançon*, p. 1241.

courantes : dîmes, droits paroissiaux, cens fonciers...

Cette évolution, qui n'est pas propre aux templiers, les a sans doute amenés à adapter leur mode de gestion : à l'éparpillement et à l'autonomie nécessités par une exploitation directe, succède une amorce de concentration, une hiérarchisation des dépendances. A la base, les simples maisons ayant à leur tête un maître, un recteur, voire un simple frère qui gère les biens dispersés dans les environs et remplit le rôle de prieur rural de l'ordre bénédictin ; tels Autrey et Champlitte par rapport à la Romagne, tels les membres secondaires portés sur la carte, les maisons gravitent dans l'orbite d'une commanderie, en conservant toutefois leur originalité ; c'est ainsi que celle de Besançon renforce sa position au xiiie siècle, que Genrupt et Barges accroissent leur poids économique : acquisition de moulins, de la grange cistercienne de Droiteval à Barges, création d'une ville neuve à Genrupt qui, du fait de son activité et de son éloignement de la Romagne, a un précepteur à sa tête en 1296 [1].

Au niveau supérieur se placent les commanderies, qu'il est difficile de définir exactement, parce que le vocabulaire manque de précision et que leur structure ne se laisse pas deviner. Faut-il mettre en avant leur autonomie administrative ? leur juridiction sur d'autres maisons ? distinguer parmi elles les majeures et les simples ? Entre la commanderie de La Romagne, dont l'assise territoriale englobe la rive droite de la Saône, et celle de Fay, cantonnée à quelques villages du plateau, la disproportion paraît flagrante ; chacune d'elles est dirigée par un précepteur ou, dans la seconde moitié du xiiie siècle, par un commandeur [2] sans qu'il y ait d'uniformisation en matière de vocabulaire. Nous en avons confirmation dans une enquête de 1295 faite par le comte Otton IV à la demande de Philippe le Bel ; énumérant les fiefs qui relèvent de son autorité, tant laïques qu'ecclésiastiques, le comte cite en ces termes les biens du Temple hors de la cité impériale de Besançon : « Item le Temple y a ces chapelles ou contey de Bourgogne c'est a savoir Dole, Saales, Laynne, Faye, Girefontaine, lesquelles chapelles et les maisons qui y apendent ont bien 4000 livres de terre » [3].

Cette notion de chapelle, qui renvoie aux commanderies décrites précédemment, fait référence à une autonomie religieuse sans inclure obligatoirement l'idée de noviciat : les frères bénéficient des services d'un chapelain, peuvent recevoir des anniversaires, mais n'assurent aucune fonction paroissiale. Seul problème posé par cette énumération : l'absence de Salins et des maisons qui en relèvent, alors que l'établissement assume un rôle économique important et qu'une chapelle existe au siècle suivant dans la dépendance voisine de Saizenay. Il faut sans doute en conclure que la ville n'abrite qu'un centre de gestion des rentes et que la commanderie ne se dote d'une chapelle après la fusion des biens templiers et hospitaliers.

Au xiiie siècle apparaît une autre structure administrative qui aboutit à la formation de provinces, de baillies qui ne se superposent pas aux circonscriptions religieuses ou politiques de l'époque. Jusque-là, lorsque les affaires nécessitaient la présence d'un haut dignitaire, l'ordre du Temple, comme d'ailleurs celui des hospitaliers,

---

1. Archives dép. Côte d'Or, 115 H 1228.

2. A la tête de La Romagne nous trouvons successivement un maître vers 1150, un précepteur en 1221 (Archives dép. Côte d'Or, 115 H 1240), un *preceptor in baillia de Romagna* en 1259 (Archives dép. Haute-Saône, H 319), un simple précepteur en 1286 (Archives dép. Côte d'Or, 115 H 1240).— A Sales, « Guillaume précepteur et prêtre de l'église de Sales » en 1196 (Archives dép. Haute-Saône, H 117). — A La Laine, un maître en 1220 (Bibl. mun. Besançon, Droz 259, p. 203), un commandeur en 1283, (Archives dép. Rhône, 48 H 3059).— A Dole, un précepteur (1263) laisse la place à un commandeur en 1271.

3. Bibl. mun. Montbéliard, ms. 1 (original), ou Archives dép. Doubs, B 74, fol 4 v°.

désignait ou avait en permanence un responsable, dont la délégation de pouvoirs couvrait tout le ressort diocésain : ainsi agit Girard *major Templi magister* en 1166, ou Guy *magister templarius major in episcopatu Bisuntino* en 1178[1]. Au besoin profite-t-on du passage du précepteur de la Milice en France pour régler les cas les plus délicats[2]. Dans la seconde moitié du XIIIe siècle, se définissent de nouvelles structures plus larges, les *baillies* : celle de Bourgogne, dite aussi de La Romagne et celle du Genevois, qui se partagent les diverses maisons du diocèse de façon très inégale, puisque seuls Salins et Arbois se rattachent à la commanderie de Campesières pour former avec elle la baillie du Genevois[3].

Ces précisions du XIIIe siècle ajoutées à l'enquête de 1373 ont permis de débrouiller le dossier jusque-là si confus des templiers, en évitant de répéter les erreurs de l'historiographie traditionnelle. Sans doute la recherche ne va-t-elle guère au-delà de l'identification des principales maisons, de leur implantation historique dans le diocèse de Besançon, d'une amorce de relation structurelles. Elle ignore leur rôle exact au sein du comté de Bourgogne, ne laisse rien apparaître de leur recrutement, de la composition sociologique de l'Ordre, du genre de vie de ses membres, de leurs relations avec les populations environnantes. Subsistent bien d'autres incertitudes ou paradoxes, telle l'absence des ordres militaires dans le nord-est du diocèse, en particulier dans le comté de Montbéliard.

Hospitaliers de Saint-Jean

Ces remarques s'appliquent avec encore plus d'acuité aux hospitaliers de Saint-Jean de Jérusalem, victimes de la renommée posthume des templiers : ils n'ont souvent intéressé les érudits que dans la mesure où ils prenaient le relais de ces derniers et assuraient la continuité avec l'ordre de Malte. Aussi depuis les travaux de Delaville-Le-Roulx, peu d'auteurs ont tenté de retracer les origines de l'ordre et son expansion territoriale aux XIIe et XIIIe siècles[4]. Pour éviter les méprises, les attribu-

---

1. Bibl. mun. Besançon, Droz 43, fol. 156, et Archives dép. Haute-Saône, H 161.
2. En 1221 (Archives dép. Côte d'Or, 115 H 1239) : *Andreas de Coleors preceptor milicie Templi.*
3. La première mention se rencontre en 1269 : Eudes *preceptor in baillia de Romania* (Archives dép. Haute-Saône, H 319), puis en 1286 (Archives dép. Côte d'Or, 115 H 1240) : *Hugo de Belna preceptor militie Templi de Romania et fratre ejusdem baillivie.* Pour le Genevois, voir l'acte de 1286 (Bibl. mun. Besançon, ms. 1467, n° 37) : « Frères Pierre dit Champion, humble commandors des maisons dou Temple en la baillie de Genevois, de Salins, d'Arbois et de Sisenay... ». Nous devons à M. REY le mérite d'avoir identifié cette baillie du Genevois que l'historiographie traditionnelle localisait dans la région de Salins : nous renvoyons à son article *Genevois*, dans le *Dict. Hist. et Géo. Ecclés.*, aux Archives dép. du Rhône (48 H 1904-1905), et aux études de E. GANTER, *Campesières au temps des commanderies. Histoire de la commanderie du Genevois de l'Ordre de Saint-Jean de Jérusalem, dit de Rhodes, dit de Malte,* Genève, 1971.
4. Nous renvoyons à la bibliographie récente donnée par R. LACOUR, *Index alphabétique des noms de personnes et de lieux relevés dans l'inventaire des fonds de l'Ordre de Malte (48 H),* Archives départementales du Rhône, Lyon, 1978, faisant suite aux 3 volumes d'*Inventaires des Archives de l'Ordre des Hospitaliers de Saint-Jean de Jérusalem, Langue d'Auvergne,* (Archives dép. Rhône), Lyon, 1895, 1932, 1945. Parmi les nombreux travaux de J. DELAVILLE-LE-ROULX, nous ferons référence plus fréquemment au *Cartulaire général de l'ordre des Hospitaliers de Saint-Jean de Jérusalem (1100-1300),* Paris, 1894-1906, 4 vol. L'ouvrage ancien de L. NIEPCE, *Le grand prieuré d'Auvergne,* Lyon, 1883 (récemment réédité en reprints) n'est d'aucune utilité pour notre région à l'époque médiévale et, pour le reste, ne dispense pas de recourir à A. de CHARMASSE, *État*

tions ou les localisations fantaisistes, la démarche la plus prudente consistait à confronter nos données aux résultats de l'enquête ordonnée en 1373 par Grégoire XI à travers la Chrétienté sur les biens des hospitaliers, c'est-à-dire les leurs propres et ceux provenant des templiers, et cela au niveau de chaque diocèse [1]. Si la situation a forcément évolué d'une époque à l'autre, elle ne modifie pas radicalement l'implantation de l'Ordre, puisque la totalité des lieux cités avant 1200 se retrouve dans l'enquête pontificale.

Quant aux nombreuses différences entre cette dernière et l'historiographie traditionnelle, elles proviennent des extravagances dénoncées précédemment, en particulier des simples hospices ou hôpitaux ruraux transformés en commanderies ou des toponymes annexés arbitrairement à l'Ordre.

Grâce à cette démarche régressive, nous pouvons poser quelques jalons sur l'évolution des hospitaliers jusqu'au début du xiiie siècle et en dégager les caractéristiques locales : d'abord, comme dans le cas des templiers, leur apparition tardive dans le diocèse de Besançon. Créé et organisé avant ces derniers — Pascal II confirme son institution en 1113 et Calixte II approuve la règle donnée par Raymond Dupuy en 1120 — l'Ordre ne connaît pas d'expansion rapide : aucun document sûr ne signale les hospitaliers dans la première moitié du xiie siècle, les indices de leur présence dans la vallée de l'Ognon dès 1120 ou même 1140 relevant d'extrapolations ou de conjectures injustifiées ; les hôpitaux de Malans ou de Saligney attestés dans la région d'Acey entre 1137 et 1141 ne leur appartiennent pas encore, tandis que Montseugny, qui devient au xiiie siècle leur plus grosse commanderie, demeure, jusqu'en 1140 au moins, un prieuré canonial dépendant de Saint-Etienne de Dijon [2].

Faute de renseignements, l'étude comparative avec la périphérie n'est pas encore possible et cette lacune rend encore plus incompréhensible la pénétration des hospitaliers après 1150 : évolution interne de l'Ordre qui, sans renier la fonction charitable de ses débuts, insiste sur la vocation militaire de ses membres et par là se rapproche beaucoup des templiers ? répercussion de la seconde croisade dont l'échec reste traumatisant pour certains ? influence des templiers dont la propagande popularise le statut des moines-soldats ? désirs de l'aristocratie de favoriser des fondations à double caractère, religieux et charitable ?

Montseugny   Comme l'infiltration se fait essentiellement par la vallée de la Saône et de l'Ognon, l'exemple de la Bourgogne et l'initiative de quelques grands seigneurs (branche cadette des comtes de Bourgogne, vicomtes de Vesoul) viennent immédiatement à l'esprit. Le premier geste semblerait le fait de Saint-Etienne de Dijon qui, vers le milieu du xiie siècle, perd ses possessions de

---

des possession des Templiers et des Hospitaliers en Maconnais, Charollais, Lyonnais, Forez et partie de la Romagne d'après une enquête de 1333, Autun, 1878.

1. G. MOYSE, Les Hospitaliers de Saint-Jean de Jérusalem dans le diocèse de Besançon en 1373, dans *Mél. Ec. Fr. Rome*, 85 (1973), p. 455-514. Précisons toutefois que l'enquête de 1373 ne permet pas de démêler à elle seule les origines, soit hospitalières, soit templières, des maisons citées.

2. Hôpital de Malans : 1141, Archives dép. Jura, 15 H 19 ; de Saligney : 1137, *ibidem*, 15 H 9 (*Walterus Hospitalis de Mellend* ; donation à Acey de 6 deniers de cens *in molendino hospitalis de Seligni*). Contre l'affirmation traditionnelle [J. de TRÉVILLERS, *Sequania monastica*, p. 160 : « La commanderie du Temple de Montseugny avait été cédée aux Templiers par Saint-Etienne de Dijon en 1120 »], voir la bulle d'Innocent II en 1139, qui cite parmi les biens de Saint-Etienne de Dijon *locum de Monte Cyconiaci* (*Chartes de Saint-Etienne de Dijon*, II, n° 107, p. 117).

Montseugny, confirmées un peu plus tard aux hospitaliers de Saint-Jean, sans que rien ne transpire des motivations des chanoines réguliers ou de leur avoué[1]. Située aux confins occidentaux du diocèse, à la confluence de la Saône et de l'Ognon, près des routes qui, par Gray ou Pontailler, conduisaient à Besançon, cette ancienne possession canoniale pouvait servir de relais et de tête de pont pour une pénétration vers l'est et le nord ; malheureusement, nous ignorons tout des débuts et de l'importance de cette commanderie jusqu'au milieu du XIIIe siècle, si bien qu'il est difficile de lui attribuer, dès cette époque, le rôle majeur qu'elle acquiert par la suite[2].

Autoreille   En l'absence de preuve décisive, la primauté revient à une installation voisine, Autoreille, qui déploie une grande activité à la fin du XIIe siècle, puis s'efface progressivement devant l'emprise de Montseugny[3]. Pour une fois, les documents livrent quelques modalités de la fondation : comme celle-ci date du vivant d'Etienne de Bourgogne, seigneur de Traves et d'Auxonne, représentant la branche cadette des comtes, elle doit se situer vers 1170, au moment où, partant pour la Terre Sainte, ce prince comble de largesses les monastères ; il donne aux hospitaliers, qu'il a sans doute contactés pour son voyage outre-mer, sa terre de Fontenelle[4]. Les Johannites prennent aussitôt possession du domaine, l'aménagent pour la résidence de quelques frères, y accueillent diverses donations soit des seigneurs environnants (Hugues d'Apremont, Galon de Rigney), soit du chapitre de Saint-Jean : en 1178, les chanoines capitulaires cèdent leur alleu de Fontenelle, « là où avait été fondée la maison d'Autoreille »[5], chacune de ces transactions se réalisant en présence du maître des hospitaliers du diocèse de Besançon. Les acquisitions se poursuivent à l'aube du XIIIe siècle, en nombre très limité, bien sûr, par rapport aux abbayes cisterciennes, mais suffisant pour inquiéter les seigneurs voisins de Pesmes, qui n'hésitent pas à user de violence pour régler leurs comptes et à détruire partiellement la maison d'Autoreille[6]. Néanmoins celle-ci étend ses possessions dans un rayon de plus en plus large, à Malans, Saligney-Oiselay..., dominant ainsi cette vallée de l'Ognon en attendant que l'aménagement des structures administratives privilégient Montseugny à ses dépens.

---

1. Signalé parmi les possessions de Saint-Etienne en 1139, Montseugny n'y figure plus en 1156 (Archives dép. Haute-Saône, H 106).
2. La commanderie est signalée en 1229 (Archives dép. Haute-Saône, H 936) puis en 1266 (Archives dép. Rhône, 48 H 3021). Dès la fin du XIIIe siècle, elle étend son contrôle sur toutes les possessions johannites de la basse vallée de l'Ognon, y compris sur Autoreille.
3. Il ne s'agit pas de la commune actuelle d'Autoreille (Haute-Saône, canton de Gy), mais d'un hameau de Valay (Haute-Saône, canton de Pesmes), conu ensuite sous le nom de Sainte-Cécile ; rectifier sur ce point G. MOYSE, Les Les Hospitaliers de Saint-Jean de Jérusalem ..., p. 479.
4. Ce geste est connu par la confirmation qu'en donne son fils en 1182 (Archives dép. Rhône, 48 H 3021).
5. 1174 : donation « aux frères de l'Hôpital de Saint-Jean de Jérusalem demeurant à Autoreille » par Hugues d'Apremont (Archives dép. Rhône, 48 H 3021 en 1189, par Galon, seigneur de Rigney (*ibidem*) ; en 1178, donation du chapitre de Saint-Jean (Bibl. mun. Besançon, Droz 32, fol. 381) ; en 1185, Eudes, chanoine de Saint-Jean donne à son tour à la maison de l'Hôpital d'Autoreille ses droits sur l'alleu de Fontenelle... (Archives dép. Rhône, 48 H 3021).
6. Acte de 1234 (Archives dép. Rhône, 48 H 3030).

La Villedieu   Au nord du diocèse, non loin de Faverney, une autre maison voit le
                jour en même temps qu'Autoreille : la Villedieu-en-Fontenette, dont
le toponyme caractérise précisément les établissements hospitaliers ; elle naît dans
des circonstances inconnues, mais manifeste suffisamment d'allant en 1177 pour recevoir des dons à plus de soixante kilomètres de sa base et pour contester à Bellevaux une terre sise aux portes mêmes de la puissante abbaye cistercienne ; ses droits
étant mal assurés, elle finit par se rallier à la sentence des délégués pontificaux qui
cherchent à éviter la trop grande proximité des monastères et amènent les hospitaliers à se retirer du lieu [1].

Cet épisode met en lumière les inconvénients de la dispersion territoriale, qui ne
résulte pas d'un dessein délibéré, mais des dons faits à l'Ordre, du recrutement de
celui-ci ou de l'impact de sa propagande : les Johannites s'installent d'abord là où on
les appelle, comme le montre le fait suivant qui se déroule un peu plus au nord-est,
à Chassey-lès-Montbozon. Deux frères, Garnier et Galon, seigneurs d'Achey, ont
voulu construire une chapelle, dans cette paroisse qui relevait théoriquement du
patronage de Baume-les-Dames, mais que contrôlent en réalité les seigneurs de
Montfaucon ; un différend éclate alors (*usque ad cedem quorumdam inter eos pugna-
tum est*) et provoque une sentence d'excommunication. L'affaire se complique lorsqu'à la mort de son frère, Galon se donne à l'Hôpital de Saint-Jean avec tous les
alleux qui lui appartenaient en ce lieu. Finalement l'archevêque Thierry ordonne une
enquête qui aboutit en 1183 à un compromis, mais qui définit surtout les droits
reconnus aux religieux, terres, dîmes et revenus ; à ce noyau primitif viennent
s'agréger au XIIIᵉ siècle divers biens qui donnent naissance à la Maison du Vau, appelée plus exactement grange du Vau [2].

Arbois   Après Autoreille et La Villedieu, la troisième maison attestée dans la
          seconde moitié du XIIᵉ siècle se situe dans le Vignoble qui offrait aux
moines-soldats tous les avantages d'une implantation idéale : voies de passage,
proximité d'une ville importante (Salins), occasions d'investissements lucratifs (sel,
vignes), possibilités de recrutement au sein d'une population assez dense, avec toutefois comme corollaire une forte présence religieuse, dont celle des templiers. Quand
et comment les Johannites parviennent-ils à s'établir à Arbois ? Là encore, les circonstances se dérobent, seuls quelques repères jalonnent une évolution à peine perceptible. Une notice de 1178 relate une sentence des commissaires de l'empereur
entre les hospitaliers et le prieur de Saint-Just d'Arbois ; si Frédéric Barberousse demanda à ses légats d'intervenir, c'est que l'affaire se déroulait au cœur du domaine
comtal et le même argument nous incite à penser que l'arrivée des Johannites n'a pu
se faire sans l'autorisation ou la sollicitation de l'empereur ou de son épouse, la
comtesse Béatrice. Les hospitaliers se maintiennent malgré ces affrontements et ac-

---

1. Il s'agit de la terre de Marloz sise dans la paroisse même de Cirey-lès-Bellevaux ; le
procès dure déjà « depuis un certain temps » en 1177, mais Alexandre III ratifie la sentence de ses délégués, le 12 juillet 1178, J. Delaville-Le-Roulx, *Cartulaire des Hospitaliers*, I, n° 540, p. 368.
2. Le différend est connu grâce aux résultats de l'enquête de 1183 (Archives dép. Rhône,
48 H 4082). Les biens de cette grange s'étendaient sur les paroisses de Chassey-les-
Montbozon, Thieffans et Esprels ; ils relèvent de la commanderie de La Villedieu-en-
Fontenette, qui possédait des terres dans presque toute la Haute-Saône ; en 1186, Raymond de Rougemont donne aux frères de l'Hôpital de Jérusalem tout ce qu'il possède à
Tracendaz (Tressandans, Doubs, canton de Rougemont), excepté la pêcherie (Archives
dép. Rhône, 48 H 3275).

quièrent au siècle suivant des vignobles et, si l'inventaire de 1295 ne mentionne pas de chapelle à Arbois, celle-ci existe en 1303, sinon auparavant[1]. Tous ces indices témoignent donc de leur présence au sein du Vignoble et de la constitution d'une commanderie à la fin du XIIIe siècle.

Pour le reste du diocèse, les données se réduisent à des suppositions, à des extrapolations à partir de la situation du XIVe siècle. Peut-on croire sur parole l'auteur du *Dictionnaire des communes du Jura* rapportant sans référence qu'Etienne de Bourgogne fonda en 1199 une maison d'hospitaliers à Varessia avec une annexe à Graveleuse, dans le diocèse de Lyon[2] ? La présence occasionnelle d'un Johannite dans cette région vers 1190 suffit-elle à étayer cette hypothèse. Si l'existence d'une commanderie ne fait pas de doute à la fin du XIVe siècle, ne résulte-t-elle pas de l'héritage des templiers qui possédaient une assise foncière importante dans la vallée du Suran, à Montagna ? Cet exemple illustre la complexité de ce dossier, du fait de la disparition de ces derniers en 1312, du transfert de leurs biens aux hospitaliers et des trop rares documents antérieurs au XIVe siècle.

A Besançon même, là où l'on s'attendrait à rencontrer plus de références, leur présence demeure aussi discrète qu'indiscutable : les hospitaliers y possèdent dès le début du XIIIe siècle une maison — un hôpital — qui sied au centre de la boucle, derrière l'église Saint-Pierre, mais dont l'activité n'a pas laissé beaucoup de traces[3].

Le recours à l'enquête de 1295 apporte quelques retouches, tardives il est vrai, à ce recensement, en faisant le point d'une évolution amorcée depuis plus d'un siècle ; le comte Otton IV énumère hors de la ville de Besançon six chapelles avec leurs dépendances : la Villedieu-en-Fontenette, Montseugny, Autoreille, Salans, Lavigney, La Villedieu-en-Varais. Malgré son ambiguïté, l'expression *chapelles et leurs apendises* paraît bien désigner, comme dans le cas des templiers, les principales maisons de l'Ordre à la fin du XIIIe siècle et révèle quelques disparités avec la situation décrite précédemment : si les quatre premières localités concordent avec nos résultats[4], la

---

1. Notice de 1178, Archives dép. Rhône, 48 H 704, p. 8. Début XIIIe siècle : échange de vignes avec Rosières : Archives dép. Jura 19 H 12 et en 1252, Archives dép. Doubs, 9 H 1, fol. 23. L'existence de la chapelle est ainsi attestée en 1303 : *Valcherus parochianus Sancti-Justi de Arbosio sepultus fuerat infra capellam Hospitalis Sancti Johannis Jherosolimit. de Arbosio contra pactiones...* (Archives dép. Jura, 2 H I, 212, 7). Dans son *Dictionnaire des Communes du Jura*, ROUSSET cite sans référence un acte de 1249 par lequel deux chevaliers auraient fait construire une église et un hospice à l'embranchement de deux chemins, dont l'un porte encore le nom de chemin de Saint-Jean.

2. *Ibidem*, VI, p. 129. Quant à l'annexe de Graveleuse (commune de Rosay, canton de Beaufort), le même ROUSSET en attribue l'initiative aux sires de Coligny qui auraient donné ce territoire à l'ordre du Temple, fin XIIe siècle, pour y fonder un hôpital ! L'auteur qui jongle allègrement avec les deux ordres militaires (il rattache les biens de Graveleuse aux Templiers, installés dans cette même vallée du Suran, à Montagna) ne donne aucun repère chronologique : on peut donc se demander s'il ne faut pas voir dans ces biens de Varessia et de Graveleuse des membres de l'ancienne commanderie templière de Montagna.

3. Cette maison est attestée en 1235 : « Frère Benoît, recteur de la maison de Hospitaliers de Saint-Jean de Jérusalem à Besançon », Archives dép. Doubs, 1 H 9, fol. 377, et R. FIETIER, *La Cité de Besançon,* p. 1241), mais elle semble bien remonter à une époque antérieure puisque dès 1208 est signalé un « Thierry précepteur de l'Hôpital de Besançon » (Archives dép. Rhône, 48 H 3035).

4. Y a-t-il a eu, dans les manuscrits, confusion entre Saligney et Lavigney ? Mais comme au XIVe siècle l'église de Lavigney relève du patronage de Saint-Jean de Jérusalem et que

présence des deux autres ne manque pas de surprendre parce qu'aucune mention antérieure n'annonçait cette implantation, non loin d'établissements templiers : Lavigney
dispute à La Romagne une part de son rayonnement, tandis que La Villedieu-en-
Varais justifie plus difficilement sa situation, sur le plateau d'Amancey, loin des
grands axes de circulation. En revanche, l'absence d'Arbois étonne d'autant plus que
sa chapelle est attestée quelques années plus tard.

Conclusions   De la juxtaposition de ces données complémentaires se dégagent
                        quelques conclusions et d'abord la difficulté de saisir l'organisa-
tion de cet ensemble de possessions dans le diocèse au XIIe comme au XIIIe siècle et de
percevoir l'agencement classique : hospices isolés réunis en commanderies (ou préceptories), elles-mêmes regroupées dans des circonscriptions supérieures, les prieurés, puis les langues. En réalité, ces structures administratives, qui traduisent les
efforts de centralisation d'un ordre parvenu à son apogée, sont postérieures à la période étudiée. Si l'on peut établir une équivalence entre les hospices ou hôpitaux et
les expressions utilisées dans les textes — maisons de La Villedieu-en-Fontenette,
d'Autoreille et de Besançon, frères qui demeurent à Montseugny, Saligney et Arbois
— l'échelon supérieur, la commanderie, n'apparaît pas [1] ; la plupart des transactions
s'opèrent au XIIe siècle en présence d'un responsable diocésain, « un maître des hospitaliers de Saint-Jean de Jérusalem en l'archevêché de Besançon », remplacé au siècle
suivant par un maître ou un commandeur [2]. Ce grade se fond ensuite dans un regroupement régional qui n'adopte pas la même assise territoriale que celui des templiers :
alors que ces derniers répartissent leurs biens entre les deux baillies de Bourgogne et
du Genevois, les hospitaliers rattachent les leurs à un ensemble beaucoup plus vaste,
le prieuré d'Auvergne (confondu avec la langue du même nom) qui comprend le
centre de la France, la région lyonnaise, la Saône et le comté de Bourgogne [3].
    Cette organisation assez sommaire, qui persiste durant plus d'un siècle, ne signi-
fie pas forcément une implantation superficielle ou dérisoire, car, en 1295, les deux
ordres militaires s'équilibrent parfaitement au sein du comté de Bourgogne et disposent chacun de la même somme de revenus, équivalant à celle des grandes abbayes du
diocèse, Luxeuil ou Baume-les-Moines, mais nettement inférieure à celle des cha-

---

l'Ordre y possède divers biens dont une maison à l'entrée du village, il n'y a pas lieu de
pousser aussi loin la suspicion ; dans l'enquête de 1373, la *domus seu locus de Lavi-*
gneyo dépend de la préceptorie de La Villedieu-en-Fontenette (G. MOYSE, *Les Hospita-*
liers de Saint-Jean de Jérusalem dans le diocèse de Besançon, p. 487).

1. Signalons toutefois que les textes du XIIIe siècle citent un maître à Dijon en 1211, puis
un précepteur en 1243, tandis que Besançon possède un recteur en 1235, ce qui montre
l'évolution et les fluctuations de la terminologie, le terme *commandeur* ne se générali-
sant dans la région qu'au XIVe siècle.

2. Cas particuliers au XIIIe siècle : *Esterius magister de domibus, questor in Bisunt. archi-*
episcopo Hospitii Jerusalem (Archives dép. Jura, 19 H 22) et en 1295 : « Commandeur
des maisons de l'oppitaul d'Outremer assises en l'archeveschié de Besançon » (E.
PERRECIOT, *Etat civil des personnes*, II p. 154). Ce responsable diocésain résidait
probablement à Besançon où l'ordre disposait d'une maison, en fait simple résidence
sans grandes ressources temporelles. On peut supposer que des liens hiérarchiques
l'unissaient aux principaux hospices, qualifiés de chapelles en 1295, mais ce n'est qu'au
XIVe siècle que s'opère une restructuration plus précise et plus complexe.

3. L. NIEPCE, *Le grand prieuré d'Auvergne*, et R. LACOUR, *Index alphabétique...*, Archives
dép. Rhône.

pitres métropolitains [1]. Les points communs ne se limitent pas d'ailleurs à cette égalité de fortune ou à cette similitude de structures, puisque templiers et hospitaliers incarnent un idéal comparable, sinon identique, celui du moine-soldat tenu par la Règle à des obligations à la fois religieuses, militaires et charitables ; aussi chacun use-t-il dans la pratique courante du même vocabulaire : frères, maison, maître, précepteur... Chacun recrute les mêmes éléments : des nobles destinés à la profession des armes, des prêtres ou chapelains chargés du culte, des frères servants ou des sergents employés aux divers travaux.

Chacun semble affectionner les mêmes régions : vallées de la Saône et de l'Ognon, Besançon et le premier plateau du Jura, le Vignoble et la vallée du Suran. Si la recherche des grands axes commerciaux ou des villes reflète leur préoccupation commune de drainer des fonds et des hommes, elle n'explique pas toutes les localisations, ni la proximité des lieux d'implantation : aux templiers de La Laine répondent les hospitaliers de la maison du Vau qui se heurtent, eux aussi, aux cisterciens de Bellevaux ; de même Lavigney, La Villedieu-en-Varais, Varessia doivent compter avec la milice de Salomon. Est-ce la déformation d'une documentation défaillante, mais aucune rivalité ne semble avoir surgi de cette proximité.

Autre similitude : l'indifférence dont chacun témoigne pour le nord du diocèse, la partie montagneuse du Jura et le comté de Montbéliard qui occupe cependant la Porte de Bourgogne [2]. Plus qu'une politique délibérée des Ordres ou des facteurs économiques, ces originalités n'expriment-elles pas le rôle des hommes eux-mêmes, en particulier des donateurs laïques ou ecclésiastiques, qui ont choisi comme bénéficiaires les moines-soldats ? Nous avons vu les comtes de Bourgogne, les seigneurs de Traves, de Montfaucon, de Coligny, de Salins... agir en ce sens ; suivant en cela l'exemple de saint Bernard, n'ont-ils pas invité les cisterciens, qu'ils favorisaient par ailleurs, à manifester le même sens de l'hospitalité ? Par là s'expliquerait l'implantation de commanderies dans le voisinage d'abbayes cisterciennes : Bellevaux, Acey, Cherlieu, La Charité, Rosières, La Grâce-Dieu [3].

Tout en concourant aux mêmes buts, les ordres militaires ne se confondent pas, chacun gardant de ses origines une certaine spécificité ; les hospitaliers, par exemple, n'oublient pas au XIIe siècle leur vocation charitable : pratiquent-ils l'accueil des pèlerins et des voyageurs ? Les sources locales ne donnent aucune précision à ce sujet, mais ils gardent à cette époque des liens étroits avec les hôpitaux, dont ils héritent fréquemment, avant l'arrivée de l'ordre du Saint-Esprit. Ainsi les hospices de Malans et de Saligney, repérés vers 1140 à proximité d'Acey, tombent un peu plus tard entre leurs mains, sans doute à l'initiative de leurs occupants et de leur fondateur. Un exemple de la fin du XIIe siècle illustre cette affiliation en mettant en évidence la précarité de ces hospices ruraux, le rôle déterminant du protecteur et les modalités de transfert. La comtesse Béatrice, épouse de Frédéric Barberousse, avait fondé à Malvernay [4] une léproserie, mais après la disparition de l'empereur (1189), « mort à

---

1. 4000 £ de rente; les chapitres dépassent 7000 £ (Bibl. mun. Montbéliard, ms. 1).
2. Contrairement aux affirmations traditionnelles, l'hôpital de Valentigney n'apparaît pas dans les sources des XIIe et XIIIe siècles.
3. On peut y ajouter le cas de Lieucroissant qui, à la fin du XIIIe siècle, cède une partie de ses terres sises en Alsace, à Soultz, aux Hospitaliers (J. TROUILLAT, *Monuments de l'histoire de l'ancien évêché de Bâle*, II, p. 509). Mais il ne faut pas exagérer ce rôle des cisterciens, car bien d'autres établissements, dont les chanoines de Besançon ou de Dijon, ont facilité l'installation des ordres militaires.
4. Nous n'avons pu identifier ce lieu que l'Inventaire des Archives du Rhône localise à Broye-lès-Pesmes sans aucune justification.

Jérusalem au service de Dieu, les lépreux qui demeuraient en ce lieu, craignant l'intervention des forces du mal, optèrent pour l'Ordre de l'Hôpital, de préférence à tout autre et voulurent avoir comme protecteurs et défenseurs les frères de l'Hôpital, en s'affiliant à leur Ordre (*ordini eorum subjacere*) ». Aussi le comte de Bourgogne, Otton [fils de Frédéric Barberousse] céda-t-il en possession perpétuelle les lépreux, la maison et ses dépendances à l'usage et à l'affectation dudit Hôpital et le maître (hospitalier) au diocèse de Besançon vint-il à Malvernay pour y recevoir l'obédience des lépreux. Apprenant cela, les chanoines de Saint-Jean de Besançon accoururent sur place et en éjectèrent le maître après lui avoir confisqué ses chevaux [1].

Au-delà des péripéties consécutives à l'opposition de Saint-Jean, ce document révèle la confiance mise dans les hospitaliers par ces lépreux qui redoutent à juste titre la disparition de leur protecteur, Frédéric Barberousse ; son fils Otton ne dispose, en effet, ni de son crédit, ni de son autorité. La confirmation, qu'il donne en tant que gardien, ne plaît pas au chapitre qui ne s'embarrasse pas de scrupules pour employer la manière forte.

Quant aux activités autres que celles consacrées à la gestion du temporel, elles nous échappent entièrement, les documents ne laissant rien entrevoir du recrutement, de la formation des novices, des transferts de fonds... Templiers et hospitaliers offrent donc pour le XIIᵉ siècle les mêmes lacunes et ne présentent aux historiens qu'un pâle reflet, discontinu et déformé, de leur réalité : chaque piste, sitôt devinée, se transforme en impasse, ce qui rend toute approche difficile. Pour exploiter tout indice susceptible d'étayer nos connaissances, nous avons eu recours aux sources du XIIIᵉ siècle, voire du XIVᵉ siècle, en évitant soigneusement toute transposition anachronique : les résultats restent décevants.

Un dernier exemple confirme ces impressions générales : il a trait au patronage des églises. Comme la plupart des autres ordres religieux, templiers et hospitaliers ont investi une part de leur temporel dans les églises rurales, mais à une date tardive, au moment où celles-ci dissocient desserte et revenus paroissiaux et où les conciles interdisent aux moines isolés les fonctions curiales. Comme les cisterciens, les milices de Salomon et de Saint-Jean se lancent sur le tard dans la course au patronage, au XIIIᵉ siècle seulement, ce qui explique le nombre relativement réduit d'églises en leur possession. Mais le mouvement de restitution par les laïcs se poursuivant au XIVᵉ siècle, elles ne cessent d'accroître ce nombre et si les templiers font figure de parents pauvres, ils le doivent à leur disparition en 1312, alors que les hospitaliers acquièrent d'autres contrôles. Quant à l'examen des vocables, il n'apporte aucune conclusion complémentaire : certes, quelques églises ou chapelles sont dédiées à saint Jean-Baptiste, mais en faible minorité seulement, les autres offrant un très large échantillon de patrons.

Terre d'Empire, directement rattachée à la famille impériale depuis Frédéric Barberousse, le comté de Bourgogne aurait pu accueillir les chevaliers teutoniques, qui

---

1. Voici la fin de ce document qui est une supplique des Hospitaliers à l'empereur Henri VI, frère du comte Otton : « Recourant alors au comte Otton, notre défenseur, nous avons porté plainte pour que nous soient rendues par sa main les choses enlevées. Ensuite, ce lieu avec ses dépendances, que sa mère et la tienne avaient fondé, ce même comte le posa entre les mains du maître pour l'usage de l'Hôpital et lui en donna l'investiture. Mais revenant à la charge, les chanoines portèrent plainte, nous assignèrent en jugement ; en attendant la sentence du juge, ils nous éjectèrent des lieux et séquestrèrent nos biens. Aussi te demandons-nous de nous faire accorder restitution. » (texte non daté, mais des années 1190-1197, publié par J. DELAVILLE-LE-ROULX, *Cartulaire des Hospitaliers*, I, n° 915, p. 581).

formèrent la troisième famille des ordres militaires. Or, aucune implantation n'eut lieu durant le XIIe siècle et la seule référence les concernant se présente sous la forme d'une tentative sans suite apparente : en 1230, le comte de Bourgogne, d'origine allemande, Otton, duc de Méranie, sous réserve du consentement de son épouse, accorde en aumône à l'Ordre teutonique un village de son comté, — au choix des chevaliers —, d'un rapport annuel de 30 livres [1]. Cet échec, comme les réussites précédentes, ne se comprend que replacé dans l'évolution des œuvres de miséricorde, dont ils constituent une des manifestations ; tandis que templiers et hospitaliers s'écartent progressivement de leurs motivations originelles pour établir dans le diocèse des agences de recrutement et de financement, d'autres mouvements, restés plus proches de la *vita apostolica* cherchent dans les actions caritatives une application du message évangélique.

B. L'ACTION CARITATIVE

Dans l'organisation des œuvres caritatives, le diocèse de Besançon suit une évolution qui, pour n'être pas exceptionnelle, garde néanmoins une certaine originalité : la forte densité de l'implantation monastique et canoniale, le nombre restreint des villes et des bourgades, la pénétration tardive des formules associatives, la présence d'une voie internationale, donnent à son histoire hospitalière des caractères particuliers. Clercs et moines continuent d'affirmer leur quasi-monopole de la bienfaisance et ne perdent leur prépondérance qu'au XIIIe siècle, au moment où se multiplient les hôpitaux et où l'initiative des fondations leur échappe au profit des laïcs ; c'est alors que des instituts spécialisés dans les soins aux malades, tels les antonins ou les religieux du Saint-Esprit, réussissent une remarquable expansion [2].

---

1. Texte publié dans *Mémoires et Doc. inédits de Franche-Comté*, III, p. 520. « Quand nous étions à Foggia en Sicile, nous avons pris en considération la piété de la sainte maison appelée Sainte-Marie, des hospitaliers teutoniques de Jérusalem... Aussi, avons-nous jugé bon d'accorder un bénéfice à cette maison d'hospitaliers. A cette sainte maison, nous concédons au comté de Bourgogne qui nous vient de la dot de notre épouse, une villa sise dans le lieu qui plaira aux frères de cette maison ..., et ayant un revenu annuel de 30 £ de monnaie estevenante ».

2. Parmi les études générales, citons : IMBERT (sous la direction de J.), *Histoire des hôpitaux en France,* Toulouse, 1982, p. 529-531 ; M. MOLLAT, Hospitalité et assistance au début du XIIIe siècle, dans *Poverty in the Middle Age*, Paderborn, 1975, p. 37-51 ; A. VAUCHEZ, Assistance et charité en Occident, dans *Domanda e consumi. Livelli e strutture (nei secoli XIII-XVIII). Atti della sesta Settimana di studio (1974)*, Prato-Florence, 1978, p. 151-162 ; Actes du 97e Congrès nat. des Soc. savantes (Nantes 1972), *Assistance et assistés jusqu'en 1610*, Paris, 1979, en particulier les communications de M. MOLLAT, Assistance et assistés, p. 7-27 et de R. H. BAUTIER, Les aumônes du roi aux maladreries, maisons-Dieu et pauvres établissements du royaume, p. 38-105. Les études comparatives utilisées sont celles de A. BRIOD, A*ssistance des pauvres au Moyen Age dans le canton de Vaud*, Lausanne, 1926, rééd. 1976 ; J. CAILLE, *Hôpitaux et charité publique à Narbonne au Moyen Age (fin XIe-fin XVe siècles)*, Toulouse, 1978. Aucune étude d'ensemble n'a été consacrée au sujet dans le diocèse de Besançon et, hormis la monographie de l'abbé BRUNE, *Histoire de l'ordre hospitalier du Saint-Esprit*, Lons-le-Saunier, Paris, 1892, ce domaine reste à explorer, l'article de l'abbé MOREY (La charité à Vesoul, dans *Annales franc- comtoises*, 1867, p. 193-215) ne pouvant être pris en considération.

Formes traditionnelles

Si l'assistance traditionnelle exercée dans les hospices ou les aumôneries des abbayes se maintient, elle s'ouvre à d'autres dispensateurs que les bénédictins : ne pouvant plus jouer à eux seuls leur rôle de *greniers d'abondance* [1], les monastères admettent aisément la collaboration des chanoines réguliers et même des laïcs.

Les monastères   Nous n'insisterons pas sur la place de la pauvreté dans l'idéal monastique jusqu'au XIIe siècle, ni sur l'accueil que tout indigent trouvait auprès des abbayes : l'on sait, en effet, que la Règle bénédictine faisait de l'aumône une obligation et que les distributions quotidiennes ou tout simplement l'hospitalité attiraient aux portes des établissements ou à l'hôtellerie pauvres et pèlerins [2]. Assumée par le portier qui disposait de la dîme des revenus, cette tâche, de plus en plus lourde, fut, à partir du Xe siècle, divisée en deux fonctions distinctes : celle de l'hôtelier affecté à l'accueil de la clientèle aisée, celle de l'aumônier chargé des distributions aux indigents ; cette dissociation aboutit un peu partout à l'organisation d'un office claustral spécial, l'aumônerie, « dont l'extension à partir du milieu du XIe siècle, correspond au développement de la pauvreté » [3]. Ce service, abrité dans un bâtiment spécial à l'entrée du monastère et doté de revenus variés (argent, pain, restes du réfectoire, vêtements usagés...), permettait un fonctionnement régulier et rationnel de l'accueil, si bien qu'à la fin du XIIe siècle, la majorité des maisons avait adopté ce système.

Paradoxalement, la généralisation de telles mesures n'a guère laissé de traces, hormis les mentions de plus en plus fréquentes d'aumôniers qui apposent leur témoignage au bas des chartes ; à défaut de coutumiers qui précisent l'application de ces règles, la moisson de renseignements se réduit à quelques faits, sans doute significatifs, mais trop discontinus pour une démonstration rigoureuse. Si la *Vie de saint Simon*, écrite au début du XIIe siècle, retient le geste du héros qui, dans sa thébaïde de Mouthe, donne à un passant le dernier pain de la communauté [4], c'est qu'il dépasse l'aumône ordinaire. Il arrive que des communautés soient victimes de leur générosité, telle l'abbaye d'Acey, littéralement saccagée vers 1182 par des hôtes qu'elle a accueillis, relevant d'une clientèle aisée [5].

Comme les statuts capitulaires de Cîteaux et ceux, un peu plus tardifs, des bénédictins ont rarement à sanctionner des manquements aux préceptes charitables, on peut penser que la générosité des moines n'est pas prise en défaut et que le système d'aumônerie a fonctionné correctement dans le diocèse de Besançon. Seul rappel à l'ordre, celui que saint Bernard adresse en 1132 aux moniales de Faverney au moment où, précisément, leur décadence les amène à céder la place à des religieux de la Chaise-Dieu : « C'est un devoir pour vous de vous occuper d'une manière toute particulière de l'hôtel-Dieu que des frères gouvernent sous votre direction et d'empêcher que vos serviteurs et vos vassaux n'en pillent ou dissipent les revenus. On m'a assuré qu'à leur suggestion perverse vous avez repris à cette maison ce que les abbesses

---

1. M. MOLLAT, *Les pauvres au Moyen Age*, p. 79.
2. M. PACAUT, La notion de pauvreté dans la règle de saint Benoît, dans *Economies et sociétés au Moyen Age. Mélanges offerts à E. Perroy*, Paris, 1973, p. 626-633 ; M. MOLLAT, Les moines et les pauvres, dans *Atti delle settimane intern. di studio de la Mendola (1968)*, Milano, 1971, p. 193-215 ; R. GREGOIRE, La place de la pauvreté dans la conception et la pratique de la vie monastique médiévale latine, *ibidem*, p. 173-192.
3. M. MOLLAT, *Les pauvres au Moyen Age*, p. 68.
4. *AA. SS., septemb.*, VIII, p. 744.
5. Archives dép. Jura, 1 H 82 : bulle de Lucius III.

leur avaient autrefois donné » [1].

L'accueil monastique ne se limite pas à des distributions d'aumônes faites aux portes mêmes de l'établissement, mais pouvait revêtir des formes multiples, comme les exemples précédents le montrent : entretien d'un hôpital desservi par des frères et sœurs sous la direction d'un prêtre (Faverney), hébergement de visiteurs, gîte occasionnel d'hôtes plus fortunés (Acey).... De l'oblature à la conversion *ad succurrendum* en passant par la pension, l'abbaye offrait à ses familiers diverses possibilités qui ne relevaient plus des secours charitables, mais de contrats avec des particuliers.

Hospices   Outre le développement de son hôtellerie ou aumônerie, le monastère bénédictin, amené par sa clôture à limiter sa bienfaisance à ceux qui se présentaient à ses portes, élargit néanmoins son horizon par la multiplication des prieurés et des hospices : surtout lorsqu'ils sont conventuels, les premiers constituent autant d'antennes déployées vers le monde des indigents, puisqu'à l'exemple de la maison-mère, ils pratiquent l'aumône régulière ; quant aux seconds, ils ne correspondent pas toujours au havre dans lequel les religieux accueillent pèlerins, voyageurs ou indigents. Appelés parfois hôpitaux, hôtels-Dieu selon les époques, ils varient aussi de nature en fonction des ordres. Chez les bénédictins et les clunisiens qui essaiment par leur réseau de prieurés, les hospices sont peu nombreux et s'assimilent alors à des hôpitaux gérés par des religieux [2]. Pour les cisterciens et les prémontrés, ils complètent harmonieusement l'organisation du temporel au xiiie siècle en créant une structure intermédiaire entre les granges et les possessions dispersées : grâce à leur souplesse, ils constituent un pied-à-terre, un petit centre de gestion et peuvent se transformer en granges ou celliers selon les besoins du moment.

Leur implantation massive dans la région d'Arbois-Salins-Lons, accessoirement à Besançon, au cours du xiiie siècle, répond à la nécessité d'héberger sur place un responsable qui s'occupe des intérêts matériels du monastère ; un ou deux religieux y résident, souvent un simple convers qui gère les biens, perçoit les rentes et éventuellement accueille les hôtes de passage. D'après les trop rares renseignements recueillis à ce sujet, leur fonction économique prend nettement le pas sur leur rôle hospitalier ; rares sont les hospices comprenant une chapelle comme celui de La Charité à Besançon, et quand ils ne dissimulent pas une grange ou un cellier, la plupart d'entre eux traduisent une politique d'investissement en muire ou en vignes [3]. Cette hypothèse se vérifie dans le cas de Lons-le-Saunier : quand les circonstances provoquent la fermeture de la saline au xive siècle, les hospices perdent leur véritable justification et ne tardent pas à disparaître les uns après les autres. Restent les maisons-mères et les granges où la pratique de l'hospitalité se déroule de manière satisfaisante, du moins

---

1. Lettre 301, vers 1126/32, dans Dion-Charpentier, *Oeuvres de saint Bernard*, p. 29.
2. Outre le cas précédent de Faverney, signalons les hôpitaux de Luxeuil, l'hospice de Pesmes construit près de l'ancienne église de Tombe et dépendant du prieuré du lieu (G. de Beauséjour, *Pesmes et ses seigneurs*, tome I, 1896, p. 85); celui de Port-sur-Saône, signalé en 1265, est administré par le prieur clunisien du lieu.
3. Quelques-uns acquièrent dès le xiiie siècle une réelle importance : la maison de Cîteaux à Dole, le cellier de Montbenoît à Montigny, qualifié par la suite de *Petit Montbenoît*, ou celui de Rosières... Cette politique d'investissement autour de Montigny, Lons, Salins, provoque inévitablement des rivalités au sein même de l'ordre cistercien : en 1237, le chapitre général de Cîteaux prescrit « à tous les abbés qui possèdent des revenus dans la ville de Lons, de nommer comme procureurs les abbés de Balerne et du Miroir : aucun d'eux ne pourra traiter une affaire sans l'autre. Ce que les deux abbés auront dépensé ensemble pour l'expédition des dites affaires leur sera remboursé au prorata de chaque abbé propriétaire » (J. M. Canivez, *Statuta capitulorum*, II, p. 176).

aux yeux des pères capitulaires qui, jusqu'au milieu du XIIIe siècle, ne lancent pas de rappel à l'ordre [1].

Cependant, le réveil de la charité évangélique à l'époque grégorienne avait contribué à dénoncer les insuffisances et les inadaptations de cette assistance, limitée aux seuls indigents qui se présentaient dans les monastères ; il incita certains clercs ou laïcs à prendre des initiatives en allant au devant de l'indigence et à agir en milieux urbains ou le long des itinéraires principaux. Parce qu'ils étaient ouverts au ministère pastoral et souvent implantés dans les agglomérations, les chanoines séculiers et réguliers se trouvaient confrontés à la misère quotidienne et se lancèrent fréquemment dans l'action caritative : ainsi le mouvement canonial s'accompagna-t-il d'une restauration des œuvres traditionnelles d'assistance.

Œuvre canoniale

Dès le début du XIIe siècle, la collégiale de Saint-Paul dispose des petits hôpitaux ruraux desservant les environs de Besançon : Naisey, à proximité de la route de Pontarlier, Geneuille, sur celle conduisant à Vesoul. C'est aux chanoines réguliers de Montbenoît que le sire de Joux confie vers 1140 ses droits sur l'hôpital de Pontarlier [2]. Certes, cette bienfaisance est parfois réservée aux serviteurs et aux familiers de l'établissement, comme dans l'hôpital de Sainte-Brigide fondé avant 1160 par le chapitre cathédral de Saint-Jean ; c'est le plus ancien de Besançon et il fonctionne régulièrement jusqu'à la fin du XIIIe siècle : il accueille hommes et femmes, mais le recteur qui le gère n'a aucune qualité pour décider seul du recrutement des frères et sœurs *servants*, droit qui revient au chapitre [3]. Parce qu'elles s'occupaient des malades, certaines maisons canoniales acquièrent par la suite une renommée surprenante, telle l'abbaye de Goailles, créée au début du XIIIe siècle, qui attirait les patients autant par la vertu curative de ses eaux que par la réputation de guérisseurs de ses chanoines [4].

L'action canoniale sait aussi s'adapter à la demande par l'implantation d'hospices le long des itinéraires routiers ; le fait n'est pas nouveau, mais l'intensification de la circulation a favorisé le développement de l'hospitalité routière dans la seconde moitié du XIIe siècle. Traversé par la *via francigena* qui conduisait les *romieux* de France vers l'Italie par le col du Grand Saint-Bernard, le diocèse de Besançon enregistre ce mouvement. Vers 1182, la collégiale de La Madeleine établie dans le quartier de Battant de Besançon, crée une maison d'accueil appelée bientôt hôpital Saint-Jacques des Arènes, à cause de la proximité de l'ancien amphithéâtre ; dans sa lettre de confirmation, le pape Lucius III explicite les motivations canoniales en ces termes : « Votre église comprend une grande paroisse traversée par une voie publique et comme elle

---

1. En 1205, rappel à l'ordre de l'abbé de Cherlieu, « qui reçoit dans l'infirmerie du monastère des évêques et des abbés et par la négligence duquel un lépreux est mort sans avoir reçu l'extrême onction : le coupable sera trois jours en pénitence légère, dont un au pain et à l'eau ; il demeurera quarante jours hors de la stalle abbatiale » (CANIVEZ, *Statuta capitulorum*, I, p. 25).
2. Archives dép. Doubs, 69 H 2, fol. 2. Les références à Sainte-Brigide se trouvent rapportées dans R. FIÉTIER, *La cité de Besançon*, p. 1313 et suiv.
3. Sentence de l'official de Besançon en novembre 1261, Archives dép. Doubs, G 531, fol. 386.
4. M. RICHARD, *Hist. des diocèses de Besançon...*, I, p. 455, écrit : « Ceux de Goailles avaient la réputation de guérir de l'hydrophobie en appliquant sur les plaies des personnes mordues des clefs rougies au feu. Ces opérations, souvent couronnées de succès, attirèrent au monastère les malades du pays, puis les dévots, puis encore les marchands ambulants, qui s'y réunissaient principalement le jour de l'Annonciation de Notre Dame ».

n'a pas d'hôpital pour les gens de passage, vous avez décidé de réserver une maison pour l'accueil des voyageurs afin que ceux qui vont à Rome ou partent pour Jérusalem y reçoivent les secours de la charité » [1]. Un siècle plus tard, un relais semblable équipe la route de Besançon à Pontarlier, l'Hôpital dit *du Grosbois*, sur une terre relevant de l'archevêque [2].

Si les créations diocésaines ne sont guère plus nombreuses, il faut en chercher les raisons dans la répartition des maisons canoniales elles-mêmes le long des principaux axes de circulation (Corneux près de Gray, Belchamp près de Montbéliard, Le Marteroy à Vesoul, Goailles à Salins, Montbenoît près de Pontarlier) et dans le rôle primordial joué par les chanoines de Montjoux.

Montjoux   Le célèbre hospice du Grand Saint-Bernard, situé à 2500 mètres d'altitude dans le diocèse de Sion, a fait naître beaucoup de légendes [3]. Il suffit de rappeler, pour la compréhension de notre sujet, que dans la seconde moitié du xie siècle un archidiacre d'Aoste, Bernard, dit à tort de *Menthon*, restaura ce lieu qu'il dédia à saint Nicolas et confia à des chanoines réguliers de saint Augustin [4] ; après des débuts obscurs, l'hospice aborde vers 1120 une période plus glorieuse d'expansion. Les comtes de Maurienne le favorisent, espérant par son intermédiaire faciliter la fréquentation des routes du Valais, tandis que des princes bourguignons ou champenois se préoccupent de l'infrastructure hospitalière le long des itinéraires les plus parcourus. Aussi ces attentions lui valent-elles d'être cité dans le *Guide du Pèlerin* de Saint-Jacques parmi les grands hospices, à égalité avec l'Hôpital de Jérusalem et la maison Sainte-Catherine de Somport [5]. C'est à cette époque que la renommée de son restaurateur, Bernard, supplante dans le toponyme celle de Nicolas et que l'usage s'établit désormais de parler de Saint-Bernard de Montjoux. La bulle de confirmation d'Alexandre III apporte en 1177 la preuve de sa réussite matérielle et de son rôle international puisqu'elle énumère une foule de possessions le long des grands itinéraires de l'Occident, en particulier de part et d'autre du Grand Saint-Bernard, en Valais, Suisse romande, Italie et France [6].

Son implantation dans le royaume de Bourgogne confirme ce succès et surtout ses relations avec la stratégie routière de l'époque, car Montjoux égrène ses biens — églises, hôpitaux, granges ou prieurés — sur les principaux axes de communication qui traversent la région : du col de Jougne vers la Champagne par le double itinéraire salinois et bisontin ; de Chalon au Rhin par la vallée du Doubs ou la variante de l'Ognon, coïncidence qui révèle bien la volonté de desservir ces routes, mais selon des modalités inconnues. Dans deux cas, l'expansion de Montjoux est antérieure à 1150 : Bellaigue, à mi-chemin entre Pontarlier et Salins, abrite une maison qui compte parmi ses membres un prieur et un convers, maître de la place [7] ; le choix du

---

1. Bibl. mun. Besançon, Droz 40, fol. 39.

2. Première mention en 1256, rapportée par l'abbé LOYE, *Histoire de l'Eglise de Besançon*, II, p. 296. Hugues est recteur de l'Hôpital du Grosbois et de Saint-Jacques des Arènes en 1317 (Archives dép. Doubs, 53 J XVIII).

3. A. DONNET, *Saint-Bernard et les origines de l'hospice du Montjoux*, Saint-Maurice (Valais), 1942.

4. A. DONNET, *Ibidem*, p. 114-115.

5. *Ibidem*, p. 124, et *Guide du pèlerin*, édit. J. VIELLARD, Mâcon, 1963, p. 10

6. DONNET, p. 121, ou J. GREMAUD, *Doc. relatifs à l'hist. du Valais*, coll. Mém. et doc. Suisse romande, XXIX, p. 102.

7. Bibl. mun. Besançon, Droz 74, fol. 160 + 19 : les chanoines de Montjoux font une donation à l'église de Buillon. Ils sont cités dans plusieurs autres documents (*ibidem*, fol. 160 +13 ; en 1185, les chanoines d'*Aygues* (Bellaigue) ont une terre à Cimorin

lieu s'avère judicieux puisque, par la suite, divers établissements religieux établissent un relais dans les environs : Abondance, Balerne, Mont-Sainte-Marie. Vers 1135-1140, le prieur de Montjoux n'hésite pas à se défaire d'une terre à Fontelenay en faveur de l'abbaye naissante d'Acey, geste que ses successeurs regrettent et tentent en vain d'annuler, probablement devant l'intérêt croissant de ce domaine [1].

Quant à Eclans, qui constitue une *celle* en 1177, tout porte à croire que les comtes Renaud III et Guillaume ne sont pas étrangers à ce choix, en particulier sa position non loin du château comtal de Dole, à proximité de la vallée du Doubs ; malgré les miracles qu'y opère l'intercession de saint Claude à la fin du XIIe siècle, jamais cette maison n'acquiert une grande importance, concurrencée sans doute par l'hôpital de Dole ou défavorisée par un trafic qui emprunte aussi volontiers la vallée de l'Ognon que celle du Doubs [2]. Ces mêmes comtes contrôlaient une partie de Salins, le Bourg-Dessous, là même où Montjoux acquiert sa meilleure position, et la tradition attribue avec assez de vraisemblance à Renaud III la fondation d'un hôpital dans cette partie de la ville ; attestée en 1177, cette possession poursuit dès lors son existence sans discontinuité, sous le nom d'hôpital de Salins, dit *de Montjoux* ou de *Maison Saint-Bernard de Montjoux* : des chanoines y résident, dont l'histoire n'a retenu que les activités gestionnaires ou leurs démêlés avec des maisons voisines [3].

Au-delà du quartier de Chantave qui prolonge le Bourg-Dessus en amont de la Furieuse, existe une autre possession de Montjoux, la grange de Saint-Ferréol, signalée dans l'acte de 1177 entre Salins et Bellaigue : domaine d'origine inconnue, probablement légué aux chanoines par un seigneur qui avait eu recours à leurs services [4]. Quant aux autres antennes établies dans le diocèse, leur histoire est encore plus obscure ou plus tardive : l'antique église Saint-Maurice de Jougne, sise au pied du col et relevant du diocèse de Lausanne, demeure au XIIIe siècle du patronage de Montjoux et, lorsqu'Othon IV fonde en 1282 dans cette paroisse un hôpital, il le fait desservir par les chanoines du Grand Saint-Bernard [5].

Curieusement, l'implantation à Besançon paraît plus récente : même si le prieur de Montjoux y dispose de quelques biens vers le milieu du XIIIe siècle, l'hospice de cette ville n'apparaît pas avant 1286 et son caractère modeste semblerait expliquer le

---

(*ibidem,* fol. 160+ 15). Bellaigue figure encore sur la carte de Cassini entre Dournon et Arc-sous-Montenot.

1. Le procès entre Montjoux et Acey se déroule en 1179, devant l'archevêque de Besançon (Bibl. nat., lat. 5683, fol. 19).

2. Dans la basse vallée de l'Ognon existaient les hôpitaux de Malans, Saligney et Pesmes.

3. Vers 1194/1195, querelle avec Cîteaux au sujet d'une terre à Salins, dans la *via Castellana* : Montjoux abandonne ses droits mais reçoit 10 £ et un cens de 7 s. en faveur de la *domus hospitalis Salinis* (Archives dép. Côte d'Or, 11 H 78, fol. 75). Autres mentions du XIIIe siècle : Bibl. mun. Besançon, ms 728, fol. 11 et Archives dép. Jura, 12 F 35, fol. 25.

4. La tradition rapportée par ROUSSET (*Dictionnaire des communes du Jura*, VI, p. 505) l'attribue à un membre de la famille prévôtale de Salins qui rejoignait Frédéric Barberousse en Italie ; tombé malade en chemin, il fit son testament à l'hôpital Saint-Bernard et Saint-Nicolas de Montjoux : « Au centre de ce domaine composé d'une grange, d'un verger, d'un clos, de six journaux et de quelques vignes était à la fin du Moyen Age une antique chapelle dédiée à saint Ferréol, qu'entourait un cimetière destiné spécialement à l'inhumation des pestiférés ».

5. *Cartulaire d'Hugues de Chalon*, n° 401 : Otton IV donne 100 £ est. de rente.

peu de renseignements qu'il nous a laissés [1]. Après avoir abandonné à Acey une terre à proximité de l'Ognon, les chanoines du Saint-Bernard cèdent à Saint-Paul de Besançon l'église qu'ils avaient dans cette même vallée à Cendrey, comme s'ils se désintéressaient désormais de cette voie transversale [2] : en effet, ils ne gardent plus de pied-à-terre qu'aux deux extrémités, à Eclans et à Ferrette [3]. Inversement, leurs relations avec la Champagne s'intensifiant, ils multiplient les étapes sur cet itinéraire, en Bourgogne helvétique où s'égrènent les hôpitaux ou églises d'Aigle, Vevey, Lausanne, Bière, Saint-Loup, et au-delà de la Saône, dans le Val-Suzon, à Sexefontaine, Troyes. Si Montjoux ne constitue pas un cas unique dans la Chrétienté, ni même dans le royaume de Bourgogne, où d'autres congrégations — tels les bénédictins de Chalais, les Frères pontifes ou les chanoines d'Arrouaise — se tournent aussi vers l'accueil des pèlerins, c'est la seule maison qui étend son action dans le diocèse de Besançon.

Ordres hospitaliers

En même temps que leur nombre s'accroît, les œuvres de miséricorde s'organisent, se donnent des structures administratives et un personnel mieux adapté aux tâches qui les attendent, sur le modèle des grands ordres hospitaliers, qui font alors une remarquable expansion, expliquant partiellement le retard des créations indépendantes. Parmi ces derniers, l'Ordre de Saint-Antoine et celui du Saint-Esprit, venus l'un du Viennois, l'autre de Montpellier, trouvent dans le diocèse de Besançon un terrain de choix. Tous deux partent d'initiatives laïques et restent fidèles à leur destination primitive, le soin des malades, contrairement aux ordres militaires. Tous deux ont fait l'objet de recherches qui ont mis en évidence leur originalité, leurs formes d'action et les modalités de leur croissance [4].

Saint-Antoine Sur les origines de Saint-Antoine, encombrées de légendes relatives au feu sacré ou mal des ardents, sur la vie de son fondateur Jocelin, fils d'un baron viennois, bien des faits restent encore mal élucidés, mais la tradition a toujours retenu les liens l'unissant au comté de Bourgogne : la conversion de Jocelin aurait eu lieu dans les confins du Jura où il fut grièvement blessé et c'est Calixte II lui-même qui consacra en 1119 la première basilique dans laquelle des moines de Montmajoux gardaient les reliques de saint Antoine rapportées d'Orient [5]. Quant à l'hospice fondé au début du XIIe siècle, il abritait des laïcs qui se vouaient au service des malades et des indigents, sans se spécialiser obligatoirement dans le mal des ardents. Cette coexistence de deux communautés, régulière et séculière, provoque à la fin du XIIe siècle maintes difficultés au sein de l'ordre qui évolue alors vers des structures plus courantes : assimilation des frères à des religieux (1218), puis adoption de la règle de saint Augustin (1247). Cette restructuration n'est pas sans in-

1. R. FIÉTIER, *La cité de Besançon*, p. 1313.

2. Acte de 1179, Archives dép. Doubs, 67 H 238.

3. L'hôpital de Ferrette existe en 1314 : J.-P. PRONGUÉ, *La prévôté de Saint-Ursanne au XIVe siècle*, Mém. Maîtrise, Besançon 1976, dactyl., p 38.

4. Sur les Antonins, les diverses études de L. MAILLET-GUY, *Les origines de Saint-Antoine,* Valence, 1908 ; idem, Les grands maîtres de Saint-Antoine, dans *Bull. Soc. archéol. Drôme,* LIX (1925), p. 141-159, 267-280 ; du même, Les commanderies de l'Ordre de Saint-Antoine en Dauphiné, dans *Revue Mabillon,* 61 (1926), p. 1-26, p. 173 et suiv. ; 1927 : p. 114, 218, 352 ; 1928 : p. 1, 81. Ajouter B. BLIGNY, *Les ordres religieux*, p. 445-452. L'ouvrage de l'abbé BRUNE, *Histoire de l'Ordre hospitalier du Saint-Esprit*, Lons-le-Saunier et paris, 1892, n'a pas été remplacé.

5. U. ROBERT, *Histoire du pape Calixte II*, p. 49.

fluence sur l'expansion des antonins, ni sur l'organisation interne des maisons : si l'essaimage a démarré rapidement grâce à la popularité du grand maître et de la cause, il faut attendre la régularisation du xIII^e siècle pour que l'expansion s'intensifie hors du Viennois.

S'appuyant sur une tradition quelque peu malmenée, les érudits ont vu dans le comté de Bourgogne une seconde terre d'élection des antonins, après le Dauphiné, tant par le nombre des maisons que par leur précocité [1]. Or, comme en Lyonnais, la propagation de l'ordre ne se fait pas avant le xIII^e siècle, avec l'exception d'Aumonières, fondée dans les environs de Champlitte par les seigneurs de Fouvent au temps de Calixte II. La création de cette maison sur la route de Besançon à Langres s'explique mal : rien n'autorise à l'attribuer à une recrudescence du feu sacré, maladie liée à l'ergot du seigle, ni à un grand maître, Etienne, issu de la famille comtale de Bourgogne, dont l'existence relève de l'affabulation [2] ; reste l'influence de l'archevêque Guy de Vienne : fils du comte Guillaume le Grand, il garde durant son épiscopat de nombreux contacts avec sa province d'origine, facilitant ainsi les relations avec les grands du Dauphiné.

Aumonières, selon toute vraisemblance, doit sa fondation aux seigneurs de Fouvent : ce sont eux qui lui font les premières donations, ce sont leurs successeurs, les Vergy, qui en assurent la garde au xIII^e siècle. Mais nous ne pouvons suivre la tradition qui fait remonter sa création à la fin du xI^e siècle, avant que n'existât l'hospice du Dauphiné. Le premier acte qui certifie son existence date des années 1125/1136 : l'évêque de Langres, Guilenc, atteste que les seigneurs de Fouvent, de Jonvelle, les comtes Renaud et Guillaume de Bourgogne lui ont donné des droits d'usage sur les territoires de Champlitte, Pierrecourt, Larrey et Courtesoult.

Quoi qu'il en soit, la maison existe avant 1125, grâce aux seigneurs de Fouvent, qui contrôlent la route de Langres au-delà de la Saône : elle a à sa tête un maître, Etienne, qui reçoit des donations des Jonvelle et des comtes de Bourgogne [3]. Mais, sitôt sa naissance enregistrée, l'établissement replonge dans les ténèbres pour n'en sortir qu'un siècle plus tard. Au moment où l'ordre opère sa mutation, vers 1220-1230, Aumonières, appelée indistinctement maison ou hôpital de Saint-Antoine, acquiert alors une réelle importance avant de devenir commanderie vers 1270 : les nombreux dons qu'elle reçoit, les achats de dîmes qu'elle réalise, témoignent d'une certaine aisance et d'une bonne audience auprès de l'aristocratie ; outre les frères et sœurs qualifiés de religieux, le personnel comprend aussi des clercs vivant sous la direction d'un maître [4].

La diffusion dans le diocèse ne s'accomplit pas avant le milieu du xIII^e siècle et

---

1. On trouve l'expression de cette tradition dans LOYE (abbé), *Histoire de l'Eglise de Besançon*, II, p. 285 et suiv. et dans J. de TRÉVILLERS, *Sequania monastica,* dont les données ont été reprises par B. BLIGNY, *Les ordres religieux*, p. 452.
2. Le grand maître Etienne figure sur la liste de la *Gallia christiana*, XV, col. 187 ; il est repris par U. ROBERT, *Histoire du pape Calixte II*, p. 21, mais nié par L. MAILLET-GUY, *Les grands maîtres de l'ordre de Saint-Antoine*, p. 32.
3. Archives dép. Haute-Saône, H 2, copie de 1244. Il n'y a pas d'étude sur cette maison : P. MARNOTTE, Mémoire sur l'ancienne commanderie d'Aumonières, dans *Mém. Acad. Bes.*, 1866-1867, p. 117-141, n'aborde pas son histoire ; architecte de formation, l'auteur fait une description intéressante des ruines ; l'article de P. FOURNIER dans le *Dictionnaire Hist. et Géo. Eccl.* n'apporte rien sur les origines de la maison.
4. 1255 (Archives dép. Haute-Saône, H 20) : « Humbelin, clerc de Champlitte, désirant entrer rapidement dans la religion de Saint-Antoine...».

d'une façon beaucoup moins large qu'on ne l'a cru jusque-là ; des confusions avec le culte de saint Antoine ont fait avancer le chiffre d'une dizaine de maisons, alors que trois seulement résistent à un examen critique : Lons-le-Saunier, Ruffey-sur-Seille et Besançon [1]. Mis à part cette dernière, justifiée sans doute par la croissance de la ville, les deux autres doivent probablement leur existence à la famille de Vienne, issue des comtes de Bourgogne et possessionnée dans le sud du Jura. Pour être moins spectaculaire, l'expansion des antonins n'en est pas moins révélatrice de leur bonne renommée [2] et du succès des grands ordres hospitaliers, puisqu'elle est concomitante de celle du Saint-Esprit.

Saint-Esprit   Fondés à Montpellier à la fin du XIIᵉ siècle, les hospitaliers du Saint-Esprit se sont très vite imposés à l'attention de la Chrétienté grâce, en partie, à Innocent III qui les recommande aux évêques en 1198, avant de leur confier Sainte-Marie-en-Saxe, à Rome : « Là, ceux qui ont faim sont rassasiés, les pauvres reçoivent des vêtements, les malades des secours ; l'abondance des consolations est proportionnée à la grandeur de la misère, de sorte que le maître et les frères sont moins les protecteurs hospitaliers des malheureux que leurs serviteurs » [3]. En 1213, le même pontife approuvait la règle de cet institut établi par son fondateur Guy, selon les normes de la régularité et de la centralisation ; aux frères et sœurs qui font leur profession de foi, il propose comme but la charité évangélique sans la restreindre à une œuvre particulière : toutes les infirmités humaines doivent requérir leur sollicitude, alors que la plupart des ordres créés jusque-là (Saint-Lazare, Trinitaires, Saint-Jean de Jérusalem) spécialisent leur action. L'abbé Brune a beaucoup insisté sur ce caractère universaliste et sur l'organisation interne de l'ordre comme facteurs essentiels de son succès ; conformément aux dispositions de Latran III, chaque maison pouvait ériger pour ses besoins propres une chapelle et un cimetière, recevoir des libéralités des fidèles, sans que l'ordinaire fît obstacle.

L'expansion revêt un double caractère : rapide et omniprésent, puisque, du vivant même de Guy, l'Ordre gagnait toute la Provence, Rome, puis Troyes (1198), Dijon (1204)..., mais nulle part il ne connaît autant de succès que dans le comté de Bourgogne où, dès le XIIIᵉ siècle, Besançon devient une des principales maisons avec Auray en Bretagne. Si les liens de parenté unissant les seigneurs de Montpellier aux ducs de Bourgogne ont favorisé l'essaimage à Dijon, l'arrivée des hospitaliers dans la cité archiépiscopale suit une filière inconnue, car une seule mention dans l'obituaire du Saint-Esprit indique que Jean, seigneur de Montferrand, proche de Besançon, a

---

1. L'hôpital de Lons est cité en 1257 dans le testament d'Isabelle de Courtenay (Archives dép. Jura, 1 F) et en 1286 dans celui de Jourdain, curé de Chilly (ROUSSET, *Dictionnaire des communes du Jura,* III, p. 626). Si l'existence de l'hôpital de Ruffey-sur-Seille (Jura, canton de Bletterans) est attesté au début du XIVᵉ siècle, l'on ne peut, faute de preuve, retenir les traditions rapportées par ROUSSET (*ibidem*, V, p. 503) et par D.-A. THIBOUDET, Notice sur la commanderie de Saint-Antoine de Ruffey, dans *Soc. Emul. Jura*, 1863, p. 55 : fondation au XIIᵉ siècle par Thibert de Montmorot ou par un membre de la famille de Vienne. De même pour Besançon : reprenant les données de F.-I. DUNOD (*Histoire de l'Eglise de Besançon*, I, p. 185), J. de TRÉVILLERS fait d'Anseri, grand protecteur des ordres religieux, le fondateur de cet hôpital situé rue des Chambrettes ; mais la première mention retrouvée est de 1304.

2. En 1237, l'évêque de Langres confie l'hôpital de Morges, acculé à la faillite, aux frères de Saint-Antoine en Viennois pour qu'ils le réforment et le desservent au mieux (Bibl. nat., lat. 17099, cartulaire de l'évêché de Langres).

3. Bulle d'Innocent III du 22 avril 1198, dans l'abbé BRUNE, *Histoire de l'ordre hospitalier du Saint-Esprit*, p. 419.

fondé et doté cet hôpital, avant de mourir en 1207 [1]. Lorsque ses archives permettent de suivre son histoire après 1235, Besançon fait déjà figure d'établissement important qui reçoit juridiction sur d'autres maisons du diocèse, puis de la périphérie [2].

Toujours sur la frange occidentale et sur la route de Langres, c'est un seigneur qui, en février 1238, donne au recteur de Besançon une maison à Gray pour en faire un hôpital, tandis que l'année suivante, les sires de Chaussin lui confient la desserte du leur, sur l'initiative des anciens occupants. Avant 1245, Poligny vient compléter cette première série de créations [3]. Mais déjà le rayonnement de Besançon dépasse le cadre diocésain pour étendre son influence et sa juridiction sur les maisons de Lorraine (Toul en 1238), puis de Bourgogne (1263) et de Suisse romande ; par la suite, d'autres maisons diocésaines s'agrègent à l'hôpital bisontin, particulièrement des petits hôpitaux ruraux en difficulté [4].

Ce rapide bilan suggère plusieurs remarques : l'ordre du Saint-Esprit s'implante dans les bourgades, principalement celles qui ne disposaient pas encore d'établissement, d'accueil ou de soins : Gray, Poligny, Dole, sans négliger pour autant la campagne puisqu'il accepte les cinq hôpitaux que lui donne Jean de Chalon-Auxerre en 1301. Aussi, d'une maison à l'autre, la différence existe : anciens hospices, maladreries, simples granges, la plupart d'entre elles ne sauraient rivaliser avec Besançon et ressemblent plutôt aux autres hôpitaux autonomes. Outre les atouts énumérés précédemment, l'audience de l'ordre auprès des laïcs repose sans doute sur des relations familiales, mais tient compte aussi des voies de passage

Léproseries et hôpitaux

Ainsi, dans cette seconde moitié du XIIe siècle, l'action caritative a amorcé sa mutation : si monastères et chapitres vivent encore sur leur lancée, l'initiative leur échappe progressivement en faveur des laïcs qui fondent à leur tour des hôpitaux, des fraternités charitables, dont le succès est confirmé par leur transformation en congrégations, tels les antonins ou l'Ordre du Saint-Esprit. Partout se créent des *méseleries* pour héberger les lépreux : nombreuses autour des agglomérations urbaines, elles parsèment aussi les campagnes où les communautés rurales unissent leurs efforts pour financer des établissements. Enfin, des confréries pieuses qui, par leurs cotisations et leurs dons assurent des revenus complémentaires, viennent compléter ce réseau hospitalier.

De son côté, l'Eglise cherche à canaliser ces mouvements en donnant un statut à ces institutions charitables et en les plaçant sous le contrôle d'un personnel spécialisé : ainsi le IIIe concile du Latran se préoccupe-t-il du sort des léproseries, tandis qu'Innocent III s'intéresse vivement à l'Ordre du Saint-Esprit et que le succès des

---

1. Archives dép. Doubs, 53 J VI, fol. 28, copie du XVIIe siècle. Dans son ouvrage, l'abbé BRUNE, p. 174, reprend les conclusions d'A. CASTAN (A.), Notice sur l'hôpital du Saint-Esprit de Besançon, dans *Annuaire du Doubs*, 1864, p. 152-174, 1865, p. 177-226 ; on complétera leurs remarques par R. FIÉTIER, *La cité de Besançon,* p. 1314.
2. Le fonds, très importzant, de l'hôpital du Saint-Esprit se trouve déposé aujourd'hui aux Archives dép. du Doubs, sous la cote 53 J.
3. Sur cet hôpital de Gray, J. GAUTHIER, *Notice historique sur l'hôpital du Saint-Esprit de Gray (1238-1790)*, Vesoul, 1873, p. 2. Sur Chaussin, voir E. PÉRARD, *Recueil de plusieurs pièces,* p. 441 : l'hôpital, qui existait déjà, semble l'œuvre de Simon, seigneur du lieu ; il était dirigé par une femme, Agnès, *conservatrix hospitalis,* qui, mue par une saine pensée, en a investi corporellement ledit frère (recteur de Besançon) en son nom et au nom des siens. Sur Poligny, voir F. CHEVALIER, *Mém. hist. sur la ville de Poligny,* I, p. 123.
4. Voir le tableau : L'ordre du Saint-Esprit.

ordres mendiants laisse espérer une nouvelle approche de la pauvreté. Aux hospices et aumôneries viennent alors s'ajouter des maisons plus spécialisées dans les soins aux malades et les secours aux indigents.

Le diocèse de Besançon s'insère aisément dans cette évolution générale, sans perdre toutefois son originalité : alors que dans le royaume de France, notices de fondation et statuts d'hôtels-Dieu attestent l'ampleur du mouvement, la documentation locale paraît l'ignorer et n'a retenu du phénomène que les initiatives relevant des grands ordres ; il faut attendre les nouvelles habitudes testamentaires de la seconde moitié du XIIIᵉ siècle pour que la générosité de quelques bienfaiteurs sorte de l'anonymat les hôpitaux ruraux ou les léproseries, et encore les legs pieux vont-ils plus fréquemment aux églises qu'aux établissements hospitaliers. Certes, la toponymie suppléerait facilement ces lacunes, tant abondent les malatières, mais faute de repères chronologiques, son apport ne peut profiter à notre époque.

Caractères généraux   Aussi, lorsqu'on dresse un bilan à partir de toutes les mentions recueillies aux XIIᵉ et XIIIᵉ siècles, les résultats s'avèrent-ils décevants et d'interprétation délicate [1]. Chronologiquement, *la révolution charitable* ne débuterait dans le diocèse qu'avec la seconde moitié du XIIIᵉ siècle, car jusquelà, les créations hospitalières demeurent peu nombreuses, le XIIᵉ siècle apparaissant même particulièrement indigent en la matière. Mis à part les petits hôpitaux de Salans et de Saligney (dans la vallée de l'Ognon), qui passent de bonne heure à Saint-Jean de Jérusalem, la léproserie de Malverne qui adopte la même filiation et Aumonières rattaché aux antonins, seuls les établissements de Besançon et de Salins ont une existence certaine, celui de Dole n'ayant pour lui que la vraisemblance [2]. L'aube du XIIIᵉ siècle n'apporte pas encore les changements escomptés par rapport à l'évolution générale : certes, l'Ordre du Saint-Esprit pénètre en force dans la région ou à ses portes (Dijon, Fouvent, Besançon, Chaussin, Gray, Poligny), mais les léproseries, maisons-Dieu et confréries ne semblent pas démarrer avant le milieu du siècle, le diocèse accusant un décalage aussi surprenant qu'incontestable [3]. Les résultats étonnent d'autant plus qu'ils révèlent de criantes disparités géographiques : le nord et l'est opposent un vide presque total à la forte densité du centre et de l'ouest, approximativement la région courant de l'Ain à l'Ognon, où se trouvent léproseries et hôpitaux avec quelques concentrations autour de Besançon et Salins.

A la lumière de cette enquête, quelles conclusions dégager ? Peut-on considérer les résultats comme définitifs et conformes à la réalité de l'époque ou altérés par les aléas documentaires ? Le poids de ces derniers se fait incontestablement sentir, puisque la carte met en évidence les zones vides que contrôlent les grandes abbayes aux chartriers déficients, Luxeuil, Lure et Faverney, ou la principauté de Montbéliard touchée par le même phénomène ; inversement, la partie occidentale correspond à une situation archivistique meilleure, dans la mesure où quelques grands lignages —

---

1. Se reporter aux deux cartes : *Structures hospitalières* et *Les grands ordres hospitaliers aux XIIᵉ et XIIIᵉ siècles*. Pour faire ce bilan, nous n'avons retenu ni les indications toponymiques, ni les données conjecturelles relevant de la tradition.

2. Malans et Saligney : Archives dép. Jura, 15 H 5 et 15 H 19, cités respectivement en 1141 et 1137. La léproserie de Malverne est connue par un acte des années 1170/1175 (voir plus haut) ; sa localisation est incertaine : l'acte la situe *in Franca valle*, qu'on a identifié à Franchevelle (Haute-Saône, canton de Lure), en un lieu où les possessions comtales sont rares. Pour Aumonières, voir plus loin.

3. Dans le diocèse d'Angers (J. AVRIL, *Le gouvernement des évêques*, p. 132, les premières confréries apparaissent au début du XIIᵉ siècle, puis, après un tassement, le mouvement reprend avec beaucoup plus d'ampleur et sous des formes variées après 1180.

familles comtales et alliées — ont conservé leurs cartulaires. Mais le contraste n'est pas imputable aux seules sources, il reflète aussi des oppositions historiques.

L'est du pays, qui coïncide avec la partie montagneuse du Jura, n'a pas encore réalisé son essor économique, justifiant par là la rareté des établissements. D'autre part, le regroupement des maisons hospitalières le long de quelques axes de circulation n'a rien de fortuit, puisque celles-ci s'adressent aux pèlerins, aux voyageurs, aux errants et que la propagation de la lèpre suit aussi les déplacements de population. Ainsi se trouvent confirmés les deux principaux itinéraires qui traversent le diocèse : l'axe Italie-Champagne et la voie nord-sud qui longe le Vignoble et croise la précédente à Besançon ; d'autres routes moins importantes se greffent sur ces artères, telle la diagonale qui, de Lons, gagne les rives de l'Ain puis Saint-Claude, alors que la transversale ouest-est conduisant au Rhin souffre toujours d'un sous-équipement. Reflet des grandes orientations du commerce international et des axes de pérégrinations, ce contraste n'est pas compensé par le réseau des grandes abbayes ou des commanderies militaires qui pratiquent aussi l'hospitalité et qui n'abondent pas dans le secteur nord-est.

Une seconde remarque découle du bilan cartographique : la super-position des réseaux hospitaliers et urbains, comme dans les autres provinces. Il est logique, en effet, que les hôpitaux se multiplient autour des villes, là où se concentre une clientèle de malades, d'impotents et d'autres nécessiteux. Ainsi s'esquisse une hiérarchie des principales agglomérations, corroborant les supputations économiques et confirmée un peu plus tard par l'implantation des ordres mendiants [1] ; par leurs établissements multiples, Besançon, Salins puis Lons-le-Saunier se dégagent nettement d'un peloton de petites villes disposant d'un hôpital et d'une léproserie : Pontarlier, Dole, Poligny, Orgelet, Gray, tandis que Vesoul, Montbéliard et Belfort s'urbanisent plus difficilement [2].

Bilan   Si les modalités précises varient avec chaque localité, l'analyse des principaux exemples met en évidence l'implantation tardive des maisons charitables. Besançon, nous l'avons vu, n'a sa première qu'au milieu du XIIe siècle : il s'agit de Sainte-Brigide, qui ressemble davantage à un hospice pour familiers du chapitre qu'à un établissement de soins ; avec Saint-Jacques des Arènes, établi vers 1182 dans le quartier de Battant, se concrétise l'accueil des pèlerins, tandis que l'ordre du Saint-Esprit dote, au début du XIIIe siècle, la ville de son premier hôpital public, doublé un peu plus tard par celui des antonins ; sont rejetées dans la proche banlieue deux léproseries (La Malate et La Vèze) et un hospice pour voyageurs (Saint-Nicolas de Ballon) [3].

Malgré la présence des salines, Salins ne semble bénéficier d'aucune antériorité sur la cité épiscopale puisque le premier hôpital connu, celui de Montjoux, est contemporain de Sainte-Brigide ; il est complété par celui de Saint-Ferréol, en banlieue ; comme aucune autre fondation ne survient avant le début du XIVe siècle, malgré l'essor économique et l'intensification du trafic, il faut attribuer cela à la multiplication des hospices monastiques et canoniaux qui accueillent aussi des hôtes de

---

1. Voir la carte des Ordres Mendiants au XIIIe siècle.

2. Le premier hôpital de Montbéliard est créé en 1248 par le comte Thierry (L. VIELLARD, *Doc. et Mém. pour l'hist. du Territoire de Belfort,* n° 413) tandis que celui de Vesoul n'est pas certain au XIIIe siècle et que Belfort n'a le sien qu'au milieu du XIVe siècle.

3. Sur ces hôpitaux bisontins, nous renvoyons à R. FIETIER, *La cité de Besançon,* p. 1313 et suiv. L'hôpital de Saint-Antide, adjoint à l'abbaye de Saint-Paul, n'apparaît pas avant 1350 et celui de Saint-Nicolas de Ballon devait se situer dans la banlieue septentrionale sur la route de Langres ou celle de Vesoul.

passage ; enfin, deux léproseries desservent chacune un bourg de Salins : Pontamou-geard et les Breux [1]. Encore plus mal connues, les structures hospitalières de Lons ne paraissent pas se mettre en place avant le xiiie siècle et sont le fait des grands ordres, antonins et Saint-Esprit : d'ailleurs, les deux établissements ne tardent pas à fusionner après la fermeture des salines (1314), qui entraîna une récession écono-mique de la ville. Quant aux autres agglomérations, la rareté des renseignements an-térieurs à 1250 n'autorise guère que des hypothèses.

Comme beaucoup de créations appartiennent à la période postérieure à celle de notre étude, nous n'en développerons pas les modalités. La plupart des hôpitaux doi-vent le jour à l'initiative de grands seigneurs : la famille comtale donne l'exemple (Dole, Malverne, La Loye, Bracon...), suivie par les barons (les Fouvent, Montbé-liard, Jonvelle) et les lignages de moindre envergure (Chaussin, Arguel, Montfer-rand). Bien que tardif, le cas de Jean de Chalon-Auxerre, qui donne en 1301 au Saint-Esprit de Besançon cinq de ses hôpitaux, témoigne de cette action princière [2] ; celle-ci ne paralyse pas complètement les gestes des clercs, qui disposent de leurs bonnes œuvres, ni le rôle des collectivités où les confréries n'apparaissent pas avant la seconde moitié du xiiie siècle. A en juger par les dotations initiales, il s'agit le plus souvent de petits établissements, incapables de secourir beaucoup de pauvres [3].

Restent le fonctionnement de ces hôpitaux, la composition et le statut du person-nel de service, les rapports avec les autorités ecclésiastiques, les soins apportés aux malades, la disposition des bâtiments... Sur tous ces aspects, les sources demeurent muettes ou ne font que de très vagues allusions à des faits connus par ailleurs : frères et sœurs y vivent sous l'autorité d'un maître ou d'un recteur, mais se recrutent sur proposition du chapitre ; lorsque, conformément au canon de Latran III, l'hôpital possède une chapelle et un cimetière, l'intervention de l'ordinaire s'avère indispen-sable et la direction revient souvent à un clerc chargé de la desserte spirituelle [4].

Même les maladreries, habituellement astreintes à des règlements très stricts pour éviter la contagion, échappent à toute investigation. La lèpre, appréhendée avec épouvante dans toute la Chrétienté, n'a pas laissé de souvenirs terrifiants dans les actes de la pratique courante, et seul un statut du chapitre général de Cîteaux de 1210 évoque ces malades difformes, entrevus sur les routes par les abbés cisterciens : « A l'aller comme au retour, les pères capitulaires rencontrent des lépreux et autres malades dont la seule vue inspire un sentiment d'horreur chez tous ceux qui les ap-

---

1. La maladrerie des Breux, réservée au Bourg-Dessous, se trouvait du côté de Vaugrenans, tandis que celle de Pontamougeard, destinée au Bourg-Dessus, avoisinait Cernans.
2. Acte de 1301 publié par l'abbé BRUNE, *Histoire de l'ordre hospitalier du Saint-Esprit*, p. 437 : « Nous avons fait édifier et construire dans nos villes de Rochefort, Monnet, Orgelet, Saint-Julien et Arinthod, à nos propres frais et dépens, un hôpital avec un autel en l'honneur de la glorieuse Vierge Marie... ». Il ne s'agit pas de créations *ex nihilo*, parce que plusieurs d'entre eux existaient auparavant sous forme de léproseries (Monnet, Montfleur, Orgelet, Saint--Julien), cités dans le testament d'Isabelle de Courtenay en 1257 (Archives dép. Jura, 1 F).
3. Trente livres pour l'hôpital d'Orgelet en 1292, quinze pour celui que fonde à Saint-Loup, vers la même date, Héloïse de Joinville (texte dans J. FINOT, *Les sires de Fauco-gney*, 1886, p. 261) alors qu'Otton IV donne cent livres pour son hôpital de Jougne (*Cartulaire d'Hugues de Chalon*, n° 401).
4. Propositions du chapitre pour le recrutement, à Sainte-Brigide de Besançon en 1263 (Archives dép. Doubs, G 531, fol. 386). Intervention de l'ordinaire à Montbéliard en 1248 (L. VIELLARD, *Doc. et Mém. pour servir à l'hist. du Territoire de Belfort*, n° 413, 424, 428). Vers 1250/1270, frère Etienne, recteur et maître de la maison des lépreux de Champlitte, est un clerc originaire de cette ville (Archives dép. Haute-Saône, H 9).

prochent »[1]. A l'exemple du roi Louis VII, qui a multiplié les léproseries et favorisé l'expansion de l'ordre de Saint-Lazare pour les desservir, seigneurs et communautés ont, dès le XIIe siècle, établi des méseleries : l'impératrice Béatrice le fait à Malverne vers 1170 et sa mort ne tarde pas à compromettre l'avenir de l'établissement, en proie à la *curée des méchants*[2]. Mais c'est le seul exemple avant la généralisation du mouvement au milieu du XIIIe siècle : alors surgissent des maladreries autour des agglomérations, le long des grands itinéraires et de façon plus clairsemée dans les campagnes, leur concentration dans le sud du Jura provenant des disparités documentaires[3]. Ces conditions expliquent l'absence de statut avant la fin du siècle[4]. La coïncidence des réseaux routier et hospitalier n'est pas fortuite, elle est valable pour le Saint-Esprit comme pour les autres centres d'accueil ; peut-être tenons-nous là une explication des grands vides constatés sur la carte hospitalière. Quant au décalage que présentent dans le diocèse les œuvres de miséricorde par rapport aux autres maisons, aucune hypothèse satisfaisante n'en rend compte : seule une meilleure connaissance des besoins de la population permettrait de répondre à cette interrogation.

---

1. CANIVEZ, *Statuta capitulorum*, I, n° 20, p. 373.

2. J. DELAVILLE LE ROULX, *Cartulaire... des Hospitaliers*, I, n° 915, p. 581.

3. Dans son testament, publié en 1257, Isabelle de Courtenay, deuxième femme de Jean de Chalon, fait un legs à quatorze léproseries (Archives dép. Jura, 1 F, copie moderne).

4. Nous possédons les statuts de la maladrerie d'Arbois (fin XIVe siècle) et d'Arlay (1301) : les premiers ont été publiés par L. STOUFF, *Le cartulaire de la ville d'Arbois au comté de Bourgogne,* Paris, 1898, p. 109-112, qui indique comme date 1053 : il s'agit d'une erreur de copiste, car ni les personnages cités (Renaud, seigneur de Bourgogne, un sire de Thoire, seigneur de Vaudrey), ni le contenu du document, ne correspondent aux données du XIe siècle, mais recouvrent une époque bien postérieure, la fin du XIIIe siècle. Le second a été édité par B. ABRY D'ARCIER, *Histoire du bourg d'Arlay,* Paris, 1883, p. 128 : pour cet auteur, la léproserie appelée Malachière aurait été fondée au cours du XIIe siècle. Il est donc difficile de tirer des conclusions sans extrapoler, de fonder sur des exemples tardifs la participation des communautés rurales au mouvement hospitalier. Disons seulement qu'on y trouve les dispositions de Latran III autorisant les lépreux vivant en communauté à disposer d'une église et d'un cimetière, à bénéficier des services d'un prêtre, à jouir de l'exemption de dîmes, à condition de respecter les droits des paroisses dans lesquelles étaient fondées les maladreries. Voir l'important article de J. AVRIL, Le IIIe concile de Latran et les communautés de lépreux, dans *Revue Mabillon,* LX (1981), p. 21 - 76.

CHAPITRE 5

LE SORT DES FEMMES PIEUSES

Malgré le renouveau historique sur le rôle et la place de la femme dans les sociétés anciennes, l'image de la nonne médiévale a du mal à se dégager des normes juridiques imposées par la réglementation ou des modèles proposés par l'hagiographie, tandis que la littérature et les sermons continuent de véhiculer une vision stéréotypée de la fausse moniale. Bien des incertitudes demeurent qui appellent de nombreuses enquêtes régionales[1].

Si le XIIe siècle confirme effectivement dans le diocèse de Besançon l'essor du monachisme féminin fondé sur le succès des ordres nouveaux, l'indigence documentaire compromet toute chance d'en saisir les modalités et d'apporter à l'histoire des nonnes une contribution originale. Plus que les monastères d'hommes et autant que les ordres hospitaliers, les abbayes de femmes ont été victimes de la destruction de leurs archives ; même les plus prestigieuses d'entre elles, Château-Chalon et Baume-les-Dames, ne conservent de l'époque féodale que des vestiges insignifiants[2]. Dans ces conditions, il était impossible d'intégrer l'étude des religieuses dans le découpage chronologique suivi jusque-là. Pour éviter un morcellement disparate ou inégal et prévenir toute extrapolation hasardeuse, nous avons préféré regrouper en un seul chapitre toutes les indications sur le sort des religieuses au cours de la période envisagée, en axant notre recherche autour de quelques problèmes fondamentaux.

Avant que ne s'amorce le renouveau du XIIe siècle, quelle était la situation locale, en particulier le sort des monastères féminins existant réellement par rapport aux affirmations traditionnelles ? L'insuffisance des structures d'accueil, explique-t-elle les efforts de création qui se déploient dans la seconde moitié du XIIe siècle et dont le mérite revient aux Cisterciennes ? Mais ces fondations concurrençaient les abbayes traditionnelles, obligatoirement touchées dans leur recrutement et leur développement par ces nouvelles venues : il convient donc de voir leurs réactions.

---

1. Nous renvoyons aux ouvrages les plus généraux pour la bibliographie sur cette question des religieuses au Moyen Age : dom Ph. SCHMITZ, *Histoire de l'ordre de saint Benoît*, VII : *Les moniales* ; M. de FONTETTE, *Les religieuses à l'âge classique du droit canon. Recherches sur les structures juridiques des branches féminines des ordres* ; dom J. HOURLIER, *L'âge classique des religieux (1140-1378)* ; dans son article sur Les nonnes au Moyen Age (*L'Histoire*, n° 7, 1978, p. 16-24), M. PARISSE pose en quelques pages la problématique du sujet qui nous intéresse; du même, *Les nonnes au Moyen Age* ; P. L'HERMITE-LECLERCQ, *Le mouvement féminin dans la société de son temps. Le monastère de La Celle (XIe-début XVIe siècle)*.
2. Jusqu'au. XIVe siècle, les archives de Baume-les-dames sont constituées de quelques pièces éparses, qui ne permettent pas de retracer son histoire ; celles de Château-Chalon n'offrent pas une meilleure situation : sans l'existence d'un obituaire et sans l'œuvre d'un érudit du XVIIIe siècle qui a publié quelques sources à la suite d'une monographie consacrée à cette abbaye, nous serions réduits au silence, comme pour Jussamoutier et Faverney avant leur transfert à des ordres masculins. Quant aux maisons cisterciennes, Collonges, Ounans, Corcelles et Montarlot, leur indigence documentaire n'a jamais permis d'en faire l'histoire. C'est dire que ce chapitre n'a été possible qu'au prix d'une collecte très systématique et quasi exhaustive des sources.

A. DES MONASTERES EN PÉRIL

Terre du monachisme au haut Moyen Age, le diocèse de Besançon n'avait point oublié le sort des femmes pieuses qui voulaient échapper aux embûches du siècle et suivre la voie de la contemplation ; sans nous attarder sur le cas des veuves et des vierges consacrées, nous savons, en effet, que les grands fondateurs n'avaient point totalement négligé la femme dans leurs projets et lui avaient ménagé une place, secondaire il est vrai : Romain et Lupicin avaient créé à La Balme une retraite pour leur sœur et ses compagnes, tandis que les disciples de Colomban développaient au nord de la Loire des établissements féminins ; Remiremont vit le jour au début du VIIᵉ siècle et, de son côté, l'évêque de Besançon, le colombanien Donat, rédigeait pour les moniales établies à Jussamoutier, au pied de sa cité, une règle dite depuis *Regula Donati*[1]. D'autres maisons naissent par la suite, si bien que l'on a l'impression que le XIᵉ siècle vit encore de cet héritage des temps héroïques, parvenu jusqu'à lui sans trop de dégradation.

C'est en réalité faire fi de l'œuvre du temps, qui exerce son impitoyable sélection en éliminant constamment les plus faibles ou les moins bien adaptés. Aussi convient-il de ne pas prendre à la lettre les recensements traditionnels qui ne tiennent pas compte des disparitions ou qui tombent dans la tentation d'exagérer l'ancienneté des nouveaux venus. Ainsi La Balme et Cusance, qui se rattachaient aux Pères du Jura ou aux disciples de Colomban, ont cessé depuis fort longtemps leur existence d'établissements féminins : le premier, qui prit le nom de son fondateur, saint Romain dont il abritait le corps, devint à une date indéterminée un simple prieuré d'hommes dans la dépendance de Saint-Oyend ; c'est du moins sous cette forme qu'il apparaît au XIᵉ siècle[2].

De même, la *cellula* de Cusance, où avaient été d'abord appliqués aux femmes les usages colombaniens, n'eut guère plus de durée puisque, avant même le milieu du VIIᵉ siècle, des moines occupent les lieux et s'y maintiennent avec plus ou moins de continuité jusqu'à la fin du XIᵉ siècle ; à cette date, l'abbaye paraît de nouveau en difficulté et, pour en assurer la survie, l'archevêque Ponce la confie aux moines de Saint-Oyend qui la transforment en un prieuré conventuel d'observance bénédictine[3]. Quant à l'autre création colombanienne dans le diocèse, Jussamoutier, elle n'eut pas plus de chance que Cusance : seule abbaye féminine de Besançon, qui comptait quatre collégiales de chanoines et un monastère bénédictin, elle succomba à la suite de circonstances inconnues : tombée entre les mains de laïcs, elle ne paraît plus abriter de moniales quand, en 1083, Baume-les-Moines l'acquiert des mains du comte Guillaume[4] et la transforme à son tour en un prieuré conventuel d'hommes : désormais la cité épiscopale resta sans couvent de moniales jusqu'à l'arrivée des Cisterciennes et des Clarisses au XIIIᵉ siècle.

A côté de ces maisons, dont on prolonge parfois abusivement l'existence, viennent celles dont la fondation est antidatée, dans le but évident de leur conférer le prestige de l'ancienneté : cette habitude, qui sévit déjà à l'époque féodale — nous en avons la preuve pour Baume-les-Moines et Château-Chalon — a souvent séduit des

---

1. Références dans *Histoire de Besançon,* I, p. 184.
2. Sur la période du haut Moyen Age, nous renvoyons à la synthèse de G. MOYSE, *Les origines du monachisme,* p. 46 et suiv. pour La Balme; p. 80-98 pour Cusance.
3. Archives dép. Jura, 2 H I, 72, 1 : acte de 1106.
4. A. CASTAN, Les fouilles de Notre-Dame de Jussamoutier dans *Mém. Soc. Emul.. Doubs,* 1876, p. XL-XLII. L'acte de cession en 1083 se trouve dans J.-B. GUILLAUME, *Histoire généalogique des sires de Salins,* I, p. 27.

auteurs plus récents qui appuient leur raisonnement sur de prétendues vraisemblances : qu'il y ait eu, par exemple, à Lons-le-Saunier, un chapitre de chanoinesses qui aurait précédé l'arrivée des Clarisses au XIIIe siècle, corroborerait sans doute ce que nous savons de l'essor économique d'une bourgade contrôlée par la famille cadette des comtes de Bourgogne et caractérisée jusque là par l'insignifiance de l'implantation religieuse [1], mais cette argumentation pourrait s'appliquer à bien d'autres agglomérations, telles Dole, Vesoul, Montbéliard...

Situation fin XIe siècle

Une fois écartées les affabulations, que reste-t-il comme établissements féminins susceptibles de recruter dans le diocèse de Besançon à la fin du XIe siècle ? Trois abbayes auxquelles vient s'ajouter Remiremont, tant sont étroits les liens qui unissent cette dernière au comté de Bourgogne. Juridiquement dans le diocèse de Toul, la prestigieuse abbaye romarimontaine de moniales, dont les origines remontent au début du VIIe siècle, est si proche de la frontière que son influence pénètre le nord du comté, dans lequel se joue une bonne partie de son histoire [2]. Même si nous ne pouvons en discerner la continuité avec l'époque antérieure, l'existence de ces liens au XIIe siècle découle de plusieurs indices significatifs.

Au plan juridictionnel, l'archevêque de Besançon semble avoir conservé quelques résidus d'un pouvoir autrefois plus étendu, puisque c'est lui qui donne la bénédiction à l'abbesse nouvellement élue [3] ; c'est de lui que sont tenus en fief la plupart, sinon la totalité des biens relevant de l'abbaye et situés dans le diocèse de Besançon [4]. D'après les donations mentionnées dans le *Liber Memorialis,* qui couvre la période IXe-XIIe siècles, et les échanges auxquels procède Remiremont avec les abbayes voisines, ses possessions dans le diocèse forment trois petites nébuleuses : à proximité de Vesoul (Frotey, Quincey), surtout de part et d'autre de la Lanterne aux environs de Faverney et plus au nord, à Martinvelle. Le début du XIIIe siècle marque un net accroissement de ces biens avec l'acquisition du Val d'Ajol et de Fougerolles, au nord-est [5]. Outre les droits fonciers et seigneuriaux habituels, ce temporel comprend le patronage de plusieurs églises situées dans les même secteurs géographiques et suggère un recrutement local, confirmé par les sources seulement au XIIe siècle : à cette époque, plus de la moitié des dames prébendées à Remiremont sont d'origine comtoise [6].

---

1. Références dans J. de TRÉVILLERS, *Sequania monastica,* I, p. 138.
2. La bibliographie se trouve dans l'ouvrage récent : *Remiremont. L'abbaye et la ville. Actes des journées vosgiennes (Remiremont, 1980),* Nancy, 1980, p. 313-363. Outre les articles cités plus loin, nous avons utilisé : *Liber Memorialis Romaricensis,* édité par E. HLAWITSCHKA, K. SCHMID et G. TELLENBACH, coll. *M.G.H., Libri Memoriales,* 1, 2 vol., 1970.— J. BRIDOT, *Chartes de l'abbaye de Remiremont des origines à 1231,* Univ. Nancy-II, 1980.— E. HLAWISCHKA, *Studien zur Abtissinnenreihe von Remiremont,* Saarbrücken, 1963.
3. C'est du moins ce qui semblerait découler des dispenses accordées au début du XIVe siècle par le pape Jean XXII : G. MOLLAT, *Jean XXII (1316-1334). Lettres communes,* n° 19343.
4. R. FIÉTIER, Présence de Remiremont dans le diocèse de Besançon, dans *Remiremont. L'abbaye et la ville,* p. 201.
5. *Ibidem,* p. 200.
6. M. O. BOULARD, Les chanoinesses de Remiremont du XIVe siècle au début du XVIIe siècle, *ibidem,* p. 65. Parmi les patronages d'églises qui appartiennent à Remiremont, quatre sont assurés au XIIIe siècle (Val d'Ajol, Fougerolles, Quincey et Amance), deux sont probables (Breurey et Fouchécourt), alors que deux sont incertaines (Martinvelle,

Comment s'étonner dans ces conditions des missions officielles confiées à des autorités ecclésiastiques bisontines, soit pour défendre l'abbaye — au XIIIe siècle, on parle des conservateurs apostoliques —, soit pour procéder à des enquêtes [1] ? Les archevêques Anseri, Humbert et Herbert interviennent tour à tour contre les seigneurs de Bourbonne ou d'Aigremont, coupables d'exactions à Martinvelle. Ces liens étroits entretenus avec le diocèse incitent donc Remiremont à s'intéresser vivement à ces confins septentrionaux, sur lesquels elle exerce avec Luxeuil, Lure et Faverney, une forte influence et qu'elle attire dans l'orbite lotharingienne. Lorsque se fondent les abbayes cisterciennes de Bithaine et de Cherlieu, à proximité même de leurs possessions, les abbesses ne restent pas indifférentes et procèdent à des amodiations de biens en leur faveur [2].

Ces quelques faits s'insèrent aisément dans l'évolution générale du monastère qui, dès la fin du XIe siècle, ne cesse d'accroître sa puissance et son audience : il acquiert le privilège d'abbaye royale, obtient des pontifes l'exemption, renforce ses liens avec la haute aristocratie lotharingienne et bourguignonne — l'abbesse Gisèle est la sœur du duc Thierry II —, profitant sans doute du dépérissement de Faverney ou du languissement de Lure, mais, ce faisant, les moniales évoluent vers un genre de vie de plus en plus libre, réalisant peut-être leur sécularisation avant le XIIe siècle.

Cette présence de Remiremont dans le diocèse se développe parallèlement aux destinées des trois maisons féminines qui subsistent à la fin du XIe siècle et qui présentent entre elles des points communs et des divergences. Si toutes trois ont derrière elles un long passé, elles ne jouissent ni du même prestige, ni du même rayonnement : Baume-les-Dames, la plus ancienne, ne remonte pas toutefois au Ve siècle, mais, dans le cas le plus favorable, au début du VIIe siècle et pourrait ainsi se rattacher au mouvement colombanien, comme on le prétendait à l'époque de la Réforme [3]. Château-Chalon ne se veut pas en reste et se forge elle aussi un passé

---

confirmé à Saint-Vincent de Besançon en 1178 et Villers-sur-Port, relevant normalement du prieuré de ce lieu).

1. Les premiers conservateurs, nommés par Innocent III le 3 mai 1216, sont le doyen de Saint-Etienne de Besançon, le chantre de Saint-Jean, le prieur de Saint-Paul (J. BRIDOT, *Chartes de l'abbaye de Remiremont,* p. 253) ; on trouvera dans cette publication plusieurs autres exemples d'intervention des abbés de Luxeuil ou des archevêques de Besançon au XIIe siècle : Anseri vers1130 (p. 122), Humbert en 1144 (p. 142 et 154), Herbert en 1165 (p. 193).

2. Avant 1150, l'abbesse Judith cède contre un cens récognitif plusieurs terres à Bithaine dans la vallée de la Colombine ; à Cherlieu, quelques prés situés à Baulay (J. BRIDOT, *Chartes de l'abbaye de Remiremont,* p. 186-187) ; en 1200, Remiremont cède à Bithaine quatre sièges de salines à Marsal contre un cens de soixante-dix sous toulois *(ibidem,* p. 218) : *quatuor sedes salinarias liberas et absolutas.*

3. J.-J. CHIFFLET *(Vesontio civitas imperialis,* Lyon, 1618, p. 66-69) a plaidé pour les origines très anciennes, tandis que G. MOYSE *(Les origines du monachisme,* p. 60-61) a réfuté les hypothèses fantaisistes pour ne retenir que les deux possibilités vraisemblables : la *Vita Ermenfredi,* rédigée à une époque indéterminée, peut-être carolingienne *(AA. SS., sept.,* VII, p. 111) mentionne le *monasterium virginum Balmam* vers 631, tandis que, dans sa *Chronique* composée au XIIIe siècle, Aubri de Troisfontaines *(M.G.H., SS.,* XXIII, p. 721) rapporte qu'en 763 « le duc Garnier a fondé l'abbaye des moniales de Baume où il fut inhumé et où il a encore une tombe remarquable ». Effectivement, sous l'Ancien Régime, Baume possédait un tombeau sur colonnes, reproduit par J.-J. CHIFFLET *(Vesontio,* II, p. 64) et décrit par DUNOD *(Histoire des Sequanois,* 2e partie, p. 153-154) comme un monument préroman, voire mérovingien ; pour J. GAUTHIER (Les monuments de l'abbaye de Baume-les-Dames, dans *Mém. Acad. Bes.,* 1889, p. 277-307) ce dernier daterait plutôt du XIIe siècle.

plus prestigieux que celui d'une *abbatiola* de la fin du IXᵉ siècle [1] : en prenant à son compte la tradition qui court au XIIᵉ siècle et attribue la plupart des fondations à des membres de l'aristocratie franque, elle se flatte du patronage de Norbert, patrice et de son épouse Eusébia et fait présider la dédicace de son église par l'évêque saint Léger d'Autun, légendes bientôt enregistrées et officialisées dans les documents de l'époque, puis matérialisées par l'iconographie [2].

Au moment où sa voisine de Baume-les-Messieurs, nichée dans la reculée de la Seille, s'enorgueillissait faussement de ses origines colombaniennes, Château-Chalon se prêtait elle aussi à un travestissement de l'histoire pour dorer son blason ; une modification toponymique facilitait d'ailleurs cette version : en remplaçant l'ancien *Carnonis Castrum* par *Castrum Caroli*, elle usurpait quelques bribes de légende carolingienne et l'imposant donjon qui barrait son éperon fut bientôt baptisé la Tour Charlemagne [3]. Le cas de Faverney est plus commun, puisque diverses sources bourguignonnes et comtoises s'accordent pour dater sa fondation du VIIIᵉ siècle, probablement vers les années 720-730 : sa disparition en tant qu'abbaye de femmes en 1132 lui évite le recours aux falsifications du passé.

Ce survol serait incomplet si nous ne parlions pas de la position géographique des différents monastères de femmes, beaucoup plus exposés que ceux des hommes aux pressions extérieures et, de ce fait, enclins à chercher la protection d'une enceinte urbaine ou le bouclier d'un puissant patron. De ce point de vue, la comparaison aboutit à des conclusions contradictoires. En effet, si Faverney ne pouvait s'abriter derrière des remparts, elle comptait parmi ses avoués le comte de Bourgogne ; de même, Jussamoutier blottie au pied de la cité bisontine s'honorait du même protecteur, ce qui n'empêcha ni l'une ni l'autre de dépérir. Baume-les-Dames occupait une position plus classique au centre d'une importante localité : avec le château qui domine la ville et garde un des passages du Doubs, avec ses trois églises paroissiales [4],

---

1. Lothaire II concède à l'archevêque de Besançon en 869 l'*abbatiola* de Château-Chalon et la *cellula* de Baume dans le *pagus* d'Escuens (Th. SCHIEFFER, *Die Urkunden Lothars I und Lothars II., M.G.H., Diplomatum Karolinorum*, III, 1966, n° 33).

2. Cette double tradition figure dans le martyrologe-obituaire de l'abbaye dont nous possédons une copie du XVᵉ siècle, mais qui remonte à une époque plus haute (postérieure au Xᵉ siècle). On y lit, au 24 décembre, la *depositio domini Nobarti patritii, nobilissimi principis,* et, au 5 janvier : *obiit Eusebia uxor Noberti patritii,* tandis qu'une mention apocryphe, semble-t-il, évoque le rôle légendaire de saint Léger : le 12 novembre, *dedicatio ecclesiæ beatæ Mariæ Castri Carnonis per manus domini Leodegarii* (A. VAYSSIERE, Obituarium abbatiæ Castri Caroli dans *Mém. Soc. Emul. Jura,* 1875, p. 124, p. 138). Quant à l'ancien portail de l'église qui aurait matérialisé dans ses statues-colonnes le souvenir de ces fondateurs légendaires, il a disparu, mais DUNOD de CHARNAGE en a donné une reproduction (*Histoire des Sequanois,* I, pr. XCVI) : l'on suppose avec vraisemblance que sa construction date de la seconde moitié du XIIᵉ siècle, époque à laquelle l'existence de Norbert et d'Eusebia ne faisait plus de doute, mais les statues représentaient tout normalement des personnages bibliques. En tout état de cause, Frédéric Barberousse se fait l'écho de cette tradition franque qu'il reproduit dans son diplôme du 19 septembre 1165 en faveur de l'abbaye : *prefatam ecclesiam quæ Castrum Caroli nuncupatur, a beatæ memoriæ Norberto patricio et Eusebiana consorte sua... fundatam* (DUNOD, *ibidem,* I, pr. XCVI)

3. Le rappel de ces traditions se trouve dans l'ouvrage de F.-L. LE RICHE, *Mémoire et consultations pour servir à l'histoire de l'abbaye de Château-Chalon,* 2ᵉ édition, Besançon, 1766 (dont la valeur réside essentiellement dans les documents que l'auteur a consultés et qui ont disparu par la suite).

4. Celle de Saint-Léger qui dessert le quartier du haut, celles de Saint-Martin et de Saint-Sulpice, situées de part et d'autre de l'enclos abbatial.

elle constitue une étape essentielle sur la voie de l'Alsace et Frédéric Barberousse s'y arrête en 1153 [1].

Non loin de la route de Lons-le-Saunier, Château-Chalon compense son isolement relatif par un site défensif exceptionnel : l'éperon rocheux, à l'extrémité duquel elle a pris place, est barré par un imposant château qui en garde l'entrée ; entre elle et la forteresse peut se développer le village, tandis que des falaises naturelles jouent ailleurs le rôle de remparts. Assez curieusement, son destin démarque celui de son voisin immédiat, le monastère de Baume-les-Moines : naissance concomitante, même démarrage modeste, expansion simultanée lors de la Réforme grégorienne, comme si le sud du diocèse avait tenu à se doter de deux établissements convenables.

La réforme

En fonction de son passé proche ou lointain, chacune des abbayes de femmes aborde la période de la réforme avec plus ou moins de chances d'adaptation : les quelques informations permettent, en effet, de lever certaines ambiguïtés avec la disparition de deux maisons et la survie des deux autres. Nous avons déjà évoqué le cas de Jussamoutier dont la mutation s'opère en 1083, sans aucune allusion à de quelconques nonnes.

Faverney   Un demi-siècle plus tard, Faverney subit le même sort en des circonstances mieux connues. Une lettre de saint Bernard, adressée à l'abbesse de ce lieu vers 1126, nous met au courant des efforts de cette dernière pour restaurer son monastère : dans ce but, elle a pris conseil auprès des personnes les plus qualifiées, saint Bernard et probablement l'archevêque Anseri, puisque Faverney relève encore de sa juridiction épiscopale, et elle a commencé par redresser la situation matérielle ; le jeune abbé de Clairvaux se réjouit de cette initiative et profite de la confiance qu'on lui prête pour formuler quelques remarques pertinentes [2] : « N'oubliez pas cependant, je vous en prie, que vous ne devez pas apporter moins de soin à réformer les mœurs de votre maison qu'à en réparer les murs... ».

Les propos de saint Bernard mettent en lumière les modalités de la Réforme applicables aux monastères anciens en déperdition : la reconstitution de leur puissance économique, fondée en grande partie sur les restitutions et nécessaire à leur autonomie, la réforme des mœurs qui passe généralement par un retour à la discipline régulière et l'élimination des abus, dont celui de la propriété individuelle : « Si votre charge, continue saint Bernard, vous oblige à corriger ou à supprimer les abus qu'elles (vos devancières) ont pu introduire, vous devez non seulement maintenir et conserver le bien qu'elles y ont fait, mais aussi l'accroître et le multiplier. Quant au prêtre qui demeure en cette maison, en gardant cependant les biens qu'il possède au dehors, il doit opter entre ces deux partis : renoncer à ses biens ou quitter l'hôtel-Dieu ».

Malgré ces conseils, la tentative de réforme échoue et, en 1132, l'archevêque Anseri ne ménage pas ses mots pour dénoncer publiquement la situation scandaleuse du monastère : « Nous avons visité la noble église de Faverney qui brillait aux temps anciens par la piété de ses moniales, afin de trouver quelque remède à son abandon

---

1. H. PATZE, Friedrich Barbarossa und die deutschen Fürsten, dans *Die Zeit der Staufen*, V, 1979, p. 45.

2. Lettre 301, dans DION-CHARPENTIER, *Œuvres de saint Bernard*, Paris, 1874, p. 29 ; dans E. MANTELET, *Histoire politique et religieuse de Faverney*, Paris, 1864, p. 56. La dépendance de Faverney envers l'archevêque est rappelée dans la bulle du 27 juin 1095 (J. TROUILLAT, *Monuments de l'hist. de Bâle*, I, p. 211) et par les serments de l'abbesse nouvellement élue (Bibl. mun. Besançon, Droz 32, fol. 403).

(*desolatio*) et, dans ce but, nous y avons convoqué les avoués de ce lieu : le comte Renaud, Guy de Jonvelle et son frère Henri, Thiébaud de Rougemont, Humbert de Jussey et son frère Louis. Nous avons trouvé cette abbaye indifférente à toute pratique religieuse et désolée par les troubles qu'y provoquaient ses occupants » [1].

Dans ce bilan sévère, — dressé, il est vrai, lors du transfert de l'établissement à la Chaise-Dieu — aucune allusion au rôle de l'abbesse, dont le nom ne figure pas dans la transaction : sa tentative de redressement a sans doute suscité beaucoup d'oppositions, tant au sein du couvent qu'à l'extérieur et a dû cesser avec la disparition de son animatrice. Le mal paraît alors sans remède, au point que les nonnes préfèrent abandonner les lieux et se rallier à la solution de l'archevêque : « Les moniales (*sanctimoniales*), le clergé et le peuple, les vassaux et les avoués ont alors d'une voix unanime approuvé l'union de l'église de Faverney à celle de la Chaise-Dieu ». Que devinrent les survivantes ? On voit par la suite l'une d'elles, Oudiarde dite Passerelle, *sanctimonialis* de Faverney, faire une donation à Clairefontaine [2]. Ont-elles regagné le siècle ou rejoint une autre abbaye [3] ?

Ces avatars successifs de Jussamoutier et Faverney contiennent plusieurs enseignements : l'influence de la réforme, par le biais de quelques personnalités —saint Bernard, Anseri, l'abbesse —, pénètre les monastères d'hommes et de femmes et tente de ranimer ceux qui vacillent, en y suscitant un retour à la discipline primitive ou en les transférant à un autre, si le mal s'avère incurable. L'échec de Faverney montre les difficulté d'un redressement, mais sans les expliquer : sécularisation avancée ? crise de recrutement ? usurpations laïques ? La lettre de l'abbé de Clairvaux fait allusion à ces appropriations considérées par les réformateurs comme la cause essentielle, et couramment pratiquées jusque-là avec la complicité des autorités ecclésiastiques [4].

Lorsqu'Anséri procède au transfert de juridiction, il prend bien soin de recueillir l'accord de toutes les personnes intéressées, pas seulement des moniales, mais aussi et surtout des laïcs, vassaux et ministériaux qui, par leurs usurpations, ne sont pas étrangers à l'abandon de la vie religieuse : ainsi voit-on tous les avoués abandonner entre les mains du comte Renaud III toutes les coutumes justes et injustes qu'ils levaient sur les villages dépendant de Faverney, coutumes que le comte remet entre les mains d'Anseri, qui les dépose à son tour sur l'autel du monastère.

L'abandon de Faverney par les moniales ne semble pas avoir inquiété outre mesure les autorités ecclésiastiques sur le sort des femmes désireuses d'embrasser la vie du cloître. Au moment même où la Bourgogne procède à des fondations à l'usage des nonnes, le diocèse voit le nombre de ses abbayes féminines réduit à deux. Doit-on en conclure qu'il n'est pas encore touché par l'accroissement des vocations religieuses ou que Baume-les-Dames, Château-Chalon et Remiremont, pour la partie septentrionale, peuvent les accueillir, alors qu'une dizaine d'années plus tard ces monastères se révèlent insuffisants ou du moins incapables de satisfaire les nouvelles aspirations ? Une fuite de l'aristocratie vers les maisons périphériques, bourguignonnes ou lorraines, compense partiellement ces déficiences. Mais elle ne concerne qu'une pe

---

1. Archives dép.Haute-Saône, H 435.
2. Archives dép.Haute-Saône, H 435, avant 1150.
3. Par exemple, Remiremont, qui, à cette même époque, consolide justement son assise temporelle dans la région de Faverney.
4. En 940, Louis IV d'Outre-Mer avait concédé l'abbaye de Faverney à son vassal Alard, (Ph. LAUER, *Recueil des actes de Louis IV*, Paris, 1914, p. 35-37).

tite élite [1]. L'afflux des demandes impose bientôt d'autres solutions qui sont alors le fait des ordres nouveaux.

B. LES ORDRES NOUVEAUX

Nous savons, en effet, que la floraison monastique du XIIe siècle n'a pas seulement touché les hommes, mais qu'elle a aussi suscité chez les femmes le désir du cloître et d'une vie en harmonie avec les principes de la *vita apostolica*. Pour les gens mariés, la fuite du monde posait le grave problème de l'indissolubilité des liens conjugaux et bientôt le consentement du conjoint ne parut plus suffisant : l'Eglise décida que l'entrée en religion de l'un des époux entraînait l'autre, soit à suivre la même voie, soit à se plier à une continence définitive s'il voulait rester dans le siècle. Ces conditions favorisèrent l'accroissement des vocations religieuses, particulièrement de celles qui voulaient prendre le voile.

Les diverses formules

Certes, avant même la création des tiers ordres, diverses formules permettaient de participer aux bienfaits d'un monastère sans y rentrer vraiment : c'est ainsi que des laïcs, hommes ou femmes, se donnaient à l'abbaye, eux et leurs biens, mais poursuivaient leurs occupations séculières ; à leur mort, ils étaient assurés d'être inhumés au monastère et de bénéficier des mêmes prières que les moines. Entre cette tradition et la véritable profession s'échelonnaient d'autres possibilités, témoins ces converses qui s'attachaient à un monastère bénédictin et dont le genre de vie tenait à la fois de la domestique et de la nonne. Mais ces solutions ne satisfaisaient pas celles qui ne voulaient pas tricher sur le sens de la *conversio* et, pour elles, il fallut ouvrir les portes du cloître.

Au temps de l'abbé Hugues de Cluny, son frère, Geoffroi de Semur, avait fondé à leur intention le prieuré de Marcigny qui observait une clôture rigoureuse et qui suscitait encore l'admiration sous Pierre le Vénérable. Quelques frères, soumis au même prieur que les moniales, partageaient leur église et alternaient même avec elles la psalmodie. L'expérience toutefois ne se généralisa pas et, dans ses statuts, Pierre le Vénérable recommand d'installer les moniales et les converses au moins à deux heures du monastère d'hommes, par souci d'éviter les commérages plutôt que par crainte du péché [2].

Nous ne pouvons retracer ici l'historique de ces monastères pseudo-doubles dans le genre de Marcigny, ni des vrais à l'exemple de ceux fondés dans l'ouest de la France par Robert d'Arbrissel : aucune maison du diocèse n'adopta les usages de Fontevrault avant le milieu du XIIIe siècle, mais en attendant les formules expérimentées par les prémontrés, l'idée faisait son chemin et donnait lieu à diverses tentatives plus ou moins éphémères. Il paraît assuré qu'au début du XIIe siècle Molesme comptait dans son ordre des religieuses et que saint Robert avait sous sa juridiction des moniales qui pratiquaient la vie commune, faisaient profession de vivre religieusement (*religiose*), mais comme « elles n'avaient pas de monastère proprement dit, elles habitaient dans diverses maisons, *in disparatis œdibus habitantes* » [3]. Ces habitudes

---

1. Sans parler de Remiremont, nous renvoyons au *Catalogue des dames religieuses de Marcigny* (édité par M. CUCHERAT, p. 233) : en 1106, on y trouve Reine, fille du comte Conon de Montaigu, veuve de Renaud II ; en 1112, Elisabeth de Chalon ; en 1142, Blanche de Salins, Elie de Bourgogne ; en 1143, Elie et Sibille de Mâcon, etc.
2. G. de VALOUS, *Le monachisme clunisien des origines au XVe siècle*, I, p. 384.
3. Cité par J. de LA CROIX BOUTON, L'établissement de moniales cisterciennes, dans *Mém. Soc. Hist. Droit...*, 15e fascicule, 1953, p. 85, et J. LAURENT, *Cartulaire de Molesme*,

ont gagné certaines filiales de Molesme, et Balerne a probablement connu le même phénomène avant son affiliation cistercienne, ce qui expliciterait le geste de quelques bienfaiteurs, tels les frères Hugues et Artaud de Chenecey, qui font un don à cette abbaye « où leur mère Agnès était *monacha* et où ses deux fils Falcon et Grégoire avaient déjà pris l'habit de moines » [1].

Cisterciennes Alors que les abbés de Molesme songeaient à leur tour à une solution plus adéquate en éloignant les religieuses de leur monastère, la brusque percée des cisterciens accélère les événements : bien que répondant à cette préoccupation, Jully-les-Nonnains (1113) tombe en fait sous l'influence de saint Bernard qui place à sa direction les membres de sa famille, dont sa sœur et sa belle-sœur. Mais l'étape importante se situe vers 1120-1125, lorsque l'évêque de Langres, Josserand, et Etienne Harding, cédant aux demandes de plusieurs bienfaitrices de Cîteaux, établissent aux frontières des diocèses de Langres, Chalon et Besançon, à Tart, une communauté de moniales vivant selon les usages cisterciens ; à sa tête, une abbesse, Elisabeth de Vergy, dont la famille rayonne sur tous les pays entre Saône et Ouche, jusqu'aux abords de Dijon [2].

Ce n'est pas encore la vraie naissance d'une branche féminine de l'ordre, car les abbés cisterciens y demeurent hostiles : en 1134, ils font savoir formellement qu'ils n'accueilleront pas de communautés de femmes dans l'Ordre et, durant tout le XIIe siècle, ils les tiennent à l'écart du Chapitre général. Cette méfiance et ce statut équivoque n'empêchent pas les initiatives privées de créer pour les femmes pieuses des monastères selon les usages de Cîteaux, comme l'abbaye de Tart qui, par adhésions successives, finit par se constituer une véritable filiation.

D'autres maisons apparaissent à la limite du diocèse : non loin de Morimond, c'est Belfays érigée vers 1125 par l'abbé Gaucher pour les femmes dont les maris avaient pris l'habit dans ses murs. L'émulation gagne bientôt les châtelains établis sur la rive droite de la Saône et relevant en partie de la mouvance des comtes de Bourgogne : vers 1127, les seigneurs d'Achey, sires de Coublanc, patronnent la petite communauté de Belmont, à la tête de laquelle ils placent une des leurs, Pétronille de Coublanc [3] ; quelques années plus tard, ces mêmes seigneurs mêlent leurs noms aux bienfaiteurs des abbayes cisterciennes de Theuley et Clairefontaine.

Bien amorcée avant 1130, l'expansion des moniales allait bénéficier dans les

---

n° 78, 86, 135, 218.

1. Cartulaire de Balerne, Bibl. du château de Montmirey, fol. 115 : acte sans date, mais antérieur à 1136. D'autres abbayes bénédictines ont suivi l'exemple de Molesme ou de Cluny en admettant dans leur filiation un établissement de moniales ; bien qu'extérieur au diocèse, l'exemple de Neuville-les-Dames répond à cette formule : c'est un prieuré qui dépendait de Saint-Claude et, dans la translation des reliques de saint Taurin (vers 1160), la chronique précise : *apud locum qui dicitur Novavilla monasterium est sanctimonialium quæ secundum regulam sancti Benedicti et sub cura abbatis Sancti Eugendi* (cité dans B. GASPARD, *Histoire de Gigny*, p. 648).

2. J. MARILIER, Quelques précisions sur les commencements de Cîteaux. Les donations d'Elisabeth de Vergy, dans *Ann. Bourg.*, XVI, p. 28-35 ; J. RICHARD, Origines féodales. Les Chalon, les Vergy et la Puisaye, dans *Ann. Bourg.*, XVIII (1946), p. 115-116.

3. *Abbayes et prieurés de l'ancienne France*, t. XII : *Diocèses de Langres et de Dijon*, p. 405 ; abbé ROUSSEL, *Le diocèse de Langres, histoire et statistique*, II, p. 309 ; J. GAUDEMET, Le diocèse de Langres au temps de saint Bernard, dans *Mém. Soc. Hist. Droit...*, XVI, p. 79 ; *Mém. Soc. Hist. et Archéol. de Langres*, t. IV, 1912 : l'abbaye royale de Belmont, p. 20. L'abbaye de Belfays rejoint la filiation de Tart avant 1200.

décennies suivantes du grand élan provoqué par la vague cistercienne dans le diocèse de Besançon : la douzaine d'abbayes masculines qui se fondent sur son sol en moins de dix ans, sans compter les établissements canoniaux, ont suscité un fort courant d'émulation propice aux initiatives individuelles et collectives. Comment imaginer que les femmes restent étrangères à cette mobilisation, alors que nombre d'entre elles s'associent aux donations de leurs familles ? Adhérant au même idéal, elles ont voulu partager aussi l'ascèse et le genre de vie des parents et des amis qui opéraient leur conversion. Trop peu nombreuses et surtout mal préparées pour répondre à ces aspirations — le cas de Faverney le prouve —, les anciennes abbayes ne suffisent plus, les créations s'avèrent indispensables. Nous les voyons surgir vers le milieu du siècle, ou plus exactement nous imaginons leur naissance à travers les quelques faits qui nous sont rapportés : une fois écartées les légendes et rassemblés tous les indices, se dégage une trame générale, propice aux explications [1].

Collonges   Venu de l'ouest, le mouvement suit les voies de pénétration traditionnelles par les vallées de l'Ognon et de la Loue. La première, Collonges, naît vers 1139 aux abords du diocèse, dans une région soumise à l'influence des comtes de Bourgogne. Faut-il en attribuer la paternité à l'évêque de Langres, Godefroy de La Roche-Vanneau, comme le rapporte la notice de la *Gallia Christiana* ? Cet ancien prieur de Clairvaux, récemment élu au siège de Langres dans des circonstances difficiles et sur intervention de saint Bernard, aurait ainsi inauguré son pontificat par cette création. En réalité, cette initiative cadre mal avec la méfiance des autorités cisterciennes — en particulier de l'homme de confiance de l'abbé de Clairvaux — pour les abbayes féminines et avec la biographie du personnage qui vient à peine d'entrer en fonction. Mieux vaut en attribuer le mérite au premier donateur, le seigneur de Beaumont, Geoffroi, qui avant de mourir d'une blessure de guerre a voulu se libérer, par ce geste propitiatoire, de l'excommunication dont il était frappé. Par la suite, Beaumont et Vergy témoignent aux moniales de leurs bienveillances [2].

De leur côté, les moines de Bèze accomplissent ce qu'on attend d'eux : cession de leurs droits éventuels sur Collonges, exemption de leurs dîmes sur les terres cultivées par les moniales, puis abandon des dîmes de la paroisse contre un cens de six livres de cire et huit émines de blé [3] ; comportement de bon voisinage qui se répète souvent, mais pas de façon systématique.

Ounans   Avant de passer dans le diocèse, les Cisterciennes s'implantent vers 1140 en Lorraine, précédant d'une dizaine d'années leur arrivée sur le sol comtois, où deux maisons surgissent alors simultanément, donnant chacune des

---

1. B. CHAUVIN, Bibliographie cistercienne franc-comtoise, dans *Documentation cistercienne*, vol. 9 ; idem, L'abbaye de Colonges. Bibliographie commentée et présentation d'archives, dans *Terroir, Revue de la Soc. Hist. et Tourist. de Fontaine-Française*, n° 80, 1979, p. 1-20; B. JOLY, Les chartes de fondation des abbayes cisterciennes au XIIe siècle, dans le diocèse de Langres, dans *Les Cahiers Haut Marnais*, 167 (1986), p. 107-144.

2. *La Chronique de Bèze* (p. 483) nous rapporte un beau texte sur les péripéties de cette excommunication : *Joffredus miles, filius Hugonis domini Bellimontis, incurrens in exercicio militari morte deprehensus, litus orationum fidelium evasurus expeciit et elemosynis sua male facta redimere studuit.* Pour être absout de son excommunication, il fit intervenir l'évêque de Langres qui se rendit à Rome : décision prise à Bèze en présence du comte Renaud III et d'autres nobles. En 1142, le père de Geoffroy, Hugues, vint à son tour à Bèze confirmer les libéralités de son fils, auxquelles il ajoute d'autres biens.

3. P.-D. MOUTON, *Histoire d'Autrey...*, p. 303 : acte de 1142.

informations différentes : Ounans, dans la vallée de la Loue, apporte quelques éclaircissements sur les origines de ces abbayes de femmes, alors que Corcelles, à proximité de l'Ognon, fournit plutôt la taille de ces établissements. La première est
l'œuvre d'un homme, Gaucher IV (1135-1175), sire de Salins, qui, vers 1150,
« donne à l'abbaye de Tart le lieu d'Ounans pour y construire une abbaye de moniales », en accord avec sa mère, associée à son geste [1].

Le fait paraîtrait banal s'il n'était le reflet d'une politique religieuse très dynamique de ce baron : détenteur de l'importante seigneurie de Salins depuis 1135, celui-
ci illustre par sa conduite le comportement d'une nouvelle génération de princes plus
respectueux des intérêts de l'Eglise que leurs prédécesseurs ; son père et son grand-
père n'avaient pas hésité à s'imposer de force aux monastères, quitte à racheter avant
de mourir leurs exactions par quelques dons spectaculaires. Cette brutalité ne semble
plus de mise au temps de Gaucher IV qui joue la carte de l'Eglise et fait de sa politique libérale envers les nouveaux ordres un instrument de prestige et une façon
d'étendre son influence. Aux chanoines réguliers comme aux cisterciens, il accorde
des rentes en sel, les autorise à acquérir des pied-à-terre à Salins et dans les environs,
profitant indirectement de leurs investissements et de leur fonction hospitalière pour
organiser et contrôler la route du sel. Au total, une douzaine d'établissements bénéficient de ses largesses, sans que Gaucher puisse toutefois se glorifier d'une création
digne de son lignage.

La concentration de ses dons, vers 1149-1150, traduit sans doute chez le personnage un moment de grande ferveur religieuse, au cours de laquelle il envisage de faire
appel aux chartreux : de passage à Vaucluse, « il sollicita humblement des frères de
ce lieu les suffrages de leurs prières et leur demanda de créer une maison de l'ordre
cartusien dans ses terres » [2]. L'affaire n'eut pas de suite. Est-ce la raison pour laquelle
il se tourne alors du côté des cisterciennes et leur offre ce domaine d'Ounans avec
quatre charrues de terre, des prés, une pêcherie et des droits d'usage [3] ? L'influence de
sa mère et des dames de son entourage a-t-elle pesé dans ce choix. Parmi les personnes qui complètent le don de Gaucher, figurent seulement une dame de Byans et
l'abbé Burcard de Balerne qui se contente de procéder à un échange en faveur d'Ounans ; aucun autre établissement religieux, pas même Rosières cependant si proche
et aux archives si riches, n'a conservé trace d'une aide quelconque : méfiance habituelle à l'égard des moniales ? modestie de la nouvelle abbaye qui ne nécessitait pas
une dotation importante ?

Corcelles   L'exemple contemporain de Corcelles évite de conclure trop rapidement
dans le sens d'une impassibilité générale. Une colonie venue de Tart, à
l'appel des seigneurs de la région, remonte la vallée de l'Ognon et se fixe, non loin
d'Acey, dans un petit vallon entouré d'épaisses forêts et arrosé par un gros ruisseau ;
les circonstances de cette implantation restent indéterminées, seule la confirmation
donnée par Lucius III en 1185 précise la constitution de son temporel [4]. Cet inven-

1. Acte conservé par un vidimus de 1256. Bibl. mun. Besançon, ms 1467.
2. Archives dép. Jura, Fonds Vaucluse.
3. Bien que non daté, cet acte n'est pas postérieur aux années 1152-1155, comme le prouvent la souscription de Raimbaud de Bellefontaine et la donation de Burcard, qui passe
ensuite à Bellevaux (Bibl. mun. Besançon, ms 1467).
4. Bulle du 28 mars 1185, donnée à Vérone par Lucius III et publiée par J. GAUTHIER, Notice sur l'abbaye cistercienne des dames de Corcelles, dans *Annuaire du Doubs*, 1878, p.
89-92 : la date de la création de Corcelle n'est pas indiquée, mais l'énumération des donateurs qu'elle contient permet de situer cet événement vers 1150 (cet article reproduit
un plan de l'abbaye de Corcelles en 1630 et une pierre tombale du XVIe siècle). Nous

taire sommaire, dressé une trentaine d'années après la naissance, au moment où un établissement atteint normalement sa maturité, esquisse la taille et l'importance approximatives d'une abbaye de moniales : quelques terres à peu de distance du centre, de rares prés, deux ou trois meix complétés par un moulin et deux portions de bois : c'est, par rapport aux monastères d'hommes, un ensemble foncier très modeste, ne comprenant encore aucune grange. En revanche, dès sa création, Corcelles dispose de rentes qui semblent constituer une part importante de son revenu : soit des dîmes dans les villages voisins, soit des cens en nature ou en argent, de rapport moindre ; il y a donc, sous l'angle des revenus, une différence fondamentale avec l'établissement masculin, du moins pour le XII⁰ siècle.

Quant aux commanditaires de ces opérations, ils se recrutent dans l'aristocratie locale des châtelains et des chevaliers. En premier lieu, Gérard d'Etrabonne, suffisamment puissant pour s'intéresser au sort d'Acey et de Corneux et pour s'offrir un établissement moins minable que le petit prieuré castral du Moutherot : aussi peut-on admettre la tradition qui fait de lui le fondateur de Corcelles. Derrière lui, d'autres châtelains moins fortunés, les Ruffey, ou trop éloignés pour se montrer prodigues, les Apremont, Montmirey, Arguel ; à leur niveau se situe le séchal Hugues, officier de l'archevêque, qui donne naturellement une vigne à Besançon, dans le quartier de Battant. Hormis les chevaliers, restent deux cas intéressants : celui de l'abbaye de Baume-les-Moines qui, au nom de ses prieurés du Moutherot et de Grandfontaine, cède une terre relevant du manse ecclésiastique, et celui d'Etienne, seigneur de Traves, représentant la branche cadette des comtes de Bourgogne, qui, avant de partir en croisade (1170), a gratifié la plupart des abbayes cisterciennes du diocèse de ses générosités. Finalement, cette énumération de 1185 montre que les bienfaiteurs d'Ounans se recrutent essentiellement au sein de l'aristocratie régionale, non seulement parce qu'ils ont les moyens de faire des dons, mais surtout parce qu'agissant ainsi, ils assuraient leurs puînées de trouver une place au cloître.

Montarlot La dernière abbaye de moniales, Montarlot, se situe aussi non loin des rives de l'Ognon, mais plus en amont, dans une région fortement boisée (bois de Soirans) et dominée par le château de Fondremand. Nous n'avons aucun renseignement précis sur elle avant le milieu du XIII⁰ siècle, sinon quelques mentions éparses de son existence, antérieure à 1174 [1]. La seule indication susceptible d'éclai-

---

n'avons pas de description de cette abbaye, contrairement à ce que laisse entendre J. de LA CROIX BOUTON dans son article Les moniales cisterciennes, dans *Mém. Soc. Hist. Droit.*, XV⁰ fasc. (1953), p. 106 : le passage de J. GAUTHIER qu'il reproduit (p. 78) est en fait un commentaire du plan de 1630, complété par des récits de visites ; même si l'ensemble des bâtiments du XVII⁰ siècle est resté conforme aux dispositions générales du XII⁰ siècle, il est difficile de s'appuyer sur des documents aussi tardifs.

1. Sibille, abbesse de *Mosterlat* est témoin d'une confirmation faite à Besançon par Etienne II, comte de Bourgogne et sire de Traves, à Elisabeth, abbesse de Tart : une montée de muire à Lons-le-Saunier, donnée par son père Etienne I⁰ʳ en 1173 (Archives dép. Côte d'Or, 78 H, 1042, édit. par P.-F. CHIFFLET, *Lettre touchant Béatrix*, pr. p. 132). L'on peut raisonnablement penser que cette confirmation suit de près la mort d'Etienne I⁰ʳ survenue au début de l'année 1174, donc que la fondation de Montarlot serait antérieure à cette date : voir B. CHAUVIN, L'abbaye de Montarlot, dans *Bull. de la S. A. L. S. A.*, 1990, p. 51-86.

rer notre enquête provient d'un acte de vente de 1296, dans lequel l'abbesse se plaint des dettes qui accablent sa maison ; obligée de procéder à l'aliénation de biens, elle prend l'avis des sœurs qui vivent autour d'elle : neuf *moniales et seniores* nommément citées, sans compter les autres [1]. C'est donc plus de dix sœurs qu'abrite alors le monastère de Montarlot, dont les ressources ne paraissent nullement supérieures aux abbayes précédentes.

Bilan   Ainsi chaque monastère apporte une touche originale au tableau d'ensemble que nous tentons d'esquisser des moniales cisterciennes du diocèse ; de cette approche impressionniste se dégagent diverses conclusions qui tiendront lieu de synthèse provisoire. D'abord, l'*efflorescence cistercienne* des abbayes féminines par rapport aux masculines présente un décalage d'une ou deux décennies [2] : elle survient au milieu du XIIe siècle, au moment où les cisterciens abordent la phase d'installation dans le siècle et où le schisme victorin amorce une réaction à leur égard. Certes, d'autres créations se feront au XIIIe siècle, mais dans un contexte et un esprit différents, éloignés de la rigueur primitive qui caractérisait la période d'efflorescence. Ce décalage chronologique contraste avec la proximité géographique : les moniales ont choisi de s'installer à quelques lieues seulement d'abbayes cisterciennes, parfois moins, comme dans le couple Ounans-Rosières ; Montarlot voisine avec Bellevaux, Corcelles avec Acey, tandis que Collonges, établie dans une région de forte densité monastique, est équidistante de Bèze, Theuley et Montseugny.

Reste à savoir qui a fait ce choix ? les moniales ou les laïcs ? Les seigneurs, qui cherchent à attirer les premières dans leur zone d'influence, imposent souvent les conditions matérielles, par le choix des terres qu'ils mettent à leur disposition. Fondateurs à la fois de Rosières et d'Ounans, les sires de Salins les ont installées sur des terres voisines, ce qui pose le problème de l'attitude des autorités à l'égard d'une proximité souhaitable, mais dangereuse. En effet, la similitude d'observance, l'indispensable recours des femmes à des chapelains, leur incapacité aux travaux manuels difficiles, leur besoin de protection justifiaient ce voisinage, sans forcément exiger la constitution de monastère double. Les premiers cisterciens en avaient conscience, tout en redoutant les méfaits de la promiscuité : aussi adoptent-ils en 1134 cette dissociation légale et statutaire qui invitait les moniales à se débrouiller par elles-mêmes.

Ces décisions expliquent sans doute la relative indifférence des cisterciens à l'égard de leurs consœurs : malgré la richesse de leurs archives, aucune des quatre abbayes d'Acey, Bellevaux, Rosières et Theuley n'a conservé de documents sur d'éventuelles tractations ou échanges, sur d'inévitables querelles de voisinage ; tout se passe comme si chacun ignorait l'autre, comme si les différences de taille ou d'activités entraînaient ce cloisonnement.

La situation ne se modifie pas au XIIIe siècle, même après les décisions du Chapitre général d'admettre progressivement l'incorporation des moniales à l'Ordre sous certaines conditions, comme le respect de la clôture (1220). En levant le doute sur une fausse indifférence, cette intégration fait affluer les demandes durant la décennie 1220-1230 : c'est ainsi que Besançon a son propre établissement de moniales, non loin du quartier de Battant [3]. Ce succès affole les pères capitulaires qui, dès 1228,

---

1. Archives dép. Haute Saône, H 169 : cette liste montre un recrutement évident au sein de l'aristocratie locale, mais nous sommes en 1296.
2. S. ROISIN, L'efflorescence cistercienne et le courant féminin de piété au XIIe siècle, dans *Rev. Hist. Eccl.*, XXXIX, 1943, p. 342.
3. La fondation nous est rapportée par un acte de l'archevêque qui prend les dispositions

reviennent à une politique de restriction en suspendant les nouvelles affiliations, interdiction plusieurs fois renouvelée par la suite, mais sans grande efficacité.

Tant que se prolongea cet ostracisme, les moniales cisterciennes durent s'organiser par elles-mêmes et celles du diocèse de Besançon le firent en s'agrégeant à la congrégation de Tart, probablement dès leur fondation, comme le montrent les cas d'Ounans et de Corcelles [1]. Au sein de ce rameau privilégié, les structures s'aménagèrent sur le modèle de la *Carta Caritatis*, avec droit de visite de la mère, puis avec un chapitre général institué vers 1189-1190 [2] ; les quelques procès verbaux de ces réunions, qui portent sur le xIIIe siècle, contiennent plusieurs rappels à l'ordre des abbesses comtoises pour des fautes mineures, dont l'absence non motivée au Chapitre général.

Organisation   De l'organisation et de la vie quotidienne des nonnes, nous ne retiendrons que les aspects mis en valeur par les sources comtoises, dans la mesure où ils complètent ce que l'on sait par ailleurs. L'abbaye de moniales ne se distingue théoriquement pas du monastère d'hommes, tant la vie y est réglée selon les mêmes principes : clôture, pauvreté, prière, travail... Cela se reflète dans la disposition identique des bâtiments autour du cloître, dans la composition du temporel qui fait une part plus ou moins importante à l'exploitation directe. Par l'énumération de terres, prés, forêts, droits d'usage, l'analyse des biens de Corcelles met en évidence cette similitude, tandis que d'autres sources font état de défrichements opérés par des moniales, ou sous leur direction.

Mais ce désir de se conformer en tout sur le modèle claravallien ne doit pas faire illusion, en exagérant le rôle des travaux manuels : la faible proportion des terres, la rareté des droits de pâturage ont pour corollaire à Ounans l'importance des revenus en argent et en nature, qui font des moniales des rentières du sol ; d'ailleurs les chartes pontificales qui débutent généralement par l'énumération des granges, commencent ici par les dîmes, non pour en confirmer la dispense, mais pour garantir celles que possèdent les religieuses.

Le privilège d'exemption des dîmes, conforme à la législation cistercienne, est rappelé dans les clauses générales qui suivent l'énumération des biens et qui précisent quelques autres dispositions communes à la plupart des établissements : possibilité de recruter en toute liberté des personnes *liberas et absolutas* qui fuient le siècle *ad conversionem* ; interdiction de quitter le lieu où l'on a fait profession. Au xIIIe siècle, une fois accomplie l'intégration des moniales dans l'Ordre, les bulles incluent les clauses visant les aliénations, la juridiction de l'ordinaire, le choix du prélat consécrateur, la protection contre les mesures d'interdit etc. [3]. Il n'y a jusque-là rien d'original par rapport au schéma habituel.

L'apport le plus intéressant concerne la modestie de ces monastères féminins, perceptible à travers différents éléments : faiblesse du temporel dans le cas d'Ounans et de Corcelles, absence de granges, rares contestations avec les prieurés voisins ; à

---

d'usage pour préserver les droits paroissiaux de La Madeleine, curé du lieu (R. Fietier, *Les droits paroissiaux...*, p. 69-71 : texte édité et traduit de cet acte de 1227).

1. Une charte de 1200 cite parmi les filles de Tart les quatre abbayes comtoises (*P.L.*, 185, col. 1414). Il est intéressant de constater que, dans le diocèse et à sa périphérie (Belmont, Belfays, Droiteval), l'abbaye de Tart a réussi à étendre sa juridiction sur tous les monastères féminins se réclamant des us de Cîteaux.
2. A. Dimier, Chapitres généraux d'abbesses cisterciennes, dans *Cîteaux. Commentarii cisterc.*, XI (1960), p. 268-273.
3. B. Chauvin, Une bulle d'Innocent IV en faveur des Cisterciennes franc-comtoises, dans *Cîteaux. Comment. cisterc.*, 25 (1974), p. 169..

la fin du XIIIe siècle, les documents financiers ou fiscaux confirment cette impression : les moniales cisterciennes ne sont pas taxées, elles ne figurent même pas dans l'estimation comtale de 1296 à cause de leur trop grande pauvreté et, lorsque au XIVe siècle leurs revenus donnent lieu à des évaluations chiffrées, ils équivalent à ceux des prieurés ruraux de moyenne importance et ne soutiennent pas la comparaison avec ceux de Château-Chalon ou Baume-les-Dames. Et cependant, malgré cette modicité, ces abbayes remplissent une fonction religieuse et sociale indiscutable, à en juger par le nombre de sœurs qui peuplent Montarlot à la fin du XIIIe siècle : plus d'une dizaine, recrutées dans la noblesse locale. Cette constatation explique sans doute pourquoi la grande aristocratie, hormis les sires de Salins, leur préfère des maisons plus prestigieuses, celles de Tart, de Baume, de Château-Chalon, de Remiremont, auxquelles elle réserve ses libéralités [1]. Quant à l'histoire intérieure de chaque monastère, à leur attitude durant le schisme, à leur rayonnement spirituel, ils échappent à toute investigation.

Prémontrées   Comparées aux cisterciennes, les sœurs de l'ordre de Prémontré ont encore moins de chance puisque leur étude se réduit à de vagues conjectures greffées sur les données générales. Nous savons, en effet, que, durant les premières décennies, les abbayes de saint Norbert étaient parfois doubles et comprenaient dans leur enceinte un parthénon abritant une communauté féminine ; Hugues de Fosses se chargea de leur organisation en adoptant aux besoins de l'ordre nouveau les *consuetudines cistercienses* : dirigées par une prieure soumise à l'abbé, ces *sorores* ou *conversæ* partageaient leur temps entre l'assistance aux offices et le travail manuel. Mais avec l'afflux des femmes pieuses, les inconvénients de la cohabitation amenèrent vite les autorités à partager la méfiance des cisterciens à leur égard, puis à prendre des mesures contraignantes : en 1137, le Chapitre général décidait, non de supprimer les sœurs norbertines, mais de les éloigner des monastères d'hommes et de suspendre leur recrutement ; c'était en fait les condamner à l'extinction. Il faut attendre le XIIIe siècle pour que ces mesures soient en partie rapportées et qu'Innocent IV approuve en 1241 un nouveau règlement accordant l'autonomie des monastères féminins sous la surveillance du père abbé et assimilant les Norbertines à des contemplatives [2].

Ce rappel général suffit à éliminer les hypothèses spécieuses qui admettent l'existence de monastères doubles dans le diocèse, sans tenir compte de la chronologie : ainsi en va-t-il de Belchamp, fondé dans le Pays de Montbéliard vers 1142-1145, après la condamnation des Norbertines et pourvu, selon les *Annales Praemonstratenses,* d'un parthénon, transféré par la suite à Vaux-lès-Vernois [3]. A l'autre extré-

---

1. Parmi les bienfaiteurs de Tart, nous relevons Mathieu, duc de Lorraine, qui donne une rente sur les salines de Lons, en considération de sa mère qui y avait pris l'habit de religieuse (*P.L.*, t. 185, col. 1411) ; Renaud III, qui cède un droit de péage à Dole et à Salins ; en 1173, Etienne, comte de Bourgogne qui lui laisse une montée de sel à Lons ; ses fils, Etienne et Guillaume, qui, en 1180, en ajoutent vingt, etc. (J. de LA CROIX BOUTON, L'établissement des moniales cisterciennes, dans *Mém. Soc. Hist. Droit...,* XV, p. 114115).

2. Ce rappel très sommaire du sort des Norbertines aux XIIe et XIIIe siècles doit être complété par la lecture de M. de FONTETTE, *Les religieuses à l'âge classique du droit canon,* p. 13 et suiv. : U. BERLIERE, Les monastères doubles aux XIIe et XIIIe siècles dans *Mém. de l'Acad. Royale de Belgique*, 18, Bruxelles, 1923.

3. HUGO, *S. ordinis Praemonstratensis annales,* 1736, I, p. 553 ; abbé L. LOYE, *Histoire de l'Eglise de Besançon,* II, p. 131 ; E. A. BOUCHEY (*Mémoire hist. sur l'abbaye de Belchamp,* p. 25) admet, quant à lui, l'existence d'un prieuré d'hommes à Vaux, fondée sur la

mité du diocèse, Corneux, affilié aux Prémontrés en 1134, aurait pu admettre des sœurs dans ses murs : la tradition, reprise une fois de plus par les *Annales*, l'affirme et précise même que leur transfert se fit en un lieu appelé *Vallis monialium*, qu'on a identifié à Vaux-le-Montcelot [1]. Si rien ne corrobore en fait cette hypothèse de Montcelot, ni le silence des archives au XIIe siècle, ni la linguistique, l'idée d'un parthénon n'est pas invraisemblable, comme le suggère l'attitude de cet homme et de cette femme de Battrans qui, avant 1150, déclarent avoir renoncé au siècle et *habitum religionis in monasterio Sancte Marie Corneoliensi suscepisse* [2].

Face à cet unique argument, le doute subsiste. Une coïncidence mérite toutefois d'être relevée : au moment où les prémontrés enlèvent aux femmes pieuses tout espoir d'entrer dans leurs maisons, les abbayes cisterciennes de femmes s'implantent dans le diocèse, comme si elles prenaient le relais des Norbertines, la parenté entre les deux genres de vie facilitant dans l'esprit des laïcs le passage de l'un à l'autre. En définitive, puisque Fontevrault n'a rien créé dans la région et que les parthénons ont eu une existence éphémère, voire douteuse, seule la congrégation de Tart incarne au XIIe siècle le nouveau monachisme féminin ; arrivé tardivement, ce dernier n'était donc pas responsable de la faillite de Faverney, mais il pouvait influer défavorablement sur le sort des deux abbayes bénédictines qui subsistaient, Baume-les-Dames et Château-Chalon. Malgré la concurrence cistercienne, les deux abbayes sauvegardent leur existence et leur indépendance ; elles paraissent même ne pas souffrir de cette désaffection, qui facilite généralement le glissement progressif vers une sécularisation. La vie religieuse se maintient dans l'une et l'autre maison.

C. L'ÉVOLUTION DES BÉNÉDICTINES

Les termes qui reviennent le plus fréquemment dans les chartes pour désigner les sœurs sont *sanctimoniales* et *moniales* : si le premier garde l'acception générale de religieuses, le XIe siècle a eu tendance à réserver l'usage du second à celles qui respectaient la régularité et la vie communautaire à l'abri du cloître, par opposition aux chanoinesses (*canonicæ*) qui admettaient plus facilement les contacts avec le monde.

Les récits concernant saint Odon et composés au milieu du Xe siècle rapportent deux anecdotes ayant trait à la vie religieuse menée à l'abbaye de Château-Chalon : deux religieuses à qui l'on avait permis de sortir du monastère pour aller réclamer, dans l'intérêt commun, une part dans la succession de leurs parents, sont sévèrement punies pour n'avoir pas réintégré le cloître et pour être restées dans le siècle. Une autre est tourmentée par le diable au moment de sa mort parce qu'elle avait dissimulé dans son lit un peu de soie et une aiguille : dès qu'on l'eut débarrassée de ces futilités, le diable disparut et elle put mourir en paix [3]. En mettant l'accent sur les risques

---

mention d'un *Cono prelatus ecclesie de Vallibus* vers 1170 (L. VIELLARD, *Doc. pour servir à l'hist... du terr. de Belfort*, n° 241). Mais on ne retrouve cette église ni dans la confirmation pontificale de 1189, ni dans celle de 1196 (L. VIELLARD, *ibidem*, n° 280 et 296) ; cette expression inhabituelle fait plutôt songer à une de ces grandes paroisses rurales qui existaient encore à cette époque.

1. Abbé MOREY, *L'abbaye de Corneux de l'ordre des Prémontrés en Franche-Comté*, p. 8.
2. Archives dép. Haute-Saône, 25 J A 9 ; copie dans H 747, fol. 7, et à la Bibl. mun. Besançon, Droz 46 fol. 33. Dans son *Monasticon Præmonstratense*, t. I, p. 371, N. BACK-MUND penche pour l'existence d'un parthénon en un lieu indéterminé, proche de l'abbaye : *Supponere ergo licet, has moniales alioquin esse translatas anno 1140 et quidem in ecclesiam quandam de " Vallibus" seu de " Valle monialium". Quaedam ecclesia haec fuerit et ubi sita nescimus. Probabiliter vero fuit curia abbatiae in vicinate illius sita.*
3. M. PARISSE a abordé les problèmes de vocabulaire dans différents articles : Les nonnes

encourus par les religieuses qui ne respectent pas la clôture, ni l'interdiction de possession personnelle, l'auteur rappelle aux moniales les deux principes fondamentaux de la régularité et invite les sœurs à s'y conformer scrupuleusement.

En outre, dans les bulles de confirmation du xiie siècle, les pontifes n'omettent pas de rappeler certains points fondamentaux, susceptibles de définir le genre de vie des destinataires. Lucius III s'exprime avec netteté à ce sujet : après avoir comparé les nonnes aux « vierges sages qui sous l'habit religieux s'apprêtent avec diligence à partir au devant du divin époux avec leurs lampes allumées, grâce aux œuvres de piété », il ordonne que soit respectée la régularité, *ordo monasticus qui secundum Deum et beati Benedicti regulam esse dignoscitur institutus in eodem monasterio* [1]. Cette régularité implique des privilèges et des obligations, également mentionnés : les religieuses ont la faculté d'élire librement leur supérieure en dehors de toute pression, de toute violence ; elles ont la liberté de coopter les postulantes et sont exemples des dîmes novales ; en revanche, l'*ordo monasticus* entraîne l'observation de la clôture conformément au vœu de stabilité : « nous interdisons à vos sœurs, une fois faite leur profession, de sortir de leur monastère sans l'expresse autorisation de leur abbesse et à quiconque de les retenir hors du monastère, s'il leur arrive d'en sortir » [2].

Sécularisation ?   Certes, il s'agit là de formules visant un modèle de fonctionnement et parfois contredites par la réalité. Trouve-t-on dès cette époque un glissement vers la sécularisation qui s'impose au cours du xive siècle. La seule documentation offrant suffisamment de continuité pour une telle enquête est l'obituaire de Château-Chalon qui couvre la période du xiie au xve siècle : nous avons donc cherché dans les obits les différentes façons de mentionner les noms des religieuses et le pourquoi des variations [3]. Au cours des xiie et xiiie siècles, trois modes d'inscription se succèdent chronologiquement : d'abord le prénom seul, puis celui-ci avec le nom de famille et enfin nom et prénom précédés de *domina* ; dans les trois cas est toujours indiquée la qualité de la titulaire : *monacha, scolaris, conversa, laica* etc...

En comparant ces mentions à d'autres obits, nous pouvons déterminer approximativement les phases chronologiques de chacun des emplois : la première se prolonge jusqu'au début et même durant les premières décennies du xiiie siècle, alors que le titre de dame ne se répand pas avant la fin du siècle. A-t-on affaire à de simples

---

au Moyen Age, dans *L'Histoire*, n° 7, 1978 p. 1624 ; Les chanoinesses séculières dans *Cahiers d'Histoire*, 20 (1975), p. 253-258 ; Les chanoinesses dans l'Empire germanique (ixe-xie siècles) dans *Francia*, 6 (1978), p. 107-126. Les miracles concernant les religieuses de Château-Chalon sont rapportés dans *Sancti Odonis abbatis collationum libri*, P.L., t. 133, col. 605.

1. Bulle du 25 février 1182 pour Château-Chalon, dans F.-L. LERICHE, *Mémoire et consultations pour servir à l'histoire de Château-Chalon*, p. 175 ; du 5 décembre 1183 pour Baume-les-Dames (Archivesdép. Haute Saône, 25 J A 99).

2. Lucius III à Baume-les-Dames, 5 décembre 1183. Frédéric Barberousse précise pour Château-Chalon le 19 septembre 1165 : *decedente abbatissa, reliquæ liberam habeant electionem in eodem monasterio et erectionem de alia abbatissa promovenda* (M. G. H., *Die Urkunden Friedrichs I.*, tome II, n° 490, p. 409).

3. Description et références de cet obituaire données par J.-L. LEMAITRE, *Répertoire des documents nécrologiques français*, Paris, 1980, p. 252-254. L'édition en a été faite par A. VAYSSIERE, Obituarium abbatiæ Castri Caroli ou Notice des abbesses, religieuses et bienfaiteurs de l'abbaye noble de Château-Chalon, dans *Mém. Soc. Emul.. Jura*, 1875, p. 117-207 : malgré ses imperfections, ce texte est utilisable pour notre enquête.

usages diplomatiques ou à une évolution des mœurs et des usages monastiques ? Il semble que l'emploi de dame consacre un recrutement devenu exclusivement nobiliaire avec ce qu'il implique de sécularisation, d'où l'importance du nom de famille qui se réfère au lignage[1].

En même temps que cette évolution se dessine une autre répartition des catégories à l'intérieur du monastère :

Epoque	Dénomination	Monachæ	Scolares	Conversæ	Conversi
XIIe s.	prénom seul	64	23	51	12
XIIIe s.	prénom + nom	10	34	4	0
fin XIIIe s.	dame + nom	9	44	0	0

D'une période à l'autre, les *convsersæ* disparaissent et les *moniales* s'effacent au profit des *scolares*. Malheureusement, comme toute conclusion repose sur le sens précis de ces termes, nous voilà affrontés à un problème de vocabulaire difficile à élucider faute d'éléments comparatifs, d'autant que les personnes citées dans l'obituaire peuvent appartenir à d'autres établissements. Nous connaissons l'ambiguïté du mot *conversæ* qui ne s'applique pas uniquement à des religieuses occupées à des tâches domestiques à l'intérieur du monastère, mais désigne aussi des laïques, qui ont fait leur conversion morale sans forcément prendre aussitôt le voile. Si les *moniales* s'identifient aux professes et les *scolares* à des pensionnaires non astreintes aux obligations régulières, en ce cas seulement le tableau marque un très net glissement vers la sécularisation, par la disparition des non-nobles et la diminution des religieuses de chœur, la mutation s'opérant au XIIIe siècle. D'autres investigations préciseraient le sens de ces termes et permettraient d'affiner cette approche. L'absence d'obituaire à Baume-les-Dames empêche tout parallèle.

Exemption   Toutefois, le statut des deux abbayes jusque-là semblable se différencie dans leur position vis-à-vis de l'ordinaire : durant la première moitié du XIIe siècle, Château-Chalon a obtenu, sinon le privilège total d'exemption, du moins la protection particulière de la papauté et, à ce titre, doit verser au Saint-Siège un cens de dix livres de cire tous les sept ans[2], alors que Baume demeure sous la juridiction épiscopale : l'abbesse nouvellement élue doit lui prêter serment et répondre aux convocations synodales ; seul aménagement à cette obligation, elle peut s'y faire accompagner par quelques-uns de ses clercs, *cum fœminis sexus ex charitate Dei plurimum sustentari debeat*[3]. Cette différenciation provient-elle des relations privilégiées de Château-Chalon avec la branche cadette des comtes de Bourgogne, des souvenirs carolingiens dont elle se pare abusivement ou d'une faveur particulière de la papauté pour la sauver d'un mauvais pas ?

Toutes deux, en effet, se préoccupent au XIIe siècle de sauvegarder leur puissance temporelle toujours convoitée par les féodaux, exposée aux maladresses de gestion et à l'inévitable dégradation du temps. Une des applications de la réforme visait juste-

---

1. Analysant des exemples lorrains, dont Saint-Pierre-aux-Nonnains, M. PARISSE observe les mêmes étapes, mais avec une différence de vocabulaire : *moniales et professæ* au lieu de *monachæ et scolares* ; c'est lui qui a attiré notre attention sur cette utilisation possible des obituaires et sur cette évolution chronologique.
2. Confirmation d'Adrien IV, 18 mai 1157, dans P. F. CHIFFLET, *Lettre touchant Béatrix*, p. 128.
3. Charte de Célestin II du 14 février 1144, dans WIEDERHOLD, *Papsturkunden*, La *Franche-Comté*, n° 22, p. 51.

ment à affranchir les églises de tutelles abusives et à restreindre le pouvoir des avoués à un rôle défensif. Avant chaque consécration d'église abbatiale, l'archevêque s'informe de cette indépendance et demande aux seigneurs d'abandonner leurs droits éventuels sur les terres monastiques : avant de transférer Faverney à la Chaise-Dieu, Anseri invite tous les avoués à déposer entre les mains du comte Renaud III les coutumes justes et injustes qu'ils avaient sur les villages.

De leur côté, les anciens établissements cherchent auprès d'un prince l'appui qui les mette à l'abri de ces exactions, à condition que ce gardien protecteur restreigne ses émoluments aux droits de justice ; Château-Chalon le trouve auprès des représentants de la branche cadette, mais parvient difficilement à leur faire respecter sa liberté de gestion : elle obtient du comte Guillaume « qu'il cède les tailles et prises qu'il levait sur les terres de cette église en ne retenant pour lui que la justice »[1].

Les relations privilégiées qui s'établissent avec Etienne Ier et Etienne II n'empêchent pas ces princes de convoiter la forteresse de Château-Chalon : pour prévenir cette éventualité, l'abbaye avait obtenu en 1165 de Frédéric Barberousse que « le mont sur lequel elle était établie par ses fondateurs en vue du service divin, soit libre et affranchi de toute mainmise étrangère, de toute violence, de toute exaction des ducs, comtes ou autres personnes »[2]. En vain, puisqu'au début du xiiie siècle, lorsque les forteresses se multiplient sur le sol comtois, Etienne II accentue sa pression et si, dans le compromis provisoire, il reconnaît ses torts, il n'en conserve pas moins divers droits de nature judiciaire, fiscale et militaire[3]. De son côté, Baume se heurte aux puissances châtelaines et n'hésite pas à faire appel à la cour de Frédéric Barberousse contre le sire de Mailly et le prévôt de Mathay[4].

Rayonnement   Une fois de plus, le seul critère de vitalité pourrait être l'accroissement du temporel, si la disparité des sources ne rendait pas toute comparaison aléatoire ; nous l'avons néanmoins tentée quand c'était possible, à Baume et Château-Chalon au milieu du xiie siècle. La première possède la collation de plus de trente églises, contre une vingtaine à la seconde, mais là s'arrête la ressemblance, parce que Château-Chalon fait état de biens ne figurant pas dans les confirmations de Baume-les-Dames : une quinzaine de villas, plus de quarante meix, sans compter les dîmes et autres revenus ! Il semble donc que ces deux abbayes, très modestes au ixe siècle, aient acquis plus d'envergure et que les chiffres cités précé-

---

1. Acte des années 1140 (F.L. LERICHE, *Mémoires et consultations...*, p. 171) confirmé par l'archevêque Humbert et Renaud, comte de Bourgogne *a quo ego* (c'est Guillaume qui parle) *consulatum meum teneo*. A la mort de Guillaume, sa veuve Poncia et ses fils Etienne Ier et Girard, renouvellent ce geste (LERICHE, p. 175) tandis que Thibert de Montmorot cède de son côté *panetariam, campanariam et gerbariam* qu'il prélevait sur certains hommes du monastère (*ibidem*, p. 175).

2. *M. G. H., Die Urkunden Friedrichs I.,* tome II, n° 490, p. 409.

3. Accords signés vers 1210-1214 (F. L. LERICHE, *Mémoire et consultations...*, p.179-183) ; la querelle rebondit sous Jean de Chalon (*ibidem*, p. 186).

4. Vesoul, 24 sept. 1162 : sentence de Frédéric Barberousse pour terminer le conflit entre l'abbesse Stéphanie et Thierry de Soye, prévôt de Mathay (*M. G. H., Die Urkunden Friedrichs I.,* tome II, n° 390, p. 261) ; Dole, 6 septembre 1178 (*dum nos apud Dolam pro tribunali rederemus*), autre sentence contre Martellus de Mailly : l'abbaye obtient la reconnaissance de ses droits à Mailly mais n'a rien dans le château (*M. G. H., Die Urkunden Friedrichs I.,* tome III, n° 760, p. 313). Autre concession faite par la comtesse de Bourgogne de droits de justice, taille et exemption de garde et de guet sur les gens de l'abbaye et rapportée par un inventaire (Bibl. nat., Moreau 874, I, fol. 113 ; la date de 1155 est fausse).

demment les classent parmi les établissements moyens du diocèse, ce qu'elles demeureront jusqu'à la fin du XIIIe siècle [1].

D'ailleurs, chacune a une zone d'influence assez limitée : Baume ne parvient pas à s'établir en aval de la vallée du Doubs que contrôlent les établissements bisontins et étale ses possessions vers le comté de Montbéliard. L'aire d'expansion de Château-Chalon est encore plus concentrée, du fait de la proximité de Baume-les-Messieurs. D'après les données archéologiques transmises par les auteurs du XVIIIe siècle, c'est à cette époque (première moitié du XIIe siècle), que l'abbaye a reconstruit son église abbatiale avec les colonnes-statues qui ornaient son portail.

Mais il est difficile de pousser plus loin la comparaison de leur rayonnement, en l'absence de critères identiques. Seul l'obituaire de Château-Chalon apporte des précisions supplémentaires sur la zone d'attraction spirituelle du monastère en corroborant les impressions précédentes : les personnes du XIIe siècle qui sont recommandées aux prières des moniales et que nous avons pu identifier, gravitent dans son orbite territoriale, soit par leurs origines familiales, soit par leurs fonctions administratives : hormis les archevêques Anseri et Humbert entièrement dévoués à la réforme et aux abbayes, Etienne, Amédée et Gérard appartiennent à des lignages en relation avec Château-Chalon : famille ducale, Dramelay et Rougemont ; quant aux autres dignitaires ecclésiastiques cités, ils se recrutent parmi les doyens ruraux des environs ou le chapitre de Saint-Etienne très influent dans l'archidiaconé de Salins. Les réguliers qui ont leur obit se limitent à quelques abbés de Baume et de Saint-Claude, à l'exclusion des établissements clunisiens, cisterciens ou chartreux qui font leur association de prières, de préférence à l'intérieur de leur ordre.

Si l'aristocratie laïque y compte des représentants éminents avec les comtes, les vicomtes de Frontenay, les Montmorot, les Monnet et les Saint-Julien, son rôle exact est en grande partie occulté par l'obituaire qui ne mentionne pas, pour cette époque, les origines familiales des religieuses. Or, au XIIIe siècle, les abbesses sortent de lignages très distingués (les Monnet et la famille comtale par exemple), tandis que la seule abbesse de Baume qui nous livre son identité appartient au clan des Montbéliard-Montfaucon : Stéphanie, sœur du futur archevêque Thierry [2]. L'accentuation du recrutement noble ne fait que renforcer par la suite les liens de ces abbayes avec l'aristocratie.

Leur attitude bienveillante à l'égard des ordres nouveaux plaide en faveur des bonnes dispositions religieuses de ces deux maisons au XIIe siècle : peu de querelles, plutôt une sympathie active qui aide au démarrage des fondations récentes. Baume facilite les débuts de Lucelle en lui cédant un tiers de Liebvillers bientôt transformé en une grange, puis donne aux prémontrés de Grandgourt la *curia* de Bure ; lorsque, dans la seconde moitié du XIIe siècle, elle se heurte aux cisterciens de Bellevaux, elle entend, comme d'autres monastères, réagir contre leur expansionnisme trop brutal [3].

---

1. Lors de l'estimation de 1295/1296, les revenus annuels des deux abbayes sont fixés à 1500 livres, alors qu'une dizaine d'établissements diocésains atteignent ou dépassent les 2000 livres. Au XIVe siècle, Château-Chalon avoue des revenus légèrement supérieurs à ceux de Baume.

2. Acte de 1162, L. VIELLARD, *Doc. pour servir à l'hist. du Terr. de Belfort*, n° 233.

3. Donation de Baume-les-Dames à Lucelle (J. TROUILLAT, *Monuments de l'hist. de Bâle*, I, p. 262) ; à Grandgourt avant 1183. Querelle avec Bellevaux en 1170 (Archives dép. Haute-Saône, H 137) ; en 1182 (*ibidem*, H 139) l'abbesse cède la terre et les prés qu'elle avait près de l'abbaye cistercienne.

Château-Chalon n'agit pas autrement à l'égard des chartreux ou des chanoines réguliers[1].

Conclusions   Au terme de cette enquête que l'état des sources rend partielle, comment caractériser ce monachisme féminin, sinon en dégageant les principaux traits qu'il revêt au cours de la période envisagée ? Au départ, domine la diversité des situations, dans lesquelles la prospérité côtoie le dépérissement : Jussamoutier a vécu, Faverney s'essouffle, Baume et Château-Chalon prennent leur essor, tandis que Remiremont affirme son expansion. Avec l'efflorescence monastique des années 1120-1140, la situation se modifie : malgré la réticence des ordres nouveaux à l'égard des monastères doubles, les femmes parviennent à se faire reconnaître comme des partenaires valables des aspirants à la perfection ; nous ne pouvons assurer que les branches issues de Molesme ou de Prémontré aient accepté des consœurs dans leurs maisons du diocèse, même si le fait paraît vraisemblable, mais l'exemple de Tart, qui se développe parallèlement aux cisterciens, favorise la fondation de quatre abbayes de femmes, des années 1140 à 1180.

De taille apparemment modeste, celles-ci répondent aux besoins de l'aristocratie locale qui trouve sur place un cloître pour ses filles et un lieu de prières à ses intentions ; en se glissant dans ce créneau, elles ne mettent pas en question la survie des maisons bénédictines, Baume et Château-Chalon, qui poursuivent leur existence dans la régularité et compensent par une meilleure organisation ce qu'elles ont perdu du fait de la concurrence ; face aux cisterciennes, ces dernières se particularisent par leur ancienneté et surtout par l'importance de leur temporel.

Cette situation se prolonge durant une bonne partie du XIIIe siècle, avant que le phénomène mendiant ne fasse éclater l'inadaptation du courant monastique à la nouvelle conjoncture. L'implantation précoce des dominicains et des franciscains à Besançon, plus tardive dans le reste du diocèse, laissait espérer une régénération rapide du cloître par leurs branches féminines. Or celles-ci n'arrivent qu'après 1250, comme en Lorraine voisine. Une fois de plus, ce décalage relance le débat des fondations féminines au Moyen Age : les religieuses ne peuvent vivre de leurs propres travaux, ni mendier deux par deux dans les rues ou les campagnes : elles ont besoin des services de chapelains chargés de leur desserte spirituelle, de même qu'elles nécessitent une protection plus vigilante ; mais elles se heurtent à la méfiance de leurs collègues masculins qui les tiennent longtemps à l'écart de leur ordre et leur refusent un statut d'union.

Ces aspects antinomiques ont freiné l'expansion des clarisses dans la Chrétienté et redonné aux Cisterciennes une nouvelle vigueur attisée par les bonnes dispositions du Chapitre Général à leur égard : ainsi les Bisontins font-ils appel à elles en 1227 pour créer une abbaye dans le quartier de Battant. Signe des temps nouveaux : alors que ses aînées avaient cherché leur *désert* en rase campagne, celle-ci le trouve à l'ombre des murs de la ville, mais, comme les précédentes, elle ne dépasse pas la taille d'un petit établissement[2].

Toutefois, la surprise ne vient ni de cette évolution, ni de cette fondation. mais

---

1. Elle fait la paix avant 1134 avec les chanoines réguliers de Saint-Pierre de Mâcon, implantés dans la région de Montagney, Saint-Usuge, Sagy (*Necrologium Sancti Petri Matisconensis*, Bourg, 1874, p. 92) ; vers 1170, elle donne aux chartreux de Vaucluse des pâturages dans la châtellenie de Binans (Archives dép.Jura, Fonds Vaucluse). Aucune querelle de voisinage n'est à signaler entre elle et Baume-les-Moines.
2. En 1235, ses effectifs sont limités à un maximum de vingt religieuses (Archives dép. Doubs, 114 H 2), jamais atteint par la suite.

de l'apparition d'un prieuré de Fontevrault : tandis que l'ordre de Robert d'Arbrissel n'avait encore jamais atteint le diocèse et que son expansion marquait le pas, Jean de Chalon crée vers 1247 pour sa fille Mahaut le prieuré de Sauvement et le dote de rentes convenables « pour l'entretien de la communauté des moniales et des frères de la maison du Sauvement de l'ordre de Fontevrault » [1]. Renouant avec la tradition des monastères doubles soumis à l'autorité d'une supérieure, cette maison survenait au moment même où Innocent IV se penchait sur le sort des *pauvres dames* — ainsi appelait-on les clarisses — en cherchant à les intégrer à l'ordre des frères mineurs, ce qui favorisa leur essaimage : parmi les couvents du diocèse, signalons celui de Besançon, qui comptait parmi les plus importants de la province et dénombrait au début du XIIe siècle vingt-trois sœurs ; avec les clarisses se réalisait dans la bourgeoisie l'espoir d'ouvrir aux filles et femmes de bonne famille les portes du cloître [2].

La réalité est sans doute plus nuancée, car le mouvement féminin spontané n'avait pas attendu cette arrivée pour concrétiser ses aspirations et satisfaire la vocation religieuse des femmes pieuses. A Besançon comme dans le reste de la Chrétienté, la forme la plus courante qui se développe parallèlement aux divers types de monachisme est essentiellement hospitalière : hors des critères sociaux et culturels, les femmes pouvaient s'engager au service des pauvres et des malades dans les multiples maisons qui se fondent au début du XIIIe siècle. D'autres choisissent une solution plus originale en préférant se cloîtrer chez elles pour y mener une vie pieuse et pratiquer ce que certains ont appelé *le monachisme domestique* et qui dans l'Europe septentrionale donne naissance aux béguinages [3]. Fortement implantées dans les villes du Rhin, en Alsace et en Lorraine, ces communautés de laïques, groupées spontanément autour de veuves ou de patriciennes, n'essaiment dans le diocèse qu'après 1260, sans atteindre la densité des pays rhénans.

Toutes ces manifestations, auxquelles s'ajoutent les tiers ordres naissants et les formes plus exceptionnelles de la réclusion, offrent aux femmes pieuses du XIIIe siècle plus de possibilités de réaliser leurs aspirations religieuses qu'à leurs aïeules ; n'oublions pas toutefois que la *conversio* n'exigeait par forcément la prise effective du voile et que sous certaines conditions elle laissait aux laïques la possibilité de poursuivre leurs obligations professionnelles et familiales tout en participant aux bienfaits spirituels d'un monastère. A côté des femmes qui aspirent au cloître ou se dévouent au service des nécessiteux, l'on en voit d'autres, des veuves surtout, s'attacher simplement aux monastères d'hommes comme prébendées et converses : semi-domestiques ou semi-moniales, elles entrent au service des religieux ou vivent dans leur ombre, s'imposant probablement une vie de prières et de dévouement sans toutefois faire profession. Les chartes ne mettent guère en évidence ce genre de contrat passé avec les monastères, parce que l'Eglise s'en méfie et qu'elle cherche à éviter ces solutions ambiguës.

Une dernière remarque concerne dans cette évolution générale les caractères originaux de certaines régions : terre d'Empire depuis le XIe siècle, le diocèse semble ignorer ces chanoinesses qui ont connu un tel succès en Lotharingie et dans les duchés germaniques et qui ménagent un genre de vie moins astreignant : absence de profes-

---

1. Texte dans ABRY D'ARCIER, *Histoire du bourg d'Arlay*, Paris, 1883, p. 116. C'est bien en faveur de sa fille Mahaut que Jean de Chalon établit cette abbaye sur sa terre de Mantry (Jura, canton de Sellières), comme le rappelle l'inscription de son mausolée transféré par la suite à Baume-les-Messieurs (*L'abbaye de Baume-les-Messieurs*, p. 320).
2. R. FIÉTIER, *La cité de Besançon*, P. 1332.
3. Bibliographie dans J.-C. SCHMITT, *Mort d'une hérésie. L'Eglise et les clercs face aux béguines et aux beghards du Rhin supérieur du XIVe au XVe siècle*, Paris, 1978.

sion, résidence en maisons particulières, possession de biens personnels avec, dans certains cas, la possibilité de quitter l'abbaye pour se marier. Mais les transformations du XIIIe siècle tendent par certains côtés à rapprocher les anciennes abbayes des *Familienkloster* fondés pour les besoins et le prestige du lignage.

CONCLUSION GÉNÉRALE

Le diocèse de Besançon occupe une situation particulière au sein de la Chrétienté. Sans doute, le contexte à la fois géographique et historique apporte-t-il sa propre dominante, car, du fait de sa superficie, le diocèse de Besançon réunit dans son ressort des régions trop variées pour que la vie spirituelle y trouve un moule uniforme : opposition entre le Bon-Pays où se pressent les villages, et les joux répulsives livrées tardivement à la colonisation, entre les plaines alluviales de l'ouest densément peuplées et les plateaux calcaires de l'est livrés aux *saltus* ; toponymes et réseau paroissial confirment ces différences, qui tendent à se combler avec l'expansion économique des xıᵉ-xıııᵉ siècles.

Il semble, par ailleurs, banal de réaffirmer le caractère fondamentalement rural du territoire diocésain. Hormis Besançon, qui enferme dans la cité les deux cathédrales de Saint-Jean et de Saint-Etienne, hormis Salins qui manifeste plus de dynamisme économique grâce à ses salines, peu de bourgades méritent l'appellation de villes ; Baume-les-Dames, Grozon restent des agglomérations secondaires, tandis que Pontarlier vit essentiellement de sa situation sur un grand axe routier. L'on comprend que, dans un tel contexte, les collégiales urbaines aient joué un rôle secondaire, d'autant plus que les structures féodales font surgir d'autres centres plus attractifs, les châteaux. C'est autour des grandes forteresses (Dole, Montbéliard, Vesoul, Gray, Jonvelle, Granges, Arbois, Poligny, etc.) que se tissent les réseaux de clientèles, c'est à leur pied que se fixent des noyaux de peuplement, appelés pour certains à un essor remarquable, c'est en leur sein que se fondent les chapelles castrales, parfois rivales des églises paroissiales, tandis que s'établissent à proximité prieurés et monastères.

S'il fait partie du royaume de Bourgogne intégré depuis 1032 dans la mouvance impériale, le diocèse reste largement ouvert sur la France, dont il partage la langue et la civilisation. Les courants septentrionaux, venus de Lorraine, ou méridionaux sont moins perceptibles, comme s'ils se heurtaient à la barrière des grandes abbayes qui séparent le comté de Bourgogne des confins lotharingiens (Remiremont, Luxeuil, Faverney) ou lyonnais (Saint-Oyend, Gigny, Baume-les-Messieurs). Paradoxalement, la chaîne du Jura ne se révèle pas un obstacle aux influences qui se propagent d'ouest en est : les liens avec l'évêché de Lausanne affichent une étonnante continuité, comme le montrent les transferts de dignitaires ou même les rivalités temporelles. Aucune similitude avec les autres suffragants, celui de Bâle tourné résolument vers les pays germaniques et celui de Belley enclavé entre les diocèses de Lyon et de Genève.

Vis-à-vis de l'Empire, les archevêques n'ont pas adopté d'attitude uniforme, mais modulé leur conduite selon les circonstances, n'hésitant pas, au besoin, à prendre des positions radicales. Si Henri III et Hugues Iᵉʳ (1031-1066) avaient inauguré une collaboration étroite et fructueuse, la minorité d'Henri IV, puis la querelle des Investitures, ne font qu'accentuer l'éloignement des deux pouvoirs, la rupture se produisant même sous Henri V. Le concordat de Worms (1122) ayant réglé momentanément ces questions de principe, les archevêques de Besançon reviennent à la fidélité impériale, considérée comme le meilleur garant de l'ordre contre les convoitises des grands féodaux et les revendications communales de la bourgeoisie bisontine. Le mariage de Frédéric avec la comtesse Béatrice (1156) consolide ce rapprochement et, lorsque le schisme victorin met à l'épreuve le loyalisme de la province, l'empereur n'hésite pas à recourir au *Reichskirchensystem* en imposant sur le siège épiscopal Herbert (1163-

1170). Mais avant même la paix de Venise (1177), il renonce à cette forme d'ingérence trop brutale et incompatible avec les habitudes de libre choix du prélat ; désormais et malgré la réaction alexandrine, les archevêques de Besançon demeurent dans l'allégeance germanique, Amédée (1193-1220) se faisant même le champion résolu du Staufen, alors abandonné et condamné par Innocent III. La ligne de conduite des prélats envers le prince se situe à mi-chemin entre la fidélité inconditionnelle des évêques de Bâle et la grande indépendance de l'épiscopat de Bourgogne méridionale.

Prétendre que ces facteurs politiques donnent au diocèse sa physionomie originale serait excessif ; une situation similaire se retrouve en Lorraine et dans une grande partie du royaume de Bourgogne. Mais ils lui confèrent déjà une touche particulière, qui tend à devenir prédominante au paroxysme des crises.

D'autres éléments interviennent, que le diocèse de Besançon partage avec de nombreux voisins, sous réserve de quelques points de détail seulement. C'est ainsi que l'armature institutionnelle se perfectionne durant cette époque, apportant aux structures diocésaines l'aspect familier de l'âge classique du droit canon. L'évêque est la clef de voûte d'un système mieux défini et équilibré, dans lequel l'emprise laïque s'atténue au profit de l'extension du pouvoir pontifical. Une des premières acquisitions de la réforme — à Besançon, elle remonte à Hugues Ier — a été de rétablir l'élection canonique, qui fonctionne d'une manière régulière et satisfaisante durant près de deux siècles.

Devenus les maîtres du choix, les chanoines portent habituellement sur le siège épiscopal l'un des leurs, pris au sein de l'un ou l'autre des deux chapitres cathédraux, sans que s'impose une règle d'alternance. Si une telle procédure favorise la promotion de la noblesse locale, elle ne tourne pas forcément au détriment de la qualité des évêques, car plusieurs prélats ont été de grands réformateurs : Hugues Ier (1031-1066), Anseri (1117-1134), Humbert de Scey (1134-1161). La plupart d'entre eux ont pris à cœur leur tâche pastorale ; un seul, Amédée, a conservé sur le trône des mœurs trop féodales.

Cette constatation n'a rien de surprenant, dans la mesure où le corps électoral lui-même a ressenti ou partagé les aspirations à une vie religieuse plus exigeante et reflète, avec plus ou moins de fidélité, les difficultés du moment : la querelle intestine au début du xiie siècle, les troubles et les désordres qui assiègent le comté à l'époque d'Innocent III compromettent le bon fonctionnement de l'institution et amènent la Papauté à multiplier les interventions directes dans le choix du prélat. Située entre les nominations par le prince (avant Hugues Ier) et les pressions pontificales (après Amédée), la période étudiée coïncide donc avec le retour à la règle canonique de l'*electio cleri* (et *populi*).

Au-delà des institutions, reste l'essentiel de la vie diocésaine, celle qui se manifeste dans les comportements humains et dans les aspirations spirituelles. Or, notre recherche porte sur une période capitale de l'histoire de l'Eglise, marquée par l'épanouissement et le prolongement d'un grand mouvement de renouveau, que l'on est convenu d'appeler *la réforme grégorienne*.

A la fois cause et conséquence des réformes, le mouvement monastique et canonial donne à l'histoire diocésaine de cette période sa physionomie la plus originale, par son intensité et sa qualité exceptionnelles. Sans doute, la plupart des Eglises locales s'enorgueillissent de compter quelques illustres maisons qui ont hébergé des saints authentiques ou qui ont associé leur nom à l'essor d'une contrée ou même pris la tête d'une congrégation. Celle de Besançon apporte, en outre, la démonstration de la continuité et de l'importance de ce phénomène complexe dans son développement et son interprétation. De l'ermite au moine, de la nonne à la béguine, du convers au *miles Christi,* du frère au chanoine, tous les aspirants à la perfection ont trouvé asile sur son sol, avec un succès variable, il est vrai.

Du monachisme primitif, il restait plus qu'une tradition, puisque survivent au XIe siècle d'antiques et célèbres abbayes ayant servi de cadre à des expériences très fructueuses : Saint-Oyend pour les premiers Pères du Jura (ve siècle), Luxeuil pour saint Colomban (fin VIe siècle) Gigny et Baume pour Bernon, le fondateur de Cluny. Grâce à elles, s'est mis en place un premier réseau de monastères, dont plusieurs ont réussi à perdurer au-delà du XIe siècle, au prix d'une adaptation parfois difficile : c'est ainsi que Luxeuil et Saint-Oyend (dit plus tard Saint-Claude), parvenus à se hisser au rang des plus grands établissements carolingiens, cherchent vainement à reconstituer leur ancienne puissance ; malgré l'impulsion de la réforme, ils ne récupèrent qu'une partie de leurs possessions, qu'ils organisent désormais autour des prieurés et des églises rurales, et non plus autour des villas et des cours.

Mais d'autres voies s'offrent alors aux âmes pieuses pour les conduire plus sûrement à la perfection et pour remédier aux abus. Chaque époque a ses sensibilités particulières, chaque fondateur propose sa méthode ; ainsi se forment et se superposent des strates successives, plus ou moins tranchées, parfois susceptibles de nouvelles métamorphoses. Toutes ne posent pas comme condition préliminaire la fuite du monde, mais toutes collaborent à la rénovation morale de la Chrétienté. Bien que grand ami des moines, Hugues Ier avait misé sur des collèges de chanoines, qu'il soumet à la Règle d'Aix, adaptée à ses propres objectifs.

Face aux critiques que cette dernière soulève parmi les réformateurs, et probablement sous la pression d'une aristocratie plus favorable au genre de vie monastique, ses successeurs abandonnent cette voie, acceptent diverses initiatives avant de donner la préférence à Cluny. Curieusement, la grande abbaye bourguignonne n'avait point encore profité de sa proximité, ni de ses liens privilégiés avec notre région, pour y implanter son observance ; elle le fait tardivement, à l'aube du XIIe siècle, au moment même où de nouveaux courants réactualisent les valeurs canoniales et suscitent des expériences originales : ermitages, fraternités, collégiales semblent fleurir de toutes parts à l'initiative de solitaires, de clercs ou de laïcs, mais toujours avec la participation des nobles, qui ajoutent à leur consentement quelques terres et droits de parcours. Si l'idéal et le genre de vie de ces communautés correspondent bien aux exigences de pauvreté et d'ascèse fondées sur le retour à la *vita apostolica,* plusieurs échecs en révèlent la fragilité.

C'est alors que l'interférence de plusieurs facteurs crée une situation exceptionnellement favorable à l'efflorescence de la vie religieuse. Quand le rythme fléchit considérablement, après 1140, il s'agit moins d'un essoufflement ou d'une saturation que d'une adaptation aux besoins du diocèse : désir de maintenir un certain équilibre entre les divers courants religieux, d'éviter en particulier l'asphyxie des anciens monastères très durement touchés par l'essor des nouveaux, volonté de répondre aux aspirations qui n'ont pu se concrétiser jusque-là (ordres féminins et militaires, chartreux).

Une triple évolution caractérise alors la seconde moitié du XIIe siècle. Les principaux monastères traditionnels (Luxeuil et Saint-Oyend) ou clunisiens (Baume-les-Messieurs, Gigny) doivent faire face aux difficultés matérielles qu'ils rencontrent et qui se traduisent par une période d'instabilité et même de crises menaçant leur existence ou leur identité religieuse ; c'est dans ce contexte que se situent les affaires scandaleuses de Baume, la tentative de Cluny sur Luxeuil, les dissensions internes de Saint-Oyend, les coups de main de Gigny contre le Miroir. Chacune de ces maisons recherche des expédients susceptibles de la sortir de ce mauvais pas : les unes mettent à contribution le pouvoir miraculeux de leurs saints patrons, d'autres prennent des engagements de nature plus politique, la plupart tentent de mieux exploiter leur potentiel économique en passant des contrats de pariage avec les grands seigneurs ou en amodiant leurs possessions les plus éloignées.

Leur malaise paraît d'autant plus frappant qu'il contraste avec l'épanouissement des ordres nouveaux, en pleine croissance matérielle. Cisterciens et prémontrés profitent des donations et du travail des convers pour asseoir leur assise temporelle et l'organiser autour de quelques centres très actifs, les granges. Mais ce développement se fait inégalement suivant les maisons : si Cherlieu compte une quinzaine de granges au début du XIIIe siècle, la Grâce-Dieu disparaît momentanément vers 1170, victime de son dénuement ; en outre, il coïncide avec une discrète insertion dans le siècle, qui se manifeste par l'abandon progressif des interdictions primitives : églises, moulins, rentes... emportent les scrupules des cisterciens.

Alors que le monde monastique fléchit ou se stabilise, le mouvement canonial prend un second souffle, grâce aux services que ses membres sont appelés à rendre aux seigneurs et aux communautés : tandis que les chanoines réguliers d'Abondance progressent le long du grand itinéraire transjurassien, les collégiales fournissent aux bourgs de Salins et aux châteaux le personnel nécessaire à la desserte religieuse ou à l'administration. Ainsi, en suivant l'évolution du diocèse sur près de deux siècles et en la rapportant aux grandes mutations de la Chrétienté, nous appréhendons d'une façon concrète et chronologique la mise en place des structures monastiques, la part et l'influence respective des divers ordres, le rôle de certaines personnalités, dont celle des archevêques et des fondateurs, les liens constants et étroits avec l'aristocratie.

Certes, si une telle recherche privilégie certains aspects — ceux que la documentation permet de porter à la lumière —, elle ne saurait dissimuler les zones d'ombre qui se projettent sur le tableau : à mesure que se déroulent les scènes ou les événements précédemment rapportés, surgissent interrogations et incertitudes. Les lacunes de nos sources étendent, en effet, un voile parfois très opaque sur des points importants ou laissent planer une brume trompeuse qui peut fausser les perspectives et estomper les contrastes.

Ainsi, dans ce mouvement religieux qui contribue si fortement à l'originalité du diocèse, apparaissent des taches en demi-teintes, voire délavées : le rôle culturel des moines et leur rayonnement spirituel, la place restreinte accordée aux femmes sur les chemins de la perfection, l'implantation et l'importance des ordres militaires ; de même, l'élan de charité qui pousse certains frères ou certaines sœurs à se préoccuper des soins aux malades et aux lépreux, ou à créer des structures d'accueil pour les gens du voyage, ne se perçoit qu'à travers les résultats du XIIIe siècle.

Quant aux laïcs, ils restent les parents pauvres et les véritables victimes d'une documentation trop cléricale et d'une recherche encore trop peu avancée. Seule l'aristocratie est moins malmenée, dans la mesure où elle partage avec le clergé le pouvoir de décision. Ses interventions ne se limitent pas à la dotation ou à la protection des monastères qui, au-delà de leur finalité essentiellement religieuse, répondent à des fonctions sociales (recrutement) ou politiques (prestige). Les membres de la noblesse occupent les postes de responsabilité au sein du diocèse et, malgré les restitutions d'églises, seigneurs et chevaliers demeurent très influents au niveau des paroisses placées sous leur autorité temporelle ; ils détiennent souvent une part des dîmes, assurent les fondations pieuses, créent pour leurs besoins de nouvelles structures religieuses, par exemple des chapelles castrales, parfois concurrentes des églises paroissiales. Une étude du réseau paroissial ne peut donc se concevoir sans l'établissement d'une carte des châtellenies et des seigneuries, car si, jusqu'au XIe siècle, les églises rurales se situent par rapport aux villas, elles doivent par la suite compter avec les nouveaux ressorts politiques qui se mettent en place.

Faut-il s'étonner que le caractère presque exclusivement monastique de nos sources privilégie l'histoire des ordres religieux ? Mais au-delà de ces caractères généraux rappelés plus haut, nous avons constamment eu le souci de ne pas perdre de vue les monastères eux-mêmes, ni les hommes qui les ont occupés ou fait vivre. Comment les élans spirituels agissent-ils sur le milieu social pour susciter des vocations religieuses ? Comment les laïcs, en particulier l'aristocratie, ont-ils accueilli et facilité la réalisation de ces désirs ? Selon quelles modalités s'opère la fondation d'une abbaye ou d'une collégiale ? Autant de questions qui se posent lors de chaque création et auxquelles nous avons tenté d'apporter des éléments de réponse. Mais la problématique ne s'arrête pas avec la mise en place du réseau monastique, car, après sa fondation, un établissement doit vivre et subsister, il doit remplir son rôle spirituel au mieux des circonstances. Il convenait dès lors de suivre le développement des différentes maisons, de montrer sous leur apparent immobilisme une adaptation constante aux nécessités nouvelles.

Si importantes soient-elles, ces conditions matérielles ne sauraient cependant caractériser le mouvement monastique et canonial, dont la finalité essentielle demeure religieuse. Chaque ordre incarne, en effet, des valeurs spirituelles dont l'attraction, variable au cours de la période, se mesure à la chaleur de l'accueil qu'ils reçoivent et au rythme des donations. Les uns voient dans la sanctification de leurs propres membres le meilleur moyen de créer des foyers-modèles de prière, aussi s'isolent-ils du monde par la clôture et mettent-ils en pratique les vertus qui leur paraissent le plus valorisantes : ascèse, pauvreté individuelle, solitude… De l'ermite au chartreux, du clunisien au prémontré, nombreux sont les aspirants à la perfection qui se sont fixés sur le sol comtois. D'autres, comme les chanoines réguliers ou séculiers, entendent concilier une partie de cet idéal avec la desserte paroissiale et proposent aux laïcs des formules très variées, allant de la petite collégiale attachée au service d'un château à l'abbaye d'augustiniens, très proche du monastère cistercien, sans oublier les chapitres urbains, qui, comme à Salins, rehaussent l'importance des principales églises.

L'éventail ne s'arrête pas là, puisque le xiie siècle connaît aussi une profusion d'œuvres caritatives, destinées à venir en aide aux plus délaissés ou à secourir les gens du voyage. Tandis que les chanoines de Montjoux égrènent leurs hospices le long des grandes voies commerciales, que les antonins se spécialisent dans la lutte contre le mal des ardents, de nombreuses léproseries voient le jour dans les campagnes ; quant à l'ordre du Saint-Esprit, il préfère s'implanter dans les villes. Si l'on ajoute aux exemples cités les commanderies de templiers et d'hospitaliers, les couvents de moniales — bénédictines et cisterciennes—, l'on admettra aisément que la carte religieuse du diocèse s'enrichit durant cette période d'un nombre considérable d'établissements, formant un réseau à la fois dense et composite.

Outre les itinéraires spirituels qu'il propose à ses membres et le rôle économique qu'il joue grâce à sa puissance temporelle, le mouvement monastique et canonial intervient encore de multiples façons dans l'histoire du diocèse et de la région elle-même ; nous n'insisterons pas sur la fonction sociale qu'il remplit au sein de la Chrétienté, en accueillant dans ses rangs, de préférence, les fils et les filles de la noblesse, ni sur la mission essentielle du moine, spécialiste de la prière et intercesseur privilégié auprès de Dieu. Abbayes, collégiales et prieurés doivent aussi se déterminer par rapport aux autorités ecclésiastiques et séculières. En effet, l'archevêque détient la juridiction spirituelle sur toutes les maisons non exemptes de son diocèse : or, c'est au cours du xiie siècle que l'on voit certains ordres se prévaloir d'une exemption de plus en plus large. Si peu d'abbayes indépendantes parviennent à l'obtenir, telle Luxeuil, en revanche les cisterciens reviennent peu à peu sur leur refus primitif de se soustraire aux pouvoirs de l'ordinaire. Ce problème juridictionnel revêt une importance croissante sous l'effet d'une double évolution : à cause des restitutions d'églises rurales, dont les monastères ont été les principaux bénéficiaires, et par la nécessité de rénovation qui s'impose à eux à l'aube du XIIIᵉ siècle.

Si la réforme grégorienne a restreint l'emprise et les exactions des anciens avoués, elle n'a pas pour autant supprimé le recours aux laïcs ; gardiens et protecteurs des établissements religieux, les comtes de Bourgogne et quelques grandes familles aristocratiques usent de leur puissance et de leur prestige de fondateurs pour développer leur influence : outre les privilèges honorifiques qu'ils obtiennent (inhumations au chœur des églises, par exemple), ils exercent un rôle politique et économique qui se perçoit aisément dans les traités de pariage passés avec les abbayes. Ces divers rappels montrent que l'étude du mouvement canonial et monastique déborde largement la problématique religieuse et que sa compréhension exige une méthode à la fois globale et ponctuelle.

Dans son approche comme dans ses résultats, l'histoire du diocèse de Besançon se caractérise donc par la diversité. De cette diversité et de cette évolution, les personnalités différentes des pontifes qui, du XIᵉ au XIIIᵉ siècle, se succèdent sur le siège épiscopal, sont comme le symbole : de grands réformateurs à l'image d'Hugues Iᵉʳ, d'Anseri et dans une certaine mesure d'Humbert, un évêque impérial incarné par Herbert, un féodal comme Amédée de Dramelay. L'originalité ne se situe pas dans les grands traits de cette histoire, calquée sur celle de la Chrétienté latine, mais dans la façon particulière de vivre ces événements et de les transmettre à la postérité.

DIOCÈSE DE BESANÇON : ÉLÉMENTS DU RELIEF

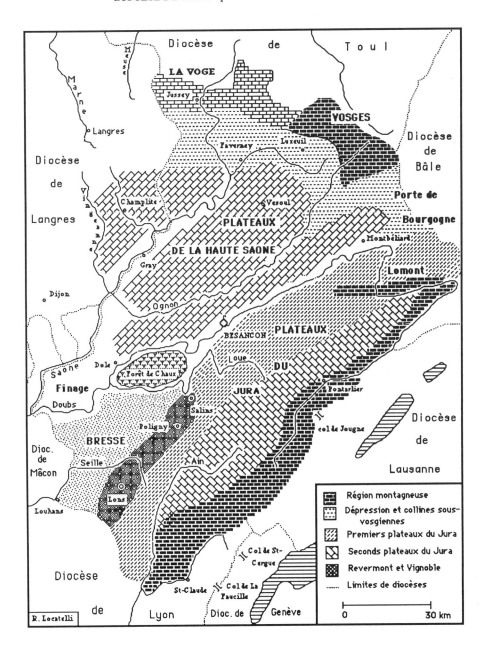

BESANÇON A LA FIN DU XIᵉ SIÈCLE

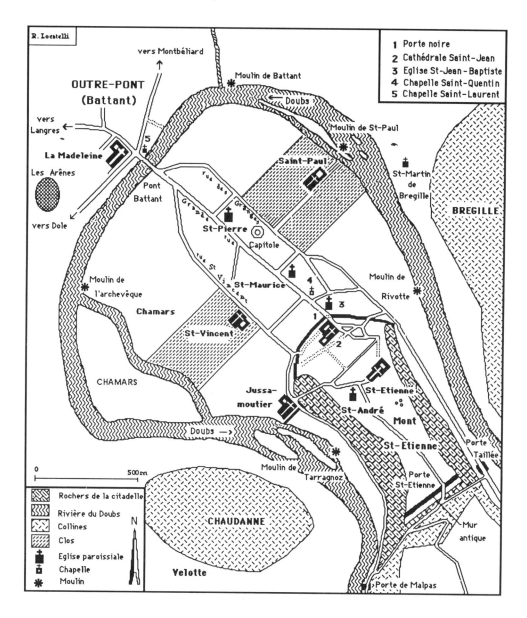

DIOCÈSE DE BESANÇON ET COMTÉ DE BOURGOGNE à LA FIN DU XIᵉ SIÈCLE

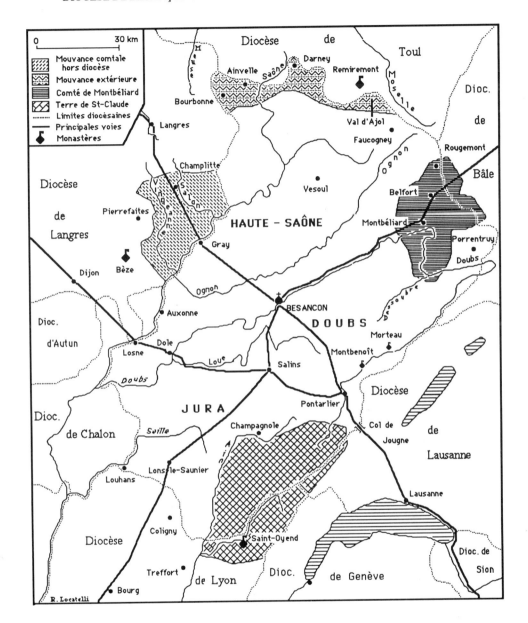

PRINCIPALES MAISONS FÉODALES INTERVENANT DANS LES MONASTÈRES

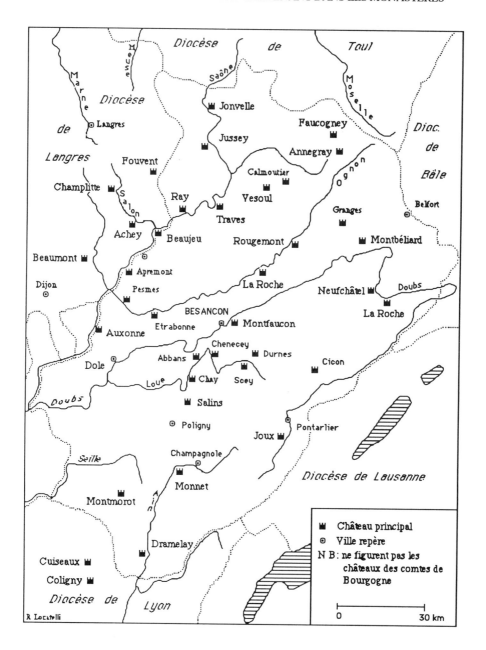

IMPLANTATION DES MONASTÈRES AVANT L'AN MIL
(d'après G. Moyse, Les origines du monachisme dans le diocèse de Besançon)

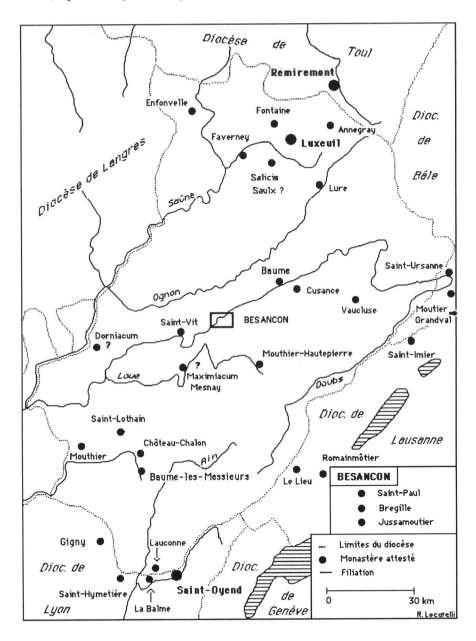

R. Locatelli

ÉGLISES DE BAUME-LES-MESSIEURS AU DÉBUT DU XIIᵉ SIÈCLE

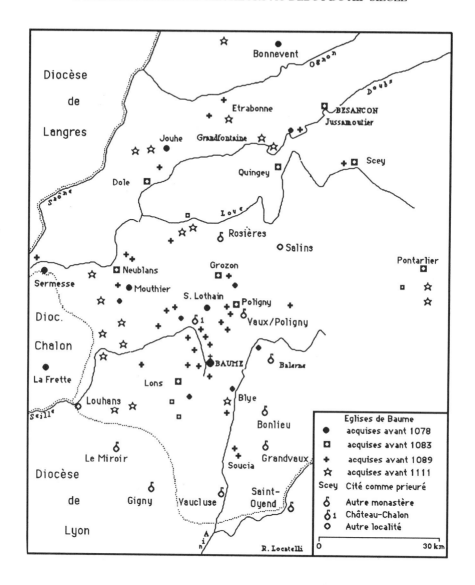

ÉGLISES À LA POSSESSION DE SAINT-CLAUDE AU XIIᵉ SIÈCLE

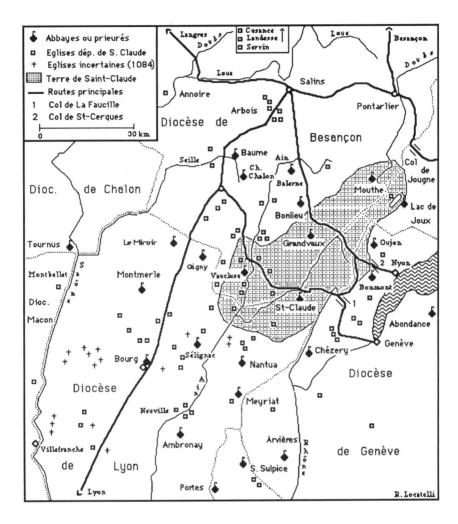

PRIEURÉS ET ÉGLISES DE LUXEUIL ET LURE AUX XIIᵉ ET XIIIᵉ SIÈCLES

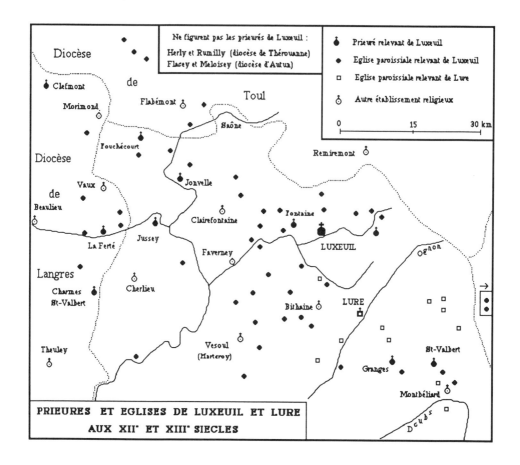

CHANOINES RÉGULIERS AU XIIᵉ SIÈCLE

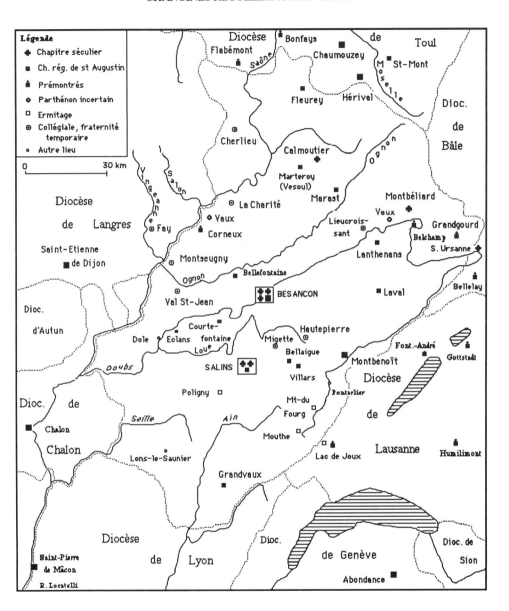

IMPLANTATION CLUNISIENNE AUX XIIᵉ ET XIIIᵉ SIÈCLES

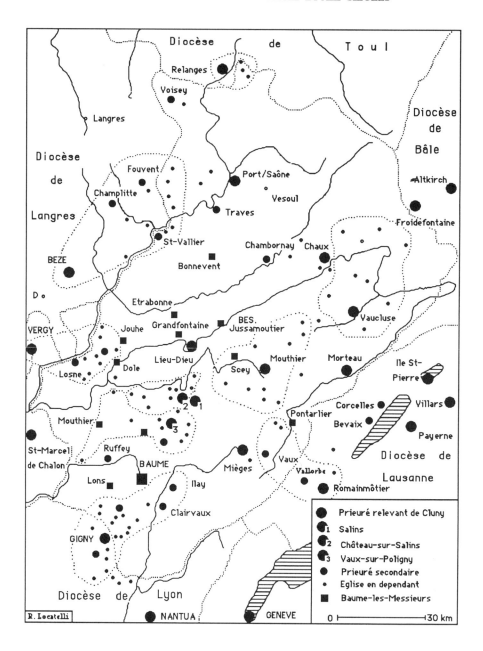

FILIATION DES ABBAYES CISTERCIENNES

Abbayes   d'hommes

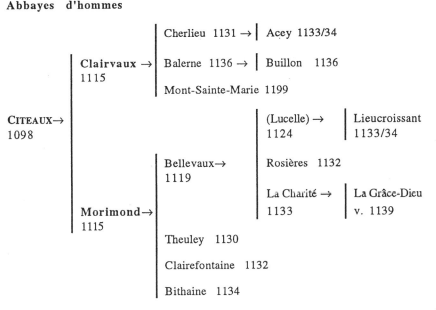

Cherlieu 1131 → | Acey 1133/34

Clairvaux →   Balerne 1136 → | Buillon   1136
1115
Mont-Sainte-Marie 1199

CÎTEAUX→
1098

(Lucelle) → | Lieucroissant
1124 | 1133/34

Bellevaux→   Rosières 1132
1119
La Charité → | La Grâce-Dieu
1133 | v. 1139

Morimond→
1115
Theuley   1130

Clairefontaine   1132

Bithaine 1134

Moniales   cisterciennes

Collonges, vers 1139, près de Theuley (dioc. de Langres)

Ounans, vers 1150, près de Rosières

NOTRE-DAME DE TART→   Corcelles, vers 1150,   près d'Acey
v. 1120

Montarlot, avant 1174, près de Bellevaux

Battant, 1227, à Besançon.

Monastères dépendant de Molesme,
            puis affiliés à Cîteaux :

MOLESME
_____|_____
Aulps, fondé v. 1101
cistercien en 1136
_____|_____
Hautecombe, en 1121   Balerne, av. 1107
cistercien en 1135   cistercien en 1136
                               _____|_____
            Bonmont, 1121   Prieuré de Migette, v. 1125
            cistercien en 1131   puis grange de Buillon

GRANGES CISTERCIENNES AU XIIe SIÈCLE

ABBAYE	nombre de granges			Possessions en sel	Possessions en vignes	Autres biens	Revenus annuels en 1295
	vers 1150	1180	1200				
ACEY	5	6	6	Muire, maison à Lons, 1170			700
BALERNE	2	7	7	cellier, muire à Salins muire à Lons, 1181	3 celliers : Glénon, Poligny, Cuiseaux		700
BELLEVAUX	7	8	8	muire à Lons, 1170, à Scey/Saône, 1190		maison à Besançon, 1176	2 500
BITHAINE	3	8	8				400
BUILLON	5	5	6	muire à Salins, 1150	cellier à Montigny, 1178		500
CHARITE (LA)	?	6	6	muire à Lons, 1170 à Scey/Saône, 1190		maison à Besançon, début XIIIe s.	7 000
CHERLIEU	9		15	sel à Scey/Saône, 1170 à Marsal, 1195			?
CLAIREFONTAINE	3	8	8				300
GRACE-DIEU (LA)	3		5				700
LIEUCROISSANT		6	6		cellier à Soultz, en Alsace		300
ROSIERES	5	6	6	muire et maison à Salins, 1137	cellier à Montigny, 1145		700
THEULEY		7	8	maison et muire à Lons, 1173		maison à Dijon, 1168	?
MT-STE-MARIE			3	muire et cellier à Salins	cellier à Montigny		300
LUCELLE (Bâle)			14		2 celliers		

LES TEMPLIERS AUX XIIᵉ ET XIIIᵉ SIÈCLES

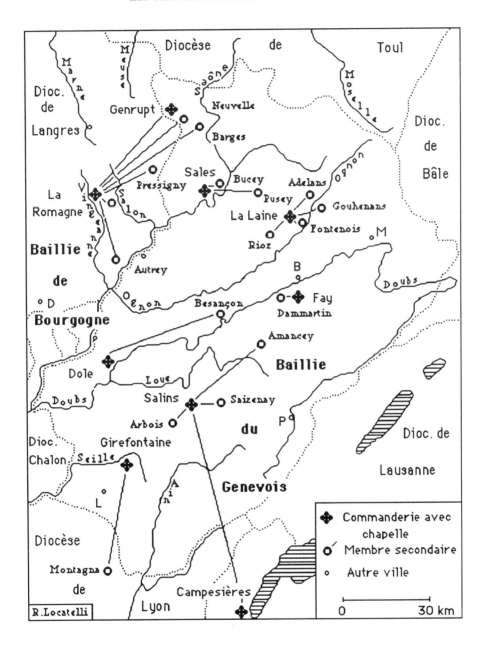

R. Locatelli

HOSPITALIERS DE SAINT-JEAN AUX XIIᵉ ET XIIIᵉ SIÈCLES

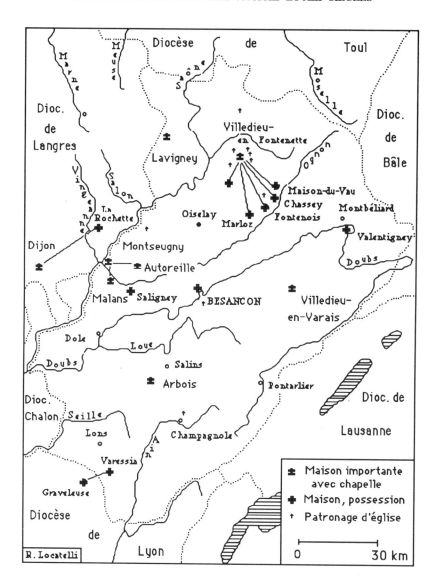

LES GRANDS ORDRES HOSPITALIERS AUX XIIᵉ ET XIIIᵉ SIÈCLES

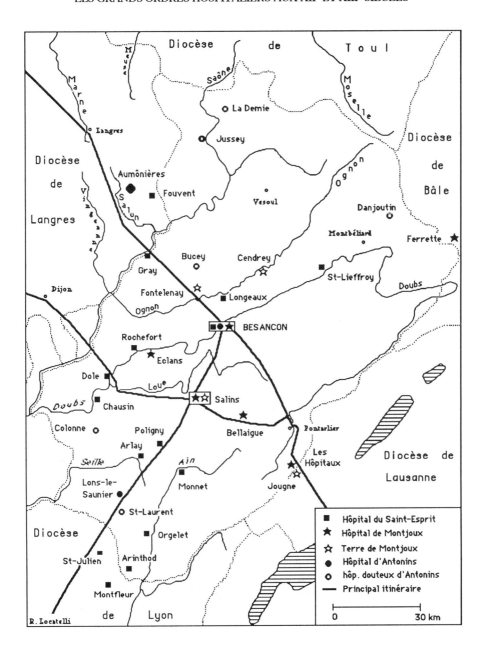

LES STRUCTURES HOSPITALIÈRES AUX XIIe ET XIIIe SIÈCLES

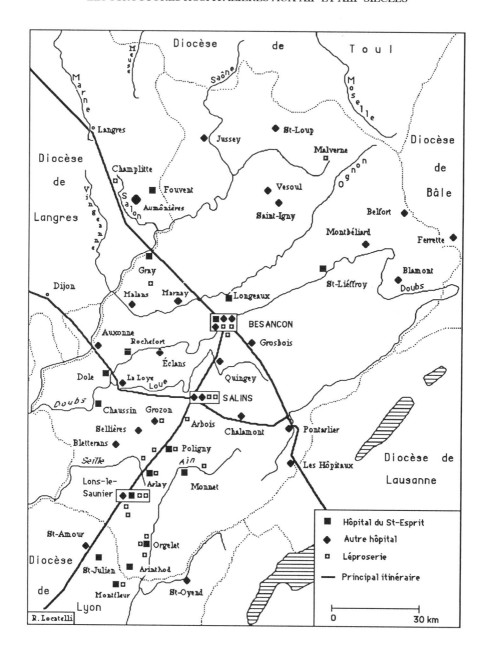

ÉTABLISSEMENTS FÉMININS AUX XIᵉ-XIIIᵉ SIÈCLES

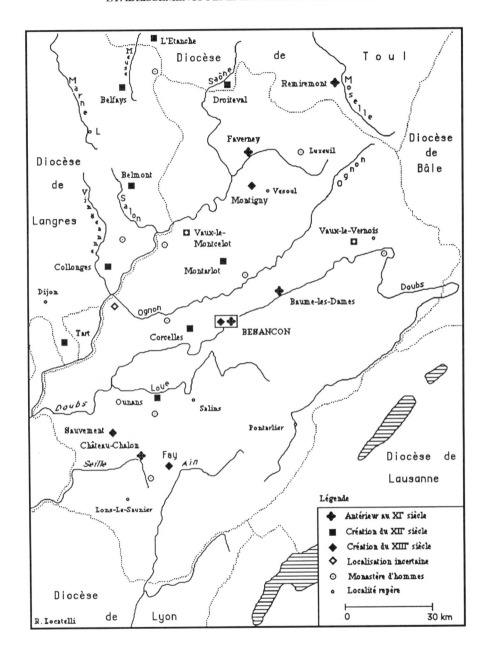

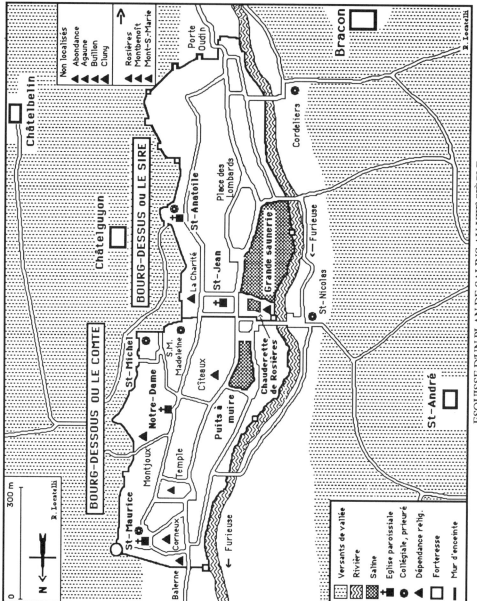

ESQUISSE D'UN PLAN DE SALINS AU XIIIᵉ SIÈCLE

ÉTABLISSEMENTS RELIGIEUX BÉNÉFICIAIRES DE RENTES
sur la grande saunerie de Salins

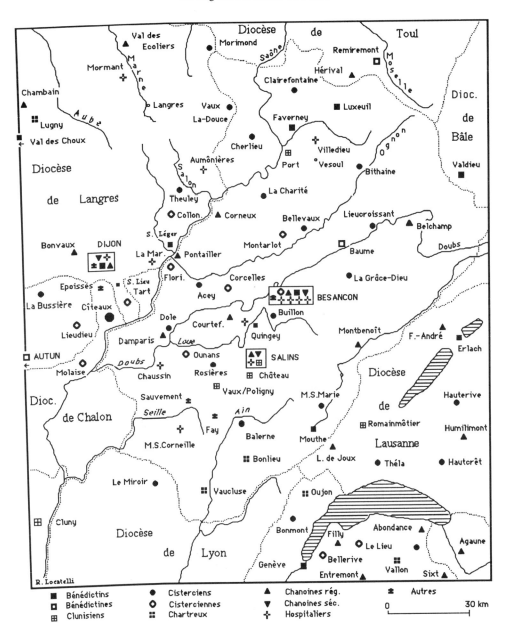

Bénédictins	● Cisterciens	▲ Chanoines rég.	♒ Autres
Bénédictines	○ Cisterciennes	▼ Chanoines séc.	
Clunisiens	Chartreux	✛ Hospitaliers	

0   30 km

R. Locatelli

LES ORDRES MENDIANTS AU XIIIᵉ SIÈCLE

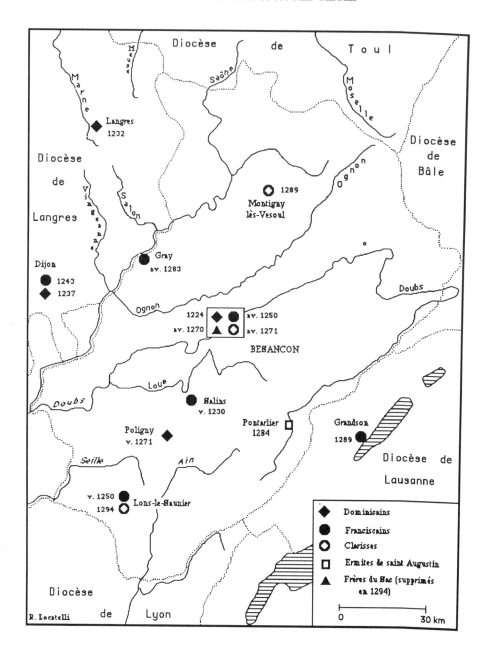

Dominicains
Franciscains
Clarisses
Ermites de saint Augustin
Frères du Sac (supprimés en 1294)

0   30 km

R. Locatelli

LE DIOCÈSE DE BESANÇON APRÈS 1253

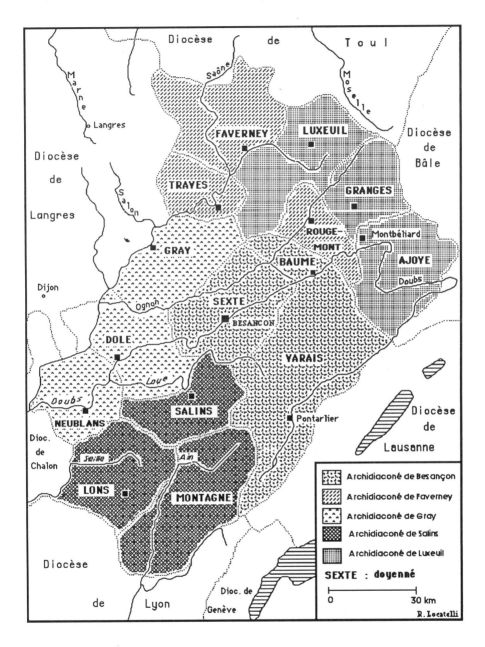

Diocèse   de   Toul

Marne

Saône

Moselle

o Langres

Diocèse
de
Bâle

Diocèse

de

FAVERNEY   LUXEUIL

Langres

Salon

TRAYES   GRANGES

ROUGE-
MONT   ■ Montbéliard

GRAY   BAUME   AJOYE

Dijon
o   Doubs

Ognon   SEXTE

■ BESANÇON

DOLE   YARAIS

Loue

Doubs   SALINS   ■ Pontarlier   Diocèse
de
NEUBLANS   Lausanne

Dioc.
de   Seille   Ain
Chalon

LONS   MONTAGNE

Archidiaconé de Besançon

Archidiaconé de Faverney

Archidiaconé de Gray

Archidiaconé de Salins

Archidiaconé de Luxeuil

SEXTE : doyenné

Diocèse   0   30 km

de   Lyon   R. Locatelli
Dioc. de
Genève

FORMATION DU RÉSEAU PAROISSIAL DANS LE HAUT-DOUBS

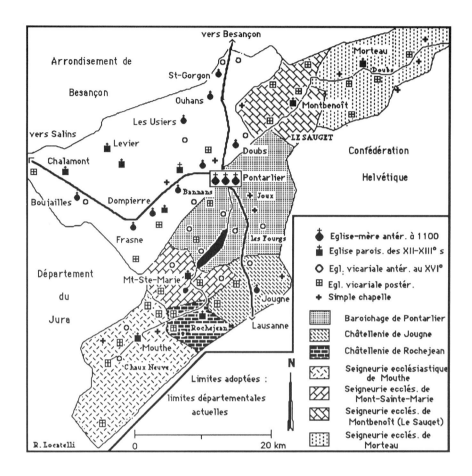

SOURCES ET BIBLIOGRAPHIE

I. LES SOURCES

A. SOURCES MANUSCRITES

Si nous avons maintes fois déploré l'insuffisance de notre information et le délabrement de certains fonds, cependant, le grand nombre d'établissements religieux qui ont existé dans le diocèse de Besançon constituent paradoxalement une masse documentaire fort importante, au moins pour les XIIe-XIIIe siècles. Les sources que nous avons consultées sont donc à la fois variées, abondantes et dispersées. Bien qu'appartenant pour la plupart aux séries G (clergé séculier) et H (clergé régulier) des archives départementales, elles ne présentent aucune uniformité et les renseignements désirés se trouvent aussi bien dans les inventaires que dans les titres généraux, dans les simples donations ou les mentions d'obituaires. En outre, les aléas de la conservation ont souvent amené la dispersion des documents, ce qui a incité, depuis le XVIIe siècle, un certain nombre d'érudits à procéder à des copies d'actes et même à regrouper celles-ci en des cartulaires factices, aujourd'hui conservés en des dépôts très variés. Aussi les séries F (papiers d'érudits) et J (entrées extraordinaires) des Archives départementales et les manuscrits des bibliothèques ont-elles été également d'un précieux recours.

Il ne peut être question ici d'établir la liste exhaustive de nos sources, ni d'énumérer les différents cartulaires manuscrits, pour la plupart répertoriés par H. STEIN (*Bibliographie générale des cartulaires français ou relatifs à l'histoire de France*, Paris, 1907), ni même de tenter une topo-bibliographie diocésaine ; J. de TRÉVILLERS a réalisé cet instrument de travail (*Sequania monastica. Dictionnaire des abbayes, prieurés, couvents... de Franche-Comté et du diocèse de Besançon, antérieurs à 1790*, Vesoul, 1950-1953, 2 vol.) en donnant une bibliographie pour chaque établissement religieux ; même si des imperfections et sa date lui enlèvent une partie de son intérêt pour la période médiévale, nous n'avons pas voulu le plagier et y renvoyons donc implicitement pour chaque établissement.

Afin d'éviter une énumération trop longue et fastidieuse, nous ne détaillerons pas les articles qui renferment les documents des XIe-XIIIe siècles dans les diverses séries consultées et que nous avons systématiquement utilisés pour notre recherche, mais nous précisons pour le lecteur inventaires ou répertoires qui ont été publiés, en signalant toutefois les fonds les plus riches ; il arrive que des classements ne soient pas encore achevés : pour faciliter d'éventuelles consultations, nous avons alors indiqué l'existence de fichiers dactylographiés. Qu'on nous pardonne de ne point avoir cité toutes les sources éparses dans les séries B, F, J des Archives départementales, dans les archives communales ou les bibliothèques municipales : chaque fois que nous les avons utilisées, nous en donnons référence dans les notes qui accompagnent les chapitres.

1. Archives départementales du Doubs

Guide des Archives du Doubs, par J. COURTIEU, Besançon, 1967.

Inventaire sommaire des Archives départementales du Doubs antérieures à 1790 : Archives ecclésiastiques, série G, par J. GAUTHIER, Besançon, 1900-1906, 2 vol.
Parmi les fonds les plus riches :
- Archevêché, G 1-160.
- Chapitre métropolitain, G 161 - 534.
- La Madeleine, G 1257-1418.

G supplément (chapitre métropolitain de Besançon [suppl.]), par M. PIGALLET, Besançon, 1907.

Inventaire sommaire... : Archives ecclésiastiques, clergé régulier : Abbaye de Saint-Vincent (série H), par M. PIGALLET, Besançon, 1923 (538 articles).

Répertoire de la série H : Première partie, Ordres et communautés d'hommes, par G.
DUHEM et J. COURTIEU, Besançon, 1962, dont :
- 34 H 1- 361 : prieuré clunisien de Morteau.
- 35 H 1- 461 : prieuré bénédictin de Mouthe.
- 64 H 1- 476 : abbaye cistercienne du Mont-Sainte-Marie.
- 67 H 1- 494 : abbaye Saint-Paul de Besançon (chanoines réguliers).
- 69 H 1- 150 : abbaye de Montbenoît (chanoines réguliers).
Répertoire de la série H : Deuxième partie : Ordres et communautés de femmes, Ordres militaires et hospitaliers, par J. COURTIEU, Besançon, 1965, dont :
- 112 H 1-112 : abbaye bénédictine de Baume-les-Dames.
53 J : archives de l'hôpital de Besançon. Contiennent le fonds du Saint-Esprit de Besançon (*Inventaire sommaire manuscrit* par A. CASTAN, 1877-1882, 3 vol. — *Table générale des noms de personnes et de lieux*, dactyl., par A.-M. COURTIEU, 1970).
Manuscrits des Archives départementales du Doubs, dans *Catalogue général des manuscrits conservés dans les dépôts d'archives*, Paris, 1886, p. 69-86 ; *Catalogue général des manuscrits des bibliothèques publiques de France*, Paris, 1956, t. LI, p. 122-137, et catalogue dactyl. tenu à jour depuis 1956.

2. Archives départementales du Jura

Série F. Répertoire numérique..., par G. DUHEM, Lons-le-Saunier, 1940, dont :
- 1 F 1-97 : collection Prost-Brune.
- 12 F 35 : cartulaire de l'abbaye de Goailles.
Inventaire sommaire... Archives ecclésiastiques... série G :
T. I, par B. PROST, A. VAYSSIERE, H. LIBOIS, Lons-le-Saunier, 1892.
T. II (1937), imprimé mais non publié (de G 873 à G 2000).
Signalons la richesse, pour la fin du Moyen Age, des fonds des trois collégiales de Salins : Saint-Anatoile (G 873-1294), Saint-Maurice (G 1295-1668), Saint-Michel (G 1669-1724).
Clergé régulier. Série H. Abbaye de Baume-les-Messieurs. Répertoire numérique... par G. DUHEM, Lons-le-Saunier, 1944 (1448 articles)
Cisterciens. Répertoire numérique... par G. DUHEM, Lons-le-Saunier, 1947. Parmi les fonds importants :
- 15 H 1-517 : Acey (abbaye d'hommes).
- 16 H 1-117 : Balerne Balerne (abbaye d'hommes).
- 19 H 1-249 : Rosières (abbaye d'hommes).
Répertoires dactylographiés pour les autres établissements religieux :
- 2 H 1-2 : abbaye de Saint-Claude. Répartition des liasses en deux classements (I et II), de 1 à 300. Fonds très important
- 13 H 1-193 : prieuré de Vaux-sur-Poligny (Cluny).
- 20 H 1-140 : abbaye de Goailles (chanoines réguliers).
- 40 H 1-69 : chartreuse de Vaucluse.
- 44 H 1-60 : chartreuse de Bonlieu.
Quelques fonds ne disposent pas encore de répertoire. Nous y avons trouvé, en général, peu de documents portant sur la période des XIIᵉ-XIIIᵉ s.
Manuscrits des Archives départementales du Jura, dans *Catalogue général des manuscrits conservés dans les dépôts d'archives*, Paris, 1886, p. 161-185 ; *Catalogue général des manuscrits des bibliothèques publiques de France*, Paris, 1956, t. LI, p. 652-653.

3. Archives départementales de la Haute-Saône

Guide des Archives de la Haute-Saône, par D. GRISEL, Vesoul, 1984.
Inventaire sommaire... Archives ecclésiastiques, séries G et H, par J. DUNOYER de SEGONZAC et A. ECKEL, Vesoul, 1901 dont :
- H 41-215 ; H 1083 : abbaye cisercienne de Bellevaux.
- H 246-341 ; H 1082 : abbaye cistercienne de Cherlieu.
- H 433-565 ; H 1090 : abbaye bénédictine de Faverney.
- H 601-679 ; H 1085-1089 ; H 1095 : abbaye bénédictine de Luxeuil.

- H 745-849 ; H 1090 : abbaye prémontrée de Corneux.

25 J : Chartrier de Saint-Mauris, inventaire dactylographié. ce fonds comprend de nombreux documents originaux du Moyen Age, dont certains remontent au XIIᵉ siècle; toutefois, les deux cartulaires de Bellevaux (dit le grand et le petit cartulaire), qui appartiennent à ce chartrier, ne figurent aux Archives dép. de la Haute-Saône qu'en microfilm (1 Mi 1 et 2).

La série Mi des Archives dép. de la Haute-Saône comprend plusieurs microfilms de cartulaires se trouvant à la Bibliothèque nationale.

4. Dépôts d'Archives périphériques

Guide des Archives de l'Ain, par P. CATTIN, Bourg-en-Bresse, 1979.

Guide des Archives de la Côte-d'Or, par J. RIGAULT, Dijon, 1984.

Guide des Archives de la Haute-Marne, par A.-M. COUVRET, Chaumont, 1980.

Guide des Archives de la Haute-Savoie, par J.-Y. MARIOTTE et R. GABION, Annecy, 1976.

Guide des Archives des Vosges, par J. DUMONT, Epinal, 1970.

Guide des Archives de l'Etat de Genève, par C. SANTSCHI, Genève, 1973.

Guide des Archives cantonales vaudoises, Chavanes-près-Renens, 1990.

Parmi les établissements de la périphérie qui ont eu des possessions dans le diocèse de Besançon ou qui y ont exercé une influence, voici ceux dont nous avons consulté les fonds.

Archives dép. de la Côte d'Or :

- *Archives départementales de la Côte d'Or. Clergé régulier, Série H : Etat général des fonds de la série H*, par J. RIGAULT, Dijon, 1971.

- 1 H 1-1787 : *Abbaye bénédictine Saint-Bénigne de Dijon. Répertoire numérique*, par L. DELESSARD, Dijon, 1947.

- 3 H 1-787 : *Abbaye bénédictine Saint-Pierre de Bèze. Répertoire numérique*, par L. DELESSARD, Dijon, 1953.

- 11 H 1-1164 : *Abbaye de Cîteaux. Répertoire numérique*, par J. RICHARD, Dijon, 1950.

Archives dép. du Rhône :

- *Archives départementales du Rhône Série 48 H. Ordre de Malte. Langue d'Auvergne. Inventaire sommaire...* par C. FAURE, Lyon, 1895-1945, 3 volumes, dont :

  2943-2957 : Commanderie de Salins.

  2958-3099 : Commanderies de Sales et de Montseugny.

- *Index alphabétique des noms de personnes et de lieux relevés dans l'inventaire du fonds de l'Ordre de Malte*, par R. LACOUR, Lyon, 1978.

Archives cantonales de Neuchâtel (Suisse) :

- J. GAUTHIER, Les documents franc-comtois des archives de Neuchâtel, dans *Mém. Acad. de Besançon*, 1879, p. 221-261.

5. Archives nationales

- Série K. Fonds de Montbéliard (répertoire manuscrit, par M. PRINET)

6. Bibliothèque nationale

ROBERT (U.), *Catalogue des manuscrits relatifs à la Franche-Comté qui sont conservés dans les bibliothèques publiques de Paris*, Paris, 1878. En particulier :

- Fonds latin :

  5683 : Cartulaire de l'abbaye d'Acey, XIIᵉ-XIII siècles (microfilm aux Arch. dép. Haute-Saône, 1 Mi 14).

  10973 : Cartulaire de l'abbaye de Cherlieu (B 7-123), 155 chartes (XIIIe s.) Microfilm aux Arch. dép. Haute-Saône, 1 Mi 13.

- Nouvelles acquisitions françaises :

  8708, 8815 : Collection Joursanvault sur l'histoire de la Bourgogne et de la Franche-Comté ; diocèse de Besançon (252 fol.) et histoire ecclésiastique (493 fol.).

- Collection Moreau (copies qui ont été exécutées au XVIIIᵉ siècle sous la direction de DROZ et dont un exemplaire existe à la Bibliothèque municipale de Besançon, dans la

coll. Droz).
868 : Archives de l'abbaye de Saint-Paul, 682 fol.
869 : Cartulaire de Luxeuil (microfilm aux Arch. dép. Haute-Saône, 1 Mi 22).
870 : Cartulaire de Bellevaux, 684 fol.
871 : Cartulaires de Bellevaux, Rosières, Faverney, 690 fol. (microfilm 1 Mi 21).
872 : Inventaire, extraits, cartulaire d'Acey, Bithaine (microfilm 1 Mi 15), Château-Chalon, Mont-Sainte-Marie.
873 : Inventaire et cartulaire de Theuley (microfilm 1 Mi 3), de La Charité, de Cherlieu, 888 fol.
875 : Chartes de l'abbaye de Saint-Claude (fol. 3-384). Inventaire de Corneux et cartulaire (fol. 384-741). Microfilm 1 Mi 19.

7. Bibliothèques municipales

Pour les manuscrits dispersés dans les bibliothèques de la région, nous renvoyons au *Catalogue général des manuscrits des bibliothèques de France* :
Arbois : t. XXI, 1897, p. 113-121.
Baume-les-Dames : t. VI, 1887, p. 463-464.
Belfort : t. XIII, 1891, p. 279-284.
Besançon : fonds très riche dont rendent compte quatre volumes : t. XXI-XXIII, *Bibliothèque municipale de Besançon,* par A. CASTAN, Paris, 1897-1904. t. XLV, par G. GAZIER, M. PRINET, B. NICOLLE, Paris, 1915.
Dole : t. XIII, 1891, p. 377-455.
Gray : t. VI, 1887, p. 389-399, t. XLI, 1903, p. 261-267, t. LI, 1956, p. 261.
Lons-le-Saunier : t. XXI, 1897, p. 123-130 t. XLI, 1903, p. 641-653.
Lure : t. IX, 1888, p. 49.
Luxeuil : t. XLI, 1903, p. 657.
Montbéliard : t. XIII, 1891, p. 285-336, t. XLII, 1904, p. 296-297, 456.
Poligny : t. XXI, 1897, p. 131-136, t. XLIII, 1904, p. 139-145.
Pontarlier : t. IX, p. 51-64.
Saint-Claude : t. XXI, 1897, p. 137-151.
Vesoul : t. XLIII, 1904, p. 753-756, t. LI, 1956, p. 351-352.

8. Autres dépôts cités occasionnellement

a) Archives communales : *Guide des Archives du Doubs,* par J. COURTIEU, t. II : *Archives communales et hospitalières,* Besançon, 1971.
b) Archives de l'Archevêché de Besançon.
Cartulaire du chapitre, composé par le chanoine DENIZOT au milieu du XIXe siècle.
Statuts synodaux du diocèse.
Papiers divers sur des abbayes.
c) Archives du Grand Séminaire de Besançon
Catalogue dactylographié des manuscrits et des archives : surtout copies de documents, des mémoires sur des abbayes diocésaines (Luxeuil, Faverney, Bithaine... Corneux).
d) Académie de Besançon
Ms 4 : Mlle AUBERT, Histoire et développement économique d'une abbaye cistercienne : Bellevaux (Thèse Ecole des chartes, 1926).
Ms 39 : Abbé BESSON, Mémoire sur l'abbaye de Cherlieu, 104 p.
Ms 77 : Abbé BRULTEY (abbé), Mémoire hist. sur l'abbaye de Lieucroissant, 412 p.
Ms 79 : Abbé BRULTEY, Etude historique sur Bithaine, 258 p.
e) Bibliothèque nationale de Berlin
Codices latini Phillippici 15 (ancien Phillipps 1757) II : *Cartularium Condatescense* ou *Cartulaire de Saint-Claude,* composé au XVIIe siècle par P.-F. CHIFFLET (consulter à ce sujet B. de VREGILLE, *Hugues de Salins,* t. III, Lille, 1983, p. 6).
g) Archives du Vatican : nous avons trouvé très peu de renseignements inédits sur la période qui nous intéressait, les archives de la papauté ne devenant riches, comme on le sait, qu'à partir du XIVe siècle.

B. SOURCES IMPRIMÉES

L'histoire du comté de Bourgogne ne disposant pas de chroniques littéraires ou hagiographiques importantes pour cette période, nous n'avons pas adopté la distinction classique entre sources diplomatiques, narratives, canoniques..., mais regroupé les ouvrages par ordre alphabétique, ce qui permettra, par ailleurs d'identifier plus facilement les renvois opérés dans les notes. En outre, figurent dans la liste, à côté des éditions de textes proprement dites, certains livres anciens, précieux par les preuves ou les catalogues d'actes qui les accompagnent.

Acta Sanctorum, 3e édition, 60 vol., Paris, 1863-1870 :

> *Maii*, II, p. 320-348 : Vie de saint Pierre de Tarentaise.

> *Junii*, I, p. 649-657 : Miracles de saint Claude.

> *Aug.*, II, p. 650-656 : Miracles de saint Taurin.

> *Sept.*, VIII, p. 711-751 : Vie de saint Simon.

ACHERY (L. d'), *Spicilegium sive collectio veterum aliquot scriptorum*, 2e édition, Paris, 1723, 3 vol.

ALBON (Marquis d'), *Cartulaire général de l'Ordre du Temple, 1119 (?)-1150*, Paris, 1913 ; auquel on ajoutera LÉONARD (E.-G.), *Introduction au cartulaire manuscrit du Temple (1150-1317)*, Paris, 1930.

Annales de l'abbaye du Lac de Joux depuis sa fondation..., par F. de GINGINS-LA-SARRA, coll. " Mémoires et documents publiés par la Société d'histoire de la Suisse romande ", Lausanne, 1ère série, 1842.

APPELT (H.), *Die Urkunden Friedrichs I. (1152-1190)*, coll. " M.G.H., Diplomata regum et imperatorum Germani ", Hanovre, 1975-1990, 4 vol.

Bibliotheca Cluniacensis, publiée par M. MARRIER et A. DUCHESNE, Paris, 1614 ; réédit. Paris, 1915.

BLIGNY (B.), *Recueil des plus anciens actes de la Grande Chartreuse (1086-1196)*, Grenoble, 1958.

BÖHMER (J.-F.), *-Regesta Imperii* (nouvelle édition) :

> *- Die Regesten des Kaiserreichs unter Philipp, Otto IV., Friedrich II., Heinrich VII., (1198-1272)*, Innsbrück, 1891.

> *- Die Regesten des Kaiserreichs unter Heinrich V.*, neu bearbeitet von G.BAAKEN, Cologne-Vienne, 1972.

BRACKMANN (A.), *Helvetia Pontificia* (dioc. Bâle, Constance, Genève, Lausanne, Sion), coll. Germania Pontificia, II/2, Berlin, 1927, réédit. 1960.

BRIDOT (J.), *Chartes de l'abbaye de Remiremont des origines à 1231*, Université de Nancy II, 1980 (dactyl.).

Bullarium sacri Ordinis Cluniacensis, par P. SIMON, Lyon, 1680.

BULLIOT (J.-G.), *Essai historique sur l'abbaye de Saint-Martin d'Autun*, Autun, 1849, 2 vol., le deuxième, de preuves.

CANIVEZ (J.), *Statuta capitulorum generalium Ordinis cisterciensis ab anno 1116 ad annum 1786*, Louvain, 1933-41, 8 vol.

Cartulaires de l'abbaye de Molesme, publiés par J. LAURENT, Paris, 1907, 2 vol.

Cartulaire de la chartreuse d'Oujon, par J.-J. HISELY.— *Cartulaire de l'abbaye d'Haucrêt*, par J.-J. HISELY. — *Cartulaire de l'abbaye de Montherond*, par F. de GINGINS, coll. " Mémoires et documents publiés par la Société d'histoire de la Suisse romande " 1ere série, Lausanne, 1853.

Cartulaire de Romainmôtier, publié par F. de GINGINS-LA-SARRA, coll. " Mémoires et documents publiés par la Société d'histoire de la Suisse romande ", 1ere série, Lausanne, 1844.

Cartulaire de Saint-Etienne de Vignory, édit. par J. d'ARBAUMONT, Langres, 1882.

Cartulaire de Saint-Vincent de Mâcon, connu sous le nom de Livre enchaîné, publié par M.-C. RAGUT et T. CHAVOT, Mâcon, 1864.

Cartulaire des comtes de Bourgogne (1166-1321), publié par J. GAUTHIER, J. de SAINTE-AGATHE et R. de LURION, coll. " Mémoires et documents inédits pour servir à l'histoire de la de Franche-Comté ", t. VIII, Besançon, 1908.

Cartulaire d'Hugues de Chalon (1220-1319), publié par B. PROST et S. BOUGENOT, Lons-le-Saunier, 1904.

Cartulaire du chapitre de Notre-Dame de Lausanne, édition critique par C. ROTH, I : *Texte*, coll. " Mémoires et documents publiés par la Société d'histoire de la Suisse romande ", 3ᵉ série, III, Lausanne, 1948.

Cartulaire (Le grand) du chapitre cathédral de Langres (XIIIᵉ s.), édit. et présenté par H. FLAMMARION, Université de Nancy II, Thèse de 3ᵉ cycle, 1980, 2 tomes dactyl..

Cartulaire du prieuré de Saint-Marcel-lès-Chalon, publié par P. CANAT de CHIZY, coll. " Société d'histoire et d'archéologie de Chalon ", Chalon-sur-Saône, 1894.

Centre de Recherches et d'Applications linguistiques (Nancy II), *Chartes originales anté-rieures à 1121 conservées dans le département du Doubs*, Cahiers du C.R.A.L., 33, 1978.

Chartes (Les) de Saint-Etienne de Dijon des origines au XVᵉ siècle, Dijon et Paris, 1907-1914, 19 vol. :
 - Des origines à 1098, par J. COURTOIS.
 - De 1098 à 1140, par J.-M. BIEVRE-POULALIER.
 - De 1140 à 1155, par P. BOURRIER.
 - De 1155 à 1200, par G. VALAT.
 - De 1200 à 1230, par E. COLLETTE.

Chartes et Documents de Saint-Bénigne de Dijon, prieurés et dépendances des origines à 1300, publiés par G. CHEVRIER et M. CHAUME, t. II : 990-1124, Dijon, 1943.

CHARVIN (dom G.), *Statuts, chapitres généraux et visites de Cluny :* t. I, Paris, 1965.

CHEVALIER (F.), *Mémoires historiques sur la ville et la seigneurie de Poligny*, Lons-le-Saunier, 1767-1769, 2 vol.

CHIFFLET (J.-J.), *Vesontio, civitas imperialis libera Sequanorum metropolis*, Lyon, 1618 (une traduction de cet ouvrage par J. GIRARDOT, avec introduction et annotations de B. de VREGILLE a été publiée à Besançon en 1990).

CHIFFLET (P.-Fr.)
 - *Histoire de l'abbaye royale et de la ville de Tournus*, avec les preuves, Dijon, 1664.
 - *Lettre touchant Béatrix, comtesse de Chalon...*, Dijon, 1656.

Chronique de l'abbaye de Saint-Bénigne de Dijon, suivie de la Chronique de Saint-Pierre de Bèze, édit. E. BOUGAUD et J. GARNIER, coll. " Analecta Divionensia ", Dijon, 1875.

DELAVILLE-LE-ROULX (J.), *Cartulaire général de l'Ordre des Hospitaliers de Saint-Jean de Jérusalem*, Paris, 1894-1906, 4 vol.

DUBY (G.), *Recueil des pancartes de La Ferté-sur-Grosne, 1113-1178*, Gap, 1953.

DUMONT (J.-M.), Le cartulaire de Theuley, dans *Bull. phil. et hist. jusqu'en 1610*, 1955-1956, p. 27-31.

Gallia Christiana nova : - t. IV : *De provincia Lugdunensi*, Paris, 1728.
 - t. XV : *De provincia Vesuntionensi*, publié par B. HAUREAU, Paris, 1860 (instrumenta, p. 1-125).

GASPARD (B.), *Histoire de Gigny, au département du Jura, de sa noble et royale abbaye...*, suivie de pièces justificatives, Lons-le-Saunier, 1843.

Grégoire VII, Die Regester Gregors VII, édit. E. CASPAR, coll. " M.G.H., Epistolae selectae in usum scholarum ", II, Berlin, 1920-1923, 2 vol., réédit. Munich, 1978.

GUILLAUME (J.-B.), *Histoire généalogique des sires de Salins, suivie de l'histoire de la ville de Salins*, Besançon, 1757-1858, 2 vol.

GUICHENON (S.) : *Histoire de la Bresse et du Bugey, contenant ce qui s'est passé de mémorable... avec les fondations des abbayes, prieurés...*, Lyon, 1650.

GUIGUE (M.-C.), *Cartulaire lyonnais, documents inédits pour servir à l'histoire des anciennes provinces du Lyonnais, Forez, Beaujolais, Dombes, Bresse et Bugey*, Lyon, 1885-1893, 2 vol.

HAGENEDER (O.) und HAIDACHER (A.), *Die Regester Innozenz III*, Graz-Köln, 1964-1979.

Historia diplomatica Friderici II, publiée par A. HUILLARD-BREHOLLES, 7 vol., Paris, 1852-1861.

HUGO (C.-L.), *Sacri et canonici Ordinis Præmonstratensis annales in duas partes divisae*, Nancy, 1734, 2 vol.

LARGIADER (A.), *Die Papsturkunden der Schweiz von Innozenz III bis Martin V, ohne Zürich*, t. I : 1198 bis 1304, Zürich, 1968.

LE COUTEULX (C.), *Annales Ordinis Cartusiensis ab anno 1084 ad annum 1429*, Montreuil-sur-Mer, 8 vol.

LE RICHE (F.-L.), *Mémoire et consultation pour servir à l'histoire de l'abbaye de Château-Chalon*, 2ᵉ édition, Besançon, 1766.

LOCATELLI (R.), BRUN (D.), DUBOIS (H.), *Les salines de Salins au XIIIᵉ siècle. Cartulaires et livre des rentiers*, coll. " Cahiers d'études comtoises ", Paris, 1991.

MABILLON (J.), *Annales Ordinis sancti Benedicti*, Paris, 6 vol. :
- t. V (1067-1126), 1740.
- t. VI (1127-1157), 1745.

MANRIQUE (A.), *Cisterciensium seu verius ecclesiasticorum annalium a condito Cistercio*, tomi I-IV, Lyon, 1642-1659.

MANSI (J.-D.), *Sacrorum conciliorum nova et amplissima collectio*, Florence-Venise, 1759-1798, 31 vol.

MARILIER (J.), *Chartes et documents concernant l'abbaye de Cîteaux (1098-1182)*, Rome, 1961.

MARTIN (Abbé J.-B.), *Conciles et bullaire du diocèse de Lyon, des origines à la réunion du Lyonnais à la France en 1312*, Lyon, 1905.

MATILE (G.-A.), *Monuments de l'histoire de Neuchâtel*, 2 vol., Neuchâtel, 1844.

Necrologium ecclesiae Sancti Petri Masticonensis ou Notice des bienfaiteurs de l'église de Saint-Pierre de Mâcon, publié par N.-C. GUIGUE, Bourg, 1872.

Obituaire de l'abbaye de Saint-Oyend-de-Joux, publié par
- G. GUIGUE et J. LAURENT, *Obituaires de la province de Lyon*, coll. " Recueil des Historiens de la France ", t. I, Paris, 1933, p. 288-332.
- G. DUHEM et M. BERTHET, dans *Mémoires de la Société d'émulation du Jura l'histoire du droit*, 1970, p. 131-218.

Obituaire de l'abbaye Saint-Paul de Besançon, publié par J. de SAINTE-AGATHE, dans *Mémoires et documents inédits pour servir à l'histoire de la Franche-Comté*, XI (1919), p. 173-306.

Obituaire du chapitre métropolitain de Besançon (XIᵉ-XVIIIᵉ siècles), publié par J. GAUTHIER et J. de SAINTE-AGATHE, dans *Mémoires et documents inédits pour servir à l'histoire de la Franche-Comté*, IX (1909).

Obituarium Abbatiæ Castri-Caroli ou Notice des abbesses, religieuses et bienfaiteurs de l'abbaye noble de Château-Chalon, publié par A. VAYSSIERE, dans *Mémoires de la société d'émulation du Jura*, 1875, p. 119-207.

PARISSE (M.), Bullaire de la Lorraine (jusqu'en 1198), dans *Annuaire de la Soc. d'Histoire et d'Archéol. de la Lorraine*, LXIX (1969), p. 5-98.

P. L. : Patrologie latine. *Patrologiae cursus completus series latina*, édit. J.-P. MIGNE, Paris, 1844-1864. Tomes : 163, 166, 179, 180, 186, 188, 189, 196, 200, 201, 202, 203-204, 206, 214, 216.

PÉRARD (E.), *Recueil de plusieurs pièces curieuses servant à l'histoire de la Bourgogne*, Paris, 1664.

PERRIN (C.-E.), La chronique de Chaumousey. Contribution à l'histoire ancienne de l'abbaye de Remiremont, dans *Annuaire de la Fédération historique lorraine*, 4 (1931-1932), p. 265-280.

Pierre le Vénérable. The Letters of Peter the Venerable, edit. and notes by G. CONSTABLE, Cambridge, 1967, 2 vol.

PLANCHER (U.), *Histoire générale et particulière de Bourgogne...*, Dijon, 1739-1781, 4 vol.

PFLUGK-HARTTUNG (J. von), *Acta pontificum Romanorum inedita*, Tübingen-Stuttgart, 1881-1886, 3 vol.

Pouillés, coll. " Recueil des historiens des Gaules et de la France ", Paris :
1- *Pouillés de la province de Lyon*, édit. A. LONGNON, 1904.
5- *Pouillés de la province de Trèves*, édit. A. LONGNON et V. CARRIERE, 1915.
7- *Pouillés des provinces de Besançon, Tarentaise et de Vienne*, édit. E. CLOUZOT et J. CALMETTE, 1940.

Recueil de documents relatifs à l'histoire de la Suisse romande, par F. FOREL, coll. "Mémoires et documents publiés par la Société d'histoire de la Suisse romande ", 1ère série, Lausanne, 1864.

Recueil des chartes de l'abbaye de Clairvaux, XIIe siècle.
- t. l, par J. WAQUET, Troyes, 1950.
- t. II, par J.-M. ROGER, Troyes, 1982.

Recueil des chartes de l'abbaye de Cluny, publié par A. BERNARD et A. BRUEL (collection des Documents inédits), t. IV-VI, Paris, 1888-1904.

Recueil des chartes, statuts et documents concernant l'évêché de Lausanne, coll. "Mémoires et documents publiés par la Société d'histoire de la Suisse romande ", Lausanne, 1ère série, par F. de GINGINS-LA-SARRA et F. FOREL, 1848.

Regesta Honorii papæ III (1216-1227), par P. PRESSUTI, 2 vol., Rome, 1888-1895.

Regestum Innocentii papæ III (1198-1216) super negotio imperii, par F. KEMPF, Rome, 1947.

Répertoire des documents nécrologiques français, publié sous la direction de P. MAROT par J.-L. LE MAITRE, coll. " Recueil des Historiens de la France ", Paris, 1980, 2 vol. (Province de Besançon, t. II, p. 933-964).

ROBERT (U.), *Bullaire du pape Calixte II (1119-1124)*, Paris, 1891, 2 vol.

RUCK (P.), *Die Urkunden der Bischöfe von Basel bis 1213,* " Quellen und Forschungen zur Basler Geschichte ", Basel, 1956.

SCHOEPFLIN (J.-D.), *Alsacia ævi merovingici, carolingici, saxonici, salici, suevici diplomatica*, Mannheim, 1772-1775, 2 vol.

STUMPF-BRENTANO (K.-F.), *Acta imperii inde ab Henrico I ad Henricum VI usque adhuc inedita*, Innsbruck, 1883.

TROUILLAT (J.), *Monuments de l'histoire de l'ancien évêché de Bâle*, 5 vol., Porrentruy, 1852-1867.

VALVEKENS (R P. J.-B.), *Acta et decreta capitulorum generalium Ordinis Præmonstratensis*, XLII (1966), p. 1-23 (textes publiés pour la période 1174-1260).

VIELLARD (L.), *Documents et Mémoires pour servir à l'histoire du Territoire de Belfort*, Besançon, 1884.

WAITZ (G.), *Obedienzerklärung Burgundischer und Französischer Bischöfe*, dans *Neues Archiv*, III (1877), p. 195-199.

WIEDERHOLD (W.), *Papsturkunden in Frankreich* :
- I : *Franche-Comté*, Göttingen, 1906.
- II : *Burgund mit Bresse und Bugey*, 1906.
- III : *Dauphiné, Savoyen, Lyonnais*, 1907.

II. BIBLIOGRAPHIE

La bibliographie de cette période présente une double originalité :
- Celle de caractère général, consacrée plus particulièrement à l'histoire religieuse de la Chrétienté, peut se définir par une profusion, déroutante pour le lecteur non averti ; il suffit, pour s'en convaincre, de penser aux très nombreuses revues consacrées aux ordres religieux, aux grandes collections qui sont apparues depuis plusieurs décennies.
- Au plan régional, cette abondance existe, mais elle s'efface devant l'inégalité de la production ; l'histoire religieuse et surtout les monographies d'abbayes ont attiré l'attention des érudits et séduit plus d'un amateur peu enclin à de fastidieux dépouillements d'archives et se satisfaisant de personnaliser l'apport de ses devanciers. Il en résulte donc un contraste entre la quantité et l'intérêt de cette production, contraste qui se révèle encore plus gênant lorsque sont abordées les périodes anciennes de notre passé. L'histoire des XIᵉ-XIIIᵉ siècles est trop souvent encombrée d'un fatras de légendes ou de préoccupations apologétiques. Ainsi, les débuts des monastères cisterciens se ressentent-ils de ces approximations trompeuses, et un ouvrage aussi sérieux que celui de dom Benoît sur *L'abbaye de Saint-Claude* souffre de cette haine vouée à l'esprit voltairien et au protestantisme.
Pour ces deux raisons, notre bibliographie ne pouvait prétendre citer tous les livres que nous avons consultés ; il n'était pas question non plus de multiplier les références d'articles. Aussi avons-nous divisé notre bibliographie en deux parties fort inégales : une première, consacrée aux instruments de travail (dictionnaires, bibliographies, répertoires...), une seconde aux principaux ouvrages que nous avons eu à citer plusieurs fois ; parmi ces derniers, nous n'avons pas distingué la production de caractère général de celle qui concerne particulièrement la région, mais nous avons adopté un classement par ordre alphabétique, ce qui permettra d'identifier plus aisément les renvois des notes.

A. INSTRUMENTS DE TRAVAIL

1. Sur la Franche-Comté et les régions périphériques

ALIGNY (Baron d'), *Catalogue de la bibliothèque franc-comtoise du château de Montmirey-la-Ville*, Besançon, 1931 (recense ouvrages et manuscrits).

AMWEG (G.), *Bibliographie du Jura bernois, ancien évêché de Bâle*, Porrentruy, 1928.

Annales de Bourgogne : *La Bibliographie bourguignonne*, qui paraît régulièrement donne une liste exhaustive de toutes les publications qui intéressent cette région.

Bibliographie franc-comtoise, coll. " Cahiers d'Etudes comtoises " :
- 1940-1960, sous la dir. de C. FOHLEN ;
- 1960-1970, sous la dir. de l'Institut d'Etudes comtoises et jurassiennes, Paris, 1974 ;
- 1970-1980, sous la dir. de J. MIRONNEAU, Paris, 1982.

Cercle d'Etudes historiques de la Société jurassienne d'Emulation, *Bibliographie jurassienne, 1928-1972*, Porrentruy, 1972.

CHAUVIN (B.), Bibliographie cistercienne franc-comtoise, dans *Documentation cistercienne*, 9 (1973), Rochefort.

Dictionnaire des communes du département du Doubs, sous la direction de J. COURTIEU, Besançon, 1982-1986, 6 vol.

GUIGUE (M.-C.), *Topographie historique du département de l'Ain, ou notices sur les communes, hameaux...*, accompagnée d'un précis de l'histoire du département, Bourg, 1873.

GUILLEMIN (J.), Dictionnaire topographique de l'arrondissement de Louhans (Saône-et-Loire), dans *Mém. Soc. d'hist. et d'archéol. de Chalon-sur-Saône*, 1866, p. 93-176.

Haute-Saône (La). Nouveau dictionnaire des communes, Vesoul, 1969-1974, 6 vol.

Helvetia Sacra, Berne, depuis 1972 :
- I/1 : *Schweizerische Kardinäle. Das apostolische Gesandtschaftswesen in der Schweiz. Erzbistümer und Bistümer (Aquileia, Basel, Besançon, Chur)*, sous la direc-

tion d'A. BRUCKNER, 1972.

- I/3 : *Le diocèse de Genève. L'archidiocèse de Vienne en Dauphiné*, par L. BINZ, J. EMERY, C. SANTCHI, 1980.

- II/2 : *Die weltliche Kollegiatstifte des deutsch- und französisch sprachigen Schweiz,* sous la direction de G. MARCHAL, 1977.

- III/1, *Die Orden mit Benediktinnerregel : Frühe Klöster, die Benediktiner und Benediktinnerinnen in der Schweiz,* 3 vol., 1986.

- III/3 : *Die Orden mit Benediktinerregel : Zisterzienser und Zisterzienserinnen...,* par C. SOMMER-RAMER et P. BRAUN, 1982, 2 vol.

LOCATELLI (R.), BRELOT (C.-I.), DEBARD (J.-M.), GRESSET (M.), SOLNON (J.-F.), *La Franche-Comté à la recherche de son histoire (1800-1914)*, coll. " Annales litt. de l'Université de Besançon ", Paris, 1982 (notices biographiques sur les auteurs et index analytique des revues intéressant directement la Franche-Comté de 1800 à nos jours).

MOTTAZ (E.), *Dictionnaire historique, géographique et statistique du canton de Vaud,* Lausanne, 1914-1921, 2 vol.

ROUSSET (A.) et MOREAU (F.), *Dictionnaire géographique, historique et statistique des communes de la Franche-Comté... Département du Jura,* Besançon, 1853-1858, 6 vol., Reprints Paris, 1969.

TREVILLERS (J. de) et GIRARDOT (J.), *Répertoire bibliographique des ouvrages concernant le département de la Haute-Saône, imprimés jusqu'en 1957,* Vesoul, 1957.

TREVILLERS (J. de), *Sequania monastica. Dictionnaire des abbayes, prieurés, couvents... de Franche-Comté et du diocèse de Besançon, anté-rieurs à 1790,* Vesoul, 1950 ; premier supplément, Vesoul, 1953.

2. Sur l'histoire de l'Eglise et les ordres religieux

BESSE (J.) et BEAUNIER (dom), *Abbayes et prieurés de l'ancienne France,* coll " Archives de la France monastique " :

- t. X : *Province ecclésiastique de Lyon* ; 1, *Diocèses de Lyon et de Saint-Claude,* par J. BEYSSAC, Paris, 1933.

- t. XIII : *Province ecclésiastique de Lyon* par J. BEYSSAC ; 3, *Diocèses de Langres et de Dijon,* par J. LAURENT et F. CLAUDON, 1941.

Bibliotheca Sanctorum (sous la direction de F. CARAFFA et G. MORELLI), Roma, 1961-1970, 13 vol.

CONSTABLE (G.), *Medieval Monasticism : a select bibliography,* Toronto, 1976.

COTTINEAU (Dom), *Répertoire topo-bibliographique des abbayes et prieurés,* Mâcon, 1935-1937, 2 vol.

- tome III, 1970, par dom G. PORAS.

COUSIN (P.), *Précis d'histoire monastique,* Paris, 1959.

Dictionnaire d'Histoire et de Géographie ecclésiastique, publié par A. BAUDRILLART, A. de MEYER..., Paris, depuis 1912.

Storia della Chiesa, sous la direction de H. JEDIN (traduction italienne de *Handbuch der Kirchengeschichte,* avec bibliographie mise à jour :

- t. IV : *Gli inizi del medioevo (VIIᵉ-XIIᵉ sec.),* Milano, 1975.

- t. V/1 : *Civitas medievale (XIIᵉ-XIVᵉ sec.),* Milano, 1976.

* Bénédictins : Bulletin d'Histoire bénédictine, dans la *Revue bénédictine.*

* Chanoines réguliers de saint Augustin : Bibliographie historique de l'ordre de saint Augustin, dans *Augustiniana* et dans *Revue des Etudes augustiniennes.*

* Chartreux : *Cartusiana,* un instrument heuristique ; t. 1 : *Bibliographie générale, auteurs cartusiens,* par A. GRUYS, Paris, 1976.

* Cisterciens :

- la bibliographie de *La Documentation cistercienne,* Rochefort (plusieurs volumes depuis 1979):

- ALTERMATT (A.), Die Cisterzienser in Geschichte und Gegenwwart. Ein Litteratur-bericht, 1970-1980, dans *Cisterzienser Chronik,* 88 (1981), p. 77-120 (instruments de travail, aperçu historique...).

- COCHERIL (P. M.), *Dictionnaire des monastères cisterciens*,
    T. 1 : *Cartes géographiques*, Rochefort, 1976. MANNING (E.),
    T. 2 : *compléments*, Rochefort, 1979.

* Cluny : Atlas des monastères de l'ordre de Cluny au Moyen Age. Annexe au tome VI des *Statuts, chapitres généraux et visites de l'ordre de Cluny*, Paris, (1977).

* Prémontrés : BACKMUND (N.), *Monasticon Præmonstratense (id est historia circarium atque canoniarum candidi et canonici Ordinis Præmonstratensis)*, Straubing, 1949-1956, 3 vol., réédit. en 2 vol., Berlin-New-York, 1983.

* Templiers : DALLIEZ (L.), *Bibliographie de l'Ordre du Temple*, Paris, 1973.

B. OUVRAGES ET ARTICLES

Abélard et son temps, Paris, 1981.

Actes du colloque international de Cluny (septembre 1988), *Le gouvernement d'Hugues de Semur à Cluny,* Cluny, 1990.

ALLEMAND- GAY (M.-Th.), *Le pouvoir des comtes de Bourgogne au XIIIe siècle,* coll. " Cahiers des études comtoise ", Paris, 1988.

AFFOLTER (E.), *L'abbaye de Clairefontaine aux XIIe et XIIIe siècles. Aspects de l'économie au Moyen Age,* Vesoul, 1978 (extrait du *Bull. de la Société d'Agriculture, Lettres, Sciences et Arts de la Haute-Saône*).

ARBOIS DE JUBAINVILLE (H. d'),
    - *Histoire des ducs et comtes de Champagne,* Paris, 1859-1869, 7 vol.
    - *Etude sur l'état intérieur des abbayes cisterciennes et principalement de Clairvaux au XIIe et au XIIIe siècle,* Paris, 1858.

Aspects de la vie conventuelle aux XIe et XIIe siècles. Actes du 5e congrès de la Société des historiens médiévistes de l'Enseignement supérieur public (Saint-Etienne, juin 1974), *Cahiers d'Histoire,* Lyon-Grenoble..., 1975.

AUBERT (M.), *L'architecture cistercienne en France,* Paris, 1943, 2 vol.

AUBRUN (M.), *L'ancien diocèse de Limoges, des origines au milieu du XIe siècle,* Clermont-Ferrand, 1981.

AVRIL (J.),
    - *Le gouvernement des évêques et la vie religieuse dans le diocèse d'Angers (1140-1240),* Paris-Lille, 1984.
    - A propos du " Proprius Sacerdos " : quelques réflexions sur les pouvoirs du prêtre de paroisse, dans *Proceedings of the Fifth International Congress of Medieval Canon Law (Salamanca, 1976),* Rome, 1980, p. 471-486.
    - L'encadrement diocésain et l'organisation paroissiale dans *Le troisième concile de Latran,* p. 53-74.
    - Recherches sur la politique paroissiale des établissements monastiques et canoniaux (XIe-XIIIe s.), dans *Revue Mabillon,* LIX (1980), p. 453-517.
    - Le IIIe concile de Latran et les communautés de lépreux, dans *Revue Mabillon,* LX (1981), p. 21-76.

BACKMUND (N.), *Die Mittelalterlichen Geschichtschreiber des Prämonstratenser Ordens,* Averbode, 1972.

BALDWIN (M.-W.), *Alexander III and the XIIth century,* New-York-Londres, 1968.

BARRIERE (B.), *L'abbaye cistercienne d'Obazine en Bas-Limousin. Les origines, le patrimoine,* Tulle, 1977.

BARTH (M.), *Handbuch der elsässischen Kirchen in Mittelalter,* Strasbourg, 1960-1963, 2 vol.

BEAUSÉJOUR (G.) et GODARD (C.), Pesmes et ses seigneurs du XIIIe au XVIIIe siècle, dans *Bull. de la Société d'Agriculture, Lettres, Sciences et Arts de la Haute-Saône,* 1895 à 1928 (catalogue d'actes)

BECKER (A.), *Papst Urban II,* Stuttgart, 1968.

BECQUET (J.),
    - Chanoines réguliers et érémitisme clérical, dans *Revue d'histoire de la spiritualité,*

48 (1972), p. 361-370,

- Le mouvement canonial en Limousin aux XIe et XIIe siècles, dans *Bull. phil. et hist. jusqu'en 1610*, 1977, p. 33-43.

- La réforme des chapitres cathédraux en France aux XIe et XIIe siècles, dans *Bull. phil. et hist. jusqu'en 1610*, 1975, p. 31-41.

- Monachisme et autres ordres religieux en Occident, dans *Le monachisme*, 1980, p. 126-131.

- Les évêques de Limoges aux Xe, XIe et XIIe siècles, dans *Bull. de la Soc. archéol. et hist. du Limousin*, CIV (1977), p. 63-114, CV (1978), p. 79-104.

- Collégiales et sanctuaires de chanoines séculiers en Limousin aux Xe-XIIe siècles, dans *Bull. Soc. archéol. et hist. du Limousin*, CIII, 1976, p. 75-106.

- *Vie canoniale en france aux XIe-XIIe siècles*, Variorum reprints, Londres, 1985.

BENOIT (dom P.), *Histoire de l'abbaye et de la Terre de Saint-Claude*, Montreuil-sur-Mer, 1890-1892, 2 vol.

BERNARD (A.), *La sépulture en droit canonique, du Décret de Gratien au concile de Trente*, Paris, 1933.

Bernard de Clairvaux, Commission d'histoire de l'ordre de Cîteaux, Paris, 1953.

BESSON (abbé L.),

- *Mémoire historique sur l'abbaye de Baume-les-Dames*, Besançon, 1845.
- *Mémoire historique sur l'abbaye de Cherlieu*, Besançon, 1847.

BIENVENU (J.-M.), Les caractères originaux de la réforme grégorienne dans le diocèse d'Angers, dans *Bull. philol. et hist. jusqu'en 1610*, 1968, p. 545-560.

BITSCH (H.), *Das Erzstift Lyon zwischen Frankreich unddem Reich im hohen Mittelalter*, Göttingen, 1971.

BLANCHOT (abbé C.), *Histoire de Notre-Dame d'Acey*, Besançon, 1898.

BLIGNY (B.),

- *L'Eglise et les ordres religieux dans le royaume de Bourgogne aux XIe et XIIe siècles*, Grenoble, 1960.

- Monachisme et pauvreté au XIIe siècle, dans *La Poverta del secolo XII e Francesco d'Assisi (2° convegno, Assise, 1974)*, Assise, 1975.

- L'ordre bénédictin en Dauphiné, dans *Bull. Acad. delphinale*, 1980, p. 47-56.

BOLLENOT (G.), *Un légat pontifical au XIe siècle. Hugues de Die (1073-1082), primat des Gaules (1082-1106)*, Lyon, 1973.

BORDET (G.), *L'ordre cistercien en Franche-Comté au XIIe siècle*, D.E.S., Université de Besançon, 1958, dactyl.

BOUCHEY (M.-E.-A.), *Mémoire historique sur l'abbaye de Belchamp, de l'ordre des Prémontrés, au comté de Montbéliard*, Belfort, 1865.

BOUSSARD (J.), Les évêques en Neustrie avant la réforme grégorienne, dans *Journal des Savants*, 1970, p. 161-196.

BOUTON (sous la dir. de J. de La Croix), *Les moniales cisterciennes*, Grignan, 1986.

BRELOT (J.) et DUHEM (G.), *Histoire de Lons-le-Saunier*, Lons-le-Saunier, réédit. 1975.

BRELOT (C.-I.), LOCATELLI (R.) et al., *Les salines de Salins. Un millénaire d'exploitation du sel en Franche-Comté*, Besançon, 1981.

BREDERO (A.-H.),

- Le Dialogus duorum monachorum. Un rebondissement de la polémique entre Cisterciens et Clunisiens, dans *Studi medievali*, 1981, p. 501-585.

- Une controverse sur Cluny au XIIe siècle, dans *Rev. d'Hist. ecclés.*, 76 (1981), p. 48-72.

BRIFFAUT (abbé C.-J.), *Histoire de la seigneurie et de la ville de Champlitte*, Langres, 1869.

BRULTEY (abbé.), Etude historique sur le cartulaire de l'ancienne abbaye de Clairefontaine-lès-Polaincourt, de l'ordre de Cîteaux, dans *Mém. de la Commmission archéol. de la Haute-Saône*, 1867, p. 375-524.

BRUNE (abbé P.), *Histoire de l'ordre hospitalier du Saint-Esprit*, Lons-le-Saunier - Paris, 1892.

Congrès national des Sociétés savantes, Histoire médiévale et philologie :
- 94e congrès (Pau, 1969), I : *Les relations franco-espagnoles jusqu'au XVIIe siècle*, Paris, 1972.
- 95e congrès (Reims, 1970), I : *Enseignement et vie intellectuelle (IXe-XVIe siècles)*, Paris, 1975.
- 97e congrès (Nantes, 1977) : *Assistance et assistés jusqu'en 1610*, Paris, 1979.
- 99e congrès (Besançon, 1974) : *La piété populaire au Moyen Age*, Paris, 1977.
- 100e congrès (Paris, 1975), I : *Tendances, perspectives et méthodes de l'histoire médiévale*, Paris, 1977.
- 102e congrès (Limoges, 1977), II : *Etudes sur la sensibilité au Moyen Age*, Paris, 1979.
- 109e congrès (Dijon, 198: *L'encadrement religieux des fidèles au Moyen Age et jusqu'au concile de Trente*, Paris, 1985.
- 110e congrès (Montpellier, 1985) : *Santé, médecine et assistance au Moyen Age*, Paris, 1987.
- 115e congrès (Avignon, 1990) : *Crises et réformes dans l'Église, de la réforme grégorienne à la préréforme*, Paris, 1991.
BUR (M.), *La formation du comté de Champagne, v. 950-1150*, Nancy, 1977.
CAILLE (J.), *Hôpitaux et charité publique à Narbonne au Moyen Age (fin XIe-fin XVe s.)*, Toulouse, 1978.
CALMET (dom A.), *Histoire ecclésiastique et civile de Lorraine*, Nancy, 1745-1757, 7 vol.
CAMP (P.), *Histoire d'Auxonne au Moyen Age*, Dijon, 1961.
CASTAN (A.),
- Les évêques auxiliaires du siège métropolitain de Besançon, dans *Mémoires de la société d'émulation du Doubs*, 1875, p. 456-507.
- Notice sur l'hôpital du Saint-Esprit de Besançon, dans *Mémoires de la société d'émulation du Doubs*, 1905, p. 5-94.
- La bibliothèque de l'abbaye de Saint-Claude dans le Jura, esquisse de son histoire, dans *Bibliothèque de l' École des chartes*, 50 (1889), p. 301-354.
Champagne bénédictine (La). Contribution à l'année saint Benoît, Travaux de l'Académie de Reims, Reims, 1981.
CHANEAUX (M.-L.), *Le prieuré clunisien de Mouthier-Hautepierre*, mémoire de l'École prat. Hautes Études, IVe section, 1975, dactyl.
CHARVET (L.), *Recherches sur l'abbaye d'Abondance en Chablais*, Lyon, 1863.
CHAUME (abbé M.), *Les origines du duché de Bourgogne*, Dijon, 1925-1937, 4 vol.
CHAUNEY (M.),
- Le temporel du prieuré de Saint-Marcel-lès-Chalon au XIe siècle et au début du XIIe siècle, dans *Mém. Soc. d' hist. et archéol. de Chalon-sur-Saône*, 1970-1971, p. 45-89.
- *L'épiscopat bourguignon aux XIe et XIIe siècles*, thèse 3e cycle, Dijon, 1974, 2 vol. dactyl.
- Le recrutement de l'épiscopat bourguignon aux XIe et XIIe siècles, dans *Annales de Bourgogne*, XLVII (1975), p. 193-212.
CHAUVIN (B.),
- Saint-Bernard et l'abbaye de Balerne, dans *Mémoires de la Société d'émulation du Jura*, 1965-1969, p. 227-264.
- La fondation de Balerne, *ibidem*, p. 299-308.
- Les abbayes de Balerne et de Mont-Sainte-Marie et la grange de Montorge au début du XIIIe siècle, dans *Cîteaux. Commentarii Cistercienses*, XXVIII (1977), p. 268-305.
- La grange d'Els, dépendance de l'abbaye cistercienne de Balerne, aux XIIe et XIIIe siècles, dans *Bull. phil. et hist. jusqu'en 1610*, 1974, t. II, p. 99-112.
- Le diplôme de Frédéric Barberousse en faveur de l'abbaye de Balerne, dans *Cîteaux. Commentarii Cistercienses*, XXIX (1978), p. 314-323.
- Un cas exemplaire de l'esprit cistercien primitif et son évolution : l'abbaye de Balerne et la propriété de l'église de Cognos au XIIe s., dans *Cîteaux. Commentarii*

Cistercienses, 1980, p. 131-161.

- L'abbaye de Colonges. Bibliographie commentée et présentation des archives, dans *Terroir, revue de la Société hist. et touris. de Fontaine-Française*, 80 (1979), p. 1-20.

CHEDEVILLE (A.), *Chartres et ses campagnes, XIᵉ-XIIIᵉ siècles*, Paris, 1973.

CHEVALIER (B.), Les restitutions d'églises dans le diocèse de Tours du Xᵉ au XIIᵉ siècle, dans *Mélanges E.-R. Labande*, Poitiers, 1974, p. 129-143.

CHEVRE (A.), *Lucelle. Histoire d'une ancienne abbaye cistercienne*, Delémont, 1973.

CHOMEL (V.), Le mal des Ardents et les Antonins dans l'Occident médiéval. Publications récentes, dans *Evocations. Bull. mensuel du Groupe d'Etudes hist. et géo. du Bas-Dauphiné*, 38 (1982), p. 5-10.

CHOMEL (V.) et EBERSOLT (J.), *Cinq siècles de circulation internationale vue de Jougne*, Paris, 1951.

CHOMTON (abbé L.), *Histoire de l'église de Saint-Bénigne de Dijon*, Dijon, 1900.

CHOUX (J.),
- Pibon, évêque de Toul et la querelle des Investitures, dans *Annales de l'Est*, 1950, p.77-104.
- *L'épiscopat de Pibon (1069-1107). Recherches sur le diocèse de Toul au temps de la réforme grégorienne*, Nancy, 1952.
- *La Lorraine chrétienne au Moyen Age. Recueil d'études*, Metz, 1981.

CLERC (E.), *Essai sur l'histoire de Franche-Comté*, Besançon, 1870, 2 vol.

CLERE (Mgr H.), *Herbert, archevêque schismatique de Besançon sous Frédéric Barberousse (1163-1177)*, Besançon, 1946.

A Cluny, Congrès scientifique (Société des Amis de Cluny), Dijon, 1950.

CLUNY (R.), *Les curés blancs*, Paris, 1957.

CONANT (K.-J.), *Cluny. Les églises et la maison du chef d'Ordre*, Mâcon, 1968.

Congrès archéologique de France (CXVIIIᵉ) 1960, *Franche-Comté*, Paris, 1960.

CONSTABLE (G.),
- *Monastic Tithes From Their Origins To The Twelfth Century*, Cambridge, 1964.
- The Disputed Election At Langres In 1138, dans *Traditio,* 13 (1957) p. 119-152.
- *Cluniac Studies*, London, 1980 (Variorum reprints).

Convegni del Centro di Studi sulla Spiritualità medievale (Todi) :
- *Spiritualità cluniacense*, 1960.
- *Il dolore e la morte nella spiritualità dei secoli X e XI*, 1967.
- *Chiesa e riforma nella spiritualità dei secoli XII e XIII*, 1968.
- *Poverta e richezza nella spiritualità dei secoli XI e XII*, Todi, 1969.

CORBET (P.), *Les fondations et la vie canoniale en Champagne des origines au XIIIᵉ siècle*, Mém. maîtrise, Reims, 1972, dactyl.

COTTIER (J.-P.), *L'abbaye royale de Romainmôtier et le droit de sa terre du Vᵉ au XIIIᵉ siècle*, Lausanne, 1948.

COUDRIET (abbé J.-B.) et CHATELET (abbé P.-F.), *Histoire de la seigneurie de Jonvelle et de ses environs*, Besançon, 1864.

DARFIN (G.), *Le temporel du chapitre métropolitain de Besançon des origines à 1360*, Mém. maîtrise, Besançon, 1973, 2 vol. dactyl.

COWDREY (H.-E.-J.), *Popes, Monks And Crusaders*, London, 1983.

DECHANET (J.), *Guillaume de Saint-Thierry*, Paris, 1978.

DEMURGER (A.), *Vie et mort de l'ordre du Temple 1118-1314*, Paris, 1985.

DEREINE (C.),
- article " Chanoines " dans *Dict. Hist. Géo. ecclés.*, t. XII, 1951, col. 353-405.
- Vie commune, règle de saint Augustin et chanoines réguliers au XIᵉ siècle, dans *Revue d'hist. ecclés.*, XLI (1946), p. 365-406.
- *Les chanoines réguliers au diocèse de Liège avant saint Norbert*, coll. " Mém. Acad. royale de Belgique ", Bruxelles, 1952.

DESPY (G.), Les richesses de la terre : Cîteaux et Prémontré devant l'économie de profit aux XIIᵉ et XIIIᵉ siècles, dans *Problèmes d'Histoire du Christianisme*, 1976, Bruxelles, p. 58-80.

DEVAILLY (G.),
- *Le Berry du Xe au milieu du XIIIe siècle. Etude politique, religieuse, sociale et économique*, Paris, 1973.
- Une enquête en cours : l'application de la réforme grégorienne en Bretagne, dans *Annales de Bretagne*, 1968, p. 293-316.
- Les restitutions de paroisses au temps de la réforme grégorienne, Bretagne et Berry : étude comparée, dans *Bull. phil. et hist. jusqu'en 1610*, 1968, p. 583-597.
Dictionnaire historique et biographique de la Suisse, Neuchâtel, 1918-1934, 9 vol.
DIMIER (M.-A.),
- *Saint Bernard et la Savoie*, Annecy, 1948.
- *Amédée de Lausanne*, coll. " Figures monastiques ", Saint-Wandrille, 1949.
- Morimond et son empire, dans *Mém. de la Soc. Hist. de Langres*, t. 5, 1959.
- *Recueil de plans d'églises cisterciennes*, Paris, 1949, 2 vol. et suppl., 1967, 2 vol.
- Le monde claravallien à la mort de saint Bernard, dans *Mélanges saint Bernard*, Dijon, 1954, p. 248-270.
DOBIACHE-ROJDESTVENSKY (O.), *La vie paroissiale en France au XIIIe siècle d'après les actes épiscopaux*, Paris, 1911.
DONNET (A.), *Saint Bernard et les origines de l'hospice du Mont-Joux (Grand-Saint-Bernard)*, Saint-Maurice, 1942.
DRIOUX (G.), Un diocèse à la veille de la réforme grégorienne : Léon IX et les évêques de Langres, Hugues et Hardouin, dans *Studi Gregoriani*, 2 (1947), p. 31-41.
DROZ (F.-N.), *Mémoires pour servir à l'histoire de Pontarlier*, Besançon, 1760.
DUBLED (H.), Recherches sur les chanoines réguliers de saint Augustin au diocèse de Strasbourg, dans *Archives de l'Eglise d'Alsace*, 1967-1968, p. 5-52.
DUBOIS (dom J.),
- Relations des moines avec les prêtres et les laïcs (XIe-XIIIe siècles), dans *Le monachisme*, 1980, p. 116-125.
- *Histoire monastique en France au XIIe siècle*, London, 1982 (reprints de divers articles importants, dont le suivant).
- L'implantation monastique dans le Bugey au Moyen Age, dans *Journal des Savants*, 1971, p. 14-31.
DUBOIS (H.), *Les foires de Chalon et le commerce dans la vallée de la Saône à la fin du Moyen Age*, Paris, 1977.
DUBY (G.),
- Le budget de l'abbaye de Cluny entre 1080 et 1155, dans *Annales. Eco. Soc. Civilis.*, 1952, p. 155-171.
- *La société aux XIe et XIIe siècles dans la région mâconnaise*, Paris, 1953.
- *Guerriers et paysans*, Paris, 1973.
- *Hommes et structures du Moyen Age*. Recueil d'articles, Paris-La Haye, 1973.
- *Les trois ordres ou l'imaginaire du féodalisme*, Paris, 1978.
- *Saint Bernard. L'art cistercien*, Paris, 1976.
DUNOD de CHARNAGE (F.-I.),
- *Mémoires pour servir à l'histoire du comté de Bourgogne*, Besançon, 1740, 2 vol.
- *Histoire de l'Eglise, ville et diocèse de Besançon*, Besançon, 1750, 2 vol.
L'économie cistercienne. Géographie. Mutations du Moyen Age aux temps modernes (Centre culturel de l'abbaye de Flaran. Troisièmes journées internationales d'histoire, 1981), Auch, 1983.
EGGER (B.), *Geschichte der cluniazenser Kloster in der Westschweiz bis zum Auftreten der Cisterzienzer*, Fribourg, 1907.
Encyclopédie illustrée du Pays de Vaud, Lausanne, 1973-1982, 10 vol.
- tome IV : *L'histoire*, 1973.
- tome V : *Les institutions*, 1974.
FAGET de CASTELJAU (H. de),
- Lignées féodales comtoises (lignages de Montfaucon, Neufchâtel, Rougemont), dans *Bull. phil. et hist. jusqu'en 1610*, 1974, t. II, 1977, p. 7-25,

- Durnay ou Durnes. Champenois ou Comtois ? dans *Procès-verbaux et mémoires de l'Académie des Sciences, Belles-Lettres et Arts de Besançon*, 182 (1976-1977), p. 159-187.

- Géographie, histoire et généalogie médiévales. Autour des premiers seigneurs de Lomont : les maisons de Faucogney, de Vesoul, de Ronchamp et d'Auxelles, dans *Mémoires de la Société pour l'histoire du droit et des institutions des anciens pays bourguignons, comtois et romands* (Etudes en mémoire de Roland Fiétier), 39 (1982), p. 159-185.

- Les démembrements de la seigneurie de Dramelay XIIe-XIIIe siècles, dans *Mémoires de la société d'émulation du Jura*, 1983-1984, p. 49-79.

FAVROT (J.), *Histoire de Scey-en-Varais et du château de Saint-Denis*, Besançon, 1890.

FIÉTIER (R.),

- *La cité de Besançon de la fin du XIIe siècle au milieu du XIVe siècle*, Paris-Lille, 1978, 3 vol.

- Les voies de communication en Franche-Comté à l'époque médiévale. Essai de bilan et perspectives de recherches, dans *Cahiers de l'Assemblée interuniv. de l'Est*, 8 (Dijon, 1977), p. 37-52.

FIÉTIER (R.), LOCATELLI (R.), GRESSER (P.), MONAT (P.), *Recherches sur les droits paroissiaux en Franche-Comté au Moyen Age*, Annales littéraires de l'Université de Besançon, Paris, 1976.

FINOT (J.), *Les sires de Faucogney*, Paris, 1866.

FLICHE (A.),

- *La réforme grégorienne*, Louvain, 1924-1937, 3 vol.

- *La querelle des Investitures*, 1946.

FOLZ (R.), *Le souvenir et la légende de Charlemagne dans l'empire germanique*, Paris, 1950.

FONTETTE (M. de), *Les religieuses à l'âge classique du droit canon. Recherches sur les structures juridiques des branches féminines des ordres*, Paris, 1967.

FOREVILLE (R.),

- *L'Eglise et la royauté en Angleterre sous Henri II Plantagenêt (1154-1189)*, Paris, 1943.

- *Latran I, II, III et Latran IV*, coll. " Histoire des conciles œcuméniques", Paris, 1965.

FOSSIER (R.), *Enfance de l'Europe, X^e-XIIe siècle. Aspects économiques et sociaux*, coll. " Nouvelle Clio", Paris, 1982, 2 vol.

FOURNIER (E.), *L'origine du vicaire général et des autres membres de la curie diocésaine*, Paris, 1940.

FOURNIER (P.),

- *Les officialités au Moyen Age*, Paris, 1889.

- *Le royaume d'Arles et de Vienne, 1138-1378*, Paris, 1891.

Franche-Comté romane, coll. " La nuit des temps ", La Pierre-Qui-Vire, 1979.

Frontières et contacts de civilisation. Actes du colloque universitaire franco-suisse, Besançon-Neuchâtel (octobre 1977), Neuchâtel, 1979.

FYOT de LA MARCHE (abbé C.), *Histoire de l'église abbatiale de Saint- Etienne de Dijon*, Dijon, 1696.

GABIN (E.), *Histoire de l'abbaye de Maizières et du prieuré de Sermesse (Saône-et-Loire)*, Verdun-sur-le-Doubs, 1952.

GALLI (dom A.), *Hérival et son héritage*, Epinal, 1981.

GANTER (E.), *Compesières au temps des commanderies. Histoire de la commanderie de Genevois, de l'ordre de Saint-Jean de Jérusalem...*, Genève, 1971.

GATIN (abbé) et BESSON (abbé), *Histoire de la ville de Gray et de ses monuments*, nouvelle édition revue par C. Godard, Paris, 1892.

GAUDEMET (J.), *Les élections dans l'Eglise latine, des origines au XVIe siècle*, Paris, 1979.

GAUSSIN (P.-R.),

- La Terre de Saint-Oyend et le peuplement du Haut Jura au Moyen Age, dans *Cahiers d'Histoire*, 1957, IV, p. 337-372.

- *L'abbaye de La Chaise-Dieu*, Paris, 1962.
- Hugues de Die et l'épiscopat franco-bourguignon, dans *Cahiers d'Histoire*, 1968, p. 77-98.
- *Le rayonnement de La Chaise-Dieu. Une abbaye auvergnate à l'échelle de l'Europe*, Brioude, 1981.
- *L'Europe des ordres et des congrégations. Des Bénédictins aux Mendiants (VIᵉ-XVIᵉ siècle)*, Saint-Etienne, 1984.

GAUTHIER (J.),
- *Notice historique sur l'hôpital du Saint-Esprit de Gray (1238-1790)*, Vesoul, 1873.
- Notice sur l'abbaye cistercienne des dames de Courcelles, dans *Annuaire du Doubs*, 1878, p. 89-92.
- Les inscriptions des abbayes cisterciennes du diocèse de Besançon, dans *Procès-verbaux et mémoires de l'Académie des Sciences, Belles-Lettres et Arts de Besançon*, 1882-1883, p. 286-341.
- L'abbaye de Saint-Vincent de Besançon, son église, ses monuments et leur histoire, *ibidem*, 1902, p. 177-205.

GIRARDOT (J.), *L'abbaye et la ville de Lure, des origines à 1870*, Vesoul, s.d.

GIROUD (C.), *L'ordre des chanoines réguliers de saint Augustin et ses diverses formes de régime interne. Essai de synthèse historico-juridique*, Rome, 1961.

GOUGAUD (dom L.), *Ermites et reclus*, Saint-Martin de Ligugé, 1928.

GRAPPIN (dom P.-P.), *Mémoires sur l'abbaye de Faverney*, Besançon, 1771.

GRESSER (P.), LOCATELLI (R.), GRESSET (M.), VUILLEMIN (E.), *L'abbaye Notre Dame d'Acey*, Besançon, 1986.

GUERREAU (A.), Douze doyennés clunisiens au milieu du XIIᵉ siècle, dans *Annales de Bourgogne*, 52 (1980), p. 83-128.

GUETERBOCK (F.), Zur Geschichte Burgunds in Zeitalter Barbarossas, dans *Zeitschrift für schweizerische Geschichte*, XVIII (1937), p. 144-220.

GUILLEMAIN (B.), Les origines des évêques en France au XIᵉ et XIIᵉ siècles, dans *Le istituzioni ecclesiastiche della " Societas Christiana " dei secoli XI e XII*, Milan, 1974, p. 374-402.

HALLINGER (dom K.), *Gorze-Kluny-Rome*, coll. " Studia Anselmiana ", Herder, 1950-1951, 2 vol.

HEFELÉ (Mgr C.J.), *Histoire des conciles d'après les documents originaux*, trad. et annotée par H. LECLERCQ, Paris, 1907-1938, 10 tomes en 20 vol.

HIGOUNET (C.), *La grange de Vaulerent. Structure et exploitation d'un terroir cistercien de la plaine de France, XIIᵉ-XVᵉ siècles*, Paris, 1965.

Histoire de Besançon (sous la dir. de Cl. FOHLEN), Paris, 1961, 2 vol., rééd. 1981.

Histoire de la Franche-Comté, sous la direction de R. FIÉTIER, coll. " Univers de la France et des pays francophones ", Toulouse, 1977.

Histoire de la Franche-Comté, sous la direction de J. COURTIEU, Wettolsheim, 1977-1979, 8 vol. :
- III : *La Franche-Comté au haut Moyen Age*, par J.-C. VOISIN, 1977.
- IV : *La Franche-Comté au Moyen Age, XIIIᵉ-XVᵉ siècles*, par J.-P. REDOUTEY, 1979.

Histoire de l'Église depuis les origines jusqu'à nos jours, sous la direction d'A. FLICHE, V. MARTIN, J.-B. DUROSELLE et E. JARRY :
- t. VIII : *La réforme grégorienne et la Reconquête chrétienne (1057-1123)*, par A. FLICHE, Paris, 1950.
- t. IX : *Du premier concile du Latran à l'avènement d'Innocent III (1123-1198)*, par A. FLICHE, R. FOREVILLE, J. ROUSSET, 1944-1953, 2 vol.
- t. X : *La Chrétienté romaine*, par A. FLICHE, C. THOUZELLIER et Y. AZAIS, 1950.
- t. XII : *Institutions ecclésiastiques de la Chrétienté médiévale*, par G. LE BRAS, 1959-1964, 2 vol.

Histoire des diocèses de France, sous la dir. de J.-R. PALANQUE et B. PLONGERON, Paris :
- 6 : *Les diocèses de Besançon et de Saint-Claude*, sous la direction de M. REY, 1977.
- 7 : *Belley*, par L. et G. TRENARD, 1978.

- 11 : *Les diocèses de Chambéry, Tarentaise, Maurienne*, par J. LOVIE, 1979.
- 12 : *Le diocèse de Grenoble*, sous la direction de B. BLIGNY, 1979.
- 14 : *Le diocèse de Strasbourg*, sous la direction de F. RAPP, 1982.
- 16 : *Le diocèse de Lyon*, sous la direction de J. GADILLE, 1983.
Histoire du Droit et des Institutions de l'Église en Occident, sous la dir. de G. LE BRAS :
- t. VII : *L'âge classique (1140-1378). Source et théorie du droit*, par G. LE BRAS, C. LEFEBVRE et J. RAMBAUD, Paris, 1965.
- t. X : *L'âge classique (1140-1378). Les religieux*, par J. HOURLIER, Paris, 1973.
IMBERT (sous la dir. de J.), *Histoire des hôpitaux en France*, Toulouse, 1982.
JACOB (L.), *Le royaume de Bourgogne sous les empereurs franconiens (1038-1125). Essai sur la domination impériale dans l'est et le sud-est de la France aux XIe et XIIe siècles*, Paris, 1906.
JACQUELINE (B.), *Episcopat et Papauté chez saint Bernard de Clairvaux*, Saint-Lo, 1975.
JANSSEN (W.), *Die päpstlichen Legaten in Frankreich von Schisma Anaklets II. bis zum Tode Coelestins III. (1130-1198)*, Cologne, 1961.
JEANNIN (Y.), L'homme et le Jura dans l'Antiquité, dans *Procès-verbaux et mém. de l'Académie des Sciences, Belles-Lettres et Arts de Besançon*, 178 bis (19/0), p. 131-171.
JOBIN (abbé.), *Gigny, étude historique*, Paris, 1902.
KEMPF (J.-P.), *L'abbaye de Cherlieu (XIIe-XIIIe siècles). Economie et société*, Vesoul, 1976 (extrait du Bulletin *de la Société d'Agriculture, Lettres, Sciences et Arts de la Haute-Saône*).
KIENAST (W.), *Deutschland und Frankreich in der Kaiserzeit (900-1270)*, Stuttgart, 1974.
KOLB (A.), RUF (M.), Studien und Mitteilungen zur Geschichte des Benediktiner-Ordens und seiner Zweige, dans *Studien und Mitteilungen zur Geschichte des Benediktiner-Ordens*, Münich, 1980, t. 91, n° 3-4.
KROLL (H.), Expansion und Rekrutierung der Prämonstratenser (1120-1150), dans *Analecta præmonstratensia*, 54 (1978), p. 36-56.
KUPPER (J.-L.), *Liège et l'Eglise impériale, XIe-XIIIe siècles*, Bruxelles, 1981.
LACROIX (P.), *Eglises jurassiennes romanes et gothiques*, Besançon, 1981.
LADNER (G.-B.), *Die papstbildnisse des Altertums und des Mittelalters*, t. 2 : *Von Innozenz II. zu Benedikt XI.*, Citta del Vaticano, 1970.
LAMMA (P.), *Momenti di storiografia cluniacense*, Roma, 1961.
Le troisième concile de Latran (1179). Sa place dans l'histoire. Table ronde du C.N.R.S. (1980), Paris, 1982.
LECLERCQ (J.), *Etudes sur le vocabulaire monastique du Moyen Age*, Rome, 1961.
LEFEBVRE (M.-F.) et GRAUWEN (W.M.), *Les statuts de Prémontré au milieu du XIIe siècle*. Introduction, texte et tables, Averbode, 1978.
LÉGIER (H.-J.), *Les églises collégiales en France des origines au XVe siècle*, Thèse de Droit, Paris, 1955, dactyl.
LEGRAS (A.-M.), *Les commanderies des Templiers et des Hospitaliers de Saint-Jean de Jérusalem en Saintonge et en Aunis*, Paris, 1983.
LEMARIGNIER (J.-F.), *Etude sur les privilèges d'exemption et de juridiction des abbayes normandes depuis les origines jusqu'en 1140*, Paris, 1937.
LETONNELIER (G.), *L'abbaye exempte de Cluny et le Saint-Siège*, Paris, 1923.
L'HERMITE-LECLERCQ, *Le mouvement féminin dans la société de son temps. Le monastère de La Celle (XIe-début XVIe siècle)*, Paris, 1989.
L'HUILLIER (A.), *Vie de saint Hugues, abbé de Cluny (1024-1109)*, Solesmes, 1888.
LOCATELLI (R.),
- La région de Pontarlier au XIIe siècle et la fondation de Mont-Sainte-Marie, dans *Mémoires de la Société pour l'histoire du droit et des institutions des anciens pays bourguignons, comtois et romands*, 28 (1967), p. 1-87.
- L'implantation cistercienne dans le comté de Bourgogne, dans *Aspects de la vie conventuelle aux XIe et XIIe siècles*, 1975, p. 59-117.
- Montbenoît et les origines du Sauget, dans *Mémoires de la société d'émulation du*

Doubs, 1976, p. 1-26.

- Les archidiacres dans le diocèse de Besançon du XIe au XIIIe siècle (en collab. avec R. FIETIER), dans *Mémoires de la Société pour l'histoire du droit et des institutions des anciens pays bourguignons, comtois et romands*, 1977, p. 51-80.

- Les chanoines et la Réforme dans le diocèse de Besançon (v. 10501150), dans *Istituzioni monastiche e istituzioni canonicali in Occidente*, Milan, 1980, p. 704-718.

- Luxeuil aux XIIe et XIIIe siècles. Heurs et malheurs d'une abbaye bénédictine, dans *Revue Mabillon*, LX (1981), p. 77-102.

- *L'abbaye de Baume-les-Messieurs*, Lons-le-Saunier, 1978 (en collaboration avec R. FIETIER et P. GRESSER...).

- Les élection épiscopales à Besançon (XIe-XIIIe siècles), dans *Mémoires de la Société pour l'histoire du droit et des institutions des anciens pays bourguignons, comtois et romands*, 39 (1982), p. 93-108.

- Politique et religion dans l'ancien pays d'Ajoie (XIIe-XIIIe siècles), dans *Le Pays de Montbéliard et l'ancien évêché de Bâle dans l'histoire*, Montbéliard, 1984, p. 47-70.

LOYE (abbé L.), *Histoire de l'Église de Besançon*, tome II, Besançon, 1902.

LUGON (C.),
- *Saint Guérin, abbé d'Aulps, évêque de Sion. Un homme et une province : Romandie-Savoie au XIIe siècle*, Genève, 1970.
- *Les religieux en question*, Paris, 1969.

LUNARI (G.), *L'ideale monastico nelle polemiche del secolo XII sulla vita religiosa*, Bari, 1970.

LUSSE (J.), Le monachisme en Champagne méridionale des origines au XIIIe siècle, dans *La Champagne bénédictine*, 1981, p. 24-78.

MACCARRONE (M.), *Studi sur Innocenzo III*, coll. " Italia Sacra ", Padova 1972.

MAHN (J.-B.), *L'ordre cistercien et son gouvernement des origines au milieu du XIIIe siècle (1096-1265)*, Paris, 1945.

MAILLET-GUY (abbé), *Histoire de l'abbaye de Grandvaux*, Besançon, 1913.

Maisons de l'ordre des Chartreux. Vues et notices, t. I, Montreuil-sur-Mer, 1913.

MALFROY (M.), OLIVIER (B.), BICHET (P.), GUIRAUD (J.), *Histoire de Pontarlier*, Besançon, 1979.

MARILIER (J.),
- Les écoles dans les diocèses de Langres, Autun et Chalon aux XIe et XIIe siècles, dans *Mémoires de l'Académie de Dijon*, CXII (1954-1956), p. 9-19.
- *Le monastère Saint-Vivant de Vergy*, L'Etang-Vergy, 1977.

MARION (C.), *Le temporel de l'abbaye de Saint-Paul de Besançon des origines à 1333*, Thèse de l'École des chartes, 1969, dactyl.

MARIOTTE (J.-Y.),
- *Le comté de Bourgogne sous les Hohenstaufen (1156- 1208)*, coll. " Cahiers d'études comtoises ", Paris, 1963.
- Le schisme de 1159, la légation de Roger de Vico-Pisano et leurs traces diplomatiques à Clairefontaine, dans *Archiv für Diplomatik*, 18 (1972), p. 303-341.
- Un Pisan évêque de Lausanne. La carrière de Vico-Pisano jusqu'à sa consécration épiscopale, dans *Revue hist. vaudoise*, 1975, p. 31-49.

MARQUISET (L.), *L'abbaye Saint-Paul de Besançon, 650-1775*, Besançon, 1909.

MASSINI (R.), *Das Bistum Basel zur Zeit des Investiturstreites* (Basler Beiträge zur Geschichtswissenschaft, 24), Bâle, 1946.

Mélanges à la mémoire du père Anselme Dimier, présentés par B. CHAUVIN, 6 vol., Pupillin, 1982-1987.

Mélanges d'histoire et d'archéologie offerts au professeur Kenneth John Conant, par l'Association " Splendide Bourgogne ", Mâcon, 1977.

Mélanges saint Bernard, Actes du XXIVe congrès de l'Association bourguignonne des sociétés savantes (Dijon, 1953), Dijon, 1954.

MELVILLE (L.), *La vie des Templiers*, Paris, 1958.

Mémoires de la Société pour l'histoire du droit et des institutions des anciens pays bour-

guignons, comtois et romands, Dijon, depuis 1934 :
- 15 (1953) : Les abbayes cisterciennes.
- 24 (1963) : Les institutions ecclésiastiques.
- 34 (1977) : La juridiction ecclésiastique.
- 39 (1982) : Etudes en souvenir de Roland Fiétier (2 vol.).

Mémoires et documents inédits pour servir à l'histoire de la Franche- Comté, Besançon, 1838-1946, 13 vol.

MILIS (L.),
- *L'ordre des chanoines réguliers d'Arrouaise (1090-1471)*, Bruges, 1969, 2 vol.
- Ermites et chanoines réguliers au XIIe siècle, dans *Cahiers de Civilisation médiévale*, 22 (1979), p. 39-80.

Miscellanea del Centro di Studi Medioevali (Atti delle settimane intern. di studio Mendola:
- *La vita commune del clero nei secoli XII e XIII*, Milan, 1962, 2 voL.
- *L'eremetismo in Occidente nei secoli XI e XII*, Milan, 1965.
- *I laici nella " Societas Christiana" dei secoli XI e XII*, Milan, 1968
- *Il monachesimo e la riforma ecclesiasticha (1049-1122)*, Milan, 1971.
- *Le istituzioni ecclesiastiche della " Societas Christiana" dei secoli XI e XII. Papato, cardinalato ed episcopato*, Milan, 1974.
- *Le istituzioni ecclesiastiche della " Societas Christiana" dei secoli XI e XII : diocesi pievi e parrochie*, Milan, 1977.
- *Istituzioni monastiche e istituzioni canonicali in Occidente (1123-1215)*, Milan, 1980. - *La Christianità dei secoli XI e XII in Occidente. Coscenza e strutture di una società*, Milan, 1983.

MOLLAT (sous la direction de M.), *Etude sur l'histoire de la pauvreté*, Paris, 1974, 2 vol.

Le monachisme. Histoire et spiritualité, Paris, 1980.

MONTENAY (S. de), *L'abbaye bénédictine de Saint-Pierre de Bèze*, Dijon, 1960.

MOYSE (G.),
- *Les origines du monachisme dans le diocèse de Besançon (V^e-Xe siècles)*, Paris, 1973 (extrait de Bibl. École des chartes, 131 (1973), p. 21-104 et 369-485).
- Les Hospitaliers de Saint-Jean de Jérusalem dans le diocèse de Besançon en 1373, dans *Mélanges École française de Rome*, 85 (1973), p. 485-514.

MUSY (J.), *Mouthe. Histoire du prieuré et de la terre seigneuriale*, Pontarlier, 1930, 2 vol.

Naissance (La) des Chartreuses, Grenoble, 1986 (VIe Colloque internat. (1984) d'hist. et de spiritualité cartusiennes.

Neue Forschungen über Cluny und die Cluniacenser, von J. WOLLASCH, H.-E. MALLER und H. DIENER, herausg. von TELLENBACH, Freiburg, 1959.

NIEWIESCH (M.), *Beiträge zur Geschichte der Erzbischöfe von Besançon in Mittelalter* (Inaugural Dissertation zur Erlangung der Doktorwürde...), Breslau, 1937.

Les ordres religieux. La vie et l'art, sous la direction de G. LE BRAS Paris, 1979, t. I.

OLIGER (P.-R.), *Les évêques réguliers. Recherche sur leur condition juridique depuis les débuts du monachisme jusqu'à la fin du Moyen Age*, Paris-Louvain, 1958.

PACAUT (M.),
- *Alexandre III. Etude sur la conception du pouvoir pontifical dans sa pensée et son oeuvre*, Paris, 1956.
- *La théocratie. L'Eglise et le pouvoir au Moyen Age*, Paris, 1957, rééd. 1989.
- *Louis VII et les élections épiscopales dans le royaume de France*, Paris, 1957.
- *Frédéric Barberousse*, Paris, 1967, rééd. 1990.
- *Les ordres monastiques et religieux au Moyen Age*, Paris, 1970.
- *L'Ordre de Cluny*, Paris, 1986.

PARISSE (M.),
- Les chanoines réguliers en Lorraine, fondations, expansion (XIe-XIIe siècles), dans *Annales de l'Est*, 1968, p. 347-388.
- La vie religieuse en Lorraine au XIe siècle, dans *Sacris Erudiri*, XX (1971), p. 11-38.
- Les chanoinesses dans l'empire germanique, X^e-XIe siècles, dans *Francia*, 6 (1978),

p. 107-126.
- *La Lorraine monastique au Moyen Age*, Nancy, 1981.
- *Noblesse et chevalerie en Lorraine médiévale. Les familles nobles du XIe au XIIIe siècle*, Nancy, 1982.
- *Les nonnes au Moyen Age*, Le Puy, 1983.
PARISSE (sous la dir. de M.), Les religieuses en France au XIIIe siècle, Table ronde organisée par l'Institut d'études méd. de l'univ. de Nancy-II et le CERCOR, Nancy, 1985.
PAUL (J.), *L'Église et la culture en Occident IXe-XIIe siècles*, coll. " Nouvelle Clio ", Paris, 1986, 2 vol.
PÉGEOT (P.), *Le Pays de Montbéliard et la région de Porrentruy au Moyen Age. Peuplement et démographie* (thèse de 3e cycle), Nancy, 1982, dactyl.
PERRECIOT (C.-J.), *De l'état civil des personnes et de la condition des terres dans les Gaules, dès les temps celtiques jusqu'à la rédaction des coutumes*, Paris, 1845 (III : Les preuves).
PETIT (E.), *Histoire des ducs de Bourgogne de la race capétienne*, Paris, 1885-1905, 9 vol.
PETIT (F.),
- *La spiritualité des Prémontrés aux XIIe et XIIIe siècles*, Paris, 1947.
- *Norbert et les origines des Prémontrés*, Paris, 1981.
Pierre Abélard. Pierre le Vénérable. Les courants philosophiques, littéraires et artistiques en Occident au milieu du XIIe siècle, Paris, 1975.
PIGNOT (J.-H.), *Histoire de l'ordre de Cluny, depuis la fondation de l'abbaye jusqu'à la mort de Pierre le Vénérable*, Autun, 1868, 3 vol.
POIRIER-COUTANSAIS (F.), *Les abbayes bénédictines du diocèse de Reims*, Paris, 1974.
POLY (J.-P.) et BOURNAZEL (E.), *La mutation féodale, X^e-XIIe siècles*, coll. " Nouvelle Clio " Paris, 1980.
POMMIER (E.), *Le comté de Montbéliard des origines à la fin du XIVe siècle*, Thèse Ecole des Chartes, 1950, dactyl.
PONTAL (O.), Le synode diocésain et son cérémonial du XIIe au XIVe siècle, dans *L'année canonique*, 14 (1970), p. 53-61.
PREIS (M.), *Die politische Tätigkeit und Stellung der Cisterzienser in Schisma von 1159-1177*, Berlin, 1934.
Problemi di storia della Chiesa : il Medioevo dei secoli XII-XV, Milano, 1976.
REDOUTEY (J.-P.), *La société en Franche-Comté aux XIIe et XIIIe siècles d'après le cartulaire de l'abbaye de Bellevaux*, Mémoire de maîtrise, 1968, Université de Besançon, dactyl.
Remiremont. L'abbaye et la ville. Actes des journées vosgiennes (Remiremont, 1980), Nancy, 1980 (donne la bibliographie récente sur cette abbaye, p. 313-363).
RENARDY (C.),
- Recherche sur la restitution des dîmes aux églises dans le diocèse de Liège du XIe au début du XIVe siècle, dans *Le Moyen Age*, 1970, p. 205-261.
- Synodes, juridctions de paix et cessions de dîmes aux églises, XIe-XIVe siècles, dans *Le Moyen Age*, 1975, p. 245-264.
REY (M.),
- L'ordre du Temple en Franche-Comté à la lumière des documents écrits, dans *Procès verbaux et mémoires de l'Académie de. Besançon*, 180 (1972-1973), p. 93-120.
- Genevois, article dans *Dict. d'hist. et de géog. ecclés.*, XX (1984), col. 485.
REYMOND (M.), *Les dignitaires de l'Eglise Notre-Dame de Lausanne jusqu'en 1536*, coll. " Mémoires et documents publiés par la Société d'histoire de la Suisse romande ", Lausanne, 1912.
RICHE (D.), *L'Ordre de Cluny de la mort de Pierre le Vénérable à Jean III de Bourbon. " Le vieux Pays clunisien "*, thèse Lyon II, 1991, 3 vol. dactyl.
RICHARD (J.),
- Passages de la Saône aux XIIe et XIIIe siècles, dans *Annales de Bourgogne*, 1950.
- *Les ducs de Bourgogne et la formation du duché du XIe au XIVe siècle*, Paris, 1954.
- Lignées féodales et géographie des seigneuries dans le duché de Bourgogne. A pro-

pos des origines de la seconde maison de Vienne, dans *Bull. phil. et hist. jusqu'en 1610,* 1959, p. 137-154.

- La congrégation de Saint-Germain en Brionnais, l'évêque Aganon d'Autun et le renouveau de la vie commune au XIᵉ siècle, dans *Mémoires de la société pour l'histore du droit et des institutions des anciens pays bourguignons, comtois et romands,* 24 (1963), p. 289-298.

- Le comté de Bourgogne à l'ouest de la Saône, dans *Publication du Centre européen d'études burgondo-médianes,* 8 (1966), p. 44-49.

- *L'esprit de croisade,* Paris, 1969.

- (sous la direction de), *Histoire de la Bourgogne,* coll. " Univers de la France et des pays francophones ", Toulouse, 1978.

- Les Templiers et les Hospitaliers en Bourgogne et en Champagne méridionale, dans *Die geistlichen Ritterorden Europas,* Sigmaringen, 1980, p. 231-242.

RICHARD (abbé J.),
- *Histoire de l'abbaye de La Grâce-Dieu au diocèse de Besançon,* Besançon, 1852.
- *Histoire des diocèses de Besançon et de Saint-Claude,* Besançon, 1847-1851, 3 vol.

ROBERT (U.),
- Etat des monastères franc-comtois de l'ordre de Cluny, d'après les actes de visites des chapitres généraux, dans *Mémoires de la société d'émulation du Jura,* 1881, p. 1-52.
- *Monographie du prieuré de Vaucluse,* Montbéliard, 1890.
- *Histoire du pape Calixte II,* Paris-Besançon, 1891.

ROISIN (S.), L'efflorescence cistercienne et le courant féminin de piété au XIIIᵉ siècle, dans *Rev. d'hist. ecclés.,* XXXIX (1943), p. 342-378.

ROSEROT (A.), *Dictionnaire historique de la Champagne méridionale (Aube) des origines à 1790,* Langres, 1942-1948, 4 vol.

ROUSSEL (abbé.), *Le diocèse de Langres, histoire et statistique,* Langres, 1873-1879, 4 vol.

Saint Anthelme, chartreux et évêque de Belley. Livre du VIIIᵉ centenaire, 1178-1978, Belley, 1979.

Saint Bernard et son temps. Association bourguignonne des Sociétés savantes (congrès de 1927), Dijon, 1928-1929, 2 vol.

Saint Claude. Vie et présence, Paris, 1960.

SALMON (P.), *L'abbé dans la tradition monastique,* Paris, 1962.

SANTSCHI (C.), *Les évêques de Lausanne et leurs historiens, des origines au XVIIIᵉ siècle,* coll. " Mémoires et documents publiés par la Société d'histoire de la Suisse romande ", 3ᵉ série, Lausanne, 1975.

SAUCY (P.-S.), *Histoire de l'ancienne abbaye de Bellelay, de l'ordre des Prémontrés,* Porrentruy, 1869.

SCHIEFFER (T.), *Die päpstlichen Legaten in Frankreich von Vertrag von Meersen (870) bis zum Schisma von 1130,* Berlin, 1935.

SCHMALE (F.-J.), *Studien zum Schisma des Jahres 1130,* Cologne-Gratz, 1961.

SCHMIDT (T.), *Alexander II. (1061-1073) und die römische Reform-gruppe seiner Zeit* (Päpste und Papsttum, 11), Stuttgart, 1977.

SCHMITZ (dom P.), *Histoire de l'ordre de saint Benoît,* Gembloux, 1942-1949, 6 vol.

SCHREIBER (G.), *Kurie und Kloster im XII. Jahrhundert,* Amsterdam, nouv. édit., 1965, 2 vol.

SEGL (P.), *Königtum und Klosterreform in Spanien Untersuchen über die Cluniacenser-klöster in Kastilien-Leon, von Beginn des XI. bis zur Mitte des XII. Jahrhunderts,* Kallmünz, 1974.

SENNHAUSER (H.-R.), *Romainmôtier und Payerne. Studien zur Cluniazenser Architektur des XI. Jahrhunderts in der Westschweiz,* Bâle, 1970.

SIGAL (A.), *L'homme et le miracle dans la France médiévale (XIᵉ-XIIIᵉ siècle),* Paris, 1985.

Société des historiens médiévistes de l'enseignement supérieur public, *L'histoire médiévale en France. Bilan et perspectives,* Paris 1991.

Sous la Règle de saint Benoît. Structures monastiques et sociétés en France, du Moyen

Age à l'époque moderne. Colloque, abbaye bénédictine Sainte-Marie de Paris (octobre 1980), Genève, 1982.

SOUTHERN (R. W.), *L'Église et la société occidentale*, Paris, 1987.

Studi Gregoriani, publiés par A. BORINO, Rome, 1947-1961, 7 vol. ; ensuite : *Studi Gregoriani per la storia della " Libertas Ecclesiæ "*, publiés par A.-M. STICKLER, Rome, depuis 1970.

Studies In Medieval Cistercian History, t. 2, ed. by J.-R. SOMMEFELD, Kalamazoo, 1976.

TELLENBACH (G.),
- *Libertas Kirche und Weltordnung in Zeitalter des Investiturstreites*, Berlin, 1936.
- *Neue Forschungen über Cluni und die Cluniacenser*, Freiburg-im Brisgau, 1959.

THEUROT (J.),
- Ordres religieux et établissements hospitaliers à Dole au Moyen Age, dans *Cahiers dolois*, 1979, n° 3, p. 11-62.
- *Dole, des origines à la fin du XIVᵉ siècle. Etude des structures urbaines d'une ville comtale*, Thèse de 3ᵉ cycle, Dijon, 1982, 3 vol., dactyl.

TOUBERT (P.),
- La vie commune des clercs aux XIᵉ et XIIᵉ siècles, un questionnaire, dans *Revue historique*, t. 231 (1964), p. 11-20.
- *Les structures du Latium médiéval. Le Latium méridional et la Sabine du IXᵉ siècle à la fin du XIIᵉ siècle*, Rome, Ecole française de Rome, 1975.

TOURNIER (R.),
- L'abbatiale cistercienne de Buillon, dans *Procès verbaux et Mémoires de l'Académie de Besançon*, 176 (1964-1965), p. 121-129.
- *L'ancienne chartreuse de Vaucluse*, Lyon, 1968.

TRÉVILLERS (J. de), *Histoire de la ville de Vesoul*, Vesoul, 1965.

TRUCHIS de VARENNES (A. de), *Le prieuré Saint-Pierre-et-Saint-Paul de Morteau*, Besançon, 1925.

VALOUS (G. de),
- *Le temporel et la situation financière des établissements de l'ordre de Cluny, du XIIᵉ au XVIᵉ siècle, particulièrement dans les provinces françaises*, Paris, 1935.
- *Le monachisme clunisien, des origines au XVᵉ siècle. Vie intérieure des monastères et organisation de l'Ordre*, Paris, 2ᵉ édit., 1970, 2 vol.

VANDENBROUCKE (F.), *Pour l'histoire de la théologie morale, la morale monastique du XIᵉ au XVIᵉ siècle*, Louvain, 1966.

VAN ETTE (dom A.), *Les chanoines réguliers de saint Augustin. Aperçu historique*, Cholet, 1953.

VANNIER (abbé.), *Histoire du prieuré de Saint-Nicolas du Marteroy de Vesoul, de l'église Saint-Georges et du chapitre Notre-Dame de Calmoutier*, Vesoul, 1884.

VAUCHEZ (A.),
- *La spiritualité du Moyen Age occidental*, Paris, 1975.
- *Religion et société dans l'Occident médiéval*, Paris, 1980.
- *La sainteté en Occident aux derniers siècles du Moyen Age, d'après les procès de canonisation et les documents hagiographiques*, Rome, 1981.

VAYSSIERE Le livre d'or des vassaux de Saint-Claude, dans *Mémoires de la société d'émul. du Jura*

VEISSIERE (M.), *Une communauté canoniale au Moyen Age : Saint-Quiriace de Provins (XIᵉ-XIIIᵉ siècles)*, Provins, 1961.

VENDEUVRE (J.), *L'exemption de visite monastique*, Paris, 1907.

VERGER (J.) et JOLIVET (J.), *Bernard - Abélard, ou le cloître et l'école*, coll. " Douze hommes dans l'histoire de l'Eglise ", Paris, 1982.

VIARD (P.), *Histoire de la dîme ecclésiastique dans le royaume de France aux XIIᵉ-XIIIᵉ siècles (1150-1313)*, Paris, 1912.

Vie des saints de Franche-Comté, par les professeurs du collège Saint- François-Xavier de Besançon, Besançon, 1854-1856, 4 vol.

VOISIN (J.-C.), FERRER (A.), VION-DELPHIN (F.), PÉGEOT (P.), *Histoire de la ville de Montbéliard*, Roanne, 1980.

VREGILLE (B. de),

- Besançon et ses vieux saints vus par les auteurs du XIe siècle, dans *Procès verbaux et Mémoires de l'Académie de Besançon*, 173 (1960), p. 123-137.

- La restauration de la vie canoniale à Besançon au XIe siècle, dans *Mémoires de la société pour l'histore du droit et des institutions des anciens pays bourguignons, comtois et romands*, 24 (1963), p. 73-84.

- *Hugues de Salins, archevêque de Besançon (1031-1066)*, Besançon, 1981.

- Les églises salinoises et l'évolution de leur situation canonique au temps de l'archevêque Hugues de Salins, dans *Mémoires de la Société d'émulation du Jura l'histoire du droit*, 1981, p. 29-40.

- *Hugues de Salins, archevêque de Besançon (1031-1066)*, Lille, 1983, 3 vol. (abrégé : H.S.).

WILLEMS (dom E.), *Esquisse historique de l'ordre de Cîteaux d'après le P. Grégoire Muller*, revue par WILLEMS, Paris, 1957, t. I.

WILSDORF (C.),

- *Les comtes de Ferrette, leurs possessions et leurs droits (du début du XIIe siècle à 1324)*, Thèse Ecole des Chartes, 1951, dactyl.

- *Histoire des comtes de Ferrette*, Mulhouse, 1991.

WYSS (A.), *Die ehemalige Prämonstratenser Abtei Bellelay, eine architekturhistorische Monographie*, Bern, 1960.

Die Zeit der Staufen. Geschichte, Kunst, Kultur. Katalog der Ausstellung, Stuttgart, 1977, 4 vol.

Zisterzienser (die). Ordensleben zwischen Ideal und Wirklichkeit. Eine Ausstellung des Landes, Aachen, 1980-1982, 2 vol.

ZINCK (J.), *Die mittelalterliche Kathedrale von Besançon bis zum XIII Jahrhundert* (inaugural Dissertation zur Erlangung des Doktorwürde...), Freiburg, 1974.

Identification des principaux
NOMS DE LIEUX ET DE PERSONNES
cités dans l'ouvrage

BERNARD, nom de personne. cant.   canton
ACEY, nom de lieu.   c.   commune
        ch.-l.   chef-lieu de canton

AAR, rivière suisse.

ABONDANCE, abbaye de chanoines réguliers (Haute-Savoie).

ACEY, abbaye cistercienne (Jura, cant. de Gendrey, c. de Vitreux)

ADRIEN IV, pape (1154-1159).

AGAUNE, abbaye Saint-Maurice, de chanoines réguliers (Suisse, cant. du Valais).

AINAY (abbaye bénédictine Saint-Martin d'), à Lyon.

AJOIE, doyenné du diocèse de Besançon.

ALAISE (Doubs, cant. d'Amancey).

ALDEGRIN (saint, compagnon d'Odon de Cluny).

ALEXANDRE II, pape (1061-1073).

ALEXANDRE III, pape (1159-1181).

ALLAN, rivière affluente du Doubs, dite aussi ALLE, ALLAINE, ELLE.

ALPHONSE VI, roi de Castille (1065-1109).

ALPHONSE-RAIMOND, fils de Raimond de Bourgogne, roi de Castille sous le nom d'Alphonse VII (1125-1157).

ALTKIRCH (Haut-Rhin), prieuré clunisien.

AMANCEY (Doubs, ch.-l. de cant.).

AMAT d'OLORON, évêque d'Oloron (1073-1101), légat pontifical de Grégoire VII.

AMBRONAY (Ain, cant. d'Ambérieu), abbaye bénédictine.

AMÉDÉE de DRAMELAY, archevêque de Besançon (1193-1220).

AMOUS :
— Val d'Amous (basse vallée de la Loue).
— Doyenné du diocèse de Besançon, dit aussi de Neublans.

ANACLET II, antipape (1130-1138).

ANASTASE IV, pape (1153-1154).

ANDELOT-COLIGNY (seigneurs du Revermont).

ANNEGRAY (Haute-Saône, cant. de Faucogney, c. de La Voivre), prieuré Saint-Jean-Baptiste, dépendant de Luxeuil.

ANSÉRI, archevêque de Besançon (1117-1134).

ANTHENOR, fondateur du Saint-Mont.

APREMONT (Haute-Saône, cant. de Gray).

ARBOIS (Jura, ch.-l. de cant.), prieuré Saint-Just, dépendant de Saint-Claude.

ARÇON (Doubs, cant. de Montbenoît).

ARESCHES (Jura, cant. de Salins).

ARGUEL (Doubs, cant. de Besancon-sud).

ARINTHOD (Jura, ch.-l. de cant.).

ARLOZ (Jura, cant. de Salins, c. de Bracon).

ARVIÈRES (Ain, cant. de Champagne-en-Valromey, c. de Lochieu), chartreuse.

AUBERIVE (Haute-Marne, ch.-l. de cant.), abbaye cistercienne.

AUGERANS (Jura, cant. de Montbarrey).

AULPS (Haute-Savoie, cant. de Le Biot), abbaye cistercienne Saint-Jean d'Aulps.

AUMONIÈRES (Haute-Saône, cant. de Champlitte, c. de Pierrecourt), commanderie d'hospitaliers de Saint-Antoine-en-Viennois.

AUTOREILLE (Haute-Saône, cant. de Pesmes, c. de Valay), Hospitaliers de Saint-Jean de Jérusalem.

AUTREY-LÈS-GRAY (Haute-Saône, ch.-l. de cant.)
— Prieuré de Saint-Etienne de Dijon.
— Maison du Temple.

AUTUN :
— Saint-Jean (abbaye de moniales).
— Saint-Martin (abbaye bénédictine).
— Saint-Nazaire (chapitre).

AUVET (Haute-Saône, cant. d'Autrey-lès-Gray, c. d'Auvet-et-La-Chapelotte).

AUXERRE, évêque :
— Humbaud (1087-1114).

AUXONNE (Côte d'Or, ch.-l. de cant.).

AUXELLES (Territoire de Belfort, cant. de Giromagny).

AVREGNY (Haute-Savoie, cant. d'Annecy), diocèse de Genève, église priorale dépendant de Saint-Claude.

AZANS (Jura, c. de Dole), paroisse primitive de Dole.

BÂLE (évêques de) :
— *Burcard de Fenis* (1072-1107).
— *Berthold de Neuenburg* (1123-1133).
— *Adalbéron* (1133-1137).
— *Ortlieb de Froburg* (v. 1137-1164).
— *Louis de Froburg* (1164-1179).

BALERNE (Jura, cant. de Champagnole, c. de Mont-Sur-Monnet) :

— Abbaye cistercienne.
— *Burcard*, abbé (v.1136-1157).

BALME (LA), ancien établissement féminin devenu sous le nom de Saint-Romain (Jura, cant. de Moirans, c. de Pratz), prieuré de Saint-Claude.

BANDINELLI, cardinal, futur Alexandre III.

BANNANS (Doubs, cant. de Pontarlier).

BANS (Jura, cant. de Montbarrey).

BARGES (Haute-Saône, cant. de Jussey).

BAR-LE-DUC (Meuse).
— *Thierry Ier* , comte de Bar (1092-1105).
BAR-SUR-AUBE (Aube).
BARTHÉLÉMY de JOUX, évêque de Laon
(1113-1151).
BATTRANS (Haute-Saône, cant. de Gray).
BAUDONCOURT (Haute-Saône, cant. de
Luxeuil).
BAUME-LES-DAMES (Doubs, ch.-l. de cant.) :
— Abbaye bénédictine de femmes.
— Doyenné du diocèse de Besançon
BAYEL (Aube, cant. de Bar-sur-Aube).
BAUME-LES-MESSIEURS (Jura, cant. de Voi-
teur) : — Abbaye bénédictine appelée Baume.
— *Aubry*, abbé (1107-1139).
— *Bernard*, abbé (1073-1083).
— *Gunzon*, abbé (v. 1063).
— *Thiébaud*, abbé (1200-1217).
BÉATRICE, comtesse de Bourgogne (1155-
1183), épouse de Frédéric Ier.
BÉATRICE (†1231), comtesse, fille du comte
Othon Ier et épouse du comte Othon II, duc de
Méranie.
BEAUJEU (Haute-Saône, cant. de Fresne-Saint-
Mamès, c. de Beaujeu-Saint-Vallier-et-Pierre-
jux).
BEAULIEU (Haute-Marne, cant. de Varennes-
sur-Amance, c. de Hortes), abbaye cister-
cienne.
BEAULIEU, ancien prieuré d'Abondance, qui
occupait l'emplacement de Goailles (voir ce
nom).
BEAUMONT (Côte d'Or, cant. de Mirebeau-sur-
Bèze).
BEAUPRÉ (M. et Mos., cant. de Jcanton de Lu-
néville-sud, c. de Moncel), abbaye cister-
cienne.
BELCHAMP (Doubs, cant. d'Audincourt, c. de
Voujeaucourt), abbaye prémontrée.
BELFAYS (Haute-Marne, cant. et c. de Monti-
gny-Le-Roi), abbaye de moniales cister-
ciennes.
BELLAIGUE (Doubs, cant. de Levier, c. d'Arc-
sous-Montenot), lieu disparu, ancien prieuré
de Montjoux.
BELLEFONTAINE (Doubs, cant. d'Audeux,
c. d'Emagny), prieuré de Saint-Paul de Besan-
çon.
BELLELAY (Suisse, cant. de Berne), abbaye
prémontrée.
BELLEVAUX (Haute-Saône, cant. de Rioz,
c. de Cirey) :
— Abbaye cistercienne.
— *Bernard* , abbé (1169-1185).
— *Ponce*, abbé (1129-1156).
BELLEVAUX (Haute-Savoie, cant. de Thonon),
prieuré de Gigny.
BELLEY (évêques de) :
— *Anthelme* (1163-1175).
— *Bernard*, (1136-1152).
— *Bernard de Thoire-Villars* (1212).
BELMONT (Haute-Marne, cant. de Fayl-Billot),
abbaye de moniales cisterciennes.
BELMONT (Jura, cant. de Montbarrey).
BELMONT (Haute-Saône, cant. de Melisey).
BENOIT VIII, pape (1012-1024).
BERNARD (saint), abbé de Clairvaux (1115-
1153).

BERNARD d'ASUEL, légat impérial de Frédé-
ric I.
BERNOUIN, archevêque de Besançon (811-
829).
BERTHALD, archevêque intrus de Besançon
(1016-1049).
BESANÇON :
— Jussamoutier, ancienne abbaye de moniales
devenue prieuré de Baume (fin XIe s.).
— Notre-Dame de Battant (abbaye de mo-
niales cisterciennes).
— Rivière (le reclus de, dit aussi de Saint-
Léonard).
— Saint-Etienne (chapitre cathédral).
— Saint-Ferjeux, église priorale dépendant de
Saint-Vincent de Besançon.
— Saint-Jacques, chapelle, dite des Arênes.
— Saint-Jean (chapitre cathédral).
— Saint-Jean-Baptiste, église paroissiale.
— Saint-Laurent, église.
— Saint-Martin de Bregille, église dite abbaye
de Bregille.
— Sainte-Marie-Madeleine, collégiale dite de
La Madeleine.
— Saint-Maurice, église paroissiale.
— Saint-Oyend, chapelle archiépiscopale.
— Saint-Paul, collégiale puis prieuré de cha-
noines réguliers (1131) et enfin abbaye en
1250.
— Saint-Pierre, église paroissiale.
— Saint-Quentin, chapelle.
— Saint-Vincent, abbaye bénédictine.
— Sainte-Brigide, hôpital.
— Velotte, église.
BEVAIX (Suisse, cant. de Neuchâtel), prieuré
clunisien Saint-Pierre.
BÈZE (Côte d'Or, cant. de Mirebeau), abbaye
bénédictine.
BIARNE (Jura, cant. de Dole).
BIENNE (rivière du Jura méridional).
BILLEY (Côte d'Or, cant. d'Auxonne).
BITHAINE (Haute Saône, cant. de Saulx), ab-
baye cistercienne.
BIZOT (LE, Doubs, cant. de Le Russey).
BLETTERANS (Jura, ch.-l. de cant.).
BLONAY (Suisse, cant. de Vaud).
BONFAYS (Vosges, cant. de Darney, c. de Lé-
géville), abbaye de Prémontrés.
BONLIEU (Jura, cant. de Saint-Laurent), char-
treuse.
BONMONT (Suisse, cant. de Vaud), abbaye
cistercienne.
BOUGEY (Haute Saône, cant. de Combeau-
fontaine).
BOUJAILLES (Doubs, cant. de Levier).
BOURBONNE-LES-BAINS (Haute-Marne,
ch.-l. de cant.).
BOURGOGNE (ducs de) :
— *Eudes Borel* (1078-1101).
— *Eudes III* (1192-1218).
— *Hugues Ier* (1075-1078).
— *Hugues II* (1101-1143).
— *Hugues III* (1162-1192).
— *Robert* (1032-1075).
BRAILLANS (Doubs, cant. de Marchaux),
grange de Bellevaux.
BRUNO (saint), fondateur de la Grande Char-
treuse.
BUCZHUM (voir Grâce-Dieu).

BUGNY (Doubs, cant. de Montbenoît).
BUILLON (Doubs, cant. de Quingey, c. de Chenecey-Buillon), abbaye cistercienne.
BULLE (Doubs, cant. de Levier).

CADALUS, antipape Honoré II (1061-1072).
CALIXTE II, pape (1119-1124), fils du comte de Bourgogne.
CALIXTE III, antipape (1168-1178).
CALMOUTIER (Haute-Saône, cant. de Noroy-le-Bourg), collégiale.
CAMPESIÈRES-EN-GENEVOIS (Suisse, cant. de Genève), commanderie de Templiers.
CASAMÈNE, lieudit de Besançon.
CÉLESTIN II, pape (1143-1144).
CÉLESTIN III, pape (1191-1198).
CENDREY (Doubs, cant. de Marchaux).
CESSY (Ain, cant. de Gex).
CHABLAIS (Suisse).
CHAISE-DIEU (Haute-Loire, ch.-l. de cant.), abbaye bénédictine.
CHALAMONT (Doubs, cant. de Levier, c. de Villers-Sous-Chalamont).
CHALON-ARLAY (Jean de), fils de Jean (comte de Bourgogne et sire de Salins † 1267).
CHALON-AUXERRE (Jean de), fils de Jean (comte de Bourgogne et sire de Salins † 1267).
CHALON-SUR-SAÔNE (Saône-et-Loire) :
— Saint-Marcel, prieuré clunisien.
— Alvisius , prieur de Saint-Marcel.
CHAMBLAY (Jura, cant. de Villers-Farlay).
CHAMBORNAY-LES-BELLEVAUX (Haute-Saône, cant. de Rioz).
CHAMPAGNOLE (Jura, ch.-l. de cant.).
CHAMPEY (Haute-Saône, cant. d'Héricourt).
CHAMPLITTE (Haute-Saône, ch.-l. de cant.), prieuré Saint-Christophe, dépendant de Bèze.
CHANDOSSIN (Ain, cant. de Belmont).
CHAPELLE, LA (Saône-et-Loire, cant. de Pierre-de-Bresse, c. de La-Chapelle-Saint-Sauveur).
CHAPOIS (Jura, cant. de Champagnole).
CHARCHILLA (Jura, cant. de Moirans).
CHARIEZ (Haute-Saône, cant. de Vesoul).
CHARITÉ, LA (Haute-Saône, cant. de Scey-sur-Saône, c. de Neuvelle-lès-La-Charité) :
— Abbaye cistercienne.
— *Pierre de Vadans*, abbé (1134-1162).
CHARMAUVILLERS (Doubs, cant. de Maîche).
CHARNAY (Jura, cant. de Salins, c. de Fonteny), grange de Rosières.
CHASSEY-LES-MONTBOZON (Haute-Saône, cant. de Montbozon).
CHÂTEAU-CHALON (Jura, cant. de Voiteur), abbaye bénédictine de femmes.
CHÂTEAU-SUR-SALINS (Jura, cant. de Salins, c. de Pretin), prieuré dépendant de Gigny.
CHÂTEL-de-JOUX (Jura, cant. de Moirans).
CHAUMOUZEY (Vosges, cant. d'Epinal), abbaye de chanoines réguliers (ordre de Saint-Ruf).
CHAUSSIN (Jura, ch.-l. de cant.).
CHAUX (Doubs, cant. de Clerval, c. de Chaux-lès-Clerval), prieuré clunisien.
CHAUX, forêt de (entre la confluence du Doubs et de la Loue).
CHAUX d'ARLIER (vallée du Drugeon, en amont de Pontarlier).

BURCARD, abbé de Balerne (v. 1136-1157).
BURE-LES-TEMPLIERS (Côte d'Or, cant. de Recey-sur-Ource).

CHAVENAY (Jura, cant. de Conliège, c. de Montaigu), prieuré de Baume-les-Messieurs.
CHAY (Doubs, cant. de Quingey) :
— *Seigneurs* (voir aussi Joret).
— *Guillaume*, doyen du chapitre de Saint-Jean (1200-1220).
CHEMINON (Marne, cant. de Thiéblemont-Farémont), abbaye cistercienne.
CHENECEY-BUILLON (Doubs, cant. de Quingey).
CHERLIEU (Haute-Saône, cant. de Vitrey, c. de Montigny-lès-Cherlieu) :
— Abbaye cistercienne.
— *Guy* , abbé (1131-1158).
CHÉZÉRY (Ain, cant. de Collonges), abbaye cistercienne (diocèse de Genève).
CICON (Doubs, cant. de Montbenoît, c. d'Arc-sous-Cicon).
CIREY-LES-BELLEVAUX (Haute-Saône, cant. de Rioz).
CHRYSOPOLIS, Besançon.
CÎTEAUX (Côte d'Or, cant. de Nuits-Saint-Georges, c. de SaintNicolas-lès-Cîteaux).
CLAIREFONTAINE (Haute-Saône, cant. d'Amance, c. de Polaincourt-et-Clairefontaine) :
— Abbaye cistercienne.
— *Aldeprand* , abbé (v. 1160) devient abbé de Morimond (11621168).
— *Lambert*, abbé (1134-1154) devient abbé de Morimond, puis de Cîteaux (1155-1161).
CLAIRLIEU (Meurthe-et-Moselle, cant. de Nancy-nord), abbaye cistercienne.
CLAIRVAUX (Aube, cant. de Bar-sur-Aube, c. de Ville-sous-La-Ferté), abbaye cistercienne.
CLAIRVAUX-LES-LACS (Jura, ch.-l. de cant.), prieuré de Gigny.
CLEFMONT (Haute-Marne, ch.-l. de cant.), prieuré dépendant de Luxeuil.
CLÉMENT III, antipape (1080-1100).
CLÉMENT III, pape (1187-1191).
CLERVAL (Doubs, ch.-l. de cant.).
CLUNY (Saône-et-Loire).
CLUSE, LA (Doubs, cant. de Pontarlier, c. de La-Cluse-et-Mijoux).
CLUX (Saône-et-Loire, cant. de Verdun-sur-le-Doubs, c. de La Villeneuve).
COGNOZ (Jura, cant. de Champagnole, c. de Ney), village disparu.
COLIGNY (Ain, ch.-l. de cant.), archiprêtré.
COLDRE (Jura, cant. de Conliège, c. de Briod).
COLLONGES (Haute-Saône, cant. d'Autrey-les-Gray, c. de Broye-lesLoup), abbaye de moniales cisterciennes.
COLOMBE-LE-SEC (Aube, cant. de Bar-sur-Aube).
COLOMBIER (Jura, cant. de Montmirey-le-Château, c. de Thervay), grange dépendant d'Acey.
COLONNE (Jura, cant. de Poligny).
COMBE d'AIN (Jura).
CONDAT, ancien nom de l'abbaye Saint-Oyend (voir ce nom).

FALLETANS (Jura, cant. de Rochefort-sur-Nenon).

FAUCILLE (col de la) : Jura.

FAUCOGNEY (Haute-Saône, ch.-l. de cant.) :
— *Aymon* (sire de).

FAVERNEY (Haute-Saône, cant. d'Amance) :
— Abbaye bénédictine de femmes, puis d'hommes, dépendant de La Chaise-Dieu.
— Doyenné du diocèse de Besançon.

FAY (Haute-Saône, cant. d'Autrey-les-Gray, c. de Fahy), prieuré dépendant de Saint-Etienne de Dijon, dit "de Fay" ou "Faa" ou "de Saint-Aubin".

FAY (Jura, cant. de Poligny, c. de Fay-la-Montagne), maison du Temple.

FERRETTE (Haut-Rhin, ch.-l. de cant.) :
— *Frédéric* (sire de) 1105-1160 .
— *Louis* (sire de) 1161-1190.
— *Ulrich* (sire de) 1190-1197.

FERTÉ, LA (Saône-et-Loire, cant. de Sennecey, c. de Saint-Ambreuil), abbaye cistercienne.

FESSEVILLERS (Doubs, cant. de Maîche).

FILLY (Haute-Savoie, cant. de Thonon, c. de Sciez).

FLABÉMONT (Vosges, cant. de Lamarche), abbaye de Prémontrés.

FLAVIGNY (Côte d'Or, arrondissement de Semur), abbaye bénédictine.

FLEUREY (Jura, cant. de Bletterans, c. de Ruffey-sur-Seille), prieuré de Fleurey (Fleury ou Oysenans), dépendant d'Abondance, puis de Saint-Oyend.

FLEUREY (Haute-Saône, cant. de Saint-Loup, c. de Fleurey-lèsSaint-Loup), obédience dépendant de Chaumouzey.

*G*ARIN ou Guérin, abbé d'Aulps (v. 1110-1138), puis évêque de Sion (1138-1150).

GAUTHIER, archevêque de Besançon (1016-1031).

GAUTHIER de BOURGOGNE, archevêque élu de Besançon (1162), transféré à Langres.

GENEUILLE (Doubs, cant. de Marchaux).

GENÈVE, évêques ,de :
— *Bernard Chabert* (1206-1212).
— *Frédéric* (v. 1030-1076).
— *Guy de Faucigny* (1083-1119).
Prieuré clunisien de Saint-Victor.

GENEVOIS, comtes du :
— *Amédée.*
— *Aymon.*

GENEY (Doubs, cant. de L'Isle-sur-le-Doubs), grange de Lieucroissant.

GÉNOLIER (Suisse, cant. de Vaud), église priorale de Saint-Oyend.

GENRUPT (Haute-Marne, cant. de Bourbonne-les-Bains), maison du Temple.

GEOFFROY d'AUXERRE († 1188), biographe de Pierre de Tarentaise.

GÉRARD, cardinal évêque d'Ostie (1067/72-1077), légat pontifical.

GÉRARD, comte de Vienne et de Mâcon (1155-1184), époux de Maurette de Salins.

GÉRARD de ROUGEMONT, élu de Lausanne, archevêque de Besançon (1221-1225).

GERFROI, archevêque de Besançon (944-953).

FONTAINE (Haute-Saône, cant. de Saint-Loup-sur-Semouse), prieuré dépendant de Luxeuil.

FONTELENAY (Haute-Saône, cant. de Gy, c. de Gézier-et-Fontelenay).

FONTENAY (Côte d'Or, cant. de Montbard, c. de Marmagne), abbaye cistercienne.

FONTEVRAULT (Maine-et-Loir), abbaye chef d'ordre.

FOUCHÉCOURT (Haute-Saône, cant. de Combeaufontaine), prieuré dépendant de Luxeuil.

FOUGEROLLES (Haute-Saône, cant. de Saint-Loup).

FOUVENT (Haute-Saône, cant. de Champlitte-et-le-Prélot) :
— Doyenné.du diocèse de Langres.
— Prieuré dépendant de Bèze.
— *Gérard* (sire de).
— *Guillaume* (sire de).
— *Humbert* (sire de).

FRANCHES MONTAGNES (Suisse, canton du Jura).

FRASNE (Doubs, cant. de Levier).

FRASNE (Haute-Saône, cant. de Gy, c. de Frasne-le-Château).

FRÉDÉRIC BARBEROUSSE (1152-1190).

FRÉDÉRIC II (1212-1250).

FRETIGNEY (Haute-Saône, cant. de Fresne-Saint-Mamès).

FROIDECONCHE (Haute-Saône, cant. de Luxeuil).

FROIDEFONTAINE (Territoire de Belfort, cant. de Delle), prieuré clunisien.

FURIEUSE (La), rivière (Jura).

GERLAND, chanoine de Saint-Jean et écolâtre, prieur de Saint-Paul de Besancon v. 1131-1138.

GEX , Pays de (Ain) .

GIGNY (Jura, cant. de Saint-Julien-sur-Suran), prieuré clunisien.

GIREFONTAINE (Jura, cant. de Lons-le-Saunier, c. de L'Étoile), maison du Temple.

GLAMONDANS (Doubs, cant. de Roulans).

GLÉNON (Jura, cant. et c. d'Arbois, lieudit Vauxy), hameau disparu, grange de Balerne.

GOAILLES (Jura, cant. et c. de Salins) :
— Abbaye de chanoines réguliers (ordre d'Abondance).
— *Humbert*, abbé (v. 1208 -1225).

GORZE (Moselle, cant. d'Ars-sur-Moselle), abbaye bénédictine.

GOUMOIS (Doubs, cant. de Maîche).

GOUX (Jura, cant. de Dole).

GRÂCE-DIEU, LA (Doubs, cant. de Vercel, c. de Chaux-lès-Passavant), abbaye cistercienne.

GRANDECOURT (Haute-Saône, cant. de Dampierre-sur-Salon), prieuré dépendant de Montbenolt.

GRANDFONTAINE (Doubs, cant. de Boussières), prieuré dépendant de Baume-les-Messieurs.

GRANDGOURT (Suisse, cant. du Jura, c. de Courtemaiche), abbaye, puis prieuré dépendant de Bellelay (Prémontré).

GRAND-SAINT-BERNARD, hôpital de Montjoux (voir ce nom).
GRANDSON (Suisse, cant. de Vaud).
GRANDVAUX (Jura, cant. de Saint-Laurenten-Grandvaux, c. de Rivière-Devant), abbaye de chanoines réguliers (ordre d'Abondance), devenue prieuré bénédictin de Saint-Oyend en 1244.
GRANGES (Haute-Saône, cant. de Villersexel, c. de Granges-la-Ville) :
— Doyenné du diocèse de Besançon.
— Prieuré dépendant de Luxeuil.
GRAY (Haute-Saône, ch.-l. de cant.) :
— Gray-la-Ville, Gray-le-Château.
— Doyenné du diocèse de Besançon.
GRÉGOIRE VII, pape (1073-1085).
GRÉGOIRE VIII, pape (1187).
GRÉGOIRE IX, pape (1227-1241).
GRÉGOIRE XI, pape (1370-1378).
GRENOBLE, évêques :
— Hugues Ier (1080-1132).
— Hugues II (1132-1148).
GROSBOIS (Doubs, cant. d'Ornans, c. de L'Hôpital-du-Grosbois), hôpital.
GROZON (Jura, cant. de Poligny).
GUIBERT de RAVENNE, ou CLÉMENT III, antipape (1080-1100).

HALINARD, archevêque de Lyon (1046-1052).
HAUTCRÊT (Suisse, cant. de Vaud, près d'Oron), abbaye cistercienne (diocèse de Lausanne).
HAUTECOMBE (Savoie, cant. de Ruffieux, c. de Saint-Pierre de Curtille), abbaye cistercienne (diocèse de Genève).
HAUTEPIERRE (Doubs, cant. d'Ornans, c. de Mouthier-Hautepierre), prieuré clunisien.
HAUTERIVE (Suisse, cant. de Fribourg), abbaye cistercienne (diocèse de Lausanne).
HAUTE-SEILLE (Meurthe-et-Moselle, cant. et c. de Cirey-surVezouse), abbaye cistercienne.
HENRI II, empereur (1002-1024).
HENRI III, empereur (1039-1056).
HENRI IV empereur (1056-1106).
HENRI V, empereur (1106-1125).
HENRI VI, empereur (1190-1197).
HENRI, cardinal d'Albano.
HENRI de BOURGOGNE , comte du Portugal († 1114).
HERBERT, archevêque de Besançon (1163-1170).
HÉRICOURT (Haute-Saône, ch.-l. de cant.), prieuré Saint-Valbert, dépendant de Luxeuil.
HÉRIVAL (Vosges, cant. de Plombières, c. de Val d'Ajol), prieuré de chanoines réguliers.
HILDEBRAND (futur GRÉGOIRE VII).
HIRSAU, abbaye bénédictine (diocèse de Spire).
HONORIUS II, pape (1124-1130).

ÎLAY ou ISLAY (Jura, cant. de Saint-Laurenten-Grandvaux, c. de Chaux-du-Dombief), prieuré Saint-Vincent de la Motte, dépendant de Gigny.
ÎLE-BARBE (LYON), abbaye bénédictine.
ÎLE SAINT-PIERRE (Suisse, cant. de Berne, Peterinsel), prieuré clunisien (diocese de Lausanne).

GUICHARD, prieur de Saint-Paul, v. 1038-1147.
GUILLAUME, comte de Mâcon et de Bourgogne († 1155), frère de Renaud III.
GUILLAUME d'ARGUEL, archevêque de Besançon (1109-1116). -228,
GUILLAUME de VOLPIANO († 1031), abbé de Saint-Bénigne de Dijon.
GUILLAUME L'ALLEMAND, comte de Bourgogne (1102-1125).
GUILLAUME Le GRAND, comte de Bourgogne (1057-1087).
GUNZON, abbé de Baume (v. 1063).
GUY de REIMS, prieur de la Loye.
GUY, comte de Mâcon, se retire à Cluny en 1078.
GUY de MALIGNY, doyen de Saint-Etienne (v. 1112).
GUY de MALIGNY, archidiacre de Besançon (v. 1125-1153), évêque de Lausanne (1130-1144).
GUY, grand archidiacre de Besançon.
GUY de VIENNE, fils du comte de Bourgogne (Guillaume le Grand), archevêque de Vienne (1088-1119), légat pontifical, puis pape sous le nom de Calixte II (1119-1124)
GUY l'ABBÉ, seigneur de Durnes, v. 1130-1166.
GY (Haute-Saône, ch.-l. de cant.).

HONORIUS III, pape (1216-1227).
HÔPITAUX VIEUX, LES (Doubs, cant. de Pontarlier).
HUGIER (Haute-Saône, cant. de Marnay), prieuré de chanoines réguliers dépendant de Saint-Paul de Besançon.
HUGUES, abbé de Cluny (1049-1109).
HUGUES Ier, archevêque de Besançon (1031-1066).
HUGUES II, archevêque de Besançon (1066-1085).
HUGUES III, archevêque de Besançon (1085-1101).
HUGUES IV, archevêque de Besançon (1108-1109).
HUGUES, évêque de Die (1074-1092), légat pontifical.
HUGUES de FRAISANS, abbé de Cluny (1157-1161).
HUGUES de PAYNS, fondateur de l'ordre du Temple.
HUMBERT de SCEY, archevêque de Besançon (1134-1161).
HUMBERT de MOYENMOUTIER, cardinal év. de Silva candida (1057-1065).
HUMILIMONT ou MARSENS (Suisse, cant. de Fribourg), abbaye de Prémontrés.
HUNAUD, abbé de Saint-Claude :
— Hunaud Ier(1084-1093).
— Hunaud II (v.1106 -1112).

INDEVILLERS (Doubs, cant. de Saint-Hippolyte).
INNOCENT II, pape (1130-1143).
INNOCENT III, pape (1198-1216).
INNOCENT IV, pape (1243-1254).
ISLE-SUR-LE-DOUBS, L' (Doubs, ch.-l. de cant.).
IVORY (Jura, cant. de Salins).
IZERNORE (Ain, ch.-l. de cant.).

JARENTON, abbé de Saint-Bénigne de Dijon (1077-1113).

JASSERON (Ain, cant. de Ceyzériat).

JEAN de CHALON : comte de Chalon, puis seigneur de Salins (1237-1267) et comte de (en) Bourgogne.

JEAN de SALINS, auteur de la Chronique de Saint-Bénigne de Dijon (fin XIe s.).

JEAN HALGRIN, archevêque de Besançon (1225-1227).

JONVELLE (Haute-Saône, cant. de Jussey) : trois frères, sires de Jonvelle :
— *Guy*, v. 1124-1160.
— *Henri* , v. 1132-1140.
— *Olivier*, v. 1132-1140.

JORET, famille (Chay ?) :
— *Damas Joret*, camérier de Cluny.
— *Hugues*, doyen de Saint-Etienne (1089-1095).

JOSSERANT, abbé de Saint-Claude (v.1015 - 1023).

LAFERTÉ-SUR-AUBE (Hte-Marne, cant. de Châteauvillain) , prieuré dépendant de Saint-Oyend.

LAINE, LA (Haute-Saône, cant. de Montbozon, c. de Vy-lès-Filain), maison du Temple.

LANGRES, évêques :
— *Gauthier de Bourgogne* (1162-1180).
— *Godefroy* (1138-1162).
— *Guillenc ou Vilain d'Aigremont* (1125-1136).
— *Josserand* (1113-1125).
— *Manassès* (1180-1193).
— *Renard* , dit Hugues-Renard (1065-1084).
— *Robert de Bourgogne* (1084-1111).

LANTHENANS (Doubs, cant. de L'Isle-sur-le-Doubs), prieuré de chanoines réguliers, dépendant de Saint-Paul de Besançon.

LAON (Aisne) :
— Saint-Martin, abbaye de Prémontré.
— Évêque : *Barthélemy de Joux* (1113-1151).

LAUCONNE, monastère des Pères du Jura, appelé par la suite Saint-Lupicin.

LAUSANNE, évêques :
— *Amédée de Clermont* (1145-1159).
— *Burcard d'Oltingen* (1073-1089).
— *Gérard de Faucigny* (1107-1129).
— *Guy de Maligny* (1130-1144).
— *Lambert de Grandson* (1090-1091).
— *Landri de Durnes* (1160-1178).
— *Roger de Vico-Pisano* (1178-1212).

LAVAL (Doubs, cant. du Russey), obédience d'Agaune cédée à Montbenoît en 1184.

LAVIGNEY (Haute-Saône, cant. de Vitrey-sur-Mance), maison des Hospitaliers de Saint-Jean de Jérusalem.

LAVONCOURT (Haute-Saône, cant. de Dampierre-sur-Salon).

LÉON IX, pape (1048-1054).

LEUGNEY (Doubs, cant. de Vercel, c. de Brémondans).

LIÈGE (Doubs, cant. d'Ornans, c. de Mereysous-Montrond).

LIEUCROISSANT (Doubs, cant. de L'Isle-sur-le-Doubs, c. de Mancenans) :

JOUGNE (Doubs, cant. de Pontarlier) :
— Col de Jougne.
— Eglise Saint-Maurice.

JOUHE (Jura, cant. de Rochefort-sur-Nenon), prieuré de Baume-lesMessieurs.

JOUX (Doubs, cant. de Pontarlier, c. de La Cluse-et-Mijoux) :
— *Amauri* (sire de) v. 1110-1140.
— *Henri Ier* (sire de) v.1196 -1243).
— *Landri* (sire de) v. 1086-1110).

JOUX (Suisse, cant. de Vaud, c. de L'Abbaye) :
— Abbaye de Prémontré, dite du Lac de Joux.
— Val de Joux.

Joux (jurat), forêt de sapins.

JULLY-LES-NONNAINS (Yonne, cant. d'Ancy), abbaye de femmes.

JUSSAMOUTIER. voir Besançon.

JUSSEY (Haute-Saône, ch.-l. de cant.) :
— Prieuré Saint-Thiébaud, dépendant de Luxeuil.
— *Humbert* et Louis (sire de).
— *Olivier* (sire de).

— Abbaye cistercienne.
— *Thiébaud* , abbé (v. 1134-1147).

LIEU-DIEU (Doubs, cant. de Boussières, c. d'Abbans-Dessous), prieuré clunisien.

LIEU PONCET (Suisse, cant. de Vaud, c. de Le Lieu), ermitage dépendant de Saint-Claude.

LIÈVREMONT (Doubs, cant. de Montbenoît).

LISON, rivière du Jura.

LOMONT, chaîne du (Jura).

LOMONT (Haute-Saône, cant. d'Héricourt).

LONGCHAUMOIS (Jura, cant. de Morez).

LONGUÉ ou LONGUAY (Haute-Marne, cant. d'Arc-en-Barrois, c. d'Aubepierre), abbaye cistercienne.

LONS-LE-SAUNIER (Jura) :
— Doyenné du diocèse de Besançon.
— Prieuré Saint-Désiré dépendant de Baume-les-Messieurs.
— Puits salé.

LORRAINE, ducs de :
— *Mathieu* (1139-1176).
— *Ide de Vienne*, épouse de Simon II (1176-1206).

LOSNE (Côte d'Or, cant. de Saint-Jean-de-Losne), collégiale devenue prieuré de Saint-Vivant de Vergy (Cluny)..

LOTHAIRE III, empereur germanique (1125-1137).

LOUE, La, rivière affluente du Doubs.

LOUHANS, (Saône-et-Loire, ch.-l. de cant.).

LOYE, LA (Jura, cant. de Montbarrey) :
— Prieuré dit "La Nouvelle Loye, dépendant de Saint-Bénigne de Dijon.
— Château de la Loye (c. de Vieille-Loye).

LUCELLE (Haut-Rhin, cant. de Ferrette), abbaye cistercienne (diocèse de Bâle).

LUCIUS III, pape (1181-1185).

LURE (Haute-Saône), abbaye bénédictine.

LUXEUIL (Haute-Saône, ch.-l. de cant.) :
— Abbaye bénédictine.
— *Frédéric*, abbé (1200-1201).
— *Gérard*, abbé (v. 1044 -1049).
— *Hugues*, abbé (1123-1132).
— *Hugues*, abbé (1199).

— *Jocerand* , abbé (1136).
— *Olivier d'Abbans*, abbé (1189-1195).
— *Sifroy* , abbé (1164-1179).
— *Simon*, abbé (1218-1233).
LYON, archevêques :
— *Amédée* (1143-1148).

MÂCON , Saint-Pierre de Mâcon, abbaye de chanoines réguliers.
MAINIER ou MAYNIER, frère de l'archevêque Hugues II, doyen de Saint-Jean de Besançon v. 1073-1114.
MALANS (Haute-Saône, cant. de Pesmes), hôpital.
MALVERNAY (Haute-Saône, cant. de Lure, c. de Franchevelle (?), léproserie.
MANDEURE (Doubs, cant. d'Audincourt).
MARAST (Haute-Saône, cant. de Villersexel), prieuré de chanoines réguliers dépendant de Chaumouzey.
MARBACH (Haut-Rhin, cant. de Wintzenheim, c. de Vœgtlinshofen), abbaye de chanoines réguliers (diocese de Bâle).
MARCIGNY (Saône-et-Loire, ch.-l. de cant.), prieuré de bénédictines (diocèse d'Autun).
MARGUERITE de BLOIS, veuve d'Othon Ier comte de Bourgogne (†1200).
MARLOZ (Haute-Saône, cant. de Rioz, c. de Cirey-les-Bellevaux).
MARNAY (Haute-Saône, ch.-l. de cant.).
MARTEROY, LE (Haute-Saône, cant. et c. de Vesoul), prieuré de chanoines réguliers dépendant de Saint-Pierre de Mâcon.
MARTINVELLE (Vosges, cant. de Monthureux-sur-Saône).
MAXIMIACUM, ancien monastère du diocèse de Besançon, non localisé.
MAYEUL, abbé de Cluny (948-994).
MAYNAL (Jura, cant. de Beaufort).
MESNAY (Jura, cant. d'Arbois).
METZ, évêque , *Etienne* (1119-1163).
MEYRIAT (Ain, cant. de Ceyzériat), chartreuse.
MIÈGES (Jura, cant. de Nozeroy) :
— Prieuré clunisien.
— Val de Mièges.
MIGETTE (Doubs, cant. d'Amancey, c. de Crouzet-Migette), prieuré de Balerne puis grange de Buillon.
MILON, maître d'œuvre de Cluny, prieur de Lieu-Dieu.
MIREBEAU (Côte d'Or, ch.-l. de cant.), seigneurs.
MIROIR, LE (Saône-et-Loire, cant. de Cuiseaux), abbaye cistercienne (diocèse de Lyon).
MOIMAY (Haute-Saône, cant. de Villersexel).
MOISSAC (Tarn-et-Garonne, ch.-l. de cant.), abbaye bénédictine.
MOLESME (Côte d'Or, cant. de Laignes) :
— Abbaye bénédictine.
— *Robert*, abbé de Molesme (1075-1110).
MOLOSMES (Yonne, cant. de Tonnerre), abbaye bénédictine.
MONNET (Jura, cant. de Champagnole, c. de Monnet-la-Ville) :
— *Hugues* (sire de).
— *Pierre* (sire de).
— *Roger* (sire de).

— *Drogon*, élu (1164).
— *Gébuin* (1074-1082).
— *Guichard* (1165-1180).
— *Hugues de Die* (1082-1106).
— *Humbaud* (1118-1128).
— *Humbert* (1070-1076).

MONTAGNA (Jura, cant. de Saint-Julien-sur-Suran, c. de Montagna-le-Templier), maison du Temple.
MONTAGNE, doyenné du diocèse de Besançon.
MONTAIGU (Jura, cant. de Conliège).
MONTARLOT (Haute-Saône, cant. de Rioz), abbaye de moniales cisterciennes.
MONT-BAR, prieuré de Saint-Claude. (voir Bar-sur-Aube).
MONTBÉLIARD (Doubs) :
— Collégiale Saint-Maimbœuf
— *Thierry Ier*, comte (†1105)
— *Thierry II* , comte (1105-1162).
— *Amédée*, comte (1162-1195), frère de l'archevêque Therry (1180-1190) et de Stéphanie, abbesse de Baume.
MONTBENOIT (Doubs, ch.-l. de cant.), abbaye de chanoines réguliers.
MONTBOZON (Haute-Saône, ch.-l. de cant.).
MONTBY (Doubs, cant. de Rougemont, c. de Gondenans-Montby).
MONT-DU-FOURG (Doubs, cant. de Mouthe, c. de Labergement-SainteMarie), ermitage qui a précédé l'abbaye cistercienne de Mont-Sainte-Marie.
MONTFAUCON (Doubs, cant. de Besançon-sud), seigneurs de :
— *Amédée*, v. 1110.
— *Amédée* de Montfaucon, comte de Montbéliard (1162-1195).
— *Richard*, († 1148).
— *Welf*, (v. † 1098).
MONTFERRAND (Doubs, cant. de Boussières),
MONTFLEUR (Jura, cant. de Saint-Julien-sur-Suran).
MONTHEROND (Suisse, cant. de Vaud, près Lausanne), abbaye cistercienne, dite aussi Théla.
MONTIGNY (Jura, cant. d'Arbois, c. de Montigny-lès-Arsures).
MONTJOUX, nom donné localement à l'établissement hospitalier du Grand-Saint-Bernard (Suisse, cant. du Valais).
MONTLUEL (Ain, ch.-l. de cant.).
MONTMIREY (Jura, cant. et c. de Montmirey-le-Château).
MONTMOROT (Jura, cant. de Lons-le-Saunier), seigneurs de :
— *Tibert*, v. 1172.
— *Humber*, v. 1200.
— *Jacques*, dit Aragon, v. 1220-1240.
MONTORGE (Doubs, cant. de Levier, c. de Villers-sous-Chalamont).
MONT-ROLAND (Jura, cant. de Dole, c. de Sampans), église dépendant de Baume-les-Messieurs.
MONTSAUGEON (Haute-Marne, cant. de Prauthoy).
MONT-SAINTE-MARIE (Doubs, cant. de Mouthe, c. de LabergementSainte-Marie), abbaye cistercienne.

MONTSEUGNY (Haute-Saône, cant. de Pesmes), obédience dépendant de Saint-Etienne de Dijon, cédée aux Hospitaliers de Saint-Jean de Jérusalem.

MORCHAMPS (Doubs, cant. de Rougemont), grange de la Grâce-Dieù.

MOREY (Jura, ch.-l. de cant.).

MORIMOND (Haute-Marne, cant. de Montigny-le-Roy, c. de Fresnoyen-Bassigny) :
— Abbaye cistercienne (diocèse de Langres).
— *Arnold*, abbé (1115-1125).
— *Gaucher*, abbé (1125-1138).

MORRE (Doubs, cant. de Besancon-sud).

MORTEAU (Doubs, ch.-l. de cant.), prieuré clunisien.

MOTEY (Haute-Saône, cant. de Fresne-Saint-Mamès, c. de Moteysur-Saône), église dépendant de Bèze.

MOUTHE (Doubs, ch.-l. de cant.), prieuré dépendant de Saint-Claude.

NAISEY (Doubs, cant. de Roulans).

NANTUA (Ain), prieuré clunisien.

NARDUIN, prieur, puis abbé de Montbenoît (1131-1162).

NAVILLY (Saône-et-Loire, cant. de Verdun-sur-le-Doubs) :
— *Humbert* (sire de) v. 1073.
— *Guichard* (sire de) v. 1073-1086.

NEUBLANS (Jura, cant. de Chaussin), doyenné du diocèse de Besançon.

OCTAVIEN, frère de Calixte II, évêque de Savone (1123-1128).

ODILON, abbé de Cluny (994-1049).

ODON, abbé de Cluny (927-942).

OGNON, rivière.

OISELAY (Haute-Saône, cant. de Gy, c. d'Oiselay-et-Grachaux).

OLIFERNE (Jura, cant. d'Arinthod, c. de Vescles).

OLTINGEN (Haut-Rhin, cant. d'Altkirch).

ORBE (Suisse, cant. de Vaud).

ORGELET (Jura, ch.-l. de cant.).

ORGES (Haute-Marne, cant. de Châteauvillain).

ORNANS (Doubs, ch.-l. de cant.).

OSBERT, chanoine d'Autun (1147).

OTHE-GUILLAUME ou OTTE-GUILLAUME, comte de Bourgogne (v. 982 -1026).

PARCEY (Jura, cant. de Dole).

PASCAL II, pape (1099-1118).

PASCAL III, antipape (1164-1168).

PAYERNE (Suisse, cant. de Vaud, diocèse de Lausanne), abbaye clunisienne.

PESMES (Haute-Saône, ch.-l. de cant.).
— *Guillaume* (sire de).
— *Guy et Aymon* (sires de).

PETITE MONTAGNE (Jura).

PHILIPPE Ier, roi de France (1060-1108).

PHILIPPE-AUGUSTE (1180-1223).

PHILIPPE de SOUABE, fils de Frédéric Barberousse.

PIBON, évêque de Toul (1069-1107).

MOUTHEROT (Doubs, cant. d'Audeux, c. de Moutherot-les-Jallerange), prieuré dépendant de Baume-les-Messieurs, dit aussi d'Etrabonne (château voisin).

MOUTHEROT (Haute-Saône, cant. de Scey-sur-Saône, c. de Traves), prieuré dépendant de Saint-Marcel-lès-Chalon, dit aussi de Traves.

MOUTHIER-HAUTEPIERRE, voir HAUTEPIERRE.

MOUTHIER-EN-BRESSE (Ain, cant. de Pierre-de-Bresse), église priorale de Baume-les-Messieurs.

MOUTIER-GRANDVAL (Suisse, cant. de Berne), abbaye bénédictine puis collégiale (diocèse de Bâle).

MOZAC ou MAUZAC (Puy-de-Dôme, cant. de Riom-ouest), abbaye bénédictine.

NEUCHÂTEL (Doubs, cant. de Pont-de-Roide, c. de NeuchâtelUrtière), seigneurs.

NEUVELLE (Haute-Marne, cant. de Laferté-sur-Mance).

NEUVILLE (Ain, cant. de Châtillon-sur-Chalaronne, c. de Neuville les-Dames), prieuré dépendant de Saint-Claude.

NICOLAS II, pape (1058-1060).

NICOLAS de FLAVIGNY, archevêque de Besançon (1229-1235).

NYON (Suisse, cant. de Vaud), prieuré de Saint-Claude (diocèse de Genève).

OTHON Ier, comte palatin de Bourgogne (1189-1200), fils de Frédéric Barberousse.

OTHON II, comte palatin de Bourgogne (1208-1234), duc de Méranie.

OTHON IV, comte de Bourgogne (1279-1295).

OTHON de BRUNSWICK ou OTHON IV, empereur germanique (1198-1218).

OUGNEY (Jura, cant. de Gendrey).

OUJON (Suisse, cant. de Vaud, près de Nyon), chartreuse.

OUNANS (Jura, cant. de Villers-Farlay), abbaye de moniales cisterciennes.

OYONNAX (Ain, ch.-l. de cant.).

OYSENANS (Jura, cant. de Bletterans, c. de Ruffey-sur-Seille), prieuré dépendant de Saint-Claude.

PIERRE I, archevêque de Tarentaise (1132-1140).

PIERRE II, abbé de Tamié (1132), archevêque de Tarentaise (1141-1174).

PIERRE DAMIEN, card. év. d'Ostie (1058-1067).

PIERRE de TRAVES, doyen de Saint-Etienne de Besançon (1120-1148).

PIERRE Le VÉNÉRABLE, abbé de Cluny (1122-1157).

PILIS (Hongrie, c. de Pesth), abbaye cistercienne.

PISSENAVACHE (Doubs, cant. de Levier, c. de Bians-les-Usiers).

POLIGNY (Jura, ch.-l. de cant.), prieuré Saint-Hippolyte dépendant de Baume-les-Messieurs.

PONCE, archevêque de Besançon (1102-1107).
PONT (Haute-Saône, cant. de Villersexel, c. de Pont-sur-l'Ognon).
PONTAILLER-SUR-SAONE (Côte d'Or, ch.-l. de cant.).
PONTARLIER (Doubs, ch.-l. d'arrondissement).
PONTIGNY (Yonne, cant. de Ligny-le-Châtel), abbaye cistercienne.
PONTOUX (Saône-et-Loire, cant. de Verdun-sur-le-Doubs).
PORRENTRUY (Suisse, cant. du Jura).

QUINCY (Yonne, cant. d'Ancy-le-Franc, c. de Comissey), abbaye cistercienne.
QUINGEY (Doubs, ch.-l. de cant.).

RAIMBAUD , plusieurs personnages difficiles à individualiser :
— chanoine de Saint-Paul
— prieur de Corneux
— abbé de La Charité
— prieur de Bellefontaine.
RAIMOND, comte de Bourgogne, puis comte de Galice et de Coimbre (épouse Urraca).
RAINALD de DASSEL, chancelier impérial (1156), archevêque de Cologne (1159-1167).
RANGEVAL (Meuse, cant. de Commercy, c. de Corniéville), abbaye de prémontrés.
RAOUL GLABER, moine de Saint-Bénigne de Dijon, de Bèze, de Saint-Germain d'Auxerre... († v. 1050).
RAY (Haute-Saône, cant. de Dampierre-sur-Salon, c. de Ray-surSaône).
REMIREMONT (Vosges, ch.-l. de cant.), abbaye de femmes.
REMENNECOURT (Meuse, cant. de Revigney-sur-Ornain).
*RENAUD I*er, comte de Bourgogne (1026-1057).
RENAUD II, comte de Bourgogne (1087-1097).
RENAUD III, comte de Bourgogne (1102-1148).
RENAUD, ermite de Baume (in XI*e* s.).
REVERMONT (Jura).
RIGNY (Haute-Saône, cant. d'Autrey-lès-Gray).
ROBERT, abbé de Molesme (1075-1110).
ROCHE-SUR-OGNON (Doubs, cant. de Marchaux, c. de Rigney), sires de :
— *Guillaume*, v. 1195-1248.
— *Othon*, duc d'Athènes (début du XIII*e* s.).
— *Ponce*, v. 1119-1131.

SAINT-ALBAN (Suisse, c. de Bâle), prieuré clunisien.
SAINT-AMOUR (Jura, ch.-l. de cant.).
SAINT-AUBIN (Jura, cant. de Chemin).
SAINT-BERTIN (Pas-de-Calais, près de Saint-Omer), abbaye bénédictine.
SAINT-CERGUE (Suisse, canton de Vaud).
SAINT-CHRISTOPHE (Jura, cant. d'Orgelet, c. de Tour-du-Meix), prieuré dépendant de Saint-Claude.
Saint Claude, ancien abbé de Condat ou Saint-Oyend (VIII*e* s.), qui a donné son nom à l'abbaye de Saint-Oyend au XV*e* siècle.
SAINT-CLAUDE :
— Abbaye de Saint-Oyend.
— Terre de Saint-Claude.

PORTES (Ain, cant. de Lhuis, c. de Benonces), chartreuse.
PORTOIS, pagus (région de Port-sur-Saône).
PORT-SUR-SAÔNE (Haute-Saône, ch.-l. de cant.), prieuré dépendant de Cluny.
POUILLY (Ain, cant. de Ferney, c. de Saint-Genis-Pouilly), prieuré dépendant de Saint-Claude (diocèse de Genève).
PUGEY (Doubs, cant. de Boussières).
PUPILLIN (Jura, cant. d'Arbois).

QUINTENAS (Ardèche, cant. de Satillieu, diocèse de Vienne).

ROCHE-SAINT-HIPPOLYTE (Doubs, cant. de Saint-Hippolyte), comtes et seigneurs de La Roche :
— *Eudes*, v. 1140-1180.
— *Simon*, début XII*e* s..
RODOLPHE III, roi de Bourgogne (993-1032).
RODOLPHE de RHEINFELDEN, duc de Souabe, antiroi d'Allemagne (1077-1080)
ROGER de VICO-PISANO, évêque de Lausanne (1178-1212), légat pontifical.
ROIFFIEUX (Ardèche, cant. d'Annonay).
ROMAGNE, LA (Côte d'Or, cant. de Fontaine-Française, c. de Saint-Maurice-sur-Vingeanne), commanderie du Temple.
ROMAINMÔTIER (Suisse, cant. de Vaud), prieuré clunisien.
ROSEY (Haute-Saône, cant. de Scey-sur-Saône), prieuré de chanoines réguliers dépendant de Saint-Paul de Besançon.
ROSIÈRES (Jura, cant. d'Arbois, c. de La Ferté):
— Abbaye cistercienne.
— *Bernard,* abbé (1135).
— *Etienne,* abbé (1159-1160).
ROUGEMONT (Doubs, ch.-l. de cant.)
— Doyenné du diocèse de Besançon.
— *Humbert* (sire de) v. 1098.
— *Humbert* (sire de) v. 1188, vicomte de Besançon.
— *Thiébaud* (sire de) † 1155.
ROUGEMONT-LE-CHATEAU (Territoire de Belfort, ch.-l. de cant.).
ROUSSES, LES (Jura, cant. de Morez).
RUFFEY-SUR-SEILLE (Jura, cant. de Bletterans).

SAINT-CLOUD (Jura, cant. de Saint-Laurent-en-Grandvaux, c. de Bonlieu), terre.
SAINT-ÈVRE de Toul, abbaye bénédictine.
SAINT-FERRÉOL (Jura, cant. et c. de Salins), grange de Montjoux sise en amont de Salins.
SAINT-IMIER (Suisse, cant. de Berne), ancienne *cella* de MoutierGrandval, transformée en collégiale (diocèse de Lausanne).
SAINT-JEAN-de-LOSNE (Côte d'Or, ch.-l. de cant.).
SAINT-JUSTIN (Haute-Saône, cant. de Rioz, c. de Chamborney-lesBellevaux), chapelle.
SAINT-LAURENT-LA-ROCHE (Jura, cant. de Beaufort).
SAINT-LOTHAIN (Jura, cant. de Sellières), prieuré dépendant de Baume-les-Messieurs.

SAINT-LUPICIN (Jura, cant. de Saint-Claude), ancienne abbaye de Lauconne, devenue prieuré Saint-Lupicin, dépendant de Saint-Claude.

SAINT-MARCEL (Haute-Saône, cant. de Vitrey-sur-Mance), prieuré dit Saint-Marcel de Jussey, dépendant de Saint-Bénigne de Dijon.

SAINT-MAUR (Jura, cant. de Conliège).

SAINT-MIHIEL (Meuse, ch.-l. de cant.), abbaye bénédictine.

SAINT-MONT (Vosges, cant. de Remiremont, c. de Saint-Amé), ermitage puis prieuré de chanoines réguliers.

SAINT-NICOLAS (Territoire de Belfort, cant. et c. de Rougemontle-Château), prieuré Saint-Nicolas dit "des Bois", dépendant de Molesme.

SAINT-NICOLAS (Territoire de Belfort, cant. de Danjoutin, c. de Meroux), prieuré.Saint-Nicolas dit "de Meroux", dépendant de Saint-Mihiel.

SAINT-NICOLAS de BRACON, prieuré clunisien. Voir. Salins.

SAINT-OYEND (Jura, cant. et c. de Saint-Claude) :
— Abbaye bénédictine.
— *Adon Ier*, abbé(1113-1147).
— *Adon II*, abbé (1149-1175).
— *Aymon*, abbé (1181-1184).
— *Bernard*, abbé (1185-1198).
— *Bernard de Thoire-Villars*, abbé (1204-1230), évêque de Belley (1226).
— *Humbert*, abbé (1100-1105)
— *Humbert*, abbé (1147-1149).
— *Humbert de Buenc*, abbé (1234-1262).
— *Hunaud II,* abbé (1106-1112).
— *Odon*, abbé (1073-1084).

SAINT-POINT (Doubs, cant. de Pontarlier).

SAINT-QUENTIN, famille bisontine.
— *Évrard,* archevêque, voir ce nom.
— *Évrard,* archidiacre, v. 1140-1170.
— *Hugues,* archidiacre v. 1132-1162.
— *Volbert,* archidiacre, v. 1120-1147.

SAINT-ROMAIN (Jura, cant. de Moirans, c. de Pra), ancienne abbaye de La Balme, devenue prieuré de Saint-Claude.

Saint-Romain, chapelle en l'abbaye de Saint-Oyend.

SAINT-RUF-EN-AVIGNON, abbaye d'Augustins.

SAINT-SAUVEUR (Doubs, cant. de Levier, c. de Villers-sousChalamont), prieuré ou *cella* d'Abondance.

SAINT-SEINE (Côte d'Or, cant. de Saint-Seine-l'Abbaye), abbaye bénédictine.

SAINT-SULPICE (Ain, cant. d'Hauteville, c. de Thézillieu), abbaye cistercienne.

SAINT-URSANNE (Suisse, cant. du Jura), collégiale.

SAINT-USAGE (Aube, cant. d'Essoyes).

SAINT-VIT (Doubs, cant. de Boussières).

SAINT-VIVANT-EN-AMOUS (Jura, cant. de Dole, c. de Biarne), prieuré clunisien dépendant de Saint-Vivant-sous-Vergy.

SAINT-VIVANT-SOUS-VERGY (Côte d'Or, cant. de Gevrey, c. de Reulle-Vergy), prieuré clunisien (diocèse d'Autun).

SAINTE-COLOMBE (Doubs, cant. de Pontarlier).

SAINTE-FOY de CONQUES (Aveyron, cant. de Conques), abbaye bénédictine.

SAIZENAY (Jura, cant. de Salins).

SALAIZE (Isère, cant. de Roussillon), obédience de SJaint-Claude (diocèse de Vienne).

SALES (Haute-Saône, cant. de Scey-sur-Saône,c. de Chantes) maison du Temple.

SALIGNEY (Jura, cant. de Gendrey), hôpital de Saint-Jean de Jérusalem.

SALINS (Jura) :
— Archidiaconé, doyenné du diocèse de Besançon.
— Hôpital de Montjoux.
— Notre-Dame, église paroissiale.
— Saint-Anatoile, collégiale et église paroissiale.
— Saint-Jean-Baptiste, église paroissiale.
— Sainte-Marie-Madeleine, prieuré dépendant de Saint-Bénigne de Dijon.
— Saint-Maurice, collégiale et église paroissiale.
— Saint-Michel, collégiale.
— Saint-Nicolas de Bracon, prieuré clunisien.
— Saint-Pierre, église dépendant de Saint-Bénigne).

SALINS, seigneurs de :
— *Gaucher II* (v. 1030-1058).
— *Gaucher III* (fin XIe s.).
— *Humbert III* († 1135).
— *Gaucher IV* (1135 -1175).
— *Gaucher V* († 1219).
— *Maurette,* épouse de Gérard de Mâcon-Vienne.

SALMAISE (Côte d'Or, cant. de Venarey).

SALSGAU, doyenné (diocèse de Bâle).

SAÔNE (rivière).

SARROGNA (Jura, cant. d'Orgelet).

SAAREWERDEN (Bas-Rhin, cant. de Sarre-Union), *Louis* (comte de), légat impérial v. 1177-1188.

SAUGET (Doubs, région de Montbenoît).

SAULX (Haute-Saône, ch.-l. de cant.).
— Prieuré dépendant de Luxeuil.

SAUNIÈRES (Saône-et-Loire, cant. de Verdun-sur-le-Doubs).

SAUVE-MAJEURE (Gironde, cant. de Créon, c. de La Sauve), abbaye bénédictine.

SAUVEMENT (Jura, cant. de Sellières, c. de Mantry), prieuré féminin (ordre de Fontevrault).

SAVIGNY (Rhône, cant. de L'Arbresle), abbaye bénédictine.

SAVOIE, comtes de :
— *Amédée.*
— *Humbert.*

SAVOYEUX (Haute-Saône, cant. de Dampierre-sur-Salon).

SCEY-EN-VARAIS (Doubs, cant. d'Ornans)
— *Etienne,* archidiacre v. 1120.
— Humbert, archevêque, voir ce nom.
— *Othon* (sire de) † v. 1192.
— *Pierre* (sire de) v. 1130-1163.
— *Ponce* (sire de).
— *Robert* (sire de).

SCEY-SUR-SAONE (Haute-Saône, ch.-l. de cant.).

Schismes :
— de Cadalus ou Honoré II (1064-1072).

— d'Anaclet (1130-1138).
— de Victorin (1159-1177).
Séchal (sénéchal ou dapifer).
SÉHÈRE, fondateur de Chaumouzey.
SEILLE, rivière du Jura.
SÉNARGENT (Haute-Saône, cant. de Viller-sexel).
SEPTMONCEL (Jura, cant. de Saint-Claude).
SERGY (Ain, cant. de Ferney), église dépendant de Saint-Claude (diocèse de Genève).
SERMAIZE (Marne, cant. de Thiéblemont-Fa-rémont).
SERMESSE (Saône-et-Loire, cant. de Verdun-sur-le-Doubs).
SEURRE (Côte d'Or, ch.-l. de cant.).

TAMIÉ (Savoie, cant. de Grésy-sur-Isère, c. de Plancherine), abbaye cistercienne.
TARENTAISE, archevêques :
— *Pierre Ier* (1132-1140).
— *Pierre II* (1141-1174).
TART (Côte d'Or, cant. de Genlis, c. de Tart-l'Abbaye, abbaye de moniales cisterciennes (diocèse de Langres).
THÉROUANNE (Pas-de-Calais), diocèse.
THERVAY (Jura, cant. de Montmirey-le-Châ-teau).
THEULEY (Haute-Saône, cant. d'Autrey-lès-Gray, c. de Vars), abbaye cistercienne.
THIERRY de MONTFAUCON, archevêque de Besançon (1181-1190).
THISE (Doubs, cant. de Marchaux), plaid.
TIL-CHATEL (Côte d'Or, cant. d'Is-sur-Tille).
TOUL, évêques de :
— *Pibon, 1070-1107.*
— *Pierre de Brixey*, 1165-1192.

URBAIN II, pape (1088-1099).
URBAIN III, pape (1185-1187).
URRACA, fille d'Alphonse VI de Castille.

VADANS (Jura, cant. d'Arbois) :
— *Pierre de Vadans*, abbé de La Charité (1134-1162).
VAL D'AJOL (Vosges, cant. de Plombières-les-Bains).
VALLON (Haute-Savoie, cant. de Thonon-les-Bains, c. de Bellevaux), chartreuse.
VAL-SAINT-JEAN (Jura, cant. de Gendrey, c. de Serre-lès-Moulières).
VALSERINE, rivière du Jura.
VARAIS (Doubs, région d'Ornans), doyenné du diocèse de Besançon.
VARENNES (Haute-Marne, cant. de Varennes-sur-Amance), prieuré dépendant de Molesme.
VARESSIA (Jura, cant. d'Orgelet), maison des Hospitaliers de SaintJean de Jérusalem.
VAU (Haute-Saône, cant. de Montbozon, c. de Chassey-lès-Montbozon), grange (La Ville-dieu-en-Fontenette).
VAUCLUSE (Doubs, cant. de Maîche), prieuré clunisien.
VAUCLUSE (Jura, cant. d'Orgelet, c. d'Onoz), chartreuse.
VAUDÉMONT (Meurthe-et-Moselle, cant. de Vézelise), comte.
VAUDREY (Jura, cant. de Montbarrey).

SEVEUX (Haute-Saône, cant. de Fresne-Saint-Mamès).
SEXTE, doyenné de Besancon.
SILVAROUVRES (Haute-Marne, cant. de Châ-teauvillain).
SIMON, comte de Crépy-en-Valois, moine de Saint-Oyend en 1077.
SION (Suisse), évêques :
— *Ermenfroi* (1055-1084).
— *Guérin* (1138-1150).
SIXT (Haute-Savoie, cant. de Samoëns), abbaye d'Augustins dépendant d'Abondance (diocèse de Genève).
SUPT (Jura, cant. de Champagnole).
SURAN, rivière du Jura.

TOURNUS
Abbaye bénédictine Saint-Philibert (diocèse de Chalon).
TRAMELAN (Suisse, cant. de Berne).
TRAVES (Haute-Saône, cant. de Scey-sur-Saône), prieuré de Moutherot-lès-Traves.
— *Elvis* ou Alice épouse Yhibaud de Traves.
— *Etienne I* (seigneur de) v. 1158-1188.
— *Gilbert* (seigneur de) † v. 1100.
— *Guillaume* (seigneur de), comte de Mâcon, † v. 1156.
— *Hugues* (seigneur de), v. 1073, 1085.
— *Pierre de Traves*, voir ce nom.
— *Renaud*, connétable, v. 1140, 1143.
TROIS-FONTAINES (Marne, cant. de Thiéble-mont-Farémont), abbaye cistercienne.
TROYES, *Henri*, évêque (1145-1169).

USIERS (Doubs, cant. de Levier, c. de Bians-les-Usiers)

VAUX (Doubs, cant. de Mouthe, c. de Vaux-et-Chantegrue), prieuré de Romainmôtier, trans-féré au XIIIe siècle à Saint-Point.
VAUX (Doubs, cant. de Montbéliard, c. de Le Vernoy), hypothétique parthénon associé à Belchamp.
VAUX (Haute-Saône, cant. de Gy, c. de Vaux-le-Montcelot), hypothétique parthénon associé à Corneux.
VAUX-LA-DOUCE (Haute-Marne, cant. de Laferté-sur-Amance), abbaye cistercienne.
VAUX-SUR-POLIGNY (Jura, cant. de Poligny), prieuré clunisien.
VELOTTE, c. de Besançon.
VERDUN-SUR-LE-DOUBS (Saône-et-Loire, ch.-l. de cant.).
VERGY (Côte d'Or, cant. de Gevrey, c. de Reulle-Vergy)
— *Guillaume* (seigneur de).
— *Guy*, évêque d'Autun (1124-1236).
— *Elisabeth* (début XIIe s.).
VERTFONTAINE (Haute-Saône, cant. d'Autrey-lès-Gray, c. de Broye-lès-Loup), prieuré dépendant de Saint-Etienne de Dijon, transféré à Autrey en 1240 .

VESCLES (Jura, cant. d'Arinthod), grange de Rosières.

VESOUL (Haute-Saône).
— Vicomtes.
— Le Marteroy, voir ce nom.

VÉZELAY (Yonne, ch.-l. de cant.), abbaye bénédictine.

VICHARD, frère d'Engibald.

VICTOR II, pape (1054-1057).

VICTOR III, pape (1086-1087).

VICTOR IV, antipape (1159-1164).

VIENNE :
— Guy de Vienne, voir ce nom.

VIEUX-MATHENAY (Jura, cant. d'Arbois, c. de Mathenay).

VIGNOBLE (région du Jura).

VIGNORY (Haute-Marne, chef--lieu de cant.), prieuré dépendant de Saint-Bénigne de Dijon.

VILLARS (Doubs, cant. de Levier, c. de Villers-sous-Chalamont), prieuré d'Abondance

ZACHARIE, maître, écolâtre de Saint-Jean de Besançon, v. 1131-1157.

ZÄHRINGEN :
— Agnès, épouse de Guillaume, comte de

(chanoines réguliers), transformé en grange de Goailles.

VILLEDIEU, La, (Haute-Saône, cant. de Saulx, c. de La Villedieu-en-Fontenette), commanderie des Hospitaliers de Saint-Jean de Jérusalem.

VILLEDIEU-EN-VARAIS (Doubs, cant. et c. de Vercel), maison des Hospitaliers de Saint-Jean de Jérusalem.

VILLEMOTIER (Ain, cant. de Coligny).

VILLERSEXEL (Haute-Saône, ch.-l. de cant.).

VILLERS-LE-TEMPLE (Haute-Saône, cant. de Rioz, c. de Perrouse).

VINCELLES (Jura, cant. de Beaufort).

VOISEY (Haute-Marne, cant. de Laferté-sur-Amance), prieuré clunisien dépendant de Saint-Vivant-sous-Vergy.

VUILLORBE (Doubs, cant. de Roulans, c. de Glamondans), prieuré de chanoines réguliers dépendant de Montbenoît.

Bourgogne († 1125).
— Berthol (duc de).
— Conrad (duc de).

Table des documents

Table des matières

Maquette : François LASSUS
Institut d'Etudes comtoises et jurassiennes
(Université de Franche-Comté,
U.E.R. des Sciences du Langage, de l'Homme et de la Société)

Couverture : Daniel VALLAT
Ecole d'Architecture de Saint-Etienne

ACHEVÉ D'IMPRIMER
SUR LES PRESSES DE
L'IMPRIMERIE CHIRAT
42540 ST-JUST-LA-PENDUE
EN DÉCEMBRE 1992
DÉPÔT LÉGAL 1992 N° 7426

IMPRIMÉ EN FRANCE